2022 보건교사 임용고시 합격을 위한 필수 수험서

오정화 전공보건

기본이론·기출문제 풀이

아동간호 · 모성간호

> 최근 10년간 기출문제 수록 및 완벽 분석
> 주요 내용 및 기본 내용을 다지기 위한 기초문제 수록
> 그림과 체크포인트를 활용하여 한눈에 들어오는 편집체제

최근 출제경향 적극반영!

보건교사
전문학원
현장강의 채택

마지원

PREFACE

이 책을 내면서

학교에 있는 아이들의 얼굴 표정을 보면서 어쩜 저렇게 환하고 맑은 얼굴을 가질 수 있을까 하는 생각을 해 보게 됩니다. 아이들의 정상 발달을 이해하고 그들과 함께 고민하면서 보다 안전한 환경에서 그들의 성장을 위해 교육을 준비하고 진행하면서 아이들의 건강한 신체와 발달을 키우고 아동의 능력을 높이고자 할 것입니다.

보건교사의 의무는 학교 보건사업에 대한 계획의 집행, 학교 신체검사의 실시, 교직원과의 협력에 의한 신체검사 결과처리, 학교의 전염병 예방사업 보조, 안전계획 수립과 돌발사고의 구급처치, 학교 급식 및 조리장의 청결정도・급식준비・영양・식중독 등에 대한 조언, 건강상담・건강관찰의 담당, 성교육, 약물오남용 예방교육, 응급처치・구강관리교육・시력관리교육・비만관리교육 등 보건교육 실시, 보건통계 작성과 보건사업 평가에 조력, 필요시 가정방문에 의한 보건지도 등의 다양한 역할을 하게 됩니다.

또한 보건교사는 건강서비스, 보건교육, 건강관리 및 상담, 지역사회와의 연계를 통한 학교 보건업무에 종사합니다. 이러한 다양한 역할을 통하여 학교 내 아동과 청소년들의 건강을 돌보는 유일한 의료인으로 학생들의 건강을 가르치는 교사로의 역할을 치료와 예방교육이 하나가 되어 학생들의 자기 주도적인 건강관리 능력을 향상시키고 건강한 사회를 만드는 데 중추적인 역할을 하고 있습니다.

보건교사 임용고시의 선발 인원이 조금씩 많아질 것으로 예측되며 점차 시험의 난이도가 높아지고 있고 경쟁률이 심해지고 있습니다. 그러다보니 보건교사가 되기 위한 과정은 많은 시간과 노력을 필요로 하게 됩니다. 공부를 하는 입장에서 경쟁자는 다른 사람이 아닌 바로 '나'입니다. 나와의 외로운 싸움을 견디어 내면서 여러분들이 이루고자 하는 '보건교사'의 꿈을 위해 나아가야 하는 것입니다.

시험을 준비하는 여러 학생들을 위해 이 교재를 기획하고 준비하였습니다.

이 교재의 특성은 다음과 같습니다.

- 학교에서 경험하게 되는 다양한 질환에 대한 내용을 일목요연하게 정리하여 기입형과 서술형 문제에 대한 접근을 쉽게 유도할 수 있도록 정리하였습니다.
- 해당되는 기출문제를 각 단원별 뒤로 넣어 수업 후 관련되는 기출문제 풀이를 통하여 기출문제에서 중요시하는 내용들을 정리할 수 있도록 하였으며 출제경향 및 출제난이도를 분석하였습니다.
- 관련 내용들을 그림들과 표로 제시하여 효율적으로 공부하는 데 도움을 드리고자 하였습니다.

교원임용 합격의 주인공은 바로 여러분입니다. 교원임용 합격은 생각하면 참 행복해지는 말입니다.

나에게 힘을 주어 스스로도 할 수 있다는 자신감을 지속하면서 해야 하는 공부입니다.

자신의 가슴에 손을 올리고 가볍게 두드리면서 '난 할 수 있다', '정말 잘 하고 있어'라는 말을 자꾸 자신에게 되새기면서 힘든 과정을 극복하시길 바랍니다.

꿈을 향해 달려가고 있는 여러분들과 저 역시도 같은 호흡을 하면서 함께 나아갈 것입니다.

저자 오정화 씀

STRUCTURE

CHECK Point

학습할 내용 아래에 체크 포인트를 배치해서 주요 내용 및 보충 내용 등을 풍부하게 수록하였습니다.

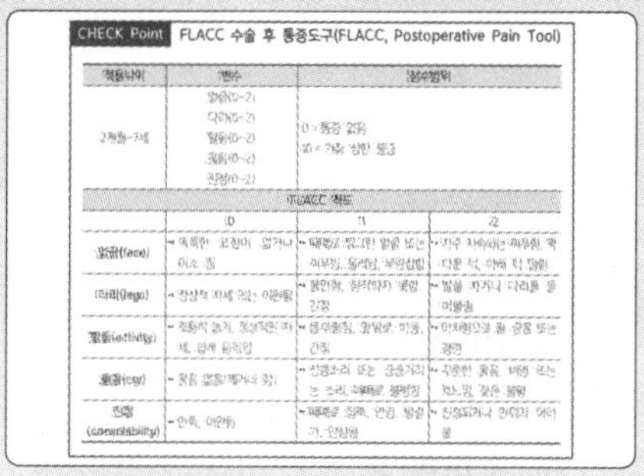

그림

특징을 잘 살려서 자세하게 그린 그림을 삽입하여 난해할 수 있는 학습 내용에 쉽게 접근할 수 있으며, 이해도를 높일 수 있습니다.

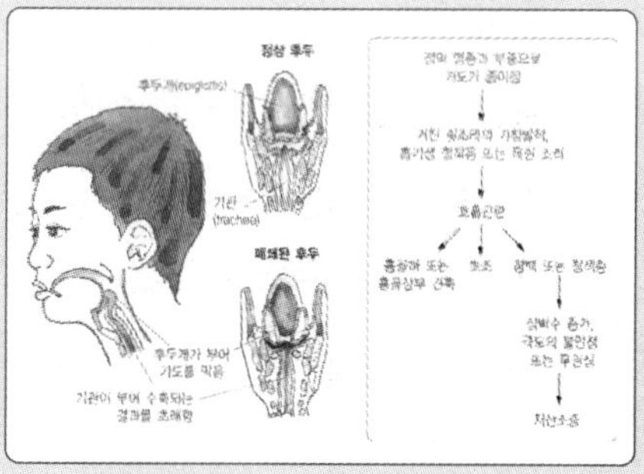

도해

수험생들의 이해를 돕고자 도해식으로 편집하여 내용을 한눈에 알아보고, 체계적으로 인식할 수 있도록 하였습니다.

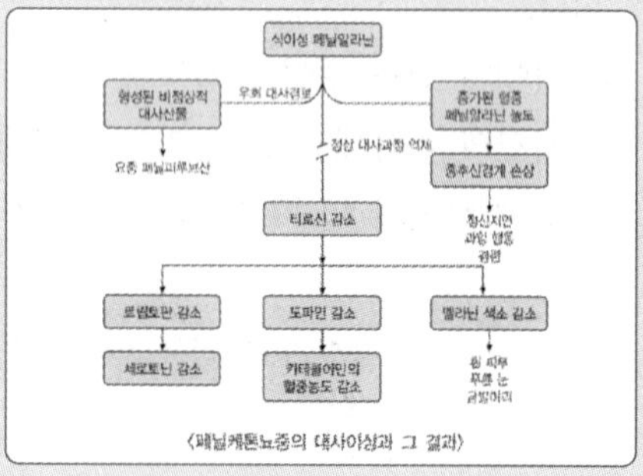

기출문제

이론 학습 뒤에 최근 10년간의 기출문제를 수록하여 기출 경향을 파악할 수 있도록 하였다. 실제 시험에 임하는 자세로 풀어본 후, 부족했던 부분은 자세한 해설을 보고 재확인하는 습관이 중요하다.

CONTENTS

01 PART 아동간호

제1장 아동의 성장발달

제2장 고위험 신생아의 건강문제

제3장 호흡기 기능장애

CONTENTS

제7장 신경장애

제8장 비뇨생식기계 장애

제9장 근골격계 장애

제10장 감각장애

CONTENTS

CONTENTS

제5장 고위험 분만 간호

제6장 정상 산욕 간호

제7장 고위험 산욕 간호

제8장 갱년기 여성의 간호

제9장 생식기 건강문제 여성간호

CONTENTS

제14장 성건강

제15장 모자보건 지표

제16장 관계 법령

보건교사

C·H·A·P·T·E·R 1

아동간호

CHAPTER

01 아동의 성장발달

1 성장 · 발달의 이해

1. 성장 · 발달의 개념

성장	• 생리적 증가로 세포증식, 분화과정을 통한 수와 크기의 증가 • 양적 변화로 측정가능하고 쉽게 관찰되거나 조사됨 예 키, 체중의 변화
발달	• 질적 변화로 성장에 따르는 기능적인 발달 과정 • 점진적 변화와 증가로 낮은 단계에서 복잡한 단계로 진행됨 • 성장, 성숙, 학습보다 더 광범위한 개념으로 성장, 성숙, 학습을 통해 이루어지는 것 예 언어습득 연령별 변화
성숙	• 학습, 환경요인보다 유전적 특성에 의한 개인의 발달패턴과 방향에 따라 진행되는 과정 • 높은 수준으로 가능하도록 신체 구조에 일어나는 변화, 능력과 적응성 증가, 나은 쪽으로 질적인 변화를 가져옴 예 중추신경계의 성숙, 신경섬유 수초화

2. 성장발달의 원리

복합성 상호관련성	• 연속적, 비가역적, 일생 동안 지속하여 출생부터 사망까지 이루어지는 복합적 과정 • 성장발달은 여러 가지 측면이 상호 관련된 복합성을 가지고 있음 • 유전적 요인과 환경적 요인의 상호작용을 받아 이루어짐
방향성	• 성장발달은 일정한 방향으로 질서정연하게 진행 • 두미발달 : 두부 → 미부 • 근원발달 원칙 : 중심 → 말초, 근위부 → 원위부 • 세분화 원칙 : 전체적 → 구체적(단순 → 복잡) • 양측성, 좌우대칭 : 각각의 측면은 같은 방향과 같은 비율로 발달

순차적 · 연속적	• 일생을 통해 진행되는 연속적인 과정, 논리적이며 질서정연 순서가 있어 예측 가능 • 신체, 지능, 정서 등 모든 발달영역에서 다음 단계의 발달은 이전 단계의 발달 성과들이 누적되면서 이루어짐
개인차	• 성장과 발달에는 개인차가 있음 • 신경계 : 영아기에 빠르게 성장 • 림프조직 : 6세가 되면 성인수준에 이르고 10~12세에 성인의 2배로 성장 • 생식기계 : 사춘기에 성숙
결정적 시기	• 아동 신체발달이나 정신적 발달이 급격히 이루어지는 특정한 시기가 있음 • 이 시기에 아동이 새로운 행동을 배울 수 있는 환경적 자극이 필요 • 만약 적절한 환경적 자극이 주어지지 않는다면 특정영역 발달결함 발생 가능
발달 속도	• 발달에는 정확하고 일정한 순서가 있어 예측가능하지만 모든 영역의 발달 속도가 일정하지 않음 • 신체적 성장이 빠른 시기 : 태아기, 영아기, 청소년기 • 성별 : 여아 – 10~14세, 남아 – 12~16세 급성장이 일어남
상호관련성	• 신체발달, 지적 발달, 사회성발달, 성격발달, 정서발달 등이 독립적으로 이루어지지 않고 상호밀접하게 관련되어 통합된 전체로서 발달함

〈Scammon의 신체성장곡선〉

림프계	• 흉선, 림프절과 장내 림프조직 • 6세 : 빠른 속도로 성장하여 성인 크기에 도달 • 10~12세 : 성인 크기의 2배, 최대로 발달 • 18세 : 성인 크기로 작아짐	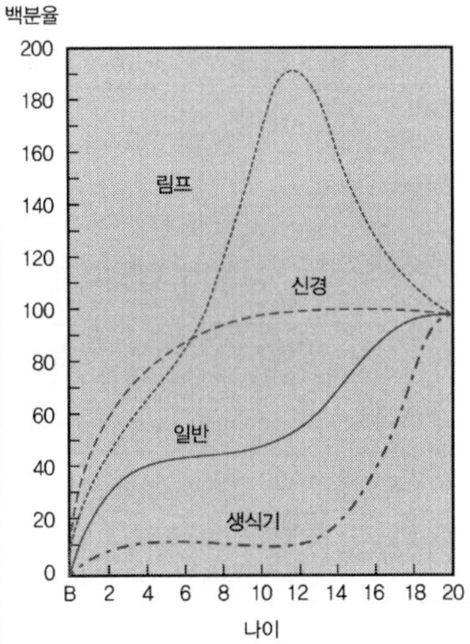
신경계	• 뇌, 척추, 시각 기관과 머리 크기 • 출생 초기부터 급성장하여 4세경에 성인의 80~90% 도달	
생식기계	• 사춘기에 이르기 전까지는 매우 느리나 사춘기부터 급격히 성장	
일반형	• 신체 전반, 외적 크기, 호흡기계, 소화기계, 신장계, 순환계와 근골격계 • 2세 : 급격히 성장 • 2세~사춘기 이전 : 완만한 성장 • 사춘기 : 제2 급성장기	

3. 성장발달에 대한 이론적 근거

(1) 성장발달단계

신생아기	출생~1개월	학령전기	3~6세
영아기	1개월~1세	학령기	6~12세
유아기	1~3세	청소년기	12~21세

(2) 연령에 따른 발달단계와 발달과제

연령대	성심리발달 (Freud)	사회심리발달 (Erickson)	인지발달 (Piaget)	도덕발달 (Kohlberg)
영아기 (1개월~1세)	구강기	신뢰감 대 불신감	감각운동기(0~2세)	
유아기 (1~3세)	항문기	자율감 대 수치심	전조작기(2~7세) : 전개념기(2~4세)	• 전인습적 도덕단계(출생~7세) : 처벌과 복종 지향
학령전기 (3~6세)	남근기	솔선감 대 죄책감	전조작기(2~7세) : 직관기(4~7세)	• 전인습적 도덕단계(출생~7세) : 수단적 목적과 교환 지향
학령기 (6~12세)	잠복기	근면감 대 열등감	구체적 조작기	• 인습적 도덕단계(7~12세) • 착한 아이 지향 • 법과 질서 지향
청소년기 (12~18세)	생식기	정체감 대 역할혼돈	형식적 조작기	• 후인습적 도덕단계 (12세 이상) • 사회계약 지향 • 보편적 도덕 지향

(3) Freud 성심리 발달이론

연령	성심리발달	특징
영아기 (1개월~1세)	구강기 (oral stage)	• 성적 행동이 구강주위에 초점이 맞추어짐 • 빠는 것에 쾌감을 느끼며 입안에 사물을 넣어 탐색함 • 모든 욕구가 빨고, 물고, 씹고, 소리 내는 것과 같은 구강 활동에 집중됨 • **고착현상** : 과음, 과도한 흡연, 남을 비꼬는 성격, 의존적이고 유아적인 성격
유아기 (1~3세)	항문기 (anal stage)	• 항문이 주요한 쾌감의 근원이 됨 • 배설과 배변훈련을 통해 통제감과 자율감이 발달됨

학령전기 (3~6세)	남근기 (phallic stage)	• 성적 에너지 초점이 항문에서 성기로 옮겨감 • 성별차이를 알게 되며, 성 정체감 형성시기 • 오이디푸스 콤플렉스, 거세불안, 일렉트라 콤플렉스의 시기 • 동성 부모와의 동일시를 통해 적절한 성역할을 습득하면서 양심이나 자아상을 발달시켜 나감
학령기 (6~12세)	잠복기 (latency stage)	• 성적 욕구가 억압되어 무의식속으로 성적 충동이 잠재되어 있는 시기 • 신체적 · 정신적 활동은 지식획득과 놀이로 전환되면서 사회적 역할을 익힘 • 환경에 대한 탐색과 지적 탐색이 활발한 활동적 시기 • 친한 친구와 또래 집단의 영향을 받음
청소년기 (12~18세)	생식기 (genital stage)	• 극적인 신체변화와 성기능 성숙으로 성에 대한 관심이 커짐 • 이성에 대해 진정한 관심을 가지고 성숙한 사랑을 할 수 있게 됨

(4) Erickson의 사회심리 발달이론

연령	사회심리 발달	중요 사람	특징
영아기 (1개월~1세)	신뢰감 & 불신감	주양육자	• 프로이드의 구강기에 해당 • 일관성 있고 사랑이 담긴 어머니의 돌봄이 신뢰감을 발달시키는 주요 요소임(애착발달) • **불신감** : 기본적 욕구가 부적절하게 충족될 때나 어머니의 보살핌에 일관성이 없을 때 불신감 생성
유아기 (1~3세)	자율감 & 수치심	부모	• 프로이드의 항문기에 해당 • 항문괄약근의 조절로 자기 신체, 자기자신, 환경을 조절하는 능력이 증가하여 자율성, 조절감이 발달 • 새롭게 획득한 보행 등의 기술을 사용하려고 하며 학습은 대부분 다른 사람의 활동을 흉내냄으로써 얻어짐 • **수치심** : 자신의 선택이 잘못되었을 때, 스스로 할 수 있는 일을 남의 도움을 받을 때 일어남
학령전기 (3~6세)	솔선감 & 죄책감	가족	• 프로이드의 남근기에 해당 • 활발하고 적극적인 행동, 진취적인 정신, 강한 구상력이 솔선감을 촉진시킴 • 행동을 주도하고 책임감을 갖게 되며 부모로부터 제재를 받을 수 있음

			• 아동은 그들의 자각과 힘으로 세상을 탐험함 • **죄책감** : 자신의 행동을 주도하지 못하고 행동을 책임질 수 없을 때 경험
학령기 (6~12세)	근면감 & 열등감	• 학교 • 이웃 • 동성	• 프로이드의 잠복기에 해당 • 자아성장, 타인과 사회적 관계를 형성하는 중요한 시기로 학교생활을 통해 지적 능력, 사회규범, 사회행동양식, 사회생활의 기초를 형성 • 경쟁하고 협동하는 것을 배우고 규칙을 배움 • **열등감** : 부모와 주변에서 너무 많을 것을 기대하거나 아동 스스로 기대에 못 미친다고 믿을 때 나타남
청소년기 (12~18세)	정체감 & 역할혼돈	• 동료 • 타 집단 • 지도자	• 프로이드의 생식기에 해당 • 빠른 신체적 변화를 특징으로 함 • 자신의 존재에 대한 새로운 인식 '나라는 존재는 무엇인가'의 물음을 제기함 • 자신의 존재의미, 능력을 탐색하며 고민과 갈등을 경험함 • 기분변화가 잦고, 진로에 대해 고민하며 부모로부터 독립하고 싶어할 뿐만 아니라 여러 역할을 받아들이고 수용해야 함

(5) Piaget의 인지발달이론

감각운동기	반사기 (출생~1개월)	• 예상할 수 있는, 선천적 생존 반사행동(빨기, 움켜잡기)
	1차 순환반응기 (1~4개월)	• 자극에 의도적으로 반응함, 만족하는 행동을 시작하고 되풀이함 • 영아는 자신의 몸을 중심으로 일어나는 최초의 변화들(없어진 물건 쫓아가는 것, 없어진 물건들이 다시 나타나기를 기대하는 것)에 반응하면서 더욱 복잡하고 반복적인 행동함
	2차 순환반응기 (4~8개월)	• 계획된 행동으로부터 배움, 운동능력/시력이 협응, 친숙한 물체 구별 • 계획된 행동(소리를 들으려고 딸랑이를 흔듦)으로부터 배움 • 앉은 자세에서 주변 환경을 탐색, 물체에 대한 이행반응(친숙한 물건 알아보고 잃어버린 지점에서 물건 찾음)을 보이기 시작 • 환경에 대한 흥미 증가
	2차 도식의 협응기 (8~12개월)	• 물체의 영속성을 발달시킴, 다른 사람의 행동을 예상함, 친숙한 것과 낯선 것을 구별 • 공간과 대상영속성의 개념 이해, 계획된 목표로의 행동을 추진(숨겨진 물체 찾으려고 하고, 물체를 떨어뜨리고 던지고 시험해 봄)

	3차 순환반응기 (12~18개월)	• 새로운 것이나 반복하는 것에 흥미를 느낌 • 인과관계를 이해 • 다른 사람의 도움을 위해 졸라대는 것이 특징
	정신적 결합기 (18~24개월)	• 간단한 문제는 해결함, 모방함 • 행동하기 전 생각할 수 있고 간단한 실험이나 실수한 문제를 해결하는데 기억력 사용 • 친숙한 물체에 이름 붙이거나 위치 찾을 수 있으며 관찰하고 행동 모방 • 상징적이거나 의식적인 놀이할 때 결과를 예측
전조작기	전개념기 (2~4세)	• 자기중심적 생각, 언어능력의 발달, 심상이미지, 상징적인 놀이
	직관적 사고기 (4~7세)	• 세련된 언어구사, 자기중심적인 생각이 감소함, 현실중심적인 놀이 • 흑백논리 (한 번에 한 상황의 다른 면을 볼 수 없고 외관에 쉽게 속기 쉬우며 모든 질문은 간단하고 직접적인 답을 요함) • 한 번에 둘 다를 연관시키지 못하고 물체의 움직임이나 상황 또는 물리적 특성을 바꾸어 생각하지 못함 • **물활론 사고** : 무생물이 감정 지니며 사람과 같은 행동한다고 믿음 • **상징적 사고** : 나뭇조각들이 배, 트럭, 차, 동물이 되는 것
구체적 조작기 (7~11세)		• 관계, 분류, 보존(모양과 배열이 바뀌더라도 물체는 동일하다) 개념 • 서열화, 가역성(한 덩어리 찰흙은 공모양이나 줄 모양으로 말려도 같은 양을 갖고 있다는 것을 인지)을 이해 • 다른 사람들의 관점과 의도를 이해 • 논리적 추리의 한계성, 덜 자기중심적인 생각
형식적 조작기 (11세 이상)		• 체계적이고 추상적인 사고가 특징 • 귀납추리능력의 발달은 생각에 대한 이론을 조직하고 구성 → 연역적 사고로 이끔 • 수학이나 과학적 원리(비례, 변수)에 대한 더 높은 이해력을 가지고 개인적인 가치관이나 규칙 세울 수 있음

(6) Kohlberg의 도덕발달이론

수준	단계	연령	특징	관련 내용
전인습적 수준	1단계	2~3세	처벌과 복종지향 (타율적 도덕)	• 외부 보상과 처벌에 의해 행동 • 상을 받거나 벌을 피하기 위해서 행동
	2단계	4~7세	상대적 도구주의 (개인주의적 도덕)	• 자신의 요구를 만족시키는 도덕적 가치를 판단기준, 욕구충족의 수단으로 삼음 • 자기 위주의 규칙을 따름 • '눈에는 눈'

인습적 수준	3단계	7~10세	상호관계의 도덕성 (대인 간 조화) 착한 아이 지향	• 옳은 행동은 타인을 기쁘게 하거나 도와주며, 타인으로부터 인정을 받는 것 • 비난을 피하고자 함 • 사회적 시선을 의식
	4단계	10~12세	법과 질서 지향	• 권위, 고정된 규칙, 사회적 질서유지에 적응하려는 경향 • 자신의 의무를 다하고 권위를 존중하며 사회적 질서를 유지하는 것이 옳은 행동
후인습적 수준	5단계	청소년기	사회계약 지향	• 개인권리를 존중하고 사회전체가 인정하는 기준을 준수하는 것이 옳은 행동 • 전체에게 이익이 되는 사회복지에 가치를 둠
	6단계	성인기	보편적 도덕원리 지향	• 자신이 선택한 윤리적 원리와 일치하는 양심에 의해 결정 • 인간의 존엄성, 정의, 사랑, 공정성에 근거를 둔 추상적이고 보편적인 행동지침 • 보편적, 포괄적 일관된 도덕원리

(7) Fowler의 영적 발달이론

구분	단계	특징
영아기 (1개월~1세)	미분화 단계	• 옳고 그름의 개념과 믿음, 신념이 없는 시기 • 어머니와의 관계를 통해 신뢰감 발달과 더불어 확립 • 애착형성이 신앙발달의 기초
유아기 (1~3세)	직관적-투사적 단계 (모방)	• 다른 사람들의 행동을 모방하는 시기 • 부모의 가치관과 부모 종교에 동일시(모방)
학령전기 (3~6세)		• 부모의 가치관, 신념에 동화되어 선과 악 구별
학령기 (6~12세)	신화적-실제적 단계 (현실적)	• 신에 대한 구체적인 개념을 가지면서 강한 호기심 가짐 • 믿음이 좀 더 구체적이고 실제에 충실 • 상징은 이해하지 못함 • 신의 존재를 인정, 응답을 기대 • 질병이나 손상을 벌로 간주
청소년기 (12~18세)	종합적-인습적 단계 (자기성찰적)	• 종교적 신념이 좀 더 추상화되고 원칙화 됨 • 기도가 항상 응답을 받지 못함을 인식하고 종교관을 변경하기도 함 • 자기성찰과 감정 몰입이 심하고 이상 추구 • 친구나 인생경험에서 영적 문제에 대한 사고가 통합됨
성인기 (18세 이후)	개별화-반사적 단계	• 종교적인 개념에 대한 비판적 검토, 다른 종교 모색 • 종교적 기준을 과학적 관점에서 비교하려고 함

(8) Bowlby 애착형성과정

구분	연령	특징
전애착기	출생~6주	• 애착형성이 되지 않은 단계 • 붙잡기, 미소, 울음, 응시 등 다양한 신호체계를 통해 주위 사람들과 관계유지 • 인간에 대한 비변별적 반응
애착형성기	6주~8개월	• 어머니에 대한 신뢰감이 발달하기 시작 • 친숙한 사람과 낯선 사람에게 다르게 반응하기 시작하여 낯선 사람에게 초점 맞추기 시작 • 애착반응으로 6~8개월 경에 낯가림이 나타남 • 영아는 자신의 행동이 다른 사람에게 영향을 미친다는 것을 깨달음
명백한 애착기	8개월~18개월	• 애착이 형성된 사람에게 적극적으로 접근함 • 능동적 접근 추구 • 애착반응으로 12개월 경 분리불안이 나타남
상호관계 형성기 (목표수정 동반자 단계)	18개월~2세	• 분리불안이 대상영속성 개념 획득의 증거임 • 2세 말이면 애착을 형성한 사람의 행동을 예측할 수 있어 분리불안이 감소함 • 아동은 어머니와 협상하고 자신이 원하는 대로 어머니의 행동을 수정하려고 함

(9) Ainsworth의 애착형태

안정적 애착	• 어머니와 떨어지기 싫어함 • 어머니가 다시 나타나면 반기고 편안함을 느끼면서 다시 자신의 놀이로 돌아감 • 안정적인 감정상태
양가적 애착	• 어머니와 재결합할 때 반기는 듯하지만 막상 달래려고 하면 화를 냄 • 잠정적으로 불안한 상태
회피적 애착	• 어머니와 재결합할 때 어머니와의 접촉을 별로 원하지 않고 반기거나 울지도 않음

⑽ 놀이

연령	종류	특징
신생아기 (출생~ 1개월)	방관적 놀이	• 다른 아동들의 놀이를 지켜보기만 하는 것 • 아동이 놀이를 하는 것처럼 보이지 않고 일시적으로 일어나는 흥미로운 일에 집중함 • 흥미가 없을 때는 반복적으로 자기 몸을 가지고 놂
영아기 (1개월~1세)	단독놀이	• 아동은 같은 장소에서 주위의 다른 아동들이 사용하는 것과는 다른 장난감을 가지고 혼자서 독립적으로 노는 것 • 다른 아동이 하는 것에 관계없이 그들 자신의 행동을 함 • 자신의 신체부위를 가지고 탐색하며, 손에 닿는 모든 것을 입으로 가져가서 탐색함 • 단순하고 쉽게 조작 가능한 것, 장난감 부품을 삼키지 못하도록 크기가 큰 것, 세척이 용이한 장난감(예 딸랑이)
유아기 (1~3세)	평행놀이	• 아동은 주위 아동들과 비슷한 장난감을 가지고 독립적으로 놀며 상호작용은 없음 • 유아 스스로 조작할 수 있고 아동이 행동하는 데 도움을 줄 수 있는 장난감 선호(조절과 조작을 통해 승리감을 얻고 자율성 표현) • 진흙, 모래, 비누거품, 밀고 당기는 장난감, 큰 공, 모래놀이와 물놀이, 큰 퍼즐, 차나 트럭, 동물인형
학령전기 (3~6세)	연합놀이	• 아동들은 다른 아동과 놀고 그들이 노는 것에 관해 이야기하며, 놀이재료를 빌려주고 빌리기도 하며, 서로 유사한 물건들을 가지고 흉내를 내지만 엄격한 조직이나 목표, 규칙이 없는 집단 활동을 함 • 모방적이고 상상력이 풍부한 극적 놀이를 즐김 • 세발자전거, 탈 수 있는 장난감, 건축놀이기구, 인형, 그리기, 자동차, 퍼즐, 책, 자르기, 붙이기 등
학령기 (6~12세)	협동놀이	• 아동은 조직적인 집단에서 규칙을 지킴으로써 목표와 성취를 달성하기 위해 함께 놂 • 아동들은 일을 나누어서 하는데 각각의 아동들은 다른 역할을 하며 서로가 도움을 줄 수 있도록 활동이 조직화 됨 • 규칙을 중요시하며 경쟁을 즐길 수 있는 놀이를 즐김 • 줄넘기, 두발 자전거 타기, 수집, 그림, 만들기, 애완동물, 수수께끼, 복잡한 퍼즐, 보드게임, 신체적 게임, 독서, 모형만들기, 악기연주, 마술, 카드 모으기 등

2 아동의 성장발달 사정

1. 신체사정에 대한 일반적 접근

출생~6개월	• 아기가 수유 중이거나 잠든 경우, 아기를 깨우지 않고 청진을 조용히 실시 • 아기가 깨어 있는 경우, 아기를 검진대에 누이거나 부모가 안고 앉을 것
6개월~12개월	• 낯가림이 심해 검진하기 어려움 • 부모의 무릎에 안은 채로 검진함 • 우는 아기는 부드러운 목소리로 조용히 얘기하거나, 딸랑이, 노리개 젖꼭지로 달램 • 귀, 구강검진 같은 침습적 검사는 마지막에 시행
유아	• 아동 중 저항이 심해서 가장 검진하기 어려운 대상 • 검진 동안 아동에게 사용된 물체를 만지도록 해 줌 • 부모가 아동을 달래고 편안하게 할 수 있도록 함
학령전기	• 부모가 가까이에 있는 것을 좋아함 • 아동이 협조하는 것을 칭찬함으로써 아동의 흥미를 유발함 • 침습적인 절차는 마지막에 수행
학령기	• 아동과 신뢰감을 형성하기 위해 편안한 질문을 함(학교, 친구 등) • 아동이 수줍어하는 것에 민감해야 함. 속옷 위에 검진가운 입힘 • 아동의 질문에는 개방적이고 단순한 용어로 대답
청소년기	• 솔직하고 정직한 접근을 편안해 하며, 부모가 없는 상태에서 검진함 • 아동의 프라이버시를 존중해 줌 • 생식기 검사는 복부검사에 이어서 하는 것이 적절

CHECK Point 아동과 가족면담 시 주의점

- 대상자와의 신뢰관계가 형성되어야 함
- 아동의 발달수준에 맞는 언어를 사용함, 단순하고 짧은 문장과 친숙한 단어를 사용함
- 차분하고 조용한 목소리로 서두르지 않음
- 면담 시 아동을 제외하지 않으며, 아동에게 주기적으로 관심을 주고 면담에 참여시킴
- 면담 전 면담목적을 분명하게 설명하고 가능한 한 가족이 모두 참여할 수 있는 시간에 함
- 가족면담은 가족의 관심영역을 파악하기 위한 것으로 면담 시작 시 일상적인 대화를 유도함으로써 대상자에게 편안함을 제공해야 함

2. 신체계측

(1) 소아청소년 표준 성장도표(= 소아발육곡선)

특성	• 아동의 전반적인 신체 성장 양상을 감시하는 데 사용 • 신장과 체중의 표준 성장도표 : 남아용, 영아용 개별적인 성장도표 이용 • 머리둘레의 표준 성장도표 • **체질량 지수** : 2~20세까지 사용, 과체중아 선발 위해 사용, 85~95백분위수는 과체중, 95백분위수 초과 시 비만
신체 성장 평가	• 만 나이를 계산해서 50%의 수치가 표준 신체 발육 수치로 수치를 표준으로 삼는다는 의미 • **성장장애** : 성장도표에서 97백분위수 초과이거나 3백분위수 미만인 체중과 신장을 가진 경우 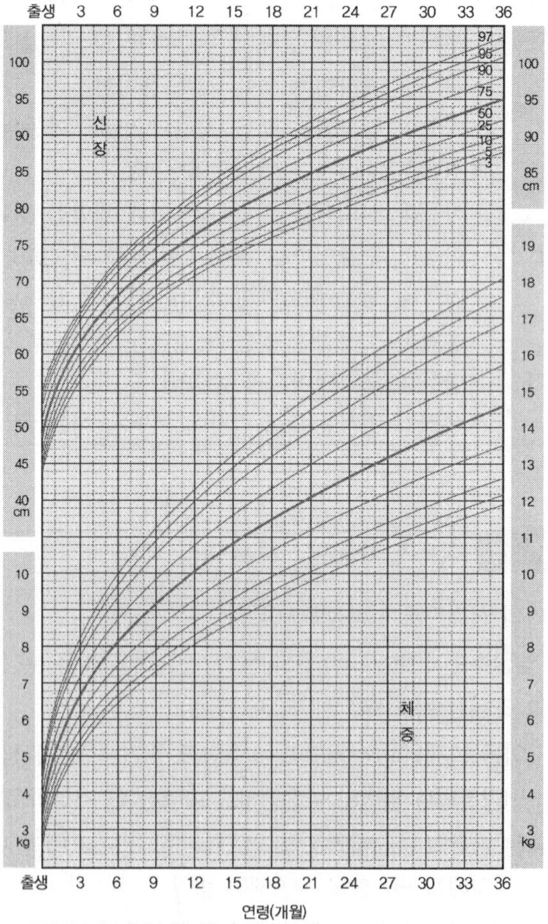

(2) Denver Ⅱ 발달 검사(DDST)

목적	• 어린 아동의 잠재적인 발달문제, 위험성을 판별하는 발달 선별검사 • 진단적 검사가 아닌 발달지연을 확인하기 위한 선별검사이며, 지능검사 아님	
대상	• 출생시부터 6세까지의 건강한 아동, 매 6개월마다	
4개 영역	개인 – 사회성 영역(personal–social)	일상생활에 필요한 상호작용 및 자가간호 수행 능력
	언어 영역(language)	언어를 듣고 이해하고 사용하는 능력
	미세운동 – 적응 영역(fine moter–adaptive)	눈 – 손놀림의 조화, 물체조작 및 문제해결능력
	전체운동 영역(gross motor)	큰 근육을 이용하여 앉거나 뛰는 운동
주의점	• 미숙아인 경우 현재 나이에 부족한 태내 주수를 차감하여 검사(교정연령 계산) • 단, 24개월 미만의 조산아의 수정된 검사연령 = age – 부족한 태내 주수 예 분만예정일보다 5주 빨리 출생한 48주 영아의 수정된 나이는 48–5=43주로 계산	
방법	• 아동이 보이는 행동을 검사자가 주관적으로 사정하여 표기 • 110개 발달 사정 항목은 각각 막대로 구성 • 각 항목에 표준표본이 25%, 50%, 75%, 90%가 통과한 연령을 표시 예 90% : 해당 연령 아동의 90%가 해당 항목을 수행할 수 있음	
검사순서	• 부모교육 실시 → 연령계산 → 연령선에 줄을 긋고, 검사일자 표기 → 검사 검사 시 연령선 왼쪽에서부터 수행, 완전히 수행 후 오른쪽으로 진행, 수행기회 3회 제공 → 검사결과 기록 → 해석과 부모면담	

검사방법

• 각 항목(분포막대)는 20, 50, 75, 90백분위로 구분되어 있음

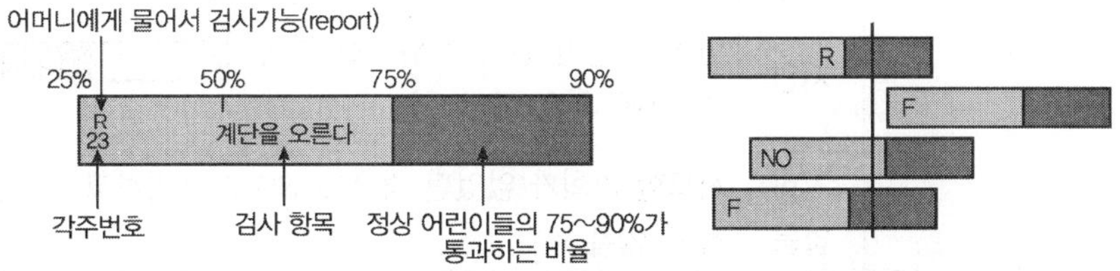

실패(fail)	아동이 지침대로 시행할 수 없었던 경우 F로 표시
지연(delay)	연령선 미만에 있는 항목에 F가 있는 경우 지연발달 의미, 지연된 항목의 오른쪽을 짙게 칠하여 표시
주의(caution)	아동이 75~90% 사이에 연령선이 통과하는 항목을 실패하거나 거절했을 때 C로 표시
거절(refuse)	어린이가 할 수는 있는데 검사자 앞에서 하기를 거절하면 R로 표시
기회 없음(no opportunity)	한번도 해볼 기회가 없었던 경우 NO로 표시

검사해석	정상(normal) 발달	지연항목이 없고 주의항목이 1개까지, 다음 정규 방문검사 실시	
	의심스런(questionable) 발달	1개 이상의 지연과 또는 2개 이상의 주의항목, 1~2주 내로 재검사 실시	
	검사불능(untestable)	완전히 연령선 왼쪽의 항목에서 1개 이상의 거부나 75~90% 사이에 연령선이 지나는 항목에 2개 이상의 R(거절)점수가 있는 경우, 1~2주 내로 재검사 실시	
	• 질환이나 또는 다른 논리적 이유로 인해 아동이 끝까지 Denver Ⅱ 항목을 마치지 못하였다고 판단된다면 1개월 이내에 아동 재검사 실시		
검사해석 방법	월등(우수)	연령선 우측항목을 완벽하게 통과한 항목의 경우 월등항목으로 간주	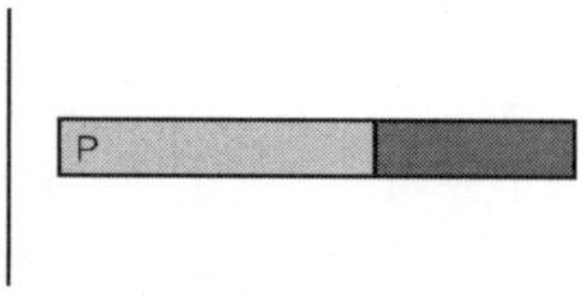
	정상(양호)	• 연령선 우측항목은 실패나 거부를 한 경우에도 정상 • 25~75% 사이에 걸려있는 항목의 통과 · 실패 · 거부 시 모두 정상을 의미	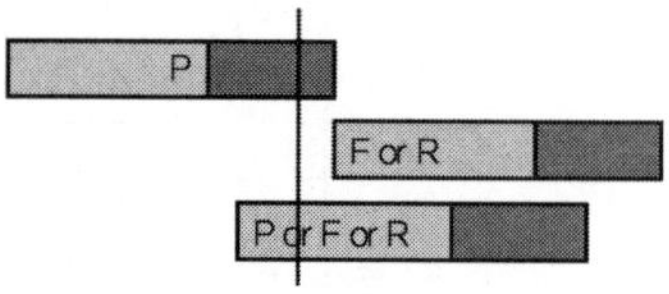
	주의(요관찰)	연령선을 지나는 항목의 실패 혹은 거부 시, 75~95% 사이에 걸려있는 항목의 실패나 거부시	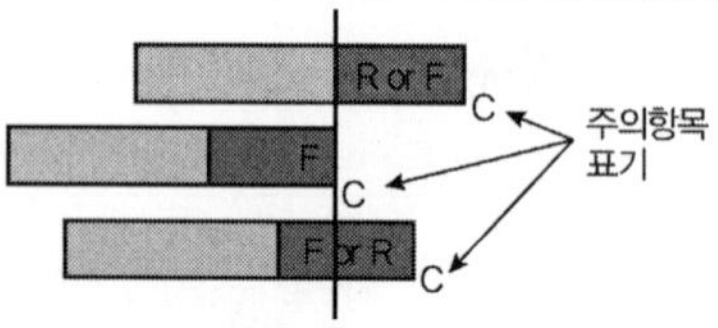
	지연	연령선 완전 왼쪽에 위치한 항목의 실패 혹은 거부 시	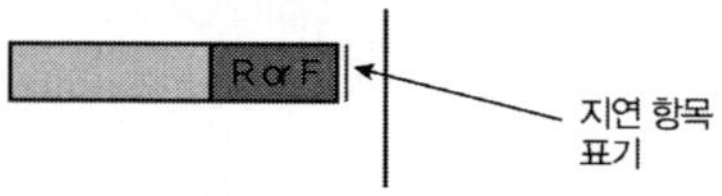
	기회 없음	시도할 기회가 없었던 경우는 'NO'로 표기하고, 전체검사 해석 시 포함하지 않음	

한국형 Denver II 검사지

검사자 :

검사일 :

I D :

이 름 :

출생일 :

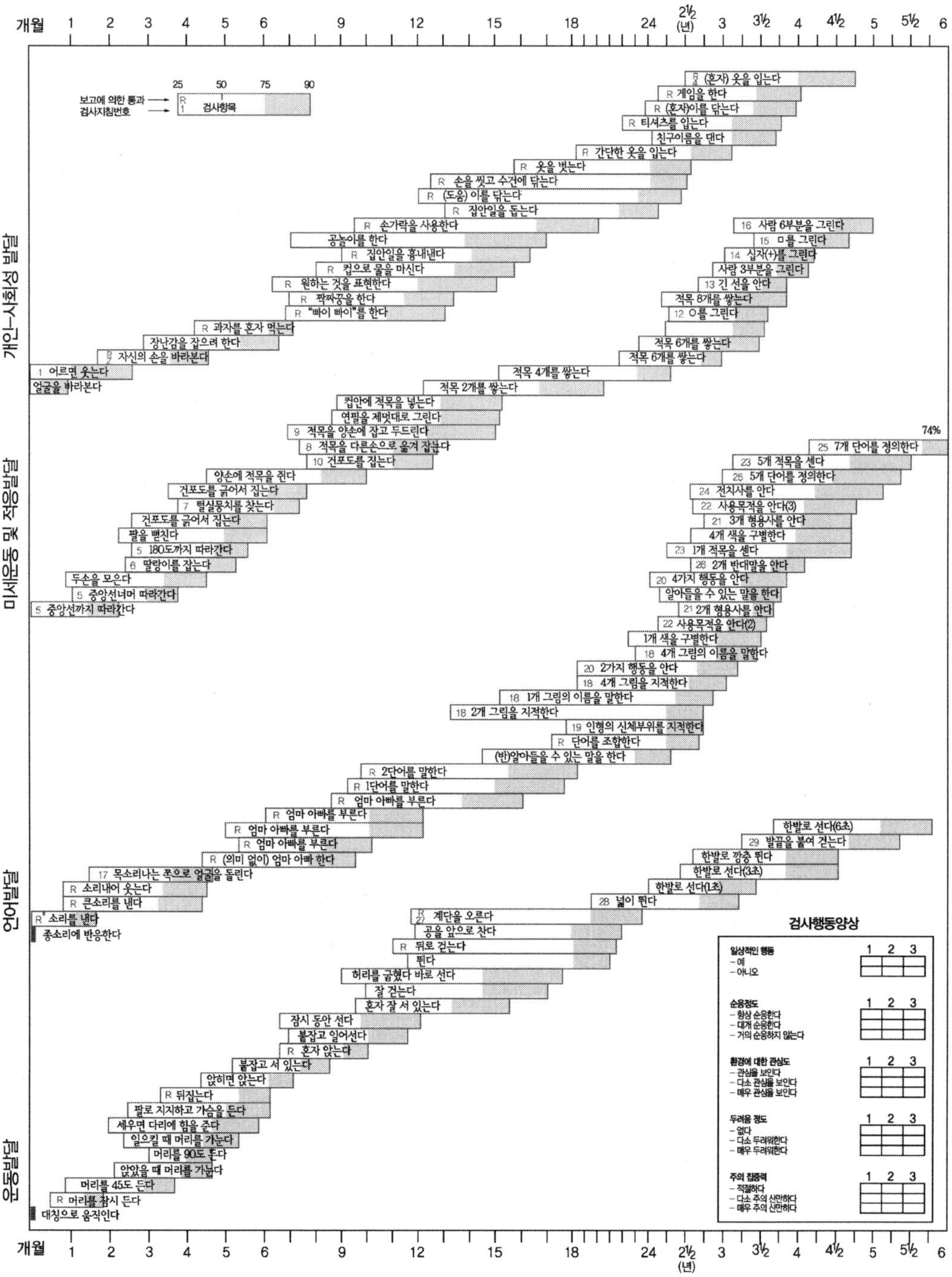

3 아동의 각 단계별 특성

1. 신생아기

(1) 체온조절

① 체온조절 기능 미숙 원인

㉠ 몸 크기에 비해 체표면적이 넓어 환경으로 열손실이 쉬움(단위 체중당 대사비율이 성인의 2배)

㉡ 피하 지방층이 얇아서 열을 보유하지 못함

㉢ 혈관이 성인에 비해 피부표면에 분포되어 있기 때문에 열손실이 쉽게 발생

㉣ 열생산 기전이 성인과 달라 떨림(shivering)을 통한 열생산을 못함 → 비떨림성 열생산 기전(갈색지방을 분해하여 생산함)

② 신생아 열손실 주요요인

대류	• 고체 표면과 액체, 기체 사이의 열 이동 • 목욕하는 동안 또는 바람에 노출될 때 신생아와 수분 사이에서 일어남 • 신체표면에서 차가운 주변 공기로의 열 흐름 • 목욕하는 동안 열 노출을 최소화함
전도	• 서로 접촉하는 두 개의 고체 물건 사이에서 일어남 • 신생아 몸이 차가운 물체와 접촉 시 체온이 전달되는 것 • 신생아 체중측정 시 담요를 체중계 위에 올려 놓음으로써 신생아와 체중계표면 사이를 따뜻하게 함 • 따뜻한 담요, 타월 사용
복사	• 고체 물건과 접촉되지 않은 것 사이의 열 이동 • 신생아 몸이 닿지 않은 상태에서 주변의 차가운 물체로 체온이 전달되는 것 • 차가운 방문 옆의 신생아는 방안이 따뜻함에도 불구하고 체온상실 • 에어컨 표면으로 체온을 방사 • 신생아의 침대는 창가를 피해 방의 안쪽에 둠
증발	• 액체가 증기 형태로 변화 시 생기는 열손실 • 출생 후 양수에 젖은 물기를 닦아주고 따뜻한 포와 머리에 모자를 씌움 • 신생아실의 온도는 22~24℃, 습도는 40~60% 유지

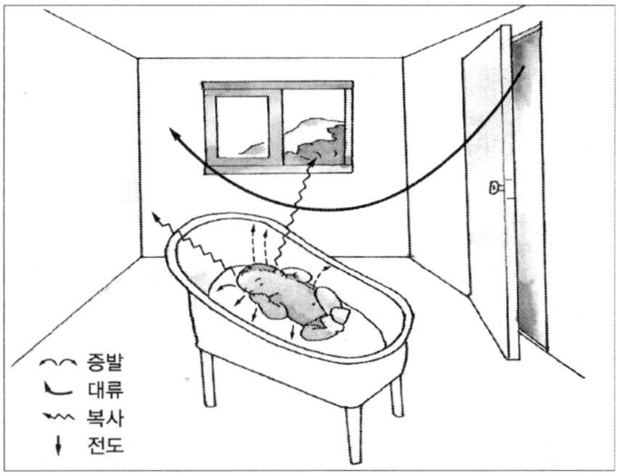

③ 체온유지

㉠ 출생 시 대부분의 열손실 - 수분을 통한 열손실인 증발 때문

㉡ 따뜻한 수건으로 피부와 머리카락을 빠르게 건조

㉢ 온열 방사기 간호제공

㉣ 옷이나 담요로 감싸 보온유지

(2) 신생아의 수분 전해질 관련 특성

① 출생 시 신생아의 총 수분량은 전체 몸무게의 73%로 성인보다 많음

② 성인에 비해 수분 교환율과 신진대사율이 높음

③ 신생아는 체중에 비해 섭취량과 배설량이 많음

④ 신생아는 세포외액이 세포내액보다 많음

⑤ 탈수, 산혈증, 과수분증 혹은 수분 중독증이 초래되기 쉬움

⑥ 기초대사율이 높아 전해질 불균형에 취약함

(3) 혈액계

① **저혈당** : 혈당은 55~60mg/ml이나 출생 시 글리코겐 저장량의 부족으로 별 임상증상 없이 저혈당(20mg/dl)을 나타낼 수 있음

② **PT 연장** : 간의 미성숙(혈액 응고 인자 생성 부족)으로 PT가 연장되나, 생후 6~7일에 정상으로 회복

③ **생리적 빈혈** : 간의 미성숙으로 적혈구 조혈이 일시적으로 중단되며, erythropoietin (적혈구 생성촉진인자) 생성부족으로 적혈구 희석되어 생리적 빈혈 나타나지만, 일시적 현상임

④ **생리적 황달** : 간의 미성숙으로 신생아기 적혈구 생존주기가 성인보다 짧아 과다한 비결합 빌리루빈이 생성, 간접 빌리루빈의 직접 빌리루빈의 전환 저하(glucuronyl transferase효소 활성부족)로 생리적 황달이 나타남

(4) 호흡기계

① 호흡을 자극하는 기전
   ㉠ **화학적 변화** : 분만 시 일시적 무호흡으로 인한 낮은 산소분압, PCO_2↑, PH↓
   ㉡ **온도 변화** : 자궁 내 환경에 비해 온도가 낮은 외부공기에 노출
   ㉢ **접촉 자극** : 산도를 통과하고 피부를 닦는 것과 같은 접촉은 호흡시작을 자극
   ㉣ **계면활성제** : 폐포의 공기와 액체 경계면의 표면장력을 감소시켜 호기 말에 폐포가 쭈그러지는 것을 방지하여 폐포 팽창을 돕는 물질로 임신 28주경 생산, 호흡을 용이하게 보조

② 폐전체가 공기로 채워지는데 2~3일 가량 소요됨(호흡 사강이 크다)
   ㉠ 기도 내경이 적어 기도저항이 증가하여 기도폐쇄가 쉽게 발생
   ㉡ 기도 점액질 농도가 짙음
   ㉢ 횡격막이 약해 호흡곤란이 쉽게 초래됨

③ 분만실과 신생아실에서 가장 우선시 되는 간호목표임
   ㉠ 중력에 의한 분비의 배액을 촉진하기 위해 머리를 15~30° 낮게 눕히고 필요시 분비물을 흡인
   ㉡ **구상흡인** : 구상흡인기를 침상 가까이 비치, 사용 시 인두 먼저 흡인한 후 비강흡인

(5) 위장관계

① 식도하부 괄약근의 미성숙으로 인해 위식도 역류가 흔히 일어남
   • 정상적인 반응, 1~4개월 신생아가 가장 흔하고, 6~12개월 후 신생아 역류 문제 사라짐
② 췌장의 리파아제, 소장의 아밀라제를 제외하고는 정상적으로 존재
③ 간의 미성숙으로 생리적 황달 유발, 알부민 합성 저하로 출생 시 부종 초래
④ 프로트롬빈, 글리코겐 저장량 부족
⑤ 위의 용적 적어 소량씩 자주 수유
⑥ 장의 흡수면적은 비교적 넓으나 근육이 약하여 장이 쉽게 팽창할 수 있음
⑦ 신생아의 대변양상 : 태변 → 이행변 → 우유변

태변	• 생후 첫 24~48시간 이내에 배출되어야 함 • 신생아 첫 대변 양상 • 끈끈한 녹색변 • 자궁에서 들이마신 태아세포와 솜털, 태지, 양수 등으로 구성
이행변	• 초기 수유 후 3~5일 후까지 • 수유 시작 시 변의 양상이 황갈색 띈 변으로 변함 • 가늘고 태변보다 점성이 덜 함
우유변	• **모유 수유아의 변** : 노란색에서 황금색으로 신 우유 비슷한 냄새 • **조제유 수유아의 변** : 창백하고 옅은 황색, 단단하고 강한 냄새

(6) 감각기능

시각	• 일정기간 물체에 집중, 협응하는 기능이 제한적 • 빛을 비추면 눈을 감는 눈깜박 반사(blink reflex) • 각막을 자극하면 눈이 감겨지는 각막반사(corneal reflex) • 눈물샘은 2~4주까지는 기능하지 않음 • 흑백대조, 기하학 무늬, 바둑판 무늬 좋아함 • 시력은 출생 후 4개월까지 급속히 발달, 양안시가 어느 정도 확립
청각	• 잘 발달 : 갑작스럽고 예리한 소리에 놀람반사로 반응 나타냄 • 청력 예민해짐 : 고주파음과 사람 목소리에 민감
후각	• 식초와 같은 강한 냄새에 얼굴 돌림 • 모유냄새 맡음, 자신의 어머니 구별
미각	• 맛을 구별하는 능력 있음 : 쓴맛과 단맛 구별 • 맛이 쓰거나 신 용액에는 찡그림으로 반응
촉각	• 출생 시 신체 부위의 촉감 지각, 입 · 손 · 발바닥이 가장 예민함 • 고통스러운 자극에는 불쾌감을 나타냄 • 가장 예민한 감각

(7) Apgar score 사정

① 신생아의 자궁 외 생활에 대한 최초의 적응을 사정하는 도구

② 출생 후 1분과 5분 후에 평가하여 신생아의 상태가 안정될 때까지 반복

구분	0	1	2
심박동수	없음	느림, <100회/분 이하	>100회/분 이상
호흡 노력	없음	느리고 불규칙	양호하고 잘 울음
근긴장도	늘어져 있음	사지의 약간의 굴곡	활발한 움직임, 잘 굴곡됨
자극에 대한 반응	무반응	얼굴을 찡그림	기침, 재채기 함
피부색	청색, 창백	몸통은 붉은색, 사지는 청색	전신이 분홍색
(0~3점 이하 : 심한 적응 곤란, 4~6점 : 중증도의 곤란, 7~10점 : 정상)			

(8) New Ballard Scale(NBS)

① 6항목의 신체검사와 6항목의 신경학적 검사로 구성된 도구

② 20주 ~ 44주의 재태기간 성숙도를 평가

③ **사정시기** : 출생 직후 42시간까지 어느 때나 가능하나 신뢰도가 높은 시기는 신생아가 충분히 안정되고 적응되는 생후 12시간 이내

④ **6개 항목** : 자세(position), 손목굴곡(square windows : wrist), 팔반동(arm recoil), 슬와각도(popliteal angle), 스카프 징후(scarf sign), 발뒤꿈치 귀닿기(geel to ear)

신생아 성숙도와 분류

성숙도에 따른 재태월령 측정

기호 : X – 첫 번째 검사 O – 두 번째 검사

신경근육계 성숙도

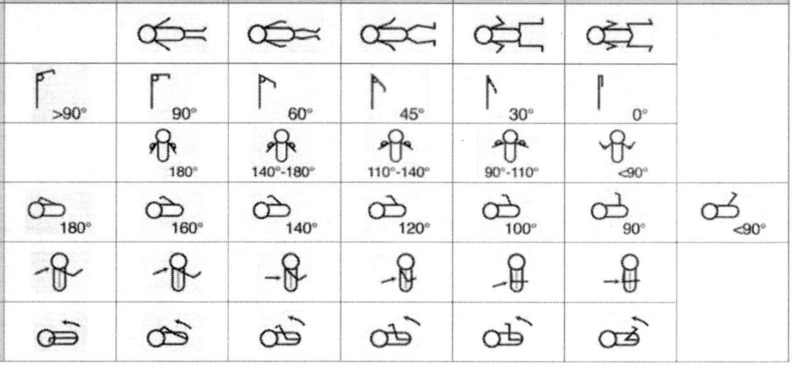

	−1	0	1	2	3	4	5
자세 (Posture)							
손목 Square Window(wrist)	>90°	90°	60°	45°	30°	0°	
팔 반동 (Arm Recoil)		180°	140°-180°	110°-140°	90°-110°	<90°	
슬와각도 (Popliteal Angle)	180°	160°	140°	120°	100°	90°	<90°
스카프 징후 (Scarf Sign)							
발뒤꿈치에서 귀(Heel to Ear)							

주

출생일	시간	오전 오후
APGAR	1분	5분

점수

	X–첫 번째 검사	O–두 번째 검사
성숙도에 따른 재태월령 측정	주	주
검사일	날짜 ______ 시간 ______ 오전 오후 ______ 시간	날짜 ______ 시간 ______ 오전 오후 ______ 시간
검사자	______ M.D.	______ M.D.

신체성숙도

	−1	0	1	2	3	4	5
피부	끈적끈적하다. 손상되기 쉽다. 투명하다.	끈적끈적하다. 붉은색 반투명하다.	부드러운 분홍빛 정맥이 보인다.	표피가 벗겨진다. 홍반 정맥이 약간 보인다.	갈라지고 부위가 창백하다. 정맥이 드물다.	벗겨지거나 깊게 갈라진다. 혈관이 보이지 않는다.	축 처진다. 피부가 갈라진다. 주름진다.
솜털	없음	드물게 산재한다.	많다.	가늘다.	벗겨진 부분이 있다.	주로 벗겨져 있다.	
발바닥	발꿈치 – 발가락 40~50mm : −1 <40mm : −2	>50mm에서 주름 없다.	창백한 붉은 점	전방에만 측면으로 주름	전방 2/3 주름	발바닥 전체에 주름	
유방	감지할 수 없다.	드물게 감지된다.	유두가 편평하다. 유륜이 없다.	점같은 유륜 1~2mm	돌출된 유두 유륜 3~4mm	완전한 유두 유륜 5~10mm	
눈/귀	눈거풀이 붙어 있다. 느슨하게 : −1 단단하게 : −2	눈꺼풀이 열려 있다. 이개 : 편평함. 주름 잡혀 있다.	이개 : 약간 곡선 부드럽다. 서서히 반동	이개 : 곡선 부드럽지만 쉽게 반동	잘 형성되고 단단하며 즉시 반동	두꺼운 연골, 단단하다.	
생식기 (남)	음낭이 편평하고 부드럽다.	음낭이 비어 있다. 주름이 없다.	고환 : 음낭의 상층에 - 있다. 드물게 주름	고환 : 하행성 몇 개의 주름	고환 : 음낭 밑에 있다.	고환 : 처져 있다. 주름이 깊다.	
생식기 (여)	돌출된 음핵 편평한 음순	돌출된 음핵 작은 소음순	돌출된 음핵 비대한 소음순	소 · 대음순 동시에 돌출됨	주름이 많다. 대음순 – 크다. 소음순 – 작다.	대음순이 음핵과 소음순을 덮고 있다.	

성숙도

점수	주수
−10	20
−5	22
0	24
5	26
10	28
15	30
20	32
25	34
30	36
35	38
40	40
45	42
50	44

(9) 신생아 피부

① 장미빛, 핑크빛, 비교적 불투명

② 정맥이 보이지 않고 매끄럽고 부은 듯 하며 눈, 다리, 음낭에 부종이 있고 발바닥에 많은 주름

말단청색증	• 손과 발의 부분적인 청색증, 일반적으로 나타남 • 혈관운동 불안정, 모세혈관 정체 및 높은 헤모글로빈으로 인한 것 • 말초순환이 느리고 찬 공기에 노출 시 악화됨
입 주위 청색증	• 입 주위에 생기는 청색증 • 우유를 먹거나 울 때 생기는 것은 비정상 → 심장기형 의심
대리석양 피부	• 피부가 냉기에 노출되면 전신에 일시적으로 얼룩덜룩하게 반점 생김
할리퀸 증상 (harlequin)	• 신생아를 옆으로 눕히면 몸의 중앙선을 경계로 하여 바닥에 닿은 부분은 붉고 윗부분은 창백한 채로 있는 것 • 자율신경계의 부조화로 발생, 체위변화에 따른 일시적 현상
모세혈관 확장모반 (stork bites)	• 모세혈관의 이완으로 편평하고 국소적으로 붉은 색을 띠게 됨 • 생후 1년 이내에 사라짐
태지 (vernix caseosa)	• 회백색 치즈 같은 물질, 자궁 내에서 피부를 보호하기 위해 덮여 있음 • 팔 접혀진 부분과 액와, 서혜부에서 발견 • 2~3일 후 건조되어 자연 소실
솜털(lanugo)	• 전신의 섬세하고 가늘고 부드러운 털 • 어깨, 등, 발 윗부분에서만 발견 • 태아 16주경 나타나 32주경 없어짐
몽고인 반점 (monolian spots)	• 불규칙한 진푸른 착색으로 하요부, 둔부에 나타남. 동양인 90% • 학령기까지 저절로 없어짐
중독성 홍반 (erythema toxicum)	• 분홍색의 구진상 발진 • 생후 1~2일에 가슴, 등, 둔부, 복부에 나타나다가 자연소실
패립종(milia)	• 코, 얼굴, 이마와 상체에 나타나는 희고 작은 구진으로 피지선이 막혀서 생김 • 자연소실
딸기 모양 혈관종	• 진피층과 진피하층의 이완된 모세혈관 때문에 피부 표면에 솟아올라 있음 • 생후 1년까지는 커지다가 7~10년 이내 소실

⑽ 구체적 신체사정

① 활력징후와 신체계측

호흡	• 40~60회/분, 복식호흡으로 1분간 복부를 관찰하여 측정 • **호흡시작 원인** : 체온하강과 제대결찰로 인한 동맥계 산소분압 감소
심박동수	• 규칙적, 120~160회/분, 1분간 측정 • **심첨** : 좌측 중앙 쇄골선상과 제4늑간 부위(만 2세 이전까지 심첨맥박이 정확)
체온	• 36.5~37℃, 직장체온계는 점막손상 때문에 사용하지 않음
혈압	• 80/46mmHg
머리둘레	• 33~35cm(가슴보다 2~3cm 큼) • 줄자로 눈썹 위부터 후두를 지나 측정(가장 큰 둘레)
가슴둘레	• 30.5~33cm, 견갑골 아래쪽에서 유두 위로 둘러 측정
복부둘레	• 줄자를 척추와 직각이 되게 등뒤로 돌린 후 제대 바로 위를 지나도록 잼
체중	• 2,700~4,000g, 수유 전 매일 같은 시간에 기저귀만 채우고 측정 • **생리적 체중감소** : 생후 첫 7일 이내에 10% 정도의 체중감소(배변, 배뇨, 불감성 수분손실)
신장	• 48~53cm • 평평한 면에서 눕힌 자세로 앞쪽 대천문에서 발뒤꿈치까지의 길이 측정

② 머리

주형(molding)	• 질식 분만 시의 압력으로 봉합선이 좁아지거나 겹쳐지는 것 • 며칠 지나면 소실
산류(caput succedaneum)	• 분만 시 압력으로 인한 두개 선진부 연조직의 부종 • 봉합선을 넘어서 분포함(3일 내 없어짐) • 24시간 이내 나타남 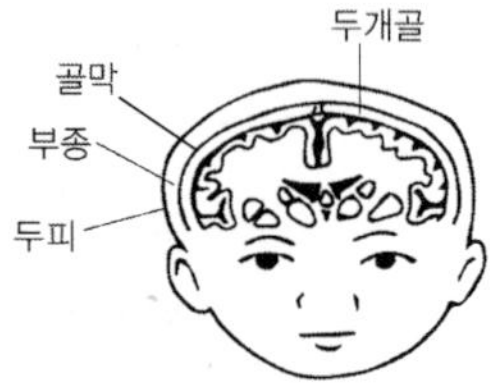
두혈종(cephal hematoma)	• 출생과정에서 이차적 두부외상 또는 혈관파열 결과 • 골막과 두개골 사이에 혈액이 고인 상태 • 봉합선을 넘지 않음(몇 주 이내 소실) • 생후 24~48시간 후에 나타남 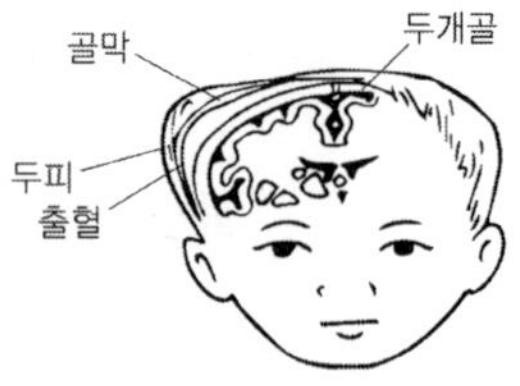

대천문	전두골과 두정골의 결합부위에 다이아몬드 모양, 12~18개월에 닫힘	
소천문	후두골과 두정골의 결합부위에 삼각형 모양, 2개월에 닫힘	
비정상	함몰	탈수 의미
	팽창	두개내압 상승 의심

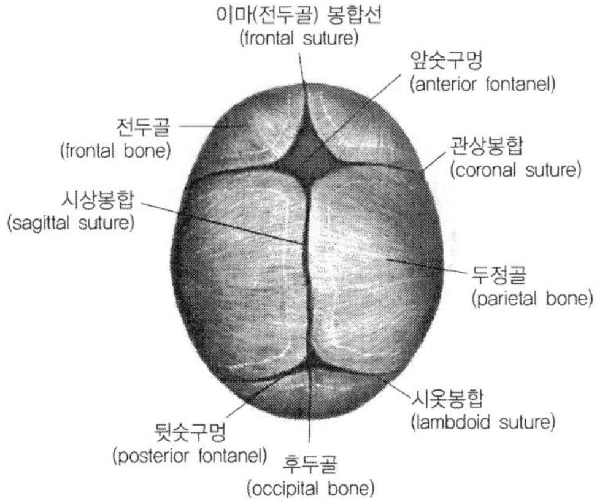

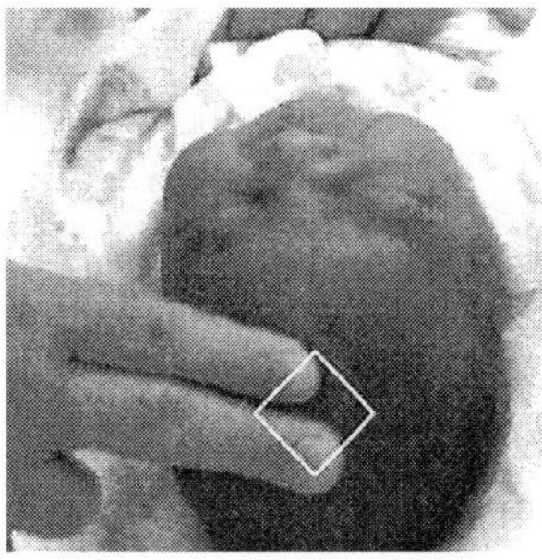

③ 신체부위별 사정

눈	• 안구진탕이나 사시가 흔히 있음 • **눈물샘** : 눈물이 나오지 않을 수 있음 • **접촉 시 각막반사(눈 깜박임) 나타남** : 뇌나 눈 손상 시 나타나지 않음 • 물체의 움직임에 따라 대상물에 고정하거나 물체를 따라서 보며 중앙선까지 추적가능(2~4주 : 물체에 대한 고정) • 움푹한 눈, 아래로 전이된 눈으로 인해 공막이 동공 위로 보이는 일몰징후(sunset eyes) 지속 시 수두증 의심 • 일시적인 부적절한 안구운동, 인형눈 현상(doll's eye) → 10일 후 없어짐
입	• 타액 분비가 불충분하며 맛의 구별 가능 • **엡스타인 진주** : 경구개의 작은 흰색 상피세포 덩어리(수주 내 소실) • **흡철반사(sucking reflex)** : 물체를 입술에 대거나 입안에 대면 빨려고 하는 것 • **포유반사(rooting reflex)** : 뺨을 톡톡 두드렸을 때 자극받은 쪽으로 고개를 돌리는 것
귀	• 외이의 꼭대기는 눈높이에 있어야 함(염색체 이상 시 처짐) • **신생아는 이경 사용 ×** : 외이도는 양수로 가득 차 있기에 금지 • **귀약 점적 시 자세** 　- 앉거나 눕되 환측 귀가 위쪽으로 오도록 함 　- 이도를 곧게 하기 위해 3세 이하는 후하방, 3세 이상은 후상방으로 당기어 약 투여 　- 약물점적 후 5분 정도 그대로 자세 유지해야 함

<table>
<tr><td>목</td><td colspan="2">• 신생아 목은 짧고 주름져 있음
• 반궁긴장(opisthotonous) 지속 시 신경질환 의심 : 파상풍, 간질, 뇌척수막염증
• 쇄골은 가장 쉽게 부러지므로 촉진 시 조심 → 쇄골골절 시 모로반사 소실
• 모로반사 확인</td></tr>
<tr><td>가슴</td><td colspan="2">• 전후경 = 좌우경, 원통형
• 모체호르몬의 영향으로 정상적으로 생후 2~3일경 유방울혈, witch's milk 분비 가능
• 감염될 수 있으므로 짜지 않기, 자연소실</td></tr>
<tr><td>복부</td><td colspan="2">• 제대 : 동맥 2개, 정맥 1개, 6~10일 후 자연탈락
• 장음 청진 후 촉진 : 부드럽게 느껴짐(단단할 경우 장폐색 의심)</td></tr>
<tr><td rowspan="4">생식기</td><td>여아</td><td>• 대음순은 크고 부종이 있으며, 소음순을 완전히 덮고 있음
• 가성월경
– 모체호르몬의 영향으로 나타날 수 있는 정상적인 영향
– 혈액성, 점액성 질 분비물이 보일 수 있음
– 일시적인 증상으로 2~4주 후에 없어짐</td></tr>
<tr><td>남아</td><td>• 선의 끝에 위치에 있는 요도 구멍을 확인해야 함(요도상열, 요도하열)
• 고환 확인 위해 음낭촉진 : 정상적으로 임신 8개월 경 복강에서 음낭으로 내려옴
• 음낭은 크고 부종</td></tr>
<tr><td>요로계</td><td>• 세포파괴로 인한 요산배설로 기저귀를 붉게 물들일 수 있음</td></tr>
<tr><td colspan="2">※ 모체호르몬 영향
• 유방종창(에스트로겐), 마유(프로락틴), 가성월경(에스트로겐과 프로게스테론의 급작스러운 감소)</td></tr>
<tr><td>둔부</td><td colspan="2">• 태변 : 생후 24시간 이내에 배출되는 암녹색의 끈적이는 변
• 태변 배출은 항문개방을 의미(24시간 이내)
• 생후 48시간 경과 후에도 배출이 되지 않을 때는 장폐색, 항문기형 의심
• 태변 없을 시 윤활제 바른 손가락 삽입하여 항문의 폐쇄 여부 확인
• 점막천공 우려 때문에 직장체온계는 사용하지 않도록 함
• 피부주름 대칭 여부 확인(비대칭은 선천성 대퇴탈구 의심)
• 모유 영양아 : 황금색, 부드럽고 냄새는 단내가 나며, 하루에 4번 이상 자주 배설
• 인공 영양아 : 황백색, 단단하고 냄새가 많으며 하루 3회 정도 배설</td></tr>
</table>

상지와 하지	• 선천성 대퇴 탈구 확인(대퇴 관절을 돌려보아 175° 외전 시 정상) • 반사 : 굴곡반사 및 바빈스키 반사 • 손바닥의 단일선 : 다운증후군 의미 • 다지증, 합지증 확인 • 기타 : 대칭성 운동범위, 정상반사 사정
수면	• 신생아의 총 수면은 16~18시간, 이 중 50% REM 수면

④ **신경계** : 정상반사 확인, 무반사일 경우 중추신경계 이상을 의미

부위	반사	기대되는 행동적 반응	지속기간
눈	깜박 또는 각막반사 (blinking or corneal)	• 각막에 갑작스럽게 밝은 빛이나 물체가 나타나면 눈을 깜박거림	평생 지속
	동공반사 (pupillary)	• 밝은 빛을 비추면 동공이 수축	평생 지속
	인형눈반사 (doll's eye)	• 머리를 천천히 좌우로 움직일 때, 눈이 머리의 새 위치에 즉시 적응하지 못하고 뒤로 처짐 • 고정능력이 발달하면서 사라짐	계속되면 신경계 손상 의미
코	재채기반사 (sneeze)	• 자극이나 폐쇄에 대한 비강의 자연적 반응	평생 지속
	미간 찡그리기 반사 (glabellar)	• 미간을 가볍게 두드리면 눈을 꼭 감음	
입과 목	빨기반사 (sucking)	• 입 주위를 자극하면 강하게 빨기 시작함 • 수면 시에도 나타남	영아기 동안 지속
	구역반사(gag)	• 음식, 흡인, 관의 삽입에 의해 후인두가 자극되면 구역질이 일어남	평생 지속
	포유반사 (rooting)	• 입가나 볼을 두드리거나 만지면 그 쪽으로 머리를 돌리고 빨기 시작함	• 3~4개월 지속됨 • 12개월까지 지속될 수 있음
	밀어내기반사 (extrusion)	• 혀를 건드리거나 누르면 혀를 밖으로 내밈	4개월에 사라짐
	하품반사(yawn)	• 산소 부족에 대해 공기흡입량을 늘리려는 자연스런 반응	평생 지속
	기침반사(cough)	• 후두나 기관지 점막이 자극되면 기침유발 • 보통 출생 첫날에 나타남	평생 지속

몸통	파악반사(grasp)	• 손바닥과 발바닥을 건드리면 손과 발가락을 오므림	• 손바닥 파악반사 : 3개월 후면 수의적 움직임에 의해 감소 • 발바닥 파악반사 : 8개월에 사라짐
	바빈스키반사 (Babinski)	• 발뒤꿈치에서부터 발바닥 외측을 따라 엄지발가락 쪽으로 긁으면 발가락이 과다신전되고, 엄지발가락은 배굴	1년 후 사라짐
	발목간대성경련반사 (ankle clonus)	• 약간 굴곡된 자세에서 무릎을 지지하고 발을 가볍게 배굴시키면 1~2회의 진동이 일어남, 진동이 느껴지지 않아야 함	
	모로반사(moro)	• 갑작스런 충격이나 평형의 변화로 사지가 갑작스럽게 외전하며 뻗치고 손가락이 펼쳐짐, 그 후 사지가 굴곡되고 내전됨 • 하지는 약하게 뻗거나 울기도 함	생후 2개월경까지 가장 강하고 3~4개월 후에 사라짐
	놀람반사(startle)	• 갑작스러운 큰소리에 팔꿈치의 굴곡과 함께 팔이 외전됨, 주먹을 쥐고 있음	생후 4개월 정도에 사라짐
	페레즈반사 (perez)	• 영아를 딱딱한 면에 엎어 누인 채 엄지손가락을 천골에서 목까지 척추를 따라 누르면, 울음, 사지굴곡, 골반과 머리를 들어올림 • 배변, 배뇨뿐 아니라 척추전만증(lordosis) 일어남	4~6개월경에 사라짐
	긴장성 경반사 (tonic neck)	• 영아의 머리를 한쪽으로 돌리면, 그쪽의 팔과 다리는 신전되고 반대쪽은 굴곡됨 • 신체 양쪽의 좌우 대칭적인 자세로 대체됨	3~4개월에 사라짐
	체간 만곡반사 [trunk incurvation (galant)]	• 척추 한쪽을 따라 손가락으로 가볍게 긁으면 자극받은 쪽으로 엉덩이가 움직임	4주경에 사라짐

보행반사 (dance or step)	• 영아를 세워 발바닥이 딱딱한 면에 닿으면 걷는 것처럼 다리의 굴곡과 신전이 교대로 일어남	3~4주에 사라짐
기어가기 반사 (crawl)	• 엎드려 눕히면 팔과 다리로 기는 동작을 함	6주경에 사라짐
발내딛기 반사 (placing)	• 영아 팔을 잡고 세워 발등이 탁자와 같은 단단한 물체에 닿으면 발이 테이블 위를 걷는 것처럼 다리를 들어 올림	사라지는 시기는 다양함

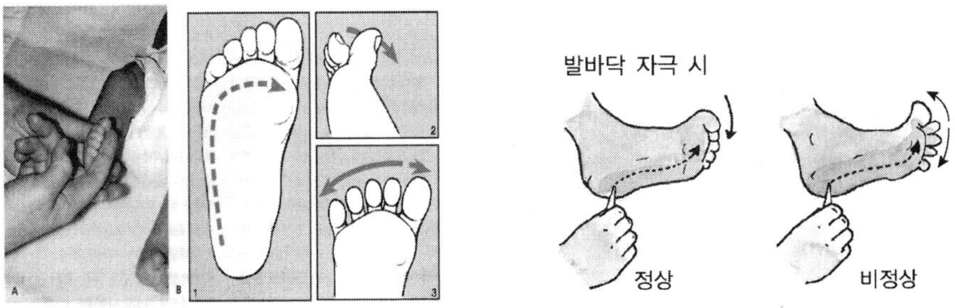

〈바빈스키반사〉

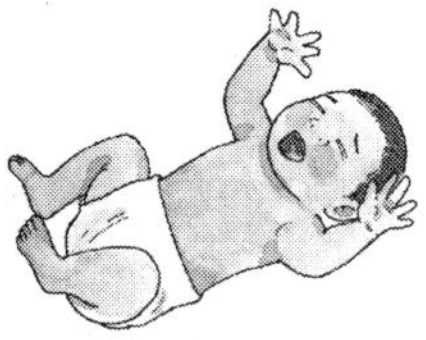

〈모로반사〉

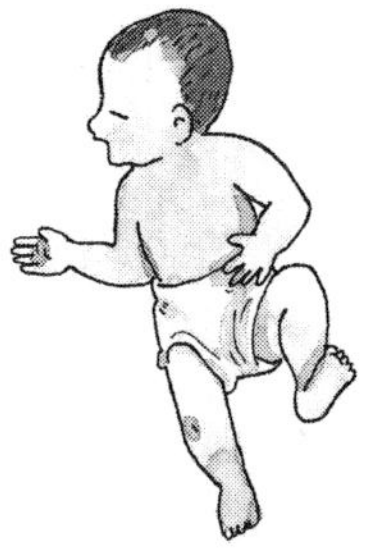

〈긴장성 경반사〉

⑤ 감염과 상해로부터의 보호

눈	• 신생아 임균성 안염과 감염성 결막염 예방 위해 0.5% erythromycin 또는 1% tetracycline 점안 • 질산은 용액은 임균성 안염에 효과적, 화학적 결막염 유발
제대	• 2개의 동맥과 1개의 정맥 확인(1개 동맥 : 선천성 기형, 염색체 이상빈도 ↑, 신기능 이상 가능성) • 알코올이나 gentian violet을 제대 기저부에 바름 • 제대가 떨어져 나올 때(1주일~10일)까지 깨끗하고 건조하게 유지 • 기저귀는 제대 아래쪽에 대어줌, 제대가 떨어지기 전까지는 부분 목욕을 시행 • **감염증상 관찰** : 홍반, 악취, 농성 분비물 유무 관찰

Vit K 투여	• 간에서 응고인자 생성 미숙으로 신생아의 출혈성 질병 예방 위해 Vit K 1mg을 대퇴의 외측광근에 근육주사하여 prothrombin 저하를 방지 • Vit K는 정상적으로 장내 세균총에 의해 합성되나 신생아의 위장관은 출생 시 무균상태로 비타민 K 생성이 되지 않음
B형 간염 (HBV) 예방접종	• 출생 직후나 퇴원 전(출생 후 2일)에 3회 중 첫 번째 예방접종을 실시 • 산모가 HBsAg 양성 : 출생 후 12시간 내에 예방접종, 다른 부위에 면역글로블린 투여 • HBsAg 음성인 산모에서 출생한 미숙아 – 체중이 2kg 이상 시 퇴원 직전에 접종 – 2kg 이하 시에는 2개월까지 접종 연기
기저귀 발진	• 기저귀를 잘 갈아주지 않거나, 모유에서 인공유로 전환할 때, 고형식을 시작하였을 때 잘 발생되는 기저귀 착용 부위의 피부발진 • 기저귀를 자주 갈아주고, 공기 중에 노출시켜 건조하게 유지해야 함 • 흡수성 젤이 내포된 1회용 기저귀는 피부를 건조하게 유지하며, 산도가 높아지는 것을 예방함 • 천 기저귀 사용 시 여러 번 헹구어 세제가 남지 않게 하고 햇빛에 말릴 것
목욕	• 피부의 산도(pH 5.5) 유지 • 알칼리성 비누, 오일, 로션 등은 피부의 산도를 변화시키므로 사용하지 않음 • 수유 직후는 목욕은 피하며, 순서는 머리부터 발쪽으로 씻길 것 • 여아의 음순은 앞에서 뒤쪽으로 닦고, 남아는 귀두 주위의 치구를 닦음 • 눈꺼풀 안쪽에서 바깥쪽으로 닦을 것 • 파우더 사용 시 흡인의 위험이 있으므로 얼굴 가까운 부위는 사용하지 않음 • 목욕 후 빠르게 건조시켜 체온손실을 최소화하도록 함 • 피부가 겹쳐진 부분에 관심가지기

⑾ 캥거루식 돌보기(Kangaroo care)

① 부모가 앞섶이 없는 헐렁한 옷을 입고 기저귀와 모자만 착용한 저체중아를 부모의 맨살에 닿도록 해 가슴 위에 수직으로 세워 안는 피부접촉방법으로 직접적인 눈 접촉이 가능하고, 피부감각을 느낄 수 있도록 가깝게 안는 방법이다.

② 아기에게 어머니의 피부접촉은 어머니 몸의 애정, 사랑, 부모되기를 할 수 있게 하는 돕는 물질을 생성하게 하고, 이 물질은 영아의 뇌에 긍정적 행동을 하게 하며, 강력한 애착을 발달시켜 어머니와 강하게 결속(bonding)을 하게 된다.

③ 미숙아의 성장과 안정을 도우며 모아관계를 향상시키는 효과가 있다.

④ 장점

㉠ 부모와 저체중아 사이의 캥거루식 안기와 같은 피부접촉은 환아와의 조기접촉과 환아의 스트레스를 감소

㉡ 부모와의 피부접촉은 사망위험 감소와 감염위험 감소, 재원기간 단축, 신생아의 산소포화도 및 체온유지, 식욕증가, 성장개선 등

㉢ 피부 대 피부의 접촉은 저체중아와 부모 간의 상호관계 증진

㉣ 피부접촉을 통해 조기분만과 관련된 정신적 치유를 경험

㉤ 어머니 역할을 일찍 습득

2. 영아(생후 1달~12개월)

(1) 심리사회적 발달 : Erickson 신뢰감 대 불신감

① 주 양육자와의 애착관계가 신뢰감 형성의 기초가 됨

② 일관성 있고 사랑이 담긴 어머니의 돌봄이 주요 요소

(2) 신체적 발달 : 신체가 급속하게 성장하는 시기(제1성장 급속기)

신장		• 생후 1년간 50% 성장(1세 : 태어날 때의 1.5배)
체중		• 영양상태의 유용한 지표 • 3~4개월에 출생 시 체중의 2배, 1세 때 3배, 2세 때 4배가 됨
두위		• 두위>흉위(생후 1년이면 두위 = 흉위, 그 후 두위<흉위) • 대천문은 12~18개월에 폐쇄, 소천문은 2~3개월에 폐쇄
흉위		• 흉위의 전후직경<좌우직경
신경계		• 두뇌성장은 생후 1년간 가장 빠름 • 뇌의 크기 증가는 뇌 성장과 분화 의미
호흡기계		• 기도가 작고 협착되어 감염이 쉽고, 유스타키오관이 짧고 수평이어서 중이염 위험이 높음
심혈관계		• 태아기 단락이 닫히고 폐순환이 급격히 증가
감각계	시각	• **양안시** : 양안시는 양쪽 눈을 동시에 하나의 시야에 고정하는 것으로 6주경에 시작되고 생후 3~4개월까지 완성 • 친숙한 얼굴, 대비가 선명한 색이나 원색 선호(파스텔 색은 6개월까지 구분되지 않음) • **입체시** : 7~9개월경 시작, 깊이에 대한 지각 가능 • 4~6개월까지는 눈 움직임의 협응과 눈 주위 근육이 조절되어야 함
	청각	• **4개월** : 뒤에서 나는 소리에 눈과 머리를 돌림 • **10개월** : 자신의 이름을 부르는 소리에 반응 • 출생 1개월 내 청력 상실에 대한 선별검사(이상 시 3개월에 청력검사, 6개월 이전에 중재가 필요)

면역계	• 모체로부터 받은 전달된 항체로 감염반응 • 면역 글로불린이 부족하여 감염에 취약 • 모유수유 : IgA 공급
위장관계	• 신생아의 위의 용적은 10~20㎖, 생후 1년에 200㎖ 증가 • 단백질과 유당은 소화가능, 지방의 소화와 흡수는 생후 6~9개월에 가능 • 아밀라아제는 생후 4개월 이상부터 분비, 타액샘의 크기는 2세 말에 성인수준에 도달함 • 위의 모양은 수평적이었다가 점차 둥글어지면서 2세부터 길어짐 • 간기능이 미숙하고 담즙 분비는 성인의 50% 수준임
신장계	• 영아의 수분전해질 불균형 위험이 큼 – 세포외액의 비율이 성인에 비해 많음 – 기초 대사량이 높으며 호흡수가 빨라서 수분상실이 많음 – 체중에 비해 체표면적이 커서 피부를 통한 불감성 수분손실이 많음 : 체표면적은 성인과 비교하여 신생아에서는 2배, 미숙아에서는 5배가 넓음 – 신장기능 미숙으로 인해 사구체 여과율이 성인보다 낮음 – 위장관 공간이 넓어 설사 시 다량의 수분이 소실됨

(3) 운동발달

전체 운동 발달	• 머리에서 발끝으로 발달 • 머리 가누기 → 뒤집기 → 앉기 → 기기 → 서기 → 걷기	
	1개월	• 엎드린 자세에서 머리를 좌우로 움직임
	2개월	• 45° 정도 고개를 들 수 있음
	3개월	• 45~90° 정도 고개를 들 수 있음 • 머리조절이 완성되는 3~4개월에 머리 가누기를 할 때 정상 경추만곡 형성
	4개월	• 머리를 가눌 수 있고 누운 채 좌우로 몸을 돌릴 수 있음 • 정상 요추만곡현상(앉기 시작할 때)이 나타남
	5개월	• 몸을 엎드린 자세에서 바로 누운 자세로 뒤집을 수 있음(복부에서 등)
	6개월	• 구를 수 있음(등에서 복부로), 영아를 옆으로 누이면 쉽게 복위로 뒤집을 수 있음 • 엎드린 채 양팔로 몸무게 지탱 가능함
	7개월	• 도움 받아 앉을 수 있음 • 삼각대 자세 : 손은 앞으로 짚어 자신의 몸을 지지하고 혼자 앉을 수 있음
	8개월	• 도움 없이도 앉을 수 있음 • 손을 짚지 않고도 앉을 수 있음 • 배로 기기(crawling : 복부를 바닥에 대고 몸을 앞으로 끌면서 기어다님)

	9개월	• 기어다니는 행동(creeping : 바닥에서 배를 떼고 손과 무릎을 사용하여 기는 행동)
	10개월	• 가구를 붙잡고 일어남
	11개월	• 가구를 잡거나 양손을 붙잡은 상태에서 걸을 수 있음
	12개월	• 첫걸음(가구 잡고 걸어다님) → 보행능력을 획득하는 시점
미세 운동 발달	1개월	• 주먹 쥐고 있음
	3개월	• 주먹을 펴게 되고 손 벌려서 물체를 잡을 수 있게 됨 • 딸랑이를 손에 쥐어주면 능동적으로 잡음
	5개월	• 손 전체를 사용하여 물건을 잡음
	6개월	• 한손에서 다른 손으로 물건 옮겨 잡음 • 우유병을 손으로 잡기도 하고, 발을 잡아서 입으로 가져가기도 하며, 과자를 혼자 쥐고 먹기도 함
	7개월	• 물체를 한손에서 다른 손으로 옮겨 쥘 수 있음
	8개월	• 집게 손가락으로 장난감을 집음
	9개월	• '바이바이'하며 손을 흔듦
	10개월	• 엄지와 검지 사용하여 물건 잡기를 충분히 습득하여 건포도나 작은 음식을 집을 수 있음
	11개월	• 물체를 그릇에 넣거나 빼는 것을 좋아함
	12개월	• 수저와 컵을 사용하여 음식을 먹을 수 있음 • 한번에 여러 장씩 책장을 넘길 수 있음
유치 출현	• 치아는 6~8개월 사이, 하악중절치-상악중절치-상악측절치-하악측절치-어금니-송곳니 순 • **유치수** : '월령-6' 계산 • 12개월에는 평균 6~8개 치아가 나며, 생후 2년 6개월이 되면 20개 유치 모두 보임 • 영아의 잇몸마사지 → 간지러워 보챌 시에는 그 부위를 차게 진정시키는 방법 이용(젖은 헝겊/고무나 토스트를 차게 제공) • 젖니가 나면 구강위생 시작, 잇몸이 약하므로 젖은 헝겊으로 깨끗이 닦아줌 • **우유병 충치 증후군** : 상악중절치에 많이 나타남. 우유병을 물고서 자지 않도록 함	

(4) 인지발달 : Piaget 감각운동단계(출생~2세) – 자극에 대한 반응

감각이나 운동을 통해 사물을 이해하는 시기

1~4개월 (1차 순환 반응기)	• 우연에 의해 처음 형성된 행위를 재현하려는 노력 • 우연히 손가락을 빨다가 빠는 것이 즐겁다는 것을 배우고 손가락을 연속 빨게 됨 • 목적성이 없는 단순한 행동을 함 • 사물의 연속성을 이해하지 못해 눈앞의 물건을 치워버리면 잊어버림
4~8개월 (2차 순환 반응기)	• 목적 있는 행동을 하는 시기, 대상연속성의 개념 발달(까꿍놀이) • 시야가 넓어지고 자기가 한 행동 결과에 대해 관심보이며 부분적으로 가려진 물건을 알아차리고 찾아낼 수 있음 • 대상연속성 : 주변의 물체가 내 앞에 있지 않더라도 계속적으로 존재한다는 것을 인식할 수 있는 사고 • 낯가림 시작
9~12개월 (2차 협동 반응기)	• 목표지향적임, 장애 있을 시 목표를 향해 장애물을 치울 수도 있음 • 자신의 모습을 볼 수 없어도 상대방의 얼굴 표정 보고 따라할 수 있음 • 장난감을 쌓아올리고 물건을 통에 넣거나 꺼내는 행동 등의 놀이는 목적 있는 행동을 조직화시키고 물건의 영속성을 이해할 수 있도록 해줌 • 지적 추리 시작, 사건의 상징 연결시키기 시작

(5) 성심리 발달 : Freud 구강기(oral stage – 출생 ~ 1세)

① 영아의 쾌감은 구강활동에 집중되어 있음

② 영아의 손가락 빨기는 정상적인 행위, 관심을 다른 데로 돌려줌

③ 만족을 얻지 못했다면 고착현상(술 · 흡연애호, 남을 비꼬는 일을 즐기는 행위, 의존적이고 유아적인 구강기적 성격)이 나타날 수 있음

(6) 사회화 : 생후 1년 동안 주 양육자와의 관계를 통해 "애착"이 생김

1개월	• 물체와 얼굴을 구별함
2개월	• 배냇짓(사회적 미소, social smile) 보임
4개월	• 일차 돌봄자를 알아봄
6~8개월	• 낯선 이와 함께 있을 경우 수줍어 함, 낯가림 시작
9~10개월	• 분리불안 느끼며 낯가림이 심해짐 • 대상영속성 발달 → 낯가림, 분리불안
분리불안	• 주된 애착대상과의 분리에 대한 심한 불안증상 • 8개월에서 30개월 아동의 가장 큰 스트레스 요인 • 저항기 → 절망기 → 부정기(무관심) – 저항기 : 울음, 부르짖음, 두리번거리면서 부모를 찾음, 부모에게 매달림

	– 절망기 : 우울과 슬픔, 주위에 관심이 없음, 퇴행행동 나타남(예 엄지손가락 빨기, 오줌싸기, 노리개 젖꼭지 사용, 우유병 빨기 등) – 부정기 : 주위환경에 대해 좀 더 관심을 보이고, 낯선 사람이나 친숙한 간호제공자와 상호작용함 • 중재방법 – 낯선 사람을 안전하게 경험할 수 있는 기회를 가져야 함 – 가까운 친구들이나 친척들을 자주 방문 – 모아관계에서 신뢰감이 구축될 수 있도록 중재 – 외출 중에는 전화를 걸어 목소리를 듣게 함 – 요나 장난감 같은 대체용품을 주어 부모가 항상 함께 있음을 확인시켜 줌
낯가림	• 영아가 한 사람에게만 유독 애착을 보이면서 다른 사람에게는 낯선 사람에 대한 두려움, 불안이 현저하게 나타남 • 친숙한 사람과 친숙하지 않은 사람들을 구별하는 능력이 생기면서 나타나며 다른 사람들로부터 애착형성한 어머니를 구별하는 능력 • 6개월에 시작되어 9~10개월에 심함 • 영아가 낯선 사람을 충분히 관찰할 수 있는 시간을 제공해야 함

CHECK Point 낯가림과 분리불안 가족교육

낯가림	• 친구와 친척의 잦은 방문을 격려한다. • 낯선 사람이 접근할 때 양육자의 표현을 보게 한다. • 양육자가 낯선 사람에게 먼저 이야기 한다. • 낯선 사람에게 강제적인 움직임이나 표현을 하지 않도록 한다. • 낯선 사람과 안전거리를 유지한다. • 영아가 낯선 사람과 사전 시간을 갖도록 한다. • 낯선 사람이 영아의 수준에서 부드러운 톤의 목소리로 접근하도록 격려한다.
분리불안	• 아동은 친숙한 사람과 친숙한 장소에 둔다. • 양육자가 떠나기 전에 미리 아동에게 이야기하도록 격려한다. • 인사 없이 떠나지 않는다. • 떠날 때 아동에게 안전한 물건을 준다(친숙한 장난감 또는 보호자의 물건). • 아동이 자신의 속도로 탐구하도록 격려한다.

(7) 도덕적 발달 : Kohlberg 단계(전인습적 도덕기)

① 자기중심적, 규정을 이해하거나 판단할 수 없음

② 자신이 원하는 것을 하고자 하며 좌절에 대해 분노로 반응함

(8) 영적 발달 : Fowler 0단계(미분화 단계)

① 옳고 그름의 개념, 믿음과 신념이 없는 시기

② **신념의 발달** : 주 양육자인 어머니와의 관계를 통해 기본적인 신뢰감 발달과 더불어 확립

(9) 언어발달 : 울음, 옹알이, 몸짓 등으로 표현하는 시기

① **울음** : 영아의 언어적 의사소통의 첫 수단

② 부모의 언어표현에 의해 영아의 언어발달이 촉진되므로 양육자는 영아소리에 적절하게 반응하는 것이 좋음

2개월	자극을 받았을 때 기분 좋은 소리
4개월	자음과 모음을 합쳐서 옹알이를 시작
10개월	최초로 단어를 말하는 시기, 한 단어를 말할 수 있음
12개월	• "엄마", "아빠", "맘마"를 의미 있게 사용 • 2~3개 단어를 말할 수 있음 • 의사소통 시 몸짓을 사용함

(10) 영양

① **성장이 빠른 시기** : 일생 중 단백질 요구량이 가장 많은 시기

② 적어도 12개월부터는 젖병을 떼고 스스로 컵으로 먹도록 유도

③ **출생 ~ 6개월**

㉠ 소화기능 미숙, 아밀라제 효소 부족 → 곡류 소화 어려움

㉡ 위장미숙으로 음식물 알레르기가 일어날 수 있음

㉢ 출생 시 모체로부터 4~6개월간 사용할 수 있는 철분을 비축하여 태어나 추가섭취가 필요하지 않음(정상아는 생후 4~6개월 이후, 조산아는 생후 2개월부터 철분 보충 필요)

㉣ 모유는 6개월 이전의 영아가 섭취할 수 있는 가장 적절하고 완전한 식품임

④ **모유 보관 시 주의사항**

㉠ 모유는 24시간 동안만 냉장고에서 보관할 수 있음(4℃ 이하)

㉡ 냉동고에서는 1개월까지만 보관 가능

㉢ 모유보관을 위해 이용하는 유리나 플라스틱 용기는 잘 소독해야 하며 뚜껑을 꽉 닫아두어야 함

㉣ 냉동할 때는 한번에 수유할 양만큼만 얼리고, 날짜를 기입하여 가장 먼저 냉동한 것부터 사용

㉤ 모유를 녹일 때는 냉장고 안에서 녹이거나 흐르는 물에 녹일 것

⑤ **고형식이 첨가가 4~6개월이 적절한 이유**

㉠ 태아의 철분 저장이 고갈되는 시기

㉡ 침 및 장 효소는 6개월 이후 생성

㉢ 위장관 소화능력 발달로 알레르기 덜 과민하게 됨

㉣ 치아의 출현

㉤ 혀를 내미는 반사 사라짐, 6~8개월에 첫 치아, 저작운동 7~9개월 시작

ⓑ 삼키는 기술이 잘 조정됨(흡인 위험성이 감소)

⑥ 이유식 주의사항

㉠ 고형식이는 한 번에 한 가지 음식만 제공

㉡ 음식을 적어도 3~7일간 먹이기

㉢ 젖이나 우유 먹이기 전 이유식 먼저 제공

㉣ 곡분으로 시작하여 쌀 → 야채 → 과일 → 고기 순으로 제공

㉤ 소량씩 시작함

⑦ 음식 알레르기

㉠ **원인** : 생우유, 밀가루, 콩, 옥수수, 달걀, 초코릿, 생선류, 꿀 등

㉡ **증상** : 두드러기, 복통, 구토, 설사, 호흡기 증상

㉢ 12개월 이전에는 알레르기를 유발하므로 먹이지 말 것

㉣ 한 번에 한 가지 음식, 음식 일지 쓰기

3. 유아(1세~3세)

(1) 심리사회적 발달 : Erickson 자율성 대 수치심

① 자율성의 행사와 더불어 그동안 즐겨왔던 의존을 포기해야 하는 갈등에 직면

② 붙잡거나, 놓기와 같은 양상 획득 : 조임근의 사용에서 확실히 나타남

③ 자율성의 발달과 관련된 행동 특성들이 나타남 : 거부증, 분노발작, 의식주의

거부증	• 자율성을 성취하는 과정에서 나타나는 갈등현상. 독립성의 표현 • "싫어", "안해" 부정적인 표현 사용	
	중재	• 무조건적인 명령이 아니라 아동이 선택할 수 있는 질문을 하는 것이 좋음 • 유아가 이기도록 게임, 부모는 조용하고 안심시키는 방식으로 반응
분노발작	• 독립적으로 하려던 시도가 좌절된 경우, 피곤했을 때 긴장감의 정서적 표출로 나타남 • 아동이 언어와 사고능력이 제한되어 자신의 감정을 표현할 수 없기 때문에 나타남 • 바닥에 드러눕고 발로 차기도 하며 숨이 넘어갈 듯이 울기도 함 • 격렬하게 저항함으로써 자신의 독립을 주장	
	중재	• 무관심, 일관성 있는 태도, 발달적으로 적절한 기대와 보상, 타임아웃, 선택의 기회제공
의식주의(의식행동)	• 같은 컵, 같은 수저 사용, 같은 의자 앉기, 취침 전 책 읽기 등 안정된 일상생활의 반복은 통제감과 자신감을 느끼게 하며 편하고 안전하게 느끼게 함 • 의식이 깨지게 되면 스트레스와 불안감이 증가되며, 스트레스를 받은 유아는 제멋대로 행동하며 퇴행행동을 보임	

퇴행	• 스트레스인 질병, 입원, 분리, 동생에 대한 대처처럼 자율성이 위협받아 현재의 발달과업을 방해하여 성공적이었던 과거의 발달단계의 행동 양상으로 되돌아가 정신에너지를 보존하는 것 • 정상적 표현으로 오랫동안 지속되지 않음	
	중재	• 환경의 동일성 유지, 새로운 곳에서는 친근한 사람이 주위에 있다는 것 알려주기, 스트레스 요인 파악, 퇴행행위 무시, 칭찬으로 이전의 적절한 행동을 증가

(2) 신체적 발달

신장과 체중	• 신체 성장속도가 느려짐 • 2~3세에는 출생 시 체중의 4배가 되고, 신장은 연간 7.5cm 증가
두위와 흉위	• 1세경이 되면 머리둘레와 가슴둘레가 거의 같아짐 • 2세부터는 흉위가 두위보다 큼
외모와 골격계	• 몸통이 길고 팔다리가 짧고 약간 휜 것처럼 보임 • 지방조직이 근육조직으로 대체되기 시작함 • 유아기에는 복근이 충분히 발달하지 못하기 때문에 배가 돌출되는 경향
림프계	• 유아기 때부터 점차 커져 10~11세가 되면 최대 크기
신경계	• 2세 말경 뇌의 75% 완성
비뇨기계	• 척수 신경원의 수초형성으로 항문괄약근과 요도괄약근의 발달로 괄약근의 조절하는 능력과 방광을 수의적으로 조절할 수 있는 능력으로 배변훈련 가능함
호흡기계	• 호흡기 용적과 관련구조의 성장으로 감염의 빈도, 심각성 감소 • 급성 호흡기 문제가 쉽게 발생하는 요인 – 근접한 기관지, 짧고 곧은 유스타키오관, 면역 글로블린 A를 생산하는 면역체계 미숙, 편도와 아데노이드 림프조직이 커짐 – 중이염, 편도선염, 상기도 감염 흔히 발생
영양	• **출생 후 2년 동안과 청소년기의 급성장기** : 철분요구량이 급격히 증가하는 시기 → 철분결핍성 빈혈 발생 : 부적절한 식이, 급격한 성장 등

(3) 운동발달 : 근육협동을 이용한 신체활동 증가

15개월	• 블록은 2개를 쌓아 올림 • 계단을 기어오를 수 있으나 도움 없이는 내려올 수 없으며, 뒤로 기어내려온다.
18개월	• 블록 3~4개를 쌓을 수 있음 • 책장을 한 번에 2~3쪽씩 넘김 • 제자리 점프를 할 수 있으며 의자에 혼자 앉을 수 있음 • 공 던지고 놀 수 있음

	• 한 손으로 난간을 잡고 계단을 올라갈 수 있음 • 18~24개월 사이에 스스로 옷을 벗을 수 있기에 배변훈련 가능
24개월	• 6~7개 블록 쌓을 수 있음 • 숟가락으로 혼자 먹을 수 있음 • 책장을 한 번에 한 쪽씩 넘김 • 혼자 계단을 올라가며 난간을 잡고 계단 내려옴 • 두 발로 계단을 내려올 수 있음(여전히 한 계단에 양쪽 발을 모두 올림) • 공을 발로 차고 놀며 뛸 수 있음 • 24~36개월 사이에 최소한의 도움으로 스스로 옷을 입을 수 있음
30개월	• 한 계단을 두 발로 오르내릴 수 있음 • 한 발로 잠시 서 있을 수 있으며, 멀리 점프할 수 있음 • 의자에서 뛰어 내릴 수 있음 • 연필을 가지고 간단한 교차선을 그릴 수 있음 • 8개 블록 쌓을 수 있음
3세	• 8~10개 블록 쌓음 • 눈과 손의 협응과 근육조절이 증진하여 포크, 가위 사용 • 원, 수직선, 수평선을 모방하여 그림 • 혼자 옷을 입고 신발을 신음 • 혼자 한 발씩 교대로 계단을 내려옴 • 한 발로 몇 초간 서 있으며, 계단 몇 개씩 점프할 수 있음 • 세발 자전거를 탈 수 있음 • 까치발로 걸을 수 있음

(4) 인지발달 : Piaget 감각운동단계(출생~2세)의 마지막 2단계 + 전조작기(2~7세) 중 전개념기(2~4세) 단계

① 자기중심적 사고

② 모방행위 : 동성의 부모와 동일시

③ 상징적 사고의 시작

12~18개월 (3차 순환 반응기)	• 시행착오를 통해서 학습 • 문과 잠금장치를 열 수 있음 • 신체부분 지적할 수 있음(코코코 놀이) • 구멍 안에 물건을 넣을 수 있고, 작은 물건을 큰 물건 안에 넣을 수 있음 • 호기심이 많으며 기하학적인 도형 식별함
18~24개월 (사고의 시작)	• 자신과 타인의 것 지각 • 모방행위 : 동성부모와 동일시 함, 가사모방, 지연모방 • 정신적으로 상징을 사용할 수 있는 능력 생김 • 시간감각 시작 : 시간개념 미성숙, 하루를 사건의 순서(일상활동)로 생각

2~4세 전조작기 중 전개념기	직관적 사고	• 논리적 방식으로 대상을 조정하는 능력이 없고 사물이 갖는 지각적 속성에 의해 판단하여 직접 보거나 들은 것에 의거하여 문제해결	
	자기중심적 사고	• 자신이 아닌 다른 사람의 관점, 시각에서 상황을 볼 수 있는 능력이 없고 자신의 관점으로 모든 일을 이해함	예 • 다른 아동을 때리는 아동에게 '때리는 것은 다른 사람에게 피해가 되므로 나쁘다'고 말하는 것은 효과가 없다. → 그냥 '때리는 것은 안돼'라고 강조 • 다른 아동이 놀고 있는 장난감을 자기가 갖고 놀고 싶다는 생각으로 무조건 뺏는 행동을 함. 그 아이도 그 장난감을 갖고 싶어한다는 사실을 이해하지 못함
	중심화	• 사물의 중심적 특징에만 집중하고 다른 특징은 무시 • 한 번에 한 가지 측면 이상은 고려하지 못함	예 • 여러 가지 색깔, 여러 모양의 블록 중에서 '빨간색 세모 블록을 찾으세요'라고 하면 찾지 못함 → '빨간 블록을 찾으세요' • 음식의 맛이 좋고 냄새가 좋더라도 음식이 차다고 식사를 거부 → 원하는 대로 해줌
	비가역성	• 사건의 과정, 순서를 역으로 생각하지 못함	예 • 유아와 산책을 나갈 때 걸어온 길을 되짚어 집에 돌아올 수 없음 • 복잡한 퍼즐을 해체할 수는 있지만 다시 맞추지는 못함 • '말하지 마'와 같이 어떤 행동을 하지 못하도록 말하면 유아는 반대되는 행동을 생각할 수 없음 → 요구나 지시를 할 때 긍정적으로 말함
	마술적 사고	• 사고가 전능한 것으로 자기가 생각하는 대로 사건을 일으킬 수 있다고 믿음	예 • 아동이 누군가가 죽기를 원했는데 만약 그 사람이 죽으면 자신의 '나쁜' 생각이 그 사람을 죽게 만들었다고 생각해서 죄책감 느낌 → 생각이 사건을 유발하는 것이 아니며 아동에게는 책임이 없다고 말해줌
	보존개념 결여	• 전체에서 빼거나 더하지 않더라도 크기, 모양 혹은 길이가 변할 수 있다는 것을 이해하지 못함	예 • 길이가 같은 두 개의 선을 한 선이 더 길어 보이게 하면 자로 측정해서 같다는 것을 발견하더라도 그 선이 더 길다고 말함

<table>
<tr><td rowspan="10">2~4세
전조작기 중
전개념기</td><td rowspan="2">물활론</td><td colspan="2">• 물체도 사람과 같이 살아있다는 믿음으로 생명이 없는 대상에게 생명의 특성을 부여함</td></tr>
<tr><td>예</td><td>• 인형이 우는 아기가 되고 곰인형은 자신의 이야기를 들어주는 친구가 됨
• 자기를 넘어지게 하였다고 계단을 야단침</td></tr>
<tr><td rowspan="2">상징적 사고</td><td colspan="2">• 상상력이 풍부하여 자신의 생각, 경험을 표현하는 능력으로 상징과 정신적 이미지로 상상력에 의해 마음속에서 재생해서 과거의 사건과 과거에 체험한 것을 상징적인 형태로 재현하려고 함</td></tr>
<tr><td>예</td><td>• 하나의 상자는 차, 우주선, 집, 전화기 등 많은 것을 상징
• 나무 조각들이 배, 트럭, 차, 동물이 됨</td></tr>
<tr><td rowspan="2">전체적
조직화</td><td colspan="2">• 전체 중 일부분의 변화는 전체를 변화시킨다고 사고</td></tr>
<tr><td>예</td><td>• 아동은 침대의 위치가 바뀌었기 때문에 잠자기를 거절 → 침대를 같은 위치에 놓아주거나 서서히 변화를 유도함</td></tr>
<tr><td rowspan="2">변환추리</td><td colspan="2">• 두 종류의 사건이 함께 일어날 때 한쪽 특성을 다른 쪽으로 전이시키는 사고방식
• 특정사건에 대한 인지로부터 유사한 다른 사건에 대한 판단으로 전환시키어 서로 관련이 없는 것끼리 연관지어 추리</td></tr>
<tr><td>예</td><td>• 유아는 전에 어떤 것이 들어있는 음식이 맛이 없으므로 그것이 들어있는 음식은 안 먹겠다고 하는 것
• 배가 많이 나온 여자는 임신 중이라고 생각하는 것</td></tr>
</table>

(5) 성심리 발달 : Freud 항문기(anal stage : 1세~3세)

① 쾌감의 근원이 항문을 중심으로 일어나며 아동의 조임근 발달에 따라 대소변의 억제와 통제를 통해 쾌락을 느끼는 시기

② 자신의 환경을 탐색하는 것처럼 자신의 신체를 탐색

③ 배변훈련 시작

④ 억압 시 고착현상 나타남 : 결벽증, 무엇이든 보유하거나 아끼려는 인색함

⑤ 2세 반~3세는 남녀의 성기차이를 인식, 3세는 동성부모의 행동을 흉내내며 성역할 인식(집안일 흉내내기)

(6) 사회화

① 18개월~2년 6개월 : 부모의 행동을 모방

② 짜증을 냄(분노발작)

㉠ 좌절에 대처하거나 자신의 욕구가 이루어지지 않을 때

㉡ 독립심을 주장하거나 통제력을 얻고자 할 때

③ 옛 물건에 애착 보임(좋아하는 담요, 이불 등)

④ **자신의 물건(장난감과 신체)에 강한 소유욕 보임** : '내꺼야'

⑤ **사회화 과정에서의 부모역할**

㉠ **규칙** : 행동을 위한 지침, 환경과 상황에 따라 달라질 수 있음

㉡ **일관성** : 동일성을 유지하거나 아동에 대한 기대를 지속하는 것

㉢ **강화** : 칭찬 등의 긍정적 강화를 통해 유도할 것

㉣ **역할모델** : 아동이 유능하다고 지각하고 바람직한 행동을 하고 있다고 인지한 사람의 행동, 태도 및 정서적 표현의 모방

㉤ 아동의 문제 해결과정이나 행동 · 결과의 시범을 보여주는 상상력 사용

㉥ 역할놀이, 자유놀이, 독백, 이야기 및 아동 TV쇼를 통해 여러 가지 행동들을 시도하거나 재연

(7) **도덕적 발달 : Kohlberg 단계 1(~9세 이전), 전인습적 도덕 수준**

벌을 피하거나 상을 받기 위해 행동하며 외부의 권위자에 의해 만들어진 규칙에 따름

1단계	• 타율적 도덕 • 외부의 보상과 처벌에 의해서 행동하는 단계(생후~2세)
2단계	• 개인주의적 도덕 • 자신의 욕구를 만족시키는 도덕적 가치를 판단의 기준으로 삼음

(8) **영적 발달 : Fowler 1단계(직관적 · 투사적인 단계)**

① 다른 사람의 행동을 모방하는 시기

② **부모의 가치관과 신념에 동화됨** : 부모의 종교적 행동 모방, 부모에 의해 선악에 대한 구별능력 생김

(9) **언어발달**

① 이해의 수준이 높아지면 본격적인 언어발달이 나타나는 시작기

② 유아기 자기중심적 사고가 언어의 형태와 내용에도 영향을 미침

2세	• 2세부터 5세까지 언어발달이 가장 빠르게 진행되는 시기 • 2개 단어로 이루어진 문장 만들어 사용, 단어 구사 • 100~300개 이상 단어 사용 • 이름을 말함
3세	• 3개의 단어로 이루어진 문장 만들어 사용, 완전한 문장 구사 • 900개 단어 사용 • 이름, 성별, 나이를 말함 • 물건 수를 셋까지 맞게 셈

(10) 영양

① **생리적 식욕부진** : 성장이 느려지며 식욕이 저하되는 것이 정상
　㉠ 음식에 대한 기호, 싫고 좋음이 분명함
　㉡ 섭취하는 음식의 양보다 음식의 질이 중요
　㉢ **올바른 식습관 갖는 것이 중요** : 식습관이 형성되는 시기이므로 음식을 골고루 섭취하는 것이 좋음
② 손가락으로 잡을 수 있는 음식(finger food)을 좋아함
③ 컵으로 마실 수 있음
④ 18개월 : self feeding
⑤ **치아관리**
　㉠ 생후 2.5~3세에 20개의 유치 모두 발현 → 치과 첫 방문 권장
　㉡ 하루에 2번씩 칫솔질과 치실 사용
　㉢ 불소가 함유된 물로 헹구어 줌
　㉣ 불소치약은 사용하지 않음. 불소 과다 복용 시 불소침착증이 나타남
　㉤ **젖병 충치**
　　ⓐ **원인** : 밤중 수유
　　ⓑ **호발부위** : 위 앞니 4개
　　ⓒ **중재** : 밤중 수유 금지, 젖병에 주스나 우유 대신 물 넣어줄 것

(11) 배변활동

① 아동이 신체적 · 정신적으로 준비가 되어 있을 때 시작(18~24개월경)
② 대변가리기는 소변가리기보다 규칙적이고 예측하기가 쉬워 일찍 완수됨
③ 밤에 소변가리기는 4~5세 지나서야 완성
④ 신체적 · 인지적 요인뿐 아니라 부모의 긍정적 태도와 인내력에 영향받음
⑤ 준비가 안 된 미숙한 단계에서 배변훈련 시행할 경우, 아동에게 스트레스를 주게 됨

신체적 준비	• 아동이 혼자서 옷을 벗을 수 있음 • 아동이 잘 앉고 쪼그리고 걸을 수 있음 • 아동이 1년 동안 걸음
정신적 준비	• 아동이 기저귀가 젖었다는 것을 앎 • 아동이 기저귀를 당기거나, 쪼그려 앉거나, 말을 반복하면서 기저귀 교환을 요구 • 아동이 화장실에 가고 싶다는 표현을 하고 혼자 갈 수 있음
부모의 준비	• 아동의 준비상태를 인식, 이사, 동생출생, 이혼 등의 스트레스 변화가 없도록 하고 환경적 변화가 있는 시기에는 퇴행이 나타날 수 있음을 인식

⑿ 훈육

① 유아의 긍정적인 자존감을 유지하면서 자기 통제감을 발달시키도록 돕는 것

② **한계설정** : 유아 훈육에서 중요한 부분

㉠ 유아가 할 수 있는 것과 할 수 없는 것을 알도록 하는 것

㉡ 행동의 규칙 또는 지침을 정하는 것

㉢ 유아, 양육자 혹은 외부 환경에 의해 만들어지며 양육자는 유아에게 한계를 분명하고 간결하게 알려줌으로써 자율성 발달을 촉진하고 질서, 통제력, 안정성을 기르게 함

③ **양육자 역할모델을 사용하여 훈육**

㉠ 올바른 행동을 봄

㉡ 역할모델의 행동을 기억하고, 반복함

㉢ 모델행동을 하도록 동기화됨

④ **훈육지침**

일관성 (consistency)	• 각 위반에 대해 동의했을 때 정확한 훈육행동을 취하기 • 부모의 일관된 자세 중요
적절한 시간선택 (timing)	• 아동이 비행을 저지르자마자 훈육을 시작 • 당혹스러움을 피하기 위해 훈육시기를 늦추고 싶다면 옳지 않다는 것을 말로 표현하고 규율이 적용될 것임을 알리기
공약 (commitment)	• 몇 분 동안 적용한다는 식의 훈육의 구체적인 면을 잘 지키기 • 전화통화와 같이 계획을 방해할 수 있는 산만함 피하기
일치(unity)	• 돌보는 모든 사람이 훈육에 동조하며 부모 중 어느 한쪽과 자녀의 결탁과 혼동을 예방하기 위해 상세한 면을 알리도록 하기
융통성 (flexibility)	• 자녀의 연령, 기질 그리고 비행의 정도에 따라 훈육의 전략을 선택하기
계획 (planning)	• 사전에 전략을 계획하여 가능하면 아동을 준비 • 예 : 타임아웃에 대해 설명
행위 중심 (behavior-orientation)	• "그것은 잘못한 거야. 나는 그러한 행동을 볼 때 속상하구나."처럼 아동이 아니라 그 행위가 잘못되었음을 알리기
사생활 유지 (privacy)	• 프라이버시를 유지하여 훈육
종결 (termination)	• 훈육이 끝나면 더 이상 야단치지 않기 • 잘못을 다시 꺼내거나 잔소리 하지 않기

⑤ 훈육방식

보상		• 바람직한 행위에 긍정적 상인 보상, 관심, 칭찬으로 훈육하여 긍정적으로 보상받는 행위를 증가시키는 것 • 예 : 별 모양의 스티커 사용, 일정한 개수의 토큰 모으면 영화관람이나 새책 구입
일관된 무시		• 바람직하지 못한 행위를 무시하여 이전에 주었던 긍정적 강화를 없애는 것으로 행동의 빈도를 줄이고자 하는 것
결과전략		• 아동에게 자신의 잘못된 품행의 결과를 직접 체험하게 하는 전략
	자연적인 방법 (natural)	• 특별한 중재 없이 식사를 늦게 주거나 굶기기 등을 사용하는 방법
	논리적인 방법 (logical)	• 사용된 장난감이 정리될 때까지 다른 장난감으로 가지고 놀 수 없도록 하는 등 규칙과 직접적으로 연관된 방법 • 방법 – 아동을 훈육할 때 아동 존재 자체가 아닌 잘못한 행위에만 초점 – '너'에 초점을 맞추기보다 '나' 메시지 사용
	무관한 방법 (unrelated)	• 숙제를 마칠 때까지 놀지 못하게 하거나 타임아웃을 부과하는 방법
타임아웃		• 아동을 자신의 방으로 보내는 일반적인 관행을 개선한 방법이며 무관한 방법의 한 유형 • 강화인자의 제거를 전제로 함 • 한정된 공간에 한정된 시간 동안 격리시켜 타임아웃 시간 동안 조용하게 잘못된 행동을 반성하게 하고 격리된 곳에 둠으로 지루하므로 어울리기 위해 올바른 행동을 함
	방법	• 안전하고 자극이 없으며 모니터될 수 있는 장소로 선정 : 목욕탕, 복도, 세탁실 등 • 타임아웃을 받게 되는 행위를 결정 • 아동에게 규율임을 이해시키고 어떻게 행동해야 하는지를 알림 • 타임아웃의 과정을 설명 – 비행을 저지를 때 한 번의 경고, 불복종 시 타임아웃으로 지정된 장소로 보내기 – 특정 기간 그 장소에서 앉아 있게 하기 – 울거나 거부하거나 방해하는 행위 시 조용해질 때까지 타임아웃 시간을 적용하지 않기 – 정해진 시간 동안 얌전히 있으면 그 곳 떠나기 • 타임아웃 시간은 연령별로 1분씩 증가, 주방용 타이머를 이용

4. 학령전기(3세~6세)

(1) 심리사회적 발달 : Erickson 솔선감 대 죄책감

① 자기주도적으로 무엇인가를 시도하고자 하는 시기 : 어떻게 하는 것인지 배우고자 하며, 활동으로부터 만족감 획득

② 활발하고 적극적인 행동, 진취적인 정신, 강한 상상력이 솔선감을 대표하여 다양한 경험 및 장난감을 체험하고자 함("내가 할께요")

③ 역할모델을 모방함

④ 상상력이 풍부하여 현실과 fantasy 혼동

㉠ 손상 및 괴물에 대한 두려움이 극대화되는 시기 : 통증에 민감성 높은 시기

㉡ 놀이에 있어 지도자 필요

㉢ 과장된 두려움(예 손상 및 괴물에 대한 두려움) : 밤에 잠들기 어려우므로 미등 켜기

⑤ 아이가 주도하는 행동은 때로는 사회에 바람직하지 않은 행동일 수 있는데 이때 일관적이면서도 부드러운 제재를 통해서 죄책감을 갖지 않게 됨

(2) 신체적 발달 & 운동발달

신장과 체중	• 느리고 꾸준한 성장 • 키가 커지고 날씬해짐 : 신체성장률이 저하되면서 안정 상태	
외모와 골격계	• 몸보다 다리가 더 빨리 성장, 근육성장이 빨라짐 • 골반이 똑바로 펴지고 유아기의 올챙이배 모습과 쪼그리고 앉는 자세가 없어지고 허리선이 나타나 자세가 바르게 보임 • 신체비율이 각기 다른 속도로 성장하기 때문에 성인의 신체에 비해 매우 불균형적인 특성을 보임	
심폐기능	• 폐의 성숙으로 폐활량이 늘고 호흡수가 줄어듦 • 5~6세까지 흉식호흡 • 심장이 커져서 심박수 줄고 혈압 증가	
감각계	• 모든 감각기능 성숙 • 시력은 성인수준(5~6세) → 이전에 사시검사	
운동	• 눈과 손의 조정, 근육조정 발달, 미세운동 기술발달(DDST 검사)	
연령	전체운동	미세운동
3세	• 세발 자전거를 탈 수 있음 • 까치발로 걸을 수 있음	• 원, 수직선, 수평선을 모방하여 그림 • 8~10개 블록 쌓음 • 눈과 손의 협응과 근육조절이 증진하여 포크, 가위 사용

4세	• 한 발로 능숙하게 위로 혹은 깡충깡충 뛸 수 있음 • 난간을 잡지 않고 혼자서 계단을 오를 수 있음	• 십자모양(+), 사각형 등 기하학적 모형 모방 • 10개 이상의 블록 쌓음 • 사람을 머리, 몸통, 다리(3부분)로 나누어 그림
5세	• 한 발씩 교대로 뛰거나 줄넘기, 스케이트, 수영 가능 • 눈을 감고 교대로 한 발씩 딛고 평형 유지 • 깡충깡충 뛰며 공 던지고 받는 것 잘함	• △ 모형 모방, ◇ 7세 • 머리, 팔, 다리, 몸통 등을 더 세분화하여 그릴 수 있음(6~7부분으로) • 신발 끈을 묶음 • 개인위생활동(혼자 옷입기, 먹기, 화장실 혼자 가기)을 독자적으로 수행

(3) **인지발달 : Piaget 전조작기(2~7세) 중 직관기(5~7세) 단계**

① 시공개념의 증가(내일, 오늘, 오후, 다음 주 등의 개념인식)

② 유아기보다는 덜 자아중심적임

③ 비판의 이유와 행동의 근거를 알기 시작함

④ 직관기, 자기중심적 사고, 중심화, 비가역성, 마술적 사고, 보존개념 결여, 물활론, 상징적 사고, 전체적 조직화, 변화추리 등

⑤ **퇴행** : 스트레스에 대한 반응, 일시적 · 가역적인 것으로 생각

⑥ 질병을 죄에 대한 벌로 생각, 통증에 대한 불안감이 큼

(4) **성심리 발달 : Freud 남근기(phallic stage : 3세~6세)**

3세	• 성별의 차이를 알게 됨 • 성별에 대한 역할 모방
6세	• 자신의 성에 대한 정체감 형성, 사실에 근거한 정확한 성 지식 교육 • 동성의 부모에 대한 동일시를 통해 이성부모에게 특별히 애착을 갖는 시기 • **오이디푸스 콤플렉스** : 거세불안 • **일렉트라 콤플렉스** : 남근선망
신체상 발달	• 통증에 민감, 신체적 침습에 대한 두려움이 큼 • 부모는 자녀의 성과 관련된 질문에 단순, 정확, 사실적으로 대답함
성적 호기심	• 수음, 자위행위는 정상, 남녀해부학적 다름에 관심 많음 • 부모는 꾸중하지 않고, 관심을 딴 곳으로 돌리게 함

(5) **사회화**

① 'best friend'가 생기기 시작

② 자랑과 수다

③ 사회적 매너를 익힘(식탁예절 등)

④ 사회적 깨달음 시작

⑤ 엄마로부터 쉽게 떨어짐 : 취학 준비시기

(6) 도덕적 발달 : Kohlberg 1단계(~9세 이전), 전인습적 도덕 수준 중 2단계(개인주의적 도덕)

① 자신의 욕구를 만족시키는 도덕적 가치를 판단의 기준으로 삼음

② 처벌에 대한 두려움 때문에 규칙을 지키고 잘못을 해도 벌을 받지 않으면 행동이 잘못 되었다는 것을 깨닫지 못함

③ 양심 발달 : 행동의 결과가 좋으면 그 행동이 옳다고 생각함

④ 보상이 주어지는 상황에서만 행동을 취함 : "눈에는 눈, 이에는 이"

(7) 영적 발달 : Fowler 1단계(직관적 · 투사적인 단계)

① 죽음을 일시적이며 가역적인 것이라 생각

② 죽음의 보편성과 필연성을 이해 못함

③ 종교에 대해 부모와 그의 종교적 신념 의식을 모방함으로써 배움

(8) 언어발달

① 언어발달의 결정적인 시기(호기심의 극대화로 질문 증가)

② 말더듬 현상이 나타날 수 있음

㉠ 단어를 적절하게 조합하는 것이 어려움

㉡ 아동이 흥분했을 때, 길고 복잡한 문장을 만들 때, 특정단어를 생각해 낼 때 나타남

㉢ 부모는 적절하게 무시, 아동의 말을 주의깊게 들어야 함

㉣ 5세 이후에도 계속 더듬을 경우 의사 진찰 권유

3세	• 끊임없이 "어떻게 해요?", "왜요?" 질문 • 3~4개 단어로 이루어진 문장 사용 • 900개 단어 사용 • 이름, 성별, 나이를 말함
4세	• 4~5개 단어로 이루어진 문장 사용 • 1,500~2,000개 단어 사용
5세	• 6~8개 단어로 이루어진 문장 사용 • 2,000개~3,000개 단어 사용 • 모국어에 대한 기본틀이 완성 • 열까지 셈 • 어른과 같은 길이의 문장을 사용

③ 색깔, 숫자, 한글 등을 습득

④ 어휘수의 극적 증가로 이해력이 성인 수준으로 발달, 유추가 가능(불 → 뜨겁다, 얼음 → 차다)

(9) 영양

① **생리적 식욕부진** : 식욕감소, 음식의 좋고 싫음에 덜 까다로움

② self feeding : 3~4세 포크질 가능, 시리얼 타 먹을 수 있음

③ 식탁예절 배우며, 식습관이 형성됨

④ **비만과 과체중** : 체질량 지수를 측정하여 비만 위험 아동을 선별해야 함

⑤ 6개월마다 치과검진 함, 양치질과 치실을 사용하고 부모가 꼭 확인함

(10) 수면 : 악몽, 야경증

① 어둠 또는 악몽에 대한 두려움으로 밤에 잠을 잘 이루지 못함

② 밤 동안 미등을 켜 두거나 취침시간 동안 소음이 없도록 함

③ 수면장애가 동반되는 시기

㉠ **악몽** : 자다가 놀라서 깨는 것

㉡ **야경증** : 잠이 깨지 않은 상태에서 소리 지르고 우는 것

④ 간호중재

㉠ 무서운 악몽에서 아동이 깨었을 때 아동들은 안전하며, 사실처럼 보인 꿈일 뿐이라는 확실 필요

㉡ 이해심 있게 부모가 같이 앉아서 아이의 안전을 재확인시켜 주며 불을 켜 두는 것이 아동을 부모의 침대로 데리고 자는 것보다 훨씬 나음

㉢ **고집이 세어 안 자려고 반항하는 아동을 1시간 이상 허용해서는 안 됨** : 행동의 강화로 점점 더 저항하기 때문

㉣ 아동의 취침시간 전에 모든 활동을 완만하게 하도록 도와주는 것도 장애를 적게 느끼고 잠들게 하는 데 기여함

㉤ 일정한 취침시간과 익숙한 환경을 조성함, 밤 동안 미등을 켜 둠

(11) 학교준비

① 신체적인 건강과 강인함은 학교생활을 즐기고 스트레스를 충분히 견딜 수 있게 함

② 혼자 화장실에 갈 수 있고 손도 혼자 씻을 수 있어야 함

③ 부모와 떨어져 매일 몇 시간씩 지낼 수 있어야 함

④ 한자리에서 오랫동안, 한가지 활동에 집중할 수 있어야 함

⑤ 2~3개의 지시를 알아듣고 수행할 수 있어야 함

⑥ 말을 해도 되는 때를 알고, 기다릴 줄 알며, 차례를 지킬 줄 알아야 함

⑦ 읽고 쓰는 데 필요한 기본적인 눈과 손의 협응력을 갖추어야 함

5. 학령기(6세~12세)

(1) 심리사회적 발달 : Erickson 근면성 대 열등감

① 긍정적인 자존감(self esteem)과 소속감, 근면성, 적응력을 키우는 결정적인 시기
② 또래 친구가 생기고 집단에 가입을 원하며, 성취욕망이 강하며 경쟁하고 협동하는 것을 배우고 규칙을 배움
③ 학교 공포증이 나타날 수 있음

(2) 신체적 발달 & 운동발달

신장과 체중	• 성장이 일정하며 느림 • 초기 학령기에는 남학생이 여학생보다 큼 • 10~12세에는 여학생이 급성장하여 남학생보다 더 큼 • 신체발달은 서서히 진행, 운동기술이나 기능적 측면은 학령전기에 비해 점차 빨라지고 강해지며 민첩해짐 • 신체비율의 변화 - 하지의 성장 속도가 증가 - 키에 비해 머리둘레, 허리둘레 감소 - 골격이 자라고 지방이 줄어들면서 몸무게에서 근육의 비율증가
전체적 외모와 성장	• 근육의 조절기능과 강도 향상, 여전히 미성숙하여 무리하면 손상됨 • 과도한 신체활동은 손상 초래(달리기, 농구, 축구 등 → 긴장성 골절 등) • 유스타키오관은 점점 아래쪽 안쪽으로 향해 중이염의 빈도 감소 • 골격의 급성장으로 성장통이 나타남 • 편도와 아데노이드 같은 림프조직은 학령기 동안 급속히 성장하고 최고점에 도달함 • 10세 : 뇌 크기의 성장완성 • 20개의 유치가 모두 빠지고 32개의 영구치 중 28개가 학령기에 나옴 • 6세 : 젖니가 빠지기 시작하면서 치아형태와 안면골의 변화로 어색한 얼굴 보임 • 6세 : 눈이 완전히 발달 • 7세 : 시력, 안근조절, 색깔 구별이 완성, 시력저하 확인
운동발달	• 7세 : 신발끈 묶을 수 있고, 다이아몬드를 그릴 수 있음. 오른쪽과 왼쪽 구별 • 9세 : 물건을 기술적으로 조립가능 • 10~12세 : 전체 운동영역에서의 근육조절과 기술이 확립

※ 성장통

시기	• 3~12세, 학령전기, 학령기 아동 • 여아에게서 호발
기전	• **빠른 골격 성장** : 골 성장속도가 근육 성장속도보다 빠름 – 장골의 골격 길이 성장이 빨라 뼈를 싸고 있는 골막이 늘어나 주위신경을 자극 – 광화작용이 끝나지 않은 골격이 압력에 저항하거나 근육을 끌어당기는 능력이 약함
증상	• **부위** : 관절 부위의 심부통증, 대퇴부의 심부 근육층, 슬관절(무릎), 하퇴부(장딴지) • **양상** : 대칭적 • 움직일 때는 통증이 없으며, 아픈 곳을 지적하지 못함. 마사지하면 시원해 함 • 심한 신체활동 후나 저녁, 밤에 통증 심함 • 일시적인 것으로 간헐적이며 휴식하거나 자고 일어나면 사라짐
관리	• 자연소멸 • 초저녁에 따뜻한 물로 전신 목욕 시행, 국소부위 찜질, 마사지, 근육 신장운동 등 • 무리한 운동이나 과격한 움직임을 제한 • 정서적 지지

(3) 인지발달 : Piaget 구체적 조작기(7~11세)

조작적 사고	• 눈에 보이는 구체적 사물을 다루는 조작적 사고가 가능 • 논리적 조작 가능 : 초기에 귀납적 사고, 후기에 연역적 사고가 가능 • 가설적 · 추상적인 문제와 언어를 다루는 데 미숙
가역성	• 사건의 과정을 정신적으로 거꾸로 되짚을 수 있음 • 결론적으로 도달하기 위해 정신적으로 취해진 단계를 되돌아 볼 수 있는 능력 • **예** : 3 + 2 = 5이면 5 – 2 = 3을 이해, 장난감을 분해하고 다시 조립할 수 있음
보존개념	• 순서, 형태, 모양이 바뀌어도 사물의 특성은 변하지 않음 • 크기 보존개념(7~8세), 무게 보존개념(9~10세), 부피 보존개념(11~12세)
탈중심화	• 이전의 중심화와 자기중심적 사고에서 벗어나 사물의 다양한 특성, 관계를 파악하고 다른 사람의 관점에서 다른 사람의 감정, 행동의 동기를 이해하는 능력
분류화	• 대상 간 특성, 공통점, 차이점을 이해할 수 있어 사물을 모양이나 논리적으로 분류 • **예** : 우표, 스티커, 카드, 조개, 인형, 돌 등 수집하고 분류하기 좋아함
서열화	• 사물의 크기, 길이, 무게의 여러 특성에 따라 사물을 영역별로 차례대로 배열할 수 있는 능력 • **예** : 키가 작은 아이에서 키가 큰 순서로, 진한 색에서 연한 색 순서로 나열
분산	• 동시에 한 가지 특성 외에 관심을 둘 수 있음

(4) 성심리 발달 : Freud 잠복기(latency stage : 6세~12세)

① 성적 욕구가 억압되어 성적 충동이 잠재되어 있는 시기

② 성적 욕구에 대한 흥미는 약해지고 신체적 · 정신적 활동력은 지식획득과 활발한 놀이로 전환되며 사회적으로 용납되는 행동에 에너지를 투여함

③ 동성과의 또래관계에서 친밀감 형성

④ 성교육이 필요한 시기

㉠ 여학생이 남학생에 비해 사춘기가 2년 더 빨리 나타남

㉡ 성에 대한 아동의 질문에는 솔직하고 사실적으로 대답

(5) 사회화

친구와 학교중심의 생활 : 또래관계가 가장 중요한 사회적 상호작용 제공

학교공포증	• 학교생활에 학문적 · 사회적 · 정서적으로 적응하기 힘든 결과로 정신적 혹은 신체적 증상이 나타나 학교 출석을 거부하는 것 • 복통이 흔하며 집에 있으면 바로 증상이 사라짐 • 부모와의 해결되지 않는 분리불안의 표현 • 학교 출석행위에 초점을 두고 보상, 등교거부에 관심이나 처벌하지 말 것 • 점차적으로 부모에 대한 의존성을 줄여나가고 가급적 빨리 학교에 복귀시키도록 함
또래집단	• 같은 지역이나 공동체 속에서 비슷한 연령의 아동들이 주로 놀이를 중심으로 형성한 동아리 • 학령기 또래집단은 아동의 성장발달과 사회화에 중요한 요인이 됨 • 가족보다 사회적 규범이나 또래집단이 요구하는 규칙이나 압력에 더 민감하게 반응 • **가족** : 아동의 성격을 형성하는 행동기준을 세우고 가치체계를 확립하는 데 일차적으로 영향 줌 • 동성과의 또래집단 형성 • **또래와의 일치에 대한 요구가 높음** : 구성원으로서의 역할이나 엄격한 규칙을 준수하도록 요구함

(6) 도덕적 발달

3단계	• 대인과의 조화 중심 단계(7~10세) : 착한 아이가 되고 싶어하며 규칙을 따름
4단계	• 권위지향적 단계(10~12세) : 권위를 존중하고 규칙을 준수하며 사회적 질서를 유지하려고 함

① 규칙이 모두를 위해 질서를 유지하고 사람들을 보호하기 위해 존재한다는 것을 지각하며 다른 사람을 기쁘게 하거나 도와주고 착한 아동으로서 승인을 얻기 위해 규칙에 순응 예 물건을 훔친 사람은 사회질서를 위반했기에 벌을 받아 마땅하다.

② 사회규율이나 관습에 맞는 행동을 하며 권위적인 인물의 승인을 받고자 노력함
③ 가정에서의 도덕적 분위기가 중요하며, 보상과 처벌의 일관성을 유지해야 함

(7) 영적 발달 : Fowler 2단계(신화적 · 실제적 단계)

① 좋은 행위는 상을 받고 나쁜 행위는 벌을 받는다고 믿음
② 종교에 강한 흥미를 지니고, 추상적인 개념(천국과 지옥) 사용함
③ 신이 자신이나 부모보다 위대한 존재임을 이해함

(8) 언어발달

① 다른 사람의 입장을 고려한 언어 구사
② 다른 단어의 뜻에 대한 호기심이 많으며, 언어습득 능력이 빨라 어휘력 증가
③ 유머발달 : 언어감각과 논리적 사고가 증가하여 말장난, 수수께끼, 어려운 말, 빨리 말하기를 좋아함
④ 속담, 비유, 은유를 즐김
⑤ 시계읽기

(9) 놀이 : 협동놀이

목적	• 규칙의 필요성을 이해하기 시작, 게임은 일정한 규칙을 가짐 • 흥정하며 협동, 계약하는 것을 배움 • 논리적 사고 능력이 개발, 사회적 기술이 증가 • 성취감과 또래 집단에서의 지위확보에 유용 • 근육단련, 스트레스, 좌절감, 적개심을 해소할 공간이 필요함
장난감	• 숫자놀이, 기차 • 게임, 퍼즐, 마술트릭, 낱말게임 • 책 : 농담, 만화책, 탐험 및 미스터리, 추리소설 즐겨 읽음 • 텔레비전, 비디오게임, 테잎, 라디오 청취 등 • 스포츠, 음악 및 무용레슨, 캠핑, 친구집 놀러가기 등
소속감 형성	• 집단에 소속된다는 것이 중요(동성끼리 어울림)
수집	• 우표, 카드, 돌 등
협동, 팀 규칙놀이	• 규칙에 대한 욕구가 게임과 신체활동 등에서 강하게 나타남

(10) 영양

① 식욕이 증가, 성장을 위한 균형 잡힌 식단 강조 → 영양교육
② 편식교정 → 학교급식
③ 아동기 비만 예방

④ **치아관리** : 영구치, 부정교합, 치아교정

㉠ **첫 영구치** : 6세, 제1대구치, 치주모양의 기본이 중요한 치아
→ 치과검진 시작(6개월마다)

㉡ **충치예방** : 올바른 칫솔질 및 치실 사용, 불소함유 치약사용, 정기적인 치과방문 권장

㉢ **부정교합 경고** : 영구치가 다 발생한 이후에 교정하는 것이 적절

㉣ 교정기 착용 시 구강위생 중요성 설명, 자아 손상되지 않도록 함

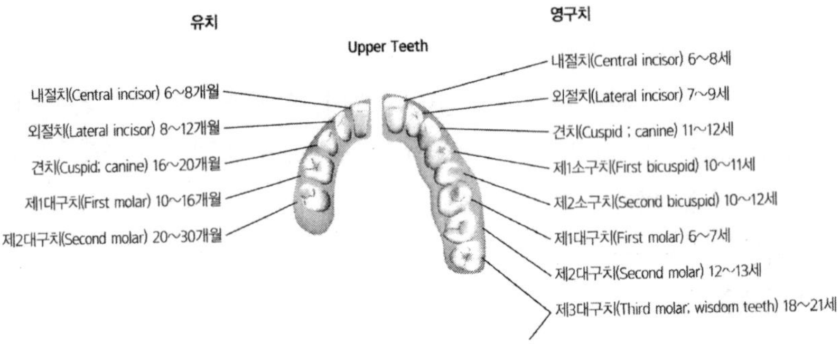

〈치아의 출현순서〉

(11) Havighurst의 학령기 발달과업

① 학교라는 가족 밖 새로운 환경에 적응

② 생산적인 일에 열중하며, 지식, 기술을 연마하는 과정에서 스스로 일을 성공적으로 해내어 자아성취감, 근면성, 자신감, 효능감을 얻음

③ 학교생활에서 발생할 수 있는 불안, 갈등을 극복

④ 자신의 욕구, 충동을 조절할 수 있는 방법을 습득

⑤ 학교생활을 통해 읽기, 쓰기, 셈하기의 기초적 지식을 습득

⑥ 또래집단과 친구사귐을 통해 또래와의 상호작용과 협동을 배우고 사회성을 높임

⑦ 타인의 입장을 고려하여 의사소통을 하며 결정을 내림

⑧ 사회생활을 해나가는 사회가 요구하는 가치관, 규범을 배우고 준수

6. 청소년기(12세~18세)

(1) 용어정의 및 생리발달 지침

① 아동기에서 성인기로 가는 이행기

② 남아는 남성으로, 여아는 여성으로의 변화를 대비하여 신체적 · 인지적 · 사회적 그리고 정서적 성숙이 빠르게 일어나는 시기

<table>
<tr><th>사춘기</th><td colspan="3">• 생식기의 기능이 시작되고 이차 성징이 발달하기 시작하는 시기이며, 성숙, 호르몬, 성장과정을 의미</td></tr>
<tr><th rowspan="3">청소년 전기 (11~14세)</th><td colspan="3">• 사춘기의 변화가 두드러지는 시기</td></tr>
<tr><th>남아</th><th>여아</th><th>공통</th></tr>
<tr><td>• 고환, 음낭, 음경 성장
• 풍성하고 곱슬곱슬한 음모
• 가늘게 나는 얼굴 털
• 겨드랑이 털
• PHV 9.4cm/년
• 여성형 유방</td><td>• 유방발달 시작
• 초경
• 배란
• 두껍고 곱슬곱슬하며 삼각형 분포모양의 음모
• PHV 8.3cm/년
• 남아보다 무거움</td><td>• 식욕증가
• PWV 달성
• 미성숙한 심장혈관 펌프 작용
• 근육 부피 증가
• 호리호리함, 어색함</td></tr>
<tr><th rowspan="3">청소년 중기 (15~17세)</th><td colspan="3">• 같은 나이의 동년배 친구들이 가지는 관심과 사고방식에 민감
• 음악, 의복, 외모, 언어와 행동에서 또래 청소년들이 추구하는 가치에 동조하는 경향</td></tr>
<tr><th>남아</th><th>여아</th><th>공통</th></tr>
<tr><td>• 성인의 생식기
• 성숙한 정자 생성
• 안면 · 신체에 털이 남
• 여자보다 근육량이 많아지고 힘이 세짐
• 식욕증가
• 여성형 유방 감소
• 목소리 변화</td><td>• 골격 성장이 멈춤
• 성적 성숙
• 체지방 비율 감소
• 식욕감퇴
• 6~10.4cm/년 신장 증가</td><td>• 미세 운동 협응력 증가
• 지구력 증가
• 땀샘 기능
• 심장혈관계 수용적 증가
• 여드름</td></tr>
<tr><th rowspan="3">청소년 후기 (18~20세)</th><td colspan="3">• 성인기로 전환하는 시기로 직업을 갖거나 성인과의 인간관계 발전시킴</td></tr>
<tr><th>남아</th><th>여아</th><th>공통</th></tr>
<tr><td>• 골격계 성장이 멈춤</td><td></td><td>• 심장혈관 · 호흡 · 위장 · 조혈 성적 성숙 도달
• 안정적인 식욕
• 운동 활동 증가
• 지구력 증가
• 치아발육 완성</td></tr>
</table>

(2) Tanner 사춘기 5단계(sexual maturity rating)

1단계	사춘기
2단계	사춘기 초기
3단계	여자의 PHV
4단계	여자의 PWV와 초경, 남자 PHV & PWV, 남자의 사정
5단계	어른 상태

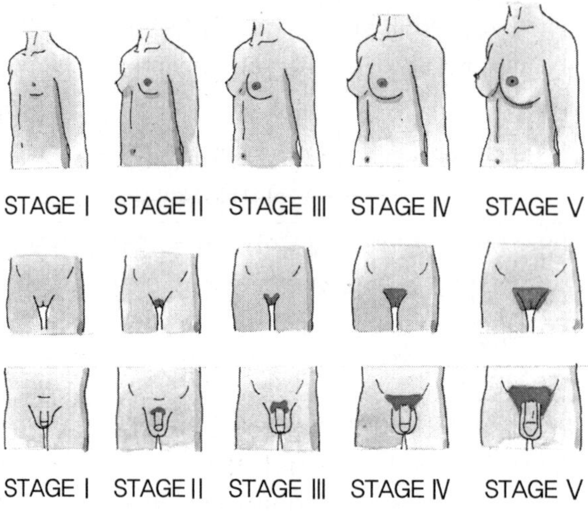

〈TANNER STAGES〉

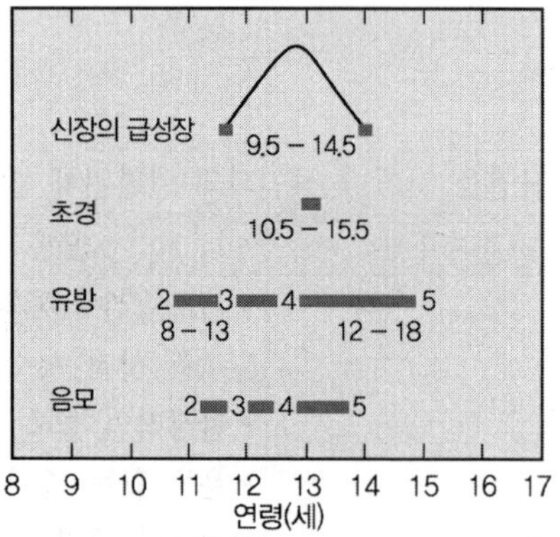

여아의 발달적 변화 시기를 보여준다. 유방과 음모영역에 나타난 숫자는 Tanner 발달단계를 의미한다. 초경과 유방발달은 신장의 급성장 영역에 나타난 연령에 시작하고 끝날 수 있다.

【여아의 성적 성숙 변화】

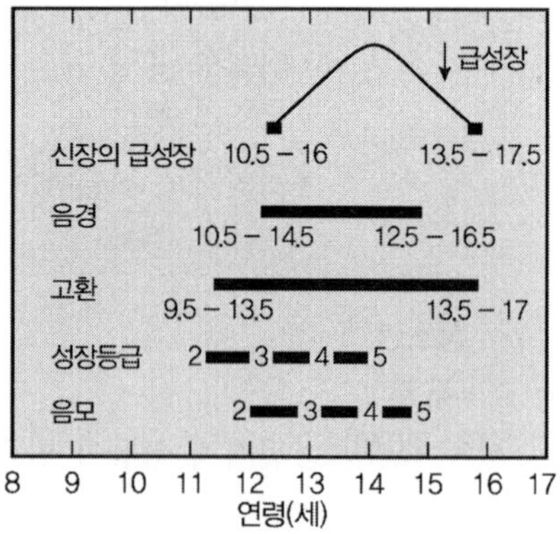

남아에 있어서 발달적 변화를 나타낸다. 음모영역에 나타난 숫자는 Tanner 발달단계를 의미한다. 신장의 급성장, 음경과 고환의 발달은 각 영역에 나타난 연령에 시작하고 끝날 수 있다.

【남아의 성적 성숙 변화】

여아

	유방발달	음모발달	초경	신체성장
1	• 사춘기 전기	• 음모발달 없음		
2	• 유방멍울과 유륜 커짐 • 유두돌기가 약간 올라옴	• 음모(+) • 음순의 중간선을 따라 약간 흩어져 돋음		
3	• 유방과 유륜 촉진 • 윤곽은 두드러지지 않음	• 거칠며, 곱실거리는 검은 치모와 액와체모의 증가		• PHV가 가장 많이 증가 • 성장급등
4	• 유방크기 증가, 유륜과 유두돌출 • 윤곽이 두드러짐	• 성인치모보다는 양이 적음 • 전형적인 여성의 삼각형태	초경	
5	• 성인단계 • 유두돌출 • 유륜은 유방의 윤곽에 포함	• 성인여성의 삼각형태 • 대퇴부까지 발달한 치모		

• 유두와 유륜의 변화, 유방조직의 발달, 음모발달, 질 분비물, 월경, 사춘기 중기에 키 성장률과 체중 증가율이 최고조
• 난소와 자궁성장은 유방의 돌출이나 음모의 발달보다 먼저 커지기 시작, 초경 후까지 계속 성장

남아

	고환 · 음낭 · 음경	음모	사정	신체성장
1	• 사춘기 이전시기 • **고환** : 2.5cm 이하	• 없음		• 2차 성징 전에 고환 부피가 커지는 것으로 시작
2	• 고환 크기가 증가 시작 • 음낭이 커짐, 약간 착색 • 음경 약간 커짐	• 길고 검은 치모 몇 가닥 나타남		• 고환이 커진 후 6~ 8개월 후 성기의 크기가 커지고 음모발달
3	• **고환** : 3.3~4.4cm • 음경 길어짐	• 색이 짙어지고 곱슬 • 길어지기 시작 • 치모 양 증가시작		• 근골격 발달과 일차적 목소리변성 • 수염증가 • 일시적 여성형 유방(1/3 발생)
4	• **고환** : 4.1~4.5cm • **음낭** : 색이 어두워짐 • **음경** : 길이와 폭 증가	• 성인과 유사하지만 양 적음 • 겨드랑이, 체모, 수염 길어짐	• 사정	• PHV, PWV • 후두발달에 따른 이차적 목소리 변성
5	• **고환, 음경** : 성인수준 • 4.5cm 이상	• **성인수준** : 허벅지 안쪽까지	• 정자생성 완성	• 여성형 유방은 축소되거나 사라짐

• 수면 시 몽정 시작, 음낭이 얇아지고 고환발달, 음모발달, 근육 비대, 변성기, 키와 몸무게의 급성장은 사춘기 중기 말까지 지속

(3) 호르몬의 변화

성장호르몬	• **성장호르몬의 가속화** : 뇌하수체 전엽에서 성장호르몬 생산 • 난소에서 에스트로겐, 고환에서 테스토스테론 분비 • 신체의 크기와 사지 성장에 관여		
갑상선 호르몬	• 뇌하수체 전엽에서 갑상선 자극호르몬(TSH) 분비로 갑상선에서 T_3, thyroxine(T_4) 분비 • 신체의 구조적 성장		
	여자		**남자**
FSH	난소여포와 에스트로겐 생산을 자극		정자 생성과 정세관 성숙
LH	배란 황체형성 역할		고환성숙, 테스토스테론 생성
성호르몬	**에스트로겐**	**프로게스테론**	**테스토스테론**
	• 유방발달 • **색소침착** : 유두, 음부, 겨드랑이 • **체모** : 음모발달 • **생식기관 성장** : 질, 자궁, 난소 • **골단성숙** : 장골성장억제하여 초경 후 2/3년 후 키 멈춤	• 배란 • **황체 생성** : 프로게스테론 생성 • **자궁에 태아착상** : 임신지속 가능	• **생식기계 성장과 발달 촉진** : 신장, 체중증가 • **골단성숙 자극** : 장골의 성장 억제 • 남성 고유의 체격형성
안드로겐	• 액와의 체모발달과 음모발달		• 고환에서 테스토스테론으로 전환

(4) 신체발달

신장과 체중	• **사춘기** : 여아는 10세~14세, 남아는 12세~16세 사이에 시작됨 • **빠른 성장의 시기** : 신장 최대 성장속도(peak height velocity, PHV)가 여아는 남아보다 2년 빠름(여아 12세, 남아 13.5세) • PHV 동안 여아는 체지방, 남아는 근육의 증가로 체중이 성인 체중의 50% 증가 • 평균 신장은 여아는 8.3cm, 남아는 9.4cm 증가, 성인 신장의 20~30% 증가 • **여아** : 초경이 시작되고 2년~2년 반 후에 신체성장이 멈춤(16~17세) • **남아** : 18~20세에 멈춤
외모와 골격계	• **제 2 급성장기** : 신장증가 > 체중증가 • 어깨가 넓어지고 몸통의 성장이 뒤따름 • 특히 안면골과 하악골, 상악골이 변함, 상악골은 앞으로 자라며, 하악골은 길어짐

	• 뼈의 성장이 두 배로 늘어나며, 이는 체중증가의 원인, 성장통 나타남 • 신체지방은 여아가 남아의 평균 2배로 증가하며, 남아는 실제로 감소	
신체기관 성숙	• 사춘기 동안 모든 기관이 두배로 커짐 • 기관의 성장속도가 키나 몸무게의 성장보다 느리기 때문에 피로를 쉽게 느낌	
남자	고환과 음낭	• 고환이 커지면서 음낭이 커지고 색이 어두워짐 • 한쪽 음낭이 다른 쪽보다 빠르게 자라는 것은 정상
	음경	• 고환발달 후 음경의 길이 증가
	음모	• 안드로겐 증가로 체모 생성
	야간몽정	• 고환에서 발육된 정자가 정액에 혼합되어 정액낭에 축적되었다가 극치감을 수반하면서 음경의 요도를 통해 밖으로 분출 • 꿈에서 어떤 자극을 받았거나, 방광이 충만되었을 때, 자극주는 잠옷으로 발생
	후두	• 후두점막이 비대해지고 후두와 성대가 증대되어 낮고 굵은 목소리로 변화
	피지선	• 안드로겐의 증가로 피지선이 발달하여 피부에 여드름 발생
	아포크린한선	• 겨드랑이, 제와부위, 생식기와 항문주위 모낭, 감정자극으로 물질 분비 • 피부표면 박테리아와 작용하여 특유의 냄새와 땀의 양 많아짐
	근육발달	• 어깨가 발달하고 허리가 넓어지면서 일직선 모양의 외형 지님 • 지방질이 감소되고 근육의 발달과 각진 외형 모습
	여성형 유방	• 사춘기 동안 분비되는 에스트로겐의 증가로 양쪽 또는 한쪽 유방이 비대해지며 남성적 발달이 이루어지면서 여성형 유방이 없어지는 일시적인 현상
여자	유방	• 유방 크기 증가, 유선 발육, 유두, 유륜 증가, 유륜에 색소침착
	음모	• 유방발달 후 음모가 생기기 시작
	초경	• 유방발달이 시작되고 나서 2년 후 급성장기가 최고에 도달한 후 일어남 • 사춘기와 성적 성숙 의미
	지방축적	• 피하지방의 발달로 유방, 둔부, 대퇴의 피하조직에 지방을 축적시켜 통통해짐
	골반	• 골반이 넓어져 둔부는 커짐

(5) **심리사회적 발달 : Erickson 정체감 대 역할혼란**

① **독립적 자아 형성 추구**

㉠ 부모로부터 독립하려고 함

㉡ 제2의 반항기, 질풍노도의 시기 → 심한 감정의 변화, 혼자 있고 싶어함

② 자아정체감 형성

③ **집단 정체감 획득요구** : 동료로부터 인정과 거부가 가장 큰 관심사(또래집단과의 동일화) → 친밀감 발달 시기

④ **성역할 정체감** : 이성교제 시작, 또래와 성인으로부터 성숙한 성역할 태도를 기대받게 됨

(6) **인지발달 : Piaget 형식적 조작기(11~15세)**

① 가설로부터 추론을 도출해 가설 검증, 그 결과를 해석 가능, 분석적 사고, 가설 검증 능력

② 한 번에 2개 이상의 카테고리 사고함

③ **추상적 사고, 논리적 추리 가능, 일반화 가능** : 논리적인 연역과 귀납을 할 수 있음. 인과관계나 추상적인 언어활용을 다룰 수 있음

④ 철학적 사고, 사회적 관점에서 이해

⑤ 명제적 논리를 다룰 줄 알고 비율을 이해하며 사고에 관한 추리력을 가짐

⑥ 미래지향적 관점 사용

⑦ 개인적인 가치체계의 발달

⑧ **청소년 자기중심적 사고(ElKind)**

정의	• 자신의 사고나 상위 인지에 대해 사고할 수 있는 능력이 발달되면서 야기되며 자신과 타인의 사고와 감정을 구별하지 못함 • 청소년들은 자신이 중요하고 가치 있다고 여기는 관념의 세계와 타인의 관념을 구분하지 못함
개인적 우화	• 청소년이 자신의 특수함에 대한 과장된 관념을 가지는 것 • 자신은 특별하고 독특한 존재이므로 자신의 감정이나 경험세계는 다른 사람과 근본적으로 다르다고 믿는 것 • 청소년들의 자기 과신에서 비롯되고, 현실 검증 능력이 생기면서 자신과 타인의 실체를 객관적으로 인식하고 타인과의 친밀한 관계를 정립하게 되면 사라짐 • 개인적인 특이함은 그들이 경험하는 감정이나 어려운 상황에 대해서 "당신은 이해 못해"라고 믿는 극심한 고립의 감정이나, 자신은 불멸하므로 나쁜 일에 영향을 받지 않는다는 믿음의 2가지로 표현됨. 이러한 불멸감은 운전, 마약, 음주 그리고 성행위와 관련된 청소년의 행동으로 자주 증명됨

상상적 청중	• 과장된 자의식으로 인해 자신이 타인의 집중적인 관심과 주의 대상이 되고 있다고 믿는 것 • 상상의 청중이 무대에 있어 그들의 외모와 행동에 관심이 있다고 믿음 → 복장, 외모에 대한 관심이 높음 • 실제 사람들의 행동보다는 상상의 청중을 의식하는 행동으로 반응 • 예 : 코에 이상하게 생긴 여드름을 다른 사람들도 신경 쓸 것이라고 믿어서 학교에 가는 것을 두려워하는 것
과민적 사고	• 단순한 것을 좀 더 복잡하게 만드는 것 • 예 : 남자 청소년이 자신이 집단 가사일을 좀 더 도왔다면 자신의 부모가 이혼하지 않았을 거라 생각
겉치레적 위선	• 자신에게는 다른 사람과 다른 규칙을 적용하는 것 • 예 : 청소년기 자신이 부모의 옷을 허락 없이 입어도 되지만, 부모는 자신의 방에 들어와 개인적 물품에 손대서는 안 된다고 생각하는 것

(7) 성심리 발달 : Freud 생식기(13~18세)

피임방법, 임신, 성병, 안전한 성생활 등에 관한 성교육 실시

(8) 사회화

① **동료와의 동일시** : 같은 옷, 같은 사고를 함

② **동성의 그룹과 우정(친밀감) 쌓아감** : 강한 정서를 바탕으로 하는 친밀감 발전

(9) 도덕적 발달 : Kohlberg 후인습적 도덕 수준

① 사회계약, 법률 중심단계로 규칙과 법을 중시

② 5단계(사회계약정신으로서의 도덕성) → 6단계(보편적 · 윤리적 원리로서의 도덕성)

5단계	• 사회계약정신으로서의 도덕성 • 사회계약, 법률 중심단계로 규칙과 법을 중시 • 공리주의 단계에서는 옳고 그름에 대한 도덕성, 계약, 다수의견, 실용, 최대 다수의 최대 이익을 중요시함 • **사회계약정신** : 법이 사람들이 필요로 하는 바를 충족시키지 못하면 어떤 사람의 동의, 타인과의 상호동의, 민주적인 절차를 통해 변경시킬 수 있다는 것 • 사회법칙은 행동결정만을 위한 이유가 될 수 없고 인간의 권리와 존엄성이 위협받는 법은 부당하고 이의를 제기함 • 도덕적 관점과 법이 마찰을 일으킬 수 있고, 민주적 절차에 의해 법은 바뀌어 질 수 있다고 생각함
6단계	• 보편적 · 윤리적 원리로서의 도덕성 • 가장 높은 도덕 단계로서 옳고 그름을 개인 양심에 비추어 판단하여야 함 • 양심의 원리는 구체적인 규칙이 아니고 법을 초월하는 '인간의 존엄성'이나 '정당성'과 같은 보편적 원리에 대한 확신임

(10) 영적 발달 : Fowler 3 · 4단계

① 3단계 : 종합적 · 인습적 단계(초기 청소년기), 종교의 가르침 수용, 문제가 생기면 신을 의지
② 4단계 : 개별적 · 반사적 단계(중 · 후기 청소년기), 종교에 대한 실망감과 의문이 생김, 다른 종교 모색
③ 종교적 신념이 좀 더 추상화되고 원칙화됨
④ 종교의 내면세계 중요시함
⑤ 공식적인 숭배는 거부하지만 개인적인 숭배는 더 깊어짐
⑥ 아동기 믿음과 가치에 대해 재검증 · 재평가하는 시기

(11) Havighurst의 청소년기 발달과업

① 자신의 체격을 인정하고 자신의 신체를 효과적으로 사용하고 보호하는 것 인식
② 같은 연령의 남녀 간 새롭고 성숙한 관계 확립으로 타인과 더불어 일하기
③ 남성 또는 여성으로서 사회적 역할이 무엇인지 학습
④ 부모, 다른 성인들로부터 정서적 독립
⑤ 경제적 독립의 필요성을 느끼고 준비
⑥ 자신의 직업을 선택하고 준비
⑦ 적합한 배우자를 선택하여 결혼과 새로운 가정생활을 위한 준비
⑧ 유능한 시민으로 갖추어야 할 지적 기능과 개념 획득
⑨ 행동지침이 될 수 있는 가치관과 윤리체계학습
⑩ 사회적으로 책임 있는 행동 실천으로 지역사회와 국가 생활에 참여

4 아동의 건강증진 간호

1. 예방접종

(1) 예방접종의 종류

생백신 약독화 백신	• 독성을 인위적으로 약화시킨 것 • 체내에서 증식은 하지만 질병을 일으키지 않고 항체 생성 • 결핵, MMR(홍역, 유행성이하선염, 풍진), 수두, 구강용 소아마비(OPV)
사백신 불활성화 백신	• 병원미생물을 사멸시킴, 항체는 생성하지만 질병을 발생시키지 않는 것 • 면역기간이 짧아 반복해서 추가접종이 필요함 • 주사용 소아마비(IPV), 파상풍

(2) 월령별 기본접종

기본 접종	1주 이내	B형 간염#1
	4주 이내	BCG
	2개월	DPT#1, Polio#1, B형 간염#2, Hib#1
	4개월	DPT#2, Polio#2, Hib#2
	6개월	DPT#3, Polio#3, B형 간염#3, Hib#3
	12~15개월	MMR#1, 수두, Hib#4
	12~24개월	일본뇌염(첫해 2회 접종, 일년 후 1회 추가)
추가 접종	15~18개월	DPT#4
	4~6세	DPT#5, Polio#4, MMR#2, 일본뇌염#4
	11~12세	성인용 Td, 일본뇌염#5

※ DPT(디프테리아, 백일해, 파상풍)
Polio(약화시킨 폴리오 바이러스를 포함한 구강 소아마비 백신)
MMR : 홍역 생균, 이하선염, 풍진바이러스

참고 인플루엔자(독감) 예방접종

① 사백신 : 6~59개월 소아의 경우 매년 접종. 첫해에 1개월 간격으로 2회 접종, 이후 매년 1회
② 생백신 : 24개월 이상부터 접종가능, 접종 첫해에 1개월 간격으로 2회 접종하고 이후 매년 1회

(3) 부작용과 주의점

부작용	• 발열, 주사부위 종창 또는 발적, 두통, 오한, 경련 등 • **보고해야 할 부작용** : 지속적 고열, 구토, 설사, 발진, 림프절의 부종
예방접종 시 간호	• 가능한 오전에 하도록 교육(부작용은 24시간 이내에 발생하므로 오후 시간대 접종 시 수면 중에 부작용이 발생하기가 쉬워 이를 감지하기 어렵기 때문) • 발생 가능한 부작용에 대비하여 미리 설명 • 열이 날 경우 tylenol 사용 • 예방접종 후 30분 동안은 병원에 머무를 것을 권장 • 접종 당일과 다음 날은 목욕시키지 않도록 교육
금기증	• 급성 열성질환, 발진 출현 시 • 심혈관계, 신장, 간질환, 백혈병이나 악성종양 • 면역결핍성 질환, 면역억제치료 중인 경우 • 이전 예방접종 시 과민반응이 나타났던 경우 • 단, 경미한 질환(상기도감염, 알레르기성 비염, 설사)시 정규 예방접종이 가능함

구분	대상 감염병	백신종류 및 방법	횟수	출생~1개월이내	1개월	2개월	4개월	6개월	12개월	15개월	18개월	19~23개월	24~35개월	만4세	만6세	만11세	만12세
국가예방접종	결핵	BCG(피내용)❶	1	BCG 1회													
	B형간염	HepB❷	3	HepB 1차	HepB 2차			HepB 3차									
	디프테리아 파상풍 백일해	DTaP❸	5			DTaP 1차	DTaP 2차	DTaP 3차		DTaP 4차				DTaP 5차			
		Tdap/Td❹	1													Tdap/Td 6차	
	폴리오	IPV❺	4			IPV 1차	IPV 2차	IPV 3차						IPV 4차			
	b형헤모필루스인플루엔자	Hib❻	4			Hib 1차	Hib 2차	Hib 3차	Hib 4차								
	폐렴구균	PCV❼	4			PCV 1차	PCV 2차	PCV 3차	PCV 4차								
		PPSV❽	–										고위험군에 한하여 접종				
	홍역 유행성이하선염 풍진	MMR❾	2						MMR 1차					MMR 2차			
	수두	VAR	1						VAR 1회								
	A형간염	HepA❿	2						HepA 1~2차								
	일본뇌염	IJEV(불활성화 백신)⓫	5						IJEV 1~2차				IJEV 3차		IJEV 4차		IJEV 5차
		LJEV(약독화 생백신)⓬	2						LJEV 1차				LJEV 2차				
	사람유두종바이러스 감염증	HPV⓭	2													HPV 1~2차	
	인플루엔자	IIV⓮	–					IIV 매년 접종									
기타 예방접종	로타바이러스 감염증	RV1	2			RV 1차	RV 2차										
		RV5	3			RV 1차	RV 2차	RV 3차									

● **국가예방접종** : 국가에서 권장하는 필수예방접종(국가는 「감염병의 예방 및 관리에 관한 법률」을 통해 예방접종 대상 감염병과 예방접종 실시기준 및 방법을 정하고, 이를 근거로 재원을 마련하여 지원하고 있음)
● **기타예방접종** : 예방접종 대상 감염병 및 지정감염병 이외 감염병으로 민간 의료기관에서 접종 가능한 유료 예방접종

❶ **BCG(결핵)** : 생후 4주 이내 접종
❷ **HepB(B형간염)** : 임신중 B형간염 표면항원(HBsAg) 양성인 산모로부터 출생한 신생아는 출생 후 12시간 이내 B형간염 면역글로불린(HBIG) 및 B형간염 백신을 동시에 접종하고, 이후의 B형간염 접종일정은 출생 후 1개월 및 6개월에 2차, 3차 접종 실시
❸ **DTaP(디프테리아·파상풍·백일해)** : DTaP-IPV(디프테리아 · 파상풍 · 백일해 · 폴리오) 또는 DTaP-IPV/Hib(디프테리아 · 파상풍 · 백일해 · 폴리오 · b형헤모필루스인플루엔자) 혼합백신으로 접종 가능
❹ **Tdap/Td(파상풍·디프테리아·백일해/파상풍·디프테리아)** : 만 11~12세 접종은 Tdap 또는 Td 백신 사용 가능하나, Tdap 백신을 우선 고려
※ 이후 10년 마다 Td 재접종(만 11세 이후 접종 중 한 번은 Tdap으로 접종)
❺ **IPV(폴리오)** : 3차 접종은 생후 6개월에 접종하나 18개월까지 접종 가능하며, DTaP-IPV(디프테리아 · 파상풍 · 백일해 · 폴리오) 또는 DTaP-IPV/Hib(디프테리아 · 파상풍 · 백일해 · 폴리오 · b형헤모필루스인플루엔자) 혼합백신으로 접종 가능
※ DTaP-IPV(디프테리아 · 파상풍 · 백일해 · 폴리오): 생후 2, 4, 6개월, 만 4~6세에 DTaP, IPV 백신 대신 DTaP-IPV 혼합백신으로 접종할 수 있음. DTaP-IPV/Hib(디프테리아 · 파상풍 · 백일해 · 폴리오 · b형헤모필루스인플루엔자): 생후 2, 4, 6개월에 DTaP, IPV, Hib 백신 대신 DTaP-IPV/Hib 혼합백신으로 접종할 수 있음
※ 혼합백신 사용시 기초접종 3회를 동일 제조사의 백신으로 접종하는 것이 원칙이며, 생후 15~18개월에 접종하는 DTaP 백신은 제조사에 관계없이 선택하여 접종 가능
❻ **Hib(b형헤모필루스인플루엔자)** : 생후 2개월 ~ 만 5세 미만 모든 소아를 대상으로 접종, 만 5세 이상은 b형헤모필루스 인플루엔자 감염 위험성이 높은 경우(겸상적혈구증, 비장 절제술 후, 항암치료에 따른 면역저하, 백혈병, HIV감염, 체액면역 결핍 등) 접종하며, DTaP-IPV/Hib(디프테리아 · 파상풍 · 백일해 · 폴리오 · b형헤모필루스인플루엔자) 혼합백신으로 접종 가능
❼ **PCV(폐렴구균 단백결합)** : 10가와 13가 단백결합 백신 간에 교차접종은 권장하지 않음
❽ **PPSV(폐렴구균 다당질)** : 만 2세 이상의 폐렴구균 감염의 고위험군을 대상으로 하며 건강상태를 고려하여 담당의사와 충분한 상담 후 접종
※ 폐렴구균 감염의 고위험군
– 면역 기능이 저하된 소아: HIV 감염증, 만성신부전과 신증후군, 면역억제제나 방사선 치료를 하는 질환(악성종양, 백혈병, 림프종, 호치킨병) 혹은 고형 장기 이식, 선천성 면역결핍질환
– 기능적 또는 해부학적 무비증 소아: 겸상구 빈혈 혹은 헤모글로빈증, 무비증 혹은 비장 기능장애
– 면역기능은 정상이나 다음과 같은 질환을 가진 소아 : 만성심장질환, 만성폐질환, 당뇨병, 뇌척수액 누출, 인공와우 이식 상태
❾ **MMR(홍역·유행성이하선염·풍진)** : 홍역 유행 시 생후 6~11개월에 MMR 백신이 가능하나 이 경우 생후 12개월 이후에 MMR 백신으로 일정에 맞추어 접종
❿ **HepA(A형간염)** : 1차 접종은 생후 12~23개월에 시작하고 2차 접종은 1차 접종 후 6~12(18)개월(제조사에 따라 접종 간격이 다름) 간격으로 접종
⓫ **IJEV(일본뇌염 불활성화 백신)** : 1차 접종 후 7~30일 간격으로 2차 접종을 실시하고, 2차 접종 후 12개월 후 3차 접종
⓬ **LJEV(일본뇌염 약독화 생백신)** : 1차 접종 후 12개월 후 2차 접종
⓭ **HPV(사람유두종바이러스) 감염증** : 만 12세에 6개월 간격으로 2회 접종하고, 2가와 4가 백신 간 교차접종은 권장하지 않음
⓮ **IIV(인플루엔자 불활성화 백신)** : 접종 첫 해는 4주 간격으로 2회 접종이 필요하며, 접종 첫 해 1회 접종을 받았다면 다음 해 2회 접종을 완료, 이전에 인플루엔자 접종을 받은적이 있는 생후 6개월~만 9세 미만 소아들도 유행주에 따라서 2회 접종이 필요할 수 있으므로, 매 절기 인플루엔자 국가예방접종 지원사업 관리지침*을 참고
* 예방접종도우미 누리집(https://nip.kdca.go.kr) 〉 예방접종 지식창고 〉 예방접종 지침

● **백신 두문자어**

백신종류	두문자어	백신
결핵	BCG(피내용)	Intradermal Bacille Calmette-Gúerin vaccine
B형간염	HepB	Hepatitis B vaccine
디프테리아 · 파상풍 · 백일해	DTaP	Diphtheria and tetanus toxoids and acellular pertussis vaccine adsorbed
	Td	Tetanus and diphtheria toxoids adsorbed
	Tdap	Tetanus toxoid, reduced diphtheria toxoid and acellular pertussis vaccine, adsorbed
디프테리아 · 파상풍 · 백일해 · 폴리오	DTaP-IPV	DTaP, IPV conjugate vaccine
폴리오	IPV	Inactivated poliovirus vaccine
b형헤모필루스인플루엔자	Hib	*Haemophilus influenza type b Vaccine*
디프테리아 · 파상풍 · 백일해 · 폴리오 · b형헤모필루스인플루엔자	DTaP-IPV/Hib	DTaP, IPV, *Haemophilus influenzae type b conjugate vaccine*
폐렴구균	PCV	Pneumococcal conjugate vaccine
	PPSV	Pneumococcal polysaccharide vaccine
홍역 · 유행성이하선염 · 풍진	MMR	Measles, mumps, and rubella vaccine
수두	VAR	Varicella vaccine
A형간염	HepA	Hepatitis A vaccine
일본뇌염	IJEV	Inactivated Japanese encephalitis vaccine
	LJEV	Live-attenuated Japanese encephalitis vaccine
사람유두종바이러스 감염증	HPV	Human papillomavirus vaccine
인플루엔자	IIV	Inactivated influenza vaccine

2. 안전관리

<table>
<tr><td>안전사고 취약원인</td><td colspan="2">• 호기심이 많아서 자기 주위를 탐험하는 것을 즐김
• 새로운 기술을 시도하고 익히려고 함
• 안전하게 과제를 완성하는 데 필요한 기술이 발달하기 전에 시도하려고 함
• 자기를 주장하고 규칙에 도전하려고 함
• 나이가 들어갈수록 동료로부터 인정을 받으려는 심리가 강하게 발달</td></tr>
<tr><td rowspan="4">영아기</td><td>자동차 사고</td><td>• 적절한 카시트 사용
• 카시트는 차 뒷좌석에 설치
• 9kg 이하 영아는 후방 주시하도록(차의 뒤쪽을 보도록) 장착</td></tr>
<tr><td>화상</td><td>• 목욕물과 우유의 온도확인
• 햇볕에 노출시키지 않음.
• 자외선 차단제 발라줌(6개월 미만의 영아는 태양노출과 자외선 차단제 사용 금함)</td></tr>
<tr><td>낙상</td><td>• 영아의 뒤집기, 기어다니기 시작하면서 사고발생이 빈번
• 높은 곳에 절대로 혼자 두지 않음
• 영아용 의자와 유모차에서 안전벨트 사용함
• 침대의 난간을 항상 올려 놓음. 당길 수 있는 식탁보를 사용하지 않음</td></tr>
<tr><td>흡인 및 질식</td><td>• 수유 시 영아를 눕혀서 젖병을 기대어 놓고 먹이지 않음
• 사탕, 땅콩, 포도, 건포도, 껌 등의 음식은 작은 조각으로 잘라서 줄 것
• 장난감 조각, 동물 인형의 리본, 동전, 단추, 핀, 구슬, 풍선 등은 주지 말 것
• 노리개 젖꼭지를 끈에 묶어 영아의 목에 둘러주거나 잘 때 턱받이를 해 주면 안됨</td></tr>
<tr><td rowspan="3">유아기</td><td>자동차 사고</td><td>• 카시트 사용, 아동을 잠시도 차안에 혼자 두어서는 안됨
• 유아는 키가 작아서 잘 보이지 않기에 자동차 근처에서 조심</td></tr>
<tr><td>익사</td><td>• 유아를 욕조안과 곁, 물 양동이, 수영장, 물가에 잠시라도 혼자 두어서는 안됨
• 화장실 문은 항상 닫아둘 것</td></tr>
<tr><td>중독</td><td>• 가정 내에서 많이 발생
• 약, 화장품, 가정용 화학제품은 항상 뚜껑을 닫아 아동이 접근할 수 없는 곳에 둠
• 독성물질을 보관했던 용기는 재활용하지 않고 폐기함
• 중독약물의 종류에 따라 중재방안이 달라지므로 약물의 종류와 양을 확인해야 함</td></tr>
</table>

	화상	• 1~4세 아동의 중요 사망원인 • 불, 뜨거운 물, 가스레인지, 소형 가전제품 등이 아동의 손에 닿지 않도록 보관함
	연기흡입	• 초기에 호흡곤란이 나타날 수 있으며, 후두부위 폐쇄 시 기관삽관함
학령전기	• 활동적이고 호기심이 많은 시기, 만화 속 주인공처럼 위험한 행동을 따라 함	
	안전교육	• 노래, 인형극, 역할극으로 만들면 효과적
	자동차	• 부스터 시트를 사용하면 앉은 키를 높이 올려 주어 안전벨트가 제 위치를 잡을 수 있음
	화상	• 어른의 집안일을 흉내내다가 도구를 능숙하게 다루지 못하여 화상의 위험 높음
	화재	• 화재 시 도망가기보다 놀라서 옷장이나 침대 밑에 숨기 때문에 사망위험이 높음
	대인 안전과 성적 학대	• 사실에 근거한 정확한 성 지식을 교육, 낯선 사람을 경계, '아니오'라고 말하고, 도망가고, 어른에게 말하도록 가르침
학령기	자동차	• 신장이 145cm 이상은 성인용 안전벨트 사용
	화재와 화상	• 화재 대피연습 반복하기 • 집안일 할 때 도구와 주방기기 사용법을 숙지 • 불꽃놀이 시 화상주의
	자전거, 인라인스케이트 스케이트보드	• 헬맷과 보호장비 착용
	보행	• 자신이 자동차를 볼 수 있기 때문에 운전자도 자신을 볼 수 있어 즉시 정지할 것이라고 잘못 판단함 • 놀이에 너무 몰입하여 도로에 뛰어 나감
	물놀이	• 머리를 물 밖으로 내놓을 정도의 수영을 배우도록 격려 • 안전수칙 준수 교육
청소년기	물놀이	• 익사, 척추손상, 술이 주요원인
	자살	• 청소년 사망원인 1위
	폭력과 살인	
	피어싱, 문신	• 정체성 형성과 관련되어 나타남, 감염예방
	선탠	• 피부암 증가
	성생활	• 자신의 성적 행위가 부정적인 결과를 가져올 수 있음을 받아들이지 않음 • 자존감이 낮은 청소년은 빨리 성관계를 시작함 • 안정적인 가정환경, 부모 감독, 독실한 종교생활, 높은 소득수준, 좋은 부모 자녀관계가 청소년의 성관계 시작을 늦춤
	성생활 – 성교육 프로그램	• 잘못된 성인식을 수정 • 자위, 금욕과 피임법 중심으로 교육 • 건전한 이성관계 능력을 형성시킴

3. 발달단계별 성교육 프로그램

구분	교육내용	교육방법
유아기	• 자신의 몸을 탐색, 남녀 신체의 차이 인식 • 성역할 인식	• 정확한 용어 사용한 정직하고 사실적인 교육
학령전기	• 성 정체성과 신체상 발달	• 학습자의 수준 먼저 파악, 단순, 솔직, 사실적인 대답, 부모의 지도가 중요
학령기	• 해부와 생리, 신체기능, 사춘기 변화, 월경, 몽정, 임신과정, 성병	• 성 발달의 개인과 성별 차이 인정 • 아동의 질문에 솔직, 사실적인 대답
청소년기	• 금욕, 피임, 성병, 이성교제, 사랑과 결혼, 부모역할	• 면담 시 비밀보장, 대처전략 개발, 자위문제에 대한 지도

4. 통증관리

(1) 통증의 생리

수용	• 통각수용기의 활성과정 • **통각수용기 :** 척수에서 뻗어나와 피부, 관절, 뼈, 점막 등 다양한 부위에 걸쳐있으며 말초신경섬유의 말단에 통각수용기 있음. 통각자극이 주어질 때 활성화 • 기계적 · 화학적 · 온도적 자극에 반응	
전달	• 통각수용기가 통각자극에 의해 활성화 될 때, 자극은 말초신경을 따라 척수와 뇌로 전달되는 전기적 자극으로 전환	
	A-델타 신경섬유 (소섬유)	• 수초화 된 소섬유(유수신경) • 자극을 매우 빠른 속도로 전달(보통 급성 통증, 날카로운 통증) • 기계적 자극 · 온도와 관련된 자극과 관련
	C 신경섬유 (비수초성 소섬유)	• 자극을 천천히 전달(무수신경) • 화학적 자극이나 지속적인 기계적 혹은 온도 관련 자극에 의해 활성화 • 비교적 오래 지속되고 천천히 일어남 • 퍼지는 듯한 감각이나 경미하고 쑤시는 통증과 연관 • 둔하고 화끈거리는 통증, 만성통증 전달
	대섬유 A-alpah 섬유 A-beta 섬유	• 온 · 냉감, 촉각, 압각, 진동 등에 자극 • 큰 유수섬유로 경증의 촉각과 온각전달
	통증전달과정 (관문통제이론)	• 척수후각의 관문기전은 통증신호 전달을 촉진하거나 감소 • **직경이 큰 구심성 대섬유의 자극 :** 통증신호 전달을 둔화, 관문을 닫게 함 • **직경이 작은 소섬유의 자극 :** 관문을 열게 함

		• 자극이 있을 때 대섬유는 뇌로 가는 관문 혹은 경로를 닫음으로써 통증 자극의 전달을 막거나 방해하게 되어 결과적으로 자극은 통증을 해석하는 부위인 뇌에 도달하지 못함 • 마사지나 압박 같은 특정 비약물적 치료가 통증경감에 효과적인지 설명하는 데 도움이 됨
지각	• 척수후각에서 신경섬유는 나누어지고 맞은편으로 교차되어 시상으로 올라감 • 시상은 자극을 신체감각의 통증으로 해석하는 뇌의 체성감각피질로 메시지를 보냄 • **속도가 빠른 A 델타 섬유들에 의해 전달되는 자극** : 날카롭고, 국한된 통증으로 지각 • **속도가 느린 C 섬유들에 의해 전달되는 자극** : 분산되고, 둔하고, 타는 듯하거나 아리는 통증 유발 • **통증역치** : 사람들이 느끼는 최저강도의 통증 자극지점으로 사람마다 일정하나, 통증내성은 사람에 따라 매우 다양함	
조절	상행전도조절	• **굵은 감각신경섬유 자극** : 마사지, 온냉적용, TENS 사용, 침술, 박하연고제 도포 • **마약성 진통제의 투약** : 말초신경계와 중추신경계 내의 수용기와 결합하여 통증 자극을 방해
	하행전도조절	• **엔돌핀과 엔카팔린의 분비** : 생화학적으로 통증 자극 하행을 방해 • **인지적 재해석(인지행동적 접근)** – 불안이나 공포가 교육이나 정서적 지지를 통해 완화될 때 통증 자극의 하행전도를 조절할 수 있음 – 이완요법, 유도된 심상요법, 최면술의 사용 또한 통증 경험의 지각인 해석을 변화시킬 수 있음 • **변연계에서의 감정을 조절하는 방법** : 정서적 불쾌감 조절 – TV 시청, 음악감상, 노래부르기, 게임과 같이 통증으로부터 관심을 돌리는 전환행동

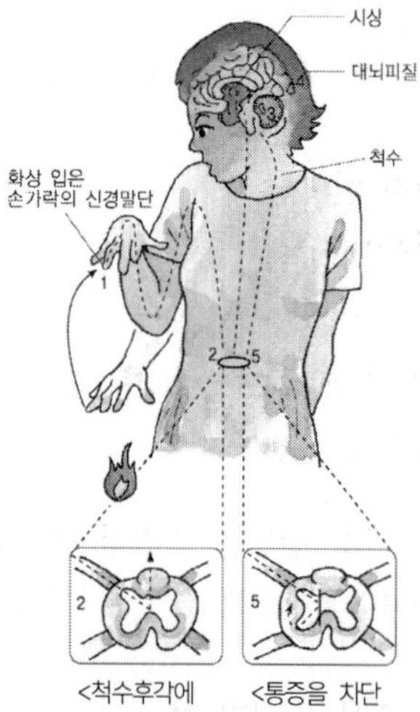

<척수후각에 도달한 통증> <통증을 차단하는 엔돌핀>

1. 온도 관련 통증자극에 노출되면 통각수용체의 활성화가 일어난다(변환).
2. 자극은 척수후각을 통해 척수까지 말초신경을 따라 전달된다(전달).
3. 4. 이로 인해 통증감각을 느끼게 된다(지각).
5. 뇌간에서 뉴런은 신호를 후각으로 내려보내고, 엔돌핀과 같은 물질을 방출하는 섬유들로 인해 고통스러운 자극을 차단할 수 있다(조절). 이러한 신경전달물질들을 신체가 받아 들이게 되므로, 진통제 요구량이 줄어들 수 있다.

(2) 발달단계별 통증 양상

아동의 나이와 발달단계에 적절한 통증사정 도구 사용

영아	• 큰소리로 울부짖음 • 짧은 시간 동안 큰소리로 울고 전신적으로 몸을 움직이고 얼굴을 찡그림 • 통증 시 얼굴표정(눈썹 끝이 처지고 함께 모아지며, 눈은 꼭 감고, 입은 벌리고 삐죽거림) • **통증에 따른 호르몬의 반응** : cortisol, catecholamine(glucagon, aldosterone, corticosteroids) 증가
유아	• 자극부위를 천천히 움츠리면서 신체반응이 국소화됨 • 큰소리로 울부짖음, 통증 혹은 분노 시의 얼굴표정 • 신체적인 저항을 보이고, 특히 자극이 가해진 후 그것을 밀어내려 함 • 아픈 부위를 가리킬 수 있음 • 고통을 주는 치료절차에 반응하는 것과 같이 고통이 없는 치료절차에도 심한 반응을 나타냄
학령전기	• 큰소리로 울부짖음, 비명을 지름 • "아!", "아야!", "아파" 등의 언어적 표현 • 통증에 대한 저항으로 팔다리를 휘저음 • **비협조적** : 신체적 억제가 필요함 • 부모나 간호사, 또는 가까운 사람에게 매달림 • 안는 것이나 정서적 지지의 형태로 신체적 위안을 얻고자 함 • 지속적인 통증에 안절부절 못하거나 신경질적이 됨 • 실제 통증절차를 기다리는 동안에도 위의 행동이 나타날 수 있음 • 신체절단에 대한 관심이 매우 높고, 입원이 그들의 행위나 생각에 대한 처벌이라는 죄의식 느낌 • 통증이 수반되는 시술 전에 병원놀이를 하며 친숙하지 않은 의료기구를 만지고 탐색해 보게 함 • 설명이나 전환요법과 같은 사전 중재가 어린 아동들보다 더 효과적
학령기	• 실제 통증을 유발하는 시술 동안에는 학령전기 아동에게 나타나는 모든 행동을 볼 수 있으나, 시술을 기다리는 동안에는 덜함 • "잠시만요", "아직요"라고 하면서 지연시키는 행동을 함 • 근 강직, 주먹을 꽉 쥐고 이를 갈며, 사지를 움츠리고 몸이 뻣뻣해지고 눈을 감고 이마를 찡그림 • 통증의 위치, 강도 형태에 대해 얘기할 수 있고, 질병이 신체에 미치는 영향과 잠재적인 유익성과 위험에 대한 관심이 있음
청소년기	• "아파요", "아프게 하지 말아요"와 같은 말을 많이 함 • 근육의 긴장감과 신체 통제력이 증가됨 • 질병으로 인한 신체상 변화에 대한 불안감이 높고 통증 표현을 잘 안함 • 통증이 치료될 것이라 생각, 통증완화를 개념화 할 수 있음

(3) 통증사정

① 통증을 확인하고 통증의 위치, 강도 및 질에 대한 모든 것을 기록에 남김

② 아동의 통증 병력, 과거 통증 경험, 치료전략, 치료방법의 선호도 등

③ 아동의 나이와 발달단계에 적절한 통증사정 도구를 사용하는 것이 중요함

④ 사정항목

PQRST 통증사정	P (provoke, palliate)	악화요인 / 완화요인 : 오늘 통증이 있는가?
	Q (quality)	질 / 양상 : 통증을 어떻게 설명할 수 있는가?, 환자가 표현하는 단어, 부위, 표정, 몸짓(날카롭다, 탄다, 간질거린다 등)
	R (region)	방사통 또는 위치 : 통증이 어디에 느껴지는가?, 방사통이 있는가?
	S (severity)	통증강도 : 통증을 0에서 10까지 등급을 매겨본다.
	T (timing)	시기 : 얼마 동안 통증을 느꼈는가?, 통증이 발생하면 얼마나 지속되는가?
행동반응	• 얼굴표정 : 동공크기, 발한, 이를 악물고 있음 • 신체움직임 : 자세나 손 움직임 관찰, 일정한 자세 유지, 통증 부위 문지르기 • 음성변화 : 신음, 한숨, 울음, 비명	

(4) 통증사정 도구

① 행동 통증 측정

㉠ FLACC 통증도구

ⓐ 5개 범주 : 얼굴표정, 다리 움직임, 활동, 울음 및 진정됨을 포함

ⓑ 대상 : 유아, 말하기 전 말을 할 수 없는 아동

ⓒ 통증을 수량화하여 0점(통증 없음)에서 10점(가장 극심한 통증)의 점수범위로 통증행동을 측정

ⓓ 무의식 인공호흡기 착용 영아, 아동, 청소년에서 통증을 측정하는 행동적 미개입 도구

CHECK Point FLACC 수술 후 통증도구(FLACC, Postoperative Pain Tool)

적용나이	변수	점수범위	
2개월~7세	얼굴(0~2) 다리(0~2) 활동(0~2) 울음(0~2) 진정(0~2)	0 = 통증 없음 10 = 가장 심한 통증	
FLACC 척도			
	0	1	2
얼굴(face)	• 독특한 표정이 없거나 미소 띰	• 때때로 찡그린 얼굴 또는 찌푸림, 물러남, 무관심함	• 자주 지속되는 찌푸림, 꽉 다문 턱, 아래 턱 떨림
다리(legs)	• 정상적 자세 또는 이완됨	• 불안함, 침착하지 못함, 긴장	• 발을 차거나 다리를 들어올림
활동(activity)	• 조용히 눕기, 정상적인 자세, 쉽게 움직임	• 몸부림침, 앞뒤로 이동, 긴장	• 아치형으로 됨, 굳음 또는 경련
울음(cry)	• 울음 없음(깨거나 잠)	• 신음소리 또는 끙끙거리는 소리, 때때로 불평함	• 꾸준한 울음, 비명 또는 흐느낌, 잦은 불평
진정(consolability)	• 만족, 이완됨	• 때때로 접촉, 안김, 말걸기, 안심됨	• 진정되거나 안위가 어려움

㉡ COMPORT SCALE

ⓐ 중환자실 아동에서 권고되는 유일한 행동 측정 통증사정 도구

ⓑ **8개 지표** : 각성, 평온/흥분, 호흡반응, 몸 움직임, 혈압, 맥박, 심박동, 근육긴장도, 얼굴긴장도 각각의 지표는 환자에게 나타나는 행동을 근거로 1점에서 5점으로 측정(8~40점)

ⓒ **17~26점** : 아동이 적절히 진정된 상태로 통증이 조절되고 있음을 의미

ⓓ 중환아 및 화상을 입은 어린 아동의 통증이나 불편감의 개별적 변화 찾아냄

㉢ CRIES 통증척도(CRIES NEONATAL POSTOPERATIVE SCALE)

ⓐ 미숙아와 만삭아를 위해 NICU 간호사에 의해 사용된 통증사정 도구

ⓑ **통증의 생리적 · 행동적 지표** : 울음, 산소요구량 증가, 활력징후 증가, 표현, 불면

구분	0	1	2
울음	없음	고음	달래지지 않음
산소투여 필요	없음	< 30%	> 30%
활력징후 (심박수, 혈압)	심박수와 혈압이 수술 전 상태보다 낮거나 같음	심박수와 혈압이 수술 전 상태의 20% 이내 증가	심박수와 혈압이 수술 전 상태의 20% 이상 증가
얼굴표정	변화없음	찡그림	찡그림/끙끙거림
불면	없음	잦은 간격으로 깨어남	계속 깨어 있음

② 통증 자가보고 척도 : 4세 이상 아동에게 가장 흔히 사용

통증척도	추천 연령	사용법
얼굴통증 평가척도 (face pain rating scale)	3세 이상	• '통증 없음'의 웃는 얼굴부터 '심한 통증'의 우는 얼굴 • 얼굴 한가지 안에 세 개의 척도 제공 : 얼굴표정, 숫자, 단어  0 통증없음 / 1 또는 2 조금 아프다 / 2 또는 4 약간 더 아프다 / 3 또는 6 좀 더 아프다 / 4 또는 8 많이 아프다 / 5 또는 10 눈물이 날 정도로 아프다
포커칩 척도 (pocker chip tool)	4세 아동	• 4개의 포커칩을 아동의 정면에 수평으로 배열하여 통증정도에 따라 선택 • 한 개의 칩은 조금 아픈 것, 네 개의 칩은 가장 아픈 것 
숫자척도 (numeric scale)	5세 이상 숫자개념 아는 아동	• 줄의 한쪽 끝이 통증을 느끼지 않는다 의미의 '0'이고 다른 쪽 끝은 '10'으로 매우 심한 통증을 의미 통증없음 ― 가장 심한 통증 0 1 2 3 4 5 6 7 8 9 10
단어 그래픽 평가척도 (word graphic rating scale)	5세 이상	• 왼쪽 끝은 통증이 없음을 의미하고 오른쪽 끝은 가장 심한 통증을 의미 통증없음 / 약간 아픔 / 중간 정도의 통증 / 큰 통증 / 가장 심한 통증
시각상사척도 (VAS : visual analog scale)	4세 전후	• 10cm 길이로 그어진 수평선 혹은 수직선 위에 대상자가 지각하는 주관적 통증척도를 측정하는 방법 • 수직선상 통증척도를 가장 잘 표현하는 지점에 표시하도록 한 후 cm 자로 그 길이를 측정하고 이것을 통증점수로 함 통증없음 ― 가장 심한 통증
색상척도 (color tool)	색깔 아는 4세 아동	• 8가지 마커펜을 아동에게 제시하고 가장 심한 통증인 색부터 통증이 없는 색으로 선택한 마커펜 4개를 이용하여 신체 윤곽 그림 위에 자신의 통증을 표시

Oucher	• 3~13세 아동 • 학령기 아동	• 백인아동의 얼굴 6개 사진은 '전혀 아프지 않다'에서 '겪을 수 있는 가장 큰 고통'을 구성하고 0~100까지의 숫자로 구성된 세로척도를 포함 • 아동은 경험과 함께 통증강도를 묘사하는 숫자나 사진을 지적 • 백인, 라틴계, 아프리카, 미국인에게 유용 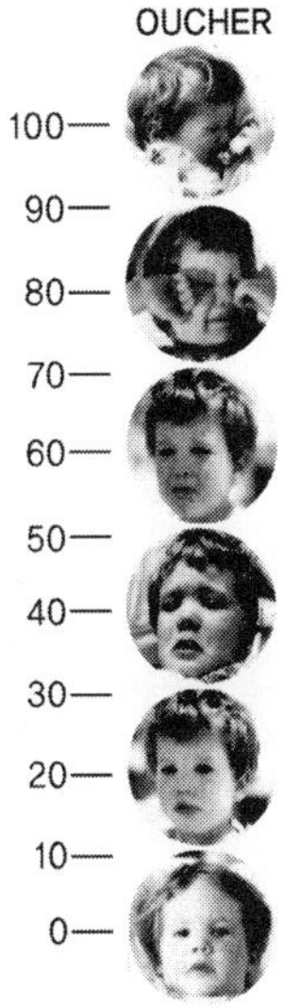
청소년 아동 통증척도 (APPT : adolescent pediatric pain tool)	8세 이상 아동과 청소년을 위한 다차원적 통증 도구	• 아동, 청소년 통증측정도구(APPT) : 통증측정을 위한 신체 윤곽 지침 • "이 그림에서 통증이 있는 곳에 색칠하세요. 통증이 있는 곳에 크게 또는 작게 표시하세요" • 통증 위치, 강도, 질의 세 가지 다차원적 통증 차원 사정 코드 ______________ 날짜 ______________ 아동과 청소년의 통증도구(APPT) 지시사항 : 1. 아래 그림에 당신이 아픈 부위를 색칠하시오. 통증이 있는 부위를 크거나 작게 표시를 하시오. 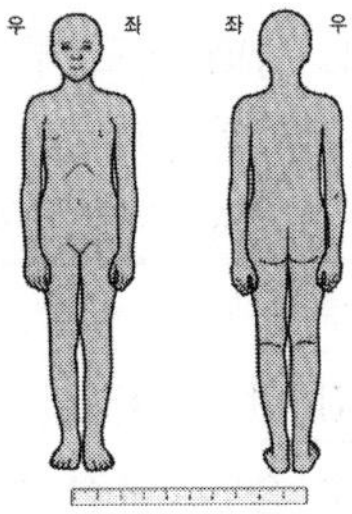 2. 당신이 얼마나 아픈지를 아래 선에 표시하시오. 통증 없음 | 약간 통증 | 중간 통증 | 큰 통증 | 가장 큰 통증

청소년 아동 통증척도 (APPT : adolescent pediatric pain tool)	8세 이상 아동과 청소년을 위한 다차원적 통증 도구	3. 다음 여러 말 중 당신의 통증을 묘사하는 곳에 표시하시오. 1 짜증나는 나쁜 끔찍한 불편한 2 아픈 통증이 있는 불쾌한 3 때리는 듯한 진동하는 듯한 4 잘리는 듯한 손으로 지르는 듯한 날카로운 찌르는 듯한 5 타는 듯한 뜨거운 6 경련이 이는 듯한 망치로 때리는 듯한 압박이 있는 7 가려운 듯한 긁는 듯한 8 충격을 주는 듯한 쏘는 듯한 9 저린 듯한 부은 듯한 조이는 듯한 10 죽을 듯한 죽는 듯한 11 울고 싶은 소리를 지를 듯한 지독한 12 어지러운 듯한 넌더리 나는 숨막힐 듯한 13 결코 없어지지 않는 조절이 안 되는 14 항상 있는 왔다 갔다 하는 갑작스런, 지속적인 계속적인, 영구적인 15 없다가 있는 한 번씩 있는 살살 아픈 때때로 없어지지 않는 **다른 말로 표현하고 싶은 것이 있다면 더 쓰시오.** ________ ________ ________

(5) 약물적 통증관리

마약성 진통제	• 급성통증(수술 후 통증), 장기간의 만성통증(암성통증)과 같은 중증도에서 중증 통증관리에 이용 • Morphine, Codein, Fentanyl, Meperidine, Hydromorphone, oxycodone Hydrocodone 등 • 경구, 직장, 근육 내, 정맥 내로 투여 가능 • 호흡기계 상태를 자주 사정하고, 환기율이 감소하거나 호흡양상 변화 시 보고 • 호흡기계 억제가 있을 경우 사용가능하도록 Naloxone을 준비	
	Morphine	• 다루기 힘든 통증, 수술 전 안정
	Codein	• 기침 반사 억제를 위해서도 사용
	Fentanyl	• 골수 흡인, 골절 정복, 봉합 같은 단기 치료 절제와 관련된 통증
	부작용	• 오심과 구토, 변비 유발 • 약물 내성 : 이전과 같은 통증 경감 작용을 얻기 위해 증가된 용량의 약물 필요

		• 진정, 어지러움, 기면 혹은 혼수증상 관찰 • 부모와 아동에게 아동이 잠이 오거나 나른하거나 몽롱함이 있음을 교육 • 변비 위험을 줄이기 위해 적절한 섬유소 섭취와 대변 완화제 섭취 권장 • **신체적 의존성** : 금단증상을 예방하기 위해 지속적인 투약 필요
비마약성 진통제	• 비스테로이드성 항염증 약물(NSAIDS) • Acetaminophen, Ibuprofen, Ketorolac, Naproxen, Indomethacin, Diclofenac, Piroxicam 등 • 경미하거나 중증도의 통증치료에 사용	
	Acetaminophen	• 열이 있는 아동에게 특효 • 경증 · 중증도의 통증을 완화하는 데 효과적 • 24시간 내에 5정을 초과하지 않음
	Ibuprofen	• 아동의 해열제로 사용 • 위장자극과 관련, 음식이나 우유와 함께 복용하거나 식후에 제공
	Aspirin	• 레이증후군과 관련하여 아동에게 진통제와 해열제로 사용하지 않음
	ketorolac	• 프로스타글란딘 합성을 억제 • 중증도 심한 통증 완화 • 5일 이상 연속으로 복용 시 위출혈, 신부전을 야기할 수 있으므로 복용 금함 • 다른 NSAIDS와 함께 복용하지 않음
	Tramadol hydrochloride	• 경증에서 중등도의 통증을 조절하기 위해 단독으로 또는 다른 약물과 함께 사용할 수 있는 효과적인 구강용 진통제 • 부작용이 적으며 진통효과가 좋은 약물 • 가장 일반적인 부작용은 오심과 구토
	장점	• 상대적으로 안정, 다른 약물과 약물 상호작용이 적음 • 중추신경계를 억압하지 않음
	부작용	• 위장관계 자극, 혈액 응고 문제, 신장 기능장애 등 • **천장효과** : 일정 수준 이상의 약물 사용을 하게 되면 증량을 해도 더 이상 통증 경감 효과가 증가되지 않음. 더 효과적 통증 경감을 위해 비마약성 진통제는 마약성 진통제와 혼합해서 사용

(6) 비약물적 통증관리

종류	설명	고려사항
전환요법	• 관문통제이론에 근거 • 아동이 통증 경험보다는 다른 곳에 집중하게 함으로써 통증을 전달하는 관문을 닫음 • 활동적인 방법이 더 효과적 예 장난감 놀이, 비디오 게임, 비눗방울 불기, 비디오 보기, 음악 듣기, 노래 부르기, 독서	• 간호사와 다른 의료제공자들이 비교적 쉽게 활용할 수 있는 방법 • 아동의 발달단계에 적합해야 함
호흡요법	• 호흡요법은 기분전환, 이완을 위한 중심점을 제공 • 바이오 피드백의 간단한 방식	• 아동에게 느리고 규칙적인 호흡방법을 가르침 • 부모는 호흡요법에 참여하고 그들의 아동을 도울 수 있는 방법을 시범 보임
심상요법	• 즐거웠던 경험의 소리, 광경, 냄새 등을 상상하도록 격려 • 조용하고 부드러운 목소리로 아동이 여행을 하는 것처럼 느끼도록 유도 •호흡법과 함께 활용	• 훈련된 의료 제공자(간호사, 아동치료사 등)에 의해 시행
생체회환요법	• 전문화된 장비를 사용하여 생리적 지표(예 혈압, 심박수, 체온, 발한, 근긴장도)를 측정 • 아동이 이완법을 사용할 수 있도록 긴장의 초기 징후를 아동에게 즉시 알림 • 아동은 바이오 피드백을 통해 생리적 반응을 조절하는 법을 학습 • 근육긴장이나 편두통 해소에 효과적	• 전문적인 장비와 훈련된 강사 필요
점진적 근육이완	• 신체 각 부분의 점진적이고 체계적이며 의도적인 근육의 이완 유도 • 머리에서 발 부분으로 옮겨 가면서 근육 이완을 진행 • 두통과 편두통에 효과적	• 비교적 큰 아동이나 청소년에게 적용할 수 있는 기술
최면	• 일정한 상태를 집중하는 형태로 이완을 동반하고 의식상태를 변화시키거나 최면상태에 빠지게 하는 것 • 긍정적 암시를 통한 통증의 지각변화 • 고통스러운 치료를 받는 아동의 통증과 수술 후 통증, 만성통증 완화에 효과적	• 전문 심리학자나 훈련을 받은 전문가가 수행

침술	• 에너지 균형이라는 전통적인 중국의 개념을 바탕으로 함 • 경락을 자극하기 위해 매우 가는 바늘로 피부를 통해 삽입 • 아동의 급성통증과 만성통증에 효과적	• 전문 침술가가 시행 • 아동은 바늘 사용에 대해 두려워할 수 있음
국소 열냉요법	• 통증 부위에 열과 냉을 적용하여 통증완화, 편안함을 제공 • 질병, 손상, 처치로 인한 통증에 효과적	• 간호사, 물리치료사, 스포츠 트레이너 등이 시행
마사지	• 의도적인 신체 조작을 통해 촉각, 운동감각을 자극 • 큰 효과 : 불안감소	• 마사지 치료사가 시행 • 간호사는 기본적 마사지를 제공할 수 있음
경피전기신경자극 (TENS)	• 전극을 통해 피부에 적은 양의 전기에너지를 전달 • 통증신호의 전달을 방해함으로써, TENS는 완전히 혹은 부분적으로 자극부위의 통증감각을 차단	• 물리치료사가 시행 • 아동, 성인에게 자주 사용
신생아와 영아의 적용 요법	• 비침습적 요법 예 통증을 유발하는 처치 동안 경구로 자당 제공하기, 노리개젖꼭지 빨리기, 캥거루 케어(kangaroo care), 부모나 양육자가 안아서 흔들어 주기, 포대기로 감싸주기 등	• 간호사는 영아의 통증경험을 감소시키기 위해 주의를 전환시키는 다양한 방법을 병용

CHAPTER 01 아동의 성장발달

기출문제

1 성장발달에 대한 이론적 근거

01 **다음은 ○○고등학교의 보건 교육 시간에 A학생이 발표한 남·여의 성적 성숙에 대한 내용이다. ㉠, ㉡에 해당하는 신체 부위를 순서대로 쓰시오. [2점]** [2점] 2019년

남·여의 성적 성숙

- 남자와 여자의 성적 성숙 변화
  남성호르몬(테스토스테론)과 여성호르몬(에스트로겐)의 작용으로 성적 성숙의 변화가 발생한다.
- 태너(J. Tanner)의 성적 성숙 단계
  * 숫자는 발달 단계를 의미함.
  ** 성장과 성적 성숙 변화가 나타나는 동안의 연령 범주임.

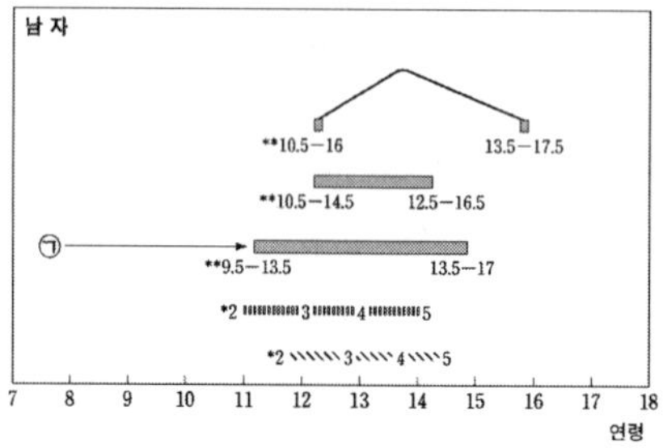

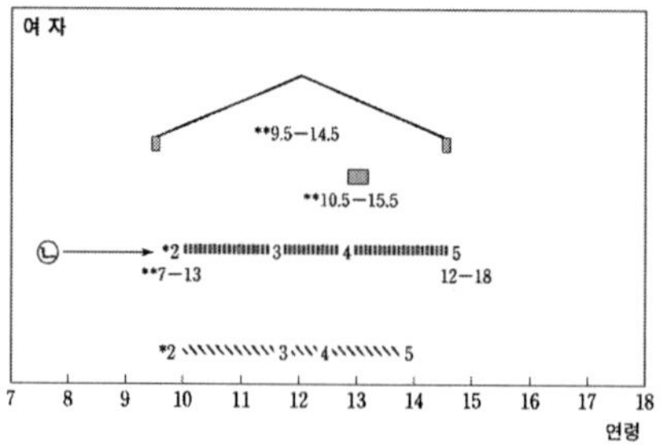

… (하략) …

|정답| ㉠ 고환, ㉡ 유방

02 다음은 보건교사가 두 자녀를 둔 동료교사와 대화한 내용이다. 〈작성 방법〉에 따라 서술하시오.

[5점] 2016년

보건교사 : 선생님! 이제 출산 휴가 마치셨군요?
동료교사 : 네, 그동안 별고 없으셨지요?
저는 차라리 출근하는 게 덜 힘든 것 같아요. 동생이 생기고 나니 민아가 저를 너무 힘들게 해요.
보건교사 : 민아가 지금 몇 살인가요?
동료교사 : 25개월 되었어요. 제가 요즘 걱정이 있어요.
보건교사 : 그게 뭔데요?
동료교사 : 민아에게 배변 훈련을 시키는 것도 힘든데…… 동생이 태어난 후 민아가 변했어요.
보건교사 : 민아가 어떻게 변했나요?
동료교사 : 제가 동생을 안고 있으면 자기도 안아 달라고 떼를 써요. 게다가 동생 젖병을 물고 누워서 맘마 먹는다고 하고 아기처럼 말하기도 해요.
보건교사 : 동생이 태어나서 민아가 스트레스를 받는군요.

〈 작성 방법 〉

- 프로이드(S. Freud)의 심리성적 발달이론에 근거했을 때 민아는 어느 단계에 해당하는지 제시할 것
- 배변 훈련과 성격형성과의 관계를 프로이드(S. Freud)의 심리성적 발달이론에 근거하여 제시할 것
- 밑줄 친 민아의 행동에서 나타나는 심리적 방어기제의 명칭과 그 개념을 제시할 것

|해설| 1. **프로이드 심리성적 발달 이론 단계**
- 25개월이기에 유아기 단계

2. **배변훈련과 성격형성과의 관계** : 프로이드 심리성적 발달 이론에 근거하여 제시
- 쾌감의 근원이 항문을 중심으로 일어남 → 배변 훈련이 시작
- 아동의 괄약근이 발달하여 대변을 배설하거나 소변의 억제와 통제를 통해 쾌락을 느끼며 배설과 배변훈련을 통해 통제감과 자율감이 발달함
- 억압 시 고착현상 나타남 : 결벽증, 무엇이든 보유하거나 아끼려는 인색함
- 2세 반~3세는 남녀의 성기차이를 인식, 3세는 동성부모의 행동을 흉내내며 성역할 인식(집안일 흉내내기)

3. **심리적 방어기제의 명칭과 그 개념을 제시하기**
- 방어기전 : 퇴행
- 스트레스인 질병, 입원, 분리, 동생에 대한 대처처럼 자율성이 위협받아 현재의 발달과업을 방해하여 성공적이었던 과거의 발달단계의 행동 양상으로 되돌아가 정신에너지를 보존하고자 하는 것

03 다음의 대화를 읽고 물음에 답하시오.

〈상담 1회기〉

보건교사 : 철민아! 요즘 보건실에 자주 오는 걸 보니 힘든가 보구나?
철민 : 네, 힘들어요.
보건교사 : 뭐가 철민이를 힘들게 할까?
철민 : 엄마 아빠가 매일 싸우시고 싸울 때마다 아빠가 엄마를 때려요.
보건교사 : 철민이는 그럴 때 어떤 생각이 드니?
철민 : 제 입장이 난처해요.
보건교사 : 뭐가 철민이를 난처하게 만드니?
철민 : 엄마가 아빠는 나쁜 사람이라고 자꾸 그러니까 이젠 아빠가 나쁜 사람 같고 엄마를 괴롭히는 아빠가 싫어졌어요.
보건교사 : 철민이가 힘들겠구나.
철민 : 네, 친구들이 놀러 가자고 해도 엄마가 걱정되고, 내가 없으면 위험해질 것 같아 엄마 곁을 떠날 수 없어요.
보건교사 : 아! 그랬어. 철민이가 많이 힘들겠구나.

… (중략) …

〈상담 3회기〉

보건교사 : 어서 와. 어떻게 지냈어?
철민 : 어제 엄마 아빠가 또 싸우셨어요.
보건교사 : 엄마 아빠가 사이좋게 지내셨으면 좋겠는데 자꾸 싸우시니까 힘들지?
철민 : 네, 힘들어요. 선생님, 할머니가 편찮으시대요. 근데 병원 가실 돈이 없어 엄마랑 아빠랑 싸우셨어요.
보건교사 : 할머니가 많이 편찮으시니?
철민 : 네, 할머니가 병원에 안 가시면 돌아가실지도 모른대요.
보건교사 : 그래! 병원에서 치료받을 방법을 함께 찾아보자.
철민 : 선생님, 할머니가 치료받으실 방법이 있을까요?
보건교사 : 그럼!
철민 : 세상은 평등해야 하는데 돈이 없어서 치료를 못 받는 사람이 있다면 세상의 법은 바뀌어야 한다고 생각해요.

… (중략) …

상담 3회기 내용을 중심으로 콜버그(L. Kohlberg)의 도덕 발달 6단계 중 철민이가 속한 단계의 명칭을 쓰고, 이 단계를 나타내는 문장 하나를 찾아 제시한 후, 그 문장이 이 단계에 해당하는 이유를 설명하시오. [5점] 2014년

|해설| 1. **Kohlberg 도덕발달 단계** : 5단계(사회계약 지향 도덕성)
2. **문장** : '세상은 평등해야 하는 데 돈이 없어서 치료를 못 받는 사람이 있다면 세상의 법은 바뀌어야 한다고 생각해요'
3. **이유**
   - 법과 질서를 유지하고 사회체제의 유지를 지향
   - 공리주의 단계에서는 옳고 그름에 대한 도덕성, 계약, 다수의견, 실용, 최대다수의 최대 이익을 중요시함
   - 법이 사람들이 필요로 하는 바를 충족시키지 못하면 어떤 사항의 동의, 타인과의 상호동의, 민주적인 절차를 통해 변경시킬 수 있다는 것이 사회계약정신이다.

04 다음은 보건교사와 김교사의 대화내용이다. ㉠과 ㉡에 해당하는 놀이 유형을 순서대로 쓰시오.

[2점] 2018년

김교사 : 선생님, 아이들은 발달단계별 놀이유형이 있다고 들었는데요. 우리 아이가 노는 것을 보니 궁금한 점이 있어요.

보건교사 : 무엇이 궁금하신가요?

김교사 : ㉠ 제 조카가 노는 것을 본 적이 있는데, 또래친구들과 우르르 몰려 다니면서 공놀이를 하기도 하고, 미끄럼틀을 타고 어울려 노는데, 특별히 놀이에 규칙은 없더라고요. 그런데, ㉡ 우리 아이는 또래와 한 장소에서 같은 종류의 장난감을 놀기는 하는데, 서로 어울려 놀지는 않더라고요. 우리 아이가 혹시 사회성에 문제가 있는 것은 아니겠지요?

보건교사 : 애들 나이는 어떻게 되나요?

철민 : 조카는 다섯 살이고, 우리 아이는 24개월이에요.

보건교사 : 둘 다 정상적인 발달과정에서 보이는 놀이를 하고 있는 것이니 걱정하지 마세요.

|정답| ㉠ 학령전기 - 연합놀이, ㉡ 유아기 - 평행놀이에 대한 내용이다.

|해설|

연령	종류	특징
학령전기 (3~6세)	연합놀이	• 아동들은 다른 아동과 놀고 그들이 노는 것에 관해 이야기하며, 놀이재료를 빌려주고 빌리기도 하며, 서로 유사한 물건들을 가지고 흉내를 내지만 엄격한 조직이나 목표, 규칙이 없는 집단 활동을 함 • 모방적이고 상상력이 풍부한 극적놀이를 즐김 • 세발자전거, 탈 수 있는 장난감, 건축놀이기구, 인형, 그리기, 자동차, 퍼즐, 책, 자르기, 붙이기 등
유아기 (1~3세)	평행놀이	• 아동은 주위 아동들과 비슷한 장난감을 가지고 독립적으로 놀며 상호작용은 없음 • 유아 스스로 조작할 수 있고 아동이 행동하는데 도움을 줄 수 있는 장난감 선호(조절과 조작을 통해 승리감을 얻고 자율성 표현) • 진흙, 모래, 비누거품, 밀고 당기는 장난감, 큰 공, 모래놀이와 물놀이, 큰 퍼즐, 차나 트럭, 동물인형

05 다음은 보건교사가 고등학교 3학년 학생들을 대상으로 '미래에 성공적인 부모되기'라는 주제로 교육을 실시하기 위한 자료이다. 괄호 안의 ㉠에 해당하는 단계의 명칭을 제시하고, ㉡, ㉢에 해당하는 특성을 각각 2가지씩 서술하시오.

[5점] 2015년

애착 형성과 성격 발달

애착이란?

• 아기와 양육자 간에 형성되는 친밀한 정서적 유대감

• 성격 발달에 큰 영향을 미침

보울비(J. Bowlby) 이론에 근거한 애착의 4단계

구분		특성
1단계	(㉠)	붙잡기, 미소 짓기, 울기, 눈 응시하기 등 다양한 신호 체계를 통해 주위 사람들과 가까운 관계를 형성한다.
2단계	애착 형성 단계 (attachment in the making)	(㉡)
3단계	명백한 애착 단계 (clear-cut attachment)	이미 애착이 형성된 사람에게 적극적으로 접근한다. 따라서 애착 대상이 떠나면 분리 불안을 보인다.
4단계	목표 수정 동반자 관계 단계 (goal-corrected partnership)	(㉢)

|정답| ㉠ 전 애착기

㉡ 어머니에 대한 신뢰감이 발달하기 시작, 친숙한 사람과 낯선 사람에게 다르게 반응하기 시작하여 낯선 사람에게 초점 맞추기 시작, 애착 반응으로 6~8개월경 낯가림이 시작

㉢ 애착을 형성한 사람의 행동을 예측할 수 있어 분리불안이 감소, 아동은 어머니와 협상하고 자신이 원하는 대로 어머니의 행동을 수정하려고 함

06 프로이드(Freud), 콜버그(Kohlberg) 및 피아제(Piaget)의 이론에 근거하여 (가), (나), (다)의 행동특성에 해당하는 발달단계를 바르게 짝지은 것은? 2011년

> 민호는 (가) 축구와 게임을 좋아하며 공부에도 관심을 보이고 동성 또래 친구들과 놀기를 좋아하였다. 또한 (나) 수업시간에 조용히 하면 선생님이 착한 아이로 생각할 거라며 조용히 하려고 노력하였다. 그리고 수업시간에 (다) 같은 양의 찰흙으로 공모양이나 긴막대 모양을 만들어도 찰흙의 양이 같다는 것을 이해하고 친구들 앞에서 발표하였다.

	(가)	(나)	(다)
①	남근기	전인습적 단계	전조작기
②	잠복기	전인습적 단계	구체적 조작기
③	잠복기	인습적 단계	구체적 조작기
④	남근기	인습적 단계	형식적 조작기
⑤	잠복기	후인습적 단계	형식적 조작기

|정답| ③ 학령기

성심리 발달 (Freud)	잠복기	• 성적 욕구에 대한 흥미는 약해지고 신체적 · 정신적 활동력은 지식획득과 활발한 놀이로 전환되며 사회적으로 용납되는 행동에 에너지를 투여함 • 또래 친구가 생기고 집단에 가입을 원하며, 성취욕망이 강하며 경쟁하고 협동하는 것을 배우고 규칙을 배움 • 동성과의 또래관계에서 친밀감 형성
도덕발달 (Kohlberg)	인습적 도덕 단계 (7~12세)	• 착한 아이 지향, 법과 질서 지향 • 대인과의 조화 중심 단계(7~10세) : 착한 아이가 되고 싶어 하며 규칙을 따름
인지발달 (Piaget)	구체적 조작기	• 보존개념 획득 • 순서, 형태, 모양이 바뀌어도 사물의 특성은 변하지 않음 • 크기 보존개념(7~8세), 무게 보존개념(9~10세), 부피 보존개념(11~12세)

07 에릭슨(E. Erickson)이 제시한 심리 사회 발달의 특징이 바르게 설명된 것을 〈보기〉에서 고른 것은?

[1.5점] 2010년

〈 보 기 〉

가. 영아기 : 신뢰감이 형성되는 시기로, 영아를 돌보는 사람을 통하여 수유, 옷 입기, 달래기와 같은 영아의 기본 욕구가 충족될 때 발달한다.
나. 유아기 : 솔선감이 형성되는 시기로, 이 시기의 과업을 달성하지 못한 유아는 죄책감을 갖게 된다.
다. 학령전기 : 자율성이 형성되는 시기로, 이 시기의 과업을 달성하지 못한 아동은 수치심이나 의심을 갖게 된다.
라. 학령기 : 근면성이 형성되는 시기로, 부모와 교사의 지지는 근면성 발달에 긍정적인 영향을 주는 요인이다.
마. 청소년기 : 자아정체성이 확립되는 시기로, 이 시기를 어떻게 보내느냐에 따라 주체성이 확립되거나 역할혼돈의 상태가 된다.

① 가, 나, 다
② 가, 나, 마
③ 가, 라, 마
④ 나, 다, 라
⑤ 다, 라, 마

|정답| ③

|해설| 나 : 학령전기(3~6세) : 솔선감 대 죄책감
다 : 유아기(1~3세) : 자율감 대 수치심

08 성장발달단계별 신체적 발달 특성이 바르게 설명된 것을 〈보기〉에서 고른 것은?

2009년

〈 보 기 〉

ㄱ. 영아기 : 양안시(binocularity) 발달이 완성되어 두 눈을 동시에 사물에 고정할 수 있다.
ㄴ. 유아기 : 척수의 완전한 유수화로 항문과 요도 조임근의 조절이 이루어진다.
ㄷ. 학령전기 : 림프조직이 급격히 성장하여 최고조에 이른다.
ㄹ. 학령기 : 골격의 광화작용이 완성되어 근육과 골격 간의 균형이 이루어진다.
ㅁ. 청소년기 : 호르몬의 영향으로 아포크린한선이 활발하게 작용한다.

① ㄱ, ㄴ, ㄷ
② ㄱ, ㄴ, ㅁ
③ ㄱ, ㄹ, ㅁ
④ ㄴ, ㄷ, ㄹ
⑤ ㄷ, ㄹ, ㅁ

|정답| ②

|해설| ㄱ. 양안시 발달이 완성되어 두 눈을 동시에 사물에 고정할 수 있는 연령은 6주~4개월

ㄴ. 척수의 완전한 유수화로 항문과 요도 조임근의 조절이 이루어지는 시기는 18~24개월

ㄷ. 림프조직이 급격히 성장하여 최고조에 이르는 시기는 학령기로 10~12세경 성인크기의 2배로 발달

ㄹ. 학령기는 골격의 광화작용이 활발하게 일어나는 시기로 골격보다는 근육의 힘이 약하여 척추측만증 등이 잘 발생할 수 있다. 근골격 간의 균형은 청소년기 후기나 청년기에 이루어진다.

09 **다음의 예에서 나타난 민서의 인지발달 특성을 4가지 피아제(Piaget)의 인지발달이론에 근거하여 쓰고, 민서의 도덕발달 수준과 단계를 콜버그(Kohlberg)의 도덕발달이론에 근거하여 쓰시오.** 2008년

- 인지발달 특성 : 3년 6개월 된 민서는 간호사가 되고 언니와 인형은 환자가 되어 병원 놀이를 하였다. 다음날 언니가 넘어져서 다리를 다치자 민서는 "언니가 병원 놀이를 했기 때문에 다쳤다."고 말하며, 인형도 병이 날까봐 걱정하였다. 출근하신 아빠가 화상 통화가 아닌 전화를 걸어 "언니는 병원에 갔니?"라고 묻자, 전화기를 들고 대답 대신 고개를 끄덕였다.
- 도덕발달 수준과 단계 : 민서는 "언니를 때리면 엄마에게 혼이 나기 때문에 안 때려요."라고 말했다.

|정답| 1. **피아제의 인지발달 특성**

① 민서는 간호사가 되고 언니와 인형은 환자가 되어 병원놀이를 함 : 상상력이 풍부한 상징놀이

② 언니가 병원놀이를 했기 때문에 다쳤다. : 변환적 추리

③ 인형도 병이 날까봐 걱정하였다. : 물활론

④ 아빠가 화상 통화가 아닌 전화를 걸어 "언니는 병원에 갔니?"라고 묻자 전화기를 들고 대답 대신 고개를 끄덕였다. : 자기중심주의

→ 상징놀이, 변환적 추리, 물활론, 자기중심주의는 학령전기 아동의 전조작적 사고의 특성이다.

2. 콜버그의 도덕발달 단계는 전인습적 수준의 처벌과 복종 지향의 도덕성 단계이다.

10 다음에서 제시된 학자의 이론에서 14~16세에게 적용되는 단계를 쓰고 간단히 설명하시오.

1999년

(1) 프로이드(Freud)의 성심리발달

(2) 에릭슨(Erickson)의 사회심리적 발달

(3) 피아제(Piaget)의 인지발달

|정답| 청소년기(12 ~ 18세) 발달

프로이드	생식기	• 극적인 신체변화와 성기능 성숙으로 성에 대한 관심이 커짐 • 이성에 대해 진정한 관심을 가지고 성숙한 사랑을 할 수 있게 됨
에릭슨	정체감 & 역할혼돈	• 독립적 자아 형성 추구 - 부모로부터 독립하려고 함 - 제2의 반항기, 질풍노도의 시기 → 심한 감정의 변화, 혼자 있고 싶어함 • 자아정체감 형성 • 집단 정체감 획득 요구 : 동료로부터 인정과 거부가 가장 큰 관심사(또래 집단과의 동일화) → 친밀감 발달 시기 • 성역할 정체감 : 이성교제 시작, 또래와 성인으로부터 성숙한 성역할 태도를 기대받게 됨
피아제	형식적 조작기	• 가설로부터 추론을 도출해 가설 검증, 그 결과를 해석이 가능, 분석적 사고, 가설 검증 능력 • 한 번에 2개 이상의 카테고리 사고함 • 추상적 사고, 논리적 추리 가능, 일반화 가능 : 논리적인 연역과 귀납을 할 수 있음. 인과관계나 추상적인 언어활용을 다룰 수 있음 • 철학적 사고, 사회적 관점에서 이해 • 명제적 논리를 다룰 줄 알고 비율을 이해하며 사고에 관한 추리력을 가짐 • 미래지향적 관점 사용 • 개인적인 가치체계의 발달

11 에릭슨이 말하는 학령기(6~12세)의 과업과 위기가 옳게 짝지어진 것은?

1996년

① 친밀감 – 소외감
② 주체성 확립 – 주체성 혼돈
③ 신뢰감 – 불신감
④ 근면성 – 열등감

|정답| ④

|해설| Erikson의 사회심리 발달단계

- 영아기(출생~1세) : 신뢰감 대 불신감
- 유아기(1~3세) : 자율감 대 수치심
- 학령전기(3~6세) : 솔선감 대 죄책감
- 학령기(6~12세) : 근면감 대 열등감
- 청소년기(12~18세) : 정체감 대 역할혼돈
- 초기 성인기(18~45세) : 친밀감 대 소외감

12 아동의 사회성 발달에 도움이 되지 않는 것은? 1994년

① 성인의 가치관 주입
② 동료집단과의 관계
③ 부모 형제와의 접촉
④ 자기 표현의 기회를 줄 수 있는 환경

|정답| ①

13 다음 학자들이 제시한 학동기(7~12세)의 성장발달단계를 바르게 짝지은 것은? 1993년

	Erikson	Freud	Piaget
①	근면성 대 열등감	잠복기	구체적 조작기
②	근면성 대 열등감	청년기	구체적 조작기
③	주도성 대 죄책감	청년기	형식적 조작기
④	주도성 대 죄책감	잠복기	형식적 조작기

|정답| ①

연령대	사회심리발달 (Erickson)	성심리발달 (Freud)	인지발달 (Piaget)
영아기(출생~1세)	신뢰감 대 불신감	구강기	감각운동기(0~2세)
유아기(1~3세)	자율감 대 수치심	항문기	전조작기(2~7세) : 전 개념기(2~4세)
학령전기(3~6세)	솔선감 대 죄책감	남근기	전조작기(2~7세) : 직관기(4~7세)
학령기(6~12세)	근면감 대 열등감	잠복기	구체적 조작기
청소년기(12~18세)	정체감 대 역할혼돈	생식기	형식적 조작기

14 Erickson의 정서발달단계에서 최초에 형성되는 것은? 1992년

① 솔선감
② 신뢰감
③ 절망감
④ 자율감

|정답| ②
|해설| 영아기(출생~1세) : 신뢰감 대 불신감

2 통증

15 **다음은 보건일지의 일부이다. 보건교사가 이○○학생에게 아세트아미노펜이 아닌 이부프로펜을 투여한 것은 이부프로펜의 어떤 약리작용 때문이며, 식후 30분에 복용하도록 한 이유는 무엇인지 순서대로 쓰시오.** [2점] 2017년

〈보건일지〉

2016년 ○○월 ○○일

번호	학년-반	성명	건강문제	조치사항
1	3-3	박○○	머리가 지끈거리고 아픔	아세트아미노펜 500mg 복용하도록 함
2	3-5	이○○	편도가 부어있고 음식물을 삼킬 때 통증이 있으며 37.7℃임	이부프로펜 200mg을 식후 30분에 복용하도록 함

… (하략) …

|정답|

이부프로펜 약리작용	• 중추신경계와 말초조직에서 prostaglandin 합성을 억제하여 진통작용 • 부은 편도선의 항염작용 • 시상하부의 체온 조절 중추에서의 해열작용 • 아세트아미노펜 : 말초조직에서 prostaglandin 합성을 억제하는 효과가 낮아 항염작용이 약함
식후30분 복용 이유	• 위벽을 보호하는 COX-1(prostaglandin) 합성억제로, prostaglandin에 의한 위점막의 혈류 감소, 점막 생성 감소로 위내층을 보호하는 점막 능력 감소, 점액 생성 감소, 위산 생성을 증가하여 식후 복용을 통해 소화성 궤양의 위험을 감소시키기 위함

16 **보건교사가 아래 김○○ 학생의 통증을 사정하고자 할 때 포함해야 할 항목을 5가지 제시하시오. 그리고 진동 마사지기 적용 이유를 관문통제이론(gatecontroitheory)에 근거하여 설명하시오. 또한 학생이 처방받은 비스테로이드 소염제(nonsteroidal antiinflammatorydrug, NSAID)인 diclofenac의 작용기전을 기술하고, 이 기전과 관련된 주요 부작용 1가지를 설명하시오.** [25점] 2013년

보건상담 기록부			
학년/반	2학년 7반	성 명	김○○
성 별	여	나 이	15세
상담일	2012. 10. ○○. 오전 10시 30분		
주호소	오른쪽 허리 통증		
처치 내용	1) 진동 마사지기를 적용함 2) 처방받은 diclofenac을 투여함		

|정답| 1. **통증 사정항목**

PQRST 통증사정	P(provoke, palliate)	악화요인 / 완화요인 : 오늘 통증이 있는가?
	Q(quality)	질 / 양상 : 통증을 어떻게 설명할 수 있는가?, 환자가 표현하는 단어, 부위, 표정, 몸짓(날카롭다, 탄다, 간질거린다 등)
	R(region)	방사통 또는 위치 : 통증이 어디에 느껴지는가?, 방사통이 있는가?
	S(severity)	통증강도 : 통증을 0에서 10까지 등급을 매겨본다.
	T(timing)	시기 : 얼마 동안 통증을 느꼈는가?, 통증이 발생하면 얼마나 지속되는가

2. **진동마사지기 적용 이유** : 관문통제 이론에 근거
   - 진동 마사지기 통증을 전달하지 않는 대섬유를 자극하면 관문이 닫아져 자극전달물질의 방출이 차단되어 자극이 전이세포로 전달되지 못하여 자극이 척수에서 대뇌피질로 인식하지 않음
3. **비스테로이드 소염제**(nonstaroid antiinflammatorydurg, NSAID)**인 diclofenac 작용기전**
   - 조직 손상, 염증이 있을 때 prostaglandin이 분비되어 통각 수용기 활성화로 조직의 통증 수용체의 감수성이 증가하고 통증을 심하게 느낌
   - 약물이 prostaglandin 합성을 억제하여 진통 작용을 함
4. **이 기전과 관련한 주요 부작용 1가지**
   - prostaglandin은 점막의 혈류증진, 점액생성, 위산 생성과 분비 억제로 위벽을 보호
   - 비스테로이드 소염제에 의한 프로스타글란딘의 합성을 억제하는 약물 사용은 위속의 염산 분비를 증가시키고 염산으로부터 위 내층을 보호하는 점막의 능력을 감소시켜 소화성 궤양에 걸릴 가능성이 높아짐

17 **통증을 호소하고 있는 민 군(4세)의 통증사정 도구로 적합한 것만을 〈보기〉에서 있는 대로 고른 것은?** 2012년

> ㄱ. Eland 색상척도(Color Tool)
> ㄴ. CRIES 통증척도(CRIES Pain Scale)
> ㄷ. 포커칩 척도(Poker Chip Tool)
> ㄹ. 소아청소년 통증척도(Adolescent Pediatric Pain Tool, APPT)

① ㄴ
② ㄱ, ㄴ
③ ㄱ, ㄷ
④ ㄱ, ㄷ, ㄹ
⑤ ㄴ, ㄷ, ㄹ

|정답| ③

|해설| ㄴ : 신생아 수술 후 통증평가도구

ㄹ : 소아청소년 통증척도는 8세 이상 아동과 청소년에게 적용하는 도구이다.

색상척도 (color tool)	색깔 아는 4세 아동	• 8가지 마커펜을 아동에게 제시하고 가장 심한 통증인 색부터 통증이 없는 색으로 선택한 마커펜 4개를 이용하여 신체 윤곽 그림 위에 자신의 통증을 표시
포커칩 척도 (pocker chip tool)	4세 아동	• 4개의 포커칩을 아동의 정면에 수평으로 배열하여 통증정도에 따라 선택 • 한 개의 칩은 조금 아픈 것, 네 개의 칩은 가장 아픈 것
CRIES 통증척도	신생아	• CRIES NEONATAL POSTOPERATIVE SCALE • 미숙아와 만삭아를 위해 NICU 간호사에 의해 사용된 통증사정 도구
청소년 아동 통증척도(APPT)	청소년	• 8세 이상 아동과 청소년을 위한 다차원적 통증 도구 • "이 그림에서 통증이 있는 곳에 색칠하세요. 통증이 있는 곳에 크게 또는 작게 표시 하세요" • 통증 위치, 강도, 질의 세 가지 다차원적 통증 차원 사정

3 아동의 각 단계별 특성

18 **다음은 출산 휴가 중인 국어교사와 보건교사의 SNS 대화 내용의 일부이다. 〈작성 방법〉에 따라 순서대로 서술하시오.** [4점] 2020년

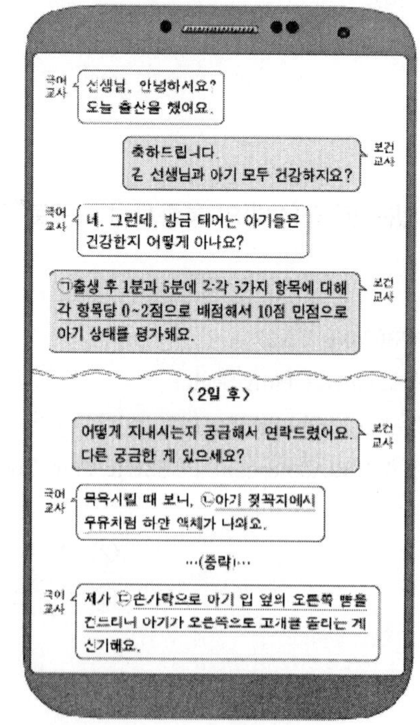

〈 작성 방법 〉

- 밑줄 친 ㉠에 해당하는 평가의 명칭을 쓸 것.
- 밑줄 친 ㉡의 명칭을 쓰고, 이것이 나타나는 이유를 서술할 것.
- 밑줄 친 ㉢을 나타내는 반사(reflex)의 명칭을 쓸 것.

| 정답 | ㉠ 아프가 스코어

- 신생아의 자궁 외 생활에 대한 최초의 적응을 사정하는 도구
- 출생 후 1분과 5분 후에 평가하여 신생아의 상태가 안정될 때까지 반복하여 심박동수, 호흡 노력, 근긴장도, 자극에 대한 반응, 피부색을 기준으로 각 2점씩 10점으로 평가
- 10점 만점 중 7점 이상이면 자궁 외 생활이 양호함을 의미

㉡ 마유(witch milk)

- 이유 : 모체호르몬(프로락틴)의 영향으로 유방이 종창되고 팽창하여 손가락으로 누르면 하얀 젖이 나오는 상태
- 신생아 경우 어머니의 호르몬의 영향으로 2~3일까지 발생할 수 있으며 2~3주일 후에는 사라짐

㉢ 포유반사(rooting)

- 입가나 볼을 두드리거나 만지면 그쪽으로 머리를 돌리고 빨기 시작함
- 3~4개월 지속됨

19 **다음은 미숙아를 출산한 여교사가 보건교사와 전화 통화한 내용이다. 괄호 안의 ㉠에 해당하는 용어를 쓰고, 밑줄 친 ㉡을 수행하는 방법을 서술하시오.** [4점] 2017년

여교사 : 선생님, 그동안 잘 지내셨어요?
보건교사 : 네, 선생님도 잘 회복하고 계시지요?
여교사 : 저는 집에서 산후 조리를 하고 있고, 아기가 아직 병원에 있어서 면회를 다녀요.
보건교사 : 아기 상태는 어떤가요?
여교사 : 병원에서 아기가 태어난 직후 1분과 5분에 평가한 (㉠) 점수로서는 자궁 밖의 생활에 적응이 조금 어려운 상태라고 했어요. 그런데 오늘은 아기를 보러 병원에 갔더니, 아기의 상태가 안정이라면서 다음 면회 시에는 제가 원한다면 ㉡ <u>캥거루식 돌보기</u>를 할 수 있다고 했어요. 이게 아기에게 어떤 면이 좋은가요?
보건교사 : 캥거루식 돌보기는 아기의 체온이 유지되는 등 생리 반응과 심리 안정에 도움이 되어 성장 발달을 촉진해요. 어머니도 아기를 돌볼 기회를 가지게 되니 심리적으로 안정되고, 어머니와 아기 간의 상호작용도 증진됩니다.

|정답| ㉠ 아프가
㉡ 캥거루식 돌보기(Kangaroo care)
부모가 앞섶이 없는 헐렁한 옷을 입고 기저귀와 모자만 착용한 저체중아를 부모의 맨 살에 닿도록 해 가슴 위에 수직으로 세워 안는 피부접촉방법으로 직접적인 눈 접촉이 가능하고, 피부감각을 느낄 수 있도록 가깝게 안는 방법이다.

20 다음은 여교사가 보건교사와 상담한 내용이다. 괄호 ㉠, ㉡에 해당하는 내용을 순서대로 쓰시오.

[2점] 2017년

|정답| ㉠ 충치, ㉡ 물

21 **현재 조제유만을 섭취하고 있는 7개월 된 영아가 소아과를 방문하여 혈액검사를 받았다. 검사결과 혈청-철 농도가 정상보다 낮았고, 총 철결합능(total-binding capacity)이 정상보다 높게 나타났다. 이 영아를 위한 간호중재로 옳은 것을 〈보기〉에서 모두 고른 것은?**

2009년

〈 보 기 〉

ㄱ. 철분 공급을 위해 철분강화 생우유를 첨가하여 준다.
ㄴ. 비타민 C는 철분흡수를 방해하므로 철분제와 주어서는 안 된다.
ㄷ. 철분이 많이 함유된 곡분으로 고형식이를 시작한다.
ㄹ. 무증상 출혈이 있을 수 있으므로 대변의 잠혈을 관찰한다.

① ㄱ
② ㄴ, ㄷ
③ ㄴ, ㄹ
④ ㄷ, ㄹ
⑤ ㄴ, ㄷ, ㄹ

|정답| ④

|해설| ㄱ. 생우유는 생후 1년 이후에 준다(생우유 : 위장관 출혈을 일으켜서 철결핍성 빈혈, 알레르기 유발함).
ㄴ. 비타민 C는 철분흡수를 촉진하기에 함께 주어야 한다.

22 **엄마가 둘째 아기를 출산한 후 아기 돌보기에 집중하고 있어 큰 아이에게 많은 관심을 보이지 못하자 2년 6개월 된 첫째 아이가 자기도 젖병을 달라고 요구하며 드러누워 발을 구르고 소리를 지르고 있다. 유아에게 흔히 볼 수 있는 이러한 발달적 행동특성이 무엇인지 2가지를 쓰시오.**

2007년

|정답| 분노발작과 퇴행

분노발작	• 독립적으로 하려던 시도가 좌절된 경우, 피곤했을 때 긴장감의 정서적 표출로 나타남 • 아동이 언어와 사고능력이 제한되어 자신의 감정을 표현할 수 없기 때문에 나타남 • 바닥에 드러눕고 발로 차기도 하며 숨이 넘어갈 듯이 울기도 함 • 격렬하게 저항함으로써 자신의 독립을 주장	
	중재	• 무관심, 일관성 있는 태도, 발달적으로 적절한 기대와 보상, 타임아웃, 선택의 기회 제공
퇴행	• 스트레스인 질병, 입원, 분리, 동생에 대한 대처처럼 자율성이 위협받아 현재의 발달과업을 방해하여 성공적이었던 과거의 발달단계의 행동 양상으로 되돌아가 정신에너지를 보존하는 것 • 정상적 표현으로 오랫동안 지속되지 않음	
	중재	• 환경의 동일성 유지, 새로운 곳에서는 친근한 사람이 주위에 있다는 것 알려주기, 스트레스 요인 파악, 퇴행행위 무시, 칭찬으로 이전의 적절한 행동을 증가

23 청년 초기는 청년 후기에 비해 신체변화가 급격하여 자기중심적 성향이 강하게 나타나고 때로는 위험하고 다양한 활동에 쉽게 가담하게 되기도 한다. 이와 같은 청년 초기의 자기중심적 사고를 반영하는 특성에는 상상적 청중과 개인적 우화가 있다. 이들에 대해 각각 2줄 이내로 설명하시오.

2006년

|정답|

상상적 청중	• 과장된 자의식으로 인해 자신이 타인의 집중적인 관심과 주의 대상이 되고 있다고 믿는 것
개인적 우화	• 청소년이 자신의 특수함에 대한 과장된 관념을 가지는 것 • 자신은 특별하고 독특한 존재이므로 자신의 감정이나 경험세계는 다른 사람과 근본적으로 다르다고 믿는 것

24 청소년기는 성장발달과 학습과정에 많은 변화가 일어나는 시기이다. 청소년기에 성취해야 할 발달과업 5가지와 이 시기의 학생들에게 보건교사가 중재해야 할 발달과업 성취를 위한 간호중재 내용 3가지를 설명하시오.

[8점] 2001년

|정답| 1. Havighurst의 청소년기 발달과업

① 자신의 체격을 인정하고 자신의 신체를 효과적으로 사용하고 보호하는 것 인식
② 같은 연령의 남녀 간 새롭고 성숙한 관계 확립으로 타인과 더불어 일하기
③ 남성 또는 여성으로서 사회적 역할이 무엇인지 학습
④ 부모, 다른 성인들로부터 정서적 독립
⑤ 경제적 독립의 필요성을 느끼고 준비
⑥ 자신의 직업을 선택하고 준비
⑦ 적합한 배우자를 선택하여 결혼과 새로운 가정생활을 위한 준비
⑧ 유능한 시민으로 갖추어야 할 지적 기능과 개념 획득
⑨ 행동지침이 될 수 있는 가치관과 윤리체계학습
⑩ 사회적으로 책임 있는 행동 실천으로 지역사회와 국가 생활에 참여

2. 발달과업 성취를 위한 간호중재

① 자신의 체격인정을 위해 자신의 용모에 만족하여 긍정적인 신체상을 형성하도록 함
② 성숙한 관계 확립을 위해 사회성 훈련으로 타인의 감정, 욕구, 고통, 불편에 배려하는 사회생활 기본적 기술을 터득하고 공동체 의식으로 주변 사람들에게 폐가 되고 타인을 괴롭히는 것은 부끄러운 일이라는 의식을 갖고 타인을 배려하는 가치관과 태도를 갖기
③ 배우자를 선택하여 결혼하고 가정생활을 위해 교제 중 남녀가 자기 결정권에 따라 혼전 성관계에 대한 성적 자율성을 갖고 상대방의 성적 자기결정을 존중하고 성행위 결과에 대한 책임을 지니기

25 **초등학교 고학년 학생의 성장발달과정에 나타나는 특징을 제시하시오.** 1998년

(1) 신체, 생리적

(2) 심리적

|정답| 초등학교 고학년 학생의 성장 발달 과정의 특징

1. 생리적 변화

<table>
<tr><td>성장호르몬</td><td colspan="4">• 성장호르몬의 가속화 : 뇌하수체 전엽에서 성장 호르몬 생산
• 난소에서 에스트로겐, 고환에서 테스토스테론 분비
• 신체의 크기와 사지 성장에 관여</td></tr>
<tr><td>갑상선호르몬</td><td colspan="4">• 뇌하수체 전엽에서 갑상선 자극호르몬(TSH) 분비로 갑상선에서 T_3, T_4 분비
• 신체의 구조적 성장</td></tr>
<tr><td></td><td colspan="2">여자</td><td colspan="2">남자</td></tr>
<tr><td>FSH</td><td colspan="2">난소여포와 에스트로겐 생산을 자극</td><td colspan="2">정자 생성과 정세관 성숙</td></tr>
<tr><td>LH</td><td colspan="2">배란 황체형성 역할</td><td colspan="2">고환성숙, 테스토스테론 생성</td></tr>
<tr><td rowspan="2">성호르몬</td><td>에스트로겐</td><td colspan="2">프로게스테론</td><td>테스토스테론</td></tr>
<tr><td>• 유방발달
• 색소침착 : 유두, 음부, 겨드랑이
• 체모 : 음모발달
• 생식기관 성장 : 질, 자궁, 난소
• 골단성숙 : 장골성장억제하여 초경 후 2/3년 후 키 멈춤</td><td colspan="2">• 배란
• 황체 생성 : 프로게스테론 생성
• 자궁에 태아착상 : 임신 지속 가능</td><td>• 생식기계 성장과 발달 촉진 : 신장, 체중 증가
• 골단 성숙 자극 : 장골의 성장 억제
• 남성 고유의 체격형성</td></tr>
<tr><td>안드로겐</td><td colspan="3">• 액와의 체모 발달과 음모발달</td><td>• 고환에서 테스토스테론으로 전환</td></tr>
</table>

2. 신체적 변화

신장과 체중	• 사춘기 : 여아는 10~14세, 남아는 12~16세 사이에 시작됨 • 빠른 성장의 시기 : 신장 최대 성장속도(peak height velocity, PHV) 가 여아는 남아보다 2년 빠름(여아 12세, 남아 13.5세) • PHV동안 여아는 체지방, 남아는 근육의 증가로 체중이 성인 체중의 50% 증가 • 평균 신장은 여아는 8.3cm, 남아는 9.4cm 증가, 성인 신장의 20~30% 증가 • 여아 : 초경이 시작되고 2~2년 반 후에 신체성장이 멈춤(16~17세) • 남아 : 18~20세에 멈춤
외모와 골격계	• 제 2 급성장기 : 신장증가 >체중증가 • 어깨가 넓어지고 몸통의 성장이 뒤따름 • 특히 안면골과 하악골, 상악골이 변함, 상악골은 앞으로 자라며, 하악골은 길어짐 • 뼈의 성장이 두 배로 늘어나며, 이는 체중증가의 원인, 성장통 나타남 • 신체지방은 여아가 남아의 평균 2배로 증가하며, 남아는 실제로 감소

신체기관 성숙	• 사춘기 동안 모든 기관이 두배로 커짐 • 기관의 성장속도가 키나 몸무게의 성장보다 느리기 때문에 피로를 쉽게 느낌	
남자	고환과 음낭	• 고환이 커지면서 음낭이 커지고 색이 어두워짐 • 한쪽 음낭이 다른쪽보다 빠르게 자라는 것은 정상
	음경	• 고환발달 후 음경의 길이 증가
	음모	• 안드로겐 증가로 체모 생성
	야간몽정	• 고환에서 발육된 정자가 정액에 혼합되어 정액낭에 축적되었다가 극치감을 수반하면서 음경의 요도를 통해 밖으로 분출 • 꿈에서 어떤 자극을 받았거나, 방광이 충만되었을 때, 자극 주는 잠옷으로 발생
	후두	• 후두점막이 비대해지고 후두와 성대가 증대되어 낮고 굵은 목소리로 목소리 변화
	피지선	• 안드로겐의 증가로 피지선이 발달하여 피부에 여드름 발생
	아포크린한선	• 겨드랑이, 제외부위, 생식기와 항문주위 모낭, 감정자극으로 물질 분비 • 피부표면 박테리아와 작용하여 특유의 냄새와 땀의 양 많아짐
	근육발달	• 어깨가 발달하고 허리가 넓어지면서 일직선 모양의 외형 지님 • 지방질이 감소되고 근육의 발달과 각진 외형 모습
	여성형 유방	• 사춘기 동안 분비되는 에스트로겐의 증가로 양쪽 또는 한쪽 유방이 비대해지며 남성적 발달이 이루어지면서 여성형 유방이 없어지는 일시적인 현상
여자	유방	• 유방 크기 증가, 유선 발육, 유두·유륜 증가, 유륜에 색소침착
	음모	• 유방 발달 후 음모가 생기기 시작
	초경	• 유방 발달이 시작되고 나서 2년 후 급성장기가 최고에 도달한 후 일어남 • 사춘기와 성적 성숙 의미
	지방축적	• 피하지방의 발달로 유방, 둔부, 대퇴의 피하조직에 지방을 축적시켜 통통해짐
	골반	• 골반이 넓어져 둔부는 커짐

3. 심리적 변화

독립적 자아 형성 추구	• 부모로부터 독립하려고 함 • 타인과의 관계에서 종속적인 관계를 벗어나 점차 자신의 내면세계에 눈을 뜨기 시작하고 자아를 찾고 자기를 발견하며 독립적인 자아 형성을 추구하는 시기 • 제2의 반항기, 질풍노도의 시기 → 심한 감정의 변화, 혼자 있고 싶어함
자아정체감 형성	• 가족으로부터 독립하기를 원하고 개인 정체감을 발달시킴
집단 정체감 획득요구	• 동료로부터 인정과 거부가 가장 큰 관심사 • 또래집단과의 동일화 → 친밀감 발달 시기
성역할 정체감	• 이성교제 시작, 또래와 성인으로부터 성숙한 성역할 태도를 기대받게 됨

26 남아의 2차성징 호르몬은? 1996년

① 에스트로겐 ② 안드로겐
③ 성장호르몬 ④ 갑상선 호르몬

|정답| ②
|해설| ① 에스트로겐 : 여아의 2차성징 호르몬
③ 성장호르몬 : 신체 크기와 사지 성장에 관여
④ 갑상선 호르몬 : 신체의 구조적 성장에 영향

27 남아가 여성화 유방에 대하여 상의하러 양호실에 방문했을 때 설명 중 옳은 것은? 1996년

① 수술한다. ② Androgen을 먹는다.
③ Progesterone을 먹는다. ④ 자연히 회복된다.

|정답| ④
|해설| 남성의 여성화 유방은 사춘기 동안 분비되는 여성호르몬인 에스트로겐의 증가로 발생하는 일시적인 생리학적 현상으로 양쪽으로 생기며 심하지 않고 일시적이며 자연히 회복된다.

28 신생아 관리의 4대원칙에서 제외되는 것은? 1996년

① 호흡유지 ② 체온유지
③ 감염예방 ④ 선천성 기형방지

|정답| ④
|해설| 신생아 관리의 4대원칙은 호흡유지, 체온유지, 영양유지, 감염예방이다.

29 영아가 성인보다 수분의 섭취와 배설이 많은 이유는? 1996년

① 신진대사가 어른보다 왕성하다.
② 신기능이 미숙하다.
③ 영아는 세포내 체액이 많다.
④ 어른에 비해 적은 체표면적이다.

|정답| ②

|해설| 영아의 수분전해질 불균형 위험이 큼

- 세포외액의 비율이 성인에 비해 많음
- 기초대사량이 높으며 호흡수가 빨라서 수분상실이 많음
- 체중에 비해 체표면적이 커서 불감성 수분손실이 많음 : 체표면적은 성인과 비교하여 신생아에서는 2배, 미숙아에서는 5배가 넓음
- 신장기능 미숙으로 인해 사구체 여과율이 성인보다 낮음
- 위장관 공간이 넓어 설사 시 다량의 수분이 소실됨

30 성장통에 대한 설명으로 옳은 것은? 1996년

① 대개 아침에 나타난다.

② 움직일 때 통증이 사라진다.

③ 아픈 곳을 만지면 싫어한다.

④ 어린이가 아픈 데를 정확하게 가리킨다.

|정답| ②

|해설| ① 통증은 심한 신체활동 후 저녁 · 밤에 심하며, 아침에 사라진다.

③ 아픈 곳을 부드럽게 마사지하면 통증이 감소한다.

④ 아픈 곳을 지적하지 못한다.

31 유아(1~3세)의 대소변 훈련과 관계없는 것은? 1994년

① 즐거운 경험이 되게 한다.

② 혼자 설 수 있을 때 해야 한다.

③ 새로운 기술을 배울 수 있을 때 시작한다.

④ 만약 훈련이 성공하면 어떤 외적 요소에도 변화가 없다.

|정답| ④

|해설| 유아의 대소변 훈련이 성공했다 하더라도 이사, 동생출생, 이혼, 질병, 입원, 분리 등 스트레스를 받는 상황 또는 환경적 변화가 있는 시기에는 퇴행이 나타나 다시 대소변을 가리지 못할 수 있다.

32 건강한 1세 유아의 신체적 발달과업에 해당되는 것은? 1994년

① 서서히 기는 것처럼 움직인다.
② 혼자 서 있을 수 있다.
③ 발을 가지고 놀며 발을 입으로 가지고 간다.
④ 잠깐 동안 앉을 수 있다.

|정답| ②

|해설| ① 8개월부터 복부를 바닥에 대고 기고 9개월부터는 손과 무릎을 사용하여 기어다닌다.
③ 6개월에는 발을 당겨 입으로 가져간다.
④ 7개월에는 도움 받아 앉아 있을 수 있으며, 8개월에는 도움 없이도 앉을 수 있다.

33 다음은 사춘기 남학생과 여학생의 성적 성숙 변화 단계(Tanner stage)를 나타낸 그림이다. 그림에 대한 설명으로 옳은 것은? 2013년

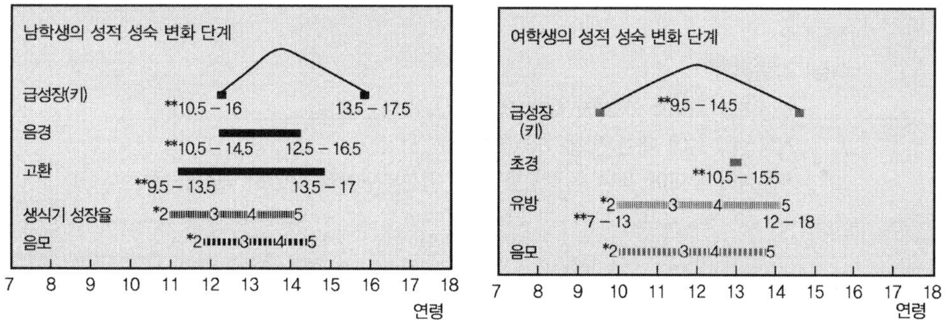

* 숫자는 Tanner의 발달단계를 의미함
** 성장과 성적 성숙 변화가 나타나는 동안의 연령 범주임
※ 꼭짓점은 키 성장의 최고점을 나타냄

① 남학생은 음경이 커지면서, 여학생은 유방이 돌출되면서 성적 성숙이 시작된다.
② 키 성장의 최고점을 나타내는 꼭짓점은 여학생이 남학생보다 먼저 나타난다.
③ 남학생은 고환이 커진 후 약 1년 정도 지나면 음경과 음모가 발달하고, 여학생은 성장이 시작되는 시기에 초경이 나타난다.
④ 남학생은 음경의 변화와 음모의 발달로, 여학생은 월경의 변화와 음모의 발달로 성적 성숙 변화의 2~5단계 계측을 한다.
⑤ 여학생이 남학생보다 먼저 이차성징이 나타나고, 남학생과 여학생 모두 성적 성숙 변화의 3단계에 이른 후에 키의 성장이 일어난다.

|정답| ②

|해설| ① 남학생은 고환부피가 커지면서 성적 성숙이 시작된다.

③ 남학생은 고환이 커진 후 6~8개월 후 성기의 크기가 커지고, 음모가 발달한다.
여학생 초경은 사춘기가 지나고 2년 내지 2.5년 사이에 키가 급성장 한 후 발생한다.

④ 남학생은 성기의 변화(고환, 음경, 음낭, 음모)에 따라 여학생은 유방과 음모의 발달로 계측을 한다.

⑤ 여학생은 3단계에서 키가 가장 많이 증가하나 남학생은 4단계에서 키가 가장 많이 증가한다.

34 소아가 자신의 성역할이나 성유형이 뚜렷해지는 시기는? 1993년

① 유아기 ② 학령전기

③ 학령기 ④ 사춘기

|정답| ②

|해설| 학령전기

- 성별의 차이와 성별에 대한 역할을 모방하는 시기
- 자신의 성에 대한 정체감을 형성하는 시기
- 동성의 부모에 대한 동일시를 통해 이성부모에게 특별히 애착을 갖는 시기

35 제1대구치가 나오는 일반적인 연령은? 1992년

① 6~7세 ② 8~9세

③ 10~11세 ④ 12~13세

|정답| ①

|해설| 제6세구치(제1영구대구치)는 크면서 치주모형의 기본이 되는 대단히 중요한 치아로 6~7세경 나오기 시작한다.

4 Denver II 발달 검사

36 김 군(17개월)의 한국형 덴버II 검사를 실시한 결과의 일부이다. (가)~(라)의 각 항목별 해석으로 옳은 것은? 2012년

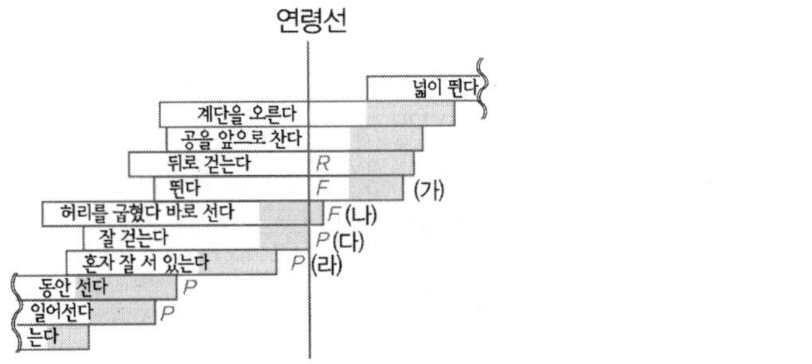

(P는 통과, R은 거부, F는 실패를 의미한다.)

	(가)	(나)	(다)	(라)
①	주의	지연	주의	지연
②	지연	정상	지연	주의
③	정상	정상	정상	정상
④	지연	지연	주의	주의
⑤	정상	주의	정상	정상

|정답| ⑤

|해설| (가) 25~75% 사이의 실패는 정상
(나) 75~90% 사이의 실패는 주의
(다) 75~90% 사이의 성공은 정상
(라) 연령선 완전히 왼쪽에 있는 항목의 통과는 정상

37 아동의 정상 성장발달을 평가하는 방법과 해석에 대한 옳은 설명을 〈보기〉에서 고른 것은?

2009년

ㄱ 한국형 Denver Ⅱ는 출생에서 3세까지 아동의 발달지연을 선별하는 도구이다.
ㄴ 한국형 Denver Ⅱ는 개인 사회성, 미세운동, 언어, 운동발달을 평가한다.
ㄷ 소아발육곡선은 아동의 전반적인 신체 성장 양상을 감시하는 데 사용한다.
ㄹ 9세 남아의 체질량 지수가 19.8kg/m^2(85 percentile)이면 9세 남아의 84%는 이 아동보다 체질량 지수가 낮다는 것을 의미한다.
ㅁ 키를 측정한 결과 90백분위수(percentile)이면 동일연령과 성별집단의 89%는 이 아동보다 키가 크다는 것을 의미한다.

① ㄱ, ㄴ, ㄷ
② ㄱ, ㄴ, ㅁ
③ ㄱ, ㄹ, ㅁ
④ ㄴ, ㄷ, ㄹ
⑤ ㄷ, ㄹ, ㅁ

|정답| ④

|해설| ㄱ 출생에서 6세까지 아동의 발달지연을 선별하는 도구이다.
ㅁ 키를 측정한 결과가 90백분위수이면 동일연령과 성별집단의 89%는 이 아동보다 키가 작은 것을 의미한다.

CHAPTER

02 고위험 신생아의 건강문제

1 미숙아와 과숙아

1. 미숙아(premature infant)

정의	• 출생 시 체중과 관계없이 재태기간 37주 이전에 출생한 신생아	
특징	신체적	• 머리 대 몸통 비율이 정상보다 큼(머리가 커서 열 손실 많음 : 예방 위해 모자 씌움) • 귀 연골의 발달 미약 • 관절이 이완되고 인위적인 힘에 의해 쉽게 조작되며 늘어져 있고 신전되어 있음 • 솜털이 과다하고 태지는 거의 없음 • 머리카락은 가늘고 솜털 같음 • 손바닥, 발바닥의 주름이 적거나 없음 • 스카프 반사(scarf sign) – 미숙아 : 팔꿈치는 별 저항 없이 쉽게 가슴을 가로지름 – 만삭아 : 가슴의 중앙부까지 닿고 중앙선을 넘어가려면 저항이 있음 • 체온조절 능력 저하 – 보육기나 방사보온기 적용(방사보온기 적용 시 불감성 수분손실에 유의) – 통풍을 최소화하며, 목욕을 자주 시키지 않아 체온손실 막음 – 체온 자주 측정
	호흡기계	• 재태기간 26주 전에는 폐포와 폐포의 모세혈관 발달이 제한 • 계면활성제 생산 부족으로 인한 호흡곤란 증후군 발생 • 호흡근의 상대적인 취약성과 흉관의 강직성 저하 → 무호흡, 과소환기 → 산증 유발 • 약한 기침반사와 구역질 반사로 호흡기 합병증 발생 • 간호 : 기도 청결, 타진 및 진동으로 호흡 자극, 측위 취해주기, 혈액가스와 산소분압관찰
	심혈관계	• 미숙아는 동맥관개존증이 자주 발견 • 간호 : 잡음이나 비정상 심음, 피부색, 체온, 모세혈관 충혈시간, 말초맥박 강도와 동등성, 혈압 사정

	위장관계	• 재태기간 34주 이전의 미숙아는 흡철반사와 연하반사 불충분 → 위관영양, 정맥영양 공급 필요 • 위장관 기능이 저하되어 복부팽만, 영양소 흡수 및 저장능력 약함 – 하부식도 괄약근의 미발달로 위-식도역류 발생 – 담즙산과 lipase 부족 → 림프관 통한 지방질의 흡수 적음 – 췌장의 amylase 분비 제한 → 탄수화물과 유당의 소화 제한 – 철분 저장이 매우 적음
	간기능	• 미성숙 간 → 고빌리루빈혈증과 간을 통해 배출되는 약물 독성을 증가 → 핵황달 유발
	신장계	• 사구체여과율 저하 → 수분 정체, 약물 배출이 안됨 • 신장이 소변 농축 능력 없음 → 쉽게 탈수를 초래 • 중탄산이온의 보유 능력 저하 → 대산성 산증 나타나기 쉬움
	면역계	• IgG : 임신 3기에 태반을 통과하기 때문에 미숙아는 부족 • IgA : 모유수유 하지 않는 아기는 공급되지 않음 • 백혈구 기능 미숙 → 감염가능성 증가
합병증		• 무호흡, 가사, 황달
간호중재		• 적절한 말초혈액 공급 유지로 세포영양과 산소공급 증진 • 혈관, 세포, 세포 내 수화의 증진 • 병원균 침입으로부터 신생아 보호 • 피부손상을 가져오는 내 · 외적 요인으로부터 피부보호 • 적절한 양과 유형의 자극유지 • 심부체온의 정상범위 유지 • 폐포와 혈관계 간의 산소와 이산화탄소의 적절한 유지 • 대사요구 충족을 위한 충분한 영양섭취 증진 • 영아상실로 인한 부모의 예상된 슬픔 해결

2. 과숙아(postterm infant)

정의	• 재태기간 42주 이후에 태어난 신생아
원인	• 한쪽 부모가 크거나, 다산모, 당뇨병 산모, 아두골반불균형으로 제왕절개 분만율이 높고, 분만 상해 빈도 높음
특징	• 야위고 눈을 뜨고 기민한 모습, 솜털이 없음 • 태지가 감소, 태반 노화로 인하여 영양을 공급받지 못해 피하지방이 적고 피부가 쭈글쭈글해 보임 • 머리카락이 많고, 손톱이 길고, 피부가 창백하며 갈라져 있음 • 제대와 손톱에 태변 착색 : 태변흡입, 그로 인한 합병증이 가장 큰 위험
합병증	• 자궁 내 저산소증, 태변흡입증후군 등

2 황달

1. 생리적 황달

정의	• 생후 2~4일경에 나타나는 황달, 7~14일에 감소 • 혈중 빌리루빈 수치 5mg/dL 이상 시
기전	• 성인보다 농축된 적혈구 수치(성인의 2배)와 짧은 적혈구 수명(70~90일)으로 비결합 빌리루빈 증가 • 비포합, 비결합, 간접 빌리루빈(지용성)이 간기능미숙과 세포 내 알부민 형성 저하[간의 미성숙으로 인한 효소(glucuronyl transferase) 활성부족]로 포합, 결합, 직접 빌리루빈(수용성)으로 전환되지 못함 • 정상적으로 직접 빌리루빈은 담도, 장관을 통해 소변, 대변으로 배설됨 • 배설되지 못한 빌리루빈이 다시 재흡수되어 순환되면서 피부, 공막에 침착, 황달 발생 • 빌리루빈은 적혈구 파괴산물로 인한 혈색소의 파괴산물임
증상	• 피부, 공막, 손톱이 오렌지색으로 변함
모유수유	• 조기 모유수유와 초유, 모유수유를 증진시킴 – 결합단백질인 알부민 생성에 필요한 단백질과 칼로리를 제공함 – 빌리루빈을 urobilirubin으로 환원시키는 장내세균을 장으로 유입 – 조기 모유수유와 초유를 먹으면 장 내 배설을 증진시켜 대변배설을 도와 빌리루빈 재흡수 감소함
조기 모유황달	• 생후 2~4일에 시작하여 생후 첫 주에 나타남 • 불충분한 모유수유로 탈수, 칼로리 감소로 간의 빌리루빈 청소능력이 감소 • 모유수유 횟수 증가, 광선요법
후기 모유황달	• 1주(생후 5~7일) 이후 나타나는 황달 • 빌리루빈 포합을 방해하는 모유속 성분에 의해 빌리루빈의 결합을 방해하거나 배설을 감소시켜 발생 • 12시간 동안(1~2일간) 모유수유를 중단하면 혈청빌리루빈이 급격히 감소하고 모유수유를 해도 모유황달은 재발하지 않음

2. 병리적 황달

정의	• 24시간 내에 간접빌리루빈 5mg/dL 이상 상승 • 분유먹는 만삭아에서 2주 이상 황달이 지속되는 경우
진단기준	• 만삭아 : 총 혈청 빌리루빈 12mg/dL 이상 • 미숙아 : 총 혈청 빌리루빈 15mg/dL 이상

<table>
<tr><td>중요성</td><td colspan="3">• 간접 빌리루빈은 신경조직에 독성이 강하여 뇌저 신경절에 빌리루빈이 축적되어 핵황달을 유발할 수 있음
• 핵황달 : 중추신경계 억압증상, 후에 뇌성마비, 정신지체, 난청 등 유발 가능</td></tr>
<tr><td>원인</td><td colspan="3">• 모체의 감염
• 다혈구혈증
• 미숙아
• 간세포 손상
• 태변성 장폐색
• 패혈증
• 용혈성빈혈(Rh 부적합 빈혈, ABO 부적합)
• 모체의 당뇨 : 적혈구증가증으로 고빌리루빈혈증
• 풍진 : 12주 이내 임신부가 풍진으로 기형아 출산</td></tr>
<tr><td rowspan="5">치료
및
간호</td><td rowspan="3">교환수혈</td><td>목적</td><td>• 용혈성 질환에 의한 과빌리루빈혈증인 경우 위험한 수준의 빌리루빈을 감소시킴
• 과도하게 증가된 혈중 비포합 빌리루빈 제거, 용혈을 일으키는 적혈구 항체 제거를 위해</td></tr>
<tr><td>대상</td><td>• Direct Coombs test 양성
• 제대혈액 Hgb 12g/mL 이상
• 간접빌리루빈치가 생후 24시간 이내에 만삭아에서 20mg/dL 이상 시
• 질병이 있는 미숙아에서 10~15mg/dL
• 태아수종 또는 심부전증을 가지고 태어난 신생아</td></tr>
<tr><td>준비</td><td>• Packed O Rh(−) cell로서 AB plasma가 혼합된 것이 좋음
• 혈액량은 영아혈액량의 2배(85% 교환)
• 교환수혈 시 제대정맥 이용</td></tr>
<tr><td>알부민 투여</td><td colspan="2">• 알부민은 혈청에서 빌리루빈과의 결합성을 높여줌
• 수혈효과 높이기 위해 수혈 전 투여</td></tr>
<tr><td>광선치료</td><td colspan="2">• 신생아로부터 45~60cm 거리에 광선을 적용 → 빛이 피부에 흡수되면서 빌리루빈을 수용성으로 바꾸어주어 빌리루빈의 배설을 유도함
• 광선에의 신체 노출을 극대화하기 위해 체위를 자주 변경할 것
• 안구손상 예방 위해 안대 착용하고 고환을 가려줌
• 빌리루빈이 체외로 배출되면서 묽은 변이 있을 수 있음 → 회음부 간호 필요
• 광선으로 인한 체온 상승과 탈수가 있을 수 있으므로 주의깊게 관찰
• 매일 빌리루빈 수치 측정(시각적 황달사정은 의미없음)
• 수유하는 동안에는 안대를 벗겨서 시각적 · 감각적 자극을 제공하도록 함
• 탈수증과 건조증상을 주의(수분 보충할 것)하고 윤활용 기름이나 로션은 피부를 자극시킬 수 있으므로 금지</td></tr>
</table>

3. 용혈성 질환

기전	• 제2형 세포용해성-세포독성 과민반응 : 빌리루빈의 과도한 형성
Rh 부적합 태아적아구증	• Rh- 산모와 Rh+ 둘째 아기 • 첫 번째 임신에서 형성된 IgG 항체가 태아 적혈구를 파괴하여 황달 발생
ABO 부적합	• 엄마 혈액형 : O형 • 신생아 혈액형 : A 또는 B형 • 혈액형이 A, B형은 anti-A 항체(B형 사람)와 anti-B 항체(A형 사람)를 이전 면역반응 없이 자연적으로 가지고 있으나 분자량이 큰 IgM으로 구성되어 태반을 통과하지 않음 • O형은 동종항체인 anti-A와 anti-B 중 많은 부분이 IgG로 형성되어 A, B 항원에 감작된 산모의 항체(IgG)가 쉽게 태반을 통과하여 첫 분만에서도 발생 빈도가 높음
진단평가	• 모체의 항체역가검사(indirect Coombs test : +)
치료	• 광선요법 : 혈중 빌리루빈 수치가 10mg/dL일 때 시작 • 교환수혈 : 카테터를 제대정맥을 통해 하대정맥으로 삽입하여 적합한 혈액(Packed O Rh(-) cell)으로 수혈
예방	• RhoGAM(Rho-immune globulin)은 분만이나 유산한 지 72시간 이내에 투여하여야 함 : 모체가 Rh인자에 감작되는 것을 예방 • 효과적이기 위해서는 첫 분만 후 투여, 이후 분만에서도 반복 투여

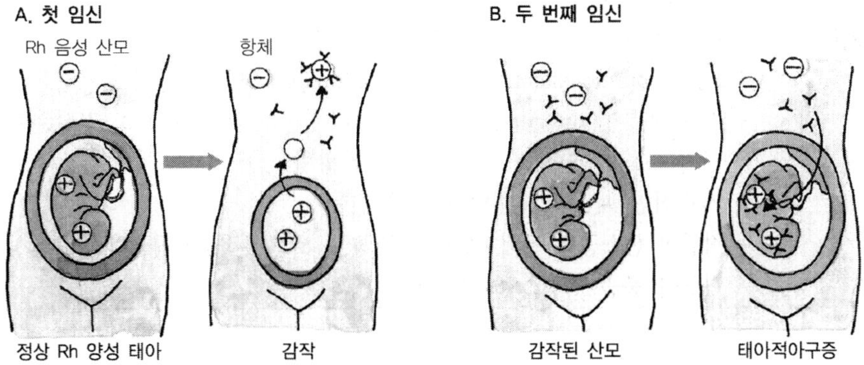

3 호흡기 장애

1. 특발성 호흡 곤란 증후군(RDS ; Idiopathic Respiratory Distress Syndrome)

정의	• 폐 성숙도의 미숙으로 폐포를 팽창시키는 계면활성제(surfactant)가 부족하여 무기폐를 초래하는 급성 호흡기 장애 • 미숙아에게 흔함
계면활성제	• 폐포의 표면장력을 감소시켜 폐포 팽창을 용이하게 하고 폐포가 쭈그러드는 것을 방지하여 호흡을 보조하는 물질(임신 28주 생성)
증상	• 빈호흡(80~120회/분) → 호흡성 산증 • 청색증, 창백 • 폐포 확장이 잘 되지 않아 호흡 노력으로 인한 현저한 늑골의 함몰 • 양쪽 폐의 흡기성 나음 • **비익호흡** : 호기 시에 신음소리 • 계면활성제 부족 → 무기폐 → 저산소증, 고탄산혈증 → 대사성 산증 → 산혈증 • 결국 폐포 내에 유리질막증을 형성함
치료	• 경구수유는 흡인의 위험 → 비위관 삽입 • sodium bicarbonate(중조, 알칼리)의 정맥투여로 산혈증 교정 • 산소 소모를 줄이기 위해 중성 온도 환경 제공 • **보조 환기요법 실시** : CPAP, PEEP • 호기말에 폐포에 압력을 넣어 폐포 허탈을 방지 • **인공 계면활성물질 투여** : 부족한 폐 표면활성제를 인공적으로 만들어 찌그러진 폐포를 펴게 하여 아동의 호흡을 쉽게 해 줌 • Extra Corporeal Membrane Oxygenation(ECMO) – 신체 외부에 oxygenator를 두고 폐 대신 이 기구를 돌려 전신순환을 하는 방법으로 폐 휴식을 도모하기 위한 방법 – 지속적인 폐동맥 고혈압 낮추기 위함 – 적절한 산소공급 위해 태변흡입증후군, 호흡부전증후군, 횡격막 탈장과 같은 신생아 중증 저산소증 환자에게 이용

2. 태변흡인증후군(MAS ; Meconium Aspiration Syndrome)

정의	• 태아 질식이나 자궁 내 스트레스로 인해 태아의 항문 괄약근이 이완되면서 자궁 내에서 태변을 보게 되고 태변이 함유된 양수가 태아나 신생아의 기도로 흡인된 상태 • 과숙아에서 자주 발생
사정	• 양막파열 후 양수의 상태로 확인
증상	• 출생 시 피부나 제대에 태변 착색 • 빈호흡, 비익 호흡, 저산소증, 청색증, 서맥, 근 긴장도 저하, 흉부함몰, 신음호흡
치료 및 간호	• 첫 울음 전 기관 내 튜브 삽입하여 계속적 흡인 • head down position, 위장 흡인, 기계적 환기요법 • 산혈증 치료 위해 중탄산나트륨 투여 • 호흡장애 증상 관찰

3. 식도기관루(TEF ; Tracheo Esophageal Fistula)

정의	• 식도에 나타나는 선천성 기형 • 태생기에 식도가 기도로부터 분리되는데 이 과정에서 결손이 발생하여 나타나는 기형 • 식도 – 기관이 연결된 식도기관루가 대부분을 차지	
증상	• 입이나 코에서 거품이 섞인 다량의 타액이 관찰됨 • 카테터가 위까지 삽입되지 않음(10cm 이하), 저항감이 강하게 느껴짐 • 3C증상 : 기침(coughing), 질식(chocking), 청색증(cyanosis) • 수유 시 기침이나 청색증이 더욱 심해짐 • 흡인성 폐렴으로 수포음(rale) 청진가능	
간호	수술 전 간호	• 인두 내 분비물 흡인 • **경구섭취 중지** : 비경구적 혹은 위루술을 통한 영양보충 • **수유 시 상체 30~40° 상승시킨 자세** : 우는 동안 복압상승 인한 위 분비물 역류 방지 • 습도 및 산소 유지 • 호흡곤란, 복부팽창 관찰 • 격리시켜서 감염을 방지 • 침상 옆에 응급간호와 소생술을 준비해 놓기
	수술 후 간호	• **호흡상태 관찰** : 비위관을 통해 구강과 비강 분비물을 자주 흡인 • **수술 부위 감염예방** : 흡인성 폐렴 주의 • 통증완화 • **적절한 영양공급** : 식도문합술이 치유될 때까지 위관영양공급을 계속 시행 • **위루관 설치술 환아 간호** : 턱 운동 및 정상적인 빠는 욕구의 충족을 위해 노리개 젖꼭지를 빨게 함으로써 음식을 넣고 삼키는 방법을 익히도록 함

4 미숙아 망막증(ROP ; Retinopathy of Prematurity)

정의	• 망막의 혈관 생성과정에 장애가 발생하여 비정상적으로 발달하는 혈관 증식성 질환(망막 표면의 비정상적 혈관 증식증) • 임신 33주 이전의 미숙아의 망막이 섬유조직과 혈관으로 대체되는 것 • 미성숙한 망막 모세혈관이 산소에 노출되어 발생하는 망막파괴
원인	• 동맥혈의 높은 산소 분압 • 고농도의 산소요법 후 주로 발생하므로 미숙아 산소투여 시 산소농도에 주의함
증상	• 망막에 점진적인 혈관조직 증식, 망막 박리로 실명
예방	• 산소농도의 모니터링 : 고농도로 산소 투여하지 않도록 주의 • 빛에 대한 노출방지

5 당뇨병 어머니의 신생아

병태생리	• 고인슐린혈증 : 모체의 인슐린은 태반을 통과하지 않으므로 태아는 모체의 혈당에 지속적 노출로 태아의 췌장에서 혈당 농도를 낮추기 위해 많은 양의 인슐린을 분비함 • 분만 후 저혈당증 : 분만 후 모체로부터 태아로 혈당공급의 갑작스런 차단과 태아의 인슐린의 지속적 생산이 과인슐린 혈증으로 혈액 내 순환하는 포도당 고갈로 저혈당을 유발(혈당농도가 40mg/dL 미만)	
증상	• 재태기간에 비해 체중이 무겁고 몸집이 크며, 얼굴이 통통함 • 태지가 전체적으로 많으며 적혈구 과다증 나타남 • 행동 : 불안정하고 기면 상태	
합병증	LGA(거대아)	• 고혈당이 태아의 인슐린 생산을 증가하여 태아의 과성장과 지방축적을 가져와 거대아 출산
	선천성 기형	• 인슐린은 탄수화물, 단백질, 지방 대사에 관여하여 심장, 간, 골격근, 지방조직에 영향을 주어 기형아 발생 빈도 증가
	RDS (호흡곤란증후군)	• 태아의 혈중 내 고농도의 인슐린으로 폐의 허탈을 방지하는 계면활성제 합성이 지연되어 RDS의 위험
	저혈당	
	저칼슘혈증	• 모체의 당뇨병이 신생아의 기능적 부갑상선 저하증을 일으키기에 흔히 발생
치료 및 간호	• 혈당을 주의 깊게 파악하고 호흡곤란증후군과 같은 합병증 증상 관찰 • 저혈당은 중추신경 손상의 원인이 되기에 집중 치료 및 관찰 • 모유수유나 인공수유는 심폐상태가 안정된 후 1시간 이내에 시작하는 것이 좋음	

	• 당뇨가 조절되지 않은 산모에게서 태어난 신생아는 포도당의 정맥 주입 필요 : 혈청 내 혈당이 45mg/dL 이상으로 유지되는 것이 목표 • 이동가능한 혈당검사기로 발뒤꿈치 천자를 통해 혈당검사를 하는 것이 간단하고 효과적 • 상완신경총의 손상이나 마비, 쇄골골절, 횡격막 신경마비 등과 같은 출생 손상 가능성 관찰

6 선천성 고관절 이형성증(Congenital Dysplasia of the Hip)

정의	• 대퇴관절의 불완전한 발육으로 대퇴골 두부가 관골구 속으로 들어가지 못하는 상태 • 대퇴골두가 관골구 안과 밖으로 미끄러져 있거나 완전히 관골구 밖으로 빠진 상태 • 여아>남아, 좌측 고관절 호발	
원인	• 태아의 이상위치나 유전인자에 의해서 오는 관절의 발육 부전 • 호르몬의 요인으로 인해 관절낭과 관절인대의 이상이완 • 원인불명	
증상	비대칭적 피부주름	• 탈구쪽 주름이 더 깊음 • 둔부 주름 비대칭
	Allis sign (Galeazzi sign)	• 눕히고 무릎 세우면 무릎길이가 다름 • 탈구쪽이 짧음
	Ortolani test(+)	• 탈구된 골두를 정복시키는 검사 • 아기를 눕히고 고관절을 90° 굴곡시키고 외전시키면서 대전자부(greater trochanter)를 내측으로 밀어 올릴 때 '뚝'하는 느낌(click)을 손에 느낌(외전 시 고관절 환원)
	Barlow test(+)	• 탈구를 유도하는 검사 • 고관절과 슬관절을 90° 굴곡시킨 상태에서 내전시키면서 외측으로 밀어내면 탈구가 있는 쪽의 제한이 있음(내전 시 고관절 탈구)
	이상한 걸음걸이	• 단측성일 경우 절름걸음, 양측성일 경우 오리걸음
	Trendelenburg test(+)	• 탈구가 있는 쪽의 다리로 서면 정상 쪽으로 골반이 기욺
	관절피스톤 징후	• 탈구측 하지를 하방으로 잡아당겼다가 상방으로 밀어 올릴 때 대퇴상단의 비정상적인 하강 혹은 상승운동이 촉지됨
치료	6개월 이전	• Pavlik harness : 생후 6개월 미만의 영아에게 가장 많이 사용하는 정복장치로 무릎을 굴곡시키고 고관절은 60° 외전된 상태로 유지함
	6개월~18개월	• 폐쇄정복술(close reduction) 후 hip spica cast(석고붕대)로 3~4개월간 고정

간호	• 성장과 발달의 증진 : 미세운동기술 발달지지 • 신체 운동성의 유지 : 부동 동안 운동성을 최대한으로 유지하는 방법 교육 • 자극으로부터 피부 보호 - 매일 순한 비누로 씻고 완전히 건조 - 긴 면 양말은 더운 날씨에는 땀을 흡수하고, 추운 경우에는 보온역할 - 압력으로 인한 자극방지 위해 면 내의를 착용 - 기저귀를 자주 갈아주고 흡수성 증가 위해 천으로 된 기저귀 사용 - 피부 괴사 방지 위해 2시간마다 체위변경 • 정상 수면양상의 유지 : 복위 또는 측위
예후	• 탈구를 방치하거나 부적합한 치료를 하였을 경우 대퇴골두부의 무혈성 괴사, 관골구와 형성이상, 퇴행성 관절염, 고관절통, 파행보행 유발

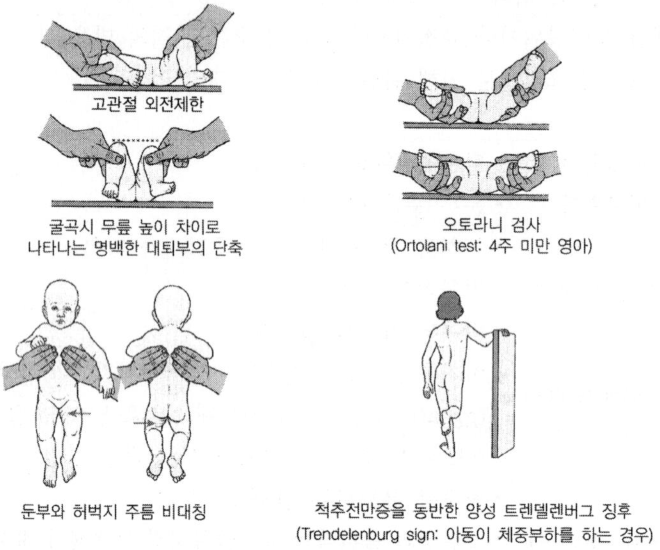

〈고관절 형성장애의 징후〉

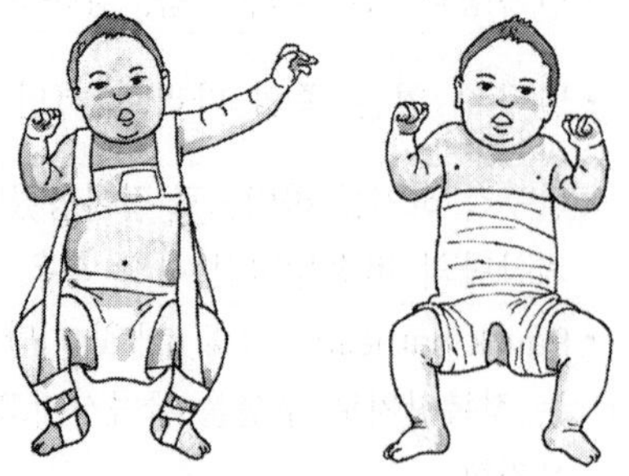

〈Pavlik Harness〉 〈Short Leg Hip Spica Cast〉

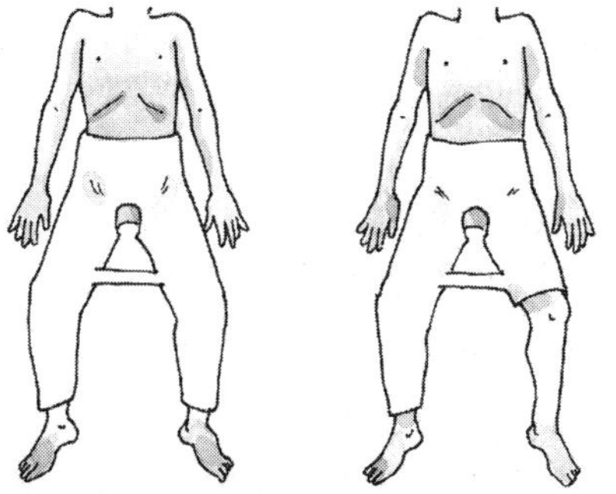

〈Hip Spica Cast〉

7 수두증 = 뇌수종(Hydrocephalus)

정의	• 뇌척수액의 생산증가, 흡수장애, 흐름장애로 인해 뇌실에 지나치게 뇌척수액이 존재하는 것을 의미	
원인	• 선천성 수두증 : 자궁 내 발육부전, 자궁 내 감염 • 후천성 뇌수종 : 감염, 종양, 출혈 • 실비우스 수도관의 협착증이 가장 흔한 원인	
병태생리	• 뇌척수액 : 뇌실에서 만들어지고 뇌실과 뇌와 척수의 지주막하강을 순환하고 상시 상정맥동에서 정맥으로 흡수 • 뇌척수액 증가 : 뇌척수액의 분비와 흡수 간 불균형으로 뇌척수액의 생산증가, 통로 폐쇄, 흡수장애로 뇌실, 지주막하강에 뇌척수액이 과다하게 증가되어 뇌실이 확장, 뇌압이 항진되고 두개골 주변으로 뇌실질 조직의 압박으로 뇌손상을 갖게 됨	
증상	영아기	• 두개내압의 증가 • 두개봉합이 폐쇄되기 전 단계로 비정상적인 두위증가가 가장 특징적 • 두위증가, 움푹 들어간 눈, 대천문 팽창, 울 때 두피정맥의 확장 • macewen sign : 대천문 부위의 머리 뼈를 두드리면 깨진 항아리 소리가 남, 뇌종양, 뇌수종인 경우 두개골 봉합이 이완되고 골판이 얇아져서 두드리면 깨진 항아리 소리가 남 • sunset eye(일몰 징후) : 안구가 수평선 아래로 내려가므로 공막의 백색 동공(각막) 위로 나타남 • 뇌압 증가로 두개골이 얇아지고 봉합선이 분리됨 • 불안정, 무기력, 잘 먹으려 하지 않음 • 의식변화, 날카롭고 고음의 울음 • 구토, 기면
	아동기	• 이미 두개 봉합된 상태로 인접구조에 대한 압력에 의한 증상이 특징적 • 두통 : 체위변경 시, 잠에서 깨어날 때(수면 시 혈중 CO_2 농도가 증가하여 뇌혈관이 확장되어 뇌부종으로 두통)

		• **활력징후** : 수축기 혈압 상승, 서맥, 체인스톡호흡(과호흡과 무호흡의 반복), 실조성 호흡(완전히 불규칙적인 느린 호흡) • 구토 • **유두부종** : 시신경 유두가 부어오르고 정맥혈의 정체로 충혈 • 운동 실조증, 불안정, 무기력, 무감동, 혼수
진단	• 초음파, 컴퓨터 단층촬영(CT), 자기공명촬영(MRI)	
치료	내과적 관리	• 요추천자나 뇌실천자를 통해 뇌척수액의 경감 • 뇌척수액 생산을 감소시키는 acetazolamide(Diamox) 처방
	외과적 관리	• 단락장치(shunt device)의 외과적 삽입 • **뇌실복막단락** : 가장 흔히 선택
간호	• **두개내압 증가의 예방과 중재** – 침상 머리 30° 상승, 심호흡 측정, 동공크기, 운동능력, 의식수준 측정, 두위측정 – 이뇨제, 진통제 처방대로 투여 • **신경손상의 예방** : 신경학적 악화 증상 관찰 • 가족대응의 증진 • 피부손상의 예방 • **통증경감** : 진통제, 비약물요법 • **감염예방** : 항생제 투여, 수술 후 체온 측정 • **건강한 신체상의 증진** : 같은 문제가 있는 다른 아동가족 소개 및 지지	

8 유전질환

1. 상염색체 질환 : 결손이 상염색체상에 존재

(1) 체세포의 핵속에 46개의 염색체가 있으며 세포분열 동안 염색체는 물리적으로 쌍을 이룸

(2) 상염색체에 위치한 유전자는 형질을 만드는데 필요한 유전자의 동일한 복사 수에 따라 상염색체 우성이거나 열성이 됨

상염색체	• 상 염색체로 불리우는 22개의 염색체 쌍은 모든 사람에게 동일
성염색체	• 23번째 쌍이 성염색체 이룸 • 정상 여성 : 두 개의 X 성염색체 지님 • 정상 남성 : X와 Y 염색체 지님

2. X-연관질환 : 결손이 X 염색체 상에 존재

(1) **X 염색체에 위치한 유전자**

여성에서만 한쌍, 남성에서는 X 염색체와 Y 염색체 지님

(2) X 염색체에 비정상 열성유전자가 있는 여성

다른 X 염색체에 정상 유전자가 있어 보상하기에 비교적 정상적인 기능을 유지

(3) X 염색체에 비정상 열성유전자가 있는 남성

하나 밖에 없는 X 염색체가 비정상적인 유전자를 가지면 불리, 남성은 다른 염색체가 Y 이기에 보상할 정상 유전자가 없다, 그래서 남성에서는 비정상적인 유전자가 정상 유전자에 의해 작동이 억제되지 못하므로 비정상적 기능이 실제로 표현됨

3. 단일유전자 질환

상염색체 우성, 상염색체 열성, X-연관 우성, X-연관 열성 포함

(1) 수학적으로 예측할 수 있는 일정 비율 지님

(2) 상염색체 우성질환인 사람은 자녀에게 질환이 전해질 위험이 50%

(3) 동일한 비정상 상염색체 열성 유전자를 보유한 건강한 두 부모는 이 유전자에 의한 질환을 가질 위험이 25%

(4) 부모의 혈족관계(동적)는 상염색체 열성질환이 있는 자녀를 가질 위험이 증가

(5) 비정상 X-연관 열성 유전자 하나로 아들에게 질환을 일으킬 수 있음

(6) 비정상 유전자는 다음 세대에게 전해지는 새로운 돌연변이로 생길 수 있음

<table>
<tr><td>상염색체 우성유전</td><td>• 여성과 남성은 동일하게 상염색체 우성 질환에 걸리며 질환 남성은 아들에게 질환을 전달할 수 있다.
• 유형 : 신경 섬유종증, 헌팅톤병, 연골무형성증, 다낭성신장병</td><td>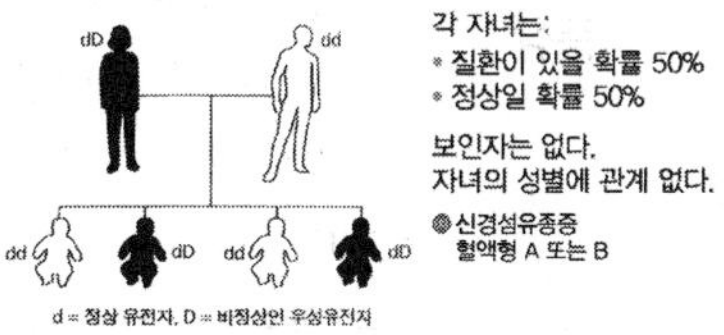
</td></tr>
<tr><td>상염색체 열성유전</td><td>• 질환이 있는 개체는 보통 가족의 한 세대에만 있다.
• 여성과 남성이 동일하게 질환에 걸리며, 남성은 질환을 아들에게 전달할 수 있다.
• 유형 : 낭성섬유증, 페닐케톤뇨증, Tay-Sachs병, 겸상적혈구 질환</td><td>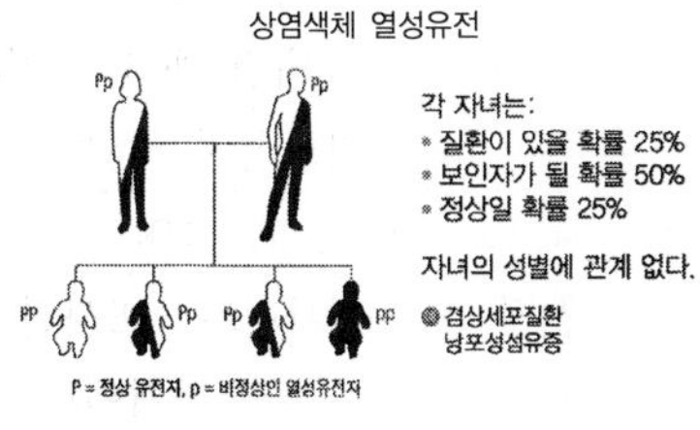
</td></tr>
<tr><td>X-연관 열성유전</td><td>• 남성의 X염색체 상에 있는 모든 유전자가 표현되기 때문에 질환에 여성보다 남성들이 더 많이 걸린다.
• 부형유전은 없으나 X-연관 열성질환을 가진 모든 남성은 보인자 딸을 가지게 될 것이다.
• 유형 : 혈우병, 색맹, 뒤시엔느 근이형성증</td><td>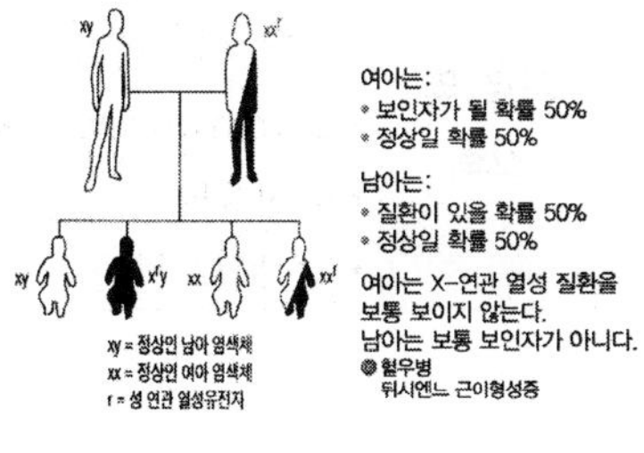
</td></tr>
</table>

9 선천성 대사 장애

1. 선천성 갑상선 기능저하증(Congenital hypothyrodism)

정의	• 출생 시 발견되는 질환으로 순환하는 혈액 내 갑상선호르몬(T_3와 T_4)의 양이 적어서 야기된 대사율의 감소 • 상염색체 열성유전 • **갑상선호르몬** : 태아부터 2세까지 중추신경계, 근골격계 성장발달에 중요하며 생후 3개월 이내 치료하지 않으면 지능 저하 동반
원인	• 갑상선의 기형 또는 발달장애(80%) • 갑상선호르몬 합성장애(상염색체 열성유전, 10%) • 산모가 임신시 갑상선 기능항진증 치료를 받았을 때 • 다운증후군
증상	• **크레틴병**(cretinism) - 얼굴이 부어 있고, 소천문이 열려 있음 - 대천문이 크고 봉합이 넓으며, 콧등이 낮음 - 크고 두꺼운 혀, 이마 좁음, 큰 혀를 밖으로 내밀고 있음 - 목쉰 소리의 울음, 제대탈장, 복부돌출 - 차고, 건조하며, 각질이 벗겨지는 피부, 저체온 - 근긴장도 저하, 반사작용의 지연 - 수유 시 어려움 - 반응속도가 느리거나 멍한 표정 • **기타** - 황달(간 미성숙) - 저체온(대사율 저하) - 태변 배출 지연(위장관 운동저하) • 치료하지 않았을 경우 신경계 발달지연으로 지능 저하나 정신지체 유발 가능
진단	• T_3, T_4, TSH • **검사시기** : 48시간 지난 후에 시행(출생 직후 갑상선자극호르몬(TSH)이 급속도로 증가하기에)
치료 및 간호	• **갑상선호르몬의 평생 투여** : 1개월 이전에 발견하여 치료 시작하면 정상적인 성장발달 이루어짐 • **Levothyroxine 구강 투여** : 매일 약을 먹이는 것이 중요 • 유전상담 • 갑상선호르몬 수치는 2세 이전까지는 6개월마다 측정

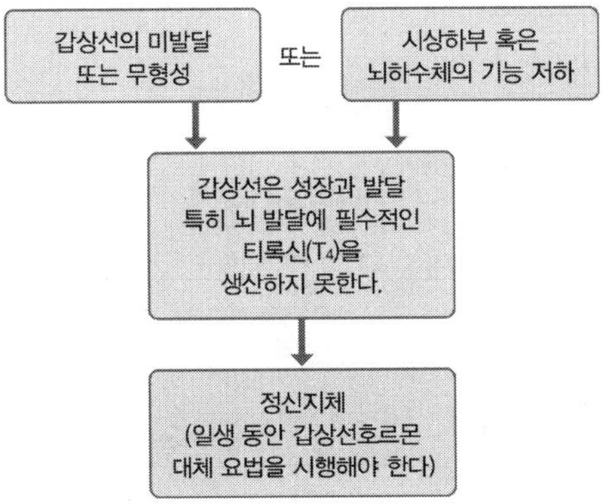

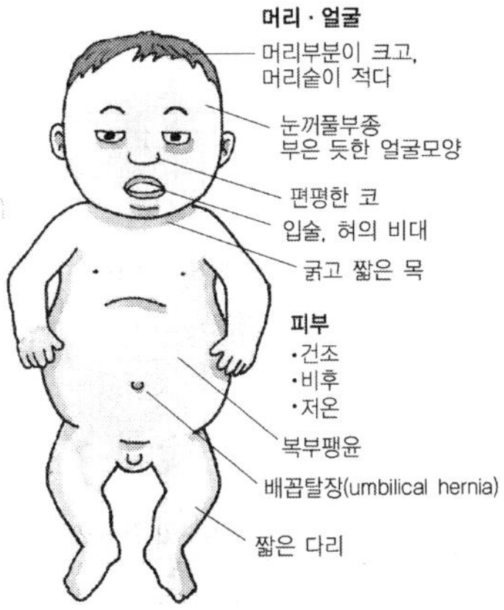

2. 페닐케톤뇨증(Phenylketonuria, PKU)

정의	• 혈액 내 축적된 페닐알라닌의 독성이 중추신경계에 손상을 초래하는 유전성 대사 질환 • 상염색체 열성유전질환
기전	• 필수아미노산인 페닐알라닌(phenylalanine)을 tyrosine으로 전환하는 데 필요한 효소인 phenylalanin hydroxylase의 결핍으로 발생
증상	• 성장장애, 잦은 구토, 보챔, 과다행동, 예측할 수 없는 괴상한 행동 • 땀과 소변에서 곰팡이 냄새 • 금발머리, 푸른 눈, 흰 피부, 피부에 습진 발생 • **정신분열적 행동** : 공포반응, 비명 지르기, 머리 흔들기, 팔 물어뜯기, 지남력 상실, 강한 자극에 대해 반응하지 못함, 긴장증 체위 등
진단	• **구스리 혈액검사(Guthrie blood test)** – 혈중 페닐알라닌을 검사하기 위한 세균억제 시험 : 수유 2~3일 이후 페닐알라닌 축적이 수유 시작한 후 시작하여 72시간 이후 수유 2시간 후에 실시 – 혈청 페닐알라닌 20mg/dL 이상시 진단
치료 및 간호	• **조기치료** : 생후 3개월 이전 치료 시작하면 뇌손상 최소화 • **페닐알라닌 섭취 제한식이**(저페닐알라닌 식이) – 육류, 생선, 달걀, 우유, 콩류 등 고단백 음식 제한 – 채소, 과일, 전분 등을 섭취 • **모유수유** : 모유는 페닐알라닌을 적게 함유하여 안전한 범위에서 페닐알라닌 수준 유지 • 유전상담 필요

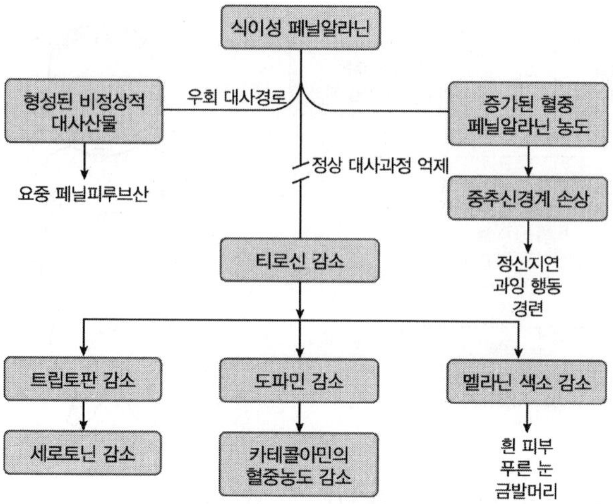

〈페닐케톤뇨증의 대사이상과 그 결과〉

3. 갈락토스혈증(Galactosemia)

정의	• 상염색체 열성질환으로 당 대사의 선천적 장애에 의해 발생 • 모유와 일반우유에 포함되어 있는 당분인 갈락토스를 포도당으로 전환시키는 능력이 손상되어 나타나는 유전성 탄수화물 대사 질환
기전	• Galactose-1-phosphate uridyltransferase(UDP-갈락토스 전이효소)의 결핍으로 유당 소화 시 galactose가 포도당으로 전환되지 못하는 상태
병태생리	• **갈락토스혈증** : 간에서 갈락토스를 포도당으로 전환하는 데 필요한 갈락토스 전이효소 부족으로 갈락토스가 혈중에 축적되어 장기손상 • **뇌손상** : 정신지체, 지능발육지연, 기면, 근긴장도 저하 • **백내장** : 수정체의 혼탁으로 망막에 선명한 상을 맺지 못함 • **간경화** : 소변으로 아미노산, 단백질이 배출되어 복수, 부종, 간비대, 황달 • **신장 손상** : 갈락토스뇨증(galactosuria), 아미노산뇨(신세뇨관 손상으로)
증상	• 유당이 풍부한 우유, 유제품 섭취, 모유수유 직후 구토, 설사 • **저혈당** : 포도당으로 전환되지 못함 • 체중감소 • 수유곤란, 보챔, 기민증상 • 영양실조, 빈혈, 성장발달 지연
치료 및 간호	• **유당섭취 제한** : 모유, 우유, 치즈, 버터, 유제품의 유당이 있는 음식 제거 • **유당 없는 음식** : 유당이 없는 콩 단백식, 고기제제 • **식이요법** : 7~8년 • 감염에 대한 모니터링과 치료 • 유전상담

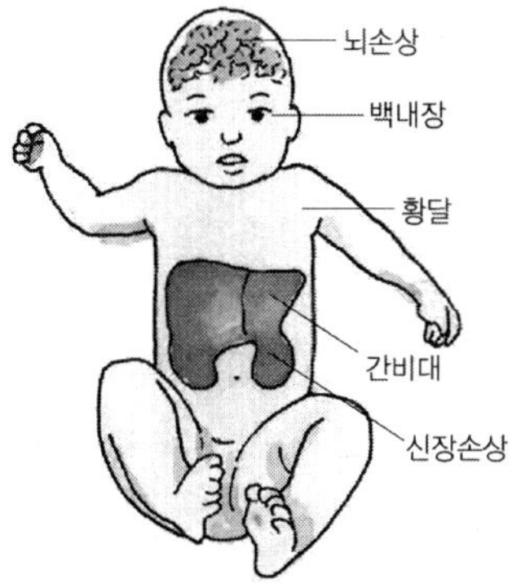

〈갈락토스혈증 증상〉

10 염색체 이상 질환

1. 다운증후군(Down Syndrome)

정의	• 21염색체 삼체성 : 생식세포의 21번 염색체가 3개로 복제된 것 • 총 염색체가 47개
원인	• 유전적 원인 • 나이가 많은 초산부(35세 이상)에서 발생빈도가 높으며 선천성 기형을 동반함
증상	• 정신박약, 특유의 얼굴(특징적인 외모), 사지골격 및 내장 기형이 특징적 • 머리 : 소두증(작고 앞뒤가 납작한 머리), 대천문 폐쇄지연, 모로반사 미약 • 눈 : 안열이 외상방형으로 치켜 올라가 있음, 눈 사이가 넓음(몽골리즘) • 코 : 짧고 납작한 코 • 입 : 좁고 높은 아치를 이루는 구개, 튀어나온 혀 • 귀 : 낮게 위치한 작고 짧은 귀 • 목 : 짧고 굵음 • 흉부 : 선천성 심장질환 동반, 호흡기계 감염이 잦음 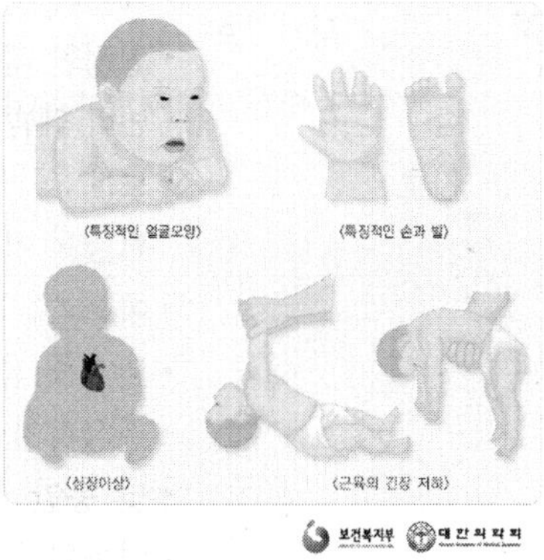 • 사지 : 짧음 • 손 : 짧고 폭이 넓고, 다섯 번째 새끼 손가락에 단일 굴곡선이 있고 안쪽으로 굽어 있으며, 손바닥에는 단일선이 있음(원숭이 손금) • 관절 : 관절 과다신전 & 과운동성 동반, 환추축 불안정성(경추 1번과 2번) • 신장 : 작은 키, 심한 근육 긴장 저하와 이완 • 감각장애 : 청력상실, 사시, 근시, 안구진탕증, 백내장, 결막염 등

		• 경련장애, 정신장애, 지적장애 • 다른 질환 합병 빈도 높음 : 심장기형(심방중격결손 多), 백혈병, 십이지장폐쇄증, 선천성 거대결장 등 • 키와 몸무게는 성장이 느리며 일반적으로 비만 • 남성은 불임, 여성은 임신가능 • 빨리 나이 먹으며 수명 짧음
진단		• 정기적 장애 선별검사, 조기치료 : 임신 12~16주경 검사, 다운증후군 임신 시 AFP ↓, 에스트리올 ↓, HCG ↑ 검사 • 시력과 청력평가 • 갑상선 기능에 대한 주기적 평가 : 심한 성장 지연에 대비 • 머리와 목에 긴장을 주는 운동 : 제 1, 2 경추의 불안정 평가
간호	호흡기 감염예방	• 지속적 코막힘으로 구강호흡 → 상기도 감염 유발 • 가습기 사용과 체위배액 및 타진법 : 비강점막의 건조방지, 폐분비물의 배출 촉진 • 아동의 체위변경 : 앉는 자세의 중요성 강조 • 쉽게 삼키도록 입안 깊숙이 고형식이를 넣어줌 : 혀가 앞으로 나와 있기 때문 • 수유 전 코 깨끗이, 소량씩 자주 수유, 수유 중간에 휴식시간 가짐 : 구강호흡으로 장시간 빠는 것이 어렵기 때문
	자가간호 증진	• 자가 간호활동 강화 • 혀를 밀어내는 것은 음식을 거부하는 것이 아님을 가족에게 설명 • 에너지 요구량에 따른 필요량 계산 • 일정한 간격으로 신장과 체중 측정, 식사량 감독(변비와 비만 예방) • 변비 예방 : 섬유소, 수분 충분히 섭취 • 보온 : 근육의 긴장저하와 관절의 과신전으로 인형과 같은 자세를 취해 환경에 체표면이 노출되므로 열손실이 증가됨
	최적의 발달 증진	• 아동과 가족을 조기 영아 자극 프로그램에 참여 • 일정한 간격으로 아동 발달과정 사정 • 현실적인 계획 수립 도움 • 낮 동안 간호계획과 교육에 참여하도록 격려 • 아동의 놀이, 훈련, 사회적 상호작용에 대해 다른 아동과 같은 요구를 갖고 있다는 것을 강조 • 사춘기에 들어가기 전에 아동과 부모에게 신체적 성숙과 성행위, 결혼, 가족에 대해 상담 • 최적의 직업교육 격려
	가족지지	• 지지모임, 관심과 느낌 표현하도록 격려 • 아이의 정상적 특징 강조

2. 터너증후군(Turner Syndrome)

정의	• 성염색체 이상으로 정상 여성의 성염색체가 XX 두 개인 데 반해 X염색체가 하나밖에 없기 때문에 발생하는 증후군
증상	• 이차성징의 결여 : 유방 자라지 않고 무월경, 체모발달 • 작은 신장 • 얼굴과 목 : 턱이 작은 소하악증, 목이 두껍고 짧으며 양옆으로 물갈퀴 같이 붙어 있는 모습, 안검하수, 낮게 위치한 귀 • 가슴 : 넓은 흉위, 넓게 배치된 유두 • 팔다리 : 상지에 비해 하지 짧음, 손톱의 발육부전(4번째 손가락과 발가락이 짧음) • 선천성 심장질환과 신장질환 • 림프부종 : 손과 발의 현저한 부종 • 골다공증, 당뇨병, 갑상선 질환 등
진단	• 염색체 검사와 혈중 성선자극 호르몬을 측정 • 특징적인 외형을 가지고, 저신장을 보이면서 청소년기에 2차성징이 나타나지 않는 경우 질환 의심
치료	• 목표 : 성장장애 및 성적 발달장애를 치료해 나가는 것 • 성장장애의 치료 : 성장호르몬 제제, 여성호르몬 제제, 스테로이드 제제 등 투여 • 2차성징 발달 촉진 : 에스트로겐 투여

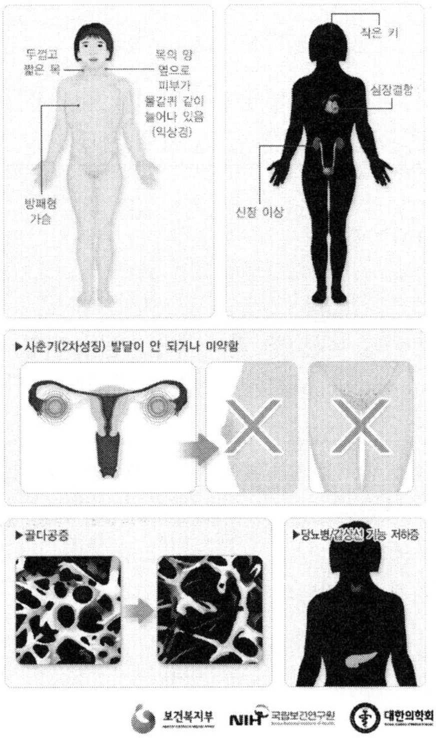

〈터너증후군의 특징〉

3. 클라인펠터증후군(Klinefelter's syndrome)

정의	• 성염색체 이상으로 X염색체가 한 개 이상 많아서 발생, XXY • 가장 흔한 남성 성선 기능 저하증의 원인의 하나
증상	• 장신 : 키가 크고 긴팔과 다리 • 2차성징 장애 : 무정자증, 작은 고환, 잠복고환, 작은 음경, 불임 • 여성형 유방 • 인지장애
치료	• 2차성징 강화 : 남성호르몬, 테스토스테론 투여

4. 묘성증후군(Cri-du chat syndrome)

정의	• 5번 염색체의 일부가 결실되어 일어나는 유전질환
증상	• 영아의 후두와 신경계에 문제가 생겨 울음소리가 새끼 고양이처럼 변하기 때문 • 삼키고 빠는 능력이 저하되어 먹는 데 문제가 생김 • 저체중아로 태어나며 발육이 부진 • 인지능력, 언어능력, 운동신경의 심각한 지체 • 활동항진증, 공격성, 울화증, 반복행동과 같은 행동장애 • 시간이 흐르면서 변하는 특이한 얼굴형 • 과도한 유연형상 • 변비증세 • 양안격리, 소두증, 부푼 볼살과 둥근 얼굴, 아래쪽으로 비스듬한 눈꺼풀 틈, 편평한 콧날비량, 아래로 처진 입, 소하악증 등

5. 파타우증후군(Patau syndrome)

정의	• 13번 염색체가 3개 존재하는 13번 삼염색체 유전질환
증상	• 소두증, 소안구증, 구순열 및 구개열, 낮은 변형 귀, 소하악증 • 전전뇌(holoprosencephaly), 중앙 두피결손 • 다지증 • 심장기형 : 심방중격결손, 심실중격결손, 동맥관개존증 • 신장기형 : 다낭신 • 잠복고환 • 심한 정신지체 및 발달지연

	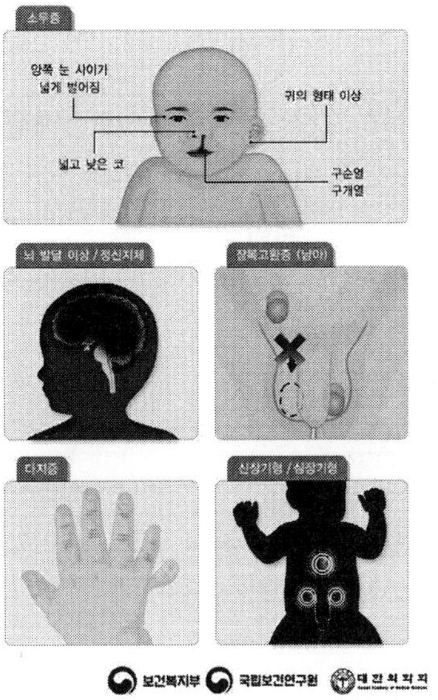 〈삼염색체증의 특징〉

6. 에드워드증후군(Edward syndrome)

정의	• 18번 염색체가 3개 존재하는 18번 삼염색체 유전질환
증상	• 작고 좁은 머리, 후두골 돌출, 소구증, 구순열 및 구개열, 소하악증 • 짧은 흉골, 작은 골반 • 특징적인 손발 모양 : 집게 손가락이 가운데 손가락 위에 새끼손가락이 넷째 손가락 위에 덮인 손 모양, 오목발바닥이면서 뒷꿈치가 두드러진 rocker-bottom feet, 짧고 뒤로 굴곡된 첫째 발가락 • 저체중출생 • 심장기형 : 심실중격결손, 동맥관개존증 • 횡격막탈장, 기관식도루 • 심한 정신지체 및 발달지연 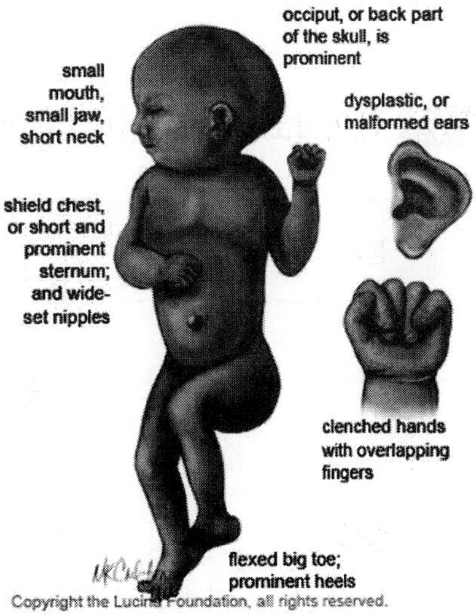

11 영아돌연사 증후군(Sudden infant death syndrome)

정의	• 예상치 못한 갑작스런 죽음으로 1개월에서 1년 사이의 영아에게 일어남 • 대부분 6개월 이내에 발생	
위험요인	영아	환경
	• 미숙아, 저체중 출생아 • 남아 • 다태출산 • 6개월 미만 • SIDS 형제 • 우유 과민반응	• 담배연기 노출, 엄마의 흡연 • 4개월 이하 시 어른과 같은 잠자리 • 복위 수면 • 침대에서의 젖병 수유 • 잠잘 때 두꺼운 이불 • 겨울 : 겨울에 너무 덥게 함 • 부드러운 침요에서의 수면 • 안전규격에 맞지 않는 침대 • 부적절한 방안 환기
중재	• 앙와위 • 단단한 매트리스 사용 • 두꺼운 이불 제한 • 지나친 난방 피하기 • 안전한 침대 : 부모와 같이 자지 않기, 침대공유하지 않기 • 모유수유 • 간접흡연 제한	

12 태아알코올 증후군(Fetal alcohol syndrome)

정의	• 태아 때 알코올에 노출되어(잦은 음주와 과음에 의함) 신체적 · 행동적 · 지각적 이상이 함께 나타나는 것
증상	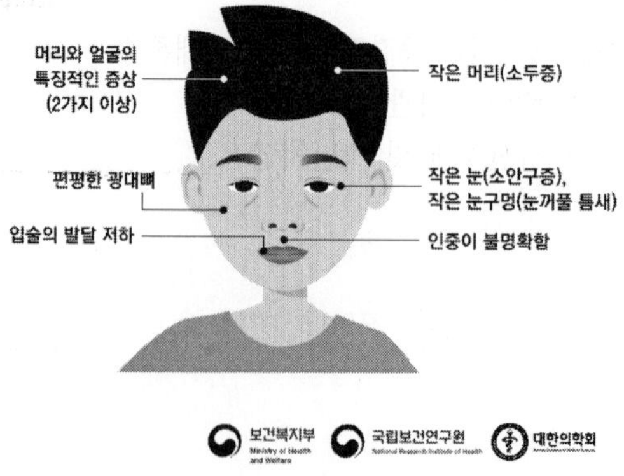

	출생 전 · 후 성장지연	• 신장, 체중, 10% 이하의 머리둘레, 지방조직의 감소	
	중추신경계 발달이상	• 발달지연, 지능손상, 정신지체	
		신경학적 문제	• 낮은 IQ • 주의력 결핍증과 과잉행동장애 • 미세운동의 기능 저조 • 언어능력 미흡 • 조정 불량 • 낯선 사람에 대한 불안감 없음 • 판단능력 결핍
	두개안면 이상	머리	• 소두증
		눈	• 비정상적으로 작은 눈 • 짧은 눈꺼풀 틈새 • 작은 안구증
		입	• 인중 형성부전 • 얇은 윗입술 • 얼굴중앙이 편평함
	기타	• 심장, 골격, 눈의 결함과 신장 이상 • **많은 떨림과 과도한 긴장** : 힘이 없어 손을 움켜지기 어렵고 손과 눈의 조화가 떨어지며, 섬세한 운동동작의 어려움	
치료	• 영구적이며 불가역적 • **치료** : 신생아기에 주로 이루어짐 • **영양공급** : 체중증가 확인, 칼로리 섭취 최대화, 빨고 삼키는 것 도와주기		

CHAPTER 02 고위험 신생아의 건강문제

기출문제

1 선천성 고관절 이형성증

01 다음은 육아휴직 중인 여교사와 보건교사가 통화한 내용이다. 〈작성 방법〉에 따라 서술하시오.

[4점] 2018년

여교사 : 선생님, 안녕하셨어요?

보건교사 : 네, 선생님, 그동안 잘 지내셨어요? 아기는 건강하게 잘 크고 있지요?

여교사 : 실은, 궁금한 게 있어서 전화 드렸어요. 아기 엉덩이 부위가 기저귀를 갈 때마다 이상한 점이 있어서 병원에 가야 하는지 여쭤 보려고요.

보건교사 : 어떤 점이 이상한가요?

여교사 : 기저귀를 갈 때 아기 다리를 벌리면 왼쪽 고관절이 완전히 벌어지지 않고, 왼쪽 고관절 부위에서 미끄러지는 느낌이 들어서요.

보건교사 : 아기의 고관절이 비대칭적으로 벌어지고, ㉠ 아기를 눕히고 무릎을 세워 보았을 때 양쪽 무릎 높이의 차이가 있으면 병원에 가셔서 검진을 받고 ㉡ 가능한 빨리 치료를 시작하셔야 해요.

… (중략) …

여교사 : 선생님, 안녕하세요?

보건교사 : 네, 아기의 상태에 대해 병원에서 뭐라고 하던가요?

여교사 : 병원에서 의사가 초음파 검사와 신체검진을 하더니 ㉢ 피스톤 징후가 있다고 하면서 '발달성 고관절 이형성증'이라고 하네요.

〈 작성 방법 〉

- ㉠에 해당하는 징후의 명칭을 제시할 것
- ㉡의 이유를 서술할 것
- ㉢을 검진하는 방법과 양성 소견을 서술할 것

|해설| 1. ㉠ Allis sign(Galeazzi sign)

2. ㉡ 이유 : 탈구를 방치하거나 부적합한 치료를 하였을 경우 대퇴골두부의 무혈성괴사, 관골구와 형성이상, 퇴행성 관절염, 고관절통, 파행보행을 유발한다.

3. ㉢ 피스톤 징후 검진방법
   - 대퇴상단을 촉지하면서 탈구측 하지를 하방으로 잡아당기거나 상방으로 밀어올린다.
   - 양성소견 : 대퇴상단이 비정상적으로 하강 또는 상승 운동이 촉진된다.

2 수두증

02 **다음은 보건교사와 분만휴가를 마치고 학교에 나온 동료교사의 대화 내용이다. 〈작성 방법〉에 따라 서술하시오.** [4점] 2018년

보건교사 : 선생님, 오랜만이에요. 아기는 잘 자라나요?
동료교사 : 우리 아기가 입원했어요.
보건교사 : 어디가 아픈가요?
동료교사 : 아기가 평상시와 다르게 무기력하고, 젖을 잘못 빨아서 병원에 갔더니 수두증이라고 해서 입원했어요. 의사가 질병을 설명하는데 ㉠ 일몰 징후(sun-setting sign)도 있고, ㉡ 마퀴인 징후(Macewen sign)도 있다고 하네요. 그런데, 설명을 들어도 무슨 뜻인지 이해를 잘 못했어요. 그게 무슨 뜻인가요?

〈 작성 방법 〉

- ㉠의 양성 소견과 발생 기전을 서술할 것
- ㉡을 검진하는 방법과 양성 소견을 서술할 것

|해설| 1. ㉠ 일몰징후(seunsetting sign)
- 양성소견 : 안구가 수평선 아래로 내려감으로 공막의 백색이 동공(각막)위로 나타난다.
- 발생기전 : 뇌척수액 증가 — 뇌척수액의 분비와 흡수 간 불균형으로 뇌척수액의 생산증가, 통로 폐쇄, 흡수장애로 뇌실, 지주막하강에 뇌척수액이 과다하게 증가되어 뇌실이 확장, 뇌압이 항진되고 두개골 주변으로 뇌실질 조직의 압박으로 발생한다.

2. ㉡ 마퀴인 징후(Macewen sign)
- 검진방법 : 대천문 부위의 머리 뼈를 두드린다.
- 양성소견 : 두드리면 깨진 항아리 소리가 난다.

3 염색체 이상 질환

03 **〈보기〉와 같은 염색체 이상 질환은?** 1995년

〈 보 기 〉

- 키가 작고 목에 주름이 있으며 특유한 외모를 나타낸다.
- 난소는 미성숙 상태이고 불임이 된다.
- X염색체가 하나가 없는 45개의 염색체로 구성되어 있다.

① Down 증후군
② Cri du Chat 증후군
③ Klinefelter 증후군
④ Turner 증후군

|정답| ④

|해설| 터너증후군(Turner syndrome)

- 여성의 일차성 난소기능부전증으로 성염색체 이상 질환
- 염색체형 : 45, X가 가장 많음
- 외견상 여성으로 표현

04 성염색체가 XXY로 남아에게만 발생하는 증후군은? 1994년

① 터너증후군 ② 페닐케톤증후군

③ 다운증후군 ④ 클라인펠터증후군

|정답| ④

|해설| 클라인펠터증후군

- 남아의 일차적 고환기능 부전증
- 염색체 이상 질환으로 정상 남아보다 X염색체가 한 개 이상 더 많은 염색체 질환으로, 47, XXY가 가장 흔함

05 다운증후군(Down's syndrome)에 관한 설명 중 옳지 않은 것은? 1994년

① 성별과 사회 경제적인 지위와는 무관하다.

② 원인은 염색체의 변형에서 온다.

③ 외모가 특징적이다.

④ 지능은 정상인 경우가 많다.

|정답| ④

|해설| 다운증후군 환아는 지능저하와 발달지연을 나타낸다.

06 임신 시 술의 남용은 태아 알코올증후군을 초래한다. 태아 알코올 증후군의 효과적인 중재를 위해서는 조기발견이 중요하다. 다음 물음에 답하시오. 2003년

1) 태아 알코올증후군을 가진 아동에게 많이 나타나는 외형상 특성을 3가지만 쓰시오.

2) 태아 알코올증후군을 가진 아동의 행동 특성을 3가지만 쓰시오.

|정답| 1)
- 머리 : 소두증
- 눈 : 비정상적으로 작은 눈, 짧은 눈꺼풀 틈새, 작은 안구증
- 입 : 인중형성부전, 얇은 윗입술, 편평한 광대뼈

2)
- 힘이 없어 손을 움켜지기 어려움
- 손과 눈의 조화가 떨어짐, 조정 불량
- 미세운동의 기능 저조
- 주의력 결핍증과 과잉행동장애

CHAPTER

03 호흡기 기능장애

1. 아동의 호흡기계의 특징

감염원	바이러스	• RSV(respiratory syncytial virus) • nonpolio enterovirus(coxsackivirus A and B) • 아데노바이러스(adenovirus) 등
	일차, 이차 감염원	• A군 β- 용혈성 연쇄상구균(Gruop A β-hemolytic streptococci) • 포도상구균(staphylococci) • 용혈성 인플루엔자(haemophilus influenza) • 백일해 균 • 클라미디어속 • 마이코플라즈마 • 폐렴구균 등
연령	미숙아	• 계면활성제의 부족, 재태기간 34주 이전 출생한 영아는 RDS 위험이 큼 • 만삭아에 비해 흉벽이 더 유연하고 호흡근이 더 약함
	신생아	• 무호흡(10~15초) 증상이 더 흔하고 호흡양상이 불규칙함
	3개월 미만	• 모체로부터 받은 항체 IgA 작용으로 감염률 낮음
	3~6개월	• 모체로부터 받은 항체가 사라지고, 영아 자신의 항체생성 능력이 약하여 감염률 증가
	유아~학령전기	• 바이러스 감염률 증가
	5세 이상	• 바이러스에 의한 감염 감소, 크룹 증가, β 연쇄상구균 감염 증가
기도 크기	• 기도의 직경이 작고 호흡구조 사이의 간격이 짧음 • 유스타키오관이 수평적이고 짧아서 박테리아 감염이 증가 → 중이염 위험성 증가	
	영아와 어린 아동	• 점액과 부종이 작은 기도를 폐쇄하여 호흡기 장애가 빨리 나타남 - 병원체가 빠르게 호흡기를 따라 이동하여 감염부위가 확장 • 비강호흡을 하므로 구강을 통한 호흡에 어려움이 있음 • 늑간근이 잘 발달하지 못해 영아는 호흡기 흉부견축이 흔히 발생 • 5~6세까지 호흡 시 복근을 사용함
	3세 이하의 아동	• 면역체계 미성숙, 상 · 하 기도가 더 작으며, 연골이 미발달 상태로 감염위험 증가
	학령기 초기	• 편도조직이 정상적으로 비대됨

저항력	• 면역체계가 미성숙하여 감염에 취약 • 알러지, 조산, 기관지폐이형성증, 천식, RSV 감염력, 폐울혈을 초래하는 심장기형과 낭성섬유증은 호흡기의 저항력을 감소시키고 감염을 일으킬 수 있는 소인이 됨
계절적 변이	• 겨울과 봄에 유행 • 마이코플라즈마 감염 : 가을과 초겨울에 발생 • 감염에 의한 천식 : 추운 날씨에 자주 발생 • RSV : 겨울과 초봄

CHECK Point 호흡기 문제를 가진 아동의 일반적인 증상

- 창백한 피부
- 호흡수 증가
- 구토 혹은 설사
- 호흡곤란
- 청진 시 협착음, 천명, 수포음
- 흥분 혹은 불안
- 열 · 기침
- 인후통
- 피로 혹은 무력감
- 코의 분비물 또는 막힘
- 식욕부진

2. 급성 비인두염(Acute nasopharyngitis)

원인	• rhinovirus가 가장 흔한 원인, 호흡기 결함 바이러스(RSV)
병태생리	• 상기도 상피세포에 바이러스 침범 → 염증 매개물 유리 → 혈관 투과성 변화 → 부종 → 비강폐쇄
증상	• 코막힘, 비염, 재채기, 콧물, 기침, 인후통, 발열, 보챔, 권태감, 두통, 근육통 • 구토, 설사 등의 위장관 증상 • 수유거부
치료	• 해열제와 휴식 • 습도와 수분섭취 권장 • 비점막 부종 완화 위해 충혈제거제 투여 • 발열과 통증 시 acetaminophen 또는 ibuprofen 사용
간호	• 분비물 배액 위해 상체 높여줌 • 탈수 예방 • 발열 시 옷을 얇게 입힘 • 비강 폐쇄 시 수유 전 흡인 • 충분한 수분섭취를 통한 조직의 통합성 유지 • 실내 습도를 높임으로써 분비물을 묽게 하여 배출을 용이하도록 함 • 먹기 좋고 부드러운 식이 권장 • 분비물로 인한 전파 예방 : 손 씻기, 코 풀 때나 닦을 때 부드러운 티슈 사용

3. 급성 인두염(Acute pharyngitis)

정의	• 대부분 바이러스(adenovirus), 바이러스(A군 β-용혈성 연쇄상구균)에 의한 상기도 감염 • 인두편도선염을 포함한 모든 감염성 질환, 4~7세 최고 발생, 겨울에 빈번	
증상	어린 아동	• 열, 전신권태, 식욕부진, 인후통, 경 · 중증도 출혈
	큰 아동	• 40℃ 고열, 두통, 식욕부진, 연하곤란, 복통, 구토, 인두의 경한 발적과 부종, 편도충혈, 경부 림프선 커짐
치료	바이러스 감염	• 특별한 처치 필요하지 않음, 7일 이내 회복
	연쇄상구균 감염	• 격리, 페니실린 투여, 페니실린 과민반응 시 erythromycin, cephalosporin 사용, 14일 정도에 회복
간호	• 급성기 동안에는 침상안정 • 인후통 호소 시 – 경한 진통제(acetaminophen, ibuprofen) 투여, 목에 냉습포나 온습포 – 따뜻한 생리식염수로 함수시켜서 인후통 완화 – 따뜻한 증기 흡입 • 차고 부드러운 유동식이로 연하 시 동통 줄여줌 • 가습기로 적절한 습도 제공 • 체온 측정, 발열 시 미온수 마사지 • 치료 시 주사부위에 압통이 있을 수 있음 → 주사부위에 온찜질	
합병증	바이러스성 감염	• 드물게 중이염
	연쇄상구균 감염	• 급성 사구체신염, 류마티스열, 편도주위 농양, 중이염, 골수염, 폐렴 등

CHECK Point 바이러스성 인두염과 박테리아성 인두염의 비교

구분	바이러스성 인두염	박테리아성 인두염
발병양상	• 점진적	• 급진적 • 2세 미만의 아동에게서는 점진적 발생 가능
인후통	• 발병 2~3일째 최고조에 달함	• 보통 심함
인후와 편도	• 발적 또는 염증, 구개의 수포 또는 궤양 • 증상 약함	• 발적 또는 염증
발열	• 낮거나 높을 수 있음	• 39.4~40℃로 보통 높으나, 양호함 • 발병 초기에 시작 • 보통 1~4일간 지속됨
기타	• 목쉰 소리, 기침, 비염, 결막염, 권태감, 식욕부진(초기) • 경부 림프결절의 비대, 압통	• 복통, 구토, 두통 • 경부 림프결절의 비대, 압통
지속기간	• 보통 3~4일간 지속	• 보통 3~5일간 지속

4. 중이염(Otitis media)

<table>
<tr><td>정의</td><td colspan="2">• 유스타키오관의 기능적 장애로 중이에 분비물이 축적되면서 유스타키오관의 폐쇄를 유발하여 발생하는 중이의 급만성 염증(남>여)
• 6개월~2세 호발, 7세 이후 거의 발생하지 않음
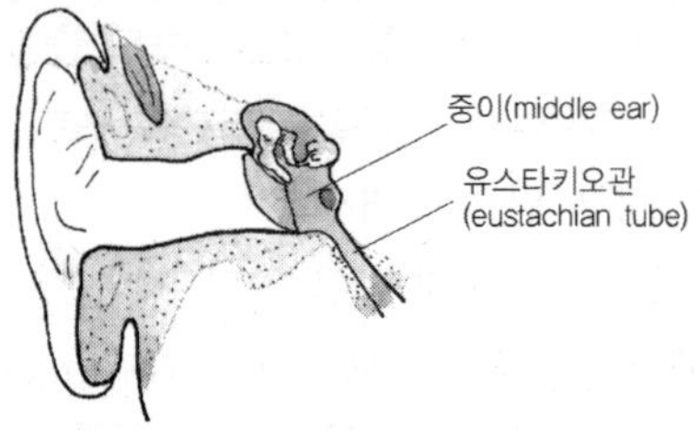

</td></tr>
<tr><td>원인</td><td colspan="2">• streptococcus pneumoniae, haemophilus influenza, staphylococcus aureus
• 간접흡연 시 증가</td></tr>
<tr><td>병태생리</td><td colspan="2">• 유스타키오관이 성인에 비해 넓고 짧으며 수평면에 위치하여 상기도 감염 취약 → 넓고 짧고 곧다.
• 관을 둘러싼 연골의 미발달로, 쉽게 팽창되고 부적절하게 열려 역류가능성 증가
• 불충분한 배액으로 중이에 분비물이 고이면 관의 폐쇄로 인해 음압을 형성하며, 비인두의 병원체가 중이로 들어가 번식, 감염됨
• 미성숙한 자연 방어기전으로 감염 취약</td></tr>
<tr><td rowspan="4">증상</td><td>급성</td><td>• 상기도 감염 후 발생, 이통, 발열, 농성분비물</td></tr>
<tr><td>영아</td><td>• 울음, 안절부절 못함, 아픈 귀를 잡아당기거나 비빔, 머리를 이쪽 저쪽으로 돌림, 식욕감퇴, 수면장애, 발열, 구토</td></tr>
<tr><td>나이 든 아동</td><td>• 울거나 불편감 말로 표현, 흥분, 기면상태, 식욕감소</td></tr>
<tr><td>만성</td><td>• 청력상실, 의사소통 장애, 팽만감, 이명, 현기증</td></tr>
<tr><td>진단</td><td colspan="2">• 이경검사 : 고막충혈, 팽만, 빛 반사 반응 없음, 고막 위의 거품(정상 : 진주빛 회색, 빛이 반사)
• 배양검사 : 농성분비물
• 고실계측기 : 공기압 변화 측정</td></tr>
<tr><td>치료</td><td colspan="2">• 항생제 투여 : 2주간 ampicillin, amoxicillin 투여
• 고막절개술 : 수술 후 아픈 귀 쪽으로 눕힘
• 충혈제거제, 항히스타민 투여</td></tr>
<tr><td>합병증</td><td colspan="2">• 일차적 문제 : 전도성 청력상실과 언어와 관련된 문제
• 드문 합병증 : 중이 인접조직의 농양, 수막염, 패혈증, 유양돌기염 등</td></tr>
<tr><td>간호</td><td colspan="2">• 외이도 검사, 상기도 감염 환아, 청력장애 환아 주의 깊은 관찰
• 진통제 투여
• 해열제 투여 : 고열 시 열성 경련 예방 위해 투여(acetaminophen, ibuprofen)
• 국소적 열요법 : 고막 파열 혹은 절개술 시 삼출물 배액촉진
• 냉요법 : 부종감소, 압력저하
• 생리식염수 세척 : 배액 후 청결</td></tr>
</table>

	• 연고 도포 : 분비물로 인한 자극 막기 위해 외이 주위에 아연화연고 도포 • 귀마개 사용 : 고막 절개술 시 물로 인한 감염 예방
부모교육	• 꾸준한 항생제(ampicillin, amoxicillin, sulfonamide, cefaclor) 요법 교육 • 바른 수유자세 : 앉힌 자세에서 수유 • 모유수유 : 모유 속에 함유된 면역성분이 유스타키오관과 중이점막을 병원체로부터 보호 • 감기 시 코 세게 풀지 않도록 하기 • 담배연기와 알레르기원 제거

5. 편도선염(Tonsillitis)

정의	• 편도선 염증에 의한 부종으로 편도선, 구개 비대로 공기나 음식물의 통과 방해
기능	• 편도는 인두강에 위치한 림프조직 덩어리 • 병원체 침입 시 병원체를 여과하여 호흡기와 소화기관을 보호하고 항체 형성을 통해 병원체 침입으로부터 보호
원인	• 바이러스, 세균, 상기도 감염이 주된 원인. 주로 인두염과 함께 발생 • 아동 편도는 청년이나 성인 편도보다 큼(사춘기 이후 성인의 크기로 작아짐)
증상	• 반복적 인후통, 연하장애, 호흡곤란, 구강호흡, 비감염, 코먹은 소리 • 고열, 경부 림프절이 부어있어 압통호소 • 염증으로 인한 구개편도 비대 : 연하곤란 • 아데노이드 비대 : 후비공 폐쇄로 호흡곤란
치료	• 바이러스성 인두염 : 대증요법 • A군 β－용혈성 연쇄상구균 감염 시 : 항생제 치료 • 구개편도 절제 : 극도의 호흡곤란이나 연하장애 시, 6세 이후 실시 • 인두편도(아데노이드) 절제 : 아데노이드 비후로 코가 막혀서 호흡곤란 시, 3세 이하는 금함 • 절제술 금기사항 : 구개파열, 수술시기의 급성 감염, 치료되지 않은 전신질환, 혈액질환 시
합병증	• 편도주위의 농양, 만성 편도선염, 급성 중이염, 청각장애
편도절제술 적응증	• 편도 과잉증식 상태 • 편도주위의 농양 • 중증 중이염 합병증이 있을 때, 재발성 삼출성 중이염과 동반된 아데노이드 비대증 • 비강 기도의 폐쇄 • 수면 무호흡증을 일으킬 때 • 재발성 편도염, 급성 편도선염의 잦은 재발 • 편도비대로 인한 치아 부정교합, 안면 발달장애 • 편도악성 종양이 의심될 때

편도절제술 금기증	• 급성편도염으로 열이 있을 때 • 구개 파열이 있을 때 • 고도의 빈혈이 있거나 출혈성 소인이 있을 때 • 소아마비 등 전염성 질환이 유행할 때 • 신장염, 심장질환 등 병소 질환의 급성기 • 당뇨병이나 면역저하로 감염의 위험성이 높은 경우 등
편도절제술 후 간호	• **자세** : 배액 분비 촉진 위해 측위, 복위 • 침상안정 및 휴식 • **수술 부위를 자극할 수 있는 행위 금지** : 기침, 코를 푸는 행동 등 • **분비물과 구토물의 출혈 여부 확인 관찰** : 과도한 삼키기, 맥박 증가, 혈압저하, 불안 • **통증완화** : 인후통 완화 위해 얼음 목도리, 진통제 투여 • **음식물과 수분제공** – 의식회복 전에는 금식, 처음에는 찬물, 과일주스, 후에 찬 유동식 – 붉은 색이나 갈색의 액체는 구토 시 혈액과 혼동되기에 금지 – 우유, 아이스크림, 유제품 금지 : 목과 인후에 막을 형성하여 출혈 가능성 있음 – 빨대 사용 금지 : 빠는 행위가 출혈을 촉진
퇴원교육	• 자극적 양념 피하기 • 지나친 칫솔 피하기 • 통증 시 경한 진통제나 얼음 목도리 사용 • 수술 5~10일 후 치유과정 중 딱지 떨어지면서 출혈 가능 • 입안의 불쾌한 냄새, 귀의 통증, 미열, 며칠간 지속 가능

6. 크룹증후군(Croup Syndrome)

(1) 정의

① 후두의 부종 혹은 폐쇄로 인한 쉰 목소리, 개 짖는 듯한 쇳소리 기침, 흡기 시 천명, 기도 부종을 동반하는 호흡장애 질환

② 상기도 폐쇄로 인한 호흡곤란

③ 남아에게서 흔하고 늦가을에서 초겨울에 증가

CHECK Point 상부기도 폐쇄·하부기도 폐쇄 비교

	상부기도 폐쇄	하부기도 폐쇄
부위	• 코, 부비동, 인두, 후두 폐쇄	
질환	• 후두기관 이물 • 성대마비 • 후두기관염, 후두개염, 편도주위농양, 편도비대	• 기관이물 • 기관지 협착, 폐렴, 백일해 • 세기관지염, 결핵 • 낭성 섬유종, 기관지 확장증 • 천식
증상	• 흡기성 호흡곤란, 흡기성 천명 • 청진상 호흡음 감소	• 호기성 호흡곤란, 호기성 천명 • 폐의 과팽창, 타진상 과공명 • 청진상 호흡음 감소, 흉곽 전후경 증가
	• 부분폐쇄로도 심한 호흡곤란 • 완전폐색 시 질식으로 인한 사망으로 응급	• 완전폐쇄 시 무기폐
	• 개 짖는 기침 • 기침시 객담은 별로 없음	• 반복되는 마른 기침

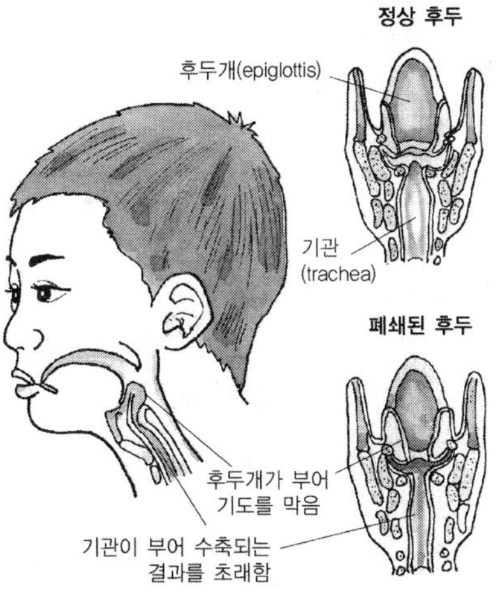

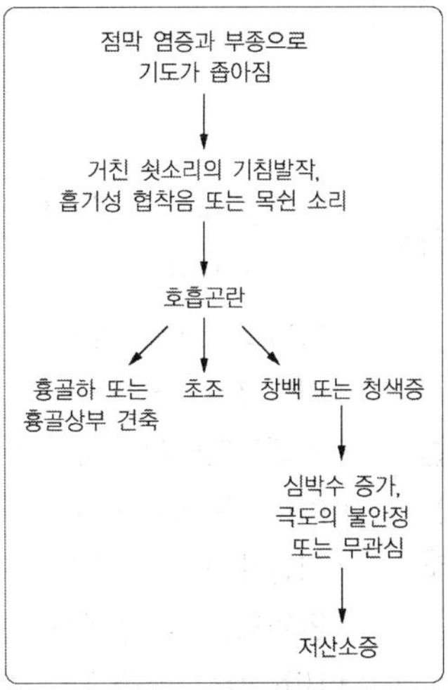

(2) 급성 후두개염(Acute epiglottitis)

정의	• 후두개, 후두개 주위염증으로 심하게 급속히 진전되어 후두 폐쇄 초래(중증 폐쇄성 염증과정) • 호발연령 : 2~7세 • 가장 심각한 크룹의 형태, 빠른 진행, 긴급한 응급조치 필요함
원인균	• 용혈성 인플루엔자(haemophilus influenza)
증상	• 4D : 연하곤란(dysphagia), 호흡곤란(distressed inspiratory efforts), 말하기 어려움(dysphoria), 침흘림(drooling) • 고열, 매우 아파 보임

	• 기도 확보를 위해 똑바로 앉아서 목을 앞으로 기울이고 입을 벌리고 혀를 내밀고 있으며 인후통으로 인해 연하곤란과 타액의 분비증가로 침을 흘리는 경향 있음 • 불안정하고 극도로 불안해하며, 목소리는 굵고 잘 들리지 않으며 흡기 시 천명 있음 • 상태 악화 시 흡기 시 천명과 호흡음이 감소되고 청색증 동반되면서 혼수, 사망에 이름

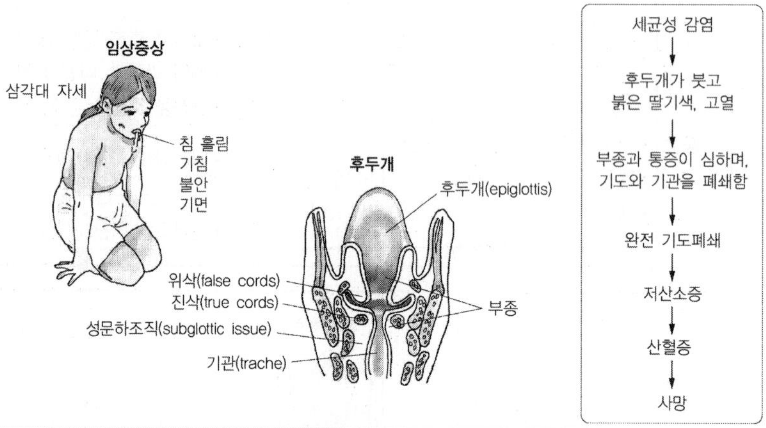

진단검사	후두경 검사	염증으로 크게 부푼 붉은 빛의 후두개
	X-ray 검사	부어 있는 후두개 음영
치료 및 간호	• 아동의 목에서 배양검사 금지 : 설압자나 면봉의 자극으로 완전 기도 폐쇄 유발 • 기도유지 : 심한 호흡곤란 시 기관 내 삽관 혹은 기관절개술 시행 • 스테로이드제제 투여 : 부종감소, 기관 내 삽관 제거 24시간 전 투여 • 아트로핀(호흡기 분비물 건조), 아편제제(기침반사 억제) : 사용 금함 • 항생제 치료 : 정맥내로 7~10일간 투여 • 안위제공 및 정서적 지지 : 아동을 혼자 두지 않음 • Hib 백신 접종으로 예방	

(3) 급성 후두기관기관지염(Acute laryngotracheobronchitis)

정의	• 상기도 감염 후 발병하며 성대, 성대하부 감염으로 흡기 시 성대 아래 기도가 갑자기 폐쇄 • 크룹의 가장 흔한 형태 • 호발연령 : 6개월~3세
원인균	• parainfluenza virus, 바이러스(RSV)
증상	• 미열과 함께 서서히 진행 • 흡기 시 천명, 쉿소리 기침, 호흡곤란, 미열, 불안정 • 상기도 감염 진행

치료 및 간호	• 경련완화가 일차적 목표 • **차가운 고농도의 습도를 이용** : 저온치료(부종완화, 경련완화), 분비물 액화 • **크룹텐트(산소공급)** : 고농도의 습도와 정확한 산소공급(분비물 액화 및 배출 용이) • **호흡곤란 시 에프네프린 분무요법** : 기관지 확장, 점막혈관 수축, 성문하부종 감소 • 구강섭취 불능 시 정맥으로 수액공급 • **격리시키지 않음** : 격리는 오히려 불안 가중(아동과 가족의 불안감소를 위해 정서적 지지가 중요) • 안위제공 및 정서적 지지, 아동을 울리지 않음

(4) 급성 경련성 후두염(Acute spasmodic laryngitis)

정의	• 흡기 시 후두 경련에 의해 성대 주위 기도 폐쇄 • 호발연령 : 1~3세
원인균	• 바이러스, 알레르기, 정신심리적 요인(불안하고 흥분하는 아동에게 더 심함)
증상	• 밤에 갑자기 발병함 • 크룹성 기침, 쉰 목소리, 호흡곤란, 불안정, 낮 동안 증상 없음 • 기도 폐쇄는 극히 드묾
치료 및 간호	• 차가운 공기를 흡입 • 기침이나 토근 시럽으로 구토를 유발하여 후두 경련 호전

CHECK Point 약물요법

racemic epinephrine	적응증	휴식 시 천명, 견축, 호흡곤란의 중증 크룹 아동
	기전	• 분무요법으로 비강충혈 억제제 • α, β 수용기에 작용 • α : 점막 혈관을 수축시켜 기도부종 감소 • β_2 : 기관지 이완시켜 기도수축에 의한 기도폐색과 기관지 경련을 완화
corticosteroid	기전	• 항염제 • 백혈구가 염증 부위에 가는 것을 억제하여 백혈구에 의한 염증반응을 감소시켜 호흡기계 점막의 염증성 부종을 감소시켜 기도폐쇄를 경감
	간호	• 전신 또는 분무기를 통해 주입
항생제	원인균이 바이러스이기 때문에 2차 세균감염에 항생제를 처방	
진정제 금지	• 진정제는 상태가 악화될 때 불안정을 은폐하기 때문에 사용금지 • 호흡기 아동은 진정제 사용 X	

CHECK Point 간호

인후자극 금지	• 급성 후두기관기관지염과 급성 후두개염 • 설압자로 후두개의 직접 검사 금지 • 인후검사는 갑작스런 후두경련으로 인한 후두 폐쇄로 완전 기도 폐쇄가 가능하여 사망위험으로 절대 인후검사나 눕혀서는 안됨
응급약품	• 급성 후두기관기관지염과 급성 후두개염 • 응급물품인 기관내 삽관, 기관절개 세트 사용가능하도록 환자 가까이에 배치
가습요법	• 급성 후두기관기관지염과 급성 경련성 후두염 • 찬 습기 : 기관지 분비물 묽게 함, 객담 배출 용이, 부어있는 기도의 혈관 수축 도움
가습기	• 분비물 액화에 도움
산소공급	• 마스크에 의한 100% 가습한 산소 공급 • 저산소증을 완화

(5) 세균성 기관지염(Bacterial tracheitis)

정의	• 기관상부 점막의 감염 • 호발연령 : 1개월~6세
원인균	• 포도상구균(staphylococcus aureus)
증상	• 점진적으로 진행 • 크룹성 기침, 천명, 고열, 농성분비물
치료 및 간호	• 항생제, 해열제 투여 • 습도, 산소공급

CHECK Point 크룹증후군의 비교

구분	급성 후두개염	급성 후두기관기관지염	급성 경련성 후두염	급성 기관지염
호발연령	• 2~5세이나 상황에 따라 다양함	• 6개월~3세	• 1~3세	• 1개월~6세
원인 병원체	• 세균, 특히 influenza	• 바이러스	• 바이러스 및 알레르기원	• 바이러스나 세균 및 알레르기원
발생	• 급속히 진행	• 서서히 진행	• 밤에 갑자기 진전	• 보통 속도로 진행
주요 증상	• 연하곤란 • 앙와위에서 심해지는 협착음 • 침을 흘림 • 고열 • 힘들어 보이는 외모 • 빈맥과 빈호흡	• 상기도 감염 • 협착음 • 심한 기침 • 쉰 목소리 • 호흡곤란 • 안절부절 못함 • 미열 • 많이 아파보이지 않는 외모	• 상기도 감염 • 크룹성 기침 • 협착음 • 쉰 목소리 • 호흡곤란 • 안절부절 못함 • 밤에 잠에서 깸 • 낮에는 무증상	• 상기도 감염 • 크룹성 기침 • 화농성 객담 • 고열
치료	• 기도보호 • 코르티코스테로이드 • 수액요법 • 항생제	• 필요한 경우 습도유지(크룹텐트) • 코르티코스테로이드 • 에피네프린	• 찬 가습 • 안심시키기 • 항히스타민제 • 스테로이드	• 항생제 • 수액요법 • 기관 내 삽관

	• 안심시키기 • 기도유지(응급 시 기관 내 삽관)	• 수액요법 • 안심시키기	• 토근 시럽	

7. 기관지염(Bronchitis)

정의	• 큰 기도(기관과 기관지)의 감염 • 호발연령 : 4세 이하
원인균	• 바이러스, 박테리아, 곰팡이, 알레르기, 공기오염 등 다양
증상	• 상기도 감염과 함께 발생 • 마른 기침(특히 밤에 심함), 휘파람 같은 소리가 나며 가끔 호흡곤란 • 흉곽 전방에 통증 • 거칠고 습기있는 나음과 천식성 천명과 같은 고음의 수포음 들림 • 2~3일 내 분비물이 있는 기침으로 변하고 구토 유발 • 열은 없거나 미열 • 분비물은 점차 화농성으로 변하고 기침이 심함
치료 및 간호	• 대증요법 : 영양섭취, 휴식 • 크룹텐트 : 습도와 산소제공 • 진해제 투여, 항바이러스 약물(ribavirin) 초기 투여 시 효과

8. 세기관지염(Bronchiolitis)

정의	• 생후 2세 이전 영유아에서 발생하는 하부 호흡기 질환으로 작은 기도의 염증성 폐색으로 발생 • 호발연령 : 6~12개월(대부분 2세 이하), 6개월경이 가장 빈도 높음
원인균	• RSV(respiratory syncytial virus) : 50% 이상
발생기전	보통 호흡기 세포융합 바이러스(RSV)에 의한 상기도 감염 ↓ 부종, 점액과 세포조직 파편이 세기관지를 폐쇄함 ↓ 세기관지 호기 동안에 수축하여 폐의 과팽창을 유발함 ↓ 완전 폐쇄되고 폐색공기가 흡수되면 무기폐가 초래됨 ↓ 정상적인 가스교환의 장애 발생 ↓ 저산소혈증 ↓ 대사성 산증

증상	• 전형적인 가스교환 장애현상 – 천명음, 마찰음, 나음, 수포음 – 빈호흡 : 호흡수 60~80회/분 – 빈맥 : 심박수 140회/분 이상 – 비익확장을 동반하거나 동반하지 않는 늑간과 늑골하 견축 – 청색증 • 비분비액과 코 훌쩍임, 미열, 식욕부진이 수일간 나타남
치료 및 간호	• 습도가 있는 산소공급 • 적절한 수분공급과 안위제공 • ribavirin(virazole) 투여 : 분무형 항 바이러스 약물 • 면역글로불린(synagis) : RSV로 인한 세기관지염의 합병증이 예상되는 고위험 아동에게 사용(근육주사) • 진정제 금기 : benzodiazepam은 중추신경 억제제로 호흡억제하기에 금기 • 항생제 투여 • 손씻기 : 감염예방 • 반좌위 체위 : 호흡곤란 완화
합병증	• 무호흡, 무기폐, 2차 바이러스성 감염, 호흡 부전

9. 천식(Asthma)

정의		• 만성염증, 기관지 수축 그리고 기관지 과민반응을 특징으로 하는 호흡기계 질환 • 여러 자극에 노출된 후 기도의 과민반응에 의한 만성 염증성 폐쇄성 질환 • 천명음, 기침, 호흡곤란과 같은 이 질병의 일차적인 증상은 기도에 생긴 부종, 점액, 그리고 기관지 수축으로 인한 기도폐색에 의해 나타남
원인		• 알레르기성 과민반응 • 비특이성 유발인자 : 외부로부터 기관지 압박, 기도 내 이물질, 광범위한 기관지 염증, 운동 후 기관지 경축, 차가운 공기, 정서적 요인 • 유전적 소인(IgE) : 천식, 알레르기성 비염, 아토피성 피부염 가족력
병태생리	특징	• 다양한 자극에 대한 기도 반응성 증가 • 기관지 평활근의 수축으로 인한 기관지 경련 • 기도 점막의 염증과 부종에 이어 일어나는 기도 내 진한 분비물 축적
	기도폐쇄 발생기전	• 점막의 염증과 부종 : 점액선으로부터 진하고 끈끈한 분비물의 축적 • 기관지와 세기관지 평활근의 경련으로 인한 기도직경의 감소
	호기성 호흡곤란	• 기관지 평활근의 연축에 의해 발생 • 기관, 기관지, 세기관지 등의 과민반응에 의함 • 흡인된 공기를 모두 배출하지 못해 폐포에 고이게 됨 • 양측성 천명음, 기침

<table>
<tr><td></td><td></td><td>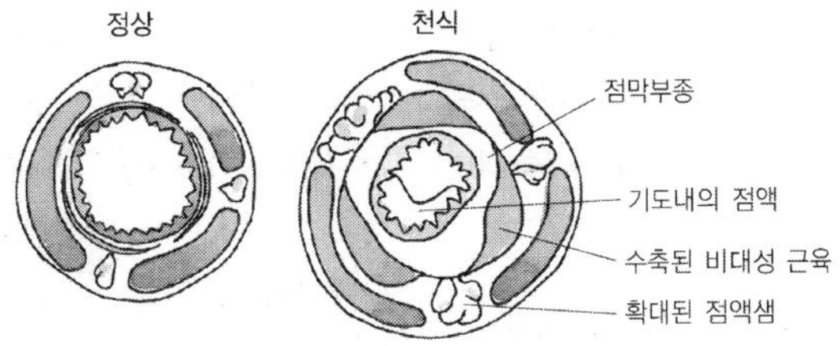

〈천식의 병태생리〉

알레르기원/촉발인자 노출(예 공기오염, 먼지 진드기)
↓
염증반응(IgE 상승)
↓
기관지 수축
↓
기도부종과 증가된 점액생성
↓
기도폐쇄
↓
저산소증, 천명음, 호흡곤란, 기좌호흡
〈천식 발작 시 반응〉</td></tr>
<tr><td>증상</td><td colspan="2">• 마른 기침 후에 가래를 동반하는 기침으로 변화
• 천명음, 짧은 호흡이나 기침, 호흡곤란
• 견축, 비익확장 혹은 협착음
• 빈호흡, 기좌호흡
• 불안정, 걱정, 발한
• 호흡노력 동안에 발생한 복부근육의 긴장으로 인한 복통
• 두 팔로 지지한 등을 구부리고 앉은 자세(삼각대 자세, tripol position)
• 피로와 짧은 호흡으로 인한 먹기, 걷기, 말하기와 같은 단순 작업 수행의 어려움
• 마른 기침과 천명음, 호흡곤란에 따른 가슴이 조이는 듯한 느낌
• 밤에 기도가 더 좁아지고 분비물이 증가되기 때문에 취침 후에 증상이 더 악화됨</td></tr>
<tr><td>진단</td><td colspan="2">• 기관지 점막의 부종과 끈끈한 객담
• 호산구의 증가(총 백혈구수는 발작 시에만 증가)
• allergic skin prick test(+)</td></tr>
<tr><td rowspan="3">약물요법</td><td>천식완화제</td><td>• β_2-항진제, 항콜린제, 경구용 전신성 스테로이드</td></tr>
<tr><td>천식유지 치료제</td><td>• 흡입용 스테로이드, cromolyn sodium과 nedocromil, 지속성 β_2-항진제, methylxanthines, 류코트리엔 조절제</td></tr>
<tr><td>스테로이드 제제</td><td>• 소염제
• 만성천식에서 공기폐쇄를 호전시키며 증상조절, 기관지 과민성 감소 위해 사용
• 지속성 천식을 위해 가장 일관된 효과를 보이는 장기약물</td></tr>
</table>

	β-adrenergic agonist(속효성)	• albuterol, levalbuterol, terbutaline • 급성발작에 대한 치료와 운동 유발 기관지 경련에 대한 예방
	Salmeterol (serevent)	• 지속성 β_2-항진제(기관지 확장제) • 밤에 나타나는 증상과 운동유발 기관지 경련에 사용
	Theophyline	• 천식증상 완화, 악화를 예방하기 위해 사용된 methylxanthine • 최대 치료에도 반응하지 않는 응급상황에서 우선적인 치료
	Cromolyn sodium	• 천식의 유지 치료 • 히스타민 같은 화학적 매개물질 방출 차단 작용, 외인성 발작 예방
	Nedocromil sodium	• 항원을 흡입했을 때 기관지 수축반응을 억제
	Leukotriene 조절제	• Leukotriene : 기도 과민반응 증가의 원인이 되는 염증 매개체 • zafirlukast(Accolate), montelukst sodium(Singulair) : 염증과 기관지 경련 효과 차단
	항콜린제	• Atropine and ipratropium(Atrovent) • 급성 기관지 경련완화
	단클론성항체	• omalizumab(Xolair) : IgE가 비만세포에 결합하는 것을 차단
치료	• 알러지원 통제 • 탈감작요법 : 알레르기원을 피하에 차츰 양을 증가시켜 주입	
간호	• 위험요인들을 인식하여 천식발작을 예방하는 것이 중요 • 호흡운동과 호흡조절법 훈련 • Nebulizer나 흡입기 사용법 교육(MDI) • 천식 발작 시 똑바로 앉혀서 호흡을 용이하게 보조함. 산소공급, 높은 습도 제공 • 단백성분 음식은 천식 유발하기에 피함 • 일상생활 활동 유지 및 적절한 운동 : 테니스, 수영 등 운동계획	

10. 폐렴(Pneumonia)

정의	• 말단 세기관지 아래 폐 실질 조직의 급성염증 • 폐포 내 삼출물 축적과 폐 점막의 손상으로 환기/관류비율 이상 초래	
병태생리	• 하부기도 깊숙이 침입하여 원인균들과 백혈구가 세기관지, 폐포, 간질강에서 발생하여 감염된 부위에 염증, 삼출물액, 부종, 경화, 용해가 됨	
구분	**바이러스성 폐렴**	**세균성 폐렴**
원인	• RSV, rhinovirus, adenovirus • 가장 흔한 폐렴	• 5세 미만 : 폐렴구균, 포도상구균 • 5세 이상 : 폐렴구균, 헤모필루스 인플루엔자, A군 연쇄상구균
증상	• 경증 : 미열, 가벼운 기침, 피로 • 중증 : 고열, 심한 기침, 허탈감	• 갑자기 시작되며 바이러스 감염이 선행 • 열, 피로, 빠르고 얕은 호흡, 심호흡 시 심해지는 흉통

치료 및 간호	• 대증요법 • 항생제 사용 : 박테리아에 의한 중복감염 시	• 침상안정 • 항생제, 해열제 투여 • 충분한 수분섭취, 산소공급 • 반좌위, 체위변경 자주하기 • 폐렴이 일측성인 경우 침범된 쪽으로 눕힘 • 정서적 지지
합병증		• 급성 중이염이 흔함 • 폐농양, 늑막 삼출액, 농흉 • 무기폐, 뇌막염, 패혈증

11. 부비동염(Sinusitis)

정의	• 세균감염에 의한 부비동 점막의 염증성 변화 • 비강통로에 점액이 축적되어 섬모의 기능 손상으로 나타남 → 안와부위 봉와직염, 골수염으로 진행 • 호발부위 : 상악동 > 전사골동 > 전두동 순 – 영아기 초기 : 상악동, 사골동은 감염을 일으키기에 충분하게 커져 있음	
병태생리	• 상기도 감염으로 인해 걸쭉해진 점액이 비강의 섬모운동을 손상시켜 발생 → 부비동으로 배액되는 길이 막힘 → 분비물 역류 → 부비동 통증, 염증 발생 • 감기로 코를 자주 푸는 것 : 강제로 비강에서 부비동으로 정상적인 양성의 세균을 보내서 원인 제공함	
검진	• 병력과 신체사정 : 촉진과 타진(부종이나 압통 검사) • 코 분비물 관찰 • 투과조명법 : 어두운 방에서 펜라이트나 이경의 빛을 눈 가운데 관골부위 바로 아래에 대고 입천장을 향해 비춤 → 경구개 위로 빛이 보여야 정상 • X선 촬영 : 공기가 있어 부비동 부위가 검게 보이면 정상	
증상	• 두통, 안면통, 압통 • 후비루(postnasal drip), 악취가 나는 호흡, 안와부종 • 콧물 : 맑은 양상부터 화농성양상 • 기침, 발열(38.9), 경한 인후통	
치료 및 간호	항생제 투여	
	배액촉진	• 충혈제거제 • 수분섭취 권장 • 세척 : 부비동의 배액과 환기 유지 위해 • 습도유지

	통증완화	• 해열진통제
	염증완화	• 비강스테로이드 • 하루에 2회 뜨거운 물에 샤워 • 더운물 찜질 : 매일 1~2시간 증기흡입
수술 후 간호		• 수술 후 24시간 동안 심한 비출혈이나 호흡문제, 반상출혈, 안와 및 안면부종 발생 관찰 • 코와 뺨에 얼음 주머니를 대어주어 부종과 출혈 감소 • 수술 후 24~48시간 동안 부종 최소화를 위해 침상 상부를 45° 이상 상승시키는 자세 취함 • 비심지는 일반적으로 수술 다음 날 제거하나, 상악동 심지는 36~72시간 유지하고, 심지로 인한 불편함을 완화시키기 위해 경한 진통제 투여 • 분비물을 묽게 하기 위해 수분섭취를 증가시키고 가습기 제공 • 코밑에 점적 패드를 대주어 코를 자주 닦지 않도록 함. 수술 후 7~10일간 코를 풀지 않도록 함 • 재채기는 입을 벌리고 하도록 함 • 수술 후 3~5일 쯤 식염수를 코에 분무하여 비점막에 습기를 제공 • 약 2주간 과격한 운동, 무거운 물건을 들어올리는 행위, 힘주는 동작을 피하고 신체활동을 최소화 함

12. 결핵(Tuberculosis)

정의	• 결핵균 감염(결핵간균)에 의해 폐에 가장 흔히 나타나는 만성 감염성 질환
호발연령	• 영아와 청소년기, 면역기능이 억제된 경우
원인	• 결핵간균(mycobacterium tuberculosis), 공기전파, 비말감염
소아결핵 특징 및 증상	• 생후 3년, 사춘기 전, 중, 후에 감염 호발, 여아가 더 많음 • 결핵간균은 결절의 괴사조직 안에 잠복해 있다가 아동이 저항력이 낮을 때 다시 활동성 결핵으로 발현됨 • 초기 : 특별한 증상이 없는 경우가 대부분 • 병이 진행됨에 따라 식은 땀, 미열, 기침, 혈액이 섞인 가래 등이 나타남 • 권태, 피로, 식욕부진, 체중감소, 흉통, 발한, 불안 등 • 감염이 전신으로 퍼질 때는 열이 지속되고 창백, 빈혈, 허약, 체중감소가 동반

구분	아동결핵	성인결핵
초기의 폐병변	• 폐하부	• 폐첨부 또는 쇄골상부
국소림프절	• 흔함	• 없음
치유양상	• 석회화	• 섬유화

<table>
<tr><td rowspan="2"></td><td>진행양상</td><td>• 혈행성
• 속립성 결핵, 결핵성 뇌막염</td><td colspan="2">• 기관지성
• 건락성 괴사, 공동 초래</td></tr>
<tr><td>감염방법</td><td>• 초감염 결핵
• 비전염성이 많아 격리치료 ×</td><td colspan="2">• 재감염 결핵</td></tr>
<tr><td rowspan="3">진단검사</td><td>피부반응 검사</td><td colspan="3">• O.T(Old Tuberculin)와 PPD(Purified Protein Derivative)시약 사용
• Mantoux test : 가장 정확한 결핵진단 방법
- PPD를 전박 내측에 피내주사, 48~72시간 후 결절 사정(직경)
- 4세 이상 아동 : 15mm 경결은 양성, 결핵 암시
• Multiple puncture test(다자법) : O.T가 입혀 있는 뾰족한 돌기를 전박에 압박하여 48~72시간 후 판독함</td></tr>
<tr><td>흉부방사선 촬영</td><td colspan="3">• 무기폐, 흉막삼출, 농흉, 반흔, 석회화</td></tr>
<tr><td>객담배양</td><td colspan="3">• 배양검사로 세균이 확인될 때 정확한 진단이 됨</td></tr>
<tr><td rowspan="7">치료</td><td colspan="4">• 항결핵 약물 병행요법
- 이중배합 : INH(Isoniazid)와 Rifampin, INH와 Ethambutol(6세 이상 환자)
- 삼중배합 : Isoniazid와 Rifampin과 Streptomycin(혹은 Ethambutol)
- 내성균주 발생 예방을 위해 한 가지 약물만을 사용하지 않고 2~3가지 약물 병행
- 약물치료 : 최소 1~2년간 복용
- INH 복용 시 주의할 점
→ 부작용 : 간기능 장애, 말초신경염, 중추신경계 자극 증상
→ 말초신경염을 예방하기 위해 Vit B_6(피리독신)을 공급
• 투약 후 3~12개월 간격으로 흉부 X-ray 촬영
• Mantoux test 양성 시 가족 모두 검사를 받음</td></tr>
<tr><td>구분</td><td>결핵감염</td><td colspan="2">결핵질환</td></tr>
<tr><td>결핵증상</td><td>없음</td><td colspan="2">있음</td></tr>
<tr><td>피부검사</td><td>양성</td><td colspan="2">양성</td></tr>
<tr><td>흉부방사선 검사</td><td>정상</td><td colspan="2">이상</td></tr>
<tr><td>치료</td><td>• 피부검사상 음성반응이 확정될 때까지 적어도 8~10주간 INH 복용
• 예방적 치료가 필요</td><td colspan="2">• 6개월간 항결핵 약물처방
- 첫 2개월 : INH, rifampin, ethambutol, pyrazinamide
- 다음 4개월 : INH, rifampin</td></tr>
<tr><td>활동성 결핵 환아</td><td>적절한 휴식</td><td colspan="2">• 학교 출석 가능
• 격렬한 운동제한
• 침상안정 ×</td></tr>
</table>

		식이	• 균형 잡힌 영양식이 • 고열량식이, 단백질과 칼슘 권장
		약물요법 교육	• 꾸준한 결핵 약물복용을 교육
		격리	• 아동의 객담검사에서 병원균이 나오지 않을 때까지 격리 • 마스크, 손씻기
		BCG 예방접종	• 튜베르클린 검사 음성 시 투여 • 생후 1개월 이내 피내주사

13. 비출혈(Epistaxis)

호발부위	• 어린이, 청소년 : 전방부위 • 노년기 : 후방
원인	• 외상 : 코파기, 이물질 삽입, 심한 재채기, 코를 세게 풀 때 등 • 비점막 건조나 기압변동(고기압) : 산소중독, 저산소증, 고산병 등 • 비조직의 만성적 염증 • 알레르기, 부비동염, 류마티스 열, 혈액 이상 등
응급처치	• 체위 : 앉는 자세로 머리를 약간 앞으로 숙이고 목 주위를 느슨하게 해 줌(반좌위) – 뒤로 고개를 숙이면 혈액을 삼켜 오심이 생기고 기도로 흘러 갈 수 있으므로 금지 • 압박 : 비중격 부위를 10분 정도 압박 • 지혈 : 찬찜질, 지혈이 안 될 경우 에피네피린(혈관수축제) 묻힌 솜을 비공에 삽입하여 5~10분간 압박 • 인두나 구강 내 혈액은 삼키지 말고 뱉도록 함 • 비출혈이 금방 멈추었다고 하더라도 당일은 심한 운동을 삼가도록 지도하고 코를 풀지 않도록 함 • 30분 정도 경과해도 출혈상태가 여전하면 의료기관으로 보냄 • 매일 반복되는 경우 원인질환의 존재 의심

CHAPTER 03 호흡기 기능장애

기출문제

1 급성 비인두염

01 **감기를 일으키는 가장 흔한 virus는?** 1994년

① Rhino virus ② Coxachie virus
③ Adeno virus ④ Influenza virus

| 정답 | ①
| 해설 | 감기는 비인두염으로 급성 비인두염(Acute nasopharyngitis)을 일으키는 가장 흔한 원인은 rhinovirus다.

2 중이염

02 **급성 중이염에 관한 신문 기사 내용 (가)~(마)에 대한 설명으로 옳지 않은 것은?** [1.5점] 2012년

제○○○호 ○○판 ○○신문 2011년 ○○월 ○○일 수요일

- 최근 날씨가 쌀쌀해지면서 감기 환자가 급증하고 있다. 특히 3세 이하의 영 · 유아들은 감기에 걸리기 쉽고, 적시에 치료를 하지 못하면 급성 중이염으로 진행되기 때문에 각별히 주의해야 한다.

… (중략) …

- 어린 자녀가 열이 나고, 잘 먹지 않으며, 귀의 통증으로 머리를 좌우로 흔들고, 양쪽 귀를 잡아당기면서 심하게 울고 보채는 행동 반경을 나타내면 급성 중이염을 의심할 수 있으니 즉시 병원을 방문하여 진단검사를 받도록 한다.
- 급성 중이염 예방과 재발 방지를 위해 영 · 유아기 자녀를 둔 부모들은 자녀가 (가) 간접흡연에 노출되지 않도록 하고, (나) 생후 6개월 이상 모유 수유를 실시하며, 감기에 걸렸을 때에는 코를 세게 풀지 않도록 한다. 또한 (다) 젖병 수유 시에는 아기를 똑바로 눕힌 상태에서 수유를 하지 않는다. 급성 중이염을 앓고 있는 어린 아이들에게 치료를 할 때에는 (라) 증상이 호전되어도 처방된 약을 모두 먹이고, (마) 치료 후에는 병원을 방문하여 귀 검진을 받도록 한다.

○○○기자 k0001@○○○.com

① (가) 담배 연기는 유스타키오관을 자극하여 중이염을 유발할 수 있다.
② (나) 모유 속에 함유된 면역 성분이 유스타키오관과 중이 점막을 병원체로부터 보호해 준다.
③ (다) 3세 이하 영 · 유아의 유스타키오관은 성인에 비해 짧고 좁으며 중이와 수직으로 연결되어 있기 때문이다.
④ (라) 처방받은 대로 충분히 치료하지 않으면 중이염은 재발이 잘 되기 때문이다.
⑤ (마) 치료 효과를 확인하고 고막의 운동성 회복 여부 및 청력의 상실 유무를 판단하기 위함이다.

|정답| ③
|해설| ③ 3세 이하 영 · 유아의 유스타키오관은 성인에 비해 넓고 짧으며 수평면에 위치하여 점액 배출이 잘 되지 않아 중이에 점액이 잘 축적되며, 축적된 점액질 및 이물질로 인한 중이염 등이 잘 발생한다.

03 중이염의 합병증이 아닌 것은?

1996년

① 뇌막염
② 부비동염
③ 패혈증
④ 유양돌기염

|정답| ②
|해설| 중이염 합병증
- 일차적 문제 : 전도성 청력상실과 언어와 관련된 문제
- 드문 합병증 : 중이 인접 조직의 농양, 수막염, 패혈증, 유양돌기염 등

04 다음 〈보기〉와 같은 증상을 나타내는 질병은?

1993년

〈 보 기 〉
- 이폐색감, 이통, 이명
- 고막 천공 후는 이통이 약화됨
- 발열(38~40℃), 박동감, 두통

① 외이도염
② 구씨관염
③ 급성 중이염
④ 만성 중이염

|정답| ③

|해설| 중이염의 증상

- 급성 : 상기도 감염 후 발생, 이통, 발열, 농성분비물
- 영아 : 울음, 안절부절 못함, 아픈 귀를 잡아당기거나 비빔, 머리를 이쪽저쪽으로 돌림, 식욕감퇴, 수면장애, 발열, 구토
- 나이 든 아동 : 울거나 불편감 말로 표현, 흥분, 기면상태, 식욕감소
- 만성 : 청력상실, 의사소통 장애, 팽만감, 이명, 현기증

3 편도선염

05 다음 중에서 어느 전염병이 유행할 시기에 편도선 적출술을 금해야 하는가? 1993년

① 유행성 이하선염　② 회백수염
③ 유행성 출혈열　④ 뇌막구균성 뇌막염

|정답| ②

|해설| 편도절제술 금기증

- 급성편도염으로 열이 있을 때
- 구개 파열이 있을 때
- 고도의 빈혈이 있거나 출혈성 소인이 있을 때
- 소아마비 등 전염성 질환이 유행할 때
- 신장염, 심장질환 등 병소 질환의 급성기
- 당뇨병이나 면역저하로 감염의 위험성이 높은 경우 등

06 편도선 절제술의 대상이 되지 않는 것은? 1992년

① 급성 편도선염으로 인한 비대증　② 만성적 염증 비대
③ 일측성 고도 비대　④ 비대로 인한 호흡장애

|정답| ①

|해설| 편도절제술 적응증

- 편도 과잉증식 상태
- 편도주위의 농양
- 중증 중이염 합병증이 있을 때, 재발성 삼출성 중이염과 동반된 아데노이드 비대증
- 비강 기도의 폐쇄
- 수면 무호흡증을 일으킬 때
- 재발성 편도염 · 급성 편도선염의 잦은 재발
- 편도비대로 인한 치아 부정교합, 안면 발달장애
- 편도악성 종양이 의심될 때

4 크룹증후군

07 〈보기〉의 특징을 나타내는 질환은?

1992년

〈 보 기 〉

- 추운 계절 밤에 잘 일어난다.
- 흡기 시 천명음과 흉부 함몰이 동반된다.
- 호흡 촉진을 위하여 고습도 환경을 유지해야 한다.

① 크룹(Croup)증후군
② 급성 인두염(Acute pharyngitis)
③ 기흉(Pneumothorax)
④ 급성 편도선염(Acute tonsillitis)

|정답| ①

|해설| 크룹증후군(Croup Syndrome)

후두의 부종 혹은 폐쇄로 인한 쉰 목소리, 개 짖는 듯 한 쇳소리 기침, 흡기 시 천명, 기도 부종을 동반하는 호흡장애 질환이다.

5 폐렴

08 폐렴에 관한 설명으로 잘못된 것은?

1992년

① 호흡수가 증가하며 마른기침을 한다.
② 절대 안정이 필요하므로 체위를 자주 변경하지 않는다.
③ 기관지 확장증과 폐농양 등의 합병증을 유발한다.
④ 원인균의 대부분은 뉴모코커스(pneumococcus)이다.

|정답| ②

|해설| ② 폐렴 시에는 침상안정을 하며 체위배액, 타진, 진동법, 잦은 체위변경, 심호흡과 기침 등은 폐 용적을 확장시키고 분비물을 이동시키며 무기폐를 예방한다.

6 부비동염

09 부비동 수술환자의 간호방법으로 옳지 않은 것은? 1995년

① 가습기를 틀어준다. ② 얼음 주머니를 대준다.
③ 코를 자주 풀도록 한다. ④ 비인후로 나오는 침을 삼키도록 한다.

|정답| ③
|해설| ③ 수술 후 7~10일간 코를 풀지 않도록 한다.

10 부비동염(sinusitis)이 가장 잘 발생하는 곳은? 1993년

① 상악동 ② 사골동
③ 접형동 ④ 전두동

|정답| ①
|해설| 부비동염(Sinusitis)
호발부위 : 상악동 > 전사골동 > 전두동 순

7 비출혈

11 체육수업 중 공에 맞아 비출혈이 생긴 학생에게 보건교사가 제공해야 할 간호중재 내용을 6가지만 쓰시오. 2007년

|정답| • 체위
- 앉은 자세로 두부를 약간 낮게 함 : 혈액이 인두에 적게 흘러 들어감
- 반좌위 : 전비공에서 혈액의 흐름이 어느 정도 억제됨과 동시에 목으로 넘어온 혈액을 토해내는 데 용이하며, 출혈부위도 심장보다 높게 유지되는 자세
• 출혈이 소량인 경우, 면구를 비전정에 삽입하고 가볍게 압박하여 지혈
• 출혈량이 많은 경우 에피네프린 등을 적신 솜을 출혈부위에 5~10분 정도 압박
• 30분 경과해도 출혈상태가 여전하면 병원을 방문
• 구강내의 혈액은 삼키지 말고 뱉도록 지도
• 코부위를 냉찜질
• 비출혈이 금방 멈추었다고 하더라도 당일은 심한 운동을 삼가도록 지도하고 코를 풀지 않도록 함
• 매일 반복되는 경우에는 원인질환의 존재가 의심되므로 코의 질환이나 혈액질환의 유무를 조사하여 원인질환을 치료

12 다음 중 비출혈을 일으킬 수 있는 원인을 바르게 연결한 것은? 1996년

① Leukemia – Hemophillia – Hypertension – Chronic sinusitis
② Trauma – Hemophillia – Hypertension – 기압변동
③ Trauma – Hypertension – 기압변동 – Asthma
④ Hemophillia – Hypertension – 기압변동 – Chronic sinusitis

|정답| ③
|해설| 비출혈의 원인
- 외상 : 코파기, 이물질 삽입, 심한 재채기, 코를 세게 풀 때 등
- 비점막 건조나 기압변동(고기압) : 산소중독, 저산소증, 고산병 등
- 비조직의 만성적 염증
- 알레르기, 부비동염, 류마티스 열, 혈액 이상 등

13 〈보기〉의 ㉠~㉣ 중 비출혈이 잦은 부위는? 1992년

〈 보 기 〉

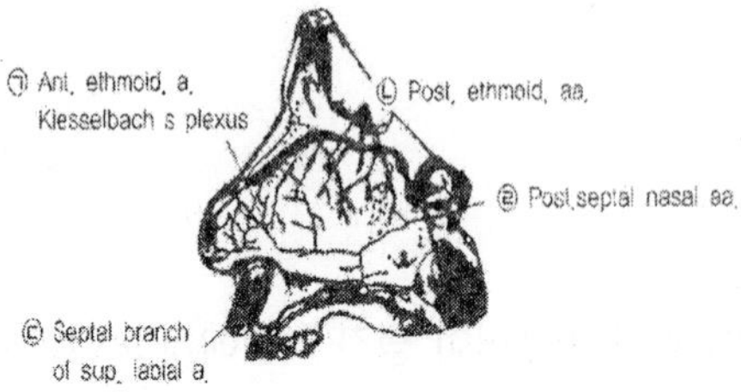

① ㉠ ② ㉡
③ ㉢ ④ ㉣

|정답| ①
|해설| 비출혈 호발부위
- 어린이, 청소년 : 전방부위
- 노년기 : 후방
- 일반적인 호발부위 : Kisselbach area임

CHAPTER

04 위장관 기능장애

1 상부위장관 장애

1. 비후성 유문협착증(HPS ; Hypertropic Pyloric Stenosis)

<table>
<tr><td>정의</td><td colspan="2">• 유문근의 비후로 유문이 폐쇄
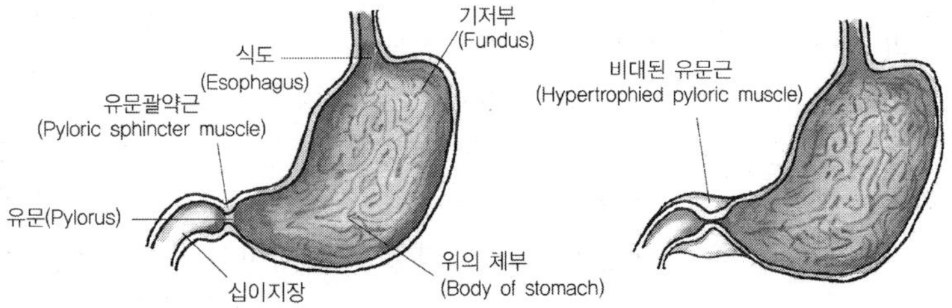

〈정상적인 유문 : 열려 있음〉 〈유문협착〉</td></tr>
<tr><td>병태생리</td><td colspan="2">• 유문 원상 근육크기의 증가 → 유문 폐쇄 → 강한 연동이 위 근육의 팽창과 비후 유발 → 수축된 유문을 통한 위 내용물의 흐름 장애 발생 → 구토 → 탈수, 대사성 알칼리증</td></tr>
<tr><td>증상</td><td colspan="2">• 수유 직후 담즙 섞이지 않은 투사성 구토(소화되지 않음)
• 올리브 크기의 덩어리가 우측 상복부(RUQ)에서 촉진
• 수유 동안 좌측에서 우측으로 연동운동 발생
• 대사성 알칼리증(HCl 및 K 손실로 인해)
• 수유 후에도 배고픔 호소하며 보챔
• 체중 감소, 탈수 및 농축된 소변, 변비가 나타남</td></tr>
<tr><td rowspan="3">진단</td><td>복부 초음파 검사</td><td>• 좁아져 있는 유문강, 유문근 비후 확인</td></tr>
<tr><td>상부 위장관 바륨 조영술(UGI)</td><td>• 상부 위장관 바륨 조영술로 바륨이 비후되어 있는 관강을 통해 소량 통과하여 좁아져 있는 유문강과 유문근 비후를 확인</td></tr>
<tr><td>전해질 변화</td><td>• K↓, Na↓, Cl↓, pH↑, CO_2↑, BUN ↑</td></tr>
<tr><td>치료</td><td colspan="2">• 구토 시 비위관 삽입으로 감압
• 유문근 절개술 : 비후된 유문근 섬유를 이완시켜 위에서 십이지장으로 가는 통로를 열어주는 방법</td></tr>
<tr><td>간호</td><td>수술 전</td><td>• 금식, 비경구적 수액요법
• 흡인의 위험성 줄이기 위해 침상머리 올려줌</td></tr>
</table>

	수술 후	• 4~6시간 후 포도당 수액 및 전해질 섭취 • 소량씩 자주, 천천히 수유하며, I&O 관찰 • 수유 후 트림시키며 반좌위에서 오른쪽으로 고개 돌려주기 • 이후 곡물 섞인 농도 진한 우유 먹이도록 함(구토방지) • 구토 발생 관찰하며, 수유 지도 • 복막염 징후 관찰 : 복부팽만, 장음감소 또는 부재, 빠른 흉식호흡 등 • 감염주의 : 영양 섭취장애 영아는 감염에 민감

2. 구순 · 구개열(Cleft lip · Cleft palate)

구분		구순	구개열
정의		• 일측성, 양측성 • 입술이 가볍게 파여 있는 정도 • 입술에서 코 속까지 완전하게 분리된 형태	• 토순을 동반하거나 또는 하지 않음 • 경구개와 연구개에 발생
원인	유전적	• trisomy 13(파타우 증후군 : 13번 염색체가 3개) • trisomy 18(에드워드 증후군 : 18번 염색체가 3개)	
	환경적	• 풍진, 노산, 영양장애, 방사선 노출, 모성 흡연 등	
진단		• 쉽게 육안으로 관찰하여 발견	• 출생 직후 손가락으로 구개부분을 촉진함으로 확인
수술시기		• 3개월 이내에 Z plasty를 이용하여 1차 봉합수술 • 조기수술이 모아결속 증진과 수유를 쉽게 함	• 구개의 정상적인 성장에 도움이 되도록 하기 위해 생후 6개월 이후로 교정 연기 • 언어발달이 본격화되기 전 교정시행 • 보통 1세 전후에 수술
장기적 문제		• 수유곤란 • 언어발달 지연으로 인한 언어장애, 치아발달 문제와 부정교합 • 기형적인 유스타키오관으로 중이염이 자주 발생하여 청력문제 • 신체상과 자존감의 문제	

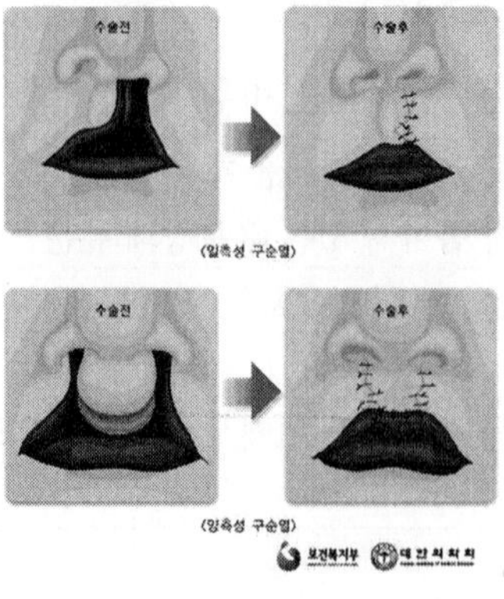

〈구순열〉

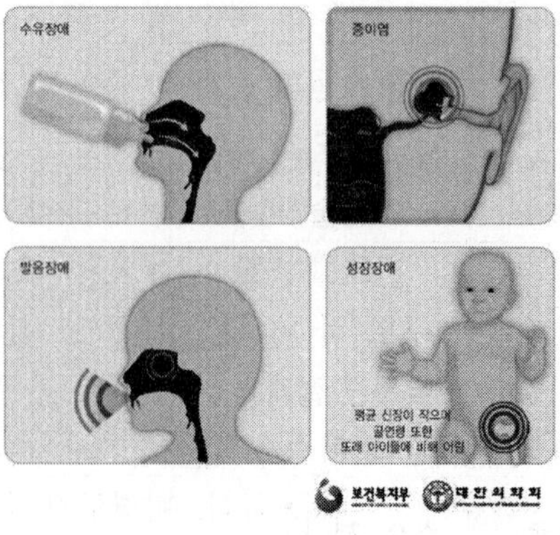

〈구개열〉

수술 전 간호	영양 공급	• 길고 구멍이 크고 부드러운 젖꼭지 사용, 점적기를 이용 • ESSR방법 : 크고(Enlarge), 자극하고(Stimulate), 삼키고(Swallow), 휴식(Rest)
	자세	• 똑바른 자세로 수유하여 질식예방 • 천천히 수유하고 삼키는 동안에 쉬는 시간을 줌 • 자주 트림을 시켜 과도한 공기를 배출
	감염 방지	• 파열부분 위생 간호 • 팔꿈치 억제대 : 봉합선을 비비거나 해치는 것을 막기 위해 사용
	환아와 가족에 대한 정서적 지지	
수술 후 간호	사정	• 호흡곤란, 출혈, 봉합선 터지지 않게 울리지 말 것
	분비물 흡인 및 기도 개방 유지	• 토순 : 앙와위나 측위(복위 금지) • 구개파열 : 분비물 흡인 방지 위해 수술 후 복위 취함

	입술의 봉합선과 구강 내 봉합선의 상해방지	• 팔꿈치 억제대 사용
		  – 순환상태 사정
		  – 2시간마다 풀어주기
		• 빨대, 설압자, 노리개 젖꼭지 사용 금지
		• Logan bow 사용 : 수술부위 이완, 봉합선의 긴장 막기 위한 금속장치
		• 측와위
		• 트림 자주 시키기

	감염 방지	• 구강과 봉합선의 청결을 유지 • 1~2주 동안 치아를 닦지 않음 • 증류수 · 식염수로 입안 헹구기

3. 위식도 역류(GER ; Gastroesophageal Reflux)

정의	• 위 내용물이 하부식도 조임근(식도와 위를 연결하는 근 섬유조직)을 통해서 하부식도 쪽으로 역류하는 현상 • 2개월 미만 영아의 50%에서 발생, 영아가 성숙함에 따라 6~12개월에 증상 호전 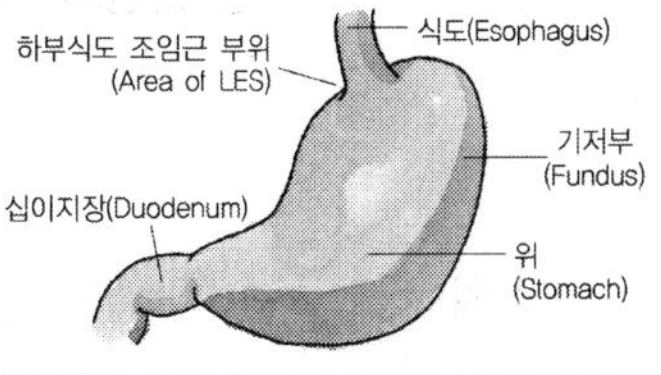
원인	• 조임근 부위 근육 및 신경의 발달지연 혹은 위식도 조임근의 기능 부족 • 미숙아나 신경손상을 가진 환아에게서 자주 생김
증상	• 역류 : 담즙이 없고 소화되지 않은 내용물과 점액으로 구성 • 비투사성 구토 • 식도에 위산이 섞인 내용물이 역류함으로써 식도염 발생 : 소화기계 출혈, 빈혈, 혈변 • 합병증 : 무호흡, 질식발작, 흡인성 폐렴의 재발, 잦은 호흡기 감염 등

진단	• 병력, 신체검사, 식이습관 관찰, 진단검사	
	상부위장관 바륨 검사(UGI)	• 식도협착, 유문협착, 장 회전이상과 같은 해부학적 기형 배제하고자 수행
	상부위장관 내시경 검사	• 식도 점막을 직접 관찰함으로써 염증과 궤양을 확인하여 식도염 진단
	식도 pH 탐색검사	• 콧구멍을 통해 식도의 1/3 지점까지 작은 카테터를 삽입하고 18~24시간 유지 • 카테터를 통하여 식도의 하부에서 pH를 측정하고 역류횟수를 측정하고 식도에서 산이 중화되는 시간 기록 • 합병증이 있거나 진단이 어려운 환아에게 수행
치료 및 간호	식이	• 2~3시간마다 소량의 우유제공(과팽창 시 위식도 역류가 더 잘 발생) • 농축된 고칼로리 처방유 : 조제류에 곡류를 첨가해 농도를 진하게 함(구토방지)
	투약	• 제산제 : 식간에 제산제를 투여하여 통증완화 • Bethanechol : 식전, 하부식도 조임근의 압력 높여주기
	체위	• 복위(12개월 미만은 앙와위, 영아돌연사 증후군 예방), 상체 높이는 upright position
	수술	• Nissen fundoplication(위저부주름술) : 식도하부도 위의 저부를 감싸주는 시술

2 하부위장관 장애

1. 선천성 거대결장(Hirschsprung's disease)

정의	• 대장의 부교감 신경절 부재로 발생하는 장운동질환으로 신경절 부재는 연동운동을 방해하고 결손부위의 가까운 곳에 대변이 축적되어 장 폐쇄를 가져옴 • 부교감 신경계 : 소화기 연동운동을 증가시킴 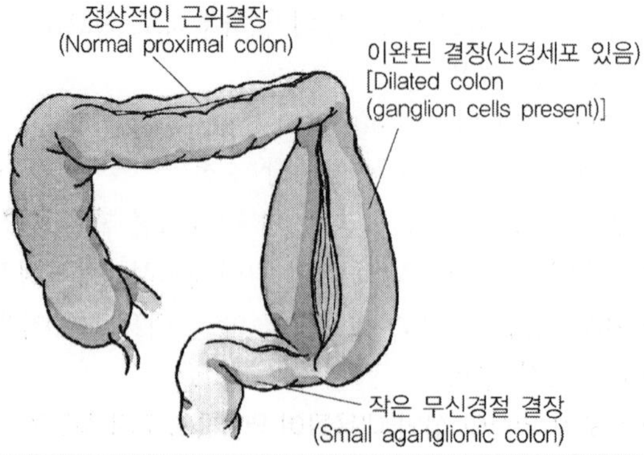

<table>
<tr><td>병태생리</td><td colspan="2">• 결장 분절의 부교감 신경절 부재로 연동운동 없음 → 대변이 신경절 세포가 없는 장의 상부, 근위부 결장에 축적되어 장 정체됨 → 장의 이완 및 과증식 → 거대결장 → 장의 하부는 연동운동이 전달되지 않아 장폐색이 초래됨</td></tr>
<tr><td>증상</td><td colspan="2">• 태변 배출 지연, 만성적 변비, 복부팽만, 담즙성 구토, 무기력
• 식욕부진, 리본 같으며 악취나는 변, 발열, 체중증가 없음
• 대변덩어리가 LLQ에서 촉지
• 직장검진 시 직장은 비어있음
• 장 천공 및 패혈증 동반
• 소장 결장염, 소장의 염증</td></tr>
<tr><td rowspan="5">진단</td><td>바륨관장</td><td>• 좁아진 무신경절 부위와 확장된 정상적 상부의 장 사이에 분명한 이행부위 관찰
• 24시간 이후에도 대장에 조영제 잔류</td></tr>
<tr><td>직장 수지 검사</td><td>• 직장에 손가락 넣으면 직장이 좁고 비어 있고 손가락을 뺐을 때 대변과 공기가 다량 밀려 나오면 의심
• 직장 내 대변이 없고 내부항문조임근이 조절되는지 알아봄</td></tr>
<tr><td>단순복부 촬영</td><td>• 대장의 어느 부위까지 공기에 의해 확장되어 있는 지 관찰</td></tr>
<tr><td>직장압력 검사</td><td>• 외괄약근압은 정상
• 내괄약근이 수축하여 이완되지 않아 압력 상승</td></tr>
<tr><td>직장생검</td><td>• 신경절 세포의 부재 확인</td></tr>
<tr><td rowspan="2">치료</td><td>임시결장루 형성술</td><td>• 수술을 통해 결장에 장루의 형태로 개구부를 만들어 장내 물질을 배출</td></tr>
<tr><td>교정수술</td><td>• 신경이 없는 부분을 잘라 내거나 제거하고 정상 장이 직장에 문합되도록 당기는 절차의 수술
• 결장루 설치 후 6~12개월, 체중 9kg 이상이 될 때 시행</td></tr>
<tr><td rowspan="2">간호</td><td>수술 전</td><td>• 등장성 식염수 관장 : 변비해소와 광범위한 장 세척 위함
• IV 수액 + 전해질 요법 : 탈수와 전해질 부족 예방
• 복위측정 : 점진적 복부팽만 확인
• 식이 : 저섬유, 고열량, 고단백식이</td></tr>
<tr><td>수술 후</td><td>• 감염예방 : 수술부위 감염예방, 결장루의 피부통합성 유지
• 통증관리 : 진통제, 비약물적 통증관리요법
• 식이 : 저잔유식이, 영양과 수분상태 유지
• 배변조절 : 완전교정술로 결장루가 봉합된 이후 대소변 가리기 훈련 시작</td></tr>
</table>

2. 장중첩증(Intussusception)

정의	• 상부 위장이 하부 장 속으로 함입되는 것 : 장폐색 유발 → 24시간 후 감돈발생 • 생후 6개월의 건강하고 영양상태가 좋은 남아에게서 발생
병태생리	• 혈류폐쇄 → 점막출혈 → 염증 & 부종 • 완전폐쇄 시 → 팽만 & 구토 → 치료 × → 장괴저, 복막염, 사망 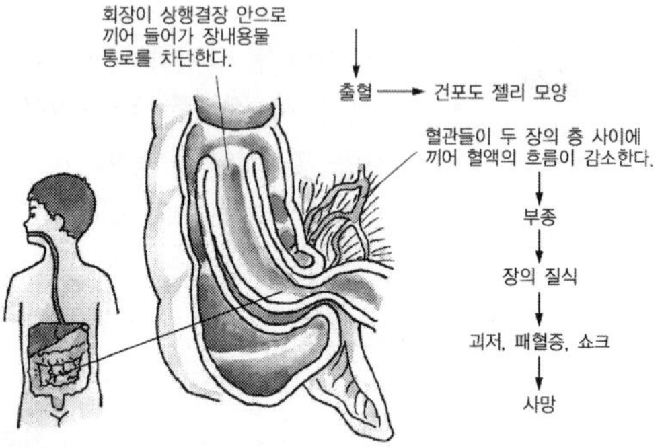
증상	• 산통, 간헐적 복통, 구토, 혈성점액성 대변의 4가지 증상 • 주기적이며 심한 급성 복통(다리를 차거나 복부를 향해 위로 끌어당기는 움직임) • 복부팽만, 초반 담즙 섞인 구토(lower GI obstruction) • **오른쪽 상복부** : RUQ에서 소시지 모양 덩어리 촉진, 간헐적 통증 • **오른쪽 하복부** : 비어있는 것 같은 느낌 • 젤리 모양의 혈액과 점액 섞인 변장 괴사(bowel gangrene)에 의한 것임 • 변은 보통 복통 시작 12시간 후 일어남 • **복막염** : 장 괴사로 장이 천공되어 열, 복부팽만, 빈맥, 쇼크
진단	• **바륨관장** : 코일과 같은 모양과 바륨의 흐름으로 폐쇄 확인 • 복부초음파 검사 • **직장검사** : 점액과 혈액 보임
치료	• 바륨관장과 함께 수용성 정복 • **수술** : 바륨관장으로 중첩된 장이 환원되지 않을 때
간호	• 통증 양상 사정, 장음을 자주 청진 • 직장 체온 대신 액와 체온 측정(연동운동 자극 피함)

3. 급성 충수돌기염(Acute appendicitis)

정의	• 맹장 끝의 작은 주머니인 충수에 염증이 일어난 것
원인	• 굳은 대변의 찌꺼기에 의한 충수 내강의 폐쇄
병태생리	• 급성폐색을 동반한 점액분비물의 유출 → 장내강의 폐색과 압력을 증가시켜 압력 유발 → 국소빈혈로 인해 상피조직의 궤양과 세균침범 발생 → 괴사는 장을 천공시켜 복강을 세균과 분변에 감염시킨 결과로 염증이 복부전체로 급속하게 퍼짐(복막염) → 기능성 장폐색 유발 • 감염을 국소부위에 한정시킬 수 없는 어린 아동은 더 빠르게 진행

<table>
<tr><td>증상</td><td colspan="3">• 오심에 동반되는 배꼽주위 통증, 우하복부 통증, 열과 동반된 후기 구토
• 장음 감소나 부재
• 빈맥, 빠르고 얕은 호흡
• 창백, 기면, 흥분, 웅크린 자세</td></tr>
<tr><td>진단</td><td colspan="3">• 통증 : McBurney point(전상장골극과 배꼽사이의 중간 위치), RLQ pain
• 반동성 압통 : 맥버니 포인트를 깊이 누른 다음 손을 재빨리 뗄 때 나타나는 통증
• Rovsing sign : 검진자의 손가락으로 좌하복부를 깊이 눌렀을 때 우하복부 통증
• 복부주변을 가볍게 타진해서 유발하는 연관통 : 복막염 시사
• 요근징후 : 좌측으로 눕게 한 자세에서 우측 고관절을 신전하여 우측다리를 펴면 우하복부 통증
• 백혈구 수 증가, CRP 상승
• CT scan : 충수의 직경이 커져 있고 충수벽이 두꺼워져 있으며, 충수부위의 염증성 변화
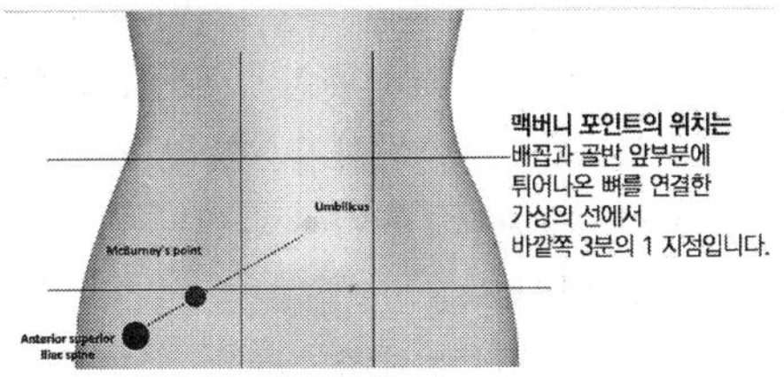

〈McBurney point〉
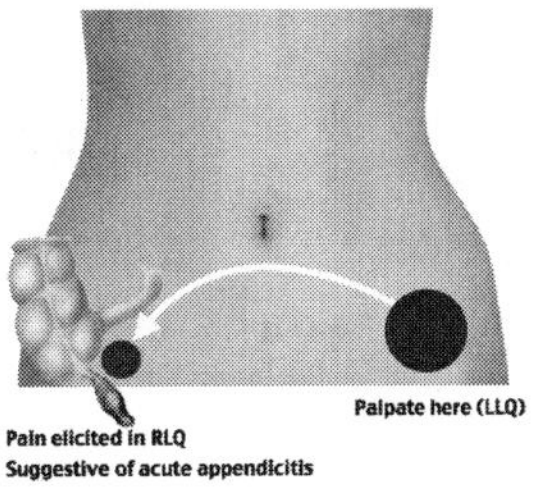

〈Rovsing sign〉</td></tr>
<tr><td>합병증</td><td colspan="3">• 통증 호소 후 약 48시간 이내에 충수천공 유발
• 충수천공 합병증 : 큰 농양, 연조직염, 장피누공, 복막염</td></tr>
<tr><td>치료</td><td colspan="3">• 충수절제술(appendectomy)
• 항생제 투여
• 정맥 주입과 전해질 투여</td></tr>
<tr><td>간호</td><td>수술 전</td><td>통증간호</td><td>• 통증사정
• 수술 전 통증 시 조용한 실내에서 안정 유지
• 무릎을 구부리는 자세
• 복부지지
• 냉요법 적용
  – 혈관수축 : 혈관수축으로 혈류량 감소시켜 부종 감소
  – 신진대사 저하 : 신진대사 저하로 진통, 항염증 효과
  – 발열 감소 : 전도에 의한 온도 경사도 차이에 의한 열의 이동으로 열 손실
  – 근육 경련 감소 : 근육에 전달되는 신경말단부 활동 저하시키므로 근육경련 감소
• 전환요법</td></tr>
</table>

		체액부족 위험성	• 금식 • **탈수사정** - 빈맥, 빈호흡 - 창백한 피부, 피부 냉기, 차가운 손가락과 발가락 - 피부 탄력성과 긴장도 감소 - 3초 이상 모세혈관 충전 - 건조한 점막, 입안이 건조하고 끈적끈적 함 - 움푹 들어간 눈, 눈물이 안 나옴 - 갈증, 체중감소 - 핍뇨, 비중증가
		감염위험성	• **천공, 복막염 사정** - 천공 : 통증이 심해지다가 갑작스런 통증의 완화 후 심한 복부 통증 - 복막염 : 체온 상승, 심박동수 증가, 빠르고 얕은 호흡, 저혈압, 복부팽창, 감소하거나 없어진 장음, 쇼크 • **열 제한** : 혈관 확장으로 인한 천공 위험성 증가 • **진통제 제한** : 진단이 확인될 때까지 진통제 투여 ×, 진단의 단서은폐 • **관장, 완화제 제한** : 관장, 완화제는 장운동을 자극 → 염증부위를 자극 → 천공부위 위험성 증가
	수술 후	• 정맥요법, 항생제, 진통제 투여	

4. 복막염(Peritonitis)

정의	• 복강 및 복강 내 장기를 덮고 있는 얇은 막인 복막에 발생한 염증 혹은 자극 증상
원인	• 장중첩증, 충수파열, 장의 괴저, 소화성 궤양의 천공, 게실의 천공, 외상, 복부수술
병태생리	• 충수의 파열로 장을 천공시켜 생긴 염증은 복부 전체로 급속하게 퍼져 복강을 세균, 분변의 감염으로 복막염이 초래, 복막염이 진행되면서 장 폐쇄 일으킴
증상	• **통증** : 전체적으로 퍼진 통증 • **반동성 압통** : 복부에 압력을 가한 후 압력을 빨리 제거했을 때 통증을 느낌(복막염증의 빠른 진전) • **연관통** : 벽측복막의 염증으로 복부 주변을 가볍게 타진해서 유발하는 연관통 • **복부강직** : 복부근육이 판자처럼 단단한 복부가 경직되어 딱딱해진 복부 • **염증증상** : 체온상승, 빈맥, 심박동수 증가, 심계항진, 빠르고 얕은 호흡 • **쇼크유발** : 복강 내로 액체분비를 증가시키므로 순환 혈액량이 감소 • 복통, 복압 상승으로 호흡하기 힘들어지며 저산소증, 불안정, 창백한 안색, 청색증 • 식욕부진, 오심, 구토, 트림, 연동운동 감소로 청진 시 장음 감소, 소실 • 복강 내 압력 증가로 점진적 복부팽만(충수염 : 복부팽만 ×)

진단	• 백혈구 증가, 전해질 이상, 산혈증 • 흉부 및 복부 X선 촬영, SONO, CT
치료	• 비수술적 치료 : 금식, 수액공급, 항생제 투여 및 경피적 배농, 내시경적 스텐트 삽입 • 수술적 치료

CHECK Point 복막염(Peritonitis) 암기법

P(pain) – 앞, 뒤, 옆, 어깨의 통증
E(electrolytes) – 전해질의 감소와 쇼크의 반복
R(rigidity or rebound) – 복벽 긴장이나 반사통
I(immobility) – 고정
T(tenderness) – 긴장도
O(obstruction) – 폐쇄
N(nausea & vomiting) – 오심과 구토
I(increasing pulse, decreasing BP) – 맥박증가, 혈압감소
T(temperature) – 체온이 떨어졌다가 상승
I(increasing girth of abdomen) – 복위증가
S(silent abdomen) – 장음 들리지 않음

5. 설사

(1) 급성설사의 감염원인

① 로타바이러스(Rotavirus)

병리	• 대변 – 구강감염, 또는 사람 – 사람접촉 • 잠복기 : 48시간
특징	• 어린 아동에게 심한 위장관염을 일으키는 가장 중요한 원인 • 5세 이하 아동의 주요 설사 원인, 6~12개월 영아가 가장 취약 • 모든 연령층에 영향 • 면역억제 아동은 합병증 위험이 높음 • 겨울에 가장 많이 발생 • 원내 감염의 주요 원인
증상	• 호흡기계 질환이 이전 또는 동시에 발생 • 묽은 변(watery stools)과 구토 • 열과 구토는 2일 이내 줄어들지만, 설사는 5~7일간 지속
진단	• enzyme immunoassay(EIA)
치료	• 대증요법 : 약물로 치료하지 않음 • 재수화 • 접촉에 유의 • 예방접종

② Nonwalk-Like Organism

병리	• 대변 - 구강, 오염된 물 • **잠복기** : 12~48시간
특징	• 모든 연령층 • 겨울에 흔함 • 흔히 돌발한 지역 이름을 따서 Nonwalk, Sapporo, Snow Mountain 등으로 알려짐
증상	• 복통, 오심과 구토, 권태감, 두통, 미열 • 혈액 없는 묽은 설사 • 2~3일간 식중독 증상과 비슷 • 소장에서 수분흡수 분비 불균형 - 복합 탄수화물 흡수장애
진단	• enzyme immunoassay(EIA)
치료	• **대증요법** : 약물로 치료하지 않음 • 보균용의자 관리 • 접촉에 유의

③ 대장균(E.coli)

병리	• 내독소 생성, 유착 및 침습의 결과로 설사 유발 • **잠복기** : 3~4일, 균주에 따라 다름
특징	• 식품요인성 병원균 • 여행자 설사 • 여름에 발병률 높음 • 집단육아시설에서 잘 발생
증상	• 1~2일간 초록색의 물같은 분비성 설사 • 발열, 심한 복통 • 혈성 설사 • 용혈성 요독증으로 진행 가능
진단	• SMC agar(Sorbitol MacCon-key Agar) • 혈액은 양성, 대변 백혈구 거의 없음
치료	• 대증요법 • 항생제는 과정을 악화 • 장운동억제제와 아편성 제제는 피해야 함

④ 살모넬라균(Salmonella groups, nontyphoidal)

병리	• 소장과 대장의 점막침윤, 고유층(lamina propria) 부종, 점막 파괴와 미세 농양을 동반한 급성염증 • **잠복기** : 6~72시간
특징	• 여름에 발병률 높음, 음식을 통해 전염 • 일반적으로 사람에서 사람으로 전염되지만 익히지 않은 육류와 가금류를 통해서도 전염 • 아동의 경우 애완동물(개, 고양이, 햄스터, 거북)에 의해 전염
증상	• 오심, 구토, 복부산통, 혈성 설사, 열 • 두통과 대뇌증상(기면, 혼동, 간질발작) • **영아** : 열이 없고 무독성
진단	• 그람염색, 대변배양검사
치료	• 합병증이 없는 한 항생제, 장운동억제제 권고 ×

⑤ 세균성 이질(Shigella groups)

병리	• **내독소** : 표피성 점막궤양을 동반한 상피세포 침범 • **소화기 전염** : 경구전파(사람 - 사람) • **수인성이나 식품매개성** : 우유, 파리, 바퀴벌레 • 매우 적은 양만으로도 전파 가능 • **잠복기** : 1~7일
특징	• 대부분 9세 이하의 아동, 1~4세 아동이 1/3 • 집단 발생 가능 • **치명률** : 노약자 높음

증상	• 아파 보임
	• **위장관 증상** : 복통, 고열, 구토, 식욕저하, 긴박감, 배뇨 시 통증, 열성설사
	  - 경련성 복통이 수양성 · 혈액성 설사보다 선행
	  - 증상은 보통 5~10일 이내 완화됨
	• **신경학적 증상** : 두통, 목덜미 강직, 경련

진단	• 대변배양, 다핵 백혈구
치료	• 항생제 사용 • 수분과 전해질 교정 • 예방접종약 없음 • **격리** : 항생제 치료 후 24시간 간격으로 2회 대변배양검사 결과 음성이 확인될 때 • **소화기 전염병 관리** : 환경 위생 • 발병 여부 관찰, 설사증상 발생 시 즉시 병원 방문

(2) 영아와 아동의 설사원인과 증상

원인			증상
장 감염	세균	• Campylobacter jejuni* • Salmonella* • Shiglla* • Escherichia coli(E-coli)	• 점액이나 혈액이 섞인 묽은 변 • 통증, 경련, 오심, 구토, 열(> 38.7℃, 세균 감염 시) : 탈수, 전해질 불균형, 쇼크 위험
	바이러스	• rotavirus* : 아동 급성 설사 50% 이상원인, enteric adenovirus	
	기생충	• Giardia lamblia* • Cryptosporidium* • 어린이집에서 발생 빈도 높음 * : 가장 흔한 원인균	
	• 진균의 과도성장		
소화불량	• 유당분해효소 결핍증, 과잉섭취, 새로운 음식		• 설사, 점액변, 방귀, 유당이나 소화하기 힘든 음식의 섭취 후 통증
흡수불량	• 낭성 섬유증, 이당류 결핍, celiac disease(소아지방변증)		• 설사, 경련, 복부팽만, 식사 후 지방변, 식욕부진, 체중감소, 피로
약물	• 항생제, 화학요법		• 투약 후 설사 • 투약 중단 시 설사 멈춤
대장질환	• 궤양성 대장염, Crohn's병, 장염		• 장 내벽의 염증과 궤양, 장운동 증가 • 하루에 10~20회 배변 가능성 • 복통, 열, 오한, 식욕감소, 체중감소
과민성 대장증후군			• 설사와 변비의 반복 또는 장기능 정상 • 통증, 복부팽만, 오심증상 가능성
장폐색	• 장중첩증 포함		• 부분 폐색 : 장운동 증가로 설사를 유발 • 통증, 오심, 혈변, 점액변의 가능성
스트레스	• 불안, 피로		• 장운동 증가
감염질환	• 중이염, 상기도 감염, 요로 감염		• 다른 감염과 동반하는 설사

(3) 진단

진단	대변	• 배양(세균, 기생충, 기생충 알), pH, 적혈구, 백혈구, 혈당, 혈액(guaiac 검사, 잠혈검사), rota virus나 norovirus 같은 바이러스 규명을 위한 다양한 면역검사
	혈액	• 혈구검사, 전해질, 혈액요소질소(BUN), 혈당, 혈액배양(감염이 의심되는 경우)
	X 선	• 장의 이상 또는 기형 파악

(4) 설사 증상(탈수증상)

일반적 증상	영아 증상
• 맥박증가 • 피부탄력성 감소 • 점막 건조 • 꺼진 안구 • 차갑고 얼룩진 사지 • 안절부절 또는 의식변화 • 소변량 감소나 핍뇨 • 갈증호소 • 모세혈관 재충전 시간 연장 • 체중감소 등	• 천문 함몰 • 피부긴장도 저하 • 핍뇨 • 점막 건조 • 움푹 들어간 눈 • 활력징후의 변화(빠르고 약한 맥박, 저혈압 등) • 체중감소 등

(5) 설사로 인한 수분과 전해질 소실의 결과

탈수	• 잦은 물같은 대변에 의한 수분의 소실 • 구토로 인한 소실 • 오심이나 식욕부진에 따른 음식물 섭취의 감소 • 열, 빈호흡, 기온상승에 따른 불감성 수분 소실의 증가
전해질 장애	• sodium, chloride, potassium, bicarbonate의 소실 • 저장성이나 고장성 용액이 사용될 때 전해질의 부적절한 대치
대사성 산증	• 대변으로 중탄산(bicarbonate)소실 • 소변량의 감소로 수소이온과 대사물의 정체 • 설사성 탈수나 부적절한 탄수화물 섭취 시 글리코겐 저장이 고갈된 상태에서의 지방대사로 인한 케톤혈증 • 저혈량증에 따른 조직 저산소증으로 젖산의 축적

(6) 사정

대변양상관찰 (ACCT)	Amount(설사량)	• 설사의 양과 정도
	Color(색)	• 녹색, 갈색, 혈액유무
	Consistency (점도)	• 물 같은지, 질척한지, 점액이 있는지, 언제 점도가 변했는지
	Time(시간)	• **급성** : 14일 이내 • **만성** : 14일 이상 증가, 영양 흡수 장애, 영양 불균형 초래
원인사정	만성적 설사	• 자극성 장 증후군 • **염증성 장 질환** : 궤양성 대장염, 크론병

	감염병	• 로타바이러스 : 구토를 동반하는 수양성 설사, 경증의 복통 • 콜레라 : 열이 없는 물같은 설사, 복통 • 세균성 이질 : 물 같은 설사, 발열
	식중독	• 학교급식
탈수증상		
대사성 산증		

(7) 간호

체액부족	경구재수화요법	• 수분 전해질 균형유지, 금식(장휴식) • 수액은 구강으로 보충, 소량씩 자주 경구재수화용액, 상품화된 저삼투용액, 포도당, 식염수 용액을 마심 • 수분 상태 개선 시 식사 제공 • 조제유는 낮은 농도로 시작해서 서서히 정상농도로 조정 • 제한음식 : 음료수, 과일주스, 젤라틴 음료, 묽은 수프, 탄산음료 제한(장내 삼투압 농도 증가 → 설사 유발) • 차가운 액체는 장운동 증가시키므로 실온으로 제공
	구강간호	• 구강점막의 건조로 점막 손상 유발
	체위성 저혈압 예방	• 탈수 시 앙와위에서 갑작스런 직립위로 자세 변경 시 체위성 저혈압 발생 : 말초에 혈액이 고여 선 자세에서는 중력에 의해 심장으로 귀환혈량이 감소되어 심박출량이 증가되어 나타남 • 분당 맥박이 20회 이상 증가, 수축기압이 10mmHg 이상 내려감 • 증상 : 어지러움, 기절 • 간호 - 즉시 앉거나 눕는다. - 서서히 자세를 변경 - 일어서기 전 몇분 간 침대나 의자에 앉기 - 걷기 전 몇분간 서있기
피부통합성 장애	피부관찰	• 항문주위 피부자극과 감염관찰 • 따뜻한 물과 순한 비누로 씻어내고 두드려서 말리기 • 항문주위 피부 청결하게 하기 • 공기 중에 노출 • 피부보호제 바르기 : 미네랄 오일, 연고 도포 • 2시간마다 체위변경 • 직장체온 측정 금기 : 장 자극, 변유출 증가

감염위험성	감염전파 예방	• 손 씻기 • 원인균 판명될 때 까지 격리 • 감염 및 재감염 예방 • **분리배출** : 오염된 물건을 적절히 폐기, 세척 • 배설물 관리 철저

(8) 탈수

정의	• 수분섭취량보다 소실량이 많은 증상 • 영아와 아동입원의 가장 큰 원인		
원인	• 수분 섭취량 감소 또는 수분 배출량 증가 • 체액과 전해질 부족 초래		
분류	**등장성 탈수**	**저장성 탈수**	**고장성 탈수**
정의	• 아동탈수의 가장 흔한 유형 • 수분과 전해질이 같은 비율로 소실 • 혈청 나트륨 138~145 mEq/L	• 전해질 소실이 수분 소실보다 많음 • 혈청 나트륨 130mEq/L 미만	• 수분소실이 전해질 손실보다 많음 • 전해질 섭취가 많은 경우 • 혈청 나트륨 150mEq/L 초과
기전	• 삼투력이 없기에 세포외액과 세포내액 사이의 수분 재분포가 일어나고 주요 소실은 세포외액에서 발생 • 저혈량성 쇼크 징후	• 세포외액이 더 큰 비율로 소실되기에 세포내액이 더 농축되어 삼투성 평형을 이루기 위해 세포외액으로부터 세포내액으로 이동 • 세포외액량 소실을 더 증가시켜 쇼크 유발 • 더 적은 양의 수분소실도 신체증상이 심각	• 가장 위험하고 훨씬 주의 깊은 수액요법 필요 • 수분이 농도가 낮은 세포 내액에서 세포 외액으로 이동 • 세포외액량이 많은 비율을 차지하기에 신체증상은 덜 나타남 • 발작 같은 신경학적 변화 가능성 높음 • **신경학적 증상** : 의식장애, 주의집중력의 부족, 기면, 반사 이상항진, 근긴장도 증가 등

진단	**구분**	**탈수 정도**		
	임상징후	**경증**	**중등도**	**중증**
	설사회수	5회 이내/일	5~10회 이내/일	10회 이상/일
	체중감소 : 영아	3~5%	6~9%	≥10%
	체중감소 : 아동	3~4%	6~8%	10%
	맥박	정상	약간 증가	매우 증가

혈압	정상	정상에서 기립저혈압 (>10mmHg 변화)	기립저혈압에서 쇼크
행동	정상	흥분, 갈증	과흥분, 기면
갈증	약간	중간 정도	심함
점막	정상(촉촉한)	건조	심한 건조(바짝 마름)
눈물	있음	감소	없음, 함몰된 눈
대천문	정상	정상 또는 함몰	함몰
외경정맥	앙와위에서 보임	쇄골 위 압력이 있는 경우를 제외하고	쇄골 위를 누르면 보이지 않음
피부(2세 이상의 경우 덜 유용)	모세혈관 재충만 : 2초 이상	느려진 모세혈관 재충만 : 2~4초	• 아주 느려진 모세혈관 재충만 : 4초 이상 • 천막현상 : 차가운, 말단 청색 혹은 얼룩진 피부
요비중	감소	핍뇨	핍뇨 혹은 무뇨

치료

- 목표 : 수액과 전해질의 불균형 사정, 재수화, 수액요법의 유지, 적절한 식이의 재도입
- 경구재수화요법(ORS : oral rehydration solution)
- 수유 지속 또는 재수화 이후에 정상식이의 조기 재도입

탈수의 정도	재수화치료	계속되는 설사 시 수분소실의 대치	유지요법
경증 (< 5% 체중상실)	• 적용하지 않음	• < 10kg 체중 : 설사나 구토시 60~120ml ORS • 10kg 체중 : 설사나 구토시 120~240ml ORS	• 모유수유 지속 • 가능하면 정상식이 회복
중등도 (6~9% 체중상실)	• ORS 50~100ml/kg (3~4시간 이내)	• 경증과 동일	• 경증과 동일
중증 (> 9% 체중상실)	• 수액요법 : 의식상태 개선될 때까지 20ml/kg 그 후 4시간마다 ORS 100 ml/kg이나 5%DW 유지	• 경증과 동일 : 마실 수 없다면 비위관을 사용하거나 20 mEq/L 염화칼륨을 1/4 생리식염수와 함께 IV	• 0.9% Nacl • Ringer's lactate

간호	• 탈수증상, 섭취한 수분량 및 배변의 양과 수를 관찰, 체중측정 • 수액유지와 계속적인 소실에 대한 보충액 투여방법을 포함한 경구용 재수화요법과 관련된 교육 • 피부손상을 예방하기 위한 피부간호 • 부모교육 – 잦은 손 씻기, 기저귀, 옷, 침대 커버의 처리방법 – 개인위생, 식수 오염방지, 음식물의 세심한 준비 등

(9) 학급에서 집단으로 급성설사증상 나타내는 경우 확인해야 할 내용

① 집단생활 여부
② **불결한 위생** : 부적당한 손 씻기, 식사재료 또는 수질
③ 최근의 여행, 특히 풍토병 유행지로의 여행
④ **질환과의 접촉 여부** : 동물 또는 사람
⑤ 면역억제 아동에서 위험
⑥ 최근의 항생제 사용 여부 등

6. 복통

(1) 복통의 종류

구분	내장통증	벽측통증
부위	• 내장장기(luminal organ ; 소화관이나 요로 등)	• 복막, 가로막, 창자간막
원인	• **원인부위** : 내장장기(luminalorgan ; 소화관이나 요로 등) • 염증, 폐쇄(이상 내장장기) • 장기의 종창(이상 실질장기)	• **원인부위** : 복막, 가로막, 창자간막 • 어떤 원인에 의해 벽쪽 복막이나 창자간막에 염증, 견인, 마찰, 꼬임, 통증 유발 물질 등의 물리·화학적인 자극이 뇌에 전달되어 나타나는 통증
증상	• 둔한 통증 • 산통으로 통증이 다양	• 날카로운 통증 → 찌르는 듯한 통증 느낌 • 내장 통증보다 심하고 쑤시는 통증
특징	• 간헐적 통증	• 지속적 통증
부위	• 정중앙선상, 비국한성	• 국한성
복막자극증상	• 없음	• 있음
치료	• 내과	• 외과

연관통증 (방사통)	• 내장으로부터 통증이 오면 동일한 척수분절이 지배하는 체성영역(체벽)에 통증느낌 • 장기통증을 전달하는 신경이 피부 통증을 전달하는 신경과 합류되기 때문에 장기통증을 피부통증으로 느끼게 됨 • **십이지장, 췌장에서 발생한 통증** : 등으로 전이 • **담석** : 우상복부 통증과 오른쪽 어깨, 견갑골로 방사 • **협심증** : 흉골하부의 통증, 전흉부에서 흉통과 왼쪽 어깨, 팔, 손, 목, 턱으로 방사
만성재발성 통증	• 1회 이상/달 반복적으로 발생, 일상생활에 지장 초래하는 복통 • 4~16세 사이 소아에게서 많이 나타남, 여아 1.5배>남아 • 전체 소아의 10~15%(이중 5~10% 기질적 원인, 90~95% 기능반복 복통) • **주요 원인** : 정신 · 사회적 스트레스(학교생활에서 선생님, 친구 간 문제, 부모 별거, 이혼 등 가족문제)

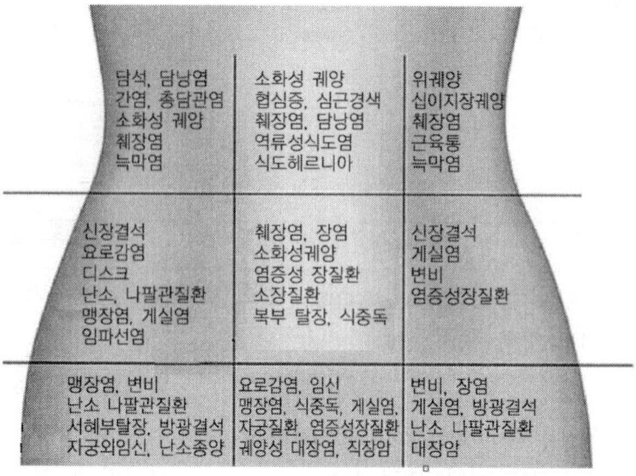

〈복부통증 부위별 복통원인〉

(2) 복벽 촉진 시 복벽이완방법

① 밝은 조명, 대상자의 이완상태 유지가 중요

② **복부검진 전 준비** : 방광비우기

③ 머리와 무릎 아래에 베개를 대고 앙와위를 취하게 하고 무릎을 구부려 이완

④ **대상자의 팔은 옆이나 가슴에 대게 함** : 팔을 머리위로 상승시키면 복벽이 단단해져서 촉진 시 어려움 지님

⑤ 촉진하기 전에 대상자에게 아픈 곳을 먼저 물어보고 그 부분은 나중에 검진함, 가볍고 얕은 촉진으로 시작하여 점차 깊은 촉진으로 진행

⑥ 검진 시 대상자의 얼굴표정을 관찰함

⑦ 검진자의 손이나 청진기를 따뜻하게 하고 검진함
⑧ 천천히 검진하며 불필요한 움직임은 적게 함
⑨ 필요하다면 대화나 질문을 하여 대상자의 주위를 다른 곳으로 전환함
⑩ **대상자의 오른쪽에 서서 검진** : 시진 → 청진 → 타진 → 촉진순으로 실시

(3) 복부 신체검진

<table>
<tr><td rowspan="15">문진</td><td colspan="3">• 주호소, 현병력, 가족력, 과거력, 개인, 사회문화력 등</td></tr>
<tr><td colspan="3">• 통증사정</td></tr>
<tr><td rowspan="5">P</td><td colspan="2">• 악화요인 / 완화요인 : 오늘 통증이 있는가?</td></tr>
<tr><td>음식</td><td>• 공복 시 통증(십이지장 궤양), 식후 30분 후 통증(위궤양)</td></tr>
<tr><td>약물</td><td>• 제산제(십이지장 궤양에 완화)</td></tr>
<tr><td>체위</td><td>• 급성복통에서 횡와위에서 다리를 구부리는 자세 : 통증감소
• 힘을 줄 때, 다리를 펼 때 : 통증증가</td></tr>
<tr><td>기침</td><td>• 기침을 하도록 한후 통증이 있는지, 통증부위 파악</td></tr>
<tr><td>Q</td><td colspan="2">• 질 / 양상 : 통증을 어떻게 설명할 수 있는가?
• 환자가 표현하는 단어, 부위, 표정, 몸짓 : 날카롭다, 탄다, 간질거린다 등
• 참을 수 있는가, 일상 생활 하는데 지장이 있는가? 드러누울 정도로 아픈가 등등</td></tr>
<tr><td>R</td><td colspan="2">• 방사통 또는 위치
• 통증이 어디에 느껴지는가?
• 방사통이 있는가?
• 통증이 다른 곳으로 퍼져 나가는가? (충수염 : 배꼽주위, 복부 전체에서 시작→우하복부로 내려감. 통증 심한 부위 Macberny point</td></tr>
<tr><td>S</td><td colspan="2">• 통증강도 : 통증을 0에서 10까지 등급을 매김
• 숫자 척도 : 5세 이상 아동</td></tr>
<tr><td>T</td><td colspan="2">• 시기 : 얼마 동안 통증을 느꼈는가?
• 통증이 발생하면 얼마나 지속되는가?(충수염 : 지속적 통증)</td></tr>
<tr><td rowspan="2">관련 증상</td><td>소화기 증상</td><td>• 식욕부진, 오심, 구토, 설사, 변비, 가스팽만, 황달 등</td></tr>
<tr><td>정서적 요인</td><td>• 학교 공포증, 학교 공부 장애, 부모 애정 변화, 불안증, 긴장</td></tr>
<tr><td rowspan="2">활력 징후</td><td>충수염</td><td>• 중등도 열, 발한, 오한, 빠르고 얕은 맥박, 호흡 증가</td></tr>
<tr><td>복막염</td><td>• 체온상승, 발한, 오한, 빈맥, 심박동수 증가, 심계항진
• 빠르고 얕은 호흡, 저혈압, 쇼크 유발
• 의식몽롱, 얼굴 창백, 식은 땀</td></tr>
<tr><td>시진</td><td>자세</td><td colspan="2">• 새우처럼 구부린 자세
• 똑바로 서거나 눕지 못함</td></tr>
</table>

	피부			• 색소침착, 병변 및 반점, 선, 상흔, 발진, 점상출혈, 피부혈관종, 수술 상처, 치유화된 화상 등을 관찰
	연동운동	정상		• 연동운동 없음
		비정상	연동운동 증가	• 위장관 폐쇄 의심, 장 폐색 초기에 장의 내용물을 폐색 부위로 통과시키려는 강력한 연동운동
			연동운동 감소	• 장폐색 후기, 복막염, 저칼륨혈증, 변비
	혈관 변화			• 정맥류 • **쿨렌징후**(cullen's sign) : 제대 주위의 회청색(푸른색) 착색 • **터너징후**(turner's sign) : 옆구리 회청색(푸른색) 착색 • 출혈성 췌장염, 자궁외임신 파열, 복강내/후복막내 출혈
	복부의 윤곽			• 비대칭성 혹은 국소적 돌출유무나 오목한 부분 확인 • **옆구리 팽만** : 복수로 인한 팽창
청진	장음			• RLQ(회맹판) 부위에 장음 청진 • 우상복부 부터 시작하여 모든 사분면을 청진
		정상		• 불규칙적으로 5~15초 마다 한번씩 꾸르륵 물 흐르는 소리 들림
		비정상	고음	• 위장염, 기계적 장폐색 초기에 고음
			장음결손	• 충수염, 복막염, 장폐색 후기, 저칼륨혈증, 마비성 장폐색
			장음감소	• 충수염
타진	방법			• 복부 내 가스양과 분포를 사정하여 우상복부에서 시작하여 시계방향으로 이동
	공명음			• 정상 폐 • 속이 빈 장기위에서 나는 저음조의 커다란 강도의 소리
	높은 공명음			• 매우 낮은 음조와 매우 큰 강도의 소리 • 폐기종, 기흉, COPD
	고장음			• 장이나 위 같은 공기가 찬 신체부위에서 나는 고음조의 큰강도의 소리 • 위장관 내 가스, 공기가 차 있는 위, 장 타진 시, 부풀린 볼
	둔탁음			• 간(좌상복부)과 비장(우상복부)의 크기 확인 • 고밀도 구조 위를 두드릴 때 나는 중간 음조 • 넓은 부위의 둔탁음 : 덩어리나 비대해진 장기
	연관통			• 복막염으로 벽측 복막의 염증으로 복부 주변을 가볍게 타진해서 유발하는 연관통
	복수			• 복부가 불룩하게 나와 있고, 옆구리가 팽만 되어 있으며 제대가 아래로 돌출되어 있으면 복수 의심 • 액체파동검사, 탁음 이동검사 실시
	압통			• 늑골척추각 압통을 확인하여 날카로운 통증이 있으면 신장이나 신장 주변의 염증 의미

촉진	방법	• 간, 비장, 신장, 자궁, 방광 등의 비대유무, 복부 덩어리의 특성, 민감성이나 근육의 경직정도 등을 평가할 때 중요	
	비정상적 소견	• 장기를 눌렀을 때 압통, 반동압통, 근육 경직, 덩어리 등	
	가벼운 촉진	• 손가락 끝으로 피부를 1~2cm 누른 뒤 회전하며 이동	
	심부촉진	• 피부를 2~5cm 정도 눌러 깊은 곳의 복부 구조물이나 종괴를 확인	
	부구감 촉진	• 복수파동의 전달을 느끼는 검사방법	
	압통확인	우상복부	• 간, 담도질환
		우하복부	• **충수염** : 반통압통, 로브싱 징후, 요근징후 등 • **반발압통** : 복막염, 충수염
		좌상복부	• 위궤양, 췌장염
		좌하복부	• S상 결장 게실염
		신장 압통	• 양쪽 늑골척추각에서 압통 관찰

(4) 복통 완화를 위한 간호중재

① **금식** : 식이는 장운동을 증진시키고 복통 증가

② **안정유지** : 의복을 느슨하게 해 주고 무릎을 구부려 복압을 감소

③ 통증이 있을 때에는 여러 자극에 민감하므로 조용한 실내에서 안정 유지

④ 스트레스 경감

⑤ 작은 베개로 복부를 지지해 주어 통증을 감소

⑥ 신체검진을 통해 복통 원인을 알아내어 이에 대한 대처

원인	대처
변비	• 배꼽 주위를 시계방향으로 손바닥으로 마사지 → 배변 촉진 • 습관성인 경우 : 섬유소가 많은 음식섭취, 규칙적인 식습관, 운동권장, 충분한 수분섭취 • 필요시 변 완화제 투여
기능적 · 기질적	• 학부모에게 연락해서 병원에서 검진받도록 조치
정서적 문제	• 담임교사, 학부모, 정신과 의사의 도움을 받아 상담 및 심리검사를 받도록 함
공복	• 속이 쓰리거나 배가 뒤틀린다는 표현을 함 • 따뜻한 물을 마시게 하거나 미지근한 우유 마시게 함
식후발생	• 체한 경우가 많으며, 오심 · 구토를 동반하는 경우가 대부분 • 구토가 있으면 토하게 하고, 소화제를 복용시킨 후 안정시킴

식후 갑자기 운동을 한 경우	• 공기흡입으로 인한 복부팽창이나 과대연동운동 긴장으로 인한 것이 대부분 • 반듯이 눕게 한 후 복부에 더운물 주머니를 대어주면 가스가 나오면서 복통이 해소
생리통	• 안정 • 배를 따뜻하게 함 • 심한 통증 지속 시 진통제 투여
과민성 장 증후군	• 통증을 유발시키는 원인을 감소시키기 • 자극적인 음식섭취를 삼가 • 스트레스 근원이 되는 주위환경을 개선하도록 함
식중독	• 빨리 판단하여 병원에서 진찰, 치료받도록 담임교사 및 학부모에게 통지

⑦ 복부를 온열팩으로 따뜻하게 유지함

⑧ 복부 마사지

⑨ 강한 진통제나 진정제를 자주 투여해서는 안되며, 장시간 계속되는 복통은 전문의 진찰을 받게 함

⑩ 구토나 배변으로 복통완화를 도모할 수는 있으나 억지로 유도하지 않음

⑪ 지사제는 함부로 투여하지 않음

⑫ **발열의 유무, 맥박 · 호흡상태, 병력 등을 확인** : 병원진찰 시 도움

⑬ 학교에서의 지속적인 관리

㉠ 반복되는 복통은 원인질환을 알아내기 위해 진료받도록 권고

㉡ 일상생활 상태나 식사 · 배변 등 규칙적인 생활하도록 지도

㉢ 체중감소 유무 관찰

(5) 복통 시 사용되는 약물

정장제	기전	• 장에 생존하는 유익한 세균 • 유해세균의 침입 방어, 음식물 찌꺼기를 발효시켜 장내환경 조절 • 장내 유해세균의 침착 방지, 소화되지 않은 탄수화물을 발효시켜 나오는 지방산을 장내 pH 낮추어 설사예방 효과
	적용	• 과민성 대장증상, 설사예방과 치료
	약물	• 메디락 베베, 미야리산 아이지, 비오비타 등
항콜린제제	기전	• 장운동 촉진하는 부교감 신경을 차단하여 장운동을 감소시킴
	부작용	• 구갈, 구역, 인후건조, 변비 등

소화관 운동 기능 조절제	기전	• 원활한 장운동 유발
	적용	• Tiopride(Ganaton) : 상복부에 작용 • Mosaprode(Gasmotin) : 상하복부, 변비 작용 • Dicetel(Pinaverium), Duspatarin(Mebeverine) : 대장에 작용
산 분비 억제제	적용	• 역류성 식도염, 위십이지장염, 기능성 위장장애 등

7. 구토(vomiting)

정의	• 위속의 내용물이 입을 통해 강력하게 분출되는 것 • 중추신경계에 의해 조절되고, 오심과 구역질이 동반되는 복합적 · 통합적 과정		
원인	• 급성 전염성 질환 • 두 개내 압력 상승 : 뇌압상승에 따른 미주신경 긴장도 증가, 발열, 두통, 반복적, 분출적 구토 • 독극물 섭취 • 음식물에 대한 과민성과 알레르기 • 위장관의 기계적 폐색, 대사장애 및 심리적 문제 등 • 구토와 설사 동반 위장염일 가능성		
	담즙성 구토		십이지장 이하의 폐색
	소화되지 않은 토사물		위장이 잘 비워지지 않거나, 장폐색
	변 냄새 구토		대장 폐색, 복막염
	선홍색 구토		위궤양
	사출성 구토		유문협착증
진단	• CBC, 전해질, 혈액요소질소(BUN), 혈당, 소변검사 • 방사선 검사 : 장폐색 의심 • 혈액배양 : 감염질환 의심		
사정	• 양(amount) • 색(color) • 점도(consistency) • 시간(time)		
합병증	탈수		• 섭취량 · 배설량 감소, 체중감소 • 점막 건조정도, 피부탄력성 감소, 함몰된 눈, 핍뇨, 대천문 함몰 등
	전해질 불균형		• 지속적인 구토로 HCL 제거로 대사성 알칼리증
간호	체액 결핍	금식	• **경구 음식 섭취 금지** : 음식이 위장운동 자극으로 구토 유발
		수분섭취	• 경구재수화용액, 수분을 소량씩 자주 섭취, 탈수 예방
		탈수 관찰	• 빈맥, 빠르고 약한 맥박, 빈호흡 • 저혈압, 체위성 저혈압, 경정맥압 감소

			• 창백한 피부, 차가운 피부 • 모세혈관 충전 시간 지연 • 갈증, 의식수준 변화
		대사성 알칼리증	• 지속적인 구토로 HCL 제거로 대사성 알칼리증 관찰 • **저칼륨혈증** : 식욕부진, 구토, 변비, 장운동감소, 마비성 장폐색, 복부팽만, 근육허약, 마비, 다리경련, 근육이 늘어진 상태 • **신경계 증상** : 어지러움, 혼돈 등
	손상 위험성	자세	• **좌위 · 측위** : 기도 흡인예방 자세 • 흡인시 흡인성 폐렴, 폐농양 형성
		구강위생	• **구토 후 양치질, 입안 헹구기** : 구토 후 치아에 있는 염산 희석, 입안 건조 예방 • 향이 나는 구강청정제, 치약 사용 • 얼음조각을 머금도록 함
		활동제한	• **휴식하기** : 활동은 위운동을 자극하여 구토 유발 • 천천히 일어나고 갑자기 움직이는 것 피하기 • 식후 30분간 일어나 앉아있도록 함
	영양 부족	점진적 식이제공	• 경구재수화, 단계별로 늘려 유동식이 제공
		특정음식 제한	• 구토 유발하는 특정 음식 피하기
		지방 음식 제한	• 지방이 많은 튀긴 음식 피하기 • **지방** : 위운동 억제 → 식후의 더부룩함과 오심 유발
		자극적 음식 제한	• 역겨운 냄새 나는 음식, 맵고 자극적인 음식, 양념이 강한 음식 등
		섬유질 음식 제한	• 도정되지 않은 곡물로 만든 빵, 곡류, 생과일, 야채, 견과류 제한

CHAPTER 04 위장관 기능장애

기출문제

1 충수염

01 복부 사정에서 충수염(appendicitis)이라고 생각할 수 있는 증상으로 옳은 것만을 〈보기〉에서 모두 고른 것은? 2011년

〈 보 기 〉

ㄱ. 배꼽주위가 푸르게 변색되었다.
ㄴ. 왼쪽 옆구리 피부가 푸르게 변색되었다.
ㄷ. 좌하복부(LLQ)에 압력을 가했을 때 대칭점인 우하복부(RLQ) 통증을 호소하였다.
ㄹ. 우측하복부의 맥버니점(Mcburney's point)을 깊이 누른 다음 손을 떼었을 때 통증을 호소하였다.
ㅁ. 우측 늑골하를 촉진하면서 심호흡을 하도록 했을 때 심한 압통을 호소하면서 흡기를 멈추었다.

① ㄱ, ㄷ
② ㄴ, ㅁ
③ ㄷ, ㄹ
④ ㄴ, ㄷ, ㅁ
⑤ ㄷ, ㄹ, ㅁ

|정답| ③
|해설| ㄱ, ㄴ : 출혈증상으로 충수염에서는 나타나지 않는다.
ㅁ : 급성 담낭염의 증상이다.

02 한 학생이 허리를 구부린 자세로 복통을 호소하며 보건실을 방문하였다. 이 학생은 어젯밤부터 오른쪽 배가 아프기 시작하였고, 보건실 방문 당시 통증이 심해졌으며, 발열, 오심과 구토증상을 호소하였다. 이 증상 이외에 보건교사가 신체 사정 결과 복막염이라고 의심할 수 있는 특징적인 증상을 3가지만 쓰시오.

[3점] 2006년

|정답| ① 반동성 압통 : 복부에 압력을 가한 후 압력을 빨리 제거했을 때 통증 느낌
② 복부강직 : 복부근육이 판자처럼 단단한 복부가 경직되어 딱딱해진 복부
③ 염증증상 : 체온상승, 빈맥, 심박동수 증가, 빠르고 얕은 호흡
④ 연동운동 감소 : 청진 시 장음 감소, 소실
⑤ 복강 내 압력 증가 : 점진적 복부팽만

03 다음 충수염의 설명으로 맞는 것은?

1996년

㉠ WBC 감소
㉡ 맥박, 호흡수 증가
㉢ 변비, 중등도의 열
㉣ 우측하복부에 더운 찜질 시 동통 완화
㉤ 염증 진행에 맥버니 포인트로 국한

① ㉠, ㉡, ㉢
② ㉠, ㉡, ㉣
③ ㉡, ㉢, ㉤
④ ㉡, ㉣, ㉤

|정답| ③
|해설| ㉠ 백혈구 증가, ㉣ 우측하복부에 더운 찜질 시 혈관 확장으로 천공위험성이 증가한다.

04 충수염의 특징이 아닌 것은?

1992년

① 오심과 구토가 일어난다.
② 염증이 계속되면 복막염을 일으킨다.
③ McBurney's point에 통증이 있으며, 백혈구는 감소된다.
④ 세균감염이나 굳는 분변이 충수강을 폐쇄하여 일어난다.

|정답| ③
|해설| ③ McBurney's point에 통증이 있으며, 충수의 염증이기에 백혈구는 증가한다.

2 설사

05 탈수를 의심할 수 있는 증상으로 옳은 것을 〈보기〉에서 모두 고른 것은? 2010년

〈 보 기 〉

28세의 여교사가 물만 마셔도 울렁거려 어제는 거의 물도 마시지 못하였다고 한다. 이 여교사의 건강상태를 사정한 결과는 다음과 같았다.
활력징후 측정 결과 체온은 36.8℃였고,

ㄱ. 혈압은 선 자세에서 115/75mmHg, 앙와위에서는 120/80mmHg이었으며, 맥박은 선 자세에서 78회/분, 앙와위에서 73회/분이었다.
ㄴ. 키는 163cm, 체중은 61kg으로서 어제보다 1.8kg 감소하였다고 한다.
ㄷ. 앉은 자세에서 경정맥이 팽만되어 있었다.
ㄹ. 혀의 유두가 현저하게 보였다.
ㅁ. 눈이 움푹 꺼져 보이면서, 다크 서클(dark circle)이 깊었다.

① ㄱ, ㄹ
② ㄷ, ㅁ
③ ㄱ, ㄴ, ㄷ
④ ㄱ, ㄷ, ㄹ
⑤ ㄴ, ㄹ, ㅁ

|정답| ⑤
|해설| ㄱ. 정상 범위이다.
ㄷ. 탈수 시 앉은 자세에서 경정맥이 나타나지 않는다.

06 심한 설사로 인해 나타나는 수분 · 전해질 불균형 증상으로 옳은 것을 〈보기〉에서 고른 것은? [1.5점] 2009년

〈 보 기 〉

ㄱ. 목 정맥의 팽창
ㄴ. 소변량 감소
ㄷ. 맥박상승
ㄹ. 체위성 저혈압
ㅁ. 안구부종

① ㄱ, ㄴ, ㄷ
② ㄱ, ㄴ, ㅁ
③ ㄱ, ㄹ, ㅁ
④ ㄴ, ㄷ, ㄹ
⑤ ㄷ, ㄹ, ㅁ

|정답| ④
|해설| ㄱ. 목 정맥의 팽창이 사라짐
ㅁ. 안구함몰

07 인체가 수분을 상실하면 일차적 방어기전으로 갈증을 느껴 수분을 섭취하게 된다. 체액의 불균형이 일어나면 인체는 여러 가지 화학물질을 분비하여 체액균형을 유지하려고 한다. 탈수로 인하여 체액 불균형을 일으킨 대상자에게 '체액부족'이라는 간호진단을 내렸다. 이 대상자에게 요구되는 간호행위를 3가지만 쓰시오.

2004년

|정답| 체액부족

경구재 수화요법	• 수분 전해질 균형유지, 금식(장휴식) • 수액은 구강으로 보충, 소량씩 자주 경구 재수화용액, 상품화된 저삼투용액, 포도당, 식염수 용액을 마심 • 수분 상태 개선 시 식사 제공 • 조제유는 낮은 농도로 시작해서 서서히 정상농도로 조정 • 제한음식 : 음료수, 과일주스, 젤라틴 음료, 묽은 수프, 탄산음료 제한(장내 삼투압 농도 증가 → 설사 유발) • 차가운 액체는 장운동 증가시키므로 실온으로 제공
구강간호	• 구강점막의 건조로 점막 손상 유발
체위성 저혈압 예방	• 탈수 시 앙와위에서 갑작스런 직립위로 자세 변경 시 체위성 저혈압 발생 : 말초에 혈액이 고여 선 자세에서는 중력에 의해 심장으로 귀환혈량이 감소되어 심박출량이 증가되어 나타남 • 분당 맥박이 20회 이상 증가, 수축기압이 10mmHg 이상 내려감 • 증상 : 어지러움, 기절 • 간호 - 즉시 앉거나 눕는다. - 서서히 자세를 변경 - 일어서기 전 몇분 간 침대나 의자에 앉기 - 걷기 전 몇분간 서있기

08 〈보기〉에 해당하는 설사의 원인균은?

1992년

〈 보 기 〉

- 영아에게서 많이 볼 수 있다.
- 잠복기는 48시간 정도이고 발병 3~4일경에 가장 전염성이 높다.
- 호흡기 증상과 함께 수액성 설사를 한다.

① 콕사키 바이러스(Coxsakie virus) ② 로타바이러스(Rotavirus)
③ 살모넬라(Salmonella) ④ 대장균(E. coli)

|정답| ②

|해설| 로타바이러스(Rotavirus)

- 어린 아동에게 심한 위장관염을 일으키는 가장 중요한 원인
- 5세 이하 아동의 주요 설사 원인
- 증상 : 호흡기계 질환이 이전 또는 동시에 발생, 묽은 변(watery stools)과 구토, 열과 구토는 2일 이내 줄어들지만, 설사는 5~7일간 지속됨

3 복통

09 복부의 신체검진방법으로 옳은 것을 〈보기〉에서 고른 것은? 2009년

〈 보 기 〉

ㄱ. 통증 부위를 가장 나중에 촉진한다.
ㄴ. 대상자의 팔을 옆으로 붙이게 한다.
ㄷ. 시진, 청진, 촉진, 타진의 순서로 검진한다.
ㄹ. 대상자는 무릎을 편 자세로 앙와위를 취하게 한다.
ㅁ. 타진은 우상복부부터 시작하여 시계방향으로 진행한다.

① ㄱ, ㄴ, ㄷ
② ㄱ, ㄴ, ㅁ
③ ㄱ, ㄹ, ㅁ
④ ㄴ, ㄷ, ㄹ
⑤ ㄷ, ㄹ, ㅁ

|정답| ②

|해설| ㄷ. 시진, 청진, 타진, 촉진의 순서로 검진한다.
ㄹ. 머리와 무릎 아래에 베개를 대고 앙와위를 취하게 하고 무릎을 구부려 이완한다.

10 복통을 호소하는 학생이 보건실을 방문하였다. 다음의 질문에 답하시오. 2000년

(1) 복통의 신체사정(assessment) 방법 5가지를 제시하고 각 방법에 따른 구체적인 내용을 설명하시오.

(2) 보건교사가 복통 완화를 위해 실시할 수 있는 간호중재에는 어떠한 것들이 있는지 6가지 이상 제시하시오.

|해설| (1) 복부 신체검진

문진	• 주호소, 현병력, 가족력, 과거력, 개인, 사회문화력 등		
	• 통증사정		
	P	• 악화요인 / 완화요인 : 오늘 통증이 있는가?	
		음식	• 공복 시 통증(십이지장 궤양), 식후 30분 후 통증(위궤양)
		약물	• 제산제(십이지장 궤양에 완화)
		체위	• 급성복통에서 횡와위에서 다리를 구부리는 자세 : 통증감소 • 힘을 줄 때, 다리를 펼 때 : 통증증가
		기침	• 기침을 하도록 한후 통증이 있는지, 통증부위 파악
	Q	• 질 / 양상 : 통증을 어떻게 설명할 수 있는가? • 환자가 표현하는 단어, 부위, 표정, 몸짓 : 날카롭다, 탄다, 간질거린다 등 • 참을 수 있는가, 일상 생활 하는데 지장이 있는가? 드러누울 정도로 아픈가 등등	

<table>
<tr><td rowspan="7">문진</td><td>R</td><td colspan="3">• 방사통 또는 위치
• 통증이 어디에 느껴지는가?
• 방사통이 있는가?
• 통증이 다른 곳으로 퍼져 나가는가? (충수염 : 배꼽주위, 복부 전체에서 시작 → 우하복부로 내려감. 통증 심한 부위 Macberny point</td></tr>
<tr><td>S</td><td colspan="3">• 통증강도 : 통증을 0에서 10까지 등급을 매김
• 숫자 척도 : 5세 이상 아동</td></tr>
<tr><td>T</td><td colspan="3">• 시기 : 얼마 동안 통증을 느꼈는가?
• 통증이 발생하면 얼마나 지속되는가?(충수염 : 지속적 통증)</td></tr>
<tr><td rowspan="2">관련 증상</td><td colspan="2">소화기 증상</td><td>• 식욕부진, 오심, 구토, 설사, 변비, 가스팽만, 황달 등</td></tr>
<tr><td colspan="2">정서적 요인</td><td>• 학교 공포증, 학교 공부 장애, 부모 애정 변화, 불안증, 긴장</td></tr>
<tr><td rowspan="2">활력 징후</td><td colspan="2">충수염</td><td>• 중등도 열, 발한, 오한, 빠르고 얕은 맥박, 호흡 증가</td></tr>
<tr><td colspan="2">복막염</td><td>• 체온상승, 발한, 오한, 빈맥, 심박동수 증가, 심계항진
• 빠르고 얕은 호흡, 저혈압, 쇼크 유발
• 의식몽롱, 얼굴 창백, 식은 땀</td></tr>
<tr><td rowspan="7">시진</td><td>자세</td><td colspan="3">• 새우처럼 구부린 자세
• 똑바로 서거나 눕지 못함</td></tr>
<tr><td>피부</td><td colspan="3">• 색소침착, 병변 및 반점, 선, 상흔, 발진, 점상출혈, 피부혈관종, 수술상처, 치유화된 화상 등을 관찰</td></tr>
<tr><td rowspan="3">연동 운동</td><td colspan="2">정상</td><td>• 연동운동 없음</td></tr>
<tr><td rowspan="2">비정상</td><td>연동운동 증가</td><td>• 위장관 폐쇄 의심, 장 폐색 초기에 장의 내용물을 폐색 부위로 통과시키려는 강력한 연동운동</td></tr>
<tr><td>연동운동 감소</td><td>• 장폐색 후기, 복막염, 저칼륨혈증, 변비</td></tr>
<tr><td>혈관 변화</td><td colspan="3">• 정맥류
• 쿨렌징후(cullen's sign) : 제대 주위의 회청색(푸른색) 착색
• 터너징후(turner's sign) : 옆구리 회청색(푸른색) 착색
• 출혈성 췌장염, 자궁외임신 파열, 복강내/후복막내 출혈</td></tr>
<tr><td>복부의 윤곽</td><td colspan="3">• 비대칭성 혹은 국소적 돌출유무나 오목한 부분 확인
• 옆구리 팽만 : 복수로 인한 팽창</td></tr>
<tr><td rowspan="5">청진</td><td rowspan="5">장음</td><td colspan="3">• RLQ(회맹판) 부위에 장음 청진
• 우상복부 부터 시작하여 모든 사분면을 청진</td></tr>
<tr><td colspan="2">정상</td><td>• 불규칙적으로 5~15초 마다 한번씩 꾸르륵 물 흐르는 소리 들림</td></tr>
<tr><td rowspan="3">비정상</td><td>고음</td><td>• 위장염, 기계적 장폐색 초기에 고음</td></tr>
<tr><td>장음결손</td><td>• 충수염, 복막염, 장폐색 후기, 저칼륨혈증, 마비성 장폐색</td></tr>
<tr><td>장음감소</td><td>• 충수염</td></tr>
<tr><td rowspan="3">타진</td><td>방법</td><td colspan="3">• 복부 내 가스양과 분포를 사정하여 우상복부에서 시작하여 시계방향으로 이동</td></tr>
<tr><td>공명음</td><td colspan="3">• 정상 폐
• 속이 빈 장기위에서 나는 저음조의 커다란 강도의 소리</td></tr>
<tr><td>높은 공명음</td><td colspan="3">• 매우 낮은 음조와 매우 큰 강도의 소리
• 폐기종, 기흉, COPD</td></tr>
</table>

<table>
<tr><td rowspan="5">타진</td><td>고장음</td><td colspan="2">• 장이나 위 같은 공기가 찬 신체부위에서 나는 고음조의 큰강도의 소리
• 위장관 내 가스, 공기가 차 있는 위, 장 타진 시, 부풀린 볼</td></tr>
<tr><td>둔탁음</td><td colspan="2">• 간(좌상복부)과 비장(우상복부)의 크기 확인
• 고밀도 구조 위를 두드릴 때 나는 중간 음조
• 넓은 부위의 둔탁음 : 덩어리나 비대해진 장기</td></tr>
<tr><td>연관통</td><td colspan="2">• 복막염으로 벽측 복막의 염증으로 복부 주변을 가볍게 타진해서 유발하는 연관통</td></tr>
<tr><td>복수</td><td colspan="2">• 복부가 불룩하게 나와 있고, 옆구리가 팽만 되어 있으며 제대가 아래로 돌출되어 있으면 복수 의심
• 액체파동검사, 탁음 이동검사 실시</td></tr>
<tr><td>압통</td><td colspan="2">• 늑골척추각 압통을 확인하여 날카로운 통증이 있으면 신장이나 신장 주변의 염증 의미</td></tr>
<tr><td rowspan="10">촉진</td><td>방법</td><td colspan="2">• 간, 비장, 신장, 자궁, 방광 등의 비대유무, 복부 덩어리의 특성, 민감성이나 근육의 경직정도 등을 평가할 때 중요</td></tr>
<tr><td>비정상적 소견</td><td colspan="2">• 장기를 눌렀을 때 압통, 반동압통, 근육 경직, 덩어리 등</td></tr>
<tr><td>가벼운 촉진</td><td colspan="2">• 손가락 끝으로 피부를 1~2cm 누른 뒤 회전하며 이동</td></tr>
<tr><td>심부촉진</td><td colspan="2">• 피부를 2~5cm 정도 눌러 깊은 곳의 복부 구조물이나 종괴를 확인</td></tr>
<tr><td>부구감 촉진</td><td colspan="2">• 복수파동의 전달을 느끼는 검사방법</td></tr>
<tr><td rowspan="5">압통확인</td><td>우상복부</td><td>• 간, 담도질환</td></tr>
<tr><td>우하복부</td><td>• 충수염 : 반통압통, 로브싱 징후, 요근징후 등
• 반발압통 : 복막염, 충수염</td></tr>
<tr><td>좌상복부</td><td>• 위궤양, 췌장염</td></tr>
<tr><td>좌하복부</td><td>• S상 결장 게실염</td></tr>
<tr><td>신장 압통</td><td>• 양쪽 늑골척추각에서 압통 관찰</td></tr>
</table>

(2) 복통 완화를 위한 간호중재

① 금식 : 식이는 장운동을 증진시키고 복통 증가
② 안정유지 : 의복을 느슨하게 해 주고 무릎을 구부려 복압을 감소
③ 통증이 있을 때에는 여러 자극에 민감하므로 조용한 실내에서 안정 유지
④ 스트레스 경감
⑤ 작은 베개로 복부를 지지해 주어 통증을 감소
⑥ 신체검진을 통해 복통 원인을 알아내어 이에 대한 대처

원인	대처
변비	• 배꼽 주위를 시계방향으로 손바닥으로 마사지 → 배변 촉진 • 습관성인 경우 : 섬유소가 많은 음식섭취, 규칙적인 식습관, 운동권장, 충분한 수분섭취 • 필요시 변 완화제 투여
기능적·기질적	• 학부모에게 연락해서 병원에서 검진받도록 조치
정서적 문제	• 담임교사, 학부모, 정신과 의사의 도움을 받아 상담 및 심리검사를 받도록 함
공복	• 속이 쓰리거나 배가 뒤틀린다는 표현을 함 • 따뜻한 물을 마시게 하거나 미지근한 우유 마시게 함

식후발생	• 체한 경우가 많으며, 오심·구토를 동반하는 경우가 대부분 • 구토가 있으면 토하게 하고, 소화제를 복용시킨 후 안정시킴
식후 갑자기 운동을 한 경우	• 공기흡입으로 인한 복부팽창이나 과대연동운동 긴장으로 인한 것이 대부분 • 반듯이 눕게 한 후 복부에 더운물 주머니를 대어주면 가스가 나오면서 복통이 해소
생리통	• 안정 • 배를 따뜻하게 함 • 심한 통증 지속 시 진통제 투여
과민성 장 증후군	• 통증을 유발시키는 원인을 감소시키기 • 자극적인 음식섭취를 삼가 • 스트레스 근원이 되는 주위환경을 개선하도록 함
식중독	• 빨리 판단하여 병원에서 진찰, 치료받도록 담임교사 및 학부모에게 통지

⑦ 복부를 온열팩으로 따뜻하게 유지함
⑧ 복부 마사지
⑨ 강한 진통제나 진정제를 자주 투여해서는 안되며, 장시간 계속되는 복통은 전문의 진찰을 받게 함
⑩ 구토나 배변으로 복통완화를 도모할 수는 있으나 억지로 유도하지 않음
⑪ 지사제는 함부로 투여하지 않음
⑫ 발열의 유무, 맥박 · 호흡상태, 병력 등을 확인 : 병원진찰 시 도움
⑬ 학교에서의 지속적인 관리
- 반복되는 복통은 원인질환을 알아내기 위해 진료받도록 권고
- 일상생활 상태나 식사 · 배변 등 규칙적인 생활하도록 지도
- 체중감소 유무 관찰

11 만성재발성 복통의 설명 중 옳지 않은 것은? 1996년

① 복통의 방사는 없다.
② 사춘기에서 흔히 볼 수 있다.
③ 학동기 아동의 10% 정도가 경험한다.
④ 대부분은 기질적 원인에 의한다.

|정답| ④
|해설| ④ 만성 재발성 복통의 주요 원인은 정신 · 사회적 스트레스로 학교생활에서 선생님, 친구 간 문제, 부모 별거, 이혼 등 가족문제 등이다.

12 수술 후 환상통을 가장 많이 호소하는 환자는? 1995년

① 뇌수술을 한 환자
② 척추수술을 한 환자
③ 위장관 수술을 한 환자
④ 사지절단 수술을 한 환자

|정답| ④
|해설| 사지절단으로 인해 더 이상 존재하지 않는 신체의 부위에서 있는 것처럼 통증을 느끼는 것으로 중추성 구심로 차단 통증에 속한다.

13 체강성 동통에 대한 설명으로 가장 알맞은 것은? 1994년

① 염증성 질환의 대부분에서 나타난다.
② 내장의 경련이나 가스로 인한 동통이다.
③ 동통은 복부의 중앙을 중심으로 발생한다.
④ 복벽의 긴장과 복부 압통이 증가된다.

|정답| ④
|해설| 체강성 동통(somatic pain)

- 인대, 건, 뼈, 혈관, 신경에서 발생
- 통증 : 오래 지속되며 둔한 통증, 욱신거리는 억누르는 통증으로 근육수축과 압통이 종종 나타남

①, ②, ③ 내장통증과 관련된 내용이다.

CHAPTER

05 심혈관 기능장애

1 출생 후 순환기 변화

태아순환의 특징	• 태반에서 가스교환이 이루어짐 • 우심방으로 유입되는 혈액은 난원공을 통해 좌심방으로 유입됨 • 폐순환 저항이 매우 높아 폐동맥은 동맥관을 통해 하행대동맥으로 흐름 • 산소분압이 높은 혈액은 제대정맥에서 정맥관을 통해 전신에 공급함
출생 후 신생아 순환의 변화	• 폐에서 가스교환 시작, 태반 순환 중지 → 체순환 압력 증가, 폐 순환 압력 감소 : 폐의 세동맥이 확장되면 폐혈관 저항이 떨어짐 • 폐혈관 저항이 떨어지면서 폐로 유인되는 혈류가 증가해 좌심방으로 돌아오는 혈류가 증가해 좌심방 압력이 우심방 압력보다 상승하여 난원공이 기능적으로 닫힘 : 좌심방 압력 상승, 우심방 압력저하 → **난원공 닫힘** • 제대 절단 → **정맥관 닫힘** • 폐 혈류량 증가 → 동맥혈의 산소분압 증가 → 4일 이내 동맥관이 기능적으로 폐쇄 → **동맥관 닫힘**

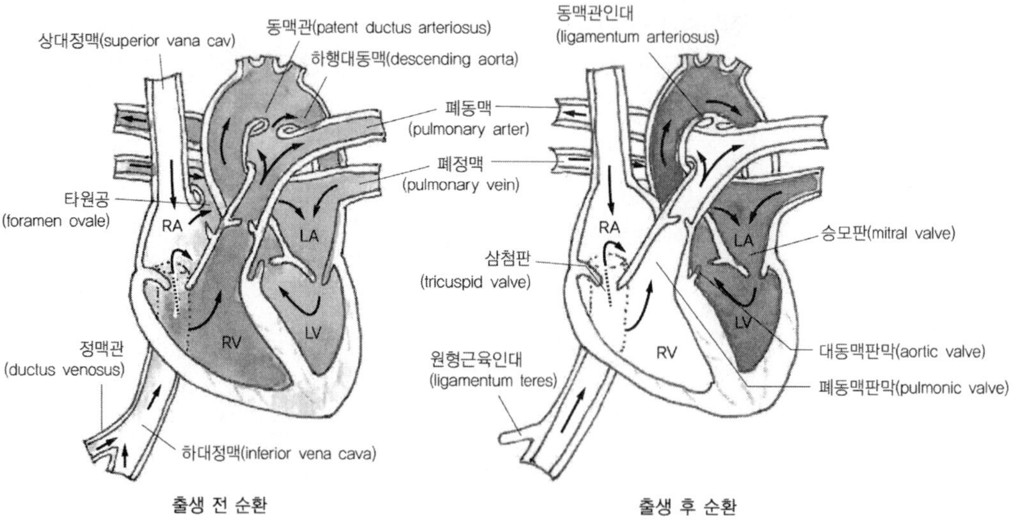

• 실제 4개의 폐정맥이 좌심방으로 유입되지만, 도형은 단순하게 2개만 보여준다.
• RA: 우심방, LA: 좌심방, RV: 우심실, LV: 좌심실

〈출생 시 순환변화〉

2 건강력과 신체검진

1. 문진

(1) 선천심질환에 대한 가족력, 돌연사, 태아 · 영아 사망 여부 확인

(2) 출생 전 간호, 모체질환, 감염, 임신 중 약물복용 확인

(3) 수유곤란, 빈호흡, 호흡활동 증가, 잦은 호흡기 감염, 빈약한 체중증가, 피로감, 운동곤란, 발한, 우는 동안 안색의 변화, 발살바법시 청색증 등 확인

2. 시진

색깔	• **청색증** : 입술과 혀, 손톱확인, 과다 청색증(몸 전체의 어두운 푸른 빛 또는 보랏빛을 돌게 하는 심한 청색증) • **곤봉모양의 손가락** : 만성 청색증으로 인한 연조직의 기형으로 손톱과 손톱 및 피부사이의 정상적 각도가 없어지면 손가락 끝은 더 넓어지고 둥그러짐(정상 160°, 곤봉상지 180° 이상) • 사지냉감 • 말초부종 • 경정맥 확장
활동수준	• 활동, 수유, 울음 시 색깔변화와 호흡곤란이나 잦은 휴식 등 활동 내구성 관찰 • **웅크리고 앉는 자세(슬흉위)** : 저산소증을 개선하려는 노력(청색증 심질환 징후)
흉부	• 활동적인 전흉부, 볼록한 흉강외형, 비대칭적인 가슴모양
호흡형태	• **호흡활동 증가와 호흡곤란** : 울혈성 심질환 징후 • 빈호흡, 견축, 비익확장, 악설음, 호기 시 신음소리, 고개를 상하좌우 갑작스런 움직임 • 수유시, 휴식 및 활동시 호흡상태 사정
영양상태	• 심장질환 관련 성장부진, 체중증가 불량, 활동 내구성 장애

3. 청진 : 심음

• 청진기 bell(저음)과 diaphragm(고음)쪽으로 양쪽을 청진

• 심음은 중추성 맥박 혹은 말초성 맥박과 동시에 들려야 함

<table>
<tr><td rowspan="2">심음부위</td><td colspan="2">• 승모판, 좌심실, 심첨부 : 좌측 중앙 쇄골 선상 제 5늑간 부위
• 삼첨판, 우심실 : 제 3,4,5늑간 흉골 좌연 : 30° 상승 앙와위
• 폐동맥 : 흉골 좌측 제 2늑간
• 대동맥 : 흉골 우측 제 2늑간</td></tr>
<tr><td>심첨부위</td><td>• 승모판, 좌심실, 심첨부 : 좌측 중앙 쇄골 선상 제 5늑간 부위
• 좌심실이 수축하는 동안 짧은 수축기 박동</td></tr>
</table>

<table>
<tr><td rowspan="2"></td><td rowspan="2"></td><td rowspan="2">위치</td><td>7세 미만 아동</td><td>좌측 쇄골 중앙선 바로 왼쪽 옆과 제 4늑간</td></tr>
<tr><td>7세 이상 아동</td><td>좌측 쇄골 중앙선과 제 5늑간 지점</td></tr>
<tr><td rowspan="2">정상 심음</td><td>제1심음 S_1</td><td colspan="3">• 심장의 apex(왼쪽 중앙 쇄골선에서 네 번째 혹은 다섯 번째 늑골간)에서 가장 잘 들림
• 심실 수축의 시작 시 승모판과 삼첨판이 닫히면서 나는 소리
• 부드럽고 길며 낮은 음조</td></tr>
<tr><td>제2심음 S_2</td><td colspan="3">• base(두 번째 늑골간에서 오른쪽 흉골과 왼쪽 흉골)에서 가장 잘 들림
• 제 1심음 후 심실 수축 말미에 일어남
• 대동맥 판막과 폐동맥 판막의 닫힘 의미
• 짧고 높은 음조</td></tr>
<tr><td rowspan="9">비정상 심음</td><td>제3심음 S_3</td><td colspan="3">• 심실성 분마성 리듬 : 이완기 초기의 급속 심실 혈액 충만기에 발생하는 말발굽 소리와 같은 분마성 리듬
• 왼쪽 아래 흉골연(LLSB=left lower sternal border) 혹은 심첨부에서 들림
• 수축기 중 심실이 혈액을 완전히 박출하지 못했을 때 혈량이 과다하게 많을 때 발생
• 어린이, 젊은이에게 정상적
• 심근질환, 울혈성 심부전에서 흔함</td></tr>
<tr><td>제4심음 S_4</td><td colspan="3">• 심방성 분마성 리듬 : 이완기 말기인 심방 수축 시 발생하는 말발굽 소리와 같은 분마성 리듬
• 왼쪽 아래 흉골연(LLSB) 혹은 심첨부(apex)에서 들림, 심질환 의미
• 맥박이 상승 직전 이완기 말기에 다음 심장주기의 S_1 바로 앞에서 발생하여 심방이 수축하는 동안 심실이 비대하여 심실로 혈액이 들어가면서 혈액 충만의 재충전에 저항이 생겨 들림
• 노인 · 운동선수에게는 정상
• 정상인은 거의 들리지 않음, 심부전 의심 시, 관상동맥 질환 시 나타남</td></tr>
<tr><td rowspan="7">심잡음 (murmur)</td><td colspan="3">• 판막이 좁아진 경우나 혈관이 좁아진 경우 역류하면서 나는 소리로 거친 소리, 부는 소리, 휘파람소리, 끽끽거리는 소리</td></tr>
<tr><td>Grade 1</td><td colspan="2">• 거의 들리지 않아 몇 번의 심장주기 동안 잘 들어야 들을 수 있음</td></tr>
<tr><td>Grade 2</td><td colspan="2">• 잘 들리나 부드러운 잡음</td></tr>
<tr><td>Grade 3</td><td colspan="2">• 진동(thrill)은 없이 중정도 크기의 잡음</td></tr>
<tr><td>Grade 4</td><td colspan="2">• 진동이 있으며 중정도 크기의 잡음</td></tr>
<tr><td>Grade 5</td><td colspan="2">• 흉부에 청진기의 가장자리만 대어도 큰 소리의 잡음</td></tr>
<tr><td>Grade 6</td><td colspan="2">• 청진기 없이 흉부에 손을 대면 들을 수 있는 큰 잡음</td></tr>
</table>

	분열음	• S_2의 비정상적인 분열로 호기시에 넓은 분열이 들림 : 폐동맥 협착, 대동맥 협착 • 호흡에 관계없이 넓게 고정성 분열 : 심방중격결손 • 폐동맥판막이 조기에 닫히거나 대동맥판막이 늦게 닫히는 경우 • 심근경색, 대동맥판 협착증, 대동맥판 역류 등

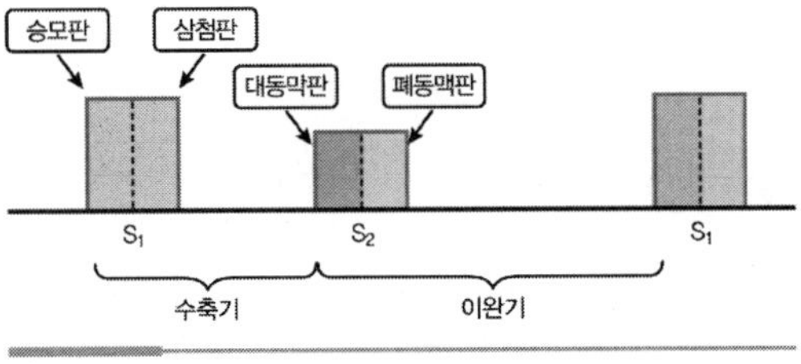

수축기는 S_1에서 S_2 사이이고, 이완기는 S_2와 S_1 사이이다. 이완기가 수축기보다 길다.

정상 심음과 심장주기

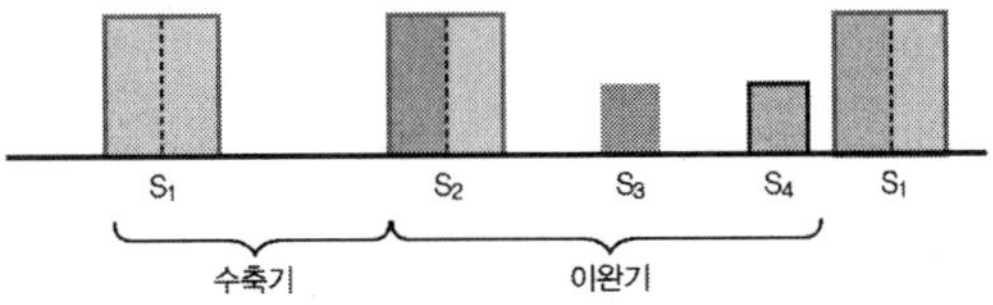

비정상 심음과 심장주기

〈정상 심음과 비정상 심음〉

4. 촉진

체온	• 차가운 손발 : 심박출량 감소에 의한 불충분한 관류 의미	
맥박	• 심박출량이 감소하면 말초맥박이 감소할 수 있음(울혈심부전, 탈수) • 하지의 맥박이 약하거나 없는 경우 : 대동맥축착 징후	
혈압	• 상지혈압과 하지혈압간의 불일치 : 대동맥축착 징후	
	기이맥 (pulsus paradoxus)	• 호흡과 함께 수축기 혈압에서 지나친 변동이 있는 것 • 자발호흡을 하고 있는 아동에서 흡기 시 수축기 혈압은 정상적으로 10mmHg 이상 떨어지지 않아야 함 • 10mmHg 이상 하강 : 병리적, 심장압전(심장충만을 제한시키는 심장주변 액체의 축적), 심낭압출, 심낭염 등 심장충만에 방해가 되는 질병의심
모세혈관 충혈	• 사지의 모세혈관 충혈 사정 – 손가락으로 5초 동안 피부를 꽉 누르고 난 뒤 혈액귀환속도 측정 – 정상 2~3초, 3초 이상은 순환기능의 발달장애로 심박출량 감소로 지연	

흉부	• 박동의 위치, 크기, 진폭 및 기간, 빈도사정 손가락 바닥 이용, 세밀하게 박동 부위 찾음	
	• 심첨부(apex) → 최대박동점(point of maximal impulse, PMI) - 위치 : 좌측 제 4 혹은 5 늑간과 좌측 쇄골 중앙선이 만나는 곳 - 크기 : 정상적으로 1cm×2cm - 진폭 : 정상적으로 짧고 부드럽게 치는 것처럼 느낌 - 기간 : 수축기의 첫 1/2 동안만 짧게 지속 • 정상보다 아래 위치 : 심비대 징후	
	진전음(thrill)	• 심장질환과 관련된 심잡음이 4도 이상에서 진전음 • 진동을 느끼는 진동음, 크고 거칠게 울리는 소리
	마찰음(friction rub)	• 심낭이나 늑막강에 수액이 존재
	좌심실 비대	• 지름이 3cm보다 크고 PMI가 5번째 늑간 아래나 중앙 쇄골선보다 측면에 위치
	우심실 비대	• 좌측 흉골 옆 박동으로 우심실의 비대 알 수 있음
복부	• 간 가장자리 위치 확인 - 영아나 아동에서는 오른쪽 늑골연이나 약간 그 아래 위치 - 정상 간의 가장자리는 견고하고 표면이 매끈함 - 울혈성 심부전 : 오른쪽 늑골연 1~2cm 아래에서 간이 만져지고 분명히 경계되지 않는 가장자리를 보이며 말랑말랑 함	

5. 타진

PMI	타진으로 심장 크기 확인
심장탁음 확인	전액와선의 심장의 왼쪽에서 공명음으로 시작하며 제 3,4,5 늑간의 심장 탁음 타진
좌심실 비대	공명음에서 탁음으로 바뀌는 경계부위가 왼쪽 중앙 빗장뼈선을 지나 왼쪽으로 연장되어 심비대가 심하면 타진 상 탁음이 들리는 부위가 넓어짐

종류	강도	높이	지속시간	장기	폐 질환
공명음 (resonance)	중	저	장	정상성인 폐	정상
과도공명음 (hyperreasonance)	강	저	장	어린이의 폐 과팽창 폐	폐기종 기흉
고음 (tympany)	강	고	중	비어있는 위	기흉
편평음 (flatness)	약	고	단	근육, 뼈	무기폐 폐렴
탁음 (dullness)	중	중	중	심장, 간	

6. 심장질환의 진단적 검사

맥박산소측정법(SpO_2)	• 손가락, 발가락, 귓불, 콧등에 부착한 작은 적외선 탐침을 이용해 혈액 내의 산소포화도를 측정
심전도(EKG)	• 심장의 전기적 활동을 측정하여 그래프로 나타냄 • 24시간 심전도(holter monitor) : 부정맥을 사정하기 위해 24시간 연속적으로 EKG를 기록
흉부 방사선 검사 (Chest X ray)	• 심장의 크기와 폐혈류 양상에 대한 정보를 제공
심장초음파(ECHO)	• 변환장치(transducer)에 의해 만들어진 고음파를 사용하여 심장 구조의 이미지를 확인
심도자술 (cardiac catheterization)	• 방사선 비투과성 카테터를 말초혈관을 통해 심장으로 삽입하는 방법 • 각 방의 압력과 산소농도를 측정하고 심장 구조와 혈류양상을 시각화하는 방법
운동부하검사 (exercise stress test)	• 러닝머신 또는 자전거를 사용하여 휴식시와 점진적인 활동 시의 심박동수, 혈압, 심전도, 산소소모정도를 측정
자기공명영상 (MRI)	• 비침습적 영상기술로, 심장외부의 혈관구조(대동맥 축착, 혈관협착), 심실의 크기와 혈량을 평가하는 데 사용

3 선천성 심장질환

1. 선천성 심장질환의 원인

유전	• 심장결손형제, 부모가 선천성 심장질환인 경우 • 다운증후군 같은 염색체 이상 • 다른 선천성 기형과 함께 동반
환경적 요인	• 임신 초 투여한 항경련제, 항정신성 약물 및 와파린, 에스트로겐 약물 • 임신기간 중 풍진감염 • 모체의 알코올 중독 • 모체연령 40세 이상 • 모체 당뇨병, 조절되지 않은 페닐케톤뇨증

2. 선천성 심장질환의 혈액학적 분류

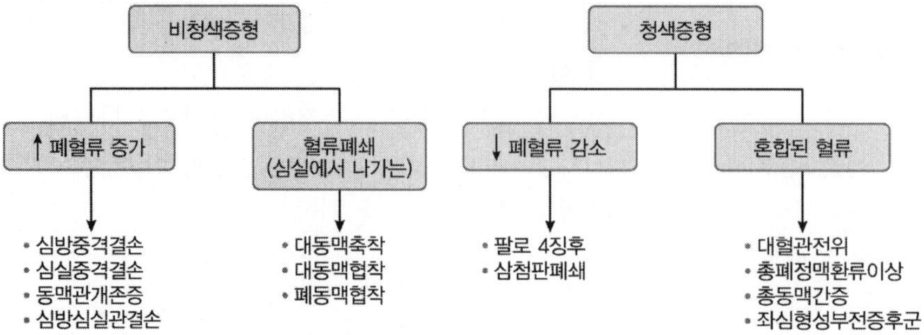

3. 비청색증형 심질환

(1) 증상

심잡음, 호흡곤란, 허약, 발육부진, 운동 후 심한 피로감, 잦은 상기도 감염, 빈맥

(2) 폐혈류 증가 심질환 : 좌 → 우 단락

- 중격 사이의 교통이나 큰 동맥 사이의 비정상적인 통로가 있어 혈액을 압력이 높은 좌심에서 압력이 낮은 우심으로 흐름
- 우심의 혈량 증가는 폐혈류를 증가시킴
- 울혈심부전의 증상과 징후 보임
- 예 : 심방중격결손, 심실중격결손, 동맥관 개존증

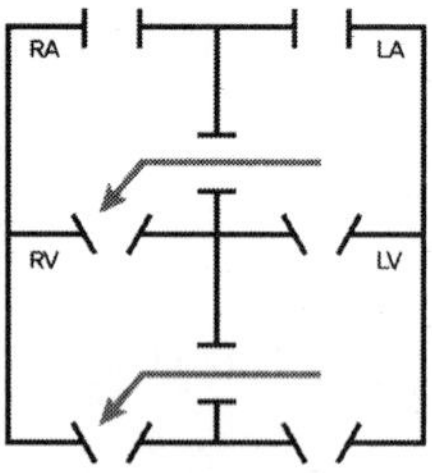

① 심방중격결손(ASD ; Atrial septal defect)

정의	• 두 심방 사이의 비정상적인 개구로서 혈액은 압력이 높은 좌심방에서 압력이 낮은 우심방으로 흐름 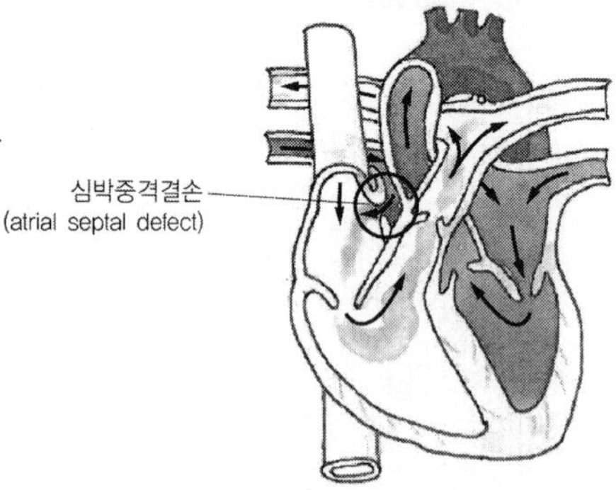
기전	• 좌심방 압력이 우심방의 압력보다 약간 높기 때문에 혈액은 좌심에서 우심으로 흐르게 되고 결국 산화된 혈액이 우심으로 흐르게 됨 • 우심실을 거쳐 폐순환으로 들어가므로 우심방과 우심실의 부담이 커지고 폐혈류량이 증가

증상	• 대부분 무증상, 잡음, 피로, 호흡곤란, 심계항진, 심방부정맥 • **수축기 잡음** : 심방에서의 단락에 의해 폐동맥으로 가는 혈류량이 증가하여 좌측 흉골연 상부에서 부드러운 박출성 수축기 심잡음 들림 • **S2 넓은 고정성 분열** : 대동맥판, 폐동맥판이 닫히는 소리	
진단	• 흉부 X-ray : 우심방 · 우심실 확대, 폐혈관 음영 증가 • 심도자 : 우심방 산소농도 증가 • 심잡음(murmur)	
치료	내과적 관리	• 생후 첫 1년 내에 약물치료 없이 자연폐쇄 여부 모니터 • 증상이 있는 아동은 이뇨제와 digoxin 치료
	중재적 심도자술	• 심방중격결손의 카테터를 이용한 폐쇄장치
	외과적 관리	• 봉합, 심막부착포(pericardial patch) • 흉골을 절개하는 개심술, 체외순환(cardiopulmonary bypass)을 이용

CHECK Point 심기능 증진을 위한 투약

Digoxin(Lanoxin)	작용	• 심근에 직접 작용하여 심근 수축력 강화 • 미주신경의 항진으로 심박동수 감소 • 소변 배설량 증가
	부작용	• 오심, 구토, 서맥, 저칼륨혈증
	고려사항	• 서맥 : 맥박 1분간 측정 • 저칼륨혈증 : 투약 전 칼륨 레벨 확인 → 심실 부정맥 유발, Digoxin 독성을 촉진 • 아동이 약을 토하는 경우 다시 주지 않음 • 매일 아침과 저녁에 식사 20~30분 전에 투여 • 규칙적으로 투여하여 혈청수준을 일정하게 유지함
Captopril	혈관을 이완시키는 안지오텐신 전환효소 억제제	
Furosemide(Lasix)	축적된 체액을 감소, 소변 배출량 증가	
Aldactone	포타슘 배설을 막는 이뇨제	

② 심실중격결손(VSD ; Ventricular septal defect)

정의	• 우심실과 좌심실 사이의 비정상적인 개구로서 혈액이 압력이 높은 좌심실에서 압력이 낮은 우심실로 흐르게 되어 좌우 단락 형성 • 가장 흔한 선천성 심장질환으로 다른 심질환을 동반하는 경우 많음

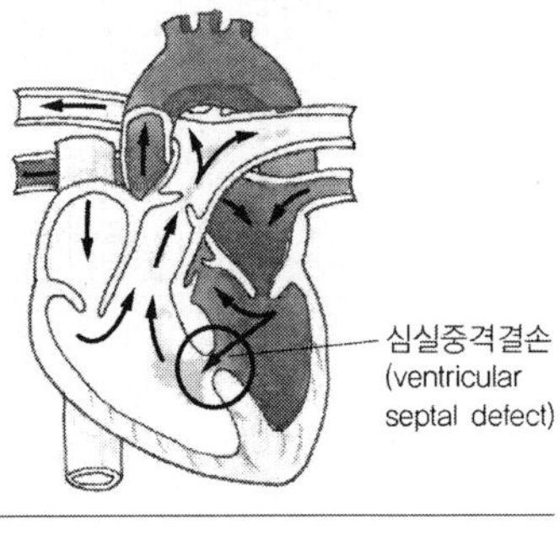

기전		• 좌심실의 높은 압력과 폐혈관 저항보다 높은 체혈관 저항 때문에 혈액은 결손부위를 통해 폐동맥으로 흐르게 됨 • 증가된 혈액은 폐로 유입되고 폐혈관 저항이 점차적으로 증가하게 됨 • 좌우단락과 폐혈관 저항의 증가로 인해 우심실의 압력이 증가하게 되어 우심실 근육 비대를 초래함
증상		• 울혈성 심부전 • 크고 거칠며 범 수축기 잡음 : 우심실 부위 • 심첨부에서 이완기 잡음 : 승모판을 통한 혈류 증가
진단		• 흉부 X-ray : 우심방, 우심실 확대, 폐혈관 음영 증가 • 수축성 심잡음
치료	내과적 관리	• 자연폐쇄(30~40%) • 울혈성 심부전 시 이뇨제와 digoxin 치료
	중재적 심도자술	• 교합장치 삽입
	외과적 관리	• 체외순환을 이용하여 결손부위를 patch로 막아주는 완전교정 수술 실시

③ 동맥관 개존증(PDA ; Patent ductus arteriosus)

정의	• 생후 1주일 이내에 닫혀야 하는 태아의 동맥관(대동맥과 폐동맥을 이어주는 동맥)의 폐쇄부전 • 동맥관의 지속적인 개방으로 인해 압력이 높은 대동맥에서 압력이 낮은 폐동맥으로 혈액이 흐르는 좌우단락 발생 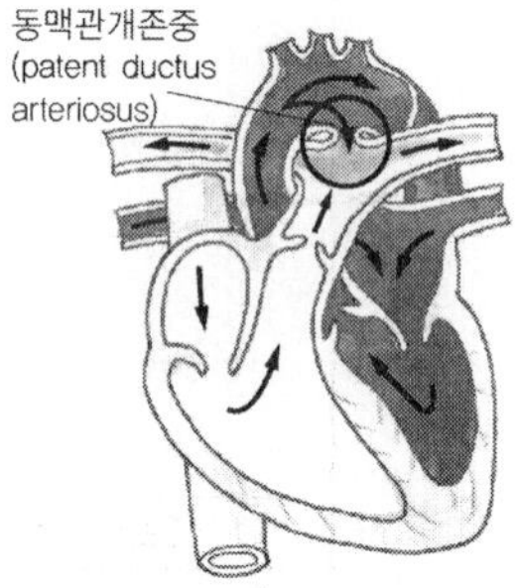
기전	• 체순환 압력이 폐순환 압력보다 높아지면서 혈액은 대동맥에서 관을 통해 폐동맥으로 흐름 → 추가 혈액이 폐를 다시 순환하여 좌심방, 좌심실로 다시 돌아가는 순환변환 → 좌심 부담이 증가하고 폐혈관 울혈과 저항이 증가 → 잠재적으로 우심실 압력 상승과 비대가 발생할 가능성이 있음 • 만삭아의 경우 동맥관은 대개 출생 후 10~15시간에 기능적으로 폐쇄되고 해부학적으로는 대개 2~3주에 닫힘 • 동맥관 개존 시 혈액은 대동맥에서 폐동맥으로 혈액이 단락되어 과다한 혈액이 폐로 유입되며, 이미 산화된 혈액이 재산화됨

증상	• 기계적 심잡음 : 천둥소리, 기계음 • 혈액이 대동맥에서 폐동맥으로 흐르게 되어 맥압차가 큼(40mmHg 이상, 뛰는 듯한 맥) : 폐동맥의 맥압 상승, 폐울혈 • 발육지연, 창백, 허약 • 기침, 호흡기 감염 유발 • 심장염 발생 가능성 높음	
진단	• 흉부 X-ray : 좌심방 · 좌심실 비대, 폐혈관 음영 증가, 폐고혈압 시 우심실 비대 • Echo : 삼첨판 부재 • EKG : 좌심실 비후 & 좌심방 확장	
치료	내과적 관리	• 동맥관 수축을 증진시키는 PG 억제제인 Indomethacin (Indocin) 투여
	중재적 심도자술	• 동맥관의 비외과적 폐쇄는 심도자술로 행함
	외과적 관리	• 좌측 개흉술을 통해 실시, 1~2세 외과적 폐쇄 • 울혈성 심부전의 내과적 관리에 반응하지 않거나 내과적 관리 대상이 아닌 생후 1년 내의 증상이 있는 영아에게 실시 • 합병증 : 울혈성 심부전

(3) 폐쇄성 심질환

- 혈액에 흐르는 출입구가 해부학적으로 좁아져 (협착) 혈액의 흐름이 폐쇄된 것
- 폐쇄 부위의 앞쪽의 심실과 큰 동맥의 압력은 증가, 폐쇄된 뒷부분의 압력은 감소
- 예 : 대동맥축착, 대동맥협착, 폐동맥협착

① 대동맥축착(COA ; Coarctation of aorta)

정의	• 대동맥으로 들어가는 동맥관 결합부위 근처의 대동맥이 국소적으로 좁아진 것 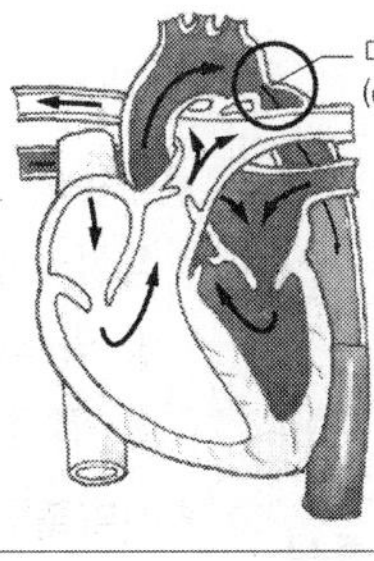
기전	• 대동맥 내의 협착은 결손부위의 근위부(상지)의 압력 증가와 원위부(하지)의 압력 감소를 일으킴
증상	• 상지고혈압 – 상지혈압은 높고 뛰는 듯한 맥박이 촉지, 대퇴맥박은 없거나 미약 – 하지저혈압 : 하지는 차고 혈압이 낮음 – 상하지 혈압차

	• 심한 산혈증과 저혈압에 빠지는 경우가 많음 • 상완맥박 및 대퇴맥박의 불일치(말초부위의 혈액순환 저하때문) • 운동 시 다리 근육의 경련성 통증(무산소증) • 수족냉증		
진단	• 상지혈압이 하지혈압보다 최소한 20mmHg 더 높음 • 대퇴 & 족부맥박 감소, 상완 · 대퇴맥박 지연 • 흉부 X선 : 좌심실 · 좌심방 비대, 폐정맥 울혈		
치료	내과적 관리	투약	이뇨제, digoxin, 항고혈압제제 투여
		구강간호	상기도 감염 및 심내막염 예방
		발보온	수족냉증 간호
	중재적 심도자술	• 풍선확장술과 함께 스텐트 시술, 풍선혈관 성형술	
	외과적 관리	• 단락문합술 : 협착부위가 짧을 때 • 좌쇄골하판 patch : 좌쇄골하 동맥 patch 대줌 • 풍선확장술 : 심도자를 통해 풍선이 달린 카테터를 대퇴동맥으로 넣어 좁아진 대동맥 부위에 풍선을 부풀려 병변을 넓히는 방법	

② 대동맥협착(AS ; Aortic stenosis)

정의	• 대동맥판막이 좁아지거나 협착된 것 • 좌심실 내 혈류저항의 증가, 심박출량 감소, 좌심실 비대와 폐혈관 울혈 일으킴	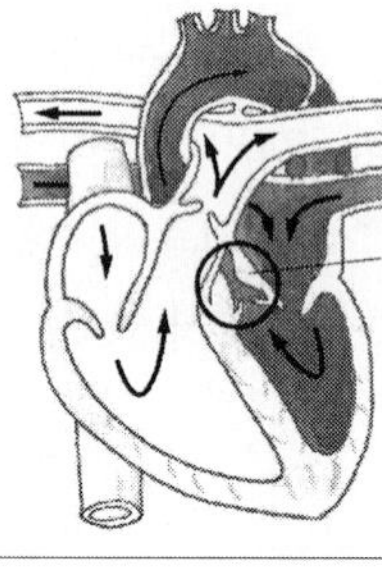
기전	• 대동맥 유출로의 협착은 좌심실에 혈액을 박출하는 데 저항을 일으킴. 좌심실의 과도한 작업부담은 좌심실 비대 → 좌심실 기능부전이 발생 → 좌심방 압력이 증가하게 되고 폐정맥 압력을 증가 → 결국 폐혈관울혈(폐부종)을 일으킴	
증상	• 심박출량 감소증상 : 가냘픈 맥박, 저혈압, 빈맥, 수유곤란 등 • 서 있을 경우 운동불내성, 흉통, 현기증 동반	
진단	• 흉부 X-ray : 좌심방, 좌심실 비대, 폐울혈	
치료	내과적 관리	• 중증도 이상 아동은 심장 추후관리와 항생제 투여
	중재적 심도자술	• 풍선 판막 성형술 : 협착을 감소시키고 심박출량을 증가시키는 시술
	외과적 관리	• 외과적 판막절개술

③ 폐동맥협착(PS ; Pulmonary stenosis)

정의	• 폐동맥으로 나가는 입구가 좁아진 것 • 혈류에 저항이 생겨 우심실이 비대되고 폐혈류는 감소됨 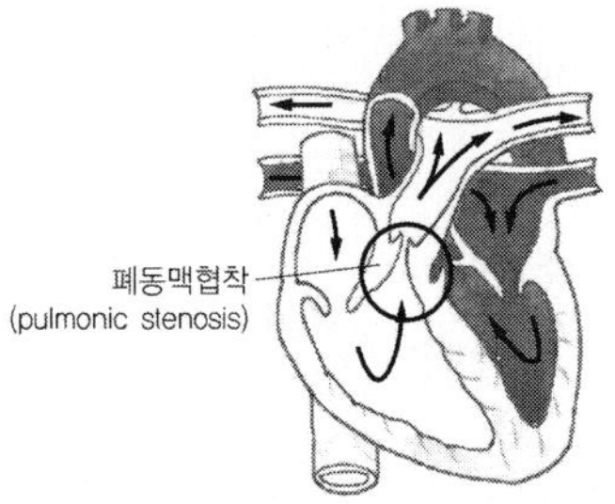	
기전	• 폐동맥 협착이 있을 때 폐혈류의 저항으로 우심실 비대 → 우심실 압력이 심하게 상승되어 혈액이 역류되어 우심방 압력을 높여 난원공이 열림 → 우심방에서 좌심방으로 흐르게 함	
증상	• 대부분 무증상 • 운동 내구성 저하와 비정상적 EKG • 청색증을 동반하기도 함	
진단	• 흉부 X-ray : 우심실 비대	
치료	내과적 관리	• PGE_1 투여 : 폐협착이 심한 신생아는 동맥관을 개존해 산소화한 혈액이 폐로 충분히 들어갈 수 있게 함
	중재적 심도자술	• 풍선 판막 성형술, 풍선확장술
	외과적 관리	• 외과적 판막 절개술

4. 청색증형 심질환

(1) 폐혈류 감소 심질환 : 우 → 좌 단락

특징	• 폐혈류의 폐쇄와 우심과 좌심 사이의 해부학적 결손 • 폐동맥을 따라 우심밖으로 나가기 어려워지고 이에 따라 우심의 압력이 좌심의 압력보다 증가 → 산소가 불포화된 혈액이 우심에서 좌심으로 흐르게 되어 좌심과 체순환 내의 혈액이 산소불포화 상태가 됨 • 저산소혈증과 청색증 보임 • 예 : 팔로 4징후, 삼첨판 폐쇄 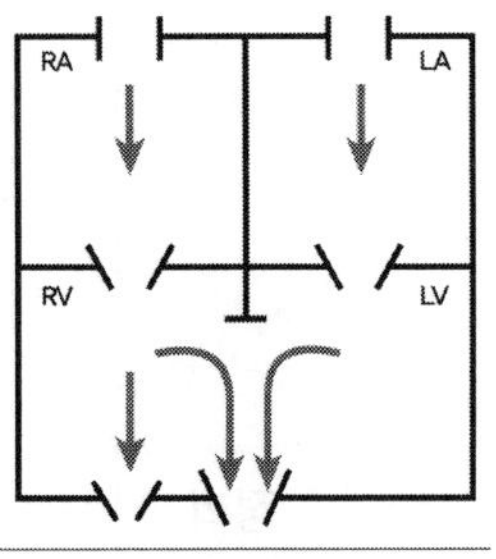	
증상	적혈구 과다증	• 계속되는 저산소증 → 골수에서 조혈 촉진 → 적혈구, 혈소판 생성으로 적혈구 수를 증가시키는 다혈구혈증 초래 • 적혈구 수 증가 → 혈액의 산소운반 능력을 증가 헤모글로빈을 형성할 만큼 철분이 공급되지 않을 경우 철 결핍성 빈혈 유발 • 다혈구혈증 → 혈액의 점성도 증가, 혈소판과 응고인자들이 밀집되어 혈전, 색전증이 유발 → 뇌졸중 발생

	곤봉상지	• 말초조직 저산소증에 대한 보상작용 • 모세혈관 증식과 연조직의 섬유화 및 비대로 부종
	저산소형 발작	• TOF 때 잘 나타남
	반복적인 호흡기 감염	• 폐울혈로 세균이나 바이러스 감염에 취약
	웅크린 자세(슬흉위)	• 활동 후 하지로부터 낮은 산소포화도의 혈액귀환을 저지하여 하지로 가는 동맥혈류 저항 높임
	중추신경계 합병증	• 두경부로의 산소공급 저하로 인해 실신, 정신혼란, 간질 발작 등
	호흡곤란, 심잡음, 청색증, 장화형 심장, 성장지연과 운동 내성 감소	
치료 및 간호	산소투여	• 동맥혈 산소포화도 증가
	슬흉위	• 쪼그려 앉는 자세, 무릎을 구부리고 가슴에 붙인 자세 • 하지에서 귀환하는 정맥혈(산화되지 않은 혈액)의 유입감소로 심장으로 정맥귀환량을 감소시켜 우심실 혈량 감소시켜 우 → 좌 단락을 감소 • 대동맥의 체혈관 저항을 높임으로 우-좌 단락 감소로 폐로 많은 혈액이 증가하여 청색증 완화
	약물투여	• morphine : 호흡중추를 억제, 과호흡 교정 • $NaHCO_3$: 산혈증 교정 • propranolol : 심박동수를 감소시켜 우 → 좌 단락 감소시키고 우심실 박출 부전 경감시키는 효과

(2) 팔로 4징후(TOF ; Tetralogy of Fallot)

정의	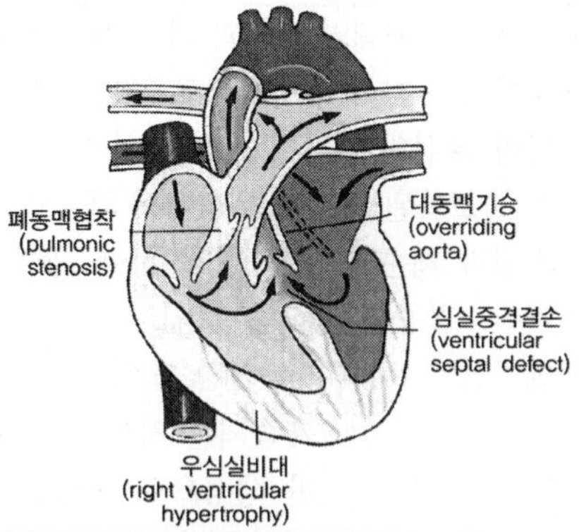		
	심실중격결손	좌-우 단락	• 심실중격결손 단락 방향 : 폐혈관과 체혈관사이의 저항정도에 달림 • 처음에는 체순환 저항이 폐순환저항보다 커서 좌-우 단락

		우-좌 단락	• 폐혈관 저항이 체혈관 저항보다 높아 좁아진 폐동맥으로 나가지 못하는 정맥혈로 심실중격결손을 통해 우-좌 단락으로 청색증 유발
	폐동맥 협착		• 질환의 중증도를 결정 • 우심실 유출로 협착에 의해 폐동맥 협착으로 폐로 가는 혈류의 감소 • 갑자기 폐동맥 협착이 심해지면 폐 혈류량이 감소하면서 심한 청색증이 생기는 무산소 발작
	대동맥 기승 (대동맥 우위)		• 대동맥 기승은 대동맥이 우심실쪽으로 편위 • 좌심실 대신 우심실측으로 양심실로부터 유입되어 혈액분포가 달라짐
	우심실 비대		• 폐동맥 협착으로 폐혈류 저항이 우심실의 압력 과부하에 의해 2차적으로 우심실 비대 초래
기전			• 4가지 구조적 결함이 합병되면서 혈류 감소 및 우심실 비대 초래 • 심실중격결손이 크기에 우심실과 좌심실의 압력은 대체로 동일하여 단락의 방향은 폐순환과 체순환의 저항에 따라 결정되며 울혈성 심부전은 동반되지 않음
증상			• 중등도의 수축기 잡음 • 갑작스런 청색증 • 저산소증, 특징적인 심잡음 • 곤봉상지 • 운동 후 호흡곤란 • **적혈구 과다증** : 적혈구의 증가는 혈액의 산소운반능력을 증가시키므로 저산소혈증의 보상기전이나, 다혈구증은 혈액점도를 증가시켜 혈소판, 혈액응고 인자들을 밀집시켜 혈전을 일으키기 때문에 탈수 시 뇌졸중 유발가능 • 웅크림 • 무산소성 발작 • 성장지연
진단			• **흉부 X-ray** : 장화모양의 심장, 우심실 비대로 심첨 들려 있음 • 거친 수축성 심잡음
치료	내과적 관리		• **PGE_1 투여** : 동맥관 개존 유지 • 감염성 심내막염 예방 위해 구강위생 청결히 해야 함 • 적혈구 과다증으로 인한 상대적 철 결핍성 빈혈 교정 위해 철분투여 • 청색증이 심해지고 호흡곤란이 동반된 청색증 발작 시에는 슬흉위, 몰핀, 산소투여
	외과적 관리		• **Blalock-Taussing 문합술(완화적 측로술)** : 우측 또는 좌측 쇄골하 동맥을 동일한 쪽의 폐동맥과 연결하여 폐로 가는 혈류 증가시킴

※ 무산소 발작(blue spell, anoxic spell)

정의	• 팔로 4징후에 나타나는 무산소성 발작 • 생후 2세 이하(특히 2~6개월) 발작적인 과호흡과 함께 청색증 심해짐 • 아침에 잠에서 깨어난 후 가장 흔히 발생 • 심하게 울 때 혹은 수유나 배변 후에 잘 일어남	
기전	• 우심실 유출로의 협착 ↑ → 우-좌 단락 ↑ → PO_2 ↓, PCO_2 ↑ → 과호흡 → 체혈관 저항 ↓, 전신 정맥 순환 ↑→ 우-좌단락 ↑로 악순환 • 무산소 발작 후 색전, 경련, 의식소실 또는 갑작스러운 사망의 위험	
치료	슬흉위	• 쪼그려 앉는 자세, 무릎을 구부리고 가슴에 붙인 자세 • 하지에서 귀환하는 정맥혈(산화되지 않은 혈액)의 유입감소로 심장으로 정맥귀환량을 감소시켜 우심실 혈량 감소시켜 우→좌 단락을 감소 • 체혈관 저항을 높임으로 우-좌 단락 감소로 폐로 많은 혈액이 증가하여 청색증 완화
	산소공급	• 동맥혈 산소포화도 증가. 100% 산소공급
	morphine 주사	• 교감신경계 억제 작용으로 과호흡 억제, 과호흡 막아 발작 멈춤
	$NaHCO_3$ 투여	• 대사성 산증 교정
	Propranolol 투여	• 진정 목적 • 심박동을 감소, 폐혈류량 증가
	수액공급	• 탈수교정

(3) 삼첨판폐쇄증(TA ; Tricuspid atresia)

정의	• 우심방과 우심실 사이의 판막인 삼첨판이 폐쇄된 것 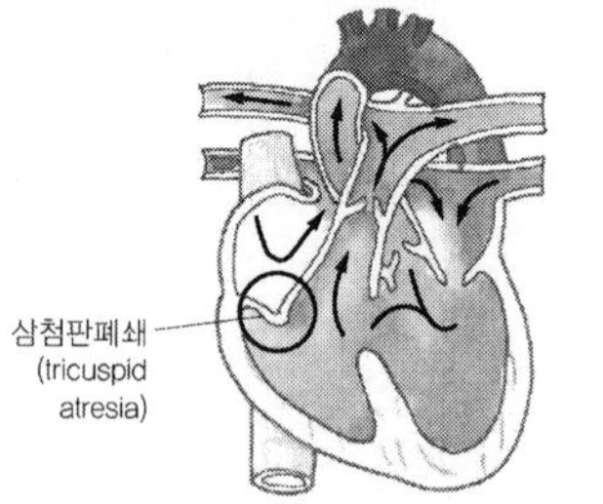
기전	• 우심방으로 돌아온 산화되지 않은 혈액이 우심실로 가지 못하고 난원공이나 다른 심방중격결손을 통한 단락은 좌심방과 좌심실로 들어감 (우→좌 단락) • 좌심실로부터 혈류의 일부가 심실중격결손을 통과하여 작은 우심실과 폐순환으로 들어감 • 심실중격결손이 없으면 동맥관 개존증을 통해 혈액을 폐로 흐르게 하여 산화를 가능하게 함

증상	• 신생아기 : 청색증, 빈맥, 호흡곤란 및 성장장애 등 증상관찰 • 나이든 아동 : 곤봉상지 등의 만성 저산소증이 나타남 • 심잡음 : S_1, S_2 단일음	
진단	• 흉부 X-ray : 심비대, 폐혈관 음영감소 • Echo : 삼첨판 부재 • EKG : 커진 P파(우심방 확장), 좌심실 비대	
치료	내과적 관리	• PGE_1 투여 : 폐혈류를 위해 동맥관에 의존하는 영아의 경우
	중재적 심도자술	• 난원공이 닫히기 시작하면 풍선 심방중격 절개술
	외과적 관리	• 완화수술 : 폐로 가는 혈류를 증가시키기 위해 단락술 시행 • Glenn 단락술(상대정맥과 폐동맥의 문합술) : 4~6개월경 시행 • Modified Fontan procedure : 18개월~6세 사이에 시행 – 산화되지 않은 혈액을 하대정맥에서 직접 폐동맥으로 가게 하는 기법

(4) 복합결손

• 출생 후 생존은 폐순환과 체순환으로부터 심장의 각 방에 유입된 혈액의 혼합 정도에 달려 있음

• 완전포화된 체혈류와 불포화된 폐혈류가 섞여 상대적으로 체혈류는 불포화상태가 됨

• 폐동맥압력과 대동맥압력 차이로 폐혈류가 증가하고 결국 폐울혈이 발생하며 심박출량은 좌심실의 용적부하 때문에 감소

• 예 : 대혈관전위, 총폐정맥환류이상, 총동맥간증, 좌심형성부전증후군

① 대혈관전위(TGA ; Transposition of the great arteries)

정의	• 태아기에 흔한 총동맥간 혈관의 부적절한 분리와 회전이 원인이 되어 우심실은 대동맥과 연결되어 있고 좌심실은 폐동맥과 연결됨 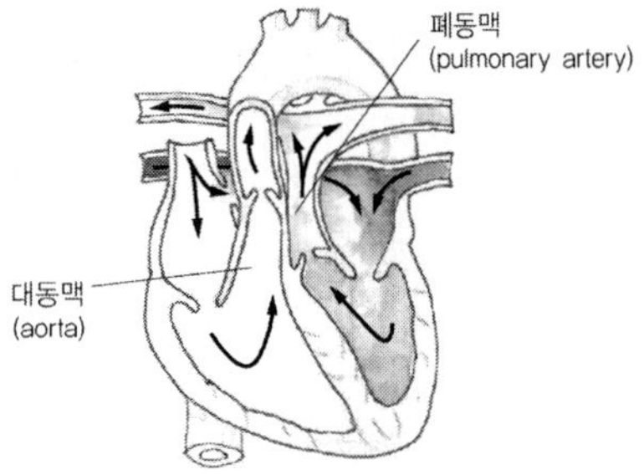
기전	• 대동맥이 우심실에서 연결되고 폐동맥이 좌심실에서 연결되어 우심실의 혈액이 산화되지 못한 채 바로 대동맥으로 유입되고 좌심실의 혈액은 완전히 산화되었음에도 불구하고 폐로 돌아감 • 출생 후 동맥관과 난원공이 폐쇄한 후 체순환으로 산소를 운반할 수 없어서 생명이 위태로움 • 사망률 높음

증상	• 심한 산소부족 : 청색증, 대사성 산독증, 저체온증 발생 • 생후 1~3일경 동맥관이 막히면 청색증이 심해지고 호흡곤란	
진단	• **흉부** X-ray : 달걀모양(옆으로 누운 모양), 종격동이 좁음 • Echo : 대동맥이 우심실에서 나옴, 우심실 비대, 우측편위	
치료	내과적 관리	• PGE_1 **투여** : 신생아기에 투여하여 정맥주입으로 동맥관 열려 있게 함
	중재적 심도자술	• 심방 내 혈액이 혼합하지 않으면 심도자술을 이용하여 풍선 심방중격 절개술 시행
	외과적 관리	• **대동맥치환술** : 대동맥과 폐동맥을 우심실과 좌심실 위치에서 적절히 해부학적 위치로 서로 바꾸어 연결

CHECK Point TGA 와 TOF 비교

	TGA	TOF
청색증 시작 시기	출생 직후	생후 3~4개월 후 (우좌 단락)
심장 크기	증가(계란 모양)	정상(장화모양)
폐혈관 음영	증가	감소
심부전	심부전 있음	심부전 없음
흉부 X선 사진	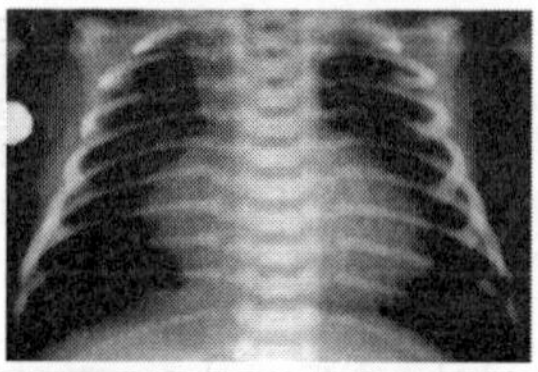	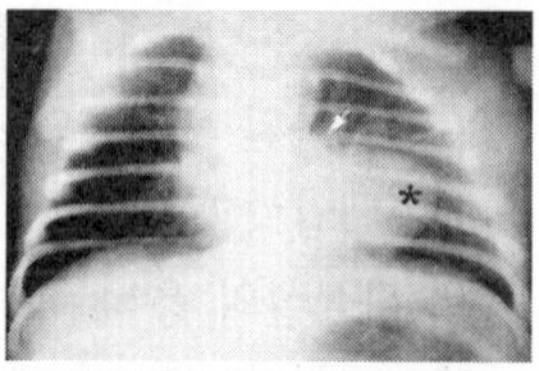

② 총동맥간증(truncus arteriosus)

정의	• 태아기에 폐동맥, 폐동맥 판막, 대동맥, 대동맥 판막으로 정상적으로 분리되어야 하는 대혈관의 불완전한 분리 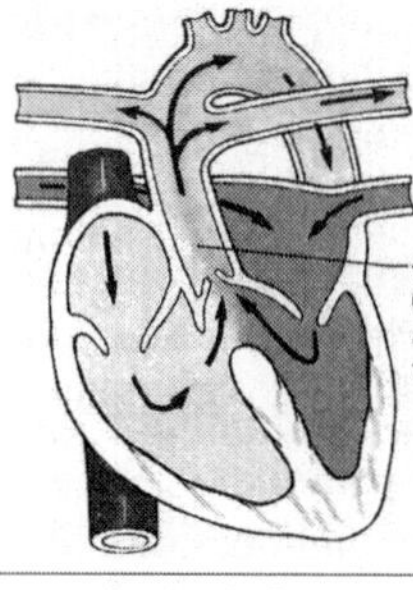
기전	• 불포화된 혈액은 우심방으로 들어가 삼천판을 통해 우심실로 들어감 • 포화된 혈액은 좌심방으로 들어가 승모판을 통해 좌심실로 들어감 • 심실중격결손 위치에서 불포화된 혈액과 포화된 혈액이 섞임 • 총동맥관으로 합쳐진 혈액은 폐순환, 체순환, 관상동맥순환으로 보내짐 • 폐혈류량이 많을수록 울혈심부전이 많고, 심박출량이 감소하면 관상동맥 허혈 위험

기전	• 대동맥과 폐동맥이 분리되지 않고 하나의 혈관으로 양심실에서 혈액을 받음 • 좌우심실에서 박출된 혈액은 총동맥간으로 흐르고 체순환과 폐순환이 섞이게 되어 저산소혈증을 초래 • 심장에서 박출된 혈액은 압력이 낮은 폐동맥으로 흘러 폐동맥 고혈압을 유발	
진단	• 흉부 X-ray : 심장이 커져 있음, 폐혈관 음영의 증가 • Echo : 양심실 비대	
증상	• 청색증 : 성장지연, 운동내구성 결여 • 심잡음 • 뇌농양, 세균성 심내막염 위험	
치료	내과적 관리	• Digoxin과 이뇨제로 울혈심부전을 치료하는 것과 다혈구증을 예방하는 것이 중요
	외과적 관리	• 완전교정수술(Rastelli's operation) – 조기에 폐 고혈압이 올 수 있으므로 생후 4~8주 이내에 수술 – 동맥간에서 patch로 대동맥과 폐동맥의 기시부를 분리하고 다른 patch로 심실중격결손을 막는다. – 우심실과 새로 분리된 폐동맥 사이에 판막이 들어 있는 인조혈관이나 동종 이식 판막을 넣는다.

5. 선천성 심질환 환아의 간호

활동	• 휴식을 자주, 충분히 취하고, 수면시간이 방해받지 않도록 함 • 활동 수준을 제한하지 않고 일상적인 활동하도록 함 • 아이 스스로 활동 조절하도록 함 • 정신적 스트레스가 과하거나 경쟁적인 운동경기는 피하도록 함 • 무산소성 발작 시 체위 : 슬흉위
영양	• 영아 : 모유수유나 조제유 수유를 적절하게 섭취 • 아동 : 균형진 일반식이 섭취 • 자극적인 음식 제한, 염분제한 식이, 단백질 식이, 고영양 식이 • 처방에 따라 철분 제제 투여 • 탈수 예방 : 수액 공급, 수분섭취
감염예방	• 호흡기 감염예방 • 감염성 심내막염 예방 • 개인위생, 면역증가, 접촉 피하기를 함 • 예방적 항생제의 사용
응급처치	• 저산소증의 조기 증상과 대처법, 의사연락 방법 숙지 • 환아 진단, 치료과정, 알레르기 경력, 다른 건강상 문제, 약물에 대한 정보를 알고 교사나 돌보는 이에게도 정보 제공

CHAPTER 05 심혈관 기능장애

기출문제

1 선천성 심장질환

01 **다음은 심장질환이 있는 학교 신입생이 보건교사에게 제출한 진료 소견서의 일부이다. 괄호 안의 ㉠, ㉡에 해당하는 내용을 순서대로 쓰시오.** [2점] 2017년

진료 소견서					
성 명	○○○	성 별	남	연 령	14세
진단명 : (㉠)					
상기 환자는 아래 사항으로 진료 중입니다. - 아 래 - • 선천적으로 심실 사이의 비정상적인 개구(opening)가 존재함 • (㉡) 단락과 우심실의 비대가 있고, 폐동맥 압력이 증가됨 • 청색증은 없음 따라서 울혈성 심부전, 세균성 심내막염 등의 합병증 발생에 대한 주의 및 관찰이 요구됨					
2016년 ○○월 ○○일 면허번호 : ○○○○○ 주치의 : ○○○					
○○○ 병원					

|정답| ㉠ 심실중격결손
㉡ 좌 → 우

02 선천성 심질환이 의심되는 다음 사례의 아동에게서 발견할 수 있는 신체소견을 〈보기〉에서 모두 고른 것은?

2010년

초등학교 1학년인 민아는 자주 호흡 곤란이 있고, 걸을 때 숨이 차서 평소에도 결석이 잦았다. 생후 2세 이전부터 가끔 무산소 발작(hypoxic spells)이 일어나 의식을 잃고 경련을 일으킨 적도 있다고 한다. 이번 정기 신체검사에서 흉부 X선 사진 촬영 결과는 아래와 같았다.

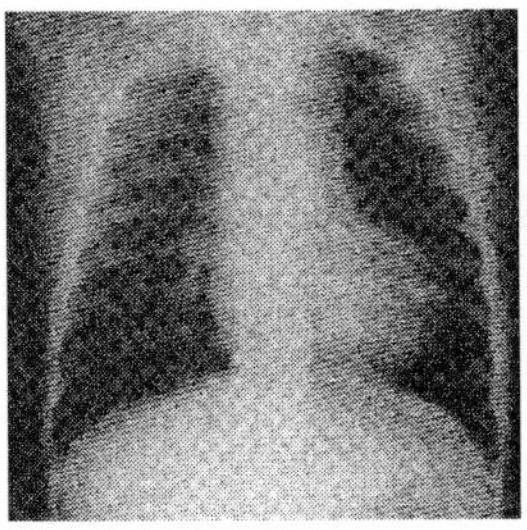

〈흉부 X선 결과〉

- 정상 크기의 심장
- 좌측 폐혈관 음영 감소
- 장화 모양의 심장

〈 보 기 〉

㉠ 또래 아동에 비해 성장발육 상태가 지연되어 있다.
㉡ 손가락과 발가락에 곤봉지를 보인다.
㉢ 계단을 오를 때 청색증이 있으며 자주 쪼그리고 앉는 자세를 취한다.
㉣ 맥박 산소측정기로 측정한 산소포화도가 96%이다.
㉤ 심음 청진 시 흉곽의 우측 쇄골 상부에서 수축기 박출성 심잡음이 들린다.

① ㉠, ㉡, ㉢
② ㉠, ㉢, ㉤
③ ㉡, ㉢, ㉣
④ ㉡, ㉢, ㉤
⑤ ㉠, ㉡, ㉢, ㉤

|정답| ①

|해설| ㉣ 청색증형 심질환이기에 맥박 산소측정기로 측정 시 산소포화도가 96% 이하여야 한다.
㉤ 폐동맥협착으로 좌흉골연 상부에서 수축기 박출성 심잡음이 들린다.

03 **선천성 심장질환 아동의 수가 증가되었으나 수술기법의 발달로 많은 아동들이 삶을 영위할 수 있게 되었다. 그러나 일상생활에서 건강한 삶을 유지하기 위해 주의해야 할 요소들이 있다. 신체적 측면에서 선천성 심장질환 아동에게 요구되는 건강관리 내용을 4가지만 쓰시오.**

2007년

|정답| 1. 휴식을 자주 충분히 취하고, 수면시간이 방해받지 않도록 한다.
2. 아이가 아이 스스로 활동 조절하도록 하며 일상적인 활동을 하도록 한다.
3. 적절한 영양을 섭취하도록 한다.
   - 모유수유나 조제유 수유를 적절하게 섭취, 균형진 일반식이를 섭취
   - 자극적인 음식과 염분 제한 식이, 단백질 & 고영양 식이 섭취
   - 처방에 따른 철분 제제를 복용한다.
   - 탈수를 예방하기 위해 수분섭취와 수액을 공급한다.
4. 호흡기계 감염과 감염성 심내막염 발생을 예방한다.
   - 개인위생, 면역증가, 접촉 피하기를 한다.
   - 치과치료, 소화기, 호흡기 신장검사, 수술 시 시술 전 예방적 항생제의 사용으로 감염을 예방한다.

04 **중학교 체육시간에 청색증을 보이면서 주저앉은 학생을 체육교사가 보건실로 데리고 왔다. 오감을 이용한 방법으로 이 학생에게 실시해야 할 신체검진 내용을 기술하시오.**

1997년

|정답|

문진	개인력			• 선천성 심장질환 유무
	가족력			• 선천성 심장질환에 대한 가족력, 손위형제의 선천성 심장 질환 유무
시진	색깔			• 청색증 : 구강점막, 손톱, 결막 등 중심성 청색증 관찰 • 곤봉모양의 손가락 • 사지냉감, 말초부종, 경정맥 확장
	흉부			• 볼록한 흉각외형, 비대칭적인 가슴모양
	호흡			• 호흡곤란 징후 관찰 : 빈호흡, 견축, 비익확장, 악설음, 호기시 신음소리, 고개를 상하좌우 갑작스런 움직임
청진	심음청진 부위			• 중추성 맥박과 말초성 맥박 동시에 측정 • 승모판, 좌심실, 심첨부 : 좌측 중앙 쇄골 선상 제 5늑간 부위 • 삼첨판, 우심실 : 3, 4, 5늑간 흉골좌연 • 폐동맥 : 흉골 좌측 제 2늑간 • 대동맥 : 흉골 우측 제 2늑간
	심음	정상심음	S_1	• 승모판과 삼첨판이 닫히는 소리로 심실 수축의 시작으로 부드럽고 길며 낮은 음조
			S_2	• 대동맥판과 폐동맥판이 닫히면서 생기며 심실 수축말미, 짧고 높은 음조
		비정상심음	S_3	• 이완기 초기 심실 충만기에 발생하는 말발굽 소리와 같은 분마성 리듬(심실성 분마성 리듬) • 아동, 젊은이에게는 정상
			S_4	• 이완기 말기 심방 수축시 발생하는 말발굽 같은 소리와 같은 분만성 리듬(심방성 분마성 리듬)
		심잡음		• 판막이 좁아진 경우나 혈관이 좁아진 경우 역류하면서 나는 소리로 거친 소리, 부는 소리, 휘파람 소리, 끽끽거리는 소리
		분열음		• S_2의 비정상적 분열로 호기 시 넓은 분열이 들림 • 폐동맥판이 조기에 닫히거나 대동맥관이 늦게 닫힌 경우
촉진	체온	차가운 손발		• 심박출량 감소에 의한 불충분한 관류
		혈압차이		• 상지 혈압과 하지 혈압의 불일치 : 대동맥 축작
	맥박	기이맥		• 호흡과 함께 수축기 혈압에서 지나친 변동이 있는 것
	사지 모세혈관 충혈 사정			• 모세혈관 재충혈 시간 지연
	흉부 & 복부			• 최대박동 지점(PMI) 확인 : 정상보다 더 아래 위치 • 간 가장자리 위치 확인 : 오른쪽 늑골연이나 약간 그 아래 위치
	진전음			• 심장질환과 관련된 심잡음이 4도 이상에서 진전음
타진	PMI			• 심장 크기 확인
	심장탁음 확인			• 공명음에서 탁음으로 바뀌는 경계부위가 왼쪽 중앙 빗장뼈선을 지나 왼쪽으로 연장되어 심비대가 심하면 타진 상 탁음이 들리는 부위가 넓어짐

05 〈그림〉에서 나타나는 질환은? 1996년

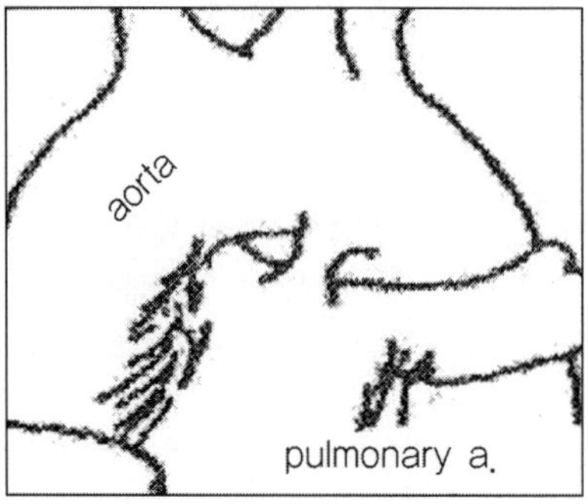

① 심장중격결손
② 대동맥축착
③ 동맥관 개존증
④ 폐동맥협착

|정답| ③
|해설| 동맥관이 폐동맥과 대동맥 사이에 열려 있는 동맥관 개존증이다.

06 청색증형 선천성 심질환에 해당되는 것은? 1994년

① 대혈관전위
② 동맥관 개존
③ 심실중격결손
④ 심방중격결손

|정답| ①
|해설| 청색증형 선천성 심질환에는 팔로 4징후, 삼첨판폐쇄, 대혈관전위 등이 있다.
②, ③, ④는 비청색증형 선천성 심질환이다.

07 심음에 대한 설명으로 옳은 것은? 1993년

① 제1심음은 심실 확장 직후에 대동맥판과 폐동맥판이 닫힘으로써 발생한다.
② 제2심음은 제1심음 후 심장확장기 초에 일어나는 심실의 충만소리로서 청진상으로 잘 들린다.
③ 제3심음은 40대 이후에 잘 들리며, 갑상선 기능항진증 환자에게서는 들리지 않는다.
④ 제4심음은 정상 심장을 갖고 있는 사람에게서 일반적으로 들을 수 없으며 선천성 심장질환 환자에게서 청진된다.

|정답| ④

|해설| ① 제1심음은 심실 수축의 시작에 삼첨판과 승모판이 닫힘으로써 발생한다.

② 제2심음은 제1심음 후 심실 수축 말미에 일어난다.

③ 제3심음은 심실성 분마성 리듬으로 어린이, 젊은 성인에게 정상적으로 들린다.

08 다음 선천성 심장질환 중에서 청색증을 동반하지 않은 것은?

1993년

① Fallot의 4징후(Tetralogy of Fallot)

② 대동맥협착증(Aortic stenosis)

③ 삼천판폐쇄증(Tricuspid atresia)

④ 엡스타인 기형(Ebstein's anomaly)

|정답| ②

|해설| ② 대동맥협착증(Aortic stenosis)은 비청색증형 선천성 심질환이다.

※ **엡스타인 기형**(Ebstein's anomaly)

정의	• 삼첨판막 중에서 - 전엽은 정상 - 후엽과 중격엽의 부착부위가 심장 끝쪽으로 편위하는 비정상 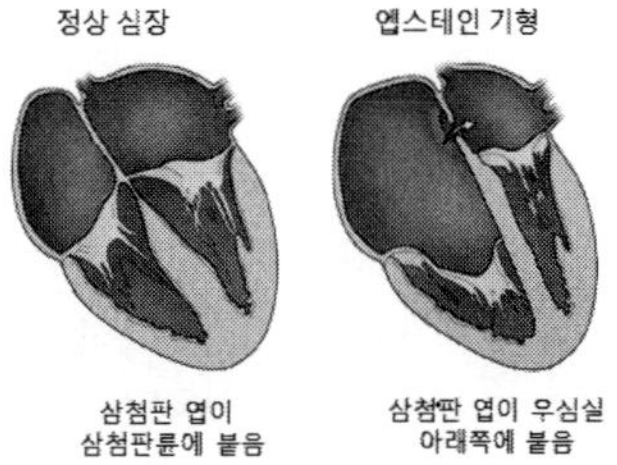
기전	• 삼첨판막 역류를 동반 → 우심방 확장이 나타남 • 우심실이 되어야 할 부분이 삼첨판막이 심실내로 처짐으로써 우심방이 되었기 때문에 확장된 우심방 보임 → 우심실 기능 저하 • 진단된 엡슈타인 기형 환자의 44%에서 폐동맥 폐쇄를 동반 • 난원공이나 심방중격 결손을 통한 우-좌 단락으로 인해 청색증이 나타날 수 있음

09 팔로 4징후(Tetralogy of Fallot)가 아닌 것은?

1992년

① 폐동맥협착증
② 심장중격결손
③ 우심실 비대
④ 대동맥 우측 전위

|정답| ②

|해설| 팔로 4징후는 심실중격결손, 폐동맥협착증, 우심실 비대, 대동맥 우측 전위이다.

10 〈보기〉에 해당되는 질병은?

1992년

〈 보 기 〉

- 남아보다 여아에게 더 많다.
- 폐동맥에 있는 맥관압이 증가한다.
- 청진 시 기계성 심잡음(machinery murmur)이 들린다.

① 심실중격결손증
② 심방중격결손증
③ 동맥관 개존증
④ 대동맥협착증

|정답| ③

|해설| 동맥관 개존증(PDA ; Patent ducuts arteriosus)

- 동맥관의 지속적인 개방으로 인해 압력이 높은 대동맥에서 압력이 낮은 폐동맥으로 혈액이 흐르는 좌우단락이 발생한다.
- 폐동맥 부위인 좌흉골 제 2늑간에서 청진 시 기계적 심잡음(천둥소리, 기계음)이 들린다.

CHAPTER

06 혈액장애

1 소아혈액계의 특징

1. 3가지 중요한 세포

적혈구(RBCs), 백혈구(WBCs), 혈소판(Platelet)가 골수에서 형성

2. 적혈구

초기의 모든 뼈의 골수에서 생성	
태아	태아는 상당히 많은 수의 적혈구와 이에 비례하여 혈색소와 적혈구 용적률(헤마토크릿)이 증가되므로 영아보다 산소운반용량이 높음
신생아	빠른 성장을 하는 동안 적혈구 파괴가 증가하므로 적혈구의 수명은 나이가 더 많은 영아와 소아에서보다 짧음
2개월 영아	적혈구 생성이 증가하여 혈액의 망상적혈구 증가와 혈색소 증가를 가져옴
5세 이후	장골(경골, 대퇴골)의 몸통(골간)에서 이루어지는 적혈구 생성이 감소
20세	이곳에서의 생성이 전부 멈춤
20세 이후	조혈은 늑골, 흉골, 척추뼈, 골반뼈, 머리뼈, 쇄골, 견갑골에서 주로 이루어짐

2 빈혈(Anemia)

정의	• 적혈구 수 및 헤모글로빈 농도가 정상 수치 이하인 경우로 혈액 내 산소공급능력이 저하되거나 조직에서 활용할 수 있는 산소의 양이 부족하게 되는 현상 • 영아 및 아동에게서 가장 흔하게 나타나는 혈액질환		
유형	적혈구 형태	소구성 저색소성 빈혈	• 적혈구 크기 작고, 적혈구 내의 혈색소 함량이 감소 예 혈색소 합성 장애, 철분 결핍성 빈혈
		정구성 정색소성 빈혈	• 적혈구 크기와 혈색소 함량이 모두 정상범위 예 재생 불량성 빈혈, 용혈성 빈혈
		대구성 과색소성 빈혈	• 적혈구 크기가 정상보다 크고 혈색소 함량도 정상이거나 그보다 높음 예 악성빈혈, 거대적아구성 빈혈

<table>
<tr><td>병인론적 분류</td><td>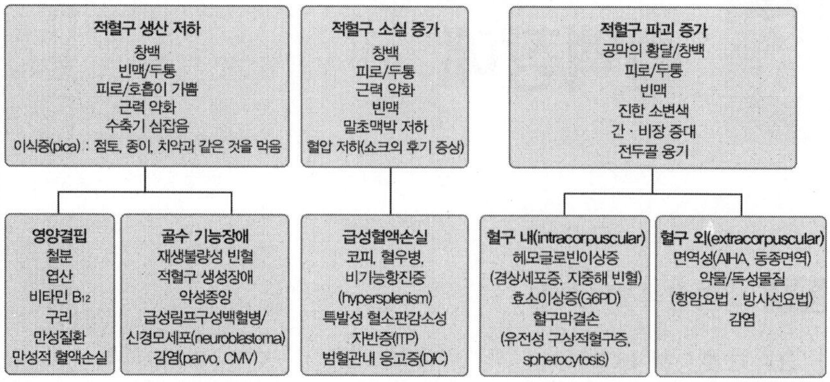
</td></tr>
<tr><td>증상</td><td>• 조직의 저산소증에 의해 발생
• 허약, 피로, 피부나 점막이 창백, 빈맥, 활동 시 호흡곤란, 심장 비대, 현기증, 두통 등</td></tr>
<tr><td>진단</td><td>• 혈색소, 헤마토크릿, 적혈구수, 골수천자, 잠혈검사</td></tr>
<tr><td>합병증</td><td>• 감염 흔함(조직의 저산소증으로 방어력이 약화됨)
• 울혈성 심부전(중증 빈혈환자)
• 부종 증가(체중 증가)</td></tr>
<tr><td>치료</td><td>• 원인교정 : 부족한 성분 보충, 적혈구 수혈
• 산소요법
• 정맥으로 수분 공급
• 간호중재 : 감염에 약하므로 심할 경우 격리 입원, 감염징후 관찰, 손씻기 강조</td></tr>
</table>

1. 철분 결핍성 빈혈(Iron Deficiency Anemia)

<table>
<tr><td>호발연령</td><td colspan="3">• 영아기와 아동기의 가장 흔한 혈액질환</td></tr>
<tr><td>원인</td><td colspan="3">• 철분부족, 2세 이하 유아, 청소년기, 미숙아, 생리기간
• 출생 시 불충분한 철분 저장
  - 조기 출산
  - 모체의 철분 부족(태아기에 모체로부터 받은 철분 : 만삭아 5~6개월, 미숙아, 다태아는 2~3개월 동안 유지 → 재태기간이 짧을수록 철 저장량이 적음)
• 불충분한 철분섭취 : 급 성장기(영아기, 사춘기)
• 철분흡수력 저하 : 만성설사, 감염성 장 질환
• 혈액손실 : 잠혈(특히 기생충)</td></tr>
<tr><td rowspan="2">증상</td><td>경증</td><td>Hb 8~11g/dL</td><td>• 일반적으로 무증상
• 운동 시 중증도 빈혈의 증상 경험할 수 있음</td></tr>
<tr><td>중증도</td><td>Hb 3~7g/dL</td><td>• 보상기전의 효과 : 짧은 호흡, 빠르게 뛰는 심박동, 어지러움, 실신, 권태, 보챔(짜증)</td></tr>
</table>

	중증	Hb 3g/dL 이하	• 보상기전의 효과 : 심장 잡음, 울혈성 심부전 • 조직 저산소증의 효과 – 창백한 피부 : 점막, 입술, 손톱, 결막 – 상처치유 장애 및 피부탄력 감소 – 모발이 가늘어지고 일찍 회색으로 변함 – 복통, 오심, 구토, 식욕부진 – 미열
	공통 증상		• 탈모, 잘 부스러지고 스푼모양의 손톱, 비장 비대 • 예민하고 쉽게 짜증을 냄 • 장기간의 철결핍 빈혈 : 신체성장 저하, 발달지연, 두개골 봉합의 벌어짐 초래 • 이식증 : 먹을 수 없고 영양가 없는 것을 반복적으로 먹는 것 • 집중력 저하, 학업능력 저하 등
진단	• 식이섭취 과거력(음식섭취 양상, 이식증 유무), 신체검진, 적혈구 지표, 혈청 철분 • 저색소성 소적혈구 관찰됨 • 혈색소 수치↓, 평균혈구용적(MCV)↓, 평균혈구혈색소(MCH)↓		
치료	• 철분보충 식이 : 만삭아 4개월, 미숙아 2개월 이내에 시작 • 경구철분요법 : ferrous sulfate, 1일 3회 복용 • 안전한 비경구적 철분공급 : 근육주사 시 Z-track 방법 이용		
간호	12개월 이하		• 출생 후 4~6개월까지 : 모유만 수유할 것 권장 – 모유수유 끝났을 때 대체식품을 통해 하루에 철을 1mg/kg 섭취 격려 – 모유수유를 하지 않거나 부분 모유수유 영아 : 철이 보충된 분유 섭취 – 4~6개월에는 1일 2회 이상의 철 강화 영아용 시리얼을 제공 – 6개월 : 철 흡수를 돕기 위해 비타민 C가 풍부한 음식을 하루에 한 번 섭취 권장(예 과일, 야채 또는 주스) • 미숙아, 저체중 신생아 : 모유수유 동안 1일 2~4mg/kg의 철을 출생 후 1개월~12개월까지 권장 • 철분함유가 적은 우유는 사용 피함(우유, 산양유, 두유) • 생후 12개월 이하 : 철분강화 유동식이나 모유와 함께 철분강화 식품 보충 • 12개월 이상 : 우유는 철분흡수 방해하므로 하루 1L 이하로 우유 섭취를 제한 • 아동의 연령에 따른 선택사항과 더불어 아동에게 연령별로 적절히 철이 풍부한 음식 섭취 늘림

<table>
<tr><td rowspan="2"></td><td>학령전기
학령기
청소년기</td><td>
• 1~5세 아동은 하루 700mL 이상의 우유, 산양유 또는 두유 섭취 피함
• 철이 풍부한 음식 권장
<table>
<tr><td>육류</td><td>살코기, 송아지 고기, 돼지고기, 양고기, 가금류(닭)고기, 간</td></tr>
<tr><td>해산물</td><td>조개, 새우, 굴</td></tr>
<tr><td>야채류</td><td>시금치, 아욱, 고구마, 겨울호박, 감자</td></tr>
<tr><td>콩류</td><td>건조된 완두콩과 강낭콩, 콩과 식물</td></tr>
<tr><td>곡류</td><td>전곡류 빵과 강화시리얼, 현미, 강화파스타, 두부, 대두</td></tr>
<tr><td>과일</td><td>토마토, 자두주스, 건포도, 무화과</td></tr>
<tr><td>기타</td><td>당밀, 난황, 영양 효모균</td></tr>
</table>
• 식사와 함께 철 흡수를 좋게 하는 비타민 C가 풍부한 음식 섭취 증가 (예 과일, 야채, 주스)
• 경구용 철 보충제에 대한 정보 제공
– 처방된 양을 정확히 투여
– 안전한 곳에 약 보관 : 사고로 인한 과다복용 예방 위함
– 철분 섭취 시 대변은 청록색이 되며 변비가 발생 가능
– 액상의 철분제제는 일시적 치아 착색 가능성 있음 → 빨대나 점적기 사용
– IM일 경우 Z-track 방법을 이용하여 큰 근육에 깊이 주사하고, 피부 착색과 자극을 최소화하기 위해 주사부위는 마사지하지 않도록 함
– 혈색소가 정상으로 돌아와도 종합 비타민과 함께 철분 제제를 복용(3~4개월까지) : 혈색소 생성보다 철분저장이 느리기 때문
– 부작용 증상 확인 : 위장관 자극, 오심, 구토, 설사, 변비, 식욕부진 등
</td></tr>
<tr><td>추후관리</td><td>• 지속적인 평가를 위해 약속을 지킴
• 추후관리를 위한 방문 시 혈액진단을 시행</td></tr>
</table>

2. 재생 불량성 빈혈(Aplastic anemia)

<table>
<tr><td>정의</td><td colspan="2">• 골수에 있는 줄기세포의 손상 또는 골수의 발육부전으로 적혈구, 백혈구, 혈소판 생성이 억제되어 있는 상태 → 말초 범혈구 감소증 생김</td></tr>
<tr><td rowspan="3">원인</td><td>선천성</td><td>• 상염색체 열성유전(판코니 빈혈), 아시아 및 동남아 지역 아동의 발생률 높음</td></tr>
<tr><td>후천성</td><td>• 화학물질, 항암제 등에 노출, 방사선 노출, 바이러스 감염, 면역질환</td></tr>
<tr><td>가장 흔한 원인</td><td>• 혈구생성의 자가면역 억제</td></tr>
<tr><td>증상</td><td colspan="2">• 골수기능 저하로 인한 범혈구 감소증
• 혈소판 감소로 인한 타박상 : 점상출혈, 반상출혈
• 적혈구 감소로 빈혈</td></tr>
</table>

	• 백혈구 감소로 감염에 민감 • 창백, 피로, 빈맥, 오심, 호흡곤란 유발
진단	• 혈액검사(호중구 수 500/mm³ 이하, 혈소판 수 20,000/mm³ 이하, 망상적혈구 1% 이하) • 골수천자 및 생검(정상세포충실성 25% 이하)
치료	• 수혈, Cyclosporine, Antithymocyte globulin(ATG) • 골수이식, 줄기세포이식(동종면역반응 피하기 위해 수혈은 하지 않음) • 후천성 재생 불량성 빈혈인 경우 원인약물에 대한 노출을 즉시 중단해야 함
간호	• 범혈구 감소증으로 인한 후유증 예방, 세균 감염 시 1인실 배정 및 철저한 손씻기 교육 • 빈혈과 관련된 비정상적 조직관류 사정, 말초맥박 촉진, 모세혈관 충혈시간, 소변 배출량, 호흡곤란 등 관찰 • **혈소판 수치가 낮은 경우** : 침습적 중재 금지, 부드러운 칫솔 사용, 접촉이 많은 스포츠나 활동의 절제 • **호중구 감소증 아동** : 발열 시 패혈증 징후관찰, 항생제 투여

3. 겸상적혈구성 빈혈(SCA ; sickle cell anemia)

정의	• 정상 성인의 헤모글로빈의 일부 또는 전체가 비정상적인 낫모양 헤모글로빈으로 대체되어 있는 헤모글로빈 이상증 • sickle 헤모글로빈으로 알려진 헤모글로빈S(HbS)의 존재에 의해 특징지워짐
원인	• 상염색체 열성 유전질환 • 아프리카계 미국인에게 유병률 높음 • 극도의 스트레스, 격렬한 운동, 높은 고도 등
병태생리	• 겸상적혈구 유전자는 한 아미노산이 다른 것과 대치하여 겸상적혈구 혈색소(sickel cell hemoglobin, HbS)의 생성 초래 → 적혈구와 결합하는 반고체 젤 포함하여 적혈구가 긴 초승달 또는 낫모양으로 변함 → 모세혈관 통과 × → 혈관폐쇄, 통증, 장기 경색 → 적혈구 파괴 증가 → 빈혈유발
증상	• **적혈구 파괴 증가** : 낫(겸상)적혈구로 인한 폐쇄와 함께 겸상적혈구로 수명이 단축되어 적혈구 파괴가 증가된 결과 RBC 내에서 Hb의 약 75~95%가 HbS → 모든 장기에 영향을 줌 • 성장지연과 사춘기 지연이 흔함 • 만성 용혈성 빈혈, 창백, 황달, 피로, 담석증, 둔부와 어깨의 무혈관 괴사, 신부전, 망막병증 • **혈관폐쇄위기** : 겸상적혈구에서 가장 흔한 형태의 위기로 혈관 내에 겸상적혈구가 쌓여 폐쇄가 일어난 것

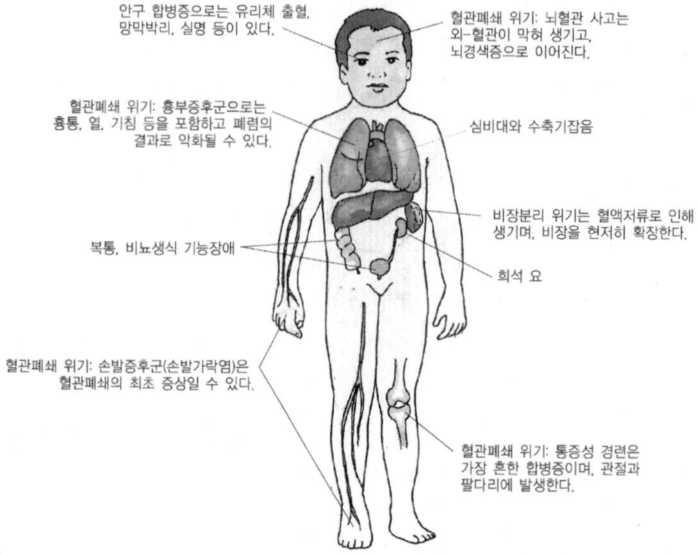

<일반적혈구> <겸상적혈구>

• 겸상적혈구병 합병증의 임상증상

합병증		원인	증상
혈관폐쇄위기	통증성 경련	골수성 허혈	• 갑자기 발생하는 깊고 신경을 갉아 먹는 것 같은 욱신거리는 통증 • **발생부위** : 요추, 무릎, 어깨, 발꿈치, 대퇴부위
	급성흉부 증후군	감염, 겸상세포 또는 지방 색전에 의한 폐경색	• 흉통 또는 사지의 통증, 열, 호흡곤란, 저산소증 • 생명 위협
	손발가락염 (손발증후군)	손발에 골수성 허혈	• 생후 6개월~4세 아동에게 발생 • 압통 있고 따뜻하고, 부종 있는 손과 발 • 급성 열이 있고, WBC 증가
	음경 지속발기증	음경정맥의 폐색	• 지속적 통증을 동반하는 발기 • 요정체
	뇌졸증	경부 또는 대뇌동맥의 경색	• 마비, 언어장애, 국소경련, 보행 기능 장애
급성 분리증 위기		간과 비장의 지나친 혈액 고임	• 혈색소 수치 감소, 급성으로 아파보이는 외형, 창백, 과민성, 빈맥, 비장 증대, 혈액량 감소 쇼크
골수 무형성위기		• 조혈감소로 인한 심한 빈혈 • 파로바이러스의 감염에 의해 촉발	• 창백, 기면, 두통, 실신

진단	• 혈액검사 • **겸상적혈구 용해시험** : 혈액 내 혈색소 S 존재 확인 • **혈색소 전기역동 검사** : 겸상적혈구 용해시험에서 양성반응 시 혈액 내 혈색소 S의 양 측정 위함 • **태아의 혈액검사** : 가족력 있을 시 임신 8~10주에 융모검사 또는 15주 양수검사 통해 출생 전 진단 가능
치료	• **주요 치료** : 빈혈과 겸상적혈구 위기 예방을 위한 적혈구 겸상화의 예방 • **예방적 페니실린 복용** : 5세까지 • 수혈 • **예방접종** : 감염에 대한 위험이 높아지기에 폐렴구균백신, 수막구균백신 및 독감백신 접종 권장 • **정맥 주입** : 적절한 수화와 적혈구의 겸상화 방지 • 겸상세포 위기 유발요인(감염, 탈수, 저산소증, 고도, 격렬한 운동, 스트레스) 피함
간호	• **혈관폐쇄 위기 시** : 통증관리가 가장 먼저 필요, 24시간 지속적인 투약 • **통증부위에 열요법 적용** : 차가운 것은 겸상화를 촉진하기에 금기 • **감염예방** : 매일 페니실린 투여 • **체온감시** : 아스피린 사용 금함, 아세트아미노펜과 이부프로펜 사용 • **수동적 운동범위 운동을 제공** : 혈액정체 예방 • 수분섭취 증가, 적절한 휴식 제공, 자외선 노출 피함 • 대기 산소가 희박한 장소로 여행할 때 주의 • 아동 스스로 활동의 양을 조절하게 하는 것

CHECK Point 겸상적혈구 아동의 가정간호

- 수분섭취 장려 : 더운 날씨나 탈수 위험시 수분섭취 증가
- 잦은 배뇨 예상
- 적절한 휴식기간 제공
- 겸상혈구를 촉진하는 한기와 탈수를 유발하는 높은 열 피하기
- 알려진 감염 근원 피하기
- 태양에 지속적인 노출 피하기
- 아동의 체온 감시, 열이 날 경우 의료진에게 알리기
- 지시대로 페니실린 매일 투여
- 아스피린 사용 X, 아세트아미노펜과 이부프로펜 사용
- 대기 산소가 희박한 상황이나 장소를 아동과 함께 여행 시 주의
- 감염 증상 시 주치의나 일차담당자에게 전화

4. 지중해 빈혈(Beta Thalassemia Major)

<table>
<tr><td rowspan="4">정의</td><td colspan="2">• 상염색체 열성유전
• 헤모글로빈 사슬 합성의 손상된 정도가 특징
• 소구성, 저색소성 빈혈</td></tr>
<tr><td>경증 지중해 빈혈</td><td>• 한쪽 부모의 열성유전과 관련</td></tr>
<tr><td>중증 지중해 빈혈</td><td>• 양쪽 부모로부터 열성유전자의 유전과 관련
• 일정한 수혈과 지속적인 의료적 치료를 요하는 생명을 위협하는 빈혈</td></tr>
<tr><td>α(알파), β(베타)</td><td>• 유전자 결함에 따라 베타 지중해 빈혈이 더 흔함</td></tr>
<tr><td>병태생리</td><td>β(베타) 지중해 빈혈</td><td>• 베타 글로빈 사슬의 합성 장애 → 혈색소 부족한 적혈구 생성 → 자유 알파 사슬을 지니고 있어 불안정하고 침전 → 골수에 있는 적혈구 파괴로 적혈구 수 감소되어 빈혈 발생
• 성숙한 적혈구는 비장에서 빨리 파괴되어 빈혈 초래
• 이 때 신장에서 분비하는 적혈구 생성인자 호르몬은 골수를 자극시켜 적혈구 생성을 증가시키지만 적혈구 파괴 증가 → 조혈 잘 안됨 → 보상작용으로 골수는 과잉생성 상태가 되어 골수용적이 늘어나기 때문에 뼈의 크기가 커짐</td></tr>
<tr><td rowspan="9">증상</td><td>β(베타) 지중해 빈혈</td><td>• Hb A가 Hb F를 대체하는 시기, 즉 생후 6~12개월에 나타남</td></tr>
<tr><td>증상</td><td>원인</td></tr>
<tr><td>• 베타 지중해 빈혈의 얼굴
– 튀어나온 이마, 돌출된 하악
– 넓은 눈 사이 간격, 납작한 코</td><td rowspan="3">과잉형성 골수를 감당하기 위한 뼈의 확대</td></tr>
<tr><td>병리적 골절</td></tr>
<tr><td>골 석화 감소</td></tr>
<tr><td>부정교합</td><td>상악골의 과잉성장</td></tr>
<tr><td>비장확대</td><td>골수 외에서 조혈 및 혈액파괴 증가</td></tr>
<tr><td>황달</td><td>적혈구 파괴 증가</td></tr>
<tr><td>피부의 갈색화</td><td>피부의 철분 축적</td></tr>
<tr><td>진단</td><td colspan="2">• 가족력, 임상증상, 검사결과
• 특수한 신생아 선별 검사
• 중증 베타 지중해 빈혈 : 낮은 Hematocrit</td></tr>
<tr><td>치료</td><td colspan="2">• 치료법은 없음
• 혈색소(Hb)와 헤마토크리트(Hct)를 상승시킴으로써 심한 빈혈증상 완화시키는 것
• 주기적인 수혈
– 신체 내 철 과잉 초래(혈철소증 유발) → 간과 심장에 저장 → 장기부전과 사망 초래
• 비장절제술</td></tr>
</table>

	• 킬레이트 제제(chelating agent)인 Desferal(Deferoxamine) 투여 – 혈철소증 감소 – 중금속 독성효과 예방, 감소시키며 중금속의 빠른 배출 위해 투여 • 골수이식 : 완치수단
간호	• 가족의 교육과 지지 • 빈혈의 치료 : 수혈과 수혈에 대한 반응 관찰

5. 빈혈에 대한 일반적인 혈액검사와 결과

검사	빈혈 없음	철결핍 빈혈	겸상 적혈구성 빈혈	지중해 빈혈	재생 불량성 빈혈
Hemoglobin	• 9~16g/dL	감소	감소	감소	감소
Hematocrit	• 28~49%	감소	감소	감소	감소
Reticulocyte : 미성숙 적혈구 측정	• 영아 : 0.5~3.1% • 아동 · 청소년 : 0.5~2%	정상	증가	정상	감소
MCV : 평균 적혈구 용적과 크기 측정	• 86~98μm^2	감소	정상	감소	정상
MCH : 적혈구 내 Hb 평균 질량 측정	• 28~33pg	감소	정상	감소	정상
MCHC : 적혈구 한 개에 있는 Hb 평균 농도 측정	• 32~36g/dL	감소	정상	감소	정상
혈색소 전기이동 : Hb 비정상적인 형태 발견	• 어린아이 – Hb F 양 감소 – Hb A 우세	정상	Hb S 많음	비정상적으로 높은 Hb F	정상
말초혈액 바른 표본 : 적혈구 크기, 색, 형태변화	• 정상적혈구 • 정상색소	• 소적혈구 • 저색소	• 정상세포 • 정상색소 • 겸상적혈구성	• 소세포성 • 저색소성	• 정상적혈구 • 정상색소
혈청 철 : 혈액 내의 철 수준 측정	• 50~150mg/dL	감소	정상	정상	정상
혈청 페리틴 : 이용가능한 철 저장량 측정	• 6개월~15세 : 7~140mg/dL • 남자청소년 : 12~300mg/dL • 여자청소년 : 10~150mg/dL	감소	정상	정상	정상
총 철결합능력(TIBC) : transferrin 측정	• 25~420mcg/dL	증가	감소	정상	정상

3 혈우병(Hemophilia)

정의	• 유전성 혈액장애로 일생동안 지속되며 완치되지 않음 • 혈액응고 1단계에서 필요한 혈장응고인자가 부족하여 혈액응고가 잘 되지 않아 출혈성 경향을 나타내는 질환
원인	• 혈우병 A : 응고인자 Ⅷ 결핍, 고전적 혈우병, 가장 흔함 • 혈우병 B : 응고인자 Ⅸ 결핍 • 혈우병 C : 응고인자 Ⅺ 결핍
특징	• 반성열성유전으로 주로 남자아동에서 발병(X염색체 연관성 열성유전) 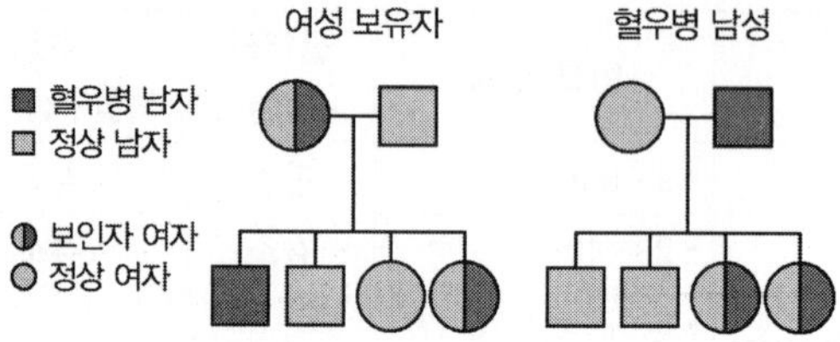 • 응고인자의 부족으로 신체 어느 곳에서든지 응고시간이 길어진다는 점이 특징 • 관절강 내의 출혈이 가장 흔히 발생 : 혈관절증
증상	• 혈관절(무릎, 발목, 팔꿈치) : 초기에는 침범관절이 뻣뻣하고 얼얼한 느낌이 들거나 아프며 이어서 관절을 움직이는 능력이 감소함. 열감, 발적, 종창, 심한 통증과 운동제한 • 운동제한을 초래할 정도로 심한 관절주위, 무릎관절 동통과 압통 • 출혈증상 – 과도한 출혈반점, 피하 및 근육 내 출혈, 혈관절(무릎, 발목, 팔꿈치) – 혈종으로 인한 통증, 부종, 운동제한, 두통, 검고 타르 같은 대변 – 조직으로의 출혈(목, 입, 흉부에 일어날 경우 심각한 기도폐쇄의 위험) – 두개내 출혈은 사망의 주요 원인이 됨 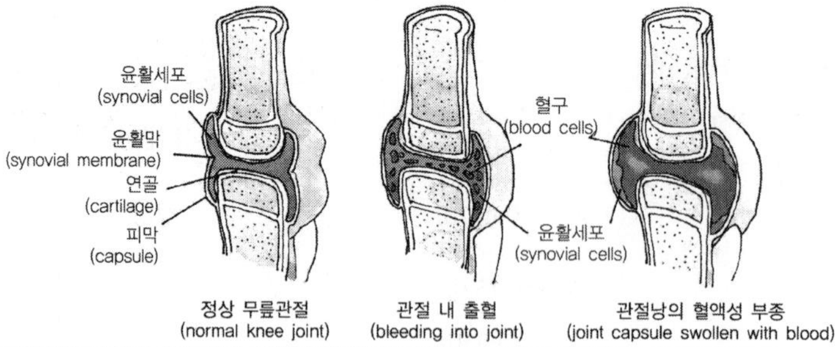 정상 무릎관절 (normal knee joint) 관절 내 출혈 (bleeding into joint) 관절낭의 혈액성 부종 (joint capsule swollen with blood)
진단	• 출혈 경향 확인 • X염색체 연관성 유전검사 : 유전인자를 가진 어머니에게서 아들에게로 유전 • 혈소판, 출혈시간(Bleeding time), PT(Prothrombin Time), Fibrinogen : 정상 • 응고시간(clotting time) : 지연 • PTT(Partial Thromboplastin Time) : 지연, 가장 간단하고 민감한 검사

치료	• 결핍인자 보충 : 수혈 • DDAVP(혈관수축제) : 비강 내 분무액으로 사용 • 출혈 시 RICE : 휴식, 얼음찜질, 압박붕대, 이환된 부위의 거상 • corticosteroid : 관절부위의 염증감소 • 국소도포 : 경구투여, 응혈파괴 예방 • 규칙적인 운동과 물리요법 – 관절부위의 근육 강화 – 자연 출혈 횟수를 감소시키고 출혈 국소화에 유용	
간호	출혈예방교육	• 출혈예방에 대한 교육 및 내출혈 증상에 대한 교육 • 구강출혈 예방 : 물세척 도구, 스폰지 칫솔, 전기면도기 사용 • 근육주사 또는 정맥 천자 금지(경구투여) • 아스피린 금지 : 혈소판 기능을 억제하기에 타이레놀 사용
	안전한 환경 제공	• 외상방지, 필요시 보호구 착용 • 손톱 짧게 자르기 • 비접촉성 운동 권장(수영, 소프트볼, 달리기, 하이킹, 자전거 타기) • 부딪히는 운동 금지 • 체육시간 동안 무릎과 팔꿈치에 보호대를 착용 • 취침 시 난간 올리기
	출혈조절	• 10~15분간 출혈부위 압박 • 혈류감소 위해 출혈부위 부동 유지 • 심장보다 높게 유지 • 냉요법(혈관수축 증진)
	운동	• 급성기 이후 수동적 관절운동 권장

4 혈소판 감소성 자반증(ITP; Idiopathic Thrombocytopenic Purpura)

정의	• 과도한 혈소판 파괴로 인한 혈소판 감소와 자반으로 특징 지워지는 후천성 출혈성질환 • 혈소판 감소증(thrombocytopenia) : 150,000/mm^3 이하로 혈소판 수치가 감소 • 자반(purpura) : 피부 또는 점막하의 출혈
원인	• 자가면역반응 • 발병 1~3주 전에 다른 선행 감염 확인(풍진, 홍역, 호흡기 감염) • 2~5세 호발
증상	• 바이러스 감염으로부터 1~4주 후 반상출혈과 전신의 점상출혈 발진 • 피부의 자연적 출혈, 점막의 출혈성 수포 • 비대칭 출혈 : 다리와 몸통 • 위장계 또는 요로출혈, 비출혈 • 심한 합병증 : 두개골 내 출혈 • 내출혈 : 토혈, 하혈, 혈관절, 혈뇨, 흑색변, 월경과다, 혈관절증 등

진단	• **혈소판 감소** : 150,000/mm^3 이하 • 출혈시간 연장 • 응고시간, 프로트롬빈 시간, PTT 정상
치료	• **스테로이드 투여** : 경구 또는 정맥 내로 2~4주간 투여, 혈소판 자가면역 파괴 막음 • 면역글로불린(IVG) 주사 • **혈소판 수혈** : 조절이 안되는 활동성 출혈 시에만 사용 • **비장 적출술** : 5세 이상
간호	• **상처방지를 통한 출혈예방이 우선** – **타박상과 출혈방지** : 부딪히는 운동 피함, 침습적 시술을 숙련된 의료인 수행, 부드러운 칫솔 사용, 채혈 후 5~10분간 천자부위 압박 • 중추신경계 출혈 암시하는 두통, 복시, 사출성 구토, 무기력, 감각계 변화 등 관찰 • 혈소판 수가 1만~10만 이하일 경우 활동제한 • 혈소판 기능에 영향을 주는 약제 금지(이부프로펜, 아스피린) • **안전한 환경 조성** : 보호대 설치, 가구모서리에 덧대기

CHECK Point 아동과 성인의 다른 ITP 소견

아동	성인
일반적으로 바이러스 감염이 선행	드물게 바이러스 감염이 선행
대부분 자기 제한적	대부분 만성(6개월 이상)
여아와 남아 동일하게 이환	여성이 남성보다 2~3배 더 많이 이환

5 파종성 혈관 내 응고증(DIC ; Disseminated intravascular coagulation)

정의	• 조절되지 않은 섬유소 혈전 생성, 축적과 응고인자의 소비로 인한 조절되지 않는 출혈을 특징으로 하는 후천성 출혈증후군
원인	• 외상, 저산소증, 조직괴사, 쇼크, 감염 등으로 인한 조절되지 않은 섬유소 혈전의 생성, 응고와 출혈 생성
병태생리	• 응고과정의 첫 단계에서 비 정상적인 자극에 의해 발생 – 응고기전이 순환 시에 발생하도록 유도가 될 때에는 신체가 감당할 수 있는 양 이상으로 대량의 트롬빈이 생성 → 섬유소원, 즉 혈액을 응고시키는 단백질이 급속도로 섬유소로 전환해야 할 필요가 생기고 이 단계에서 응혈 및 혈소판 파괴와 같은 현상이 발생 → 혈관에 섬유소가 축적되는 현상 발생 → 조직 파괴, 괴사 – 섬유소 용해기전의 활성화로 대량의 응고인자를 파괴 → 다량의 출혈 현상 → 중요 장기기관으로 흘러 들어감

<table>
<tr><td rowspan="2">증상</td><td>초기</td><td colspan="2">과도한 자색반, 점상출혈, 천자부위의 스며드는 출혈, 경한 위장관 출혈</td></tr>
<tr><td>말기</td><td colspan="2">자색발진, 출혈악화, 객혈, 저산소혈증, 핍뇨, 진행성 장기부전, 두개내출혈</td></tr>
<tr><td>진단</td><td colspan="3">• 적혈구 수치 감소
• 전혈구검사 결과 낮은 혈소판 수치
• 혈액도말에서 적혈구의 파괴
• PT, PTT 지연
• 섬유소원 수치의 감소
• 섬유소 분해산물의 수치 증가</td></tr>
<tr><td rowspan="5">치료</td><td colspan="2">결핍된 응고인자 보충</td><td>• 프로트롬빈 시간, 적혈구 정상화 위해</td></tr>
<tr><td colspan="2">혈소판 수혈</td><td>• 출혈로 소실된 세포를 대체</td></tr>
<tr><td colspan="2">교환수혈</td><td>• 혈소판, 응고인자, 적혈구를 보충하면서 요구되는 과잉 수분량을 최소화 하기 위해 신생아에게 사용</td></tr>
<tr><td colspan="2">비타민 K</td><td>• 프로트롬빈 시간 정상화 위해</td></tr>
<tr><td colspan="2">헤파린 투여</td><td>• 응고 용해</td></tr>
<tr><td>간호</td><td colspan="3">• 출혈징후 관찰, 활력징후, 조직 관류 상태 사정 적절한 환기 상태 유지
• 부모의 정서적 지지</td></tr>
</table>

CHECK Point

구분	혈우병	혈소판 감소성 자반증	파종성 혈관내 응고증
혈소판	정상	감소	감소
출혈시간(bleeding time)	정상	지연	지연
응고시간(clotting time)	지연	정상	지연
PTT (Partial Thromboplastin Time)	지연	정상	지연
PT(Prothrombin Time)	정상	정상	지연

CHAPTER 06 혈액장애

기출문제

1 빈혈

01 다음은 중학교 학부모와 보건교사의 전화 통화 내용이다. 〈작성 방법〉에 따라 서술하시오.

[4점] 2020년

학부모: 선생님, 안녕하셨어요? 1학년 최OO 어머니입니다. 선생님의 조언대로 병원을 다녀왔는데 철결핍 빈혈로 진단을 받았어요. 병원에서 ㉠철분제를 먹으라고 해서 처방을 받아왔어요.

보건교사: 네, 철결핍 빈혈(iron deficiency anemia)은 처방받은 철분제를 잘 먹으면 빈혈이 교정될 수 있어요.

학부모: 네, 다행이에요. 그런데, ㉡액상으로 된 철분제도 있더군요.

…(중략)…

학부모: 철분제는 언제까지 먹어야 할까요?

보건교사: ㉢혈색소가 정상화된 후에도 일정 기간 동안 철분제를 먹어야 합니다.

…(하략)…

〈 작성 방법 〉

- 밑줄 친 ㉠의 경우, 함께 섭취를 권장하는 영양소의 명칭을 쓰고, 그 이유를 서술할 것.
- 밑줄 친 ㉡을 빨대나 점적기를 이용하여 복용하는 이유를 제시할 것.
- 밑줄 친 ㉢의 이유를 제시할 것

|해설| ㉠ 비타민 C
- 이유 : 산성환경을 조성(산성환경에서 소장으로 잘 흡수)하여 십이지장과 상부 공장에서의 철분흡수율을 높이기 때문

㉡ 일시적인 치아 착색을 방지하기 위해 빨대나 점적기를 사용함

㉢ 혈색소가 정상화된 후에도 일정기간 동안 철분제를 복용해야 하는 이유
- 혈액소 생성보다 철분저장이 느리기 때문
- 철분 약 복용 시 2~3일이면 증상 완화, 회복되나 체내 저장철이 만들어지지 않기에 저장철을 충분히 공급하기 위해 혈색소가 정상이 후에도 2~3개월간 더 복용해야 함

02 다음은 보건교사가 작성한 보건일지이다. ㉠, ㉡에 해당하는 용어를 순서대로 쓰시오.

[2점] 2015년

보건일지			
상 담 일	2014년 12월 1일	성 별	여
이 름	이○○	나 이	17세

주 호소
- 체육시간에 걷기 운동을 한 후 숨이 차고 힘이 없다고 함

면담 및 관찰 내용
- 겸상적혈구 빈혈(sickle cell anemia)이 있다고 함
- 10일 전에 넘어져 발목 외측에 상처가 생겼으나 잘 호전되지 않음
- 손발이 차갑고 피부가 창백함

간호 내용
- 혈압과 호흡을 사정함
- 발목 외측 부위의 상처에 드레싱을 실시함
- 몸을 따뜻하게 해 주고 침대에 누워서 쉴 수 있게 함
- 학생이 겸상적혈구 빈혈의 유전적인 부분에 대해 알고 싶다고 하여 설명해 줌
  : 겸상적혈구 빈혈은 보인자(carrier)인 양쪽 부모 모두로부터 유전되는 (㉠) 열성 질환임 유전자의 돌연변이로 인해 정상 HbA 대신 (㉡)이/가 만들어져 낫모양의 적혈구가 생성됨 이 적혈구는 체내 산소 공급을 감소시켜서 호흡 이상 등의 다양한 증상을 유발함
- 병원 진료를 받을 수 있도록 안내함

|정답| ㉠ 상염색체

㉡ Hbs(=HgbS, 비정상적인 낫모양 헤모글로빈)

2 혈우병

03 **다음은 보건교사가 혈우병 가족력을 가진 동료 여교사와 상담한 내용이다. 대화 내용을 읽고 〈작성 방법〉에 따라 서술하시오.** [4점] 2016년

> 여교사 : 선생님, 결혼을 하려니 여러 가지 걱정이 돼요.
> 보건교사 : 무슨 걱정이 있으세요?
> 여교사 : 우리 가족에게 유전질환이 있어요. 저는 혈우병 보인자를 가지고 태어났어요.
> 보건교사 : 네, 걱정되시겠어요.
> 여교사 : 결혼을 하려고 하니 유전질환이라 아기가 태어나면 어떻게 될지 불안해요. 제가 결혼을 하여 아들이나 딸을 낳는다면 어떻게 유전이 되나요?
> 보건교사 : 남편이 되실 분이 혈우병이 아니라면 두 분 사이에서 태어난 아들은 ㉠ ______ 딸은 ㉡ ______.
> 여교사 : 네, 그렇군요.
> 보건교사 : 선생님의 부모님 중에서 어느 분이 유전질환을 가지고 계신가요?
> 여교사 : 어머니는 혈우병이 아니고, 보인자도 없으신데 아버지가 혈우병이셨어요. 제 오빠와 남동생은 ㉢ ______, ㉣ 아들과 딸이 다르게 유전되는 이유는 뭔가요?
>
> … (하략) …

〈 작성 방법 〉

- 혈우병 보인자인 여성이 자녀에게 유전적 결함을 어떻게 물려주는지 ㉠, ㉡에 각각 제시할 것
- 혈우병 아버지가 아들에게 유전적 결함을 어떻게 물려주는지 ㉢에 제시할 것
- ㉣의 이유를 제시할 것

|정답| ㉠ 50%는 정상, 50%는 혈우병 질환대상자입니다.
㉡ 50%는 정상, 50%는 혈우병 보인자입니다.
㉢ 모두 정상입니다.
㉣ 혈우병이 X염색체 열성 유전질환(반성 열성 유전질환)이기 때문입니다.

04 혈우병은 성염색체 열성 유전질환이다. 다음 세 가지의 상황이 발생할 수 있는 확률을 각각 구하시오. 2007년

(1) 보인자인 어머니와 정상인 아버지에게서 자녀가 태어날 경우 혈우병이 있는 아들이 태어날 확률

(2) 정상인 어머니와 혈우병 아버지에게서 자녀가 태어날 경우 보인자인 딸이 태어날 확률

(3) 보인자인 어머니와 혈우병 아버지에게서 아들이 태어났을 경우 그 아들이 혈우병일 확률

|정답| (1) 보인자인 어머니와 정상인 아버지에게서 자녀가 태어날 경우 혈우병이 있는 아들이 태어날 확률 : 25%

(2) 정상인 어머니와 혈우병 아버지에게서 자녀가 태어날 경우 보인자인 딸이 태어날 확률 : 50%

(3) 보인자인 어머니와 혈우병 아버지에게서 아들이 태어났을 경우 그 아들이 혈우병일 확률 : 50%

CHAPTER

07 신경장애

1 이분척추(Spina bifida)

<table>
<tr><td>정의</td><td colspan="3">• 태생기 동안 척추와 신경관의 봉합이 불완전하여 발생하는 선천성 신경관 결함
• 태생기 신경관의 융합부전으로 인한 척추의 후방(척수궁) 융합장애</td></tr>
<tr><td>원인</td><td colspan="3">• 임부의 엽산(folic acid)의 결핍과 관련
• 다른 선천성 기형 초래</td></tr>
<tr><td rowspan="4">유형</td><td>잠재성</td><td colspan="2">• 결손이 육안으로 드러나지 않아 대부분 증상 ×
• 요추천골 부위(L5와 S1) 가장 흔함
• 척수와 수막 : 정상</td></tr>
<tr><td rowspan="2">낭성</td><td>수막류</td><td>• 수막이 탈출되어 주머니 같은 낭종으로 돌출되어 척수액으로 채워진 상태로 신경계의 구성요소는 없음
• 낭의 뇌척수액 압력의 증가로 낭 크기가 증가하여 자연파열 가능
• 신경학적 후유증 동반 ×</td></tr>
<tr><td>척수 수막류</td><td>• 수막, 척수액 및 신경을 동반한 척수분지를 내용으로 하는 주머니 같은 낭종이 탈출되어 돌출된 상태
• 가장 심하고 흔한 기형
• 침범부위에 따라 다양한 신경학적 후유증 동반
• 항문, 방광의 괄약근 조절 장애 심함</td></tr>
<tr><td colspan="3">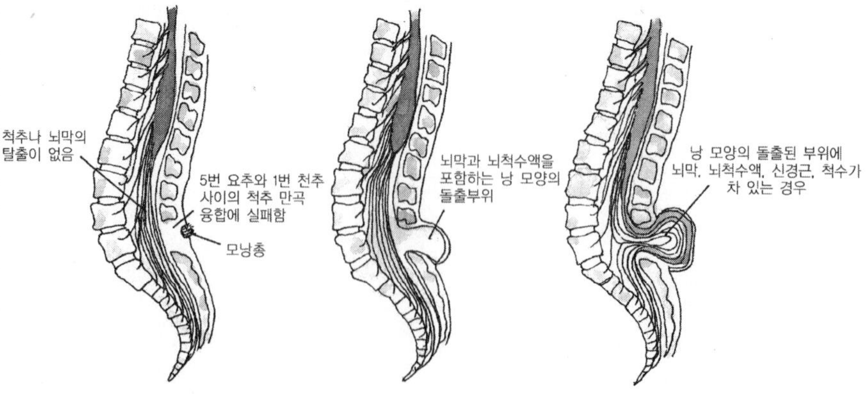
잠재성 이분척추 / 낭상 이분척추 : 수막류 / 낭상 이분척추 : 척수수막류</td></tr>
</table>

<table>
<tr><td rowspan="1">진단
검사</td><td colspan="2">• 재태 16~18주에 혈액검사(AFP), 태아 초음파, 양수천자
• 분만 후 CT scan, myelography(척추방사선 검사)</td></tr>
<tr><td rowspan="7">증상</td><td colspan="2">• 병소의 수준과 부위에 따라 결정</td></tr>
<tr><td>T2</td><td>하지강직, 감각기능 감소, 소변과 대변 실금</td></tr>
<tr><td>L1 ~ L3</td><td>둔부굴곡, 동요족(flail feet : 발을 휘두르며 움직이는 것)</td></tr>
<tr><td>L2 ~ L4</td><td>둔부내전</td></tr>
<tr><td>L3 ~ S2</td><td>둔부내전, 둔부신전, 무릎굴곡</td></tr>
<tr><td>Sacral roots</td><td>발바닥 굴곡</td></tr>
<tr><td colspan="2">• 운동기능 장애 : 보행장애
• 감각기능 장애 : 손상부위 아래 감각 없고 궤양 호발
• 결함부위 하부 자율신경계 기능장애 : 피부가 건조하고 차며, 발한기능 폐쇄
• 배변, 배뇨문제 : 요실금, 요정체, 비뇨기 감염, 신파괴, 변실금, 변정체 등
• 합병증 : 뇌수종(90%에서 나타남), 뇌막염</td></tr>
<tr><td rowspan="6">수술
전
간호</td><td>낭포 손상
방지</td><td>• 낭포파열, 뇌척수액 누수방지
• 복위, 둔부를 약간 구부려 측면 지지(대퇴관절 탈구 예방)
• 도너츠 모양의 소독된 패드 적용
• 기저귀 채우지 않고 그 바닥에 패드 깔아줄 것
• 패드 자주 교환, 건조하게 유지, 낭 주위에 기저귀나 덮개 닿지 않도록 함</td></tr>
<tr><td>환부 감염
예방</td><td>• 환부에 무균적이고 습한 드레싱으로 건조되지 않게 덮어 놓음
• 대소변 오염 주의
• 둔부를 매일 공기 중에 노출, heat lamp 적용
• 척추하부에는 기저귀 채우지 않도록 함</td></tr>
<tr><td>하지의 괴사와
기형예방</td><td>• 발목을 받쳐서 발뒤꿈치가 침대에 닿지 않도록 함
• 피부간호, 압박받는 부위 순환 촉진
• 수동적 관절운동</td></tr>
<tr><td>정서적 지지와
발달 촉진</td><td>• 포유 중 자주 휴식, 복위에서 수유 시 머리를 한쪽으로 돌려 수유 제공
• 장난감 제공, 촉각적 감각자극 제공</td></tr>
<tr><td>배설기능 관리</td><td>• 방광기능 부전의 흔한 원인이므로 소변양상을 잘 확인</td></tr>
<tr><td>합병증 관찰</td><td>• 신경학적 손상 여부 사정
• 수두증 여부 관찰 : 두위측정, 천문팽창 관찰
• 뇌막염 여부 관찰 : 체온변화, 농, 발열, 경련</td></tr>
</table>

수술 후 간호	• 영양공급 • 쇼크예방 : 보온 • 수술 후 체위 : 복위 – 척추보다 머리를 낮추어 뇌척수압 유지하고 수술 부위 압력 최소화(쇼크예방) • 배액관 간호 • 기형방지 : 수동적 관절운동 시행 • 욕창방지 : 피부궤양 방지 간호, 지속적이고 규칙적인 체위변경 • 두위측정 : 두위증대, 천문팽창 관찰(수두증) • 요로감염 사정 • 완하제 및 좌약 투여하여 복압 감소시키기 • 감염예방 : 외과적 드레싱, V/S 측정, 피부색 및 복부팽만 등 관찰 • 부모교육 – 퇴원 후 가족지지와 가정간호 수행을 위해 합병증 예방에 대한 관리교육 – 부모가 아동의 상태에 대해 대처할 수 있는 능력을 사정하여 부모교육 실시 – 아동의 발달을 촉진시킬 수 있는 감각자극활동에 대한 교육을 제공해야 함 – 지역사회 자원에 접촉하도록 지지

2 열성경련(Febrile seizure)

정의	• 1개월 이상 된 아동에게 중추신경계 감염과 관계없이 발생하는 발작(신경계 : 정상) • 고열이 있을 때 이에 수반하여 나타나는 경련 • 바이러스로 인한 상기도 감염에 의한 급속한 체온상승과 관련된 일시적 장애
원인	• 상기도 감염, 폐렴, 인후염, 요도감염, 중이염, 홍진, 뇌막염 등과 같은 감염을 주로 동반
호발연령	• 생후 6개월~5세 사이에 나타나나 평균적으로 18개월의 아동에게 빈도 높음 • 보통 5세 이후 사라지며, 지능발육 저하나 학습장애 초래하지 않음
증상	• 남>여, 가족력, 재발률 높음(1~2년 내), 반복되는 경우 드물게 간질로 발전 • 발열은 38℃ 이상, 체온이 상승하는 동안에 발생 • 15분 내로 지속되는 발작, 24시간 이내 반복되지 않음 • 전신적 발작, 발작 후 국소적 신경학적 결손은 없음(EEG : 정상)
치료 및 간호	• 열하강 – 해열제 투여 : 아세트아미노펜 처방, 바이러스성 질환일 경우 레이증후군 가능성 때문에 아스피린 투여 금기 – 38℃ 이상 시 미온수 목욕 • 세균감염으로 인한 경우 항생제 투여

	• 청색증이 나타날 경우 산소투여, 분비물이 많은 경우 비인두 흡인 시행 • 탈수증상과 경련증상 사정 – 심한 경련 시 항경련제 투여 • **부모교육** : 열성경련의 증상과 징후, 체온측정법, 해열제 사용법, 경련 시 응급처치법과 아동상태, 경련양상, 빈도 등 관찰하고 기록하도록 교육

CHECK Point 열성경련과 간질 비교

구분	열성경련	간질
발병 연령	6개월~3년	어느 시기나 가능
발작 지속시간	15분 이내	다양함(수 분~수 시간)
발작 특징	전신성	전신성 혹은 국소성
뇌파	정상	간질파(정상일 수도 있음)
체온	체온상승 직후 발생	체온상승 시 언제나
빈도	1년에 4~5회	매일~매년
가족력(유전성)	높음	낮음

3 발작(Seizure)

<table>
<tr><td>정의</td><td colspan="4">• 뇌의 과도하고 무질서한 전기적 방출이 원인인 일시적 증상과 징후
• 반복적으로 유발요인 없이 발작이 일어나는 만성장애
• 가장 흔한 소아신경계 질환</td></tr>
<tr><td rowspan="3">원인</td><td colspan="2">단순
열성경련</td><td colspan="2">• 지속시간 15분 이하, 24시간 이내 재발하지 않음
• 원인 : 모름</td></tr>
<tr><td colspan="2">복합
열성경련</td><td colspan="2">• 병소가 흩어져 있고, 하루에도 여러 번 재발하며, 30분 이상 지속될 수 있음
• 후천적 요인 : 뇌의 외상, 중추신경계 감염, 저혈압 또는 뇌분비계 기능장애, 독극물 섭취나 노출, 두개내 장애나 혈관 기형 등</td></tr>
<tr><td colspan="4">• 신생아 : 분만손상, 저산소증, 감염, 심실출혈, 선천성 뇌이상 등
• 영유아 이후 : 사고나 감염에 부수적으로 나타남</td></tr>
<tr><td rowspan="2">증상</td><td rowspan="2">부
분
발
작</td><td rowspan="2">단순
부분발작</td><td colspan="2">• 어느 연령에서나 가능
• 지속시간이 1분도 안됨, 의식변화 없음
• 운동변화는 부분발작에서 가장 흔한 형태
• 바늘과 핀으로 찌르는 감각이나 저린 감각 등의 감각증상으로 시작</td></tr>
<tr><td>자율신경증
증상</td><td>• 구토, 창백, 홍조, 발한, 현기증, 동공이완, 빈맥, 실금</td></tr>
</table>

			Jacksonian seizure	• 한쪽 손의 손가락이나 한쪽 발의 발가락 또는 한쪽 얼굴의 강직성 수축이 일어남으로써 시작되는 운동성 사고
			Sylvian seizure	• 주로 자는 동안 일어나며 안면에 긴장성 · 간대성 움직임이 일어나면서 타액분비가 증가하고 말을 할 수 없음
		복합 부분발작	• 아동에서 발생하는 가장 흔한 형태(3세~청소년) • 의식장애 있음, 발작기억 없음 • 전조증상 후 감각증상과 공포감, 현기증과 의식상실이 뒤따르면서 다양한 행동(씹기, 구역질하기, 고함치기, 울기, 웃기 등)이 발생 • **자동증** : 목적없이 반복되는 무의식 활동(입맛다시기, 입술빨기, 삼키기, 돌아다니거나 달리기와 같은 행동, 길거리 헤매기 등)	
	전신발작	전신성 강직성–간대성 발작 대발작	• **5단계(굴곡, 신전, 진전, 간대, 발작 후)** – **굴곡기** : 5초 동안 의식상실(갑작스럽게 의식 잃고 쓰러지면서 시작) – **신전기** : 10~30초, 이때 혀를 깨물고, 무호흡증 – **진전기** : 5~10초, 강직기에서 간대기로 전환되는 시기 – **간대기** : 30~50초, 근육수축과 이완이 교대되는 특징, 무호흡 빈번, 방광 괄약근 이완으로 실금 – **발작 후기** : 호흡이 정상으로 돌아오나, 창백함은 남음	
		결신발작 소발작	• 전조 없이 의식이 잠깐 소실됨, 30초 이상 지속하지 않음 • 갑작스러운 짧은 운동 활동의 정지가 오다가 아동은 아무 일도 없었다는 듯이 하던 행동으로 돌아감	
		간대성 근경련 발작	• 머리, 사지, 몸통의 근육이 반복적으로 갑자기 경직하는 것 • 의식은 순간적으로 상실될 뿐이므로 관찰이 불가할 수도 있음	
		무긴장성 발작	• 갑작스러운 근육긴장의 상실과 의식상실 포함 • **순간적으로 근긴장 저하** : 갑작스럽게 목을 떨어뜨림, 땅으로 쓰러짐	
진단	• 건강력, 신체검사, 요추천자, 의식정도, 반사, 감각운동 반응 검사 • CT, MRI, EEG, PET			
치료	내과적 관리	• **항경련제(phenobarbital, phenytoin, carbamazepine)** – 정확한 시간에 투여, 보통 2~3년간 발작이 없을 때까지 계속 투여 – 어떠한 경우에도 갑자기 끊어서는 안되며, 완전히 치료될 때까지 차츰 감소시킴		

		- **부작용** : 복시, 졸림, 운동실조증, 기면, 피부홍조, 잇몸 출혈, 혈액질환, 간독성, 신독성 • 투여 시 혈액검사, 요검사, 간기능 검사 실시하여 혈청 내 농도 확인
	외과적 관리	• 미주 신경자극
간호	투약간호	• 안전한 투약을 위한 상해의 예방 • **항간질성 약물의 부작용 관찰** - **phenytoin 부작용** : 잇몸비후, 다모증, 운동실조, 안구진탕증, 오심 등 → 잇몸비후 현상을 감소시키기 위해 구강관리의 필요성 강조 • **식사 후 복용** : 강알칼리성이기에 위의 자극 최소화하기 위함
	영양간호	• 적절한 식이와 수분공급 • **비타민 D, 엽산, 칼슘 충분히 섭취** : vit D 대사 억제하여 골연화증, 거대적아구성 빈혈 초래
	가족대응 돕기	• **환자와 가족교육을 통한 가족대응 돕기** : 사전설명, 안전교육, 발작 간호가 아닌 아동간호에 초점
	발작 시 응급처치 교육	• 아이를 낮고 평평한 곳에 눕혀 편안한 자세를 취함 • 안전한 환경을 확보하여 손상 가능성을 최소화시킴 • 아이가 침이나 구토물에 질식되지 않도록 머리를 옆으로 돌려줌 • 옷을 벗기거나 풀어서 숨쉬기 쉽게 도와줌 • 머리 손상을 막기 위해 쿠션이나 담요를 머리 뒤에 받쳐 줌 • 아동을 억제하지 않도록 하며 힘을 가하지 않음 • 흡인의 우려가 있으므로 아동의 입에 아무것도 주지 않음(압설자, 음식, 물) • 조용한 환경 유지와 프라이버시 유지를 도움 • 경련 후 그냥 자게 둠 • 아이 가까이에 머물러 상황을 잘 관찰함 • **병원에 내원해야 하는 상황** - 경련이 5분 이상 지속되는 경우 - 발작이 15분 이상 계속되는 경우 - 발작이 하루에 2회 이상 1년에 5회 이상 자주 발생하는 경우 - 아이가 숨을 쉬기 어려워하는 경우 - 응급실을 다녀온 후 재발작을 하는 경우 • **관찰 및 기록** : 경련 종류, 특성, 기간, 무의식 기간, 얼굴 색깔의 변화 등 관찰

4 세균성 뇌수막염(Bacterial meningitis)

정의	• 세균이 뇌막에 침범함으로써 야기되는 중추신경계 감염	
원인	• 1개월~5세 사이 아동에게 흔함, 남아>여아 • Haemophilus influenza type B(H, 인플루엔자 뇌막염) • Neisseria meningitidis(뇌막구균성 뇌막염) • Streptococcus pneumoniae(폐렴구균성 뇌막염)	
병태생리	• 상기도 감염이나 중이염, 유양돌기염, 부비동염을 동반한 패혈증 후에 발생 • 비인두 등의 신체 다른 부위가 감염되어 병원균이 혈관 주위를 침범하고 뇌척수액으로 들어가 지주막하 공간을 통해 퍼짐	
증상	신생아	• 잘 빨지 못하며, 잘 먹지 못하고, 구토, 설사, 근긴장도 감소, 힘없는 울음, 저체온증 또는 고체온증, 무호흡, 발작, 패혈증, 파종성 혈관성 응고(DIC), 대천문의 긴장과 팽대, 기면상태 등
	영아 학령전기	• 발열, 식이섭취 불량, 구토, 불안정, 발작, 고음의 울음소리, 대천문 팽대, 기면상태 등 • 경부강직 시 반궁긴장 자세 : 머리와 목의 과신전 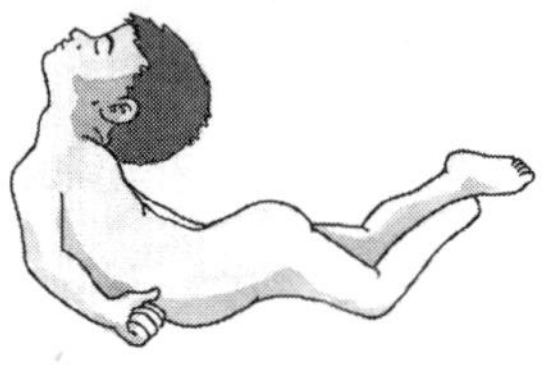
	아동기 청소년기	• 심한 두통, 광선공포증, 경부강직, 발열, 의식수준의 변화(기면, 불안정), 식욕감소, 구토, 설사, 흥분, 졸음
	Kerning's sign 양성	앙와위로 누운 자세에서 다리를 쉽게 쭉 펴는 신전은 가능한데, 대퇴를 복부 쪽으로 굴곡시켜 다리를 신전하려면 통증으로 다리를 곧게 펴지 못한다.
	Brudzinski's sign 양성	앙와위에서 아동이 가슴을 향해 목을 들면 뇌막염이 있는 아동의 경우, 불수의적으로 고관절 무릎이 굴곡된다(어린 아동은 간호사가 아동의 머리를 가슴을 향해 구부러지게 하여 검진한다).
	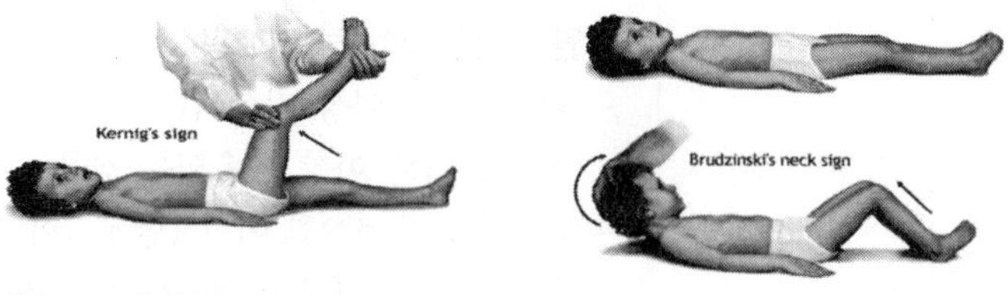	
진단	• CT, MRI • 뇌척수액 검사(탁한 색깔, 압력증가, 백혈구 증가, 포도당 저하, 단백질 상승, 그람 염색 양성) • WBC 증가, CRP 증가 • 혈액배양검사	

치료	항생제 요법	• 10~14일 동안 집중적 투여(ampicillin, aminoglycoside, cephalosporin)
	지지요법	• 발열과 탈수관리
	외과적 요법	• 뇌실문합술
	예방치료	• 상기도 감염, 부비동염, 중이염 등 발생 시 신속하게 치료 • H. 인플루엔자 B형 백신을 18개월 혹은 2세 아동에게 권장
간호	• 격리 • 활력증상 사정 • 의식수준과 신경학적 증상 사정, 천문 관찰, 두위 측정 • 베개를 베지 않은 채로 침상 머리 약간 상승(∵ 머리를 들 때 두통 호소) • 영아를 안거나 이동 시 목을 잘 지지 • 자극을 줄이기 위해 조용하고 약간 어두운 환경 제공(∵ 광선공포증) • 발열 및 통증조절 • 합병증 관찰 : 두개내압 상승, 쇼크, 호흡곤란 등 • 가족지지	

5 뇌성마비(Cerebral palsy)

정의	• 뇌의 운동중추의 손상으로 인한 만성적 · 비진행적인 운동기능부전 • 아동기에 가장 흔한 영구적 신체불구	
원인	산전(44%)	• 유전 혹은 염색체이상, 뇌기형, 기형발생 물질에 노출, 다태아, 자궁내 감염 • 태반이상으로 태아에게 적절한 영양과 산소공급 부족
	출산(19%)	• 자간전증, 난산, 두부외상 등의 분만손상, 제대감돈 후 질식
	분만전후(8%)	• 중추신경계 감염 또는 패혈증, 핵황달, 미숙아
	아동기(5%)	• 두부손상, 뇌막염, 독성물질의 섭취나 흡입
	불명(24%)	
진단	• 1세 이전에 한 손이 강하게 발달하거나 3개월 후에 주먹을 쥠 • 복위나 앙와위로 구부려 몸통, 둔부, 다리에 심한 신전 • 운동수행 능력 사정, 수동적 근육 긴장도, 심부건 반사 항진 • 바빈스키 징후 양성, 정위반사 나타남, 불수의적 움직임, 강직 • 사지침범이 특징이며, 상지보다 하지에 더 심하게 나타남	
증상	• **뇌손상 증상** : 저산소증과 관련 • **지적 발달장애** : 가장 흔함, 집중력 결핍, 충동성, 사회적 미성숙 • **경련** : 환자의 50%에서 발생, 전신적 긴장성 – 간대성 경련이 많음, 대뇌피질 손상 때문, EEG 비정상 • 성장지연, 감각장애, 청각장애, 언어장애, 보행장애, 운동장애 등	

분류	경직성 (spastic)	• 가장 흔한 유형 • 자세, 균형, 통합된 운동조절의 결핍이 동반된 긴장과다 • 의도적 운동 시 비정상적 자세와 신체 다른 부분의 움직임이 과도하게 증가됨 • **걸음걸이** : 몸을 웅크리고, 발은 안쪽으로 굽히며, 다리는 가위모양으로 교차시켜 걸음 • **팔꿈치, 손목 및 손가락** : 굴곡된 자세에서 엄지손가락은 엄지쪽으로 내전되어 있음
	운동장애성 (dyskinetic) · 무정위성 (athetoid)	• 비정상적인 불수의적 운동 • **무정위 운동** : 주로 사지, 체간, 목, 안면근, 혀에 침범하고 천천히 움직이며 비틀거리는 움직임이 특징 • 인두, 후두, 구강근육 침범 시 침흘림과 구음장애 유발 • 정서적 스트레스를 받거나 청소년기에 강도가 증가되는 무도병과 근긴장도 이상을 유발하는 불수의적 운동
	운동실조성 (ataxic) · 무긴장성	• 소뇌병변 시 근육조절과 협력이 이루어지지 않음. 평형 감각의 문제 • 다리를 벌리고 걸음 • 근육조절이 빈약한 빠르고 반복적인 운동 • 아동이 물건을 잡으려 할 때 상지운동의 통합장애 : 손떨림 증상
	혼합형(mixed)	• 경직성과 무정위 운동증이 복합적으로 나타남
치료	목표	• 질병을 조기에 발견하고 제한된 뇌기능 범위 안에서 아동의 능력을 인식하여 최적의 발달을 도모 • 운동, 의사소통, 자립의 달성 • 적절한 외모 유지와 운동기능의 통합 • 관련 장애의 효율적 교정 • 아동요구와 능력에 맞는 교육기회의 제공 • 다른 아동들과의 사회화 기회 증진
	초점	• 대증적 치료와 합병증 예방
간호	• 흡인예방과 적절한 영양공급을 위한 안전한 음식제공 기술의 교육 • 배변훈련 도움 • 운동기능 및 감각향상을 위한 활동에 적극 참여 • 인지능력 · 사고과정의 촉진 • **특수 훈련 프로그램 참여** : 뇌성마비 아동을 위해 특별히 고안된 용품 사용을 지도 • 아동과 가족의 강점을 토대로 한 언어적 · 비언어적 의사소통의 증진 • 적절한 발달행동의 증진, 건강한 자아개념과 최적의 발달증진 • 건전한 부모역할, 역할증진, 가정지지를 위한 교육	

CHECK Point 뇌성마비 초기징후

신체적 증상	• 머리들기, 앉기, 배밀이 등의 전형적인 발달과정이 나타나지 않음 • 원시반사의 지속 : 모로반사, 비대칭적 긴장성 목반사 • 3개월이 지나도 머리를 가누지 못함 • 팔이나 다리가 뻣뻣함, 다리가 꼬이는 증상(scissoring legs) • 뒤로 제치거나 활모양으로 구부림, 강직된 자세(반궁긴장 자세) • 긴장이 저하된 자세나 절름발이 자세, 특히 수면 시 긴장이 저하됨 • 8개월경에 지지 없이는 똑바로 앉을 수 없음 • 몸의 한쪽만 사용하거나 팔로만 기어감
행동적 증상	• 자주 보채고 우는 특성 • 3개월경에도 미소 짓지 못함 • 수유곤란 : 수유 시 지속적으로 기침을 하거나 역류 • 6개월 후에도 부드러운 음식을 주었을 때 혀로 밀어냄(정상적으로 6개월 때 밀어내기 반사 소실) • 주위환경에 대한 흥미 부족

6 라이증후군(Reye's syndrome)

정의	• 간과 신장의 미세혈관의 지방 축적을 동반하여 생명을 위협하는 뇌질환 • 급성비염증성 뇌질환, 간질환	
원인	• **바이러스** : 수두, 인플루엔자, 엡스타인 바이러스, 아데노 바이러스, 콕사키 바이러스 등과 같은 경미한 바이러스 질병 후 나타남 • 아동에게 수두, 인플루엔자 시 aspirin 투여로 발생	
병태생리	• **간의 지방성 병변** : 간 비대, 미세혈관의 지방 축적물로 인해 황달기를 띠며 포도당이 고갈되고 암모니아를 요소로 전환하는 효소가 감소하며 간효소가 비정상적으로 변하게 됨 • **뇌부종** : 두개내압 상승을 동반하는 뇌부종	
증상	• 두개내압 상승, 뇌병증, 간기능장애(황달 없음) • **초기** : 가벼운 바이러스 증상 • 24~48시간 내에 아동 상태 악화	
	1단계	• 구토, 기면, 간기능장애, EEG 변화
	2단계	• 지남력 장애, 섬망, 과다호흡, 과다반사, 간기능장애, 고함을 치며 말함
	3단계	• 혼수, 과다호흡 • 진전되지 않으면 합병증 없이 회복가능
	4단계	• **심한 신경계 손상** : 깊은 혼수, 동공확대와 고정, 각막반사 소실
	5단계	• **뇌사** : 심부건반사 소실, 제피질 자세, 제뇌자세, 호흡정지, 이완

진단	간기능 저하	• SGOT, SGPT 증가 • LDH 증가 : 간, 담도폐색 시 증가 • bilirubin : 정상으로 황달 없다. 급성 간염과는 달리 황달 없음 • 저혈당증 : 간은 당원저당, 당 생성, 그 기능 × → 저혈당 유발 • 고암모니아혈증 : 간세포 손상이 심할 때 암모니아를 요소로 전환시키는 간의 전환 능력이 감소하여 암모니아 상승 • prothrombin time, partial thromboplastin time 상승 : 간부전의 간세포 손상으로 응고인자 합성감소로 지혈 지연
	간생검	• 명확한 진단으로 지방 침윤
	뇌 척수액	• 뇌척수액 압력 증가로 뇌압상승 • 뇌수막염 소견 없음
	GDH 증가	• 미토콘드리아 효소인 혈청 GDH 증가 • 미토콘드리아 : 세포 소기관의 하나로 세포가 활동을 수행하는데 필요한 에너지 생성
치료	조기 진단	• 의식장애 관찰 : 의식상태의 변화, 뇌압상승 • V/S, 혈당 수시로 측정 • 경련 관찰 • 구역반사, 동공 · 각막반사 이상 확인
	대증 요법	• 중환자실 입원 : 기도삽관, 충분한 환기제공, 호흡성산증 · 알칼리증 교정, 두개내압 감소 위해 신경근 차단제, 진정제, 진통제 투여 • 발작 시 항경련제 투여 • ICP 상승 완화 : manitol, phenytoin 투여 • 간부전 증상 – neomycin 투여 : 혈중 암모니아 수치 낮추기 위해 – Vit K, 신선동결혈장 투여 : 응고시간 비정상시
간호	• 활력징후, 호흡노력, 신경학적 상태, 임상병리검사 등 잦은 확인과 집중간호 요구 • 탈수와 뇌부종 예방을 위한 I/O 확인 • 처방된 중재와 약물에 대한 반응 확인 • 급성기 지나면 정서적 지지, 적절한 놀이활동, 다른 사람과의 상호작용 제공	

7 길리안 바레 증후군(GBS; Guillain – Barre Syndrome)

<table>
<tr><td>정의</td><td colspan="2">• 사지허약과 심부건 반사 소실이 급격히 진전되는 것을 특징으로 하는 말초신경계의 자가면역 신경장애</td></tr>
<tr><td>원인</td><td colspan="2">• 상기도 감염이나 풍진, 장바이러스, Epstein–Barr 바이러스, 거대세포 바이러스(CMV), 수두같은 바이러스 감염
• 계절성 인플루엔자 예방접종 시 독성반응
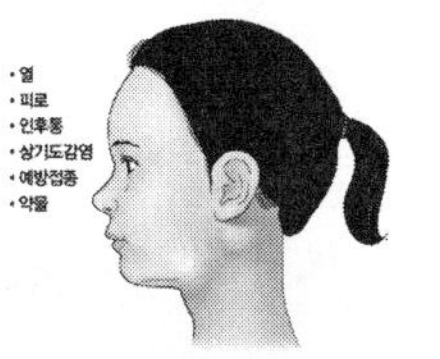</td></tr>
<tr><td>병태생리</td><td colspan="2">• 말초신경에 림프구가 침윤 → 염증 유발 → 수초상실 증가, 축색돌기의 변성
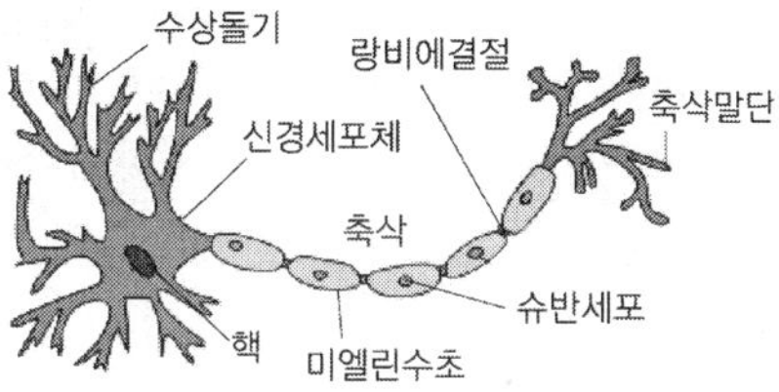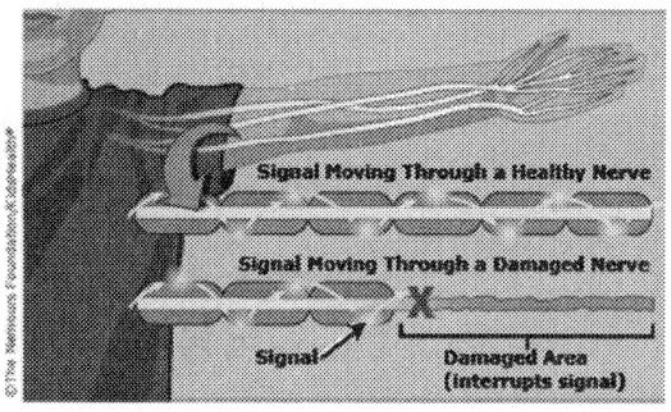
〈뉴런의 구성〉</td></tr>
<tr><td rowspan="5">증상</td><td>사지마비와 통증</td><td>이완마비를 초래하는 심부건 반사의 소실이 점차 상행하면서 무감각, 욱신거림</td></tr>
<tr><td>자율신경계 불안정성</td><td>혈압변화, 심부정맥, 체위성 저혈압, 요실금, 변실금</td></tr>
<tr><td>뇌신경장애</td><td>안면신경마비, 연하곤란, 기침, 구역 · 연하반사의 약화 → 호흡기능 손상</td></tr>
<tr><td>호흡기능장애</td><td>늑간신경과 횡격막 신경의 진행성 운동성 마비로 발생, 호흡부전 발생</td></tr>
<tr><td>신경기능 손상</td><td>발끝에서부터 머리쪽으로 양측성 상행성 허약 또는 마비, 마비가 발생한 순서의 역으로 회복</td></tr>
<tr><td>진단</td><td colspan="2">• 상기도나 위장관 감염 1~2주 후 허약 또는 마비가 양측으로 상행되는 것
• 뇌척수액 검사 : 단백질 상승</td></tr>
<tr><td>치료</td><td colspan="2">• 정맥용 면역글로불린 투여
• 신경계, 호흡기계, 심혈관계 증상 관찰, 그에 따른 지지적 치료 시행</td></tr>
<tr><td>간호</td><td colspan="2">• 최적의 신경기능 달성하고 합병증 없이 회복하도록 촉진하는 것
• 호흡 지지요법
• 부동과 관련된 합병증 관찰 : 피부통합성 유지 – 체위변경, 적절한 자세 유지, 수동적 관절 범위운동
• 영양식이
• 합병증 예방 : 폐색전(호흡부전으로 사망초래 : 호흡기계 특별한 주의 필요)</td></tr>
</table>

8 두통(Headaches)

<table>
<tr><td rowspan="3">특성</td><td colspan="3">• 모든 연령의 아동에게 흔하게 나타나는 장애
• 아동과 청소년의 70%가 일시적인 두통 호소
• 이 아동의 20%에서 만성긴장과 편두통 지님</td></tr>
<tr><td rowspan="2">원인</td><td colspan="2">일차성 두통</td><td>• 편두통, 긴장성 두통, 군집성 두통</td></tr>
<tr><td colspan="2">이차성 두통</td><td>• 외상, 뇌혈관질환, 기질적 뇌질환, 감염증, 안면부 질환, 장기간에 걸친 납중독 또는 일산화탄소 중독, 카페인 또는 알코올의 금단증상, 부비동염, 안질환, 치아의 부정교합, 그 외 다른 신체질환 등</td></tr>
<tr><td rowspan="9">치료</td><td colspan="3">• 원인제거 : 해당 기저 질환이나 건강문제 치료</td></tr>
<tr><td rowspan="7">약물
요법</td><td>비마약성 진통제</td><td>• aspirin, ibuprofen, acetaminophen
• prostaglandin 합성을 억제하여 진통작용</td></tr>
<tr><td>칼슘통로 차단제</td><td>• verapamil, nifedipine
• 혈관 탈분극시기에 칼슘 유입 금지로 말초 동맥을 확장시키고 혈관수축으로 인한 편두통 전조증에 예방적 사용</td></tr>
<tr><td>세로토닌
수용체항진제</td><td>• almotripan, eletripan, frovatriptan
• serotonin : 두개내 혈관수축 작용을 하여 대뇌피질 혈관 확장으로 박동성 급성 편두통 완화
• 편두통 막 시작 시 약 복용</td></tr>
<tr><td>혈관수축제</td><td>• ergotamine tartrate
• 혈관을 수축시켜 발작시에 확장된 두개동맥의 박동율 감소</td></tr>
<tr><td>β-아드레날린
차단제</td><td>• propranolol(Inderal)
• 혈관이완경로를 차단시켜 혈관수축으로 혈관확장의 편두통 감소</td></tr>
<tr><td>항우울제</td><td>• imipramine, amitriptyline
• 노르에피네프린과 세로토닌 활성도 증가로 혈관수축</td></tr>
<tr><td>코티코스테로이드</td><td>• dexamethasone
• 항염증작용(편두통 원인 : 신경혈관성 염증)</td></tr>
<tr><td>중재
방법</td><td colspan="2">• 안정 : 조용하고 어두운 방에서 눈을 감고 휴식
• 두통이 있는 쪽의 관자놀이 부근이나 두피, 목에서 눌렀을 때 통증이 있는 부분을 손가락으로 꾹꾹 눌러주기
• 통증이 있는 부위 냉찜질
• 자극적인 빛, 소리, 냄새가 있는 곳을 피하고, 머리나 목을 편하게 받쳐주는 베개를 이용하여 휴식 취하기
• 스트레스 받는 상황 피하고, 충분한 수면</td></tr>
</table>

		• 균형잡힌 식사와 편두통 유발 음식 피하기 • 걷기, 수영 등 규칙적인 운동 • 이완요법(요가, 마사지, 바이오피드백, 명상 등)

1. 긴장성 두통(Tension-type-headaches)

정의	• 두통의 가장 흔한 형태 • 불안, 우울같은 스트레스, 정서적, 신체적 긴장은 교감신경계 반응으로 두부, 경부 근육의 수축, 긴장, 경련으로 혈관이 눌리면서 두부에 허혈이 생기고 두통 발생 • 갑자기 생기기보다는 지속적인 두통으로 신체활동에 악화되지 않으며 일반 진통제에 잘 반응
원인	• 오랜 긴장상태, 과로, 스트레스 등에 의해 목덜미, 얼굴 등 머리주변 말초신경이 눌려 통증 느낌
발생연령	• **사춘기 동안 흔하게 발생** : 긴장, 불안과 관련 • 어떤 연령에서도 발생 • 가족력 없음
발생부위	• 전두, 측두, 후두, 목덜미에서 시작하여 머리전체로 퍼짐
증상	• 전구증상 없음 • 양측성, 비주기적인 통증 • '띵하고 무겁다', 끈으로 조이거나 누르는 듯한 통증, 목이 조이거나 두피가 아프다고 호소 • 아침보다 저녁에 강하고 지속적인 통증 • **지속시간** : 몇 분에서 몇 시간 또는 며칠이 걸릴 수 있음 • **동반증상** : 목 · 어깨의 경직, 머리 · 목의 움직임 시 저항감, 목덜미 저항감 등 • **아동** : 일상생활 장애가 되지는 않음 • 드물게 오심, 현기증, 피로감 등 

2. 편두통(Migraine)

정의	• 뇌혈관경련과 관련되어 주기적으로 나타나는 심한 두통 • 발작적이며 주기적으로 나타나는 두통(머리 한쪽에서만 통증) • 중증도 이상의 박동성 통증이 나타나고 구역, 구토 및 빛이나 소리 공포증을 동반하는 두통
원인	• 뇌혈관이 좁아졌다 확장되면서 주변 조직을 눌러 두통 생김 • 정서적 긴장이 신경의 과다흥분으로 norepinephrine과 serotonin의 활성화 → 뇌피질의 뇌혈관 수축, 경련에 의해 국소허혈의 전조증상 → 신경혈관성 염증이나 혈관확장으로 박동성 두통 • 초콜릿, 치즈 등 티라민(tyramine)이 많이 들어있는 식품과 관련
발생연령	• 10대에 흔함 • 35~45세 유병률이 가장 높음 • 가족력, 여성>남성
발생부위	• 주기적 전두 – 측두엽의 편측성 박동성 두통
증상	• 전조증상 있음(빛이 반짝하거나 암점이 생김) • 전조증상 후 아침에 일어나면 두통 발생, 잠자면 호전 • 점진적으로 진행되어 통증이 점차 심해짐 • 심장이 뛰는 것과 같은 박동성이 흔하여 환자는 '욱신욱신' 또는 '지끈지끈'한 통증 호소 • 체하면 머리가 아프거나 두통이 시작되면 소화가 안되거나 심할 때는 구토 동반 • 빛이나 소리에 공포감 보임 • 가벼운 두통에서부터 매우 심해 아무것도 할 수 없는 정도까지 다양 • 지속시간 : 4~72시간 지속, 1년 중 몇 달 지속, 하루에 지속적으로 • 부종, 안절부절, 창백, 오심 · 구토, 발한, 부전마비

3. 군집성 · 집락성 두통(cluster headaches)

특징	• 한동안은 증상이 없다가 두통이 발생하는 경우 몰아서 발생 • 일측성, 주기성
원인	• 알코올에 의해 유발되고 뇌에서의 신경전달물질인 히스타민과 연관
발생연령	• 가족력 없음 • 남자에게서 호발
발생부위	• 안와부와 측두부에서 시작하여 머리와 목으로 방사되는 통증
증상	• 심한 두통과 함께 결막이 충혈되고 눈물, 코막힘, 콧물, 땀 등의 자율신경의 증상을 동반하는 주기적 질병

- 전구증상 없음
- 야간에 발생하는 경우가 흔함
- 발작이 짧고, 매우 심함. 약 2시간 정도 지나면 대부분 사라짐

보건복지부 대한의학회

4. 병원방문이 필요한 두통

(1) 뒷목이 뻣뻣해지면서 의식을 잃을 정도의 두통

(2) 만성 두통인데도 과거와 달리 통증이 심하고 발작적이면서 구토가 일어난 경우

(3) 구토를 동반하거나 머리를 움직일 때, 기침이나 재채기를 하면 더욱 심해지는 경우

(4) 시력이 나빠지고 체중이 줄거나 마비증상이 나타나는 경우

(5) 심한 고열과 경련이 수반되는 경우

(6) 칼로 베이거나 감전된 듯한 짜릿한 통증이 수 초 또는 수 분간 계속되는 경우

(7) 아급성으로 수일에서 수 주간 악화되는 두통

(8) **신경학적 검사이상** : 의식변화, 안면마비, 동공크기 및 반사의 변화

(9) 수면을 방해 또는 잠이 깬 후 즉시 발생한 두통

(10) 기존의 전신질환을 가지고 있는 경우

(11) 50세 이후에 시작된 두통증의 증상

보건복지부 대한의학회

CHAPTER 07 신경장애

기출문제

1 열성경련

01 열성경련과 간질을 비교한 것 중 틀린 것은? 1996년

	열성경련	간질
① 연령	6개월~3년	무관
② 뇌파	정상	언제나 이상소견
③ 가족력	빈도 높다.	빈도 낮다.
④ 경련증상	언제나 전신성	전신성 또는 국소성

|정답| ②

|해설| ② 간질 시 뇌파는 간질파 또는 정상일 수도 있다.

2 뇌성마비

02 뇌성마비아에게 수반되는 가장 두드러진 장애는? 1994년

① 지능장애
② 언어장애
③ 시각장애
④ 청각장애

|정답| ②

|해설| 뇌성마비 증상

언어장애(82%), 정신 지능장애(19~65%), 시각장애(34~50%), 경련 발작(25~40%), 청각장애(15%), 감각장애(13%), 감정장애, 학습능력의 감퇴 등이 있다.

3 Reye 증후군

03 Aspirin을 사용했을 때 Reye 증후군이 나타날 수 있는 질환으로 옳은 것은? 1993년

① 결핵, 수두 ② 수두, 종양
③ 수두, 소아마비 ④ 수두, 인플루엔자

|정답| ④

|해설| 라이증후군(Reye's syndrome)의 원인

- 바이러스 : 수두, 인플루엔자, 엡스타인 바이러스, 아데노 바이러스, 콕사키 바이러스 등과 같은 경미한 바이러스 질병 후 나타남
- 아동에게 수두, 인플루엔자 시 aspirin 투여로 발생

4 두통

04 주위에서 흔히 볼 수 있는 증상 중 하나인 두통의 원인은 매우 다양한 것으로 알려져 있다. 가끔 두통 때문에 보건실을 방문한 적이 있는 한 여학생이 두통을 호소하며 보건교사를 찾아왔다. 두통 발생 시 보건교사가 제공할 수 있는 간호중재를 5가지만 쓰시오. 2005년

|해설|

안정	• 조용하고 어두운 방에서 눈을 감고 휴식 • 자극적인 빛, 소리, 냄새가 있는 곳을 피하기 • 스트레스 받는 상황 피하기 • 규칙적이고 충분한 수면 유도 • 머리나 목을 편하게 받쳐주는 베개를 이용하여 휴식 취하기 • 이완요법(요가, 마사지, 바이오피드백, 명상 등) • 편두통시 아픈쪽을 위로하여 눕히기
습온 및 냉찜질	• 긴장성 두통 시 습온 • 편두통시 냉찜질 • 두통이 있는 쪽의 관자놀이 부근이나 두피, 목에서 눌렀을 때 통증이 있는 부분을 손가락으로 꾹꾹 눌러주기
느슨한 의복	• 목둘레와 의복을 느슨하게 하기
식이	• 공복 피하고, 균형 잡힌 식이 • 편두통 유발 음식 피하기 - 발효음식(치즈, 요구르트, 이스트가 든 음식) - 술, 쵸코릿, 카페인 - 질산염 포함음식(햄, 소시지, 핫도그 등) - MSG
규칙적인 운동	• 걷기, 수영 등
두통일지 작성	
정서적 문제의 두통 시	• 여러 번 같은 두통으로 보건실 방문이 있으며, 가정환경, 성격, 상담 등을 통해 정서적 문제 파악 • 정신치료 및 놀이치료로써 신체증상이 소실되도록 정신과 전문의 의뢰
원인 모르는 두통 시	• 반듯이 눕힌 상태에서 발만 약간 높여주고 보건실에서 안정시키며 관찰 • 상태에 따라 서신을 동봉하거나 전화를 이용하여 학부모와 의사소통을 집으로 귀가 • 반복되는 원인불명의 두통 시 전문의 진찰 권유

05 〈보기〉의 특징이 있는 두통은?

1992년

〈 보 기 〉

- 후두부에 강한 둔통이 생긴다.
- 아침잠에서 깨어날 때 심하다.
- 낮에는 점점 사라지는 경향이 있다.

① 고혈압성 두통
② 긴장성 두통
③ 열성 두통
④ 편두통

|정답| ①

|해설| 고혈압성 두통

- 대개 둔하고, 두드리는 듯한 후두부의 통증
- 아침에 자고 일어날 때 나타났다가 낮에 사라지는 경향이 있음

CHAPTER

08 비뇨생식기계 장애

1 비뇨생식기계 장애

1. 아동의 비뇨생식기 특징

(1) 건강한 영아는 신장이 신체 크기에 적절한 수준으로 기능하나 스트레스 시에는 기능이 감소함
- 생후 6~12개월이면 신장기능은 성인과 거의 유사해짐
- 영아의 초기의 신장은 아동이나 성인의 신장처럼 효율적으로 소변을 농축하지 못함

(2) 신생아의 방광은 하복부의 복강에 있다가 초기 아동 중에 골반강 내로 점차 내려감

(3) 어린 아동은 요도가 짧아 요로감염에 이환되기 쉬움

(4) 아동은 보통 4~5세가 되어야 완전한 방광조절이 가능함

(5) 성인과는 달리 급성신부전을 가진 대부분의 아동은 정상 기능을 다시 회복함

2. 음낭수종(Hydrocele)

<table>
<tr><th>정의</th><td colspan="2">• 고환주위 초막 사이의 음낭 주머니에 복수가 모여 있어 장액이 정상 이상으로 축적</td></tr>
<tr><th>병태생리</th><td colspan="2">• 태아기 복강 내 위치한 고환이 태생기 7개월에 하강하여 8개월에 음낭으로 이동함
• 초막돌기의 융합은 고환이 음낭으로 들어간 후 자연적으로 이루어짐
• 출생 시 초막돌기의 불완전 폐쇄는 복수, 복부 내용물을 음낭으로 침입하여 음낭수종, 서혜부 탈장을 야기</td></tr>
<tr><th rowspan="2">증상</th><th>비교통성 음낭수종</th><th>교통성 음낭수종</th></tr>
<tr><td>• 음낭에서 무통성 덩어리
• 복강과 연결되지 않은 생리적 음낭수종으로 초막안에서 복막액의 흐름이 막혀 있음
• 복강과 연결되어 있지 않기에 음낭종창이 커지거나 모양 변하지 않음
• 전등 빛에 덩어리를 비추면 빛이 투과함</td><td>• 초막돌기가 음낭과 복강을 연결해 주므로 음낭종창의 크기가 다양
• 아침에 자고 일어날 때 가장 작아졌다가 낮에 활동하면 점차 커짐
• 서혜부 탈장 가능성으로 초음파 시행</td></tr>
</table>

치료	탈장이 동반되지 않은 경우	• 1세 이전에 초막돌기가 막히고, 장액이 자연흡수되므로 1세까지 기다림 • 1세 이후에 음낭수종이 그대로 있거나 음낭이 계속 커지면 수술로 교정
	수술	• 탈장이 동반된 경우 장이 자신의 위치로 돌아가지 못하고 꼬인 상태인 장염전과 감돈 위험으로 즉시 수술 • 개방되어 있는 초상돌기를 묶어주는 고위결찰술 시행 • 수술 후 재발, 정관손상, 고환위축 등 발생

2 서혜부 탈장(Inguinal Hernia)

정의	• 초막돌기가 완전히 막히지 않아 복부내장, 복수(복강 내 장액성 물질)가 초막돌기를 통해 내려와 있는 상태
병태생리	• 고환이 하강한 후 초막돌기가 막히지 않아 장이 유입되면서 서혜부 탈장 발생
증상	• 무통성의 서혜부 부종이나 누르면 통증 • 크기가 변하고 배에 힘을 주거나, 울 때, 기침, 오랫동안 서 있을 때 서혜부 부종이 나타남 • 부종은 복압이 약해지면 없어지고 가볍게 누르면 환원
진단	• 아래로 힘을 주게 하여 서혜부와 음낭, 대퇴부의 팽윤 살핌. 힘을 주었을 때 튀어나오면 탈장 의미 • 탈장인 경우 장음 들림 • 서혜부나 음낭 탈장 시 빛이 투과되지 않음 • **감돈 탈장** : 탈장된 부분이 제자리로 돌아오지 않아 장관이 탈장낭에서 빠져 나오지 못한 감돈 탈장은 서혜관을 따라 긴 덩어리가 만져지며 만지면 아파함
수술 전 간호	• 아래로 힘을 주거나 재채기, 기침을 하지 않도록 하여 복압을 줄임 • 복압 상승시키는 변비, 설사를 하지 않도록 배변 조절 • 복압을 상승시키므로 아동을 울리지 않음 • 장이 자신의 위치로 돌아가지 못하는 감돈을 줄이기 위해 따뜻한 목욕 • 감돈 시 찬물 찜질 • 자세는 복압 감소를 위해 trendelenburg 체위

3 잠복고환(Cryptorchidism)

정의	• 하나 또는 두 개의 고환이 서혜부 관에서 음낭으로 제대로 하강하지 못한 상태	
원인	• 저체중과 미숙아인 남아에게서 발생빈도 높음	
병태생리	• 임신 3기 동안 고환은 서혜부 관을 통해 음낭에 내려가기 시작 • 하강하지 못한 고환은 정자생성이 감소하고 불안 야기 • 성인기에 악성 고환 종양을 가질 위험성이 증가	
증상	• 남아의 85%가 일측성, 흔히 오른쪽에 발생 • 음낭의 한쪽이나 양쪽은 이완되고 처지지 않았으며 정상보다 크기가 작음	
검진	• 고환 촉진 • 거고근 반사를 막기 위해 서혜관을 막거나, 큰 아동은 앉은 자세에서 수행	
결과	정상고환	• 양쪽 음낭에 하나씩 두 개의 고환으로 1.5~2cm(어린이) 길이의 작은 타원형 덩어리로 만져짐 • 고환은 사춘기까지 크지 않다가 사춘기를 거치면서 두 배 크기가 되어 성인은 3.5~5.5cm
	잠복고환	• 음낭촉진 시 고환이 없고 거고근 반사 시 고환이 상승되지 않음
치료	• 고환이 만져지지 않는 경우 1세 때까지 자연적인 하강을 관찰 • 외과적 교정이 가장 적절한 시기 : 아동이 1~2세 사이일 때 • 고환고정술	

4 급성 사구체 신염(Acute glomerulonephritis)

정의	• A군 β 용혈성 연쇄상구균 감염의 부산물로써 신장에 발생하는 면역복합체 질환 • 사구체 여과율이 감소하면서 중증도의 단백뇨, 혈뇨를 육안으로 관찰할 수 있음	
호발연령	• 5세~12세 사이 아동에게 흔함(학령 초기 발병), 남아(2배)>여아	
원인	• A군 β 용혈성 연쇄상구균 감염에 대한 면역학적 반응으로 발생 • 대부분 상기도 감염 혹은 피부감염 1~3주 후 발병	
병태생리	• 면역복합체가 혈액을 순환하다가 사구체 기저막에 침적 및 축적 • 사구체 염증 : 사구체가 커지고 다형핵 백혈구 침윤(면역반응) • 신기능 저하 : 모세혈관 내경 폐색 → 혈장의 여과감소 → 수분과 염분 보유 증가 → 혈장과 간질액의 양 증가 → 순환성 울혈과 부종 발생	
증상	핍뇨	• 사구체 여과율 감소로 인함
	혈뇨	• 탁하고 콜라색 소변(사구체막 파열로 인해 여과물 안에 적혈구가 통과되기 때문)
	부종	• 눈 주위, 얼굴부종(아침에 현저함. 나트륨과 수분 정체), 체중증가
	고혈압	• 경하거나 중증도로 상승 → 혈관경련에 의한 뇌빈혈(두통, 구토, 시력흐림)
	기타	• 식욕부진, 창백, 민감, 무기력, 두통, 복부 불편감, 배뇨곤란, 구토, 빈혈 등

검진		• 혈액검사 : WBC, ESR, BUN, creatinine 증가, 빈혈 • 혈청학적 검사 : 연쇄상구균에 대한 항체 ASO titer 증가, 혈청보체(C_3) 감소 • 소변 : RBC, WBC 다량, 혈뇨 • 흉부 X선 검사 : 급성기 부종(심장확대, 폐울혈, 늑막삼출물 확인)
치료		• 연쇄상구균 감염에 대한 항생제 투여 : 10일간 페니실린 투여 • 항고혈압 제제, 이뇨제 투여 • 스테로이드, 면역억제제 • 발작 시 항경련제 투여 • 심한 부종 및 울혈 시 투석
간호진단		• 염분과 수분의 정체 및 수분섭취 억제와 관련된 체액불균형 위험성 • 피로와 관련된 활동의 지속성 장애 위험성 • 부종 또는 활동 감소와 관련된 피부 통합성 장애 • 식이제한과 관련된 영양불균형 : 영양부족 • 질병과정이나 입원에 대한 지식부족과 관련된 불안
간호	체액과다 예방 (수액의 균형유지)	• I/O, 체중, 혈압, 호흡(폐부종 : 빠른 호흡, 견축, 비익확장, 악설음) • 부종확인 : 저염식이, 수분제한, 핍뇨 시 칼륨 제한
	적절한 휴식 제공	• 급성기 : 침상안정, 회복 시 점차적으로 운동 권장
	피부통합성 유지	• 잦은 체위변경 • 하지부종 있는 경우 베개를 다리에 받쳐 올림 • 목욕, 배변 후나 기저귀 교환 시 좋은 위생상태 유지 • 로션 이용하여 피부 마사지
	영양상태 유지	• 저염식이, 식욕저하가 동반될 수 있어 적절한 영양공급 • 탈수증상 확인 : 수분제한, 이뇨제 사용과 관련 • 신기능 부전시 단백질 섭취제한
	불안감소	• 정보제공

5 신증후군(Nephrotic syndrome)

정의	• 신사구체막이 심한 손상을 입어 혈장 단백이 사구체막을 통해 침투되어 나가는 상태
호발연령	• 2~7세 아동, 남아>여아
병태생리	• 사구체 기저세포막의 변화로 단백 투과가 증가(단백뇨, 고알부민뇨) → 혈청알부민 수준 감소(저알부민혈증) → 모세혈관의 교질 삼투압 저하 → 부종 → 혈장에서 간질강으로 체액 이동됨으로써 혈관의 액체량이 감소(저혈량증) → 항이뇨호르몬 aldosterone 분비자극 → 신세뇨관에서 나트륨과 수분의 재흡수 증가 → 혈관 내 액체량 증가(부종심화)

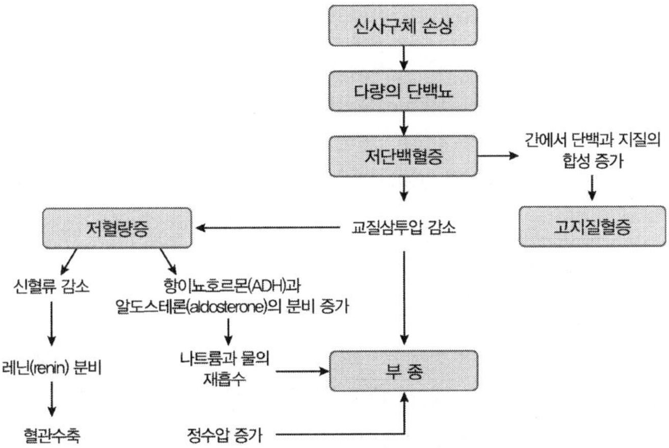

증상	단백뇨	• 진한 색의 거품나는 소변
	저알부민혈증	• 총 혈청단백과 알부민 감소 • 손톱, 발톱에서 흰색의 평행한 선 나타남
	고지혈증	• 혈청 콜레스테롤 상승(감소된 알부민에 대한 반응으로 간에서 단백과 지질의 합성 증가)
	전신부종	• 아침에 얼굴 & 눈주위, 오후에 복부와 하지, 체중증가 – 폐부종 : 호흡곤란 – 장점막 부종 : 설사유발 – 음순이나 음낭부종 : 바인더 적용
	위장관 문제	• 장점막 부종에 의한 설사, 식욕감소, 장흡수 감소
합병증	• 신부전, 저혈량증에 의한 순환부전 및 혈전 색전증 • 감염 : 복막염, 봉와직염, 폐렴	
진단	• 소변검사 : 단백뇨(3+ 이상), 진하고 거품이 많음, 현미경으로 혈뇨 보임 • 혈액검사 : 혈청 알부민 감소, 혈청콜레스테롤, 트리글리세라이드, 헤마토크릿, 헤모글로빈 수치 상승	
치료	치료목표	• 요단백 배설감소 • 조직 내 체액 정체 감소 • 감염예방 • 치료로 인한 합병증 최소화
	약물투여	• corticosteroid(prednisone) 투여 – 부작용 : 체중과 식욕증가, 둥근 얼굴, 혈압상승, 감염증상 은폐 • 면역억제제 투여 : cyclophosphamide 투여 – 부작용 : 백혈구 감소증, 탈모증, 남성 불임
	식이제한	저염식이와 수분섭취 제한

간호진단	• 부종과 순환저하와 관련된 피부통합성 장애 • 감마글로블린 소변 소실과 면역억제제 치료와 관련된 감염의 위험성 • 단백뇨, 부종, 이뇨제의 효과와 관련된 체액(혈관 내) 부족 위험성 • 나트륨 배설감소 및 체액 저류와 관련된 체액과다 • 입원 또는 만성질환아를 돌보는 것과 관련된 부모의 불안 • 불안 또는 불충분한 이해와 관련된 가정간호에 대한 지식부족	
간호	부종과 저혈량 감소	• I/O, 체중, 복부둘레, 뇨알부민 검사, V/S • 탈수증상 확인
	감염예방	• 스테로이드 사용으로 감염에 대한 저항력을 떨어뜨려 염증증상 은폐로 감염 주의(특히, 상기도 감염) • 항생제 투여 • 감염된 사람과의 접촉 피하기
	영양식이	• **저염식이, 수분제한** : 부종시기에만 제한 • **고단백식이** : 뇨단백으로 인한 단백질 소실 보충
	피부간호	• 체위변경, 부종 및 겹쳐진 부위 건조하고 청결하게 유지
	지지간호	• 긍정적 신체상 확립 • 치료적 식이에 대한 효과적 가정관리 교육 • **가족지지** : 재발에 대한 부모교육 – 요알부민 검사, 투약, 간호 등

CHECK Point 사구체신염과 신증후군 아동의 차이

구분	연쇄상구균 감염 후 사구체신염	신증후군
증상	• 혈뇨 : 콜라색 소변 • 부종 : 갑작스럽게 시작, 안구주위나 하지의 경미한 부종 • 고혈압 • 단백뇨 • 학령기 초기 아동	• 심한 단백뇨 : 거품나는 소변 • 부종 : 서서히 시작, 간질액 구간으로 체액 이동에 의한 심한 부종, 낮에 더 심함 • 저혈량증 • 정상 혈압 • 창백, 피로 • 유아나 학령전기 아동
검사결과	• 소변에 적혈구, 원주, 소량의 단백(0~3+) • 혈중 알부민, 콜레스테롤, 트리글리세라이드 정상 • 헤모글로빈과 헤마토크릿 : 정상이거나 감소 • 전해질 수치 변화 : BUN, crealinine 상승 • ASO titer 혹은 Streptozyme 상승, 보체 수준 감소	• 단백뇨(3+ ~ 4+), 현미경적 혈뇨 가능 • 저알부민혈증(<2.5g/dL) • 콜레스테롤, 트리글리세라이드, 헤모글로빈 · 헤마토크릿 · 혈소판 수치의 증가 • 전해질 농도 정상, 보체 수준 정상, ASO titer 정상
관리	• 지지적 • 항고혈압제나 이뇨제 투여 • 연쇄상구균 감염에 대한 항생제 치료 • 저염식이 • 필요한 경우 수분섭취 제한	• 관해 유도를 위한 Prednisone 투여 • 이뇨제, 알부민 투여 가능 • 감염과 피부손상 예방 • 소금을 추가하지 않는 식사

CHAPTER

09 근골격계 장애

1 소아 류마토이드 관절염(JRA ; Juvenile Rheumatoid Arthritis)

<table>
<tr><td>정의</td><td colspan="2">• 관절 및 결합조직을 침범하는 자가 면역성 만성염증성 질환
• 다수의 관절에 통증, 종창, 압통으로 인해 운동범위가 제한되며 관절종창의 악화 및 완화를 반복하는 특성
• 가장 흔한 아동기 류마티스성 질환</td></tr>
<tr><td>원인</td><td colspan="2">• 알려져 있지 않음
• 감염, 자가면역(IgA 결핍, 저감마글로블린 혈증) 질환
• 유전, 비정상적 면역반응, 감염이나 손상이 요인</td></tr>
<tr><td>호발연령</td><td colspan="2">• 1~3세 발생, 여아>남아
• 15세 이하의 소아에서 최소한 6주 이상 지속되는 1개 이상의 관절에서 관절염이 나타남</td></tr>
<tr><td>병태생리</td><td colspan="2">• 활막의 만성적 염증 → 삼출액 및 관절 연골의 부식, 파괴 및 섬유증 초래
• 관절표면과 관절 주위의 강직 초래, 유착 유발 : 관절의 기능장애 유발</td></tr>
<tr><td rowspan="7">증상</td><td colspan="2">• 하나 또는 다수의 관절에 간헐적인 통증이 6주 이상 지속
• 관절 : 통증, 뻣뻣함, 종창, 열감(발적은 없음), 관절범위 제한 증상</td></tr>
<tr><td>종창</td><td>• 관절의 염증, 삼출, 활막의 비후에 의해 발생</td></tr>
<tr><td>열감</td><td>• 접촉하면 따뜻함</td></tr>
<tr><td>통증</td><td>• 근육경련, 침범된 관절의 압통, 통증</td></tr>
<tr><td>강직</td><td>• 관절의 아침강직으로 아침 기상 시, 비활동 이후 관절의 뻣뻣함</td></tr>
<tr><td>운동소실</td><td>• 운동 시 통증, 관절운동 범위 제한으로 걸으려 하지 않거나 절름발이</td></tr>
<tr><td>류마티스 결절</td><td>• RF 양성(다수관절형) : 작은 무통성 피하결절인 류마티스 결절을 만지면 딱딱한 편
• 피부 밑에서 움직이며 관절부근의 뼈 돌출부위나 신근 표면을 따라 생김</td></tr>
<tr><td>진단</td><td colspan="2">• 하나의 관절이나 또는 둘 이상의 관절에서 관절염의 객관적 증거(열, 통증, 압통, 운동제한)
• 같은 관절에 적어도 6주 이상 관절염 증상 지속</td></tr>
<tr><td>임상검사</td><td colspan="2">• ESR↑, WBC↑, 혈중 면역글로불린 상승
• 항핵항체 RF(−)인 소아기 관절염 아동에서 25%, RF(+)인 소아기 관절염 아동에서 75%, 소수관절성 발병형 관절염 어린 소녀에서 약 60% 발견</td></tr>
</table>

치료	약물요법	• 아스피린 : Reye 증후군 때문에 NSAIDs 약물로 대체함 – NSAIDs : 최소 6주 이상, 활동성이 없어져도 1~2년간 투여 • 항류마티즘 제제 : 면역체계에 대한 효과 • 스테로이드 : 부적합, 반복적인 주사로 연골이나 뼈의 괴사 가능성
	물리치료와 작업치료	• 근육 통합성과 관절 운동성 유지하기 위해 중요 • 휴식, 적절한 자세, 운동 프로그램 활용 • 관절이 붓고 통증이 있을 때 관절 쉬게 함(온 · 냉찜질) • 통증이 감소하면 등척성 운동 계속
	외과적 중재	• 관절경축이나 사지 성장이 비대칭 되었을 시
간호진단	• 염증과정과 관련된 만성통증 • 관절의 염증 및 근육약화와 관련된 운동장애 • 활동지속성 결여와 관련된 성장발달 장애	
간호중재	통증관리	• 비약물요법 : 전환요법, 상상요법 • 아침에는 온습포, 따뜻한 통목욕 권장 • 치료에 반응하지 않는 통증은 마약성 진통제를 다른 통증완화요법과 함께 단기간 사용 • 휴식동안에 복위 : 고관절과 무릎을 곧게 유지 • 침대 : 따뜻하고 편평한 침대, 단단한 매트리스
	운동성과 적절한 휴식 증진	• 급성기 : 규칙적인 휴식시간(과로 피하기) • 등척운동와 수동적 관절범위 내 운동 강조 • 부목사용 : 굴곡기형 방지, 관절보호 • 습열요법 : 통증과 뻣뻣함을 완화하는 데 효과적 • 수영, 에어로빅, 놀이활동, 따뜻한 목욕과 샤워
	감염예방	• 상부 호흡기 감염과 같은 일반적 아동기 질병이 관절염 악화시킴 : 사소한 질병이라도 철저히 예방, 조기치료 • 감염증상 발현 시 일시적으로 약물치료 중지 • 치료 중에도 생백신(수두, MMR, 인플루엔자) 예방접종 실시
	정서적 · 사회적 발달증진	• 아동이 불안과 스트레스를 표현하도록 격려 • 환아의 제한점보다 능력에 초점
	최적의 영양증진	• 고단백, 고섬유질, 고칼슘 식이권장, 고열량 식이, 수분섭취 중요 • 관절의 체중부하 줄이기 위해 정상 체중 유지
	가족교육	
합병증	재발	• 감염, 손상, 수술로 관절염 재발 촉진
	관절 기형	• 심한 근 위축으로 관절 강직, 기형 초래
	성장 지연	• 전신형에서 성장지연 • 부신피질호르몬 요법은 시상하부–뇌하수체 축의 억제로 성장 호르몬 감소로 성장 억제
	홍채모양체염	• 소수 관절성 1형에서 만성 홍채모양체염으로 시력 저하, 실명
	강직성 척추염	• 소수 관절성 2형

CHECK Point 소아관절염의 주요 유형

유형		성별	연령	침범된 관절	RF	ANA	기타 증상
소수 관절형	조기 발병	여>남	1~4세	• 4개 이하의 관절의 비대칭적 관절침범 • 무릎 등의 큰 관절 침범	음성	양성	• 만성홍채모양체염 : 시력저하, 실명
	후기 발병	남>여	9~12세		음성	음성	• 급성홍채모양체염 : 저절로 나음 • 강직성 척추염
다수 관절형	RF(-)	여>남	1~4세	• 5개 이상의 관절이 대칭적 침범 • 모든 관절 침범 가능 • 손과 작은 관절에 질환	음성	음성	
	RF(+)	여>남	9~16세		양성	음성	• 류마티스 결절 • 관절강직 운동 상실, 종창 • 성장장애, 식욕부진, 권태, 경한 빈혈, 미열 • 뼈 침식의 위험이 있음 • 여러 관절의 아침 강직 발생(특히, 손가락)
전신형		여=남		• 대부분 다수관절 침범	음성	음성	• 1~2일 간격의 고열(spiking fever) • 일과성 발진 • 관절염 증상 : 관절통, 근육통 • 심낭염, 림프절 비대, 간비대, 비장 비대의 위험 있음

2 근이영양증(Muscular dystrophies)

정의	• 특정 근육세포가 위축되어 쇠약해지는 진행성 퇴행성 유전질환 • 남아>여아, 초기에 출현(보통 3~5세), 65~75% 가족력 지님 • 10대에 전신적인 근력저하가 서서히 진행 • 골격근의 점진적 쇠약과 소모로 보행능력의 상실과 호흡근력의 약화, 심장기능의 약화를 특징으로 함
원인	• 아동기 가장 흔하고 심각한 유형 • **반성열성유전** : 어머니로부터 결함 있는 유전자가 아들에게 전달
병태생리	• 근육세포의 단백질인 dystrophin의 결핍 • 많은 근육세포가 재생하지 못하고 정상적인 크기에 도달하지 못하여 작고 비효과적인 섬유로 남음 → 근섬유 퇴화, 지방과 결체조직으로 변형되고, 근육의 점진적인 쇠약은 장애와 기형 초래 • 호흡과 심부전으로 인한 사망까지 진행 • 근육세포의 괴사는 증상 나타나기 전부터 시작

	구분	발생시기 · 진행	유전성 · 발생빈도	임상증상
유형	뒤셴형 (Duchenne) : 가성비대형, 근이영양증	• 시작 : 3~6세 • 디스트로핀 없음 • 빠르게 진행 : 9~12세 걷지 못함 • 호흡부전, 심부전, 폐렴으로 청소년기에 사망	• X연관 열성유전 : 남자 • 가장 흔한 형태 • 모든 인종에서 나타남 • 발생빈도 : 출생인구 1,000명당 0.2명	• 팔다리 상부와 몸통 근육에 먼저 발병 • 지방침윤으로 인한 허벅지 비대 • 아동이 누웠거나 앉았다 일어서기가 힘듦 • 뒤뚱거리는 걸음 • 척추전만증 • Gower 현상 • 정신지체가 흔함
	베커형 (Becker)	• 시작 : 2~16세 • 근육의 디스트로핀이 감소되거나 비정상 • 천천히 진행 • 청소년기까지 걸을 수 있음 • 30대까지 생존	• X연관 열성유전 : 남자 • 발생빈도 : 출생인구 1,000명당 0.05명	• 뒤셴형과 비슷하나 덜 심각하고 청소년기까지 활동이 가능함 • 정상지능 • 뒤셴형보다 수명이 김
	팔다리 이음 근육형 (Limb-girdle, LGMD)	• 시작 : 사춘기~초기 성인기(청소년기 발병) • 진행 : 보통 느림	• 상염색체 열성과 우성 형태 : 남자와 여자	• 골반부터 약해지기 시작하여 어깨로 옮겨짐 • 팔과 다리까지 진행됨 • 견갑과 골반의 근위축과 근력저하
	얼굴어깨위팔형 (Facioscapulo humeral)	• 시작 : 사춘기~초기 성인기(청소년기 발병) • 천천히 진행됨 : 수명은 다양한 양상	• 상염색체상 우성 혹은 열성 : 남자와 여자	• 얼굴과 어깨 부분의 근육이 먼저 영향을 받음 • 어깨가 앞쪽으로 굽어짐 • 수면 시에 눈감기가 힘듦 • 머리 위로 팔들기가 힘듦 • 다음 순서로 진행됨 : 복부, 발, 상완, 골반부위, 하완 • 절반정도는 걸을 수 있음

<table>
<tr><td rowspan="7">뒤셴형 근이영양증 증상</td><td colspan="2">느린 운동발달</td><td>• 초기 운동발달은 정상적이나 조금 지연되는 정도
• 2~4세 : 골반근육 약해짐 → 앉거나 일어서는 행동, 걷기, 달리기, 계단오르기, 자전거 타기 어려움
• 12세 : 보행 불가능</td></tr>
<tr><td colspan="2">Gower 징후</td><td>• 팔다리 상부와 몸통 근육에 먼저 발생
• 앉은 자세에서 일어나기 위해 손을 다리 위에 올리며 서서히 일어나게 되는 현상(골반과 몸통근육이 약해짐)
• 누웠다가 일어날 때 손으로 무릎을 짚고 손을 대퇴부 쪽으로 옮기면서 서게 되는 증상
</td></tr>
<tr><td colspan="2">뒤뚱거리는 걸음</td><td>• wadding gait
• 발목 뒤의 인대가 굳고 짧아져 발뒤꿈치를 들고 발가락으로 걷게 됨
• 엉덩이를 흔들고, 배와 가슴을 내밀려 걷게 되며, 자주 넘어짐</td></tr>
<tr><td colspan="2">척추전만</td><td>• 척추전만, 측만증
• 척추측만증이 휠체어에 의존적일 때 증가</td></tr>
<tr><td colspan="2">근육비대</td><td>• 상완, 대퇴부, 하지 근육의 비대
• 비복근, 대퇴근, 상완근이 결합조직이나 지방침전으로 커져 있고 만지면 단단하고 딱딱함</td></tr>
<tr><td colspan="2">근육약화, 소모, 경축</td><td>• 눈에 띄는 근육위축, 대소관절 경축과 모양변화
• 근육탈진 및 위축 : 손을 위로 올리거나 들거나 하는 동작하지 못함
• 9~12세 : 독립적 이동 상실, 보행불가, 휠체어 사용
• 심부전, 폐렴 등의 문제 발생</td></tr>
<tr><td colspan="2">기타</td><td>• 지능장애(20~30%)</td></tr>
<tr><td rowspan="5">합병증</td><td>초기</td><td colspan="2">• 대퇴관절, 무릎관절 및 발목의 경축</td></tr>
<tr><td rowspan="4">후기</td><td>불용성 위축</td><td>• 운동제한이나 부동이 장기화되어 말기에 심각한 불용성 근위축 동반</td></tr>
<tr><td>심폐기능 장애</td><td>• 흔한 사망원인 : 호흡보조 근육과 횡경막 침범되어 기침하기가 힘들어 분비물이 잘고이므로 호흡기 감염
• 심장비대로 심부전을 동반</td></tr>
<tr><td>비만</td><td>• 신체활동의 제한과 움직임의 상실로 칼로리가 축적</td></tr>
<tr><td>감염</td><td></td></tr>
</table>

<table>
<tr><td rowspan="4">진단</td><td>근생검</td><td colspan="2">• 근섬유의 변성(섬유화, 지방침윤)정도 파악
• 근육 생검에 의한 확진</td></tr>
<tr><td>근전도(EMG)</td><td colspan="2">• 신경전도속도(NCV)는 정상, 근육의 전기적 파동 감소</td></tr>
<tr><td>혈액효소검사</td><td colspan="2">• 크레아틴 키나아제(CK)효소 수치 초기 상승(조기진단 유용)
• 근력저하 증상 나타나기 전 2년 간은 높다가 근력저하, 근육소모가 나타나면 감소</td></tr>
<tr><td colspan="3">면역조직화학적 검사, 유전자 진단</td></tr>
<tr><td rowspan="5">치료</td><td>목표</td><td colspan="2">• 1차 목표 : 근육의 기능을 가능한 오래 유지
• 2차 목표 : 근육 수축 예방</td></tr>
<tr><td>호흡기계, 심장계 합병증 예방</td><td colspan="2">• 예방백신, 감염주의, 기본 폐기능검사, 심전도 검사, 심초음파 검사 권장</td></tr>
<tr><td rowspan="2">지지적 치료</td><td>물리치료</td><td>• 최대한 기능을 할 수 있는 수준에 도달하게 하고 독립성을 갖도록 돕기</td></tr>
<tr><td>작업치료</td><td>• 보조기 착용
• 신체적 제한을 보완
• 집과 학교에서 일상생활을 하고 적응하도록 돕는 것 : 휠체어, 좌식, 쓰기 도와주는 컴퓨터, 기침하기 & 비침습적 환기보조</td></tr>
<tr><td colspan="3">유전상담</td></tr>
<tr><td rowspan="4">간호</td><td>심폐기능유지</td><td colspan="2">• 호흡기계와 심장 상태 정기적 모니터링
• 적절한 영양섭취와 살이 찌지 않도록 체형 유지
• 운동
- 피곤함을 느끼지 않도록 가볍게 주기적으로 1일 몇 차례 실시
- 수영, 수중활동 격려
- 운동 전후로 맥박의 변화 관찰 : 120~130회/분 이하
• 호흡운동 : 호흡근육 강화, 집중 폐활량계 사용하여 폐활량 유지하기</td></tr>
<tr><td>관절경축감소</td><td colspan="2">• 스트레칭 : 경축에 의한 근육기형을 지연
• 관절운동 : 온수 입욕 후 실시하는 것이 좋음
• 최소 매일 3시간 이상 움직여야 함 : 근육강도 유지
• 줄일 수 없는 경축의 경우 : 석고붕대나 외과적 정복</td></tr>
<tr><td>피부관리</td><td colspan="2">• 잦은 체위변경
• 충분한 수분섭취 : 소변정체 예방 위함
• 변비예방 : 수분, 섬유질이 많은 과일과 채소, 변비완화제</td></tr>
<tr><td>일상생활 (작업활동)</td><td colspan="2">• 어깨 · 팔꿈치 · 손 이용 : 공던지기, 도예, 가죽세공 등
• 팔꿈치 · 손끝 주로 사용 : 그림 오려붙이기, 유화, 수채화, 바둑 등
• 식사 · 배설 · 입욕 등의 일상생활 동작 경축변형 제거를 위한 수술, 석고붕대 보조기 착용</td></tr>
</table>

3 척추만곡증 아동

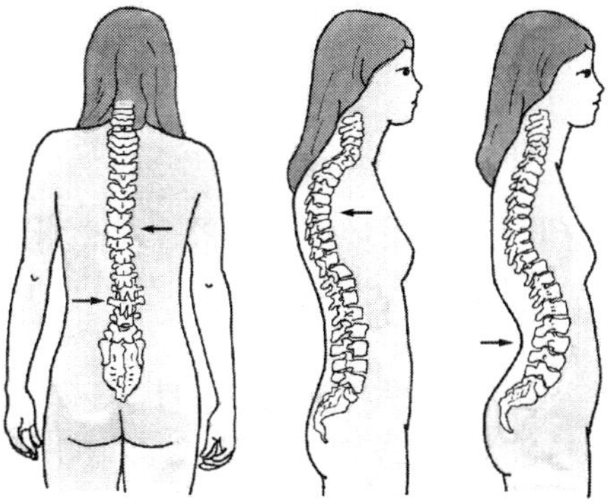

A. 척추측만　　B. 척추후만　　C. 척추전만

1. 척추측만증(Scoliosis)

정의			• 해부학적인 정중앙의 축으로부터 측방으로 10° 이상 굴곡되어 있거나 추체의 회전 변형이 있는 3차원적인 기형 • 척추만곡이 심해질수록 주위 장기를 전위시키거나 압박 → 호흡곤란이나 기능상실 초래
병태생리			• 척추 한쪽 측면의 근육약화는 다른 쪽 근육과 인대를 짧게 만들고, 짧고 팽팽해진 인대는 척추만곡을 발생시킴 • 직립자세를 유지하기 위한 노력으로 보상성 굴곡 생김 → 흉골강 변화, 비대칭, 호흡문제 야기
유형	특발성 척추측만증	원인	• 원인불명, 유전적 소인 • 청소년기 척추가 휘는 가장 흔한 원인
		호발연령	• 3세~사춘기 전 급성장기에 발생 • 남아 13~14살, 여아 10~12살에 호발 • 10세 이전에는 잘 나타나지 않음
		예후	• 교정하지 않으면 더 심한 변형과 장애 초래
		청소년 측만증 유발요인	• 체격에 맞지 않는 사이즈의 책 · 걸상 사용으로 인한 바르지 못한 자세 • 나쁜 자세, 운동부족, 스트레스, 장시간 컴퓨터 사용 등 • 키의 급성장기 • 성장 빠른 14세 이전 여아에게서 호발 다(多) • 키가 크고 마른 학생에게 흔함
	기능성 척추측만증	정의	• 척추의 구조적 이상은 아니며 다른 외부 원인에 의한 이차적 증상
		원인	• 자세이상, 스트레스와 근육 뭉침, 다리 길이 차이, 염증, 허리디스크
		치료	• 자세개선 등으로 원인 제거

	구조적 척추측만증	정의	• 소아마비나 뇌성마비, 척추 신경손상 등으로 인해 마비를 동반하거나 근육이상으로 인해 척추모양이 변하는 경우
		원인	• 선천적, 골절 등의 외상, 각종 감염, 호르몬 이상
		치료	• 휜 척추의 개선과 유연성 회복, 심폐기능 개선을 위한 전문적 치료
진단검사	아담스 전방굴곡 검사 (Adam's forward bend test)	• 기본자세 : 러닝셔츠만 입힌 상태나 윗옷을 모두 벗은 상태에서 바른 자세로 약간 다리를 벌리고 바로 세움 • 서 있는 자세 – 앞 : 좌 · 우 어깨 높이, 가슴 크기 확인 – 등 뒤 : 양측 어깨 높이, 양측 견갑골 높이와 양측 겨드랑이 선 차이 확인 • 양발을 모으고 무릎을 편 상태에서 양팔을 앞으로 나란히 한 다음 허리를 굽히도록 지시하고 팔은 바닥으로 향하게 함(등 높이 관찰) • 엄지나 검지 손가락으로 척추의 돌기를 촉진함 • 척추골의 장력을 촉진하여 확인함 • 한쪽 혹은 다른 쪽 측면의 만곡이 확인되면 척추측만증일 수 있음 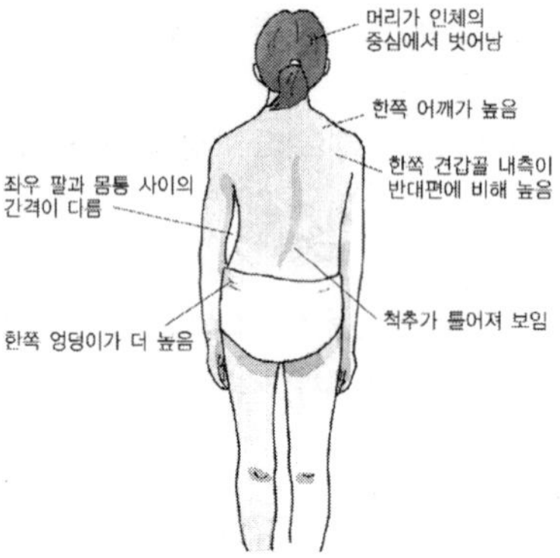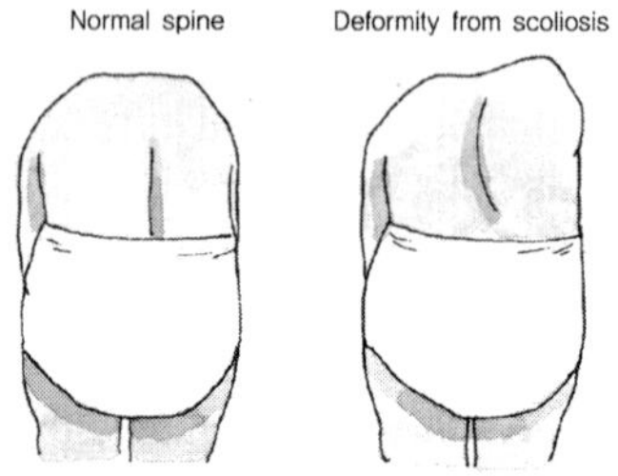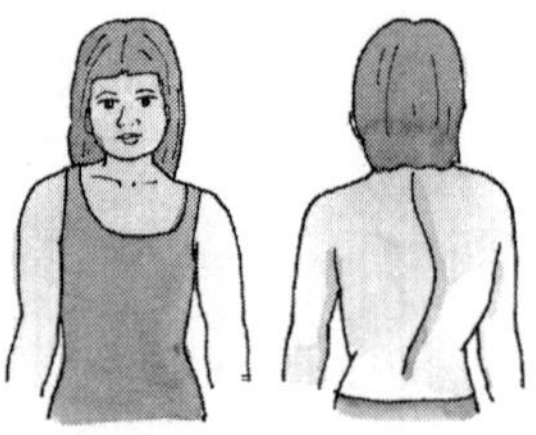 A. 전면 B. 후면	
	방사선 검사	• Cobb 방법 이용 : 척추를 위에서 아래까지 한 장의 필름에 촬영하여 만곡측정과 척추기형의 표준기법 • 척추측만계 사용 : 척추의 회전각도 측정 • 골격의 성숙과 성장상태 평가	

<table>
<tr><td rowspan="2">증상</td><td>외형</td><td colspan="2">• 견갑골, 어깨와 목의 비대칭 사정 : 어깨 높이, 견갑골 돌출부위, 늑골의 돌출부위가 같지 않음
• 어깨 상승과 옆구리 주름 : 척추만곡 허리쪽의 주름 깊음
• 어깨가 앞쪽으로 구부정해짐(rounded shoulder)
• 둔부 비대칭 : 한쪽 엉덩이 돌출, 엉덩이 높이, 골반의 경사가 비대칭
• 하지 길이 불균형 : 양쪽 다리의 길이가 달라짐
• 등과 가슴 양쪽의 균형이 안 맞아 보기 싫음</td></tr>
<tr><td>증상</td><td colspan="2">• 심폐기능의 장애, 소화기 장애
• 어깨, 등, 허리가 불편하고 통증 호소
• 영구적 변형 : 디스크
• 피로감, 일의 능률, 학습능률이 떨어짐</td></tr>
<tr><td>합병증</td><td colspan="3">• 내부장기 압박과 내장의 위치이동 초래 : 심폐기능, 소화기계 기능 영향
– 만곡의 회전은 늑골침범 정도를 결정하여 호흡기능에 영향
• 심한 척추측만은 운동장애를 초래하기에 만곡 진행을 감소시키는 것이 중요 : 기형, 진행의 최소화, 예방</td></tr>
<tr><td rowspan="4">치료</td><td>25° 각도 미만</td><td colspan="2">• 관찰과 측정, 규칙적인 임상 방사선 평가
• 척추주변강화운동, 바른 자세 유지</td></tr>
<tr><td rowspan="3">25~40° 시</td><td colspan="2">• 보조기 착용 : 만곡의 진행을 감소시키는 목적(기형 진행의 최소화 및 예방)
• 뼈 성장이 완전하게 멈출 때까지 착용
– 여아 : 초경 시작된 후 18~24개월 이후까지 착용
– 남아 : 청소년기가 끝나는 시기까지
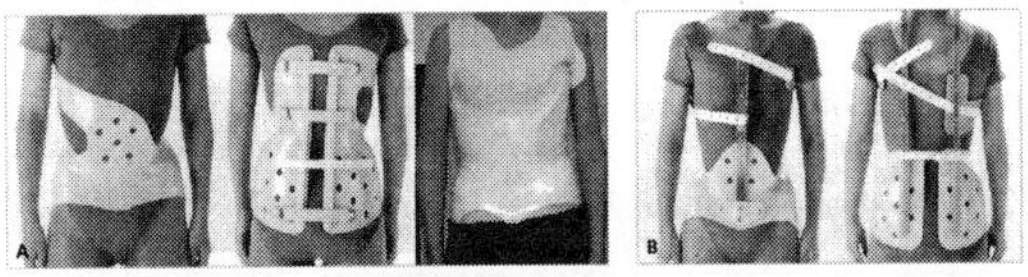
〈측만증 보조기〉
A. 보스톤(Boston) 보조기 B. 밀워키(MilwauKee) 보조기</td></tr>
<tr><td>Boston brace</td><td>• 하부 흉추와 경한 요추 만곡 시
• 겨드랑이 아래에 플라스틱으로 만든 소매 없는 옷의 형태로 되어 옷으로 가려질 수 있음</td></tr>
<tr><td>Milwaukee brace</td><td>• 상부 흉추 만곡 시
• 피부손상 막기 위해 셔츠를 입고 보조기 착용
• 목욕, 운동할 때만 제외하고 하루에 23시간 착용
• 뼈성장이 완전하게 멈출 때까지 착용
• 피부보호를 위해 면내의를 입도록 함
• 옷으로 가려지지 않아 아동의 자존감 문제 유발</td></tr>
</table>

<table>
<tr><td></td><td></td><td>Charleston bending brace</td><td>• 작고 유연한 만곡에 적합
• 밤에만 착용</td></tr>
<tr><td></td><td>40° 이상 시</td><td colspan="2">• 척추융합술 : 척추뼈와 머리와 어깨, 몸통과의 균형이 적절하게 유지되도록 융합시키는 것
• 합병증 : 감염, 과도한 혈액손실, 척수손상 가능성</td></tr>
<tr><td>간호</td><td colspan="3">• 조기발견이 중요함을 교육
• 가족 및 환아의 정서적 지지
• 신체상 지지, 동료와의 사회적 지지
• 보조기 착용 교육 : 운동, 목욕 시 외에는 항상 보조기 착용을 교육하여 처방된 이행시간을 지키도록 함
• 피부손상 가능성 예방
- 피부손상을 막기 위해 티셔츠를 입고 보조기를 착용함
- 목욕 후 재착용 전 피부를 완전히 건조시키며 매일 상체 피부를 관찰
- 피부에 로션이나 파우더를 바르지 않음
• 척추와 복부근육의 위축 예방을 위해 꾸준한 운동을 권장
• 적절한 식이 권장</td></tr>
<tr><td rowspan="3">예방</td><td>원인제거</td><td colspan="2">• 신체발달에 맞는 책상 · 의자 사용, 바른 자세 유지하기, 가방무게 줄이기</td></tr>
<tr><td>운동 · 체중조절</td><td colspan="2">• 근육강화운동 : 자전거, 수영, 테니스, 줄넘기, 훌라우프 등
• 적정 체중 유지</td></tr>
<tr><td>정기적 사정</td><td colspan="2">• 정기적 신체검사 : 초등학교(5, 6학년) 시절부터 신체검사를 실시할 때 확인</td></tr>
</table>

2. 척추전만증(Lordosis)

정의	• 요추가 과도하게 구부러진 것
원인	• 생리적 한계 넘은 요부 또는 경부 만곡 등의 이차적인 합병증 • 외상의 결과 • 둔부위 굴곡 수축, 비만, 선천적 고관절 탈구 등과 관련
증상	• 심한 척추전만 시 통증 수반함 • 등이 굽고 가슴과 배를 내민 자세로 걸으며 요통, 둔부통증, 피로호소 등
치료	• 관련된 원인 치료 • 자세교정 운동 • 보조기와 수술은 거의 사용하지 않음

3. 척추후만증(Kyphosis)

정의	• 측면에서 보았을 때 흉추가 과도하게 만곡된 것
원인	• 나쁜 자세 혹은 골격성장이 근육성장보다 빠를 때 • 결핵, 만성관절염, 흉곽척추의 압박골절 등의 이차적 합병증
증상	• 흉부척추의 만곡부위에 비정상적으로 볼록각 형성하며 튀어나옴 • 통증과 피로 호소
치료	• 45~65° 만곡은 brace • 65° 이상의 만곡은 수술

CHAPTER 09 근골격계 장애

기출문제

1 소아 류마토이드 관절염

01 보건교사가 연소성 류머티스양 관절염의 소수관절형으로 진단받은 여중생에 대한 간호를 계획하고 있다. 약물의 투여 및 이에 따른 부작용관리 외에 이 질환의 증상을 고려하여 학생에게 제공해야 할 주요한 신체적 간호를 5가지만 쓰시오. 2008년

|해설|

통증관리	• 비약물요법 : 전환요법, 상상요법 • 아침에는 온습포, 따뜻한 통목욕 권장 • 치료에 반응하지 않는 통증은 마약성 진통제를 다른 통증완화요법과 함께 단기간 사용 • 부목사용 • 휴식동안에 복위 : 고관절과 무릎을 곧게 유지
운동성과 적절한 휴식 증진	• 등척운동와 수동적 관절범위 내 운동 강조 • 습열요법 : 통증과 뻣뻣함을 완화하는데 효과적 • 수영, 에어로빅, 놀이활동, 따뜻한 목욕과 샤워
감염관리	• 상부 호흡기 감염과 같은 일반적 아동기 질병이 관절염 악화시킴 : 사소한 질병이라도 철저히 예방, 조기치료 • 감염증상 발현 시 일시적으로 약물 치료 중지 • 치료 중에도 생백신(수두, MMR, 인플루엔자) 예방접종 실시
정서적·사회적 발달증진	• 아동이 불안과 스트레스를 표현하도록 격려 • 환아의 제한점보다 능력에 초점
최적의 영양증진	• 고단백, 고섬유질, 고칼슘 식이권장, 수분섭취 중요 • 관절의 체중부하 줄이기 위해 정상 체중 유지
가족교육	• 아동과 가족의 적응을 최대화 하기 위해 지지를 제공

2 근이영양증

02 K군(남, 12세)은 베커형(Becker type) 근이영양증(Muscular dystrophy) 진단을 받았다. K군의 부모에 대한 교육내용으로 옳지 않은 것은? 2013년

① 반성열성유전에 의해 발생됨을 인지시킨다.
② 근육의 기능을 유지하기 위한 운동을 권장한다.
③ 호흡운동을 자주 시켜 호흡근육을 강화시킨다.
④ 하지의 골격근부터 근육의 소모와 위축이 발생하므로 잘 넘어질 수 있음을 인지시킨다.
⑤ 디스트로핀(Dystrophin)이 존재하지 않아 근섬유의 괴사가 빨리 진행되어 증상이 심하게 나타남을 인지시킨다.

| 정답 | ⑤

| 해설 | ⑤ 베커형(Becker type) 근이영양증(Muscular dystrophy)은 근막의 디스트로핀(Dystrophin)이 감소되거나 비정상으로 뒤셴형과 비슷하나 더 늦게 나타나고 느리게 진행된다. ⑤번 문항은 뒤셴형 근이영양증에 대한 내용이다.

03 다음 중에서 주로 남아에게서 볼 수 있는 질환은? 1993년

① 소아마비(polioyelitis)
② 다발성 신경감염 증후(Gullian-Barre증후)
③ 진행성 근육퇴화증(Progressive muscular dystrophy)
④ 골연골증(osteochondroma)

| 정답 | ③

| 해설 |

진행성 근육퇴화증		• 성염색체 열성으로 유전되는 일차적인 근육의 질환 • 점진적으로 진행하는 사지의 근력저하로 보행장애를 초래하는 질환 • 폐렴, 심부전, 기도흡인 등의 합병증으로 사망하는 질환
소아마비 (polioyelitis)		• entero virus에 의해 발생되는 질환
	증상	• 열, 요실금, 뇌막증상, 언어장애, 두통, 식욕부진 • 드물게 영구적 장애가 초래되는 전염성 질환
	발생연령	• 유아나 어린 아동에게 호발
다발성 신경감염 증후 (Gullian-Barre증후)		• 양측성, 좌우 대칭성으로 말초신경이 탈락증상을 일으키는 증후군
	원인	• 불명이지만 장 바이러스, 예방접종 후 10~2주 사이에 갑자기 발생하는 것으로 알레르기 및 면역 반응의 이상
	증상	• 초기에는 저리거나 근육통증 호소, 피곤함을 느끼게 되고 점차 서지 못하고 걷지 못한다. • 운동마비 증상은 다리에서부터 시작하여 점차 위로 올라와 하지-상지 마비 순으로 진행된다.

골연골증 (osteochondroma)	• 무릎부위에 일시적으로 부종과 통증이 나타나는 질환	
	발생연령	• 10~25세 사이에 발생
	원인	• 사춘기에 계속 성장하는 경골부위에 자극이나 손상을 반복 시 염증 증상으로 인해 발생
	증상	• 초기 : 경미, 병변과 인접한 관절에 불쾌감을 느낄 정도 • 무릎아래가 약간 붓고 열이 나며 누르면 통증을 호소 • 관절연골이 손상되어 다리를 저는 증상 • 심해지면 주위 관절운동의 제한, 악성으로 변화, 골절발생
	치료	• 아스피린 등 해열 진통제 사용 • 코티손 주사 • 목발 사용하거나 부목으로 교정 • 무릎 꺾임을 방지하기 위해 고정 장치 사용

3 척추측만증

04 다음은 ㅇㅇ중학교 1학년 학생이 보건교사와 대화한 내용이다. 〈작성방법〉에 따라 순서대로 서술하시오.

2019년 [4점]

보건교사 : 오랜만이에요. 그동안 키가 많이 자랐네요.
학　　생 : 안녕하셨어요? 선생님, 여름 방학동안 10cm 컸어요.
보건교사 : 이제 선생님보다 더 클 것 같네요.
학　　생 : 그런데 교복치마가 자꾸 틀어지고, 친구가 제 몸이 한쪽으로 기울었다고 해요.
보건교사 : 척추측만증 검사를 해 볼게요. 그럼 스크린 안쪽으로 가서 ㉠ <u>겉옷을 벗고 뒤돌아서 보세요.</u> 이번엔 ㉡ <u>몸을 앞으로 숙이고 팔을 바닥으로 쭉 뻗어 보세요.</u>

(검사를 마친 후)

… 중략 …

학　　생 : 선생님, 저 어때요?
보건교사 : 급 성장기에는 척추측만증이 발생할 수도 있으니까, 병원에서 진료를 받아 보는 게 좋으 것 같아요.

〈 작성 방법 〉

• 밑줄 친 ㉠의 방법으로 검진해야 할 사항 2가지를 서술할 것
• 밑줄 친 ㉡에 해당하는 검사 명과 이 방법으로 검진해야 할 사항 1가지를 서술할 것

|해설| ㉠ **양쪽 둔부의 높이, 양쪽 어깨의 높이** : 어깨 높이의 비대칭, 견갑골이나 옆구리의 모양, 엉덩이 높이 등

㉡ 아담스 전방굴곡검사

- 좌 · 우 등높이의 돌출확인
- 좌 · 우 허리 높이의 돌출확인
- 늑골과 옆구리 비대칭 확인

05 그림은 보건교사가 학생들을 대상으로 척추측만증을 검진하는 장면이다. 〈그림 1〉의 자세에서 검진해야 할 내용 3가지와 〈그림 2〉의 자세에서 검진해야 할 내용 2가지를 서술하시오.

[5점] 2014년

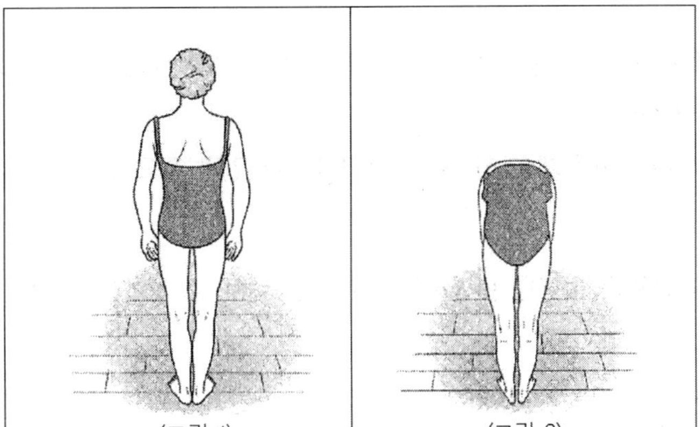

〈그림 1〉 〈그림 2〉

|정답|

그림 1	• 좌우 어깨선 높이의 차이 및 견갑골 높이의 차이를 확인 • 좌우 견갑골의 후방 돌출 유무를 확인 • 허리선의 비대칭, 골반 높이 등을 측정
그림 2	• 좌우 등 높이의 돌출 확인 • 좌우 허리높이의 돌출 확인

06 보건교사가 청소년기에 증가하는 척추측만증에 관한 가정통신문을 발송하고자 한다. 이 때 예방방법으로 제시해야 할 내용을 4가지만 기술하시오. 2006년

|해설| ① 정기적인 신체검사를 시행한다. 초등학교 5 · 6 학년 때 신체검사 실시할 때 확인
② 자세를 바르게 하고 가슴을 펴고 앉는다
③ 근육강화운동(자전거, 테니스, 수영, 줄넘기, 훌라우프)를 시행한다.
④ 오랫동안 앉아 있는 것은 허리에 부담을 주므로 한 시간 수업 후 쉬는 시간에 일어나 허리운동을 시행한다.
⑤ 신체발달에 맞는 책상 · 의자를 사용하도록 한다.
⑥ 가방 무게를 줄이도록 한다.

07 학생들의 척추측만증은 조기에 발견하여 치료, 교정하여야 하는 주요질환이다. 다음 물음에 답하시오. 2003년

(1) 척추측만증이 계속 진행될 때 나타날 수 있는 주요증상을 3가지만 쓰시오.

(2) 척추측만증 여부를 판별하기 위한 전방굴곡 검사의 실시방법을 4가지만 쓰시오.

|해설| (1) ① 어깨, 등, 허리가 불편하고 통증을 호소
② 피로감, 일의 능률, 학습능률이 떨어짐
③ 심해지면 심폐기능장애, 소화기 장애를 동반

(2) ① 기본자세 : 러닝셔츠만 입힌 상태나 윗옷을 모두 벗은 상태에서 바른 자세로 약간 다리를 벌리고 바로 세움
② 서 있는 자세
- 앞 : 좌우 어깨 높이, 가슴 크기 확인
- 등 뒤 : 양측 어깨 높이, 양측 견갑골 높이와 양측 겨드랑이 선 차이 확인
  좌우 견갑골의 높이가 다름(견갑골의 돌출)
- 옆 : 좌 · 우 어깨 높이, 유방, 골반의 높이가 다름
③ 양발을 모으고 무릎을 편 상태에서 양팔을 앞으로 나란히 한 다음 허리를 굽히도록 지시하고 팔은 바닥으로 향하게 함
- 70° 정도 구부림 : 뒤에서 보았을 때 좌우 등의 높이가 다름
- 90° 정도 구부림 : 뒤에서 보았을 때 좌우 허리부 높이의 다름
  앞에서 보았을 때 양쪽 어깨가 다름
④ 엄지나 검지 손가락으로 척추의 돌기를 촉진함
⑤ 척추골의 장력을 촉진하여 확인함
⑥ 측만이 심해지면 양쪽 다리의 길이가 달라짐

08 보건교사가 학교에서 특별한 기구없이 척추측만증을 진단할 수 있는 방법에 대해 5가지 이상 제시하시오.

1998년

|해설| 6번 문제 참조

09 척추측만증의 설명으로 옳은 것은?

1992년

① 앞으로 굽혔을 때 심한 늑골의 함몰
② 어깨와 둔부가 각기 좌우로 대칭
③ 하지의 길이는 정상임
④ 조기 발견 시 수술 없이 치료 가능

|정답| ④
|해설| ① 앞으로 70° 굽혔을 때 좌우 등높이가 다르고 90° 굽히면 허리높이가 다르다.
② 어깨와 둔부가 비대칭적이다.
③ 하지의 길이가 불균형적이고 양쪽 다리의 길이가 다르다.

CHAPTER

10 감각장애

1 청력장애

1. 아동의 청력

귀의 발달은 수정 후 3주부터 시작되고 임신 3개월이면 완성됨, 이 기간 동안 태아가 감염되거나 상처가 생기면 회복할 수 없는 청력 이상을 초래. 귀의 발달은 신장의 발달과 동시에 진행되므로 어느 한 계통의 이상은 다른 계통의 이상을 암시함

생후 3일	익숙한 소리와 낯선 소리를 구분하고 엄마 목소리 알아들음
생후 1년	자주 듣는 단어와 다른 단어를 구분
만 3세	기본청취력 완성, 청력테스트 가능
영아 초기아동	이관이 짧고 곧으며 편평하기 때문에 중이염의 가능성이 높음

2. 청각장애(난청 : hearing loss)

정의	• 귀머거리(청력불능상태)와 난청(보조장치가 필요함)을 포함한 청각장애	
원인	• 어린 시절 청력 손상의 가족력, 뇌성마비, 다운증후군 • 저체중아, 고위험 신생아, 심한 자궁 내 질식, 자궁 내 감염 • 만성 중이염, 귀에 독성이 있는 약물 투여, 소음	
종류	전도성	• 청력장애의 가장 흔한 형태 • 중이의 골전도는 정상이나 공기전달은 손상 • 삼출성 중이염이 반복됨으로써 발생하거나 소음에 자주 노출됨으로써 발생 • 일시적이고 가역적 • 원인 : 외상, 염증, 폐색, 기형 등
	감각신경성	• 내이구조의 선천적 결함으로 인한 난청 • 중이와 청신경의 손상, 기형으로 발생 • 소리를 왜곡시켜 소리를 구별하고 이해하는 데 문제를 일으킴 • 영구적 • 원인 : 선천적 결함, 감염, 시끄러운 소리, 이독성 물질, 조산

	혼합성		• 전도성과 감각신경성이 혼합된 형태 • 전도성은 회복가능하지만 감각신경은 회복 불가능
	중추성 난청		• 청신경계와 대뇌 피질 사이의 전도계 손상이 원인 • 원인 : 외상, 신경혈관 변화, 뇌종양
		기질적	• 신경을 따라 전해지는 소리자극을 수용하는 것과 메시지를 의미있는 의사소통으로 표현하는 것에 결함이 있는 것 • **실어증(aphasia)** : 생각을 글이나 말로 표현하는 능력 없음 • **실인증(agnosia)** : 소리를 바르게 해석하는 능력 없음 • **청각부전(dysacusis)** : 소리를 상세히 듣거나 구별하지 못함
		기능적	• 장애를 설명할 기질별 병변 없음 • 전환히스테리, 유아자폐증, 소아 정신분열병
청각수준 분류 및 증상	**청력수준(dB)**	**결과**	
	약함 : 15~25		• 먼 거리의 말을 알아듣기는 어려움 • 흔히 청력의 어려움을 인식하지 못함 • 학교생활을 잘하는 것 같지만 문제가 있음 • 말하는 데 어려움이 없음
	경중 중등 : 26~55		• 말하는 데 결함이 있을 수 있음 • 0.9~1.5m 거리에서 1대 1 대화를 이해 • 의사소통 가능하나 말하는 사람을 똑바로 보지 않으면 어려움
	중등 중증 : 56~70 (난청)		• 큰소리의 말만 이해 • 그룹 혹은 학급 토의 시 의사소통이 어려움 • 말하는 데 특별한 훈련이 필요
	중증 : 71~90 (귀머거리)		• 가까운 거리의 큰소리는 들을 수 있음 • 환경의 소음이 크다는 것을 알 수 있음 • 모음은 구별할 수 있지만 자음은 구별할 수 없음 • 말하는 훈련이 필요함
	심각함 : >91 (귀머거리)		• 큰소리만 들을 수 있음 • 집중적 말하기 훈련이 필요함
진단	• 생후 1개월까지 : 청력기능 선별검사 • 3개월까지 : 청력평가 • 영아에게 사용되는 청력검사 – 청력뇌간반응(Auditory Brainstem Response : ABR) : 신생아에게 사용 – 뇌간 유발전위 청력검사(Brainstem Auditory Evoked Response : BEAR) : 고위험 아동에게 시행 → 전기생리학적 검사로 와우관과 8번 뇌신경의 뇌간까지 청력 경로기능을 반영 – 이음향방사 검사(Otoacoustic Emission Test : OAE) : 고위험 아동에게 시행 → 와우관과 청력유모세포의 기능 사정		

	→ 와우관에서 낮은 강도의 소리 측정 → 8번 뇌신경 기능은 사정하지 못함	
증상	• 큰소리에 놀람반사, 머리 돌림, 눈 깜박임 반사 부족 • 말에 대한 반응이 적음 • 낯선 상황에 적응하기 어려움 • 생후 7개월까지 옹알이 없음, 언어발달이 느림, 큰소리로 말함 • 큰소리에 잠 깨지 않음 • **전도성 청력상실 아동** : 큰소리의 단조로운 목소리로 말함 • **감각신경성 청력상실 아동** : 발음의 어려움 보임	
치료	전도성 청력상실	• 급성 중이염에 대한 내 · 외과적 치료 → 항생제 치료, 고막절개관 삽입 • 소리를 증폭시키기 위한 보청기 사용 → 증상호전
	감각신경성 청력상실	청력보조기구의 효과 적음 → 달팽이관 이식술
	중심 청각 지각부전	원인에 따라 다름 → 전환히스테리는 심리적 중재 요함
간호	• **모든 아동에게 청력기능 선별검사** : 청각장애로 언어장애가 초래될 수 있음 • 의사소통과정을 증진 • 청력보조기구 • **독순술** : 상대방이 말한 단어의 40% 정도만 이해 가능 • **신호 언어** : 수화 • **언어치료** : 아동에게 말하는 것을 배우도록 함(시각, 촉각, 운동감각, 청각자극 이용 → 다양한 접근) • **보조기구** : 전화나 현관벨의 섬광화, 훈련된 개 • **사회화** : 사회적 접촉을 촉진하는 방법을 가족과 논의 • **청력장애 예방을 위한 방법을 지지** : 중이염(가장 흔한 원인) 예방	

CHECK Point **청력이 손상된 아동과의 의사소통을 증진시키기 위한 기술**

- 보청기 사용을 장려한다.
- 아동의 얼굴을 아동의 눈높이에서 똑바로 쳐다본다 : 말하기 전에 아동이 주목하도록 한다.
- 정상적인 성량으로 천천히 간단한 문장을 말한다.
- 주위 소음을 없애고 시력적으로 분산되지 않도록 한다.
- 그림, 사물, 손 동작과 같은 시력적 도구를 사용한다.
- 수화 통역자를 이용한다.
- 이야기할 때에는 일반적인 몸짓과 얼굴 표정을 이용한다.
- 간단한 질문을 하면서 이해를 하였는지 체크한다.
- 기록하면서 대화한다.
- 아동의 손을 제지하지 않는다.
- 어두운 방을 피한다 : 빛이 말하는 사람의 뒤에 있도록 하지 말고 얼굴을 비추도록 한다.

CHECK Point	예방 가능한 청력손실에 대해 부모를 교육

- 가벼운 감각신경성 청력 손실은 폭죽, 화기, 큰소리 나는 장난감, 잔디 깎는 기계, 보트, 스노모빌 엔진, 록 음악 등 큰 소음에 노출된 경우 생길 수 있다.
- 장기간 큰 소음에 노출되는 경우에는 보호용 귀덮개(귀마개, 머플러)를 착용해야 한다.
- 10대들에게는 큰소리의 록 음악에 노출되는 것을 줄이도록 한다.
- 이어폰으로 음악 들을 때 음량 낮출 것을 지도한다.
- 선천성 감각신경성 난청인 경우 유전상담을 의뢰한다.
- 출생 전 감염과 영아기와 초기 아동이 감염의 적절한 예방과 치료가 이루어져야 한다.
- 청력손실이 있는 아동은 언어치료가 필요할 수 있으며, 되도록 빨리 언어치료사에 의뢰하거나 조기 중재 프로그램을 시행해야 한다.

2 시각장애

1. 아동의 시력

신생아	시선을 고정하고 중심선까지 물체를 따라 시선을 이동할 수 있으며 빛의 강도 변화에 반응
3개월	움직이는 물체를 보면서 시선을 따라갈 수 있음
4개월	익숙한 물건을 알아봄
6개월	두 눈으로 초점을 맞출 수 있음, 사시는 비정상
1년	안와는 출생 시 2배
6세	• 다시 두배가 됨 • 6세까지 시력이 발달 • 7세 이후 억제된 눈의 시력 돌아오지 않음
10~12세	눈의 성장 완료
눈물	1~3개월까지는 울어도 눈물을 흘리지 않을 수 있으며 누관의 일시적 막힘으로 눈물이 넘칠 수도 있음

(1) 시력은 연령에 따라 달라짐

① 4개월 : 20/50~20/80

② 1년 : 20/40~20/70

③ 4년 : 20/30~20/40

④ 5년 : 20/20~20/30

2. 시각장애(Visual impairment)

(1) 정의

① 안경으로 교정될 수 없는 시력저하, 약시와 맹인 의미

② **약시 또는 부분적 시각장애** : 시력이 20/70~20/200

③ **맹인 또는 중증 영구적 시각장애** : 좋은 쪽 눈의 시력이 20/200, 시야 20° 이하 시

(2) 굴절이상

근시 (myopia)	정의	• 가까운 거리에 있는 물체는 선명하게 보임 • 먼 거리의 물체는 희미하게 보임
	병태생리	• 안구의 전후 직경이 정상보다 길어 전방에 상이 맺힘
	임상증상	• 눈을 많이 문지름 • 머리를 기울이거나 앞으로 내밂 • 정밀한 작업에 어려움이 있음 • 현기증, 두통 • 물체가 있는 곳으로 걸어가는 것이 서툶 • 정밀한 작업 후 눈 깜빡임 증가 • 사물을 정확하게 보는 것이 어려움 • 설명이 필요한 과목의 학습이 부진
	치료	• 망막에 상이 오도록 오목렌즈로 교정 • 레이저수술로 교정
원시 (hyperopia)	정의	• 먼 거리에 있는 물체가 선명하게 보임
	병태생리	• 안구의 전후 직경이 정상보다 짧아 망막의 뒤쪽에 상이 맺힘
	임상증상	• 아동은 대체로 모든 범위에서 사물을 볼 수 있음 • 대부분의 아동은 약 7세까지는 원시임
	치료	• 망막에 상이 맺히도록 볼록렌즈를 사용 • 레이저수술로 교정
난시 (astigmatism)	정의	• 굴절매체의 굴절력에 차이가 있음
	병태생리	• 각막이나 수정체의 불규칙으로 모든 방향에서 물체의 상이 선명하지 않음
	임상증상	• 근시증상과 동일 • 굴절력의 정도에 따라 증상의 정도가 다름
	치료	• 특수렌즈를 사용해 굴절을 교정

(3) 약시(Amblyopia)

정의	• 한쪽 눈의 시력이 감소 • 교정시력이 0.04~0.3
병태생리	• 한쪽 눈이 시각자극을 받지 못해 발생 • 각 망막이 다른 상을 맺으므로 복시 발생 • 뇌가 정확한 상을 맺지 못하도록 억제하여 발생 • 시각피질은 시력의 저하로 시각자극에 반응하지 못함
임상증상	• 손상된 쪽의 시력 저하
치료	• 일차적인 시력장애가 있다면 6세 이전에 치료를 시작하여 예방 • 조기진단

(4) 사시(Strabismus)

<table>
<tr><td rowspan="4">정의</td><td colspan="3">• 양안의 시선이 보려고 하는 물체를 향하지 않는 상태로 한쪽 눈은 보려고 하는 물체를 향하고 있지만 반대쪽 눈은 다른 곳으로 가있는 상태</td></tr>
<tr><td>'Squint' 혹은 cross eye</td><td colspan="2">눈의 전위</td></tr>
<tr><td>내사시(estropia)</td><td colspan="2">눈의 안쪽 편위, 가장 흔함</td></tr>
<tr><td>외사시(exotropia)</td><td colspan="2">눈의 바깥쪽 편위, 멀리 있는 물건을 보려고 할 때 발생</td></tr>
<tr><td>원인</td><td colspan="3">• 선천적으로 한쪽 눈의 시력이 좋지 않을 때 : 한쪽 눈의 시력이 좋지 않으면 계속 한쪽 눈으로만 주시하여 다른 쪽 눈은 사시가 될 수 있음
• 시신경 형성 부전
• 망막이상
• 선천성 백내장</td></tr>
<tr><td>병태생리</td><td colspan="3">• 근육의 불균형이나 마비, 좋지 못한 시력, 선천적 결함으로 발생
• 시축이 평행하지 못해 뇌가 두 개의 상을 받아들이고 약시를 일으킬 수 있음</td></tr>
<tr><td>임상증상</td><td colspan="3">• 눈을 찌푸림
• 초점을 맞추기 어려움
• 물체를 들어 올리는데 판단이 부정확함
• 움직이는 물체를 정확하게 보기가 어려움
• 한쪽 눈으로 보기 어려움
• 머리를 한쪽으로 기울임
• 굴절이상과 병합되어 있다면 굴절이상 양상을 보임
• 복시, 수명, 현기증, 두통</td></tr>
<tr><td rowspan="3">진단검사</td><td rowspan="3">각막 광반사 검사 (Hirschberg 검사)</td><td>방법</td><td>• 플래시 불빛, 검안경 불빛을 30cm 떨어진 곳에서 눈에 직접 비추어 불빛이 각막에 반사되는 위치를 확인</td></tr>
<tr><td>정상</td><td>• 불빛은 양측 동공에 대칭으로 비춰진다.</td></tr>
<tr><td>비정상</td><td>• 빛이 동공의 중심을 벗어난 반사</td></tr>
</table>

	차폐검사 : CT (cover test)	방법	• 근거리(33cm), 원거리(6m) 모두에서 물체를 주시하도록 한 후 한쪽 눈을 가리개로 가리고 물체를 바라볼 때 가리지 않은 눈의 움직임을 관찰
		정상	• 가리지 않은 눈이 움직이지 않음
		비정상	• 가리지 않은 사시의 눈이 움직이며 강한 눈이 일시적으로 가려질 때 부정렬이 있는 눈이 물체에 시선을 고정하기 위해 움직임
	차폐 노출 검사 CUT (cover-uncover 검사)	방법	• 근거리(33cm), 원거리(6m) 모두에서 물체를 주시하도록 한 후 한쪽 눈을 가리개로 가리고 물체를 바라볼 때 가리지 않은 눈의 움직임을 관찰하고 가리지 않은 눈이 집중할 때까지 기다린 후 가리개를 치우고 가리지 않는 눈과 가리개를 치운 눈의 초점의 움직임을 평가 • 차폐하였다가 제거한 눈의 움직임 관찰
		정상	• 가리개를 없앴을 때 양쪽 눈 모두 움직이지 않음
		비정상	• 사시인 눈이 움직임 • 눈이 물체에 시선을 고정하기 위해 움직임
	교대 가림 검사 ACT (alternate cover test)	방법	• 근거리(33cm), 원거리(6m) 모두에서 가리개를 한쪽 눈에서 다른 쪽 눈으로 바꾸면서 검사를 시행하며 앞쪽 한 지점을 응시하는 동안 가리개를 떼면서 바로 가려져 있는 눈의 움직임을 관찰 • 안위이상의 유무를 총체적으로 검사
		정상	• 가리개를 한쪽에서 다른 쪽 눈으로 옮겨도 바로 가려져 있던 눈에 움직임이 없음
		비정상	• 가리개를 제거하면 바로 가려져 있던 눈이 움직임
치료	• 사시의 원인에 따라 다름 • 시력이 좋은 쪽 눈을 가리고 나쁜 쪽 눈에 시각자극을 주는 차폐법 사용 • 조기진단 필수		

(5) 백내장(Cataract)

정의	• 수정체가 불투명함
병태생리	• 빛이 눈을 통과하고 굴절되어 망막에 상이 맺히는 것을 방해함
임상증상	• 점차적으로 물체를 선명하게 볼 수 없음 • 주변시력을 잃음 • 안구진탕증 • 사시 • 렌즈가 흐려짐 • 적색반사 소실
치료	• **수정체 대치수술** : 흐릿한 수정체를 제거하고 대치하기 위한 수술 • 시력상실 예방차 조기에 치료해야 함

(6) 녹내장(Glaucoma)

정의	• 안방수의 통로가 막히어 안압이 상승되어 있음 → 시력장애 • 아동실명의 가장 중요한 원인
병태생리	• 선천적인 경우는 방수의 통로에 발달결함이 있음 • 증가된 압력은 시신경의 위축과 실명을 가져옴
임상증상	• 대부분 후천적 • 주변시력 소실 • 정면에 놓여 있지 않은 물체와 부딪힘 • 눈앞에 안개가 낀 것 같이 흐림 • 경한 통증이나 불편감 호소(갑작스런 안압상승의 경우 심한 통증, 오심, 구토를 호소) • 많은 눈물(유루증) • 수명 • 충혈 • 눈을 깜박거림(안검경련) • 각막이 흐릿함 • 안고구의 비대(우안)
치료	• 안전방우각절개술(goniotomy) : 방수의 통로를 만들어 주기 위해 외과적 치료를 이행 • 수술이 1회 이상 필요할 수 있음. 계단 근처에서 보행기 사용 피하기

(7) 예방

① 풍진, 매독 등 시력상실과 관련 있는 유전질환과 고위험 산모 조기발견

② 조산과 과다한 산소주입으로 시력손상 예방 위한 출생 전후 간호확인

③ 약시를 조기에 발견하도록 주기적으로 시력검사 실시

④ 모든 아동에게 풍진 예방접종 실시

⑤ 안구손상을 일으키는 원인과 관련된 안전상담 실시

CHAPTER 10 감각장애

기출문제

01 약시는?

1996년

① 양안교정시력 0.3 이하 ② 교정안하고 0.3 이하
③ 양안교정시력 0.4 이상 ④ 교정안하고 0.4 이상

|정답| ①
|해설| 약시는 교정시력이 0.04~0.3 이하이다.

02 사시 검사방법이 아닌 것은?

1992년

① 히르쉬버그 테스트(Hirschberg test)
② 스넬렌 이 챠트 테스트(Snellen E. chart test)
③ 커버 테스트(Cover test)
④ 프리즘 테스트(Prism test)

|정답| ②
|해설| 스넬렌 이 챠트 테스트(Snellen E. chart test)는 시력검사이다.

03 눈의 부정렬(사시)를 사정하기 위해 보건교사가 시행할 수 있는 검사 2가지를 쓰고, 각 검사의 시행방법을 쓰시오.

2008년

|해설| 눈의 부정렬(사시) 진단검사

각막 광반사 검사 (Hirschberg 검사)	방법	• 플래시 불빛, 검안경 불빛을 30cm 떨어진 곳에서 눈에 직접 비추어 불빛이 각막에 반사되는 위치를 확인
	정상	• 불빛은 양측 동공에 대칭으로 비춰짐
	비정상	• 빛이 동공의 중심을 벗어난 반사
차폐검사 : CT (cover test)	방법	• 근거리(33cm), 원거리(6m) 모두에서 물체를 주시하도록 한 후 한쪽 눈을 가리개로 가리고 물체를 바라볼 때 가리지 않은 눈의 움직임을 관찰
	정상	• 가리지 않은 눈이 움직이지 않음
	비정상	• 가리지 않은 사시의 눈이 움직이며 강한 눈이 일시적으로 가려질 때 부정렬이 있는 눈이 물체에 시선을 고정하기 위해 움직임
차폐 노출 검사 CUT (Cover-Uncover 검사)	방법	• 근거리(33cm), 원거리(6m) 모두에서 물체를 주시하도록 한 후 한쪽 눈을 가리개로 가리고 물체를 바라볼 때 가리지 않은 눈의 움직임을 관찰하고 가리지 않은 눈이 집중할 때까지 기다린 후 가리개를 치우고 가리지 않는 눈과 가리개를 치운 눈의 초점의 움직임을 평가 • 차폐하였다가 제거한 눈의 움직임 관찰
	정상	• 가리개를 없앴을 때 양쪽 눈 모두 움직이지 않음
	비정상	• 사시인 눈이 움직임 • 눈이 물체에 시선을 고정하기 위해 움직임
교대 가림 검사 ACT (alternate cover test)	방법	• 근거리(33cm), 원거리(6m) 모두에서 가리개를 한쪽 눈에서 다른 쪽 눈으로 바꾸면서 검사를 시행하며 앞쪽 한 지점을 응시하는 동안 가리개를 떼면서 바로 가려져 있는 눈의 움직임을 관찰 • 안위이상의 유무를 총체적으로 검사
	정상	• 가리개를 한쪽에서 다른 쪽 눈으로 옮겨도 바로 가려져 있던 눈에 움직임이 없음
	비정상	• 가리개를 제거하면 바로 가려져 있던 눈이 움직임

CHAPTER

11 피부통합성 장애

1 영아피부의 특성

1. 신생아의 표피는 성인보다 더 얇아서 국소약물에 대한 투과성과 수분소실이 증가
2. 신생아와 아동의 신체용량에 대한 체표면적의 비율이 성인보다 커서 피부를 통한 흡수량이 더 많아짐. 의사의 처방 없이 국소약물을 사용하지 않음
3. 미숙아의 체표면적은 영아나 아동보다 커서 피부를 통한 증발로 인한 수분소실이 증가하며, 미숙아의 세포 부착력이 약해서 수포가 더 잘 생김
4. 소한선(eccrine gland)의 기능은 2~3살이 될 때까지 성숙되지 않아서 영아나 어린 유아는 체온조절이 잘 되지 않음
5. 점막의 상피세포에서 분비되는 IgA는 2~5살이 될 때까지 성인 수준에 도달되지 않으므로 영아의 손이나 입을 통해 들어오는 미생물에 대한 저항력이 낮음
6. 청소년기 호르몬의 변화로 피지생산이 증가하여 여드름이 나타남

2 접촉성 피부염(Contact dermatitis)

정의	• 외부물질과의 접촉에 의해 생기는 모든 피부염	
	자극성 접촉피부염	• 일차 자극물에 반복적이거나 지속적으로 접촉하는 모든 사람에게서 발생 예 기저귀 발진 : 습기, 마찰, 화학물질 같은 자극물에 의해 나타나는 접촉피부염
	알레르기성 접촉피부염	• 지연성 과민반응으로 이전에 접촉하여 민감해진 알레르겐에 다시 노출되었을 때 나타남
호발연령	• 영아에서 자주 발생하는 만성 염증성 피부장애	
원인	원발성 접촉피부염	• 원인 : 비누, 세제 등과 같은 알칼리와 산, 기저귀 등 • 기저귀 피부염 : 기저귀의 습기나 마찰에 의해 생기며 회음부에 발생
	알레르기성 접촉피부염	• 원인 : 식물, 금속, 화장품, 방부제, 약제, 고무, 합성수지 등 • 옻 피부염이 가장 흔함

증상	• 피부건조, 염증, 소양증 • 홍반(동그란 붉은 점), 부종, 수포, 진물 등을 동반한 습진형태의 병변 • 여드름성 병변, 두드러기성 병변, 다형 홍반, 색소침착, 육아종성 병변 등	
진단	• 피부검사(첩포 시험) : 원인으로 의심되는 물질을 피부에 부착하여 피부반응을 확인하는 방법	
치료	• 원인이 되는 물질에 접촉을 하지 않도록 주위 • 피부에 남은 자극물을 철저하게 씻어 주어야 함 • 찬물 찜질, 항히스타민제와 스테로이드 크림 사용	
간호	가려움증 완화	• 찬물 찜질, 미지근한 오트밀 목욕, 조용한 활동 • 실내온도를 낮춤 • 수분이 많은 크림과 로션 사용
	이차감염 예방	• 피부를 깨끗하게 유지, 긁지 못하게 함
	기저귀 발진 예방	• 기저귀 부위는 중성비누와 물을 사용하여 깨끗하게 씻고 부드러운 천으로 피부를 두드려서 말림 • 피부를 공기 중에 자주 노출시킴 • 무자극성 보호연고 사용, 스테로이드 크림 적용 후 기저귀 채우지 않음(폐쇄효과) • 1회용 기저귀는 자주 교환할 것 • 천기저귀 사용 시 뜨거운 물과 순한 비누로 세탁하고 충분히 헹굼

3 농가진(Impetigo)

정의	• 얼굴과 팔다리에 소수포와 가피를 형성하는 표재성 전염성 농피증 • 벌레 물린 상처, 옴 침습, 아토피 피부염 같은 손상된 피부
호발연령	• 5세 미만 아동에게서 흔히 발생 • 수포성 농가진 : 신생아나 영아 • 비수포성 농가진 : 어린 아동, 흔히 발생
원인	• 주로 β-hemolytic streptococcus에 의해 발생 • 나쁜 위생상태, 인구가 밀집된 환경, 뜨겁고 습한 환경으로 감염 확산 • 감염된 사람과의 직접적인 접촉
증상	• 유아, 학령전기 아동에서 흔함, 상기도 감염 회복 후 나타남 • 홍반성 구진 → 표재성 수포 → 농포 → 파열 → 가피 • 호발부위 – 비수포성 농가진 : 얼굴(코, 입주위)과 사지, 손과 발바닥에는 생기지 않음 – 수포성 농가진 : 주로 사지에 발현 • 병변 : 주름이나 겹친 곳, 습윤된 피부표면, 기저귀, 목 등 • 가려움증

진단	• 삼출물의 그람염색 세균배양으로 확진
치료 및 간호	• 항생제 치료 – penicillin, erythromycin, clidamycin : 7일 처방 – mupirocin(bactroban) : 7~10일 동안 하루에 3회씩 도포 • 병변은 따뜻한 물과 비누 묻힌 수건으로 씻고, 가피는 물에 불려서 제거함 • 감염부위를 긁은 후 다른 부위 만지지 않도록 함 • 아동의 손톱을 짧게 자르고 손은 항균비누로 자주 닦아야 함, 면장갑 착용 • 가족들이 타월, 빗, 식기류를 감염된 아동과 따로 써야 함

4 칸디다증(Candidiasis)

정의	• 표재성 진균 감염, 칸디다균이 장을 통과하여 과잉증식되어 나타남 • 영아의 구강이나 기저귀 착용부위에 흔함	
호발연령	• 영아기에 흔함	
원인균	• candida albicans	
원인	• 분만 통한 산도감염, 모체의 칸디다성 질감염 • 불결한 고무 젖꼭지, 신생아실 오염 • 당뇨병 • 항생제 치료, 면역결핍, 스테로이드 치료 및 미숙아	
증상	아구창	• 구강점막과 혀의 양측 가장자리의 크림 같은 백색반점(plague) • 구강점막에서 떨어지지 않고, 떼어내면 출혈 • 약간의 불편감은 있으나 흡철, 연하를 방해하지 않음
	칸디다성 기저귀 피부염	• 항문주위에서 시작해서 회음부 전체로 퍼지는 홍반성 반점의 급성 발병이 특징적 • 홍반성 반점 : 경계가 뚜렷한 홍반 부위를 형성, 가장자리는 부채모양 • 주변에 수포-농포 병변이 흔함
치료	구강 nystantin 현탁액 투여	• 수유 후 잇몸, 혀, 뺨 점막에 발라줌 • 증상이 사라지고 난 후 48시간까지 계속 투여 • 약물이 묻어 있는 시간을 길게 하기 위해 수유 후에 발라줌
치료	gentian violet 투여	• 자주색 착색 발생하게 되면 중탄산나트륨으로 제거
	모유수유 여성	• 유두에 nystantin 크림을 도포하고 모유수유하기 전 유두를 닦아낸 후 수유
	nystantin 크림 또는 연고	• 칸디다성 기저귀 피부염
간호	• 노리개 젖꼭지, 유두와 우유병은 철저하게 세척 • 부모에게 손 씻기 기술과 중요성 교육	

5 구내염(Stomatitis)

정의	• 뺨, 입술, 혀, 잇몸, 구개와 바닥을 포함한 구강점막의 염증 • 아동 : 아프타성 구내염이나 단순포진성 구내염 • 면역력이 억제된 아동이나 화학요법을 받는 아동 및 두부와 경부에 방사선 치료를 받는 아동 : 점막 궤양이나 단순포진성 구내염으로 진전 가능	
유형	아프타성 구내염	• 원인 알려지지 않음 • 양성, 통증 있음 • 경한 외상성 상처(볼 점막 깨물기, 칫솔에 부딪치거나 구강장치의 마찰), 알레르기 또는 정서적 스트레스와 관련 • 아프고 작은 흰색의 궤양, 붉은 경계선으로 둘러싸여 있음 • 4~12일간 지속되면 결국 치유
	헤르페스성 치은 구내염	• type 1 HSV에 의해 생기는 것 • 원발성 또는 재발성 입술 포진이라는 덜 심한 형태로 재발 • 발열, 붓고 빨개진 인두, 점막에 수포가 생기고 통증 심함 • 경부림프선염 발생, 호흡 시 뚜렷한 악취냄새 • 촉진인자 : 정서적 스트레스, 외상, 면역억제제 또는 지나친 햇빛의 노출 • 5~14일간 지속
증상	• 수족구병과 포진성 구협염(herpangina)의 징후로 나타날 수 있음 • 모두 뺨 점막에 수포가 산재하여 나타남 • 비소아마비성 장내 바이러스에 의해 초래 • 입안의 궤양으로 잘 먹지 못함	
치료	• 목적 : 통증경감 • 항바이러스제제(acyclovir) 투여 • 진통제 & 국소마취제	
간호	통증완화	• 식사 전 면봉으로 diphenhydramine, elixir(Benadryl)과 magnesium hydroxide(Maalox) 용액 발라줌 • 빨대로 유동식 섭취 • 구강간호 시 부드러운 칫솔이나 끝에 거품이 있는 일회용 칫솔을 사용하여 궤양 부위를 부드럽고 청결하게 유지
	헤르페스 바이러스 확산 예방	• 손 씻기 • 자가감염을 막기 위해 아동은 손가락을 입안에 넣지 말아야 함 • 어린 아동 : 팔꿈치 억제대 필요 • 입안에 들어가는 모든 물건을 철저하게 세척, 식후 식염수로 헹구기 • 신생아와 면역억제제자는 감염된 아동에게 노출되어서는 안됨 • 가족 구성원은 감염된 아동과 어떤 물건도 공유해서는 안됨

6 머릿니 기생충(Pediculosis capitis)

특징	• 두피에 이(lice)가 기생하는 것 • 머릿니(head lice)는 취학아동들에게서 나타나며 학령기 매우 흔한 기생충 질환 • 매우 전염력이 높음
원인	• 직접적인 접촉을 통해서 확산되며, 모자, 빗, 의류 등을 통해서 확산
병태생리	• 머릿니 : 체외 기생충, 두피로부터 피를 빨아먹고 생존 • 4~6시간마다 흡혈, 숙주 밖에서는 1~2일 이내에 죽음 • 크기 : 2.1~3.3mm 정도 • 서식 : 두피와 뒷목 부위 • 머릿니는 부화 후 30일 가량 생존, 한 번에 평균 20마리 가량의 머릿니 생존 • 머릿니가 흡입 시 분비하는 타액에 의한 염증반응에 의해 가려움증 유발 • 타액에 자극 4~6주간 지속, 머릿니의 배설에 의해서도 두피 염증 유발
증상	• 두피의 지속적인 소양감 : 밤에 증상이 더 심함 – 기생충의 움직임, 흡혈 및 타액 등이 피부 알레르기 반응 자극 – 지속적으로 긁는 행위로 이차감염 초래 • 침범 부위 : 후두부, 귀 뒤, 목덜미, 눈썹, 속눈썹 부위 • 기타 : 미열, 임파선염, 권태감
치료	• 외용 항균제 사용(경구, 도포, 샴푸제) 등 : 이차감염 예방 • 1% lindane 샴푸를 7~10일 동안 반복적으로 발라줌 → 중추신경계 영향으로 임신 중 금기, 2세 미만 아동 사용금지 • 1% Permethrin(Elimite) 크림 : 영아와 아동을 위한 약물 • 손으로 이와 알(서캐)을 제거하는 방법이 권장
간호	• 오염이 가능한 옷, 침구류 및 이불은 뜨거운 물(50℃ 이상)에 빨거나 드라이 • 드라이 할 수 없는 용품은 진공청소 후 2주간 플라스틱 백에 담아 보관 • 오염된 빗과 솔은 알코올에 담그거나 끓는 물에 담금 • 알(서캐) 제거를 위해 촘촘한 빗으로 하루에도 여러 번 머리카락 빗기 • 브러쉬와 같은 개인용품을 세척하고, 개인용품을 함께 사용하지 않음 • 학교옷장 : 코트와 모자를 놓는 개별 공간 마련 • 학교에 복귀하기 전에 '알이 없다는 확인'을 받도록 정하고 있음

7 옴(Scabies)

특징	• 옴진드기(sarcoptes scabiei)의 침입에 의해 발생 • 표피 기생충이며 사람을 숙주로 30~60일 주기로 살아가는 기생충 • 소양증이 심해 우울이나 수면장애 유발

증상	• **구진** : 수포, 미란, 가피, 습진성 병변, 이차감염으로 진행 • 미세하게 융기된 회갈색 실모양의 1cm 정도의 굴길 • **발진** : 말초부위가 접히는 부위인 손목, 액와, 사타구니, 발, 발목 등에서 발생 – 2세 미만 : 발과 발목 – 2세 이상 : 손과 손목 • **심한 소양증** : 밤에 증상이 악화되어 수면 방해 • **피부박리** : 지속적인 긁음으로 피부 벗겨짐
치료	• 5% Permethrin(Elimite) **크림** : 독성 낮아 2개월 영아에서도 안전하게 사용 • 처방약물을 한번 도포하는 것으로 98% 완치율 • 옴의 잠복기 때문에 모든 가족 구성원이나 가깝게 신체접촉을 한 사람은 예방적 치료
간호	• 아동이 사용한 옷, 침구류, 이불은 뜨거운 물에 세탁하고 뜨거운 건조기로 건조 • 세탁이 어려운 물건은 3~7일 동안 격리 • 철저하게 손씻기, 간호사 장갑 착용 • 치료가 끝날 때까지 아동을 안아주거나 만지는 것은 최소한으로 함 • 이차감염을 예방하기 위해 피부를 긁지 않도록 함(손톱 짧게, 손장갑 착용) • 옴진드기가 죽었을 지라도 각질이 다시 형성되어 대치될 때까지 2~3주 정도는 발진과 가려움증이 없어지지 않는다는 것을 알림

8 여드름(Acne)

특징	• 피지 모낭의 장애로 인한 사춘기 피부 병변 • 청소년기에 중요한 불안과 정서적 통증의 원인 • 피지선이 사춘기에 androgen에 의해 자극받으면서 커지고 분비하는 피지양이 증가하면서 시작 • 여름에는 좋아지고 겨울에는 심해지는 경향	
원인	• 해부학적, 신체적, 생화학적, 유전적, 면역학적, 심리적 요소(스트레스) • 여성 16~17세, 남성 17~18세, 남성>여성 • 사춘기 때 일어나는 androgen이 피질 생성 증가와 관계	
	androgen(정소에서 분비) testosterone(고환에서 분비)	• 남성의 2차 성징발달 • 남성생식기관(전립선, 정낭, 부정소, 외부생식기) 등의 기능을 유지 • 정자형성 촉진 • 황체형성 호르몬의 분비를 억제 • 피지선을 자극해 피지생성을 촉진

<table>
<tr><td>병태생리</td><td colspan="4">• 모발 피지성 모낭과 관계 : 얼굴, 흉부, 등 뒤쪽에 가장 많이 분포
• 피지선은 부신피질 성숙시기(10대) 동안 부신 및 성선호르몬의 영향을 받아 크기가 증가하고 피지 생성이 증가함
• 여드름은 모낭 안의 상피세포에 변성을 초래하여 접착력을 증가 → 모낭폐색결과 → 여드름</td></tr>
<tr><td rowspan="2">증상</td><td colspan="2">폐쇄적이고
비염증성
면포성 여드름</td><td colspan="2">• 면포(comedone) : 비염증성 여드름의 특징적인 병변
• 백두(whitehead) : 닫힌 병변
• 흑두(blackhead) : 열린 병변, 넓게 이완된 열림 구멍이 있는 병변. 멜라닌 산화의 결과로 나타남</td></tr>
<tr><td colspan="2">염증성 구진과 농포,
결절이 특징인
염증성 여드름</td><td colspan="2">• 염증성 병변 : 모낭벽이 손상되어 진피에 피지, 모, 구진, 농포, 결절, 낭포를 형성할 때 일어남
• 구진 : 홍반성 병변, 지름이 2~5mm
• 결절 : 지름이 5mm 이상
• 낭포 : 농으로 채워진 결절
• 반흔 : 움푹 패이거나 함몰된 모양</td></tr>
<tr><td rowspan="5">치료
및
간호</td><td rowspan="4">약물</td><td rowspan="2">Retinoid
tretinoin
(retin–A)</td><td colspan="2">• 면포의 생산을 감소시키고 이미 있는 병소 제거
• 비타민 A 유도체</td></tr>
<tr><td>방법</td><td>• 병변 뿐 아니라 얼굴전체 부위에 바름(입, 눈주위 피하기)
• 약물 사용 시 자외선차단제를 사용하고 보호용 옷 착용
• 햇빛을 피하고 밤에 취침 전에 바르기 : 햇빛 노출시 화상
• 농도를 천천히 올려서 사용하거나 사용 횟수를 조절 : 사용초기 국소 피부자극으로 홍반, 가려움, 타는 느낌, 피부박리 증상이 나타남.
• 보습제 사용 : 피부건조 증상이 나타나기에 피부건조를 감소
• benzoyl peroxide를 피부와 함께 사용 시 각 약물의 효과를 감소시킬 수 있기에 두 약물을 번갈아 투여하거나 아침에는 benzoyl peroxide를, 저녁에는 tretinoin을 투여
• 6~8주간 지속적으로 치료</td></tr>
<tr><td colspan="2">benzoyl peroxide</td><td>• 활성 산소를 통한 항균작용으로 여드름 치료
• 막힌 모공의 각질을 용해하여 제거, 항염작용</td></tr>
<tr><td colspan="2">항생제</td><td></td></tr>
<tr><td>간호</td><td colspan="3">• 세안 : 1일 2회 항세균성 비누로 부드럽게 세안(자극적으로 문지르거나 짜지 않음)
• 머리를 매일 감을 것
• 적절한 휴식, 운동
• 균형잡힌 식이 제공
• 정서적 긴장 및 스트레스 감소</td></tr>
</table>

9 화상(Burns)

<table>
<tr><td>특징</td><td colspan="5">• 아동에서 가장 흔한 화상 : 데인 화상, 화염화상(flame burn)은 두 번째로 흔함
• 아동은 호기심이 많고 활동적이며 안전이 돌보는 사람에게 전적으로 의지되기 때문에 화상의 위험이 높음
• 화상의 10%는 아동학대와 관계있음</td></tr>
<tr><td>병태생리</td><td colspan="5">• 상해물질이 화염, 화학물질, 자외선, 전기에너지이던 세포단백질을 변성 → 결합조직에 연결된 콜라겐을 파괴 → 삼투압과 정수압의 변화와 혈관 내 체액은 간질강으로 이동 → 상해 입은 세포에서 염증성 화학물질을 유리 → 모세혈관 투과성이 증가하여 체액이 더 많이 이동
• 신체표면의 15~20% 이상 차지할 때 발생하는 염증반응 → 많은 기관과 신체에 영향
• 수액 공급 × → 저혈압, 쇼크, 사망</td></tr>
<tr><td rowspan="5">분류</td><td colspan="2">구분</td><td>상처 모양</td><td>상처감각</td><td>치유과정</td></tr>
<tr><td rowspan="2">부분화상</td><td>1도</td><td>• 표재성 화상
• 표피 손상 및 수포 없이 유지
• 홍반, 압력으로 인한 피부 창백</td><td>• 통증이 심함</td><td>• 48~72시간 내 치유됨
• 3~4일 내 박리 발생</td></tr>
<tr><td>2도</td><td>• 표피와 진피 상층이 파괴
• 습성, 번질거리며, 표면에 물집, 압력으로 창백한 상처</td><td>• 통증이 심함
• 접촉과 공기흐름에 매우 민감함</td><td>• 표면 부분층 화상 < 21일 이내 치유됨
• 심층 부분 화상 > 21일 이후 치유됨
• 치유 속도는 감염의 존재 여부에 따라 화상의 깊이가 달라짐</td></tr>
<tr><td rowspan="2">전신화상</td><td>3도</td><td>• 표피, 진피, 피하조직까지 손상
• 다양한 색깔(예 진한 붉은색, 흰색, 검은색, 갈색)
• 표면의 건조
• 혈전 혈관 발생
• 창백하지 않음</td><td>• 무감각(찌르는 감각이 둔함)</td><td>• 자가 피부이식이 치료를 위해서 필요함</td></tr>
<tr><td>4도</td><td>• 다양한 색깔
• 건, 근육, 뼈까지 손상
• 전층의 가죽 같은 모양
• 사지운동 제한</td><td>• 무감각</td><td>• 사지 절단의 가능성도 있음
• 자가 피부이식이 치료를 위해서 필요함</td></tr>
</table>

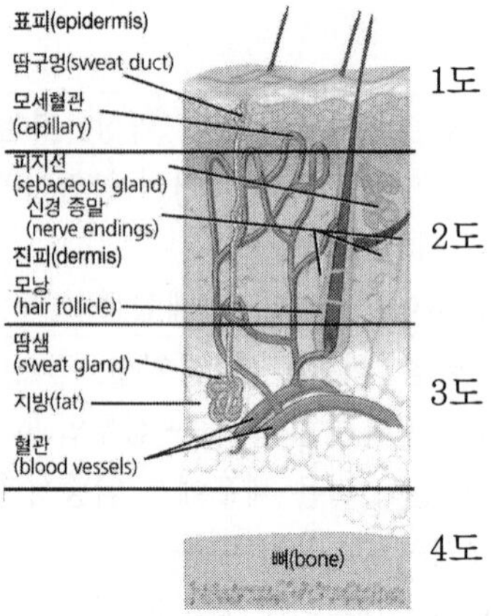

화상범위

• 화상을 입은 전체 표면적의 비율로 나타냄

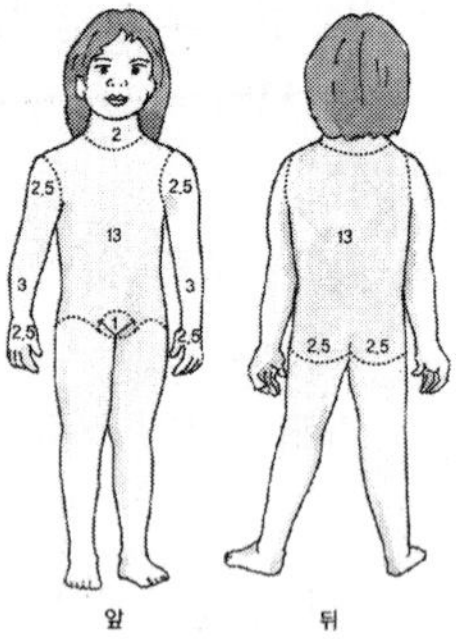

구분	1년 이하	1년	5년	10년	15년	성인
머리	19	17	13	11	9	7
목	2	2	2	2	2	2
앞 몸통	13	13	13	13	13	13
뒷 몸통	13	13	13	13	13	13
둔부	2.5	2.5	2.5	2.5	2.5	2.5
회음부	1	1	1	1	1	1
상완	2.5	2.5	2.5	2.5	2.5	2.5
전완	3	3	3	3	3	3
손	2.5	2.5	2.5	2.5	2.5	2.5
대퇴	5.5	6.5	8	8.5	9	9.5
다리	5	5	5.5	6	6.5	7
발	3.5	3.5	3.5	3.5	3.5	3.5

치료

구분	내용
표재성 화상 · 일광화상	• 화상부위에 시원한 찜질, 완화로션(알로에), 국소코티코스테로이드 도포 • 예방 – 태양노출을 오전 10시~오후 3시 사이 피함 – 자외선 보호크림을 바름(6개월 이하 영아는 금기) – 모자와 셔츠를 입힘

	표재성 부분층 화상	• 치료목표 : 상처 치유 증진, 감염예방, 통증완화 • 무균법을 적용한 화상 상처관리, 상처 세척, 수치료, 능동적 관절 가동범위 운동 • 괴사조직 제거 후 항균성 약물(질산은 용액, silvadene, sulfamylon)과 드레싱 적용 • 통증완화, 중심체온 유지
	큰 화상	• ABCs : 기도 – 호흡 – 순환 확보 • **화상 쇼크** : 저혈량 상태, 적절한 순환량 유지하기 위해 정맥 내 수액은 손실량보다 더 많은 양 투여
간호	호흡관리	• 기도 개방성 사정, 기도 확보하고 유지 • 산소치료, 적절한 가스교환 유지, 부종에 의한 기도 폐쇄 위험 예방
	수액보충	• 저혈량 쇼크 예방 • **정맥주사** : 모세혈관 투과도 증가와 정맥 내 수액소실을 보상 • **주입량과 주입속도** : 체중과 화상 입은 총 신체면적과의 관계에 기초하여 결정
	통증관리	• **작은 화상** : codein, acetaminophen 같은 구강 진통제 • **큰 화상** : morphine sulfate 투여 • **근육주사 X** : 조직에 대한 혈류가 감소, 반복된 주사는 근육손상 유발 • 아동연령에 맞는 통증 사정 도구 사용
	상처관리	• 무균적 소독, 수치료법(whirlpool 목욕), 피부이식
	기동성의 손상예방	• 근육위축과 단축, 화상조직의 강직, 기동성 손상, 구축 • 적절한 자세, 운동 프로그램(ROM)
	영양	• 단백질 이화작용 심해지고, 화상아동의 기초대사율은 정상인의 2배 이상 증가 • 다양한 음식 제공, 심한 화상아동은 위장관 영양요법
	심리적 지지	• 놀이치료, 간호사와의 신뢰관계 수립 • 아동의 자존감 증진
	가정교육	• **퇴원교육** : 영양, 식이요구량, 드레싱 교환과 피부간호, 탄력의복의 적용

CHECK Point 화상의 중증도(미국 화상 협회)

구분	경증	중증도	중증
부분층 화상	10% 이하	10~20%	20% 이상
전층 화상			모든 경우
치료	일반적으로 외래치료 1~2일 입원 요함	입원치료 화상 치료에 전문적인 병원	화상센터에 입원

※ 얼굴, 손, 발, 회음부, 관절교차부위 전기화상, 흡입상해나 외상을 수반하는 합병증 상처에 영향을 미치는 심리사회적 요인이 있는 아동의 화상은 중등도 이상으로 간주함

CHECK Point 화상센터 이송 기준(미국화상협회)

- 체표면적 10%보다 큰 2도 화상
- 큰 관절, 얼굴, 손, 발, 생식기, 회음부를 포함한 화상
- 3도 화상
- 번개 상해를 포함한 전기 화상
- 화학적 화상
- 화상과 함께 입은 흡입 상해
- 회복을 어렵게 만드는 선행질환
- 화상에 동반된 외상이 생명을 유지하고 기능을 하는 데 큰 위험이 될 때
- 아동 화상환자를 돌볼 수 있는 자격을 갖춘 사람이 없는 병원에 입원한 아동
- 전문적 심리사회적 재활이나 장기간 재활이 필요한 아동

CHAPTER 11 피부통합성 장애

기출문제

01 **다음은 고등학교 보건교사가 작성한 건강 게시판 자료이다. 〈작성방법〉에 따라 순서대로 서술하시오.** [4점] 2019년

건강 게시판

여드름 제대로 알아봅시다!

■ 여드름이란?

○ ㉠사춘기와 젊은 연령층에 흔히 발생하는 피부 질환

■ 분류

○ 면포의 수와 유형 및 영향을 받는 피부의 정도에 따라 구분

■ 치료적 관리

○ 일반적 관리
- 적당한 휴식, 알맞은 운동, 균형 잡힌 식이, 정서적 스트레스 감소

○ 청결
- 자극적이지 않은 순한 비누로 하루에 1~2회 세안

○ 약물 관리
- 국소용 : tretinoin 연고 – ㉡감광성 주의
- 전신용 : 경구용 항생제

〈 작성 방법 〉

- 밑줄 친 ㉠시기 남학생의 여드름 발생에 관련된 호르몬 2가지와 작용을 서술할 것
- 밑줄 친 ㉡의 특성을 고려하여 연고 도포 시 주의해야 할 내용 2가지를 서술할 것

|정답| ㉠ 사춘기 남학생 여드름 발생에 관련된 호르몬 2가지와 작용

- androgen(남성의 정소에서 분비), testosterone(고환에서 분비)
- 작용
  - 남성의 2차 성징발달
  - 남성생식기관(전립선, 정낭, 부정소, 외부생식기) 등의 기능을 유지
  - 정자형성 촉진
  - 황체형성 호르몬의 분비를 억제
  - 피지선을 자극해 피지생성을 촉진

㉡ tretinoin 연고 - 감광성 주의 특성을 고려하여 연고 도포 시 주의할 점 (2가지)

- 병변 뿐 아니라 얼굴전체 부위에 바름(입, 눈주위 피하기)
- 약물 사용 시 자외선차단제를 사용하고 보호용 옷 착용
- 햇빛을 피하고 밤에 취침 전에 바르기 : 햇빛 노출 시 화상
- 농도를 천천히 올려서 사용하거나 사용 횟수를 조절 : 사용초기 국소 피부자극으로 홍반, 가려움, 타는 느낌, 피부박리 증상이 나타남.
- 보습제 사용 : 피부건조 증상이 나타나기에 피부건조를 감소
- benzoyl peroxide를 피부와 함께 사용 시 각 약물의 효과를 감소시킬 수 있기에 두 약물을 번갈아 투여하거나 아침에는 benzoyl peroxide를, 저녁에는 tretinoin을 투여
- 6~8주간 지속적으로 치료

02 초등학교 보건교사가 학생들 사이에 유행하고 있는 머릿니(Pediculus humanus capitis)의 확산 방지를 위해 작성하여 배포한 가정통신문의 내용 중 옳지 않은 것은?

[1.5점] 2011년

> **가정통신문**
>
> 결실의 계절입니다. 댁내 평안하십니까?
> 요즘 본교 학생들 사이에 '머릿니'가 급속히 유행하고 있어 이의 확산 방지를 위해 다음과 같은 안내 자료를 전해드리고자 합니다. 자녀들과 함께 읽어 보시고 위생 지도에 만전을 기해 주시길 당부드립니다.

> 머릿니의 예방과 관리
>
> ① 알(서캐)은 귀 뒤, 뒤통수 쪽에 많이 있으므로 이 부위를 주의깊게 관찰해 주십시오.
> ② 머릿니는 모자, 빗, 침구류 등을 통해 전파될 수 있으니 남과 함께 사용하지 않도록 합니다.
> ③ 머릿니의 수명(life span)은 약 30일 정도이므로 지속적인 관리가 필요합니다.
> ④ 머릿니의 성충은 사람에게서 떨어져 나와도 10일 이상 살 수 있으므로 꾸준한 관리가 필요합니다.
> ⑤ 극심한 소양증으로 학생이 두피를 긁게 되면 2차감염의 우려가 있으니 주의 깊은 관찰이 필요합니다.

|정답| ④
|해설| ④ 이는 사람숙주에서 2일 이상 떨어지면 죽는다.

03 옴(scabies)에 대한 설명으로 옳은 것은?

1993년

① 곰팡이에 의해 발생한다.
② 가려움은 야간보다 주간이 더 심하다.
③ 소아에서는 머리, 손바닥, 발바닥 등에도 발생한다.
④ 별다른 치료약이 없으며, 내의 및 침구는 소독해서 사용한다.

|정답| ③
|해설| ① 옴진드기(sarcoptes scabiei)의 침입에 의해 발생한다.
② 심한 소양증으로 밤에 증상이 악화된다.
④ 5% Permethrin(Elimite) 크림 : 독성 낮아 2개월 영아에서도 안전하게 사용

CHAPTER

12 감염성 장애

1 아동의 감염질환

1. 수두(Chickenpox)

원인균	• 수두 – 대상포진 바이러스(varicella zoster virus)		
전파양식	• 직접접촉, 비말감염(분비물, 수포내용물), 전염성이 강함 • 감염원 : 감염자의 호흡기 분비물		
발생빈도	• 10세 이하 아동에게 자주 발생 • 늦은 겨울, 이른 봄에 흔함		
감염기간	• 발진 1~2일 전부터 발진 6일 후 가피 형성될 때까지 • 잠복기 : 13~17일(2~3주) • 이환 뒤 영구면역		
증상	전구기	• 발진 24시간 전에 발열, 식욕부진, 권태감	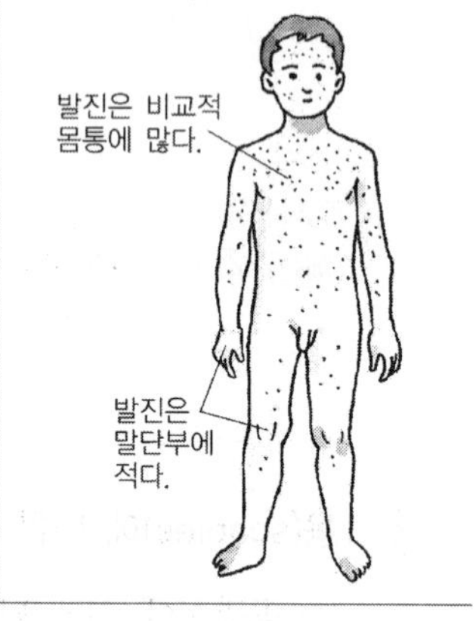
	발진기	• 표재성으로 반점 → 구진 → 수포 → 농포 → 가피 순서로 발현 • 동시에 모든 발진 관찰	
	구심성 발진	• 몸에서 가까운 부위에 발진 집중, 가슴 · 배 · 몸통 → 얼굴 · 어깨 → 사지	
	체온상승	• 림프절증에 의한 체온 상승	
	심한 소양증	• 심한 소양증으로 인한 자극	
합병증	• 이차적 세균감염(폐렴, 봉와직염, 농양) • 뇌염, 라이증후군, 출혈성 수두, 혈소판 감소증		
치료 및 간호	격리	• 수포가 건조될 때까지(발병 후 1주일 정도) • 모든 상처가 마르고 가피가 떨어질 때까지 학교에 보내지 않음	
	약물요법	• 항바이러스제(Acyclovir) 투여 • 수두바이러스에 노출된 고위험 아동에게 varicella zoster immune globulin 접종	
	발열관리	• 라이증후군의 위험성 증가로 아스피린 금기, 아세트아미노펜 투여	

	소양증 관리	• 항히스타민제(베나드릴) • 베이킹 소다나 오트밀 목욕, 칼라민 로션 도포 • 비누 사용하지 않는 차가운 스폰지 목욕 • 손톱 짧게 해주고 청결하게 하여 이차적 피부감염예방 – 이차적 감염예방 위해 항생제 투여 • 면장갑 착용 • 서늘한 환경 유지

2. 디프테리아(Diphtheria)

원인균		• corynebacterium diphtheria bacillus
전파양식		• 코, 목, 눈, 피부 병변의 분비물과 밀접한 접촉과 오염된 물건에 간접접촉
발생빈도		• 가을, 겨울에 빈번히 발생 • 예방접종이 안 된 상태거나 적절치 못한 예방접종을 한 사람에게 발생
감염기간		• 항생제 치료 후 2일 이내로 전염력이 소실되나 보통 2~4주 • 잠복기 : 3~5일 • 영구면역 ×, 디프테리아 톡소이드 예방접종 시행
증상		• 코, 인두, 후두, 편도, 주변 조직에 위막형성
	코	• 감기증상 비슷, 혈성 · 농성 점액성 분비물
	인두 · 편도	• 전신쇠약, 식욕부진, 인두통, 미열, 빈맥, 희거나 검은 위막, 림프선염, 패혈증
	후두	• 고열, 쉰 목소리, 기침, 기도 폐쇄, 호흡곤란, 창백
	소양증 ×	
진단		• 코 · 목의 배양검사 • shick test : 디프테리아 독소주입 후 24시간 후 직경 10cm↑경결 시 감염의미
합병증		• 심근염, 신경염, 혈소판 감소증, 성대마비
치료 및 간호	격리	• 두 번의 순차적인 코 · 목의 배양이 음성이 될 때까지 엄격한 격리
	약물요법	• 혈청에 대한 민감성 검사를 위해 피부나 결막을 이용, 항독소 정맥주사 • 항생제 투여 : 에리스로마이신, 페니실린
	호흡상태 관찰	• 습도 공급으로 분비물 액화 • 필요시 기도흡인 • 기도폐쇄 시 기관절개술
	침상안정	• 심근염 예방

3. 홍역(Measles)

<table>
<tr><td>원인균</td><td colspan="3">• Morbillivirus</td></tr>
<tr><td>전파양식</td><td colspan="3">• 감염성 비말의 직접접촉(비말접촉), 때로는 공기전파
• 감염원 : 감염자의 호흡기 분비물, 혈액, 소변</td></tr>
<tr><td>발생빈도</td><td colspan="3">• 겨울, 봄
• 예방접종 하지 않은 개인</td></tr>
<tr><td>감염기간</td><td colspan="3">• 발진 4일 전부터 발진 5일 후까지
• 잠복기 : 8~13일(평균 10일)
• 주로 전구기(카타르기) 동안</td></tr>
<tr><td rowspan="2">증상</td><td>전구기
(카타르기)</td><td>• 발열, 기침, 코감기
• 결막염
• koplik 반점 : 구강점막에 생기는 붉은 가장자리를 가진 회백색의 작은 반점, 발진 1~2일 전에 발생
• 전염력이 강한 시기</td><td rowspan="2">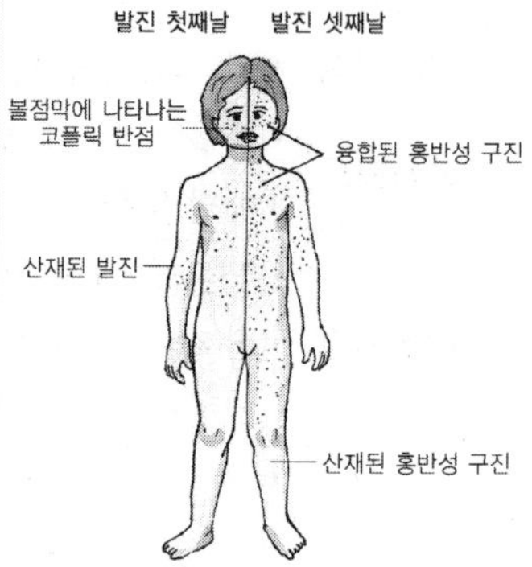
</td></tr>
<tr><td>발진기</td><td>• 전구증상 발현 후 3~4일 후 발현 시작
• 고열
• 홍반성 구진상 발진 : 귀 뒤 → 얼굴 → 몸통, 나타났던 순서대로 색소침착</td></tr>
<tr><td rowspan="7">치료 및 간호</td><td>격리</td><td colspan="2">• 발진 후 5일까지 호흡기 격리</td></tr>
<tr><td>발열관리</td><td colspan="2">• 해열제 투여</td></tr>
<tr><td>눈간호</td><td colspan="2">• 수명증 관리 : 약한 조명, 직사광선 피하기
• 눈 분비물 관리 : 따뜻한 생리식염수 세척과 눈 비비지 않기</td></tr>
<tr><td>코감기 관리</td><td colspan="2">• 코감기, 기침 관리
• 찬 습기 공급
• petrolatum으로 코 주변 피부관리
• 수분공급</td></tr>
<tr><td>소양증 관리</td><td colspan="2">• 미온수 목욕</td></tr>
<tr><td>휴식</td><td colspan="2">• 전구기 동안 휴식, 조용한 활동</td></tr>
<tr><td>예방</td><td colspan="2">• 정규 예방접종 : 생후 12~15개월(MMR 백신)
• 손세척
• 호흡기 분비물에 오염된 화장지 처리 등 바람직한 공중위생습관</td></tr>
</table>

4. 이하선염 · 볼거리(Mumps)

원인균	• paramyxovirus	
전파양식	• 호흡기 분비물과 직접접촉, 비말감염 • 감염원 : 감염자 타액	
발생빈도	• 늦은 겨울이나 봄 • 잠복기 : 14~21일 • 10~14세 아동에게서 최고조	
감염기간	• 이하선 종창이 시작된 전후가 전염력이 가장 강함 • 감염기간 : 붓기 전 7일~발병 후 9일 • 능동면역 : 생후 12~15개월(MMR)	
증상	전구기	• 24시간 동안 가벼운 전신증상 : 발열, 두통, 근육통, 식욕부진, 구토 등
	이하선염	• 일측 혹은 양측 귀를 중심으로 부종, 동통과 압통 • 음식을 씹으면 동통 더 심함 • 1~3일째 최고조, 3~7일 안에 점차 진정
진단	• 보체결합검사	
합병증	무균성 뇌막염	• 가장 흔한 합병증 • 뇌척수액에서 바이러스 검출 • 경직, 기면, 구토 증상
	뇌수막 척수염	• 열, 두통, 오심, 구토, 경직, 감각변화
	고환염	• 청소년기의 남아에게 자주 나타남. 불임은 매우 드묾
	난소염 또는 유방 염증	• 사춘기 여아
	난청	
치료 및 간호	격리	• 전염기간 동안 격리(이하선의 종대 후 9일까지 비말감염 예방) • 이하선 종창이 가라앉을 때까지 격리
	사정	• 중추신경계 합병증 예방을 위해 신경학적 평가 • 귀와 목 사정, 목의 림프절 특징 기록 • 활력징후 측정 • 남아의 경우 : 고환검사를 초기에 사정
	발열관리	• 해열제 투여
	동통관리	• 진통제 투여 • 신 것을 제외한 연식 • 씹는 음식 피함 • 온습포나 냉습포 적용
	고환염	• 부종과 통증 시 통증관리를 위한 밀착 팬티 착용 • 침상안정, 간헐적인 냉찜질, 정서적 지지와 전환활동 등
	감염예방	• 정규 예방접종, 손세척, 호흡기 분비물에 오염된 화장지 처리 등 바람직한 공중위생 습관

5. 풍진(Rubella)

<table>
<tr><th>원인균</th><td colspan="3">• rubellavirus</td></tr>
<tr><th>전파양식</th><td colspan="3">• 비인두 분비물의 직접 혹은 비말접촉
• 감염자의 소변, 혈액, 비인두 분비물에 오염된 물건과 접촉</td></tr>
<tr><th>발생빈도</th><td colspan="3">• 이른 봄, 늦은 겨울</td></tr>
<tr><th>감염기간</th><td colspan="3">• 발진 발생 7일 전부터 발진 발생 5일 후까지
• 잠복기 : 14~21일(보통 18일)</td></tr>
<tr><th rowspan="2">증상</th><td>전구기</td><td>• 아동은 드묾. 청소년기에만 나타남
• 미열, 두통, 불안, 식욕부진, 결막염, 콧물, 인후통, 기침, 경부임파선염
• 1~5일 지속, 발진 1일 전 소실</td><td rowspan="2">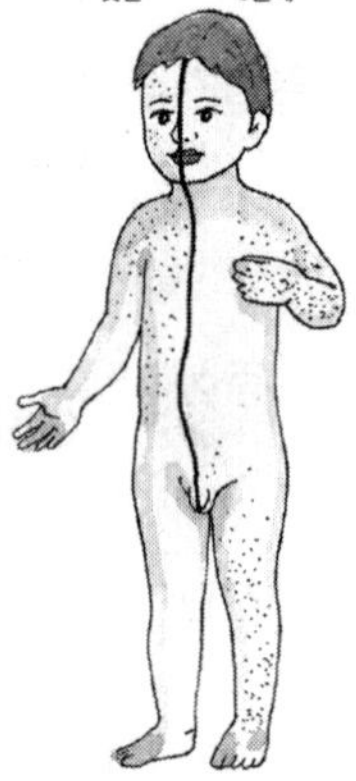

풍진 발진 분포</td></tr>
<tr><td>발진기</td><td>• 불연속 선홍색 반점, 구진상 발진
• 첫째 날 : 머리 · 몸통의 상부발진, 얼굴에서 시작
• 셋째 날 : 하반신 발진(두미방향으로 발진)
– 3일 후에 발진 발생, 순서대로 소실, 색소침착 ×</td></tr>
<tr><th>진단</th><td colspan="3">• 코 분비물 배양, 급성기와 회복기의 항체검사</td></tr>
<tr><th>합병증</th><td colspan="3">• 다발성 관절염, 뇌염, 자반, 태반감염 시 태아기형</td></tr>
<tr><th rowspan="3">치료 및 간호</th><td>격리</td><td colspan="2">• 발진 시작 후 7일까지 학교 등교시키지 않음</td></tr>
<tr><td>안정</td><td colspan="2">• 안정과 지지간호</td></tr>
<tr><td>예방</td><td colspan="2">• 정규 예방접종
• 손세척
• 호흡기 분비물에 오염된 화장지 처리 등 바람직한 공중위생습관
• 가임여성 혹은 임신한 여자에게서 환아 격리</td></tr>
</table>

6. 성홍열(Scarlet fever)

원인균	• Group A β-hemolytic streptococci
전파양식	• 호흡기 분비물 접촉 • 감염원 : 감염자와 보균자의 비인두분비물
발생빈도	• 늦은 가을, 겨울, 봄 • 학령기 아동
감염기간	• 잠복기와 임상증상이 나타나는 약 10~20일 • 잠복기 : 2~5일

증상	전구기	• 급성 발열, 빈맥, 구토, 오한, 불안, 복통
	내발진기	• **편도선 충혈** : 혀의 부종으로 첫 1~2일째는 혀가 부어서 하얀 딸기 모양 혀, 4~5일째는 백태가 벗겨지며 붉은 딸기 모양의 혀
	발진기	• 전구기 증상 출현 후 12시간 내에 발현 • 산재주름이 있는 곳에 바늘크기의 반점 발현 • 얼굴을 제외한 전신에 바늘크기 붉은 반점, 1주일 후에 벗겨지기 시작
	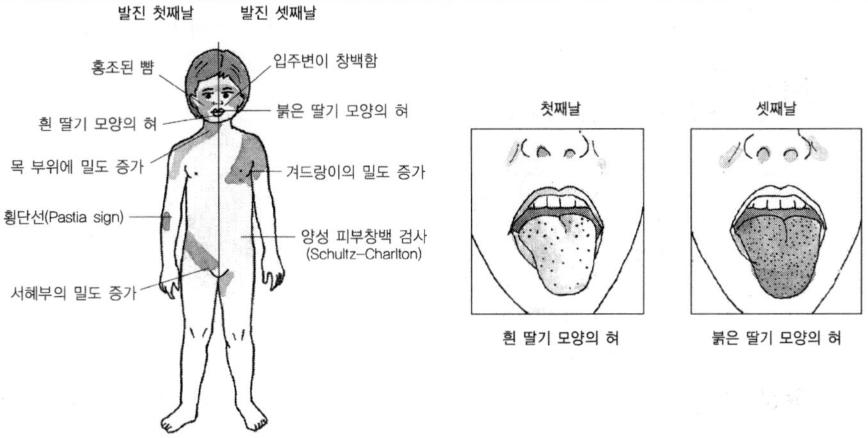	
진단	• Dick test : 발진독소에 대한 면역 여부	
합병증	• 중이염, 부비동염, 인두후부와 편도 주위 농양, 경부임파선염, 류머티스열, 급성 사구체 신염	
치료 및 간호	격리	• 치료 시작 후 적어도 24시간 동안 그리고 열이 없어질 때까지 학교 보내지 않음
	약물요법	• 10일 동안 항생제 투여 : penicillin, erythromycin
	발열관리	• 발열 동안 침상안정 및 수분 섭취 • 자극적인 음료나 거친 음식 피하기, 유동식 제공
	통증관리	• 진통제 투여 • 따뜻한 생리식염수 함수
	예방	• 즉각적인 치료 • 호흡기 분비물에 오염된 화장지 처리 등 바람직한 공중위생습관

7. 백일해(Pertussis)

원인균	• Bordetella pertussis	
전파양식	• 호흡기 분비물과 직접접촉, 감염자의 비말이 오염된 물건과의 접촉 • **감염원** : 감염자의 기도분비물	
발생빈도	• 예방접종 하지 않거나 부분적으로 예방접종이 된 영아와 아동에게 발생 • 계절적 영향 없음	
감염기간	• 카타르기 중에 전염력이 왕성하고 발작기 4주까지 전염력 있음 • 항생제 치료 시작 후 5~7일이면 전염력 소실 • **잠복기** : 평균 10일 • DPT 혼합 백신	
증상	카타르기(전구기)	• 전구기 1~2주 • 콧물, 결막염, 미열의 가벼운 상기도 감염 증세가 1~2주 정도 지속 • **격리** : 전염력이 가장 강함
	발작기	• 발작적인 기침이 밤에 더욱 심하게 발생 • 흡기 시 'whoop'하는 소리 냄 • 발작 중에 얼굴이 붉어지고 눈이 충혈, 발작적 기침 후에 구토가 동반되고 점성 높은 가래 나옴 • 4~6주 지속 • 6개월 이하 영아에게 질식이 흔하게 발생
	회복기	• 1~2주 • 기침, whooping, 구토 빈도와 심각도가 감소, 기침은 수개월간 지속됨
합병증	• 폐렴, 중이염, 경련, 두개내 출혈, 비출혈, 결막하 출혈, 탈수, 체중감소, 탈장은 어릴수록 많이 발생	
치료 및 간호	약물요법	• 2주 동안 erythromycin을 구강 투여 • 항생제 치료 시작 후 5일 동안 호흡기계 격리 관찰
	발열관리	• 열이 있는 동안 침상안정 • 해열제, 수분제공 • **기도유지** : 습도 제공, 산소요법
	호흡기 폐쇄의 증상관찰	• 안절부절, 불안, 청색증, 흉부견인 등 • 산소공급 • 구토로 인한 질식을 막기 위해 영아를 옆으로 눕힘, 필요시 흡인
	영양 및 수분 공급	• 구토와 호흡곤란으로 인한 수유의 어려움 중에도 소량씩 자주 식사 제공
	예방	• **정규 예방접종** : DPT 혼합백신 • 손세척 • 가족과 다른 가까운 사람들에 대한 erythromycin 예방법 • 호흡기 분비물에 오염된 화장지 처리 등 바람직한 공중위생습관

8. 소아마비(Poliomyelitis, Polio)

원인균	• Enterovirus Ⅰ(가장 흔한 원인), Ⅱ, Ⅲ	
전파양식	직접전파	• 호흡기계 분비물(호흡기)
	간접전파	• 대변에 오염된 음식물, 오염된 물질(경구, 접촉)
발생빈도	• 어린 아동에게 더 흔함 • 여름, 가을에 흔함	
감염기간	• 감염직후 인두와 대변에 바이러스가 나타남 – 구강 인두 분비물에서는 1주 가량, 장배설물에서 4~6주 이상 지속 • **예방접종** : (2, 4, 6개월, 4~6세), 경구투여(생백신 : sabin), 주사용(사백신 : salk)	
증상	부전형	• 미열, 오심, 구토, 식욕부진, 복통 등 비특이적 증상
	비마비형	• 부전형의 임상증상, 경부강직, 등과 다리의 근육통
	마비형	• 초기에는 비마비형과 비슷 • 회복되면서 이완성 마비, 중추신경계 마비 증후 발생
진단	• 인후와 대변 분비물의 배양	
합병증	• 영구적 마비, 호흡근육의 마비	
치료 및 간호	절대안정	
	불안지지	• **진정제 투여금지 : 호흡억제**
	물리치료	• 뜨거운 물주머니, ROM 운동 • **신체평형 유지** – 근위축 방지, 욕창 방지 – 족하수 예방 위한 발판 사용
	움직임 격려	• 신체운동 중 안위를 위해 진통제 사용
	호흡근 마비 관찰	• 말하기 어려움, 비효과적인 기침, 호흡을 유지하기 어려움, 얕고 빠른 호흡 등 • **호흡마비** : 기관절개술 기구 등 호흡 응급기구 침대 옆에 비치
	예방	• 정규 예방접종, 손세척이나 기저귀 관리 등 바람직한 공중위생습관

9. 파상풍(Tetany)

원인균	• Clostridium tetani(포자 형성간균 : 중추신경계에 영향을 주는 신경독)
전파양식	• 동물의 배설물로 오염된 땅의 접촉으로부터 상처 난 피부를 통해 인체에 전파 • **감염원** : 오염된 흙, 먼지, 인간과 동물
발생빈도	• 전세계적, 비예방접종 집단에 우세 • 높은 사망률 • 흙, 먼지 그리고 사람과 동물, 특히 말과 가축의 위장관에서 발견된 포자

<table>
<tr><td>감염기간</td><td colspan="2">• 사람에서 사람으로 감염 안됨, 격리 ×
• 예방접종 : 2, 4, 6개월, 15~18개월, 4~6세, 이후 10년마다 추가접종</td></tr>
<tr><td rowspan="3">증상</td><td>초기 증상</td><td>• 목 및 턱 근육의 점진적인 강직과 압통
• 입을 벌리기 어려운 것이 특징(아관긴급)
• 안면근 경련에 의한 냉소증(risus sardonicus) : 비웃는 미소</td></tr>
<tr><td>점진적 증상</td><td>• 후궁반장(opisthotonos) : 등이 심하게 휘고 머리를 목뒤로 구부리게 하는 근육의 극심한 경련
• 연하곤란
• 외부자극에 대해 고도로 민감(가벼운 소음, 부드러운 접촉 혹은 밝은 빛)
- 수초에서 수분까지 지속되는 발작적인 근육수축
- 지속적이고 잦은 빈도의 수축
• 후두경련 및 호흡근의 강직성 경련
- 분비물의 축적
- 호흡정지
- 무기폐
- 폐렴</td></tr>
<tr><td>기타</td><td>• 지능이 침범되지 않은 경우 : 의식이 또렷
• 통증과 불편감
- 빠른 맥박
- 발한
- 불안한 얼굴표정
- 발열은 보통 없거나 혹은 매우 경함</td></tr>
<tr><td>합병증</td><td colspan="2">• 후두와 호흡기 근육경련으로 기도폐쇄와 질식, 사망</td></tr>
<tr><td rowspan="5">치료 및 간호</td><td>약물관리</td><td>• 감염진행과정 막기 위해 조직에 신경독을 중화하도록 파상풍 인간 면역글로불린 투여
• 10~14일 동안 penicillin G를 IV 투여
• 근육이완제와 근육경련을 줄이고 발작 진정을 위한 diazepam (valium) 투여</td></tr>
<tr><td>호흡근 마비 관찰</td><td>• 필요할 때 호흡지지
• 응급상황에 대비하여 침상 옆에 인공호흡기, 절개술 준비</td></tr>
<tr><td>상처관리</td><td>• 즉각적인 외과적 세척과 피부 상처관리</td></tr>
<tr><td>환경관리</td><td>• 외부자극에 악화되는 근육경련 방지로 어둡고 조용한 환경 제공
• 격리 ×, 아동불안은 근육경련에 영향 줌. 아동을 안심시키고 혼자 두지 않음</td></tr>
<tr><td>예방</td><td>• 파상풍톡소이드 능동면역, 다쳤을 때 처방의 하나로 접종</td></tr>
</table>

10. 감염성 홍반(Erythemia infectism, fifth disease)

<table>
<tr><td>원인균</td><td colspan="3">• Human parvovirus B19</td></tr>
<tr><td>전파양식</td><td colspan="3">• 호흡기 분비물의 접촉
• 감염원 : 감염자
• 주로 학령기 아동</td></tr>
<tr><td>발생빈도</td><td colspan="3">• 봄에 종종 발생, 초중등학교에서 빈발</td></tr>
<tr><td>감염기간</td><td colspan="3">• 확실치 않으나 증상이전부터 감염</td></tr>
<tr><td rowspan="4">증상</td><td rowspan="3">발진</td><td>1단계</td><td>• 얼굴 특히 뺨에 '뺨 맞은' 것처럼 붉은 발진</td></tr>
<tr><td>2단계</td><td>• 홍반성 구진상 발진 → 몸통 사지에 레이스 모양의 발진
• 발진은 근위부에서 원위부로 진행되며 1주 또는 그 이상 지속됨</td></tr>
<tr><td>3단계</td><td>• 발진이 사라지지만 열이나 태양에 노출되면 재발가능</td></tr>
<tr><td colspan="3">• 재생불량성 위기에 있는 아동 : 발진 없고 발열, 근육통, 무기력, 오심, 구토 및 복통 나타남</td></tr>
<tr><td>진단</td><td colspan="3">• 임상소견</td></tr>
<tr><td>합병증</td><td colspan="3">• 관절염, 관절통, 빈혈, 태아수종, 임산부가 감염되면 태아사망 초래</td></tr>
<tr><td rowspan="5">치료 및 간호</td><td>격리 ×</td><td colspan="2">• 면역억제 또는 재생불량성 위기 아동은 격리
• 발진 발생 이후 감염성이 없어지면 학교 출석 허용됨</td></tr>
<tr><td>발열관리</td><td colspan="2">• 해열제, 진통제, 소염제</td></tr>
<tr><td>안정</td><td colspan="2"></td></tr>
<tr><td>수혈</td><td colspan="2">• 일과성 재생불량성 빈혈증 예방을 위한 수혈</td></tr>
<tr><td>예방</td><td colspan="2">• 손 세척 등 바람직한 공중위생습관
• 임신한 간호사는 재생불량성 위기 아동을 간호해서는 안됨 : 태아사망 초래</td></tr>
</table>

11. 영아장미진, 돌발진(Roseola infantum, exanthema subitum)

원인균	• Human herpes virus type 6(HHV 6)
전파양식	• 잘 알려져 있지 않지만 호흡기 분비물의 접촉 • 감염원 : 건강한 성인의 타액에서 감염될 수 있음 • 코, 뺨, 결막점막 등을 통해서 감염
발생빈도	• 6~24개월, 계절양상은 없음
감염기간	• 잘 알려져 있지 않음

증상	• 갑작스런 고열(39~41℃) : 3~4일간 고열 지속되다가 갑자기 떨어지면서 발진 발생 시작 • 발진 : 장미-핑크빛 반점 또는 홍반성 구진이 몸통에서 목, 얼굴 그리고 사지 쪽으로 퍼짐. 소양증 ×, 1~2일간 지속, 압박하면 발진 사라짐 • 경부 림프선염, 인두염, 기침, 콧물
진단	• 임상증상에 근거
합병증	• 열성경련, 뇌염
치료 및 간호	• 발열관리 : 해열제, 미온수 목욕, 가벼운 의복, 시원한 환경, 수분섭취 증가 • 수액공급 • 안정제공

12. 수족구병(hand, foot and mouth disease)

원인균	• Coxsackie virus A16이 주 원인, enterovirus 71
전파양식	• 직접접촉, 대변 또는 침, 콧물 등의 호흡기 분비물 접촉
발생빈도	• 늦은 여름, 가을
감염기간	• 발병 1주일 • 잠복기 : 3~7일
증상	• 미열, 혀와 입천장, 입술, 잇몸, 후인두에 4~8mm 크기의 궤양성 병소 • 가려움이 없는 손등, 손바닥, 발등, 발바닥에 3~7mm 크기의 수포성 발진 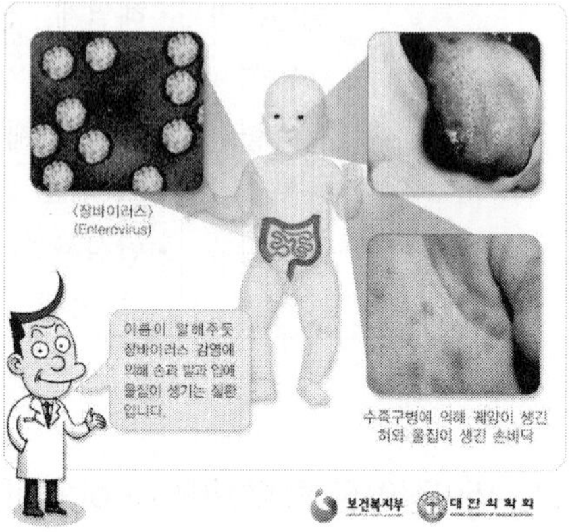
진단	• 임상증상에 근거
합병증	• 심근염, 심장막염, 뇌척수염, 신경성 폐부종, 폐출혈, 쇼크
치료 및 간호	• 개인위생 : 손씻기 • 감염기간 동안에는 등교시키지 않음 • 안정과 지지간호

2 장내기생충 감염질환

1. 요충증

원인균			• Enterobius vermicularis • 요충생활사 – 충란이 경구적으로 침입 – 소장 상부 : 부화하고 성충으로 성숙 – 인체 기생부위 : 맹장(충수돌기), 결장 – 장내를 돌아다님 – 암컷 성충이 산란기가 되면 항문밖으로 이동 – 11,000개의 알을 낳음 – 피부와 점막에 요충이 이동하면 심한 소양증 초래 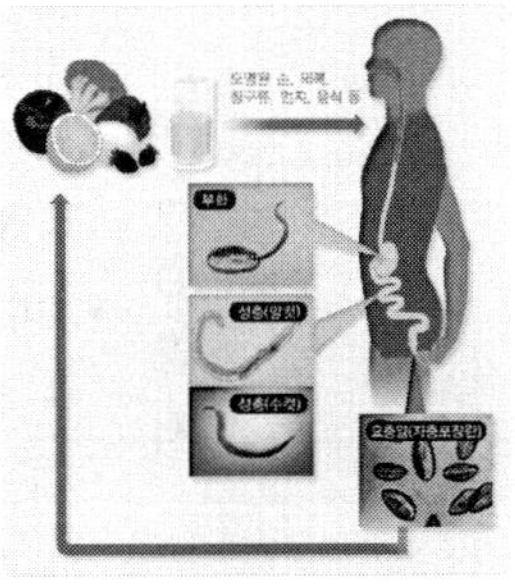
전파양식	직접전파		• 배설물에서 구강으로 요충의 알을 섭취하거나 흡입 • 항문을 긁음으로써 손이나 손가락으로 알을 전파
	간접전파		• 알은 2~3주 동안 실내에서 감염성을 가지며 공동 장난감 같은 물건들이 접촉하는 어떤 것이라도 오염시킴 • 침구류나 의류, 화장실 의자, 욕조, 음식
발생빈도			• 원충(연충) 감염이 심함 • 유아원과 초등학교 저학년 감염률 높음 • 학령전기 아동, 학령기 아동, 혼잡한 환경, 시설, 가족들에게 빈번하게 발생
증상			• 야간의 항문 가려움 • 항문 긁힘이나 습진 등 피부염, 불면증, 신경증 • 항문주위의 피부가 벗겨지거나 세균 이차감염까지 일어날 수 있음 → 복통과 체중감소
진단			• 요충을 직접 보거나 현미경 사용 • 테이프 검사 : 아동이 대변을 보기 전 아침 항문 주위에 투명한 테이프를 압착하여 알을 감지함 • 장내 기생충 질환의 기생충 판별검사 : 대변도말검사
합병증			• 충수돌기염, 질과 요도감염 가능, 복막염, 난관염 등
치료 및 간호	약물관리	구충제	Mebendazole(Vermox), Albendazole
		기전	• 기생충의 미소관의 형성을 방해하고 포도당 흡수를 못하게 하여 그에 따른 에너지 생산을 못하게 함
		금기	• 임산부에게 사용 × : 배아독성 유발 • 수유부 • 2세 이하 아동에게 사용 ×
		방법	• 모든 가족 구성원들은 동시에 치료 약물 복용 • 1회 먹거나 2주 내에 두 번째 약을 복용

	재감염방지	• 입안에 손가락 넣지 않고 손톱 깨물지 않는다.
		• 항문부위를 손으로 긁지 않는다.
		• 통목욕 보다는 매일 샤워한다.
		• 손톱을 짧게 잘라주고 손을 자주 씻도록 교육한다.
		• 감염자의 전 가족 또는 단체생활에서의 전 구성원이 동시에 치료를 받아야 한다.
		  – 환경이 오염된 후 공기를 통해서 전염되므로 집단 감염이 특징
		• 1회 먹거나 2주 내에 두 번째 약을 복용한다.
		  – 성충은 죽이지만 유충을 죽이지 못하기 때문
		• 내복 및 침구를 삶아 빨거나 햇빛에 널어 일광소독을 시행한다.
		  – 요충란 : 열과 직사광선에 약함
		• 방안의 먼지를 깨끗이 청소한다.
		  – 요충란은 건조에 강해 방안 먼지 속에서 상당기간 생존
		• 좌변기를 가정용 표백제 용액을 희석하여 살균소독한다.

3 결막염(Conjunctivitis)

정의	• 결막에 염증이 생기는 것		
원인	신생아 결막염	• 화학적 자극이나 감염에 의해 발생 • **출생시 감염** : 클라미디아, 임균은 산도를 통하여 신생아에게 옮김	
	아동기 결막염	• 알레르기나 세균, 바이러스 감염에 의해 발생 • 세균이나 바이러스성 결막염은 눈에서 나온 분비물의 접촉으로 생기며 전염성이 매우 강함 • 알레르기성 결막염은 알레르기원에 의한 반응으로 발생	
	가장 흔한 세균	• 헤로필루스 인플루엔자, 폐렴 연쇄상구균	
		원인	**증상**
	바이러스성 결막염	• 결막염의 가장 흔한 원인 • Adenovirus 의해 발생 • 전염성이 매우 강한 질병	• 보통 상기도 감염과 함께 발생 • 한쪽 눈에서 충혈 발생 후 며칠 안에 다른 쪽 눈으로 전염 • 장액성(수성) 분비물 • 결막의 염증, 눈꺼풀 부종
	박테리성 결막염	• Staphylococcus aureus에 의해 발생	• 화농성 분비물 • 눈꺼풀의 가피, 특히 잠에서 깰 때 • 결막의 염증, 눈꺼풀 부종

	알러지성 결막염	• 꽃가루 또는 집먼지 진드기 등에 알러지 반응으로 발생 • 아토피 환자에서 보여짐 • 계절에 따라 발생	• 눈 가려움(소양증) • 재채기 및 코막힘 • 수성(watery) 분비물 • 눈건조, 아픔 • 결막의 염증, 눈꺼풀 부종
	자극성 결막염	• 결막이 샴푸, 염소 처리된 물 또 속눈썹 등의 자극을 받은 경우	• 충혈, 눈물 • 결막의 염증, 눈꺼풀 부종
임상증상	• 안검의 소양증 : 알레르기 반응으로 나타남 • 타는 듯한 느낌, 광선과민증, 충혈, 부종 등 • 분비물 : 점액 농즙성(세균성), 물(바이러스성), 점성(알레르기)		
치료	• 원인균의 확인 필요 • 항생제나 항바이러스성 안약이나 연고 • 1~2주간 지속되며, 자연치유 • 냉동법, 항히스타민제 섭취, 항알레르기 점안제 등		
간호 및 관리방법	세균성	• 국소 항생제 요법 : 국소점안액 물약 사용	
	바이러스성	• 국소 스테로이드 투여 – 세균에 대한 눈의 저항력 감소 – 안과의사 처방	
	알레르기성	• 알려진 항원 피하기 • 냉찜질, 전신 혹은 국소 항 히스타민제제, 비 스테로이드성 항염제	
	교차감염	• 눈 비비지 말고 손 씻기 • 수건, 속옷, 이불, 베갯잇 따로 쓰기 • 안약 투여 시 점적기가 아동의 눈꺼풀에 닿지 않도록 하기 • 따뜻한 물로 적신 솜뭉치로 가피를 부드럽게 제거하고 눈은 안쪽에서 바깥쪽으로 닦아내기 • 눈 비빔 예방하기 위해 팔꿈치 억제대 사용 • 분비물이 많은 경우 깨끗하고 더운 물수건으로 덮어두었다가 분비물 제거(오래 사용 × : 폐쇄된 덮개는 박테리아 성장 촉진) • 눈 씻은 후 즉시 안약 점안	
	눈병 감염 예방 수칙	• 비누를 사용하여 흐르는 수돗물에 손을 자주 씻도록 함 • 손으로 얼굴, 특히 눈 주위를 만지지 않도록 함 • 눈에 부종, 충혈, 이물감이 있는 경우 손으로 비비거나 만지지 말고 전문의 진찰 • 전염기간(약 2주동안) 놀이방, 유치원, 학교 등 사람들이 많이 모이는 장소 피하기	

4 유행성 각결막염, 급성 출혈성 결막염(아폴로 눈병)

구분	유행성 각결막염	급성 출혈성 결막염
병원체	• 아데노바이러스(주로 8형, 19형, 37형)	• 엔테로바이러스 70형 • 콕사키바이러스 A24 variant 형
전파 경로	• 직접 신체적 접촉 : 눈 분비물 등 • 개인용품을 통한 간접 접촉 : 수건, 침구, 세면도구 등 • 수영장 등 물을 통한 전파	
발생 현황	• 산발성 ~ 유행성 • 늦여름 ~초가을에 주로 발생	• 약 5~10년 주기로 유행 • 늦여름~ 초가을에 주로 발생
주요 증상	• 잠복기 : 5~7일 • 눈꼽, 이물감, 눈꺼풀 부종, 양쪽 눈의 충혈, 눈의 통증, 눈물, 눈부심 • 결막하 출혈 • 귓바퀴 앞 림프절 종창 • 3~4 주 지속됨	• 잠복기 : 8시간 ~2일 • 갑작스런 이물감, 충혈, 눈부심, 눈물 • 눈꺼풀 부종, 결막부종, 결막여포, 상피 결막염 • 결막하 출혈반이 70~90%에서 발생 • 결막하 출혈은 7~12일에 걸쳐 점차 흡수됨
전염력	• 발병 후 2주 정도까지 전염력이 있음	• 증상 발생 후 적어도 4일간 전염력 있음
합병증	• 각막 상피 혼탁이 남아 심해지는 경우 시력저하가 생길 수 있음 • 결막에 분비된 눈물보조세포나 점액분비 세포가 바이러스나 염증에 손상을 입으면서 안구건조증 발생(보통 6개월 지속) • 그 외 영구적인 결막반흔, 눈꺼풀 처짐, 눈꺼풀과 결막의 유착	• 결막염을 앓은 후 수 주 후에 사지마비 또는 뇌신경마비가 드물게 일어날 수 있음
치료	• 바이러스에 대한 특별한 치료법은 없음 • 전문의 진료를 받고 필요시 염증을 억제하기 위한 안약이나 세균감염을 예방하기 위한 항균제 안약을 점안할 수 있음	

CHAPTER 12 감염성 장애

기출문제

1 이하선염

01 **다음은 보건교사와 동료교사의 대화 내용이다. 괄호 안의 ㉠과 밑줄 친 ㉡을 순서대로 쓰시오.** [2점] 2018년

동료교사 : 선생님. 우리 아이가 미열이 있고 머리가 아프다고 해서 자고 일어났는데 갑자기 왼쪽 아래턱 부위가 부었고 같은 쪽 귀도 아프다고 하네요. 혹시 볼거리를 하는 건가요?

보건교사 : 볼거리는 유행성 이하선염이라고 하는데 요즘 유행하고 있어요. 아이가 몇 살인가요?

동료교사 : 지금 중학교 1학년이에요.

보건교사 : 예방접종은 하셨지요?

동료교사 : 잘 기억이 나지 않는데 예방접종은 언제 해야 하나요?

보건교사 : 필수예방접종에서 1차 접종 시기는 (㉠)입니다.

동료교사 : 어떻게 전염되죠?

보건교사 : 감염자와의 직접 접촉 또는 비말감염으로 전염돼요.

그래서 ㉡ <u>전염 기간</u>에는 집에서 쉬어야 해요.

… (하략) …

|정답| ㉠ 능동면역은 생후 12~15개월에 시행한다.
㉡ 이하선 종창이 시작된 전후가 가장 감염력이 강하며 종창이 가라앉을 때까지 격리한다.

2 요충증

02 **A 초등학교 보건교사가 작성한 보건교육 계획서이다. (가)~(마)에 대한 설명으로 옳지 않은 것은?**
[1.5점] 2012년

보건교육 계획서			
주 제	요충증의 전파예방과 관리	일 시	2011년 0월 0일 0시
장 소	학교 강당	대상자	교사 30명
방 법	강의, 동영상 시청	매 체	빔 프로젝터
도 입	• 인사말 • 요충증 아동의 항문 사진을 보여 주며 학습 동기를 유발한다.		
	• 요충증의 정의 및 원인균 : Enterobius vermicularis • 발생 현황 … (중략) …		
전 개	• 증상 : (가) 야간에 극심한 항문 주위 가려움증, 수면 장애, 안절부절 못함, 잠자리에 오줌 싸기, 주의 산만, 주의 집중력 저하 • 진단 : (나) 테이프 검사 • 치료제 : (다) 메벤다졸(mebendazole, Vermox) 재감염을 방지하기 위해 2주 후에 한번 더 투여 • 예방 : (라) 항문 주변 긁지 않기, 손톱을 짧게 하고 입에 손 넣지 않기, 철저한 손 씻기 • 특성 : (마) 가족 중에 감염된 사람이 있는 경우 가족 모두 치료		

① (가) 밤 동안 성충이 항문 주변으로 기어 나와 알을 낳을 때 극심한 가려움증이 있다.
② (나) 아침에 일어나자마자 항문 주변에 투명 테이프의 접착면을 압착하면 요충알이 묻어 나온다.
③ (다) 요충치료에 사용하는 구충제이며 임산부에게는 투여하지 않는다.
④ (라) 손이나 손톱 밑에 남아있는 알들이 입으로 들어가 재감염되는 것을 방지하기 위함이다.
⑤ (마) 요충알은 몸 밖에서 1~2일간 생존하면서 접촉한 모든 가족에게 쉽게 감염될 수 있다.

|정답| ⑤
|해설| ⑤ 요충알은 몸 밖에서 2~3주간 생존하고, 공기 중에 섞여 있다가 가족 내, 공동생활 구성원 사이에서 감염이 흔히 발생한다.

3 수두

03 **다음은 B 중학교 보건교사가 제작한 수두예방관련 가정통신문이다. (가)~(마) 중 옳지 않은 것은?** 2013년

> **가 정 통 신 문**
>
> **수두 예방 안내**
>
> 안녕하십니까?
>
> 최근 ○○ 교육청 관내 유치원 · 초 · 중등학교에서 (가) 제2군감염병인 수두가 지속적으로 발생하고 있습니다. 수두는 감염성이 아주 강하므로 확산되지 않도록 다음 사항을 숙지하여 학생이 건강한 학교생활을 할 수 있도록 협조바랍니다.
>
> • (나) 수두는 수포액과의 직접 접촉이나 수두에 감염된 사람의 타액에 의해 비말로 전파됩니다.
> • (다) 수두의 발진은 구진에서 시작하여 반점, 수포, 가피의 순으로 진행되며 가려움증을 동반합니다.
> • (라) 수두 예방접종은 수두를 앓은 적이 없거나, 수두 백신을 접종하지 않은 경우에 실시합니다.
> • (마) 수두의 감염력은 모든 수포가 가피로 변하면 없어집니다.
>
> 2012. 9. 3.
> ○○ 중 학 교 장

① (가) ② (나)
③ (다) ④ (라)
⑤ (마)

|정답| ③

|해설|
• 전파양식 : 직접 접촉, 공기 · 비말감염(분비물, 수포내용물), 전염성이 강함
• 발진 : 표재성으로 반점 → 구진 → 수포 → 농포 → 가피 순서로 발현되며 동시에 모든 발진을 볼 수 있다.
• 예방접종 : 수두를 앓은 적이 없거나 수두 백신을 접종하지 않은 경우에 실시한다. 이환 뒤 영구면역을 지닌다.
• 감염기간 : 1~2일 전(전구기)부터 발진 6일 후 가피 형성될 때까지

04 **A 지역에 소재하는 학교에서 집단적으로 수두가 발생하였다. 이에 보건교사는 수두에 관한 보건교육을 실시해야 한다. 다음 물음에 답하시오.** 2002년

(1) 수두 바이러스의 명칭을 쓰시오.

(2) 수두에 걸린 학생을 격리시켜야 할 최소한의 기간을 쓰시오.

(3) 수두의 전파양식 2가지만 쓰시오.

(4) 수두에 걸린 학생들에게 보내는 가정통신문에 포함시킬 피부관리에 대한 간호내용을 3가지만 쓰시오.

|해설| (1) 원인균은 수두-대상포진 바이러스(varicella zoster virus)이다.
(2) 감염기간은 발진 1~2일 전(전구기)부터 발진 6일 후 가피 형성될 때까지로 수포가 모두 건조될 때까지 발병 후 1주일 정도이다.
(3) 전파양식 : 직접 접촉, 공기 · 비말감염(분비물, 수포내용물)이다.
(4) 피부관리
- 손톱을 짧게 해주고 청결하게 해주어 이차적인 피부감염을 예방한다.
- 면장갑을 착용한다.
- 침구와 의복을 매일 갈아입는다.
- 비누 사용하지 않은 차가운 스폰지 목욕을 시행한다.
- 서늘한 환경을 유지한다.
- 베이킹 소다나 오트밀 목욕, 칼라민 로션을 도포한다.
- 열 발생 운동을 피하고 차가운 찜질을 한다.

05 **〈보기〉의 내용에 해당하는 질환은?** 1995년

〈 보 기 〉
- 잠복기는 10~21일이다.
- 원인균은 바이러스이다.
- 홍반선 구진, 수포, 가피의 순서로 발진이 진행된다.
- 혈소판 감소, 관절염, 레이증후군의 합병증을 볼 수 있다.

① 수두 ② 풍진
③ 홍역 ④ 성홍열

|정답| ①
|해설| 수두에 대한 내용이다.

06 5~6세 아동에서 수두가 많이 발생한다. 수두의 전염기간으로 옳은 것은? 1994년

① 잠복기 동안 ② 딱지가 완전히 떨어진 후
③ 질병이 완쾌한 후 ④ 발진 1일 전~6일 이내

| 정답 | ④

07 수두의 발진 순서가 바르게 나열된 것은? 1993년

① 가슴, 배 → 얼굴 → 어깨 → 사지
② 얼굴 → 어깨 → 가슴, 배 → 사지
③ 귀 → 얼굴 → 목 → 팔 → 사지
④ 얼굴 → 귀 → 목 → 발 → 사지

| 정답 | ①
| 해설 | 구심성 발진으로 가슴 → 배 → 몸통 → 얼굴 → 어깨 → 사지 순으로 나타난다.

08 수두의 설명으로 옳은 것은? 1992년

① 수포발생 후에는 전염력이 없다.
② 잠복기간이 1~2주이다.
③ 원인균은 연쇄상구균
④ 아스피린 사용할 때 라이증후군이 나타날 수 있다.

| 정답 | ④
| 해설 | 수두

- 감염기간은 발진 1~2일 전(전구기)부터 발진 6일 후 가피 형성될 때까지로 전염력이 강하다.
- 잠복기는 13~17일(2~3주)
- 원인균은 대상포진 바이러스(varicella zoster virus)이다.

4 풍진

09 풍진에 대한 설명 중 맞는 것은? 1996년

① 원인균은 chicken pox이다.
② 잠복기간이 2~3개월이다.
③ 임신 5개월 이후 태반을 통과
④ 기형을 예방하기 위해 15세 여자는 예방접종

|정답| ④
|해설| 풍진
- 원인균은 Rubella virus이다.
- 잠복기간은 14~21일로 보통 18일이다.
- 임신 3개월 전후로 태반을 통과하여 태아기형을 유발한다.
- 풍진은 임신 중 특히 임신 초기에 바이러스가 태반을 통과하여 태아에게 심각한 영향을 미치기에 가임연령에서 접종 3개월 전후 임신을 피해야 한다. 이러한 이유로 가임여성은 기형을 예방하기 위해 예방접종을 시행한다.

5 파상풍

10 〈보기〉의 증상을 가진 질환은? 1992년

〈 보 기 〉

- 두통(headache)
- 개구장애(trismus)
- 배뇨곤란(dysuria)
- 경소(risus sardonicus)

① 백일해
② 홍역
③ 파상풍
④ 일본 뇌염

|정답| ③
|해설| 파상풍 증상
- 두통, 불안정
- 저작근육 경련, 입을 여는데 어려움(하악강직), 연하곤란
- 후궁반장(opisthotonos) : 등이 심하게 휘고 머리를 목뒤로 구부리게 하는 근육의 극심한 경련
- 자극과민증, 불안
- 경부강직, 복근 및 흉부강직(심한 호흡곤란, 질식, 사망)
- 경소(risus sardonicus) : 안면경련으로 의해 일어나는 웃음

6 결막염

11 **유행성 각결막염의 원인균은?** 1995년

① 포도상구균 ② 연쇄상구균
③ 엔테로바이러스 ④ 아데노바이러스

|정답| ④
|해설| 유행성 각결막염의 원인균은 아데노바이러스, 급성 출혈성 결막염(아폴로 눈병)은 엔테로 바이러스, 콕사키 바이러스이다.

CHAPTER

13 인지장애

1 지적장애(Intellectual disability), 지능장애

<table>
<tr><td rowspan="3">정의</td><td colspan="3">• 청년기(18세) 이전에 시작되는 발달장애
• 지능을 포함한 지적 및 인지 능력과 심리적 · 사회적 적응 능력이 부족하여 독립적인 일상생활이 어려운 상태
• 정신지체(mental retardation)이라고도 함</td></tr>
<tr></tr><tr></tr>
<tr><td rowspan="4">원인</td><td>선천적 이상</td><td colspan="2">• 다운증후군, 염색체의 이상, 페닐케톤뇨증의 크레틴증</td></tr>
<tr><td>임신 중 이상</td><td colspan="2">• 어머니의 매독, 풍진, 약물복용, 방사선 노출 등</td></tr>
<tr><td>분만 시 이상</td><td colspan="2">• 저산소증 상태의 지속, 분만 중의 뇌손상 등</td></tr>
<tr><td>후천적 이상</td><td colspan="2">• 영유아기에 뇌염 또는 뇌막염을 앓거나 여러 가지 중독, 영양실조, 갑상선 호르몬 결핍, 뇌손상 등</td></tr>
<tr><td rowspan="4">분류</td><td>경도 지적장애</td><td colspan="2">• IQ 50~69, 성인일 경우 정신연령 8~12세</td></tr>
<tr><td>중증도 지적장애</td><td colspan="2">• IQ 35~49, 성인일 경우 정신연령 6~7세</td></tr>
<tr><td>고도 지적장애</td><td colspan="2">• IQ 20~34, 성인일 경우 정신연령 3~6세</td></tr>
<tr><td>최고도 지적장애</td><td colspan="2">• IQ 20 미만, 성인일 경우 정신연령 3세 미만</td></tr>
<tr><td>진단</td><td colspan="3">• 가족력, 유전적 질환, 출생력 등을 파악, 신체이학적 검사
• 시청각 장애, 언어장애, 간질 동반 여부 등을 포함한 신경학적 검사
• 두부뇌 자기공명영상(MRI), 뇌단층촬영(CT), 뇌파검사(EEG) 등
• DSM-Ⅳ 기준
- 심하게 평균 수준 이하인 지적 기능 : IQ 70 이하의 지능지수
- 다음 항목 가운데 적어도 2가지 항목에서 현재의 적응기능 : 의사소통, 자기-돌봄, 가정생활, 사회적 기술과 대인관계적 기술, 지역사회 자원의 활용, 자기관리, 기능적 학업기술, 직업, 여가, 건강 및 안전
• 18세 이전에 발생</td></tr>
<tr><td rowspan="2">증상</td><td rowspan="2">경도 지적장애
(교육가능급)</td><td>학령전기</td><td>• 명확한 차이 없을 수 있음</td></tr>
<tr><td>학령기
성인기</td><td>• 읽기, 쓰기, 계산, 시간, 돈과 관련된 학습기술을 배우는 데 어려움
• 추상적 사고, 인지적 유연성 및 계획하기, 단기 기억 등의 어려움</td></tr>
</table>

	중증도 지적장애 (훈련가능급)	학령전기	• 언어와 학습준비 기술이 느리게 발달 • 운동 · 언어 발달의 현저한 지연
		학령기	• 학습기술 발달이 또래에 비해 느리고 제한적으로 발달
		성인기	• 학습기술 발달은 초등학교 수준이며, 일이나 개인적인 생활에서 지속적인 도움이 필요
	고도 지적장애 (중증 완전보호급)	• 대체로 글자를 이해하지 못함 • 수, 양, 시간, 돈에 대한 개념을 이해하지 못함 • 평생 동안 문제를 해결하는 데 돌봐주는 사람의 많은 도움이 필요 • 식사, 옷 입기, 목욕하기, 배설하기 등 모든 일상활동에 있어 타인의 도움과 감독이 필요	
	최고도 지적장애 (심각한 완전보호급)	• 언어나 동작의 상징적 의사소통의 의미를 이해하기 어려움 • 간단한 지시나 동작은 이해할 수도 있음 • 일부에서는 자해를 포함한 부적응 행동을 보이기도 함	
치료	정신치료적 접근	• 행동치료 • 공격, 자해, 과제회피 행동 등의 문제행동을 감소	
	약물치료	• 지적장애의 증상에 따라 항정신병 약물, 항경련제, 항우울제, 정신자극제, 교감신경자극제, 오피오이드길항제 등	
	교육과 지역사회의 지원	학령전기	• 의사소통, 자조, 사회성, 인지발달 등을 목표 • 가정이나 치료센터에서 발달촉진 프로그램을 시행
		학령기 이후	• 학교나 지역사회에서 지적장애 아동에 맞춘 개별화 교육 계획을 세우는 것이 도움이 됨 • 학문적인 것 외에 자립에 필요한 기술, 사회기술 향상 및 직업훈련 등을 시행
간호	아동과 가족교육		
	자가간호기술 교육		• 먹는 것, 대소변 보기, 옷 입기, 치장하기 등 저절로 배우게 되는 정상 발달 기술을 습득
	아동의 최적발달 증진		• 최적 발달 : 도움을 받지 않은 수준 이상을 의미 • 아동의 신체적 건강을 유지하는 것
	놀이와 운동 장려		• 적절한 놀이와 활동에 대한 지도 • 골격, 협동능력, 신체적 적합성, 성숙도, 동기유발, 건강 고려하여 신체적 활동에 적합한 활동을 선택
	의사소통 수단 제공		• 수용기술 : 말을 하는데 청취와 이해 • 표현기술 : 안면근육 조정 • 비언어적 의사소통 • 기호화한 의사소통

	훈육	• 빨리 시작 • 장소제한 방법 : 단순하고 일관성 있게 적용, 정신연령에 적합해야 함
	사회화 증진	• 긍정적 강화 • 사회화 과정 및 영아 자극 프로그램 참여
	성에 관한 정보제공	• 정보제공 : 인체 해부, 생리, 신체발달 등에 대한 실제적인 성교육과 구체적인 행동방법 • 피임방법과 적합한 기구에 대한 교육
	추후 가족에 가족 적응 지지	
	입원기간 동안의 간호	

2 자폐증(The autistic spectrum disorder)

정의	• 전반적 발달장애 • 5가지 자폐 스펙트럼 장애 – 자폐증 – 아스퍼거 장애 · 증후군(asperger's disorder · syndrome) – 아동기 붕괴성 장애(childhood disintergrative disorder) – 렛증후군(rett syndrome) – 특별히 규명되지 않은 전반적 발달장애(PDD ; pervasive developmental disorders)	
증상	사회적 특성	• 타인의 존재나 감정에 대한 현저한 인식 결핍 : 타인의 감정 무시 • 스트레스 상황에서 비정상적 행동을 보이거나 무반응 : 상처를 받아도 통증 표현하지 않음 • 타인의 행동을 모방하지 않거나 비정상적인 모방 • 사회적 놀이의 결핍 혹은 비정상적 사회적 놀이 : 주로 혼자 놀거나 상대방을 단순한 사물로 취급 • 친구관계의 심각한 장애 : 친구를 원하지 않고 필요 없는 것처럼 보임
	언어적 특성	• 언어적 의사소통 장애 혹은 결핍, 비정상적 말하기 : 단조로운 목소리나 특정 말의 반복, 부적절한 목소리 크기, 높이, 속도, 리듬, 억양 • 비정상적인 비언어적 의사소통 : 몸짓이나 행동적 단서를 사용하지 않음 • 상상놀이를 하지 않음 : 모방놀이나 역할극 놀이를 하지 않음 • 상호적 대화나 의사소통 장애 : 말을 주고 받는 정상적 의사소통이 불가능하고 특정 대상에 집착하거나 대화내용과 관계없는 말을 함

	제한된 행동양식	• **반복적 신체 움직임** : 빙빙 돌기, 머리 흔들기, 손 까닥거리며 흔들기, 머리 부딪히기 • 물건의 특성(냄새, 맛, 촉감)에 지속적으로 집착하거나 특정물건에 비정상적 애착 보임 • **사소한 환경변화에도 과도하게 반응** : 불을 켰다고 감정이 격분하여 울거나, 새 옷을 입은 선생님을 보지 않으려고 함 • **평상 시 생활습관을 과도하게 고수** : 일정을 분 또는 초단위로 정확하게 시행함, 수학 수업시간에 학급회의가 열리면 회의에 참석하지 않음 • **자해 행동** : 피부 물기, 꼬집기, 눈 긁기 • **극도로 제한된 관심사** : 물체를 반복적으로 줄 지어 세우며, 관심을 다른 데로 전환시킬 수 없음
	영아	• 12~18개월까지 정상발달을 보이다가 그 이후 퇴보 • 말을 잃고 사회접촉으로부터 위축되며 반복적 운동행위를 보이기 시작 • 눈맞춤 결여
	학령전기	• 흔히 의식적이고 충동적인 행동 보임 • 의사소통능력 손상, 무반응적인 아동, 반향언어증 • 사회적 미소의 지연, 행동이 기계적이고 연계성이 없음
치료	• 특수교육을 포함한 초기의 중점적인 교육서비스와 행동치료 • 목적 ① 의사소통, 사회기술, 적응능력, 학습기술 교육 ② 행동치료를 통한 올바르지 않은 행동을 감소시키기 ③ 가족이 자폐아를 양육하면서 발생하는 스트레스를 관리하는 것 돕기 ④ 체계적인 환경과 일대일 학습제공	

CHECK Point 자폐증·정신지체·조현병의 감별 진단

자폐증	정신지체
• 동작 기술이 뛰어남 • 흉내를 잘 내지 못함 • 사회적 행동을 시도하지 않음 • 비정상적인 의사소통과 언어 • 청소년기에 발작 증상을 보일 수 있음	• 동작기술이 평이함 • 흉내를 잘 냄 • 사회적 행동 및 사회적 접촉 시도 • 언어능력이 떨어지나 의사소통을 충분히 할 수 있음 • 발작 증상 없음, 성인기에 알츠하이머형 치매가 생길 수 있음

자폐증	조현병
• 생후 54개월 이전에 발병 • 관해기 없음 • 환각과 망상은 드묾 • 사고장애가 없음 • 조현병 가족력이 없음 • 자기-자극 행동을 함 • 약물치료는 거의 하지 않음	• 사춘기나 청소년기에 발병 • 관해기가 있으며 재발할 수 있음 • 환각과 망상이 흔함 • 사고장애 있음 • 조현병 가족력이 있음 • 이상한 행동을 하지만 자기-자극 행동은 아님 • 증상 완화에 약물치료가 도움이 되기도 함

3 주의력결핍-과잉행동장애(Attention Deficit-Hyperactivity Disorder)

정의	• 부주의나 과잉행동이 지속적인 양상을 보이고 또래 아동에 비해 충동이 심하고 빈도가 잦은 경우 • 주의집중력, 충동조절, 과잉행동의 세 영역에 지속적으로 나타나는 만성행동장애		
원인	• 유전, 산전 혹은 임신 중 혹은 산후 합병증, 환경 및 정서적 문제, 심리요소 등 • 남>여		
증상	진단적 특성		• 주의력결핍과 과잉행동 · 충동성의 범주 내에서 개별항목 중 6가지 이상이, 적어도 6개월 이상 지속될 때
		주의력 결핍	• 자주 세부적인 내용에 주의를 집중하지 못하거나 과제, 일, 다른 활동에서 부주의한 실수를 함 • 과제를 수행하거나 놀이를 할 때 주의집중하기 어려움 • 직접적으로 이야기를 해도 경청하지 않음 • 지시를 따르지 않고 학업, 자잘한 일이나 주어진 임무를 수행하지 못함 • 짜임새 있게 과업과 활동을 조직화하지 못함 • 정신적 노력을 지속적으로 요구하는 과업에 참여하기를 꺼림 • 활동, 숙제에 필요한 물건(장난감, 학습과제, 연필, 책, 도구 등)들을 자주 잃어버림 • 외부 자극에 의해 쉽게 산만해짐 • 일상적인 활동을 자주 잊어버림
		과잉행동	• 가만히 앉아있지 못하고 손발을 만지작거리거나 몸을 비틈 • 수업시간이나 다른 가만히 앉아있어야 하는 상황에서 돌아다님 • 부적절한 상황에서 지나치게 뛰어다니거나 기어오름 • 조용히 여가활동에 참여하거나 놀지 못함 • 끊임없이 활동하거나 무언가 쫓기는 것처럼 행동함 • 과도하게 말이 많음
		충동성	• 질문이 채 끝나기도 전에 성급하게 대답함 • 자기 차례를 기다리지 못함 • 게임이나 대화 도중에 다른 사람의 말을 중단시키거나 방해
			• 일부 장애를 일으키는 과잉행동-충동성 또는 부주의 증상이 7세 이전에 나타났을 때 • 증상으로 인한 장애가 두 개 또는 그 이상의 상황에서 존재 • 학업, 사회적, 직업적 기능에 임상적으로 중요한 장애의 분명한 증거가 있음

진단	• 일정기간 여러 자료를 근거로 진단 • 건강력, 신체검진, 교사와 보호자에 의해 작성된 행동적 평가 척도 • 학습장애를 식별하기 위한 심리교육적 검사 • 인지, 언어, 시각 – 공간 – 운동문제, DSM IV 기준		
치료	약물 요법	중추신경 자극제	• Methylphenidate hydrochroride(Ritalin) • Dextroamphetamine(Dexedrine) • Adderall
		기전	• 신경시냅스에서 dopamine과 Norepinephrine의 분비 ↑ → 집중력 강화, 주의력 증진, 과잉행동 감소
		부작용	• 오심, 구토, 식욕부진, 체중감소, 복통 • 두통, 불면증 • 빈맥, 고혈압 • 약물의존, 내성 유발
	행동 요법	교수전략	• 적절한 과제를 선택하여 성공적인 경험을 하도록 함 • 필요한 자료는 세분화하고 단계적으로 제시 • 긍정적 피드백을 지속적으로 자주 제시 • 가능한 한 아동이 혼자 하도록 하며 필요한 단서나 도움을 줌 • 다중감각교육
		동기부여	• 놀이의 치료적 이용 • 병적인 생활습관 교정
		주의력 증진	• 단기 기억 증진 프로그램 • 호흡조절 및 명상 • 점진적 근육이완법 • 신체운동을 통한 주의력 증진
		학습환경의 체계적 조절	• 자극을 줄이도록 좌석변경 • 잡다한 물건 정리
		부모교육	• 허용될 수 있는 행동과 그렇지 않은 행동을 명확히 규정하고 그런 행동에 수반되는 결과와 보상을 확실하게 함
		정기적 평가	
	가족 교육	• 장애에 대한 정보를 제공하고 아동과 가족의 강점을 강조 • 보호자에게 아동 행동이 자신으로 인한 것이 아님을 설명하고 전문가와 상담하거나 ADHD 지지그룹 찾도록 격려	
	기타	• 식이제한, EEG 바이오피드백, 비타민과 무기질 보충 등	
간호	약복용 정확하게 지키기	• 아침에 복용, 저녁 6시 이전에 복용 • 학교생활 중 약물효과 최대화, 야간불면증 예방	
	식욕감소 간호	• 식사와 함께, 식사 후 투여 • 체중, 신장 모니터 : 식욕부진인한 체중감소, 성장률 감소	

	불면증 간호	• 수면 형태 사정
	활력징후 및 혈압모니터	• 중추신경계 자극제 부작용으로 인한 고혈압, 빈맥 사정
	약물의존 관리	• 흥분성 약물로 약물의존, 내성 일으키기에 보호자가 약물 투여하는 것을 주저할 수 있음 • ADHD 증상 감소를 위해서만 약물 사용
	재발효과 예방	• Methylphenidate : 단기지속약물, 투약 후 90분~ 2시간 사이에 최고치에 도달, 총 지속시간 4시간 • Amphetamine : Methylphenidate보다 지속기간 길어 재발효과가 그보다 조금 후에 나타남 • 처음 복용 후 약효가 떨어지면 재발하였다고 불평 → 재발효과는 두 번째 복용시간을 앞당기면 해결됨
	약 쉬는 날 가지기	• 몇 달 동안 매번 '약을 쉬는 날'을 가지기 : 약 쉬는 날을 통해 치료가 계속 필요한 지 판단
가정 중재 방법	• 기상, 취침, 집안 일, 숙제, 놀이시간, TV 시청시간, 식사시간 등 적절한 시간을 계획 – 아동의 일상생활을 일관성 있게 유지 – 일상생활에 변화가 생기는 경우 아동이 이해하고 변화를 예측할 수 있도록 설명해 줌 • 아동이 받아들일 수 있는 명확하고 간결한 규칙과 적절한 행동 강령 세움 – 규칙은 중요하고 적절한 행동에 대해 보상하며, 인쇄하여 눈에 띄는 곳에 붙임 • 가능한 지시사항을 간단하고 명확하게 줌. 필요시 시범 보임 – 아동이 당신 앞에서 반복해서 따라할 수 있도록 함. 올바르게 반응했을 때 칭찬해 줌 • 한번에 한두 개 이상의 지시사항을 주지 않음 – 만약 과제가 어렵다면 과제를 부분부분으로 나눠서 따로 가르침 • 아동에게 산만해지지 않고 숙제를 할 수 있는 자신만의 '특별한' 조용한 공간을 제공함 • 당신이 정해놓은 한계 내에서 아동이 선택할 수 있게 함 • 아동이 자신을 표현할 수 있는 방법을 찾도록 도와줌 • 긍정적인 피드백을 주고, 적절한 행동이나 일을 완수했을 경우 칭찬함	

CHAPTER 13 인지장애

기출문제

1 주의력결핍 - 과잉행동장애

01 **다음은 주의력결핍 - 과잉행동장애(ADHD ; Attention Deficit-Hyperactivity Disorder) 진단을 받은 K군(남, 9세)을 위한 교사 교육내용이다. K군의 지도를 위해 교사가 알아야 할 내용으로 옳은 것만을 〈보기〉에서 있는 대로 고른 것은?** [1.5점] 2013년

〈 보 기 〉

ㄱ. 아동이 할 수 있는 일상활동을 목록으로 만들어 메모해주고, 하루의 계획에 미리 대비할 수 있도록 한다.
ㄴ. 집중력 부족, 과다행동, 충동성이 특징임을 이해한다.
ㄷ. 과제의 양은 아동이 스스로 할 수 있는 만큼 조정해 주고, 과제는 구체적이고 쉽게 제시하여 자신감을 키워 준다.
ㄹ. 아동은 자극에 민감하고 충동적이므로 환경적 자극을 최소화하고, 환경을 일관성 있게 유지한다.
ㅁ. 보건교사는 아동의 특별한 요구를 이해하고, 담임교사나 관련 교사와 협력하여야 한다.

① ㄱ, ㄴ, ㄹ
② ㄱ, ㄹ, ㅁ
③ ㄴ, ㄷ, ㄹ
④ ㄴ, ㄷ, ㅁ
⑤ ㄱ, ㄴ, ㄷ, ㄹ, ㅁ

|정답| ⑤

02 사례에서 보건교사가 정 군의 어머니에게 약물에 대하여 설명한 내용 중 옳은 것을 〈보기〉에서 모두 고른 것은?

[2.5점] 2010년

> 8세인 정 군은 돌출된 행동과 차례를 기다리지 못하는 태도 때문에 친구와 싸움이 잦았다. 또한 정 군은 교실에서 주의를 집중하지 못하고 자리를 지키지 못해 수업에 방해를 준다고 담임 선생님의 지적을 받았다. 정 군은 정신과에서 주의력결핍 과잉행동장애로 진단을 받고 메틸페니데이트(methylphenidate)를 처방받았다. 그 후 정 군의 어머니는 약물에 대해 궁금하여 보건교사를 찾아왔다.

〈 보 기 〉

가. "잠을 잘 자지 못할 수도 있습니다. 그때는 담당의사와 상의하여 투약시간을 조절하십시오."
나. "식욕이 증진될 수 있으므로 영양섭취를 제한하여 비만을 예방하여야 합니다."
다. "중추신경이 억제되므로 집중력이 증가되고 충동적인 행동이 줄어듭니다."
라. "장기 복용으로 인한 부작용을 예방하기 위해 학습에 영향이 적다고 생각되는 기간에는 약물 투여를 일시 중단할 수 있습니다."
마. "복통, 오심, 두통 등이 나타날 수 있습니다."

① 가, 나
② 다, 마
③ 가, 라, 마
④ 나, 다, 라
⑤ 다, 라, 마

|정답| ③

|해설| 나. 메틸페니데이트(methylphenidate)는 중추신경계 자극제로 식욕부진, 체중감소의 부작용을 지닌다.

다. 중추신경 자극으로 집중력 증가, 과잉행동 감소 등이 나타난다.

03 **주의력결핍 – 과잉행동장애(Attention Dificit – Hyperactivity Disorder) 진단을 받은 아동의 어머니가 보건교사와 상담 중에 "우리 아이가 이런 병에 걸린 건 내가 아이한테 뭔가 잘못한 것 같아요. 병을 낫도록 하기 위해 아이와 더 많은 시간을 함께 보내고 신경을 써야 하는데, 때때로 참을 수 없이 아이의 행동에 화가 치밀어 스스로 겁이 나요."라고 말하였다. 보건교사가 아동의 어머니에게 제시한 대처방안 중 가장 적절한 것은?** 2009년

① 주의력결핍 – 과잉행동장애는 증상이 나아지기 어려우므로 어머니에게 성취감을 느낄 수 있는 다른 일을 찾아보도록 권유한다.

② 매일 이웃이나 친구를 만나 차를 마시며 대화를 나누도록 권유한다.

③ 어머니를 화나게 하는 아이의 분노나 공격심과 같은 감정은 어머니가 수용할 수 없다는 것을 아이에게 이해시키도록 권유한다.

④ 어머니가 아이의 문제를 다루기 어렵다고 생각되면 특수시설에 맡길 것을 고려해 보도록 제시한다.

⑤ 아이를 잠깐씩 돌보아 줄 수 있는 자원을 활용해 어머니에게 규칙적인 휴식을 취하도록 권유한다.

| 정답 | ⑤

| 해설 | ⑤ 만성장애를 지닌 부모는 아동으로부터 벗어나 있는 시간을 가지도록 한다.

04 **국내의 질병분류기준에서 적용하고 있는 미국정신의학협회의 주의력결핍 – 과잉행동장애(ADHD) 진단기준에 따르면, 주의력결핍과 과잉행동 – 충동성에 대한 각각 9가지 특징적인 증상 중 6가지 이상이 해당될 경우 진단을 내리도록 제시하고 있다. 그 중 과잉행동 – 충동성의 진단기준을 6가지만 쓰시오.** [5점] 2008년

| 정답 |

과잉행동	• 가만히 앉아있지 못하고 손발을 만지작거리거나 몸을 비틈 • 수업시간이나 다른 가만히 앉아있어야 하는 상황에서 돌아다님 • 부적절한 상황에서 지나치게 뛰어다니거나 기어오름 • 조용히 여가활동에 참여하거나 놀지 못함 • 끊임없이 활동하거나 무언가 쫓기는 것처럼 행동함 • 과도하게 말이 많음
충동성	• 질문이 채 끝나기도 전에 성급하게 답함 • 자기 차례를 기다리지 못함 • 게임이나 대화 도중에 다른 사람의 말을 중단시키거나 방해

05 **학령기 아동의 주의력결핍 과잉행동장애(ADHD ; Attention Deficit Hyperactivity Disorder)는 적절한 중재를 하지 않는 경우 사춘기, 성인기까지 연장되어 여러 가지 문제를 유발하게 된다. ADHD 아동의 관리방법 중 약물요법을 제외한 일반적인 관리방법을 5가지만 쓰시오.** [5점] 2003년

|정답| • 기상, 취침, 집안 일, 숙제, 놀이시간, TV 시청시간, 식사시간 등 적절한 시간을 계획
- 아동의 일상생활을 일관성 있게 유지

• 아동이 받아들일 수 있는 명확하고 간결한 규칙과 적절한 행동 강령 세움
• 가능한 지시사항을 간단하고 명확하게 줌. 필요시 시범 보임
• 한번에 한두 개 이상의 지시사항을 주지 않음
• 아동에게 산만해지지 않고 숙제를 할 수 있는 자신만의 '특별한' 조용한 공간을 제공함
• 당신이 정해놓은 한계 내에서 아동이 선택할 수 있게 함
• 아동이 자신을 표현할 수 있는 방법을 찾도록 도와줌
• 긍정적인 피드백을 주고, 적절한 행동이나 일을 완수했을 경우 칭찬함
• 동기부여를 위해 규칙을 바꾸거나 다양화 함
• 주변환경을 단순한 환경으로 1:1, 소집단을 만들어 줌

CHAPTER

14 면역장애

1 자가면역 염증성 질환

1. 가와사키 질환(Kawasaki disease)

정의	• 피부점막 임파절 증후군으로 신체 계통 이상을 초래하는 발열성 질환 • 영아와 5세 이하의 아동에게 호발하는 원인불명의 급성 열성질환, 급성 전신성 혈관염 • 겨울과 봄에 나타나는 계절적 패턴	
호발연령	• 5세 이하의 영유아 • 6개월~1세 : 가장 높은 빈도	
병태생리	• 심혈관계에 일차적으로 발병 – 혈관염이 진행되면서 혈관벽에 손상 일으켜 세동맥, 세정맥, 모세혈관을 침범하여 염증반응 – 보통 질병의 급성기에 심근염이 발생 • 관상동맥류 발생 : 발병 후 7일 후 혈관벽이 약해져 늘어남 • 관상동맥혈전증 발생 : 혈류 흐름 느려지고 혈소판 증가로 발생 → 관상동맥류의 중증 혈전증과 손상된 혈관의 내피세포에 염증, 섬유화로 혈관이 협착, 폐쇄 → 심근경색(심장근육과 관상동맥의 혈관성 변화)	
진단기준	5일 이상 지속되는 열	• 항생제와 해열제에 반응하지 않음, 38~41℃ 이상
	양측 결막의 충혈	• 눈은 보통 분비물 없이 충혈
	구강점막의 변화	• 붉고 갈라진 입술과 딸기모양의 혀가 되면서 구강점막에 염증발생
	말초부종과 손바닥 홍반, 손과 발끝의 피부낙설	• 소양증 • 손과 발에 부종, 발진 심해짐, 10일 쯤 피부 벗겨짐
	부정형 발진	• 수포를 형성하지 않는 발진, 몸통부터 시작하여 회음부에 두드러짐
	경부의 임파선 부종 (1.5cm 이상)	• 압통이 없으며 움직임 없음
	기타 증상	• 불안정과 기면 → 아동은 매우 민감하며 보챔

임상검사	• **염증반응** : 현저하게 상승된 ESR, 백혈구 증가 • **혈소판 증가** : 열이 발생한 지 10~12일 후 • **간기능 검사** : 아미노기 전이효소 상승 • **심초음파** : 관상동맥 합병증의 유무확인	
합병증	• **가장 흔한 후유증** : 관상동맥을 확장시켜 동맥류 형성 • 무균성 뇌막염, 심질환(울혈성 심부전, 부정맥 등), 심근경색증	
치료	면역글로불린 (IVIG) 투여	• 발병 10일 이내 투여 시 항염효과로 관상동맥 기형 유발 방지 • **부작용** : 저혈압, 빈맥, 오한, 오심, 과민성 반응 등
	아스피린	• **항염효과** : 열과 염증증상 완화, 관상동맥 폐쇄 방지(초기) • **항혈소판 작용** : 혈소판 응집 막기 위해 다량 투여(회복기) • **부작용** : 오심, 구토, 이명, 발한, 과호흡, 혈액 응고시간 지연(출혈성향 증가 등)
	wafarin (coumadin)	• **동맥류 있을 시 투여** : 관상동맥 혈전증과 폐색예방 • 비타민 K 길항제로 경구용 항응고제
간호	심혈관 손상예방	• 울혈성 심부전 증상과 징후(빈맥, 호흡곤란, 수포음, 늑골수축, 경정맥 확장) • 지속적인 심장 초음파 검사 • **고용량의 아스피린 투여 시 독성증상 교육** : 이명, 두통, 어지러움, 혼돈 등
	탈수 방지	• I/O, 체중확인, 적절한 영양과 수분섭취 권장
	영양	• 고단백, 고칼로리식 • 소화되기 쉽고 가벼운 음식 제공 • 살균된 것으로 부드러운 음식 제공
	체온조절	• 미온수 목욕, 약물요법, 안정 취하기
	안위와 휴식 제공	• 조용한 환경 • 급성기 시 절대안정 • 방을 어둡게 하여 수면증가 유도
	피부간호	• 열상예방, 소양증 완화 위해 로션 제공, 입술 균열 시 바세린 도포
	예방접종 연기	• IVIG 투여 후 3~11개월 동안 MMR, 수두 예방접종 연기
	부모교육	• **정보제공** : 혈관과 심장 침해 가능성 → 예후에 관한 불안 • 관상동맥 후유증이 있는 아동 부모에게 심폐소생술 교육

2. 급성 류마티스 열(Acute Rheumatic Fever)

정의	• 항원항체 복합체에 의한 조직의 과민반응의 일종(자가면역과정) • 심장, 관절, 중추신경계, 피하조직을 침범하는 급성 전신성 염증질환		
호발연령	• 학령기, 8세 발병률 최고		
원인	• A군 β 용혈성 연쇄상구균 감염에 대한 조직의 자가면역반응 • 상기도의 연쇄상구균 감염 후 1~3주 후 결체 조직에 대한 손상 입힘 • 차고 습한 기후, 가을과 겨울, 초봄 등		
병태생리	• 연쇄상구균 감염(인두염, 성홍열, 중이염 등) → 연쇄상구균에 대한 항체형성 → 항체가 조직항원에 교차반응 유발 → 신체의 다른 조직(심장, 관절)에 손상		
증상	일반적 증상	• 미열, 원인불명의 비출혈 • 복통, 관절통, 허약, 피로, 창백, 식욕감퇴, 체중감소	
	주증상	심염	• 빈맥, 부정맥, 심잡음, 심장부의 통증 • 심전도의 변화(P-R간격 연장)
		이동성 · 다발성 관절염	• 주로 무릎, 팔꿈치 등 큰 관절에서 1~2일 후 다른 관절로 이동 • 이동성 · 다발성 통증 • 부종, 열감, 움직임의 제한
		무도병	• 중추신경계 침범 • 사지근육, 특히 상지근육과 안면근육의 불수의적인 움직임 • 갑작스런 사지의 불수의적이고 불규칙한 움직임
		홍반성 발진	• 몸통과 사지의 특징적인 분홍색 발진 • 소양감 · 통증 없음 • 얼굴에는 나타나지 않음 • 열이 가해질 때 더 악화됨
		피하결절	• 팔꿈치, 무릎, 팔목의 신근표면에 나타나는 단단한 무통성의 결절 • 수일 내 소실
진단	주증상	• 심염, 다발성 관절염, 무도병, 홍반성 발진, 피하결절 증상 유무확인	
	부증상	• 관절통, 열 • 급성기 반응 증가소견 : WBC↑, ESR↑, CRP↑, ECG에서 P-R간격 연장 • 침범된 부위 조직검사에 Aschoff body 발견 : 염증성 용혈성 수포성 병변 • 이전의 A군 연쇄상구균 감염을 지지하는 증거 – 인후배양에서의 양성 : β용혈성 연쇄상구균 확인 – 연쇄상구균에 대한 항체역가(ASO) 상승	
합병증	• 류마티스성 심질환 : 심장판막의 손상이 가장 치명적인 합병증		

치료	항생제 (페니실린)	• group A 용혈성 연쇄상구균 감염의 조기진단 치료 • 페니실린 근육주사 투여 : 가장 효과적 • 과민반응 시 cephalosporin 사용
	아스피린	• 확진 후 관절의 염증반응과 열, 불편감 줄이기 위함
	스테로이드 (prednisone)	• 판막침범 시(심염 시) 사용 : 가장 효과적 • 영구적 심장 손상 방지
	진통제	• 크래들 사용, 마사지 금기
	재발방지	• 최소 5년마다 검진
간호	침상안정 · 활동제한	• ESR과 심장이 정상적으로 안정될 때 까지
	불편감 완화	• 진통제 : 아스피린, 아세타아미노펜 • 아스피린 부작용 관찰 : 오심, 구토, 이명, 발한, 과호흡 등
	피부손상 예방	• 청결, 홑이불 깨끗이 하고 주름 없게 • 규칙적인 체위변경 • 크래들 침상 사용 : 피부와 관절압력 감소
	영양섭취 증진	• 열과 염증으로 신진 대사율 증가 • 단백질, 칼로리 증가
	투약관리	• 페니실린 처방 시 알레르기 반응 경계 • 과민반응 시 epinephrine 투여
	심염관리	• 맥박의 질적 변화는 심장의 침범 알리는 첫 번째 신호
	산소요법	• 심장 부담을 줄이기 위함
	부모교육	• 상기도 감염예방(연쇄상구균성 편도선염, 인두염, 농가진 등) • 페니실린 예방적 항생제 투여의 중요성 교육 • 류마티스성 심질환 가능성이 있으므로 3~4년간 지속적인 치료 필요
	정상발달의 증진, 오락활동증진, 가족대응지지, 가정건강유지 촉진	

2 알레르기 질환

1. 아토피 피부염(Atopic Dermatitis)

정의	• 특정 항원에 대한 영아 알러지 반응으로 영아기에 시작하는 소양성 습진 • 만성적이고, 가려움증을 동반하는 염증성 피부상태 • 발적, 수포, 구진 등의 병변과 심한 소양증을 동반하는 피부질환
호발연령	• 영아기에 시작해서 2~3세 경까지
원인	• 가족력(70%) : 천식, 고초열, 아토피성 피부염 가족력 • 생후 2개월 이후 발현, 모유수유아는 잘 안 나타남 • 겨울에 주로 나타나며, 과영양아에게서 잘 발생

병태생리	피부방어 기능의 손상	• 각질층 안에 있는 주요 지질인 ceramide의 생성을 감소 시키는 filaggrin(표피 방어 단백)유전자의 돌연변이와 관련 • 표피를 통과하는 체액의 손실에 의한 건조한 피부는 표피 방어막의 지질 변화로 자극물에 민감성 증가로 소양증 초래
	IgE 매개 장애	• 음식/환경적 알레르기원이 langerhan's 세포의 표면에 IgE와 결합하여 제 2형 T-helper 임파구 활성화 → 시토카인(cytokine) 결합물 방출(염증 유발) • **시토카인**(cytokine) **생성** - 세포에서 분비되어 면역반응에 참여하는 물질 - 긁는 행위에 의한 물리적 손상에 의해서도 분비 - 습진성 피부 발적과 소양증을 일으키는 염증성 반응 → 아토피 피부염 유발 • **히스타민**(histamine) **생성** : 피부에 염증반응으로 홍반, 부종, 소양증 초래
	피부감염	• 가려워 계속 긁으면 피부손상 → 삼출, 습윤, 가피 형성 → 피부보호막 기능 손상으로 수분손실 증가 → 건조한 피부, 자극과 손상위험이 커짐
증상	• **영아기** : 얼굴과 사지의 신전부위의 염증 반응성 피부병변 • **학령기 이후** : 신체의 굴곡부위(목, 팔꿈치, 무릎 뒤)의 태선화 현상, 인설을 동반한 건성 피부 • **건조** : 피부가 건조, 거침, 피부건조증으로 마른 버짐 • **소양증** : 초저녁, 한밤중에 심하게 긁고 피부가 헐고 피부염 동반 • 홍반성 습진성 구진(1cm 미만 융기된 병변), 수포, 장액성 삼출물(진물) • **이차병변** : 가피, 피부인설(피부에서 하얗게 떨어지는 살가죽의 부스러기) • **모공각화증** : 모공이 막히는 것 • **태선화** : 발작적인 가려움증으로 지속적으로 문지르거나 긁어서 피부가 변형되어 피부가 건조하고 딱딱해져 두꺼워짐. 두꺼운 잔주름이 많아지고 피부색이 진해지는 현상(코끼리 피부)으로 등 · 목덜미 · 손목 · 발목에 호발 • 손바닥 주름 증가 • **눈 주위 색소 침착** : 눈 주위 색소침착으로 눈 밑에 정맥혈이 정체되어 보라색 침착	
	급성	• **소양증이 매우 심한 구진** : 벗겨짐, 미란, 장액성 삼출물, 가피가 특징
	아급성	• 미세한 인설과 함께 벗겨지고, 약간의 태선이나 피부가 두꺼워지는 것
	만성	• 뚜렷한 태선이 특징, 섬유성 구진과 색소침착, 저색소증 동반
	영아	• 얼굴, 두피, 사지의 신전부위(몸쪽 · 안쪽)의 습진
	2세 이상	• 몸의 굴곡부위(접히는 안쪽부위), 전박, 슬와부, 손목, 발목, 경부 포함
진단기준	주증상	• 2가지 이상 • 소양증

<table>
<tr><td rowspan="3"></td><td>주증상</td><td colspan="2">• 특징적 발진 모양과 호발부위
– 영아기 : 얼굴과 사지의 신전부위의 염증 반응성 피부병변
– 학령기 이후 : 신체의 굴곡부위(목, 팔꿈치, 무릎 뒤)의 태선화 현상, 인설을 동반한 건성 피부
• 만성화되는 재발성 피부염
• 아토피 피부질환 과거력, 가족력 : 아토피 질환 과거력과 가족력의 천식, 알레르기성 비염, 알레르기성 피부염</td></tr>
<tr><td>부증상</td><td colspan="2">• 4가지 이상
• 얼굴 : 안면 창백, 얼굴 피부염, 목주름
• 눈 주위 색소 침착 : 알레르기성 비염 시
• 구순염
• 피부건조증
• 잦은 피부감염
• 백색 피부 묘기증(붉은 발진의 두드러기)
• 악화 : 음식, 환경, 감정요인에 의해 악화
• 검사 : 혈청 IgE 수치 증가, 피부반응 검사 양성</td></tr>
<tr><td colspan="3">• 피부검사 : RadioAllergoSorbent Test(RAST)검사, Picking test(피부단자검사)
• 증가된 혈중 IgE 수치</td></tr>
<tr><td rowspan="4">치료</td><td rowspan="2">항히스타민제</td><td colspan="2">• diphenhydramine(benadryl), chlorpheniramine(chlor–Trimeton)
• 기전 : H1 수용체 차단제로 H1 수용체 부위에 히스타민이 결합되는 것을 막아 히스타민 작용을 차단 → 히스타민에 의한 염증반응인 심한 소양증, 피부염증, 발적, 부종감소
• 적응증 : 알레르기 비염에서 가려움증, 재채기, 콧물 감소
• 간호 : 자기 전 복용(밤에 소양증 심함)</td></tr>
<tr><td>부작용</td><td>• 눈건조함, 구강건조
• 핍뇨, 요정체, 변비
• 빈맥, 부정맥, 저혈압
• 설사, 식욕증가
• 광과민반응
• 졸리움, 진정작용, 안전사고 위험, 학습수행능력 감소</td></tr>
<tr><td rowspan="2">스테로이드제제</td><td colspan="2">• 염증부위, 태선화 부위에 처방
• 기전 : 백혈구가 염증부위로 이동하는 것을 억제 → 피부의 면역반응 항체반응, 염증반응, 과민 반응의 억제와 염증 매개물질인 히스타민, cytokines 방출을 억제 → 염증반응 감소로 염증반응에 의한 피부발적, 부종, 열감을 감소</td></tr>
<tr><td>부작용</td><td>• 피부경화
• 말초혈관 확장</td></tr>
</table>

		• 피부백화 변성 • 시상하부–뇌하수체–부신기능 저하 • 성장지연, 체중증가, 골다공증, 기분변화 등
간호진단	• 병변과 관련된 피부통합성 장애 • 소양증과 관련된 급성 통증 • 소양증과 관련된 수면 양상장애 • 병소의 긁음과 관련된 이차감염의 위험성 • 외모의 지각과 관련된 신체상 간호 • 만성 피부병변과 관련된 가족과정 손상	
간호	소양증 경감	• 잠자기 전 항히스타민제 투여, 이차감염 시 항생제 치료 • **습도유지** : 마른 피부에 유연제 도포, 목욕 후 크림과 연고 바름 • 피부수화 유지, wet dressing, 서늘한 환경제공 • 아동을 햇빛에 오래 노출시키지 않음
	목욕	• 세수용 수건이나 스펀지의 사용 피하기 • 목욕 후 두드리며 건조시키기 • 거품목욕 ×, 중성비누 사용 • 목욕 직후 피부연화크림 바르기 • 뜨거운 물 대신 미지근한 물로 목욕
	의복	• 거친 직물로 된 옷 ×, 천연섬유로 된 옷, 무향의 세제, 섬유유연제 사용 × • 꽉 끼는 옷 피하기 • 양모의류나 털이 있는 동물 피하기 • 장기간 침이나 음식이 묻어있는 턱받이의 사용 피하기
	영양	• 수유 전과 후에 피부연화크림 바르기 • **저알러지 식이의 필요성을 교육** : 고탄수화물 식이, 고지방 식이 제한 • 생후 1년간 모유수유 권장, 고형음식은 6개월 이후부터 섭취
	환경	• 불안조절, 스트레스 관리, 알러지 유발 약물 금지 • 시원한 환경 제공 • 열 발생 활동 제한 • 손톱은 짧게, 장갑 착용
	신체상 간호	• 외모에 대한 느낌을 말로 표현할 수 있게 격려 • 발달에 적합한 모든 활동에 참여하도록 격려 • 교육 시 아동의 자존감을 증진시키기 위한 전략 요구

CHECK Point

병변과 관련된 피부통합성 장애	• 처방된 국소적 치료제나 전신성 치료제를 투여 또는 도포한다. • 치유를 위해 드레싱이나 차단성 연고 같은 습기가 있는 환경을 제공한다. • 염증을 일으키는 자극제나 알레르기원을 알고 있다면 노출을 최소화한다. • 옷, 침구류, 환경 알레르기원 등 소양증을 악화시키는 자극을 회피하거나 최소화한다. • 가려움을 진정하기 위한 목욕을 한다. 타르나 오트밀, 베이킹 소다 등의 입욕제를 사용하고 물의 온도는 너무 뜨겁지 않도록 한다. • 수분유지를 위해 목욕 후 두드려서 물을 제거한 후 즉시 연고나 크림을 바른다.
식품알레르기와 관련된 지식 결핍	• 알레르기원으로 알레르기를 유발하는 식품첨가물, 방부제, 가공식품, 알레르기 음식을 제거한다. • 식사에서 고기 식품을 빼고 야채식품만 섭취하게 하면 영양불량을 초래하기에 알레르기원이 확인 될 때 식사에서 제거한다.
소양증과 관련된 수면 양상장애	• 취침 전 처방된 항소염제를 투여한다. • 아동의 긴장이 풀리도록 취침시간을 일정하게 정해 놓는다. • 가려움증을 진정시키기 위해 잠자기 전 항히스타민제를 투여한다. • 방을 서늘하게 하여 시원한 환경을 제공한다. • 헐렁한 잠옷을 입고 가벼운 이불을 사용하고 모직 담요를 사용하지 않는다.
병소의 긁음과 관련된 이차감염의 위험성	• 아동의 손톱을 짧게 유지한다. • 아동의 손에 벙어리 장갑을 씌워 긁는 것을 방지한다. • 드레싱을 교환할 때 손을 씻거나 멸균장갑을 사용한다. • 가족이 손을 씻을 때 항균비누를 사용하는 등 감염을 막기 위한 위생적인 방법을 교육한다.
외모의 지각과 관련된 신체상 간호	• 아동의 활동에 대한 긍정적인 피드백을 제공한다. • 아동이 외모에 대한 느낌을 말로 표현할 수 있도록 격려한다. • 아동이 연령에 맞는 적절한 행동을 할 수 있도록 용기를 준다. • 옷이나 다른 도구를 이용하여 아동의 외모를 개선시킨다. • 병소가 없는 부위로 신체적인 접촉을 하여 인정받는다고 느낄 수 있도록 한다.
만성 피부병변과 관련된 가족과정 손상	• 부모에게 치료를 수행하기 위해 필요한 기술을 교육한다. • 부모에게 아동에게 필요한 약물에 대해 교육한다. • 부모가 절망, 분노, 불안감 등을 표현할 수 있도록 지지한다. • 부모가 간호를 잘 했을 때 칭찬하고 아동의 상태가 나빠졌을 때 부모의 잘못이 아님을 강조한다.

2. 알레르기 비염(Allergic Rhinitis)

<table>
<tr><td>정의</td><td colspan="2">• 알레르겐(allergens)에 의해 유발되는 비점막의 염증성 질환</td></tr>
<tr><td>원인</td><td colspan="2">• 집먼지 진드기, 깃털, 동물 비듬, 곰팡이 포자, 나무꽃가루, 풀잡초 등</td></tr>
<tr><td>병태생리</td><td colspan="2">• 실내, 실외 알레르기 항원에 대한 I형 알레르기 반응에 의해 나타남
• 알레르기 항원에 노출되면 IgE가 유리되고, 생성된 IgE는 비만세포와 결합하여 알레르기 항원의 수용체가 되는 과정을 통해 비만세포가 탈과립이 되며, 이 과정에서 여러 비만세포의 물질이 유리됨
• 히스타민은 일차로 유리되는 매개체로 혈관 투과성을 증가시켜 부종 유발, 점막 물질 생성을 촉진하고 기도를 좁게 하여 코막힘 증상과 코가 가렵고, 재채기와 비점막의 분비선 자극으로 콧물증상 보임
• 알레르기 항원에 자주, 지속적으로 노출되게 되면 만성 비강출혈이 나타남</td></tr>
<tr><td>증상</td><td colspan="2">• 코와 눈, 귀, 구개의 소양증과 맑은 물 같은 콧물과 발작성 재채기
• 알레르기 인사 : 손바닥으로 코를 위로 문지르는 증상
• 알레르기 색소 침착 : 비점막의 출혈, 부종으로 눈 밑에 보랏빛 색소 침착
• 알레르기 결막염 : 결막이 충혈되면서 가렵고 눈물이 남
• 비강폐쇄, 구강호흡으로 인해 늘 입을 벌리고 있으며 구강건조, 창백하고 축축한 구강점막</td></tr>
<tr><td>진단</td><td colspan="2">• 가족력
• 비강도말검사 : 호산구 증가(5~10% ↑, 정상 1~3%)
• 혈청 IgE 상승
• 알레르기 피부반응검사</td></tr>
<tr><td rowspan="5">치료</td><td>비강 내
스테로이드</td><td>• 신세대 비강 내 스테로이드제 : 성장에 최소한의 영향 미치며 소아에게 효과적</td></tr>
<tr><td>항히스타민제</td><td>• 알레르기 증상 발현 전이나 직후에 가장 효과적
• 기면상태를 유발하기에 밤에 투여
• loratadine, cetirizine, fexofenadine, desloratadine : 장기간 작용하여 매일 1회 또는 2회만 투여
• 부작용 : 피로, 불면증, 식욕부진, 비강출혈, 오심, 구토</td></tr>
<tr><td>비충혈제거제
(비점막수축제)</td><td>• 심한 코막힘 증상에 다른 약제를 사용하기 전 2~3일 단기간 사용
• 반동성 비울혈은 약물 유발성 비염이며 충혈제거제를 계속 사용 시 반발작용으로 코의 점막이 부어올라 코막힘이 심해져 4~5일 이상 사용하지 않음
• ephedrine</td></tr>
<tr><td>단기 외용제</td><td>• 비강 내 부신피질호르몬(fluticasone, mometasone, budesonide)</td></tr>
<tr><td>보조적 치료법</td><td>• 비강 내 식염수 세척
• probiotics</td></tr>
</table>

	면역주사 (알레르기 주사)	• 신체의 알레르기 반응에 대한 강도를 줄이기 위한 노력으로 아동에게 점진적으로 알레르겐의 양을 늘려 주사하는 방법
간호	• 환경조절과 알레르기 항원 피하기 • 알레르기 삼총사 확인 : 천식, 습진, 알레르기 비염 • 부비동염이나 중이염과 관련된 위험성이 높으므로 증상 관찰 • 온수나 생리식염수의 비강 세척 • 꽃가루 날리는 계절 동안 가능하면 집에 있게 하고, 창문을 닫아두어야 함 • 적절한 구강간호 : 구강섭취 격려, 수액손실 보충, 크림바르기	
합병증	• 만성 알레르기 비염, 부비동염, 만성 중이염, 천식, 아토피성 피부염	

CHECK Point 실내 · 실외에서 알레르기 항원에 노출되는 것을 줄이는 방법

실내	• 매트리스와 스프링 그리고 베개는 커버를 씌운다. • 침대 커버는 지퍼에 테이프를 붙인다. • 매 2주마다 커튼, 이불, 매트리스 패드를 세탁한다. • 홑이불과 인형도 매주 세탁한다. • 세탁물은 53.9℃를 유지한다. • 깃털로 된 것과 불필요한 직물은 피한다. • 방안과 장롱을 주에 2~3번씩은 닦는다.
애완동물과 해충	• 애완동물은 집 밖에 놔둔다. • 애완동물이 안에 들어오면 깨끗이 집을 청소한다. • 애완동물이 있는 집에 가기 전에 미리 아동에게 약을 복용하도록 한다. • 바퀴벌레는 제거한다. 만약 바퀴벌레가 발견되면 집을 깨끗이 치운다.
집전체	• 곰팡이가 난 곳은 1:10으로 표백제와 물을 섞어서 닦는다. • 제습기를 사용할 때는 곰팡이의 성장을 막기 위하여 집안 습기를 45%보다 낮게 유지한다. • 만약 가습기를 사용할 때는 물을 정기적으로 갈아주고 청결하게 유지한다. • 집안에서 식물을 키우지 않는다. • 일주일에 한 번이라도 진공청소기로 카페트를 청소한다. • 카페트를 드라이클리닝한다. • 카페트를 치우고 가능하다면 나무나 비닐로 대체한다. • 난방기의 필터를 교체한다. • 바깥 공기가 나쁘면 창문을 닫고 에어컨을 사용한다. • 집안에서 담배를 피우지 않도록 한다. • 강한 향수나 스프레이를 피한다.
실외	• 아동을 낙엽 주위나 나무, 곰팡이가 많이 있는 장소에 가지 못하게 한다. • 바깥 공기가 나쁘면 아동을 집안에 둔다. • 나무를 태운 연기, 동물, 그리고 농약을 멀리한다. • 춥고 공기가 건조할 때는 운동을 피한다.

3. 아나필락시스양 자반증 아동간호

정의	• 국소적 혹은 광범위한 혈관손상을 일으키는 과민성 면역학적 반응 • 2~8세, 전신적인 염증성 질환	
원인	• 원인 : 알러지-특정물질과 접촉한 후 과민반응이 일어나며 나타남 • 약품 : 페니실린, 아스피린 • 음식 : 초콜릿, 우유, 달걀 • 곤충물림, 세균성 혹은 바이러스성 감염	
임상증상	피부	• 점상출혈, 부종, 점상발진(대칭적)
	복부	• 배꼽 부근의 심한 산통, 구토, 위장관 출혈 동반
	관절	• 관절의 동통과 종창, 무릎과 발목에 가장 잘 나타남
	신장	• 혈뇨, 단백뇨가 흔히 발생 • 심한 경우 : 핍뇨, 고혈압, 고질소혈증, 만성 신염
	신경	• 드물지만 가장 심각한 결과 초래, 의식장애, 경련, 마비 등 신경증상
진단	• 출혈관련 검사 : 정상 • ESR ↑ • 소변검사 : 혈뇨와 단백뇨	
치료	• 대증요법, 항생제, 스테로이드, 진통제	
간호중재	• 피부 통합성 유지 : 청결, 건조, 손씻기, 조용한 놀이활동 등	

CHAPTER 14 면역장애

기출문제

1 가와사키 질환

01 **이 군(3세)의 사례에서 가와사키병(Kawasaki disease)의 증상 또는 징후로 옳은 것만을 있는 대로 고른 것은?** [2.5점] 2012년

> 이 군은 (가) <u>5일 이상 열이 지속되었고</u>, 몹시 보채고 불안정하여 응급실을 통해 소아과 병동에 입원하였다.
> 신체 검진 소견은 다음과 같다.
> 눈 : (나) <u>화농성 분비물을 동반한 일측성(우측) 결막 충혈이 관찰됨</u>
> 입 : 구강 점막의 발적, 입술의 홍조와 균열, (다) <u>딸기(모양) 혀가 관찰됨</u>
> 목 : (라) <u>1.5cm 이상의 경부 림프절 종창이 촉진됨</u>
> 사지 : (마) <u>손과 발의 부종과 손바닥, 발바닥의 홍반이 관찰됨</u>
> (이하 생략)

① (가), (다)
② (나), (마)
③ (가), (나), (다), (마)
④ (가), (다), (라), (마)
⑤ (가), (나), (다), (라), (마)

|정답| ④
|해설| (나) 가와사키 질환은 화농성 분비물이 없는 양측 결막의 충혈이 관찰된다.

2 류마티스 열

02 **다음 진료 기록지의 진단명을 근거로 하여 진료 기록지의 잘못된 내용 3가지를 찾아 바르게 고쳐 쓰시오.** [5점] 2014년

진료 기록지			
이　　름	김 ○○	성별/연령	남/13세
임상증상	• 무릎 관절통을 호소한다. • 손목에 압통을 동반하는 피하결절이 있다. • 수면 중에는 불수의적 운동장애가 나타나지 않는다. • 얼굴에 분홍색의 유연성 홍반(erythema marginatum)이 보인다.		
검사소견	• CRP(C-반응 단백) : 증가 • ESR(적혈구 침강 속도) : 증가 • ASO(antistreptolysin-O) titer : 양성		
진 단 명	류마티스 열(rheumatic fever)		
특이 사항	3주일 전에 황색 포도상구균성 인두염으로 입원한 병력이 있음		

|해설| ① 손목에 압통을 동반하는 피하결절이 있다. → 통증없는 피하결절

② 얼굴에 분홍색의 유연성 홍반(erythema marginatum)이 보인다. → 유연성 홍반은 얼굴에 나타나지 않음

③ 3주일 전에 황색 포도상구균성 인두염으로 입원한 병력이 있다. → A군 β용혈성 연쇄상구균 감염이 있었음

3 아토피성 피부염

03 **다음은 중학교 보건교사가 작성한 상담일지이다. 〈작성 방법〉에 따라 서술하시오.**

[4점] 2020년

상담일지

성 명	김○○	성 별	여
상담 일시	○월 ○일 ○시	학년 / 반	2/3
주요 문제	㉠ 아토피 피부염(atopic dermatitis)		
상담 개요	• 학생 현황 – 체육시간 이후에 양쪽 팔과 무릎 뒤의 겹쳐진 피부와 발목에 가려움증을 호소하며 방문함		
	• 상담 내용 – 피부의 ㉡ <u>태선화(lichenification)</u>가 관찰됨. – 병원의 지시사항을 잘 이행하지 않고 있음. – 병원에서 알려준 대로 샤워 후 ㉢ <u>로션을 충분히 바르도록 함.</u> – 일상생활 중에 아토피 피부염 증상의 완화를 위한 여러 가지 방법에 대해 상담하고 교육함.		

〈 작성 방법 〉

- 밑줄 친 ㉠의 진단에 활용할 수 있는 혈청검사의 항목을 쓸 것
- 밑줄 친 ㉡의 피부상태를 서술할 것
- 밑줄 친 ㉢의 이유를 제시할 것

|해설| ㉠ 혈청 IGE

㉡ 태선화(lichenification) 피부상태

- 발작적인 가려움증으로 지속적으로 문지르거나 긁어서 피부가 변형되어 피부가 건조하고 딱딱해져 두꺼워지고 두꺼운 잔주름이 많아지며 피부색이 진해지는 현상(코끼리 피부)
- 신체 어느 부위에나 발생할 수 있으나 주로 등, 목덜미, 손목과 발목에 호발

㉢ 로션을 충분히 바르는 이유 : 습도 유지(보습)

- 습도유지(보습) : 마른 피부에 유연제 도포, 목욕 후 크림과 연고 바름
  - 목욕이 끝난 후 피부가 건조되기 전 3분 이내 보습제, 치료연고를 충분히 바른다.
- 효과
  - 수화 : 수분을 포함하는 물질로 수분손실을 막고 수분을 가두는 역할을 함
  - 기름 : 피부 위의 얇은 막을 형성하여 수분손실을 막고 수분을 가두는 역할을 하며, 피부 표면에 막을 형성하는 기름으로 다양한 양의 지질로 부드럽게 함

04 아토피 피부염 아동을 위한 간호중재로 옳은 것을 〈보기〉에서 고른 것은? 2009년

〈 보 기 〉

㉠ 아동의 손톱을 짧게 자른다.
㉡ 덥지 않은 환경을 유지한다.
㉢ 모직의류보다는 면으로 된 옷을 입힌다.
㉣ 피부가 접히는 곳에 파우더를 도포해 준다.
㉤ 보습제는 목욕 후 물기를 완전히 제거한 후 빠른 시간 내에 발라준다.

① ㉠, ㉡, ㉢
② ㉠, ㉡, ㉤
③ ㉠, ㉣, ㉤
④ ㉡, ㉢, ㉣
⑤ ㉢, ㉣, ㉤

|정답| ①

|해설| ㉣ 파우더 도포는 호흡기로 흡입될 수 있으며 피부를 자극하기에 사용하지 않는다.
㉤ 목욕 후 물기가 있는 상태에서 즉시 보습제를 바른다.

05 다음 사례를 읽고 물음에 답하시오. [20점] 2009년

초등학교 4학년 여학생이 체육시간에 달리기를 한 후, 땀을 흘리면서 피부의 가려움증을 호소하여 담임교사가 그 학생을 데리고 보건실을 찾았다. 학생의 양쪽 팔과 무릎 뒤의 겹쳐진 부위에서는 피부 발진과 함께 심하게 긁어 생긴 상처와 부종이 관찰되었다. 보건교사가 학생과 면담한 결과, 학생은 너무 가려워서 밤에 침구나 침대에 머리를 비비거나 긁는 것을 멈출 수 없으며, 이로 인해 밤에 자다가 종종 깬다고 호소하였다. 또 학교 학예회 때 무대에 나가 발표를 하고 싶지만 피부가 드러나서 할 수 없으며, 다른 아이들이 자신의 피부를 보고 '코끼리'라고 놀린다고 속상해 하였다. 학생의 부모님은 많은 종류의 화초를 가꾸고 있었고, 집 안에서는 애완동물로 강아지를 기르고 있었다. 학생은 밤에 잘 때는 인형을 안고 자며, 평소에 과자를 즐겨 먹는다고 하였다. 가려움증이 있을 때마다 간헐적으로 병원을 방문하였지만, 이러한 증상이 계속 반복되고 완치되지 않아 최근 2개월 전부터는 증상이 있어도 병원을 방문하지 않았다고 하였다. 학생의 어머니는 주위 사람들에게 들은 이야기를 근거로 1주일에 1회 정도 식초를 희석한 물로 피부를 닦아내고, 이를 지속적으로 시행하면 앞으로 학생의 병이 완치될 수 있다고 믿고 있다. 또 앞으로 가려움증을 없애기 위해서 학생에게 고기반찬을 주지 않고 야채만을 줄 것이라고 말했다고 한다. 학생은 학교 수련회도 가고 싶지만, 항상 어머니의 보호를 받아야 한다는 이유 때문에 참여할 수 없다고 말하였다.

보건교사는 학생과의 면담, 신체검진과 사정을 기초로 현재 학생에게 아토피성 피부염이 있음을 확인하였다.

(1) 위 사례에 나타나 있지 않은 아토피성 피부염의 진단기준을 나열하시오.

(2) 위 사례에서 나타난 간호문제와 이에 따른 간호중재에 대하여 논하시오.

|해설| (1)

진단기준	주증상	• 2가지 이상
		• 소양증
		• 특징적 발진 모양과 호발부위
		  - 영아기 : 얼굴과 사지의 신전부위의 염증 반응성 피부병변
		  - 학령기 이후 : 신체의 굴곡부위(목, 팔꿈치, 무릎 뒤)의 태선화 현상, 인설을 동반한 건성 피부
		• 만성화되는 재발성 피부염
		• 아토피 피부질환 과거력, 가족력 : 아토피 질환 과거력과 가족력의 천식, 알레르기성 비염, 알레르기성 피부염

	부증상	• 4가지 이상 • 얼굴 : 안면 창백, 얼굴 피부염, 목주름 • 눈 주위 색소 침착 : 알레르기성 비염 시 • 구순염 • 피부건조증 • 잦은 피부감염 • 백색 피부 묘기증(붉은 발진의 두드러기) • 악화 : 음식, 환경, 감정요인에 의해 악화

(2)

병변과 관련된 피부통합성 장애	• 처방된 국소적 치료제나 전신성 치료제를 투여 또는 도포한다. • 치유를 위해 드레싱이나 차단성 연고 같은 습기가 있는 환경을 제공한다. • 염증을 일으키는 자극제나 알레르기원을 알고 있다면 노출을 최소화한다. • 옷, 침구류, 환경 알레르기원 등 소양증을 악화시키는 자극을 회피하거나 최소화한다. • 가려움을 진정하기 위한 목욕을 한다. 타르나 오트밀, 베이킹 소다 등의 입욕제를 사용하고 물의 온도는 너무 뜨겁지 않도록 한다. • 수분유지를 위해 목욕 후 두드려서 물을 제거한 후 즉시 연고나 크림을 바른다.
식품알레르기와 관련된 지식 결핍	• 알레르기원으로 알레르기를 유발하는 식품첨가물, 방부제, 가공식품, 알레르기 음식을 제거한다. • 식사에서 고기 식품을 빼고 야채식품만 섭취하게 하면 영양불량을 초래하기에 알레르기원이 확인 될 때 식사에서 제거한다.
소양증과 관련된 수면 양상장애	• 취침 전 처방된 항소염제를 투여한다. • 아동의 긴장이 풀리도록 취침시간을 일정하게 정해 놓는다. • 가려움증을 진정시키기 위해 잠자기 전 항히스타민제를 투여한다. • 방을 서늘하게 하여 시원한 환경을 제공한다. • 헐렁한 잠옷을 입고 가벼운 이불을 사용하고 모직 담요를 사용하지 않는다.
병소의 긁음과 관련된 이차감염의 위험성	• 아동의 손톱을 짧게 유지한다. • 아동의 손을 벙어리 장갑을 씌워 긁는 것을 방지한다. • 아동에게 밝은 색의 청결하고 느슨한 편한 옷을 입힌다. • 드레싱을 교환할 때 손을 씻거나 멸균장갑을 사용한다. • 가족이 손을 씻을 때 항균비누를 사용하는 등 감염을 막기 위한 위생적인 방법을 교육한다.
외모의 지각과 관련된 신체상 간호	• 아동의 활동에 대한 긍정적인 피드백을 제공한다. • 아동이 외모에 대한 느낌을 말로 표현할 수 있도록 격려한다. • 아동이 연령에 맞는 적절한 행동을 할 수 있도록 용기를 준다. • 옷이나 다른 도구를 이용하여 아동의 외모를 개선시킨다. • 병소가 없는 부위로 신체적인 접촉을 하여 인정받는다고 느낄 수 있도록 한다.
만성 피부병변과 관련된 가족과정 손상	• 부모에게 치료를 수행하기 위해 필요한 기술을 교육한다. • 부모에게 아동에게 필요한 약물에 대해 교육한다. • 부모가 절망, 분노, 불안감 등을 표현할 수 있도록 지지한다. • 부모가 간호를 잘 했을 때 칭찬하고 아동의 상태가 나빠졌을 때 부모의 잘못이 아님을 강조한다.

4 영아습진

06 영아습진의 원인으로 옳은 것은? 1996년

① 감염 ② Allergy
③ 피부의 손상 ④ 피지선의 폐색

|정답| ②
|해설| 영아습진
- 영아에서 가장 흔한 알러지성 질환
- 생후 3개월에서 시작
- 심한 소양감 유발, 이로 인한 2차적인 습진이 형성되는 질환

5 알레르기 비염

07 다음은 알레르기 비염에 관한 신문기사이다. ㉠을 매개하는 항체와 괄호 안의 ㉡에 들어갈 약물을 순서대로 쓰시오. 2018년

> ○○일보 2017년 ○○월 ○○일
> 알레르기 비염 치료제 알고 써야……
> 알레르기 비염은 증상이 유사해 감기로 오인하는 사례가 많다. 알레르기 비염은 ㉠ 특히, 항원에 대한 코점막의 과민반응으로 우리나라에서는 주로 집먼지 진드기나 꽃가루 등에 의해 발생한다. 주요 증상으로 코나 목안의 가려움, 발작적인 재채기, 맑은 콧물, 코막힘, 후각기능의 감소가 나타난다.
> 알레르기 비염은 원인 항원을 피하는 환경요법이 중요한데, 특히 꽃가루에 민감한 계절성 비염 환자는 꽃가루의 농도가 높은 날에는 가급적 외출을 자제하는 것이 좋다.
> 치료 약물 중 코에 분무하는 (㉡)은/는 장기간 사용 시 코막힘이 더 심해지는 반동 작용이 나타날 수 있어 주의가 필요하다고 전문가들은 권고한다.
> 알레르기 비염을 방치하면 천식, 부비동염, 중이염 등의 합병증 발생 위험이 높아 적극적인 예방과 관리가 필요하다.
> [○○○ 의학전문기자]

|정답| ㉠ IgE
㉡ 비충혈제거제

08 Allergy성 비염의 설명으로 옳은 것은? 1996년

① 전염성이 현저하다.
② 눈의 증상은 거의 없다.
③ 코 분비물의 도말에서 호산구가 증가한다.
④ 코가 막히고 열이 나면서 서서히 발병한다.

|정답| ③

|해설| 알레르기 비염(Allergic Rhinitis)

① 알레르겐(allergens)에 의해 유발되는 비점막의 염증성 질환으로 전염성이 없다.
② 증상은 코와 눈, 귀, 구개의 소양감과 맑은 물 같은 콧물과 발작성 재채기를 하며 알레르기 결막염(결막이 충혈되면서 가렵고 눈물이 남)이 나타난다.
④ 비강폐쇄는 있으나 열이 발생하지는 않는다.

6 아나필락시스양 자반증

09 다리에 이상한 반점이 생겨 보건실로 온 초등학교 1학년 학생을 보고 보건교사는 아나필락시스양 자반증을 의심하였다. 피부증상 외에 이 질환에서 침범되는 3가지 주요 기관과 각 기관별 증상 1가지씩을 쓰시오. 2008년

|해설| 아나필락시스양 자반증 증상

- 복부 : 배꼽 부근의 심한 산통, 구토, 위장관 출혈 동반
- 관절 : 관절의 동통과 종창, 무릎과 발목에 가장 잘 나타남
- 신장 : 혈뇨, 단백뇨가 흔히 발생, 심한 경우는 핍뇨, 고혈압, 고질소혈증, 만성 신염
- 신경 : 드물지만 가장 심각한 결과 초래, 의식장애, 경련, 마비 등 신경장애

CHAPTER

15 내분비장애

1 성장장애

정의	• 같은 연령, 같은 성의 아동의 평균 신장보다 -2 표준편차 미만인 경우, 3백분위수 미만의 경우		
진단	정상		• 과거 1년간의 성장속도 관찰 • 3세가 지난 사춘기 이전의 성장률 : 4cm 이상/년
	부모키의 평균	남아	$\frac{\text{아버지 키(cm)}+\text{어머니 키(cm)}+13\text{(cm)}}{2}$
		여아	$\frac{\text{아버지 키(cm)}+\text{어머니 키(cm)}-13\text{(cm)}}{2}$
	골연령		• 골연령 결정 : 손과 손목을 방사선 촬용
	성장장애		• 3세 이상에서 1년에 4cm 미만의 성장속도 • 사춘기 1년에 5cm 이하, 최종신장 남 160cm 이하, 여 150cm 이하

	유전성 저신장	체질성 성장지연	성장호르몬 결핍증 (뇌하수체 기능 저하증)
골연령	골연령 = 실제연령	골연령<실제연령	골연령<실제연령
출생시	키가 작음	정상	정상
성장곡선	• 정상범위 바로 아래 수준에서 정상곡선에 따라 평행	• 영아 말 : 성장곡선 하향, 표준성장곡선의 정상범위하단 • 사춘기 : 성장곡선이 상향이동, 최종적으로 정상 키와 체중(사춘기 급성장)	• 성장지연 • 성장속도 저하
성장 호르몬	정상	정상	결핍
성장속도	정상	정상	저하
가족력	있음	있음	
사춘기 발현	정상 또는 빠름	늦음	늦음
치료	• 성장호르몬 투여 • 1년간은 정상속도 증가 • 2년 후부터는 감소	• 호르몬 치료하지 않음	• 성장호르몬 투여(일주일에 6회, 성장판 닫힐 때까지 투여)

2 성장호르몬 결핍증(저신장증, Growth Hormone Deficiency)

<table>
<tr><td>정의</td><td colspan="3">• 뇌하수체에서 충분한 양의 성장호르몬을 생산해 내지 못함으로 인해 초래된 발육 부진과 작은 키를 초래하는 상태</td></tr>
<tr><td>원인</td><td colspan="3">• 선천성 : 대부분 출생 전후의 손상으로 인한 뇌하수체나 시상하부 손상으로 기인
• 후천성 : 뇌하수체기능저하증, 뇌종양, 두개내 방사선 조사 등
• 특발성 : 원인 알 수 없음</td></tr>
<tr><td>빈도</td><td colspan="3">남아>여아</td></tr>
<tr><td>병태생리</td><td colspan="3">• 성장호르몬, 티록신, 코티졸, 성호르몬은 성장에 영향
• 시상하부는 뇌하수체를 자극하여 성장호르몬을 방출하도록 하는 성장호르몬 방출인자(GH-releasing factor)를 분비
• 성장호르몬은 인슐린과 길항작용을 하기 위해 분비되며 혈당수치를 높임
→ 성장호르몬 결핍증 아동의 대부분은 저혈당을 나타냄</td></tr>
<tr><td>증상</td><td colspan="3">• 작은 키 : 해당 성과 연령에서 5백분위 미만의 저신장, 성장지연(성장곡선상에서 2% 미만), 성장속도 감소(4cm 미만/1년)
• 골연령 지연, 골단폐쇄 지연, 천문폐쇄 지연, 치아발육부전
• 외모 : 몸통부분의 지방 증가, 넓고 돌출된 이마와 함께 앳된 얼굴, 고음의 목소리, 저혈당(인슐린 민감성 증가), 작은 크기의 음경과 고환, 발치(이가 나는 것)의 지연, 손발이 작고 짧음, 비만</td></tr>
<tr><td rowspan="3">진단검사</td><td>성장속도 측정</td><td colspan="2">• 신장을 포함한 성장치 측정, 성장속도와 성장지연 여부 사정
• 방사선 검사를 통한 골연령 측정</td></tr>
<tr><td>성장호르몬 자극 검사</td><td colspan="2">• 운동 20분 후나 잠들고 난 45~90분 후 수치가 증가한 다음 측정 또는 야간 소변중의 성장호르몬 유발 검사
• 인슐린, 클로니딘 등의 약물을 주입한 후 성장호르몬 수치를 측정</td></tr>
<tr><td>성장호르몬 결핍증 진단소견</td><td colspan="2">• 성장호르몬 유발검사 결과 7~10ng/ml 미만인 경우
– 성장호르몬 정상치 : 180 이상(급성장), 100 이상
– 성장호르몬 반응치 : 10ng/ml 이상
• 역연령에 비해 3백분위수 미만
• 골격발육지연 : 역연령에 비해 평균보다 2표준편차 이상 지연 시</td></tr>
<tr><td rowspan="2">치료</td><td>원인제거</td><td colspan="2">• 기질적 병변은 종양에 대한 근본적인 치료로 수술이나 방사선 요법 실시</td></tr>
<tr><td>성장 호르몬 투여요법</td><td>적응증</td><td>• 성장호르몬 결핍, 터너증후군, 자궁 내 성장지연에 의한 저신장
• 성인 키가 남아 160cm 이하, 여자 150cm 이하로 예측되는 저신장</td></tr>
</table>

		주사 방법	• 합성 성장호르몬을 희석하여 매일 피하주사 • 잠자기 전 투여 - 10pm~2am 사이 성장호르몬 분비가 많음 • 냉장보관 • 방사선 사진 상 성장판의 융합이 보일 때까지 지속
	보존 및 지지요법	• 매일 피하주사로 성장호르몬 투여해야 하기에 아동과 가족에게 지속적인 교육 제공 • 아동의 신체상과 자존감 발달을 위해 협조하고 지지해 주어야 함 • 3~4개월에 한번씩 신장측정 및 성장챠트를 사용한 성장속도 확인	

3 성조숙증(Precocious Puberty)

정의	• 사춘기가 빨리 나타난 것 • 여아는 8세, 남아는 9세 이전에 사춘기가 시작되는 것을 의미 • 이차성징의 조기 발현, 급속한 성장, 조기 골성숙이 나타난 것으로 정의 • 빠른 골격성장으로 성장판이 조기에 융합되어 결국 최종 성인의 신장은 저신장을 나타냄		
원인	• 특발성이거나 중추신경계 종양, 뇌손상, 뇌 방사선 조사 등 • 중추신경계 기형은 남아에게 더 많이 나타남 • 여아의 경우 90%가 특발성으로 나타남 • 비만, 인종, 유전적 특성, 사회심리적 스트레스, 내분비 기능을 파괴하는 환경 내 화학적 요인 등 • **말초성 원인** : 선천 부신 증식증(CAH), 부신, 난소, 고환의 기형 또는 종양 등		
병태생리	• 시상하부가 GnRH(성선자극호르몬 방출호르몬)을 방출할 때 사춘기 시작 • GnRH는 뇌하수체를 자극하여 LH(황체호르몬)과 FSH(난포자극호르몬)을 방출		
		여아	남아
	FSH	• 난소의 난포형성을 자극 → estrogen 생산 • estrogen은 유방발달, 질과 음순 성숙 등 이차성징발달에 필요	• 고환을 자극 → 정자발달 도움
	LH	• 배란과정에 참여	• 이차성징의 발달과 정자생산에 필요한 testosterone 생산을 자극
증상	여아		남아
	• 유방발달 • 음모 및 액모 출현		• 고환의 크기 증가 • 음경의 비대

<table>
<tr><td></td><td colspan="3">• 질, 자궁, 난소의 비대
• 급성장
• 여드름
• 성인의 체취
• 월경의 시작
• 정서변화</td><td>• 음모 출현
• 수염 발생
• 여드름
• 성인의 체취
• 목소리가 굵어짐
• 정서변화</td></tr>
<tr><td rowspan="4">진단</td><td>혈액검사</td><td colspan="3">• LH, FSH, testosterone, estrogen 상승 정도 평가 위함</td></tr>
<tr><td>GnRH 검사</td><td colspan="2">• 뇌하수체 성선자극호르몬성숙도 평가
• 혈중 LH와 FSH 수치 측정</td><td>• 사춘기 이전 : FSH>LH
• 사춘기 이후 : FSH<LH
• 조기성숙 : FSH, LH, 성호르몬 ↑</td></tr>
<tr><td>방사선 촬영</td><td colspan="2">• 손목부위의 X선 촬영 : 골연령, 골성숙도 확인, 성인 신장 예측</td><td>• 또래에 비해 골성숙이 일찍 일어남
• 골연령>실제연령</td></tr>
<tr><td>초음파/CT/MRI</td><td colspan="2">• 두개골 X선 촬영, CT, MRI : 뇌병변 확인
• 골반초음파 : 자궁과 난소의 사춘기 변화 확인</td><td>• 여아 골반초음파 : 난소와 자궁이 사춘기 때와 같음</td></tr>
<tr><td rowspan="6">치료</td><td>원인제거</td><td colspan="3">• 기질적 원인이 존재하면 원인을 제거</td></tr>
<tr><td>목적</td><td colspan="3">• 이차성징의 발달을 중지하고 성인이 되었을 때의 최종신장을 최대화하는 것</td></tr>
<tr><td rowspan="3">GnRH 활성제</td><td>적응증</td><td colspan="2">• 중추(시상하부-뇌하수체) 기관에서 기인한 성 조숙증 치료</td></tr>
<tr><td>약명</td><td colspan="2">• GnRH 활성제
• leuprolide acetate(Lupron Depot), zoladex를 4시간마다 주사</td></tr>
<tr><td>기전</td><td colspan="2">• 뇌하수체 전엽에서 내인성 FSH, LH 분비를 짧은 기간 동안 증가시킨 후 시상하부-뇌하수체-난소축의 내분비체계를 억제하여 뇌하수체에서 GnRH 수용체를 하향 조절하여 저에스트로겐 현상 유발 → 유방발달이 퇴행, 진전되지 않음
• 남아 : androgen의 합성 감소
• 성장 : 정상속도를 회복하고 예상 키에 도달
• 사춘기가 되면 이차 성징이 나타나도록 중단</td></tr>
<tr><td>지지요법</td><td colspan="3">• 사춘기와 관련된 신체적 · 행동적 변화를 다루는 데 초점
• 올바른 신체상 확립을 위한 심리적 지지
• 가족교육 : 적절한 정보제공 및 상담실시, 처방된 약물치료
• 성숙한 외모 지녔다 할지라도 아동의 연령에 맞는 의복과 활동을 제공할 것
• 진성 성조숙증의 경우 임신이 가능하기에 이와 관련된 성교육과 부모 보호가 필요함을 교육</td></tr>
</table>

CHECK Point 가성 성조숙증과 진성 성조숙증의 비교

구분		가성 성조숙증	진성 성조숙증
정의		• 성선자극호르몬 비의존성 • 뇌하수체전엽에서 성선자극호르몬의 조기분비 없음 → 2차 성징이 불완전성숙	• 시상하부-뇌하수체-생식샘 축이 조기활성화 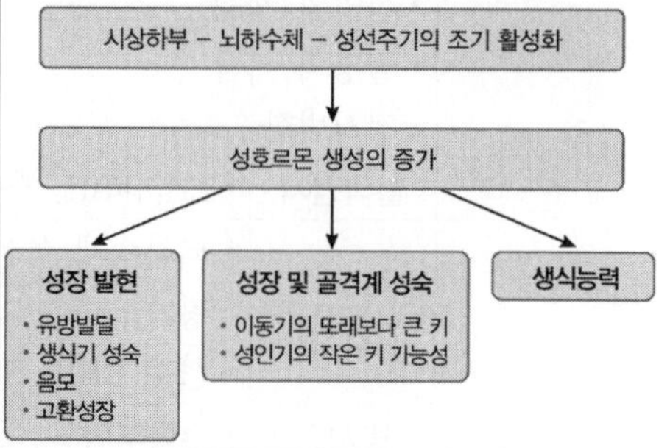
원인		• 뇌, 고환, 난소, 성선 등에 종양으로 성호르몬이 과잉 분비 또는 스테로이드와 같은 호르몬제를 많이 사용한 경우 2차적으로 발생	• 종양, 선천성 기형, 감염 후에 발생 • 특발성 : 여아, 기질적 병변 없음 • 뇌기질적 병변 : 남아, 성조숙증, 간질, 지능저하
차이점	시상하부 – 뇌하수체 기능의 의존도	• 비의존적	• 의존적
	동성 또는 이성	• 동성 또는 이성	• 항상 동성
	성장형태 (골연령, 성장속도 등)	• 비전형적 • 이차성징만 조기에 나타남	• 전형적(사춘기와 비슷) • 빠른 성장속도, 골성숙 → 조기골단 융합 → 성인기 저신장
	제2차 성징 발달	• 불완전	• 완전
	혈중 성선자극호르몬 농도	• 낮음(사춘기 전 형태)	• 높음(사춘기 형태)
	GnRH 검사	• 사춘기 전 형태	• 사춘기 형태
	배란, 정자형성	• 배란, 정자형성 × : 무배란성 월경	• 배란, 정자형성
	생식샘 발육	• 불완전	• 완전 : 배란형성 → 임신가능

4 여성형 유방

정의	• 사춘기 동안 분비되는 여성호르몬과 안드로겐의 증가로 일시적으로 유방이 커짐 • 정상 남아의 70%에서 나타남
원인	• 불규칙한 호르몬 변화 : 유방이 커지고 통증
증상	• 일시적 유방확대 • 유두가 커지고 유두 주위 검은 부분 확대
중재	• 남성적 발달이 이루어지면서 없어지는 생리적 현상 • 남아가 신체적 통합성과 남성다움에 걱정한다면 발달상의 문제를 확인

5 소아당뇨병(Diabetes mellitus)

<table>
<tr><td>정의</td><td colspan="3">• 인슐린이 매개된 당 대사에 있어서 변화를 초래하는 질환군</td></tr>
<tr><td>원인</td><td colspan="3">• 유전적, 환경적, 바이러스 감염 등
• 소아기 1형 당뇨 : 인슐린을 생산해 내는 췌장의 β세포(베타세포) 파괴로 인한 초래
– 5~7세와 10~14세에 발병</td></tr>
<tr><td rowspan="5">병태생리</td><td colspan="3">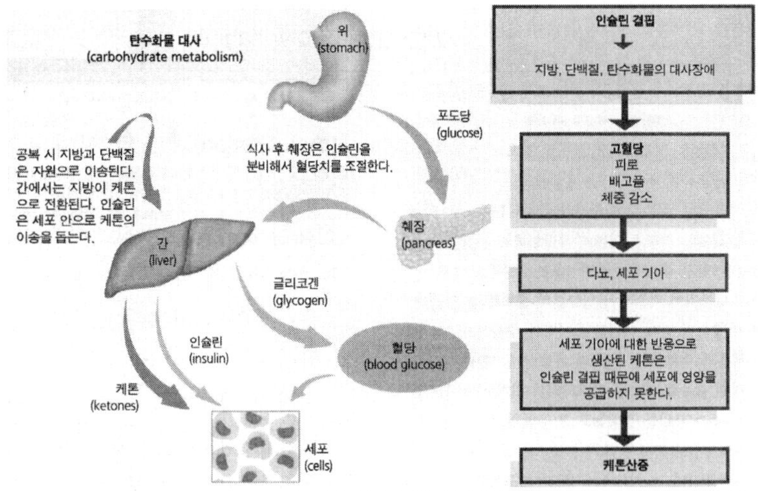
</td></tr>
<tr><td rowspan="2">인슐린</td><td colspan="2">• 췌장의 베타세포에서 분비
• 세포의 포도당 소비율을 통제함으로써 혈당 수치를 조절</td></tr>
<tr><td colspan="2">• 공복 시 베타세포에서 분비되는 인슐린은 거의 없으며 식후에 많은 양이 분비
• 지방과 단백질은 에너지원으로 동원
• 간 : 지방이 케톤산이나 케톤으로 전환되고, 케톤은 인슐린의 도움으로 세포내로 이송되어 세포에너지를 위한 자원으로 사용된다. 이러한 과정으로 장기간의 공복기간에 에너지원을 충당할 수 있다.</td></tr>
<tr><td rowspan="2">인슐린 부족</td><td colspan="2">• 지방, 단백질, 탄수화물 대사 장애 초래</td></tr>
<tr><td>고혈당증</td><td>• 당을 세포내로 이동할 수 없어서 나타남
• 인슐린 생산 부족 → 부족한 당을 보충하기 위해 간에서 포도당 합성이 증가 → 고지질혈증, 케톤 생성 문제 발생
• 인슐린 길항작용 호르몬(성장호르몬, 코르티손, 글루카곤)은 인슐린이 부족한 상태에서 반대로 그 농도가 증가 → 인슐린 저항을 증진, 단백질 가수분해, 지방분해, 글리코겐을 글루코스로 분해시키는 과정을 통해 당신생을 증가시킴</td></tr>
</table>

	당뇨		• 혈당수치가 신 역치를 초과하여 당이 삼투성 이뇨를 통해 소변내로 들어가 나타남 • 수분도 함께 배출되면서 다뇨증이 나타남
	세포기아	다갈증 (ploydipsia)	• 삼투압의 변화, 당뇨를 통해 초래된 수분배설의 증가는 중추를 자극하여 나타난 증상
		다식증 (polyphagia)	• 포도당이 에너지 신생 및 저장에 이용되지 못함으로 공복 중추가 자극되어 나타난 증상
		탈수 (dyhadration)	• 삼투성 이뇨, 영양소의 부적절한 축적으로 인해 야기된 수분소실
		체중감소	
		전해질 불균형	• 신장에서의 수분소실로 K 전해질 고갈
	케톤체		• 세포기아에 대한 반응으로 지방분해를 통해 형성됨 • 중탄산염의 비축량에 따라 초기에는 완충역할을 하는 산성물질 • 신장이 케톤체를 중화시키기에는 역부족, 중탄산염이 고갈 → 대사성 산증(대사성 산증에 대한 호흡성 보상으로 깊고 느린 양상의 쿠스말(kussmaul) 호흡) • 빰이 붉어지는 안면홍조 • 사과 썩은 냄새와 유사한 아세톤 냄새가 숨을 쉴 때마다 나타남 • 케톤은 인슐린이 결핍되면 세포에 영양공급을 할 수 없으므로 혈액 내 케톤이 상승하면(케톤혈증) 결과적으로 케톤산증을 초래

구분		1형	2형
발병연령		20세 미만	30세 이상
발병유형		갑작스럽게	점차적으로
영양상태		저체중	과체중
유전	가족력	조금 관련 있음	많이 관련 있음
	쌍둥이일치	25~50%	90~100%
	조직적 합성 항원	관련 있음	관련 없음

구분		1형	2형
증상존재		다뇨, 다식, 다갈 흔함	장기간 합병증과 관련 있음
인슐린	췌장호르몬	일반적으로 없음	50% 이상이 정상
	혈청인슐린	낮거나 부재	높거나 낮음
	내성	최소	두드러짐
	랑게르한스 섬 세포항체	80~85%	< 5% 미만
치료	인슐린	항상 사용	아동의 20~30%
	경구혈당 강하제	비효과적	종종 효과적
	식이요법	비효과적	종종 효과적
만성합병증		80% 이상	다양
케톤산증		흔함	흔하지 않음
임상증상		• 초기징후 : 다음, 다갈, 다뇨, 다식 • 음식 섭취가 증가함에도 체중이 감소, 피로, 시력 떨어짐을 호소 • 당뇨성 케톤산증(ketoacidosis) – 케톤뇨, 혈중 케톤산 증가, 구토, 쿠스말 호흡, 호흡 시 아세톤 냄새, 혼수 • 저혈당 증상 가능성 지님	
		인슐린의 작용	
		인슐린 동화작용	인슐린 결핍으로 인한 이화작용의 결과
		• 포도당을 열량원으로 함 • 글루코스를 글리코겐으로 저장 • 저장한 지방의 분해를 막음 • 단백질 합성을 증가시킴	• 지방과 단백질을 열량원으로 이용 • 저장한 글리코겐을 분해시킴 • 저장한 지방을 고갈시킴 • 단백질은 아미노산으로 분해함
진단		• 고혈당의 임상증상(3대증상 : 다뇨, 다갈, 다식증) • 공복 시 혈당 농도가 126mg/dL 이상인 경우 • 임의의 혈당 농도가 200mg/dL 이상인 경우 • 당뇨, 케톤뇨, 당화혈색소(HbA_1C)가 상승	
치료 및 간호	목표	• 적절한 성장의 촉진(신장, 체중) • 연령에 맞는 생활양식의 유지 • 당화혈색소의 정상 범위 유지 • 급성 합병증(저혈당증, 고혈당증, 케톤산증)의 예방	
	인슐린 요법	• 인슐린 치료 • 1형 당뇨는 경구용 혈당강하제를 복용하지 않음 • 인슐린 종류와 주사 스케쥴의 선택은 아동의 요구에 기초하여 결정	

- 매일 자가 혈당 측정
  - 매 식사와 야식 전에 시행
  - 장시간의 운동, 질병기간 또는 밤에 저혈당증 의심 시 더 자주 시행
- 유형별 인슐린작용

상품명	유형	작용 시작시간	최대효과 도달시간	지속시간
Lispro/ Aspart	속효성	5~15min(분)	30~90min(90분)	5hr(시간)
Regular	단시간형	30~60min(분)	2~3hr(시간)	5~8hr(시간)
NPH or Lente	중간형	2~4hr(시간)	4~10hr(시간)	10~16hr(시간)
Glargine	장시간형	2~4hr(시간)	–	20~24hr(시간)

인슐린 교육

- 10세 이상 아동은 자가 주사방법교육
- 성장 요구에 맞추어 3~4개월마다 인슐린 양과 칼로리 증가
- 인슐린은 시원하고 건조한 곳에 보관, 얼리거나 햇볕이 강한 곳에 노출 ×
- 사용하기 전에 유효기간을 확인
- 개봉 후에는 병에 날짜를 기입하고 정해진 방법대로 폐기
- 두 다른 유형의 인슐린을 혼합할 때에는, 적정량의 공기를 양쪽 병에 다 주입한 후 단시간형(Short-action) 인슐린을 먼저 빼내고, 그 후에 중간형 인슐린(intermediate-acting)을 빼낸다.

주사 부위와 주사 방법에 대한 교육

- 인슐린 주사부위 : 상박, 복부, 대퇴, 둔부
- 인슐린이 일정하게 흡수되는 곳 : 복부
- 주사부위를 이동하여 주사 : 같은 장소에 주사하는 것으로 인한 지방 이영양증 예방
- 중간형(intermediate) 혹은 장시간형(long-acting) 인슐린과 속효성(rapid-acting) 인슐린을 혼합하여 1일 3회 이상 식전에 투여하거나 인슐린 펌프로 투여함

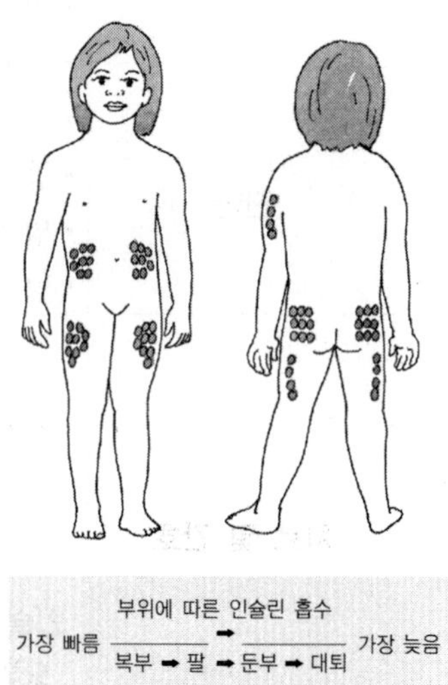

부위에 따른 인슐린 흡수
가장 빠름 ➡ 가장 늦음
복부 ➡ 팔 ➡ 둔부 ➡ 대퇴

<table>
<tr><td>식이
요법
교육</td><td colspan="3">• 음식의 종류와 양이 결정되지는 않으나 '할 수 있는 것과 하지 말아야 할 것'에 대한 지침 지시
• 식사와 간식을 인슐린 작용시간과 균형을 맞추도록 함
• 식사 · 간식시간과 식사량은 고혈당과 저혈당을 예방하는 데 중요
• 식이섭취와 인슐린 주사 스케쥴을 매일 지속적으로 이행함으로써 대사조절에 도움을 줄 수 있음</td></tr>
<tr><td>운동</td><td colspan="3">• 인슐린이 최대효과를 나타내는 동안에는 가능한 한 운동을 피함
• 운동하기 45~60분 전에는 15~30g의 탄수화물을 더 섭취하게 함</td></tr>
<tr><td>혈당
모니
터링</td><td colspan="3">• 매일 혈당검사결과를 일지에 기록
• 3~4일간 혈당 수치의 변화가 있으면 인슐린 용량을 조절
  – 질병(오심, 구토, 설사, 수술, 열)이 있을 때 조정 필요
• 수술에 따른 대사 요구에 대한 대처 : 고혈당 위험에 대한 예방 필요</td></tr>
<tr><td rowspan="2">합병증
위험
감소</td><td>급성합병증</td><td>중간</td><td>만성합병증</td></tr>
<tr><td>• 케톤산증
• 저혈당
• 체중감소</td><td>• 지방비후증
• 지방위축증
• 성장부전
• 사춘기 지연
• 생리불순
• 인지기능장애
• 고지혈증
• 정서장애
• 백내장</td><td>• 망막증(retinopathy)
• 신증(nephropathy)
• 신경증(neuropathy)
• 심장증(cardiopathy)</td></tr>
</table>

CHECK Point 기술훈련에 적합한 발달연령

- 소변검사 : 4~6세
- 혈액검사 : 4~8세
- 인슐린 주사 : 8~10세
- 영양 및 식이선택에 대한 결정 : 10~14세
- 전반적인 당뇨관리기술 : 12~18세

CHECK Point 저혈당증, 고혈당증, 케톤산증의 비교

<table>
<tr><th>구분</th><th>저혈당증</th><th>고혈당증</th><th colspan="2">케톤산증</th></tr>
<tr><td>발생</td><td>급속히 발병(수 분)</td><td>점진적 발병(수일)</td><td colspan="2">점진적 발병(수일)</td></tr>
<tr><td rowspan="2">증상</td><td rowspan="2">• 떨림
• 발한
• 빈맥
• 창백하고 땀이 남
• 끈적끈적한 피부
• 위급증상 : 쇼크, 혼수</td><td rowspan="2">• 소변량 증가
• 갈증
• 피로
• 체중감소
• 시력저하
• 위급증상 : 산증, 혼수</td><td>고혈당 외 기타</td><td>• 복통
• 흉통
• Kussmaul 호흡
• 오심, 구토
• 숨 쉴 때 아세톤(과일) 냄새</td></tr>
<tr><td>탈수 징후</td><td>• 건조한 입술과 점막
• 움푹 들어간 눈
• 갑작스러운 체중감소
• 소변량 감소</td></tr>
<tr><td>감각 변화</td><td>신경증상
• 성격변화
• 불안정
• 술취한 듯한 행동
• 분명치 않은 말
• 의식상태 저하나 의식상실
• 경련</td><td>• 정서적 불안정
• 두통
• 배고픔</td><td colspan="2">• 기면상태
• 의식상태 저하
• 혼수상태</td></tr>
<tr><td>검사 결과</td><td>• 혈당 < 70mg/dL
• 케톤 없거나 미량</td><td>• 혈당 > 160mg/dL</td><td colspan="2">• 혈당 > 300mg/dL
• 소변 내 케톤형성
• 혈청 pH < 7.30
• 중탄산 15mEq/L
• 혈청 내 케톤형성</td></tr>
<tr><td>원인</td><td>• 인슐린 과다 투여
• 여분의 탄수화물 공급 없이 과도한 활동이나 운동
• 식사를 거르거나 지연</td><td>• 탄수화물의 과다 섭취
• 운동을 거의 안 함
• 부적절한 인슐린 용량
• 정서적·신체적 스트레스 증가</td><td colspan="2">• 부적절한 인슐린 용량
• 과도한 스트레스</td></tr>
<tr><td>치료</td><td>• 탄수화물 15g
• 의식이 없거나 경련 시
- 글루카곤의 피하 혹은 근육 내 투여
- 포도당 정맥 투여</td><td>• 인슐린
• 운동
• 구강을 통한 수분섭취</td><td colspan="2">• 정맥을 통한 수액공급
• 인슐린의 정맥 투여
• 전해질 대체
• 일반적인 지지 간호</td></tr>
</table>

CHAPTER 15 내분비장애

기출문제

1 성장호르몬 결핍증

01 **다음 김○○ 학생의 진료 기록지를 근거로 ( ) 안에 들어갈 진단명을 쓰시오.**

[2점] 2014년

진료 기록지			
이름	김○○	성별/연령	남/12세
구분	항목	결과	
신체검진	신장	130.0cm(3백분위수 미만)	
	체중	33.5kg(10백분위수)	
	머리둘레	51.0cm(정상범위)	
진단검사	약물자극검사	성장호르몬 최고 반응치 4.2ng/ml	
	방사선 검사	골격발육지연	
병력조사	• 전반적인 건강상태 : 양호 • 부모와 누나의 키 : 정상 • 키의 성장 속도 : 지연 • 학급에서 가장 키가 작고 친구들이 어린아이로 취급하는 경향이 있음		
진단명	( )		
판정의사	면허번호	△△△△	
	의사명	이□□	

|정답| 성장호르몬 결핍증(뇌하수체기능저하증 성장장애)

|해설| • **성장장애** : 3백분위수 미만
• **방사선 검사** : 골격발육이 지연, 키의 성장속도가 지연
• 골연령 감소, 성장호르몬 감소로 성장속도가 감소되어 역연령에 비해 비정상적인 성장속도를 지님

2 성조숙증

02 **유치원에 다니는 Y양(여, 7세)이 가성 성조숙증(말초성 성조숙증, Peripheral precocious puberty) 진단을 받았다. Y양의 부모교육 내용으로 옳은 것만을 〈보기〉에서 있는 대로 고른 것은?** 2013년

〈 보 기 〉

ㄱ. 성선자극호르몬의 조기 분비로 인해서 유방 비대와 음모출현, 월경 등의 이차성징이 나타난다.
ㄴ. 또래에 비해 골성숙이 일찍 나타나 빠르게 성장하지만, 성장판이 조기에 닫힐 수 있다.
ㄷ. 나이에 비해 신체적으로 성숙한 외모를 지녔지만, 실제 나이에 맞는 활동을 하게 해 주어야 한다.
ㄹ. 성선의 발달로 성숙한 난자가 생산될 수 있어서 임신에 대한 성교육이 필요하다.

① ㄱ, ㄴ
② ㄱ, ㄷ
③ ㄴ, ㄷ
④ ㄱ, ㄴ, ㄹ
⑤ ㄴ, ㄷ, ㄹ

|정답| ③

|해설| ㄱ : 가성 성조숙증은 성선자극호르몬 비의존성이다.
ㄹ : 가성 성조숙증은 성선의 발육이 부적절하여 성숙한 난자를 생성할 수 없다.

3 당뇨병

03 다음은 중학교 보건교사가 체육교사 및 학부모와 대화한 내용이다. [4점] 2016년

〈 보 기 〉

체육교사 : 보건 선생님, 아까 정말 감사했어요. 저 이런 일을 처음 당했어요. 체육시간에 축구를 하고 있었는데 영수가 주저앉아 있었어요. 운동하기가 싫어 꾀병을 부리는 줄 알았어요. 가까이 가보니 ㉠ <u>얼굴이 백지장처럼 하얗게 변하면서 땀을 비오듯 흘리고 있더군요. 그리고 배도 아프고 토할 것 같다고 했어요</u>. 그래서 바로 보건실로 데리고 온거예요.

보건교사 : 선생님, 많이 놀라셨죠!

체육교사 : 담임 선생님이 그러는데 영수는 지난 1학기에 당뇨병 진단을 받았데요. 오늘 아침에 밥도 잘 먹고, 주사도 맞고 왔다는데 체육시간에 왜 그런 증상이 일어난 거죠?

보건교사 : 그건 저혈당 때문이예요. 다행히도 선생님께서 보건실로 학생을 빨리 데리고 오신 건 잘하신 거예요. 제가 영수 어머니께 오늘 일을 전화드릴께요.

체육교사 : 네, 선생님께서 잘 조치해주셔서 감사합니다.

… (중략) …

보건교사 : 안녕하세요? 저 영수 중학교 보건교사입니다. 오늘 영수가 체육시간에 저혈당 증상이 있었어요. 체육 선생님이 빨리 보건실로 데리고 오셔서 바로 조치를 했답니다. 집에서는 별일 없었나요?

학부모 : 선생님, 감사합니다. 영수가 지난번 중간고사 기간에 ㉡ <u>스트레스를 많이 받았는지 머리가 아프다고 하면서 잠이 들었는데 새벽 2시경에 악몽을 꾸는지 소리를 지르고 식은땀을 흘리더군요. 걱정에 당을 체크해보니 저혈당이었어요. 아침 7시에 다시 혈당을 체크했는데 이번에는 고혈당이었어요</u>. 그래서 병원에 데리고 갔더니 의사선생님이 인슐린 처방을 바꿔준 적이 있어요.

보건교사 : 그렇군요. 학교에서도 영수를 잘 살펴보도록 하겠습니다.

(1) ㉠의 저혈당 증상이 나타난 기전을 쓰시오.

(2) ㉡의 현상에 대한 명칭과 기전을 서술하시오.

|해설| (1) 저혈당증상이 나타난 기전

- 증가된 아드레날린 활동과 손상된 뇌기능에 의해서 야기된다.
- 증가된 아드레날린성 신경계 활동에 증가된 카테콜라민의 분비가 더해지면 신경과민, 창백, 진전, 심계항진, 발한과 공복감이 나타난다.
- 허약, 어지럼, 두통, 기면증, 불안정, 조정 상실, 경련 그리고 혼수는 좀 더 심각한 반응으로서 중추신경계에 혈당이 부족함과 혈청의 포도당 수준을 끌어올리기 위한 신체 시도를 나타내 주는 것이다.

(2) 소모지 현상

기전	• 과도한 경구혈당강하제나 인슐린 투여 시, 저녁식사를 거르거나 저녁에 과도한 운동 등으로 잠자는 중(오전 3~4시경) 저혈당 유발되고 이에 대한 신체의 반응으로 아침 공복에 심한 고혈당이 관찰되는 증상 • 반동성 고혈당 : 저혈당증에 의해 자극받은 역조절 호르몬(에피네프린, 성장호르몬 및 코르티코스테로이드)의 결과로 혈중 포도당 수준의 반동상승이 나타난다. • 새벽 저혈당 + 공복 고혈당

04 1형 당뇨병으로 진단받은 초등학생의 부모를 대상으로 하는 보건교육 내용으로 옳은 것을 〈보기〉에서 모두 고른 것은?

2010년

〈 보 기 〉

㉠ 하루 세 번 규칙적으로 식사를 하고 간식은 주지 않는다.
㉡ 저혈당 시에는 다뇨, 다갈, 둔감한 감각, 그리고 약한 맥박 등이 나타난다.
㉢ 고혈당 시에는 케톤산증을 일으킬 가능성이 높다.
㉣ 혈당이 300~400mg/dl 이상인 경우에는 강도가 높은 운동을 하도록 한다.
㉤ 당화혈색소 검사치는 혈당 조절 상태를 반영한다.

① ㉠, ㉡
② ㉢, ㉤
③ ㉠, ㉣, ㉤
④ ㉡, ㉢, ㉣
⑤ ㉢, ㉣, ㉤

|정답| ②

|해설| ㉠ 하루 세 번 규칙적인 세끼 식사와 간식이 필요하다.
㉡ 저혈당의 증상은 식은땀, 손떨림, 불안, 빈맥, 배고픔, 졸림, 인격변화, 의식혼탁, 경련, 혼수장애 등이 있다.
㉣ 혈당이 300mg/dl 이상으로서 혈당조절이 안되는 상태에서 운동을 하게 되면 글리코겐이 포도당으로 전환되어 혈당이 상승될 수 있기에 운동을 해서는 안된다.

05 당뇨병이 있는 청소년에게 혈당관리는 특히 중요하다. 인슐린이 부족하여 나타나는 합병증인 당뇨병성 케톤산증에서 3다(3多 : 다뇨, 다갈, 다식)증상 외에 보건교사가 관찰할 수 있는 증상을 6가지만 쓰시오.

2006년

|정답| 체중감소, 시야의 흐림, 호흡 시 아세톤 냄새, 쿠스말 호흡, 탈수증상(구강점막건조, 입술이 갈라지고 홍조를 띤 뜨거운 피부, 움푹 들어간 눈, 소변량 감소), 기면상태, 의식상태저하, 혼수상태 등

06 **어린이의 당뇨관리는 주위 사람의 도움이 반드시 필요하다. 보건교사는 당뇨어린이 명단을 확보하여 이들이 계속적인 의학관리를 받도록 해야 한다. 당뇨로 확진되어 인슐린 치료를 받던 5학년 어린이가 오전 11시 체육시간에 공놀이를 하다가 쓰러졌다. 의식이 있는 상태였고 보건교사가 혈당을 측정하였을 때 20mg/dl로 나타났다.** 1997년

(1) 이 어린이를 위한 응급처치 내용을 설명하시오.

(2) 응급상황이 지난 다음에 보건교사가 저혈당에 빠진 이유로 사정해 보아야 할 질문내용

(3) 이 학생이 당뇨의 지침을 잘 시행하고 있는지 확인하기 위해 보건교사가 미리 알고 있어야 할 내용을 서술하시오.

|해설| (1) 응급처치 내용
- 편안한 자세로 안정시킨다.
- 혈당이 20mg/dl 이고 의식이 있는 상태이므로 초콜렛, 오렌지 주스 등의 단당류를 섭취하게 하여 혈당을 높이도록 한다.

(2) 저혈당 사정 질문
- 오전에 아침 식사 시간 및 식사 유무
- 오늘 아침 인슐린 주사를 치료 유무
- 체육시간 전의 간식 섭취 유무
- 체육시간의 과도한 운동 여부
- 오심이나 구토 등의 증상 확인

(3) 보건교사가 알고 있어야 할 내용
- 혈당수치, 인슐린 투여, 케톤 결과 그리고 당뇨조절에 미치는 다른 요소 및 사건을 객관적인 기록의 필요성
- 혈당조절을 위해 고혈당과 저혈당의 조기증상을 알고, 속성 인슐린 투여나 단당류나 탄수화물 음식 섭취를 할 수 있는지의 여부
- 개인 위생 감소, 손발톱관리, 안과 정기 검진과 치과검진 등을 통한 예방 및 조기 치료의 필요성
- 치료계획의 중요한 요소로 운동의 필요성과 활동량 증가 시 음식과 인슐린은 개개인의 활동양상에 맞추어 변경할 수 있어야 함
- 정상적인 영양 섭취를 위해서 연령에 맞는 적절한 섭취량과 일정한 메뉴, 복합 탄수화물, 그리고 일정한 식사시간에 대한 내용
- 당뇨병의 병태생리, 열량섭취, 운동과 관련한 인슐린과 글루카곤의 기능과 작용 등에 대한 정보
- 아동에게 당뇨병이 있음을 알리는 의료 주의표시 착용
- 급 · 만성 합병증 진행을 예방할 수 있도록 해야 함
- 인슐린의 종류 및 특성과 실제 투여방법과 투여 부위 등에 대한 이해

07 소아형 당뇨에 대한 설명으로 옳지 않은 것은? 1996년

① 갑자기 시작
② ketoacidosis가 잘 온다.
③ 식사요법으로 충분하다.
④ 흔히 신우신염, 호흡기 감염이 진행된다.

|정답| ③
|해설| ③ 소아당뇨는 식사요법으로 불충분하다.

08 당뇨병으로 인해서 인슐린요법을 쓰고 있는 학생에게 사탕이나 오렌지 주스를 주어야 할 경우는? 1995년

① 깊고 빠른 호흡
② 바싹 마르고 붉은 혀
③ 창백하고 축축한 피부
④ 호흡 시 아세톤 냄새

|정답| ③
|해설| 나머지는 고혈당의 증상이다.

09 소아당뇨병에 대한 설명으로 맞는 것은? 1994년

① 비만증과 관계있으며 서서히 진행된다.
② ketoacidosis가 성인보다 흔하다.
③ 내복용 혈당저하제가 1/3에서만 도움이 된다.
④ 식사요법만으로 충분하며 insulin이 꼭 필요하지 않다.

|정답| ②
|해설| **소아당뇨(1형 당뇨)**
① 성인형 당뇨형(2형 당뇨)이다.
③ 내복용 혈당저하제는 비효과적이다.
④ 식사요법은 비효과적이며 insulin은 꼭 필요하다.

10 **소아당뇨의 특징으로 옳은 것은?** 1992년

① 식이요법만으로 조절이 잘 된다.
② 대부분 인슐린 의존형이 아니다.
③ 인슐린 과잉, 체중감소, 탈수증상이 있다.
④ 갑자기 발생하여 바이러스 감염 후 종종 발병한다.

|정답| ④

|해설| 소아당뇨(1형 당뇨)

① 식이요법만으로 조절이 안된다.
② 인슐린 의존형이다.
③ 인슐린이 낮거나 없다.
④ 소아당뇨 발생 관련 요인은 유전적 요인, 자가면역기전(인슐린 자가항체 발견, 하시모토 갑상선염이나 에디슨병 등), 바이러스(홍역, 선천성 매독, 콕사키 바이러스 등)이다.

CHAPTER

16 세포장애

1 뇌종양(Brain Tumor)

특징	• 가장 일반적인 고형종양 • 10세 이하 아동에게 발병 • 백혈병 다음 두 번째로 많은 아동의 악성종양	
병태생리	• 두개내 신생물 → 뇌척수액 순환 폐쇄 → 두개내압 상승 → 종괴의 직접적인 압박	
유형	수아세포종 (신경교종)	• 성장속도 빠름, 4~8세 호발, 여>남 • 구토, 기면, 두통, 유두부종 등
	소뇌 성상세포종	• 성장속도 느림, 아동기 및 초기 성인 시 발병 • 초기에 구토, 두통 → 유두부종, 운동실조, 안구진탕증, 반사감소 • 소뇌반구 일측에서 주로 발병
	상의세포종	• 아동에게는 적게 나타남 • ICP 상승 증상 발현
	뇌간 신경교종	• 아동기, 사춘기에 흔함 • 중뇌, 뇌교, 연수에 호발 • 뇌신경 결손, 운동실조, 반사 감소 등(ICP 상승 흔하지 않음)

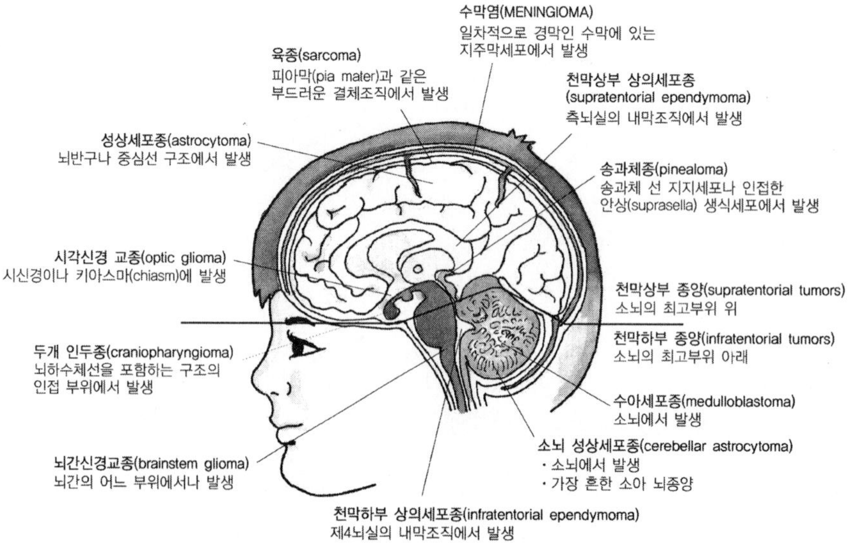

<table>
<tr><td rowspan="5">증상</td><td rowspan="4">천막하부</td><td colspan="2">• 두통과 구토 : 잠자리에서 일어나는 아침에 가장 심함
– 원인 : 자세변화에 따른 두개내압의 급격한 증가
• 운동실조 : 소뇌 종양에서 호발, 하지쇠약, 바빈스키 반사 양성, 마비
• 활력징후의 변화 : 연수압박 시 서맥, 느린 호흡, 불규칙한 호흡, 호흡곤란, 혈압상승
• 행동 및 정서변화 : 기면, 불안, 안전부절 못함, 흥분, 식욕감퇴
• 시력장애 : 천막하 종양 시 호발, 사시, 복시, 시야결손
• 유두부종 : ICP 말기 증상으로 시신경 유두의 종창
• 발작</td></tr>
<tr><td>영아</td><td>소아</td></tr>
<tr><td>• 행동변화
• 대천문 팽창
• 수두증
• 구토
• 발육지체</td><td>• 경련발작
• 두통
• 구토
• 반신부전 마비
• 시력상실</td></tr>
<tr></tr>
<tr><td>천막상부</td><td colspan="2">• 두통, 발작, 국소적 신경 결손</td></tr>
<tr><td>진단</td><td colspan="3">• MRI, CT, PET : 6세 이하의 아동은 진정제 필요함
• 환자의 징후, 증상 및 종양의 위치로 판단</td></tr>
<tr><td rowspan="4">치료</td><td>외과적 수술</td><td colspan="2">• 종양제거
• 뇌간종양, 시신경 신경교종 : 수술 안함, 뇌실복막 단락 삽입
• 소뇌종양 : 발작위험, 항경련제 처방</td></tr>
<tr><td>방사선요법</td><td colspan="2">• 5세 이하는 뇌에 독성효과 나타남</td></tr>
<tr><td>재활요법</td><td colspan="2">• 걸음걸이, 양측사지 움직임, 말하기, 삼키기, 시각과 청각, 언어능력의 결손 시 필요함</td></tr>
<tr><td>화학요법</td><td colspan="2">• 방사선 치료시기 늦추어야 하거나 그 필요성을 감소시키고자 하는 3세 미만 어린아동에게 시행</td></tr>
<tr><td rowspan="4">간호</td><td>정서적 지지</td><td colspan="2"></td></tr>
<tr><td>환아 상태 사정</td><td colspan="2">• 의식수준, 활력징후, 두통양상, 구토증세, 경련, 운동기능
• 신경계 검진, 머리 둘레 측정, 대천문 사정</td></tr>
<tr><td>수술 전 간호</td><td colspan="2">• 불안 경감, Head up, 조용하고 어두운 환경 제공
• 통증 시 비마약성 진통제 사용</td></tr>
<tr><td>수술 후 간호</td><td colspan="2">• 기도유지, 산소공급
• 두개내압 상승 증상 관찰
– ICP, BP 상승, 맥박과 호흡의 저하, 오심, 구토, 출혈증상 사정
• 1~2시간마다 체위변경
• 뇌척수액 유출 사정
• 수액공급 관찰(체액과다 예방)</td></tr>
</table>

2 백혈병(Leukemia)

<table>
<tr><td>정의</td><td colspan="2">• 혈액 생산조직의 진행성 악성질환
• 골수의 비정상적인 증식과 성숙으로 미성숙 백혈구가 생성되는 질환
• 정상 골수성분이 아세포(blast cell)라는 비정상, 미성숙 림프구로 대체되는 악성 질환</td></tr>
<tr><td>특성</td><td colspan="2">• 15세 이전 아동의 가장 흔한 악성종양
• 2세부터 발생빈도가 증가하여 5세에 가장 많음
• 남아 > 여아
• 급성 림프구성 백혈병(ALL ; acute lymphocytic leukemia)이 가장 많음</td></tr>
<tr><td>병태생리</td><td colspan="2">• 조혈조직에 미성숙 백혈구의 과다 증식으로 인해 골수기능 부전이 초래 → 범혈구 감소증과 면역억제 등 주요증상 나타남
• 적혈구 감소로 인한 빈혈
• 호중구 감소로 인한 감염
• 혈소판 감소로 인한 출혈 발생
→ 범혈구감소증
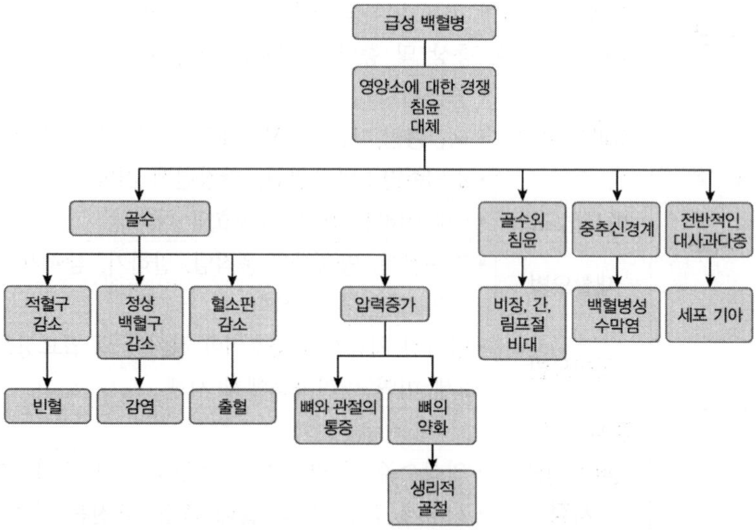
</td></tr>
<tr><td rowspan="3">분류</td><td>급성 림프구성 백혈병</td><td>급성 골수성 백혈병</td></tr>
<tr><td>• 미성숙 림프구의 증식
• 14세 이전, 특히 2~9세
• 어린이 백혈병 중 가장 흔함</td><td>• 골수 아구의 무한 증식
• 연령이 많아짐에 따라 발생빈도 증가 : 청소년기, 55세 이후
• 성인 급성백혈병의 85%, 어린이 백혈병의 두 번째</td></tr>
<tr><td colspan="2">• 만성백혈병은 아동에게 드묾</td></tr>
</table>

증상	골수기능 장애	• 적혈구 감소 : 빈혈 • 호중구 감소 : 감염 • 혈소판 감소 : 출혈 • 골수침범(아세포 침윤) – 뼈 쇠약, 골막침범		• 창백, 피로, 발열 • 출혈(점상 출혈반) • 골절경향 • 뼈의 통증
	간, 비장, 림프샘	• 침윤, 증대 : 섬유조직 형성		• 간비대, 비장비대, 림프선종
	중추신경계 : 뇌막	• 뇌압상승, 뇌실증대, 뇌막자극		• 심한 두통, 구토 • 불안정, 기면, 유두부종 • 혼수, 통증, 경부 및 척추강직
	고요산혈증	• 백혈구 파괴에 따라 다량의 요산이 혈중으로 방출 → 급성 신부전(종양 용해 증후군 Tumorlysis Syndrome; TLS)		• 요로결석, 통풍, 신통증, 감염
	대사항진	• 세포침범에 의한 영양소의 세포 분리		• 근육소모, 체중감소 • 식욕부진, 피로
진단	• 혈액검사(CBC), 혈액화학검사 • 말초혈액 도말검사 : 미성숙 아세포 형태의 비정상적 백혈구 증가 • 방사선 검사 : 신장에 백혈병 세포 침윤, 종격동 내 mass 확인 • 골수검사 : 장골능 전방이나 후방 사용, 백혈병 시 골수는 60~100% 미성숙한 백혈구 확인 • 요추천자, CT : 암세포가 혈액이나 골수 외의 부위로의 전이 여부 확인			
치료	화학요법	• 화학요법 전 혈청요산을 낮추고 소변을 알칼리화 하기 위해 allopurinol과 중탄산나트륨이 함유된 정맥주사용액을 초기에 정규적으로 시작		
		도입단계	• 백혈병 세포의 완전한 관해나 소멸시키는 단계 • 골수 내의 미성숙 아세포를 5% 이하로 감소시키는 것	
		강화단계	• 전체종양의 크기를 더욱 감소시키는 치료단계	
		유지단계	• 화학요법을 더 사용하여 질병의 확실한 관해를 유지하는 단계	
		ALL	치료 목적	• 완전골수 무형성을 야기하는 데 있음
			관해 도입 시	• vincristine, prednisone, L-asparaginase 등의 병합요법 • 감염과 출혈증상 주의
			관해 유지 시	• 항백혈병약 지속 투여 • methotrexate, 6-mercaptopurine, vincristine과 prednisone 투여

	방사선 조사	• 치료에 저항을 갖는 중추신경계 질환이나 고환에서 질병이 재발할 때 사용함
	중추신경계 예방치료	• 두부 방사선 조사에 수반되는 후방성 영향과 2차 종양 발생에 대한 우려
	재발 후 재유도	• 질병 재발 시 부가적인 치료 필요 • 화학요법에 저항을 갖고 백혈병이 재발하는 부위 : 고환 – 양측 고환 방사선 조사와 집중적인 전신적 화학요법
	골수이식 조혈모세포이식	• 대상 : 고위험을 갖거나 초기 치료에 대한 반응이 나쁜 림프모구 백혈병 환자 • 세균감염 예방을 위해 역격리 : 생착을 위한 주의 필요시기(2~4주) • 합병증 : 거부증, 이식편대숙주반응
간호	감염간호	• 38℃ 이상이거나 38.5℃일 때는 대변, 인후, 소변, 혈액 등 배양검사 시행 • 미온수 목욕, 해열제(acetaminophen) 투여, cooling blankets 등 시도 • 발한 시 자주 이불을 교환해 주고 충분한 수분섭취 권장 • 생백신 예방접종 금지 • 회음부를 관찰하여 항문 주위 농양이나 요로감염의 잠재성을 최소화 • 직장으로 체온측정을 피하며, 좌약 또는 관장도 가능한 피할 것 • 근육주사는 제한하고 정맥주사는 72시간마다 정기적으로 바꾸어 감염예방 • 손씻기 철저히 할 것 • 거친 음식이나 생과일 · 야채 먹지 말도록 함 • 아동의 방과 물품을 깨끗이 유지 • 방문객 제한 • 감염에 저항성이 없고 출혈가능성이 있어 또래집단과 어울리는 것 금지 • 구강간호 – 하루 4회 구강위생관리 – 혈소판 수치 낮을 시 칫솔 대신 면봉이나 손가락 싸개 구강 세척 – 알코올을 함유한 구강세정제 피하기 – 외상과 출혈 위험으로 치간치솔 사용 피하고 부드러운 칫솔만 사용할 것 – 치아청결을 위해 거즈로 싼 압설자나 함수제 등을 이용 – 부드럽고 자극적이지 않은 음식 제공

	동통간호		• **진통제 투여** : 골통, 장기와 림프선 비대로 인한 불편감, 신경통, 연하곤란증 • 혈종부위는 세균성장이 용이한 곳이므로 주의 깊게 관찰하고 기록 • 동통사정을 위해 생리적 자료와 아동과 부모의 주관적 자료를 활용 • 아동과 가족에게 정보를 제공하고 기분전환, 오락과 같은 전환요법 실시 • 약물은 정기적인 계획에 따라 투여
	출혈간호		• 근육 · 피하주사 제한하고 면도날 사용금지 • 안전한 환경 유지 • 변비예방 • 비타민 K 풍부한 식이권장 • **혈소판 5만 이하** : 출혈증상 관찰 • 혈소판, 혈색소, Hct 매일 측정, 잠혈상태 확인
	화학요법의 부작용 간호		• **흔한 부작용** : 구내염, 탈모증, 영양문제 등
		구내염	• 생리식염수, 중탄산나트륨으로 입안을 2~4시간 간격으로 헹굼 • 국소적, 전신적 진통제 투여 • 구강섭취 전 구강진통제를 투여하여 식사 시 편안함 제공
		아구창	• Nystatine으로 치료하거나 예방
		탈모증	• 원인이 되는 약을 더 이상 사용하지 않으면 머리는 다시 자란다는 것을 강조 • 탈모증을 위해 부드러운 면 소재의 모자 착용 • 잦은 머리감기는 오히려 탈모를 악화, 자주 햇볕을 쬐는 것도 탈모 악화
		오심 · 구토	• 화학요법의 부작용 또는 구토 중추를 자극하여 일어남 • 진통제 투여 • 차가운 음식이나 실내온도의 음식에서 좀 더 적게 유발 • 달고 기름기가 많은 음식, 고염식이, 강한 냄새가 나는 음식 피하기 • 신선한 공기나 체위교환
	지지요법	영양공급	• 고열량, 고단백 식이, 충분한 수분섭취
		충분한 휴식	• 충분한 휴식으로 에너지 보존과 대사활동 감소 • 기초대사율 증가와 빈혈로 인한 산소부족 등으로 만성 피로상태
		퇴원계획	• 부모는 퇴원 후 자녀의 화학요법 치료계획을 잘 알고 있어야 함 • 부모는 약물투여, 부작용, 관찰해야 하는 사항, 언제 의사와 만나야 하는지에 대해 알고 있어야 함

3 신경아세포종(Neuroblastoma) : 신경모세포종

정의		• 신경관 원세포에서 발생하는 악성신생물로 부신과 자율신경계에서 발생
원인		• 원인불명 • 오직 영아와 아동에게서만 발견 • 아동의 두개골 밖에서 발생하는 가장 흔한 고형 악성종양 • 영아에서 진단되는 가장 흔한 암
병태생리		• 신경아세포종은 신경줄기에서 발생 → 교감신경계와 부신수질로 발전 → 세포 증식하여 고형덩어리나 종양 형성
특징		• 여아<남아, 부신 호발 • 1세 미만 영아에게서 많이 발생 • 잘 발견되지 않고 전이가 빠름 • 장골에 전이되어 팔다리가 아프다고 호소한 후 발견됨 • 신경관 세포가 있는 어떤 부위에서도 발생 가능 • 원발부위 : 복부에서 발생, 주로 부신 • 전이는 주로 뼈(특히, 두개골, 골반, 대퇴, 상완골), 골수, 간, 림프절, 피부 등
진단	임상검사	• CBC, 간 기능 및 신기능 검사, 화학검사 • 24시간 소변 검사 : 요 통해 방출되는 catecholamine, tyrosine 대사물질의 상승 • 종양표지자 검사 : LDH와 ferritin 농도의 증가
	골수흡인 · 생검	• 신경아세포종의 확진과 골수침범 여부확인
	흉부 X 선 촬영	• 흉부나 척추 주변에 원발성 종양 발견
	복부초음파	• 종양에 대한 정보제공
	CT · MRI	• 종양의 위치 확인, 다른 신체기관의 침범 여부 확인
	핵의학 촬영검사	• 신경아세포종을 포함한 다양한 종류의 종양에만 국한
	PET 스캔	• 전이성 질환 유무 확인
증상		• 복부팽만, 상복부 덩어리 촉진 • 복부의 중앙선을 넘어서는 덩어리 → 눌러도 통증 없음 • 신장, 요관, 방광 압박으로 인한 요정체 및 빈뇨, 혈뇨 • 뼈에 전이 시 통증발생 • 두개골로의 전이에 의한 안구돌출(너구리 눈)과 안와 출혈
치료		수술 · 방사선 치료, 항암화학요법, 조혈모 세포이식
간호		• 화학요법 부작용 사정 : 오심, 구토, 빈혈, 골수억제 증상, 탈모, 식욕부진, 심장독성 • 변비, 설사, 피로, 위장궤양, 감염, 구내염 등의 증상 관찰 • 영양증진 : 소량 자주 섭취, 고칼로리, 고단백식이, 식전에 휴식 • 울혈성 심부전 증상 관찰 • 변비완화 : 고섬유식이 및 수분섭취 격려, 변 완화제 처방

	• **감염예방** : 위생 청결히 함, 손씻기, 감염의 초기 증상 사정 • **수분과 전해질 균형** : 오심, 구토, 설사가 나타나므로 탈수 위험 관찰 • **신경독성 관찰** : 허약감, 쉰 목소리, 변비, 심부건 반사 소실, 뇌신경마비 등 • **손상 예방** : 혈소판 감소증으로 출혈 경향 높음 • **정서적 지지** : 탈모 등 화학요법의 부작용들이 일시적임을 격려

4 Wilms 종양(Nephroblastoma) : 신아세포종

정의		• 일측이나 양측으로 신장을 침범하는 악성 배아기 신생물 • 소아에서 많이 나타나는 신장의 악성종양 • 미분화된 원시세포에서 비롯된 종양
원인		• 2~5세 아동, 7세 이전에 나타남 • **유전적 요인** : 상염색체 이상 • 무홍채증, 현측성 비대, 잠복고환증, 요도하열을 포함하는 다른 선천성 기형 동반 • 좌측 신장 호발(한쪽 신장만 침범하는 일측성인 경우가 많음)
진단		• **복부초음파** : 딱딱한 신장 내의 덩어리를 찾기 위해 시행하는 일차검사 • 복부 CT, MRI, 흉부방사선 검사, 흉부 CT
증상		• **복부에 덩어리가 촉진됨** : 복부의 중앙선을 넘지 않는 덩어리(한쪽 편에서만 보임) • 복부팽만, 복부 불편감 호소 • 종양이 커지거나 전이될 경우에 복통이 나타남 • 기면, 식욕부진, 고열, 혈뇨, 고혈압 등
치료		• 외과적 처치 • 화학요법 • 방사선요법
간호	수술 전	• 종양세포가 촉진에 의해 터지거나 전이될 수 있기 때문에 절대 복부를 만지지 않도록 주의함 • 침대 위에 "복부를 만지지 마십시오"와 같은 안내물 붙여두기
	수술 후	• **장폐색 관찰** : 복부팽만, 장음, 통증, 구토 등 • 통증관리 • 상처관리, 감염관리 • 장기간의 추후관리의 필요성에 대한 지속적인 교육

CHAPTER 16 세포장애

기출문제

1 백혈병

01 백혈병으로 입원한 아동의 구강간호로 거리가 먼 것은? 1993년

① 부드러운 칫솔로 이를 닦는다.
② 잇몸의 기계적 자극을 줄이기 위해 연식을 준다.
③ 과산화수소나 레몬액으로 입안을 헹구어 낸다.
④ 건조감과 구열을 막기 위해 윤활유를 바른다.

|정답| ③
|해설| ③ 과산화수소나 레몬액으로 입안을 헹구어 내면 오히려 자극이 될 수 있다.

CHAPTER

17 아동학대

1 아동학대의 정의 및 유형(아동복지법 제3조 제7호)

<table>
<tr><td>정의</td><td colspan="3">• 보호자를 포함한 성인이 아동의 건강 또는 복지를 해치거나 정상적 발달을 저해할 수 있는 신체적 · 정신적 · 성적 폭력이나 가혹행위를 하는 것과 아동의 보호자가 아동을 유기하거나 방임하는 것</td></tr>
<tr><td rowspan="4">학대</td><td rowspan="2">신체적 학대</td><td colspan="2">• 보호자를 포함한 성인이 아동의 건강 또는 복지를 해치거나 정상적 발달을 저해할 수 있는 신체적 폭력이나 가혹행위를 하는 것
• 보호자를 포함한 성인이 아동에게 우발적인 사고가 아닌 상황에서 신체적 손상을 입히거나 또는 신체손상을 입도록 허용한 모든 행위</td></tr>
<tr><td>예</td><td>• 직접적으로 신체에 가해지는 행위 : 손, 발 등으로 때림, 꼬집고 물어뜯는 행위, 조르고 비트는 행위, 할퀴는 행위 등
• 도구를 사용하여 신체를 가해하는 행위 : 도구로 때림, 흉기 및 뾰족한 도구로 찌름 등
• 신체에 유해한 물질로 신체에 가해지는 행위 : 화학물질 혹은 약물 등으로 신체에 상해를 입히는 행위, 화상을 입힘 등
• 완력을 사용하여 신체를 위협하는 행위 : 강하게 흔듦, 신체부위 묶음, 벽에 밀어붙임, 떠밀고 움켜잡음, 아동 던짐, 몸을 거꾸로 매닮, 물에 빠뜨림 등</td></tr>
<tr><td rowspan="2">정서적 학대</td><td colspan="2">• 보호자를 포함한 성인이 아동의 건강 또는 복지를 해치거나 정상적 발달을 저해할 수 있는 정신적 폭력이나 가혹행위를 하는 것
• 보호자를 포함한 성인이 아동에게 행하는 언어적 모욕, 정서적 위협, 감금이나 억제, 기타 가학적인 행위
• 언어적, 정신적, 심리적 학대</td></tr>
<tr><td>예</td><td>• 원망적 · 거부적 · 적대적 또는 경멸적인 언어폭력 등 잠을 재우지 않는 것
• 벌거벗겨 내쫓는 행위
• 형제나 친구 등과 비교, 차별, 편애하는 행위
• 가족 내에서 왕따 시키는 행위
• 아동이 가정폭력을 목격하도록 하는 행위
• 아동을 시설 등에 버리겠다고 위협하거나 짐을 싸서 쫓아내는 행위</td></tr>
</table>

<table>
<tr><td></td><td></td><td></td><td>• 미성년자 출입금지 업소에 아동을 데리고 다니는 행위
• 아동의 정서발달 및 연령상 감당하기 어려운 것을 강요하는 행위 : 감금, 약취 및 유인, 아동 노동 착취
• 다른 아동을 학대하도록 강요하는 행위</td></tr>
<tr><td rowspan="2"></td><td rowspan="2">성적 학대</td><td colspan="2">• 보호자를 포함한 성인이 아동의 건강 또는 복지를 해치거나 정상적 발달을 저해할 수 있는 성적 폭력이나 가혹행위를 하는 것
• 보호자를 포함한 성인이 아동의 건강 또는 복지를 해치거나 정상적 발달을 저해할 수 있는 성적 폭력이나 가혹행위를 하는 것</td></tr>
<tr><td>예</td><td>• 자신의 성적만족을 위해 아동을 관찰하거나 아동에게 성적인 노출을 하는 행위 : 옷을 벗기거나 벗겨서 관찰하는 등의 관음적 행위, 성관계 장면을 노출, 나체 및 성기 노출, 자위행위 노출 및 강요, 음란물을 노출하는 행위 등
• 아동을 성적으로 추행하는 행위 : 구강추행, 성기추행, 항문추행, 기타 신체부위를 성적으로 추행하는 행위 등
• 아동에게 유사성행위를 하는 행위 : 드라이 성교 등
• 성교를 하는 행위 : 성기 삽입, 구강성교, 항문성교
• 성매매를 시키거나 성매매를 매개하는 행위</td></tr>
<tr><td rowspan="5">방임</td><td colspan="3">• 아동의 보호자가 아동을 유기하거나 방임하는 것
• 보호자가 아동에게 위험한 환경에 처하게 하거나 아동에게 필요한 의식주, 의무교육, 의료적 조치 등을 제공하지 않는 행위
• 유기 : 보호자가 아동을 보호하지 않고 버리는 행위</td></tr>
<tr><td>물리적 방임</td><td colspan="2">• 기본적인 의식주를 제공하지 않는 행위
• 불결한 환경이나 위험한 상태에 아동을 방치하는 행위
• 아동의 출생신고를 하지 않는 행위, 보호자가 아동들을 가정 내 두고 가출한 경우 보호자가 아동을 시설 근처에 두고 사라진 경우
• 보호자가 친족에게 연락하지 않고 무작정 아동을 친족 집 근처에 두고 사라진 경우 등</td></tr>
<tr><td>교육적 방임</td><td colspan="2">• 보호자가 아동을 특별한 사유 없이 학교(의무교육)에 보내지 않거나 아동의 무단결석을 방치하는 행위(※의무교육은 6년의 초등교육 및 3년의 중학교를 의미함) (교육기본법 제8조 제1항)
※ 무단결석이란 정당한 사유 없이 계속하여 7일 이상 결석을 하는 경우(초 · 중등교육법 시행령 제25조 제1항)</td></tr>
<tr><td>의료적 방임</td><td colspan="2">• 아동에게 필요한 의료적 처치 및 개입을 하지 않는 행위, 예방접종×</td></tr>
<tr><td>유기</td><td colspan="2">• 아동을 보호하지 않고 버리는 행위
• 아동을 병원에 입원시키고 사라진 경우 시설근처에 버리고 가는 행위</td></tr>
</table>

CHECK Point 신체적 학대의 예

흔들린 아이 증후군 (shaken baby syndrome)	정의	• 아이의 사지나 어깨를 잡고 심하게 흔들면서 뇌손상을 유발시키는 아동학대
	증상	• 기면 · 근력상실, 빈약한 흡철과 연하 • 머리들기가 어려움 · 팔이나 다리를 움직이는 데 어려움 • 심한 불안정 · 경직 · 특이한 자세 취함 · 호흡문제 • 다른 질병에 대한 징후 없는 구토 • 발작 · 천문 팽창 · 크기가 다른 동공 • 눈충혈 · 눈 주변이나 얼굴의 반상출혈 • 장기적 : 두개내 출혈 - 성장 실패, 두개내압 증가, 두개내 출혈, 망막출혈, 경련, 뇌수종, 유두부종, 두개골 골절, 늑골골절과 장골골절, 무호흡, 불규칙한 호흡, 혼수, 구토, 졸음, 무기력 등
대리인에 의한 뮌하우젠 증후군	정의	• 사람들의 주목을 얻기 위해 질병을 가장하는 상태로 인위적인 장애로 간주되는 정신장애 • 뮌하우젠 증후군을 가진 사람이 아동의 질병을 위조할 때 발생
	증상	• 학대받는 아동을 아픈 척하게 하건, 실제로 아프게 만들어 병원으로 데려가서는 아픈 원인을 모르겠다고 주장 • 병원을 찾는 가장 흔한 증상 : 출혈, 경련, CNS 억제 증상, 무호흡, 설사, 구토, 열, 발적 등 • 경고증상 - 지연되고, 예상치 못하거나 터무니없는 질병 : 양육자에 의해 제공되는 장황한 병력 - 제공된 병력과 관계없는 부적절한 증상과 징후 - 부정적인 진단결과가 있는 이전의 병원기록과 평가들 - 적절한 치료가 잘 시행되지도 않고 효과도 없음 - 심각한 아동장애에 대한 과거의 가족력, 설명이 안 되는 형제자매의 사망 가능성, 학대받은 형제자매가 이미 있음

2 아동학대의 징후

1. 아동학대의 징후

구분	신체적 단서	암시적 행동
신체적 학대	• 타박상과 채찍자국 - 얼굴, 입술, 입, 등, 엉덩이, 대퇴 또는 몸통부분 - 벨트 버클, 손, 철사 행거, 사슬, 나무 국자, 조르거나 꼬집은 자국과 같은 사용한 물건을 나타내는 일정한 모양 - 다양한 치유단계에서 나타날 수 있음	• 성인과 신체적 접촉에 대한 경계 • 부모에 대한, 또는 집에 가는 것에 대한 명백한 두려움 • 환경을 조사하는 동안 아주 가만히 누워 있는 것 • 통증에도 울지 않는 것과 같이 상해에 대한 부적절한 반응 • 깜짝 놀라게 하는 사건에 대한 반응 결여

	• **화상** – 발바닥, 손바닥, 등 또는 엉덩이 – **둥근 담배 모양이나 담뱃불로 지진 화상같이, 사용한 물체를 나타내는 패턴** : 끓는 물에 담가 생긴 듯한 선명하게 구분되는 경계부위, 손목이나 발목에 밧줄로 묶인 화상, 다리미나 난방기 또는 전기 스토브 모양의 화상 – '튀어서' 생긴 흔적이 없고 대칭적 화상자국의 존재 – **전기총으로 인한 손상** : 원형 병변, 매우 획일적(≤ 0.5cm)이고 약 5cm 정도 떨어져 짝을 이룸 • **골절과 탈구** – 두개골, 코 또는 안면구조 – 사지의 비틀림으로 인한 나선형 골절이나 탈구 또는 아동을 흔들어서 생긴 경추손상(whiplash)같은 학대 – 다양한 치유단계에 있는 여러 새로운 또는 오래된 골절 • **열상과 찰과상** – 팔, 다리, 몸통, 얼굴 또는 외부 생식기의 뒷부분 – 복부팽만, 통증 및 타격으로 인한 구토같은 비정상적인 증상 – 사람이 물었거나 머리카락을 잡아당긴 것 같은 자국 • **화학적** – 설명되지 않은 반복적 중독, 특히 약물 과다 복용 – 인슐린 투여로 인한 저혈당증같은 설명되지 않은 급작스런 질병	• 다른 아동이 우는 것을 들을 때 걱정하는 모습 • 무분별한 친밀감과 지나친 애정 표현 • 피상적인 관계 • 관심을 얻기 위해 공격과 같은 행동 표출 • 위축된 행동
신체적 방임	• 성장장애 • 사지가 가늘고 복부팽만, 피하지방 부족같은 영양불량의 징후 • 개인위생 불량	• **둔하고 소극적인 정서** : 지나치게 수동적이거나 졸림 • 손가락 빨기나 흔들기 같은 자기-자극적 행동

	• 깨끗하지 못하거나 부적절한 옷차림 • **불량한 건강관리** : 지연된 예방접종, 치료되지 않은 감염, 잦은 감기 등 • 감독소홀로 인한 잦은 손상	• 음식을 구걸하거나 훔침 • 학교 결석 • 약물남용 • 기물을 파괴하거나 훔치는 행동
정서적 학대와 방임	• 성장장애 • 식사 또는 수유장애 • 유뇨증 • 수면장애	• 깨물기, 흔들기, 빨기같은 자기-자극적 행동 • 영아기 동안 사회적 미소와 낯선 사람에 대한 불안 결여 • 환경과 사람으로부터 위축 • 비정상적인 두려움 • **반사회적 운동** : 파괴, 훔치기, 잔인함 등 • **극단적 행동** : 지나치게 고분고분, 수동적, 공격적, 까다로운 행동 등 • 정서적, 지적 발달의 지연, 특히 언어발달의 지연 • 자살시도
성적 학대	• 외부 생식기, 항문, 구강 또는 인후의 타박상, 출혈 열상 또는 자극 • 찢어지고, 얼룩지거나 피가 묻은 속옷 • 배뇨 시 통증이나 생식기부위의 통증, 부종 및 소양증 • 음경 분비물 • 성병, 비특이적 질염 • 걷거나 앉는 데 어려움 • 생식기부위에서 나는 비정상적인 냄새 • 반복되는 요로감염 • 정자가 존재함 • 어린 청소년의 임신	• 과도한 또는 공개적인 자위행위, 연령에 맞지 않는 성적 유희, 문란한 성생활 또는 노골적인 유혹 행동을 포함한 성적으로 관련된 문제의 갑작스런 발생 • 위축 행동, 지나친 낮잠 • 특히 놀이에서 환상에 사로잡힘 • 또래와의 관계 부족 • 불안, 체중감소나 증가, 집착하는 행동과 같이 급격한 변화 • 근친상간 관계에서, 딸을 보호하지 못한 어머니에 대한 과도한 분노 • 잠자리에서 오줌 싸기 또는 엄지 손가락 빨기와 같은 퇴행행동 • 공포증 또는 두려움의 갑작스런 시작, 특히 어둠, 남자, 낯선 사람 또는 특정한 환경 또는 상황에 대한 두려움[예 집을 떠나는 것 또는 데이케어(보육시설)센터나 베이비 시터집에 머무는 것에 대한 지나친 두려움]

		• 가출 • 약물남용(특히, 술이나 환각제) • 감정기복이 심함. 특히, 극단적인 우울증, 적대감과 공격적인 태도 • 학교 수행능력의 급격한 저하 • 자살 시도 또는 자살생각

2. 학대를 당하고 있다고 의심할 수 있는 행동 특성

(1) 불편 또는 통증 호소 · 현재 또는 과거의 신체적 상처
(2) 빈약한 피부위생 및 영양실조
(3) 신체적 접촉을 싫어함, 눈접촉 하지 않음, 타인 회피, 감정표현 안함, 공격성 양상
(4) 성적 놀이, 성에 대한 관심, 부정적인 신체상
(5) 감정의 기복이 심하고 위축, 우울, 불안, 자존심 저하, 자해 및 자살행동
(6) 발달의 지연 · 친구관계의 어려움

3. 신체적 학대 아동에게서 찾을 수 있는 상처의 일반적 부위

상처위치	일반적 신체증상
머리	• 눈주위 검푸른 색, 귓바퀴를 꼬집거나 잡아당긴 표시, 뺨을 때리고 꼬집은 자국 • 윗 입술 및 설소 대열상 또는 멍든 자국 • 두피가 벗겨지고 머리카락이 잘렸거나 멍든 자국
목	• 질식하도록 누른 자국
몸통	• 가슴을 물어뜯은 자국, 손가락 자국, 엉덩이와 하지를 때린 자국
생식기	• 꼬집은 자국, 음경을 조이는 물질로 싸맨 자국
사지	• 상지 팔이나 팔목 또는 발꿈치를 꽉 움켜진 자국, 발에 핀이나 레이저로 문신한 자국

4. 학대가족의 특징

양육자	• 과장되거나 정서적 반응이 없는 양육자의 부적절한 반응 • 학대징후와 관련된 것보다 다른 것들을 호소 • 손상의 원인을 다른 사람들로 비난 • 질문하는 자리에 부모가 불참 • 치료를 찾아다니면서 과도하게 지연 • 추가 검사 또는 치료에 동의하는 사인 거부

부모특성	• 학대하는 부모 중 대부분 아동기에 학대, 방임의 병력 지님 • 정신 질환, 공격적 충동을 다루기 어려움 • 분노 표현 조절과 스트레스 적응에 어려움으로 좌절, 불안을 해소시키는 방법으로 자녀를 실컷 때림 • 낮은 자존감과 부적절한 어머니로서의 역할 • 부모나 양육자가 알코올 중독, 약물 중독 • 사회적 고립 : 10대 어머니를 둔 아동은 나이 든 어머니의 아동보다 학대위험이 큼 • 이용할 수 없는 지지체계가 전혀 없는 부모 : 위기에 취약
아동특성	• 아동기질, 위치, 선천적 결함, 질환으로 신체적 요구가 필요 • 미숙아, 사생아, 원치 않은 아동, 과다행동을 하거나, 신체적 불구 문제 행동을 보이는 경우 • 사생아
환경적 특성	• 이혼이나, 별거, 실직, 잦은 이사로 스트레스를 경험 • 가난, 재정적인 어려움 : 사회경제적 수준이 낮은 가족에게 학대 상황 형성

5. 방임의 증상과 간호

부적절한 간호	• 부적절한 식사(아침, 점심은 시리얼, 저녁은 없음) • 낡고 더럽고, 연령에 맞지 않고, 몸에 잘 맞지 않은 옷 • 건강관리 유지 노력이 없음(예방적 접종, 정기적 검사) – 감독소홀, 부적절한 한계 설정(5세 아동에게 밤 11시까지 놀도록 허락함)
부적절한 신체적 환경	• 부적절한 집(난방이 안되는 방, 물이 안 나오거나 배수시설이 적절하지 못함) • 부적적한 수면환경(여아가 오빠와 같이 자는 것) • 구조적/전기적/화재 위험(안전하지 못한 전기노출) • 물 온도 위험(온도가 너무 높음)
부적절한 부모의 돌봄	• 잦은 결석 • 적절하지 못한 징계(옷장 속에 가두기, 체벌) • 정서적인 유기(학교모임에 참석하지 않음, 양육자–아동동반 등의 학교활동에 참여하지 않음) • 아동이 집안에 있는 채 집 밖에서 문을 잠금 • 부모의 한계를 정하지 않고 독립적인 판단을 내림 • 학교에서 아동을 지지할 때 부모가 비협조적임

3 학대 아동을 위한 간호

1. 학대 아동 의심 시 취해야 할 중재

학대의 증거 확인	신체적 단서	• 영양불량 암시소견(가느다란 사지, 피하지방 부족), 불량한 개인 위생, 타박상, 채찍자국, 화상, 열상 등
	행동적 단서	• 성인과의 신체적 접촉 경계, 둔하고 비활동적, 장기간 결석, 약물, 알코올 중독 등
추후 학대로부터 아동보호	• 관계당국에 보고, 아동보호국 담당자에게 의뢰 • 안식처로 옮겨지도록 하고, 사건 전 과정을 정확하게 기록	
아동지지	• 손상에 대한 의학적 치료를 위해 병원에 입원 • 신체적 욕구와 발달과제 및 놀이에 관심이 있는 아동으로 대우 • 아동을 옹호, 지지해 주며, 치료적 환경 조성	
가족지지	• 학대 아동과 학대 아동 부모와의 성공적인 치료적 관계확립에 도움, 개인적 편견을 배제, 부모역할에 대한 자신감 부여 • 적절한 사회서비스 기관에 의뢰 – 재정적 지원 – 주택개선 및 아동간호를 위한 자원 지원	
퇴원계획	• 아동이 머물 수 있는 곳을 위한 법적 처분이 결정되는 즉시 시작 • 아동을 위탁 가정이나 청소년 보호기관으로 보낼 때마다 아동에게 감정을 표현할 기회를 주어야 함	
학대예방	• 부모 : 잠재적 학대자를 확인하고 학대행위 발생 이전에 지지적 중재전략 제공 • 아동 : 아동 스스로를 보호하도록 아동교육	

2. 의심되는 학대에 대한 사정 자료 기록

상해 병력	• 날짜, 시간 및 발생 장소 • 기록된 시간에 따른 사건순서 • 목격자의 존재, 특히 사고 당시 아동을 돌보던 사람 • 상해 발생과 치료 시작 시간의 차이 • 적절한 때 아동과의 면담을 통한 구두인용과 놀이를 통해 얻은 자료 • 구두인용을 포함한 부모, 목격자 그리고 다른 중요한 사람과 면담 • 부모 – 아동 상호작용에 대한 기술(언어적 상호작용, 눈맞춤, 접촉, 부모의 관심) • 집에 있는 다른 아동의 이름, 나이 그리고 상태(가능하다면)

신체검진	• 타박상의 위치, 크기, 형태 및 색깔 : 신체 윤곽에 그려진 대략적인 위치, 크기와 모양 • 손자국으로 인한 타박상이나 둥근 화상자국(담배로 인한 것일 수 있는)같은 뚜렷한 특징 • 대칭적 또는 비대칭적인 상해 : 다른 상해의 존재 • 통증 정도 : 뼈의 압통 • 과거 상해의 증거 : 일반적 건강과 위생상태 • 아동의 발달단계 : 선별검사

3. 면담

아동과의 면담	• 방해받지 않고 개별적으로 면담 • 아동이 '문제'가 없고 잘못한 것이 없음을 재확인시킴(아동은 종종 양육자의 행동이 자신의 탓이라고 생각하기 때문에, 손상을 입은 것이 자신의 잘못 때문이 아님을 상기시키는 것이 중요) • 아동과의 대화는 비밀이라는 것을 확인시킴. 주어진 정보가 다른 사람과 공유되어야 할 필요가 있는 경우에는 아동에게 알림 • 사건에 대해서 이야기할 때 아동의 발달적 수준을 고려 • 사건을 문서화할 때 아동의 언어를 사용(자료는 법적 기록의 일부) • 아동의 속도로 이야기하도록 함 • 있는 그대로 말할 수 있도록 지지적 태도를 취함 • 아동의 외상을 보여주도록 권유 • 아동이 언어적 능력이 없거나 경험에 대해서 개방적으로 이야기하지 않을 경우, 생각과 감정을 공유하기 위해서 치료적 놀이, 그림, 인형놀이, 이야기 등을 이용 • 간호사와 대화한 내용을 양육자에게 이야기해도 괜찮냐고 아동에게 알림 • 전문가에게 보여야 하는 경우는 아동과 양육자 모두에게 알릴 필요가 있음
양육자와의 면담	• 양육자가 편안하게 느끼도록 하고, 면담은 개인적으로 진행 • 전문적이고, 솔직하고, 직접적으로 면담하고, 분노나 적대감을 보이는 것을 피함 • 지지적 관계를 구축 • 아동보호센터의 도움에 대해 정확한 정보를 제공할 필요가 있으며, 아동보호센터가 어떻게 지지와 도움을 제공할 수 있는지 설명 • 정보를 공유하는 것에 대해서 아동을 벌주지 않도록 양육자에게 말함

4. 학대 아동을 위한 간호계획

(1) 간호사는 먼저 아동학대에 대한 스스로의 가치와 태도를 분명히 해야 함

(2) **옹호와 지지의 역할을 수행** : 부모와 자녀에 대한 처벌 분위기보다는 치료분위기를 만들어 주며 따뜻하고 민감한 태도로 다룸

(3) 상해의 종류에 따라 적절한 간호관리를 수행하며, 계속적인 신체적 간호와 더불어 연령에 따른 감각적 자극 및 교육을 통해 발달적 요구를 충족시켜 줌

(4) **부모를 위한 장기 중재를 계획** : 부모가 충동을 조절할 수 있게 하며 신체학대의 대안을 제시하고 아동발달에 대한 지식을 증가시킴

(5) 복합적이고 다양한 봉사기관과 여러 건강기관과 협력하여 적절한 지역의 지지자원을 제공

5. 양육자가 성적 학대로부터 아동을 보호하는 방법

(1) 생식기와 같은 민감한 신체 부위의 명칭을 제대로 언급할 수 있도록 가르친다.

(2) 아동들에게 적절하거나 안전한 접촉(껴안기, 뺨에 키스하기)과 신체의 은밀한 부분을 만지는 것과 같은 부적절한 접촉을 구분하도록 가르친다.

(3) 다른 사람과 악수를 함으로써 좀 더 안전감을 느끼도록 교육하라.

(4) 누군가 아동 자신을 부적절하게 만진 경우 즉시 부모나 교사에게 말하도록 가르친다.

(5) 아동에게 좋은 비밀(생일파티)과 나쁜 비밀(어떤 사람이 자신을 만지고 다른 사람에게 비밀로 하라고 요구하는 것)에 대해 가르친다.

(6) 아동에게 4가지 기본적 감정상태(슬픔, 화남, 격노, 두려움)에 대해서 가르치고, 감정을 공유하는 방법을 가르친다.

(7) 아동이 개인적 공간을 유지할 수 있도록 하고, 낯선 사람이 접근하지 못하도록 하며 어른의 무릎에 앉지 않도록 하고, 어떤 아동이나 성인이 기분이 언짢다고 느껴지는 방법으로 자신의 몸을 만졌을 때의 감정을 말할 수 있도록 한다.

(8) 특히 연령이 다른 아동이 있을 때는 노는 모습을 살펴보면서 둘이서만 놀도록 허용하지 말고 침실에서는 문을 닫지 않도록 한다.

(9) 아동이 친구나 가족을 만나고 돌아왔을 때 감정이나 행동의 작은 변화에도 주의해야 한다.

(10) 학교활동에 여럿이 함께 참여하고 개인 호신술을 가르치는 프로그램에 참여시킨다.

6. 학대예방을 위한 전략

(1) 행동을 하기 전에 도움을 줌으로써 부적절한 행동을 방지하는 것이다.

- 간호사는 지역사회 보건소에서 양육관련 강좌를 실시한다 : 양육자에게 자신의 자녀를 존중하고 개인적인 가족역할 기대, 정상 성장발달, 양육적 애정과 성욕적 접촉을 구분하는 적절한 의사소통방법(언어적, 비언어적)을 교육

(2) 고위험 지역사회에 초점을 맞춘다.

- 고위험군에 속하는 가족을 파악하는 것이 중요
- 가난, 폭력이 많은 지역사회, 오래된 주택, 고 실업률, 사회복지 의존적 지역사회 등

(3) 폭력을 인지하고 저항하는 아동의 능력에 중점을 둔다.

- 아동이 배워야 하는 것
  - 잠재적인 학대상황을 인지하는 것
  - "싫어"라고 말하며 저항하고, 상황이나 가해자로부터 피하는 것
  - 과거 혹은 현재의 학대 사실을 믿을 만한 사람에게 보고하는 것
  - 그것이 결코 아동의 잘못이 아니라는 것

(4) 지속적인 학대적 행동과 상황을 예방하기 위해 다양한 지지 서비스를 제공해 줌으로써 신체적, 정서적 학대의 장기적 영향을 줄이는 데 중점을 둔다.

① 위기 상황 시 비상연락망을 사용
② 방문간호사나 보모 같은 보조적인 가정 내 서비스를 이용하여 부모-자녀의 접촉을 증가

(5) 장기적으로 학대적 상황이 초래되는 심각성을 줄이는 데 중점을 둔다.

① 학대받은 사람이 후유증과 싸우고 있는 정신과 병동의 입원, 보호소에서 시행
② 장기적인 학대적 양육의 결과로 심각한 정신질환을 경험한 아동을 위해 특별히 설립된 치료시설로 아동을 이송
③ 장기적으로 가족과 개인상담, 약물관리, 양육교육, 사회적 기술훈련, 장기적 영향을 극복할 수 있는 다양한 프로그램이 필요

7. 법적 문제와 아동학대

간호사는 법적 소송에서 공동 피고로 요청될 수 있으므로 항상 전문적이고 합리적이며 신중한 태도로 임해야 한다. 간호사가 고려해야 하는 지침으로는 다음과 같은 것이 있다.

(1) 대상자와 양육자와의 상호작용 모두를 기록한다.
(2) 간호윤리 규범 안에서 행동한다.

(3) 대상자와 양육자의 비밀을 존중한다. 단, 아동학대가 의심되는 경우에는 비밀 준수가 지켜지지 않을 수 있다.
(4) 가족이나 양육자의 허락 없이 보호기관 외의 다른 기관에 정보를 누출시키지 않는다. 아동이 양육자로부터 떨어지게 되면 아동보호센터가 보호를 하고 아동보호센터는 정보공유를 승인받아야 한다.
(5) 대상자의 프라이버시를 존중한다.
(6) 대상자가 치료나 사정(개인의무기록)을 거부할 권리를 존중한다.
(7) 모든 학대 문제와 관련하여 기관의 정책과 절차를 인지한다.
(8) 당신이 속한 지역의 간호실무 법안과 실무를 숙지한다.
(9) 해당사항이 있을 때, 당신의 간호관리자, 위험관리자, 치료팀과 항상 상담하라.

4 아동학대범죄의 처벌 등에 관한 특례법(약칭 : 아동학대처벌법) [시행 2021.1.26.] [법률 제17906호, 2021.1.26, 일부개정]

제1장 총칙

제1조 목적

이 법은 아동학대범죄의 처벌 및 그 절차에 관한 특례와 피해아동에 대한 보호절차 및 아동학대행위자에 대한 보호처분을 규정함으로써 아동을 보호하여 아동이 건강한 사회 구성원으로 성장하도록 함을 목적으로 한다.

제2조(정의)

이 법에서 사용하는 용어의 뜻은 다음과 같다.

1. "아동"이란 「아동복지법」 제3조 제1호에 따른 아동을 말한다. "아동"이란 18세 미만인 사람을 말한다.
2. "보호자"란 「아동복지법」 제3조 제3호에 따른 보호자를 말한다. "보호자"란 친권자, 후견인, 아동을 보호 · 양육 · 교육하거나 그러한 의무가 있는 자 또는 업무 · 고용 등의 관계로 사실상 아동을 보호 · 감독하는 자를 말한다.
3. "아동학대"란 「아동복지법」 제3조 제7호에 따른 아동학대를 말한다. "아동학대"란 보호자를 포함한 성인이 아동의 건강 또는 복지를 해치거나 정상적 발달을 저해할 수 있는 신체적 · 정신적 · 성적 폭력이나 가혹행위를 하는 것과 아동의 보호자가 아동을 유기하거나 방임하는 것을 말한다
4. "아동학대범죄"란 보호자에 의한 아동학대로서 다음 각 목의 어느 하나에 해당하는 죄를 말한다.

가. 「형법」 제2편 제25장 상해와 폭행의 죄 중 제257조(상해) 제1항 · 제3항, 제258조의2(특수상해) 제1항(제257조 제1항의 죄에만 해당한다) · 제3항(제1항 중 제257조 제1항의 죄에만 해당한다), 제260조(폭행) 제1항, 제261조(특수폭행) 및 제262조(폭행치사상)(상해에 이르게 한 때에만 해당한다)의 죄
나. 「형법」 제2편 제28장 유기와 학대의 죄 중 제271조(유기) 제1항, 제272조(영아유기), 제273조(학대) 제1항, 제274조(아동혹사) 및 제275조(유기 등 치사상)(상해에 이르게 한 때에만 해당한다)의 죄
다. 「형법」 제2편 제29장 체포와 감금의 죄 중 제276조(체포, 감금) 제1항, 제277조(중체포, 중감금) 제1항, 제278조(특수체포, 특수감금), 제280조(미수범) 및 제281조(체포 · 감금 등의 치사상)(상해에 이르게 한 때에만 해당한다)의 죄
라. 「형법」 제2편 제30장 협박의 죄 중 제283조(협박) 제1항, 제284조(특수협박) 및 제286조(미수범)의 죄
마. 「형법」 제2편 제31장 약취, 유인 및 인신매매의 죄 중 제287조(미성년자 약취, 유인), 제288조(추행 등 목적 약취, 유인 등), 제289조(인신매매) 및 제290조(약취, 유인, 매매, 이송 등 상해 · 치상)의 죄
바. 「형법」 제2편 제32장 강간과 추행의 죄 중 제297조(강간), 제297조의2(유사강간), 제298조(강제추행), 제299조(준강간, 준강제추행), 제300조(미수범), 제301조(강간 등 상해 · 치상), 제301조의2(강간 등 살인 · 치사), 제302조(미성년자 등에 대한 간음), 제303조(업무상 위력 등에 의한 간음) 및 제305조(미성년자에 대한 간음, 추행)의 죄
사. 「형법」 제2편 제33장 명예에 관한 죄 중 제307조(명예훼손), 제309조(출판물 등에 의한 명예훼손) 및 제311조(모욕)의 죄
아. 「형법」 제2편 제36장 주거침입의 죄 중 제321조(주거 · 신체 수색)의 죄
자. 「형법」 제2편 제37장 권리행사를 방해하는 죄 중 제324조(강요) 및 제324조의5(미수범)(제324조의 죄에만 해당한다)의 죄
차. 「형법」 제2편 제39장 사기와 공갈의 죄 중 제350조(공갈), 제350조의2(특수공갈) 및 제352조(미수범)(제350조, 제350조의2의 죄에만 해당한다)의 죄
카. 「형법」 제2편 제42장 손괴의 죄 중 제366조(재물손괴 등)의 죄
타. 「아동복지법」 제71조 제1항 각 호의 죄(제3호의 죄는 제외한다)
파. 가목부터 타목까지의 죄로서 다른 법률에 따라 가중처벌되는 죄
하. 제4조(아동학대치사), 제5조(아동학대중상해) 및 제6조(상습범)의 죄

4의2. "아동학대범죄신고 등"이란 아동학대범죄에 관한 신고 · 진정 · 고소 · 고발 등 수사 단서의 제공, 진술 또는 증언이나 그 밖의 자료제출행위 및 범인검거를 위한 제보 또는 검거활동을 말한다.

4의3. "아동학대범죄신고자 등"이란 아동학대범죄신고 등을 한 자를 말한다.

5. "아동학대행위자"란 아동학대범죄를 범한 사람 및 그 공범을 말한다.

6. “피해아동”이란 아동학대범죄로 인하여 직접적으로 피해를 입은 아동을 말한다.
7. “아동보호사건”이란 아동학대범죄로 인하여 제36조 제1항에 따른 보호처분(이하 “보호처분”이라 한다)의 대상이 되는 사건을 말한다.
8. “피해아동보호명령사건”이란 아동학대범죄로 인하여 제47조에 따른 피해아동보호명령의 대상이 되는 사건을 말한다.
9. “아동보호전문기관”이란 「아동복지법」 제45조에 따른 아동보호전문기관을 말한다.
9의2. “가정위탁지원센터”란 「아동복지법」 제48조에 따른 가정위탁지원센터를 말한다.
10. “아동복지시설”이란 「아동복지법」 제50조에 따라 설치된 시설을 말한다.
11. “아동복지시설의 종사자”란 아동복지시설에서 아동의 상담 · 지도 · 치료 · 양육, 그 밖에 아동의 복지에 관한 업무를 담당하는 사람을 말한다.

제3장 아동학대범죄의 처리절차에 관한 특례

제10조 아동학대범죄 신고의무와 절차

① 누구든지 아동학대범죄를 알게 된 경우나 그 의심이 있는 경우에는 특별시 · 광역시 · 특별자치시 · 도 · 특별자치도(이하 “시 · 도”라 한다), 시 · 군 · 구(자치구를 말한다. 이하 같다) 또는 수사기관에 신고할 수 있다. 〈개정 2020. 3. 24.〉

② 다음 각 호의 어느 하나에 해당하는 사람이 직무를 수행하면서 아동학대범죄를 알게 된 경우나 그 의심이 있는 경우에는 시 · 도, 시 · 군 · 구 또는 수사기관에 즉시 신고하여야 한다. 〈개정 2016.5.29., 2019.1.15., 2020.3.24.〉

1. 「아동복지법」 제10조의2에 따른 아동권리보장원(이하 “아동권리보장원”이라 한다) 및 가정위탁지원센터의 장과 그 종사자
2. 아동복지시설의 장과 그 종사자(아동보호전문기관의 장과 그 종사자는 제외한다)
3. 「아동복지법」 제13조에 따른 아동복지전담공무원
4. 「가정폭력방지 및 피해자보호 등에 관한 법률」 제5조에 따른 가정폭력 관련 상담소 및 같은 법 제7조의2에 따른 가정폭력피해자 보호시설의 장과 그 종사자
5. 「건강가정기본법」 제35조에 따른 건강가정지원센터의 장과 그 종사자
6. 「다문화가족지원법」 제12조에 따른 다문화가족지원센터의 장과 그 종사자
7. 「사회보장급여의 이용 · 제공 및 수급권자 발굴에 관한 법률」 제43조에 따른 사회복지전담공무원 및 「사회복지사업법」 제34조에 따른 사회복지시설의 장과 그 종사자
8. 「성매매방지 및 피해자보호 등에 관한 법률」 제9조에 따른 지원시설 및 같은 법 제17조에 따른 성매매피해상담소의 장과 그 종사자
9. 「성폭력방지 및 피해자보호 등에 관한 법률」 제10조에 따른 성폭력피해상담소, 같은 법 제12조에 따른 성폭력피해자보호시설의 장과 그 종사자 및 같은 법 제18조에 따른 성폭력피해자통합지원센터의 장과 그 종사자

10. 「119구조 · 구급에 관한 법률」 제2조 제4호에 따른 119구급대의 대원
11. 「응급의료에 관한 법률」 제2조 제7호에 따른 응급의료기관 등에 종사하는 응급구조사
12. 「영유아보육법」 제7조에 따른 육아종합지원센터의 장과 그 종사자 및 제10조에 따른 어린이집의 원장 등 보육교직원
13. 「유아교육법」 제2조 제2호에 따른 유치원의 장과 그 종사자
14. 아동보호전문기관의 장과 그 종사자
15. 「의료법」 제3조 제1항에 따른 의료기관의 장과 그 의료기관에 종사하는 의료인 및 의료기사
16. 「장애인복지법」 제58조에 따른 장애인복지시설의 장과 그 종사자로서 시설에서 장애아동에 대한 상담 · 치료 · 훈련 또는 요양 업무를 수행하는 사람
17. 「정신건강증진 및 정신질환자 복지서비스 지원에 관한 법률」 제3조 제3호에 따른 정신건강복지센터, 같은 조 제5호에 따른 정신의료기관, 같은 조 제6호에 따른 정신요양시설 및 같은 조 제7호에 따른 정신재활시설의 장과 그 종사자
18. 「청소년기본법」 제3조 제6호에 따른 청소년시설 및 같은 조 제8호에 따른 청소년단체의 장과 그 종사자
19. 「청소년 보호법」 제35조에 따른 청소년 보호 · 재활센터의 장과 그 종사자
20. 「초 · 중등교육법」 제2조에 따른 학교의 장과 그 종사자
21. 「한부모가족지원법」 제19조에 따른 한부모가족복지시설의 장과 그 종사자
22. 「학원의 설립 · 운영 및 과외교습에 관한 법률」 제6조에 따른 학원의 운영자 · 강사 · 직원 및 같은 법 제14조에 따른 교습소의 교습자 · 직원
23. 「아이돌봄 지원법」 제2조 제4호에 따른 아이돌보미
24. 「아동복지법」 제37조에 따른 취약계층 아동에 대한 통합서비스지원 수행인력
25. 「입양특례법」 제20조에 따른 입양기관의 장과 그 종사자

③ 누구든지 제1항 및 제2항에 따른 신고인의 인적 사항 또는 신고인임을 미루어 알 수 있는 사실을 다른 사람에게 알려주거나 공개 또는 보도하여서는 아니 된다.

제10조의2 불이익조치의 금지

누구든지 아동학대범죄신고자 등에게 아동학대범죄신고 등을 이유로 불이익조치를 하여서는 아니 된다.

제10조의3 아동학대범죄신고자 등에 대한 보호조치

아동학대범죄신고자 등에 대하여는 「특정범죄신고자 등 보호법」 제7조부터 제13조까지의 규정을 준용한다.

제10조의4 고소에 대한 특례

① 피해아동 또는 그 법정대리인은 아동학대행위자를 고소할 수 있다. 피해아동의 법정대리인이 아동학대행위자인 경우 또는 아동학대행위자와 공동으로 아동학대범죄를 범한 경우

에는 피해아동의 친족이 고소할 수 있다.

② 피해아동은 「형사소송법」 제224조에도 불구하고 아동학대행위자가 자기 또는 배우자의 직계존속인 경우에도 고소할 수 있다. 법정대리인이 고소하는 경우에도 또한 같다.

③ 피해아동에게 고소할 법정대리인이나 친족이 없는 경우에 이해관계인이 신청하면 검사는 10일 이내에 고소할 수 있는 사람을 지정하여야 한다.

제11조 현장출동

① 아동학대범죄 신고를 접수한 사법경찰관리나 「아동복지법」 제22조 제4항에 따른 아동학대전담공무원(이하 "아동학대전담공무원"이라 한다)은 지체 없이 아동학대범죄의 현장에 출동하여야 한다. 이 경우 수사기관의 장이나 시 · 도지사 또는 시장 · 군수 · 구청장은 서로 동행하여 줄 것을 요청할 수 있으며, 그 요청을 받은 수사기관의 장이나 시 · 도지사 또는 시장 · 군수 · 구청장은 정당한 사유가 없으면 사법경찰관리나 아동학대전담공무원이 아동학대범죄 현장에 동행하도록 조치하여야 한다. 〈개정 2020.3.24.〉

② 아동학대범죄 신고를 접수한 사법경찰관리나 아동학대전담공무원은 아동학대범죄가 행하여지고 있는 것으로 신고된 현장 또는 피해아동을 보호하기 위하여 필요한 장소에 출입하여 아동 또는 아동학대행위자 등 관계인에 대하여 조사를 하거나 질문을 할 수 있다. 다만, 아동학대전담공무원은 다음 각 호를 위한 범위에서만 아동학대행위자 등 관계인에 대하여 조사 또는 질문을 할 수 있다. 〈개정 2020.3.24., 2021.1.26.〉

1. 피해아동의 보호
2. 「아동복지법」 제22조의4의 사례관리계획에 따른 사례관리(이하 "사례관리"라 한다)

③ 시 · 도지사 또는 시장 · 군수 · 구청장은 제1항에 따른 현장출동 시 아동보호 및 사례관리를 위하여 필요한 경우 아동보호전문기관의 장에게 아동보호전문기관의 직원이 동행할 것을 요청할 수 있다. 이 경우 아동보호전문기관의 직원은 피해아동의 보호 및 사례관리를 위한 범위에서 아동학대전담공무원의 조사에 참여할 수 있다. 〈신설 2020.3.24.〉

④ 제2항 및 제3항에 따라 출입이나 조사를 하는 사법경찰관리, 아동학대전담공무원 또는 아동보호전문기관의 직원은 그 권한을 표시하는 증표를 지니고 이를 관계인에게 내보여야 한다. 〈개정 2020.3.24.〉

⑤ 제2항에 따라 조사 또는 질문을 하는 사법경찰관리 또는 아동학대전담공무원은 피해아동, 아동학대범죄신고자 등, 목격자 등이 자유롭게 진술할 수 있도록 아동학대행위자로부터 분리된 곳에서 조사하는 등 필요한 조치를 하여야 한다. 〈신설 2021.1.26.〉

⑥ 누구든지 제1항부터 제3항까지의 규정에 따라 현장에 출동한 사법경찰관리, 아동학대전담공무원 또는 아동보호전문기관의 직원이 제2항 및 제3항에 따른 업무를 수행할 때에 폭행 · 협박이나 현장조사를 거부하는 등 그 업무 수행을 방해하는 행위를 하여서는 아니 된다. 〈개정 2020.3.24., 2021.1.26.〉

⑦ 제1항에 따른 현장출동이 동행하여 이루어지지 아니한 경우 수사기관의 장이나 시 · 도지

사 또는 시장 · 군수 · 구청장은 현장출동에 따른 조사 등의 결과를 서로에게 통지하여야 한다. 〈신설 2021.1.26.〉

제11조의2 조사

① 아동학대전담공무원은 피해아동의 보호 및 사례관리를 위한 조사를 할 수 있다. 이 경우 아동학대전담공무원은 아동학대행위자 및 관계인에 대하여 출석 · 진술 및 자료제출을 요구할 수 있으며, 아동학대행위자 및 관계인은 정당한 사유가 없으면 이에 따라야 한다. 〈개정 2021.1.26.〉

② 제1항에 관하여는 「행정조사기본법」 제4조, 제5조, 제9조, 제10조, 제17조, 제21조를 준용한다. 이 경우 "행정조사"는 "제1항에 따른 아동학대전담공무원의 조사"로, "행정기관"은 "시 · 도 또는 시 · 군 · 구"로, "조사대상자"는 "아동학대행위자 및 관계인"으로 본다.

[본조신설 2020.3.24.]

제12조 피해아동 등에 대한 응급조치

① 제11조 제1항에 따라 현장에 출동하거나 아동학대범죄 현장을 발견한 경우 또는 학대현장 이외의 장소에서 학대피해가 확인되고 재학대의 위험이 급박 · 현저한 경우, 사법경찰관리 또는 아동학대전담공무원은 피해아동, 피해아동의 형제자매인 아동 및 피해아동과 동거하는 아동(이하 "피해아동 등"이라 한다)의 보호를 위하여 즉시 다음 각 호의 조치(이하 "응급조치"라 한다)를 하여야 한다. 이 경우 제3호의 조치를 하는 때에는 피해아동 등의 이익을 최우선으로 고려하여야 하며, 피해아동 등을 보호하여야 할 필요가 있는 등 특별한 사정이 있는 경우를 제외하고는 피해아동 등의 의사를 존중하여야 한다. 〈개정 2016.5.29., 2020.3.24.〉

1. 아동학대범죄 행위의 제지
2. 아동학대행위자를 피해아동 등으로부터 격리
3. 피해아동 등을 아동학대 관련 보호시설로 인도
4. 긴급치료가 필요한 피해아동을 의료기관으로 인도

② 사법경찰관리나 아동학대전담공무원은 제1항 제3호 및 제4호 규정에 따라 피해아동 등을 분리 · 인도하여 보호하는 경우 지체 없이 피해아동 등을 인도받은 보호시설 · 의료시설을 관할하는 시 · 도지사 또는 시장 · 군수 · 구청장에게 그 사실을 통보하여야 한다. 〈개정 2016.5.29., 2020.3.24.〉

③ 제1항 제2호부터 제4호까지의 규정에 따른 응급조치는 72시간을 넘을 수 없다. 다만, 본문의 기간에 공휴일이나 토요일이 포함되는 경우로서 피해아동 등의 보호를 위하여 필요하다고 인정되는 경우에는 48시간의 범위에서 그 기간을 연장할 수 있다. 〈개정 2021.1.26.〉

④ 제3항에도 불구하고 검사가 제15조 제2항에 따라 임시조치를 법원에 청구한 경우에는 법원의 임시조치 결정 시까지 응급조치 기간이 연장된다. 〈신설 2021.1.26.〉

⑤ 사법경찰관리 또는 아동학대전담공무원이 제1항에 따라 응급조치를 한 경우에는 즉시 응급조치결과보고서를 작성하여야 한다. 이 경우 사법경찰관리가 응급조치를 한 경우에는 관할 경찰관서의 장이 시·도지사 또는 시장·군수·구청장에게, 아동학대전담공무원이 응급조치를 한 경우에는 소속 시·도지사 또는 시장·군수·구청장이 관할 경찰관서의 장에게 작성된 응급조치결과보고서를 지체 없이 송부하여야 한다. 〈개정 2020.3.24., 2021.1.26.〉

⑥ 제5항에 따른 응급조치결과보고서에는 피해사실의 요지, 응급조치가 필요한 사유, 응급조치의 내용 등을 기재하여야 한다. 〈개정 2021.1.26.〉

⑦ 누구든지 아동학대전담공무원이나 사법경찰관리가 제1항에 따른 업무를 수행할 때에 폭행·협박이나 응급조치를 저지하는 등 그 업무 수행을 방해하는 행위를 하여서는 아니 된다. 〈개정 2020.3.24., 2021.1.26.〉

⑧ 사법경찰관리는 제1항 제1호 또는 제2호의 조치를 위하여 다른 사람의 토지·건물·배 또는 차에 출입할 수 있다. 〈신설 2021.1.26.〉

[제목개정 2020.3.24.]

제35조 비밀엄수 등의 의무

① 아동학대범죄의 수사 또는 아동보호사건의 조사·심리 및 그 집행을 담당하거나 이에 관여하는 공무원, 보조인, 진술조력인, 아동보호전문기관 직원과 그 기관장, 상담소 등에 근무하는 상담원과 그 기관장 및 제10조 제2항 각 호에 규정된 사람(그 직에 있었던 사람을 포함한다)은 그 직무상 알게 된 비밀을 누설하여서는 아니 된다.

② 신문의 편집인·발행인 또는 그 종사자, 방송사의 편집책임자, 그 기관장 또는 종사자, 그 밖의 출판물의 저작자와 발행인은 아동보호사건에 관련된 아동학대행위자, 피해아동, 고소인, 고발인 또는 신고인의 주소, 성명, 나이, 직업, 용모, 그 밖에 이들을 특정하여 파악할 수 있는 인적 사항이나 사진 등을 신문 등 출판물에 싣거나 방송매체를 통하여 방송할 수 없다.

③ 피해아동의 교육 또는 보육을 담당하는 학교의 교직원 또는 보육교직원은 정당한 사유가 없으면 해당 아동의 취학, 진학, 전학 또는 입소(그 변경을 포함한다)의 사실을 아동학대행위자인 친권자를 포함하여 누구에게든지 누설하여서는 아니 된다.

제55조 아동학대전담공무원 등에 대한 교육

법무부장관 등 관계 행정기관의 장은 아동학대전담공무원, 사법경찰관리 및 아동보호전문기관의 종사자에게 아동학대사건의 조사와 사례관리에 필요한 전문지식, 이 법에서 정한 절차, 관련 법제도, 국제인권조약에 명시된 아동의 인권 및 피해아동 보호를 위한 조사방법 등에 관하여 교육을 실시하여야 한다. 〈개정 2020.3.24., 2021.1.26.〉

[제목개정 2020.3.24.]

CHAPTER 17 아동학대

기출문제

01 **다음은 인터넷 뉴스에서 발췌한 기사이다. 밑줄 친 ㉠, ㉡에 해당하는 아동학대 유형을 순서대로 쓰시오.** [2점] 2019년

> **매년 증가하는 아동학대**
> **'우리 아이들을 지켜주세요.'**
>
> 아동학대 신고 접수 건수가 매년 증가하고 있다.
>
> 이는 2014년 아동학대범죄의 처벌 등에 관한 특례법이 제정되면서 아동학대를 바라보는 사건이 단순 가정사라는 인식에서 범죄라는 인식으로 변화된 것에 기인한다.
> 그동안 가정 내에서 발생하여 표면적으로 드러나지 않았던 아동학대에 대해 주변의 이웃 또는 학대를 당한 아동들의 적극적인 신고가 이어지고 있다.
>
> 아동학대는 다음과 같이 다양한 형태로 나타난다.
> - 신체적 폭력이나 가혹 행위
> - 아동 대상의 모든 성적 행위
> - ㉠<u>언어적 폭력</u>
> - 가족 내에서 왕따 시키는 행위
> - 필요한 의료적 처치를 하지 않는 것
> - 잠을 재우지 않는 것
> - 의식주를 제공하지 않는 것
> - 위험한 환경에 아동을 내버려 두는 것
> - 형제나 친구 등과 비교 · 차별하는 것
> - ㉡<u>아동의 만성 무단 결석을 방치하는 것</u>
> - 아동을 보호하지 않고 버리는 것
>
> … (하략) …
>
> ○○ 뉴스 차△△ 기자

|정답| ㉠ 정서적 학대 : 언어적 학대
㉡ 교육적 방임

02 **다음은 교사들을 대상으로 한 아동학대에 대한 교육자료이다. 괄호 안의 ㉠, ㉡에 해당하는 내용을 차례대로 쓰시오.** [2점] 2014년

아동학대 유형 및 예방

대상	○○초등학교 교사	인원	○○명
일시	2013년 ○월 ○일 ○시	장소	교무실

□ 기본 방침

- 학생의 권익 보호와 최적의 발달을 고려한 체계적 · 실질적인 학교 보건 교육의 내실화
- 폭력 및 아동학대로부터 학생을 보호하고 학대 아동의 발견, 보호, 치료에 대한 신속한 처리

1. 아동학대의 유형

유형	주요 내용
신체 학대	신체에 손상을 주는 학대행위
정서 학대	정신건강 및 발달에 해를 끼치는 정서적 학대행위
성 학대	성적 수치심을 주는 성희롱, 성폭행 등의 학대행위
(㉠)	자신의 보호 감독하에 있는 아동을 유기하거나 의식주를 포함한 기본적 보호, 양육 및 치료를 소홀히 하는 학대행위

2. 아동학대의 신고

항목	주요 내용
신고기관	아동 보호 전문 기관 또는 수사 기관
(㉡)	교직원, 의료인, 아동 복지 시설의 장 및 종사자, 가정 폭력 관련 종사자, 사회복지 전담 공무원 등
신분보호	신고인 신분은 보호되어야 하며, 그 의사에 반하여 신원이 노출되어서는 안 된다.

3. 아동학대 예방 프로그램

1차 프로그램	정보 제공, 교육 훈련, 인식 변화를 위한 각종 홍보 및 캠페인

… (하략) …

출처 : 아동복지법[시행 2013.6.19.]

|정답| ㉠ 아동방임
㉡ 아동학대 신고의무자

03 **유아(1~3세)의 그림 (가)~(마) 중에서 신체적 학대에 의한 멍이나 상처의 가능성이 가장 낮은 신체부위는?** [1.5점] 2012년

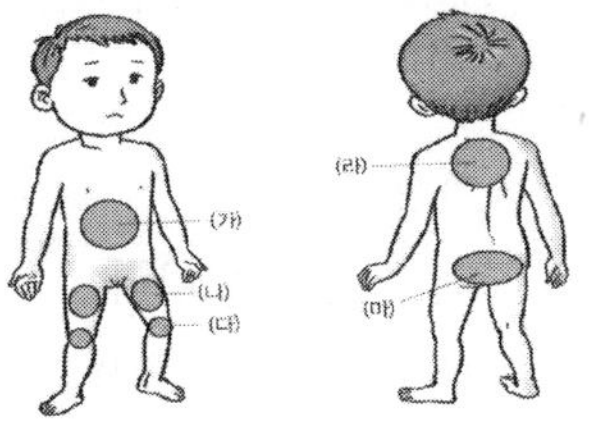

① (가)　② (나)
③ (다)　④ (라)
⑤ (마)

|정답| ③
|해설| 신체적 학대는 얼굴, 입술, 입, 등, 엉덩이, 대퇴, 몸통 부분에 많다.

04 **초등학생을 대상으로 하는 성 학대 예방 교육의 내용으로 옳지 않은 것은?** 2010년

① '괜찮은', '적절한' 신체접촉과 '안 되는', '부당한' 신체접촉을 구별할 수 있도록 한다.
② 원치 않은 신체접촉이 일어났을 때, "안 돼"라고 말할 권리가 있음을 상기시킨다.
③ 성과 관련된 신체부위는 부끄러워하지 않도록 은유적인 용어를 사용하여 교육한다.
④ 원치 않은 신체접촉은 낯선 사람뿐만 아니라 가까운 주변사람들과의 사이에서도 발생할 수 있음을 알린다.
⑤ 원치 않은 신체접촉을 당했을 때, 이 사실을 숨기지 말고 즉시 믿을 만한 어른들에게 이야기하도록 한다.

|정답| ③
|해설| 성과 관련된 신체부위는 직접적인 용어, 정확한 용어를 사용하여 교육한다.

05 **보건교사가 두통을 호소하며 보건실을 방문한 학생을 사정한 결과 몸 전체에서 멍을 발견하였다. 학생은 아버지로부터 상습적인 폭행을 당하고 있어 집으로 돌아가는 것을 두려워하며 위축되어 있다. 보건교사가 가장 우선적으로 취해야 할 조치는?** 2009년

① 교육감에게 보고한다.
② 학생을 아버지로부터 격리한다.
③ 아버지 이외의 다른 보호자와 면담한다.
④ 학생의 가정과 양육환경에 대해 조사한다.
⑤ 아동보호전문기관 또는 수사기관에 신고한다.

|정답| ⑤

06 **다음 사례에 근거하여 보건교사가 실시할 수 있는 사정, 응급조치 및 중재방안에 대하여 논하시오.** [10점] 2009년

Y초등학교 2학년 4반 담임교사가 7월 초에 보건교사에게 자신이 담임을 맡고 있는 학급의 B학생 문제를 상담하였다. B학생은 친구들에게 자주 폭력을 행사하고 수업 시간에 집중을 하지 못하며 교실을 돌아다니는 산만한 행동을 보이는 등 담임교사는 B학생을 어떻게 다루어야 할지 잘 모르겠다고 말하였다. 보건교사가 B학생을 상담할 때 B학생은 보건교사와 눈을 마주치지 못하였고, 팔과 다리를 가리는 긴 옷을 입고 있었다. 보건교사가 팔을 걷어보니 멍 자국이 여러 군데 있어 이유를 물으니 넘어져서 생긴 것이라고 말하면서 옷을 얼른 내렸다.
보건교사가 담임교사와 함께 B학생의 집을 방문하였는데, B학생은 두려운 표정을 지으며 자신의 어머니가 오기 전에 빨리 돌아가 달라고 애원하였다. 그래서 이웃에 사는 B학생의 이모와 상담한 결과, B학생의 어머니는 어릴 때 계모 밑에서 매를 맞으며 자랐고, 어린 나이에 결혼하여 B학생을 미숙아로 출산하였다고 한다. 또 가정불화로 남편과 이혼한 후 경제적으로 어렵게 살아가고 있고, 아들이 짐스럽고 힘들다며 욕설을 하고 때린다고 하였다. 그러나 주위 사람들에게는 아이가 없으면 못 산다고 말하는 등 이모가 볼 때, B학생의 어머니는 아이를 무척 사랑한다고 하였다. B학생의 이모는 자주 와서 B학생을 돌봐주고 싶지만 생활이 어려워 그렇게 하지 못하는 실정이다. 이러한 상황을 고려하여 보건교사는 '아동학대'로 결론을 내렸다.

|해설|

사정	신체적 사정	• 신장과 체중을 측정하여 아동의 정상적인 발달 범주에 속하는지 검사 • 피부, 두피, 발바닥 같은 외피계 외 몸통 전체와 생식기 부위 • 모든 타박상, 상처, 화상, 피부의 병변 • 근육통증, 갈비뼈가 부풀어 오름, 과거 골절 유무, 다수의 새로운 또는 오래된 골절 등 근골격계 증상 • 벨트버클, 철사행거, 사슬, 채찍자국, 꼬집은 자국 • 비뇨기계, 생식기계 (혈뇨, 요도감염 여부 등)
	정서적 사정	• 외상 후 스트레스 장애 징후, 불안, 우울, 적대감, 두려움 등
	행동 사정	• 공격적 행동, 수동적 행동, 위축된 행동, 행동장애, 공격성 • 약물 사용 • 낮은 학업 성취도, 잦은 결석
	대인관계 사정	• 눈을 맞추지 못함 • 대인관계에서의 어려움
	아동의 특성	• 아동의 기질, 선천적 결함, 질환으로 신체적 요구가 필요한 상황 • 미숙아, 사생아, 원치 않은 아동, 과다행동아, 신체적 불구아 등
	부모의 특성	• 부모가 아동기에 학대, 방임의 경력 지님
	환경적 특성	• 부모의 이혼, 별거, 실직, 가난, 재정적인 어려움 등 사회경제적 수준
응급 조치 및 중재 방안	신고	• 담임 교사와 학교장에게 보고 • 아동보호 전문기관 또는 수사기관에 신고 • 사정한 자료와 관련한 사진 첨부
	안전한 환경조성	• 아동의 추가 상해 방지를 위한 안전환 환경 조성 및 아동 보호
	직접적 간호제공	• 신체적 문제에 대한 직접 간호 제공
	저항능력키우기	• 아동의 잘못이 아니라는 인식 • 학대적 상황 인식 후 '싫어'라고 말하고 저항하고 가해자로부터 피하기
	신뢰관계 형성	• 부모와의 신뢰관계 형성 : 지속적 상담과 지지적인 태도
	부모의 분노관리	• 부모의 분노관리 : 분노와 스트레스 관리 전략 교육
	양육 서비스	• 양육에 대한 지지 서비스 • 위기상황 시 비상연락망 이용, 방문간호사, 보조적 가정 내 서비스, 가까운 이웃
	경제적 지지	• 경제적·물리적 지지 : 거처, 일자리, 식료품, 가정용품, 옷 등
	지지그룹	• 부모를 위한 지지 그룹에 참여
	양육방법 교육	• 아동 간호에 대한 양육방법을 교육 • 훈육방법 : 한계설정, 보상, 칭찬, 무시하기, 타임아웃 등

07 초등학교 보건교사가 보건실을 찾아온 아동의 신체에서 상해흔적을 발견하고, 아동학대의 징후가 있는지 확인하고자 한다. 아동의 신체적 학대 시 나타나는 신체적 징후를 4가지만 기술하시오.

2005년

|정답|

타박상과 채찍자국	• 벨트, 손, 철사 행거, 사슬, 나무국자, 조르거나 꼬집은 자국과 같은 사용한 물건을 나타내는 일정한 모양
화상	• 둥근 담배 모양이나 담뱃불로 지진 화상 • 다리미나 난방기 또는 전기 스토브 모양의 화상 • 손목이나 발목에 밧줄로 묶인 화상
골절과 탈구	• 경직되고 부어오른 관절 • 사지의 비틀림으로 인한 나선형 골절 • 아동을 흔들어서 생긴 경추손상 같은 학대 • 다양한 치유단계에 있는 여러 새로운 또는 오래된 골절
열상과 찰과상	• 입, 입술, 팔, 다리, 몸 등에 난 열상 • 없어지거나 흔들리는 치아 • 사람이 물었거나 머리카락을 잡아당긴 것 같은 자국
화학적	• 설명되지 않는 반복적 중독, 특히 약물 과다 복용

08 신체적 학대가 의심되는 아동 발견 시 보건교사가 취해야 할 조치를 4가지만 기술하시오.

2005년

|정답|
- 아동의 신체적 학대가 의심되면 즉시 담임교사에게 알리고 교장 선생님에게 알린다.
- 경찰에 신고한다.
- 아동의 신체적 학대 관련 부위를 객관적으로 관찰 · 기록한다.
- 신체적 문제에 대한 간호를 제공한다.
- 필요하면 아동 보호소에 입소하도록 연계한다.

C·H·A·P·T·E·R 2

모성간호

CHAPTER

01 여성건강의 이해

01 여성생식기 구조와 기능

1 외생식기

외부에서 볼 수 있는 부분으로 치골에서 회음부 사이에 보이는 모든 구조물을 말하며 음부(vulva)라고 한다.

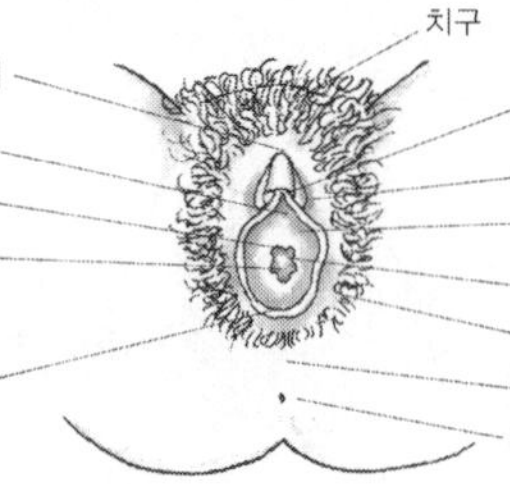

치구(불두덩) (Mons pubis)	• 치골결합 앞쪽을 덮는 피부로 지방조직과 결합조직으로 짜여진 부분 • 월경시작 1~2년 전부터 거칠고 구불구불한 치모가 발생 – 여성 : 역삼각형 – 남성 : 배꼽부위 마름모 모양 • 피지선, 땀샘, 혈관 등이 분포하여 습한 상태 유지 • 성적 역할과 성교 중 치골결합 보호
대음순 (Labia majora)	• 불두덩에서 항문 쪽을 향해 뻗어 있는 지방조직의 둥근 주름 • 갈색색소가 침착, 음모와 땀샘, 피지선이 많아 습하고 혈관과 림프절, 감각신경 풍부 • 지방조직이 많고 결합조직으로 되어 있음 • 소음순, 요도구, 질구 보호 • 남성의 음낭과 상동기관
소음순 (Labia minora)	• 대음순 내측 2개의 판상 주름으로 피지선과 탄력섬유로 구성 • 신경과 혈관이 풍부함 → 성적 흥분 시 붉어짐 • 음모(모낭)이 없음 • 남성의 요도와 상동기관
음핵 (Clitoris)	• 혈관분포가 많고 혈액공급이 잘되어 성적 흥분 시 발기 • 평상시에는 음핵포피로 싸여 있음 • 남성의 음경과 상동기관

질전정 (Vestibule)	• 좌우 소음순 사이의 함몰 부위로 위로는 음핵, 밑으로는 음순 후 연합부까지 • 질구, 요도구, 2개의 스킨샘과 2개의 바르톨린샘 등 6개 개구로 이루어짐	
	질구	• 요도구 밑에 있는 약간 큰 구멍으로 입구는 처녀막으로 덮여 있음 • 처녀막 : 얇고 혈관이 분포된 막으로 질 입구에 위치하며 첫 성교, 기구, 탐폰 등에 의해 파열되고 분만으로 거의 없어짐
	요도구	• 방광에서 내려오는 요도 입구 • 길이는 4~5cm로 남성의 요도보다 짧아 비뇨기계 감염이 잘 됨
	바르톨린샘	• 질 양옆의 2개의 분비기관(4시, 8시 방향) • 성적 자극 시 다량의 알칼리성 점액질을 분비하여 정자를 보호하며, 질내를 윤활하게 함 • 박테리아에 의해 감염(임질 등 성병 포함) 시 화농 촉진 • 임균의 좋은 은신처가 됨
	스킨샘	• 외요도구 밖에 있는 2개의 작은 분비샘(2시, 10시 방향)
회음 (Perineum)	• 골반구조를 덮고 있는 피부로 덮인 마름모꼴의 근육부분으로 분만 시 손상 받기 쉬움 • 골반 내부 구조를 지지하는 역할 • 회음 근육체로 구성 : 항문올림근과 질, 요도, 항문을 둘러싼 두꺼운 근막	
	항문올림근	• 골반의 바닥을 구성하고 직장, 요도, 질이 뚫고 지나감 • 치골미골근, 장골미골근, 치골직장근
	회음체 (perineal body	• 회음 구조의 기본적인 틀, 골반 구조지지 • 요도, 항문, 질 수축 돕고 태아가 만출 시 늘어나고 납작해지며, 분만 시 손상을 잘 받는 부분 • Kegel's exercise 통해 강화 • 망울해면체근, 회음표면횡근, 항문외조임근

2 내생식기

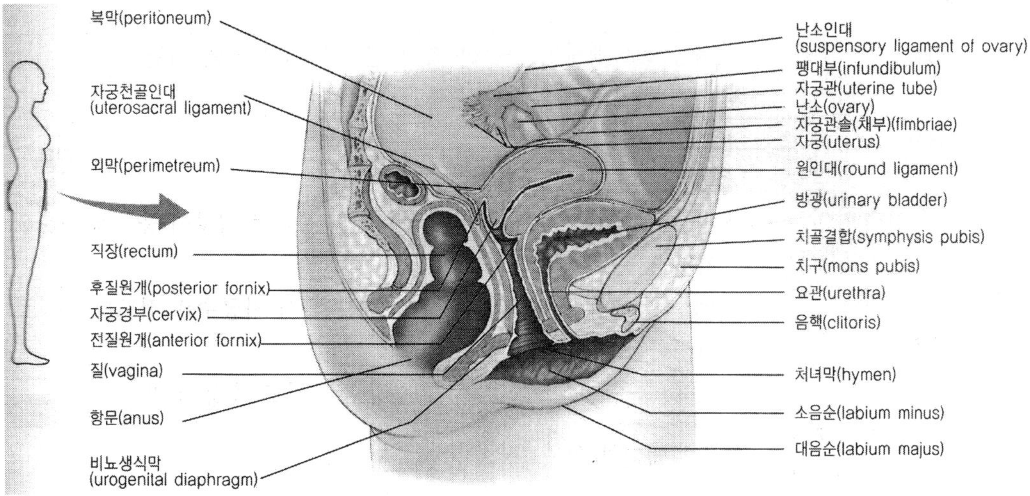

1. 질(Vagina)

<table>
<tr><td>위치</td><td colspan="2">• 외음에서 자궁까지 통하는 한 개의 근육관으로 길이는 8~10cm
• 질의 전방 : 방광
• 질의 후방 : 직장
• 질의 상단 : 자궁경부
• 질의 하단 : 처녀막</td></tr>
<tr><td>기능</td><td colspan="2">• 분만 시 태아 통과하는 산도의 역할
• 배설관의 기능(자궁 분비물과 월경 배설)
• 성교기관</td></tr>
<tr><td>질벽</td><td colspan="2">• 가로로 주름 잡힌 추벽이 있어 질 확장을 도움
• 중층 편평상피로 덮여 있어 전후 상하로 잘 늘어남
• 샘, 모낭 없으나 경부와 질강 내 점액으로 축축하게 유지됨
• 산도 : 강한 산성(pH 4.4~5.5)을 유지하여 세균의 자궁내부 침입을 막음
• 정상 질강 상주균인 듀델라인균(doderline bacillus)에 의해 질벽에서 분비되는 글리코겐을 분해하여 유산(lactic acid)으로 만들어 질 분비물을 산성으로 유지
• 임신 시 글리코겐 함유량이 증가되어 산도가 증가(pH 3.5로 저하됨)하고 곰팡이균 감염률이 증가</td></tr>
<tr><td rowspan="3">질원개</td><td colspan="2">• 경관이 질 상부에 삽입된 공간으로 전 · 후, 좌 · 우 질원개로 구분</td></tr>
<tr><td>질 후원개</td><td>• 길고 분비물이 고이기 쉬워 암세포 검사물 채취 부위로 사용
• 자궁외임신 진단 시 맹낭천자와 맹낭경 검사의 중요부분</td></tr>
<tr><td>Papanicolaou smear
(Pap smear)</td><td>• 자궁경부암의 진단검사로 후원개로부터 질 점액과 경관의 편평원주접합부(자궁경부암이 자주 발생하는 부분)에서 표본 추출</td></tr>
</table>

2. 자궁(Uterus)

<table>
<tr><td>정의</td><td colspan="2">• 불수의적 근육층으로 팽창이 가능한 속이 빈 서양배 모양의 기관</td></tr>
<tr><td rowspan="3">위치</td><td colspan="2">• 전경 · 전굴 유지(원인대에 의해서 질과 직각을 이룸)</td></tr>
<tr><td>전방</td><td>방광</td></tr>
<tr><td>후방</td><td>직장</td></tr>
<tr><td rowspan="2">구조</td><td>저부
(fundus)</td><td>• 자궁의 상부와 난관이 시작되는 것의 사이로 상부에 둥글게 돌출된 가장 넓은 부분
• 체부 상부의 가장 넓은 부분으로 분만 시 자궁수축 정도를 손으로 사정하는 부분
• 근육의 치밀도가 가장 높아 자궁수축 정도 측정 부위</td></tr>
<tr><td>체부
(corpus)</td><td>• 자궁내구의 상부, 자궁내강을 둘러쌈</td></tr>
</table>

<table>
<tr><td rowspan="3"></td><td>협부
(isthmus)</td><td colspan="2">• 체부와 경부가 연결되는 좁은 부분, 임신 중 자궁하부 형성
• 분만 시 자궁상부와 하부 사이에 생리적 수축륜 형성</td></tr>
<tr><td>경부
(cervix)</td><td colspan="2">• 자궁내구의 하부</td></tr>
<tr><td colspan="3">• 연령에 따라 자궁의 크기가 바뀜
– 유년기 : 체부 1/3, 경부 2/3
– 성숙기 : 체부 2/3, 경부 1/3
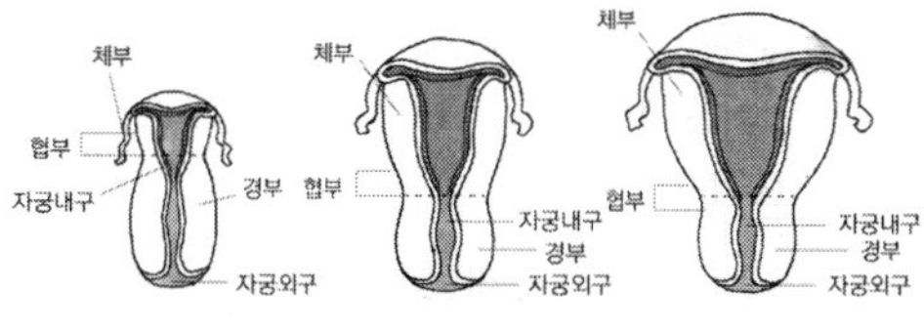

〈사춘기 전〉 〈미산부〉 〈경산부〉</td></tr>
<tr><td>기능</td><td colspan="3">• 월경기능
• 착상
• 임신유지기능(수정란 발육)
• 분만 시 태아를 밀어내는 역할</td></tr>
<tr><td rowspan="8">자궁체부</td><td>자궁
외막</td><td colspan="2">• 장막층
• 자궁을 감싸고 있으며, 광인대가 자궁 앞뒤를 싸고 있으며 고정</td></tr>
<tr><td rowspan="5">자궁
근층</td><td colspan="2">• 근육층으로 가장 두꺼움
• 임신 시 근육이 비대, 분만 시 효과적인 수축이 가능케함</td></tr>
<tr><td>외층</td><td>• 종행근(세로근)
• 분만 중 태아와 태반 만출</td></tr>
<tr><td>중간층</td><td>• 사위근(빗근)
• 8자 모양의 근육사이로 혈관이 지나 분만 후 자궁수축을 통해 지혈작용</td></tr>
<tr><td>내층</td><td>• 윤상근(돌림근)
• 자궁경부를 둘러싸고 있음
• 월경역류와 임신 중 자궁 내용물 유지
• 윤상근 손상 시 자궁경관 무력증(IIOC) 유발</td></tr>
<tr><td colspan="2">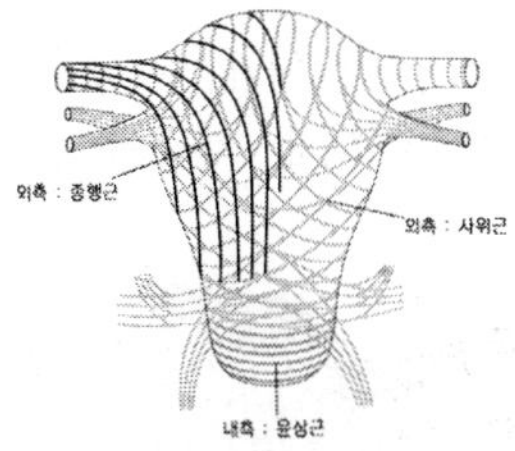
</td></tr>
<tr><td rowspan="2">자궁
내막</td><td colspan="2">• 자궁 가장 안쪽 위치
• 월경주기에 따라 증식, 탈락, 괴사과정을 거침</td></tr>
<tr><td>재생층
(기저층)</td><td>• 원주 상피세포로 구성
• 알칼리성 분비물을 생성하는 선이 있음
• 임신과 월경 시에도 유지되며 자궁내막 재생에 기여</td></tr>
</table>

		기능층 (해면층, 조밀층)	• 월경과 분만 시 주기적으로 탈락함
자궁경부 (자궁목, cervix)			• 탄력성 있는 결합조직으로 경부입구는 견고한 상태 • 경관에는 분비샘이 있어 점액을 분비
	배란 및 임신 시		• 호르몬의 영향으로 부드러워짐
		배란 시	• 호르몬의 영향으로 부드러워짐
		임신 시	• 점도 높은 점액을 많이 분비하여 외부로부터 정자 및 세균 침입 방어
		분만 중	• 소실(effacement)과 개대(dilatation)가 일어나 분만유도
	경관내구		• 자궁강과 경관 내막 사이의 좁은 입구 • 분만 시 소실 및 개대 일어남
	경관외구		• 경관내막과 질 사이의 가장 좁은 입구 • 분만 시 개대(10cm까지)
	편평원주상피세포 접합부		• 편평상피세포와 원주상피세포가 만나는 부위 • 자궁경부암 호발부위(종양성 세포변화가 가장 잘 생기는 부분) → Pap smear 검사부위
자궁인대			• 자궁, 난소, 난관들은 골반 내에서 인대에 의해 각기 일정한 위치와 자세 유지
	기인대 (cardinal ligament)		• 협부와 양측 질원개를 지나 골반 양측에 고정됨 • 원인대 아래쪽에 위치 • 자궁탈수 방지, 손상 시 자궁이 아래쪽으로 처짐
	광인대 (broad ligament)		• 자궁측방에서 골반벽까지 뻗은 날개모양의 인대 • 자궁, 난관, 난소를 지지하여 정상위치에 놓이도록 함
	원인대 (round ligament)		• 자궁저부에서 대음순까지 연결되어 있음 • 자궁저부를 앞쪽으로 당겨 자궁의 전경 전굴 유지 • 임신 시 가장 힘을 많이 받음
	자궁천골인대 (sacrouterine ligament)		• 자궁경관 후표면에 부착 • 자궁내부, 질원개, 자궁후면으로 연결됨 • 자궁탈수 방지, 자궁을 견인시켜 제 위치에 놓도록 함

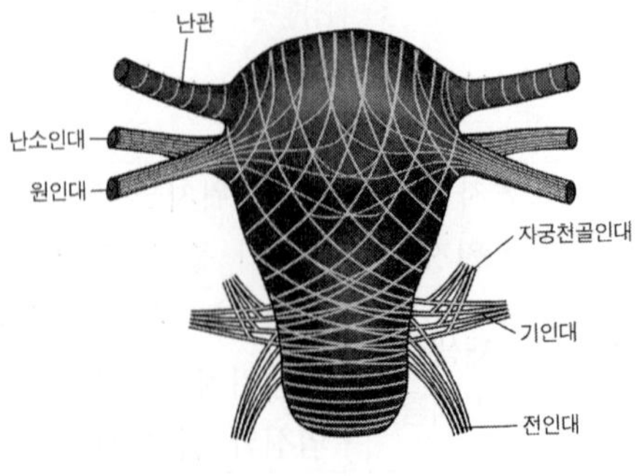

	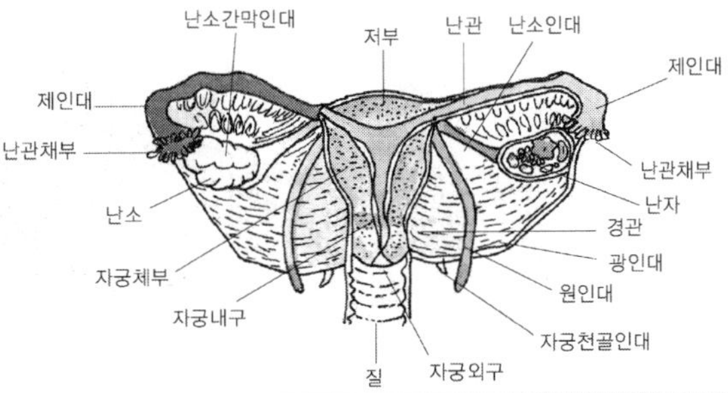
혈액공급	• 2개의 자궁동맥과 2개의 난소동맥
신경지배	• 주로 교감신경의 지배 • 교감신경계 : 자궁근육 수축과 혈관 수축 • 부교감신경계 : 자궁근육 수축작용 억제와 혈관 확장

3. 나팔관, 난관(Fallopian tube)

기능	배설관	• 난소에서 수정란을 자궁까지, 정자를 자궁에서 난소까지 운반
	운동	• 섬모운동, 난관 연동운동, 호르몬에 의한 난관 수축운동으로 난자를 자궁으로 운반
구조	• 근육으로 된 관으로 자궁의 간질부에서 양쪽으로 난소까지 뻗어 있음	
	간질부	• 자궁의 근층에 포함
	협부	• 가장 좁은 부위
	팽대부	• 난관 가장 큰 부분을 차지 • 수정이 이루어지는 곳 • 자궁외임신 호발부위
	체부	• 나팔 모양으로 손가락 모양의 난관채에 의해 둘러싸여 있음 • 운동성이 있으며 배란 시 난자를 끌어당김

4. 난소(Ovary)

위치	• 자궁의 좌우로 1개씩 난관 후방부에 위치 • 자궁 광인대와 난소인대에 의해 지지 • 배란기에 일시적으로 커지고 폐경기에 현저히 퇴축	
기능	배란기능	• 출생 시 10~60만개의 난포를 지니고 태어남 • 난소에서 성숙한 난자 배출로 배란
	내분비기능	• 여성의 성장발달에 필요한 성호르몬 생성, 분비 • **예** : 에스트로겐, 프로게스테론, 안드로겐
구조	피질 (cortex)	• 난소의 외피 • 발달단계가 다른 원시난포, 난포, 황체, 백체와 난자가 들어 있음
	수질 (medulla)	• 난소 내부 층의 허술한 결합조직으로 많은 혈관(동맥, 정맥)과 비횡문근으로 구성

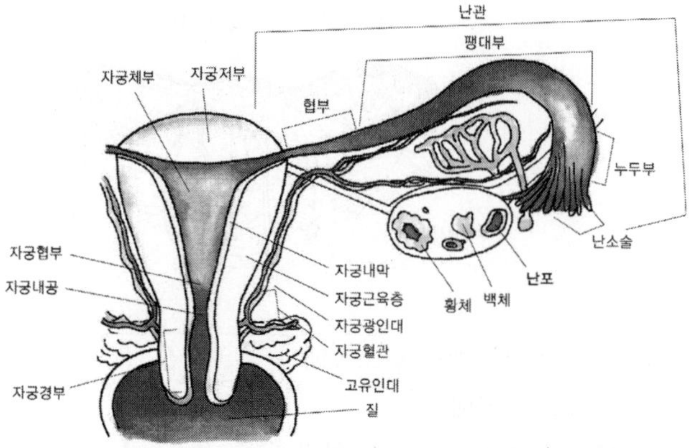

〈자궁, 난관, 난소〉

3 유방

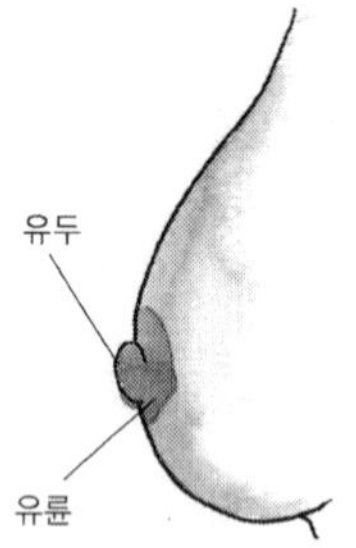

유방의 외부 구조

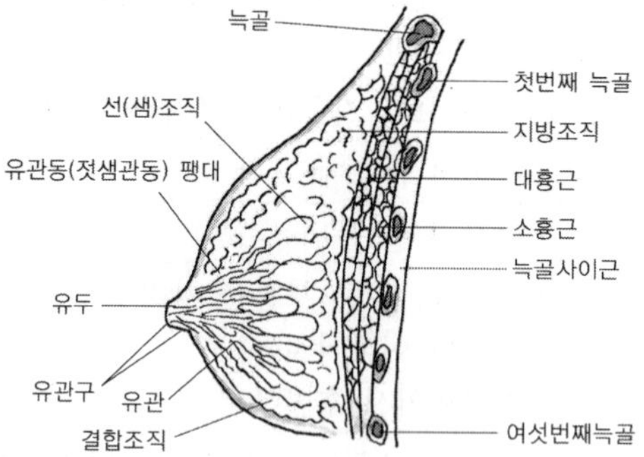

유방의 내부 구조

구조	외부 구조	피부	• 평평하고 부드러운 피부, 젖샘의 부위로부터 젖무리까지 펼쳐져 있는 부분
		유륜	• 유두를 둘러싼 갈색부분 • 유두를 견고하게 하며, 피지선인 몽고메리선에 의해 거침 • 몽고메리선 - 유륜 표면의 거칠고 작은 결절로 지방샘이 있어 유두 보호 - 임신 중에 짙은 갈색으로 변함 • 젖샘을 흉벽상에서 유동성을 갖게 하고 지지역할을 함
		유두	• 예민한 발기성 조직, 15~20개 젖샘관이 개구되어 있음

	내부 구조	실질	• 젖샘은 대개 15~20개의 젖샘엽(mammary lobe)으로 구성되어 있으며, 젖샘엽은 젖샘소엽으로 나뉘며 젖샘소엽은 선방세포가 모여서 이루어짐 • **유즙배출기전** : 선방세포(acini cell)에서 분비 → 소엽 → 젖샘엽 → 유관동(유즙저장) → 유두 통해 배출
		기질	• **지방조직** : 젖샘조직 및 관을 보호 • **지지조직** : 쿠퍼씨 인대에 의해 흉벽에 유방지지
기능	수유 기능		
	성적 흥분		
	에스트로겐		• 유방에 지방을 축적시켜 유방의 성장을 자극 • 기질조직의 발달(양과 탄력을 증가시킴)과 젖샘 성장을 자극 • 유방의 혈관 분포 증가
	프로게스테론		• 사춘기 때 배란이 시작되면 프로게스테론 수치가 증가 • 젖샘조직의 성숙, 특히 소엽의 성숙을 초래
	임신기간		• 에스트로겐, 프로게스테론, 프로락틴, 태반호르몬의 상승으로 인해 유관이 발달되는 등 젖 분비를 위한 성장 자극
	젖 분비		• 출산 후 태반 만출 후 에스트로겐 농도가 저하되고 태아의 젖 빠는 자극에 의해 시작
유즙 분비 호르몬	젖샘 발육		• estrogen, progesterone, insulin, cortisol, prolactin, 성장호르몬, 태반락토젠에 의해 발육
	유즙 생성		• prolactin
	유즙 배출		• oxytocin

4 생식관련 기타장기

방광	• 자궁의 전방과 치골의 후면 사이에 위치 • 방광후벽과 자궁전벽이 함께 부착되어 있기에 생식에 중요한 기능		
	방광 → 자궁	분만 중	• 팽만된 방광으로 인해 골반강이 좁아져서 분만 진행에 영향
		분만 후	• 팽만된 방광이 자궁수축을 방해하여 산후출혈 유발
	자궁 → 방광	임신 중	• 커진 자궁이 방광을 압박하여 빈뇨 증상 초래
		분만 중	• 아두하강 시 방광벽이 압박되어 분만 후에 일시적인 소변 정체나 잔뇨증 초래

요도	분만 진행시	• 태아하강과 함께 자궁경관이 개대되면서 질벽과 요도관이 같이 올라가서 보통 4~5cm이던 것이 더 길어지게 됨
	분만 중	• 아두하강 시의 압박으로 소변배설이 평상시보다 용이하게 되지 않을 수도 있음
직장	임신 중	• 커진 자궁이 장을 압박 • 변비 : 호르몬의 영향으로 장벽이 이완 • 치질 : 변비 악화와 복압의 증가
	분만 중	• 직장에 변이 가득 차 있으면 골반강이 좁아져서 분만 진행에 영향 → 분만 초기에 관장 시행(장을 비워 분만 진행을 촉진) • 난산으로 골반저가 파열 시 직장류 발생 가능

02 생식작용과 호르몬

1 시상하부, 뇌하수체, 난소호르몬의 관계

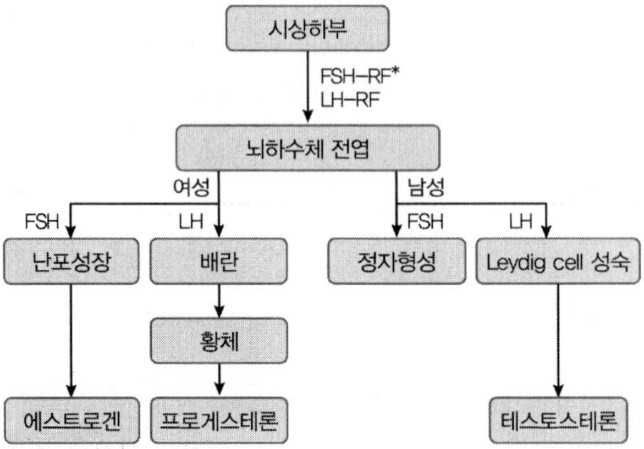

* RF : releasing Factor

시상하부 (Hypothalamus)	• 기능 : 뇌하수체 호르몬을 분비하도록 자극 또는 억제하는 분비 호르몬 분비 • 종류 – 성선 자극유리호르몬(gonadotropin releasing H, GnRH) – 갑상선 자극유리호르몬(thyrotropin releasing H) – 성장호르몬 분비억제 호르몬 – 부신피질 자극유리호르몬(corticotropin releasing H, CRH) – 프로락틴 분비억제 호르몬

뇌하수체 (Pituitary)	전엽	FSH (난포 자극 호르몬)	여성	• 난소의 원시난포를 성숙난포로 성숙시킴 • 난포의 성장으로 난소에서 estrogen 분비를 자극
			남성	• 고환속의 정세관 발육으로 정자 발육과 성숙 촉진
		LH (황체형성 호르몬)	여성	• estrogen 자극에 의해 급격히 LH가 분비 • 배란 유발 • 배란 후 황체형성으로 estrogen, progesterone 분비
			남성	• 정소에서 간질세포를 자극하여 테스토스테론 분비 촉진 • 테스토스테론은 FSH, LH와 함께 정자 성숙
		Prolactin (유선 자극 호르몬)	• 유방의 젖샘이 젖을 만들도록 촉진 • 분만 후 유즙분비 촉진 • 난소주기 억제 → 배란억제	
	후엽	Vasopressin (항이뇨호르몬)		
		Oxytocin (난포호르몬)	• 자궁수축과 유즙사출 작용 • 분만 동안 태아의 배출도움	
난소 (ovary)	Estrogen (에스트로겐)	분비시기	• 월경주기의 13일째, 배란 전	
		자궁	• 자궁내막 비후, 자궁근육 증대, 혈액공급 증대	
		경관	• 점액분비 증가, pH 증가, 점성도 저하, 견사성 증가, 양치엽상 형성	
		질강	• 질강 상피 각질화	
		난관	• 난관 운동성 촉진 → 배란기 때 운동능력 최대화하여 난자 이동촉진	
		대음순	• 비후되고 커져 윤곽 뚜렷	
		유방	• 젖샘관 발달	
		뇌하수체	• FSH 분비억제, LH 분비촉진	
		골격	• 뼈의 성장 촉진(부족 시 골다공증 유발)	
		혈액	• 혈액응고 인자 증가, 섬유소원 증가 → 죽상동맥 경화, 심근경색, 혈전 색전증 유발 가능성 증가	

	Progesterone (프로게스테론)	분비시기	• 월경주기 중 20~21일째 • 배란 후 7~8일째 가장 많이 분비, 월경 전 2~3일 전 완전 저하 • 임신 시 증가
		자궁내막 유지	• 수정란 착상 준비 및 임신유지 • 글리코겐 축적으로 착상에 적당한 영양상태 형성하여 수정란의 지속적 발달에 도움
		자궁 운동성 저하	• 자궁근 이완(oxytocin 분비억제로 인해 초래)
		난관	• 난관의 연동운동 촉진으로 황체기에 자궁강 내로 수정란 운반
		자궁경관	• 점액 점성도 상승, 분비물 양이 줄어 듦 • 백혈구 증가 • 견사성 및 양치 모양 감소 → 정자의 통과를 어렵게 함
		유방	• 유즙 분비하는 선방세포 및 젖샘소엽 발달
		체온	• 기초체온 상승
		기타	• 뇌하수체 호르몬 FSH 분비 촉진 • 간질세포자극 호르몬 분비 억제 • 모낭과 피지선에 안드로겐에 길항작용
	Relaxin (릴락신)	• 조산예방 • 자궁경관을 유연하게 해줌	

2 월경주기

1. 난자의 발달과 성숙

태생기	난소에 난소세포 존재, 46개 염색체로서 유사분열
출생 시	세포분열의 전기 상태인 1차 난모세포(40~50만개)가 난소에 준비
사춘기	출생 시 1차 난모세포가 13~15년간 휴식하다가 중기, 후기, 말기단계를 거쳐 2차 난모세포(염색체 23개)와 제1극체 형성(1차 감수분열)
수정	정자가 난자와 만나면 제2극체 완성(제2차 감수분열 완성) → 배란 후 정자와 만나지 못하면 퇴화

2. 난소주기(Ovarian cycle)

(1) 월경시작 첫날부터 다음 월경 첫날까지를 1주기로 보며, 보통 28일임

(2) 난소호르몬의 영향으로 이루어짐

(3) 난소의 난포가 성숙, 발달, 퇴화하는 과정으로 원시난포, 성장난포, 성숙난포, 배란, 황체, 백체과정이 주기적으로 반복되어 일어나는 성장과정

원시난포	여아 출생 시 각 난소에 40~50만개 존재
성장난포	난포상피가 증식하여 과립막 형성
성숙난포	그라피안 난포(난포가 커짐에 따라 난포액 형성되기 시작)
배란	난포액의 팽창으로 인한 내압과 난포막의 괴사변성으로 난자를 복강 내로 배출
황체	난포액과 난자 배출로 쭈글쭈글해지고 밝은 황색을 띰
백체	퇴화된 황체로 회백색 띰

난포기	기간	• 28일 주기에서 월경주기의 첫날~14일까지 • 배란되기 전까지의 상태
	특징	• 난자가 성숙되는 기간으로 원시난포가 증식 · 발육하여 성숙난포로 성장 • **사춘기 후** : 매 월경 시마다 여러 개의 난모세포가 커짐 • 에스트로겐 양이 점차 증가
배란기	기간	• 배란기에 월경 14일 후, 좌우 난소에서 번갈아 난자 방출
	특징	• 다음 월경 전 14일경 가장 잘 성숙된 성숙난포가 난소 표면으로 밀려나옴 • LH, FSH 분비가 급상승 • LH(뇌하수체 전엽)↑→ 성숙난포인 난자 배출 • 에스트로겐(난소) ↑→ 난관 평활근 운동력 → 난자이동 – 배란 직전의 고농도의 에스트로겐은 난관 평활근의 운동력과 섬모의 움직임을 활발하게 하여 난자 이동을 도움 • **황체형성호르몬** LH(뇌하수체 전엽) : 난소의 성숙난포에서 난포막을 파열시켜 난자를 배출하여 배란된 난자는 난관속으로 이동하여 난관 팽대부에 위치
황체기	기간	• 배란 후 바로 시작하여 월경의 시작과 더불어 끝남 • 배란 후부터 월경 직전까지의 난소 상태, 12~14일 지속
	황체	• 배란 직후 난자, 난포액, 과립막이 떨어져 나간 자리에 혈액이 고여 혈체 형성 → 성숙 후 황체가 되어 약 12일간 유지 • 배란 후 7~8일째 가장 많이 분비, 월경 전 2일 간 완전 저하, 임신 시 증가 • 난포액과 난자 배출로 쭈글쭈글해지는 밝은 황색 띰
	황체 – 수정된 경우	• 황체는 난소에 그대로 남아 12주(태반완성 시)까지 수정란의 착상 및 임신유지를 도움

		수정이 안된 경우		• 황체가 퇴화되어 백체가 되며 사라짐
		기능	자궁내막 증진	• 수정란착상, 임신 유지
			자궁의 운동성 저하	• 자궁근 이완
			난관	• 난관의 연동운동 촉진으로 황체기에 자궁강 내로 수정란 운반
			자궁경관 점액변화	• 점액점성도 상승, 분비량 줄어듦, 백혈구 증가, 견사성 및 양치모양 감소 → 정자통과 어렵게 함
			유방	• 유즙 분비하는 선상세포 및 젖샘소엽 발달
			체온상승	• 배란 후 황체기와 임신 시에 기초 체온상승
			뇌하수체 호르몬	• FSH 분비촉진 • 간질세포자극호르몬(ICSH)의 분비억제

3. 배란

<table>
<tr><td>정의</td><td colspan="3">• 월경주기 14일째 LH의 급격한 증가 후 배란됨
• 배란기에 난포액에 쌓인 성숙난자가 복강 내로 배출되는 현상
• 난포와 난포 주위의 조직이 파열되며 난자가 나옴</td></tr>
<tr><td rowspan="3">증상</td><td>기초체온곡선</td><td colspan="2">• 0.5℃ 정도의 체온상승이 배란 후 1~2일 후에 나타나서 다음 월경이 시작될 때까지 12~16일간 지속됨
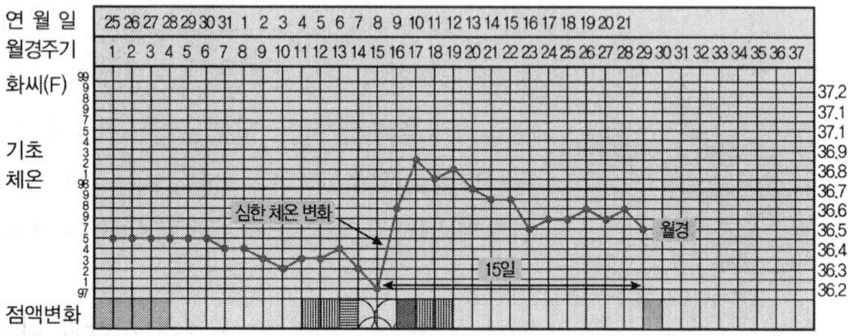
</td></tr>
<tr><td rowspan="2">기초체온의 변화</td><td>임신가능시기</td><td>정자 72시간 생존, 난자 24시간 생존 가능하므로 배란 전후 3일까지임 → 배란기를 중심으로 기초체온이 저온에서 고온으로 바뀌는 시기부터 3~4일까지</td></tr>
<tr><td>피임기간</td><td>기초체온이 저온에서 고온으로 바뀌는 시기의 3~4일 후부터 월경이 시작될 때까지</td></tr>
</table>

<table>
<tr>
<td>자궁경관
점액검사</td>
<td>
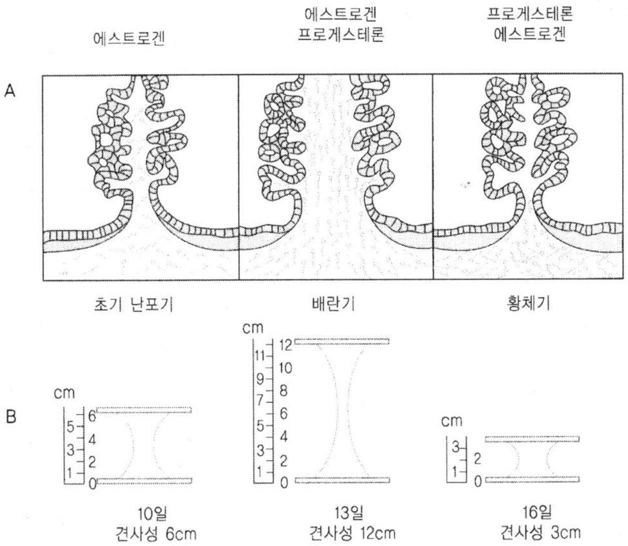

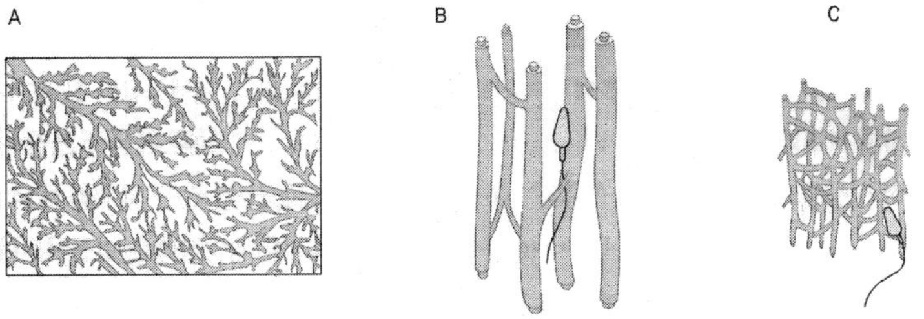

A : 에스트로겐 영향하에서의 경관점액의 양치엽상(ferning)
B : 견사성의 증가로 정자 통과를 용이하게 함(arborization)
C : 프로게스테론 영향하에서의 경관점액은 정자 통과가 어려움
• 경관점액량은 맑고 양이 많음
• 경관점액의 점성도 저하
• 경관점액 pH의 변화 : 약알칼리성
• 견사성(탄력있게 늘어나는 성질)의 증가
• 양치모양(ferning) : 점액을 슬라이드 글라스에 말려서 보면 분지 또는 양치모양
</td>
</tr>
<tr>
<td>배란통
약간의 출혈</td>
<td>• 배란 시 소량의 출혈이 복막을 자극하여 하복통을 느낌
• 약간의 질출혈</td>
</tr>
<tr>
<td>호르몬 검사</td>
<td>• 소변의 성선자극호르몬, 프레그난디올, 에스트로겐 증가</td>
</tr>
<tr>
<td>자궁내막검사</td>
<td>• 자궁내막 생검을 통해 황체호르몬의 변화 확인</td>
</tr>
</table>

4. 자궁내막주기(월경주기)

<table>
<tr><td rowspan="5">월경기</td><td>기간</td><td colspan="2">• 월경주기의 첫 5일</td></tr>
<tr><td>월경시작</td><td colspan="2">• 주기적인 혈관수축에 의해 나선동맥의 파열과 함께 자궁내막 상층부의 혈액공급이 차단되면 월경 출혈 시작
• 자궁의 불필요한 기능층(해면층, 조밀층)이 떨어지고 기저층만 남음</td></tr>
<tr><td>월경 끝</td><td colspan="2">• 나선형 소동맥이 다시 수축하면 월경이 멎고 출혈된 끝 부분은 괴사조직으로 덮임</td></tr>
<tr><td rowspan="2">월경</td><td colspan="2">• 배란 14일 후 자궁내막이 탈락되는 현상
• 내분비기능에 의해 일정한 주기로 반복되는 자궁내막에서의 출혈
• 5일 기간, 60~180mL 양, 28일 주기(개인차, 신체적 · 정서적 · 환경적 영향 받음)</td></tr>
<tr><td>특성</td><td>• 정맥혈같이 검붉은색, 섬유 용해성 효소가 있어 응고가 안됨
• 음부 피지선 분비물과 혼합되어 특유의 냄새
• 혈구, 경관점액, 괴사된 조직 및 질 점액, 세균 포함
• 나이, 육체, 정서 상태, 환경이 월경 규칙성에 영향 줌</td></tr>
<tr><td>증식기</td><td colspan="3">• 기간 : 월경주기 5일~14일
• 난소의 난포성장 → 에스트로겐 분비 상승, 자궁내막 증식
• 비후되는 시기
• 체온은 약간 떨어짐
• 월경 12일 내지 13일경에는 고농도로 에스트로겐이 상승하여 LH 분비 증가
• 월경기 끝나고 배란기까지 기능층이 빠르게 성장
• 자궁내막선의 발달 및 혈관 분포의 증가</td></tr>
<tr><td>분비기</td><td colspan="3">• 기간 : 월경주기 15일~25일, 배란 후 다음 월경시작 1일~2일 전까지
• 배란 후 황체에서 분비된 프로게스테론 영향 받음
• 나선동맥의 성장 및 분비물 축적으로 자궁내막이 두꺼워짐(자궁내막 유지)
• 수분이 많아지고 글리코겐(glycogen)이 풍부해져 난자착상에 이상적인 환경조성
• 선(gland)과 혈관이 꼬불꼬불해짐(자궁내막의 두께에 비해 소동맥의 빠른 증가)
• LH와 FSH 분비는 억제</td></tr>
<tr><td>월경전기</td><td colspan="3">• 기간 : 월경주기 25일~28일
• 미 수정 시 황체 퇴행으로 에스트로겐, 프로게스테론 분비 감소
• 자궁내막 나선동맥의 혈액공급 차단으로 혈관이 괴사</td></tr>
</table>

✚ 난소와 자궁내막주기의 상관관계

난소주기	초기		후기	배란	초기		후기	백체
	난포기			배란	황체기			백체
월경주기	증식기			분비기			월경전기	월경기
날짜	1~4	5~8	9~13	12~16	15~18	19~25	26~27	28~32
난소	황체의 퇴축	그라피안 난포의 성장발달		배란	활발한 황체작용		황체의 조기 퇴축	
에스트로겐	감소	혈액이나 소변에 점차적으로 증가		고농도	2차적인 증가		감소	
프로게스테론	무		나타나기 시작함	꽤 있음	상당히 많음		감소	
자궁내막	재정리하고 비후시킴		더 성장시키고 수분을 분비	샘이 증대되며 글리코겐을 분비		분비가 축적되고 부종	월경 전 퇴축 시작	자궁내막 탈락과 월경

시상하부 – 뇌하수체 주기

성선자극 호르몬 변화

난소주기 & 난소호르몬

자궁내막주기

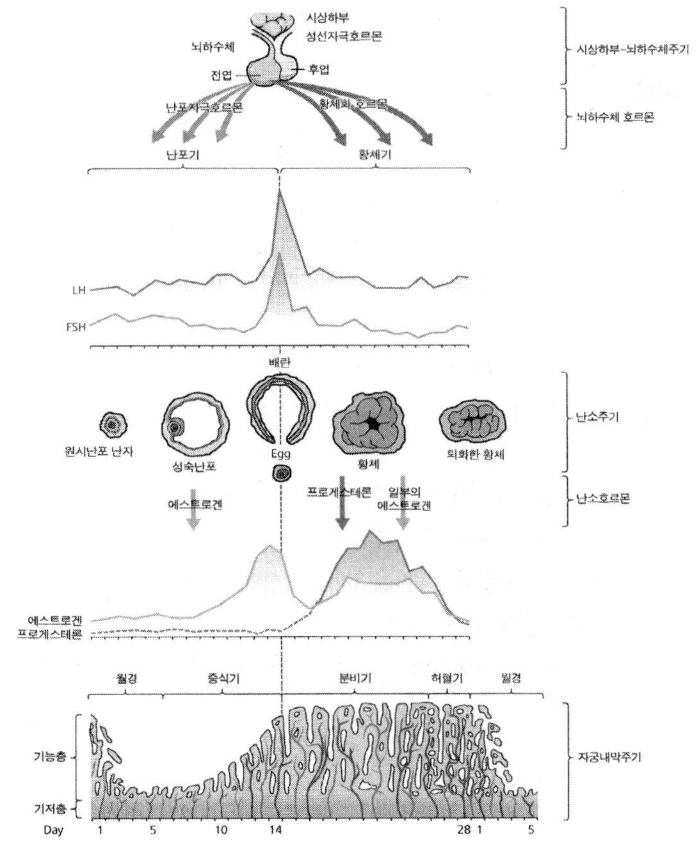

3 독성쇼크증후군(TSS ; Toxic shock syndrome)

탐폰	• 여성 생리용품의 하나 • 면, 레이온 등의 재질로 된 손가락만한 마개 형태로 질구에 삽입하여 몸밖으로 생리혈이 배출되기 전에 흡수하는 방식의 체내형 생리대
정의	• 주로 여성에게 나타나는 감염으로 인한 증후군
원인	• 포도상구균에 의한 감염 • 16~25세 월경하는 여성에게 주로 나타남(95%) • 주로 흡수력이 뛰어난 탐폰 사용과 관련(탐폰 부작용 : 탐폰을 교체없이 오래 사용하거나 질 내부에 상처가 있는 경우)
증상	• 월경 시작 후 5일 이내에 발생 • 갑작스러운 고열, 구토, 설사, 어지럼, 허약, 기절 등 • 손바닥과 발바닥에 햇빛에 탄 것 같은 발진, 피부 벗겨짐, 근육통증 • 빠른 맥박, 극심한 피로, 목의 통증, 혈압 저하
치료	• 수액요법 : 심혈관 허탈 예방 • 배양검사 : 항생제(페니실린) 치료
예방	• 손씻기 : 탐폰 사용 전후로 손을 깨끗이 하고 개봉 후에는 바로 사용 • 제품포장이 파손되었거나 몸속으로 들어가는 삽입관 형태가 변형된 제품 사용 × • 8시간 이상은 절대 착용하지 않도록 하며, 4~6시간 마다 교체 • 가능할 때마다 탐폰 대신 면으로 만든 생리대를 사용 • 가능하면 탐폰은 해변 휴가, 운동, 특정한 옷을 입을 때 등 특수한 상황에서만 사용 • **가장 흡수력이 낮은 것으로 사용** : 흡수가 더 많이 될수록 질병 위험이 더 커짐 • **수면시간은 사용 ×** : 수면시간이 대개 8시간 이상이기에 문제 발생, 생리대 착용 • 사용 후 몸 안에 제거하지 않은 탐폰이 남아있지 않은지 반드시 확인 • 질염 있을 시 생리컵이나 탐폰 사용 시 2차 감염이 생길 수 있으므로 질염이 완전히 치료될 때까지는 삽입형 생리대 사용 × • 만약 사용 후 제거용 손잡이 끈이 빠져서 탐폰을 제거할 수 없을 때는 즉시 산부인과 병원 찾아 제거 • 탐폰은 박테리아 증식을 피하기 위해 시원하고 건조한 곳에 보관

03 건강사정

1 건강력 사정

과거력과 주호소	• 인구학적 자료(이름, 나이, 결혼상태 혹은 거주상태) • 주호소(의학적 관리를 받고자 하는 이유) • 현재나 과거 건강상태, 과거 받은 수술 • 신장, 체중, 활력징후 • 알러지(약물, 음식, 환경적 알러지원) • 약물 투약(처방약, 비처방약, 한약) • 보완대체요법 사용 여부(허브, 식물, 지압 등) • 습관(흡연, 알코올 섭취, 약물) • 식습관 • 운동 습관(형태, 빈도, 기간) • 배변 습관(현재 또는 만성적 문제) • 수면과 휴식 습관 • 스트레스 정도와 스트레스 관리 방법
가족력	• 심혈관계 질환(빈혈, 고혈압, 혈전질병, 뇌졸중, 심장발작 등) • 암(유방, 자궁, 난소, 장, 폐 등) • 골다공증
성생활력	• 성생활(첫 성교연령, 파트너 수, 성생활 횟수, 시간, 만족도, 성에 대한 태도 및 지식) • 피임방법(선택한 피임방법에 대한 만족도, 부작용, 사용방법의 정확성) • 과거 성 전파성 질병의 경험 유무 여부 • 성 전파성 질병 예방법에 대한 지식의 정도 및 실천도
산과력	• 임신(임신 횟수와 결과) • 분만(조산 여부, 만삭 분만 횟수, 산부의 연령, 분만방법, 분만장소, 분만 시 신생아 성별 및 건강상태) • 유산(유산의 종류, 유산된 시기, 유산 후 시술과정) • 임신, 분만, 유산의 과정에서 발생한 사건 및 합병증 유무
월경력	• 초경(초경 시작 연령, 월경주기 규칙성, 월경량, 월경통 유무) • 현재의 월경력(마지막 월경일, 월경주기 규칙성, 기간, 월경량, 월경전증후군, 월경곤란증 유무 및 완화방법) • 폐경(폐경 연령, 월경주기 변화, 비정상적 자궁 출혈)

심리사회력	• 가족관계 • 종교, 결혼상태, 교육고용상태, 직업(재정적 · 사회적 · 정서적 지지 결정에 도움이 되는 것들)

2 신체검진

1. 신체검진 시 유의사항

(1) **사정** : 시진, 촉진, 타진, 청진 순으로 진행

(2) **대상자에게 검진절차에 대한 설명 및 정보제공** : 성 경험이 없는 여성의 경우 질 대신 항문검사를 실시(처녀막 보호를 위해)

(3) 검진결과에 영향 주는 요인들을 피해야 함

(4) **검사 24시간 전에 질 세척, 질 정 등 약물 사용금지** : 질 분비물 상태변화로 분비물, 세포, 냄새에 근거를 두는 진단을 방해하고 질경삽입을 어렵게 하기 때문

(5) 월경 시는 월경혈로 인해 검사물이 영향을 받으므로 월경이 끝나고 5~7일 뒤 검사

(6) **검사 전에 방광을 비움(배뇨)** : 자궁 전방에 방광이 자궁 내 검진에 영향 줌

(7) 촉진 전 검진자의 손과 질경을 따뜻하게 하고 심호흡으로 이완을 유도

(8) 진찰목적에 따른 체위를 준비시키나 한 자세를 장시간 취하지 않도록 함

(9) **자세** : 쇄석위(lithotomy position)

(10) 검진 시 무균법을 적용

2. 전신검진

활력징후, 신장, 체중, 전반적 외모, 심장, 폐, 유방, 복부, 사지, 비뇨생식기계 등 사정

3. 유방검진

대상 및 시기	대상	• 18세 이후 여성
	시기	• 월경 직후 1주일 이내 시행 • 호르몬의 영향이 가장 적고 부종이나 압통 없이 검진 용이
	경구피임제 복용 시	• 복용을 새로이 시작하는 첫날
	폐경기 여성	• 매달 같은 날짜에 검진, 년 1회 정기검진 필요
	전문의 진찰	• 30~40대 여성 1회/2년, 40대 이상 1회/1년 이상

시진	똑바로 서있는 자세		• **유방 크기, 대칭성, 색과 피부변화** : 양쪽 유방의 크기가 약간 다른 것은 정상 • **유두와 유륜** : 크기와 색의 차이, 유두의 편측성 퇴축, 유두의 방향 비대칭성 확인 → 종양 유무 확인
	머리 위로 팔을 올린 자세		• 유방의 측면과 아래쪽의 비대칭성과 색 차이 • 팔을 올리면 손상된 유방은 상승되지 않음
	양손을 허리에 놓은 자세		• 양손을 양쪽 대퇴 관절 뒷부분에 대게 하고 흉근이 수축되도록 가슴을 앞으로 강하게 압박하여 쑥 들어가고 퇴축한 곳을 관찰
	팔을 엉덩이에 붙이고 상체를 아래로 수그린 자세		• 혹이나 움푹 들어간 곳, 납작한 곳 등의 외형관찰
촉진	자세		• 대상자를 눕히고 검사하는 쪽의 어깨 밑에 작은 베개를 집어 넣고, 대상자의 팔을 머리 위로 올리도록 함
	방법		• 촉진 시 2, 3, 4번의 세 손가락을 모으고 첫째 마디 부분을 이용 • **촉진방향** : 시계의 12시 방향에서 시작하여 1시, 2시 방향으로 돌아가면서 유방의 바깥에서부터 유두를 향해 반복 시행, 양쪽을 같은 방법으로 검사하면서 유방 밑부분, 유방주위, 젖무리 등을 검사
		유의사항	• 유방근육 경도와 신축성 관찰 • 유방에 병변이나 압통이 있는지 확인 • 유두의 탄력성 살피고, 유두를 짜 보아 분비물이 나오는 지를 관찰 • **소결절 촉진 시 자세히 기록** : 유두를 4등분하여 유두로부터 거리 표시, 모양, 경도, 압통, 분비물 양상기록
유방자가검진			① **거울 앞에 서서 유방 살펴보기** : 분비물 유무, 대칭 여부 확인 ② 거울 앞에 선채로 손을 머리 뒤로 얹고 앞쪽으로 기울여 유방 살펴보기 ③ 허리에 양손을 얹고 몸을 앞으로 기울여 유방 살펴보기 ④ 왼쪽 팔을 올리고 오른쪽 손가락 끝으로 동심원을 그리듯 하여 시계방향으로 겨드랑이부터 천천히 유방 만지고 원을 좁혀 유두까지 만져보기 • 샤워하는 동안 유방자가검진 가능 • 유방과 겨드랑이, 쇄골, 유방 위쪽, 어깨까지 검진 필요 ⑤ 유두를 가볍게 짜 내 분비물 확인하기. 오른팔을 올리고 오른쪽 유방을 같은 방법으로 확인

⑥ 타월이나 베개를 어깨에 받치고 ④, ⑤ 동작 반복하기

⑦ **동심원 그리듯 유방을 골고루 만져보기** : 둥글게 움직이며 촉진, 세로방향으로 움직이며 촉진, 가장자리에서 중심으로 움직이며 촉진

⑧ 변화 발견 시 병원방문

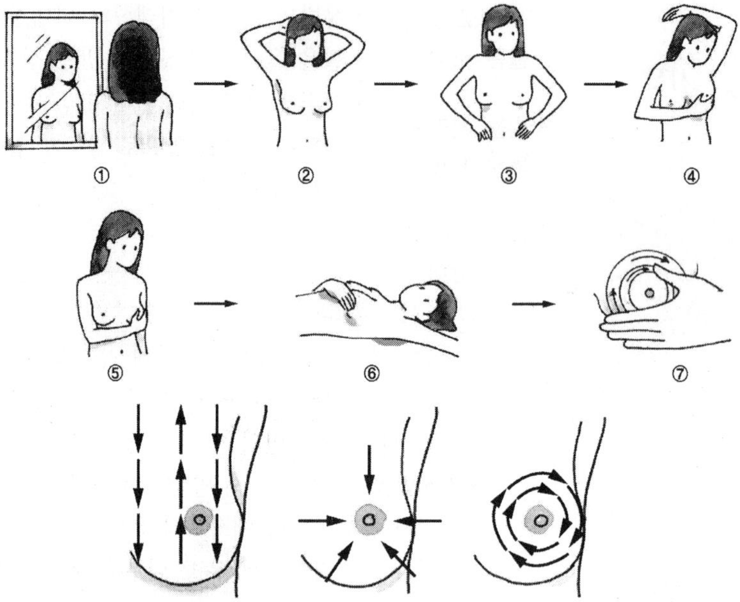

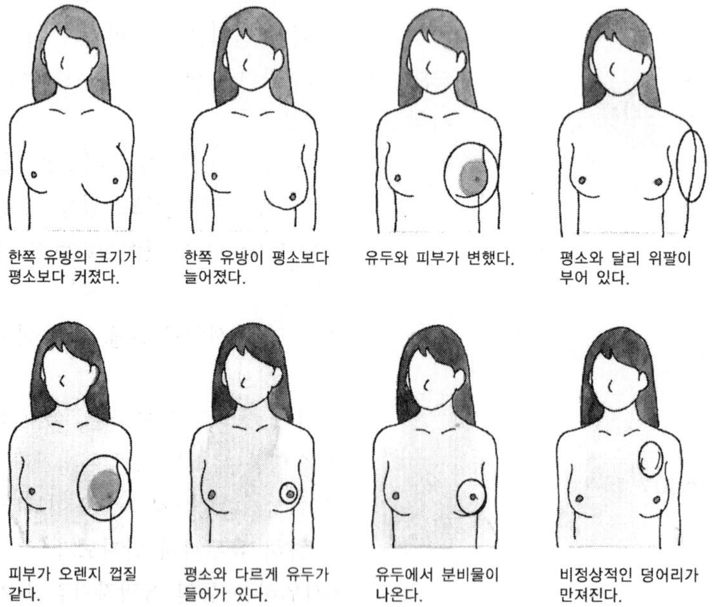

유방 자가진단 살펴보기

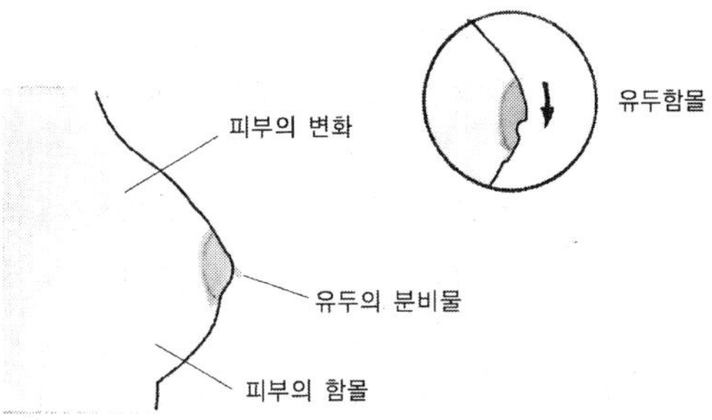

4. 생식기 검진

준비	자세		• 쇄석위
	유의사항		• 순서 및 정보 제공, 프라이버시 보호 • 검사 24시간 전에 질 세척, 질 좌약 사용금지 • 월경시기 피해서 오도록 함
검진순서	• 복부진찰 → 외생식기 검사(시진 후 촉진) → 질경 검사 → 검사물 채취(검사물 채취 후 Pap smear) → 쌍합진(양손진찰법)		
외생식기 검진	시진		• 치모, 음순, 음핵, 요도, 질구, 항문 등 관찰
	촉진		• 외음부, 스킨샘, 바르톨린 샘, 골반근육 등 촉진 • 분비물의 냄새, 색깔, 양 확인
		외음부	• 쇄석위나 좌측위에서 촉진 • 소음순, 음핵, 요도개구부, 질구에 병소의심 시 촉진 • 비정상 : 압통, 결절, 열감, 염증 등
		스킨샘	• 질 내에 검지를 질 내 4~5cm 삽입 후 11시, 1시 방향으로 눌러 분비물 확인 및 배양 • 통증 없어야 함 • 압통, 결절, 화농성 분비물은 임질 의심 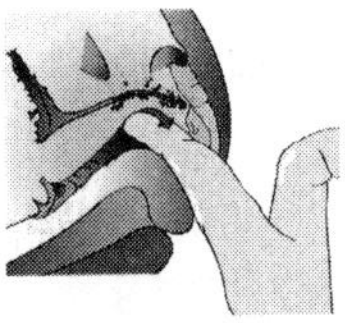
		바르톨린 샘	• 검지를 질강 후부까지 삽입하고 엄지손가락은 바깥쪽에 놓고 아래 방향으로 돌려 대음순의 후면 4시와 8시 방향을 촉진 • 양쪽 부종이나 압통, 덩어리 확인 • 농성 분비물 촉진 시 배양검사(임균 의심) 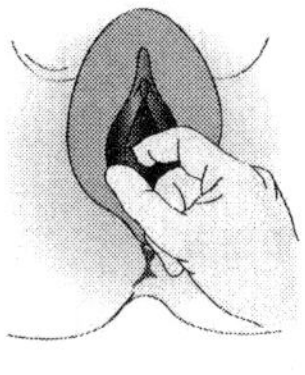

<table>
<tr><td rowspan="8"></td><td rowspan="8">골반근육
지지정도
사정</td><td colspan="3">• 한쪽 손의 시지와 장지로 음순을 벌리고 다른 쪽 손의 시지, 장지를 질안으로 넣은 후 대상자에게 아래로 힘을 주도록 하여 검진자 손가락 주위의 질구를 조이게 함
• 골반근육의 탄력성 검사
• 근육 강도가 약하면 케겔운동에 대한 지식을 사정</td></tr>
<tr><td>미산부</td><td colspan="2">• 탄탄하게 조이는 느낌</td></tr>
<tr><td>다산부</td><td colspan="2">• 탄력이 약함</td></tr>
<tr><td>정상</td><td colspan="2">• 질벽 팽륜이나 요실금 없음</td></tr>
<tr><td rowspan="3">비정상</td><td>방광류, 직장류
경한 탈수 시</td><td>• 아래로 힘을 줄 때 팽륜됨</td></tr>
<tr><td>복압성 요실금</td><td>• 아래로 힘을 줄 때 소변이 흐름</td></tr>
<tr><td>성적
만족도 감소</td><td>• 탄력성 감소 및 소실</td></tr>
<tr></tr>
<tr><td rowspan="6">내생식기
검진</td><td rowspan="2">질경삽입</td><td>준비</td><td colspan="2">• 생리 중 검사하지 않음
• 검사 전 질 세척, 성교, 약물 사용, 윤활제 사용 ×
• 배뇨 : 방광비우기
• 자세 : 쇄석위
• 크기에 맞는 질경 선택
• 따뜻한 물로 질경을 덥혀 사용</td></tr>
<tr><td>방법</td><td colspan="2">• 질구를 벌리고 외구를 사정하며 삽입
• 질경은 닫은 상태로 질 후벽 쪽으로 45° 아래쪽 방향으로 비틀어 삽입 후 질경의 날이 수평이 되도록 회전시킴
• 질경이 완전히 들어간 후 경부가 보이도록 질경을 벌리고 나사를 고정</td></tr>
<tr><td rowspan="3">시진</td><td>경관시진</td><td colspan="2">• 자궁경부와 경부 입구의 색깔, 위치, 열상, 궤양, 결절성, 종양, 출혈, 분비물 등 관찰</td></tr>
<tr><td>경관도말
및 배양</td><td colspan="2">• Pap smear 검사(자궁경부내부, 편평원주상피세포접합부, 질후원개 등 3곳에서 분비물 채취)</td></tr>
<tr><td>질벽시진</td><td colspan="2">• 색깔, 염증, 분비물, 궤양, 종양 등 점막 시진</td></tr>
<tr><td>촉진</td><td>양손촉진법</td><td colspan="2">• 질, 경관, 자궁, 난소 및 난관 등의 부속기와 직장을 두 손 사이에서 촉진하는 것
• 한 손의 엄지와 검지는 음순을 벌리고 → 소독장갑을 낀 손의 시지와 장지에 윤활제를 바른 후 질강에 삽입 → 질 내로 삽입한 후 두 손가락은 아래쪽으로 부드럽</td></tr>
</table>

		게 압박 → 질속에 있는 손가락을 빼내기 전 대상자에게 강하게 질을 좁히라고 지시 • 자궁크기, 모양, 위치(전굴 · 후굴 등), 난소크기, 질병상태 등을 알 수 있음 • **난소** : 3cm~4cm 이하가 정상이며, 잘 촉진되지 않음, 폐경된 후 난소위축으로 촉진되지 않으며 촉진 시 난소종양 의심 • **난관** : 정상의 경우 만져지지 않음 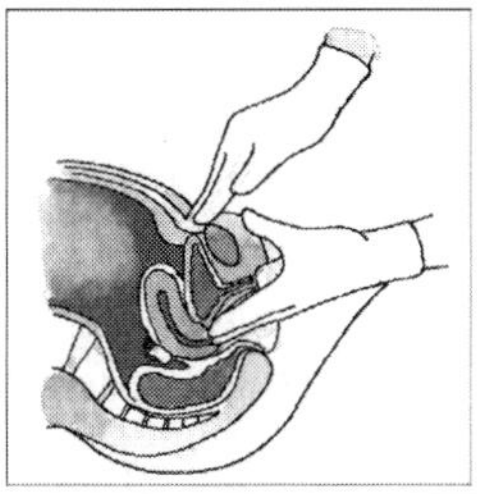 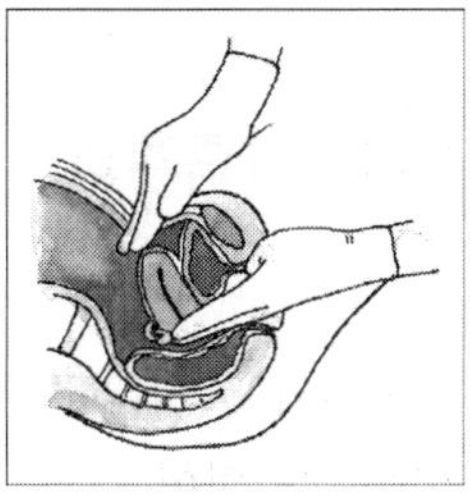
직장질검진		• 검지는 천천히 질강으로, 중지는 항문으로 삽입한 후 대상자에게 밑으로 힘을 주라고 하여 항문조임근을 이완시킴 • 자궁경부 후면의 경부 크기, 표면 특성, 이동성 관찰 • 직장과 질 누공 및 자궁후굴 관찰 • 대변이 묻을 경우 잠혈 확인 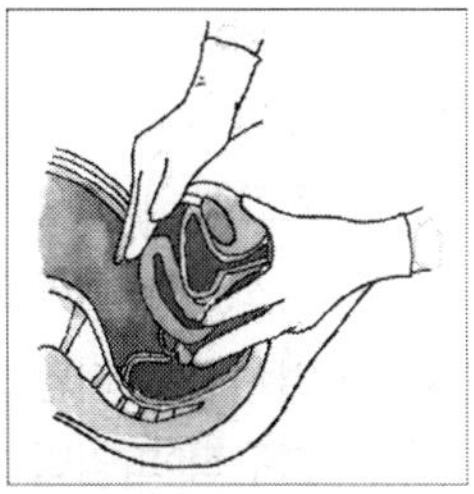
	비정상	• **자궁후굴** : 직장벽에서 자궁이 촉진 • **폐경된 후 3~5년** : 난소 위축으로 촉진되지 않음, 촉진될 경우 난소종양 의심 • **경부를 움직일 때 통증** : 골반염증성 질환 • **자궁이 만져지지 않는 경우** : 시지는 질강에 둔 채 중지를 직장에 넣고 관찰
항문검진		• 골반 질병 평가 시 시행 • 삽입 전 항문 주위를 문질러 항문조임근을 이완시킴 • 질, 직장벽의 종양, 폴립, 누공, 손상 등 확인 • **처녀인 경우** : 처녀막 보호를 위해 항문검진 수행

			비정상	• 질, 직장벽이 두꺼우면 감염이나 상처경험을 질문 • 직장의 전후측벽을 촉진하여 종양이나 폴립있는지 확인 • 산도의 손상이나 방사선 치료로 질, 직장의 누공이 감지될 수 있음

04 가족계획

- **가족계획** : 부부의 건강, 경제적 상태, 자녀양육에 대한 책임을 감당할 수 있는 부부의 능력을 고려하여 계획적으로 분만하는 것
- **피임** : 수정되어 착상이 이루어지는 과정을 안전한 방법으로 방해하는 임신조절방법

1 피임방법의 이론

원리	• 임신과정의 4단계 중 어느 한 단계를 방해하여 피임효과를 보는 방법	
단계	1단계	• 성세포의 생산을 억제하는 방법 • 고환이나 난소를 제거함으로써 영구적인 성세포 생산중지가 가능하나 성호르몬의 생산기능이 파괴
	2단계	• 여성 배란억제와 남성 정자배출억제 방법 • **일시적인 피임법** : 먹는 피임약, 주사, 피하이식법 • **영구적 피임법** : 정관절제술, 난관결찰술, 난관절제술
	3단계	• 수정저지방법 • **생리적 방법** : 질 내 사정을 피하는 성교중절법, 배란기를 피하여 성관계를 갖는 안전기 성교법(점액관찰법, 월경주기법, 기초체온이용법) • **기구나 약물을 이용한 방법** : 질 내에 사정된 정자의 자궁 내 진입을 막는 콘돔, 페서리나 캡 등의 이용법, 일단 사정된 정자를 체외로 제거하는 세척법, 정자를 질내에서 사멸시키는 살정제와 젤리 등을 이용한 살정자법

	4단계	• 수태(착상)저지방법 • 정자와 난자의 수정과정은 허용하나 그 이후 수정란이 자궁강 내에 운반되어 자궁내막에 착상하는 과정을 방해하거나 만약 착상하더라도 조기에 자궁탈락막을 박리시키는 방법 • 자궁강 내에 기구를 장치하여 수정란의 착상을 방지하는 자궁내장치 피임법, 착상 후에 사용되는 방법인 인공임신중절법, 월경조절법 및 성교 후 복용하는 응급복합피임약 등

2 피임방법의 조건

효과성	절대적이고 확실한 피임효과
복원성	일시적이고 복원이 가능해야 함
무해성	• 인체에 해를 주어서는 안 되며, 부작용이나 합병증이 발생하더라도 경미하고 일시적이어야 함 • 피임이 실패하여도 태아에게 해를 주지 말아야 함
수용성	성교나 성감을 방해해서는 안됨
간편성	사용방법이 간편해야 함
경제성	비용이 적게 들어 지속적으로 사용할 수 있어야 함
성병 예방	성적 접촉에 의한 성매개성 질환의 감염을 예방하는 효과

3 피임원리에 따른 분류

자연적 피임법	월경주기법, 기초체온법, 점액관찰법
물리적 피임법	성교중절법, 질세척법, 콘돔, 다이아프램, 자궁내장치
화학적 피임법	살정제
호르몬 피임법	먹는 피임약, 노플란트, 주사제 등
외과적 피임법	난관결찰술, 정관결찰술

4 피임효과 지속성에 따른 분류

일시적 방법 (일회성)	• 성교중절법(coitus interrupts), 질외사정법 • 질세척법(postcoital douche) • 페서리(pessary), 다이아프램(diaphram), 캡(cap) • 살정제(spermicidal cream gels, suppositories) • 월경주기법(rhythm method), 기초체온법(B.B.T) • 경구용 피임제(oral pill) • 콘돔(condom) : 남성형, 여성형
장기간 지속방법 (주기적 시술)	• 자궁내장치(intra uterine devices) • 누바링(NuvaRing) • 피하이식술(norplant implant) • 임플라논(implanon) • 주사형 피임법(DMPA)
영구적 방법	• 정관절제술(vasectomy) • 난관절제술(salpingectomy) • 난관결찰술(tubal ligation)
성교 후 방법	• 월경조절법(menstrual regulation) • 성교 후 응급피임법(postcoital emergency contraceptipon)

1. 일시적 방법

성교중절법 (질외사정법)	• 성교중 사정하기 전 음경을 질에서 빼내어 질외사정을 하는 것	
	장점	특별한 처치 필요하지 않음
	단점	• 실패 多, 남성에게 심한 자제력을 요구하기에 불가능한 경우 多 • 성적 만족 저하 • 약간의 정액이 여성 생식기에 남아 임신가능성
질세척법	• 물 또는 물에 식초산을 혼합하여 성교 후 질을 세척하는 방법	
	장점	콘돔이 파열되었을 때 응급처치법으로 사용
	단점	질 내 정상 세균층 변화 및 질 점막 손상
페서리 다이아프램 캡	• 부드러운 고무컵 모양으로 경관을 완전히 덮어 정자의 자궁 내 진입을 방지	
	방법	• 돔 모양의 양면에 크림, 젤리 형태의 살정제 도포 • 서있는 자세에서 다이아프램 삽입 • 손으로 테두리를 모아 오무려서 납작하게 된 것을 질 후벽으로 밀어 넣음 • 손가락을 펴기 전 캡을 통해 위치가 정확한 지 경관을 만져서 확인

		성교 전	• 성교하기 전 자궁경부에 삽입 • 성교할 때마다 1시간 전 삽입
		뺄 때	• 뺄 때는 손가락으로 테두리를 집어냄
		성교 후	• 성교 후 제거 • 즉시 따뜻한 비눗물로 씻어서 충분히 헹군 다음 잘 말린 후 파우더를 묻혀 공기가 통하지 않는 통에 보관
		재사용	• 작은 구멍의 결손부위가 없는 지 확인한 후 재사용
	장점	여자가 스스로 미리 넣을 수 있는 장치	
	단점	• 각자 크기에 맞추어야 하므로 진찰 요망 • 고정시 압박으로 인한 경부자극, 삽입 어려움 • 악취나는 분비물, 요로 감염	
살정제	• 사정된 정자를 경관으로 들어가기 전에 죽이거나 난자에 도달하지 못하게 하는 약		
	장점	• 성관계 1시간 전에 삽입가능 • 삽입이 간편 • 처방이나 검진 없이 비교적 저렴하게 구입가능하여 경제적	
	단점	• 알레르기 반응 유발 가능 • 질점막 자극, 삽입시간 조절 필요	
월경주기법 (오기노씨식)	• 월경주기에 배란기를 예측하여 가임기를 확인하고 금욕하는 방법 • 다음 월경일에서 거꾸로 14일째를 배란기로 보고 정자의 생존기간을 더하여 12~16일 전에 금욕하는 방법		
	방법	• 1년 동안 기록된 월경주기를 참고로 월경 첫날을 1일로 해서 최장주기, 최단주기 계산으로 성교를 피해야 하는 가임기간을 계산 • 가장 짧은 주기 : −18일 • 가장 긴 주기 : −11일 • 그 사이가 임신기간 예 가장 짧은 때 : 25일, 가장 길 때 : 31일 25일−18일=7일, 31일−11일=20일이므로 월경주기 7일째부터 20일까지가 임신가능기간 • 우리 신체는 변화하기에 다른 방법(콘돔, 다이어프램, 살정제, 성교중절법 등) 사용	
	장점	• 부작용이 없어서 안정성 • 매우 경제적임 • 기구 · 약물을 사용할 필요 없는 간편성	
	단점	• 규칙적 월경 주기에 가능함 • 불규칙적 월경 주기 시에는 피임실패율 높음	

기초체온법	• 배란 전후 체온변화(저온 → 고온)를 보고 가임기간 확인 후 3일간 금욕 • 기초체온은 월경 첫날부터 배란기까지 일정 수준 유지하다가 배란 2시간 전 약간 떨어졌다가 배란 후 상승(0.4℃)하여 월경기까지 고온기 유지됨(프로게스테론 분비에 영향 받음) • **기초체온 측정 시 대상자교육** – **체온 측정** : 3~4개월간 매일 아침, 첫 시작일은 월경시작 첫날 – 체온은 숙면 후 아침 잠에서 깨어나 활동하기 전에 잠자리에 누워서 5분 동안 구강으로 측정 – 체온 측정 전 말하거나 먹거나, 담배 피우기 × – 화씨 체온계 사용 – 기록 그래프 작성 – **체온 변화에 영향을 주는 특이사항 기록** : 성교일, 감기, 몸살, 소화불량, 불면증, 정신적 흥분, 긴장, 하복통, 유방통 등		
	장점	• 특별처치 필요 × • 산욕기 여성에게서 배란이 시작되는 것을 알게 함	
	단점	• 피임실패율 높음 • 수면부족, 늦잠, 음주, 감염이 체온에 영향 미침	
점액관찰법	• 혈액 내에 에스트로겐과 프로게스테론의 양이 증가할 때 경관점액 분비물의 양과 성질이 달라지는 현상을 관찰하여 배란시기를 피하는 방법		
	건조기	안전한 날	• 월경이 끝난 직후 3~4일 동안 질에서 점액이 분비되지 않은 시기
	건조기 이후	불안한 날	• 점액이 나오기 시작하며 양이 적고 흐린 빛(혼탁)으로 끈적끈적하며 에스트로겐 영향으로 묽고 투명한 점액이 분비되는 시기
	배란기	수정 가능	• 점액량은 점차 많아지며 에스트로겐이 가장 많은 배란 직전에는 맑고 미끄러우며 날달걀 흰자위와 같은 점액이 다량으로 배출되며 알칼리성으로 만듬
	배란 후 3일	임신 가능	• 배란 후에는 프로게스테론이 두껍고 혼탁하고 끈적거리는 점액을 분비하고 양이 적어짐 • 정자가 통과하는 작은 통로가 남아 있어 임신 가능 • 배란 후 3일째 까지 임신 가능으로 성적인 접촉을 금하거나 다른 피임방법 사용
	배란 후 3~4일	안전한 날	• 건조기로 다시 혼탁하고 늘어짐이 없음 • 월경 직후 건조기와 점액분비가 가장 많은 3~4일 부터가 가장 안전한 시기

<table>
<tr><td></td><td>장점</td><td colspan="2">• 기구 사용, 성교 전、후 조작이 필요 없음
• 자신의 신체변화에 대한 관심으로 배란 전 점액 분비 변화로 피임에 도움</td></tr>
<tr><td></td><td>단점</td><td colspan="2">• 여러 가지 원인으로 자궁경부의 점액 양상의 변화를 초래하기에 피임 실패 가능성</td></tr>
<tr><td rowspan="9">경구용 피임제 (에스트로겐과 프로게스틴의 복합 경구 피임약)</td><td colspan="3">• 배란억제기능으로 시상하부와 뇌하수체에 작용하여 생식샘자극호르몬의 분비를 억제하기에 배란이 안되어 임신이 되지 않는 원리 이용
• 가장 많이 사용하는 피임방법</td></tr>
<tr><td>기전</td><td colspan="2">• FSH, LH의 분비량 저하 : 에스트로겐, 프로게스테론에 의해 시상하부–뇌하수체–난소에 음성회환기전에 의한 억제
• 난포성장 억제 및 배란억제
– 에스트로겐 : FSH 억제 → 난포의 성장억제
– 프로게스테론 : LH 억제 → 배란억제
• 자궁내막 증식 억제 : 월경초기부터 혈중에 많은 프로게스테론이 존재, 에스트로겐이 잘 작용하지 않아 자궁내막 증식이 억제 → 수정란 착상 어려움
• 난관기능 방해 : 난관에 작용하여 난자와 정자 수용을 지연시켜 수정을 억제
• 경관점액의 점성도 상승 : 프로게스테론의 작용으로 경관점액의 점성도가 상승하여 정자가 통과하기 어렵게 만듦</td></tr>
<tr><td rowspan="5">적응 시기</td><td>월경기간</td><td>• 월경이 시작된 날로부터 5일 이내 복용 시작
• 처음 복용 시 월경 시작 첫 날부터 시작</td></tr>
<tr><td>유산 후</td><td>• 유산한 날부터 5~7일 이내</td></tr>
<tr><td>월경기간 외</td><td>• 경구 피임약 시작 시 첫 1주간을 임신 위험성 피하기 위해 다른 피임방법 같이 사용</td></tr>
<tr><td>비수유모</td><td>• 산후 2~3주에 시작
• 분만 후 1개월 안에 복용하면 혈전색전증 위험 가능성 ↑
• 산후 무월경에 임신 검사를 하여 음성을 확인 후 피임약을 복용</td></tr>
<tr><td>수유모</td><td>• 산후 6주에 시작
• 프로게스틴 단독 피임 사용 : 모유생산을 감소시키지 않음</td></tr>
<tr><td>약 종류</td><td>21정</td><td>• 7일간의 휴지기 가진 후 중단 8일째부터 새로 복용
• 중단 7일 동안 출혈, 골반통, 두통, 유방압통, 부</td></tr>
</table>

<table>
<tr><td rowspan="2"></td><td></td><td colspan="2">종 등 나타남
• 매일 1정씩 순서대로 21정을 다 복용하면 마지막 복용한 후 2~4일 후에 저절로 생리 시작
• 7일간 휴지기 후에는 생리가 끝났거나 계속 중이거나 관계없이 8일째부터 다시 복용하기 시작</td></tr>
<tr><td>28정</td><td colspan="2">• 7정은 위약
• 이전의 약이 끝난 다음날부터 새로운 포장 시작</td></tr>
<tr><td rowspan="6">방법</td><td colspan="3">• 매일 복용</td></tr>
<tr><td rowspan="3">복용
잊어버렸을 때</td><td>12시간 이내</td><td>• 바로 복용
• 다음날부터 정한 시간에 복용</td></tr>
<tr><td>12시간 이상
경과</td><td>• 즉시 복용
• 다음 정제도 예정대로 복용
• 같은 날 2정 복용도 가능</td></tr>
<tr><td>2일 경과</td><td>• 1~2주 복용했는데 연속해서 2일을 복용하지 않았을 경우 하루 2정을 2일간 복용 후 다음 약은 원래대로 제 시간에 그대로 복용
• 피임 효과 ↓(다음 7일간 다른 방법 사용)
• 3주 복용했는데 연속해서 2일을 복용하지 않았을 때는 나머지는 버리고 같은 날에 새 피임제로 시작</td></tr>
<tr><td>피임약
복용중단을
원할 때</td><td colspan="2">• 그 주기 복용을 마친 후 중단</td></tr>
<tr><td>임신을 원할 때</td><td colspan="2">• 다른 피임법을 2개월 정도 사용 후 임신</td></tr>
<tr><td rowspan="2">Progestin
-only
경구피임제</td><td colspan="3">• 소량의 프로게스테론 단일성분만 함유, 에스트로겐 포함 X
• 모유수유 여성을 위한 가장 좋은 경구용 피임약
• 모유생산량을 감소시키지 않음
• 비수유부 여성도 사용할 수 있음</td></tr>
<tr><td>장점</td><td colspan="2">• 에스트로겐으로 인한 부작용이 적음
• 자궁내막암 예방 : 자궁내막암 원인이 되는 에스트로겐으로 자궁내막암 예방</td></tr>
<tr><td>장점</td><td>피임효과</td><td colspan="2">• 여성 주체로 스스로 피임 가능
• 지속복용 시 100% 피임효과</td></tr>
</table>

			• 성생활과 무관하게 사용 가능
		기존 이점	• **월경통 감소** : 원발성 월경곤란증시 복합 경구피임제 투여하여 시상하부와 뇌하수체 전엽활동을 억제 → FSH, LH 억제 → 배란성주기를 무배란성주기로 바꾸어 배란을 억제하여 프로스타글란딘 수치를 감소시켜 월경통 감소 • **월경 과다 감소** : 월경량 ↓, 월경기간 ↓ • **빈혈 예방** : 월경과다로 인한 철분결핍성 빈혈 감소 • 자궁외임신, 골반염(PID), 난소낭종, 양성 유방종양, 자궁내막염의 예방 • **자궁암, 난소암의 예방** – **자궁암** : 에스트로겐 의존성 암으로 progestin을 포함한 에스트로겐 요법으로 감소 – **난소암** : 경구 피임약 장기간 복용 시 배란 횟수 ↓ → 무배란 기간이 난소암에 '보호기간'으로 작용 • 위험증가 : 자궁경부암, 유방암, 간샘종
		새로운 이점	• 여드름의 치료 • 골다공증의 예방 • 대장암 감소 • 자궁근종 감소 • 류마티스 관절염 감소 • 불규칙한 출혈 치료 • 자궁내막증 치료 • 갱년기 증세 치료 • 월경 전 증후군 개선
	부작용 및 단점	오심, 구토, 식욕부진	• 에스트로겐으로 오심, 구토, 식욕부진
		체중증가	• 에스토로겐으로 수분과 염분의 재흡수로 체액 저류로 체중증가
		대하증	• 에스토로겐으로 대하의 양이 증가
		우울증	• 정서불안
		기미	• 에스트로겐은 멜라닌세포자극호르몬 자극으로 기미 발생 • 2~3개월 내 증세가 경감, 복용 중단 시 원상태로 깨끗하게 복구

		질출혈 (부정출혈)	• 불순이던 월경주기가 정상으로 되고 월경통도 없어지나 약을 잘 복용하지 않으면 심한 출혈, 비정상적인 출혈, 월경불순 나타남
		모닐리아성 질염	• 에스트로겐으로 글리코겐이 증가하여 칸디다균이 증가하여 모닐리아성 질염 ↑
		유방압통	• 고용량 에스트로겐과 프로게스테론으로 유방압통, 유방팽만감 • 조금 지나면 소실
		혈전증	• 가장 심각한 부작용: 에스트로겐이 섬유소원, 응고인자 증가와 섬유소 용해 감소시킴 • 모유수유 여성 : 에스트로겐 함유된 경구피임약 복용 × • 심근경색, 뇌졸중의 위험증가
		혈압상승	• 흡연 여성의 고혈압 위기 증가
	금기증	절대 금기증	혈전색전증 환자, 혈관질환자, 간기능 장애, 유방암, 자궁암, 난소암 병력자, 임신 의심시
		상대 금기증	편두통, 고혈압, 자궁근종, 간질, 당뇨, 원인불명의 자궁출혈, 우울증, 수술을 앞둔 자, 담낭질환자, 산욕기 대상자
콘돔	원리	• 남성의 발기된 음경에 씌워 정자가 질 내로 들어가는 것을 방지하는 방법	
	장점	• 피임 및 성병 예방에 효과적이고 부작용 없음 • 비용이 싸며 간편하게 사용할 수 있음(경제적, 간편성) • 남성의 피임 참가 가능 • 누구나 유용하게 사용, 구입용이 • 10대 임신의 예방 위해 콘돔과 경구용 피임제 권장	
	단점	• 성교에 미숙한 경우 바람직하지 않음 • 피임 실패율 높음 • 남자의 협조 없이 사용하기 어려움 • 매회 새로운 콘돔 사용 • 성기능의 장애기능으로 수용성 낮음 • 파손, 탈락, 정액 누출 등 콘돔이 찢어지면 피임 실패	
	사용 시 주의점	• 음경이 발기된 후에 착용 • 질에서 뺄 때는 손으로 음경주위를 잡고 정액이 흐르지 않도록 한다. • 성기가 발기된 상태에서 빼내야 한다.	

		• 성생활은 대부분 즉흥적으로 흥분되면서 시작되므로 2~3개의 콘돔을 침구 가까이 또는 사용하기 편리한 곳에 보관하도록 한다.
페미돔	• 여성이 성병 및 HIV/AIDS로부터 보호를 받기 위해서뿐만 아니라 임신방지라는 목적으로 사용 • 부드러운 플라스틱 제품으로 얇고 투명하게 만들어져 있으며 여성 질 속에 삽입되는 부위는 막혀 있고, 바깥쪽은 남성 성기가 삽입될 수 있도록 열려 있음 • 성교 동안 남성의 음경은 페미돔 내로 삽입되어 정자가 경부로 들어갈 수 없음	
	사용법	• 삽입하기 위해 내측환(ring)을 쭈그려 잡는다. • 다이아프램처럼 삽입한다. • 검지가 끝까지 닿도록 내측환을 밀어 넣는다. • 제자리에 위치한다. • 사정 후 바깥쪽 링을 비틀어 정자가 새지 않도록 조심해서 뺀다. • 성교 전 막힌 쪽을 질내로 깊숙이 삽입하여 자궁경부 주위에 고정 • 열린 끝의 둥근 링은 질 밖으로 개방된 쪽은 음순을 덮는다.
	장점	• 여성의 의지에 따라 사용 • 성교 전 미리 삽입 • 사전 검사나 진단 필요 없음 • 성병 예방에 효과적 • 명백한 부작용이 없으며, 알레르기 반응 없음
	단점	• 콘돔에 비해 가격이 비쌈 • 질 내 삽입을 직접 손으로 해야 함 • 교육을 받지 않고 상식선에서 사용하면 효과가 높지 않음 • 1회용(매 성교시마다 새것 사용) • 성교에 미숙한 10대 여성에게는 적합하지 않음 • **수용성 부족** : 음핵과 음부가 덮어져 여성의 성적 만족감 감소

2. 장기간 지속방법(주기적 시술)

자궁내장치	수정방해 & 착상방지		• 자궁내장치의 표면과 접촉하는 자궁내막에 변화를 일으켜 정자와 난자의 수정을 방해 • 만약 수정되었다면 수정란이 자궁내막에 착상하지 못하도록 하거나 나중에는 성장하지 못하게 하는 방법
	장점		• 효과 오래 지속(3~5년) • 여성의 의지에 의한 피임법 • 성교 전 · 후 조작 필요 없음 • 높은 피임효과 • 적은 비용 부담, 복원성, 터울조절 효과적 → 경산부 사용
	단점		• 삽입 시 반드시 전문가의 진단 필요 & 시술 • 삽입초기 자연배출 및 위치이동으로 효과 감소 가능
		부작용	• 자궁감염, 자궁외임신, 골반감염
		합병증 (PAINS)	• Period : 지연되고 비정상적인 점상출혈과 출혈기간 • Abdominal pain : 복통, 성교 시 통증 • Infection : 감염노출, 비정상적 질 분비물 • Not felling well : 기분이 좋지 않음, 오한이나 발열 • String missing : 실이 없어짐, 짧아지거나 길어짐
	금기증		• 자녀가 없는 여성 • 과거 골반감염 병력 • 자궁외임신 병력 • 성병 병력, 자궁기형, 면역결핍증, 혈액응고질환이 있는 여성
	루프 copper IUD		• 구리가 감긴 작은 기구(copper T) • 여성의 자궁 안에 넣어서 수정란 착상 막음 • 일시적인 응급피임효과 및 지속적인 피임효과
		삽입시기	• 성교 후 5일 이내, 또는 배란 예상일로부터 5일 이내에 삽입 • 임신이 아니라고 확신할 수 있는 시기 • 생리가 끝난 직후에 시술하며 자궁경관이 부드럽고 약간 개대되어 삽입하기 쉬움 • 자연분만 6주 후 • 제왕절개술 후 8~10주
		확인	• 삽입 후 자궁 내 장치가 제자리에 있는 지 확인으로 두 줄이 자궁경부에 달려 있는데 자궁 내 장치가 제대로 자리 잡았음을 의미함

	적응증		• 성교 후 72시간이 경과하였으나 5일은 되지 않았을 때 • 응급피임 후에도 계속 피임을 오랫동안 원할 때 • 응급복합피임약 사용의 절대적 금기증이 있을 때 • 응급복합피임약을 2회 복용하는 동안 어느 한번이라도 2시간 내에 토하고 임신가능성이 높을 때
	단점		• 6개월에 1회 정도 위치를 확인해야 함 • 자궁 안에 설치하기에 출산경험이 있는 여성들이 사용 • **부작용** : 삽입 후 복통과 출혈, 월경 시 생리통 유발, 많은 월경량
미레나 (호르몬형 자궁 내 장치)	• 매일 일정량 황체호르몬을 자궁 내에 분비하여 자궁경부 점액이 끈끈하게 되어 정자가 난자에 접근해서 수정하기 어렵고 자궁과 난관 내 정자의 정상적인 운동을 방해 • 황체호르몬은 자궁 내에서만 작용하기에 자궁내막이 얇아져 수정란이 착상하는 것을 막음		
	기전	자궁 내막 위축	• 프로게스테론 방출로 혈액 내 에스트로겐과 프로게스테론의 호르몬양을 감소시켜 자궁내막을 위축 → 자궁내막의 성장 감소 → 자궁내막이 얇아 수정란이 착상하는 것을 막고 생리양이 줄고 생리기간도 짧아져 생리통 경감
		끈끈한 자궁경부 점액	• 프로게스테론 방출로 자궁경부점액을 끈끈하게 하여 정자가 난자에 접근해서 수정하는 것을 어렵게 함
		배란 억제	• 프로게스테론 방출로 시상하부, 뇌하수체 전엽 활동 억제 → FSH, LH 억제 → 난포는 성숙하지 못하고 배란 억제
		정자 방해	• 자궁 내 장치가 자리를 잡고 자궁벽에 자극을 주어 자궁과 난관 내에서 정자가 정상적으로 운동하는 것을 방해
	적용시기		• 생리 중이거나 생리 시작일로부터 7일 이내 • 인공유산 후 즉시 • 자궁내장치 제거 후 즉시 • 피임약 복용 시에 마지막 정제 복용 후 • 분만 후 4~6주부터

		적용대상	• 장기간의 확실한 피임을 원하는 여성(5년간) • 피임과 함께 생리량과 생리기간의 감소를 원하는 여성 • 월경과다 또는 월경통의 치료를 원하는 여성 • 철결핍성 빈혈이 있으면서 피임이 필요한 여성 • 부작용 때문에 기존 자궁내장치가 잘 맞지 않았던 여성 • 수유 중인 여성
		장점	• 전신 부작용이 없이 우수한 피임효과 • 생리량 줄고 생리기간도 짧아지며 생리통 경감
		단점	• 시술 후 3~6개월 동안 정상 생리기간 외에 불규칙적인 약간의 출혈 경험 • 그 후 생리는 1~2일 정도만 하고 1년이 지나면 생리하지 않음
누바링	• 유연성이 있는 부드럽고 투명한 링으로서 한 달에 한 번 질 내 깊숙이 삽입을 하면 3주간 질 내에 머물면서 피임효과가 지속되는 주기적 시술법 • 에티닐에스트라디올(ethinyl estradiol)과 에트노게스트렐(etonogestrel)이 함유되어 있는 복합호르몬 피임제제 • 매일 이 두 호르몬을 방출함으로써 배란을 억제하고, 자궁경부 점액의 점도를 증가시켜 정자의 자궁 및 난소로의 이동을 억제하여 피임효과		
	삽입시기	• 월경 주기 첫날 삽입	
	장점	• 질벽을 통해 인체에 흡수되어 위장관 부담 없음 • 적은 용량으로도 효과적 • 한 번 삽입 후 3주간 지속, 부작용 적음	
	단점	• **부작용** : 질염과 질 내 피부자극, 질 분비물 증가, 두통, 체중증가, 오심 등 • 1주간 휴지기를 지난 후 재삽입 • 병원에서 처방전 받아 약국에서 구입가능 • 여성 스스로 삽입, 제거해야 하므로 사전에 충분한 교육과 훈련 필요	
피하이식술 (Norphlant) 노프란트 캡슐	• 작은 성냥개비 크기의 캡슐 6개를 여성 상박의 피부 밑에 설치 • 지속적으로 매우 느리고 소량씩 프로게스틴이 방출, 에스트로겐 방출 × • 경관점액의 점성도를 증가시켜 정자의 통과를 어렵게 함		
	장점	• 설치 후 5년까지 매우 효과적이고 사용이 편리 • 연령 제한이 없고 자녀 출산 여부와 관계없음 • 제거는 환자가 원하면 언제라도 쉽게 할 수 있으며 임신을 원하면 바로 캡슐 제거 • 에스트로겐이 함유되지 않아 경구피임약에 의한 혈전성 질환의 위험이 없으며 피임효과가 높음 • 철분결핍성 빈혈 예방, 자궁외임신과 자궁내막암 예방에 도움 • 출산 후 6주 정도 된 모유수유 여성 이식 가능	

<table>
<tr><td rowspan="1"></td><td>단점</td><td>• 삽입하거나 제거 시 특별히 훈련받은 사람에게 시술받아야 함
• 점적 출혈, 월경기간이 아닐 때 선홍색의 출혈 또는 무월경 확인</td></tr>
<tr><td rowspan="3">임플라논</td><td colspan="2">• 작은 성냥개비 모양의 임플란트(implant)를 상박부 안쪽 피부 바로 밑에 이식
• 3년 정도의 피임효과가 지속되는 주기적 시술법
• 1개의 관에 프로게스틴의 데스거스트렐의 활동성 대사물질인 에토노거스트렐을 함유하여 하루에 30mg씩 분비되어 피임효과 → 배란억제, 자궁경부점액 점도 증가되어 정자의 자궁 및 난소로의 이동 억제</td></tr>
<tr><td>장점</td><td>• 제거 후 임신 가능, 피임 성공률 99%
• 피하이식술보다는 삽입과 제거가 용이
• 장기간의 가역적인 피임원하는 여성, 다른 피임방법에 문제가 있는 여성에게 가능
• 프로게스테론만 함유 → 에스트로겐이 야기하는 부작용 없음
• 위장관을 통과하지 않으므로 소화기계 부담 없음
• 피하이식시술 자체에 대한 부작용 없음</td></tr>
<tr><td>단점</td><td>• 반드시 전문가와의 상담에 따른 시술 필요
• 부작용 : 무월경, 월경과다, 불규칙적인 출혈, 두통, 현기증, 체중증가 등</td></tr>
<tr><td rowspan="3">주사형
피임제</td><td colspan="2">• 프로게스테론 장기지속형 주사형태로 주사 즉시 피임효과
• 피임효과가 3개월간 지속되므로 두 번째는 14주 안에 주사(3개월마다 주사)
• 배란정지, 경관점액을 두텁게 하여 정자의 통과를 어렵게 함</td></tr>
<tr><td>장점</td><td>• 높은 피임효과
• 사용 여부를 아무도 모르기에 비밀 보장
• 성감을 해치지 않고, 매일 복용하지 않아도 됨
• 어느 연령이나 사용 가능
• 모유의 양과 질에 해가 없어 수유부인 경우 산후 6주부터 사용
• 난소암, 자궁외임신, 자궁내막암, 자궁근육섬유종 예방</td></tr>
<tr><td>단점</td><td>• 월경혈의 변화(선홍색 출혈이나 점적 출혈), 수정력 회복이 지연
• 부작용 : 두통, 유방과민, 우울감, 오심, 탈모, 성욕감퇴, 여드름 등
• 성병, STD, HIV/AIDS는 예방 ×
• 주사를 3개월마다 맞아야 함</td></tr>
</table>

3. 영구적 방법

정관절제술	• 양쪽 정관을 절개 · 결찰하는 방법으로 정자가 몸 밖으로 배출되는 것을 방지 • 남자에게 행하는 영구적 피임술	
	장점	• 수술시간 15~20분으로 비교적 간단하고 회복이 빠름 • 성생활에 지장 없고 정액량 감소 없음 • 피임효과 100%
	단점	• 정자 수명이 약 90일이므로 수술 후 약 2~3개월간은 다른 피임법 병행 • 복원 어려움 • 적어도 2번 이상은 정액검사를 하여 정자가 없다는 것을 확인 • **부작용** : 수술 중 출혈, 혈종, 수술 후 음낭 부종, 통증, 감염, 울혈성 부고환염, 육아종 형성 등
난관절제술 난관결찰술	• 정자와 난자가 만나지 못하게 난관을 절단하거나 결찰하는 수술 • 여자에게 행하는 영구적 피임술	
	장점	• 수술 간단, 시간이 적게 걸림 • 입원 ×, 수술 다음날부터 활동 가능, 부작용 적음 • 수술 후 즉시 피임 가능 • 성생활에 장애 ×
	단점	• 복강경 수술에 따른 감염 가능성 • 복원가능성이 낮으며 난관불임술이 실패하여 자궁외임신 가능성

4. 성교 후 방법

월경조절법	• 이미 착상된 수정란을 조기에 파괴시켜서 제거하는 방법 • 최종 월경일에서 다음 예정 월경일이 지난 후 2주 이내에 자궁내막을 진공흡입하는 일종의 조기유산술 • 유연한 플라스틱으로 된 기구 사용	
	장점	• 시술이 간단하고 안전 • 전신마취 ×, 입원 × • 합병증이나 부작용 적음 • 시술도구 간단, 의사 이외에 훈련된 의료인도 시술 가능 • 임신 여부가 확실하지 않을 때 시술하기에 종교적, 윤리적으로 마음의 부담 적음

<table>
<tr><td></td><td>단점</td><td colspan="2">• 임신이 확실하지 않은 경우 불필요한 시술
• 합병증 : 현기증 및 구토, 자궁경관 외상, 심한 자궁경련, 자궁천공, 수태산물의 자궁 내 잔류</td></tr>
<tr><td rowspan="12">성교 후 응급피임법</td><td colspan="3">• 계획되지 않은 성교, 피임 실패, 불확실한 피임법 사용, 성폭력으로 불시의 성행위 후 임신을 방지하기 위함</td></tr>
<tr><td rowspan="5">응급복합 피임약</td><td colspan="2">• 단기간에 강력한 폭발적인 호르몬의 노출에 의해 배란의 지연 또는 억제
• 정자, 난자의 난관통과를 방해하여 수정억제
• 자궁내막을 변형시켜 착상 억제하여 임신 예방
• 복용법 : 성교 후 72시간 이내에 첫 복용 → 12시간 후 두 번째 약 복용(75% 예방가능)
• 피임 성공 시에는 1주일 내에 질 출혈이 있음</td></tr>
<tr><td>장점</td><td>• 안정성 : 태아기형을 야기하지 않음</td></tr>
<tr><td>단점</td><td>• 수정란의 착상 이전의 시기에 사용하여야 임신 예방가능
• 착상 후 임신이 성립되면 효과 없음
• 의사의 처방이 있어야 사용 가능</td></tr>
<tr><td>부작용</td><td>• 오심, 구토(30분 전 진토제 투여, 필요시 4~6시간 간격으로 복용)
• 두통, 유방통, 체액저류, 어지러움 호소</td></tr>
<tr><td>금기증</td><td>• 복용 전 임신 확인하여야 하고, 심각한 내과적 질환이 있는지 확인
• 유방암, 생식기 암, 뇌졸중, 혈전, 고혈압, 심장질환, 당뇨, 간질환, 신질환 시 신중투여</td></tr>
<tr><td rowspan="3">응급용 미니필 (minipill)</td><td colspan="2">• 황체호르몬만이 포함
• 복용법 : 레보노르게스트렐 0.75mg을 성교 후 48시간 내에 1회 복용 → 12시간 후 같은 용량 한 번 더 복용</td></tr>
<tr><td>장점</td><td>• 응급복합피임약보다 부작용이 훨씬 적고 임신 이외에는 금기증 거의 없음</td></tr>
<tr><td>부작용</td><td>• 오심, 구토, 두통, 현기증, 하복부 통증, 피로, 월경과다, 설사</td></tr>
<tr><td rowspan="3">구리 자궁내 기구</td><td colspan="2">• 일시적인 응급 피임효과 이외 지속적인 피임효과
• 99% 이상의 피임효과
• 삽입시기 : 성교 후 5일 이내</td></tr>
<tr><td>적응증</td><td>• 성교 후 72시간 경과하였으나 5일이 경과되지 않은 경우
• 응급피임 후에도 계속 피임을 오랫동안 원할 때
• 응급복합피임약 사용의 절대적 금기증이 있을 때
• 응급복합피임약을 2회 복용하는 동안 어느 한 번이라도 2시간 내에 토하고 임신가능성이 높을 때</td></tr>
<tr><td>주의점</td><td>• 임신경험이 없는 여성은 부적합
• 삽입 후 통증, 출혈, 감염 발생</td></tr>
</table>

CHAPTER 01 여성건강의 이해

기출문제

1 생식작용과 호르몬

01 다음은 여성의 월경주기에 관한 건강 게시판 자료이다. 〈작성 방법〉에 따라 순서대로 서술하시오. [4점] 2019년

〈건강 게시판〉

여성의 월경주기에 대해 알아봅시다.

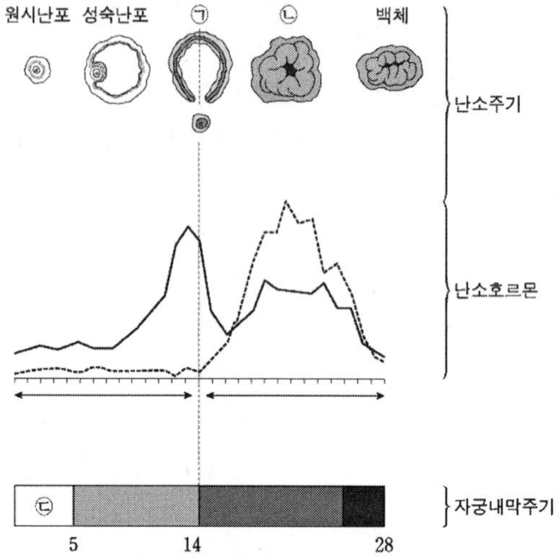

〈 작성 방법 〉

- ㉠ 시기에 나타나는 기초체온의 변화 양상을 설명할 것
- ㉡의 기능을 제시할 것
- ㉢ 시기의 명칭과 자궁내막의 특징을 설명할 것

|해설| ㉠ **배란기** : 저온에서 고온으로 옮겨가는 시기(배란기를 중심으로 기초체온이 저온에서 고온으로 바뀐 후 월경 전기까지 고온이 지속된다.)

㉡ 황체

자궁내막 증진	수정란 착상, 임신 유지
자궁의 운동성 저하	자궁근 이완
난관	난관의 연동운동 촉진으로 황체기에 자궁강 내로 수정란 운반
자궁경관 점액변화	점액점성도 상승, 분비량 줄어듦, 백혈구 증가, 견사성 및 양치모양 감소 → 정자통과 어렵게 함
유방	유즙 분비하는 선상세포 및 젖샘소엽 발달
체온상승	배란 후 황체기와 임신 시에 체온상승
뇌하수체 호르몬	• FSH 분비촉진 • 간질세포자극호르몬(ICSH)의 분비억제

㉢ **월경기** : 월경주기의 첫 5일로 나선동맥의 파열로 기능층(조밀층, 해면층)이 떨어지고 기저층만 남는다.

02 다음은 월경과 관련된 고민을 갖고 있는 학생들의 사례이다.

〈 사 례 〉

〈사례 1〉

1학년 이○○ : 7개월 전 초경을 시작하였다. 월경 주기는 불규칙하여 2개월 만에 하기도 한다.

기간은 7일 이상이며, 처음 2~3일 동안은 패드 5~6개를 적실 정도로 양이 많다. 걱정이 되어 산부인과 진료를 받았더니 초경 시 흔히 나타나는 월경 양상이라고 한다.

〈사례 2〉

3학년 김○○ : 월경이 끝나고 3~4일 정도 지나면 악취 없는 질 분비물이 많아지고 가끔 하복부 통증이 있다. 산부인과 진료를 받았더니 특별한 질병은 아니라고 한다. 월경 주기는 규칙이다.

(1) 뇌하수체 전엽과 난소 호르몬에 따른 자궁내막의 주기별 변화를 설명하시오.

(2) 〈사례 1〉에서의 월경양상과 그 원인에 대해 서술하시오.

(3) 〈사례 2〉에서의 질 분비물 증가와 하복부 통증의 원인에 대해 설명하시오.

(4) 또한 질 분비물 증가가 임신에 미치는 영향을 서술하시오.

|해설| (1)

<table>
<tr><td rowspan="2">뇌하수체 전엽</td><td>FSH</td><td>• 난소의 원시난소를 성숙난포로 성숙시킴
• 난포의 성장으로 난소에서 estrogen 분비를 자극</td></tr>
<tr><td>LH</td><td>• estrogen 자극에 의해 급격히 LH가 분비
• 배란 유발
• 배란 후 황체형성으로 estrogen, progesterone 분비</td></tr>
<tr><td rowspan="4">자궁 내막 주기</td><td>월경기</td><td>• 기간 : 월경주기의 첫 5일
• 주기적인 혈관수축에 의해 나선동맥의 파열과 함께 자궁내막 상층부의 혈액공급이 차단되면 월경 출혈 시작
• 자궁의 불필요한 기능층(해면층, 조층)이 떨어지고 기저층만 남음
• 나선형 소동맥이 다시 수축하면 월경이 멎고 출혈된 끝 부분은 괴사조직으로 덮임
• 월경
- 배란 14일 후 자궁내막이 탈락되는 현상
- 내분비기능에 의해 일정한 주기로 반복되는 자궁내막에서의 출혈</td></tr>
<tr><td>증식기</td><td>• 기간 : 월경주기 5일~14일
• 난소의 난포성장 → 에스트로겐 분비 상승, 자궁내막 증식
• 비후되는 시기
• 체온은 약간 떨어짐
• 월경 12일 내지 13일경에는 고농도로 에스트로겐이 상승하여 LH 분비 증가
• 월경기 끝나고 배란기까지 기능층이 빠르게 성장
• 자궁내막선의 발달 및 혈관 분포의 증가</td></tr>
<tr><td>분비기</td><td>• 기간 : 월경주기 15일~25일, 배란 후 다음 월경시작 1일~2일 전까지
• 배란 후 황체에서 분비된 프로게스테론 영향 받음
• 나선동맥의 성장 및 분비물 축적으로 자궁내막이 두꺼워짐(자궁내막 유지)
• 수분이 많아지고 글리코겐(glycogen)이 풍부해져 난자착상에 이상적인 환경조성
• 선(gland)과 혈관이 꼬불꼬불해짐(자궁내막의 두께에 비해 소동맥의 빠른 증가)
• LH와 FSH 분비는 억제</td></tr>
<tr><td>월경전기</td><td>• 기간 : 월경주기 25일~28일
• 미 수정 시 황체 퇴행으로 에스트로겐, 프로게스테론 분비 감소
• 자궁내막 나선동맥의 혈액공급 차단으로 혈관이 괴사</td></tr>
</table>

(2) • 월경력에서 월경의 불규칙적인 주기나 무월경의 경력이 있으면 드물게 배란이 있거나 시상하부-뇌하수체-난소축의 기능부전이 있다는 것을 암시하고 있다.

• 〈사례 1〉 경우 초경을 시작한 지 7개월이 지났으므로 아직 시상하부-뇌하수체-난소축의 미성숙으로 인해 나타나는 흔히 볼 수 있는 무배란성 월경을 의미한다.

(3) • 월경주기도 규칙적이기에 질병은 아니라고 생각한다.

• 월경이 끝나고 3~4일 정도 지나면 악취 없는 질 분비물이 많아지는 것은 에스트로겐의 영향으로 점액이 분비되기 시작하여 배란기가 가까워질수록 점액분비가 증가하며 점성도

저하, 견사성이 증가한다.
- 하복부 통증이 있는 것은 배란의 증상으로 배란 시 소량의 출혈이 복막을 자극하여 하복통을 경험하게 된다.

(4) • 다량의 점액의 분비로 점액의 농도가 묽어져 투명해지고 점액의 양이 증가, 견사성이 증가하여 정자가 통과하기 쉬운 환경을 조성하여 임신을 돕는다.

03 여성의 생리적 변화를 조절하는 내분기계에 관한 설명으로 옳은 것은? 2011년

① 난포자극호르몬(FSH)는 황체기에 분비가 증가하면서 난포를 발달시킨다.
② 배란 후 수정과 착상이 되지 않으면 황체화호르몬(LH)이 증가하여 자궁내막이 탈락한다.
③ 에스트로겐(estrogen)의 분비가 증가하면 경관점액의 점도가 높아지고 경관점액의 양이 늘어난다.
④ 에스트로겐(estrogen)의 농도가 최고 수치에 이르면 난포자극호르몬(FSH)이 분비되기 시작하면서 배란이 된다.
⑤ 신생아가 젖을 빨 때 산모의 뇌하수체 후엽에서 옥시토신(oxytocin)이 분비되어 자궁과 유선관(mammary duct)이 수축된다.

|정답| ⑤

|해설| ① 난포자극호르몬(FSH)는 난포기에 분비가 증가하면서 난포를 발달시킨다.
② 배란 후 수정과 착상이 되지 않으면 황체화호르몬(LH)이 감소하여 자궁내막이 탈락한다.
③ 에스트로겐(estrogen)의 분비가 증가하면 경관점액의 점도가 낮아지고 경관점액의 양이 늘어난다.
④ 에스트로겐(estrogen)의 농도가 최고 수치에 이르면 황체화호르몬(LH)이 분비되기 시작하면서 배란이 된다.

04 프로게스테론 호르몬의 작용에 대한 설명으로 옳은 것은? 1993년

① 수정란의 착상과 임신의 유지
② 난포자극호르몬의 분비 억제
③ 난관근육운동의 촉진
④ 자궁근육의 증대

|정답| ①

|해설| **프로게스테론**
- 태아의 착상과 임신 유지를 위한 모성호르몬
- 배란 후 황체에서 프로게스테론 분비로 자궁내막샘이 발달되고 나선동맥이 꼬이며 혈액공급이 풍부한 자궁내막을 유지하여 수정란 착상 준비 및 임신유지기능을 함
- ②, ③, ④는 에스트로겐 호르몬 작용임

2 유방검진

05 보건교사가 여 교사들을 대상으로 유방자가검진에 대한 교육 계획서를 작성하였다. (가)~(마)에 대한 설명으로 옳지 않은 것은? [1.5점] 2011년

보건 교육 계획서

주제	유방자가검진	일시	2010년 ○월 ○일 ○시
장소	학교 강당	대상자	여교사 20명
방법	강의 및 시범	매체	모형

도입	• 인사말 • 유방암의 발병 통계 수치를 제시하여 관심을 유발함
전개	• 유방암의 원인, 증상, 예후 설명 • 유방자가검진법을 다음과 같이 설명 (가) 월경 시작일로부터 5~7일이 지난 기간에 자가검진을 실시한다. 단, 폐경이 되었으면 매월 일정한 날짜를 정하여 실시한다. (나) 상체를 노출시키고 팔은 양 옆으로 자연스럽게 내려 차례 자세를 취하고 유방을 관찰한다. (다) 양쪽 유방의 유두 함몰 정도를 본다. (라) 양 팔을 머리 위로 천천히 올리면서 유방의 움직임을 관찰한다. (마) 바닥에 반듯이 누워 촉진할 유방 쪽 어깨 아래에 패드를 대고, 그 쪽 팔을 머리 위로 올린 후 다른 쪽 손으로 유방을 촉진한다.

① (가) 프로게스테론이 증가하여 유방 울혈이 적으므로 자가검진하기에 적절한 시기이다.
② (나) 유방의 피부가 오렌지 껍질같이 변한 것이 보이면 정밀검사를 해야 한다.
③ (다) 최근 유두가 함몰되었다면 정밀검사를 해야 한다.
④ (라) 양쪽 유방이 대칭적으로 위로 올라가는 것이 정상이며, 유방에 퇴축이 나타나면 정밀검사를 해야 한다.
⑤ (마) 유방을 촉진하였을 때 덩어리가 만져지면 정밀검사를 해야 한다.

|정답| ①

|해설| (가) : 유방검진은 월경이 끝난 후 2~7일째 시행한다. 이 시기가 호르몬의 영향이 가장 적고 부종이나 압통없이 검진이 용이하기 때문이다.

06 여성의 유방자가검진 시기를 생리를 하는 여성과 생리를 하지 않는 여성으로 구분하여 쓰고 유방시진(inspection) 시 취해야 하는 자세 4가지를 기술하시오. 2006년

|해설|

대상 및 시기	대상	• 18세 이후 여성
	시기	• 월경 직후 1주일 이내 시행
	경구피임제 복용	• 복용을 새로이 시작하는 첫날
	폐경기 여성	• 매달 같은 날짜에 검진, 년 1회 정기검진 필요
시진	똑바로 서있는 자세	• 유방 크기, 대칭성, 색과 피부 변화 : 양쪽 유방의 크기가 약간 다른 것은 정상 • 유두와 유륜 : 크기와 색의 차이, 유두의 편측성 퇴축, 유두의 방향 비칭성 확인 → 종양 유무 확인
	머리 위로 팔을 올린 자세	• 유방의 측면과 아래쪽의 비칭성과 색 차이
	양손을 허리에 놓은 자세	• 양손을 양쪽 대퇴 관절 뒷부분에 있게 하고 흉근이 수축 되도록 가슴을 앞으로 강하게 압박하여 쑥 들어가고 퇴축한 곳을 관찰
	팔을 엉덩이에 붙이고 상체를 아래로 수그린 자세	• 혹이나 움푹 들어간 곳, 납작한 곳 등의 외형관찰

07 유방자가검진은 월경 주기 중에 언제 실시하는 것이 가장 좋은가? 1996년

① 첫째 날
② 7일째 날
③ 14일째 날
④ 21일째 날

|정답| ②

|해설| 〈05번 해설 참조〉

3 피임

08 다음은 보건교사가 동료교사와 나눈 대화의 일부이다. 밑줄 친 ㉠의 명칭과 밑줄 친 ㉡의 작용을 하는 호르몬의 명칭을 순서대로 쓰시오. [2점] 2020년

> 동료교사 : 선생님, 안녕하세요? 피임방법에 대해 잠시 여쭤보고 싶은데요?
> 보건교사 : 어떤 피임방법에 대해 알고 싶으세요?
> 동료교사 : 아이가 둘이라 몇 년간은 임신 계획이 없어서 적당한 피임방법을 찾고 있어요.
> 보건교사 : 장기적인 피임방법으로는 ㉠ 피임기구를 자궁 안에 위치하도록 하여 수정란의 착상을 방해하는 방법이 있어요.
> 동료교사 : 그런 기구에서 호르몬이 나오게 하는 것도 있다면서요?
> 보건교사 : 네, 맞아요. 호르몬이 나오는 피임도구를 자궁 안에 위치하도록 하여, 거기서 매일 일정한 양의 호르몬이 지속적으로 방출되도록 해요. 거기서 나오는 호르몬이 ㉡ 자궁경부 점액을 끈적끈적하게 만들고, 정자가 자궁경부를 통과하기 어렵게 만드는 작용을 합니다. 또 피임효과는 5년간 지속된다고 합니다.
> … (하략) …

|해설| ㉠ 자궁내장치(IUD)
㉡ 황체호르몬(프로게스테론)

09 **다음은 고등학교 보건교사가 작성한 〈교수 · 학습 지도안〉이다. 〈작성 방법〉에 따라 순서대로 서술하시오.** [4점] 2019년

<table>
<tr><th colspan="5">교수 · 학습 지도안</th></tr>
<tr><td>단 원</td><td>성 건강</td><td>지도교수</td><td colspan="2">박 ○○</td></tr>
<tr><td>주 제</td><td>준비된 임신과 피임</td><td>대 상</td><td colspan="2">2학년</td></tr>
<tr><td>차 시</td><td>3/3</td><td>장 소</td><td colspan="2">2-5 교실</td></tr>
<tr><td>학습목표</td><td colspan="4">• 피임법의 종류와 원리를 이해할 수 있다.
• 다양한 피임법의 장 · 단점을 설명할 수 있다.</td></tr>
<tr><td>단 계</td><td colspan="4">교수 · 학습 내용</td></tr>
<tr><td>도 입</td><td colspan="3">• 전시 학습 확인
• 동기유발 : 다양한 피임법에 대한 퀴즈
• 본시 학습 문제 확인</td><td>5분</td></tr>
<tr><td>전 개</td><td colspan="3">1. 피임법의 정의
수정이나 임신을 피하는 방법이다.
2. 피임법의 종류
가. 월경 주기법
1) 자궁 경부 점액 관찰법
– 방법 : 경부 점액 양상을 관찰하여 배란일로 예측되는 시기에 피임한다.
– 배란 시기가 되면 자궁 경부 점액은 맑고 투명해지며, ㉠견사성과 ㉡양치엽상 등의 변화가 나타난다.
… (중략) …
나. 복합 경구 피임약
1) 작용
– ㉢난소
– 자궁 내막
2) 복용법 : 매일 한 알씩 일정한 시간에 복용한다.
… (하략) …</td><td>35분</td></tr>
</table>

〈 작성 방법 〉

- 밑줄 친 ㉠, ㉡의 확인 방법과 양상을 서술한 것
- 복합 경구 피임약 성분이 밑줄 친 ㉢에서 배란을 억제시키는 기전을 2가지로 서술할 것

|해설| 1) **배란 시 자궁경관 점액변화**

- 에스트로겐 호르몬의 기전
- 경관점액량은 맑고 양이 많음, 경관점액의 점성도 저하
- 경관점액 pH 변화 : 약 알칼리성
- 견사성 증가 : 배란 시 자궁경관의 점액을 만져보면 탄력있게 늘어나는 성질이 증가
- 양치모양 : 배란기의 경관점액을 슬라이드 글라스에 채취하여 건조시켜보면 양치엽상 결정이 관찰

2) **복합경구 피임약 성분이 ⓒ에서 배란을 억제시키는 기전**

경구용 피임제	• 배란 억제 기능 • 시상하부와 뇌하수체에 작용하여 생식샘자극호르몬의 분비를 억제하기에 배란이 안 되어 임신이 되지 않는 원리 이용 • 고용량의 에스트로겐과 프로게스틴의 복합경구피임약	
기전	FSH, LH 분비량 저하	• 최고의 에스트로겐이 음성회환기전에 의해 뇌하수체 전엽에 작용하여 FSH 분비를 억제
	난포성장 억제 및 배란억제	• 에스트로겐 : FSH 억제 → 난포의 성장 · 성숙을 억제 • 프로게스테론 : LH 억제 → 배란억제
	자궁내막 증식억제	• 자궁내막의 질과 두께에 변화를 일으켜 자궁내막을 위축시켜 수정란 착상을 방지
	경관점액 점성도 상승	• 프로게스테론의 작용으로 경관점액의 점성도가 상승하여 정자가 통과하기 어렵게 만듦
	난관기능방해	• 난관에 작용하여 난자와 정자 수정을 지연시켜 수정을 억제

10 피임법을 주제로 한 수업 중에 보건교사와 학생의 질의 응답 내용이다. 〈작성 방법〉에 따라 서술하시오.

[4점] 2016년

> 학생 : 선생님, 예기치 못한 성관계 후 임신을 방지하는데 어떤 피임방법이 사용되나요?
> 보건교사 : 사후피임법을 질문하는 거구나. 사후피임법에는 여러 가지가 있지. 그 중에서 많이 사용하는 방법이 먹는 응급피임약이란다.
> 학생 : 그 약은 어떤 원리로 임신이 안 되게 하는 거예요.
> 보건교사 : 피임원리는 ______㉠______.
> 학생 : 약은 언제 먹는 건가요?
> 보건교사 : 일반적으로 ㉡ 성교 후 72시간 내에는 먹어야 한단다.
> 학생 : 약은 한 번만 먹는 건가요?
> 보건교사 : 그건 약의 종류에 따라 다르단다.
> 학생 : 약의 부작용은 없나요?
> 보건교사 : 메스꺼움과 구토가 있지.
> 학생 : ㉢ 메스꺼움과 구토가 생기는 것은 왜 그런건가요?
> … 〈하략〉 …

〈 작성 방법 〉

- ㉠에 응급피임약의 피임원리 2가지를 제시할 것
- ㉡의 이유를 제시할 것
- ㉢을 일으키는 피임약의 성분을 제시할 것

|해설| 1. ㉠에 응급피임약의 피임원리 2가지를 제시할 것

(1) 단기간에 강력한 폭발적인 호르몬의 노출에 의해 배란 전에는 배란의 지연 또는 억제
(2) 배란 후에는 정자, 난자의 난관통과를 방해하여 수정억제
(3) 자궁내막을 변형시켜 착상을 억제하여 임신 예방

2. ㉡의 이유를 제시할 것 (성교 후 72시간 내에 복용)

(1) 수정란이 자궁내막에 착상되는 시점을 기준으로 하여 착상 이전의 시기에 복용해야만 임신을 예방할 수 있으므로 성교 후 72시간 이내 복용해야 한다.
(2) 착상 후 임신이 성립되면 효과가 없다.

3. ㉢을 일으키는 피임약의 성분을 제시할 것

(1) 고용량의 여성호르몬인 에스트로겐과 프로게스틴(합성 프로게스테론)이다.
(2) 여성 호르몬인 에스트로겐 (에티닐에스트라디올 : ethinyl estradiol E2)과 황체호르몬(노르게스트렐 : norgestrel)의 복합제이다.

11 **다음은 Y고등학교 보건교사가 제작한 피임 교육 자료이다. (가)~(마)에 들어갈 말로 옳은 것은?**

2013년

> **내 몸의 주인은 나!**
>
> **피임은 남녀 공동 책임!**
>
> ＊ 피임이란?
>
> ＊ 피임방법
>
> 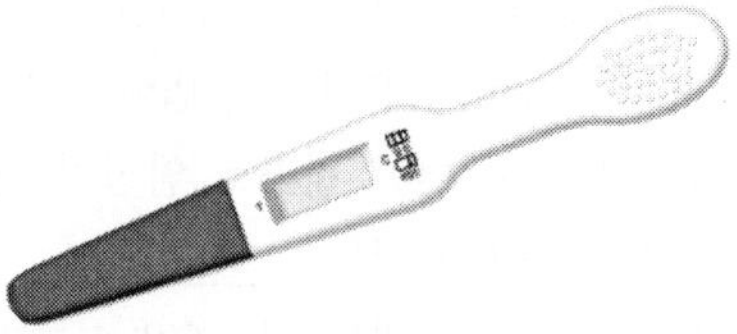
>
> • 월경주기조절법
>
> 기초체온법(Basal Body Temperature, BBT)은 배란이 일어나기 전과 후에 체온의 자연적인 변화에 의해 배란을 예측할 수 있는 피임방법이다.
>
> 기초체온의 변화는 가장 신뢰할 수 있는 배란의 징후로 난포기 때는 기초체온이 [(가)] 이고, 배란 후 황체기에는 [(나)] 이며, 배란기는 [(다)] 에서 [(라)] 으로 변화할 때이다. 체온은 [(마)] 의 영향으로 0.2~0.3℃ 정도 변화가 있다. 배란 후 3일 저녁부터 월경이 시작될 때까지는 안전한 피임기간이다.
>
> … 이하 생략 …

	(가)	(나)	(다)	(라)	(마)
①	고온	저온	저온	고온	프로게스테론
②	고온	저온	고온	저온	에스트로겐
③	저온	고온	고온	저온	난포호르몬
④	저온	고온	저온	고온	에스트로겐
⑤	저온	고온	저온	고온	프로게스테론

|정답| ⑤

|해설| **기초체온법**

- 기초체온은 월경 첫날부터 배란기까지 일정 수준 유지하다가 배란 2시간 전 약간 떨어졌다가 배란 후 상승(0.4℃) 하여 월경기까지 고온이 유지된다.
- 프로게스테론 분비에 영향을 받는다.

12 경구피임법에 대한 안내지의 (가)~(다)에 들어갈 말로 옳은 것은? 2012년

> 여러분에게 경구 피임약을 소개합니다.
>
> 경구피임약은 무슨 약인가요?
>
> (중략)
>
> 어떤 기전으로 임신을 예방하나요?
> 복합경구피임약을 복용하여 우리 몸에 에스트로겐과 프로게스테론이 증가되면 시상하부와 뇌하수체의 활동이 [(가)] 되고, 난포자극 호르몬과 황체화호르몬의 분비가 [(나)] 되어 배란이 억제됩니다. 또한 자궁경관의 점성이 [(다)] 하고, 자궁내막의 증식이 억제되어 임신을 예방하게 됩니다.
>
> 경구피임약은 어떻게 복용하나요?
>
> (이하 생략)

	(가)	(나)	(다)
①	증가	감소	증가
②	증가	증가	증가
③	억제	감소	감소
④	억제	증가	감소
⑤	억제	감소	증가

|정답| ⑤

|해설| **경구피임약의 기전**

- FSH, LH의 분비량 저하 : 시상하부 – 뇌하수체 전엽의 활동을 억제
- 난포성장 억제 및 배란억제
- 자궁내막 증식 억제
- 경관점액의 점성도가 증가한다.

13 **박씨는 1명의 자녀를 둔 24세 기혼 여성으로 1개월 전에 풍진 예방접종을 하였다. 그런데 피임을 하지 않은 상태에서 성 관계 후 80시간이 지났다. 이 시점에서 임신을 예방하기 위해 가장 적절한 피임방법은?** 2009년

① 질세척 ② 살정제
③ 경구용 피임약 ④ 응급복합피임약
⑤ 구리 자궁내기구(Copper IUD)

|정답| ⑤
|해설| 풍진은 임신 3개월 이내에 신생아 기형을 유발한다.
〈Copper IUD 적응증〉
- 성교 후 72시간이 경과하였으나 5일은 되지 않았을 때
- 응급피임 후에도 계속 피임을 오랫동안 원할 때
- 응급복합피임약 사용의 절대적 금기증이 있을 때
- 응급복합피임약을 2회 복용하는 동안 어느 한번이라도 2시간 내에 토하고 임신가능성이 높을 때

14 **생리적 피임법에 들어가는 것은?** 1996년

① 오기노씨법, 콘돔 ② 점액관찰법, 루프
③ 오기노씨법, 점액관찰법 ④ 기초체온법, Jelly 질정

|정답| ③
|해설| **생리적 피임법** : 월경주기법, 기초체온법, 점액관찰법 등이 있다.

15 **기초체온 측정 시 배란 직후의 체온변화양상과 그 변화에 영향을 주는 호르몬은?** 1995년

① 상승 - 프로게스테론 ② 하락 - 에스트로겐
③ 상승 - FSH ④ 하락 - LH

|정답| ①
|해설| 프로게스테론에 의해 배란 직후와 황체기에 기온이 상승한다.

15 **다음은 보건교사가 여고생을 대상으로 실시한 생리대 사용법에 대한 교육자료의 일부이다. 괄호 안의 ㉠에 해당하는 용어를 쓰고, 밑줄 친 ㉡에 해당하는 내용 4가지를 서술하시오.** [5점] 2017년

> **〈생리대 이렇게 사용하세요!〉**
>
> 1. 생리대의 종류
>   1) 질 내로 삽입하는 유형(예 탐폰)
>
> 
>
>   2) 속옷에 부착하는 유형(예 팬티라이너, 패드)
>
> 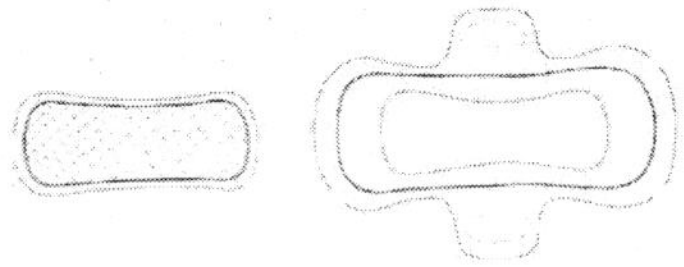
>
> 2. 생리대 사용과 관련된 건강문제와 유의사항
>   1) 탐폰
>   (1) 탐폰을 교환하지 않고 장시간 사용 시, 포도상구균(포도알균) 감염에 의해 (㉠) 증후군이 발생할 수 있고, 주요 증상으로 고열, 홍반성 반점, 쇼크 등이 나타날 수 있다.
>   (2) ㉡ <u>이 증후군을 예방하기 위한 탐폰 사용 시 유의사항</u>은 다음과 같다.
>
> … (하략) …

|해설| ㉠ 독성쇼크 증후군

㉡ 이 증후군을 예방하기 위한 탐폰 사용 시 유의사항 (4가지를 기술하시오)

- 손씻기 : 탐폰 사용 전후로 손을 깨끗이 하고 개봉 후에는 바로 사용
- 제품포장이 파손되었거나 몸속으로 들어가는 삽입관 형태가 변형된 제품은 사용하지 않음
- 8시간 이상은 절대 착용하지 않도록 하며, 4~6시간 마다 교체
- 가능할 때마다 탐폰 대신 면으로 만든 생리대를 사용
- 가능하면 탐폰은 해변 휴가, 운동, 특정한 옷을 입을 때 등 특수한 상황에서만 사용
- 가장 흡수력이 낮은 것으로 사용 : 흡수가 더 많이 될수록 질병 위험이 더 커짐
- 수면시간은 사용하지 않음 : 수면시간이 대개 8시간 이상이기에 문제 발생, 생리대 착용
- 사용 후 몸 안에 제거하지 않은 탐폰이 남아있지 않은지 반드시 확인
- 질염 있을 시 생리컵이나 탐폰 사용 시 2차 감염이 생길 수 있으므로 질염이 완전히 치료될 때까지는 삽입형 생리대 사용금지
- 만약 사용 후 제거용 손잡이 끈이 빠져서 탐폰을 제거할 수 없을 때는 즉시 산부인과 병원 찾아 제거
- 탐폰은 박테리아 증식을 피하기 위해 시원하고 건조한 곳에 보관

CHAPTER

02 정상 임부 간호

01 태아의 발달

1 정자와 난자의 발생과정

정자의 발생과정	난자의 발생과정
22개 염색체(상염색체) + XY(성염색체)	22개 염색체 + XX(성염색체)
1개의 정원세포가 4개의 정자로 분화	1개의 난원세포에서 1개의 난자로 분화(3개의 극체는 퇴화)

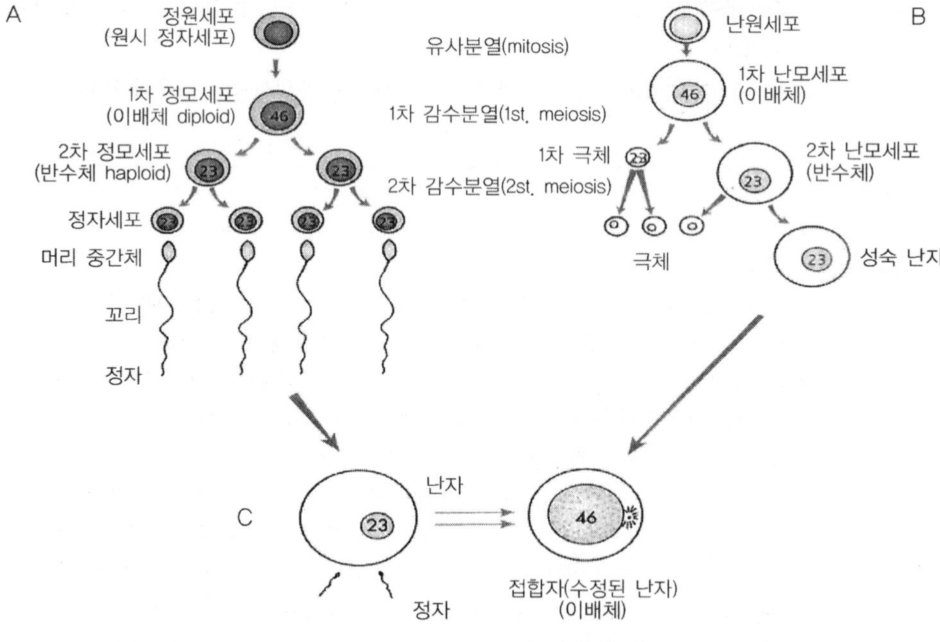

A. 정자 생성. 남성은 4개의 성숙한 생식세포, 즉 정자를 생성한다.
B. 난자 생성. 여성은 1개의 성숙 난자와 3개의 극체를 생성한다.
C. 수정이 되면 단일 세포인 접합자가 만들어지며, 이배체의 염색체 수를 다시 이룬다.

1. 정자의 발생과정

태생기	• 원조세포는 정원세포로 태생기에 형성, 유년기와 소년기를 지나는 동안 활동하지 않음		
사춘기	• 사춘기가 되면서 1차 정모세포로 성숙되는 정자발생이 시작 • 정원세포가 여러 번의 유사분열로 1차 정모세포로 성숙 • 1차 정모세포(44 + XY)는 1차 감수분열 전에 DNA를 복제하고 2차 감수분열로 23개로 반감된 2차 정모세포가 생성(22 + X, 22 + Y)됨. 그 후 2차 감수분열로 4개의 정자세포가 형성		
정자	• 머리, 중간부, 꼬리 세부분으로 구성		
	정액	평균량	• 1회 사정 시 나오는 정액의 평균량은 3.5ml 정도
		평균밀도	• 정액 1ml당 정자가 약 1억 마리
		정자 형태	• 정자들의 20~25%는 이중형 또는 머리가 작거나 꼬리가 여러 개인 경우 등 비정상적인 형태 지님 • 움직일 수 있는 정상 정자는 75% 이상임
		정자 운동성	• **저장되어 있는 동안** : 움직이지 않음 • 사정 후 분당 2~3mm의 속도로 움직임 • **질의 산성 환경** : 속도가 매우 느리고 활동성이 약함 • **자궁경관, 자궁강의 알칼리 환경** : 속도 빨라짐
		적합한 환경	• 체온보다 낮은 30~35℃, 알칼리성에서 잘 견딤 • 정자는 자궁 내 분비물에서 48~72시간 살 수 있음
		기능	• 세포 간 점액 다당류를 용해시키는 중요한 용해효소가 풍부하게 들어있어 난자의 보호막층을 침투하고, 경부의 점액을 통해서 지나가는 것을 도움

2. 난자의 발생과정

태생기	• 여성 성세포의 근원은 난소에서 만들어진 난원세포임 • 난원세포들은 세포분열로 제 1차 난모세포가 됨 • 임신 3개월 초의 태아에서 몇 개의 생식세포가 발달하여 임신 7개월쯤 거의 모든 생식세포들이 1차 난모세포들로 변화 • 출생 당시 난소에는 전기 세포분열까지 마친 제 1차 난모세포들이 40만개 준비되어짐 • 1차 난모세포는 46개 염색체 지니기에 남성 성세포의 핵과 결합 ×

사춘기	• 사춘기에 이르면 매월 한 개가 성숙하여 성숙난포가 됨 • 배란 직전에 1차 감수분열하여 염색체가 23개로 반감된 제 2차 난모세포와 1개의 극체가 됨 • 배란 시 2차 감수분열 시작됨 → 2차 감수분열이 완성되는 시기는 정자가 난자를 통과해 들어가는 수정 시 2차 분열을 통해 제 2차 난모세포에서 1개의 성숙난자와 1개의 극체가 발생 → 극체는 사멸하고 난자는 2차 감수분열을 완성
난자	• 모체가 태아에게 전해 줄 유전적인 물질을 포함 • 배란 후 난자는 약 24시간 동안 생식력 지니며 정자를 만나 수정하지 못하면 퇴화하고 재흡수가 이루어짐

2 수정(fertilization, conception)과 착상

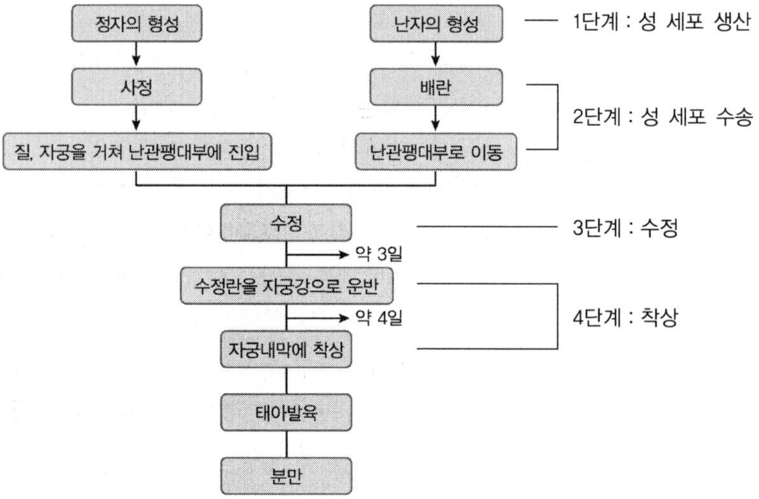

정자이동	• 정자의 수명 : 48~72시간 • 배란기 때 질의 pH 증가 시 운동 활발해짐 : 질(약산성) → 느림, 자궁강(알칼리성) → 빠름 • 정자의 운동력에 의한 이동 : 사정 후 4~6시간에 나팔관 도달
난자이동	• 난자의 수명 : 24시간 • 난소에서 난자 배란 시 난관채가 난자를 추출함 • 나팔관의 섬모운동, 연동운동, 호르몬에 의한 난관수축운동에 의해 난관팽대부로 이동 • 난관팽대부에서 수정되어 접합자 형성(46XX 혹은 46XY) : 수정 후 수정란은 내막으로 둘러싸여 다른 정자가 진입하지 못하도록 함

<table>
<tr><td rowspan="9">수정</td><td colspan="4">• 하나의 정자와 하나의 난자가 융합하는 과정(24시간 소요)
• 장소 : 나팔관 바깥쪽 1/3 부분인 난관의 팽대부
• 수정기간 : 수정에 중요한 시기는 배란 전 48시간, 배란 후 24시간을 합한 72시간
• 수정란의 이동 : 난관 상피세포의 섬모에 의한 운동 + 연동운동 + 난관의 수축운동(호르몬 영향)</td></tr>
<tr><td colspan="4">• 발달과정 : 접합자(zygote) → 상실배(morula) → 배포(blastocyst)의 세포분열 과정 거침</td></tr>
<tr><td>접합자</td><td colspan="3">• 정자와 난자가 수정된 수정란
• 염색체 구성 : 44+XX, 44+XY
• 아기의 성이 결정되는 새로운 개체의 최초 단세포</td></tr>
<tr><td>상실배</td><td colspan="3">• 난할과정(접합자가 형성되자마자 일어나는 초기의 세포분열) 통해 수정 후 3일(수정란이 나팔관을 통과하는 시간)이 되면 자궁강에 도달, 부유하면서 착상을 위한 준비</td></tr>
<tr><td rowspan="5">배포</td><td colspan="3">• 수정 후 7일경에 자궁내막에 착상
• 상실배 내에 액체가 고여 배포강을 형성, 내세포와 외세포 구조로 구분</td></tr>
<tr><td rowspan="3">외세포</td><td colspan="2">• 영양막층 : 태아에게 영양 공급 → 태반이 됨</td></tr>
<tr><td>내부</td><td>• 세포영양막</td></tr>
<tr><td>외부</td><td>• 합포체 영양막
• 후에 융모막으로 발전하여 태반형성
• 융모선성자극호르몬(hCG)을 분비</td></tr>
<tr><td>내세포</td><td colspan="2">• 배아형성</td></tr>
<tr><td rowspan="4">착상</td><td colspan="4">• 수정 후 7일이 되면 배포는 착상 시작, 완전히 자궁벽에 매몰되어 착상이 완성될 때까지는 7일이 더 걸림
• 영양배엽 세포들이 착상 부위의 자궁내막 세포에 효소를 분비하여 침식하면서 배포 전체가 자궁내막에 덮일 정도로 파고 들어가는 것
• 착상 출혈 : 착상 시 자궁내막 혈관들이 손상되어 약간의 착상출혈을 경험함
• 영양배엽에서 융모 발달 → 모체와의 물질 교환
• 융모에서 융모선성자극호르몬(hCG)을 분비 : 황체가 에스트로겐과 프로게스테론의 분비를 자극 → 임신기간 중 배란, 월경방지, 착상에 적합한 자궁환경 형성</td></tr>
<tr><td rowspan="3">탈락막</td><td colspan="3">• 착상 후의 자궁내막</td></tr>
<tr><td>피포탈락막</td><td colspan="2">• 배아를 덮고 있는 부분</td></tr>
<tr><td>기저탈락막</td><td colspan="2">• 배아의 바로 밑층
• 융모막 융모가 모세혈관에 뻗어내린 부분이며, 기저탈락막과 접하는 융모는 번생융모막으로 되고 나중에는 태반으로 발전</td></tr>
</table>

		진탈락막	• 자궁강의 나머지 부분 • 피포탈락막과 진탈락막은 임신 4개월에 자궁의 확장으로 서로 융합되고 그 두께가 1~2mm 정도로 얇아짐
배아의 발달	난황낭	• 배아를 둘러싸고 있는 주머니	
		영양공급	• 자궁태반 간 순환이 이루어질 때까지 2~3주간 배아에 영양분 공급
		혈구생성	• 간에서 조혈작용이 이루어질 때까지 6주간 초기 혈액세포 생성
		소화관 부분형성	• 난황낭의 배부가 원시적인 소화관의 부분형성 • 6주 말경 소화관 중간부위로부터 떨어져나가 재태기간이 지남에 따라 소실
	초기배엽 형성	• 수정 3주째부터 초기배엽 형성	
		외배엽	• 피부, 손톱, 머리털, 중추신경계, 말초신경계, 눈의 수정체, 이의 에나멜 층
		중배엽	• 뼈, 근육, 골수, 결체조직, 심근, 혈관, 림프조직, 신장, 성선, 자궁
		내배엽	• 호흡계, 위 · 간 · 췌장을 포함한 위장계의 상피, 방광의 상피 형성

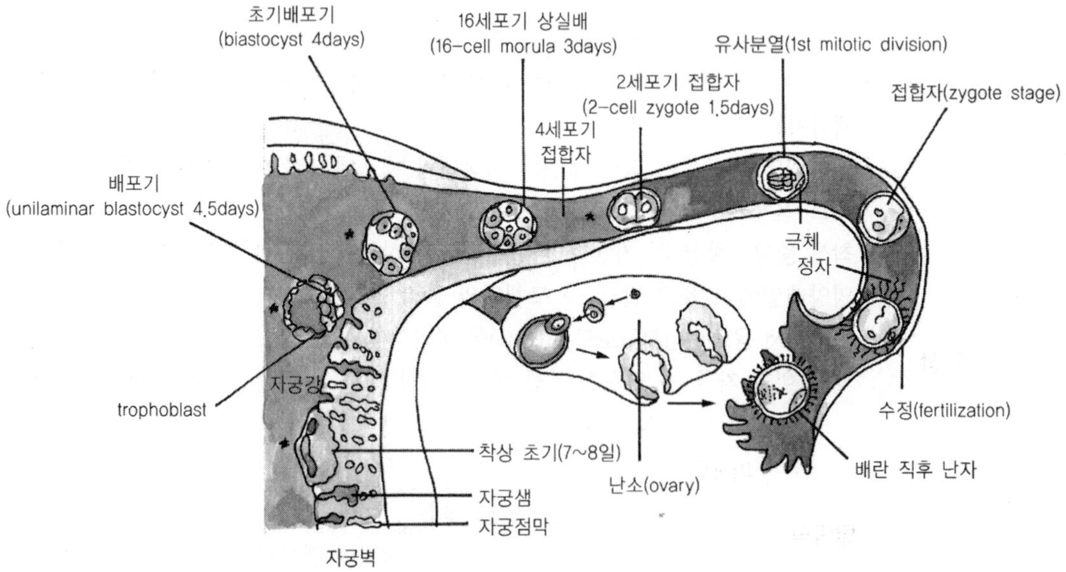

3 태아 발달과정

수정란(ovum)	• 수정일로부터 2주 • 세포분열, 배포형성, 배아막 형성 시작, 초기배엽 형성
배아(embryo)	• 수정 3주~8주까지 • 기관발달과 외형 형성의 결정적 시기 • 환경적 요인에 의한 선천성 기형이 유발되기 쉬운 시기
태아(fetus)	• 수정 9주부터 임신말기까지, 인간형태 갖춤 • 주요기관 성숙

4 태아 부속물

1. 난막(fetal membrane)

<table>
<tr><td>양막(amnion)</td><td colspan="2">• 난막 중 안쪽의 투명한 막, 내부에 태아와 양수 갖고 있음
• 양수생성 및 양수지지 기능
• 인지질을 생산하여 자궁수축을 야기하는 프로스타글란딘 형성</td></tr>
<tr><td rowspan="3">융모막(chorion)</td><td colspan="2">• 난막 바깥쪽의 불투명한 막
• 물질이동과 대사활동 → 임신 3개월 이후에 태아 성장하면서 양막과 융모막이 접하게 됨</td></tr>
<tr><td>평활융모막</td><td>수정란 표면을 덮고 있는 부분 → 융모막(chorion) 형성</td></tr>
<tr><td>번생융모막</td><td>기저탈락막과 접하는 부분 → 후에 기저탈락막과 결합하여 태반이 됨</td></tr>
</table>

2. 태반(placenta)

<table>
<tr><td>발생 및 구조</td><td>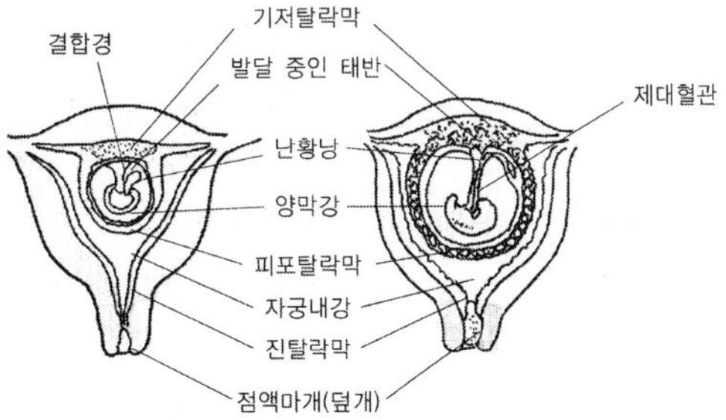

• 영양배엽의 번생융모막과 모체측의 기저탈락막이 합쳐져서 형성
• 12주경 태반이 완성되어 20주까지 발달
• 임신말기 : 태반 = 6 : 1</td></tr>
</table>

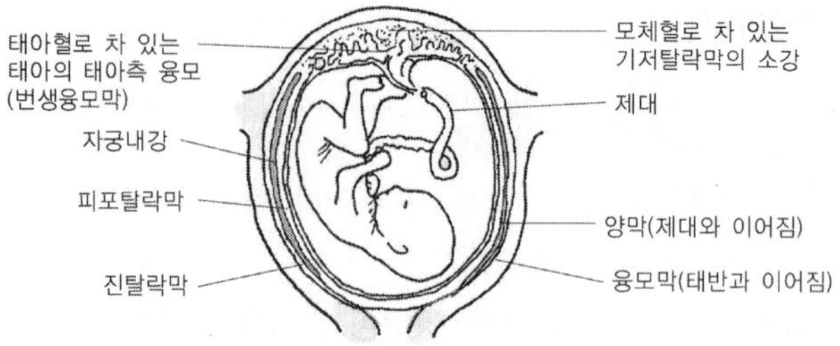

	• **태아측면** : 양막으로 덮여 있어 매끈하며, 양막 밑에 붉은 혈관이 많이 보임 • **모체측면** : 붉으며, 많은 분엽이 있어 울퉁불퉁함		
기능	호흡기능	• 태반의 단순확산으로 O_2, CO_2 물질 교환	
	영양공급 배설기능	• 태아와 모체 사이에 영양분과 노폐물 교환 • 태아 대사 분해 산물 → 태반 → 모체 혈액 → 모체 신장을 통해 배설	
	면역기능	• 모체의 면역 글로불린이 태아에게 이동하여 출생 후 수동면역 제공 • **예** : 디프테리아, 홍역 등	
	보호기능	• 박테리아, 유해물질들의 태반통과를 차단하여 태아를 보호 • 바이러스, 니코틴, 항우울제, 항생제, 코카인, 헤로인 등은 태반을 통과함 • **매독** : 5개월 이전에 반드시 치료(매독균은 5개월 이후부터 통과가능) • **풍진** : 임신 초부터 태반을 통과, 3개월 이후에는 통과 안함(임신 초기 감염 시 태아기형 발생) • **임신 중 피해야 할 예방접종** : 홍역, 이하선염, 풍진, 소아마비 등의 생균 접종은 반드시 피해야 함(세균은 커서 태반을 통과하지 못하나 바이러스는 작아서 태반을 통과하므로)	
	내분비기능	HCG	• **기능** : 자궁내막이 배아 착상을 잘 하도록 임신 초기 황체가 유지되는 역할 → 프로게스테론, 에스트로겐 분비 유지 • 임신 26일째 임부의 소변에서 발견, 모체의 신장으로 배설 • LMP 3주(착상 직후) : 모체혈청에서 검출 • LMP 5주 : 소변에서 검출 → 진단적 가치 높음 • 임신~3개월(입덧유발) : 배설이 최고, 4개월 이후부터 감소 • 12주 이후부터 태반이 프로게스테론, 에스트로겐 분비 • 조기에 출현하기에 임신 유무 검사에 사용(임신 반응 검사 반응)

기능	내분비기능	HPL (태반락토겐)	• 성장호르몬 : 모체의 신진대사 촉진, 태아성장에 필요한 영양공급 • 기능 : 대사작용(혈당↑, 단백질합성↑), 유방발달 촉진 → 인슐린에 대한 저항 증가로 태반을 통한 포도당 이동 촉진 → 임신성 당뇨유발 • 태반기능 측정(태반 무게와 상관있음) • 임신 주수에 따라 계속 증가
		Estrogen	• 태반기능 측정(estriol : 태반에서 분비되는 estrogen)으로 태반기능 및 태아상태 파악 • 모세혈관 확장 • 자궁-태반의 혈액순환을 자극하여 자궁증대 • 지방축적 • 유방과 유선조직 증대 • 총단백질 증가 • HCl, pepsin 감소 → 위궤양 증상 완화 • 신장 → 나트륨 · 수분 재흡수 • 혈액 응고력 증가 → 대퇴성 혈전증 경향↑ • 멜라닌 자극 호르몬 분비 자극 → 복부 중앙선(흑선), 기미
		Progesterone	• 12주까지 황체에서 분비되고 그 이후 태반에서 분비 • 자궁내막 유지 → 태아성장 촉진 • 자궁수축 억제 → 임신 유지 • 유방의 포상조직 발달 • **평활근 이완** - 평활근 긴장도 감소 → 역류성 가슴앓이(heart burn) - 위장의 연동운동 감소 → 변비, 치질 - 방광, 요도의 혈관확장, 정체 → 하지부종, 정맥류

3. 제대(umbilical cord)

구조	• 직경 2cm, 길이 30~90cm – 긴 경우 : 목에 감길 가능성 – 짧을 경우 : 태아운동 시 태반박리 가능성 • 통각수용기 없어 제대 절단 시 불편감 없음 • 제대정맥(1개) – 산소가 풍부한 혈액이 태아에게 공급됨, 동맥혈(O_2 많음) – 태아사정 또는 치료목적에 의한 제대정맥에서 혈액 채혈 및 수혈가능 • 제대동맥(2개) : 탄산가스가 많은 혈액이 태반으로 전달, 정맥혈(CO_2 많음) • 출산 시 제대정맥과 동맥 수 사정 : 신장과 심장의 선천성 기형 발생 가능성 • Wharton's jelly(교양조직) – 완충역할하는 점액질 조직으로 제대혈관 압박을 방지해 태아순환이 차단되는 것을 방지 – 분만 후 건조되어 제대 위축을 도움, 프로스타글란딘 분비
기능	• 태아와 태반을 연결 • 산소와 영양분을 태아에게 공급 • 태아의 노폐물을 태반으로 배설

4. 양수(amniotic fluid)

생성	처음에는 삼투압에 의해 모체혈액에서 생성되고, 임신진행으로 태아 소변에서 생성	
양상	비중	• 1.007~1.025(물과 비슷)
	pH	• 7.0~7.25(약알칼리성) ← Nitrazine 검사 시 청회색
	색깔	• 투명하고 연노랑색
	양	• 800~1,200ml
기능	• 모체가 받는 충격을 흡수하여 태아를 외상으로부터 보호(완충작용) • 태아와 난막을 분리시켜 태아가 균형 있게 자랄 수 있는 공간 제공 • 감염으로부터 태아를 보호 • 열손실을 막아 태아의 체온을 일정하게 유지 • 태아를 자유롭게 움직이게 하여 태아의 근골격계의 발달 도움(운동 공간의 확보) • 양수를 마시고 삼킬 수 있는 구강액의 근원 • 폐에 양수가 들어가 정상적인 폐 발달에 기여(폐성숙) • 태아의 소화, 호흡, 비뇨기계에서 나오는 노폐물의 저장소 • 분만 시 압력을 가해 자궁경관 개대 촉진	
	양수천자	염색체 이상, 성별, 건강상태, 기형 여부 파악
	양수과소증	500ml 이하, 양수지수 5 이하, 태아의 신장 이상 의심
	양수과다증	2,000ml 이상, 양수지수 24 이상, 태아 위장계 또는 다른 기관의 기형과 관계

5 태아기관의 발달

심맥관계	• 태아기에 가장 먼저 발달하는 부분 • 3주 말 : 난황낭에서 혈관과 혈구 생성, 심장 박동 시작 • 4~5주 : 심장은 4개의 방으로 발달, 배아기에 완벽하게 발달 • 신생아 순환 : 동맥관 폐쇄, 난원공 폐쇄 • 태아 헤모글로빈 특징 : 성인에 비해 낮은 산소포화도, 높은 산소친화력, 농축되어 있음	
조혈계	• 임신 3~6주경 : 난황낭에서 조혈기능 • 임신 6주 이후 : 간에서 조혈기능 • 임신 11주 이후 : 골수, 비장, 흉선, 림프절에서 조혈기능 • Rh(−) 여성 : 6주 이상 지속된 임신에서 동종면역의 위험 있음	
호흡계	• 폐 : 배아기에 발달하여 출생 후에야 기능 시작 • 호흡시작의 기전 : 압력차이, 주위 온도 저하, 잡음과 빛, 출산과정과 관련되는 다른 감각들에 의해 부분적으로 개시되는 반사작용의 결과	
호흡계	계면활성제 (pulmonary surfactant)	• Lecithin : Sphingomyelin = 2 : 1 이상일 때 폐 성숙(임신 35주 이상) • Lecithin : 35주 이상 지나서 급격히 증가, 많이 분비될수록 성숙한 폐, 무기폐 방지 • 태아의 폐 성숙도로 출산 여부 결정 • 부족 시 출생 후 RDS(respiratory distress syndrome, 호흡곤란증후군) 유발
신장계	• 임신 5주 : 신장 형성 • 임신 12주 : 소변 생성 → 16주에 소변이 양수 내에 배설되어 양수량이 증가 • 양수과소증 경우 : 태아의 신장기능부전과 관련 • 신생아 : Henle's loop가 출생 때까지 완전히 분화되지 않아 사구체 여과율 및 신장에서의 소변농축 능력 부족	
신경계	• 4주 : 신경관 형성 후 중추신경계로 분화, 뇌가 발달하는 동안 적절한 단백질, 열량 섭취 필요 • 태동 : 18~20주 태아의 움직임이 강해져 모체가 인식	
위장계	• 영양과 배설은 태반이 맡아서 하므로 위장계 발달이 느림 • 임신 9주 : 글리코겐 합성, 저장하며 임신 26~30주에 자궁 외의 추위에 대비하여 갈색지방 저장 • 5개월 : 양수흡입 시작, 장의 연동운동 시작 • 임신 36주 : 위장관계의 성숙 • 임신 말기 : 태변이 장에 축적, 출생 후 48시간 내 태변 배설 – 태변 배출 안됨 : 소화기계의 폐색, 폐쇄항문, 장폐색 지표	

<table>
<tr><td>간장계</td><td colspan="2">• 임신 4주 : 간과 담도 형성
• 임신 6주 : 조혈기능 시작
• 임신 9~10주 : 간에 글리코겐 저장, 담즙 분비, 철분 저장
• 태아의 장 : 무균상태 → Vit K 합성이 안되므로 출생 후 Vit K 투약</td></tr>
<tr><td>내분비계</td><td colspan="2">• 임신 4주 : 갑상선 발달, 티록신 합성
• 임신 6주 : 부신피질 형성
• 임신 8~9주 : 부신피질호르몬 생성 → 분만 시 태아의 코르티솔이 모체의 프로스타글란딘 생성을 자극하여 진통 유발
• 임신 5~8주 : 췌장 형성
• 임신 20주 : 인슐린 생성(당뇨임부는 거대아 출산 및 출생 후 신생아 호흡곤란과 저혈당 위험)</td></tr>
<tr><td>생식기계</td><td colspan="2">• 임신 12주 : 남녀의 생식기 완전히 식별 가능
• 임신 16주 : 난소에서 난자 발생 과정 시작
• 임신 28주 : 고환이 음낭으로 하강</td></tr>
<tr><td rowspan="3">면역계</td><td>IgG</td><td>• 임신 말기 모체에서 태반을 거쳐 태아에게 이동함
• IgG는 임신 마지막 4주에 태아에게 이동되므로 34주 이하의 조산아의 경우 IgG 부족</td></tr>
<tr><td>IgM</td><td>• 모체에서 이동 안됨, 임신 1기말에 태아 스스로 생성
→ 풍진, cytomegalovirus(거대세포 바이러스), toxoplasmosis(톡소플라즈마증), 선천성 감염 시 증가</td></tr>
<tr><td>IgA</td><td>• 태아에 의해 만들어지지 않고 모유수유 시 초유를 통해 획득</td></tr>
<tr><td>근골격계</td><td colspan="2">• 임신 4주 : 중배엽에서 뼈와 근육 생성
• 임신 6주 : 어깨, 팔, 둔부, 다리뼈가 나타나고 7주 초에는 자연적으로 근육수축
• 임신 16~20주 : 첫 태동 느낌</td></tr>
<tr><td>피부계</td><td colspan="2">• 임신 12주 : 손 · 발톱 형성
• 임신 16주 : 지문형성
• 임신 24주 : 피부보호 기능을 하는 태지가 가장 많아지는 시기
• 임신 28주 : 두피모발이 솜털보다 길고, 솜털은 점차 얇아지면서 만삭에는 없어짐
• 임신 32주 : 피부지방 축적으로 피부주름 감소</td></tr>
</table>

6 태아의 시기별 주요 발달과정

임신 3주	• 심장 발달 시작(가장 먼저 기능 발휘)
임신 6주	• 간에서 조혈기능 시작
임신 3개월	• 심장 박동 청진 가능(도플러) • 성감별 가능(12주) • 신장 생성 → 방광으로 소변 생성 • 뼈의 골화 시작 → 손톱, 발톱 나타남 • 인공유산의 기준(LMP 12주)
임신 4개월	• 사지운동 활발 • 비장에서 혈액생성 활발 • 장에 태변이 있음 • 근육 움직임 식별 가능 • 지문 형성
임신 5개월	• 피부 – lanugo(솜털) 생김 – 지방샘에서 태지 형성 시작 • Quickening(첫 태동, 16~18주) → 모체 → 태아 애착형성 • 췌장에서 인슐린 생성
임신 6개월	• 고환이 음낭으로 내려오기 위해 서혜부 자리잡음 • 머리카락 뚜렷 • 피부 : 주름이 많고 태지가 있어 피부보호 기능
임신 7개월	• surfactant(계면활성제) 생성 → 출생 시 생존가능 • 망막완성 : 모체벽에 빛을 쪼이면 태아움직임↑ • 고환 : 음낭으로 하강 • 피부 : 주름 감소, red color
임신 8개월	• 피하지방 생성 시작 • little old man 모양(붉고 쭈글쭈글한 모습) • 태지, 솜털 있음
임신 9개월 ~ 임신 10개월	• 지방 축적으로 몸이 둥글둥글해짐 → 체중증가 현저 • 고환 : 음낭에 내려와 있음 • 폐성숙(L/S 비율 2:1) • 태지 거의 없음, 솜털 사라짐 • 피부 : 희거나 분홍빛 • 빠는 반사 강함

02 임부의 생리적 변화

1 임신에 따른 모성의 신체변화

1. 심혈관계(Cardiovascular system)

심장 위치변화		• 좌측 상방으로 전위(자궁증대에 따른 횡격막 상승으로 인해) • 좌심실 비대(모체 태반 순환으로 인한 심장부담 가중으로 인해)
심박출량		• 혈량 증가와 조직의 산소요구 증가로 임신 초기부터 증가 • 임신 32주 : 혈액량, 심박출량 최고조(심장병 임부는 임신 32주, 분만 직후가 가장 위험) • 모체의 자세 : 좌측 횡와위와 분만 수축 시 증가
맥박		• 임신 말기까지 증가 상태 지속
혈압	임신 1기	• 임신 전 수준
	임신 2기	• 약간 감소, 임신 20~24주가 가장 낮음(호르몬 변화로 인한 말초혈관 확장 때문) • 임신 20주 이후 혈압상승 : PIH 의심
	임신 3기	• 임신 전 수준
	기전	• 혈관확장 작용이 있는 에스트로겐과 프로스타글란딘이 증가 → 말초혈관의 확장 → 임신 중 혈액량이 증가함에도 정상혈압 유지 • 임신 중 혈관축에 작용하는 renin, angiotensin Ⅱ 증가하지만 angiotensin Ⅱ에 대한 혈관벽의 민감도는 감소
	하지 정맥압 상승	• 증대된 자궁이 순환하는 혈류에 압력 가하여 발생 • 하지의 혈류정체 야기 → 하지와 외음부 정맥류 유발, 치질유발
	체위성 저혈압	• 앙와위 자세 시 커진 자궁이 하대정맥을 눌러 하지에서의 귀환혈액량 저하로 혈압 하강 → 측위로 자세변경
혈액	혈액량 증가	• 임신 중 순환혈액량은 40~50% 증가(임신 32주 혈액량, 심박출량 최고로 증가) → 심장병 임부는 32주, 분만 직후가 매우 위험 • 이유 - 자궁 증대에 따른 혈액 요구량 채움 - 태아와 모체 조직에 적절한 수분 공급 - 분만과 산후의 혈액 손실 대비
	생리적 빈혈 발생	• 기전 : 에스트로겐 분비로 renin, angiotensin Ⅱ, aldosterone 분비가 증가하여 신장의 세뇨관과 집합관에서 나트륨과 수분의 정체로 체내에 수분 축적 → 수분증가 → 모체의 심박출량과 혈액

		량 증가로 혈액을 희석, 생리적 빈혈 이끔 • 적혈구량의 증가보다 혈장량의 과도한 증가 → 상대적으로 Hb, Hct 감소(임신 초기 8주) • 임신 시 빈혈 기준 Hb : 10g/dL 이하, Hct : 33% 이하
	백혈구	• 임신 중기 이후부터 증가 • 분만 · 산욕초기 약간 증가
	혈액응고 물질	• 혈액응고 요인 증가 및 섬유소 용해작용 저하로 응고경향 상승 → 산후에도 지속되어 혈전증 가능성 상승
	콜레스테롤	• 혈청 내 지질 증가
	단백질	• 혈장 알부민 감소 → 세포외 부종 야기하는 혈장 교질삼투압 감소를 야기

2. 생식기계(Reproductive system)

<table>
<tr><td rowspan="3">자궁
(Uterus)</td><td colspan="2">• 자궁 증대 : 혈관과 림프조직 크기의 증식과 증대, 자궁근 섬유증식과 비대
• 임신 초기 : 자궁근 섬유의 증식(estrogen, progesterone에 대한 반응)
임신 말기 : 자궁근 섬유의 비대(성장 발육하는 태아의 물리적인 힘)
• 자궁 증대의 영향 : 주변 장기 압박, 하지 혈액 장애, 피부 영향 등
• 서양배 → 공모양 → 타원형(S상결장으로 인해 자궁이 오른쪽으로 치우침)
• 혈액, 림프액의 자궁 공급 증가
• 유연성 증가
– Hegar's sign(6~8주) : 자궁 협부 유연
– Goodell's sign(6~8주) : 자궁 경부 유연</td></tr>
<tr><td>자궁저부 높이
HOF
(Height of fundus)</td><td>• 임신 주수 측정가능
• 임신 12주 : 치골결합 위로 올라감
• 임신 20주 : 제와부 수준
• 임신 36주 : 최고높이, 검상돌기 바로 아래까지 올라옴
• 임신 38주 : 34주 수준으로 하강(분만 준비)
(초산부 : 분만 2~4주 전, 경산부 : 분만 직전)
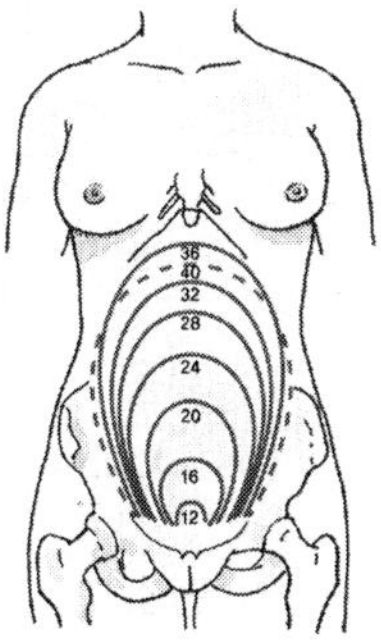</td></tr>
<tr><td>자궁수축
(Braxton-Hick's contraction)</td><td>• 불규칙적인 무통성 자궁수축(자궁의 혈액 공급 촉진) → 임신의 가정적 징후
• 임신 초기부터 나타날 수 있으나 임신 12주 이후 강하게 나타남</td></tr>
</table>

자궁경부 (cervix)	모양	• **미산부** : pin-point • **경산부** : transverse slit(물고기 입모양) 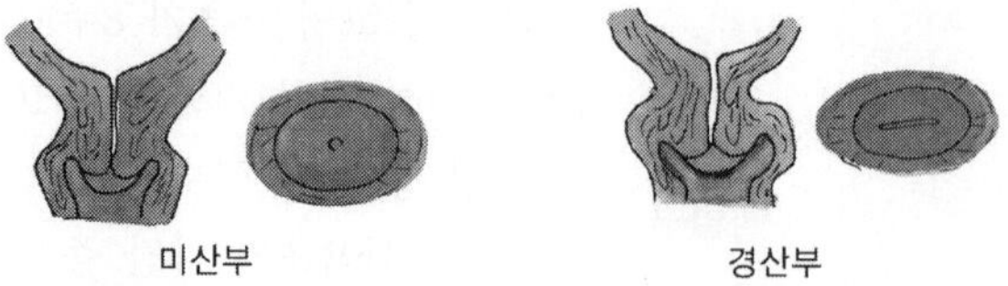
	임신 중 경관의 역할	• **자궁지지** : 자궁 내의 부속물이 자궁 밖으로 나가지 못하도록 함 • **점액마개 형성** : 호르몬의 영향으로 자궁경부의 세포비후, 분비물 분비 증가 – 질내 상주균과 물리적 침입 방지 – 분만 초기 약간의 혈액에 섞여 배출 → 혈성이슬 : 분만의 전구 증상 • 분만 시 경부를 유연하게 만들어 개대, 소실 → 태아만출 돕기
	임신 후 혈류 증가	• 매우 부드러워짐, 쉽게 출혈 • Goodell's sign : 경부가 매우 부드러워짐(임신 6~8주) → 임신의 가정적 징후
질(vagina)	• 혈류증가로 질벽과 질 전정부위 자청색(Chadwick's sign : 임신 6~8주)으로 변함 → 임신의 가정적 징후 • 질 점막 비후, 근조직 비대 및 길이 증가, 결체조직의 유연성 증가 → 분만 중 태아만출 시 확장 용이 • **에스트로겐 영향** : 질상피의 글리코겐이 풍부해지고 유산간균의 작용으로 질 내 산성 상태 유지 → 질 내 병원균 증식 억제 작용, 글리코겐으로 인해 곰팡이 감염 증가 • pH 4.0~5.0(강산) → pH 5.5~6.5(약산) : 질 감염빈도 증가 • **백대하** : 글리코겐이 풍부한 상피세포 박피분비물(산성)	
회음 (perineum)	• 혈류증가, 회음근육의 비후, 결체조직의 유연성 증가	
난소 (ovary)	• 배란정지 • **임신 12주까지 황체유지** : 에스트로겐-프로게스테론 분비(8~10주까지 분비)하므로 임신유지 기능	
임신에 따른 생식기계의 변화	McDonald's sign	• 자궁저부가 경부쪽으로 휘어지기 쉽게 되는 것(임신 7~8주)
	Goodell's sign	• 질과 자궁경부가 부드러워지는 것(임신 6주)
	Cullen's sign	• 자궁외임신 시 복강 내 출혈로 제와부위가 푸른색을 띄는 것

	Chadwick's sign	• 혈류증가에 의해 질 전정부위 색깔이 자청색으로 변하는 것(임신 8주)
	Hegar's sign	• 협부가 부드러워지는 것(임신 6주)
	Braxton-Hick's contraction	• 복벽을 통해 자궁수축을 느끼는데 간헐적, 불규칙적 무통성 수축으로 자궁에 혈액공급을 원활히 하여 산소를 충분히 운반하기 위함(임신 16~18주)
	하강(Lightening)	• 자궁이 가장 높은 수준인 검상돌기와 접촉하고 38주에 임신 34주 때의 높이로 내려오는 현상(임신 9개월)
	부구감(Ballotment)	• 태아의 수동적 움직임을 모체나 검사자가 느끼는 것(임신 16~20주)

3. 호흡계(Respiratory system)

횡격막 위치 상승	• 호흡곤란 유발(커진 자궁이 폐와 횡격막을 압박하기 때문)
흉곽확장, 흉골하 각도 증가	• estrogen영향으로 흉곽인대가 이완되어 가슴이 확장 • 폐활량 증가, 호흡량 증가, 잔류량 감소
복식호흡	• 임신 6개월 이후 자궁증대로 인해
폐기능의 변화	• 깊은 호흡, 호흡횟수 증가 • 과도호흡 : 과환기(hyperventilation) → 경미한 호흡성 알칼로시스(프로게스테론에 의해 CO_2에 대한 연수의 민감성 증가) • 기초대사율의 증가로 산소요구도 증가

4. 위장관계(Gastrointestinal system)

입덧	• 임신 초기 융모성선자극호르몬(hCG)의 분비로 오심과 구토 발생(5~12주) – 4~6주에 시작되어 임신초기 말(12주)에 사라지며, 아침에 심함 – 너무 심한 입덧이나 임신 13주 이후에도 지속되는 경우 → 임신오조증(hyperemesis sickness), 치료 필요
이식증(pica)	• 음식이라 할 수 없는 것에 대한 욕구 • 이상한 맛에 대한 욕구로 음식이 아닌 것을 섭취
구강	• 치은비대 : 에스트로겐 상승으로 잇몸 부어오르고 출혈 경향 있음 → 치아관리 필요 • 타액분비 과다증
식도 · 위 · 장	• 프로게스테론 증가 : 평활근 이완 • 가슴앓이 발생 : 식도괄약근 이완 → 위 내용물 역류(위산의 역류) • 변비와 치질 발생 : 장운동 감소 → 잔류시작 지연 • 에스트로겐 증가 : 위산 분비 감소 → 위궤양 문제가 감소

5. 비뇨기계(Urinary tract system)

요관 및 방광	요관	• 평활근의 이완작용으로 인해 늘어나고 커진 자궁의 압박으로 요관이 붓고 늘어나 수뇨증과 요정체 동반 • 요정체, 임신 중 신우신염, 방광염 → 조기분만 위험도 증가
	방광	• 프로게스테론, 커진 자궁의 방광 압박으로 방광용적 증가, 점막 울혈, 요정체 → 감염가능성 증가 → 빈뇨, 야뇨, 핍뇨 등 발생
	빈뇨	• 커진 자궁의 압박으로 임신 1기와 임신 3기에 빈뇨 발생 • 임신 2기에는 방광이 복강 내에 위치하여 압박 감소
신기능	신장혈류 증가	• GFR(사구체 여과율) 증가, 세뇨관 재흡수 증가 • 배뇨횟수 증가, 소변량 증가, 비중 감소 • 당, 비타민 B12, 엽산, 아미노산, 요산 등 배출량 증가 – glycouria : 경미한 정도는 정상 – proteinuria : 임신성 고혈압, 자간전증 의심
	신장기능 증가	• 소변 통해 영양물질 배출(당, 아미노산, 비타민 등) → 소변에 박테리아 성장 가능성 증가
	좌측위	• 앙와위시 자궁이 하대정맥을 눌러 부적절한 순환이 이루어지기에 좌측위는 신기능 증진에 도움 • 좌측위 : 심장으로 귀환되는 혈액량이 증가하고 심장박출량도 증가하여 신혈류량이 증가하여 소변배설증가, 부종감소
	생리적 부종	• 발목, 손가락 등에 인체의 수분 축적 : 임신 말기의 정상적 현상(에스트로겐의 영향으로 임신 말기 수액정체) • 상체 부종 : 비정상 • 혈압상승, 단백뇨 동반 시 임신성 고혈압 의심

6. 신경계(Nervous system)

요통, 상하지 통증 다리경련	커진 자궁이 골반신경이나 혈관을 압박하여 다리의 감각변화 유발
손목굴 증후군 (Carpal tunnel syndrome)	목과 어깨를 구부리는 자세가 손목의 정중신경을 압박하여 부종이 생겨 손목에 통증과 쑤시는 이상감각 → 출산 후 소실
긴장성 두통	임신으로 불안과 긴장이 원인

7. 피부계(Integumentary system)

색소침착	• 에스트로겐, 프로게스테론과 멜라닌 세포 자극호르몬의 분비로 8~16주경 발생 • 기미(갈색반) : 임부의 50~70%, 코, 이마, 볼에 대칭적인 갈색으로 착색되며 태양에 노출될 경우 특히 심해짐 → 분만 후 옅어지거나 사라짐 • 흑선 : 치골결합부터 제와부까지 수직으로 착색 • 유두, 유륜, 액와, 외음부가 짙은 색으로 착색 → 분만 후 거의 사라짐
임신선	• 복부, 허벅지, 유방에 증가된 부신의 스테로이드 영향으로 결합조직이 분열되어 약간 함몰된 붉은 색을 띤 임신선이 나타남(임신 말기) • 붉은 색을 띠며 가렵다가 분만 후 은빛을 띄며 흔적을 남김
거미상혈관종	• 작은 모세혈관이 확장되는 모세혈관 확장증 • 임신 5~6개월, 에스트로겐 상승으로 피하지방의 혈류가 증가되어 나타남 • 가슴부위, 얼굴, 팔에 발생
모발	• 임신 중 : 모발성장 속도 느려지며 모발 수감소 • 출산 후 : 모낭의 수 증가, 출산 후 1~4개월 동안 탈모 진행되어 모든 머리카락이 6~12개월 내에 다시 나게 됨
땀샘, 피지샘	• 땀샘, 피지샘의 활동이 증가 • 심한 발한, 야간 발한, 여드름 경험

8. 내분비계(Endocrine system)

뇌하수체	전엽	성장호르몬	• 뼈의 성장, 단백질 합성 등 대사를 촉진하므로 증가
		성선자극호르몬	• FSH, LH 분비억제
		부신피질 자극호르몬	• 임신 유지를 위해 모체의 대사를 변화
		프로락틴	• 유선 발육 촉진, 유즙 분비, 황체 유지 및 분비 촉진 • 임신 1기 초에 증가해서 만삭 시까지 점차 증가함
	중엽	멜라닌세포자극 호르몬	• 임신 중 증가
	후엽	옥시토신	• 자궁수축력 증진과 유방에서 모유사출을 촉진
		바소프레신	• 혈관수축을 야기하여 혈압상승을 유도 • 항이뇨작용과 수분 균형에 중요 역할
갑상선	갑상선 호르몬		• 임신 중 갑상선 호르몬 생산 증가 • 임신 1기 이후 비 임신수준으로 회복 • 기초대사율(BMR) 증가 : 태아대사 작용에 의한 산소소비의 증가
부갑상선	부갑상선 호르몬		• 태아의 칼슘과 Vit D 요구 증가로 분비 증가

부신	코티솔	• 임신 1기부터 증가하여 임신 말기 이후에는 비 임신 시 3배가 됨 • 유리코티졸 : 임신 진행되면 증가, 탄수화물과 단백질 대사 조절 역할
	알도스테론	• 임신 2기 초부터 증가 • 신장에서 나트륨 배설 억제 효과 지니므로 염분 제한하는 임부의 경우 알도스테론의 분비가 더욱 증가 • 임신 중 알도스테론 분비 증가 → 수분정체 초래
췌장	• 인슐린 요구량이 증가 • 랑게르한스섬은 증가된 요구량을 충족시키기 위해 자극을 받게 되고, 임신성 당뇨의 증상으로 임신 중에 잠재적인 결핍이 나타날 수도 있음	
태반	에스트로겐	• 임신 초기 황체에서 분비, 임신 12주 이후 태반에서 분비 • 태아에게 적합한 환경을 제공하기 위해 자궁발달을 촉진 • 유즙분비에 대한 준비로 유방의 샘조직 증대에 도움 • 대부분 소변으로 배설 → 태반기능, 태아건강상태 평가 지표
	프로게스테론	• 임신 초기 황체에서 분비 • 자궁내막을 증진 • 자궁수축억제를 통한 임신 유지기능, 임신 초기 자연유산을 방지 • 유즙분비에 대한 준비로 유방의 소엽과 세엽의 발달을 촉진
	융모성선자극호르몬	• 임신 시 태반에서 생성 • 수정 8~10일 후 융모막 융모에서 생산(임신 10주경 최고) • 임신 유지위해 황체에서 프로게스테론과 에스트로겐 분비 촉진 • 임부의 소변, 혈액에서 검출 : 임신 진단
	태반락토겐	• 지방을 분해하여 모체 대사 및 태아 영양 에너지원 • 모체의 당 흡수와 포도당 신합성 억제 : 포도당과 단백질을 보존하여 태아체세포 성장 촉진 • 불균형 시 모체의 임신성 당뇨 발생
	릴락신	• 자궁 활동을 억제, 자궁수축력 감소 → 경부 연화를 촉진

9. 대사계(Metabolic system)

체중증가	• 10~12kg • 태아 체중 증가는 9~10개월에 현저
전해질 및 수분대사	• 수분정체 : 임신 중 6.5L 정도의 수분축적 → 오후나 저녁에 함요부종(pitting edema) 유발 • 수분정체의 원인 – 혈장 단백질 감소 → 삼투압 감소 – 알도스테론 분비 증가 → 갈증 자주 호소
단백질 대사	• 태아발육, 태아부속물 구성, 모체 자궁 및 유방증대에 이용 • 분만 시 출혈 및 회복에 대비하기 위해 모체에 축적됨 → 적절한 단백질 섭취가 필요
탄수화물 대사	• 수요증가 → 혈당증가 • 임신성 당뇨 가능성 : 태반호르몬(태반락토겐, 에스트로겐, 프로게스테론)↑, 부신피질호르몬(코티졸)↑ → 인슐린 작용을 저하시킴
지방 대사	• 신체 중앙 부위 지방 축적 증가 → 고지혈증 • 모체의 기아상태 → 지방의 불완전 산화 → 케톤체, 케톤뇨 증가
비타민 대사	• 임신 중 비타민 요구량 증가 • 부족 시 → 태아발육 장애, 태반 괴사, 유산, 조산, 신생아 구루병, 괴혈병

10. 근골격계(Teeth, bone and joint system)

잇몸 비대와 과충혈	• 에스트로겐 영향 • 출혈과다 우려 → 임신 시 발치하지 말 것
골반관절 이완	• 릴락신(Relaxin) : 연골관절 이완시킴 • waddling gait : 양반걸음, 두 발을 벌려서 걸음 → 어기적거림
등과 허리부분의 척추 굴곡	• 자세변화(가슴을 뒤로 젖히고 몸 중심을 골반으로 이동) • 어기적거리는 걸음걸이
척추전만 발생	• 자궁무게 증가, 커진 유방으로 인해 발생, 불편감, 심한 요통호소
복직근 이개	• 복부팽만으로 근탄력성이 저하되어 복직근이 벌어짐, 제와부 돌출 → 산후에 정상으로 복구
요통	• 앞쪽으로 치우친 증대된 자궁의 무게에 대한 보상으로 자세 변화가 일어나며 하부요통 유발 • 난소에서 분비되는 릴락신과 난소의 황체나 태반에서 분비되는 에스트로겐이 관절과 관절주위 구조의 이완 증가로 모체의 자세를 변하게 하고 요통을 유발 • 과다한 복부신전으로 임부의 몸무게 중심이 앞으로 옮겨져 균형을 유지하기 위해 임부의 자세를 변형시켜 척추만곡이 심해 요통을 호소

11. 유방변화

유방의 변화	• 에스트로겐과 프로게스테론의 영향으로 임신 6주경 커지고 예민해지며 압통을 느낌 • 유륜이 넓고 착색, 유두 직립, 유방확대 • 몽고메리결절 비대 : 수유 시 유두 보호 • 피하혈관 확장(피하표면 정맥확장) → 임신선 출현 • 전초유 준비(16주경) : 유두를 짜면 묽은 초유 분비

2 임신의 징후와 증상

1. 임신의 징후

추정적 징후 (임신 시 여성 자신이 느끼는 변화)	• 무월경 • 오심과 구토, 입덧(4주) • 유방팽만, 유방민감성 증가(6~8주) • 빈뇨(6주) : 자궁확대로 인한 방광 압박 때문 • 첫 태동(Quickening, 16~18주) : 모아애착 증진 • 피곤, 권태, 감정의 변화
가정적 징후 (의료진에 의해 관찰하는 변화)	• 복부 증대 • 자궁의 크기, 모양, 경도의 변화 • Mcdonald's sign : 자궁저부가 경부쪽으로 휘어지기 쉬움 • Hegar's sign(6주) : 자궁협부의 연화 • Goodell's sign(6~8주) : 자궁경부의 연화 • Chadwick's sign(8주) : 질벽과 질 전정의 자청색 • Ladin's 징후 : 자궁체부와 경부 접합부 근처의 중앙부 앞면에 부드러운 반점이 나타나는 것 • Braun von Fernwald's sign : 착상부위의 불규칙한 부드러움과 크기의 증가(임신 15주) • Piskacek's sign : 거의 종양처럼 보이기도 하는 비대칭성 증대 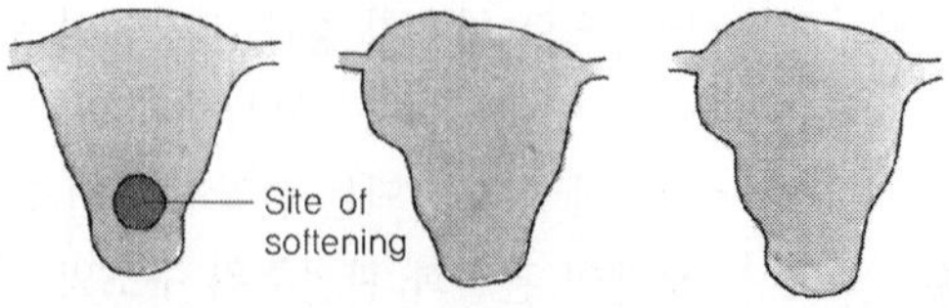 라딘 징후 브라운본펀왈드 징후 피스카섹 징후 • 부구감(Ballotment)에 의한 태아확인(16~20주) : 선진부를 툭 건드리면 양수에 의해 태아의 반동이 느껴짐

	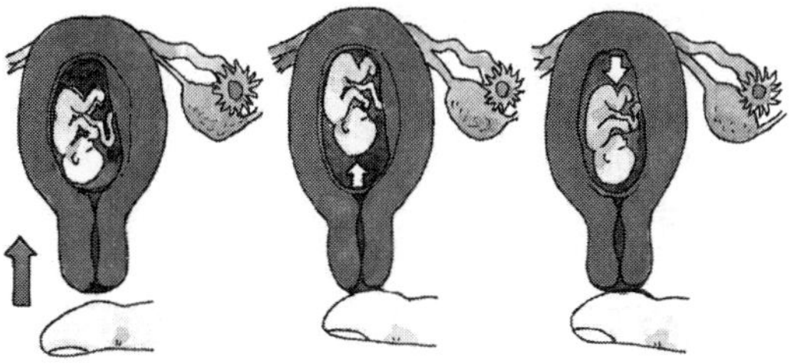 • Braxton–Hick's contraction(16~18주) : 무통의 간헐적인 자궁수축 • 임신반응검사(+) • 복부촉진에 의한 태아윤곽 확인
확정적 징후 (태아를 정확히 확인할 수 있는 증상)	• 초음파에 의한 태아 확인(6주 이후부터 가능) • 방사선촬영으로 태아윤곽 확인(6주 이후) • 태아심박동 확인(도플러 10~12주, 청진기 17~18주) • 검진자에 의한 태아움직임(20주 이후)

2. 임신시기별 증상

구분	임신 1기 (수정~임신 13주)	임신 2기 (임신 14~28주)	임신 3기 (임신 29주~분만)
증상	• 무월경 • 오심, 구토(6~12주) • 빈뇨 • 자궁증대 • 유방의 민감성 • Hegar's sign(6주) • Goodell's sign(6~8주) • Chadwick's sign(8주) • 임신반응검사 양성(6주 이후) • 기초체온상승	• 무월경 • 오심, 구토 사라짐 • 첫 태동 느낌(16~18주) • 현저한 자궁증대 • 전초유 분비(16주) • Braxton Hicks sign(12주 이후 강함) • 부구감(16~18주) • **피부의 색소침착** : 흑선, 기미, 임신선	• 2기 증상이 모두 나타남 • 자궁증대 및 하강으로 순환장애, 하지부종 초래 • 호흡수 증가 • **하강감** – **초산부** : 분만 9개월 말 – **경산부** : 분만 직전 • 태아촉진

03 산전관리와 건강사정

1 산전관리의 목적

임부	• 임신 전·중 및 분만 이후 임부의 안녕 유지 및 자가간호를 증진 • 모성사망률과 이환율, 태아사망과 같은 불필요한 임신 소모가 감소 • 다음 임신 및 가임 연령 이후의 건강 위험요인 감소 • 임부의 고위험 상태 선별 • 부모가 되기 위한 마음가짐 및 기술을 교육
태아	• 태아의 안녕을 유지하고 건강 증진 • 조산, 자궁 내 성장지연, 선천성 기형 및 사망 감소 • 신경발달장애 및 기타 질병이환율 감소 • 정상적인 성장발달과 건강관리 증진 • 출생 후 어린이 학대, 손상 • 예방 가능한 급·만성질환 및 출생 후 입원치료의 가능성 감소
가족	• 원하지 않는 임신 감소 • 자녀 양육에 대한 태만과 가정폭력을 일으킬 수 있는 가족의 행동장애 감소 • 가족발달과 부모-자녀 간 상호작용 증진

2 건강사정

1. 첫 산전방문

(1) 건강력

인구학적 정보	• 연령, 주소, 교육수준, 인종, 주거형태, 경제적 수준, 종교, 결혼상태, 직업, 지지체계, 임신과 출산에 대한 선호도, 다음 자녀 양육계획, 수유형태 선호도 등
산과력	• 출산 주수, 분만장소, 분만형태, 임신관련 합병증 • 출생아 체중, 건강상태, 유산시기 및 합병증 등 • 2자리 G/P(임신 수/출산 수) 예 쌍둥이 : 1회 임신, 1회 분만, 아이수 2명으로 계산 G1, P1, L2 • 4자리 : 총 만삭 분만수 - 조산수 - 유산수 - 현존 아이수 • 5자리 : 총 임신횟수 - 총 만삭 분만횟수 - 조산수 - 유산수 - 현존 아이수 예 4-2-1-1-2 : 총 임신 4회, 만삭분만 2회, 조산 1회, 유산 1회, 현재 생존 2명

현임신력	• **분만 예정일(EDC ; Estimated date of confinement) 추정 :** 네겔레법칙 – 마지막 월경일(LMP)에 첫째 날 +7, 달(month)에 -3, +1년 혹은 +9 • **합병증 사정 :** 두통, 현기증, 시력장애, 열, 피로, 오심 및 구토, 가슴앓이, 유방 변화, 가쁜 호흡, 요통, 복통, 질 출혈, 정맥류, 부종, 백대하 등
생식기병력	• Pap 도말검사, 이전감염, 이전 수술경험, 월경력, 성생활, 피임법 등
과거병력	• 주요 질병 및 입원경험, 수술 및 수혈경험, 사고, 알레르기, 약물 남용 및 알코올 중독
가족력	• 부모형제의 질병, 사망 여부 확인

(2) 신체검진

<table>
<tr><td colspan="4">키, 체중, 혈압, 활력징후, 부종, 영양상태 사정</td></tr>
<tr><td rowspan="8">태아 주수 사정</td><td colspan="3">• 태아성장 및 임신기간 확인</td></tr>
<tr><td rowspan="3">자궁저부 높이 측정</td><td>12주</td><td>• 자궁저부가 치골결합에서 촉진</td></tr>
<tr><td>22~24주</td><td>• 제와부위에서 촉진</td></tr>
<tr><td>36주</td><td>• 검상돌기에서 촉진, 가장 높음</td></tr>
<tr><td>맥도날드 법칙</td><td colspan="2">• 임신 16주 이후 자궁저부 높이로 임신 월수 및 주수 계산
• 줄자를 이용하여 치골결합 상부에서 복부 중앙선을 따라 복부 모양대로 둥글게 하여 자궁저부까지의 길이 측정
• 자궁저부의 높이(cm) × 2/7 = 임신 월수
• 자궁저부의 높이(cm) × 8/7 = 임신 주수
• 영향요소 : 양수과다, 큰 태아, 다태임신, 모체비만을 고려
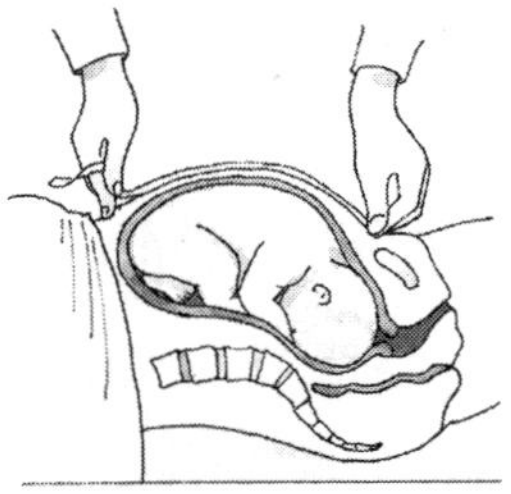</td></tr>
<tr><td>헤세의 법칙 (Hesse's rule)</td><td colspan="2">• 임신 개월 수로 태아의 신장 계산
– 1~5개월 : $(M)^2$
– 6~10개월 : (M)×5
예 임신 12주된 태아의 신장 : 3개월의 제곱 → 9cm
태아신장이 40cm일 때 재태기간 : 8개월×5=40cm → 8개월, 즉 32주</td></tr>
<tr><td>초음파 촬영을 통한 임신 주수 측정</td><td colspan="2">• 태낭 크기, 태동, 두둔 길이, 대퇴골 길이, 아두대횡경의 크기를 통해 임신 주수를 측정</td></tr>
</table>

태아 심음(FHR) 측정	• 임신 확증, 태아자세, 위치, 다태임신 확인에 사용 • 태아의 등 부위에서 잘 들림
복부둘레 측정	• 임신 34주 이후 비정상 상태 확인 위해 사정 • 자궁크기가 너무 크다고 의심될 때, 즉 다태임신, 양수과다증 진단 시 유용 • 복위에서 배꼽 중심으로 복부둘레 잼 • 임신 주수보다 2인치 정도 작음
질검사	• 아두의 천문과 봉합선을 알아내기 위한 검사 • **임신 시** : 자궁경부가 닫혀 있기에 질검사로 태향 알아내지 못함 • **분만 도중, 경부확장 시** : 태향과 아두 굴곡정도 파악
골반검사	• 외부 및 내부 생식기와 골반 형태에 대한 시진 및 촉진 • 질경검사, 양손 진찰법

CHECK Point 레오폴드 복부촉진법(Leopold maneuver)

- 복부에 손을 대기 전 복부형태, 색소침착, 복부의 부종 유무, 복부크기 등을 눈으로 확인 후 복부촉진하여 태향, 태위를 확인
- 준비 : 방광을 비우고 임부는 등을 대고 똑바로 누워 무릎을 구부리고 복부근육을 이완, 검진자의 손은 따뜻하게 함

단계	촉진방법	촉진결과	결과의 의미
1단계	• 시술자는 임부의 머리 쪽을 봄 • 자궁저부에 양손을 두고 손가락을 구부려 촉진 • 태위(종위, 횡위)와 선진부(두부, 둔부)를 확인 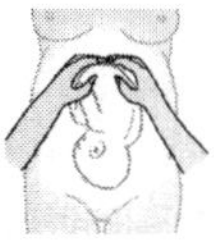	• 태아 부분이 둥글고 단단하게 만져지며 움직이고, 두 손 사이나 한 손의 엄지와 시지 사이에 부구감(ballottement)이 있음 • 태아가 불규칙하게 만져지고 크거나 두드러지게 튀어 나온 부분이 느껴지며, 머리보다는 덜 단단하게 만져짐 • 상기 어느 것도 아님	• 태아의 머리 부분이며(둔위), 몸체와 독립적으로 움직이고, 종위(longitudinal lie)임 • 태아의 둔부이며(두정위), 몸체와 독립적으로 움직이지 못하고, 종위(longitudinal lie)임 • 횡위(transverse lie)임
2단계	• 시술자는 계속 임부의 머리 쪽을 봄 • 치골결합과 자궁저부 사이 자궁의 양 측면을 촉진 • 좌, 우 등 어느 한쪽 손에 압력을 가하여 복부의 반대쪽으로 태아를 밀어 부분을 촉지하고 다시 반대로 함 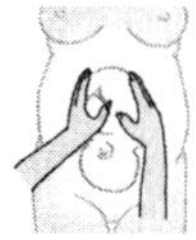	• 단단하고 두드러진 덩어리나 계속적으로 완만한 저항이 있는 덩어리가 촉진됨 • 작고 불규칙한 움직이는 덩어리가 있고 검사자의 손가락을 차거나 칠 수 있음 • 복부 전면에 작은 덩어리가 만져지고 태아의 등을 만지기 어려움	• 태아의 등이 만져지는 것이며 등이 임부의 좌우 어느 쪽에 있는지에 따라 태위가 결정되고, 종위(longitudinal lie)임 • 태아의 소부분으로 지적되며 태아의 손, 다리, 무릎, 팔꿈치이고, 태아의 등이 있는 반대편이 됨 • 후위(posterior position)임

3단계	• 시술자는 계속 임부의 머리 쪽을 봄 • 치골결합 상부인 하복부 촉진하여 골반 진입과 태세 확인 • 선진부가 골반 진입이 안 된 경우에는 움직이는 덩어리 촉진 • 둔부인지 머리인지 감별하기 위해 1단계처럼 모양 크기, 강도, 운동을 촉진 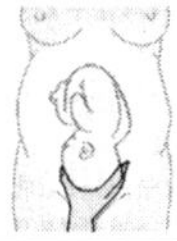	• 선진부가 머리인 경우 진입(engagement)현상이 일어났을 때는 쉽게 움직이지 않음 • 진입이 안 된 경우에는 1단계처럼 쉽게 움직이고 부구감이 있음	• 1단계와 3단계의 결과를 비교하여 태위(lie)와 태향(presentation)을 결정 • Pawlik's maneuver : 한 손은 자궁저부에 두고 다른 한 손은 치골결합부에 두어 동시에 자궁의 양쪽 극을 촉지하여 태아의 어느 부분인지를 파악하는 방법
4단계	• 시술자는 몸을 돌려 임부의 발을 향하여 섬 • 두 손을 이용하여 치골결합을 향해 깊이 촉진하면서 하강 정도와 아두상태를 측정 • 태아 머리의 돌출부(cephalic prominence) 촉진 후에는 골반강을 더 촉진하지는 않음 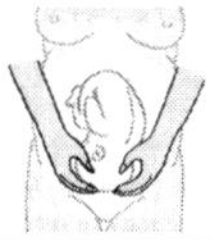	• 머리가 선진부라면 한 손은 둥근 돌출부위를 만지고 다른 한 손은 골반강을 향해 그대로 평이하게 내려감	• 태아 머리의 돌출부가 태아의 등과 같은 쪽에 있으면 태아 머리가 신전(extesion)된 안면위(face presentation)임 • 돌출부가 태아의 등과 서로 반대로 위치하면 태아 머리가 굴곡(flexion)된 두정위(vertex presentation)임

(3) 검사실 검사

검사내용		검사물	목적
소변검사	• 당	• 깨끗한 소변	• 당검사 : 당뇨병 유무
	• 단백질		• 단백검사 : 자간전증, 신장질환
	• 현미경		• 적혈구, 백혈구, 상피세포, 미생물검사 : 신장질환, 비뇨기계 질환 유무
	• 소변배양	• 깨끗한 소변	• 비뇨기계 감염을 진단
혈액검사	• CBC	• 혈액	• 빈혈 유무 • 감염, 혈액장애, 엽산결핍 확인 • 혈액응고 기전 사정
	• 매독혈청검사(VDRL)	• 혈청	• 매독 확인
	• ABO	• 혈액	• 혈액형과 Rh^+ 태아에게 올 수 있는 혈액부적합 질환을 확인
	• Rh 유형	• 혈액	• 어머니가 Rh^-이고 아버지가 Rh^+

			일 때 태아위험 정도 사정(역가 상승 시)
	• 풍진항체	• 혈액	• 풍진에 노출되었다면 면역 형성 여부 사정
	• 알파피토프로테인	• 혈청	• 임신 15~20주 사이에 신경관 결함을 확인
	• 혈당	• 혈액	• 임신성 당뇨(gestational diabetes) 확인
	• 빈혈검사	• 혈액	• 혈색소 병을 진단(겸상빈혈, 지중해 빈혈)
	• BUN, Creatinine, total protein	• 혈청	• 신장기능 평가, 신장질환 진단
	• 간염 B항원	• 혈청	• 간염 B 바이러스 감염
	• 후천성 면역결핍증 항체(enzyme-linked immunsorbent assay, ELISA)	• 혈청	• 면역결핍 바이러스 감염
경부 · 질 분비물 검사	• 임균 배양 • Chlamydia 배양 • Pap 도말검사	• 경부 분비물 • 경부 분비물 • 경부	• 임질진단(무증상이 흔함) • Chlamydia trachomatis 진단 • 경부 세포성장, 암, HPV, herpes 바이러스 등
기타	• 초음파 • 융모막 융모 추출 • 양수천자	• 자궁 • 융모 • 양수	• 태아 신체발달, 크기, 심장기능 등 • 염색체 이상, 대사장애 발견 • 염색체 이상, 대사장애 발견

(4) 태아사정

<table>
<tr><td>태동</td><td colspan="3">• 16주~22주 사이에 경험
• 경산부가 초산부보다 더 일찍 경험</td></tr>
<tr><td rowspan="4">태아 심음</td><td colspan="3">• 임신 12주 전후 도플러 이용하여 태아심음 들을 수 있음
• 임신의 확정적 징후, 태아자세, 위치, 다태임신 확인에 도움
• 정상 태아심음 : 120~160회/분, 1분간 태아심음 청취</td></tr>
<tr><td rowspan="3">선진부 위치</td><td>두정위</td><td>• 등에서 잘 들림, 산모의 제와 밑 하복부에서 잘 들림</td></tr>
<tr><td>둔위</td><td>• 등에서 잘 들림, 산모의 제와 상부에서 잘 들림</td></tr>
<tr><td>안면위</td><td>• 태아의 흉골에서 잘 들림, 산모의 제와 밑 하복부에서 잘 들림</td></tr>
</table>

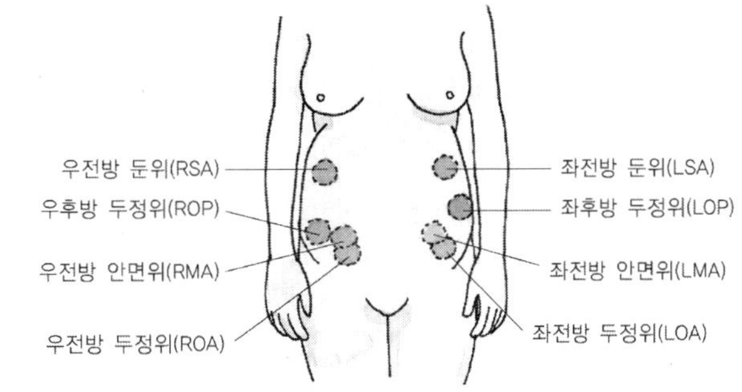

	주수별 태아 심음 위치	임신 10주	치골결합 상부 중앙	
		임신 20~28주	제와 바로 아래	
		임신 30주 이후	좌전방 두정위(LOA)	제와와 좌측 전상장골극의 중간지점
			좌후방 두정위(LOP)	LOA보다 5cm 바깥쪽
			우전방 두정위(ROA)	제와와 우측 전상장골극의 중간지점
			우후방 두정위(ROP)	옆구리 쪽
초음파	LMP 5주 ~ 6주		• 재태낭 발견	
	임신 6주 ~ 7주		• 태아심박동 청진	
	임신 10주 ~ 11주		• 태아 호흡운동발견	
	임신 20주 ~ 30주		• **재태연령 사정** : 머리-엉덩이 길이 측정, 대횡경선 측정	

2. 추후 산전방문

(1) 산전관리 횟수

① **임신 28주까지** : 4주에 1회

② **임신 36주까지** : 2주에 1회

③ **36주 이후부터 분만 시까지** : 매주 1회

(2) 정기적인 면담, 신체사정, 태아사정 통해 잠재적인 합병증의 징후를 지속적으로 확인

(3) 추후 산전관리 사정지침

신체검진	정상결과	비정상 결과 · 가능한 원인	간호중재
활력징후	• 체온 : 36.3~37.6℃ • 맥박 : 60~90회/분 • 호흡 : 12~22회/분	• 체온상승 : 감염 • 맥박상승 : 불안, 심장질환 • 현저한 빈호흡, 복식호흡 : 호흡질환	• 감염증상을 사정하고 건강관리자에게 의뢰 • 불규칙성을 기록하고, 불안과 스트레스를 사정 • 건강관리자에게 의뢰
체중증가	• 임신 1기 : 1.6~2.3kg • 임신 2기 : 5.5~6.8kg • 임신 3기 : 5.5~6.8kg	• 불충분한 체중증가 : 불량한 영양, 오심, 자궁내성장지연(IUGR) • 과도한 체중증가 : 과도한 영양섭취, 부종, 자간전증	• 적절한 체중증가에 대해 논의 • 영양상담을 제공 • 부종이나 빈혈을 사정
부종	• 임신 말기의 약간의 의존성 부종	• 손, 얼굴, 다리의 부종 : 자간전증	• 부종, 혈압, 단백뇨를 확인 • 만약 의심된다면 건강관리자에게 의뢰
자궁의 크기	• 정상적 변화	• 급격한 자궁성장 : 다태임신, 포상기태, 양수과다증	• 태아상태를 사정 • 자궁저부 높이를 측정 • 진단적 초음파를 검사
태아심음	• 110~160회/분	• 20주 이후 태아심음이 비정상적이거나 없음 : 태아건강상태 불량, 사망	• 태아상태를 사정
임상검사	• 헤모글로빈 12~16g/dl	• 11g/dl 이하 : 빈혈	• 영양상담 • 헤모글로빈은 7개월까지 평가
	• 4중 지표검사(15~20주) • 모체 혈청 α-fetoprotein, 비결합 에스트리올, hCG, 인히빈-A	• MSAFP 상승 : 신경관 결손 • MSAFP 감소 : 다운증후군 • hCG와 인히빈-A 상승 : 다운증후군 • 비결합 에스트리올 감소 : 다운증후군	• 모든 고위험 임부에게 권고 : 35세 이상, 선천성 기형의 가족력, 선천성 기형아 출산 경험, 임신 전 인슐린 의존 당뇨병 • 4중 지표검사에서 비정상 결과인 경우 초음파, 양수천자와 같은 정밀검사를 의뢰
	• 직접 Coomb's test(28주) • Rh 음성 여성 : 음성	• Rh 항체 형성 : 모체 감작	• Rh 음성과 감작되지 않았다면 Rh 면역글로불린을 투여
	• 당검사(24~28주) • 1시간 당내성검사	• 혈당 140mg/dL 이상 상승 : 임신성 당뇨병(GDM)	• GDM의 합병증에 대해 설명 • 100g 3시간 당내성검사를 의뢰
	• 소변검사 - 단백 : 음성 - 당 : 음성 • β연쇄상구균 : 35~37주 모든 임부에게 직장질 swab 검사	• 단백뇨, 알부민뇨 : 비뇨기계 감염, 자간전증	• 7개월에 재검사 • 매 방문마다 재검사

(4) 임신 중 위험요인

위험요인	가능한 원인
갑작스러운 질로부터의 액체 유출	조기 양막파열(premature rupture of membranes)
질출혈	• 태반 조기박리(abruptio placenta) • 전치태반(placenta previa) • 혈성이슬(bloody show)
하복부 동통	• 조기진통(premature labor) • 태반 조기박리(abruptio placenta)
오한과 열(38℃ 이상)	감염
현기증, 시력장애(흐릿한 시야, 복시, 암점)	고혈압, 자간전증(preeclampsia)
지속되는 구토	임신오조증(hyperemesis gravidarum)
심한 두통	고혈압, 자간전증(preeclampsia)
손, 얼굴, 다리의 부종	자간전증(preeclampsia)
근육경련, 경련	자간전증(preeclampsia), 자간증(eclampsia)
심와부 통증	자간전증(preeclampsia), 복부 대혈관의 허혈
핍뇨	신부전증, 수분 섭취 부족
배뇨장애	비뇨기계 감염
태아 움직임 부재	모체 감염, 비만, 태아 사망

(5) 유전상담

① 산모의 나이가 35세 이상
② 아버지의 나이가 50세 이상
③ 먼저 태어난 아이 혹은 가까운 친척이 유전질환을 보이는 경우
④ 선천적 기형으로 사산된 경우
⑤ 두 번 이상의 유산 경험이 있는 경우
⑥ 태아가 비정상적 성장을 하는 경우
⑦ AFP, 트리플 검사, 양수천자, 초음파 등에서 이상이 발견된 경우
⑧ 아이가 발달이 지연되거나 정신지체, 시각상실, 난청 등을 보일 경우

04 산전교육

영양섭취	열량	• 모체와 태아의 건강과 안녕을 유지하기 위한 적절한 체중유지 • 태아와 태반조직 성장, 모유생성, 임부의 기초신진대사 증가와 활동 • 비임부에 비하여 하루에 100~300kcal 보충식이		
		체중증가	전체	• 11~16kg
			임신 1기	• 임신 초 3개월 동안 1~2kg 증가
			임신 2기	• 1주일 당 0.45kg씩 증가 • 임신 2기 동안 4.5~5kg 증가
			임신 3기	• 1주일 당 0.45kg씩 증가 • 임신 3기 동안 4.5~5kg 증가
	단백질	• 태아발달, 모체조직 증가, 모체 혈류량 증가, 수유 시 유단백질 증가 • 임신 전보다 하루 14g 이상 증가하여 60g 단백질 섭취 필요 • 단백질 부족시 : 태아성장 둔화, 저체중아, 뇌발달 영향(저능아, 학습장애 초래), 빈혈(조혈에 필요한 핵단백합성 ×) * 식품 : 우유, 치즈, 생선, 조개류, 닭, 달걀, 오리, 쇠고기, 돼지고기, 콩류		
	무기질	칼슘 · 인	• 태아의 골격 성장에 필요 : 임신기에 필요한 칼슘의 대부분은 태아에게 이용 • 우유가 필수식품(우유 1L에는 칼슘 1,200mg 함유) • 필요량 : 임신부와 수유부(1일 1,200 mg) • 식이 – 유제품 : Ca와 Vit D 강화우유, 탈지유, 우유제품, 요구르트, 치즈류 – 뼈째 먹는 생선 : 연어, 멸치, 마른 새우(K^+), 굴, 정어리 – 해조류 : 김, 미역, 다시마 – 콩 : 콩, 견과류, 참깨 – 녹색채소 : 무잎, 시금치, 배추, 양배추 • Vit D와 병용 시 흡수 촉진 됨 • 칼슘(Ca) 충족 시 인(P) 보충됨	
		염분	• 체액균형 조절과 신진대사유지 • 모체조직의 확장과 태아의 요구로 필요함 • 임신성 고혈압시 지나친 염분이 포함된 음식(감자칩, 햄, 소시지)의 과다한 섭취 피하기	
		마그네슘	• 뼈의 구성, 세포산화, 단백질, 지질 대사 • DNA와 RNA에 필요한 효소의 활동	

	철		• 증가된 헤모글로빈 공급 위해, 흡수 촉진을 위해 Vit C와 병용 • 태아의 헤모글로빈, 미오글로빈, 많은 효소들의 합성을 위해 • 임신 후반기 동안 태아의 철분 저장을 위해 • 영유아기의 혈액손실을 보충하기 위해 • 부족 시, 태아의 철분 비축은 손해 보지 않지만, 모체의 철분 저장량은 고갈
	아연		• DNA와 RNA 합성과 단백질 대사와 관련 • 부족 시 태아 중추신경계 기형과 관련
	요오드		• 임부의 신진대사 증가와 관련 • 티록신 : 정상적 신진대사와 성장에 필수 • 부족 시 갑상샘 비대증 유발
지용성 비타민	A		• 눈, 피부의 상피세포와 소화기, 비뇨 생식기 점막세포의 기능유지 • 정상 연골세포의 발달
	D		• 칼슘과 인 흡수에 관여, 무기질 침착 증가
	E		• 항산화제, 특히 적혈구 파괴예방에 중요
수용성 비타민	엽산	태아기형 유산예방	• 엽산은 DNA를 합성하고 뇌의 기능을 정상적으로 발달하는 데 도움 • 신경관 형성에 필수 → 부족시 신경관 결함 발생 • 부족 시 토순, 구개파열, 심장기형 같은 선천성 기형 유발 • 척수액의 중요한 부분이 되어 태아의 기형 및 유산을 줄여주는 효과 지님
		중추신경계 기형 예방	• 뇌가 거의 발육되지 않은 무뇌증과 척수의 일부분이 척추 밖으로 자라는 척추이분증과 같은 중추신경계 기형 발생을 예방
		빈혈예방	• 엽산은 DNA를 합성하는 물질로 적혈구 성숙에 필요하며 빈혈예방으로 임신으로 증가된 모체 적혈구 조혈 시 많은 양의 엽산이 필요
			• 아기의 신경관은 초기에 이미 형성되기에 임신 계획 3개월 전부터 임신 후 3개월까지는 복용 • 시금치, 깻잎, 아스파라거스 등의 푸른 채소와 검정콩, 땅콩, 키위, 토마토, 오렌지, 동물의 간 등에 풍부 • 체내 흡수율이 낮아 엽산제를 별도로 복용하는 것이 좋음
	B_{12}		• 핵산과 단백질 생성 • 특히, 적혈구 형성과 신경계 기능 중요
물			• 2~3L/day 수분섭취 • 탈수시 복통, 조기진통 위험

휴식과 수면	임신 말기	• 측위 + 복부에 베개로 지지 → 불편감 경감, 하지정맥 압박으로 인한 순환장애 예방
	체위	• 앙와위(커진 자궁이 하지정맥을 압박하여 심장으로의 귀환 저하) → 좌측위 • 좌측위 : 체위성 저혈압 예방, 태반 – 태아 간 산소화 증진
	수면	• 밤에 8시간 충분한 수면과 오전, 오후 30분간 휴식 또는 낮잠 • 다리 상승 자세 권유
유방관리	유두준비	• 16주 경부터 전초유가 분비되기에 매일 씻어야 함(물로만) • 유두에 비누 사용을 금지하고, 목욕 후 거친 타월로 유두를 문지름 • 유방 보호 지지할 수 있는 브래지어 착용 • 유두는 공기나 햇볕에 노출시키고, 유두와 유륜에 윤활제 바르지 말 것 • 유방마사지 : 모유수유 준비 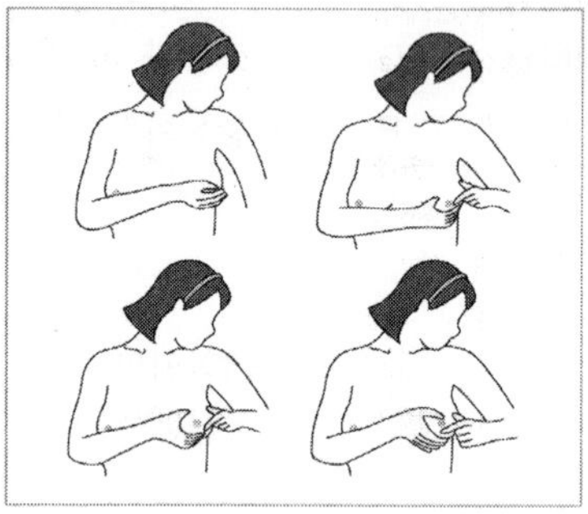
	함몰유두 관리	• 임신 5~6개월부터 유두관리 시작 • 유두를 거친 타월로 문지르기(rough towel) • 손가락 사이로 가볍게 굴리기(nipple rolling) • 유두 보호기 착용(nipple cap) • 조산위험이 있는 여성은 유방자극 금기 : 유두 자극은 자궁수축유발 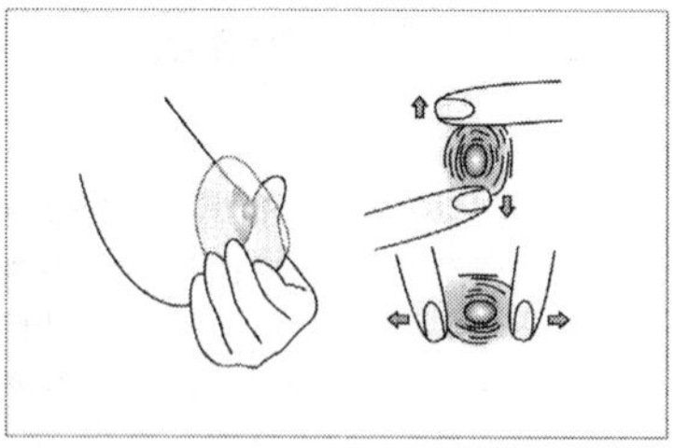
운동	장점	• 기분전환, 불안과 긴장감소, 심리적 안정, 수면촉진, 변비감소, 식욕촉진
	종류	• 규칙적이고 가벼운 운동, 보행(가장 권장할 만함) • 골반흔들기 : 요통감소 • 어깨돌리기 : 손, 팔 저림 완화(손목터널증후군 완화)

<table>
<tr><td rowspan="2"></td><td></td><td colspan="2">• Kegel exercise(회음부 강화운동) : 요실금예방, 분만속도 조정 가능
• 나비운동(Flying exercise) : 가슴앓이, 호흡곤란 완화</td></tr>
<tr><td>주의사항</td><td colspan="2">• 심박동이 140회/분 초과하지 않기
• 격렬한 운동은 15분을 초과하지 않기
• 4개월 이후 앙와위로 누워 운동하지 말기
• valsalva's maneuver가 적용되는 운동은 하지 않기
• 체온이 38℃ 이상 되지 않게, 너무 덥거나 찬 날씨에는 운동을 금함</td></tr>
<tr><td rowspan="5">의복</td><td>헐렁한 옷 착용</td><td colspan="2"></td></tr>
<tr><td>복대 이용</td><td colspan="2">• 복대를 이용하여 아래에서 위로 자궁 받칠 수 있도록 복부지지
• 장점 : 요통예방, 피로예방, 좋은 자세 유지</td></tr>
<tr><td>임부용 브래지어 착용</td><td colspan="2">• 목통증과 요통예방
• 컵이 크고 끈이 넓은 것 사용(비대된 유방지지)</td></tr>
<tr><td>탄력스타킹 착용</td><td colspan="2">• 부종과 정맥류 완화
• 아침에 신고 자기 전 벗도록 함</td></tr>
<tr><td>신발</td><td colspan="2">• 굽이 높은 신발은 임부에게 요통과 피로를 야기시키며, 너무 낮은 굽도 편안하지 않음
• 신발 굽은 약 2~3cm 정도가 적당</td></tr>
<tr><td>치아관리</td><td colspan="3">• 임신 동안 치주질환 및 염증발생 증가 → 매일 불소가 포함된 치약 사용
• 치과 치료 시 임신 여부 미리 알림
• 치과 치료는 임신 2기나 분만 후 하는 것이 좋음</td></tr>
<tr><td rowspan="3">배변간호</td><td>구분</td><td>원인</td><td>예방</td></tr>
<tr><td>변비</td><td>• 신체적 활동 감소
• 위장운동 저하(← 프로게스테론)
• 평활근 이완(← 프로게스테론)
• 증대된 자궁에 의한 장의 압박
• 임신 말기 태아 선진부에 의한 압박
• 철분섭취</td><td>• 수분권장
• 고잔여식이
• 적당한 운동
• 규칙적 배변습관</td></tr>
<tr><td>치질</td><td>• 변비 + 정맥혈 귀환 방해 + 분만 시 압력</td><td>• 변비 완화
• 변 완화제
• 꽉 끼는 옷 피함
• 냉찜질 적용
• Kegel exercise
• 온수좌욕</td></tr>
<tr><td>피부간호</td><td colspan="3">• 땀샘, 지방샘 활동 증가 → 발한 증가 → 불쾌한 냄새 증가 → 매일 씻기
• 통목욕 허용</td></tr>
</table>

<table>
<tr><td>질세척</td><td colspan="3">• 삼가, 물과 비누로 cleansing</td></tr>
<tr><td>성생활</td><td colspan="3">• 금할 필요는 없으나 심한 자궁수축 유발은 피함
• 파막, 출혈, 복통, 유산의 경험이 있는 경우는 성생활 금함</td></tr>
<tr><td rowspan="4">물질남용</td><td rowspan="2">흡연
(니코틴)</td><td>모체</td><td>태아</td></tr>
<tr><td>• 니코틴 중독
• 혈관수축
• 카테콜라민 증가 : 모세혈관 수축, 산소효율성 저하
• 심혈관계
• 비타민과 무기질 대사 방해
• 태반 기능부전
• 모유로의 오염</td><td>• 저체중, 조산
• 사산
• SIDS(태아돌연사망증후군)
• 선천적 기형
• 알레르기
• 호흡기 질환
• 성장장애, 지적능력과 언어장애</td></tr>
<tr><td rowspan="2">음주</td><td>모체</td><td>태아</td></tr>
<tr><td>• 알코올 중독
• 탄수화물, 지방, 단백질 대사 방해
• 자연유산
• 태반기형과 기능부전
– 저체중아
– 태반조기박리, 전치태반</td><td>• 저체중아, 태반 조기박리, 전치태반
• 세포성장과 분화 방해
• 비 특이성 기형
• FAS(태아알코올증후군)
– 신생아 성장부진, 발달지연, 소뇌증, 미세운동기능부전 등</td></tr>
<tr><td rowspan="3">예방접종
및
약물투여</td><td colspan="3">• 임신 중 약물 작용 : 유산, 태아기형, 자궁 내 발육부진, 영아돌연사 증후군 등 유발</td></tr>
<tr><td>피해야 할
예방접종(생균)</td><td colspan="2">• 바이러스는 태반을 통과하므로 생바이러스 예방접종은 피함 → 수유 중은 금기 아님
• 풍진, 이하선염, 홍역, 수두, 소아마비 백신 등</td></tr>
<tr><td>접종가능(사균)</td><td colspan="2">• 면역글로블린 및 사균 백신
• 파상풍, 디프테리아, 콜레라, B형간염 백신</td></tr>
</table>

1 자세

<table>
<tr><td colspan="2">• 바른 자세가 중요하며, 자세가 바르지 않으면 등과 목, 머리 통증을 호소</td></tr>
<tr><td>서기</td><td>• 눈 높이로 서서 똑바로 앞을 보고 턱을 약간만 올림
– 아랫배는 위로 올리는 듯, 윗배는 안으로 당기는 듯이 골반을 올리는 듯한 기분으로 서서 자세 취하고 무릎은 약간 구부림
• 장시간 서 있을 때는 한쪽 발을 나지막한 발 받침대나 상자에 올려 놓음
• 한 자세로 계속 서 있는 것은 피로감 유발 → 자주 자세 변경</td></tr>
</table>

앉는 자세	의자에 앉는 경우	• 등받이에 기대며 깊숙이 앉되 수건을 돌돌 말아서 허리부분 지지 필요한 경우 발 받침대 사용 • 양쪽 발이 마룻바닥에 닿도록 하고 무릎을 엉덩이보다 높게 유지
	다리가 부었을 경우	• 다리를 더 높이고 앉음
	바닥에 앉을 때	• 다리가 겹치지 않게 책상다리를 하고 팔은 양쪽 다리에 살짝 올려 놓음
	일어날 때	• 엉덩이를 앞으로 끌어서 두 손으로 무릎을 짚고 일어남
눕는 자세 & 일어날 때	• 옆으로 누운 자세가 가장 바람직 • 누울 때 무릎을 약간 구부리고 팔이나 다리 사이에 쿠션을 고이면 편안함 • 일어날 때는 먼저 한쪽 손으로 바닥을 짚고 몸을 일으켜 앉음 • 앉는 자세에서 한쪽 무릎을 세우고 무릎을 짚고 일어남	
물건을 들 때	• 몸무게 중심을 잘 잡아 양발을 조금 벌리고 등을 곧게 하고 앉아서 물건을 든 후 무릎을 세워 천천히 일어남	
자세가 불안정할 때	• 의자나 그 외의 지지할 수 있는 단단한 물체를 잡고 일어남	
쪼그리고 앉는 자세	• 손에 무엇을 붙잡고, 앞발을 약간 벌리면서 등을 똑바로 하고, 쪼그리고 앉으면서 옆의 물건을 잡듯이 운동을 하면 골반의 근육이 당겨져 운동이 됨	
양반다리 하고 앉기	• 편안한 자세로 다리를 걸쳐 앉으며, 이 자세는 넓적다리 안쪽은 근육을 단단하게 하고 골반뼈의 관절을 튼튼하게 함	
요가자세	• 고개를 똑바로 하고 양반다리로 앉고, 숨을 들이마실 때에는 두 손을 똑바로 높이 들고 두 팔을 벌리고 뒤로 내리면서 숨을 내쉼	

2 운동

<table>
<tr><td rowspan="4">골반흔들기</td><td colspan="2">• 자세를 바르게 하고 요통이 감소되며, 복직근을 튼튼하게 함
• 운동 반복 시 태아를 앞으로 향하도록 하여 도움이 됨
• 태아 혈액순환에 도움</td></tr>
<tr><td>누운 자세</td><td>• 등을 바닥에 대고 똑바로 누워서 무릎을 세움
• 숨을 들이쉴 때 복부와 골반근육을 수축하고, 허리의 굴곡부위를 바닥에 누르듯이 하면서 숨을 내뱉는다.
• 호흡이 끝난 후 몸을 이완시킨다.</td></tr>
<tr><td>엎드린 자세</td><td>• 팔과 다리가 몸에 직각이 되게 하고 몸무게가 손과 무릎에 균등하게 함
• 팔꿈치를 똑바로 펴고 다리를 약간 벌리면서 등을 똑바로 유지
• 숨을 들이쉴 때 복부와 골반근육을 끌어당기듯 등을 C자, 즉 고양이처럼 등을 둥글게 함
• 고개를 뒤로 젖히면서 등을 곧게 하고 공기를 내쉬며 이완</td></tr>
<tr><td colspan="2">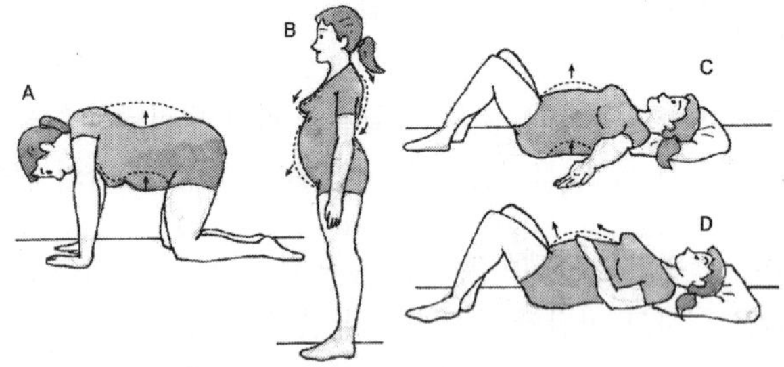

※ 허리통증을 예방, 완화하기 위한 방법(골반운동 : pelvic tilt)
• 골반운동은 허리통증을 완화한다.
(이 운동은 월경 시 통증을 완화하는데도 매우 효과적이다.)
• A : 손과 무릎을 이용한 골반운동과 곧은 등받이가 있는 의자에 앉아서 하는 골반운동
• B, C : 바닥에 눕거나 벽에 등을 기대고 서 있는 자세에서 골반운동
• D : 선 자세, 누운 자세, 앉은 자세 골반운동 시 복부근육 수축을 통해 복부근력을 강화. 복식호흡은 이완을 돕고 복벽을 자궁에서 들어올림</td></tr>
<tr><td>어깨돌리기</td><td colspan="2">• 등의 상층근육을 강하게 함으로써 상부배통, 손가락 · 팔의 저림과 쿡쿡 쑤시는 것 감소(손목굴근증후군 완화)
• 오랫동안 앉아서 일하거나, 영화를 보거나 뜨개질을 할 때 필요
• 팔을 옆으로 내리고 어깨를 귀 방향으로 올림
• 그 다음 어깨를 등으로 돌리고 잠시 쉰 다음 내려뜨리고를 반복</td></tr>
<tr><td>팔을 흔들면서 몸통돌리기</td><td colspan="2">• 척추의 유연성을 증진시키고, 가슴을 넓히며, 측복직근을 강화시키고 혈액순환에 도움
• 입으로 천천히 숨을 내쉴 때 오른쪽 팔을 왼쪽 어깨 뒤쪽 견갑골 밑에 대고</td></tr>
</table>

	위로 천장을 향하고, 몸통을 틀어서 고개를 오른쪽 어깨나 팔을 향하여 위로 향함 • 오른팔 운동을 10번 되풀이하고 잠깐 쉰 다음, 왼쪽 팔도 같은 방법으로 다시 10번 되풀이함
나비운동	• 가슴앓이, 호흡곤란에 도움 • 책상다리로 앉되 운동 중 허리는 반듯하게 세움 • 팔꿈치를 곧게 펴고 손바닥은 모두 앞으로 향하게 하여 팔을 머리 위로 올림 • 그 다음 손바닥을 위로 향하게 하고 팔을 곧게 뻗어 허리 아래까지 내렸다가 다시 어깨까지 올림(5회 반복)
골반저근 운동	• 실금 예방, 분만속도 조정 가능 • 치골 미골근 + 회음체(구해면체근, 회음표면횡근, 항문외조임근) 강화 • 요도, 질강, 항문주위 근육을 긴장, 이완시키기를 반복 • 소변을 보다가 잠시 중단할 때의 느낌으로 운동 • 회음부위를 수축시킬 때 회음부가 지하실에 있다고 상상하고 엘리베이터 1층, 2층, 3층으로 올라가는 것과 같이 회음부 수축시킴. 다시 3층, 2층, 1층으로 내려온다고 생각하고 한꺼번에 이완하지 말고 서서히 1층까지만 이완
촛불끄기식의 호흡	• 옆으로 눕거나 앉거나 설 때 손을 배에 얹고 코로 숨을 들이쉰 다음, 강하게 입술로 불을 끄듯이 내뱉으며, 이때 복부근육이 긴장되도록 내쉬고 들이쉬기를 반복
흉곽 들어 올리기	• 임신 후기 갈비뼈 밑의 압력을 감소시키고 숨쉬기를 편하게 함 • 왼쪽 팔을 머리 위로 올리고 오른쪽을 할 수 있는 데까지 구부림 • 팔을 교대로 함
종아리 펴기 운동	• 종아리 경련 예방 • 발가락을 발등쪽으로 잡아당기는 방법으로 종아리 근육을 늘림 • 다른 사람이 한쪽 손으로 발바닥을 잡고 발등쪽으로 밀어주는 방법도 있음
다리 곧게 들기	• 복부와 다리근육을 강화함 • 등 하부쪽의 유연성을 높이고 혈액순환에 도움
어깨 움츠리기	• 목, 어깨를 이완시키며 똑바로 앉음 • 어깨를 최대한 올렸다가 뒤로, 앞으로, 밑으로 내리는 운동을 반복
목운동	• 턱을 목에 대고 눈은 천장을 본 후 다시 아래를 보고, 가능한 한 고개를 많이 돌려 양 어깨를 보고, 귀가 어깨에 닿도록 양쪽으로 구부림
발목운동	• 발의 부종 완화, 혈액순환 도움 • 의자에 앉아서 발이 바닥에 닿지 않을 때는 항상 한 발 혹은 두 발을 시계방향으로 크게 돌림

05 임신 시 불편감과 간호중재

1 임신 1기 불편감 및 간호중재

불편감	원인	간호중재
입덧	• HCG의 변화 • 임신에 대한 양가감정 • 아침에 더 심함	• 임신 4~6주 시작, 12주 이후에는 자연히 사라짐 • 아침에 일어나기 전 고함수탄소 식이(마른 크래커) • 냄새나거나 기름기 많고 자극적인 음식과 가스형성 음식은 삼가 • 좋은 자세 : 몸통 세운 자세 • 소량의 음식 자주 섭취 • 환기, 정서적 안정 • 공복상태, 과식 피하기 • 주의점 : 심하면 체중감소, 탈수, 케톤뇨 시 입원
유방 압통	• 호르몬 분비 – 유선, 유두의 비대 – 유두, 유륜착색, 커지고 돌출	• 넓고 잘 맞는 브래지어로 지지, 유선통 완화 • 분비물 흡수를 위해 밤에 패드 착용 • 초유가 흐를 때 : 흐르는 물로 씻고, 건조 • 중성비누 사용, 유두는 물로만 닦음
긴박뇨 · 빈뇨	• 호르몬의 작용 • 방광용적 감소 : 자궁증대와 태아선진부 영향	• 즉시 배뇨하여 방광팽만, 요정체 예방(비뇨기계 감염되지 않도록) • kegel exercise(골반근육 강화운동) • 자기 전 수분 제한 • 회음패드 착용
피로 · 권태	• 심폐기능 항진 및 대사율 증가 • 임신에 대한 적응반응	• 필요한 만큼 휴식 • 균형식이 • 밤 동안 충분한 수면 • 낮에 1~2차례 휴식이나 30분 가량의 낮잠

2 임신 2기 불편감 및 간호중재

불편감	원인	간호중재
요통	• 프로게스테론 • 복부증대로 인한 척추전굴	• 좋은 자세 유지 • 임부용 거들(복대) 사용 • 중간 굽의 신발 착용 • Hot bag • 골반흔들기 운동
변비	• 프로게스테론 → 장운동저하 : 수분재흡수증가로 변이 딱딱해짐 • 증가된 자궁에 의한 장의 압박 • 철분제제 복용 시	• 수분 및 섬유소 섭취증가 • 적절한 운동 • 규칙적 배변습관 유지 • 습관성 관장 금지 • 처방전 없이 변완화제와 관장 금지
가슴앓이	• 프로게스테론 증가 → 위장운동 감소와 소화력 저하 → 위에 머무르는 시간 증가 • 식도괄약근의 이완 → 위 내용물이 식도로 역류 • 자궁에 의해 위가 눌려 상승	• 소량씩 자주 음식 섭취 • 자극성 음식 피하기 • 식후 눕거나 취침 전 과식 금지 • 식간에 처방된 제산제 복용 • 나비운동(flying exercise) • 좋은 자세 : 몸통 세워서 유지
정맥류	• 프로게스테론의 평활근 이완 작용 • 증대된 자궁의 하지혈관 압박 • 임신으로 인한 혈액량 증가 • 다리, 외음, 항문, 비만, 장시간 서 있는 경우 잘 발생 • Homan's sign(+)	• 꼭 끼는 의복 피하기 • 일어나기 전 탄력스타킹 착용(낮에만) • 하지, 골반을 높이고 휴식 • 다리 상승 • 온수좌욕, 글리세린 찜질이 도움됨(→ 부종, 동통 감소)
체위성 저혈압	• 앙와위시 증대된 자궁의 하대정맥압박 → 자궁, 태반, 신장의 관류 감소	• 좌측와위(우측위 : S상결장이 자궁압박 가능) • 천천히 자세 변경
손목굴 증후군	• 임신 동안 어깨처짐으로 인한 신경압박 → 손가락 마비, 쑤심 증상	• 증상이 있는 팔을 올림(어깨올리기) • 분만 후 증상이 없어짐을 교육
소양증	• 원인 불명 • 비염증성	• 중탄산나트륨이나 전분 목욕 • 로션이나 오일 사용 • 자극성 비누 사용금지

백대하	• 임신 전 기간 발생 • 에스트로겐 → 경관비대, 질점막의 각질화 → 많은 양의 점액분비	• 질 세척 금지 • 위생관리(청결, 건조), 회음패드

3 임신 3기 불편감 및 간호중재

불편감	원인	간호중재
다리경련	• 증대된 자궁의 신경압박 • 혈청 Ca 감소 • 피로 • 불충분한 말초순환	• 경련 시 근육신장 • 근육마사지를 하고 따뜻하게 해줌 • 경련 완화될 때까지 영향받는 근육을 신장 • 탄산칼슘, 유산칼슘 경구투여 : 식전투여 • Homan's sign 확인 위해 혈액응고검사
불면증	• 태아움직임, 빈뇨, 호흡곤란, 근육경련	• 이완 • 등마사지 • 잠자기 전 따뜻한 우유섭취, 온수목욕
자궁수축	• 분만 진행 준비와 자궁혈류 증가작용	• 정상적인 것임을 교육 • 체위변경 • 휴식 및 마사지
하지부종	• 오래 서 있거나 앉아 있는 자세 • 꼭 끼는 옷 • 나쁜 자세	• 충분한 수분섭취 • 휴식 시 하지 상승 • 기상 전 탄력스타킹 착용

06 임부와 태아의 영양

임신 전	• 수태 전후 엽산 섭취 중요 → 신경관 형성에 필수(부족 시 신경관 결함 발생)	
	음식	• 고기, 육류내장, 간, 달걀, 생선 • 콩류, 전곡류 • 오렌지, 딸기, 멜론 • 녹색 야채, 양배추, 브로콜리, 시금치 등

임신 중	• 임신 중 대사 요구 증가, 중기와 말기에 태아성장에 따른 영양요구가 더 커짐		
	체중	• **임신 중 체중증가** : 11~16kg 증가(임신 1기 : 1~2kg, 임신 2기 : 0.45kg/주, 임신 3기 : 0.45kg/주 증가) • **정상체중 여성이 1kg/월 미만 시** : 자궁 내 성장지연 의심 • **임신 20주 이후 한 달에 3kg 이상의 체중증가 시** : 임신중독증 의심 • **전 임신기간 동안 18kg 이상 증가 시** : 고위험군(다태, 부종, 임신성 고혈압 등)	
	열량	• 모체와 태아조직 합성과 대사로 추가열량 필요 • **임신기** : 임신 전보다 300kcal 추가 • **수유기** : 임신 전보다 500kcal 추가	
	단백질	• 태아발달, 혈액증가 및 자궁, 유방조직 등 성장에 필요 • 매일 우유 1,000cc 이상 섭취 필요	
	철분	• 혈장량의 상대적 증가로 생리적 빈혈은 정상기전 • 임신 전(15~18mg) → 임신 2기부터(30~60mg) • 임신 말기 태아와 모체의 철분 비축으로 인한 철분결핍성 빈혈에 대비 → 임신 중기부터 산욕초기까지 철분제 복용	
		복용시기	• 식간, 식간에 복통 있으면 취침 전
		식이조절	• **권장음식** : 비타민 C, 육류 → 철분 흡수 증진 • **제한음식** : 커피, 차, 우유, 수산염, 달걀노른자
		부작용	• **변색깔** : 검은색, 녹색 • **변비** : 섬유질, 적절한 수분섭취 필요
		주의점	• 어린이가 열지 못하는 용기에 철분보충제를 두고 어린아이 손에 닿지 않는 곳에 보관
	칼슘	• 태아의 골격성장에 필요, 우유가 필수식품 • 임신 전(1일 800mg) → 임신부와 수유부(1일 1,000mg) • Vit D 병용 시 흡수 촉진	
	비타민	• **지용성 비타민** : 임신 중 비타민 A의 과도한 복용 - 신생아 기형 초래 • **수용성 비타민** : 엽산(Vit B) - 임부 엽산 권장량 600mg - 세포분열과 단백질 합성에 필요한 DNA, RNA 합성 - 백혈구와 적혈구 생성, 아미노산 대사에 관여 - **부족** : 신경관 결손	
	물	• 원활한 신진대사에 도움 • 탈수 시 복통과 조기진통 위험	
	염분	• 특별한 제한이나 섭취가 요구되지 않음 • 임신성 고혈압 시에는 염분 제한	

07 임부의 심리적 적응과 간호

구분	특징
임신 1기	• 양가감정(Ambivalence) • 아기를 공상적인 것으로 간주하고, 태아를 자신의 일부라 생각 • 임신에 대한 불확실성, 불편감, 의존도가 높아지고 기분변화가 심함
임신 2기	• 수용(Acceptance) • 내성적이고 조용한 시기 • 태아를 자신과 분리된 독립된 개체로 생각 • 아기의 실제를 인정(예 태동) • 모아관계의 시초
임신 3기	• 적극적이고 활동적인 시기 • 신체적인 불편감이 재발, 피곤 호소, 불안 느낌(불안수준 : 8개월에 최고) • 출산준비 : 기저귀, 아기 옷, 집안 일 정리(둥지 틀기 본능) • 진통과 분만과 부모로서의 역할변화

08 태아 건강사정

1 초음파 검사

목적	태아수, 태위, 태아활동, 태반위치, 양수 양, 재태연령, 모체 골반, 종양 유무, 태아 기형, 재태낭의 위치, 두정둔부 길이, 태아생명 현존이나 결여 등	
검사준비	복부초음파	• 방광 비우지 말고 팽만된 채 시행(자궁을 복부 앞쪽으로 밀어내어 측정 용이) • 체위 : 앙와위
	질식초음파	• 방광을 비운 상태에서 실시 • 체위 : 쇄석위
사정내용	• 임신확인 : LMP 4~5주 확인 • 태아크기 및 태아성장 사정 : 재태연령 확인 • 태아환경 사정 : 양수지수(AFI : Amniotic Fluid Index)	

	– 모체복부를 배꼽과 임신선 중심으로 4등분 → 각 등분에서 가장 큰 양수 포켓의 수직선 측정 후 측정한 등분길이를 합친 숫자 – 양수과다증 : AFI 24cm ↑(식도폐쇄증, 무뇌아, 뇌수종 등) – 양수과소증 : AFI 5cm ↓(요로폐쇄증, 태아질식, 성장지연 등) • **태반사정** : 위치, 크기, 성숙도 측정(전치태반, 태반 조직박리 진단) • 선천성 기형 발견

2 태아심음 감지(전자태아감시)

<table>
<tr><td rowspan="4">무자극검사
Non stress test</td><td>목적</td><td colspan="2">• 태아 건강상태 평가
• 태아 움직임에 대한 태아심음의 반응으로 태아 심박수가 증가하는 태반호흡 기능을 사정
• 임신 시 자궁 태반관류장애 결과로 나타나는 태아 저산소증 위험을 알기 위한 검사</td></tr>
<tr><td>검사</td><td colspan="2">• 분만진통 개시 후의 임신 및 지연임신에서 시행
• 고위험 임신의 경우 산전진찰시 시행
• 20~30분 소요
• 반좌위 또는 좌측위</td></tr>
<tr><td rowspan="2">해석</td><td>반응</td><td>• 20분 동안 태아심음이 기준선보다 15박동 이상 상승하여 15초 이상 지속하는 것이 2회 이상 나타나는 경우 : 건강한 태아</td></tr>
<tr><td>무반응</td><td>• 20분 동안 태아심음이 기준선보다 15회 이상 상승하지 않거나 15초 이상 지속되지 않는 경우 : 태아 건강 문제
• 원인 : 태아저산소증, 태변착색, 양수과소, 태아산혈증, 선천성 기형 등
• 태아가 수면상태 시 40분 이상 검사 시행</td></tr>
<tr><td rowspan="2">자궁수축검사
Contraction stress test</td><td>목적</td><td colspan="2">• 자궁수축 → 자궁혈류감소 → 태아산소량 감소 → 태아심박동 감소의 원리이용
• 인위적으로 자궁에 수축이 오게 하여 자궁에 흐르는 혈액의 양과 태반관류의 양을 감소시켜 이러한 감소에 잘 대처할 수 있는지 평가 검사
• 태아심음의 반응을 봄으로써 태아상태 평가(자궁–태반 간 순환 이상 확인)</td></tr>
<tr><td>검사 시기</td><td colspan="2">• 임신 32주 ~ 34주 사이 시행
• 임신 28주 이전 시행 ×
– 재태 연령이 너무 낮은 태아에서 양성반응 시 출산 후 자궁밖에서의 생존을 확신 할 수 없음</td></tr>
</table>

			– 재태 연령이 낮은 시기에 검사 시행 시 그 결과의 정확성이 명확하지 않음
	적응증		• 자궁내 성장지연 • 당뇨병 • 과숙임신(42주 또는 그 이상의 재태기간) • NST에서 무반응 • 생물리학 계수 검사에서 비정상이거나 그 결과가 의심되는 경우
	방법	옥시토신 자극 자궁수축검사	• 옥시토신을 정맥 주사하여 자궁수축시키고 태아 심박동 양상 확인
		유두자극검사	• 유두를 자극(→ 옥시토신 분비)함으로써 자궁수축 시 태아심박동 양상 확인
	금기증		• 임신 3기 출혈(전치태반, 태반조기박리, 또는 원인을 알 수 없는 질출혈) • 과거 재래식 제왕절개술을 받은 경험이 있는 경우 • 조기파막, 조기진통 • 자궁경부 무력증 또는 쉬로드카 시술을 받은 경우 • 다태임신 • 양수과다증
	해석	음성	• 10분 이내에 40~60초간 지속되는 자궁수축이 적어도 3회 이상 있으며 후기감퇴가 없을 때 : 건강한 태아
		양성	• 수축의 절반 이상에서 지속적인 후기감퇴가 있을 때 • 10분 동안 3회 수축과 함께 후기감퇴(late deceleration) 있음 • 예 : 태아사망, 태아질식 등
		애매함 의심	• 후기하강 또는 의미있는 가변성 하강이 간헐적으로 나타나는 경우 • 추후 반복검사를 통해 의심되는 결과 재확인
		과다 수축	• 자궁수축 빈도가 2분 미만으로 나타나거나 자궁수축 지속시간이 90초 이상 또는 10분 동안 자궁수축이 3회 이상 나타나는 경우 • 정맥으로 링거용액 충분히 투여하고 안정 취한 후 재검사 시행
		불만족	• 10분 동안 검사 동안 40~60초 동안 지속되는 자궁수축이 3회 미만으로 나타나는 경우 • 자궁수축검사 결과를 해석할 수 없음

청각자극검사	목적	• NST 동안 무반응이 나온 경우 사용 • 임신 28~42주에 태아건강상태 확인	
	방법	• 후두자극기계를 태아의 두부가 있는 모체 복부위에 부착 → 자극 주었을 때 심박동 양상 확인	
	해석	반응	20분 동안 태아심음이 기준선보다 15박동 이상 상승하여 15초 이상 지속하는 것이 2회 이상 나타나는 경우 : 건강한 태아
		무반응	반응조건에 부합되지 않는 경우

3 양수천자(Amniocentesis)

목적	고령임부(35세 이상) 대상		
	임신 전반기	유전적 질환, 선천적 결함 여부 확인, 유전적 기형 발견	
	임신 중반기	염색체 기형, AFP 수치	
	임신 후반기	태아의 폐 성숙도, 양막염 진단	
방법	• 천자시기 : 양수가 충분한 14주 이후 검사 • 초음파 촬영술로 태아, 태반, 양수 위치 확인 후 국소마취 후 복벽에 천자하여 양수 흡인 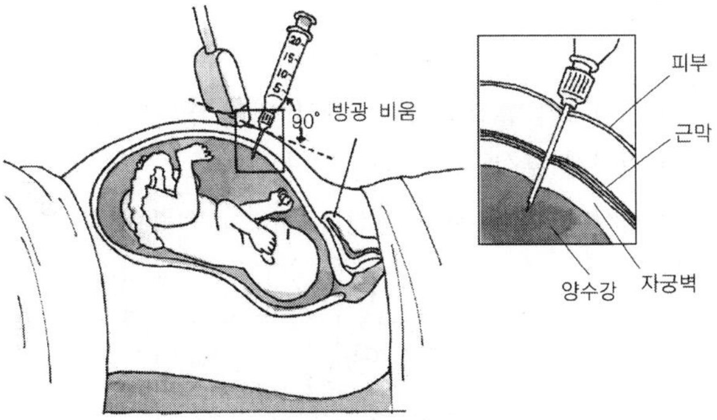		
검사내용	인지질	태아의 폐 성숙도 평가	
		쉐이크 검사	양수와 생리식염수를 섞어 흔든 후 15분 후에 표면에 거품 발생 여부를 확인, 거품 형성 시 양성으로 판단, 태아의 폐 성숙 의미
		L/S 비율 검사	35주, L:S = 2:1 이상 시 적절한 폐 성숙 의미
	크레아티닌	태아 신장 성숙도 측정. 1.8mg/dL 이상	

	빌리루빈	태아의 용혈성 질환 사정
	α - fetoprotein	• 임신 16~20주 검사 • 높으면 신경관 결함(이분척추, 무뇌아), 낮으면 다운증후군
합병증	출혈, 감염, 조산, 양수누출, 태아와 부속물 손상, 태아사망, 양수색전증 등	

4 모체혈청을 통한 알파 피토프로테인 선별 검사(AFP ; α-fetoprotein)

목적	• 신경관 결함 위험이 있는 태아 확인, 기형아	
검사시기	• 임신 16~18주(4개월) 실시, 그 후 양수천자로 다시 확인가능	
적응증	상승	• 이분척추, 무뇌아 같은 태아신경관 결손 • 식도, 소화관 폐색(양수과다증) 유발 • 비뇨기 폐색(양수과소증) 유발 • 다태임신 • 태아사망 등
	하강	• 다운증후군(염색체이상), 포상기태, 태아 사망 등

5 융모막 생검

목적	• 임신 1기 유전적 결함 확인 위해 영양막 조직 채취 • 염색체 분석, 유전질환 진단
검사시기	• 임신 9~11주 사이(임신 1기) 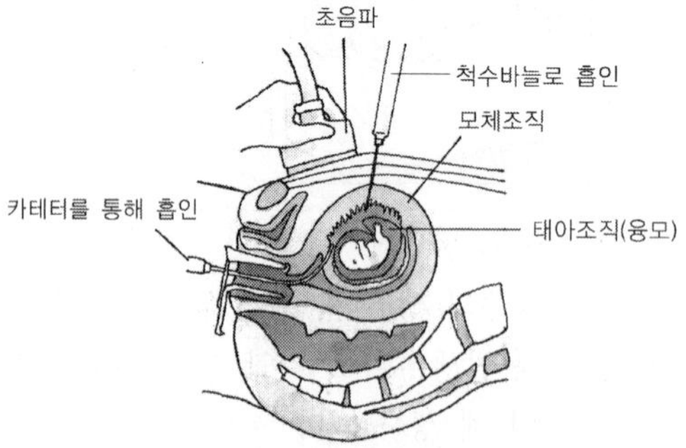
합병증	융모양막염, 자연파막, 양수과소, 자연유산 등

6 산모 24시간 소변과 에스트리올(Estriol) 측정

목적	• 태아 부신에서 생산되는 스테로이드 전구물질로 태반에서 합성되며 임부 소변으로 배출 • 태아 – 태반안녕상태 확인	
방법	• 모체의 혈청, 소변 내 에스트리올(E3) 측정	
결과	상승	• 다태임신
	저하	• 임신종결, 무뇌증, 태아사망, 태반박리, 임신성 고혈압 · 임신성 당뇨병 시

7 삼중검사(triple marker test)

목적	• 산모의 나이와 함께 평가하여 다운증후군 같은 염색체의 수적 이상을 진단하는 산전검사로 이용 • 다운증후군, 신경관 결손, 다태임신과 신장기형 등 추정
검사시기	임신 16~18주 시행
적응증	모체혈청에서 3가지의 표지물질 검사(AFP, estriol, HCG)

✚ 4중 표지자 검사

• 쿼드검사(트리플 검사 + 인히빈 A 검사) : 다운증후군 발견율 높임

AFP (α-fetoprotein)	• 태아 간에서 합성되는 호르몬 • 신경관 결함이 있는 태아 확인, 기형아확인	
	시기	• 임신 16~18주 실시, 그 후 양수천자로 다시 확인
	상승	• 이분척추, 무뇌아 같은 태아신경관 결손 • 식도, 소화관 폐색(양수과다증) 유발 • 비뇨기폐색(양수과소증) 유발 • 다태임신, 태아사망
	하강	• 다운증후군, 포상기태, 태아사망
Estriol	• 태아 부신에서 생성된 스테로이드 전구물질 • 태반에서 합성, 임부 소변으로 배출	
	상승	• 다태임신, 임신 예후 좋음
	하강	• 임신종결, 무뇌증, 태아사망, 태반박리, 임싱선 고혈압, 임신성 당뇨 시
HCG	• 태반에서 합성되어 초기 임신을 유지하는 호르몬 • 임신확인, 태아안녕 상태확인	
	상승	• 다태임신, 다운증후군 • 임신 2기의 지속적으로 높은 수치 → 포상기태, 융모상피암으로 진행
	하강	• 절박유산, 자궁외 임신
인히빈 A	• 태반에서 합성되는 물질로 태반의 발육에 관여	
	상승	• 다운증후군

8 융모성선자극호르몬(hCG)

목적	• 임신확인 • 태아안녕상태 확인	
비정상 결과	낮은 수치	• 절박유산, 자궁외임신
	높은 수치	• 다태임신, 다운증후군 • 임신 2기의 지속적으로 높은 수치 → 포상기태(H-mole), 융모상피암

9 태아 목덜미 투명대 검사(fetal nuchal translucency, FNT)

방법	• 질내 초음파를 통해 태아의 경추와 피부사이의 피하공간 내 체액 고임을 검사
검사시기	• 임신 10~14주
목적	• 태아의 기형확인 • 13번, 18번, 21번 삼염색체 • 터너증후군, 심장기형, 심체이상 • FNT 3mm보다 크면 비정상으로 판단

9 생물리학적 계수(BPP ; biophysical profile)

목적	• 태아의 생물리학적 활동을 관찰하여 태아의 중추신경계 기능의 보존정도를 측정하는 것 • 태아안녕 검사의 일종 • 태아사망위험을 인지하는 데 정확한 평가를 하도록 도움	
방법	• 초음파 촬영술과 외부 전자감시장치를 사용하여 태아와 태아의 환경을 사정, 5가지 생물리학적 변수를 함께 사정 • 태아호흡운동(FBM), 태아신체운동(FM), 태아긴장도(FT), 반응성 태아심음(reactive FHR), 정량적 양수양(qualitative AFV)	
결과	합계점수가 8~10점	정상
	양수가 정상이면서 6점	태아가사 가능성 있어 24시간 이내 재측정
	양수가 비정상이면서 6점	태아가사의 위험
	4점	태아가사 위험이 매우 높음
	2점	태아가사가 거의 확실
	0점	태아가사가 확실

CHECK Point 생물리학계수의 정상 · 비정상 평가기준

구성	정상(점수 = 2)	비정상(점수 = 0)
태아호흡운동 (fetal breathing movement)	30분간 관찰 시 30초 이상 지속되는 율동성 호흡운동이 1회 이상 있을 때	30분 동안 태아의 호흡이 30초 또는 그 이하로 지속되는 호흡이 있을 때
태동(fetal activity, gross body movement)	30분간 관찰 시 3회 이상의 몸통 혹은 사지의 구별된 움직임이 있을 때	3회 미만의 움직임이 있을 때
태아 긴장력(fetal tone)	30분간 관찰 시 사지가 신전되었다가 다시 굴곡되는 운동 혹은 손을 펴거나 쥐는 운동이 1회 이상 있을 때	움직임이 없거나 신전 · 굴곡하지 않을 때
* 정량적 양수양(amniotic fluid volume)	수직으로 2cm가 넘는 양수포켓이 있을 때 양수지수가 5cm 이상일 때	가장 큰 양수포켓이 수직으로 2cm 이하일 때 양수지수가 5cm 미만일 때
** 반응성 태아심음 (Reactive FHR) ※ 무자극 검사(NST)를 통해 확인	20~40분간 관찰 시 분당 15회 이상, 15초 이상 지속되는 태아심박수 증가(acceleration)가 2회 이상 있을 때	20~40분간 태아심박수 증가가 없거나 1회 있을 때

* 생물리학적 계수 점수와 상관없이, 가장 큰 양수포켓이 수직으로 2cm 이하이면 추가적인 검사가 필요
** 4가지 초음파검사의 소견이 정상이면 생략가능

10 태동측정

- 경제적이면서 비침습적인 방법
- 태아안녕상태를 평가하는 방법

카디프방법 (cardiff count-to-ten method)	• 태동을 사정하는 방법 중 가장 흔히 사용되는 방법 • 태아의 움직임에 대한 임부의 지각으로 임부가 눕거나 앉아서 하루 중 일정한 시간에 태아의 움직임을 세고 횟수를 기록 • 매일 아침마다 처음 10번의 태동을 기록하게 하는 것 • 12시간 내에 태아운동이 10회 이하로 측정되면 보고를 하도록 교육
사도브스키 방법 (Sadovsky technique)	• 임부는 식사 후 1시간 동안 좌측위로 누워 태동에 집중 • 1시간 이내에 4회 태동을 느껴야 함 • 만약 그렇지 않으면 다음 1시간 동안 움직임 관찰 • 2시간 후에도 4회의 움직임이 없음 → 의료인에게 알림

11 전자태아감시 : 태아 심박동 사정

기본선의 변화	• 자궁수축이 없거나 자궁수축 사이의 태아 심박동수의 변화	
	정상	• 120~160회/분
	빈맥	• 10분 이상 지속되는 160회/분 이상의 심박동
	서맥	• 10분 이상 지속되는 120회/분 이하의 심박동 → 기본선에서의 빈맥이나 서맥은 태아 저산소증과 관련
주기적 변화	• 자궁수축과 관련된 태아 심박수의 증가 또는 감소상태 • 자궁수축 시의 태아 심박수의 변화, 전자태아감시기 이용하여 관찰	
주기적 감소	조기하강 (Early deceleration) : 아두압박	• 태아 심박동이 자궁수축 시작 시 감소하여 기본선 아래로 하강, 자궁수축이 끝날 때 기본선 회복 • 아두압박 시 발생(자궁수축 동안에 자궁경부, 모체골반에 의해 아두압박) • 두위에서의 아두압박 자극에 대한 정상적인 반응 • 분만 1기와 분만 2기에 발생하는 정상 반응 • 양성 : 10분 동안 3회 수축과 함께 후기 감퇴 있음 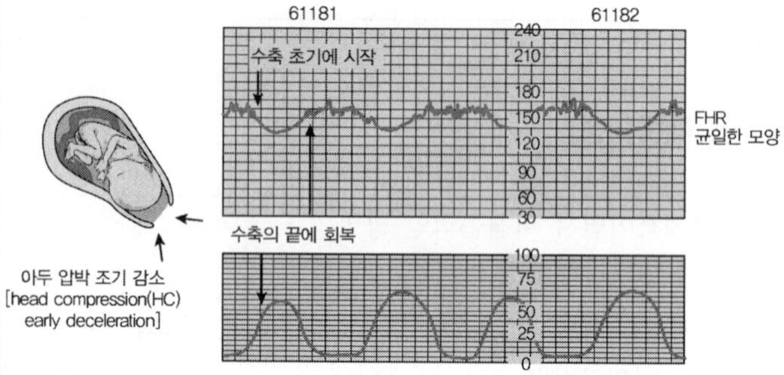
	만기하강 (Late deceleration) : 태반혈류 장애	• 자궁수축 최고 시에 FHR 하강 시작하고 자궁수축이 끝난 후 한참 있다가 기본선으로 회복 • 태아에게 유해, 지속적일 때 fetal distress 의심 • 고 긴장성 자궁수축 등 자궁과 태반순환이 부적절 • 태반순환과 태아의 산소공급을 향상시키기 위한 중재 요구 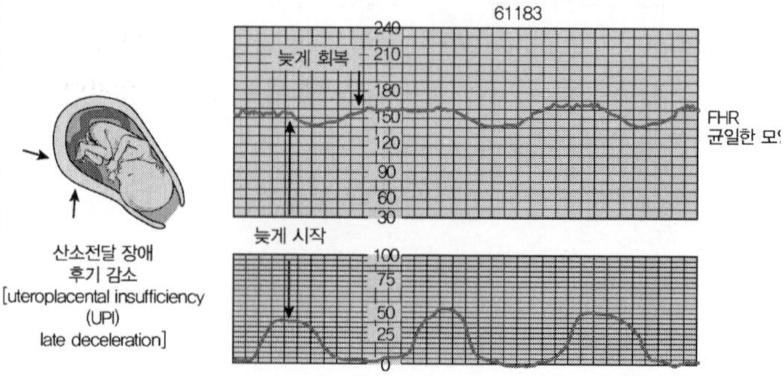

	원인	• 태아질식, 태아저산소증, 산독증, 아프가 점수 저하 시 발생
	중재	• 산모체위를 좌측으로 변경, 다리 상승 • 산소공급 • 정맥 주입속도 증가 • 자궁수축제 투여할 경우에는 즉시 중단 • 양수 내 태변착색 관찰 • 즉시 분만 시행
가변성 하강 (Variable deceleration) : 제대압박		• 자궁수축과 관련 없이 태아 심박동이 일시적, 급격히 하강하는 현상 • V자, U자 모양으로 대개는 탯줄의 압박에 대한 반응으로 나타남 • 심하거나 지속적인 경우 fetal distress 의미 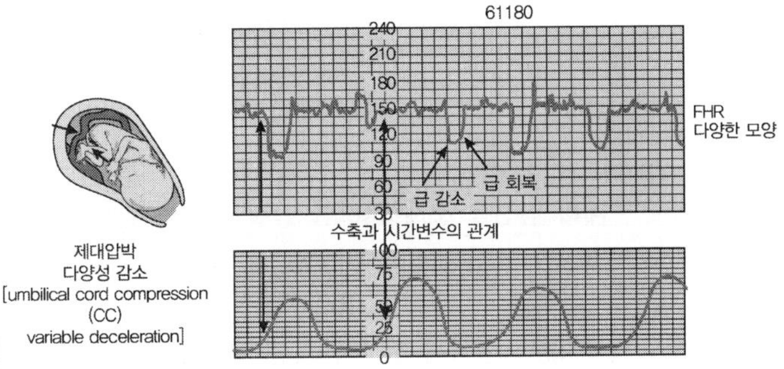
	원인	• 제대가 태아의 몸통, 목, 사지에 감겨있거나 자궁수축 동안 자궁벽에 제대가 눌려서 압박받아 발생 • 양수부족 시 • 제대압박 → 태아말초혈관 저항 증가 → 태아 산소분압 저하, 이산화탄소 상승 → 미주신경 자극하여 태아 심박동수의 저하
	중재	• 모체 체위변경, 좌측위(제대압박 감소) • 태아심음 관찰 • 자궁수축제 중단 • 산소공급 • 내진 통해 제대탈출 확인 • 분만 시행

CHAPTER 02 정상 임부 간호

기출문제

1 임부의 생리적 변화

01 **다음은 중학생 교육용으로 제작된 '건강한 임신과 출산'에 관한 보건교육 자료의 일부이다. 〈작성 방법〉에 따라 순서대로 서술하시오.** [4점] 2019년

> **건강한 임신과 출산**
>
> 임신은 미리 충분히 준비한 후에 하는 것이 바람직하다.
>
> 1. 임신 준비하기
>   - 계획 임신을 통해 건강한 임신을 위한 준비가 가능하다.
>   - 건강한 임신 관리를 위한 구성 요소
>   - 가족력 : 가계도를 그려본다.
>   - 영양 : ㉠ 임신 전부터 엽산 섭취를 권장한다.
>
> … (중략) …
>
> 2. 임신 과정 알아보기
>   - 정자와 난자가 만나서 수정이 된다.
>   - ㉡ 수정란이 착상한다.
> 3. 임신 확인하기
>   - 월경이 중단된다.
>   - 임신반응검사로 ㉢ 임신 여부를 확인한다.
> 4. 분만 예정일 확인하기
>   - 네겔 법칙(Nagele's rule)을 이용하여 분만 예정일을 계산한다.
>
> ☞ 퀴즈 : ㉣ 마지막 월경 시작일(LMP)이 2018년 10월 25일인 여성의 분만 예정일을 계산해 보기
>
> … (하략) …

〈 작성 방법 〉

- 밑줄 친 ㉠을 권장하는 이유를 제시할 것
- 밑줄 친 ㉡ 과정에서 출혈이 발생하는 이유를 제시할 것
- 밑줄 친 ㉢을 확인할 수 있는 호르몬의 명칭을 제시할 것
- 밑줄 친 ㉣의 분만 예정일을 제시할 것(연월일로 제시)

|해설| ㉠ 엽산은 비타민 B 일종으로 태아의 신경관 결손과 같은 신경계 기형, 유산과 빈혈을 예방하기 위해 임신 전 3개월부터 임신 초기 3개월까지 엽산을 복용해야 한다.
㉡ 착상출혈 : 수정 후 6~10일 후 영양배엽은 효소를 분비하여 배포전체가 자궁내막에 덮일 정도로 파고 들어갈 수 있게 되는 것을 착상이라고 하는데, 이 때 착상부위 자궁내막혈관들이 손상되어 약간의 착상출혈을 경험한다.
㉢ 융모선성자극호르몬(human chorionic gonadotropin)
㉣ 분만예정일 2019년 8월 1일 : 분만 예정일(Estimated date of confinement, EDC) 추정 : 네겔법칙
- 마지막 월경일(LMP)에 첫째 날 +7, 달(month)에 –3 혹은 +9

02 **임신진단을 받은 김 교사가 보건실을 방문하였다. 김 교사와 보건교사가 상담한 다음 내용 중 괄호 안의 ㉠, ㉡에 해당하는 용어를 순서대로 쓰시오.** [2점] 2015년

보건교사 : 김 선생님, 어서 오세요.
김 교사 : 안녕하세요? 선생님, 잘 지내시지요? 저는 지금 병원에 다녀오는 길인데, 임신이라고 하네요.
보건교사 : 축하드려요.
김 교사 : 감사합니다. 초임부라 궁금한 게 많아요. 임신을 하면 몸에는 어떤 변화들이 나타나죠?
보건교사 : 임부에게는 많은 변화들이 있습니다. 임신을 하면 혈관 발달로 자궁 경부가 부드러워지는데 이것을 구델 징후(Goodell's sign)라고 하고, 자궁 경부나 질 점막이 자청색을 띠는데 이것을 (㉠)(이)라고 해요. 임신 초에 자궁 경부 바로 위에 위치한 자궁 하부(자궁 협부)가 매우 부드러워지는데, 이를 (㉡)(이)라고 하고요. 또 임신 초기부터 말기까지 전 임신 기간에 걸쳐 간헐적으로 불규칙적인 자궁 수축이 발생하는데 이것을 브랙스톤 힉스 수축(Braxton Hicks contraction)이라고 합니다. 이런 징후들은 검사자에 의해 감지되는 변화들이라 임신의 가정적 징후라고 하지요.
… (중략) …
김 교사 : 많은 도움이 되었네요. 감사합니다.

|정답| ㉠ Chadwick's sign, ㉡ Hegar's sign이다.

[03~04] 다음의 교수 · 학습 지도안을 읽고 물음에 답하시오. 2014년

교수 · 학습 지도안			
단 원	임신, 출산	지도교수	김 ○○
주 제	임신 및 산전관리/출산 및 산후관리	대 상	○○여고
차 시	2/3차시	장 소	2-3 교실
학습목표	• 임신 및 산전 기간 중 자가 건강관리 방법을 이해할 수 있다. • 출산 및 산후 기간 중 자가 건강관리 방법을 이해할 수 있다.		
단 계	교수 · 학습 내용		
도 입	• 전시 학습 내용 확인 : 인체의 신비 • 본시 학습 목표 확인 – 임신 및 산전기간 중 자가 건강관리 방법의 이해 – 출산 및 산후기간 중 자가 건강관리 방법의 이해		
전 개	1. 임신 및 산전 관리 – 임신 1, 2, 3기 구분하기 – 수정이 일어난 후부터 자궁 내 성장발달 3단계 설명하기 – 전통적, 현대적 태교 방법 비교하기 – ㉠ 임신 초기에 약물, 감염, 화학물질, 방사선 등을 피해야 하는 이유 설명하기 – ㉡ 임신 중 생리적 빈혈이 생기는 기전 설명하기 – 임신 중 불편감 완화 방법 설명하기 2. 출산 및 산후관리 – 태아 폐 성숙을 확인하기 위한 shake test 방법 설명하기 – ㉢ 양막 파수를 확인하는 방법 2가지 설명하기 – 분만 1, 2, 3, 4기 구분하기 – 분만 통증 완화법 알아보기 – 산후관리의 목적 설명하기 – ㉣ 조기 이상(early ambulation)이 출산과 관련된 산모의 생리적 변화에 미치는 영향 3가지 설명하기 … 하략 …		
정리 및 평가	임신, 출산에 관한 ○, × 질문		

03 밑줄 친 ㉠, ㉡에 해당하는 내용을 각각 서술하시오. [5점]

(1) ㉠ 임신 초기에 약물, 감염, 화학물질, 방사선 등을 피해야 하는 이유 설명하기

(2) ㉡ 임신 중 생리적 빈혈이 생기는 기전 설명하기

|해설| (1) • 배아기는 수정 3주~8주까지로 주요기관발달과 외형 형성의 결정적 시기이다

• 환경적 요인에 의한 선천성 기형이 유발되기 쉬운 시기에 이 시기에 약물, 감염, 화학물질, 방사선등에 노출이 되면 태반을 통해 태아에게 전달되어 태아에게 형태이상을 일으켜 기형을 유발하게 된다.

(2) 임신 시 혈량이 임신 전에 비해 1,200~1,600ml 이상 증가하게 되는데, 이 때 총 적혈구의 증가량에 비해 혈장량이 훨씬 더 많이 증가함으로서 적혈구의 희석과 헤마토크릿의 감소를 초래하게 되어 생리적 빈혈을 나타나게 된다.

04 밑줄 친 ㉢, ㉣에 해당하는 내용을 각각 서술하시오. [5점]

(1) ㉢ 양막 파수를 확인하는 방법 2가지 설명하기

(2) ㉣ 조기 이상(early ambulation)이 출산과 관련된 산모의 생리적 변화에 미치는 영향 3가지 설명하기

|해설| (1)

나이트라진 페이퍼 검사	• 양수가 파막이 되면 양수의 영향으로 약알칼리성이 감지되면 페이퍼가 청녹색으로 변화한다.
양치엽 (ferning) 검사	• 소량의 양수를 슬라이드 위에 올려 놓아 형태를 보는 것으로 에스트로겐의 영향으로 'ferning'이라고 불리우는 고사리 잎 모양(양치모양)의 특징적인 양상이 현미경으로 관찰되어진다.

(2)

혈전증, 혈전정맥염의 위험을 감소	• 분만 후 응고인자의 증가, 혈소판 증가, 섬유소원 증가로 혈전이 생길 가능성이 많아 조기이상을 통해 혈액순환을 돕고 혈전증, 혈전성 정맥염의 위험을 감소시킨다.
방광 기능 증진	• 산후에 방광내압을 감지하는 능력이 감소하고 방광 긴장도가 적어지고 방광용량은 커지게 되어 산후 출혈 가능성을 유발하기에 조기 이상을 통해 방광 기능이 증가하게 된다.
장 기능 증진	• 산후에 위장계의 근육 긴장도 감소, 운동성 저하가 생기기에 조기이상을 통해 장 기능도 항진되어 도뇨관 삽입의 필요성 또는 복부팽만, 변비 등이 감소한다.

05 다음은 임산부를 위한 블로그의 운영자와 회원 간의 '질문 및 답변'을 나타낸 것이다. (가) ~ (라) 중 옳은 것만을 있는 대로 고른 것은? 2013년

(가)	Q 다음 달에 분만 예정인 초임부입니다. 진통이 시작되면 산부의 자세가 분만 과정에 영향을 준다고 들었습니다. 분만을 촉진시킬 수 있는 자세가 있나요? A 걷거나 앉아 있는 자세는 산부의 장축이 똑바로 되어서 분만에 도움이 됩니다.
(나)	Q 철분제를 우유와 같이 복용하고 있는데 괜찮을까요? A 우유보다는 비타민C가 많은 오렌지주스와 같이 드시면 흡수율을 높일 수 있어요.
(다)	Q 임신 8개월 임부입니다. 임신 전에는 정상 체중이었는데, 지금은 일주일에 몇 kg의 체중이 증가하여야 정상인가요? A 네, 지금은 체중이 일주일에 0.8kg 이상 증가하여야 합니다. 임신 중에 영양이 결핍되면 합병증이 쉽게 생기니 충분한 영양을 섭취하세요.
(라)	Q 임신 7개월 양수과다증 임부입니다. 배가 많이 불러서 힘들어요. 쉴 때 어떤 자세로 누워 있으면 좋을까요? A 앙와위, 즉 똑바로 눕는 자세가 좋습니다. 이 자세는 자궁 · 태반 혈류와 신장으로 가는 혈류를 증가시켜 줍니다.

① (가), (나)
② (나), (다)
③ (다), (라)
④ (가), (나), (다)
⑤ (가), (나), (라)

|정답| ①

|해설| (다) 임신 중 체중증가는 임신 1기 1~2kg, 임신 2 · 3기에는 0.45kg/주이다.
(라) 좌측위 자세 : 하대정맥이 증대된 자궁에 의해 압박받지 않기에 심장으로 귀환하는 혈액량이 증가하여 심장박출량도 증가한다.

06 임산부 카페 운영자와 회원 간의 건강상담 내용 (가)~(라)에서 옳은 것을 고른 것은?

2012년

(가)	Q 지난 주 병원에 갔더니 철분제를 먹으라고 하네요. 건강한 편인데도 꼭 먹어야 하는지요? A 임신 중 혈액량이 증가하게 되는데 혈장 증가에 비해 적혈구 생산은 많지 않아 빈혈이 나타나게 됩니다. 적혈구가 만들어지게 하기 위하여 철분제를 주는 것이니 꼭 드세요.
(나)	Q 결혼을 앞둔 예비 신부입니다. 남친이 TV에서 임신 전에 엽산이라는 약을 먹어야 한다고 들었다던데……. 엽산제가 무슨 약인가요? 벌써부터 먹어야 하나요? A 엽산제는 아기의 신경관 결손 예방에 도움을 주는 약입니다. 임신하기 전부터 투약하는 것이 효과적이랍니다.
(다)	Q 임신 7개월째 예비 맘입니다. 가끔 시야가 흐리고 머리가 아프고 다리가 잘 붓네요. 얼굴과 손도 부어서 결혼 반지를 끼고 다닐 수가 없어요. ㅠㅠ A 자궁이 커져서 골반의 혈관을 누르기 때문에 발생하는 현상입니다. 정상이니 걱정하지 마시고 시간이 나실 때마다 틈틈이 다리를 올려놓으세요.
(라)	Q 모유 수유를 계획하고 있는 임신 6개월째 예비 맘입니다. 저는 함몰 유두는 아닌데 임신 중 유방 관리는 어떻게 하나요? A 임신 중에 유두 마사지를 하는 경우 자궁 수축을 유발하여 조산이 될 가능성이 있습니다. 몽고메리선에서 윤활 물질이 분비되므로 샤워 시 유륜과 유두를 비누로 잘 닦아 주세요.

① (가), (나) ② (가), (다)
③ (가), (라) ④ (나), (다)
⑤ (다), (라)

|정답| ①

|해설| (다) 시야흐림, 두통, 다리 부종은 자간전증의 증상이다.
(라) 비누는 유두를 유연하게 하는 지방을 제거하므로 사용하지 않는다.

07 **임신기간 중 나타날 수 있는 모체의 생리적 변화에 대한 설명으로 옳은 것을 〈보기〉에서 고른 것은?** 2010년

〈 보 기 〉

㉠ 에스트로겐은 염산의 분비를 증가시키므로 위궤양이 흔히 발생한다.
㉡ 적혈구 생산은 증가하나 혈장량의 증가보다 적게 증가하므로 생리적 빈혈상태가 된다.
㉢ 담낭이 비워지는 시간이 지연되고 프로게스테론이 상승되어 혈중 콜레스테롤치가 증가할 수 있다.
㉣ 당에 대한 신장의 요역치가 저하되고 사구체의 여과작용 증가로 소변으로 당이 배출될 수 있다.

① ㉠, ㉡
② ㉠, ㉢
③ ㉡, ㉣
④ ㉠, ㉢, ㉣
⑤ ㉡, ㉢, ㉣

|정답| ⑤
|해설| ㉠ 에스트로겐은 염산의 분비를 감소시켜 위궤양은 없어진다.

08 **임신 여부를 확인하는 방법 중 가정적 징후에 해당되는 내용으로 옳은 것을 〈보기〉에서 고른 것은?** 2010년

〈 보 기 〉

가. 빈뇨
나. 자궁 경부 끝이 부드러워지는 징후(Goodell's sign)
다. 무통성의 불규칙적인 자궁수축(Braxton Hick's contraction)
라. 부구감(ballotterment)
마. 유방의 울혈 및 예민함 증가

① 가, 나, 다
② 가, 나, 라
③ 가, 다, 마
④ 나, 다, 라
⑤ 다, 라, 마

|정답| ④
|해설| 가와 마는 추정적 징후이다.

09 임신에 따른 신체적 변화에 대한 설명으로 옳은 것을 〈보기〉에서 고른 것은? 2009년

〈 보 기 〉

㉠ 릴랙신 호르몬에 의해 골반 관절의 가동성이 증가한다.
㉡ 사구체 여과율이 감소되어 혈장 크레아틴 농도가 증가한다.
㉢ 장의 연동운동과 긴장도가 증가하여 음식물 통과 시간이 빨라져 식욕이 증가한다.
㉣ 태반에서 에스트로겐이 생성되어 임부의 소변으로 배출된다.
㉤ 혈액량이 증가하여 심박출량이 증가한다.

① ㉠, ㉡, ㉢
② ㉠, ㉡, ㉤
③ ㉠, ㉣, ㉤
④ ㉡, ㉢, ㉣
⑤ ㉢, ㉣, ㉤

|정답| ③
|해설| ㉡ 사구체 여과율이 증가하여 혈장 크레아틴 농도가 감소한다.
㉢ 프로게스테론의 증가로 장의 연동운동과 긴장도가 감소하여 변비와 치질이 발생한다.

2 임부의 산전간호

10 산과력 조사 시 만삭 1회, 자연유산 1회, 인공유산 2회, 생존 아이수가 1인 여성의 임신과 출산을 4자리 수로 표시한 것은? 1995년

① 1-1-2-1
② 1-3-0-1
③ 1-0-3-1
④ 1-1-0-3

|정답| ③
|해설| 4자리 숫자체계 : 총 만삭 분만수 - 조산수 - 유산수 - 현존 아이수이다.

11 임신으로 인한 요통과 진통 초기에 요통을 감소시키기 위한 운동으로 가장 좋은 것은? 1993년

① 견갑돌리기(Shoulder circling)
② 골반흔들기(Pelvic-rocking)
③ 쭈그리고 앉기(Squatting)
④ 책상다리(Tailor sitting)

|정답| ②
|해설| 골반흔들기(Pelvic-rocking)는 자세를 바르게 하고 요통을 감소시키며, 배곧음근을 튼튼하게 한다.

3 태아의 건강사정

12 **○○여자 고등학교의 보건교사는 아래와 같은 주제로 보건교육을 시행하고자 한다. 교수 학습 지도안을 참고하여 질문에 답하시오.** 2012년

<table>
<tr><th colspan="5">보건과 교수학습 지도안</th></tr>
<tr><td>단 원</td><td>2. 건강한 임신</td><td>지도교사</td><td colspan="2">임○○</td></tr>
<tr><td>차 시</td><td>2/3차시</td><td>대 상</td><td colspan="2">3학년 3반(30명)</td></tr>
<tr><td>학습목표</td><td colspan="4">임신 중 태아 발달과 임부의 신체적 변화 및 자가관리방법을 이해할 수 있다.</td></tr>
<tr><td>단 계</td><td colspan="3">교수 · 학습 내용</td><td>시간</td></tr>
<tr><td>도 입</td><td colspan="3">• 전시 학습 내용 확인 : 생명의 소중함
• 본시 학습 목표 확인 : 임신 중 태아 발달과 임부의 신체적 변화 및 자가관리방법의 이해</td><td>5분</td></tr>
<tr><td>전 개</td><td colspan="3">• 임신 중 태아 발달 관계
- 임신 과정에 대한 비디오 시청
• 태아의 건강사정법
- 초음파 측정법 : 초음파 상 태아 움직임, 태아심음, 태아 신체기관에 대한 동영상 시청
- 임부자가측정법 : (가) 구체적인 측정방법 및 정상 판단 기준
• 임신 중 신체적 변화
• 임부에게 발생하는 신체적 불편감 및 관리방법
- 입덧의 원인 및 관리방법
… (중략) …
- (나) 임신으로 인한 요통의 발생기전 및 관리방법
• 임신으로 인한 합병증
- 자간전증 : (다) 발생시기와 경한 자간전증의 증상 및 자가관리방법
- 자간증 : 증상 및 관리방법</td><td>40분</td></tr>
<tr><td>정 리</td><td colspan="3">• 학습 내용 정리 및 질의 응답
• 차시예고</td><td>5분</td></tr>
</table>

교수 · 학습 지도안의 (가), (나), (다)에 제시된 내용을 각각 설명하시오.

|해설| (가) 태동의 구체적인 측정방법 및 정상 판단 기준

- 경제적이면서 비침습적인 방법
- 태아안녕상태를 평가하는 방법

카디프 방법 (cardiff count-to-ten method)	• 태동을 사정하는 방법 중 가장 흔히 사용되는 방법 • 태아의 움직임에 대한 임부의 지각으로 임부가 눕거나 앉아서 하루 중 일정한 시간에 태아의 움직임을 세고 횟수를 기록 • 매일 아침마다 처음 10번의 태동을 기록하게 하는 것 • 12시간 내에 태아운동이 10회 이하로 측정되면 보고를 하도록 교육
사도브스키 방법 (Sadovsky technique)	• 임부는 식사 후 1시간 동안 좌측위로 누워 태동에 집중 • 1시간 이내에 4회 태동을 느껴야 함 • 만약 그렇지 않으면 다음 1시간 동안 움직임 관찰 • 2시간 후에도 4회의 움직임이 없음 → 의료인에게 알림

(나) 임신으로 인한 요통의 발생기전 및 관리방법

요통 발생기전	• 앞쪽으로 치우친 증대된 자궁의 무게에 대한 보상으로 자세 변화가 일어나며 하부요통 유발 • 난소에서 분비되는 릴락신과 난소의 황체나 태반에서 분비되는 에스트로겐이 관절과 관절주위구조의 이완 증가로 모체의 자세를 변하게 하고 요통을 유발 • 과다한 복부신전으로 임부의 몸무게 중심이 앞으로 옮겨져 균형을 유지하기 위해 임부의 자세를 변형시켜 척추만곡이 심해 요통을 호소
관리방법	• 머리를 들고 어깨를 뒤고 젖히는 올바른 자세를 유지한다. • 자주 자세를 변경해준다. • 중간 굽의 신발을 신는다. • 복대를 이용하여 아래에서 위로 자궁을 받칠 수 있도록 복부를 지지한다. • 오랜 시간 서 있을 때는 한쪽 발을 의자나 상자에 올려 놓는다. • 누울 때는 단단한 매트리스를 사용하여 척추각도가 가장 자연스럽게 하여 옆으로 누운 자세가 좋으며 누울 때는 무릎을 약간 구부리는 것이 좋다. • 물건을 올려야 할 때는 신체역할관계에 유의하여 올린다. • 앉아 있을 때에는 다리나 등뒤에 베개를 놓는다. • 골반 흔들기 운동이나 몸통운동을 시행한다. • 적절한 체중증가를 유지하여 바른 체위를 유지한다. • 통증감소를 위해 허리에 열 찜질을 하고 허리를 마사지 한다. • 차안에서는 허리를 지지해 주기 위해 작은 쿠션을 대어준다.

(다) 자간전증 : 발생시기와 경한 자간전증의 증상 및 자가관리방법

발생시기	• 임신 20주 이후에 발생 : 고혈압, 부종, 단백뇨
경한 자간전증 증상	• 혈압 140/90mmHg 이상, 평소혈압 30/15mmHg 이상 • 단백뇨 나타나지 않으며, 극소량 나타냄 • 전신부종 : 약간 나타남 • 손가락, 안검부종 • 요흔성 부종(pitting edema) • 심한 체중증가

자가 관리 방법	침상안정	• 자궁태반, 혈류 증가, 혈압하강 및 이뇨 작용 증가 위해 • 통원치료 가능 • 활동제한 • 침상안정 • 성생활 자제
	주기적인 관찰	• 매일 혈압과 체중 측정 • 소변검사로 단백량 측정 • 부종 확인 • 매일 태아 움직임 측정 • 임상검사 자주 시행 : 전혈구 검사, 응고검사, 간효소, 혈소판 수치 검사 시행
	균형식이	• 염분 제한은 없으며 균형 잡힌 영양식이 • 단백질 섭취증가
	좌측위	• 정맥 압박 방지 → 정맥 환류량, 순환혈류량, 태반·신장 혈류량 증가

13 다음은 보건교사가 첫 아이를 임신한 동료교사와 나눈 대화 내용이다. 〈작성 방법〉에 따라 순서대로 서술하시오.

[4점] 2019년

동료교사 : 선생님, 안녕하세요? 제가 임신 진단을 받았는데 노산이라 여러 가지가 걱정이 돼요. 태아의 건강상태를 어떻게 알 수 있나요?

보건교사 : 혈액이나 초음파를 이용한 검사가 있어요.

동료교사 : 그렇군요. 다음 산전 검사에서 ㉠태아에게 기형이 있는지 선별하는 4가지 혈액 검사를 한다고 들었는데 어떤 검사인지 알려주시겠어요?

보건교사 : 네, 자세한 내용을 설명 드릴게요.

… (중략) …

동료교사 : 그런데 혈액 검사 외에는 ㉡태아 목덜미 투명대 검사를 한다고 했어요. 이 검사로 어떤 것을 알 수 있나요?

보건교사 : 그 검사는 초음파를 보면서 태아의 염색체 이상뿐만 아니라 다양한 선천성 이상을 예측할 수 있는 거예요.

동료교사 : 그런데 선생님, 결혼 전부터 제가 완전 채식주의자예요. 그래서 임신 진단을 받고 나서 채식을 계속해도 되는지 걱정이 많이 돼요. 채식을 고수하면 어떤 영양소가 결핍될까요?

보건교사 : 여러 가지 영양소가 결핍될 수 있지만, 그 중에서도 (㉢)은/는 고기, 달걀, 유제품 등 동물성 식품에만 포함되어 있기 때문에 채식주의자들에게는 결핍 현상이 나타날 수 있어요.

동료교사 : 그러면 어떤 문제가 발생할까요?

보건교사 : 이 영양소가 결핍되면 특징적으로 ㉣거대적아구성 빈혈, 설염, 신경계 질환이 임부에게 나타날 수 있으니 주의하셔야 돼요.

… (하략) …

〈 작성 방법 〉

- 밑줄 친 ㉠ 중에서 신경관 결손을 선별할 수 있는 검사 항목을 제시할 것
- 밑줄 친 ㉡에서 '태아 목덜미의 투명대'를 확인할 수 있는 부위를 서술할 것
- 괄호 안의 ㉢에 해당하는 영양소의 명칭과 밑줄 친 ㉣에서 나타나는 혈구의 특징을 제시할 것

|해설| ㉠ 태아의 기형선별 4가지 혈액검사(4중표지자 검사)

- 쿼드검사(AFP, Estriol, HCG, 인히빈 A) : 다운증후군 발견율 높임

㉡ 태아 목덜미 투명대 검사(fetal nuchal translucency, FNT)

방법	• 질내 초음파를 통해 태아의 경추와 피부사이의 피하공간 내 체액 고임을 검사
검사시기	• 임신 10~14주
목적	• 태아의 기형확인 • 13번, 18번, 21번 삼염색체 • 터너증후군, 심장기형 이상확인 • FNT 3mm보다 크면 비정상으로 판단

㉢ 고기, 달걀, 유제품 등 동물성 식품에만 포함되어 있기에 채식주의자들에게는 결핍현상 나타나는 영양소 : 비타민 B_{12} 부족

※ 거대적아구성 빈혈(megaloblastic anemia)

- 분류 : 비타민 B_{12}(코발라민) 결핍성 빈혈(악성빈혈)과 엽산결핍성 빈혈
- DNA 합성결합과 적혈구의 비정상적인 성숙으로 인해 형태가 변화된 빈혈
- 말초혈액 도말검사 : 적혈구 크기 증가, 혈색소 정상 또는 증가(대혈구성 정(과)색소성 빈혈)

CHAPTER

03 고위험 임부 간호

01 모성 사망

정의	• 임신기간의 사망 또는 출산 후 42일 이내의 사망	
주요 원인	• 모성 사망 3대 원인 : 분만 직후 출혈, 고혈압성 장애, 색전증	
위험 요인	산부의 연령	• 20세 미만, 35세 이상에서 급격히 증가하는 경향
	전신마취	• 전신마취 시 모성사망이 증가
	고혈압성 질환	• 자간전증 → 자간증 진전 시 혼수상태 또는 사망 가능 • 중증 만성고혈압
	제왕절개 분만	• 전신마취, 패혈증, 혈전증 등 합병증으로 질식분만보다 사망 위험 증가
	심장질환	• 선천성 심장질환, 기타 폐 고혈압 질환

02 임신 중 출혈성 합병증

1 임신 전반기 출혈성 건강문제와 간호

1. 유산(Abortion)

정의	• 태아가 생존력이 없는 상태에서 자궁강 밖으로 배출되는 상태 • 임신 20주 이전, 체중 500g 이하인 상태에서 배출	
원인	조기유산	• 임신 12주 이내 유산 • **자연유산의 대부분(90%)이 임신 초기에 발생** : 염색체 이상이 원인 • 태아, 태반의 발달이상 같은 수정란 결손이 가장 흔함 • 비정상적 배아 및 영양막 결함, 염색체 이상, 유전적 결함, 감염 등으로 발생

	후기유산	• 임신 12~20주 사이의 유산 • 태아보다는 임부측 요인에 의해 영향받음 • 자궁경관무력증, 모체의 심한 감염, 생식기 기형, 자궁발육부전 등

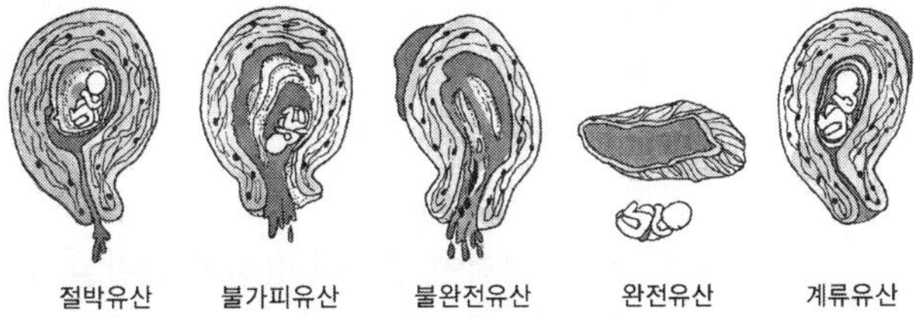

유형	종류	출혈량	자궁경련(수축)	조직배출	경관개대	자궁크기(임신기간과 비교)
유형	절박유산	약간	경함	없음	닫혀 있음	동일
	불가피유산	중정도	중정도	없음	개대	동일
	불완전유산	다량	심함	태아, 태반의 일부	개대	작다
	완전유산	약간	경함	수태산물 완전배출	닫혀 있음	작다
	계류유산	약간	없음	없음	닫혀 있음	작다
	패혈유산	다양, 악취	다양	다양 : 발열	대개 개대됨	다양 : 민감함

관리	절박유산	• 임신 초기 약간의 질 출혈 시 적절한 치료 → 임신유지 가능 • 침상안정 • 성관계 금지 • 회음패드를 모아 배출물 관찰, 출혈량 확인 • 자궁수축 시 입원하여 관찰
	불가피유산 · 불완전유산	• 신속하게 임신을 종결시켜 지속되는 출혈 조절 → 소파술(D&C) 시행, 수혈 • 안정요법 • 감염예방 → 항생제 투여
	완전유산	• 자궁수축이 잘 되고 출혈과 감염증상이 없으면 필요한 간호 없음(태아 · 태반이 모두 유출) • 자궁수축제 3~5일간 투여 • 출혈 시 수혈, 철분공급 • 3~4주간 성생활 금함 • 휴식, 3~4개월 이후 재임신 고려

	계류유산	• 태아가 자궁강 내에서 사망한 후 최소 2개월 이상 남아있는 경우 • 태아사망 후 자궁 내 산물이 존재하면 임신 종결시킴 • **임신반응검사** : 양성 → 음성으로 바뀜 • 임신 12주 이후 사태아가 되어 5주 이상 자궁강 내 머물러 있었다면 저섬유소원치에 의한 파종성 혈액응고장애(DIC)와 출혈이 조절되지 않는 혈액응고장애가 초래 → 관리 • 자연적 배출, D&C
	패혈유산	• 중증의 치명적인 감염이 유산에 동반된 것으로 불완전유산, 계류유산이 자궁내막염, 패혈증으로 발전 • 즉각적인 임신 종결 → 소파술 • 자궁경관 내 균 배양검사와 민감성 검사 시행 → 항생제 투여 • 안정
	습관성 유산	• 정상 분만 과거력 없이 3회 이상 알 수 없는 자연유산이 반복 • 원인에 따른 치료 • **기형 자궁** : 외과적 교정 • 자궁경관 무력증이 원인인 경우가 많음 → 치료

2. 자궁경관 무력증(IIOC ; Incompetent internal os of cervix)

정의		• 자궁경관의 구조적 · 기능적 장애로 임신 2기에 경관이 약화되어 자궁수축 없이 무통성으로 자궁경관이 개대되어 태아와 부속물이 배출되어 태아상실을 초래하는 것 • 조기 양막파열로 조산, 습관성 유산, PPROM(만삭 전 조기분만), 미숙아 초래
원인	선천적	• 짧은 경관, 자궁기형, 비정상적인 경관모양이나 발육
	후천적	• 과거 분만 시 경관열상, 난폭한 소파수술로 경관에 받은 상처
진단	질 초음파 검사	• 짧은 자궁경관의 길이(20mm 미만)와 깔대기 모양 변화
	자궁조영술	• 자궁목 내구 소실과 자궁목이 넓어져 깔대기 모양
증상		• 임신 18~32주 사이 출혈 없이 무통성으로 경관 개대되어 태아와 부속물이 갑자기 배출 • 배출된 태아 생존력 없음
치료		• **보존요법** : 안정, 수분섭취 • **외과적 교정(수술)** : 맥도날드 교정술, 쉬로드카 교정술 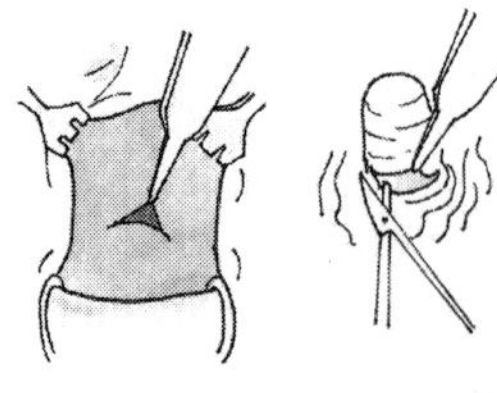 〈쉬로드카술〉 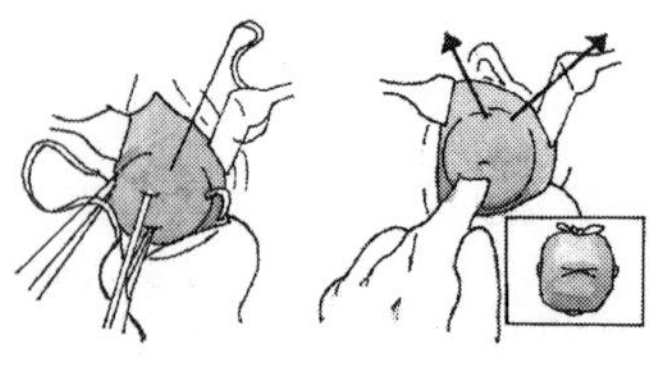 〈맥도날드술〉

	구분	쉬로드카(Shirodkar)	맥도날드(McDonald)
	목적	• 경관의 이완과 개대를 예방하기 위해 경관주위를 묶는 것	
	방법	• 봉합사로 자궁내 경부를 통합하여 자궁경부를 원형으로 돌려 묶는 방법	
	조건	• 태아와 임부의 내분비계 정상 • 양막파열 전, 경관 3cm 이내로 개대, 50% 이하 소실	
	특징	• 반영구 봉합	• 임신 시마다 반복 시술
	교정시기	• 임신 14주경	• 임신 4개월 이내
	방법	• 경관 내 자궁구 주변 질점막을 들어 올리고 끈으로 경관 내 자궁구를 조인 후 질점막 봉합 • 봉합사가 질 내 노출 안됨	• 경부의 모퉁이 네 곳을 통과하면서 자궁경부를 돌려 묶음 • 봉합사가 질 내 노출
	봉합사 제거시기	• 임신 38주 이후, 난막 파열 시 → 봉합사 제거 후 질분만 • 다음 임신계획 → 봉합사 제거하지 않고 남겨두고 C/S	• 임신 38주 이후, 만삭 가까우면 결찰된 실을 풀어줌으로써 자연 분만 가능 • 임신 시마다 반복 시행
	수술 후 합병증	자궁수축	• 자궁수축만 있을 경우에는 즉시 침상안정, 자궁수축억제제 투여하여 자궁근육을 이완시킴
		난막파열	• 난막 파열 시 감염예방 위해 즉시 끈 제거 후 수정물의 완전배출을 도모함
	치료	자궁이완제 투여	• 프로게스테론 제제 : 자궁근 이완을 도모 • **자궁수축억제제** : ritodrine(Yutopar)
간호	• 치료방법에 대한 정보제공 • 봉합 수술 후 24시간 절대 안정 후 서서히 활동 요구 • **수술 후 간호** : 파막, 자궁수축 확인, 태아심음관찰, 감염, 절대안정 등 • **성관계 금지** : 수술 1주일 전~수술 후 1주일 동안 • 장시간 오래 서 있는 자세 피하기 • 회음부 압박감이 있으며 힘이 주어질 때 위험증상임을 교육하기		

3. 자궁외임신(Etopic pregnancy)

<table>
<tr><td>정의</td><td colspan="3">• 자궁강이 아닌 다른 장기에 수정란이 착상되는 것</td></tr>
<tr><td>호발부위</td><td colspan="3">• 난관임신(95%) : 난관 팽대부에 위치, 그 외 복강, 난소, 경관에서의 임신
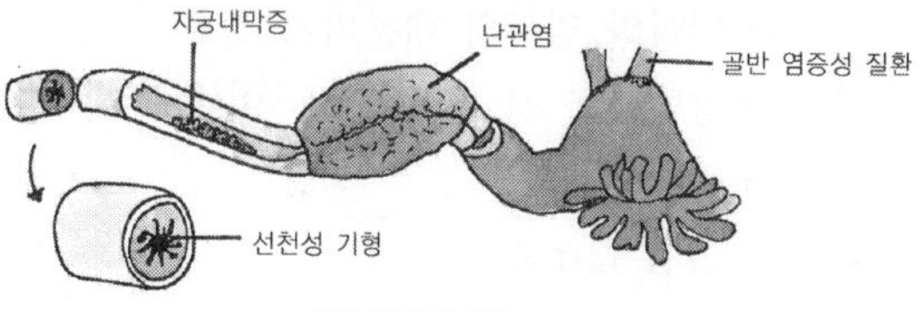

자궁외임신의 원인
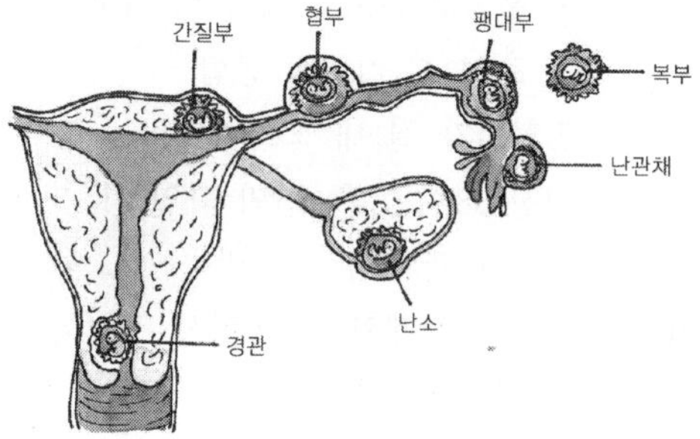

자궁외임신 발생 부위</td></tr>
<tr><td>원인</td><td colspan="3">• 난관의 협착이나 폐쇄(골반염증성 질환, 난관의 선천성 이상, 난관유착, 산욕감염 등)
• 성병이나 골반염의 과거력
• 자궁외임신의 과거력
• 난관수술의 과거력
• 골반 수술이나 복강 수술 후 유착
• 자궁내막증
• 프로게스테론이나 에스트로겐 제재 복용 중
• 시험관 수정(in vitro fertilazation)
• DES에 노출된 환자로 선천성 기형이 동반된 경우
• 난관의 선천성 기형
• 자궁내장치(IUD)를 사용하고 있는 경우</td></tr>
<tr><td rowspan="5">증상</td><td rowspan="4">파열되지 않은 난관임신</td><td>무월경</td><td></td></tr>
<tr><td>통증</td><td>• 칼로 찌르는 듯한 급격한 편측성 복부통
• 파열 시, 주로 한쪽에서만 나타남</td></tr>
<tr><td>출혈</td><td>• 암갈색 질 출혈 → 저혈압, 빈맥 발생</td></tr>
<tr><td>자궁크기</td><td>• 임신 8주 이내 크기</td></tr>
<tr><td>파열 시</td><td colspan="2">• 골반의 팽만감, 통증
• 파열 후 오심, 구토
• 이환된 쪽에 방사되는 견갑통(혈액이 횡격막 자극 시 미주신경</td></tr>
</table>

			압박) • 12주 이내 복강 내 출혈(난관 파열) – cullen's sign : 혈액이 고여 배꼽 주변이 푸르스름한 색으로 바뀜 • 심한 출혈로 저혈량성 쇼크 : 저혈압, 빠르고 약한 맥박, 빈호흡
진단	History taking		• 최종월경일, 질 출혈, 증상의 발병시기 등 자세히 확인
	혈액검사		• HCG 저하, Hb, Hct 저하, 혈소판 저하 • 백혈구 상승
	골반검사	파열되기 전	• 자궁 부속기, 맹낭의 덩어리 촉진
		파열 후	• 복부와 골반 압통
	질식 초음파 검사		• 자궁 내 재태낭이 없음 • 복부 초음파는 임신 5주부터 확인
	혈청 β-hCG 검사	정상 임신	• β-hCG 수치가 48~72시간마다 2배
		자궁외임신	• β-hCG 수치가 정체 또는 감소 • 임신반응검사 : 50% 양성
	소파수술 통한 자궁내막생검		• 융모가 없는 탈락막을 볼 수 있음 • 구별 : 절박유산, 불가피 유산은 융모막융모가 보여짐
	맹낭천자		• 출혈은 맹낭에 고여 맹낭 팽만감 유발 • 맹낭천자 : 자궁외임신 파열 시 응고되지 않은 혈액 채취 • 맹낭절개부위를 통해 유산된 내용물 확인할 수 있음
	복강경		• 자궁외임신을 정확하게 확인
치료	MTX (methotrexate) 투여	기전	• 엽산길항제로 융모막 질환으로 빠른 속도로 분열하는 세포를 파괴하여 남아있는 잔류조직을 제거
		적응증	• 자궁외임신이 파열되지 않고 덩어리가 4cm 미만, 임신 6주 이내 투여 • 수술 후에도 착상된 난관의 근층을 완전히 제거할 수 없을 때
		금기	• 혈역동학적으로 불안정하거나 간기능 · 신기능 부전 시, 혈액질환자에게는 투여
		간호	• 2~8주 동안 매주 β –hCG 검사 : β-hCG 수치가 음성으로 나올 때까지 모니터 • 질 내 삽입 X : 탐폰, 세척, 성교 등 • 피부감광성 발생가능성으로 태양 노출되는 것 피하기 • 치료 후 2개월간 피임 • 알코올, 엽산이 함유된 비타민, 비스테로이드성 진통제 복용 시 부작용에 노출될 위험 증가로 사용 제한하기

	난관절개술	• 자궁외임신이 파열 전 복강경으로 난관절개술 시행 • 수술 후 남은 조직은 methotrexate 투여하여 남아 있는 잔류조직을 제거
	개복술	• 자궁외임신 확진 시 즉시 개복하여 혈액과 응고물을 제거하여 지혈
간호	• 무월경, 복통, 점적출혈, 자궁외조직에 골반 내 덩어리가 만져질 때는 자궁외임신 여부 확인 • 활력징후 측정 • 혈액형, Rh 요인, CBC, 혈청 β-hCG 검사 • **위험증상 확인** : 저혈압, 빈맥, 현훈, 견갑통의 증상 • **수혈 대비** : 혈액형 확인, 수혈을 위한 준비 • 대상자나 가족 격려하고 슬픔 표현하게 하며 임신기회가 또 있음을 설명 • 재발 가능성이 높기에 다음 임신 추정 시 자궁외임신에 대한 진단받도록 교육	

4. 포상기태(Hydatidyform mole, H-mole)

정의	• 태반의 융모막 융모의 변성으로 작은 포도상 낭포를 형성하는 수포가 비정상적으로 빠른 증식을 하여 자궁을 채우는 것 • 포상기태, 침윤성 기태, 융모상피암으로 악성화 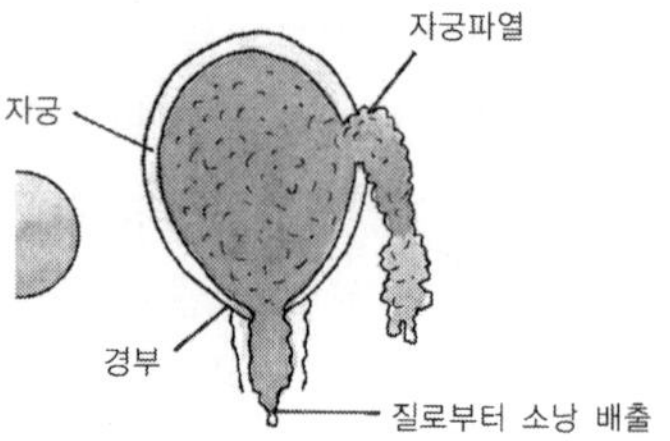 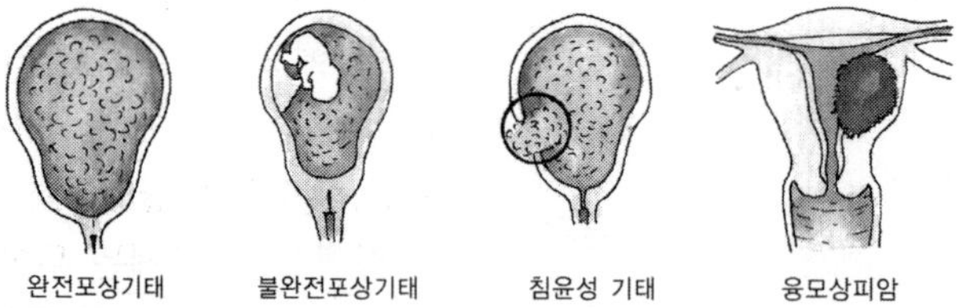
원인	• 불분명 • 수정 시 유전적 결함(염색체 이상, 난자결함) 등 • 10대 초반, 40세 이상의 여성 발병률 높음 • 다산부, 다태임신, 반복성 포상기태, 유전요인, 식사습관, 즉 단백질과 엽산이 부족한 식이와도 관련

증상	• 초기에는 정상 임신과 구분 어려움 • 임신 4주 : 냄새 고약한 암적색의 질 출혈 • 자궁의 크기가 임신 개월수에 비해 매우 크거나 작음 • 자궁증대로 인한 불편감 • 임신오조증과 같은 심한 오심, 구토 • 임신 9~12주 : 자간전증 증상(단백뇨, 부종, 고혈압) • 임신 16주 : 기태 배출 • 태동 및 태아심음 결여, 태아 촉진이 안됨 • HCG 수치가 정상보다 높음(정상 : 70~100일 이후 감소)	
진단	β-hCG 현저한 상승	• 24시간 요중에 100~200만 IU로 상승
	출혈	• Hct, Hb, RBC 감소, 혈소판 저하, ESR, WBC 증가
	초음파	• 태아골격 확인 ×, 벌집모양, 눈보라(snow storm)가 내리는 모양으로 확인, 태아심음 ×, 태아 촉진 ×
치료	흡입소파술	• 자궁크기가 12주 이내이면 흡입소파술 시행 : 기태 제거 • 출혈 예방 위해 oxytocin 주입
	자궁적출술	• 침윤성 기태(기태가 자궁근층 깊이까지 간 경우) • 포상기태로 인한 자궁파열 시
	수혈	
합병증	산재성 혈관내 응고증(DIC)	
	폐색전증	• 융모막 세포에 의한 폐색전증 • 증상 : 심한 호흡곤란, 저산소증, 흉통, 기침, 객혈 등
	융모상피암	• 뇌, 폐(80%), 간, 골반, 질로 전이
	철분결핍성 빈혈	• 혈액소실로 철분결핍성 빈혈 보임
추후 관리	• 기태제거 후 자연 치유(80%) • 기태제거 후 융모상피암으로 이행될 가능성 → 추후관리 중요	
	β-hCG 측정	• 융모상피암(악성), 잔여기태, 침윤성 기태로 발전되는 것 감시 위해 • 보통 기태제거 후 혈청 내 β-hCG가 6주 내에 떨어지면 주기적인 월경 나타남 • 기태제거 후 1~2주 간격으로 혈청 β-hCG가 3회 연속음성이 될 때까지 측정, 그 후 6개월간은 매달 측정 → 다음 1년은 2달마다 → 그 후 6개월마다 1회씩 검사

	피임	• 임신으로 인한 융모성선자극호르몬의 상승과의 감별 위해 • 3주 연속 호르몬 검사를 실시하여 음성이 나오면 그 후 1년간 피임 • IUD는 자궁천공의 위험으로 β-hCG 수치가 정상될 때까지 금지
	흉부 X-ray	• 융모상피암 전이가 가장 잘 되는 곳 : 폐 • β-hCG가 음성이 될 때까지 1개월마다 그 후에는 2개월마다 1년간 검사
	화학요법	• 조직 소견 융모상피암으로 진단되었을 때 • 전이 병소가 발견되었을 때 • 기태제거 후 추적검사에서 β-hCG 수치가 상승하였을 때 • 매주 검사에서 연속 3회 이상 하강 없을 때 • 치료 후 추적검사에서 다시 β-hCG 수치가 양성반응을 보일 때

2 임신 후기 출혈성 건강문제와 간호

구분	전치태반	태반조기박리
상태	경관 입구에 태반 위치	자궁벽으로부터 태반이 태아만출 전에 박리
위험 요인	• 과거력 : 전치태반, 제왕절개수술 • 큰 태반 • 38세 이상	• 고혈압, 흡연 • 고령, 다산부 • 코카인 중독 • 영양 결핍
증상	• 다량의 무통성 질 출혈 • 정상자궁	• 통증이 동반된 출혈 • 단단한 자궁
진단	• 초음파 : 태반위치 확인 • 내진금지	초음파
치료	• 혈역동학적으로 안정되면 됨 • 출혈 지속 시 응급분만	응급분만
태아합병증	조산	15~20% 사망
임부합병증	출혈량과 비례	DIC, Shock, 사망

1. 전치태반(Placenta previa)

<table>
<tr><td>정의</td><td colspan="2">• 태반이 자궁하부에 부착되어 자궁경부를 완전히 또는 부분적으로 덮고 있는 상태
• 임신 후반기(7개월 이후 발생)</td></tr>
<tr><td rowspan="5">종류</td><td>완전전치태반</td><td>• 태반이 내자궁구를 완전히 덮음</td></tr>
<tr><td>부분전치태반</td><td>• 내자궁구를 부분적으로 덮음</td></tr>
<tr><td>변연전치태반</td><td>• 태반가장자리에만 내자궁구에 접해 있는 상태</td></tr>
<tr><td>하부전치태반</td><td>• 내자궁구를 덮지는 않았으나 하부에 부착</td></tr>
<tr><td colspan="2">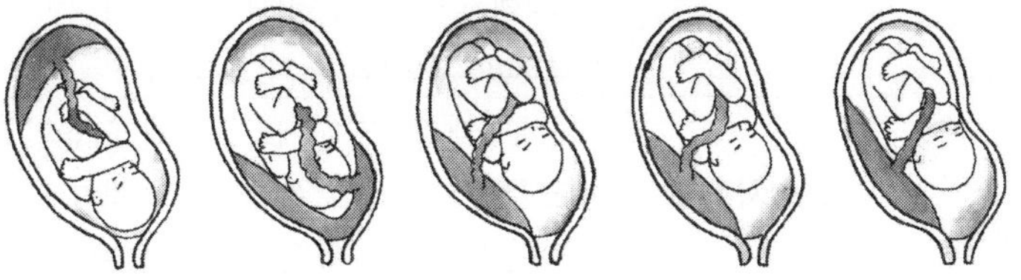
정상 태반 완전전치태반 부분전치태반 변연전치태반 하부전치태반</td></tr>
<tr><td>원인</td><td colspan="2">• 과거 제왕절개분만으로 인한 자궁내막 반흔
• 다산부, 다태임신, 유산, 자궁수술, 전치태반 과거력, 고령임신(35세 이상) 등</td></tr>
<tr><td>증상</td><td colspan="2">• 임신 7개월 이후 무통성 질 출혈(선홍색), 저혈량성 쇼크, 저혈압, 빈맥
• 자궁저부 높이가 증가
• 비정상적인 태위가 많음 : 사위, 둔위, 횡위 등</td></tr>
<tr><td>진단</td><td colspan="2">• 초음파 : 태반위치 확인
– 태반위치가 정상이면서 출혈 시 : 경관염, 폴립, 경관암 등 의심</td></tr>
<tr><td rowspan="2">산모, 태아 신생아에게 미치는 영향</td><td>산모</td><td>• 출혈로 인한 저혈량성 쇼크(25%)
• 조기진통
• 출혈이 심한 제왕절개술, 감염, 전신마취로 인한 2차적 흡인성 폐렴
• 산후출혈의 위험성 증가</td></tr>
<tr><td>태아, 신생아</td><td>• 조산, 저산소증
• 자궁 내 성장지연 : 불량한 태반혈액순환과 빈혈에 기인한 저혈량증으로 인함</td></tr>
<tr><td rowspan="5">치료</td><td>절대안정</td><td>• 자궁이완제 투여(Mgso$_4$, ritodrine)
• 임신 37주 이후 제왕절개 수술을 계획</td></tr>
<tr><td>초음파 검사</td><td>• 2~3주마다 실시</td></tr>
<tr><td>태아상태 모니터</td><td>• 무자극검사(NST)와 생물리학적 검사 : 매주 1~2회
• 스테로이드 투여(태아의 폐성숙 위함)</td></tr>
<tr><td>유도분만</td><td>• 부분전치태반으로 출혈이 적을 때</td></tr>
<tr><td>제왕절개술</td><td>• 완전전치태반이나 다량의 출혈 시 성숙도 상관없이 수술 시행</td></tr>
</table>

		• 태아사망 시
	수혈, 자궁적출술	• 출혈 심할 경우 • 유착태반이 될 가능성 높아질 때
간호	보존적 관리	• 절대안정, 최대한 임신 유지 – 임신 36주 미만, 출혈이 적거나 분만이 시작되기 전 → 임신 유지 – 2~3주마다 초음파검사 – 자궁이완제 – 스테로이드 투여(태아의 폐성숙 위함) : Betamethasone 12mg IM(2일간 매일 1회)
	출혈사정	• 회음부 패드, 침대패드, 린넨에 묻은 출혈량 점검 • 패드무게 측정, 보통 1g은 혈액 1ml • 수혈요법 준비 : 정맥주입선 유지
	질검진 금지	• 확진 전 손가락이나 질경 통한 질검진 시행 × – 검사자의 손가락이나 질경이 경부 개대를 더 자극하여 태반을 분리함으로써 다량의 출혈을 야기 • 질내 삽입(성교, 질세척금지), 관장 금지
	감염사정	• 혈관들이 자궁구 쪽으로 노출되어 있기에 감염 위험 증가 • 활력징후, 출혈, 자궁수축상태(크기, 윤곽, 민감성, 이완), 복부 통증이나 긴장감, 태아심음과 태동, 의식수준 등에 초점

2. 태반조기박리(Abruptio placenta)

정의	• 정상적으로 착상된 태반의 일부 또는 전체가 태아가 만출되기 전에 자궁에서 박리되어 떨어지는 것을 말하며, 일반적으로 기저탈락막 부위에서 일어남 • 임신 말기의 합병증
원인	• 자궁내막 영양공급과 태반 혈액 공급을 하는 자궁의 나선동맥의 변성 → 기저탈락막의 괴사를 초래하여 태반이 박리되어 출혈 • 말초 소동맥 경련 등의 혈관 질환(고혈압, 임신성 고혈압, 당뇨 등) • 양수과다증에서 파막이 될 때 : 많은 양의 양수가 갑자기 소실 • 5회 이상 경산부, 쌍태아(첫 아기의 분만 후 올 수 있음) • 짧은 제대, 태아의 외회전 시 탯줄견인 • 신체적 외상, 복부외상, 흡연, 마약복용, 자궁근종, 정신적 충격 등

병태생리

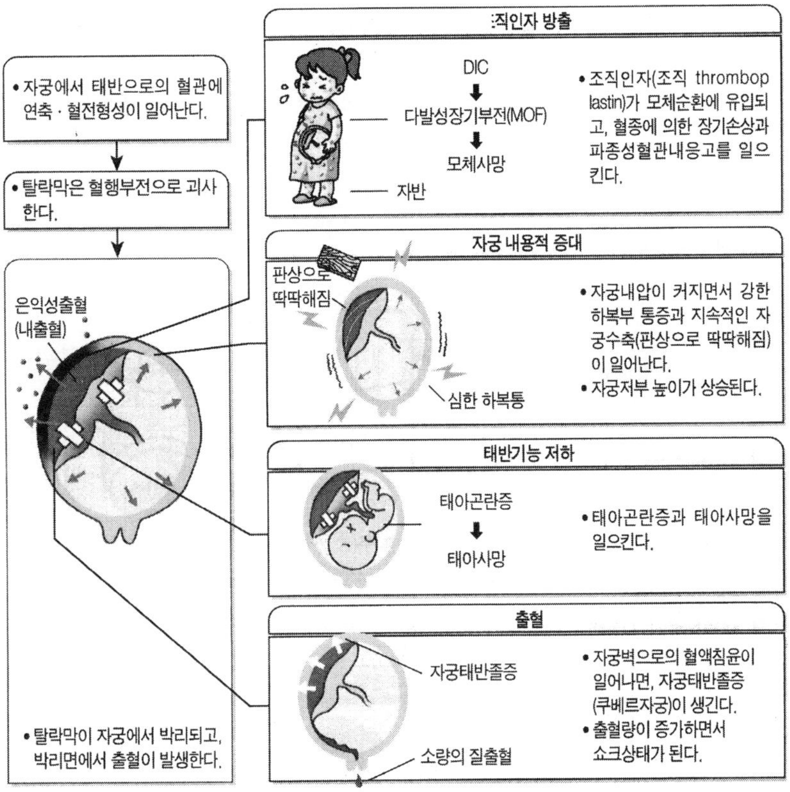

종류	외출혈	• 태반 가장자리부터 박리 시 출혈이 난막 뒤로 나와 배출됨
	은닉출혈	• 태반 중앙부터 박리 시 출혈이 태반과 자궁벽에 고여 있다 배출됨
	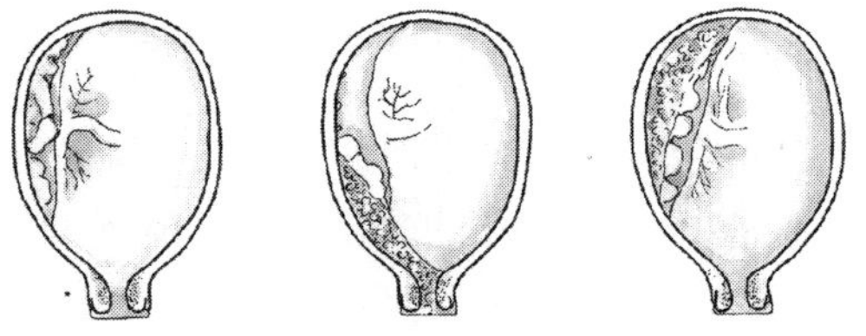 부분박리(은닉출혈) 부분박리(외출혈) 완전박리(은닉출혈)	
	• 태반조기박리 정도와 미치는 영향에 따라 분류	
	Grade 0	• 태반의 변연부가 조금 박리된 상태, 출혈량이 100ml 이하 • 모체에서 통증이나 응고장애 ×, 태아질식 증세 ×
	Grade Ⅰ	• 태반이 25% 이하 정도 박리, 출혈이 증가되어 100~500ml • 모체에서 자궁의 압통 및 경한 경직 • 모체나 태아 모두 이상증상이 나타나지는 않음
	Grade Ⅱ	• 태반의 약 50% 정도가 박리, 출혈도 500ml 정도 • 외부로의 출혈은 없을 수도 있으나 저혈량 상태가 초래될 가능성 있음

		• 모체에서 자궁의 강직이 증가되어 압통이 심해지고, 비상적인 응고장애가 일어나기도 함 • 태아는 질식상태가 초래되어 사망할 수도 있음
	Grade Ⅲ	• 태반의 50% 이상이 박리, 출혈은 500ml 이상 • 출혈이 외부로 나타나지 않을 수도 있지만 저혈량 상태 나타남 • 모체는 자궁강직이 심하고 사망할 수도 있음 • 태아는 보통 질식되어 사망
증상	복부통증	• 지속적인 복통과 자궁압통 • 통증은 경하거나 심하며, 침범된 자궁부위에 국한되거나, 자궁과 복부에 광범위한 부위로 확대되어 하부요통도 경험함 • 처음에는 날카로운 통증 → 후에는 둔한 통증이나 산통으로 변화
	질출혈	• 실혈량에 따라 쇼크증상이 달라지지만 많은 출혈이 은닉되어 나타나기도 하므로 쇼크의 정도가 질출혈량과 비례하지 않을 수도 있음 • 임신 말기 심한 복통을 동반한 질출혈 – 은닉출혈 : 암적색 질출혈 – 외출혈 : 선홍색 출혈 • 저혈량 쇼크 : 요량감소, 무뇨, 혈소판 감소, 혈색소 감소, 혈액응고장애, 혈압하강 • 자궁태반졸중 – 분리된 태반과 자궁벽 사이에 혈액이 고여 나타남 – 자궁은 나무판자처럼 딱딱하고 푸른색을 보이며 수축력을 잃게 됨
	자궁수축	• 자궁수축과 수축 사이에 이완이 없이 자궁의 긴장력이 증가하여 강직상태 • 자궁 긴장도 증가 : 나무판자처럼 단단해져 태아 촉지 불가
	자궁저부상승	• 자궁저부의 상승으로 높은 자궁저부의 높이 • 은닉출혈 : 자궁저부가 높아짐 • 복부검진으로 증대된 자궁을 볼 수 있으며, 반복검사 시 증대가 더 심해지면 태반 뒤에 혈액이 축적된 증거로 볼 수 있음
진단	초음파검사	• 태반후벽의 혈액응고 덩어리(혈종 형성)를 발견 • 태반 후면의 혈괴와 태반의 두꺼움, 태반박리 확인
	양수 Apt 검사	• 질출혈이 있을 때 모체측 또는 태아측의 혈액인지 구별하는 방법 • 4.5ml 증류수와 0.5ml 양수 섞어서 흔든 다음 0.25% NaOH 1ml을 섞은 후 색의 변화를 평가 • 태아와 탯줄 혈액인 경우 : 분홍빛 • 모체측 혈액인 경우 : 갈색

<table>
<tr><td rowspan="6"></td><td>질검진</td><td colspan="2">• 태반조기박리인 것이 확실해지면 자궁경부의 상태 확인 위해 질검진 실시
• 전치태반과 구별해야 함(전치태반은 질검진 ×)</td></tr>
<tr><td>Grade 0</td><td colspan="2">• **임신 37주 이전 :** 안정, 자궁근 이완제 투여, 증상에 따른 관리
• **목표 :** 태아가 성숙할 때까지 임신을 유지하는 것
• 태아상태와 자궁수축 모니터하며 임부 상태 평가하는 것</td></tr>
<tr><td>Grade Ⅰ</td><td colspan="2">• 임신주수, 자궁경부상태와 위험 시 즉시 수술 가능 여부에 따른 계획
• 출혈 심하지 않고, 경과 개대가 계속 진행, 태아 하강 진행 시 → 질분만 시도
• 태아 생존, 태아곤란증, 심한 출혈, 응고장애 시 → 제왕절개분만</td></tr>
<tr><td>Grade Ⅱ, Ⅲ</td><td colspan="2">• 산모의 신체상태를 회복하고 유지시키기 위한 관리
• **저혈량 쇼크대비 :** 수액요법, 수혈준비, 산소투여
• **중심정맥압 모니터 :** 산모의 혈역동학적인 상태 사정
• **DIC :** 전혈과 혈소판 수혈
• **저섬유소원증 :** 냉동침강물이나 신선동결혈장 수혈, 응급수술 준비</td></tr>
<tr><td>간호</td><td colspan="2">• 산모와 태아상태 모니터
• **출혈대비 :** 혈색소, 혈소판, 혈액응고시간, 프로트롬빈시간, 혈액교차 시험, 수혈 혈액 준비
• **정체도뇨관 삽입 :** 소변량 측정, 단백뇨 검사 → 신장기능저하 의미</td></tr>
<tr><td colspan="3">치료 및 간호</td></tr>
<tr><td rowspan="5">합병증</td><td rowspan="4">산모</td><td>저혈량성 쇼크</td><td>• 저섬유소원혈증으로 인한 응고결함
• 과다출혈로 저혈량성 쇼크, 빈혈</td></tr>
<tr><td>자궁태반졸증</td><td>• 출혈이 자궁근층 내로 스며들어 푸른색으로 변화</td></tr>
<tr><td>파종성 혈액응고 장애(DIC)</td><td>• 자궁 근육층이 손상을 받아 thromboplastin이 임부혈액으로 유입되어 혈액응고 되는 현상
• 산재성 혈관내 응고증으로 저섬유소혈증, 혈소판 감소증, 응고인자 감소로 혈액응고장애로 출혈</td></tr>
<tr><td>뇌, 신장, 뇌하수체 등의 허혈성 괴사</td><td>• 허혈로 신부전
• 시한증후군(Sheehan's syndrome)
– 산모가 아기를 출산한 후 뇌하수체 손상이 생겨 발생하는 질환
– 출산 시 산후 출혈에 의한 뇌하수체의 허혈성 괴사로 뇌하수체 기능 저하증이 나타나게 됨</td></tr>
<tr><td>태아 신생아</td><td colspan="2">• 조기진통, 조산
• 태아곤란증, 저산소증
• 주산기 사망률의 15~25%</td></tr>
</table>

3 출혈과 관련된 건강문제

1. 저섬유소혈증(Hypofibrinogenemia)

정의	• 응고에 의해 출혈을 조절하는 혈장 섬유소원이 감소되어 초래
기전	• 태반조기박리에 의해 트롬보플라스틴이 말초혈관 내에서 작은 fibrin 형성으로 피브리노겐 수치가 순환 혈액 내에서 감소됨에 따라 정상응고기전이 손상
관련질환	• 양수색전증, 계류유산, 패혈유산, 태반조기박리 등
치료	• 혈액과 섬유소원 보충 • 임신종결

2. 파종성 혈액응고장애(DIC ; Disseminated intravascular coagulatuin)

정의		• 지속적인 만성출혈로 프로트롬빈과 혈소판, 기타 응고인자들이 증가되어 소혈관에 혈전을 형성하고 이것이 결국 응고인자들을 다 소모시켜 심한 출혈이 발생하는 현상
관련질환		• 태반조기박리, 자궁 내 태아사망, 패혈증, 양수색전증, 임신성 고혈압
증상		• 혈소판 감소, 섬유소원 감소, 프로트롬빈시간(PT) 지연 등 • 산모 : 주사부위나 잇몸에서의 출혈, 혈뇨와 같은 비정상적인 출혈, 피부의 출혈반응인 점상출혈
진단		• 프로트롬빈(PT)과 부분트롬보플라스틴시간(PTT)은 증가 • 혈소판, 섬유소원 수치는 감소
영향	산모	• 집중관리, 패혈증이나 산혈증, 저혈압과 같은 산모의 신체적 문제로 인해 태아나 신생아 위험 증가
	태아 · 신생아	• 저산소증 유발
치료		• 응고장애요인 보충, 신체적 기능을 유지하도록 도와주기 • 첫 2시간이 중요 : V/S, I/O check • 원인 치료

03 임신과 관련된 질환

1 임신성 고혈압(PIH ; Pregnancy Induced Hypertension)

<table>
<tr><td>정의</td><td>• 임신의 직접적인 결과로 초래된 특별한 상태로 임신 전부터 고혈압이 있거나 임신 중 혹은 산욕초기의 합병증으로 일어나는 혈관장애
• 혈관경련 질환으로 임신 전 정상이던 여성에게 임신 20주 이후 고혈압, 부종, 단백뇨가 나타나는 질환
• 임신성 고혈압의 15~25%에서 단백뇨가 발생하여 자간전증으로 이행</td></tr>
<tr><td>원인</td><td>• 초임부(융모막 융모가 처음 노출된 것과 연관)
• 20세 이하, 35세 이상의 임부
• 혈관질환(당뇨병, 신장질환, 만성고혈압)
• 다태임신, 포상기태, 거대아
• 영양결핍 등</td></tr>
<tr><td>병태생리</td><td>• Angiotensin Ⅱ의 민감성 증가로 혈관수축과 내피세포 손상 초래

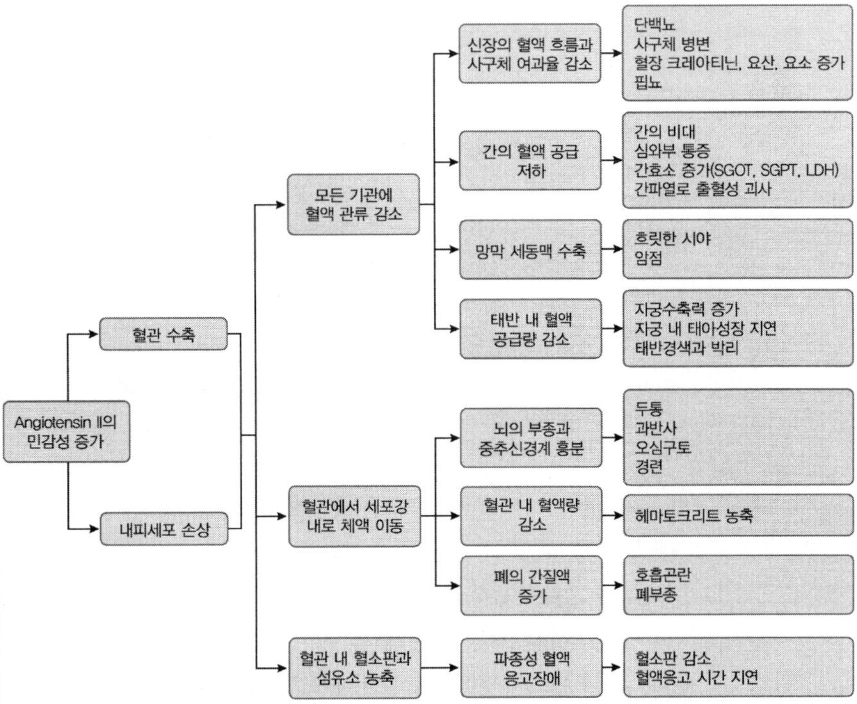

• 임신 시 혈량증가와 프로스타글란딘의 비정상적 작용, 내피세포의 활성화 등으로 혈관 경련 → 관류저하 → 혈압상승, 혈행감소</td></tr>
</table>

<table>
<tr><td rowspan="4">증상</td><td>고혈압</td><td colspan="3">• 자간전증의 첫 증상
• 기본혈압보다 수축기 30mmHg 이상, 이완기 15mmHg 이상 상승
• 140/90mmHg 이상</td></tr>
<tr><td>부종
(체중증가)</td><td colspan="3">• 갑작스런 체중증가
• 얼굴과 손의 확연한 부종
• 900g/주 또는 2.7kg/월 이상 증가 시 의심</td></tr>
<tr><td>단백뇨</td><td colspan="3">• 24시간 요검사 및 분석, 혈압 상승, 체중증가보다 나중에 나타남
• 임신성 고혈압 진행 정도 확인 지표</td></tr>
<tr><td colspan="4">• 자간전증에서 자간증으로 악화 암시증상
– 뇌의 부종과 중추신경계 흥분으로 인한 심하고 지속적인 두통
– 망막 세동맥 수축으로 인한 희미한 시야
– 사구체 여과율 감소로 인한 핍뇨, 단백뇨 증가(24시간 소변 : 단백질 300mg 이상)
– 간의 혈액공급 저하로 인한 상복부 통증(epigastric pain or RUQ pain)</td></tr>
<tr><td rowspan="7">유형</td><td>구분</td><td>경증 자간전증</td><td>중증 자간전증</td><td>자간증</td></tr>
<tr><td>혈압</td><td>• 140/90mmHg 이상
• 평소혈압 30/15mmHg 이상↑</td><td>• 160/110mmHg 이상
• 평소혈압 60/30mmHg 이상↑</td><td>• 수축기혈압 180~200mmHg</td></tr>
<tr><td>소변</td><td>• 단백뇨 : ×, 극소량</td><td>• 단백뇨 : 24시간 소변 내 5g/L 검출
• 핍뇨 : 500mL/24h 이하</td><td>• 심한 단백뇨
• 핍뇨, 무뇨</td></tr>
<tr><td>부종</td><td>• 전신부종 : 약간
• 손가락, 안검부종
• 요흔성부종(pitting edema)</td><td>• 전신부종
• 폐부종
• 뇌부종으로 CNS 기능 저하</td><td>• 현저, 없기도</td></tr>
<tr><td>기타</td><td>• 심한 체중증가</td><td>• 심하고 계속적인 두통
• 망막출혈, 협착, 삼출물
• 시각장애, 혈소판 감소증
• 심와부 통증
• HELLP syndrome
• 태아발육 지연</td><td>• 경련
• 혼수상태
• 체온상승</td></tr>
<tr><td rowspan="2">HELLP syndrome</td><td colspan="3">• 중증 자간전증 환자에게서 나타나는 합병증
• 임신 36주 이전에 증상이 출현
• 병리기전 : 혈관 내피세포의 기능 부전
• 증상</td></tr>
<tr><td>용혈
(hemolysis)</td><td colspan="2">• 적혈구 용혈로 빈혈발생, 혈청 빌리루빈 증가</td></tr>
</table>

		간효소 증가 (elevated liver enzyme)	• SGOT, SGPT 등의 간효소 증가, 간허혈, 우상복부 통증, 오심과 구토	
		저혈소판혈증 (low platelet)	• 저혈소판혈증으로 출혈 위험성 증가	
진단	산전진찰	• 체중, 혈압, 소변검사(단백뇨)		
	Roll over test	• 임신 28~32주 시행 • 좌측위에서 안정 취한 후 앙와위에서 각각 혈압 측정 → 양성(이완기압 20mmHg 이상 상승 시) 확인		
치료 및 간호	경한 자간전증	침상안정	• 통원치료 가능 • 활동제한, 침상안정, 성생활 자제	
		주기적 관찰	• 매일 혈압과 체중측정, 소변검사로 단백량 측정, 부종 확인	
		균형식이	• 단백질 섭취 증가, 적절한 염분 식이	
		좌측위	• 대정맥 압박 방지 → 정맥환류량, 순환혈류량, 태반·신장 혈류량 증가	
	입원 시 간호	• 혈압 150/100mmHg ↑, 단백뇨 1g/24h ↑시 입원		
		입원 시 확인사항	• 자각증상 : 시각장애, 심와부 통증, 두통 • 혈압, 체중, 부종, 단백뇨 검사 • 혈소판·크레아티닌·요산·간기능검사(AST, LDH, 빌리루빈)	
		태아사정	• NST, 태동기록 • 3~4주간 간격으로 초음파 촬영 • 양수천자(폐성숙 확인)	
		경련예방 간호	• 방을 어둡게 하고 소음 × • 방문객 제한 • 자극이 적은 환경 유지 • 침대 난간 올려 낙상 예방 • 좌측위	
	중증 자간전증	절대안정	• 입원 후 절대안정	
		식이	• 고단백, 저염, 고탄수화물, 고섬유질 식이, 수분섭취	
		변비예방	• 절대안정 결과 나타나는 변비예방	
			작용	• 신경근육 전달 방해하는 중추신경억제(경련감소) • 항경련제

<table>
<tr><td rowspan="5"></td><td rowspan="3">항경련제 [황산마그네슘 (Magnesium sulfate)] 투여 ($MgSO_4$)</td><td></td><td colspan="2">• 평활근 이완제로 혈관 평활근육을 이완시켜 말초동맥과 소동맥 확장으로 혈압 감소, 자궁혈관수축빈도나 강도저하
• 세동맥 경련의 이완으로 체액은 간질강에서 혈관 내로 이동하며 부종 감소, 혈액량 증가로 신장관류 증진되어 소변량이 증가</td></tr>
<tr><td>중독 증상</td><td colspan="2">• 심부건 반사 소실 : 슬관절 반사 소실 앉은 자세나 누워있는 자세에서 대상자 무릎을 굴곡시키고 슬개골 밑의 슬개건을 가볍게 두드림
• 맥박, 혈압 저하
• 호흡수 감소(12~14회 이하)
• 소변량 감소(25mL/h 이하) → 급성 신부전 진행
• 기면상태, 운동실조, 부정확한 발음 등
• 순환장애, 태아 서맥 등</td></tr>
<tr><td>간호</td><td colspan="2">• 치료적 혈중농도 4.0~7.5mEq/L 유지 (정상 1.5~2.5mEq/L)
• V/S 측정 : 투여 전 반드시 호흡수, 태아 심박수 측정 → 호흡 12~14회 이하, 혈압 저하 시 stop
• 심부건 반사 확인
• 중추신경계 반응사정 : 졸림, 기면, 부정확한 발음, 운동실조증, 지남력 사정
• I/O 측정 : 소변량이 25mL/h 이하 시 → $MgSO_4$ 독성증상 의심
• 독성증상 시 10% calcium gluconate 정맥 투여(침상 옆 준비)
• 수분과 전해질 모니터 : 저혈량증과 순환혈액량 증가 사이의 균형 위해 수분 공급</td></tr>
<tr><td rowspan="2">기타 약</td><td rowspan="2">혈압하강제</td><td>칼슘통로 차단제</td><td>• Nifedipine(procardia) : 말초세동맥 확장</td></tr>
<tr><td>Hydralazine</td><td>• 혈관확장제로 동맥과 정맥 모두 작용</td></tr>
</table>

				• 말초혈관의 평활근을 이완시켜 말초혈관 저항을 감소시켜 수축기, 이완기 혈압을 감소시킴
			진정제	• Diazepam(valium), Phenobarbital • 장기간 진정효과, 태아에 부정적 효과
			스테로이드	• Dexametasone, Betametasone • 재태기간 34주 미만 태아의 폐성숙 • 치료 효과 극대화 위해 분만 24~48시간 전 투여
			Methergine	• 투여금기(BP ↑)
			알부민	• 혈청 내 단백질 저하 • 염분이 적은 알부민(25~50mL)을 정맥주사
			이뇨제	• 되도록 사용 ×(혈관 내 용적을 더욱 감소시켜 태반관류에 악영향)
	자간증	기도유지	• 흡인 방지 위해 머리를 옆으로 돌려줌	
		경련발생	• 시작시기, 경련과정, 부위, 기간, 실금유무 등 확인 • 경련 동안 태아 서맥, 태아조직박리 가능성 있기에 관찰	
		손상예방	• 침대난간 올리기, 억제대 ×	
		약물	• $MgSO_4$, diazepam 투여, 지속적인 경련예방 위해 dilantin 투여	
		경련 후	• 기도유지 확보, 산소공급 • 지속적인 태아심음 관찰 • 활력징후 측정 • 폐부종, 순환장애, 신장 기능장애, 뇌출혈 등의 증상 사정	
간호	활력징후	• 혈압 측정, 맥박, 호흡, 체온 측정		
	태아심음	• 지속적인 태아심음 상태 사정		
	배설량	• 소변 배설량 정확하게 측정 • 시간 당 소변량이 30ml 이상, 24시간 소변량이 700ml 이상 되어야 함		
	단백뇨	• 3+, 4+ : 24시간 동안에 5g 이상의 단백질 배설을 의미		
	요비중	• 매시간 배뇨시마다 요비중을 측정 • 1.040 이상 : 핍뇨와 단백뇨 의심		
	부종	• 얼굴, 손가락, 손, 팔다리, 발목, 발 그리고 천골부위에서의 요흔성 부종 유무 확인 후 촉진(1+~4+ 구분)		
	체중	• 매일 같은 시간에 같은 옷을 입고 체중 측정		

	폐부종	• 습한 호흡음이 있는지 지속적인 청진, 기침관찰
	심부건 반사	• 상완, 손목, 무릎, 발목, 아킬레스의 과도한 반사 유무 확인 • 심부건 반사, 발목간대성 반사 사정
	태반박리	• 매시간 질 출혈이나 자궁수축 사정
	두통	• 두통부위와 두통 유무 확인
	시각장애	• 시야에 검은 점이나 불빛이 움직이는 증상과 같은 시각장애와 시야의 흐려짐 사정
	심와부 통증	• 심와부 통증 확인 • 오심, 구토 혹은 등 쪽으로 뻗치는 우상복부 통증도 함께 사정
	혈액검사	• 헤마토크릿 : 혈액농축 여부 확인 • 혈액요소질소(BUN) : 신장 기능 측정 • 크레아티닌 검사, 요산 검사 • 혈액응고시간 검사 : 혈소판감소증이나 파종성 혈관내 응고(DIC) 확인 • 간 효소와 전해질 검사 확인
	의식수준	• 의식상태, 감정변화, 경련이나 혼수상태 증상을 사정
	정서적 반응과 이해 수준	• 정서적 반응을 주의깊게 사정 : 정서적 지지나 교육 제공 위해

2 임신성 당뇨병(GDM ; Gestational Diabetes Mellitus)

정의	임신 전 당뇨	• 당뇨병이 임신 전부터 있었고 분만 후까지 증상이 지속되는 것 • 대부분 인슐린 의존성 당뇨병, 임신 전 기간 동안 임부의 대사이상으로 태아에게 손상 초래
	임신성 당뇨	• 임신 중반기, 말기의 대사장애로 인해 태아에게 손상 • 출산 후 회복
발생기전	• 임신 초 인슐린 분비 증가에 대한 태반호르몬의 길항작용으로 인슐린에 대한 저항 증가(태반호르몬인 태반락토젠, 에스트로겐, 프로게스테론 등의 증가가 인슐린 작용억제) • 말초조직의 인슐린에 대한 저항성 증가 → 증가된 인슐린 요구량을 감당하지 못할 때 당뇨 발생	
위험요인	• 30세 이상의 임부, 비만, 유형 Ⅱ 당뇨병 가족력 • 4kg 이상의 비만한 신생아 출산 • 양수과다증 • 원인 모를 사산, 유산, 선천성 이상을 지닌 신생아의 분만경험	

	시기	기전	인슐린 요구량	혈당변화
인슐린 요구량	임신 1기	• 뇌하수체 전엽 호르몬 억제 → 인슐린 요구 저하 • 임신은 모체 췌장 β세포 자극 → 인슐린 생산 늘림 • 혈당이 태아로 이동 → 혈당 낮아짐 • 모체 인슐린은 태반 통과하지 않음 • 배아 발달 → 당 소모 증가 • 임부 입덧으로 칼로리 섭취 감소 • **합병요인** : 식욕감퇴, 오심, 구토 흔함, 혈액산성화로부터 회복은 인슐린 길항물질 때문에 더욱 어려움	정상 또는 저하	• 혈당과소증 • 기아, 케토시스, 케톤혈증 증가
	임신 2기	• 태반호르몬의 항인슐린 성질 때문에 증가 • **합병요인** : 혈액흐름의 증가 → 신장역치 감소, 체내에서 유당 등 증가	증가	• 혈당과다증 • 케톤혈증, 아미노산혈증 초래
	임신 3기	• 태반호르몬 증가로 인슐린 요구량이 현저하게 증가 → 인슐린 길항제 작용 • **합병요인** : 임신 2기와 동일	증가	
	분만	• 진통 시 근육의 지나친 사용으로 많은 에너지 소모, 신진대사 증가 → 요구량 감소 • 당 섭취 부족	감소	• 혈당과소증 • 기아, 케톤혈증 증가
	분만 후	• 태반호르몬 감소 → 요구량 현저하게 감소	감소	• 혈당과소증
		• 산후 감염 시 인슐린 요구량 증가	증가	• 혈당과다증
당뇨병이 임신에 미치는 영향	임부	비뇨기계 감염	• 모닐리아성 질염, 신우신염, 무증상 세균뇨	
		임신성 고혈압 발생률 증가	• 정상임부보다 4배 이상	
		양수과다증	• 삼투압, 태아 과혈당증과 관련 • 유산, 조산, 비정상태위, 조기파수, 제대 탈출, 태반조기박리, 산후 출혈 가능성 증가	
		난산 및 산도손상	• 태아 거구증 → 제왕절개 분만 증가	
		케톤산증 (ketoacidosis)	• 심한 과혈당, 케톤뇨, 산증 동반 → 태아사망률 높음	
		• 산후출혈 빈도 증가		

		• 거대아, 태아 저혈당증, 기형의 빈도		
		감시	소변검사	• 당뇨, 세균(요로확인), 케톤검사
		감시	HbA1C 검사	• 당의 흐름 감시
		감시	안저 검사	• 임신 1기 혈관 변화 사정
	태아	거대아	태아의 고혈당	• 모체의 고혈당은 태반통과성이 있어 농도 의존성으로 태아에게 이동 → 태아 고혈당을 유발(모체인슐린은 태반 통과 ×)
	태아	거대아	태아인슐린 분비과잉	• 고혈당을 인지한 태아의 췌장 β 세포가 과형성을 일으켜 인슐린이 과도하게 분비 • 태아의 glycogen, 지방, 단백질 합성을 촉진 → 거대아
	태아	저혈당증 · 저칼슘혈증		• 분만 시 모체에서 고혈당 공급이 중단되어 분만 후 1~3시간 내에 저혈당증이 발생하고 이후 1~2일 후 저칼슘혈증 발생
	태아	고빌리루빈혈증		• 태아성장 지연 시 간 대사 미숙으로 발생, 저산소증에 반응하여 생산된 과도한 적혈구로 인한 다혈구혈증
	태아	호흡곤란증	태아의 계면활성제 합성의 지연	• 고혈당을 인지한 태아의 췌장 β 세포가 과형성을 일으켜 인슐린이 과도하게 분비 → 계면활성제 합성의 지연 → 폐성숙이 잘 안됨 → 호흡곤란증후군 발생
	태아	선천성 기형		• 신경관 결함, 심장결함, 위장계통 결함, 신장기형 등
	태아	감시	초음파 검사	• 태아성장, 양수량과 임신 주수 확인 • 심장기형 확인
	태아	감시	에스트리올	• 임신 30~32주 24시간 소변 검사 • 태아발육 이상, 양수과다증 확인
	태아	감시	NST	• 임신 28주 이후 1~2회/주 실시, 태아안녕 상태 확인
	태아	감시	양수천자	• 폐성숙 평가위해 L/S 비율 확인
	태아	감시	알파피토프로테인	• 선천성 기형
	태아	감시	생물리학적 계수	• 태아안녕과 자궁내반관류 검사
진단검사	• 선별검사 : 24~28주 사이에 시행			
진단검사	50g 경구당부하 검사			• 하루 중 아무 때나 50g의 포도당 용액을 섭취하고 1시간 후 혈당 측정 • 기준 수치를 140mg/dL로 설정 시 80% 임신성 당뇨 환자 선별 가능

<table>
<tr><td></td><td>100g
경구당부하
검사</td><td colspan="4">• 선별검사 양성 산모에게서 시행
• 공복혈당을 측정하고 이어서 100g의 포도당 용액 섭취 후 1, 2, 3시간 후에 각각 혈당 측정
• 2개 이상이 증가하면 임신성 당뇨로 진단
• 이 중 하나라도 증가되어 있으면 32주에 다시 검사</td></tr>
<tr><td rowspan="9">간호중재</td><td>영양</td><td colspan="4">• 칼로리 : 35kcal, 2,000~2,500kcal
• 탄수화물 40~50%, 지방 30~35%, 단백질 20~25%
• 혈당지수가 높은 음식은 피함
• 거르지 않고 규칙적인 식사
• 적절한 체중증가 : 임신 1기 주별 1~30g, 그 이후 0.18kg/주</td></tr>
<tr><td>혈당치 측정</td><td colspan="4">• 1일 4회 측정 : 아침, 점심, 저녁 식사 전, 취침 전
• 공복혈당 : 80~110mg/mL
• 식후 2시간 혈당 : 150~160mg/mL
• 경구용 혈당강하제 금기 → 태아기형 유발
• 필요시 인슐린 투여 : 인슐린주사는 NPH인슐린과 레귤러인슐린 병용</td></tr>
<tr><td>소변검사</td><td colspan="4">• 당수준이 4+ 경우 → 의사에게 보고</td></tr>
<tr><td>운동</td><td colspan="4">• 규칙적인 운동 : 포도당 이용증가, 인슐린요구를 감소, 순환증진, 근육긴장 증가
• 매일 30분 정도의 산책 → 혈당이 상승하는 시점인 식후에 하기
• 운동은 당을 근육으로 흡수, 혈당 떨어지게 함, 운동영향은 12시간까지 지속
• 운동 금기 : 임신성 고혈압, 조기양막파수, 조기진통, 자궁경관무력증, 자궁출혈, 자궁 내 성장제한</td></tr>
<tr><td>태아사정</td><td colspan="4">• 규칙적 태아상태 사정 → NST</td></tr>
<tr><td>분만 간호</td><td colspan="4">• 제왕절개분만 : 만삭 시 거대아 분만으로 인한 분만 시 손상을 피하고 만삭 전에 안전하고 분만하고자 할 때 실시</td></tr>
<tr><td rowspan="3">분만 후 간호</td><td>모체</td><td colspan="3">• 분만 후 인슐린 요구량이 급격히 감소 → 레귤러 인슐린 사용, 수액공급</td></tr>
<tr><td>신생아</td><td colspan="3">• 분만 후 신생아의 저혈당 증상확인 → 저혈당 시 포도당 투여</td></tr>
<tr><td>피임법</td><td>제한</td><td>복합
경구
피임제
제한</td><td>• 복합경구피임제는 당뇨병 여성에게 탄수화물 대사에 프로게스테론이 인슐린 길항 효과로 당뇨병 악화와 혈전, 혈관 합병증에 영향으로</td></tr>
</table>

					에스트로겐이 응고인자, 섬유소원 증가, 섬유소 용해 감소로 혈전색전증이 발생
				자궁내 피임장치 제한	• 감염유발로 골반 감염률이 높음
			격려	• 콘돔, 다이아프램, 살정제 같은 방법 추천	
		지속적인 치료	• 출산 후 6~12주에 공복혈당 또는 75g 당부하검사 시행 • 당뇨 진단 시 : 내분비내과 전문의 진찰 • 정상 : 3년마다 혈당 확인하도록 함 • 비만여성 : 체중감소를 위해 노력, 적절한 운동 시행		

3 심장질환(Heart disease)

정의	• 임신 시 혈액량의 증가 → 심장질환이 동반되어 심장에 부담		
분류	종류	증상	임신
	Class Ⅰ	• 신체활동을 할 때 불편감 ×, 심부전과 흉통 ×	적절한 관리로 임신유지기능
	Class Ⅱ	• 안정 시는 증상 × • 일상의 활동으로 피로, 심계항진, 호흡곤란, 흉통 등이 일시적으로 있음	
	Class Ⅲ	• 신체활동에 제한이 많음 • 약간의 활동으로도 피로, 심계항진, 호흡곤란, 흉통 등	임신 전 정확한 진단 필요→치료 후 임신
	Class Ⅳ	• 모든 활동에 불편함 • 안정 시에도 심부전증이나 흉통	
증상	• 2주 이상의 지속적인 열 • 흉막염으로 인한 흉통 • 비뇨기계 증상 • 호흡곤란 • 후기 : 심장에서 잡음 청진		

임신기별 심장부담의 변화	임신 초반기			• 혈액량증가로 심박출량 증가 • 혈압과 혈관의 저항 감소
	임신 28~32주경			• 혈장량 최고 30~50%까지 증가 → 그 이후 감소
	분만 시			• 진통 시마다 심박출량 증가 → 심부담 증가
	분만 후 24~48시간			• 자궁 · 태반 순환 소실로 조직 내 수분이 혈관 내 이동하여 정맥귀환 증가로 산모의 심부담 증가(가장 위험한 기간)
	분만 후 3~4일			• 현저한 이뇨작용과 발한으로 심부담이 경감
간호중재	산전간호	스트레스 감소		• 충분한 휴식 • 충분한 수면 취하고 오전, 오후 30분씩 쉬거나 낮잠 취함 • 자세 : 반좌위로 좌측위(심장 부담 경감)
		식이		• 저염식, 고단백식이 • 철분 보충(빈혈예방) • 카페인 제한
		체중증가 제한		• 10~12kg(심부담 감소) 이하 • 심장과 순환계에 부담감 가중
		투약	강심제	• 투약받던 부인은 임신 중에도 계속복용
			이뇨제	• Class Ⅲ, Ⅳ 임부에게 처방 • 포타슘(K) 부족과 체위성 저혈압 증상 확인
			헤파린	• 태반 통과하지 않는 항응고제 • 임신 전이나 임신 초반기 투여가능 • 분만직전 헤파린 사용 중단 • 와파린 × : 자연유산, 사산, 기형유발
			항생제	• 세균성 심내막염 예방
		감염예방		• 예방적 항생제 투여 • 비뇨기 감염예방 : 적절한 회음부 간호 시행 • 매주 산전 진찰 : 합병증 예방
	분만 시 간호			• 분만 1기 진통제 투여(분만 통증 감소는 심장 부담을 줄임) • 복압을 주지 않도록 미단부, 경막외 마취를 하며, 분만 2기 단축을 위해 회음부 절개를 하기도 함 • 심장순환을 위해 머리를 올리고 옆으로 눕는 자세 • 아래로 힘주는 노력은 심실의 이완과 좌심실 혈류를 막기 때문에 피함 • 일반적으로 자연분만 → 흡입분만 등으로 힘을 주지 않도록 함

	분만 후 간호	• 분만 직후 24시간 동안 가장 위험한 시기(심박출량 증가) → Methergine 투여 금지 • 복대와 사지 압박대 착용(복압상실로 인한 내장 혈관의 울혈과 심장혈액 유입량의 증가 억제 위해) • 분만 후 자궁수축제로 옥시토신 주입(ergonovine 제제는 혈압 증가로 심부담을 가중시키므로 피함) • 활력징후, 출혈, 자궁수축, 소변배설량, 통증 관찰 • 체중 매일 측정 • 활동 제한 및 충분한 휴식과 적절한 식이 • **경한 진정제 및 진통제** : 긴장과 스트레스 감소 • **변 완화제 투여** : 변비예방 • **모유수유** : Class Ⅰ, Ⅱ에서는 가능 • **복합경구피임약 금기** : 혈전성 정맥염 위험, progestin이 효과적 • **자궁내장치금기** : 판막치환술 여성에서 감염 위험

4 갑상선 기능장애

1. 갑상선 기능항진증(Hyperthyroidism)

원인	• 임신 시 갑상선 기능은 HCG와 에스트로겐 영향으로 약간 항진 • 혈액공급증가와 갑상선의 과형성으로 갑상선 비대
증상	• 기초대사율과 교감신경계 활동 증가 증상 • 신경과민, 과도한 활동, 허약감, 피로, 체중감소, 설사, 빈맥, 짧은 호흡, 발한, 열에 대한 민감성, 근육 진전 등 • **임부** : 무배란, 무월경, 조산, 사산, 임신오조증 • **태아** : 적은 체중, 갑상선 중독증
진단	• T_3, T_4 측정
치료	• **약물치료** : PTU(prophylthiouracil) 투여 • **수술** : 임신 중기 초부터 임신 말기 시행(임신 초에는 유산과 조산위험 증가)
간호	• 갑상선 약물이 태반을 통과 → 태아에게 갑상선 기능저하증과 갑상선종 유발 • **수유모** : 갑상선항진증 치료제가 모유 통해 신생아에게 전달 → 모유수유 ×

2. 갑상선 기능저하증(Hypothyroidism)

원인	• 질병, 수술이나 방사선에 의한 갑상선 절제, 항갑상선 약물	
증상	• 기면, 허약감, 식욕부진, 체중증가, 정신장애, 변비, 두통 등 • 임부 : 자연유산의 높은 위험, 사산, 자간전증, 태반조기박리, 빈혈, 산후출혈 빈도 높음 • 신생아 : 저체중아 혹은 건강	
치료	• 갑상선 호르몬제 투약 : synthyroid	
	임신 전 갑상선 저하로 진단받은 경우	• 임신 시 임신 전 용량을 계속 투여
	임신 시 임부의 갑상선 기능 저하시	• 태아 신경 발달에 영향 미침 • 임신기간 중 T_4 용량을 50% 이상 증가
	출산 후	이전 용량으로 복용

5 임신오조증(Hyperemesis gravidarum)

정의	• 정상입덧 : 임신 6주경에 시작하여 임신 12주에 증상 완화 • 임신 중 입덧이 심하여 탈수, 전해질 불균형, 영양결핍으로 체중저하가 심한 상태	
원인	• HCG의 상승, 에스트로겐 · 프로게스테론 증가, 위장운동 감소, 위산감소, 식도역류 등 • 내분비 불균형(갑상선 기능항진) • 어머니로서의 역할갈등, 신체변화, 생활방식의 변화로 인한 양가감정	
증상	• 임신 6~12주 사이 및 그 이후의 심한 입덧 • 계속적 오심, 구토 : 음식섭취 불가능 → 체중감소 • 탈수 : 소변량 감소, 피부건조, 구강건조, 입안이 마르고 입술 갈라짐 • 기아 : 체중감소, 탄수화물 부족으로 지방을 사용하여 아세톤뇨 발생 • 간장애 : 황달 • 섬망, 불면증 • 전해질 불균형, 영양실조 미치료 시 → 혼수상태로 사망	
진단 기준	• 임신 초기 통제 불가능한 오심, 구토, 탈수, 케톤뇨증(ketosis) • 임신 전 체중의 5% 이상의 체중감소	
치료	치료목표	• 통제 가능한 구토 • 적절한 탈수 교정 • 전해질의 균형 • 적절한 영양유지
간호 중재	체중감소 예방	• 필요시 위관영양, TPN • 고칼로리, 고비타민 식이 섭취 : 비타민 B_1(thiamin)과 비타민 B_6(pyridoxine) 투여 : 비타민 결핍과 말초신경질환 예방

		• 항구토제 사용 • 기상 전 마른 탄수화물 권장 • **입원** : 24시간 금식 → 3000ml/24h 이상 수액공급, 정맥영양 공급 – potassium chloride 주입(저칼륨혈증 예방) • 상태호전 시 음식을 소량씩 자주 섭취
	수분 · 전해질 불균형 치료	• 섭취량, 배설량 관찰 • 수액에 비타민, 포타슘 첨가
	심리적 지지	

04 혈액학적 장애

1 철분결핍성 빈혈(Iron deficiency anemia)

정의	순환 혈액 내 적혈구수, 혈색소량, 적혈구 용적이 정상 이하로 감소되는 경우				
기준	구분	성인	임신 초기	임신 중기	임신 말기
	혈색소	12g/dL 미만	11g/dL	10.5g/dL	10g/dL
	헤마토크리트	36% 미만	37%	35%	33%
원인	• 임신 시 혈장량 증가에 비해 적혈구 증가가 적어 혈액희석에 의한 혈색소 농도감소로 생리적 빈혈 발생 • 임신 중반기부터 태아 철분 요구량은 급격히 증가하므로 충분한 영양섭취 부족 시 철분고갈로 Hb 생산이 불충분해짐 • 영양불량, 잦은 임신, 쌍태아 임신, 다량의 산후출혈				
영향	• 피로, 운동능력 저하 • 상처치유지연 • 감염빈도 증가 및 산후출혈 위험 • 임신성 고혈압 증가 • 태아성장부진, 조산, 자궁 내 태아사망 등				
간호 중재	철분이 풍부한 음식섭취	• 곡류, 간, 비트, 건포도, 녹색 야채, 붉은 살코기, 계란 등			
	경구용 철분제제 복용 (Vit C와 함께)	• 임신 중기 이후부터 산욕 초기까지 • 철분 투여시 임신성 구토 악화로 임신 1기에 투여 ×			
	철분흡수 방해	• 커피, 차, 초콜릿			

		• 우유 속의 인 • 제산제
	부작용	• 위장장애가 있으므로 식간 섭취 • 변비 발생 : 고섬유식이, 수분섭취, 적절한 운동 • 녹색변 또는 검은 색 변 : 철분이 대변으로 배출 • 액상의 철분제제 : 치아착색 가능성으로 빨대 이용

2 Rh 동종면역(Isoimmunization or Rh sensitization)

병태생리	• Rh(−)인 임부와 Rh(+)인 태아 사이에서 발생 • Rh(+) 남편과 Rh(−)인 부인 → Rh(+)인 태아임신 : Rh(+) 혈액의 일부가 모체 혈액 내로 침투 → 태반 박리 시 다량의 Rh(+) 혈액이 모체내로 침투 → 모체 내에 Rh(+) 항체가 발생 → 다음 임신 시 태아가 Rh(+)일 때 항 Rh(+) 항체가 태아순환에 들어와 적혈구 용혈 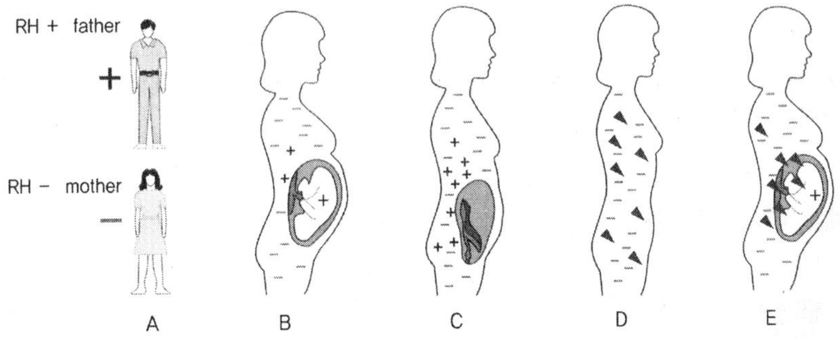 A. 임신 전의 Rh(−) 여성과 Rh(+)인 남편 B. Rh(+)인 태아의 임신 : Rh(+) 혈액의 일부가 모체 혈액 내로 침투 C. 태반박리 : Rh(+) 적혈구가 모체혈액 내로 다량 침투 D. 분만 후 72시간 내에 Rh(+) 혈액에 의해 감작되고 항Rh(+) 항체(▸)가 형성됨. 이때 Coomb's 검사 양성 E. 다음 임신 시 태아가 Rh(+)일 때, 모체에 항Rh(+) 항체가 태아순환 내에 들어가 태아의 Rh(+) 적혈구 세포의 용혈이 일어남
증상	• Rh(+)인 둘째 태아에게 나타남 • 태아에게 심한 빈혈 • 적혈구 감소로 조혈기관에서 적혈구 생산 촉진 : 태아 · 신생아 적아구증, 간장, 비장비대 • 심한 황달 • 자궁 내 사망, 출산 후 하루 이내 사망

치료	RhoGAM Rho(D) 면역글로불린	• 모체 혈액 내에 Rh D 글로불린을 가지게 함으로써 Rh 감작을 예방하는 것 • Rh면역글로불린은 어머니가 태아의 Rh 양성 적혈구에 항체를 생성하기 전 산모의 혈액 속에 들어온 태아 적혈구의 용해를 촉진함으로 항체 생산을 막음 • 수동면역을 갖게 하는 일시적 면역법으로 다음 임신에서 태아가 용혈성 질환의 영향을 받지 않게 하는 것	
		적응증	• 분만, 유산 후 여성에게 근육 또는 정맥주사 • 분만, 유산 후 72시간 이내에 투여 시 95% 이상의 예방효과 지님 • 만약 Rh D(−) 여성의 태아가 Rh D(+)일 때 임신 중 Coomb's 검사 결과 음성이라면 임신 28주에 RhoGAM 투약하여 모체의 동종면역 발생을 감소시키며 다음 임신을 위해서 분만 후 72시간 이내에 다시 RhoGAM 투여함

05 임신 중의 감염성 질환

1 비뇨기계 질환

호발요인	• 자궁팽창 → 요관이 좁아지고 눌림 • 프로게스테론 영향 → 요관, 신우의 이완 → 소변 배설지연으로 감염 가능성 상승
증상	• 배뇨 시 통증, 작열감 • 빈뇨, 긴박뇨 • 소변색의 변화 • 치골상부의 경련
진단	• 소변검사 : 중간뇨, 소변배양검사
간호	• 체온측정 : 감염 여부 확인 • 향료 섞인 비누, 스프레이 사용 피함 • 성행위 시 비뇨기 감염에 주의 • 수분섭취 권장 • 요의 시 즉시 소변 배출 • 배뇨 후 앞에서 뒤로 닦는 습관 갖기

2 감염성 질환

- 바이러스, 박테리아, 원충류, 곰팡이균에 의하며 이러한 균을 포함한 작은 물방울이나 공기에 의해 감염
- 임신 시 임부나 태아에게 많은 영향을 미치며, 신생아에게 선천성 기형, 주산기 감염의 원인이 됨

유행성 감기	• 감염의 이환률이 높고 조산과 유산의 빈도가 증가되며 폐렴이 합병될 가능성 • 증상 : 고열, 근육통, 요통, 목이 아프고 전신쇠약 • **인플루엔자 예방백신** : 임신 주수에 상관없이 임신부에게 안전
홍역	• **홍역임부** : 자연유산율과 조산율이 높음 • **신생아** : 선천성 기형 보고되지 않음, 분만 직전 임부 감염 시 신생아 감염 위험 증가 • 홍역에 노출된 3일 이내에 면역글로불린 근육주사하여 수동면역 • 임신 중 홍역 예방접종 ×
풍진	• 풍진 바이러스는 임신 1기에 태반 통과 → 4개월 이내 풍진 감염 시 태아 심각한 기형 유발 • 호흡기 통해 감염 • **증상** : 미열, 발진, 전신권태, 코감기, 다발성 관절염, 경부 후면 또는 귀 뒤의 림프샘증 • **결혼 전 여성** : 생균을 희석해서 만든 풍진 예방접종. 예방접종 후 3개월 동안 임신 × • 임신 중 예방접종 ×
수두 대상포진	• **임신 초기 감염** : 태반을 통한 감염으로 태아의 선천성 기형 초래 • **임신 20주 이후 감염** : 선천성 기형 × • **분만 전후 수두 바이러스에 노출된 태아** : 임부의 항체가 형성되기 전이므로 출생 후 신생아기에 심각한 위험 가능성 있음 • **노출된 임부** : 수두 대상포진, 면역글로불린(VZIG ; varicella-zoster immunoglobulin) 투여
거대세포 바이러스	• 호흡기나 성접촉에 의해 감염되며, 침, 눈물, 소변, 경관분비물, 유즙 등 체액에서 발견 • 태반과 분만 중 산도 통해 태아나 신생아에게 감염 • 주산기 감염의 가장 흔한 원인 • **임부 증상** : 전신권태, 혼수상태, 간종대, 고열 등 • **태아, 신생아 영향** : 정신지체, IUGR, 선천성 심장기형, 소두증, 사망 등 • 양수천자하여 양수에 거대세포바이러스 있으면 치료적 유산

TORCH	• Toxoplasmosis, Others, Rubella, CMV, Herpes • 익히지 않은 고기나 날 것의 섭취 통해 감염, 태반을 통과할 수 있는 감염균 • 임신 12주 이내의 노출은 태아 성장발달에 큰 영향 → 조기진단과 처치
β용혈성 연쇄상구균 감염	• 임신 시 태반 통해 유산, 사산, 자궁내막염, 융모양막염, 패혈증 초래 • 신생아 : 자궁 내에서 감염된 양수의 흡인으로 시작 → 신생아 패혈증, 정신장애, 발달장애 초래 • Penicillin, ampicillin과 같은 항생제 사용

3 성전파성 질환

질환	원인	임부 & 신생아 영향	간호
매독	Treponema pallidum	• 유산, 사산, 조산 • 자궁 내 성장지연 • 선천성 매독아	• 임신 5개월 이후 태반 통과 → 임신 4개월 동안 Penicillin 투여 • 부부 동시 치료
임질	Neisseria gonorrheae	• 조기파막, 조산, 융모양막염, 신생아 패혈증 • 자궁 내 성장지연 • 신생아 안염	• 분만 시 산도 통해 태아 감염 유발 • 질분만 시 임균성 안염 유발 → 에리스로마이신 안약 사용(c/s 시행) • **치료** : 세프트리악손 투여, 클라미디아 동반 시 에리스로마이신 투여
클라미디아	• Chlamycin trachomonas 균 • 무질서한 성접촉	• 요도염, 바르토르샘염, 난관염, PID 등 • 산도 통한 수직감염 → 결막염, 폐렴	• 부부 동시 치료 • **치료** : 항생제(에리스로마이신) 7일 간 투여
첨형콘딜로마	인유두종 바이러스	• **신생아** : 후두유두종 발전, 목쉰소리와 위막성 후두염	• **임부가 불편감 있을 때** : 질세척 • **큰 병소** : 냉동요법, 레이저 치료
단순포진	Herpes virus	• 유산 • 태아기형, 조산	• 치료 : 항바이러스제, 항생제 치료
AIDS	Human immunodeficiency virus	• 임상증상 악화 • 조산, 주산기 사망 • 수직감염	• 모유수유 금지
B형간염	Hepatitis B	• 수직감염	• 예방이 중요 • 출산 후 면역글로불린 투여
트리코모나스	Trichomonas vaginalis	• 조기파막, 조산 • 저체중아	• 부부 동시 치료 • Flagyl 투여

CHAPTER 03 고위험 임부 간호

기 출 문 제

1 자궁경관무력증

01 **다음은 보건교사가 여고생을 대상으로 실시한 자궁목무력증(Incompetent cervix)에 대한 교육 자료이다. 〈작성 방법〉에 따라 순서대로 서술하시오.** [4점] 2018년

〈자궁목무력증〉

○ 정의 : 자궁목의 구조적 기능적 장애로, 임신 2기에 진통이나 자궁의 수축없이 무통성으로 자궁목이 개대(열림)되어 태아와 그 부속물이 배출되는 임신 전반기 출혈성 합병증

○ 원인 : 외상성 – 과거 분만 시 받은 자궁목 열상, 소파술, 원추조직절제술 등
선천성 – 길이가 짧은 자궁목, 자궁기형

○ 증상 : 자궁목의 무통성 개대, 이슬, 양막 파열

○ 진단 : 임상 병력, 질경 검사, ㉠ 초음파 검사

○ 치료 : 내과적 관리 – 침상안정, 페서리, 항생제, 소염제, 프로게스테론 사용
㉡ 외과적 관리 – 교정술 시행

… (하략) …

〈 작성 방법 〉

- 자궁목무력증에서 보이는 ㉠의 검사 소견 2가지를 서술할 것
- ㉡에 해당되는 외과적 교정술 중 1가지 명칭을 쓰고, 그 방법을 서술할 것

|정답| 자궁경부무력증 진단

|해설| ㉠ 초음파 검사 : 짧은 자궁경관의 길이(20mm 미만)와 깔대기 모양 변화
자궁조영술 : 자궁목 내구 소실과 자궁목이 넓어져 깔대기 모양
㉡ 외과적 교정(수술) : 맥도날드 교정술, 쉬로드카 교정술
경관의 이완과 개대를 예방하기 위해 경관주위를 묶는 방법이다.

2 자궁외임신

02 다음은 여 교사가 보건교사와 상담한 내용이다. 〈작성 방법〉에 따라 순서대로 서술하시오.

[4점] 2017년

여 교사 : 안녕하세요, 선생님. 제가 현재 임신 5주 정도 되었는데 오늘 질에서 약간의 출혈이 있어요.
보건교사 : 질 출혈 이외의 다른 증상은 없으신가요?
여 교사 : 아랫배가 아픈 것 같기도 해요.
보건교사 : 그러시군요. 임신 초기의 질 출혈은 유산과 자궁외 임신을 의심해 볼 수 있으니 검사를 받아 보시는 게 좋을 듯해요.
여 교사 : 네. 병원에 가 볼게요. 그런데 자궁외 임신은 어느 부위에 잘 생기고 어떤 검사로 알 수 있나요?
보건교사 : 자궁외 임신은 난소, 복강 등의 부위에서도 생기지만 난관에서 가장 많이 생겨요. 그리고 (㉠) 검사가 자궁외 임신을 조기에 진단하는 데 이용돼요.
여 교사 : 아, 그렇군요. 만약에 제가 자궁외 임신이라고 하면 수술을 받아야 하나요? 제 주변에 자궁외 임신으로 수술한 친구가 있거든요.
보건교사 : 자궁외 임신은 무조건 수술을 하는 것은 아니고요. 경우에 따라서는 수술하지 않고 ㉡<u>메소트랙세이트(methotrexate)</u> 약물을 사용하기도 해요. 그런데 이때에는 질내에 아무것도 삽입하지 않도록 하고, 햇빛에 노출되는 것과 알코올 섭취를 삼가고, (㉢)이/가 함유된 제제는 피해야 해요.
여 교사 : 네. 알겠습니다. 감사합니다.

〈 작성 방법 〉

- 괄호 안의 ㉠에 해당하는 검사 2가지를 제시할 것
- 밑줄 친 ㉡ 약물의 작용 기전을 서술할 것
- 괄호 안의 ㉢에 해당하는 성분의 명칭을 제시할 것

|정답| ㉠ β-hCG 검사와 초음파 검사
㉡ MTX(methotrexate) : 엽산길항제로 융모막 질환으로 빠른 속도로 분열하는 세포를 파괴하여 남아있는 잔류조직을 제거한다.
㉢ 엽산

3 태반조기박리

03 다음은 보건교사가 여고생을 대상으로 실시한 '태반조기박리'에 대한 교육 자료이다. 〈작성 방법〉에 따라 순서대로 서술하시오. [4점] 2019년

태반조기박리

○ 정의
- 태아만출 이전에 태반이 착상 부위로부터 부분적 또는 완전히 박리되는 것

○ 원인 및 유발요인
- 자궁 나선동맥 변성
- 코카인 등 약물 복용, 자궁 크기 감소, 외 회전술 적용 시, 다산 등

○ 분류
- 박리 정도와 태아에게 미치는 영향에 따른 분류 : 0~3등급
- 출혈 양상에 따른 분류 : 외출혈, 은닉출혈

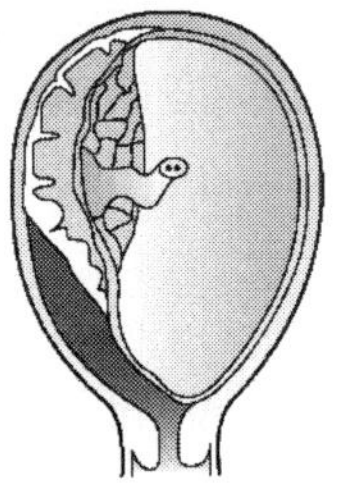	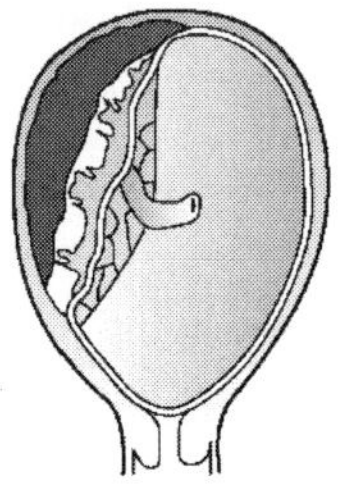
외출혈	㉠ 은닉출혈

○ 증상
- ㉡ 복통, 질 출혈, 자궁 압통

○ 진단
- 초음파 검사, 양수 검사

○ 산모와 태아에게 미치는 영향
- 산모 : 저혈량 쇼크, 파종성혈관내응고, 2차적으로 ㉢ 시한증후군(Sheehan's syndrome) 발생
- 태아 : 질식, 사망

… (하략) …

〈 작성 방법 〉

- 밑줄 친 ㉠일 때 복부촉진으로 확인할 수 있는 증상과 자궁수축양상을 제시할 것
- 태반조기박리에서 밑줄 친 ㉡의 전형적인 특징을 제시할 것
- 밑줄 친 ㉢의 정의를 제시할 것

|정답| ㉠ 복부검진

- 복부검진으로 증대된 자궁과 자궁저부의 상승을 볼 수 있다.
- 자궁수축양상은 자궁수축과 수축 사이에 이완이 없이 자궁의 긴장력이 증가하여 강직상태를 보인다.

㉡ 복통

- 지속적인 복통과 자궁압통을 나타낸다.
- 통증은 경하거나 심하며, 침범된 자궁부위에 국한되거나, 자궁과 복부에 광범위한 부위로 확대되어 하부요통도 경험한다.
- 처음에는 날카로운 통증에서 후에는 둔한 통증이나 산통으로 변화한다.

㉢ 시한증후군(Sheehan's syndrome)

- 산모가 아기를 출산한 후 뇌하수체 손상이 생겨 발생하는 질환이다.
- 출산 시 산후 출혈에 의한 뇌하수체의 허혈성 괴사로 뇌하수체기능저하증이 나타나게 된다.

4 임신성 고혈압

04 **다음은 보건교사와 동료교사가 나눈 대화의 일부이다. 〈작성 방법〉에 따라 순서대로 서술하시오.** [4점] 2020년

동료교사 : 선생님, 안녕하세요? 아내가 임신 34주인데 병원에서 자간전증이라고 해서 조심하는 중이었어요. 그런데 갑자기 토하고 명치끝이 아프다고 해서 병원에 갔더니 간이 부었다고 해서 입원했어요.

보건교사 : 그러시군요. 황달도 있으셨나요?

동료교사 : 네, 그랬어요. 병원에서는 ㉠ 피 검사 결과 혈소판 수치가 낮고, 간효소 수치도 많이 높고, 적혈구도 많이 깨졌다고 하네요. 그래서 지금 약물 투여를 하며 지켜보고 있습니다.

보건교사 : ㉡ 자간증으로 진행되지 않도록 조심하셔야 돼요. 그러기 위해서는 병실 환경을 조성하는 것도 중요합니다.

… 중략 …

동료교사 : 선생님의 설명을 들으니 병실 환경을 어떻게 조성해야 하는지 알겠어요. 아내가 심리적 안정을 찾도록 ㉢ 방의 조명을 밝게 해 주어야겠어요.

… 하략 …

〈 작성 방법 〉

- 밑줄 친 ㉠의 증상을 특징으로 하는 증후군의 명칭을 쓸 것
- 자간전증에서 밑줄 친 ㉡으로 진행되었음을 확인할 수 있는 특징적인 증상 또는 징후를 제시할 것
- 밑줄 친 ㉢은 동료교사가 잘못 이해한 내용이다. 그 이유를 서술할 것.

|해설| ㉠ HELLP syndrome

- 중증 자간전증 환자에게서 나타나는 합병증
- 임신 36주 이전에 증상이 출현
- 용혈(hemolysis) : 적혈구 용혈로 빈혈 발생, 혈청 빌리루빈 증가
- 간효소 증가(elevated liver enzyme) : SGOT, SGPT 등의 간효소 증가, 간허혈, 우상복부 통증, 오심과 구토
- 저혈소판혈증(low platelet) : 저혈소판혈증으로 출혈 위험성 증가

㉡ **자간전증에서 자간증으로 악화 암시증상**

- 뇌의 부종과 중추신경계 흥분으로 인한 심하고 지속적인 두통
- 망막 세동맥 수축으로 인한 희미한 시야
- 사구체 여과율 감소로 인한 핍뇨, 단백뇨 증가(24시간 소변 : 단백질 300mg 이상)
- 간의 혈액공급 저하로 인한 상복부 통증(epigastric pain or RUQ pain)

• 자간증 : 경련 유발

ⓒ 경련예방 간호

• 절대안정을 위해 방을 어둡게 하고 소음 조절
• 자극이 적은 환경을 유지

05 다음은 자간전증(preeclampsia)으로 치료 중인 35주된 임부의 간호 기록지 일부이다. 〈작성 방법〉에 따라 순서대로 서술하시오. [4점] 2017년

간호 기록지

성명	이○○
성별/연령	여/40세

• ㉠ 황산마그네슘($MgSO_4$)을 정맥으로 주입 중임.
• 두통 있음. 흐린 시야 없음.
• 태아 심박동수(fetal heart rate) : 130회/분
• 혈압 : 160/110mmHg, 맥박수 : 90회/분, 호흡수 : 12회/분, 체온 : 36.8℃
• ㉡ 심부건 반사(deep tendon reflex) : 양쪽 무릎 관절 1+

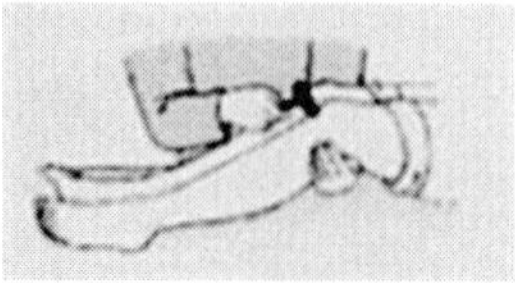

… (하략) …

담당 간호사 : ○○○

○○병원

〈 작성 방법 〉

• 밑줄 친 ㉠을 투여하는 이유를 서술할 것
• 밑줄 친 ㉡을 확인하는 이유와 양쪽 무릎 관절 1+의 의미를 서술할 것
• 황산마그네슘으로 인한 독성 작용이 나타났을 때 투여하는 약물을 제시할 것

(1) 밑줄 친 ㉠을 투여하는 이유를 서술할 것

(2) 밑줄 친 ㉡을 확인하는 이유와 양쪽 무릎 관절 1+의 의미를 서술할 것

(3) 황산마그네슘으로 인한 독성 작용이 나타났을 때 투여하는 약물을 제시할 것

|해설| (1) **황산마그네슘 (Magnesium sulfate) 투여이유**
- 신경근육 전달 방해하는 중추신경억제제(경련감소)
- 항경련제
- 평활근이완제로 혈관 평활근육을 이완시켜 말초동맥과 소동맥 확장으로 혈압 감소, 자궁혈관수축빈도나 강도저하
- 세동맥 경련의 이완으로 체액은 간질강에서 혈관내로 이동하며 부종 감소, 액량 증가로 신장관류 증진되어 소변량이 증가

(2) **심부건반사(deep tendon reflex) : 양쪽 무릎관절 1+**
- 황산마그네슘 투여로 중추신경계가 억제되어 반사가 줄어들거나 소실될 수 있다.
- 양쪽 무릎관절 1+ : 심부건 반사의 약간의 활동성이 감소된 상태로, 낮은 정상을 의미

0	무반응
1+	약간 활동성이 감소된 상태, 낮은 정상
2+	평균, 정상
3+	반사항진
4+	심한 반사, 과도반사(질병, 척수장애)

(4) 독성증상 시 10% calcium gluconate 정맥 투여(침상 옆 준비) 한다.

06 P 교사(여, 38세)는 자간전증(Preeclampsia)으로 입원하여 황산마그네슘(Magnesium)을 투여 중이다. 간호중재 (가)~(마) 중 옳은 것만을 있는 대로 고른 것은? 2013년

> (가) 경련을 예방하기 위해서 투여하므로 경련의 전구 증상을 관찰한다.
> (나) 말초 혈관이 수축하여 중증의 고혈압이 초래될 수 있으므로 혈압을 자주 측정한다.
> (다) 시간당 소변이 50ml 이상이면 독성 반응을 의심해 볼 수 있으므로 의사에게 보고하여 투약을 중지한다.
> (라) 해독제인 터부탈린(Terbutaline)을 항상 환자 곁에 준비해 둔다.
> (마) 신경근을 차단하여 반사가 줄어들거나 소실될 수 있으므로 투약 전 심부건 반사를 확인한다.

① (가), (마)
② (나), (마)
③ (라), (마)
④ (가), (나), (다)
⑤ (나), (다), (라)

|정답| ①
|해설| (나) : 황산마그네슘은 평활근 이완제로 혈관 · 평활근육을 이완시켜 말초동맥과 소동맥 확장으로 혈압을 감소시켜 중증의 저혈압이 초래될 수 있다.
(다) : 시간당 소변량이 25mL/h 이하 시 $MgSO_4$ 독성증상을 의심한다.
(라) : 독성증상 시 10% calcium gluconate 정맥 투여한다(침상 옆 준비).

07 나이 어린 임산부의 첫 임신 시의 합병증은? 1996년

① 빈혈, 임신중독증, 저체중아
② 저혈당, 자궁외임신, 고체중아
③ 포도상기태, 다운증후군
④ 자궁경관경직, 자궁기능 장애, 저체중아

|정답| ①
|해설| 임신성 고혈압, 감염, 빈혈, 태아 자궁강 내 성장지연, 조산 등이 나타날 위험이 있다.

08 우리나라 모성사망의 원인 중에서 가장 많은 비중을 차지하는 것은? 1993년

① 출혈
② 자궁외임신
③ 산욕열
④ 임신중독증

|정답| ④
|해설| 임신과 관련된 고혈압은 임신 중 출혈, 감염성 질환과 함께 모성사망 및 이환의 3대 주요 질환이다.

5 당뇨병

09 다음은 보건교사가 박 교사와 나눈 대화 내용이다. 〈작성 방법〉에 따라 순서대로 서술하시오. [4점] 2019년

박 교사 : 지난주 산부인과 검사 결과 임신성 당뇨로 진단을 받았어요. 처방된 당뇨 식이를 잘 지키고, 규칙적으로 운동하고 혈당 체크를 매일 하라고 하는데 걱정이 되어서 왔어요.
보건교사 : 임신성 당뇨 진단을 받아 걱정이 많이 되시겠네요.
박 교사 : 그런데 임신성 당뇨가 지속되면 태아에게 어떤 영향을 미칠까요?
보건교사 : 엄마가 임신성 당뇨로 고혈당 상태가 지속되면 태아도 고혈당 상태가 됩니다. 그래서 ㉠거대아(Macrosomia)로 태어나거나, 출생 후 ㉡호흡 곤란 증후군(respiratory distress syndrome)이 발생할 가능성이 증가합니다.
… (중략) …
박 교사 : 자세한 설명을 들으니 이해가 잘 되네요.
보건교사 : 출산까지 정상 혈당을 유지하도록 꾸준히 운동과 식이 요법을 병행하시기 바랍니다.

〈 작성 방법 〉

- 밑줄 친 ㉠이 발생하는 기전을 2단계로 서술할 것
- 밑줄 친 ㉡이 발생하는 기전을 2단계로 서술할 것

|해설| ㉠ 거대아 발생하는 기전

- 태아의 고혈당 : 모체의 고혈당은 태반통과성이 있어 농도 의존성으로 태아에게 이동하여 태아 고혈당을 유발(모체인슐린은 태반 통과 X)
- 태아인슐린 분비과잉
  - 고혈당을 인지한 태아의 췌장 β 세포가 과형성을 일으켜 인슐린이 과도하게 분비
  - 태아의 glycogen, 지방, 단백질 합성을 촉진하여 거대아 발생

㉡ 호흡곤란 증후군이 발생하는 기전

- 태아의 계면활성제 합성을 지연 : 고혈당을 인지한 태아의 췌장 β 세포가 과형성을 일으켜 인슐린이 과도하게 분비 → 계면활성제 합성을 지연 → 폐성숙이 잘 안됨 → 호흡곤란증후군 발생

10 **다음은 당뇨병이 있는 김○○교사(여, 32세)가 휴대폰을 통해 보건 교사와 상담한 내용이다. 괄호 안의 ㉠, ㉡에 해당하는 내용을 차례대로 쓰시오.** [2점] 2014년

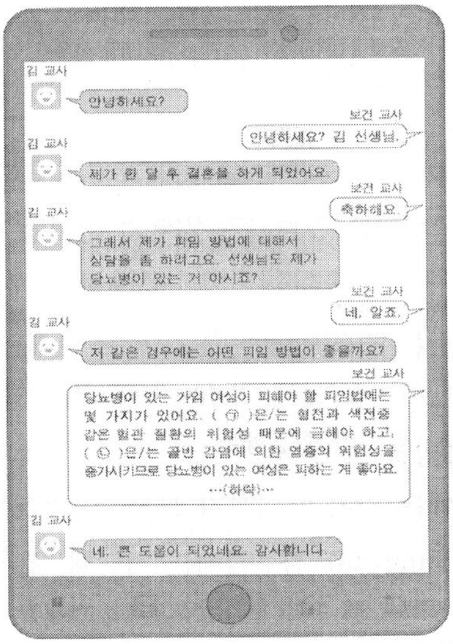

|정답| ㉠ 복합경구피임약 : 혈전, 혈관합병증, 탄수화물 대사에 영향을 미치기에 당뇨병을 더 악화시킨다. 당뇨병은 상대 금기증 질환이다.

㉡ 자궁내 피임장치 : 당뇨병은 감염위험성을 지니고 있고, 자궁감염, 자궁외임신, 골반감염 등 감염성 질환 발생률이 높다.

11 임신 및 분만 중 당 대사 변화에 관한 설명으로 옳은 것만을 〈보기〉에서 있는 대로 고른 것은?

[2.5점] 2012년

〈 보 기 〉

ㄱ. 임신 1기 동안 모체 췌장의 베타세포(β-cell)가 자극되어 인슐린 분비가 증가하여 혈당치가 저하될 수 있다.
ㄴ. 모체의 포도당과 인슐린은 태반을 통과하여 태아의 혈당상승과 인슐린 분비를 촉진한다.
ㄷ. 분만 시에는 태반이 만출되면서 순환하던 태반호르몬이 갑자기 감소하고, 코르티솔(cortisol)과 인슐린 분해효소 등이 증가하여 모체는 인슐린에 대한 민감성을 회복한다.
ㄹ. 임신 2기와 3기에는 에스트로겐(estrogen), 프로게스테론(progesterone), 코르티솔, 태반락토겐(placental lactogen) 등이 인슐린 길항제로 작용한다.

① ㄱ, ㄹ
② ㄴ, ㄹ
③ ㄱ, ㄴ, ㄷ
④ ㄴ, ㄷ, ㄹ
⑤ ㄱ, ㄴ, ㄷ, ㄹ

|정답| ①

|해설| Ⓛ 포도당은 태반을 통과하지만 인슐린은 태반을 통과하지 않는다.
ⓒ 분만 후 태반이 만출되면 태반호르몬이 갑자기 감소하고, 코티졸과 인슐린 분해효소 등이 급격히 감소한다.

12 산부인과 병동에 근무하는 간호사가 임부와 산모를 대상으로 수행한 간호중재 중 옳은 것은?

2009년

① 자궁내막염이 있는 경우 오로배출을 위해 트렌델렌버그 체위를 해 준다.
② 임신 1기의 당뇨병 임부에게는 임신 전보다 더 적은 양의 인슐린을 투여한다.
③ 분만 후 출혈예방을 위해 자궁이 부드러워질 때까지 자궁저부를 마사지한다.
④ 유선염인 경우에는 완치될 때까지 모유수유를 중단하라고 교육한다.
⑤ 자간전증(preeclampsia) 임부에게는 저단백, 저염분 식이를 제공한다.

|정답| ②

|해설| ① 자궁내막염이 있는 경우 오로배출을 위한 자세는 반좌위이다.
③ 분만 후 출혈예방을 위해 자궁이 단단해질 때까지 자궁저부를 마사지한다.
④ 유선염인 경우 유즙정체를 방지하기 위해 수유를 권장한다.
⑤ 자간전증 임부에게는 고단백, 적당량 염분을 제공한다.

6 감염성 질환

13 **임신 중 임질에 감염된 경우 발생할 수 있는 주요한 합병증을 4가지만 쓰시오.** 2008년

|해설| 임부는 조기파막, 조산, 융모양막염을 초래하며 신생아에게는 신생아 안염, 신생아패혈증을 초래한다.

14 **출산 전 산모의 성병 감염이 원인이 되어 올 수 있는 신생아의 질환이 아닌 것은?** 1996년

① 임질 – 신생아 안염
② condyloma – 폐렴
③ 매독 – 지속성 비염
④ candida 질염 – 아구창

|정답| ②

|해설| • 주산기에 콘딜로마에 노출된 신생아는 후두유두종으로 진행되며 대부분 2~4세에 발견된다.
• 증상은 쉰목소리와 위막성 후두염에 의한 기침증상을 동반한다.
• 폐렴은 클라미디아 감염 시 발생한다.

15 **어떤 산모가 모닐리아성 질염에 감염되었다면 그 산모에게서 출생한 신생아는 어떤 질병이 유발될 수 있는가?** 1993년

① 폐렴
② 아구창
③ 신생아 안염
④ 신생아 피부염

|정답| ②

|해설| 모닐리아성 질염은 곰팡이균(candida albicans)에 의해 감염되며, 분만 전 치료하지 않으면 산도를 통해 감염되어 신생아에게 아구창을 유발한다.

15 **임산부가 임신 3개월 전에 감염되면 선천성 기형아를 출산할 수 있는 질환은?** 1992년

① 홍역
② 수두
③ 풍진
④ 성홍열

|정답| ③

|해설| 풍진은 임신 1기에 태반을 통과하므로 신생아에게 선천성 기형을 유발한다. 선천성 심장질환, 청각장애, 백내장, 지능장애, 유산, 조산, 자궁 내 태아사망 등을 초래한다.

CHAPTER

04 정상분만 간호

01 분만의 요소(5P)

만출물질(Passenger)	태아와 그 부속물인 태반, 양수 등
산도(Passage way)	골반, 골반층, 자궁, 질강
만출력(Power)	1차 만출력(자궁수축), 2차 만출력(산모의 노력)
심리적 반응 (Psychological response)	정서적 준비, 지지자 및 환경적 상태
산부의 자세(Position)	분만과정 중의 산부가 취할 수 있는 모든 자세

1 태아(만출물질, Passenger)

1. 태아 두부(Fetal head)

두개골	두정골(2개), 전두골(1개), 측두골(2개), 후두골(1개)		
봉합	시상봉합	좌 · 우 두정골 사이의 봉합	
	관상봉합	전두골과 양 두정골 사이에 있는 봉합	
	인자봉합 (람다봉합)	후두골과 두정골 사이의 봉합	
	전두봉합	전두골 사이의 봉합	
천문	대천문	시상, 관상, 전두봉합의 교차점. 다이아몬드형, 생후 12~18개월에 닫힘	
	소천문	인자, 시상봉합의 교차점. 삼각형, 생후 2개월 말에 닫힘	
아두의 주요경선	전후경선	소사경선 (9.5cm)	• 대천문 중심에서 후두융기하방 • 태아 완전굴곡 시 최소 경선
		전후경선 (11.5~12cm)	• 미간~후두융기까지
		대사경선 (13~13.5cm)	• 턱 밑~소천문까지, 제일 긴 경선 • 태아 완전신전

	횡경선	대횡경선 (9.25cm, BPD)	• 좌~우 두정골 사이 • 골반입구에 BPD 통과 시 진입한 것 의미, 가장 넓은 횡경선
		소횡경선(8.0cm)	• 관상봉합의 좌우 최대거리

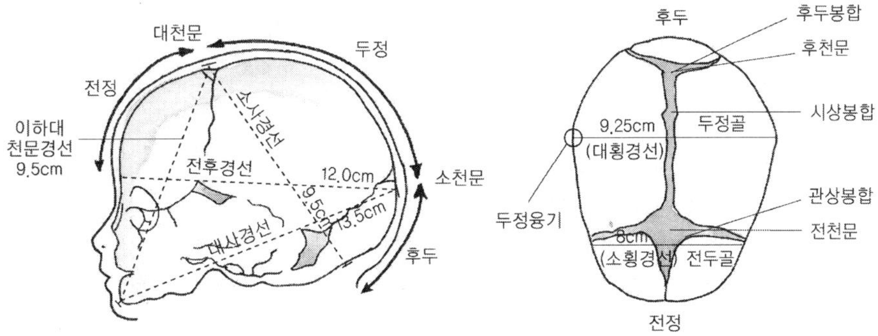

〈태아 아두 측정치〉

2. 모체와 태아와의 관계용어

(1) 태세(attitude)

정의	• 태아가 임신 후반기 취하게 되는 자세 • 태아의 신체 각 부분(머리, 몸통, 사지)의 상호관계	
종류	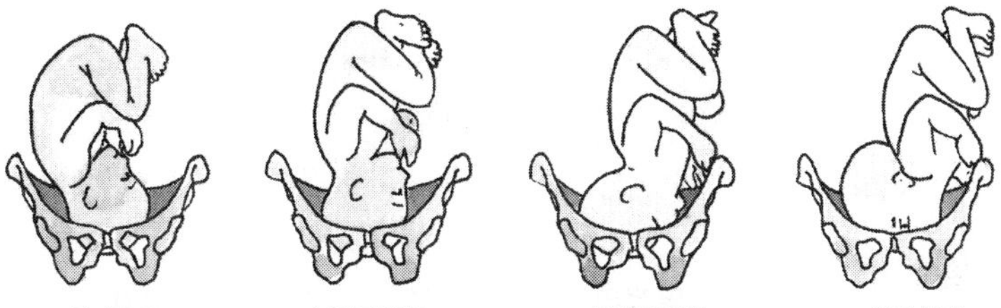 〈두위 시 태세의 다양성〉	
	완전굴곡	• 정상적인 태세 • 태아 머리는 가슴에 밀착되고 척추는 굴곡, 대퇴는 복벽에 밀착되고 팔, 다리는 흉부에 교차, 태아의 몸 전체는 굴곡 • 가장 짧은 경선인 소사경선으로 골반을 쉽게 통과
	불완전굴곡	
	불완전신전	
	완전신전	• 골반 통과하기가 어려워 분만 진행도 어렵게 됨

(2) 태위(fetal lie)

정의	태아의 장축(척추)과 모체의 장축(척추)과의 상호관계	
종류	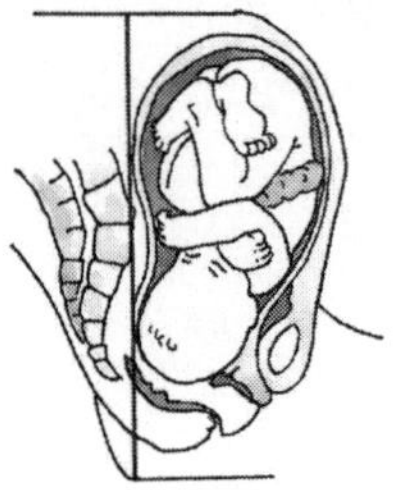 종위 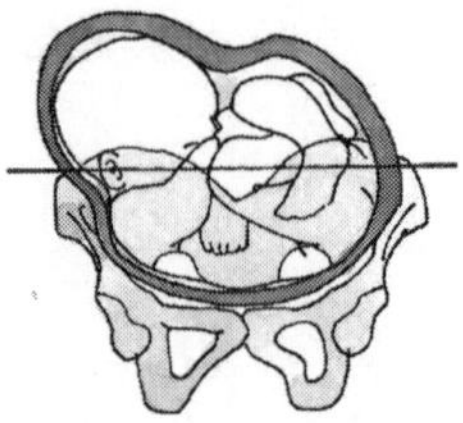 횡위	
	종위	태아 장축이 모체 장축과 평행(두정위, 둔위)
	횡위	태아 장축이 모체 축과 직각을 이루고 있는 것(견갑위)

(3) 선진부(Presentation part)

정의	• 골반입구에 먼저 들어간 태아의 신체부분			
종류	 단둔위  단순 단족위 = 불완전족위 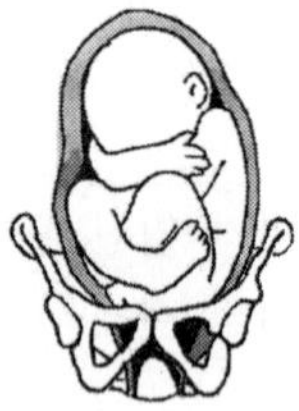 전둔위 = 완전둔위  견갑위			
	태위		지적부위	내용
	두위 약 96%	두정위	후두골	• 태아 선진부의 대부분 차지 • 태아 두부는 앞으로 숙여지고 턱은 앞가슴에 바짝 붙은 자세 • 완전굴곡 • 소사경선으로 진입 가능
		전정위	대천문	• 두부가 약간 구부러진 상태 • 불완전굴곡
		전액위	이마	• 태아의 목이 약간 뒤로 젖혀진 상태 • 불완전신전
		안면위	턱	• 태아의 목이 뒤로 젖혀지고 후두골이 태아 등에 붙은 상태 • 완전신전

	둔위 3~4%	단둔 순골반위	천골 둔위 중 多	• 양다리를 몸의 전면에서 신전
		완전둔위	둔부, 발	• 양다리를 대퇴부 쪽으로 굴곡
		불완전둔위 족위	다리, 무릎	• 다리 한쪽이나 양 다리가 밑으로 빠져나오는 경우
	견갑위	견갑위	견갑	• 횡위의 형태 • 다산부, 자궁이나 태아기형 및 전치태반이 동반되는 경우 多
선진부 하강 정도	• 태아의 선진부와 좌골극간 거리, cm측정 • station 0 : 선진부가 좌골극 수준에 도달 • (−) station : 좌골극 위 • (+) station : 좌골극 아래			

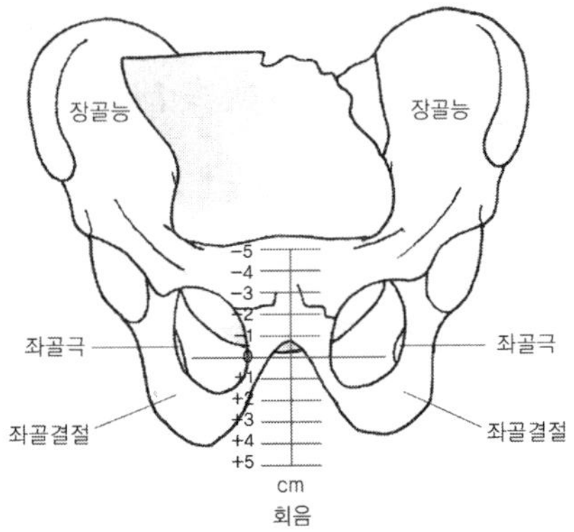

(4) 태향(position)

정의	• 태아의 선진부 지적부위와 모체골반의 전후 좌우면과의 관계 • 선진부(후두, 턱, 천골, 견갑)확인 → 모체골반의 우측인지 좌측인지 확인 → 선진부 지적부위가 모체골반의 후방에 있는지 전방에 있는지 확인
선진부에 따른 준거지표	• 두정위 : 후두골(occiput : O) • 안면위 : 턱(mentum : M) • 둔위 : 천골(sacrum : S) • 견갑위 : 견갑골 돌출부(acromion process : A)
태향 결정	• 선진부 지적부위의 첫 글자로 기술 • **표시방법** : 태향 결정 시 모체가 기준 – 모체골반의 좌우면, 모체의 앞뒷면 • LOA : 좌전방 두정위, 가장 많음, 분만에 가장 좋은 태향 • ROA : 선진부가 후두(O)이고 후두가 모체골반의 오른쪽 앞 위치 • LSP : 선진부가 천골(S)이고 모체의 왼쪽 뒤 위치

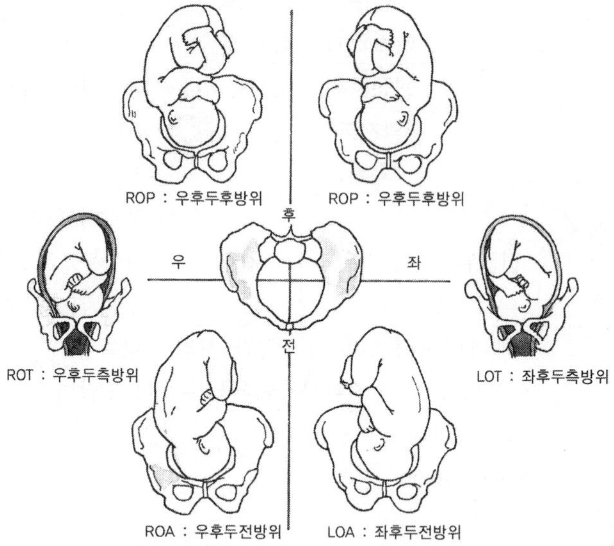

〈골반의 전후 좌우와 관련된 두정위의 예〉

2 산도(Passage way)

1. 골반

구성	• 4개의 뼈 : 2개의 무명골(관골, hip bone)이 앞과 옆에, 천골과 미골이 뒤에 위치 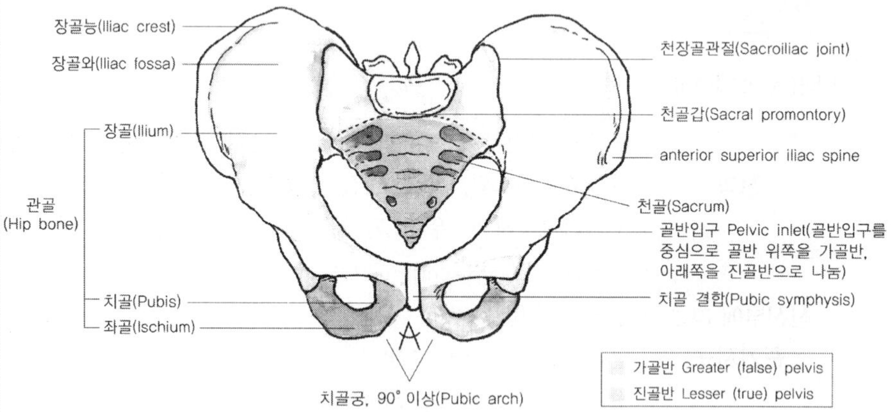

관골	장골(ilium)		• 골반의 위쪽와 뒷면을 구성하는 가장 큰 부분
	좌골(ischium)		• 고관절 아랫부분
		좌골극	• 고관절 안쪽으로 돌출부위 • 중골반 출구 지표 • **좌골극 간의 거리는 골반강에서 가장 협소** : 정상 분만 여부를 결정(10cm 이상) • 태아 선진부 하강정도의 기준(station : −5 ~ +5) 아랫부분
	치골(pubis)		• 강한 인대와 두꺼운 연골로 형성된 치골결합이 있음 • 치골결합이 이루는 각도(90° 이상)는 자연분만의 좋은 지표
천골(sacrum)			• 골벽의 후벽을 이루는 5개의 척추골로 융합된 뼈
		천골갑	• 제1천추와 제5요추의 접합부위 상부의 돌출부위 • 골반입구의 전후경선 지표 • 골반 계측 시 진 결합선 측정위한 주요지점 • 복강경 삽입 시 중요 경계 • 경우에 따라 골반강 내로 아두 진입 억제
미골(coccyx)			• 골벽의 후벽을 이루는 천골 끝부분에 4~5개의 척추골이 유합되어 하나의 뼈로 형성 • 이동성이 있어 분만 시 골반출구의 전후경선을 넓혀 주는 역할
관절	천장골관절(2개) (sacroiliac joint)		• 천골과 장골의 상연을 연결하는 관절로 골반 뒤쪽에 위치 • 임신 중에 겪는 대부분의 요통원인
	치골결합(1개) (pubic symphysis)		• 양쪽 치골이 연골로 결합, 골반의 앞쪽에 위치 • 임신 말에 약간 벌어져 통증이 나타남
	천미골관절(1개) (sacrococcygeal joint)		• 천골과 미골 사이의 관절 • 아두 만출 시 앞뒤로 움직여 태아만출 도움

2. 골반의 분류

골반분계선	• 골반입구는 골반연(골반분계선)에 의해 가골반과 진골반으로 구분	
	가골반	• 골반분계선 상부의 부분으로 외부골반 측정의 기준점이 됨
	진골반	• 골반 하부 깊은 부분, 태아 출생 시의 산도 형성 • 골반입구(pelvic inlet), 골반강(pelvic cavity), 골반출구(pelvic outlet) 3부분

골반입구		• 가골반과 진골반의 분계선 • 태아 머리가 진골반으로 들어가기 위해 거쳐야만 하는 통로 • 횡경선 > 전후경선 • 분만 시, 태아의 머리 중 가장 긴 경선(전후경)이 골반입구의 가장 긴 경선인 횡경에 일치하여 진입 → 골반입구의 전후경선은 정상분만의 여부 결정
	대각결합선 (12.5cm)	• 치골결합 하연~천골갑까지의 거리 • 내진에 의해 직접 측정가능, 임상적으로 가장 중요한 경선
	진결합선 (약 11cm) 전후경선	• 치골결합 상연~천골갑까지의 일직선상의 길이 • 태아선진부가 진골반 내로의 진입 여부를 결정하는 골반입구의 가장 짧은 경선 • 진결합선 = 대각결합선 - 1.5cm
	산과적 결합선 (10.5cm)	• 치골결합의 내면~천골갑 간의 거리 • 태아가 반드시 통과하여야 하는 가장 짧은 거리(임상적으로 중요) • **골반입구 경선 중 가장 좁은 경선** : 10cm 이상 시 정상분만 가능 • 산과적 결합선 = 진결합선 - 0.5cm
중골반 (골반강)		• 아두가 골반입구에서 좌골극까지는 후방을 향하여 하강하지만, 좌골극에서는 골반축이 전방을 향하고 있어 아두 방향 전환이 필요 → 회전 일어남 • **횡경선<전후경선** - 양쪽 좌골극간 거리 = 10.5cm(가장 짧은 횡경선) - 9.5cm 이하 시 난산 → 제왕절개
골반출구		• 횡경선 < 전후경선 • 아두의 내회전(90° 회전)에 의해 골반출구에서 나올 때 소사경선으로 만출
골반 유형	여성형	• 골반입구의 윤곽은 둥그스름한 난원형으로 질식분만에 적합 • 입구 전후 길이가 비슷하고 골반강이 비교적 얕고 출구 정상
	남성형	• 설상형 모양(♡모양) • 골반입구가 삼각형, 제왕절개 필요(분만 중 내회전이 안됨)

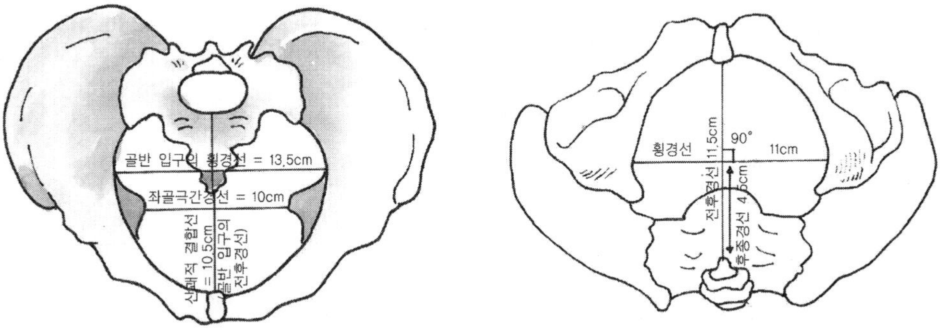

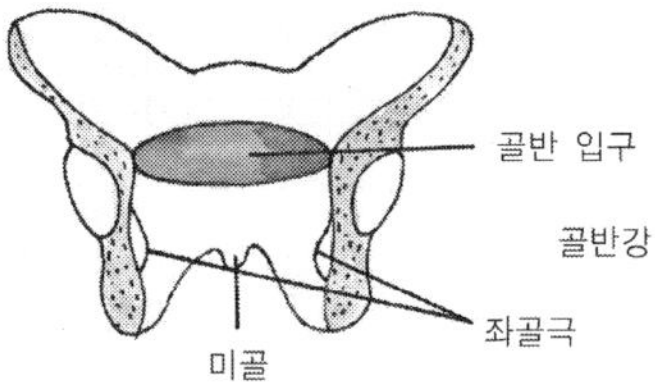

골반 입구

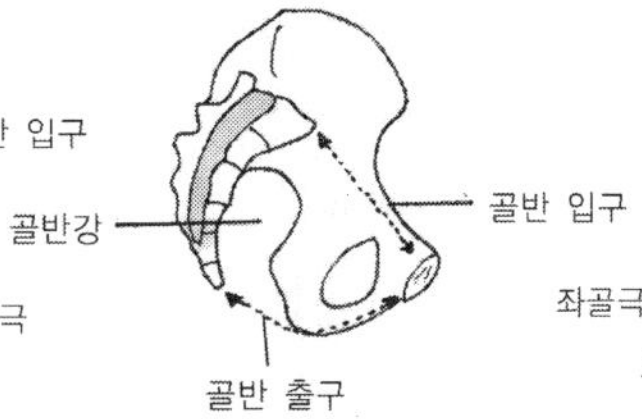

골반강, 골반 출구

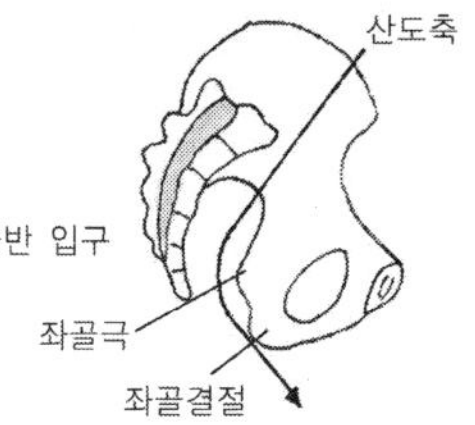

산도 축

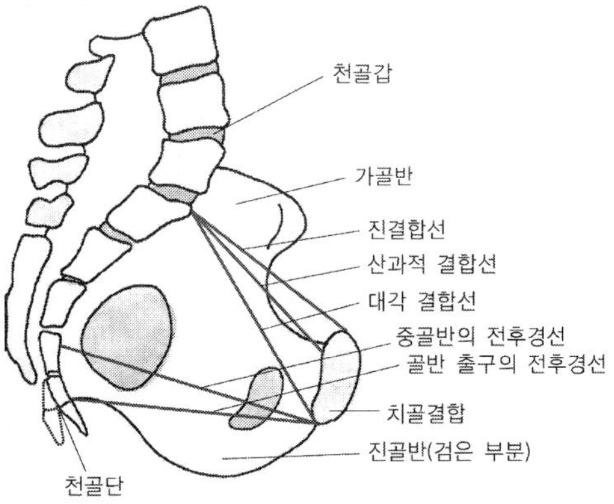

〈골반의 주요경선〉

3 만출력(Power)

- 분만 1기 : 불수의적인 자궁수축, 분만시작의 신호
- 분만 2기 : 자궁수축 + 산모가 수의적으로 내려 미는 힘

1. 자궁수축의 특성 및 변화

<table>
<tr><td rowspan="2">특성</td><td colspan="2">• 불수의적, 동통과 불편감 유발
• 주기성
– 수축 · 이완의 반복, 자궁 저부 촉지(자궁수축이 일정하게 촉진)
– 분만이 진행될수록 강도는 강해지고, 수축기간은 길어지며, 주기는 짧아짐</td></tr>
<tr><td colspan="2">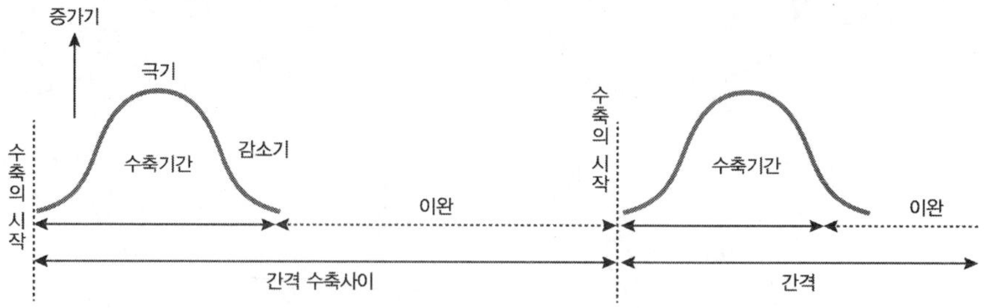

• 기간(duration) : 수축이 시작되어 사라지기까지의 시간, 처음 30초, 경부 전 개대시 60~90초
• 간격(interval) : 수축 시작부터 다음 수축까지. 처음 10분 간격, 분만 2기 2~3분 간격
• 강도(intensity) : 주기에서의 자궁수축 강도, 정상 20~75mmHg, 평균 60mmHg
• 수축기간이 90초 이상이거나 수축간격이 2분보다 짧으면 → 태반기능 원활 ×, 태아 산소결핍 초래</td></tr>
<tr><td rowspan="4">변화</td><td>생리적 견축륜</td><td>• 자궁이 상하로 구분이 되는 경계선
• 상부근육(자궁저부) : 짧고 두꺼워짐
• 하부근육(자궁경부) : 늘어나고 얇아짐
• 견축(retraction) : 자궁저부의 근육이 점차 짧아지면서 두꺼워짐</td></tr>
<tr><td>병리적 견축륜</td><td>• 난산 시 자궁하부가 극도로 얇아지고 융기선이 현저해져 치골결합과 제와부 사이에 융기선이 생겨 차츰 위로 올라가는 현상으로 자궁파열의 전조증상
• 심한 통증과 자궁파열이 오고, 태아는 심한 산소결핍, 뇌손상 유발
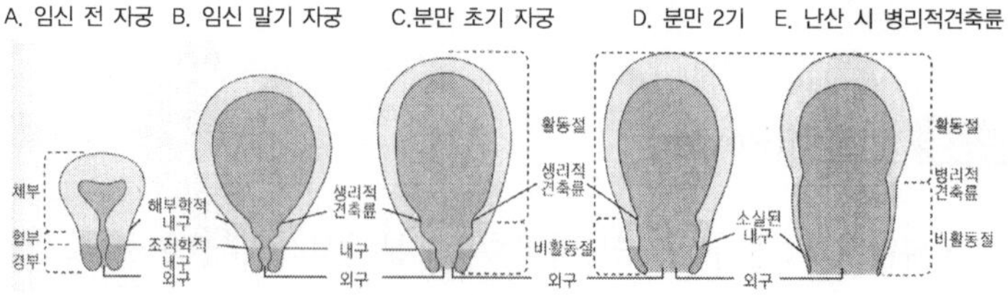
</td></tr>
<tr><td>자궁강 내압 증가</td><td>• 자궁근육 수축이 시작되면 자궁내압이 상승
• 분만 1기 30~50mmHg, 분만 2기 60~80mmHg까지 증가</td></tr>
<tr><td>거상(effacement)
·
개대(dilatation)</td><td>• 자궁저부의 견축과 수축이 자궁하부와 경관조직을 잡아 올리는 역할을 하여 자궁경관의 거상과 개대가 일어남</td></tr>
</table>

		• 거상(effacement) : 분만 1기에 자궁경부 길이가 짧아지고 두께가 얇아져 소실 • 개대(dilatation) : 분만 1기 동안 경관의 확대(최대 10cm) • 자궁저부의 수축이 경부 수축보다 강해야만 거상, 개대가 가능
	수의적으로 내려 미는 힘	• 선진부가 골반층에 도달 시 대변볼 때 힘주듯 힘이 주어지는 것을 느낌 • 숨을 깊게 들이마셔 횡격막과 복근을 수축 → 복강 내 압력 상승 → 자궁압박 → 태아만출 • 분만 2기 선진부가 만출된 후에는 수의적인 힘을 쓰지 못하도록 하여 자궁수축으로만 태아만출이 되도록 도움 → 회음부 손상 예방

4 산부의 자세(Position)

선 자세 (upright position)	• 일어서기, 걷기, 앉기, 쭈그리기 • 중력에 의해 아두 하강이 용이 • 장기 곳곳에 흐르는 혈액공급과 태아, 태반에 가는 혈액의 양이 증가 • 자궁수축이 좀 더 강하고 효율적으로 되어 분만시간이 단축, 제대 눌림도 방지 • 산부의 하대정맥을 누르지 않게 되어 산부의 혈액순환에 도움
진통 중 체위	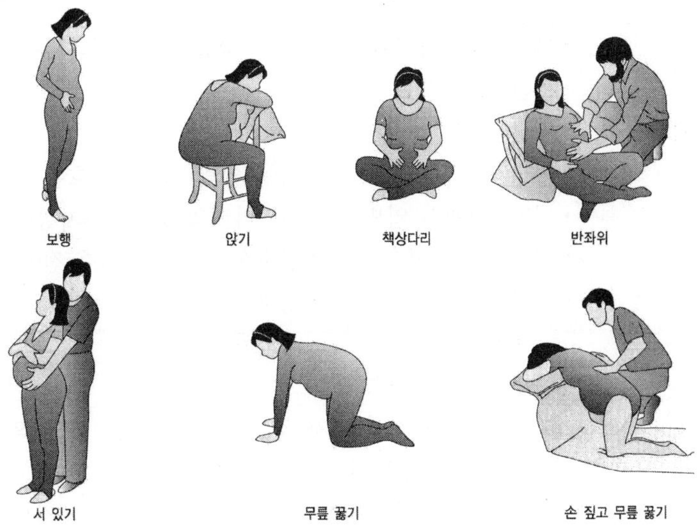

<table>
<tr><td>힘주기를 위한 체위</td><td>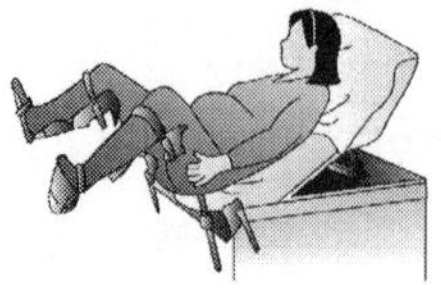
쇄석위
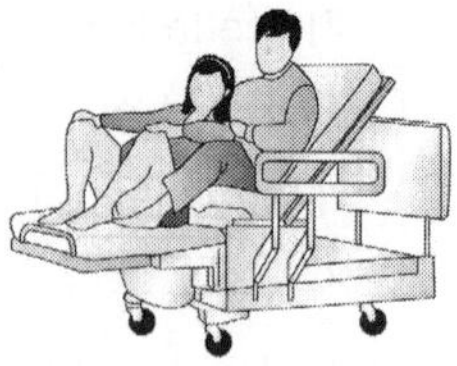
반좌위
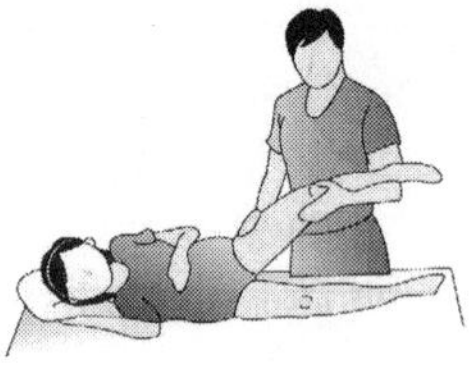
측위
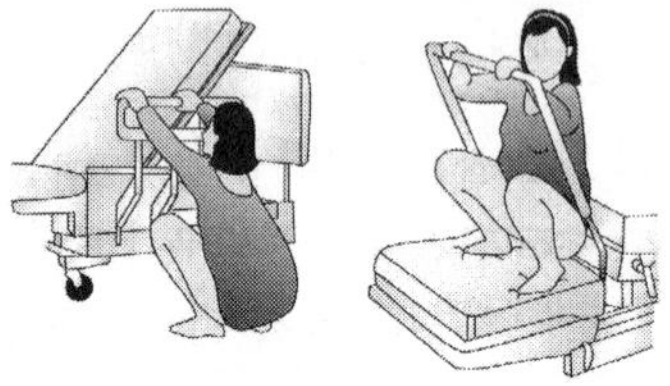
쪼그리고 앉기</td></tr>
<tr><td>자세변화의 장점</td><td>• 경관 개대에 효과적
• 분만시간 단축
• 제대 압박이 적음
• 산부의 피곤함 감소</td></tr>
</table>

02 분만의 전구증상

<table>
<tr><td>태아하강</td><td>• 태아선진부가 진골반 속으로 하강하면서 나타나는 징후
• 초산부 : 분만 2~4주 전
• 경산부 : 분만 직전
• 자궁저부가 낮아져 횡격막에 압박 감소 → 호흡 편해지고 위장 압박 강화
• 골반, 방광의 압박 증가 → 다리의 동통, 하지경련, 빈뇨, 질 분비물의 증가</td></tr>
<tr><td>가진통</td><td>• 불규칙한 자궁수축과 이완현상으로 분만 3주 전에 나타남
• 자궁수축은 있으나 자궁경부의 변화가 없는 상태
<table>
<tr><th>특성</th><th>진진통</th><th>가진통</th></tr>
<tr><td>규칙성</td><td>규칙적</td><td>불규칙적</td></tr>
<tr><td>간격</td><td>간격이 점차 짧아짐</td><td>간격의 변화 없음</td></tr>
<tr><td>강도</td><td>• 강도가 점점 강해짐
• 걸으면 더욱 심해짐</td><td>• 강도 변화 없음
• 걸으면 완화됨</td></tr>
<tr><td>부위</td><td>등과 복부</td><td>하복부에 국한</td></tr>
<tr><td>진통제 효과</td><td>없음</td><td>있음</td></tr>
<tr><td>이슬</td><td>보임</td><td>안 보임</td></tr>
</table>
</td></tr>
</table>

이슬	• 분만 개시 무렵에 보이는 혈성·점액성의 질 분비물 • 경관의 거상과 개대가 시작될 때, 경관을 막고 있던 점액이 선진부가 하강하면서 자궁경관의 미세혈관들을 압박하여 생긴 약간의 혈액과 함께 섞여 나오는 것 • 분만개시 의미	
양막파열 ROM	• 태아와 양수를 싸고 있는 막이 파열되는 현상 • 파막 후 24시간 내에 분만이 이루어지지 않는다면 자궁 내 감염 위험 증가	
기타	자궁경부의 연화	• 경부가 부드러워지고 거상되며 1~2cm 개대
	체중감소	• 에스트로겐과 프로게스테론 변화에 의해 전해질 이동에 의한 수분손실로 0.5~1.5kg 감소
	둥지 틀기 본능	• 임신 말기 에너지 분출증상, 집안청소, 정리행동, 신체활동의 증가

03 분만단계

분만 제1기	개대기	• 규칙적인 자궁의 수축시작 ~ 자궁경관의 완전개대(10cm)까지
분만 제2기	골반기	• 자궁경관의 완전개대 ~ 태아만출까지
분만 제3기	태반기	• 태아만출 ~ 태반만출까지
분만 제4기	회복기	• 태반만출 ~ 분만 2시간까지

1 분만 1기(개대기)

특징	• 규칙적인 자궁수축 ~ 자궁경관이 완전개대(10cm)될 때까지 • 초산부 : 평균 12~14시간 • 경산부 : 평균 7~8시간
분류	• 잠재기(latent phase) : 자궁경관 개대 미비, 자궁경관 소실 있음 • 활동기(active phase) : 자궁경관 개대가 본격적으로 시작되는 시기 • 이행기(transitional phase) : 선진부 하강이 일어나는 시기

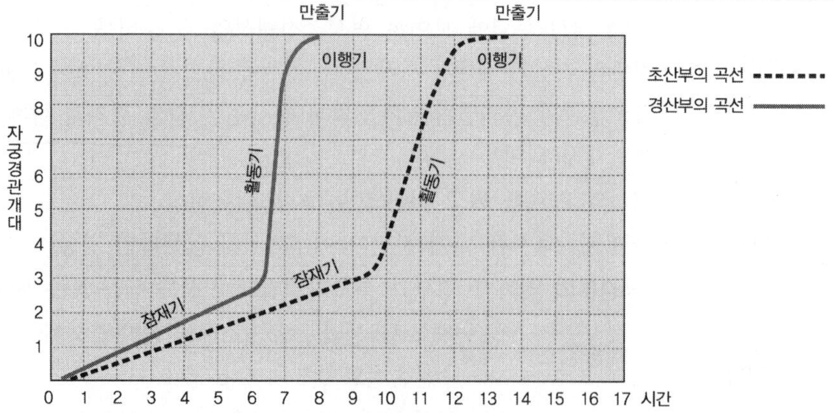

〈Friedman 분만곡선〉

구분	잠재기	활동기	이행기
경부개대	0~3cm	4~7cm	8~10cm
경관소실	0~40%	40~80%	80~100%
자궁수축 강도 리듬 빈도 기간	• mild • 불규칙적 • 5~10분 • 30~45초	• moderate • 규칙적 • 2~5분 • 45~60초	• strong • 규칙적 • 1~2분 • 60~90초
이슬	• 갈색분비물 • 분홍빛 점액 • 양 : 적음	• 혈성 점액으로 바뀜 • 양 : 보통	• 혈성 점액 • 양 : 많음
선진부 하강	−2~0	+1~+2	+2~+3
초산부	9시간	6시간	1시간
경산부	5~6시간	4시간	30분
산모 특성	• 약간의 흥분상태 • 진통을 잘 참고 지시에 잘 따름	• 얼굴홍조 • 심한 요통, 경련동반 • 분만에 관심 집중 • 함께 있어주길 원함 • 통증이 심해 격려 원함 • 지시 따르기 어려움	• 진통, 요통 극심 • 항문압박감, 배변감 • 힘주기 이루어짐 • 오심, 발한, 구토 • 과다호흡

경부거상	• 분만 1기 동안 경관이 짧아지고 얇아져 종잇장처럼 올려지는 과정, 0~100%로 표시 • 초산부 : 소실 후 개대 • 경산부 : 소실과 개대 동시에
경부개대	• 자궁경부가 아주 작은 크기에서 태아 머리가 통과할 수 있을 정도로 넓게 열리는 것 • 완전개대(10cm) • 경부개대의 기전 : 양수의 압력, 자궁수축, 태아선진부의 압력 • 분만 1기 동안에 수의적으로 힘을 주는 것은 경부개대에 비효과적임

2 분만 2기(골반기)

특징	• 경관 완전개대 ~ 태아만출까지 • 자궁수축이 2~3분 간격으로 60~90초 동안 지속되는 수축강도는 60~80mmHg 강함 • 자궁수축이 지속되면서 산모는 아래로 밀어내는 느낌 가짐 • 불수의적인 자궁수축과 수의적인 힘주기에 의해 만출됨
팽륜(bulging)	• 선진부의 회음부 압박으로 회음부가 불룩해지는 것
배림(appearing)	• 자궁수축 시 아두하강과 더불어 아두가 양 음순 사이로 보이다가 수축이 멎으면 안 보이는 현상
발로(crowing)	• 자궁수축 시 밀려나온 아두가 수축이 없어져도 양 음순 사이로 노출된 현상 • 아기 머리가 2~3cm 보일 때 회음절개술 실시
▣ 두정위 분만기전 : 진입 → 하강 → 굴곡 → 내회전 → 신전 → 복구 및 외회전 → 만출	
진입	• 아두의 대횡경선이 골반입구를 통과할 때 • 진입의 완료는 좌골극에서 태아의 선진부가 안쳐짐(station 0) – 초산부 : 회음부 팽윤, 발로 초기에 – 경산부 : 자궁경관이 7~8cm 개대되었을 때
하강	• 태아가 골반입구를 지나 골반출구를 향해 내려가는 모든 과정 – 초산부 : 활동기 후반(4~8cm 개대)에 빠르게 진행 – 경산부 : 진입과 하강이 동시에 일어남 • 선진부의 하강정도 “station”은 좌골극을 중심으로 표시(−5~+5) – −3 : 선진부가 골반입구 – −1 : 선진부가 좌골극보다 1cm 위 – 0 : 좌골극선, 진입 – +1 : 선진부가 좌골극보다 1cm 아래 – +3 : 선진부가 골반출구 – +4~+5 : 곧 출산 진행
굴곡	• 선진부가 하강되면서 골반 저항으로 굴곡되어 턱을 앞가슴에 당기면서 소사경선(9.5cm)으로 만출되기 위한 기전
내회전	• 골반입구는 횡경선이 길어 횡위로 진입하지만 골반출구는 전후경선이 길어 아두가 만출하기 위해 회전이 일어나야 함 • 골반강에서 골반출구에 이를 때까지 시상봉합이 골반의 전후경선에 일치하도록 회전 • 좌골극 수준에서 내회전 시작

신전		• 내회전하여 완전굴곡된 태아머리가 회음부에 닿으면 후두가 치골결합 하단에 닿게 되는데, 후두가 전상방으로 향하여 있으므로 아두가 짧은 경선으로 회음 밖으로 나오기 위해 신전함
복구 및 외회전	복구	• 전방두정위로 질구 통해 만출된 아두는 내회전이 일어나기 전 원래의 태향을 향해 좌측 또는 우측으로 45도 회전
	외회전	• 복구가 일어난 후 태아의 후두가 다시 같은 방향으로 회전하여 완전한 측방태향이 되는 것
만출		• 치골결합 밑에서 전방견갑이 먼저 나오고 후방견갑이 나와 태아가 완전히 만출되는 것

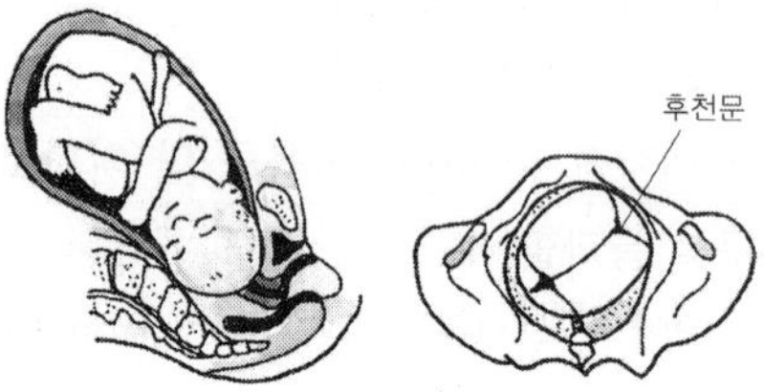

진입과 하강

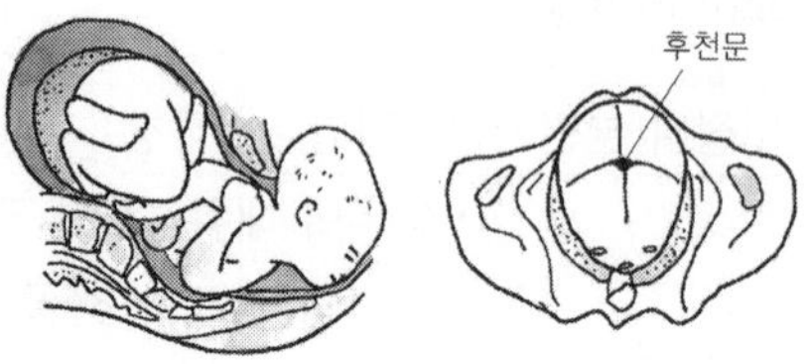

신전

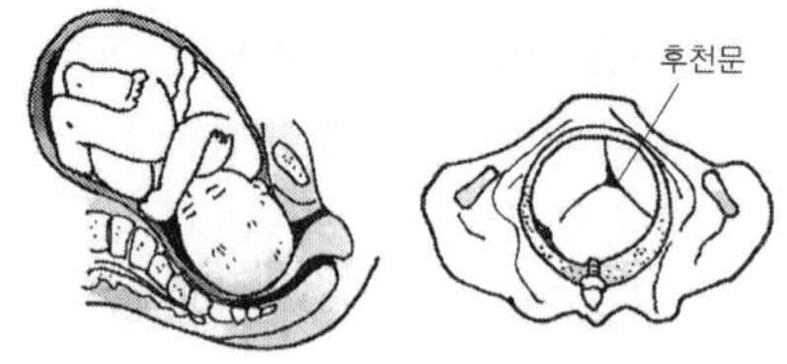

굴곡

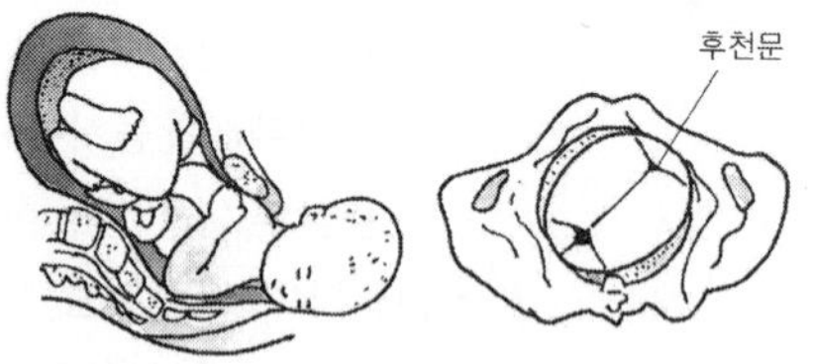

외회전 시작(복구)

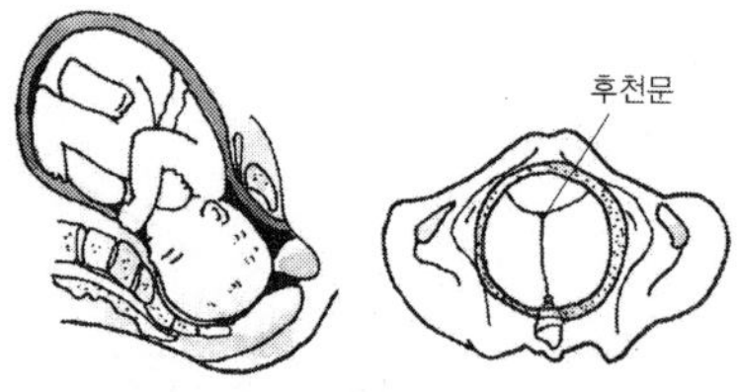

내회전

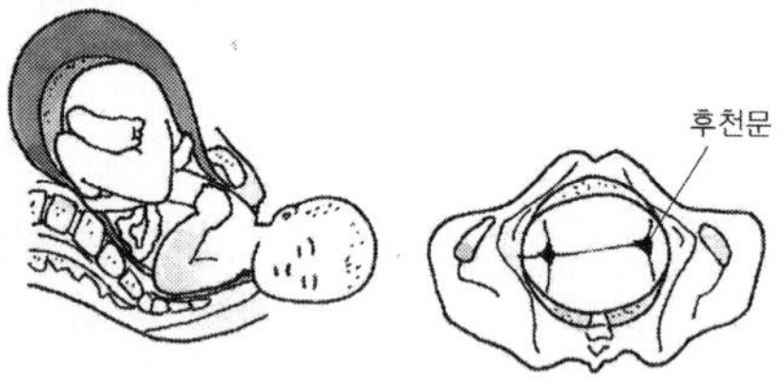

외회전

3 분만 3기(태반기)

<table>
<tr><td rowspan="1">특징</td><td colspan="2">• 태아만출 후 태반의 탈락막의 분리 및 기타 부속물의 배출시기
• 자궁이 수축되어 작고 단단해지면서 태반 부착 부위가 작아져 태아후면에서 출혈이 일어나면서 박리</td></tr>
<tr><td>태반박리 징후</td><td colspan="2">• 자궁이 원반형에서 공모양으로 바뀜
• 자궁저부가 상승
• 질의 팽만감
• 갑자기 질에서 소량의 혈액이 분출됨
• 질에서부터 제대가 길어짐
• 태반이 자궁하부로 이동하면서 질구에서 제대가 늘어지고 치골결합 상부를 약간 눌러도 당겨 올라가지 않음</td></tr>
<tr><td rowspan="2">태반박리 형태</td><td>Schultz 기전</td><td>Duncan 기전</td></tr>
<tr><td>• 태반 중앙부터 박리
• 회백색의 빛나는 태아면이 먼저 보임
• 뒤집어진 우산모양
• 태반 배출 후 출혈이 보임(소량)</td><td>• 태반 가장자리부터 박리
• 검붉고 울퉁불퉁한 모체면이 먼저 보임
• 불완전박리로 자궁 내 태반 잔여조각이 남을 가능성이 높음(출혈 많음)</td></tr>
</table>

4 분만 4기(회복기)

- 분만 후 1~4시간까지를 말하며 임신 전 상태로 적응하는 모체의 생리 · 심리적 변화가 극적으로 일어나는 시기
- 자궁이 수축과 견축을 반복하여 태반 부착 부위의 출혈을 조절
- 조기모아접촉으로 모아상호작용을 촉진하는 시기

04 산부의 생리적 변화

<table>
<tr><td rowspan="5">심혈관계</td><td colspan="2">• 분만 동안 카테콜라민 영향으로 심박출량, 혈압, 맥박증가(분만 2기 : 심박출량의 증가 최고조)</td></tr>
<tr><td>혈압증가</td><td>• 자궁수축으로 인한 말초저항, 불안, 통증으로 혈압상승</td></tr>
<tr><td>체위성 저혈압</td><td>• 커진 자궁에 의해 하대정맥이 압박되면 하지로부터 정맥혈의 귀환을 저하시켜 우심장으로 돌아오는 혈액량 감소로 심박출량이 저하되는 상태 → 좌측위로 변경</td></tr>
<tr><td>백혈구 수 증가</td><td>• 신체, 정서적 스트레스 및 조직 외상으로 발생, 25,000~30,000/mm^3 증가, 더 상승 시 감염위험</td></tr>
<tr><td>혈장 섬유소원 증가</td><td>• 혈액응고시간 감소 → 산후출혈의 위험 감소</td></tr>
<tr><td>호흡기계</td><td colspan="2">• 신체활동 증가, 불안, 통증, 출산으로 인한 노동 등 산소 소모 증가 → 저산소증 유발가능
• 과다호흡으로 인한 호흡성 알칼리증 발생
- 증상 : 어지러움, 오심, 구토, 손발 저림 등의 감각이상
- 대처 : 종이주머니나 손을 컵 모양으로 만들어 뱉었던 공기를 다시 들이 마심으로 이산화탄소 농도를 높임. 산소가 있으면 마스크로 주입</td></tr>
<tr><td>위장관계</td><td colspan="2">• 위장운동, 위액분비의 저하로 음식물이 소화되는 시간과 위 내용물이 비워지는 시간 지연 → 구토 발생
• 탈수, 금식, 구강호흡, 정서적 스트레스 등 → 구강 건조 및 갈증 호소</td></tr>
<tr><td>비뇨기계</td><td colspan="2">• 다뇨증 : 사구체 여과율 증가, 심박출량 증가, 신장 혈장 유출량 증가
• 방광전벽에 주는 압박증가로 방광긴장도 저하와 방광이 차 있는 느낌을 지각할 수 있는 능력 감소 → 방광팽만, 방광 긴장도저하, 소변정체, 비뇨기 감염 유발
• 방광팽만은 선진부 하강을 방해하고 효과적인 자궁수축을 저해하여 분만지연을 초래하고 산욕감염을 유발, 2시간마다 배뇨하도록 격려 필요
• 신진대사 증가, 근조직의 분해현상 → 케톤뇨증, 소변 비중 증가, +1 단백뇨</td></tr>
<tr><td>근골격계</td><td colspan="2">• 분만 시 릴락신 분비에 의해 연골 완화작용 및 근육활동 증가 → 골반크기 증가(2cm)
• 요통, 치골부위의 통증, 관절통 초래
• 회음부 조직이 얇아짐(4~5cm → 1cm) : 항문올림근과 그에 동반한 근육층이 질과 직장을 위쪽으로 잡아당기기 때문</td></tr>
<tr><td>신경계</td><td colspan="2">• 자궁수축과 경관개대로 인한 불편감
• 내인성 엔돌핀 ↑ → 진정효과
• 선진부 압력에 의한 회음부의 생리적 마취현상 → 통증지각 감소
• 감정적 변화 : 분만 초기 행복감 → 망각성 → 피로, 의기양양</td></tr>
</table>

대사계	• 산부의 불안, 골근육운동, 대사활동 증가 → 맥박, 호흡, 체온상승(0.5℃ ~ 1℃) • 분만지연 시 체온상승 → 탈수 • 조기파수 시 체온상승, 정상범위 이상의 체온상승 → 감염징후
내분비계	• 분만 시작 : 프로게스테론 ↓, 프로스타글란딘 ↑, 옥시토신 ↑ • 산후불안, 골근육 증가로 대사작용이 증가 → 혈당감소

05 분만통증 완화법

관문통제이론			• 통증자극이 통증 전도로를 따라 통증중추로 올라가는 과정에서 인지, 동기 및 정서상태와 같은 정신 · 심리적 요인들에 의해 수정될 수 있음을 규명 • 척수의 관문 개폐를 조절함으로써 통증 자극을 증가 또는 감소할 수 있다는 이론 • 피부자극을 통한 통증완화, 시각, 청각자극에 의한 통증완화에 적용
엔도르핀 이론			• 뇌에 모르핀에 대한 수용체가 있어 인간 스스로 통증을 조절할 수 있는 능력이 있다는 이론. 즉, 엔도르핀이 통증지각을 감소시키며 사람마다 엔도르핀 수준 차이로 통증지각이 다름을 설명(통증 메시지 전달을 방해하는 신경전달물질) • 엔도르핀은 분만 진행에 따라 점차 분비가 증가하여 분만 활동기에 최고조에 이르다가 분만 후에 급격히 떨어짐
분만통증 특성	자궁수축과 관련된 통증		• 자궁수축의 특성(간격, 기간, 강도)이 분만이 진행되면서 변함 • 분만 초기에 허리 하부에서 느껴지며 분만이 진행됨에 따라 통증 감각은 아래쪽 허리 전체에서 등과 복부로 퍼짐 • 주기적으로, 자궁수축 강도 증가 → 불편감 ↑
	요통		• 분만 산부의 25%가 경험 • 태아가 후방 후두위시 천골 압박하여 가장 심하게 나타남
	출산 시 통증	견인력	• 회음부와 자궁경부의 수축, 만출력 등으로 인한 자궁 인대의 신장, 자궁하부의 팽창이 일어나는 힘
		압박	• 선진부 하강에 의한 방광 · 요도 · 질 · 골반 내의 기관, 자궁과 질 주위의 신경절이 받는 압박정도
		저산소증	• 자궁이 수축하는 동안 자궁근층과 인접 조직에 혈류가 정체되어 나타나는 국소적 빈혈증상
	분만 단계별	분만 1기 통증	• 흉추($T_{11} \sim T_{12}$)의 척추신경을 통해 흉부 하부와 요추 상부의 교감신경에 전달

<table>
<tr><td rowspan="3"></td><td rowspan="2">통증 전달 경로</td><td>분만 2기 통증</td><td>• 주로 천골신경($S_2 \sim S_4$)의 부교감 신경을 통해 전달</td></tr>
<tr><td>분만 3기 통증</td><td>• 산후통(after pain)과 마찬가지로 자궁수축으로 인한 통증
• 아두골반 불균형이나 불규칙한 자궁수축, 그 외 난산 요인들이 있을 때 정상보다 더욱 심한 통증 유발</td></tr>
<tr><td>심리적 요인</td><td colspan="2">• 불안, 공포, 기대와 인지적 평가, 자기 효능감 및 자기 조절력에 영향 받음</td></tr>
<tr><td rowspan="6">마취법</td><td>국소침윤 마취</td><td colspan="2">• 분만중에 회음부 절개 전, 분만 후 열상부위 봉합 시 사용되는 안전한 통증 차단법</td></tr>
<tr><td rowspan="3">경막외 마취</td><td colspan="2">• 분만 통증 시에 경막외 공간에 적당한 마취제를 투여함으로써 통증 완화
• 주위의 신경섬유를 통하여 골반 내의 통증 자극 전달을 방해하여 마취
• 산부의 운동기능에는 영향 미치지 않고 감각기능만 완전히 차단
• 무통분만의 한 방법으로 널리 이용되는 추세</td></tr>
<tr><td>장점</td><td>• 통증감소, 제왕절개 시 마취, 분만 동안 산모는 깨어 있음
• 태아의 상태에 변화 주지 않고 산부의 의식에 영향 주지 않음
• 감각신경만 마비되고 이완이 충분히 되며 출혈량 적고 두통 등의 문제없음</td></tr>
<tr><td>단점</td><td>• 모체저혈압, 오심, 구토
• 다리 운동기능의 소실에 따른 산부의 운동제약
• 감각손실로 인한 요정체</td></tr>
<tr><td rowspan="2">척추 마취</td><td colspan="2">• 국소마취체(bupivacaine)와 함께 아편유사제(fentanyl)를 $L_{3,4}$ 혹은 $L_{4,5}$ 사이에 주사하여 효과적으로 진통을 억제
• 분만 1기 활동기에 접어든 것을 확인하고 경막외 진통법을 적용하지만 초기부터 분만진통을 견디기 힘들어 하거나 통증으로 인한 제왕절개술을 원할 경우 분만 제 1기 잠재기에도 척추강 내로 소량의 아편제제를 투여할 경우 효과적인 진통 차단 가능하며, 분만지연을 시키지 않음</td></tr>
<tr><td>장점</td><td>• 태아 저산소증이나 혈압변화 위험 없음
• 산부의 의식 깨어 있으며, 근육 충분히 이완되며 출혈량 적음
• 다른 마취가 추가로 필요하지 않음
• 제왕절개술 시 가장 보편적인 마취방법, 약물 투여 시 5분 내에 쉽게 마취</td></tr>
</table>

		합병증	저혈압	• 교감신경 차단효과로 말초혈관저항이 감소, 심박출량 감소 → 저혈압 발생
			두통	• 뇌막의 주사부위에서 뇌척수액이 누출되어 산부가 앉거나 서면 뇌가 아래로 당겨져 발생한다고 여겨짐 • 서있을 경우 심해지고 누워 있을 경우 소멸 • **예방법** : 척추마취 후 10~12시간 동안 누운 자세 취하기 • **심한 경우** : 본인의 혈액이나 생리식염수를 척추마취한 부위의 경막외 공간에 주입하여 천공된 곳을 막는 방법(epidural blood patch)
			뇨정체	• 소변 감각의 미약 • 회음절개수술로 인한 통증과 분만과정으로 인한 방광 및 요도 손상은 태아 두부에 의한 요도의 압박, 과다한 수액의 주입, oxytocin 항이뇨작용 등이 원인 • 방광 상태 자주 점검, 인공도뇨
			불안 및 불편감	• 산부가 깨어 있는 상태 • 수술 시의 모든 조작에 통증 느끼지 않으나 압박감은 느낄 수 있으며 척추감각 마취 상부에는 모든 조작을 느낄 수 있기에 유의하여 함
분만통증 완화법	비약물 요법	동기 – 정서체계적 전략		• 이완요법 사용, 피부접촉, 말로 암시 등
		인지 – 평가체계적 전략		• 진통중 지지, 호흡법, 주의 집중과 상상기법, 음악요법, 정보제공, 주의전환 등
		감각 – 구분체계적 전략		• 체위, 피부자극 등
	약물 요법	마약성 진통제		• **종류** : morphine, meperidine(demerol) • **주입시기** : 분만 1기 활동기(경관개대 3~4cm일 때) • 신생아 호흡저하의 부작용 예방 위해 마취길항제(Narcan : naloxone) 준비
			장점	• 산모의 진통효과 뛰어남
			단점	• 잠재기 때 투여 시 분만 진행 지연 • 분만 직전 투여 시 신생아의 호흡중추 억압 증상 나타남
			주의점	• 분만 초기와 분만 전 1~2시간 전을 피해 투여

				• 태아 저산소증, 모체 저혈압, 호흡감소 시에는 투여 금지
			간호	• 부작용 관찰 : 오심 및 구토, 호흡저하, 진정, 소양증, 기립성 저혈압 • 호흡중추 억압 증상 시 길항제 준비 투여 • 3~5분간 천천히 투여
		진정제	• 종류 : seconal, nembutal • 분만 1기 말, 2기 초(분만 1~2시간 전) 투여할 경우 태아에게 심각한 중추신경 억압 증상 나타날 수 있음	
			장점	• 통증감소보다 이완, 수면유도, 불안감소
		마취제	• 마취방법 : 요추 2~4번 사이에 경막외 마취 • 활동기와 분만 2기(경관개대 4~8cm)에 주입 • 기전 : 흉추 10번~천추 4번까지 신경차단	
			장점	• 통증감소, 제왕절개 시 마취, 분만 동안 산모는 깨어 있음
			단점	• 모체저혈압, 오심, 구토, 요정체

06 분만간호

1 입원 시 간호

간호사정	• 간호력 : 개인적 상황, 산과력(현재임신력, 과거산과력), 산전진찰 여부, 주호소 등	
분만 초기 징후 사정	• 진진통 여부와 양상, 이슬 및 양수 파막 여부 확인	
분만진행 사정	자궁수축 측정	• 자궁수축의 간격, 빈도, 수축 강도 측정 • 자궁저부(가장 측정 잘되는 곳)에 손바닥을 대고 확인 : 자궁수축과 수축 사이 태아의 등 부위에서 측정 • 규칙적인 양상이 설정되나 분만 제1기 활동기 동안에는 불규칙적일 수 있음 • 빈도 : 평균 2~5분마다(2분 이내 잦은 빈도는 적절한 휴식이 없으므로 부적절)

<table>
<tr><td rowspan="10"></td><td></td><td colspan="4">• 강한 수축은 60초 정도 지속, 90초 이상 지속 시 태아곤란증 유발
• 수축기간 : 평균 50~75mmHg
• 휴식기간 : 휴식기 동안의 강도는 평균 15mmHg
• 분만 1기에는 인위적으로 힘주지 말기(분만이 빨리 이루어지지 않고 부종만 초래)</td></tr>
<tr><td>복부검진</td><td colspan="4">• Leopold's maneuver</td></tr>
<tr><td>질검진
(내진)</td><td colspan="4">• 선진부와 태위, 선진부와 골반과의 관계, 경관상태, 거상 및 개대 정도, 파막 여부, 파막 시 제대탈출 여부 등 확인</td></tr>
<tr><td rowspan="6">파막검사</td><td colspan="4">• Nitrazine test 통해 파막 여부 확인</td></tr>
<tr><td rowspan="4">양수</td><td colspan="3">• 맑고 연한 노란색
• 양수는 약알칼리성(pH 7.0~7.5)으로 청색으로 변함</td></tr>
<tr><td rowspan="3">비정상</td><td>탁하고 냄새</td><td>• 감염</td></tr>
<tr><td>녹색 태변 착색</td><td>• 태아의 저산소증 또는 둔위로 인한 태변 배출</td></tr>
<tr><td>포도주색</td><td>• 출혈</td></tr>
<tr><td>양막
파열 시
간호</td><td colspan="3">• V/S check, 태아 심박동 양상 확인
• 태아상태, 분만진행을 위한 사정 위해 질 검진 → 제대탈출 여부, 자궁경부 소실, 개대, 태아하강의 진행 상태 확인
• 양수 특성 확인
• 양막 파열 후 감염 위험 높으므로 모체 체온 2시간마다 확인
• 제대탈출 위험 감소시키기 위해 활동제한</td></tr>
<tr><td>항문진찰</td><td colspan="4">• 선진부와 태위, 경관개대, 선진부 하강 정도를 알 수 있으나 내진만큼 정확하지 않음</td></tr>
<tr><td rowspan="3">건강사정</td><td>맥박 · 체온</td><td colspan="4">• v/s : 분만 중 매시간 측정
• 맥박 계속 상승 : 탈수 또는 탈진 의심
• 체온상승, 파막되거나 체온상승 우려 시 매시간 측정</td></tr>
<tr><td>호흡</td><td colspan="4">• 과다호흡 : 호흡의 깊이와 횟수 증가
– 이산화탄소 소실로 호흡성 알칼리증 초래
– 어지러움증이나 사지가 쑤시는 느낌 호소
– 종이백이나 두 손을 동그랗게 코와 입위로 모아 감싸서 호흡</td></tr>
<tr><td>혈압</td><td colspan="4">• 저혈압 시 간호중재
– 하대정맥에 가하는 압박감소와 정맥귀환 증진 위해 산부를 옆으로 눕힘
– 머리는 낮추고 다리를 올려 주어 정맥압을 감소시키고 말초순환을 증진
– 수액의 정맥주입 속도를 증가시켜 순환계 수액량 증진</td></tr>
</table>

	검사실 검사		• 소변검사, 혈액검사
	심리적 반응		• 언어적 상호작용, 신체적 언어, 지각의 예민함, 불편감 수준, 출산 계획
태아사정	• 태아심음 청진, 전자태아 감시, 양수 내에 태변 착색 여부, 태동, 청각자극검사 등 • 태아의 생리적 서맥 – 자궁수축 시 태반으로의 혈액감소 → 태아로의 O_2 공급 감소 → 일시적 서맥		
	태아 곤란증	증상	• 태아심박동 120회/분 이하, 160회/분 이상 • 자궁수축이 끝난 후 태아서맥이 30초 이상 지속 • 두정위면서 태변 배출 시(둔위에서 태변 배출은 정상) • 자궁수축 지속시간이 90초 이상 지속 시 → 산소공급 감소 • 자궁수축 간격이 2분 이하 → 혈액순환 저하 • 자궁내압이 75mmHg이상 시(정상 : 50~75mmHg) → 간호
		간호	• oxytocin stop • **좌측위** : 하대정맥 압박을 감소시켜 귀환 혈량 증가 • 다리를 90° 상승 또는 trendelenburg position → 제대 압박 부위의 압력 감소 • 산소투여

2 분만 1기의 간호

관장 (enema)	목적	• 분만 시 오염 방지 • 분만 촉진 • 대장을 비워 산도를 넓힘으로 선진부 하강을 쉽게 해 줌
	시기	• 분만 초기
	금기증	• 급속분만, 분만이 빨리 진행될 때 • 질출혈 시 • 진입되지 않은 두정위나 횡위 시
방광간호	• 방광팽만 → 분만지연, 산후출혈, 불편감, 산후 소변정체 및 방광염 발생 • 2~4시간마다 배뇨 권장 • 분만의 활동기 동안은 침상변기 이용(∵ 힘주다 분만 우려)	
회음부 준비	• 삭모 : 불두덩은 남기고 소음순, 회음부, 항문주위의 음모만 삭모	
수분섭취	• 활동기 이후에는 구토 발생으로 인한 기도흡입 위험으로 금식 후 정맥 주입	

안위 간호			• 구강위생 간호 • 얼음이나 사탕 • 냉, 열요법 적용(요통 조절) • 스폰지 목욕 • 분만 진행 상황 설명 · 정보제공
	산모체위		• 산부가 원하는 대로 편한 자세, 좌측위
	호흡법		• 라마즈 호흡법 이용
		잠재기	• 느린 흉식호흡(자가호흡의 1/2 속도로 천천히 호흡)
		활동기	• 빠르고 얕은 흉식호흡
		이행기	• 빠르고 일정한 흉식호흡(히히히후 호흡), 빠르고 깊은 호흡 • 아두발로시 : 회음부 열상 방지 위해 헐떡거리는 호흡 • 주의점 : 과호흡으로 인한 호흡성 알칼리증(손발 저리고 얼얼, 두통, 어지럼증)
분만 진행 파악			• 이슬 : 분만 진행과 함께 이슬의 양 증가 • 간호중재 : 시트와 패드를 자주 교환, 회음부 간호

3 분만 2기의 간호

시작 증상			• 산모가 스스로 힘주기 시작, 통증 증가 • 자궁수축 + 복압(pushing) • 혈액 섞인 이슬의 양 증가 • 직장 쪽의 압박감으로 변의나 요의 느낌 • 팽륜(bulging) • 양막파열(ROM) • 산부 : 불안, 안절부절, 민감해지는 시기
태아사정			• 자궁수축 전후의 태아심박수 확인 → 심박수 떨어지면 좌측위, 산소투여
산부 간호	힘주기		• 성문을 연 채로 힘주기를 하고 싶을 때만 힘주기를 하거나 각 수축기에 3~5회 정도만 힘주기 • 수의적인 힘주기는 6~7초 이상 지속적으로 주지 않도록 → 태아 저산소증 예방 • 아두발로 시 : 회음부 열상 방지 위해 헐떡거리는 호흡(짧게 흉식호흡), 만출되려고 하는 순간 길게 호흡하게 하여 대변 보듯이 힘주기
출산준비	분만실 이송	초산부	• 자궁경관 전개대후, 회음부 팽륜, 발로 초기에 옮김
		경산부	• 자궁경관이 7~8cm 개대 시 옮김
	출산 자세		• 서거나 쪼그리거나 꿇어 앉는 자세 : 태아하강과 산부의 만출력을

<table>
<tr><td></td><td></td><td colspan="2">강화시켜 분만을 진행시킴
• 쇄석위 : 회음 봉합 시 용이, 1시간 이상 시 골반 정맥염 초래요인</td></tr>
<tr><td rowspan="6">태아만출 시 처치 및 간호</td><td rowspan="4">회음 절개술</td><td>시기</td><td>• 아두가 3~4cm 보일 때(발로 상태)</td></tr>
<tr><td>장점</td><td>• 절개부위 회복이 용이, 방광류 · 직장류 예방, 분만 2기 단축, 3도 열상 예방</td></tr>
<tr><td>정중 회음절개술
(median episiotomy)</td><td>중측방 회음절개술
(medio-lateral episiotomy)</td></tr>
<tr><td>• 신생아가 아주 큰 경우, 회음이 짧은 경우
• 중측방 회음절개술에 비해 쉽게 치유
• 통증이 적음
• 3, 4도 열상 발생 위험</td><td>• 정상분만 시
• 출혈이 많음
• 치유가 어렵고 통증이 심함
• 4도 열상 발생 예방</td></tr>
<tr><td>Ritgen's maneuver</td><td colspan="2">• 아두의 가장 작은 경선이 만출되도록 손가락을 이용하여 만출속도와 방향을 조절하는 방법
• 발로상태(crowning)에서 회음절개술 실시한 후 시행
• 아두 유출의 속도조절로 열상방지, 분만촉진에 도움
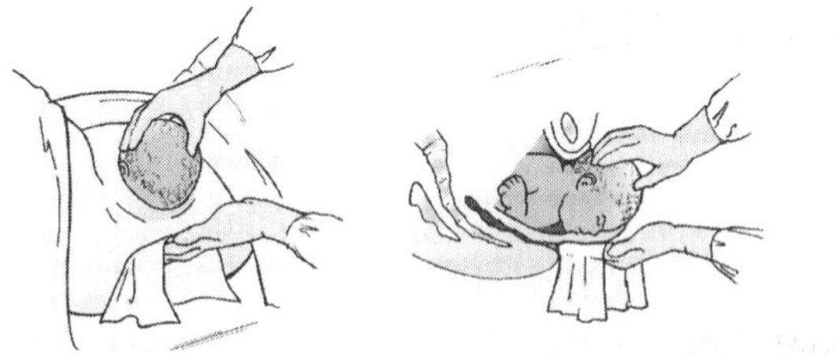</td></tr>
<tr><td>제대결찰</td><td colspan="2">• 분만 후 탯줄박동이 멈춘 후에 집게나 무명실을 이용하여 제와 가까이에서 결찰</td></tr>
<tr><td>신생아 간호</td><td colspan="3">• 아동간호학 참조
– apgar 점수
– 신생아 간호순서</td></tr>
</table>

4 분만 3기의 간호

모니터	• v/s check, 자궁저부의 단단함, 혈액손실, 태반박리 징후사정
태반만출	• 신생아 분만 직후 몇 번의 강한 수축과 함께 박리되어 나옴 • 태반조직의 자궁강 내 잔류 여부 관찰 → 산후출혈의 원인 • 태반만출 지연 시 : 탯줄견인법, 치골상부압박법, 용수박리법 – 탯줄견인법 사용 시 합병증 : 자궁내번 위험

간호	자궁저부 마사지			• 자궁근 섬유를 수축시키고 응고된 피를 배출시킴 • 너무 지나친 마사지는 자궁이완의 원인이 됨
	자궁수축 위한 약물투여	적응증		• 과거 분만 시 자궁근 무력 경험이 있는 경우 • 분만 1~2기 지연이 있었던 경우 • 자궁수축제를 이용하여 유도분만한 경우 • 고령의 다산부 • 양수과다, 다태임신, 거대아 등으로 자궁이 과다하게 팽만된 경우 • 분만 위해 과다하게 진통제나 마취제를 사용한 경우
		Methergine Ergonovin		• 지속적인 경련성 자궁수축 자극 • 태반만출 후 투여 • 부작용 : 혈압상승, 흉통, 심계항진, 호흡곤란 등 • 고혈압 유발하기에 BP 140/90mmHg 이상인 경우 투여 금지
		옥시토신 (Pitocin)		• 임신 말기, 분만 직후에 희석하여 사용→강한 자궁수축 유발 • 자궁의 평활근 자극, 심근의 수축 일으킴 • 유즙분비를 촉진하여 수유를 용이하게 함(비강 투여) • 유도분만, 분만촉진, 산후출혈, 조절 등에 사용
			부작용	• 항이뇨 효과, 저혈압, 빈맥, 강직성 자궁수축의 위험(태아질식, 자궁파열), 산후출혈
	산도의 열상관리	종류	1도 열상	음순소대의 피부열상(근육은 열상이 없는 상태)
			2도 열상	음순소대, 회음, 회음체까지의 열상
			3도 열상	음순소대, 회음, 회음체, 항문조임근까지의 열상
			4도 열상	음순소대, 회음, 회음체, 항문조임근, 직장까지의 열상
		열상예방법		• 산전관리 시 회음부의 힘조절 연습 • Ritgen's maneuver로 아두가 소사경으로 만출되도록 도움 • 아두만출 시 산부가 짧은 흉식호흡으로 서서히 만출되게 함 • 어깨 만출
		열상관리법		• 2도 열상 이상에서 봉합처치 • 봉합 후 냉찜질, 더운 물 좌욕, 건열요법 → 통증감소,

			부종감소, 감염예방 • 출혈증상 확인 • 비타민 식이 보충 • 질 세척 금지 • 안정, 휴식

5 분만 4기의 간호중재

1. 산모의 신체사정

사정부위	사정간격	결과	
자궁저부	15분마다	단단함	• 분만 직후 : 제와부에서 2cm 아래 • 1시간 후 : 제와부로 상승하여 12시간쯤 유지 • 매일 1~2cm씩 하강
		부드러울 때	• 자궁저부가 단단해질 때까지 마사지 후 혈괴를 배출 • 우측으로 치우쳐 있을 때 방광팽만 확인
오로	15분마다	양 : 보통	• 정상이나 혈액분출 시 경관열상 확인
		양 : 많을 때	• 3~5분 후 재확인하여 출혈과 구분 필요
회음부	오로관찰 시	• 회음절개 봉합부위와 회음상태 확인 • 깨끗하고 약간의 부종, 봉합이 잘 되어 있으면 정상	
방광	1시간 간격	• 자연배뇨 촉진, 필요시 인공도뇨 • 방광팽만은 자궁이완, 소변정체, 감염 위험	
혈압	안정 시까지 15분 간격, 그 후 30분마다 2회 측정	• 흥분과 분만 시 피로로 약간 상승 → 1시간 이내 정상	
맥박 · 호흡	15분마다	• 1시간 이내로 정상회복 • 빈맥은 출혈, 감염의심	
체온	1시간 간격	• 탈수나 피로 시 상승 • 분만 24시간 이내 38℃ 이하는 정상으로 간주	

2. 간호중재

안정과 격려	침상안정	• 2시간 정도 침상에서 안정 • 복압감소로 장으로 가는 혈관들이 확대되고, 이로 인해 내장에 혈액이 차게 됨으로써 산모가 서 있을 때 어지러움 느낌
	보온	• 출산 직후의 오한에 대비하여 따뜻한 음료수 제공 및 보온
출혈예방	원인	• 분만 1, 2기 지연 시(난산) • 분만 동안 옥시토신 투여 시 • 급속분만 • 자궁이 현저히 커진 경우(거대아, 다태아 임신, 양수과다증) • PIH • 분만 동안의 수술과정(겸자분만, 흡입분만) • 경부나 회음열상 • 태반조각이 자궁강 내에 남아 있는 경우
	간호	• 자궁수축제 투여 • 태반조각 제거 • 봉합(← 열상 시) • 자궁마사지 • 방광비우기
배뇨간호	팽만 확인	• 자궁저부 촉진 시 방광의 팽만 정도 확인 • **팽만된 방광** - 자궁을 우상방으로 밀어내어 자궁근육의 수축을 어렵게 하고 산후 출혈 초래 - 방광벽 이완을 초래하여 소변정체와 감염 초래 - 자궁수축 저해로 혈액손실 위험 높아짐
	간호	• 분만 후 자연배뇨 격려, 자연배뇨 안되면 인공도뇨 실시
안위간호	감염예방	• 패드 교환 시 앞쪽에서 뒤쪽으로 빼냄
	산후통	• 분만 후 첫 12시간 동안 느끼는 불편감, 경산부가 더 심함 • **간호** : 방광 자주 비우기, 복부에 따뜻한 담요와 진통제, 이완 및 호흡운동 • **회음절개 봉합부 통증과 치질** - 거즈에 싼 얼음덩어리(얼음 팩) 회음절개부위에 적용 - 압력이 가해지지 않도록 측와위를 취함
수분균형유지	• 당분을 첨가한 적당량의 수분을 천천히 마시도록 지도(오심, 구토예방) • 한 시간 후 산모상태가 안정되면 가벼운 식사 제공	
모아관계촉진	• 눈맞춤, 젖꼭지 물리기를 통해 애착형성	

CHAPTER 04 정상분만 간호

기출문제

1 분만

01 다음은 어느 여 교사가 보건교사와 상담한 내용이다. 〈작성 방법〉에 따라 순서대로 서술하시오.

[4점] 2018년

최 교사 : 선생님, 분만 예정일이 아직 2주나 남았는데 아침부터 배가 생리할 때처럼 살살 아파서 왔습니다.

보건교사 : 임신 38주니까 분만 진통이 시작된 것일 수도 있겠네요. 통증이 얼마나 자주 있는지, 얼마나 오래가는지 한번 측정해 보지요. 여기침대에 누워보실래요. (최 교사의 배에 손을 대고 시계를 본다.)

최 교사 : (배가아파 얼굴을 찡그리고 있다.)

보건교사 : ㉠ 통증은 규칙적으로 5분마다 있고 40초 이상 지속되는데요.

최 교사 : 선생님, 그런데 통증이 계속되는 게 아니고 아팠다 ㉡ 안 아팠다 하니까 견딜만 해요.

보건교사 : 네, 그것이 분만 통증의 특징입니다. 또 통증은 산부가 조절할 수 없습니다.

최 교사 : 선생님, 잠깐만요. 아래로 물 같은 게 흐르는데요.

보건교사 : 그래요? 양수가 터졌나보네요. 양수가 터지면 분만이 빨리 진행되니 병원에 입원하시는 게 좋겠어요.

최 교사 : 네, 제가 학교 앞에 있는 병원에 다니거든요. 빨리 입원하러 가야겠네요.

보건교사 : 선생님, ㉢ 아기가 아직 안내려온 상태에서 양수가 터졌을 때는 아기가 위험할 수 있습니다. 저랑 같이 병원에 가요. 제가 휠체어로 모셔다 드릴게요.

최 교사 : 선생님, 정말 고맙습니다.

〈 작성 방법 〉

- ㉠의 특성을 보이는 분만 단계의 구간을 제시할 것
- 자궁수축에서 ㉡의 시기가 모체와 태아에게 미치는 영향을 각각 서술할 것
- 보건교사가 ㉢과 같이 말한 이유를 서술할 것

(1) ㉠의 특성을 보이는 분만 단계의 구간을 제시할 것

(2) 자궁수축에서 ㉡의 시기가 모체와 태아에게 미치는 영향을 각각 서술할 것

(3) 보건교사가 ㉢과 같이 말한 이유를 서술할 것

|해설| (1) 분만 1기 활동기

- 자궁수축 강도 : moderate
- 자궁수축 리듬 : 규칙적
- 자궁수축 빈도 : 3~5분
- 자궁수축 기간 : 30~45초

(2) • 모체에게 미치는 영향 : 효과적인 분만의 일반적 특성은 규칙적인 자궁수축이다. 분만이 진행될 수록 자궁수축이 더 빈번해지고 지속기간이 증가한다. 자궁수축이 빈번해 질수록 이완이 제대로 이루어지지 않아 통증을 심하게 느끼게 되며 자궁경관 개대가 적절하게 이루어지지 않는다.

- 태아에게 미치는 영향 : 이완없이 수축만 지속 시 자궁태반 혈류가 감소되어 태아 저산소증을 유발할 수 있다.
- 자궁수축 이완시에는 산모는 쉴 수 있고 자궁근육, 태반, 태아에게 혈액공급이 원활하게 이루어진다.

(3) 태아 선진부가 골반내로 고정되지 않았을 때 양수가 터지게 되면 제대탈출의 위험으로 제대가 압박되어 태아 저산소증을 유발할 수 있다.

02 **다음은 보건교사가 고등학생에게 '정상 분만의 전구증상'을 교육하기 위하여 작성한 자료이다. 전구증상 ㉠, ㉡의 발생기전을 쓰시오.** [2점] 2016년

정상 분만의 전구증상

전구증상은 임신 말기의 분만을 암시하는 신체 변화들이다. 임부들은 다음 전구증상 중 1가지 이상을 경험한다.

〈표〉 분만 전구증상의 발생기전 및 특징

전구증상	발생기전 및 특징
하강감	아두가 골반강 내로 들어가게 되어 복부 팽만이 완화되고 횡격막의 압박이 경감되는 증상
㉠ 요통	
가진통	불규칙한 자궁수축이 반복되면서 나타나는 복부 통증
㉡ 체중감소	
에너지 분출	에피네프린 방출 증가로 신체활동이 증가되는 것
자궁경부연화	태아가 통과될 수 있도록 자궁경부가 부드러워지면서 부분적으로 소실되고 개대되는 것
양막파열	태아와 양수를 싸고 있는 막이 파열되는 것

|정답| ㉠ 요통은 분만 시 릴락신 분비에 의해 연골 완화작용 및 근육활동이 증가하여 골반 크기 증가(2cm), 요통, 치골부위의 통증, 관절통을 초래한다.

㉡ 체중감소는 에스트로겐과 프로게스테론 변화에 의해 전해질 이동에 의한 수분손실로 0.5kg ~1.5kg 감소한다.

CHAPTER

05 고위험 분만 간호

01 분만과정과 관련 건강문제

1 난산

정의	• 분만의 5요소인 만출력, 태아, 산도, 산부의 심리적 문제 및 자세이상으로 인해 분만 진행에 어려움이 있는 것 • 분만이 지연되면서 대부분 심한 통증을 수반		
원인	만출력 이상	자궁수축의 질	• 저긴장성 자궁기능부전 • 고긴장성 자궁기능부전 • 부조화성 자궁기능부전
		자궁기능부전이 발생된 시기	• 분만이 시작되면서 발생하는 원발성 기능 부전 • 분만이 진행된 후에 발전되는 속발성 기능 부전
		분만 진행 중지 양상과 시기	• 잠재기 지연 • 활동기 지연
	산도이상	• 산도크기 및 형태의 변화, 생식기 기형 등 골반협착, 아두골반 불균형	
	태아이상	• 태위, 태향이상, 태아의 크기 및 발육이상, 태아 수	
	심리적 이상	• 출산준비 부족으로 불안, 공포	
	자세이상	• 산부 분만을 저해하는 부적합한 자세	

2 자궁기능부전(Uterine dysfunction)

1. 저긴장성 자궁수축 & 고긴장성 자궁수축

정의	• 자궁경부의 소실과 개대, 태아하강 등 정상 진행을 방해하는 비정상적인 자궁수축	
	저긴장성 자궁수축	고긴장성 자궁수축
위험요인	• 경산부에서 잘 발생	• 초산부에서 잘 발생
원인	• 자궁과도신전 : 다태임신, 양수과다 • 아두골반 불균형, 이상태위	• 자궁저부수축 < 자궁체부수축 • 수축의 조정이 잘 안됨
발생시기	• 분만 1기 활동기 • 활동기 중의 경관개대 가속기 때 잘 발생	• 분만 1기 잠재기
증상	• 약한 수축 • 자궁수축 시 저부 부드러움 • 통증 약간, 없음	• 중증도 이상의 강한 수축 : 자궁긴장도 증가와 비정상적인 수축압 • 극심한 통증 : 자궁근육세포의 산소결핍 • 태반조기박리의 원인
태아질식	• 늦게 발생	• 초기부터 발생
옥시토신 투여	• 옥시토신 투여로 자궁수축 활발	• 절대 금기
진정제	• 도움 안됨	• 효과 좋음
합병증	• 산부의 탈진, 탈수 • 파막 후 분만지연 → 자궁 내 감염 • 태아질식, 태아손상	• 모체 : 통증, 탈수, 피로, 불안, 태반조기박리 • 태아 : 태아 저산소증, 태아질식 징후
간호중재	• 인공파막 : 자궁수축 자극 • 옥시토신 정맥투여 : 진통유발 • 직장 관장 : 직장 비워 자궁수축 자극 • 협골반, 이상태향, 태아질식 시 → 제왕절개	• 휴식, 수분공급 • 통증완화 → 진정제 및 진통제 투여 • 태아질식 시 → 제왕절개 • 정맥 내 수액공급 : 수분과 전해질 유지

2. 기타 만출력 이상

수의적 만출력 이상	정의	• 경관 완전개대 후 자궁수축 시 산모가 적절한 힘주기를 못하는 경우
	원인	• 피로, 부적절한 체위, 다량의 진통제, 마취 시 발생
	간호	• 호흡법 및 힘주기 격려 • 산소공급

병리적 견축륜	정의	• 태아하강은 중단되고 자궁상부와 하부 사이에 부분적인 수축이 발생하는 것 • 경산부에게 흔함
	기전	• 자궁상부와 하부 사이에 국소적인 견축륜 발생 : 심한 기능부전성 분만의 경고 • 자궁상부 - 계속적인 수축과 견축으로 비후 자궁하부 - 늘어나고 얇아짐 → 자궁하부와 상부 사이에 쏙 들어가는 반지모양 형성(자궁파열 전조 증상)
	증상	• 비정상적 견축륜 • 태아하강 어려움 • 산부 : 심한 복통, 불안, 탈수, 자궁파열 • 태아 : 심한 산소결핍, 뇌손상, 태아질식
	간호	• 자궁파열 위험 : 몰핀 근육주사 후 수축력 감소시킨 후 신속히 제왕절개 • 옥시토신 중지 • 주의 : 자궁수축제 투여, 관장 절대 금지

3. 급속분만과 지연분만

구분	급속분만		지연분만	
정의	• 진통시작 후 분만이 3시간 이내에 끝나는 경우 • 산도의 연조직 저항이 비정상적으로 낮거나 자궁과 복부의 수축이 비정상적으로 강할 때 나타남		분만이 24시간 이상 지속되는 경우	
합병증	모체	산도열상, 산후출혈, 태반조기박리, 자궁파열, 양수색전	모체	감염, 탈수 등
	태아	저산소증, 경막하 출혈, 뇌외상, 저체온증	태아	질식, 저산소증

3 조기진통, 조산(Preterm birth)

정의	조기진통	• 임신 37주 이전에 진통이 시작되는 것
	조산	• 임신 20~37주 사이의 분만
원인	• 원인불명, 1/3은 조기 파막 후 발생	

<table>
<tr><td></td><td colspan="6">• 20~40% : 당뇨, 전치태반
• 조산의 기왕력, 임신 전 체중증가, 임신성 고혈압, 흡연, 알코올, 약물, 스트레스 등</td></tr>
<tr><td>증상</td><td colspan="6">• 진통증상 시작 확인 어려움 → 수축 시 복부 느낌 알아보는 것이 중요
• 질 분비물의 변화 및 증가, 질 출혈, 파막, 설사, 32주 전 태아 하강감
• 요로감염 시 요통(조산유발), 골반 압박감, 허벅지 압박감 및 복통
• 경과변화 여부(내진), 양수누출여부(질검사), 경관점액 세균배양 검사</td></tr>
<tr><td rowspan="3">진단</td><td colspan="2">자궁경부와 질검사</td><td colspan="4">• 자궁경부와 질 분비물의 세균배양 검사</td></tr>
<tr><td colspan="2">양수천자</td><td colspan="4">• 융모양막염과 태아의 폐성숙 확인</td></tr>
<tr><td colspan="2">초음파</td><td colspan="4">• 재태연령을 파악하기 위해 시행</td></tr>
<tr><td rowspan="11">치료
및
간호</td><td rowspan="5">관찰 및
절대안정</td><td>조기진단</td><td colspan="4">• 월경통과 유사한 복통이나 장의 복통, 골반의 악력, 설사, 하부요통
• 혈액성 질 분비물, 양수관찰</td></tr>
<tr><td>좌측와위</td><td colspan="4">• 자궁혈류 증진, 안정
• 부동의 합병증 주의
– 근쇠약, 혈전증, 골밀도 저하, 변비, 식욕저하 등</td></tr>
<tr><td>성행위 금기</td><td colspan="4">• 감염 위험 예방, 프로스타글란딘의 자궁수축 가능성</td></tr>
<tr><td>진정제</td><td colspan="4"></td></tr>
<tr><td>자궁수축관찰</td><td colspan="4">• 손가락 끝을 배꼽 위에 놓고 자궁수축의 빈도, 기간 관찰</td></tr>
<tr><td>수액요법</td><td colspan="5">• 조기 진통 중인 자궁의 활동성 억제(폐부종 주의)</td></tr>
<tr><td rowspan="5">조기진통
억제제</td><td>종류</td><td colspan="4">• ritodrine(yutopar), $MgSO_4$, Indomethacin, Nifedipine</td></tr>
<tr><td>전제조건</td><td colspan="4">• 양수파막이 되지 않았고, 경관개대 4cm 이하, 경관소실 50% 이하
• 자궁수축이 20분에 3~4회 정도로 강하지 않을 때
• 태아가 생존력이 있을 때
• 태아질식 증상이 없을 때
• 임상검사에서 내과가 산과적으로 임신을 지속할 수 없는 이상이 발견되지 않을 때
• 임부가 지시를 잘 이행할 수 있을 때</td></tr>
<tr><td>금기증</td><td colspan="4">• 자궁 내 태아사망, 태아의 안녕 상태를 안심할 수 없는 경우
• 중증 자간전증, 자간증, 융모양막염, 조기양막파수</td></tr>
<tr><td rowspan="2">Ritodrine
(Yutopar)</td><td>작용</td><td colspan="3">• 자궁 · 기관지 평활근에 위치해 있는 β_2 아드레날린 수용기에 영향 → 자궁수축력 감소</td></tr>
<tr><td>부작용</td><td>심혈관계</td><td>저혈압</td><td>• β_2 교감신경계 수용기 자</td></tr>
</table>

						극으로 혈관 평활근을 이완시켜 저혈압을 초래
					빈맥	• β_1 교감신경계 수용기 자극으로 심장의 박동수를 증가시켜 빈맥 초래
					부정맥	• β_1 교감신경계 수용기 자극으로 심장의 박동수, 수축력, 전도속도를 증가시켜 심전도를 변화
					저칼륨혈증	• 칼륨이 세포로 이동
				호흡기계	• 폐부종, 흉통, 호흡정지	
				소화기계	• 오심 구토	
				고혈당	• β : 당원분해증가로 혈당 증가 • 교감신경계 수용기 자극으로 당원분해증가로 혈당 증가	
				신경계	• 두통, 진전, 신경과민	
		$MgSO_4$	• **평활근 이완제** : 자궁수축력을 감소시키는 칼슘길항제 • 평활근 수축 시 세포 내 칼슘 농도를 낮추어 자궁수축을 억제 • **임신성 고혈압** : 중추신경억제제, 평활근 이완제			
		Indomethacin	• 프로스타글란딘 합성 억제제 • 자궁수축에 관여하는 프로스타글란딘의 생성을 억제			
		Nifedifine	• 칼슘통로차단제 • 칼슘을 감소시켜 자궁 근육의 평활근을 이완시키고 자궁수축력 감소 • 혈관의 탈분극 시기에 칼슘 유입금지로 자궁동맥의 혈관 평활근을 이완시켜 자궁의 혈류량 증가			
		Atociban (Tractocile)	• 옥시토신 길항제로 옥시토신 수용체를 차단하여 자궁을 이완 • **부작용** : 오심, 구토, 두통, 자궁이완, 요로계 감염			
	항생제	• ampicillin 등 → Group B 연쇄상구균 감염예방				
	스테로이드 제제	• 태아의 폐성숙 촉진 위해 산부에게 투여 • 임신 34주 이전에 투여 • **금기** : 다태임신, 감염, 결핵, 고혈압				

간호	좌측위	• 앙와위성 저혈압 증후군 예방과 구토 흡인 예방
	태아감시	• 지속적인 자궁수축과 태아 심박동 확인
	활력징후	• 10~15분 간격으로 혈압, 맥박 측정 • 빈맥, 저혈압시 의사에게 보고
	수분공급	• 2,500ml/일 수분공급
	혈액검사	• 3~6시간마다 혈당, 칼륨, 나트륨 및 혈색소 수치 사정
	propranolol (Inderal)	• 임신 중 투여에 대한 안정성 확보 × • 모유로 이행되기에 수유 중 투여 ×
	설명	• 조산으로 인한 저체중, 성장발달 저하와 같은 아기의 건강상태에 대해 불안 → 아기상태에 대해 설명
	교육제공	• 조기진통의 위험, 증상 및 증후, 대처방법 • 생활양식의 변화
	장기입원	• 조산방지 위함 • 안위도모를 위한 간호와 권태로움에 대처할 수 있는 간호 제공

4 조기파막(PROM ; Premature rupture of membrane)

만삭 전 조기파막 (PPROM)	정의		• 임신 37주 이전 분만이 시작되기 전에 파막된 것 • 조산의 25%에서 발생 • 융모양막염과 자궁내막염의 발생 빈도가 높음
	원인		• 산도를 통한 국소적 감염이 상행되어 태아막이 약화 • 양수과다, 경관무력증, 양막천자 후, 흡연, 다태임신, 태반조기박리, 이전의 만삭 전 조기파막, 이전의 자궁경관수술 또는 경관열상 등
만삭 조기파막 (PROM)	정의		• 임신 37주 이후 분만이 시작되기 전에 양막이 파막된 것 • 임신 37주 이후 파막 시 파막 후 24시간 이내 80~90% 분만이 진행
	원인		• 경관무력증, 선진부 진입지연, 자궁 내 압력이 높은 경우(양수과다증 , 다태임신), 연령, 다산부, 흡연, 조산, 임신 중 체중증가 부진 등
진단	양수누수		• 양수색깔과 파막시간 확인, 양수특성 확인
	Nitrazine paper	정상	• 노란색(pH 4.5~5.5 : 약산성)
		파막	• 청록색으로 변화(pH 6.5~7.5 : 약알칼리)
	양치형성검사	정상	• 파막 전 질내 분비물은 프로게스테론의 영향으로 염주모양
		파막	• 자궁경부 분비물에서 양수는 높은 수준의 에스트로겐으로 양치엽을 형성

	FFN 검사 (fetal fibronectin)	• FFN : 감염이나 조직파괴로 나오는 단백질 • 자궁경부와 질 분비물에서 발견 시 조직파막으로 진단
	초음파	• 양수의 양 확인
증상	• 자궁크기 감소 • 복부 촉진 시 태아 부분이 잘 촉지됨	
문제점	모체	• **산도 내 상행성 감염** : 융모양막염, 자궁내막염 등 • 제대탈출, 태반조기박리 • 병리적 견축륜, 자궁파열 • 양수과소증
	태아	• 감염(패혈증), 제대탈출
간호 중재	만삭 전 조기파막 (PPROM)	• 산부와 태아의 최적 상태 유지 → 임신기간 연장 → 성공적 분만이 목표 • Nitrazine test, 침상안정, 내진제한, 회음부 세척, 산부의 v/s, 태아전자감시, 수분공급, 정서적 지지
	만삭 조기파막 (PROM)	• 관장 후 24시간 기다려 분만 진전 없으면 유도분만 • 24시간 이후부터 융모양막염 발생 위험 높음 • 산모의 활력징후, 태아심음 관찰 • **양수 색 변한 경우** : 72시간 이내 산부 패혈증 위험 • 무조건 유도분만 시도(진전 없으면 제왕절개)

5 지연임신(postterm gestation)과 과숙아 분만(postmature pregnancy)

정의	지연임신	• 재태기간이 42주 이상인 경우
	과숙아 분만	• 재태기간이 42주 이상 지연된 분만 → 거대아, 자궁기능부전, 유도분만, 흡인만출, 제왕절개술 빈도 증가
원인	• 다산, 지연임신력, 모성연령(35세 이상), 선천성 기형(무뇌증, 수뇌증) 등	
문제점	• 태반노화로 인한 태반기능부전 : 영양소, 산소감소로 인한 태아 저산소증 및 질식 • 거대아 • 양수과소증 : 제대압박을 초래(저산소증 가능성 증가)	
임신 시 간호	복부촉진 및 초음파 검진	• 임신 주수 확인
	양수천자	• 태아 폐 성숙도 평가
	24시간 소변 검사	• 에스트리올 수치 검사
	NST 검사	• 검사 결과 정상이고 초음파 결과 추정한 태아 크기가 정상 만삭아보다 작을 때 → 예정일 다시 계산 • 검사 결과가 비정상이나 초음파 촬영에 태아의 대횡경이 만삭크기 → 유도분만

<table>
<tr><td>분만 시 간호</td><td colspan="2">• 유도분만
• 매일 분만징후와 자궁상태 관찰
• 분만 중 태아심음 관찰
• 과숙아 간호</td></tr>
<tr><td rowspan="5">간호 중재</td><td>좌측위</td><td>• 자궁태반 관류 최적 유지 → 태아에게 산소공급</td></tr>
<tr><td>태변흡입 증후군,
양수과소증 예방</td><td>• 태변 착색 징후 확인 → 양막절개술, 양수평가</td></tr>
<tr><td>지속적인 태아전자감시</td><td>• 태아심음 이상 → 고농도 산소투여
⇒ 가변성 하강 → 양막 주입술로 태변 희석</td></tr>
<tr><td>정서적 지지</td><td>• 피로, 불편감, 우울증, 불안 등</td></tr>
<tr><td>유도분만</td><td></td></tr>
</table>

6 다태임신(multiple pregnancy)

<table>
<tr><td>정의</td><td colspan="2">• 다태임신 : 둘 이상의 태아를 임신 · 분만, 쌍태아 임신 多
• 쌍태아의 70% 이란성, 여아가 많음</td></tr>
<tr><td>원인</td><td colspan="2">• 유전, 고령임신, 불임환자의 생식조작, 자궁기형</td></tr>
<tr><td>종류</td><td colspan="2">• 일란성 : 하나의 수정란이 발달 초기에 두 개의 배아로 분할되어 성숙
• 이란성 : 두 개의 난자에 각각 수정되어 발육
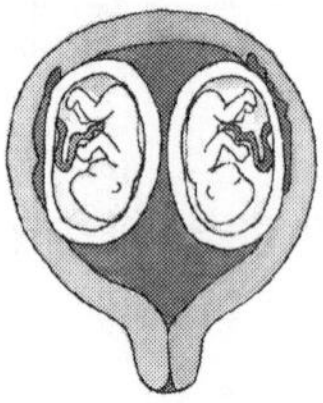
이란성 쌍태아
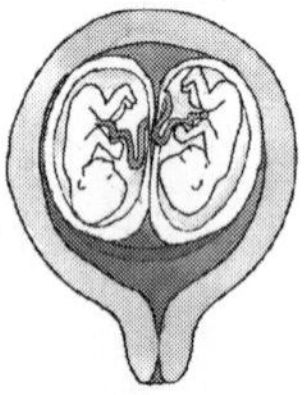
일란성 쌍태아
<table>
<tr><th>구분</th><th>태반</th><th>융모막</th><th>양막</th><th>유전형질</th><th>성</th><th>외모</th><th>혈액형</th></tr>
<tr><td>일란성</td><td>1
1</td><td>1
1</td><td>1
2</td><td>같음</td><td>같음</td><td>같음</td><td>동일</td></tr>
<tr><td>이란성</td><td>2</td><td>2</td><td>2</td><td>다름</td><td>같거나 다름</td><td>다름</td><td>다름</td></tr>
</table></td></tr>
<tr><td>문제점</td><td>모체측</td><td>• 모체 혈액량 증가 → 심맥관계 부담
• 태아의 철분 요구량 증가 → 빈혈
• 태반 → 전치태반, 태반 조기 박리
• 양수과다증
• 자간전증
• 분만 중 과도한 자궁증대 → 자궁기능부전
• 산후 출혈 증가
• 산후 감염 가능성 증가
• 정신적 문제 : 두려움, 공포(조산아 출산, 출산 후 양육)</td></tr>
</table>

	태아측	• 정상 분만한 단태아에 비해 체중 저하
		• 작은 태반 → 선천성 기형 발생 ↑
		• 태아 위치 이상(둘 다 두정위인 경우가 많음)
		• **조산** : 다태임신 중 가장 빈번한 주산기 사망원인(신생아 호흡곤란증)
		• **쌍태아간 수혈증후군** : 융모막이 하나인 태반에서 동맥과 동맥 간의 문합 발생
		  – **한명** : 훨씬 큼, 과다혈량증, 다혈구증, 선천성 심장기능 부전
		  – **한명** : 작고 창백, 혈액량 감소증, 자궁 내 성장지연

진단		• **자궁** : 임신기간에 비해 크고, 자궁성장속도 빠름 • **복부촉진** : 두 개의 아두나 태아 부분이 여러 개 촉진 • 서로 다른 두 개의 태아심음 • **초음파** : 두 개 또는 그 이상의 태낭 확인
간호중재	산전관리	• 임신 중기부터 2주에 1회 정기적 산전관리 • **체중** : 정상임부보다 50% 더 증가 • **식이** : 칼로리, 단백질, 철분, 비타민제 증가 • **휴식 시 좌측위** : 자궁 및 신장 혈액순환 증진 • **자궁증대로 인한 요통 예방** : 몸에 잘 맞는 거들 착용 • **하지정맥류 예방** : 탄력스타킹이나 임부용 타이즈 착용하여 하지 정맥류 예방
	분만관리	• 첫 번째 태아의 선진부에 의존 • 두정위는 질 분만 가능 • 둔위는 제왕절개 분만 • 자궁수축 확인하여 산후 출혈 예방
다태임신 건강문제	미숙아	• 활동제한
	자간전증	• 더 자주, 세밀한 건강 사정하기
	압박증상	• 자궁크기가 크고 양수과다가 10배 이상 높음 • 압박 감소를 위한 체위변경 • 적은 양의 음식을 자주 섭취 • 휴식 시 베개나 방석으로 자궁지지
	1차적 빈혈	• 태아 철분 · 엽산요구량 증가 → 단백질, 철분, 비타민, 엽산 섭취 증가 필요 • 빈혈원인에 관한 사정
	전치태반	• 혈액준비, 분만 2~3기에 정맥으로 수액공급 • 둘째 태아 만출을 15~20분 이상 넘기지 않음
	산후출혈	• 자궁의 과다확장(자궁이완 원인) • 출혈에 대한 세밀한 사정
	정신사회적 문제	• 예측되는 일에 대한 안내

7 유도분만(Induced labor) : 옥시토신(oxytocin) 사용

<table>
<tr><td>정의</td><td colspan="3">• 자연적인 자궁수축이 있기 전 인위적으로 자궁수축을 유도하여 분만시키는 것</td></tr>
<tr><td>적응증</td><td colspan="3">• 태아의 위협이 의심될 때
• 자궁 내 태아사망 : 혈액응고장애(DIC) 및 정서장애로부터 모체 보호
• 24시간 이상 치료하여도 효과가 없는 자간전증 및 자간증
• 임신성 고혈압, 당뇨병, Rh 부적합증 등의 모체질환
• 자궁수축 미약으로 활동기에 분만지연이 있을 때
• 파막 후 24시간이 지나도 분만이 시작되지 않을 때
• 과거에 급속분만의 경험이 있고 병원에서 멀리 떨어진 곳에 사는 다산부
• 42~43주 과숙임신 : 태아 부전 예방 목적
• 유산처치 : 수정산물이 배출되도록 자궁 자극 시</td></tr>
<tr><td>금기증</td><td colspan="3">• 아두골반 불균형 또는 산도기형
• 태아질식 : 자궁수축 자극검사상 비정상 소견있을 때
• 과거 자궁반흔 및 자궁손상 : 과거 제왕절개술 또는 자궁수술 경험
• 다산부(4회 이상의 분만 경험)
• 태반 이상 : 전치태반, 태반조기박리
• 질의 헤르페스 감염
• 질출혈
• 비정상적 태아선진부</td></tr>
<tr><td rowspan="3">oxytocin 이용한 유도분만</td><td rowspan="3">선행조건</td><td>조건</td><td>• 태아 : 종위, 선진부 : 두위, 경부 거상이 시작되었을 때
• 아두골반 불균형이 없을 때 : 대횡경선 측정
• 태아 생존력 있을 때 : 폐 성숙도 측정</td></tr>
<tr><td>Bishop 척도</td><td>• 경부상태를 결정하기 위한 기준을 정하여 점수를 부여한 척도
• 자궁경부의 성숙도를 나타낸 경부의 크고 작음으로 분만의 개시임박 정도를 알 수 있음
• 5개항목 중 가장 중요한 것은 경관개대임
• 점수가 높을수록 분만 소요 시간이 짧고, 유도분만 성공률 높음
• 경산부의 경우 5점 이상, 초산부는 7점 이상이면 유도분만 가능</td></tr>
<tr><td colspan="2"><table>
<tr><th>항목 \ 점수</th><th>0</th><th>1</th><th>2</th><th>3</th></tr>
<tr><td>경관위치</td><td>경관뒤쪽</td><td>경관 중앙</td><td>경관 전방</td><td></td></tr>
<tr><td>경관경도</td><td>단단함</td><td>보통</td><td>부드러움</td><td></td></tr>
<tr><td>경관개대</td><td>0</td><td>1~2</td><td>3~4</td><td>5~6</td></tr>
</table></td></tr>
</table>

<table>
<tr><td rowspan="2"></td><td>경관소실(%)</td><td>0~30%</td><td>40~50%</td><td>60~70%</td><td>80%</td></tr>
<tr><td>하강정도</td><td>−3</td><td>−2</td><td>−1~0</td><td>+1~+2</td></tr>
<tr><td rowspan="3">oxytocin 효과</td><td>자궁수축</td><td colspan="4">• 자궁근에 작용하여 수축을 유발 → 분만 유도 및 촉진
• 태아에게는 직접적인 작용 없음</td></tr>
<tr><td>항이뇨효과</td><td colspan="4">• 투여 중지 후 즉시 회복</td></tr>
<tr><td>주의사항</td><td colspan="4">• 큰 정맥 내로 투여하면 현저한 저혈압과 빈맥 유발
• 수분중독 : 고용량에서는 항이뇨 효과가 일어나 요 배설량 감소, 경련, 혼수, 사망
• 자궁파열 : 이전의 자궁수술 등으로 인해 자궁에 반흔이 있는 경우 사용 ×
• 비정상 선진부, 양수과다증, 거대아, 다태아와 같이 자궁이 과도신전된 경우 사용 ×</td></tr>
<tr><td>oxytocin 부작용</td><td colspan="5">• 태반기능 부전 : 태아 산소결핍, 뇌외상
• 고긴장성 · 강직성 수축 : 태반조기박리, 자궁파열, 경관열상, 산후출혈, 양수색전증</td></tr>
<tr><td rowspan="2">oxytocin 투여</td><td colspan="5">• 태아의 박동수가 정상이고, 양수에 태변 착색 상태가 의심되지 않은 태아에게 사용할 수 있음
• 정맥투여 : 혈중농도를 균일하게 유지 가능하며 문제 발생 시 즉각적 중지
• 자궁수축 간격이 3~4분, 기간이 40~60초, 자궁수축기 자궁내압이 50~75mmHg 정도 시까지 용량 늘림</td></tr>
<tr><td>투여 중단</td><td colspan="4">• 후기감퇴, 심한 가변성 감퇴가 나타나는 경우
• 태아질식 징후가 나타나는 경우
• 태변이 배출된 경우
• 자궁수축 기간이 90초 이상이 되는 경우
• 자궁수축 간격이 2분 이내, 자궁 내 압력이 75mmHg 이상 시
• 전두부 통증
• 고혈압</td></tr>
<tr><td>간호중재</td><td>태아 상태 사정</td><td colspan="4">• 지속적인 태아심음 청진과 자궁수축 촉진을 시행
• 자궁수축기간이 90초 이상 시 과도 자극이기에 주입 속도 줄이거나 주입 중단
• 후기감퇴현상이나 심한 가변성 감퇴현상이 일어나면 옥시토신 투입을 즉시 중단(예 저산소증, 태반기능부전)
• 태아질식 징후 시 주입을 중단 → 좌측위와 마스크 통한 산소공급</td></tr>
</table>

		자궁과다수축 징후 사정	• 전두부 통증, 수분중독과 동반된 고혈압, 경련, 짧은 호흡, 나음
		활력징후 측정	• 15분마다 태아심음과 산부의 맥박 측정 • 매시간 혈압 특정
		I/O 확인	• 항이뇨 작용 • 소변량 감소 시 의사에게 보고
		• 옥시토신 연속주입으로도 분만에 실패할 경우 제왕절개술 실시	
프로스타근란딘을 이용한 경관성숙	효과	• 자궁경관의 연화, 개대, 소실을 일으켜 옥시토신에 대한 자궁근층의 민감도를 높여 효과적인 자궁수축 유발 • 임신 중 태아 사망시 유도 분만에 이용	
	방법	• 옥시토신 투여 전 날 prostaglandin E_2를 좌약이나 젤 형태로 질에 삽입	
인공양막 파막술	정의	• 자궁경관 상태가 양호할 때 자궁수축을 자극하여 분만을 촉진시키기 위한 방법	
	선행조건	• 자궁경관 상태가 양호하며 질식분만 조건 시 • 선진부 진입 시 • 분만진통이 있을 때	
	금기증	• 선진부 진입이 안되었을 때 → 제대탈출의 위험 • 둔위, 횡위시 금기	
	간호중재	• 양수상태 관찰 • 제대탈출, 제대압박 여부 사정(태아심음 통해 확인) • 감염징후 확인 위해 2시간마다 체온측정 • 감염되지 않도록 내진을 삼가고 깨끗한 침구 제공	

8 흡입만출

정의	• 만출력 이상인 경우 태아의 아두에 음압을 이용한 진공컵을 부착하여 견인 후 잡아당기는 방법 • 태아 아두의 하강을 용이하게 하기 위해 적용 • 심폐기능부전증과 태아 가사에 대비하여 분만 2기를 단축하기 위하여 사용	
적응증	모체	• 분만 2기 지연 • 산부의 질병 : 심장병, 고혈압, 결핵 등 • 척추 또는 경막외마취로 힘을 줄 수 없을 때 • 산부의 탈진
	태아	• 제대탈출 • 분만 2기에 자궁내 태아질식 발생 시
필수조건	• 두정위(안면위 : 금기), 아두골반불균형이 없어야 함 • 양수파막 후 • 경관의 완전 개대 • 방광을 비운 후 사용 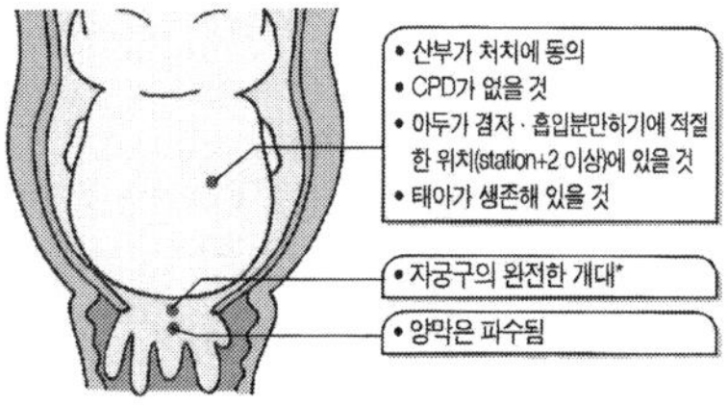	
금기증	• 조산아, 안면위, 둔위시 금기	
간호관리	• 자세 : 쇄석위 • 자궁수축동안 복압 격려 • 태아심음 모니터 • 신생아의 두개내 적용부위의 외상 사정 • 두개내 혈종 사정 • 산류 : 정상, 몇일 이내에 사라질 것임을 설명	
합병증	모체	• 회음, 질, 자궁경부 열상
	신생아	• 두개혈종, 두개열상, 경막외 혈종

9 제왕절개(C/S; Cesarean section)

정의	• 산부의 복벽과 자궁벽을 절개하여 태아를 분만하는 외과적 수술법		
적응증	모체와 태아측 요인	• 아두골반 불균형, 유도분만 실패, 자궁기능부전 등으로 난산일 경우	
	모체측 요인	• **모체질병** : 중증심장병, 고혈압성 질환, 당뇨병, 자궁경부암 • **중증감염** : 음부포진, 활동성 병소 • 과거 제왕절개분만 • 자궁수술의 경험 • 난소종양이나 섬유종으로 인한 산도폐쇄 • 35세 이상의 초산부나 오랫동안 불임이었던 경우	
	태아측 요인	• 태아질식(제대탈출, 심한 태반기능부전) • 횡위, 둔위 등 선진부 이상 • 다태아(선진부가 둔위인 경우)	
	태반요인	• 전치태반, 태반조기박리	
	5대 적응증	• 아두골반 불균형(가장 흔한 원인) • 과거 제왕절개분만 경험 • 아주 심한 자간전증 • 전치태반이나 태반조기박리 • 태아질식 또는 임박한 질식	
	금기증	• 태아사망, 미숙아	
자궁절개 방법		자궁하부절개	자궁체부절개(재래식)
	방법	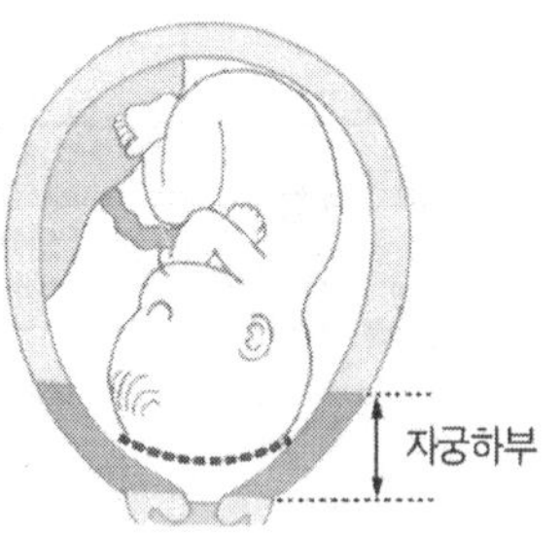	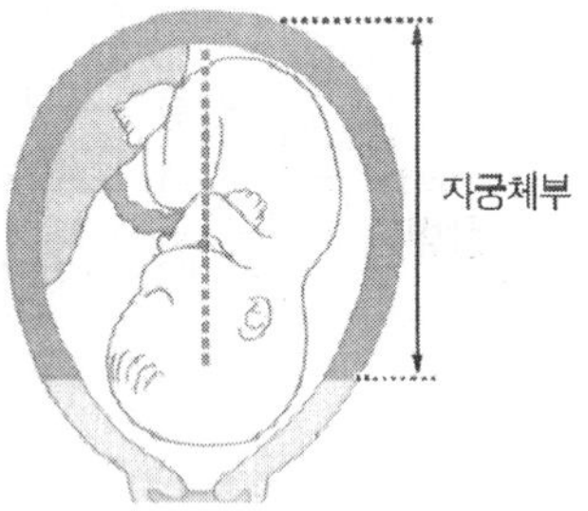
	장점	• 미용상 선호 • 봉합이 용이, 상처치유 빠름 • 이후 자궁 파열의 위험 적음 • 출혈, 감염 등의 수술 후 합병증이 적음	• 태아에게 접근이 쉽고 수술 시간 짧음 → 응급분만 시 추전 • 둔위, 횡위 시 • 방광과 자궁유착이 광범위 시 • 자궁절제술 동반 시 • 전치태반

	단점	• 장유착이 심하거나 응급수술, 수술범위가 클 경우에는 한계가 있음	• 출혈량이 많음 • 양수가 복강내로 유입되어 수술 후 유착유발 • 혈액손실 증가 이후 자궁파열의 위험증가
수술 후 간호	수술 후 산모사정	• 출혈유무 : 자궁저 높이, 자궁수축 정도, 오로양과 특성, 수술부위 등 • 섭취량과 배설량 : 방광팽만, 소변배설량 • 진통제 필요성 : 통증 특성과 부위, 산모표정, 자세, 신체긴장정도 • 감염증상 : 수술부위, 오로 • 활력징후 • 제왕절개술에 대한 산모와 가족의 반응 및 지식정도 • 필요한 교육 및 도움의 결정	
	병원입원 기간 산모간호	• 호흡기능 증진 : 심호흡과 기침, 체위변경, 기침 시 절개부위 지지 • 영양 및 수분균형 유지 : 정맥주입 유지(24~48시간), I/O • 배뇨 간호 : 24시간 유치도뇨관 유지, 유치도뇨관 제거 후 4~6시간 내 자연배뇨확인 • 모아애착 • 활동과 휴식증진 : 2시간마다 산모 체위변경 • 조기이상 : 방광 · 장의 기능 향상, 혈전생성 감소, 호흡기 합병증 예방, 순환기능 증진, 저혈압으로 인한 현기증 유의 • 편안함 도모 : 진통제 투약 및 산모의 체위변경 • 출혈 및 감염예방 – 출혈예방 : 패드관찰, 자궁수축 여부 관찰, 수술부위 상처 부위의 출혈 유무, 상처봉합 관찰, 자궁수축제 투여, 부드러운 자궁저부마사지 – 감염예방 : 예방적 항생제요법 • 산모를 위한 일반적 간호 : 유방간호, 회음간호, 산후통이나 유방울혈에 따른 통증에 대한 간호제공	
	퇴원교육	• 불편감 완화 : 수유에 영향 주지 않는 진통제 투약 • 운동 : 지속적 산후운동, 2주 동안은 무거운 물건 들지 않도록 • 합병증 예방 : 감염증상, 출혈, 혈전증, 상처부위의 벌어짐 등 • 성생활 : 피임에 대한 정보제공 • 추후 검진시기 : 분만 2~4주 후 방문	
제왕절개술 후 질분만(VBAC)		• 제왕절개 후 질분만을 원하는 산부를 잘 선택하고 임신부터 잘 관리하면 질분만이 가능 • 합병증 : 자궁파열 : 출혈과 태아질식 초래 → 매우 위험 • 응급 제왕절개술을 시행할 준비해 둠	

02 태아부속기 관련 건강문제

1 제대탈출(Umbilical cord prolapse)

<table>
<tr><td>정의</td><td colspan="2">• 아두만출 전에 제대가 선진부 앞 부분으로 밀려 내려온 것 → 제대가 눌려 태아 저산소증 발생 위험
• 파막 후 제대가 중력에 의해 선진부 앞으로 내려오는 제대탈출이 가장 흔한 양상
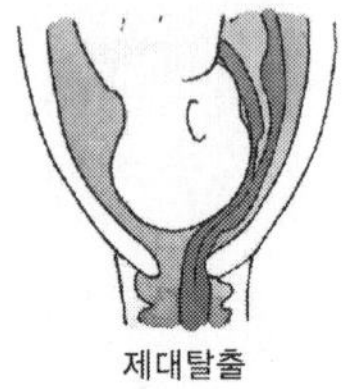
제대탈출</td></tr>
<tr><td>원인</td><td colspan="2">• 두정위 이외의 이상 태향(둔위, 견갑위, 안면위 등)
• 조기파수, 양수과다증, 아두골반 불균형, 다태임신
• 비정상적으로 긴 제대, 전치태반
• 선진부 진입을 방해하는 자궁 내 종양
• 선진부가 진입되지 않은 상태에서 파막된 경우
• 선진부의 위치가 높을 때 인공파막술 시행한 경우</td></tr>
<tr><td>증상</td><td colspan="2">• 질강으로 제대가 보임
• 질, 경부에서 제대가 촉진
• 태아감시기에서 가변성 감퇴</td></tr>
<tr><td rowspan="4">치료</td><td>응급분만</td><td>• 신속히 제왕절개술, 기계를 사용한 응급분만 시도
• 15~30분 이내 분만 완료, 1시간 이상 지연 시 태아사망 50% 이상</td></tr>
<tr><td>양막 내 수액주입</td><td>• 태아심음 하강의 완화</td></tr>
<tr><td>방광 생리식염수</td><td>• 도뇨관 삽입하여 방광 내 생리식염수 주입 → 아두를 들어올려 제대압력완화</td></tr>
<tr><td>자궁근 이완제</td><td>• 자궁활동을 감소 → 태반관류 항진, 산소공급 증진</td></tr>
<tr><td rowspan="6">간호 중재</td><td>태아심음 사정</td><td>• 자궁수축 동안 제대압박과 관련된 급성 태아질식 증상 확인</td></tr>
<tr><td>자세</td><td>• 골반고위, 슬흉위 또는 트렌델렌버그 체위, 좌측위 변경 → 심한 탈출 예방 및 선진부 압력완화 → 제대압박 감소
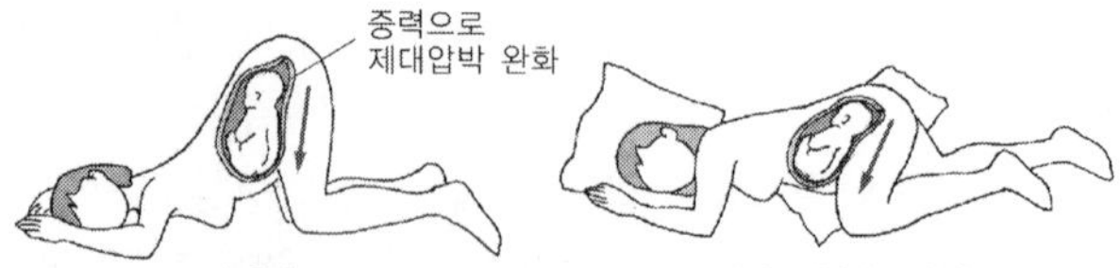
</td></tr>
<tr><td>고농도 산소공급
정맥 수액요법</td><td>• 태반관류 증가, 태아 저산소증 예방</td></tr>
<tr><td>제대노출</td><td>• 탈출된 제대는 다시 밀어 넣지 않고 소독된 따뜻한 생리식염수를 적신 거즈로 덮기 → 제대건조 방지</td></tr>
<tr><td>유치도뇨관 삽입</td><td>• 방광 내 생리식염수 주입 및 응급 시 c/s 분만 대비</td></tr>
<tr><td colspan="2">정서적 지지, 불안 감소</td></tr>
</table>

2 유착태반(Placenta accreta)

정의	태반이 자궁에 비정상적으로 견고하게 부착되어 분만 3기에 태반의 착상부위로부터 태반이 자연적으로 분리되지 않는 경우	
원인	과거 제왕절개술이나 소파수술 부위에 태반이 착상되었을 경우	
종류	유착태반	태반영양막이 자궁근층을 약간 침투한 상태
	감입태반	태반융모의 부착이 더 진행되어 자궁근층을 깊게 침투한 경우
	첨입태반	태반융모가 자궁근층을 관통하여 장막까지 침투한 경우
증상	분만 후 태반박리가 안되고 심한 자궁출혈 유발, 자궁파열 → 저혈량성 쇼크	
치료	• 태반용수박리 실시 • 실패 시 자궁절제술	

3 양수과다증(Hydramnios)과 양수과소증(Oligohydramnios)

구분	양수과다증	양수과소증
정의	• 양수 양 : 2,000cc 이상 • 경산부 발생↑	• 임신 32~36주 사이 양수 양 : 500cc 이하 • 임신 초기 드뭄 : 임신 초기에 발생하는 양수과소증일 경우 태아예후 더 나쁨
원인	• 태아가 삼키고 흡수하는 능력에 문제가 있음 시사 • 당뇨병 임부, 임신성 고혈압 • 심장질환 임부 • 무뇌아, 뇌수종 • 다태임신 • 태아 식도나 위장계통의 폐쇄 등 태아 기형 • 거대태반, 태반 이상 시	• 태아의 소변 형성 장애 : 태아 요로폐쇄, 신장결손증 • 태반 관련 : 과숙아로 태반의 정상적 노화, 태반조기박리 • 조기파수, 양수의 만성적 누수 • 쌍태아 • 자궁 내 성장지연
진단	• 임신 주수보다 큰 자궁 • 초음파상 : 양수지수 24cm↑	• 임신 주수보다 작은 자궁 • 초음파상 : 양수지수 5cm↓
증상	• 호흡곤란, 복부불편감 • 심한 복통, 오심, 구토 • 태아촉진이 잘 안됨 • 부종(하지, 음순, 하복부) • 임신선이 심하고 정맥선이 뚜렷함 • 청진기로 잘 안들림	• 복부에서 태아가 쉽게 만져짐

합병증	• 조산가능성 많음 • 조기파수, 제대탈출, 태반조기박리 등 • 50%의 높은 주산기 사망률, 난산 • 산후 이완성 자궁출혈	• 양수량이 적어 제대압박 위험 → 태아 질식 위험 증가(태아저산소증, 자궁 내 성장지연, 태변흡인 초래) → c/s 빈도 높음 • 신생아 이환율과 주산기 사망률 위험 ↑ • 자궁 내 공간 감소로 태아의 골격기형 • 심한 태아기형 • 폐형성 부전증
치료 및 간호	• **사정** : 자궁저부 높이, 자궁과다성장 **병원방문** : 지속적인 양수 양 사정 • 태아심음 통한 지속적 관찰 • 중증 시에만 간호 • 양수천자를 통한 배액 • 인도메타신 같은 프로스타글란딘 합성 억제제 투여 → 태아 요배설량 저하시켜 양수생성 감소(부작용 : 태아동맥관 조기폐쇄) • 저염식이 • 안위제공, 정서적 지지 • 산후출혈 예방 → 자궁수축제 투여	• 심한 경우 → 생리식염수를 양막 내에 주입(제대압박 완화) • 태아 상태 지속적 사정 - 태아심음 저하 → 유도분만 • 수분섭취 증진 • 정맥 내 수액요법 • 분만 후 신생아의 신장 포함한 요로배설계의 이상 유무 조사

4 자궁파열(Uterine rupture)

정의	• 자궁근육이 열상을 입어 파열되는 현상으로 주로 협부나 체부에서 발생 • 태아사망률 50~75%, 모체사망률도 높은 매우 심각한 산과적 문제
원인	• 과거 제왕절개나 자궁체부 수술 반흔 혹은 인공유산으로 내막이 얇아진 경우(가장 흔함) • 옥시토신 등의 자궁수축제를 부적절히 사용한 경우 • **분만진행 중단** : 태위이상 등으로 인해 분만이 중단되었으나 수축 지속 시 병리적 수축륜 발생 • **다산부** : 다산으로 자궁근육이 늘어나 있어 탄력성이 약하고 분만 시 강한 수축 발생 • 경관이 완전 개대되기 전에 겸자분만을 실시한 경우 • 이상태위의 무리한 교정 시 • 자궁저부의 지나친 압박

증상	불완전파열	• 자궁외막까지 찢어지지 않은 상태 • 자궁수축 시 복통 • 수축은 계속되나 경관개대 진전 × • 경미한 질출혈 → 쇼크증세가 서서히 나타남	
		산부	• 구토, 어지러움, 복부압통 증가, 저긴장성 자궁수축, 분만진행부전
		태아	• 후기감퇴양상, 심박동 다양성 감소, 출혈 多, 태아심음 소실
	완전파열	• 근층뿐 아니라 자궁외막까지 찢어진 상태 • 자궁수축 도중 갑자기 날카로운 복부통증, 자궁수축 멈춤, 복강 내 출혈 혹은 질출혈, 복부팽만감, 빠르고 약한 맥박, 혈압하강, 차고 창백한 피부 → 저혈량 쇼크증세 • 태아심음 중단, 태아촉진 용이	
치료 및 간호중재	수술	• 질식분만 불가능, 응급 제왕절개술, 자궁적출술 시행	
	출혈량, 사정	• 활력징후 측정, 수혈, 산소공급	
	불완전파열 시	• 개복술로 태아출산, 자궁 열상 봉합, 수혈	
	완전파열 시	• 자궁적출술, 수혈	
	수술 후 항생제투여	• 복막염이나 패혈증 예방	

5 양수색전증(Amniotic fluid embolism)

정의	• 태지, 솜털, 태반 등이 섞인 양수가 모체혈류 속에 들어가 폐순환을 차단하게 되는 위험한 현상 • 모체 호흡순환 부전, 쇼크, 파종성 혈관내 응고를 일으키는 심각한 질환
원인	• 분만 직후 또는 난산 후에, 옥시토신을 이용한 유도분만이나 분만촉진을 한 경우, 심한 자궁수축 시에 발생
증상	• 폐의 급격한 혈관경련이 발생, 심장기능부전, 저산소증 • 산후 초기 증상 : 급성 호흡곤란, 고혈압이 나타나며, 곧이어 저혈압, 빈맥, 피부창백 등 쇼크현상 → 파종성 혈액응고장애 • 청색증, 잦은 호흡과 흉통 동반한 호흡부전증상과 발작
치료 및 간호중재	• 목적 : 산소공급, 혈압, 심박출량과 응고결함의 치료 • 반좌위 후 산소공급 • 필요시 기관내 삽관하여 인공호흡기 적용, 심폐소생술 실시 • 수혈 • 응고결함의 치료 : 섬유소원과 항응고제(heparin) 투여 • 지지간호

CHAPTER 05 고위험 분만 간호

기출문제

1 다태임신

01 **초임부인 29세의 여교사가 산부인과를 다녀 온 후 임신 8주이며 쌍태 임신임을 알게 되었다. 이 여교사에게 제공해야 할 산전교육 내용과 그 근거로 옳은 것은?** 2011년

① 양수과다증으로 인해 거대아를 출산할 위험이 있으므로 염분 섭취를 제한한다.
② 저체중아를 출산할 위험이 있으므로 단태임신 여성보다 하루 1,000칼로리를 더 섭취하도록 한다.
③ 자궁증대로 인해 혈전이 형성될 위험이 높기 때문에 임신기간 내내 침상안정을 취하도록 한다.
④ 모체 혈량의 감소로 임신성 고혈압의 위험이 있으므로 하지부종이 나타나면 즉시 병원으로 가도록 한다.
⑤ 전치태반 위험이 있으므로 임신 후반기 이후에는 복부 통증을 동반하지 않은 질출혈이 있는지 확인한다.

|정답| ⑤

|해설| ① 쌍태아로 양수과다증은 가능하나, 단태아에 비해 체중이 적다.
② 정상 임부요구량에 비해 300kcal를 더 섭취하도록 한다.
③ 자궁증대로 자궁기능부전이 이루어지며 침상안정은 혈전 위험성을 증가시킨다.
④ 모체 혈량의 증가로 임신성 고혈압의 위험이 증가한다.

2 조기진통

02 다음은 배가 아파서 응급실로 내원한 K 교사(여, 31세)의 검진 결과이다. K 교사를 위한 관리방안으로 옳은 것만을 〈보기〉에서 있는 대로 고른 것은? 2013년

성 명	K	성 별	여	나 이	31세
입원 날짜	2012. 10. 13. 16:30				
진 단 명	임신 29주				

간 호 력	경과 기록지
출산력 : 0-1-2-1	경관개대 : 2.0cm
수축간격 : 10~15분	경관소실 : 50%
수축기간 : 30초	하강(Station) : -2
발생시점(Onset) : 3시간 전	양막 : 파열되지 않음

〈 보 기 〉

ㄱ. 좌측위를 취한다.
ㄴ. 침상안정으로 활동을 제한한다.
ㄷ. 리토드린(Ritodrine)을 투여한다.
ㄹ. 태아의 폐성숙을 촉진시키기 위해 베타메타손(Betamethasone)을 투여할 수 있다.

① ㄱ, ㄴ
② ㄴ, ㄷ
③ ㄱ, ㄷ, ㄹ
④ ㄴ, ㄷ, ㄹ
⑤ ㄱ, ㄴ, ㄷ, ㄹ

|정답| ⑤

|해설| 양막파열 없는 조기진통에 대한 내용이다.

CHAPTER

06 정상 산욕 간호

01 산욕기 신체 · 생리적 변화

산욕기 정의	• 출산 직후부터 출산 후 6~8주까지의 기간으로 비임신상태로 회복되는 과정 • 임신 · 분만으로 초래된 해부학적, 기능적 변화가 임신 전 상태로 회복되는 기간 • 생식기관의 퇴축과 모유수유를 위한 유방의 변화가 일어나는 시기

1 생식기계

<table>
<tr><td rowspan="3">자궁</td><td rowspan="3">자궁퇴축</td><td colspan="3">• 자궁저부의 높이 : 자궁복구 정도를 사정하는 중요한 지표</td></tr>
<tr><td>자궁저부 변화</td><td colspan="2">• 분만 직후 : 치골결합과 제와부 중간(제와부 아래 2cm)
• 분만 후 12시간 : 제와부 수준(제와부 1cm 위 수준)
• 분만 24시간부터 하루에 1~2cm 하강
• 분만 1주 후 : 치골결합과 제와부 중간부분에 위치
• 분만 6주 후 : 50~60g 정상 크기로 회복 → 매일 1~2cm 하강하여 10일 이후에는 복부 촉지 불가능
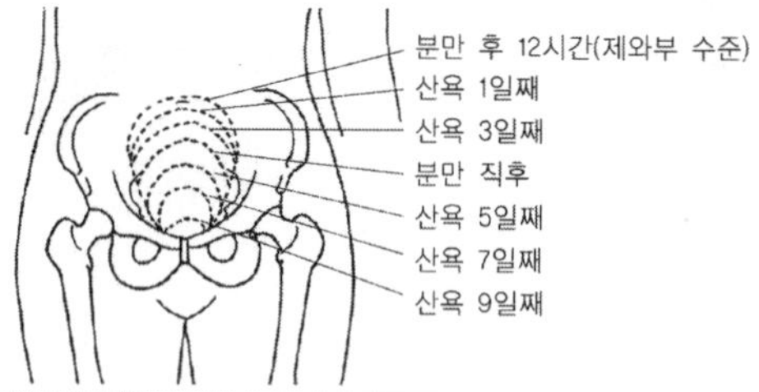
</td></tr>
<tr><td>자궁퇴축 기전</td><td>자궁근 섬유세포 수축과 견축</td><td>• 수유부 & 초산모 빠름
– 수유부 : 모유수유 동안 뇌하수체 후엽에서 옥시토신이 분비되어 자궁수축 초래
– 초산모 : 자궁근 섬유들의 탄력성이 높아 자궁근육의 수축성이 좋기 때문</td></tr>
</table>

<table>
<tr><td rowspan="11"></td><td rowspan="5"></td><td rowspan="3"></td><td>자궁벽 세포의 단백질의 자가분해와 용해과정</td><td colspan="2">• 자궁세포들의 단백물질에서 일어나며 단순요소들은 환원되어 혈중으로 흡수, 잔여물은 소변으로 배출
• 분만 후 며칠 동안 BUN 증가 → 단백뇨(단백분해효소들의 배출)</td></tr>
<tr><td rowspan="2">자궁내막 재생</td><td>표면층</td><td>• 백혈구의 침투와 육아조직 형성하여 괴사되어 탈락</td></tr>
<tr><td>내층 기저층</td><td>• 새로운 자궁내막이 재생. 태반부착 부위의 치유과정은 7주가 되면 완전히 이루어짐</td></tr>
<tr><td>자궁퇴축 부전</td><td colspan="3">• 산후출혈의 원인
• 원인 : 자궁이 과다 신장된 경우로 거대아, 쌍태아, 양수과다 등
• 부드러운 저부 : 자궁이완을 의미, 단단해질 때까지 마사지</td></tr>
<tr><td>간호중재</td><td colspan="3">• 자궁복구 부전 시 자궁수축제 투여
• 분만 후 태반 관찰, 태반조직 잔류에 기인한 산후출혈 예방
• 산후출혈 주의 깊게 사정
• 산후출혈과 쇼크 시 즉각적인 응급처치 실시</td></tr>
<tr><td rowspan="6">오로</td><td colspan="4">• 태반부착 부위에서 나오는 혈액, 자궁내막 탈락막의 잔여물로 구성된 자궁분비물
• 분만 후 자궁내막이 치유되면서 나오는 혈성분비물</td></tr>
<tr><td>구분</td><td>분비기간</td><td colspan="2">특징</td></tr>
<tr><td>적색 오로</td><td>산후 1~3일</td><td colspan="2">• 혈액 섞인 분비물
• 탈락된 세포조각, 탈락막의 조각, 양수, 솜털, 태지, 소량 점액을 포함한 것으로 혈액이 주된 성분</td></tr>
<tr><td>갈색 오로</td><td>산후 4~10일</td><td colspan="2">• 장액성으로 묽게 변함. 분홍색 또는 갈색 분비물
• 혈괴 없음</td></tr>
<tr><td>백색 오로</td><td>산후 10일~3주</td><td colspan="2">• 흰색 또는 노란색 분비물
• 탈락세포, 상피세포, 자궁내막으로 분비되는 점액으로 구성</td></tr>
</table>

<table>
<tr><td rowspan="3"></td><td rowspan="2"></td><td rowspan="2">양상</td><td colspan="2">• 경산모＞초산모, 비수유부＞수유부
• 자궁수축제 투여받음으로 인해 제왕절개 시 오로의 양 적음
: 자궁수축제를 투여하면 약효가 사라질 때까지 일반적으로 소량 분비됨
• 서 있거나 수유, 활동 증가 시 일시적으로 양 증가</td></tr>
<tr><td>비정상 오로</td><td>• 10분 이내에 패드가 흠뻑 젖음 → 출혈과다위험
• 적색 오로의 반복 → 태반조직잔류, 양막 자궁강 내 잔류
• 장액성 · 백색 오로 6주 이상 지속 시 → 자궁내막염
• 3~4주 후 출혈 → 감염 또는 태반부착부위의 복구부전
• 거품, 악취 → 감염</td></tr>
<tr><td>산후통</td><td colspan="3">• 분만 후 자궁에 간헐적인 수축이 일어나는 것으로 자궁내부에서 응고된 혈액을 배출시키기 위해 능동적으로 자궁이 수축할 때 느껴지는 통증
• 경산부, 다산부, 쌍태분만, 양수과다증인 경우 심함
• 모유수유나 자궁수축제 투여 시 일시적으로 심해질 수 있음
• 분만 48시간 이후 소실</td></tr>
<tr><td>자궁경부</td><td colspan="4">• 늘어져 있고 강도가 약해져 유연하고 약간 부은 듯하며 작은 열상이 많음 → 감염 가능성 ↑
• 6~12주 경 완전 회복
• 모양 : 초산부 pinpoint, 경산부 fish mouth
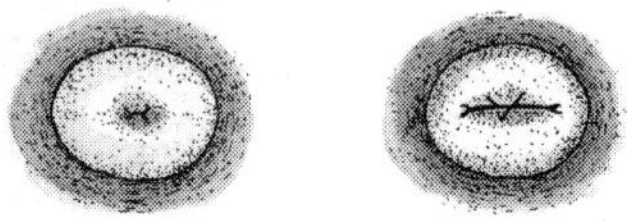
초산부 경산부</td></tr>
<tr><td rowspan="3">질과 회음부</td><td colspan="4">• 초기 아두통과로 인한 부종, 충혈, 열상이 6주 안에 회복
• 산후 에스트로겐 결핍 → 질점막이 얇아지고 추벽이 소실
• 질 분비물이 적고, 건조하여 성적 반응이 감소</td></tr>
<tr><td>질벽</td><td colspan="3">• 3~4주 후 추벽이 다시 나타나며, 난소기능 회복 시 월경이 나타나면서 두꺼워짐</td></tr>
<tr><td>회음</td><td colspan="3">• 회음절개 부위 2~3주 후 회복</td></tr>
</table>

2 심혈관계

<table>
<tr><td>혈액량</td><td colspan="3">• 분만 시의 실혈과 분만 후 이뇨현상으로 혈액량의 변화 나타남
• 정상분만 실혈량 : 400~500mL, 제왕절개 시 실혈량 : 1,000~1,500mL
• 분만 후 급속하게 변화가 일어나 순환되는 혈액량이 12~48시간 사이에 일시적으로 증가
• 분만 후 3일경에는 혈액량이 감소하며 2~4주경이면 정상상태로 회복</td></tr>
<tr><td rowspan="2">심박출량</td><td colspan="3">• 분만 후 48시간 일시적으로 순환혈액량이 15~30%까지 최대로 증가 → 심장 부담 최대, 심장병 산모에게 가장 위험한 시기</td></tr>
<tr><td>원인</td><td colspan="2">• 태반순환의 상실로 인한 정맥귀환 증가와 자궁순환량의 감소
• 조직 체액의 혈관 내 이동
• 분만 후 이뇨효과로 인한 순환혈량의 증가
• 복부의 압력 소실로 심장으로의 귀환혈류량 증가
• 2~3일 후 배뇨와 발한으로 수분이 빠져나가 3~4주면 임신 전 상태로 회복</td></tr>
<tr><td>체온</td><td colspan="3">• 분만 후 첫 24시간 이내 : 정상범위 안에서 약간 상승
• 원인 : 분만으로 인한 탈수
• 중재 : 수분공급, 휴식
• 분만 24시간 이후 체온 38℃ 이상 : 감염(유방염, 자궁내막염, 요로감염, 패혈증 등)
• 유방울혈 : 발열이 24시간 이상 지속되지 않음</td></tr>
<tr><td rowspan="2">혈압과 맥박</td><td>기립성 저혈압</td><td colspan="2">• 산후 48시간 이내 자궁내용물의 배출로 인해 내장의 갑작스러운 팽창으로 나타남</td></tr>
<tr><td>생리적 서맥</td><td colspan="2">• 분만 후 24~48시간 동안 40~50회/분 지속
• 원인 : 분만 동안 증가된 교감신경계의 활동에 대한 미주신경 반사작용과 혈액역동성의 변화로 인해 발생
• 분만 3개월 후에는 임신 전 상태로 회복</td></tr>
<tr><td rowspan="3">혈액성분의 변화</td><td rowspan="2">Hb, Hct</td><td>분만 후 48시간 Hb, Hct 감소</td><td>• 태반순환의 상실로 자궁과 태반의 혈액이 체순환으로 돌아와 혈액희석과 자궁에 의한 압박이 없어지고 정맥압 감소로 간질액의 혈관외액이 혈관 내로 집합되어 혈액량이 많아져 혈액이 희석되어 낮아짐</td></tr>
<tr><td>분만 후 3~7일 Hb, Hct 상승</td><td>• 분만 후 3~7일에 이뇨작용으로 배설되어 혈장 소실량이 혈구소실량보다 더 많기에 상승됨</td></tr>
<tr><td>백혈구 증가증</td><td colspan="2">• 분만 10~12일 정도까지 증가(감염과 구별 필요) : 20,000~30,000까지 상승</td></tr>
</table>

	혈액응고 인자 상승	• 산후 2~3주간 적혈구 침강속도, 섬유소, thromboplastic factor 상승으로 산후혈전증의 원인이 될 수 있음 • 부동과 상호작용하여 산후 혈전성 색전증 발생 가능 → 조기 이상 격려하여 예방 가능

3 호흡기계

- 복압변화와 자궁크기 감소로 복강 내의 장기가 임신 이전의 위치로 돌아가 흉곽용적이 증가
- 산소포화도는 분만 후 즉시 회복
- 호흡기능은 산후 6개월경에 임신 전 상태로 회복(가장 늦게 회복)

4 소화기계

식욕	분만 후 심한 갈증 호소	• 분만 중 금식, 수분소실, 이뇨와 관계된 순환, 간질공간 사이에서의 수분 이동
	배고픔 호소	• 가벼운 식사나 수분섭취
	수유 시 식욕 증가	
변비	원인	• 임신으로 장 이완, 복근이 팽창되어 배설 돕지 못함, 분만과정 중의 금식, 분만 전 관장, 분만 시 투여된 약물 • 치질, 회음절개술, 회음부 열상으로 인한 통증
	간호	• 수분섭취, 조기이상, 고섬유질 식이섭취 등
체중감소	• 분만 직후 5kg 감소 : 태아, 태반, 양수, 실혈 • 분만 후 1주 동안 4kg 감소 : 자궁퇴축, 오로, 발한, 이뇨작용 등 • 분만과 산욕기 통해 감소되는 산모 체중 : 약 10kg 정도	

5 비뇨기계

요도와 방광	• 방광근의 강도약화와 척추마취로 인한 감각의 둔화 → 방광내압 감지하는 능력 감소 → 방광용량 커짐, 산후 이뇨작용의 증가 → 방광의 과도팽창 → 요실금, 잔뇨증 초래 • 방광근 강도는 5~7일경에 회복 • 분만 후 6~8시간 이내에 자연배뇨 유무를 꼭 확인 • 방광회복 확인, 방광염 예방, 자궁수축 촉진 • 소변 배뇨 시 잔뇨검사(100cc 이상이면 2번째 배뇨량 관찰, 3번 배뇨곤란 시 유치도뇨관 삽입)

이뇨작용	다뇨증	• 산욕기 첫 2~3일에 나타남 • 임신으로 증가된 혈액량을 감소시키기 위해 과다한 수분을 스스로 제거하는 이뇨작용으로 임신 중 축적된 체액과 전해질 배설하는 기전 • 에스트로겐 저하로 Na^+과 수분의 재축적 감소로 이뇨 • 신장 혈류 흐름과 신사구체 여과율은 산후 첫 1주동안 증가, 혈량 증가 → 배뇨량 증가, 과다발한(밤에 나타남) 증가	
	정상소변	단백뇨(proteinuria)	• 자궁의 자가분해과정에서 요소배출로 경한 단백뇨 배설(+1)
		아세톤뇨(acetonuria)	• 지방대사나 탈수로 인해, 지연분만 시 나타남
		당뇨(lactosuria)	• 산후 1주간 유선에서 흡수한 milk sugar, lactose 출현으로 인해 발생, 수유부에게는 정상

6 신경계 및 근골격계

신경계	• 출산 시 골반근육, 인대, 방광, 요관, 질, 직장벽, 근육 등이 이완 → 직장류, 탈장, 자궁탈수, 요도류, 방광류 발생 위험 증가 • 방광근육의 이완 → 요실금(케겔운동으로 예방) • 손목굴 증후군(calpal tunnel syndrome), 다리경련, 요통 호전 : 분만 후 이뇨작용, 부종감소, 정중신경 압박 감소 등에 의해 • 허리의 척추전만증과 척추후만증 호전	
근골격계	골반근육	• 임신 시 내분비계 변화로 초래된 관절이완 • 대부분 출산과정 중의 손상으로 나타남 • 자궁증대로 인한 중심 중력 변화 등의 회복(가장 늦게 회복) • 골반근의 탄력 : 재채기나 기침과 같은 갑작스런 복압 상승 시 올 수 있는 요실금 방지
	복벽	• 복직근 이개 : 임신 시 복근이 과도 팽창되었거나 복근의 강도가 저하된 상태에서는 복근의 심각한 분리가 일어남 → 6주 정도 후에 회복됨(운동, 휴식, 식이, 좋은 신체기전과 올바른 자세)

7 피부계

색소 침착의 호전	멜라닌 호르몬 분비 감소	• 유두, 기미, 흑선 사라짐
	에스트로겐 저하	• 거미모양 혈관종, 검은 모반, 손바닥 홍반, 치육종 호전
	임신선	• 탄력섬유의 파열로 인한 임신선은 영구히 남으나 백색으로 눈에 잘 안 띔
발한	• 피부를 통한 노폐물의 배설로 땀을 많이 흘리게 됨, 주로 밤에 나타남 • 임신 중 과다하게 축적된 수액이 배설되는 수분대사과정	
체온	• 정상체온 유지	
	정상	• 분만 후 첫 24시간 이내 체온이 약간 상승 • 원인 : 분만 시 호르몬 변화, 근육운동, 탈수에 의한 체온상승
	비정상	• 분만 24시간 이후 체온 38℃ 이상 → 염증 • 원인 : 유방염, 자궁내막염, 요로감염, 패혈증 • 유방 · 울혈로 인한 체온상승은 24시간 이상 지속되지 않음

8 내분비계

산후 호르몬의 변화	에스트로겐	• 3시간 이내 급격히 감소, 3주 이내 난포기 수준으로 회복	
	프로게스테론	• 3일 내 황체기 수준으로 감소, 7일경에는 나타나지 않다가 배란 후 증가	
	HCG	• 분만 후 급속히 감소하여 배란 때까지 낮은 수치 보임	
	프로락틴	• 에스트로겐의 저하로 기능하게 됨	
		비수유모	• 2주 이내에 비임신 수준으로 감소
		수유모	• 수유시작과 함께 증가, 6~12개월간은 높은 수치 유지(수유빈도에 따라 달라짐)
	태반락토젠	• 24시간 이내에 급속히 감소하여 나타나지 않음	
배란과 월경의 재개	• 배란 재개 및 월경 회복은 모유수유 여부에 따라 영향 • 분만 후 첫 월경은 무배란인 경우가 많음 • 첫 월경이 늦어질수록 그 첫 월경이 배란성 월경일 가능성 있어 첫 성교 시부터는 피임		
	비수유부	• 프로락틴 감소로 2~3개월경 50% 정도가 월경 회복 • 분만 후 첫 월경은 무배란이 많으나 분만 4주 후 배란 가능 • 비수유부는 산후 2~3주부터 피임 • 정확한 배란 시작일 예견 어려움 → 첫 성교 시부터는 피임	

	수유부			• 프로락틴의 상승으로 뇌하수체 전엽에서 난포 자극호르몬(FSH), LH의 분비가 감소되어 배란, 월경 회복이 지연 • 규칙적 수유 중 무월경 기간은 6개월 정도임 • 평균 6개월 뒤에 배란이 되며 수유 정도에 따라 배란이 재개되는 시기는 개인차가 있음
		피임약	모유수유	• 출산 6주에 minipill, progestin 단독 투여 • minipill : 모유량 감소 ×, 정맥혈전위험 × • norphlant, 임플라논 캡슐 : 프로게스테론으로 모유수유 가능
			혼합수유	• 출산 3주에 시작
			에스트로겐 제한	• 에스트로겐은 모유수유 감소 • 에스트로겐이 함유된 경구용, 주사용 피임제는 비권장 • 복합피임패치, 피임용 질링은 모유수유 시 사용 ×

9 산후유방

유방변화	• 분만 후 태반에서 분비되던 에스트로겐과 프로게스테론의 급격한 감소 → 뇌하수체 전엽의 프로락틴 분비 → 프로락틴은 태반만출 후 최고로 분비 → 유선세포(acini)에서 유즙분비 증가 • 유선발달 → 유즙생성 → 유즙분비 → 사출반사	
호르몬	estrogen, progesteron	• 태반 분비호르몬으로 유관발달 & 유관소엽 발달
	prolactin	• acini cell에 작용, 유즙생성에 관여 • 뇌하수체 전엽에서 생성 · 분비 • 프로락틴 분비 증가 시 → 배란 안 됨 • 출산 24~48시간 내 분비
	oxytocin	• 자궁수축과 유즙분비에 관여 • 시상하부에서 생성, 뇌하수체 후엽에서 분비 • 빠른 자극으로 인해 유즙사출과 자궁퇴축이 빨라짐
사출반사	• 정서자극에 의해 유즙이 사출되는 과정 • 아무런 외부적 자극 없이 산모가 아기를 생각하면 유즙이 분비됨	
초유	• 산후 2~3일에 분비되는 소량의 묽은 황색유즙(72시간) • 다량의 무기염, 단백질, 면역체 함유 • 신생아 감염 특히 위장관 항체인 IgA 제공 • 자주 먹이면 태변을 빨리 배출시켜 황달 조기에 예방가능	

모유수유 장점	모체	• 자궁수축 촉진으로 산후출혈 예방 • 산후 회복 도움, 임신 중 늘었던 체중감소 • 모아애착 강화, 모성의 심리적 안정 • 완전 모유수유 시 자연 피임효과 • 여성호르몬 분비억제로 호르몬과 관련된 질환(자궁근종, 자궁내막증, 자궁선근종, 자궁내막암) 치료 • 유방암과 난소암 이환 확률 감소 • 프로락틴 분비로 산후우울증이 적고 산후 회복 빠름
	아기	• 면역물질 함유하며 신생아 알레르기 및 감염질환 예방 • 태변 조기 배설 촉진 • 아기 발달과 성장 촉진 • 신생아의 빠는 욕구 충족, 정서적 안정감 제공 • 단백질 : 아기 성장과 뇌 발달 도움 • 지방 : 주된 에너지원 • 유당 : 칼슘 흡수 돕고 뇌 발달 도움

02 산욕기 산모의 간호

1 BUBBLEE-C

머리부터 발끝까지 훑어 내려가며 점검하는 8가지 주요한 신체 · 심리적 상태 포함	
B	Breasts - 수유 여부에 따른 유방의 변화사정, 유방 울유 예방과 관리
U	Uterus - 자궁퇴축 사정, 필요시 자궁마사지 시행
B	Bladder - 방광팽만 · 요실금 사정, 배뇨 독려, 골반저근운동 독려
B	Bowel - 치질사정, 배변 독려
L	Lochia - 오로상태 사정, 오로와 출혈 분별
E	Episiotomy(or Cesarean incision) - 회음부 간호, REEDA(redness, ecchymosis, edema, discharge, approximation) 확인
E	Emotional state & Bonding - 산후우울감과 산후우울증 분별, 모아애착 증진 간호, 애착행위 독려
C	Circulation-Homan's sign 사정, DVT 고위험 확인, 조기이상 독려

2 자궁퇴축 간호(출혈예방)

사정내용	자세	• 매일 아침 무릎을 세우고 누워 복부에 힘을 뺀 상태에서 자궁저부, 오로상태, 출혈 유무 사정
	자궁수축 정도	• HOF확인
	오로사정	• 오로 양과 색 관찰
	활력 징후	• 혈압저하와 맥박상승(90~100회/분)
	방광팽만 사정	
간호중재	출혈 지속 시	• 질이나 경관 열상, 회음 절개 부위의 혈관 결찰 의심 • **유연하고 축 늘어진 자궁** : 자궁이완으로 출혈의 원인 → **자궁 저부 마사지** : 모래주머니를 저부에 올려줌 • 자궁수축 시 과잉 마사지 금기 → 자궁이완의 원인
	저혈량성 쇼크 시	• **증상** : 경미한 두통, 상복부 동통, 섬광 느낌, 안절부절 행동, 차고 끈적한 피부, 창백, 호흡곤란 • 산모를 옆으로 눕히고 하지 상승 및 정맥주입 속도 증가 • 산소공급
	자궁후굴 예방	• 슬흉위(1일 3~4회, 1회에 5분씩 실시)
	배뇨와 정기적 모유수유	• 옥시토신 분비 촉진으로 자궁수축 유발
	자궁수축제 투여	• 산후통 유발
	오로와 출혈양상 관찰	• 오로 냄새, 양, 기간, 성상 관찰 • 출혈 의심 시 패드를 모으고 관찰 • 자궁이 단단하나 오로 양 증가 시 → 경부나 질의 열상 의심
	방광팽만 예방	• 방광팽만은 자궁퇴축 방해, 산후출혈 유발 • 소변보도록 격려

3 감염예방

위험요인	• 과거 감염병력 • 조기 양막 파수 후 24시간 이상 분만지연 • 지연분만, 난산, 기계분만, 내부 태아감시기 부착, 분만 시 외상, 열상 • 분만 후 태반조직의 잔류, 산후출혈, 빈혈, 유치도뇨, 잦은 내진 • 제왕절개, 영양부족, 낮은 사회경제 수준, 당뇨 등

사정내용	체온	정상	분만 후 첫 24시간 동안, 탈수와 수유를 위한 유방울혈로 인해 0.5℃ 정도 상승
		감염	분만 24시간 이후, 38℃ 이상의 고열, 2회 이상
	맥박	정상	산욕기에는 생리적 서맥(50~70회/분)
		빈맥	100회 이상의 빈맥 → 저혈량 쇼크, 감염, 출혈, 통증, 불안의심
	호흡	느린 호흡(14~16회/분)	마약성 진통제, 경막외 진통제 영향
		빠른 호흡(24회 이상/분)	감염, 출혈, 통증, 폐색전 등 호흡기계 문제
	위험 증상		• 심한 질출혈 또는 선홍색 오로 • 열(오한이 있거나 없음) • 심한 악취를 동반한 질 분비물이 증가할 때 • 한쪽 다리가 붓고, 압통이 있으며 발적, 열감이 있을 때 • 유방에 종창, 압통, 발적, 열감 부위가 있을 때 • 배뇨하기 어렵거나 배뇨 시 따가운 통증이 있을 때 • 회음부 혹은 골반부의 지속적인 통증
간호중재	개인위생(회음부 간호)		• 산모 패드를 자주 교환, 앞에서 뒤로 착용하며 뒤로 뺌 • 둔부를 건조하게 함 • 회음부 간호 전, 후 손씻기
	오로 관찰		• 악취 시 감염 의심
	개인위생 철저		• 분만 후 24시간 이후부터 따뜻한 물로 샤워 가능(통목욕 4주, 대중탕 6주 후)

4 안위간호

회음부 간호	목적	• 안위감 제공, 감염 위험 감소		
	간호	냉요법	목적	통증경감, 혈관 수축시켜 출혈과 부종 감소
			방법	얼음주머니를 24~48시간까지 회음절개부위에 적용
			주의점	너무 오래 적용 시 상처회복 지연
		습열요법(좌욕)	목적	위생상태 증진, 회음부 불쾌감과 부종 감소, 회음부 순환 증진
			방법	1일 3~4회 적용, 1회 20분 정도, 38~41℃, 3~4주까지 실시
		건열요법	목적	순환 증진, 상처부위 건조
			방법	30~50watt, 50~70cm 거리, 1회 20분, 하루 3~4회 적용

		주의점: 화상 • 필요시 진통제, 마취스프레이, 연고 등 회음부 직접 적용 → 고통경감, 안위증진 • 편안한 체위 유지(절개하지 않은 쪽으로 측와위가 도움이 됨)
치질	• 좌욕 • 얼음팩 • Sim's 체위 • 변비 방지(수분공급, 고잔여식이)	
산후통	정의	• 분만 후 자궁근의 주기적인 이완과 수축으로 일어나는 불편감
	원인	• 자궁근육, 자궁인대의 탄력성 저하 → 자궁의 간헐적 수축 → 통증(산후 2일까지 지속) • 경산부, 자궁수축제 투여 시, 수유부, 다태아 출산모, 거대아 출산모 더 심함
	간호중재	• 방광비우기 • 자궁 저부 마사지 • 고온 팩 적용 • 조기이상 → 자궁퇴축에 도움 • 진통제 투여 → 수유 40분 전에 투여(옥시토신이 자궁수축 초래하므로 수유 시 산후통 호소) • 배 깔고 눕기(복위) • 긍정적 통증임을 알리고 안심시킴(산후 3일에 통증이 완화됨을 알림)

5 배뇨 및 배변간호

배뇨	목적	• 산후감염 예방, 방광기능 확인, 자궁압박 완화, 산후출혈 예방
	간호	• 방광팽만 정도 관찰 • 분만 후 6~8시간 이내에 자가배뇨 실시 • 흐르는 물소리, 물에 손가락 담그는 것, 회음부에 따뜻한 물을 흘려주기 → 배뇨자극 • 자가배뇨 못하면 인공 도뇨 실시
배변	원인	• 감소된 연동운동, 복부근육 긴장도 감소, 식이양상의 변화, 회음부 불편감
	간호	• 정기적 배변습관, 적절한 수분공급, 섬유질이 풍부한 식이섭취 • 회음부 불편감 완화 • 심한 경우 완화제 투여

6 유방간호

<table>
<tr><td>유방관리</td><td colspan="3">• 유방지지 : 어깨선이 넓은 브래지어 착용
• 유두관리
- 임신 6개월부터 거친 타월로 문질러 단련
- 물로만 닦아 유지방이 닦이지 않도록 함
• 심한 유두 열상 시 유두 덮개 이용
• 유두 마사지 후 10~20분간 공기 중에 노출하여 건조, 수유 후에 열 램프 이용하여 유두 건조시키기
• 통증 시 한쪽에 5분 정도만 수유하고, 남은 모유는 손으로 짜냄
• 수유 금기증 : 치료받지 않은 활동성 결핵, 만성간염, HIV 감염자 등</td></tr>
<tr><td rowspan="3">유방울혈</td><td>정의</td><td colspan="2">• 산후 3~4일경 유방주위 혈액과 림프순환이 증가되어 팽대 상태로 단단, 열감, 동통, 발열
• Milk fever : 울혈로 인해 산모체온이 0.5℃ 정도 체온상승하나 12시간을 넘지 않음</td></tr>
<tr><td rowspan="2">간호</td><td>더운물 찜질</td><td>• 수건을 뜨겁게 하여 양쪽 유방에 적용
• 유선을 이완시켜 유방마사지 시 통증을 경감하고 유즙분비 촉진
• 수유 전(온찜질)과 수유 후(냉찜질) 적용 → 울혈완화</td></tr>
<tr><td>유방마사지</td><td>• 목적 : 불편감 완화, 유즙분비 자극
• 온찜질 후 실시
• 유방 주위에서 유두를 향해 윤상으로 돌리면서 마사지
• 유방울혈에 가장 좋은 간호 : 모유수유</td></tr>
<tr><td rowspan="2">수유방법</td><td colspan="3">• 분만 직후부터 수유 시작 : 유즙분비 촉진
• 1일 8~12회, 15분 이상 젖을 물리도록 함. 아기가 원할 때마다 수유
• 수유 후 남은 젖을 짜서 유방을 비움 : 유즙생성 및 분비 촉진
• 수유 후 반드시 트림시킴(가스제거, 기도흡인 위험 예방)</td></tr>
<tr><td>자세</td><td colspan="2">• 앉아서 신생아가 유방을 마주 볼 수 있도록 머리와 몸통 다리가 일직선
• 양쪽 유방을 번갈아 가며 실시, 유두와 유륜이 1cm 이상 들어가도록 깊게 물려줌
• 야간이나 휴식 시 옆으로 누워서 수유</td></tr>
<tr><td rowspan="3">유두열상 · 균열 간호</td><td>목적</td><td colspan="2">• 유방염으로 진전 예방 : 열상부위로 신생아 입이나 엄마 손에 있는 균이 침입되어 유방염 발생 가능</td></tr>
<tr><td>원인</td><td colspan="2">• 수유 시 부적절한 자세(유두만 물리는 경우)</td></tr>
<tr><td>증상</td><td colspan="2">• 젖을 빨리고 난 후 유두의 심한 쓰림, 유두표면의 벗겨짐, 출혈</td></tr>
</table>

	간호	• 유방보호대 착용 : 유두부위 안위 증진 • 유두에 비누, 크림 사용하지 않기 • 수유시간을 5분 정도로 제한 • 하루에 한번만 젖꼭지를 씻도록 충고 • 젖을 먹이지 않을 때 젖꼭지를 가능한 햇볕에 많이 노출 • 예방 : 수유 시 아이를 가까이 안고 유륜까지 깊게 빨림
비수유부 간호	• 방법 : 프로락틴 억제제(Palrodel) • 부작용 : 두통, 현기증, 저혈압, 오심, 구토, 식욕부진 등 • 유방에 탄력붕대 사용하고, 짜내지 말기 • 양배추 잎을 붙이기, 인삼이나 감주복용 • 통증 시 냉찜질 적용	

7 운동과 휴식

골반강화 운동	목적	• 골반근육의 탄력성 유지 • 혈액순환시켜 근육강도 회복과 회음부 치유에 도움 • 스트레스성 요실금 예방 • 산후 긴장과 피로를 회복 • 강화되는 근육 : 항문올림근, 회음표면횡근, 망울해면체
	방법	• 회음근육의 수축과 이완을 반복
휴식	• 분만 후 8시간 동안 휴식과 수면 취하도록 방문객 제한 • 신체 불편감 : 등마사지, 이완요법, 필요시 수면제 투여 • 척추마취 시 : 베개를 빼고 머리를 높이지 말고 똑바로 눕도록 함(두통 예방) • 경막외 마취 시 : 8시간 안정 후 조기이상하도록 함	
조기이상	목적	• 오로배출 촉진, 자궁내막 치유 증진 • 순환증진으로 상처회복 촉진 • 혈전성 정맥염의 예방 • 자궁퇴축 촉진 • 방광 합병증 감소 • 장 운동촉진으로 변비예방
	간호	• 분만 후 8~24시간 이내 시작 • 직립성 저혈압 주의 : 천천히 일어나기

8 예방접종

풍진	• 풍진 예방접종을 안 했거나 풍진항체 titer가 1:8 이하인 산모는 퇴원 전 접종 • 풍진항체 titer 1:16 이상 시 면역력 있음 • **풍진 백신접종(생백신) 후 3개월간 피임 : 기형유발 가능성**
B형간염	• **B형간염 산모의 신생아 :** 출생 후 가능한 한 12시간 내에 B형간염 면역글로불린 접종 후에 백신접종
Rho(D) 면역글로불린 (RhoGAM)	• Rh(−) 모체가 Rh(+) 태아혈액에 대해 감작되어 Rh(+) 항체를 형성 억제 • 태아와 모체 간 혈액 이동된 외부 단백질에 대한 항체가 산모에게서 형성되어 태아의 적혈구를 용혈시키는 작용을 하지 않도록 도와줌 • **주사 :** Rh(+) 항체가 생성되기 전, 임신 28주 이전, 분만 · 유산 후 72시간 이내

9 기타(영양, 성생활)

영양		• 분만 후 배고픔과 식욕증가 • 분만 중 음식과 수분섭취 제한으로 인한 탈수 : 출혈, 발한, 오심 등으로 체액손실량이 많아 배고픔과 갈증 느낌 • **칼로리 :** 2,600~2,800kcal • **단백질 :** 증가 • **수분공급 :** 2,000~3,000ml/day 수분공급 권장 • **칼슘과 철분 :** 임신부와 수유부에게 특히 요구, 1,000/일 우유섭취 권장
성생활	영향요인	• 회음절개와 열상으로 인한 회음부 통증 • 수면부족으로 인한 피로와 허약감 • 수유로 인한 에스트로겐으로 초래된 질 위축 → 예방 위해 에스트로겐 질 크림 사용 • 성관계 동안 유즙사출 예방 위해 성교직전 아기에게 수유
	성교시기	• **분만 후 오로가 감소한 후 :** 분만 후 3주 • 성교 시 통증이 없을 만큼 회음부가 아물어야 함 • 혈종인 감염과 같은 문제가 없을 때 • 성교하는 것에 불편감 있을 시 얼마 동안 성생활 금함
	피임교육	• 월경 재개 전에도 배란이 되어 임신이 가능하므로 임신을 원하지 않을 경우 수유 여부에 관계없이 피임 권장

10 산후 정신 심리적 건강

1. 산욕기 여성의 심리적 적응

구분	기간	특징
의존기 (소극기)	분만 후 24~48시간	• 자기경험을 누구에게나 이야기 함. 애정과 주의 받고 싶어함 • 수동적이고 의존적, 자기중심적 • 간호 : 충분히 쉴 수 있는 환경 조성, 산모입장 이해, 잘 들어줌, 충분한 휴식과 수면
의존독립기 (적극기)	분만 후 3일~10일 정도	• 독립적이고 자율적으로 모성역할을 수행하려 함 • 신생아의 24시간 계속되는 요구로 우울감, 피로 발생 • 간호 : 육아법(수유법, 목욕, 기저귀 교환법, 아기돌보는 법)에 대한 교육
상호의존기 (이행기)	분만 1주 후 ~산욕기까지	• 아기와의 신체적 분리를 인식하며 아기를 독립된 개체로 인정 • 새로운 어머니의 역할을 수용하고 실행 • 간호 : 가정과 사회적으로 역할 및 책임이 과중한 상태로 가족의 도움이 필요한 상태

2. 산후우울감

정의	• 출산 후 2~3일 후 산모에게 보이는 일시적 우울
원인	• 여성의 낮은 자존감에 기인하는 것 → 가족기능을 저하시키는 결과 초래 • 생리적 · 정신적 · 사회적 · 문화적 요인 등에 의해 정서장애 발생 • 산욕 초기 호르몬의 변화 • 역할부담, 긴장, 피로감 • 사회적 지지 불충분
증상	• 정서적 변화와 신체적 증상 호소 • 이유 없이 기분이 침체, 심한 기분 변화, 울고 싶고, 허전하고 슬픔 • 남편에 대한 적대감, 죄책감, 불안정, 흥미상실 • 기억력 및 집중력 저하 • 모성에 대한 양가감정 • 식욕부진, 불면, 자가간호와 신생아 간호결핍 → 1~2주 이내 없어지지만, 증상 지속 또는 심해지면 산후우울증으로 이행
간호	• 분만 초기 감정변화는 호르몬 변화에 의한 정상적 현상임을 설명하고 산모의 감정을 표현할 기회를 제공 • 대체법 제시 · 경청 • 부모역할 준비 및 지지체계 의뢰 • 울도록 하고 편안한 자세 유지 • 자신의 불안, 낙담, 그리고 다른 근심들을 표현할 수 있는 기회 제공 • 적절한 휴식과 영양 취하도록 환자 격려 • 엄마로서의 과업을 빠른 시간 내에 수행할 수 있도록 도와주어야 함

CHAPTER 06 정상산욕 간호

기 출 문 제

1 산후생리

01 **초산모 신 씨(31세)의 사정 내용 중 정상 상태에 대한 설명만을 〈보기〉에서 있는 대로 고른 것은?** 2012년

신 씨는 정상 질 분만으로 3.1kg의 딸을 낳았으며 현재 분만 3일째이다.

〈 보 기 〉

ㄱ. 자궁저부는 제와부에서 촉진된다.
ㄴ. 발한이 심하고 소변량 증가를 호소한다.
ㄷ. 회음 절개 부위는 약간의 부종이 있으나 발적은 없고 깨끗하다.
ㄹ. 아기에게 모유를 먹일 때 오로가 더 많이 분비되며 배가 아프다고 한다.

① ㄱ, ㄴ
② ㄴ, ㄷ
③ ㄷ, ㄹ
④ ㄴ, ㄷ, ㄹ
⑤ ㄱ, ㄴ, ㄷ, ㄹ

|정답| ④

|해설| ㉠ 자궁저부가 제와부에서 촉진되는 것은 분만 후 12시간 정도이고 그 후 매일 1~2cm 하강하여 10일 이후에는 복부 촉지가 불가능하다.

02 정상 분만 후 3주가 지난 여성을 면담한 결과이다. (가)~(마)에 대하여 교육해 준 내용으로 옳지 않은 것은? 2011년

(가) 백색 오로(lochia)가 소량 분비되고 (나) 성교 시 질분비물이 적어 통증이 있다고 하였다. (다) 하루 8시간 이상 서서 무거운 물건을 옮기는 일을 해야 하며, (라) 현재 모유수유 중이므로 월경이 시작되면 그 때부터 피임을 할 예정이라고 하였다. (마) 복부가 늘어져서 임신 전과 같은 상태로 돌아가지 않는다고 걱정하였다.

① (가) 태반부착부위의 치유가 완료된 시기이므로 백색 오로가 소량 나오는 것은 정상이다.
② (나) 에스트로겐 분비 부족으로 질분비물이 적어서 성교 시 통증이 올 수 있다.
③ (다) 자궁인대와 골반근육이 늘어나 있는 상태이므로 장시간 서서 일하는 것은 피해야 한다.
④ (라) 모유수유 중에도 월경이 시작되기 전에 배란이 될 수 있으므로 성교 시에는 피임을 하도록 한다.
⑤ (마) 개인차가 있으나 복벽이 임신 전의 상태로 회복되기까지는 약 6주 걸린다고 알려준다.

| 정답 | ①

| 해설 | ① 태반부착부위의 치유가 완료되는 시기는 6~7주이며, 백색 오로는 산후 10일~3주까지 배출된다.

03 산욕기 동안 산모에게 나타나는 생리적 변화에 대한 설명으로 옳은 것을 〈보기〉에서 모두 고른 것은?

[2.5점] 2010년

〈 보 기 〉

가. 분만 후 자궁으로부터 분비되는 오로의 양과 특성으로 자궁내막의 재생 정도를 알 수 있다.

나. 분만 후 발생하는 혈액량의 변화는 분만 시 혈액 손실, 수분의 혈관 외 이동과 이뇨 현상으로 초래된다.

다. 분만 후 복벽의 탄력성이 회복되고, 임신 동안 탄력섬유의 파열로 인해 생긴 임신선은 사라지게 된다.

라. 자궁이 복구되는 과정에서 자가분해작용이 일어나 혈액 요소질소(BUN) 수치가 증가한다.

① 가, 나
② 가, 다
③ 나, 라
④ 가, 나, 라
⑤ 나, 다, 라

|정답| ④

|해설| 다. 탄력섬유의 파열로 인한 임신선은 영구히 남으나 백색으로 눈에 잘 띄지 않는다.

2 모유수유

04 **[그림 1]과 [그림 2]는 산모의 모유수유 반사를 나타낸 것이다. 모유수유와 관련하여 뇌하수체 전엽과 후엽에서 분비되는 ㉠, ㉡에 해당하는 호르몬의 명칭을 순서대로 쓰고, 분만 후 각 호르몬의 작용에 대하여 2가지씩 서술하시오.** [5점] 2015년

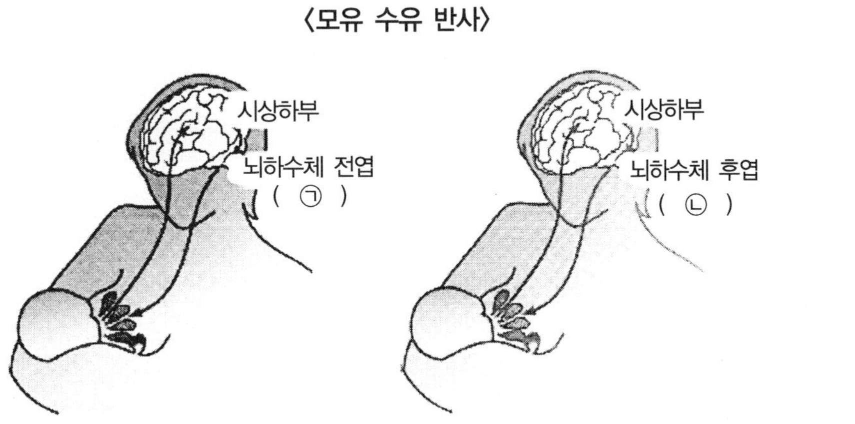

[그림 1] [그림 2]

|정답| ㉠ 프로락틴
기능 : 유즙생성, 배란억제
㉡ 옥시토신
기능 : 유즙배출, 자궁 퇴축

CHAPTER

07 고위험 산욕 간호

01 산후 출혈성 질환

1 산후출혈(Postpartum hemorrhage)

원인	• 자궁수축 지연 • 회음부 절개부위의 부정 유합 • 산도열상 등	
사정내용	자궁수축 정도	• HOF 확인(제와보다 위에 위치), 자궁수축 정도(물렁물렁)
	오로 사정	• 양, 색, 냄새 확인(선홍색의 질출혈과 혈괴 보임)
	V/S 사정	• 혈압저하(수축기압 110mmHg 이하)와 맥박의 상승(90~100회/분) 확인 → 출혈징후
	방광팽만	• 산후 8시간 이내 자연배뇨 실시하게 됨
증상	• 과도한 출혈 또는 선홍색 출혈 • 마사지에 반응하지 않는 물렁물렁한 자궁 • 비정상적인 혈괴 • 비정상적인 골반 불편감이나 통증 • 자궁이 단단하게 수축되었음에도 지속되는 출혈 • 상승된 자궁저부 높이 • 맥박의 상승 혹은 혈압의 감소 • 혈종 혹은 부풀어 오르고 반짝거리는 회음부위 피부	

1. 조기 산후출혈

정의	• 분만 24시간 이내에 산도를 통해 500ml 이상 출혈 • 이환율 높음 • 다량의 실혈 : 산모의 저항력 저하, 산후감염 초래, 합병증 유발		
원인	자궁이완 (자궁무력증)	유발원인	• 자궁의 과다팽만 : 거대아, 다태임신, 양수과다 등 • 급속분만 혹은 지연분만 • 분만촉진을 위한 옥시토신 사용 • 방광팽만

			• 다산부 • 마취제, 황산마그네슘, 칼슘통로차단제, 자궁수축억제제의 사용 • 융모양막염, 자간전증, 전치태반 • 분만 시 격렬한 자궁수축이나 저긴장성 수축으로 자궁근육에 피로가 왔을 때 • 자궁이완증의 기왕력 • 산후출혈의 과거력
	연산도열상 (회음부, 질, 자궁경관의 열상)	유발원인	• 미산부 • 경막외마취 • 급속분만, 겸자분만, 흡입분만, 거대아분만 • 옥시토신 사용 • 모체 연산도의 선천적 이상 • 감염이나 수술 등으로 인한 반흔 • 제왕절개분만 후 손상 • 회음절개(특히, 중외측 회음절개) → 자궁탈수, 방광류, 직장류발생 → 출혈의 근원이 되는 열상부위를 찾아내어 봉합하고 감염예방
	태반조직 잔류	• 태반이 분리되기 전 시행하는 자궁마사지 → 태반의 부분적 분리로 태반조각 잔류 • 소량이라도 부분적으로 자궁벽에 남아 있으면 → 자궁수축 방해 • 태반만출 후 태반을 세밀히 관찰, 태반부분의 결손이 있을 시 자궁내를 살펴보고 잔류태반을 제거	
	자궁내번증, DIC		
사정	이완된 자궁	• 접시모양의 원판형, 부드럽고 물렁물렁한 자궁촉진 • **정상적 자궁수축** : 견고하고, 작고, 단단한 주먹만한 공 모양의 구형	
	질출혈	• **출혈의 근원** : 태반부착부위 • 피가 자궁하부에 고여 있다가 자세변경이나 자궁에 압력을 주면 질출혈	
	방광팽만	• 자궁이 제와상부에 위치, 한쪽으로 치우진 경우 자궁이완의 원인인 방광팽만을 사정	

<table>
<tr><td rowspan="2">증상</td><td>심한 출혈</td><td colspan="3">• 출혈성 합병증, 모성사망 원인 1순위</td></tr>
<tr><td>저혈량성 쇼크</td><td colspan="3">• 맥박, 호흡상승, 혈압하강
• 소변량 감소
• 피부 창백, 습함
• 오심, 구토
• 안절부절 못함
• 의식수준 저하, 심하면 혼수, 사망</td></tr>
<tr><td rowspan="11">치료 및 간호</td><td rowspan="4">약물요법</td><td>옥시토신(피토신)</td><td colspan="2">• 1L 수액이나 N/S 용액 + 옥시토신 20~40U mix IV</td></tr>
<tr><td>메탈엘고노빈(메덜진)</td><td colspan="2">• 2~4시간마다 IM
• 말초혈관수축의 혈압상승으로 고혈압, 심장 질환자 투여금기</td></tr>
<tr><td>프로스타글란딘 투여</td><td colspan="2">• 15분마다 8회 이하(총 2mg) IM</td></tr>
<tr><td>미소프로스톨 (PGE_1, 사이토텍)</td><td colspan="2">• 1,000mg, 직장투여</td></tr>
<tr><td rowspan="5">외과적 중재</td><td>수술</td><td colspan="2">• 자궁동맥이나 하복부 동맥 결찰, 자궁절제술</td></tr>
<tr><td rowspan="2">자궁이완</td><td colspan="2">• 자궁 저부 마사지, 자궁수축제</td></tr>
<tr><td>자궁 저부 마사지</td><td>• 한손은 자궁저를 감싸고 다른 한 손은 산모의 치골결합위를 누르면서 두 손 사이에서 자궁은 컵 모양으로 자궁을 부드럽게 마사지 함
• 심한 마사지 : 자궁근의 피로와 자궁이완을 촉진, 과다출혈, 자궁하수등을 초래</td></tr>
<tr><td>연산도 열상</td><td colspan="2">• 열상부위 봉합</td></tr>
<tr><td>태반 잔여 조직</td><td colspan="2">• 용수박리, 소파술</td></tr>
<tr><td rowspan="2">간호</td><td>양손 자궁 압박법</td><td colspan="2">• 약물투여와 자궁마사지 시도 후에도 출혈 지속 시 시도
① 주먹을 질원개에 놓고 자궁의 전벽을 향해 마사지
② 다른 손은 복벽을 통해 자궁의 후벽 잡음
③ 옥시토신 투여 이전에 사용
④ 자궁이 나무처럼 단단해질 때까지 마사지</td></tr>
<tr><td colspan="3">• V/S 사정
• 실혈량 사정 : 쇼크 증상 파악
• 체액보충, 수혈
• 산소요법
• 하지 높이기
• 조기모유수유 : 뇌하수체 후엽에서의 옥시토신이 분비되어 자궁수축을 도움
• 불안 완화</td></tr>
</table>

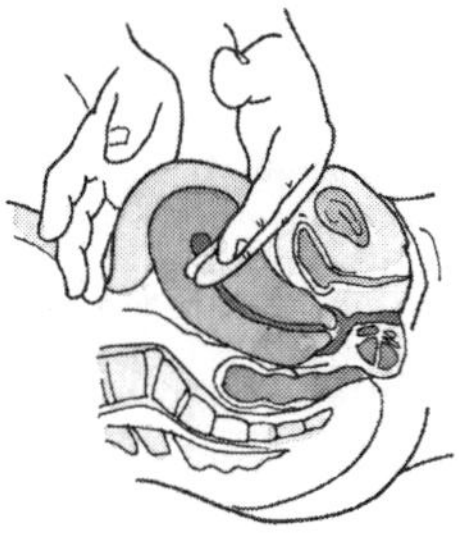

〈자궁저부 마사지〉

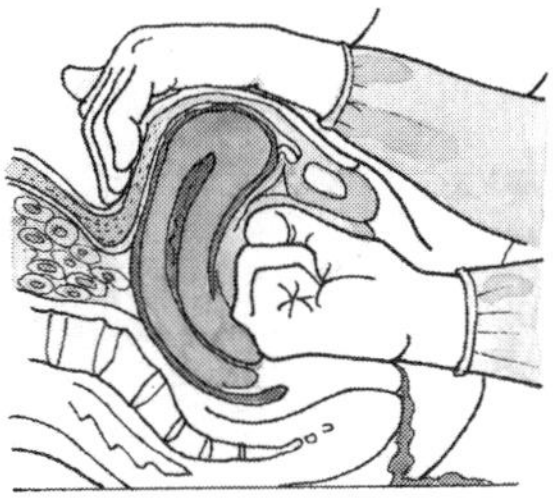

〈양손자궁 압박법〉

2. 후기 산후출혈

<table>
<tr><th rowspan="1">정의</th><td colspan="2">• 분만 24시간 이후～산후 6주 사이 발생하는 출혈
• 속발성, 지연성 산후출혈
• 갑작스럽게 많은 출혈 발생 → 저혈량성 문제 야기 → 쇼크</td></tr>
<tr><th>원인</th><td colspan="2">• 태반부착부위 퇴축부전, 잔류태반 : 가장 흔한 원인
• 생식기 감염(예 자궁내막염, 골반염증성 질환 등)</td></tr>
<tr><th>증상</th><td colspan="2">• 산후 예상되는 자궁저부 높이가 보다 높음
• 오로(lochia)
– 적색 → 갈색 → 백색 → 적색 오로(2주 이상 지속)
• 감염 : 백대하, 요통, 악취 나는 오로
• 적은 양의 출혈이 지속적으로 나옴
• 자궁이완 : 정상보다 더 부드러운 자궁
• 촉진 시 자궁통증
• 경관입구가 2~3cm 가량 열려 있음</td></tr>
<tr><th rowspan="4">치료 및 간호</th><td>태반조각 잔류</td><td>• 소파술, 자궁수축제</td></tr>
<tr><td>감염예방</td><td>• 항생제투여</td></tr>
<tr><td>출혈 시</td><td>• 수혈, 수액요법</td></tr>
<tr><td>자궁적출술</td><td>• 출혈조절이 안 될 경우</td></tr>
</table>

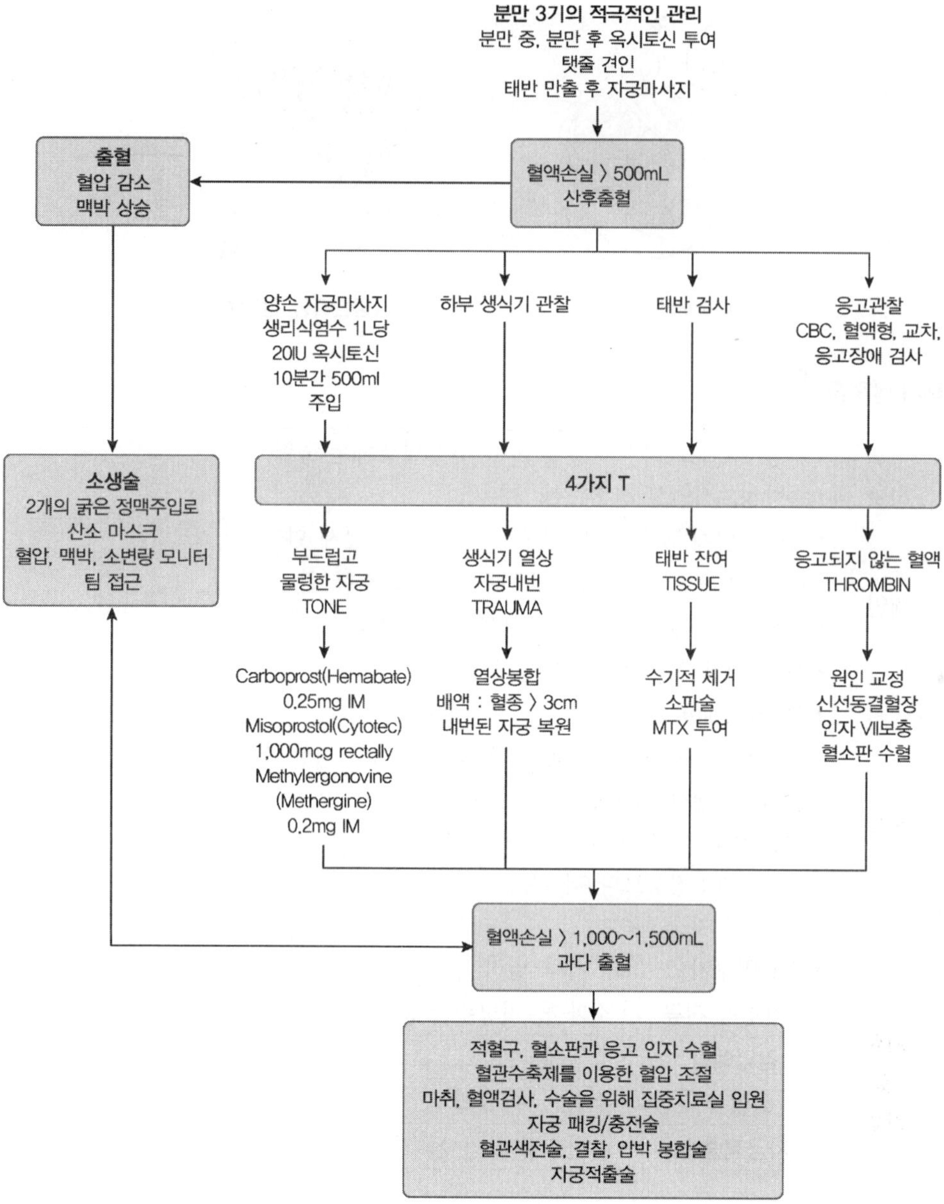
분만 3기의 적극적인 관리
분만 중, 분만 후 옥시토신 투여
탯줄 견인
태반 만출 후 자궁마사지
출혈
혈압 감소
맥박 상승
혈액손실 〉 500mL
산후출혈
양손 자궁마사지
생리식염수 1L당
20IU 옥시토신
10분간 500ml
주입
하부 생식기 관찰
태반 검사
응고관찰
CBC, 혈액형, 교차,
응고장애 검사
소생술
2개의 굵은 정맥주입로
산소 마스크
혈압, 맥박, 소변량 모니터
팀 접근
4가지 T
부드럽고
물렁한 자궁
TONE
생식기 열상
자궁내번
TRAUMA
태반 잔여
TISSUE
응고되지 않는 혈액
THROMBIN
Carboprost(Hemabate)
0.25mg IM
Misoprostol(Cytotec)
1,000mcg rectally
Methylergonovine
(Methergine)
0.2mg IM
열상봉합
배액 : 혈종 〉 3cm
내번된 자궁 복원
수기적 제거
소파술
MTX 투여
원인 교정
신선동결혈장
인자 VII보충
혈소판 수혈
혈액손실 〉 1,000~1,500mL
과다 출혈
적혈구, 혈소판과 응고 인자 수혈
혈관수축제를 이용한 혈압 조절
마취, 혈액검사, 수술을 위해 집중치료실 입원
자궁 패킹/충전술
혈관색전술, 결찰, 압박 봉합술
자궁적출술

2 자궁복구부전(Subinvolution of the uterus, 자궁이완)

정의	• 자궁퇴축진행이 정지하거나 퇴행하는 것 • 자궁복구과정이 지연되거나 불완전한 것 • 분만 24시간 후에 발생	
원인	• 자궁근 탄력성의 저하로 수축이 안 될 때 : 양수과다, 쌍태아, 다산으로 인한 자궁 과대팽만 • 탈락막의 탈락이 잘 안되거나, 태반조직이나 태아막의 잔류가 있을 때 • 자궁내막염, 골반염증성 질환 • 자궁근종	
증상	• 자궁크기의 증가, 자궁저부 촉진 시 부드러움 • 다량의 출혈 • 오로 배출의 지연(양이 많은 적색 오로의 지속), 냄새나는 질 분비물 → 감염의 위험 • 복통, 요통, 골반중압감 • 미열, 피로감, 정서적 불안증세	
치료 및 간호	자궁근 탄력성 저하	• 자궁수축제 투여(Ergonovine, Methergine 0.2mg 매 3~4시간마다 24~48시간 투여)
	태반조직의 잔류	• 소파술
	자궁내막염, 골반염증성 질환	• 항생제 투여
	모유수유	• 자궁수축 자극

3 자궁내번증(Inversion of uterus)

정의	• 태아만출 후 태반박리 전후에 자궁이 뒤집히는 현상
원인	• 태반박리 전 제대를 잡아당김 • 자궁수축이 없을 때 태반을 무리하게 잡아당기는 경우 • 자궁이완 시 태반배출을 위해서 저부를 심하게 압박하여 유발 • 과도한 자궁저부 마사지 • 유착태반, 제대가 짧은 경우, 태반의 용수박리 • 다태임부의 급속분만, 분만 후 아래에 힘주는 것, 서있는 자세로 급속분만 시
증상	• 출혈 • 통증호소 • 출혈 지속 시 : 저혈압, 빈맥 등 쇼크현상 • 감염

치료 및 간호	• 정맥으로 수액공급 • 산소 투여하면서 활력징후 측정 • 자궁을 제 위치로 복원하기 위해 처방된 자궁이완제나 마취제 투여 후 수술 준비 • 다른 한손은 경관 주위를 누르면서 손바닥으로 받치고 있는 쪽으로 자궁저부를 서서히 밀어 넣어 자궁을 골반강 내로 복구해야 함 • **심한 통증** : morphine 투여 • **자궁 복원 후** : 자궁수축제 투여, 산소공급, 광범위한 항생제 투약 • 심하면 저혈량성 Shock, 뇌하수체 전엽 괴사증(Sheehan's syndrome)합병

4 산후혈종(Postpartum hematoma)

정의	• 출산 시 외상으로 인한 혈관손상의 결과로 발생 • 혈관손상으로 질이나 회음 피부 아래 결합조직 내로 혈액이 유출되는 것
원인	• 지연분만으로 인한 외상 • 아두만출시 압박으로 인한 혈관파열 • 기계분만 시 외상 • 질에 국소적인 괴사를 초래하는 분만 2기의 난산 • 급속분만, 분만 2기의 지연, 거대아 분만, 겸자분만, 흡입분만 • 외음 정맥류의 과거력
증상	• 혈종부위의 심한 통증, 팽륜, 압통, 반상출혈, 부종, 조직긴장도 • 소변보기가 힘듦 • 질내 혈종의 경우 변의를 느낌 • 항문진찰이나 내진시에 혈종 촉진 • 심한 경우 출혈과 통증으로 쇼크
치료 및 간호	• **혈종이 작은 경우** : 자연흡수, 얼음팩 + 진통제 • **혈종이 큰 경우** : 외과적 관리, 절개 후 배액, 항생제 투여 • 상처재생기에 좌욕, 건열요법 실시(상처치유 촉진) • 외음부 냉찜질 • 손상부위에 압력이 가하지 않는 체위 • 출혈 및 감염증상 확인 • 패킹으로 인해 소변배설 어려울 때 유치도뇨관 삽입 • **항생제** : 감염과 농양 예방

02 산욕감염(Postpartum infection)

1 산후감염

정의	• 출산 이후의 생식기의 세균성 감염, 산욕열 • 분만 첫 24시간 이후부터 10일 동안 구강으로 1일 4회의 체온측정 시 38℃ 이상의 열이 2일간 지속되는 경우	
원인	산전요인	• 빈혈, 영양결핍, 비만, 산전관리의 부족, 낮은 사회경제적 수준 • 양막파열 후 성관계, 신우신염 과거력, 흡연과 약물
	분만 중 요인	• 지연분만, 파막 후 분만지연, 융모양막염, 자궁 내 태아모니터 조작 • 분만 중 질 내진 횟수, 출혈 • 제왕절개수술, 응급수술, 겸자분만 • 전신마취, 수술조작 시 상처 • 태반용수박리, 회음절개, 열상
	산욕기 요인	• 산후출혈, 빈혈
	내인성 균	• 질 내에 존재하는 균이 내진 등으로 상행하여 전파(연쇄상구균, 대장균)
	외인성 균	• 화농성 피부염, 오염된 손, 기계 등으로 감염 • 용혈성구균, 폐렴구균, 임균성구균
증상	• 전신쇠약, 피로, 기면, 권태감, 식욕부진, 오한, 오심, 구토 • 빈맥 • 자궁압통, 자궁복구 부전 • 회음부 불편감, 악취나는 농성 오로 • 옆구리 통증과 혈뇨, 빈뇨, 무뇨, 작열감 등	
치료	• 항생제, 수액요법, 외과적 절개부위의 국소적 감염 시 상처치료	
간호 중재	• 충분한 휴식 및 안정 • 감염의 위험요인 사정, 감염전파 방지 위한 엄격한 무균술 유지 • 패드교환, 배변 후 관리 등 치료적 무균법 교육과 격려 • 활력징후 측정 및 오로관찰 • 반좌위 : 배액증진과 상행성 감염 방지 • 균형식이와 수분섭취 권장 • 안위증진, 통증감소를 위한 간호	

2 회음 · 외음의 감염, 경관염

회음 · 외음의 감염	원인	• 회음절개 및 열상부위의 균 침입
	증상	• **봉합부위** : 발적, 부종, 통증, 열감, 봉합부위의 이개와 장액성, 농성 분비물 배출 • 배뇨 시 통증 수반 • 체온상승 38℃ ↑, 빠른 맥박
	치료 및 간호	• **절개배농과 배액 증진** : 반좌위 • **상처부위** : 소독된 거즈 덮어주기 • 항생제, 진통제 투여 • **좌욕 · 회음등** : 통증경감, 배액 증진 • **수분공급** : 2,000mL 이상 • 회음패드 자주 교환 • 감염예방 위한 자가회음간호법과 패드청결법 교육
경관염		• 경관은 세균의 은식처가 되므로 경관열상 시 감염이 잘 발생 • 경관은 림프관이 풍부 → 염증이 골반주위 조직으로 잘 파급

3 자궁내막염(Endometritis)

정의		• 가장 흔한 세균감염으로 개방된 상처에 세균이 침입하여 발생 • 자궁 내에는 오로나 괴사조직이 있어 세균의 좋은 배지 → 세균 번식 잘 됨 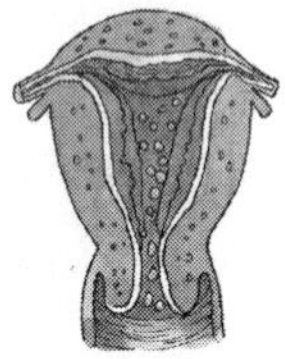
원인		• 제왕절개술 • 조기파막 • 지연분만 • 산후 태반부착부위 세균감염
증상	자궁퇴축부전	• 자궁이 커져 있음
	통증	• 하복부 통증, 자궁 민감성 • 심한 산후통, 두통 및 요통호소
	활력징후 임상검사변화	• 산후 48~72시간 사이에 38℃ 이상의 체온상승 • WBC ↑, ESR ↑, 빈혈 • 빈맥, 백혈구증가 • 오한과 권태감, 식욕부진

		임균	• 감염이 상행하여 급성난관염, 분비물이 복강으로 넘쳐 급성골반 복막염, 골반농양, 화농 난관증, 만성난관염, 불임
		화농균	• 자궁내막염, 자궁염, 자궁주위염, 골반혈전성정맥염, 하복부 정맥염, 사지 정맥염, 임파선염 등
	오로	• 양이 많은 악취 나는 암갈색 • 장액성 오로와 백색 오로가 6주 이상 계속되면 자궁내막염 의미	
치료 및 간호	투약	• 항생제, 해열제, 진통제 투여 • 자궁수축제	
	침상안정		
	반좌위	• 자궁수축과 오로배출 용이 • 골반감염의 상행성 감염방지	
	수액공급	• 3,000~4,000ml/day	
	영양공급	• 고단백, 고비타민, 고열량 식이	
	모유수유	• 모유수유 지속 가능	
	필요시 소파하여 배농		
합병증	골반감염	• 혈관, 림프관, 광인대를 따라 골반측벽에 골반감염 파급 • 증상 : 고열과 오한 반복	

4 골반 연조직염(Pelvicellulitis)

정의	• 경관 열상이나 자궁내막염이 혈관과 림프관을 따라 골반까지 파급되어 발생	
원인	감염원	• 경관 열상, 자궁내막염
	흔한 원인균	• 질 내 존재하는 세균총
증상	고열	• 고열(39.5~40℃) 지속 • 오한과 권태감, 기면상태 • 딸꾹질, 오심, 구토, 복부팽만 및 심한 갈증 호소
	자궁	• 커져 있고 침범부위 촉진 시 심한 통증과 압통 호소, 통증으로 활동 제한
	농양 형성	• 빠른 맥박, 백혈구 30,000/mm^3 이상 증가 • 골반주위염이 복막으로 파급 시 복막염 발생(합병증)
치료 및 간호	항생제 투여	• 원인균 확인 검사 : 혈액배양 검사 후 항생제 투여
	진통제	• 불편감 완화
	진정제	• 산모 안절부절과 염려 완화
	정맥 내 수액공급	• 섭취와 배설 및 생리적 징후 관찰

5 혈전성 정맥염(Thrombophlebitis)

<table>
<tr><td>정의</td><td colspan="3">• 혈관벽에 응고물이 부착되어 2차적으로 혈관내막에 염증을 초래하거나 혈관을 부분적으로 폐쇄하는 것</td></tr>
<tr><td rowspan="3">원인</td><td>임신 시</td><td colspan="2">• 자궁증대로 하대정맥을 압박하여 하지로부터 정맥귀환이 감소되어 혈액순환이 억제되고 혈액이 정체됨
• 에스트로겐에 의한 혈액의 응고인자, 섬유소원 증가의 응고경향, 섬유소 용해 작용 저하
• 침상안정</td></tr>
<tr><td>분만 시</td><td colspan="2">• 분만 시 1시간 이상 쇄석위</td></tr>
<tr><td>분만 후</td><td colspan="2">• 분만 시 혈관 손상으로 손상된 혈관은 혈관내벽에 혈소판을 응집하고 혈전을 형성함
• 산후 2~3주까지 혈소판, 응고인자, 섬유소원이 증가, 섬유소 용해작용 저하로 혈액의 과응고력 나타남</td></tr>
<tr><td rowspan="4">종류</td><td>구분</td><td>대퇴 혈전성 정맥염</td><td>골반 혈전성 정맥염</td></tr>
<tr><td>침범혈관</td><td>• 대퇴정맥(넙다리 정맥)
• 슬와정맥(오금정맥)
• 복재정맥(두령정맥)</td><td>• 자궁, 난소, 하복부정맥</td></tr>
<tr><td>발병시기</td><td>• 산후 10~20일 사이</td><td>• 산후 2주</td></tr>
<tr><td>증상</td><td>• 발열, 오한, 권태
• 백고종(milk leg)
• 침범하지의 경직, 통증, 부종
• Homan's sign(+)</td><td>• 심하게 반복되는 오한
• 급격한 체온상승, 고열, 빈맥
• 폐색전, 폐농양, 폐렴 위험</td></tr>
<tr><td>치료 및 간호</td><td colspan="3">• 안정, 침범된 다리상승 : 대퇴 혈전성 정맥염-하지상승, 골반 혈전성 정맥염-고골반위
• 마사지 금기, 무릎 뒤쪽에 압력을 절대 가하지 않음 → 혈전박리의 위험
• 다리에 이피가 적용 → 침구로 인한 압박감 감소
• 장시간 한자리에 앉아 있거나 서 있지 않음
• 처방에 따라 항응고제(heparin : 혈전예방), 항생제(감염확산 방지), 진통제 적용
• 통증감소 : 냉찜질 또는 온찜질
• 예방 : 조기이상 권장, 탄력 스타킹 착용(취침 시에는 벗어둘 것)</td></tr>
</table>

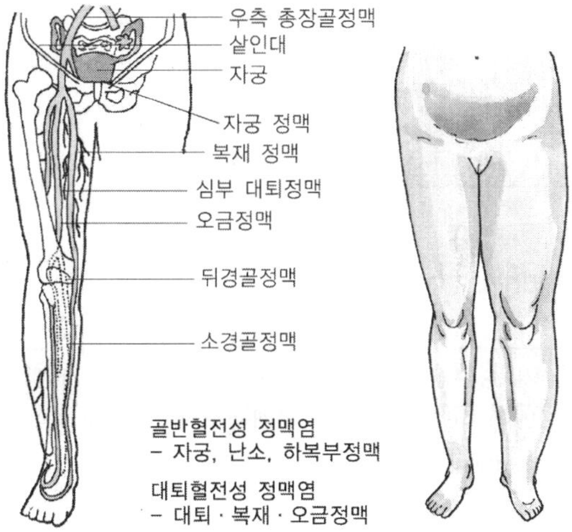

6 유선염(Mastitis)

<table>
<tr><td>정의</td><td colspan="2">• 산욕기에 젖샘조직에 오는 급성감염
• 산욕기와 수유기에 종종 발생</td></tr>
<tr><td rowspan="3">원인</td><td colspan="2">황색 포도상구균(staphylococcus aureus)</td></tr>
<tr><td>유두균열</td><td>• 산모의 손 및 신생아의 코와 상기도에서 어머니의 유두균열, 열상을 통해 감염</td></tr>
<tr><td>유관폐쇄</td><td>• 유관폐쇄로 인한 울혈 : 세균의 성장 기회 제공</td></tr>
<tr><td>증상</td><td colspan="2">• 40℃ 이상의 고열, 염증부위 통증, 권태감과 오한 및 체온상승
• 항상 편측 유방에 국소 증상 : 통증, 팽만감, 발적, 민감성 증가
• 겨드랑이 림프절 증대
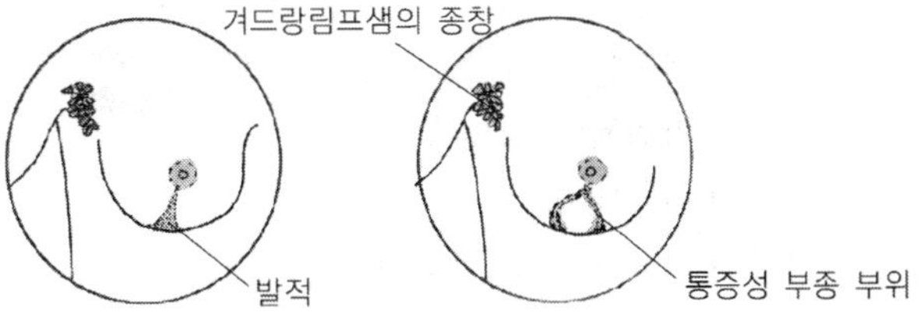

초기 유선염 진행된 유선염(화농 형성 잠재)</td></tr>
<tr><td>치료 및 간호</td><td colspan="2">• 항상 유두열상이 되지 않도록 주의하고 유두열상 시 치료를 통해 예방하는 것이 중요
• 유두를 자주 노출하여 햇볕이나 램프를 쪼여 말려주기
• 모유가 고여있지 않도록 수유 후 남은 양은 짜내기
• 수유권장(매 2~3시간 간격), 환부 따뜻하게 함, 침범부위 유즙 배출</td></tr>
</table>

	• 농양 시 : 모유수유는 중지하고, 외과적으로 절개 배농 • 항생제, 진통제 투여 • 냉찜질 : 혈관수축시켜 종창과 통증 감소 • 온찜질 : 유방주위 근육의 이완을 촉진시켜 유방을 부드럽게 하여 유즙사출을 촉진

7 폐색전증(Pulmonary embolism)

정의	• 혈전(색전)이 정맥순환에 의해 오른쪽 심장으로 운반되어 일어나는 것 • 하부심부정맥에 형성된 혈전이 정맥순환에 의해 우심방, 우심실 거쳐 폐로 이동하여 폐혈관을 막은 상태 • 심부정맥혈전증으로 인한 치명적인 합병증
원인	• 혈전성 정맥염에서 혈괴가 떨어져 색전이 되는 경우로, 폐색전이 가장 많음
증상	• 갑작스런 호흡곤란, 저혈압, 청색증, 혈액 섞인 점액의 배출 등
치료 및 간호	• 신속하게 환자사정 후 응급처치 : 저산소증과 쇼크예방 • V/S check, 호흡수, 호흡음 사정 • 절대안정 • 처방된 정맥수액, 산소 투여 • 처방된 항응고제, 혈전용해제 투여 • morphine, demerol 투여 : 환자의 동통 완화

8 산후 비뇨기계 감염

요폐증	정의	• 분만 후 방광에 오는 2대 합병증 : 요폐증, 잔뇨증 • 방광을 완전히 비울 수 없는 상태
	원인	• 겸자분만, 흡입분만, 제왕절개 • 마취제와 진통제 사용 • 인공도뇨
	발생시기	• 산욕 12시간 이내 발생, 보통 24시간 이후 회복
	간호	• 분만 후 6시간 이내 배뇨유도 • 자연배뇨 × → 인공도뇨, 소변량 측정
잔뇨증	정의	• 자연배뇨 후 5분 이내에 인공도뇨 후 잔뇨량이 50ml 이상 시
	원인	• 방광근 이완, 소변정체
	증상	• 산모가 300ml 보다 적은 소변을 자주 봄 • 방광팽만, 치골상부의 불편감
	간호	• 매 배뇨 후 인공도뇨, 정체도뇨관 삽입

방광염	정의	• 방광의 염증 • 상처받은 방광에 소변이 정체되어 있거나 병원균이 요도와 방광에 존재 시 → 방광염 ↑
	증상	• 미열, 긴급뇨, 빈뇨, 배뇨 시 통증, 방광부위 압통과 불편감
	진단	• 도뇨한 요를 세균검사 → 백혈구, 세균, 농세포 발견
	간호	• 수분공급 • 항생제 투여 • V/S & I/O check • **예방간호** : 손씻기, 청결, 소변배설 자주
신우염	정의	• 방광염이 수뇨관과 신우 통해 신장조직으로 퍼지는 상행성 감염 • 초산모 > 경산모 • **난산 시** : 분만 중 방광목이 압박 → 멍이 생기면 세균 급속히 번식
	원인	• 대장균(90%)
	증상	• 방광염보다 증세 더 심함 • 고열(39~40℃), 긴급뇨, 빈뇨, 하복부 통증 • 백혈구 증가(20,000~30,000/mm^3), 오한 • 단백뇨, 산성소변, 현미경 검사(농세포)
	간호	• 방광염과 동일

CHAPTER

08 갱년기 여성의 간호

01 갱년기와 건강관리

1 갱년기와 폐경

1. 의미

<table>
<tr><td>갱년기</td><td>정의</td><td colspan="2">• 폐경을 전후한 40~60세 사이</td></tr>
<tr><td rowspan="9">폐경</td><td rowspan="3">정의</td><td colspan="2">• 난소기능이 상실되어 에스트로겐의 분비가 없어지고 임신할 수 없는 상태
• 난소기능의 쇠퇴로 12개월 연속 월경이 없는 영구적인 정지와 난소기능의 상실</td></tr>
<tr><td>폐경이행기</td><td>• 40세 전후로 난소기능의 쇠퇴가 시작되어 폐경으로 진행되는 단계</td></tr>
<tr><td>주폐경기</td><td>• 월경주기가 불규칙할 때부터 최종 월경 후 1년까지 약 2~8년의 기간</td></tr>
<tr><td>조기폐경</td><td colspan="2">40세 이전에 월경이 끝나는 것</td></tr>
<tr><td>생리적 폐경</td><td colspan="2">50세 전후에 자연적 · 점진적 생리적 감퇴현상이 일어나 월경이 끝남</td></tr>
<tr><td>인공폐경</td><td colspan="2">난소기능 영구적 기능감퇴(난소적출, 방사선 치료, 자궁적출)로 월경 유발 ×</td></tr>
<tr><td>폐경전기</td><td colspan="2">월경주기가 비교적 규칙적이고 지난 3개월 이내 월경이 있었던 경우</td></tr>
<tr><td>폐경기</td><td colspan="2">월경이 불규칙해지면서 지난 12개월 이내 월경 있음</td></tr>
<tr><td>폐경후기</td><td colspan="2">지난 12개월 이내 월경하지 않음</td></tr>
</table>

<table>
<tr><td rowspan="4"></td><td rowspan="4">증상</td><td colspan="2">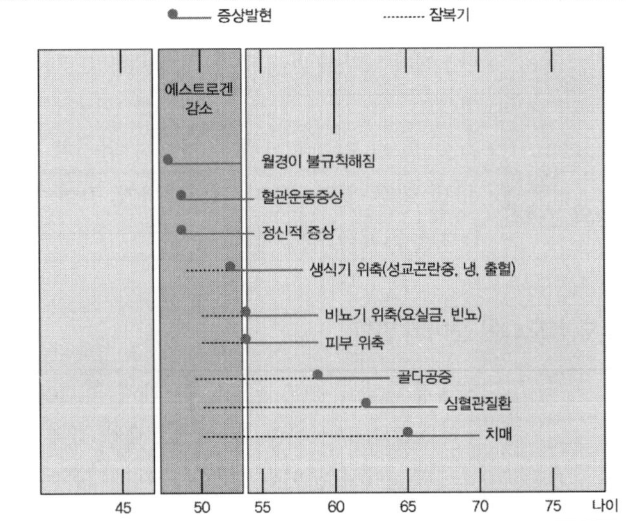
</td></tr>
<tr><td>초기</td><td>• 홍조, 야간 발한, 심계항진 등 혈관운동성 증상
• 피로, 짜증, 안절부절 못함, 불쾌 등의 정신적 증상</td></tr>
<tr><td>중기</td><td>• 요로 생식기 위축증상과 교원질 감소증상</td></tr>
<tr><td>말기</td><td>• 골다공증, 심혈관 질환</td></tr>
<tr><td>폐경 후</td><td>정의</td><td colspan="2">폐경 이후의 모든 시기</td></tr>
</table>

2. 폐경 이행과정 : 생식생리의 변화

폐경전기	• 폐경 10년 전부터 난소의 크기와 무게 감소로 난포수 감소, 에스트로겐과 인히빈(inhibin) 분비 저하 • 난포자극호르몬(FSH) 혈중농도 상승(정상치 : 5~10mIU/mL) • 난포주기 짧아지고, 난포의 성장 촉진으로 월경주기 단축(23일~25일) • 에스트로겐 혈중농도(정상치 : 40~300pg/mL)는 월경중기나 후기에 낮지만, 황체기능은 대부분 유지되고, 황체화 호르몬 농도는 변화가 없음
주폐경기	• 월경주기 현저한 변화 • 뇌하수체 FSH 분비 증가(24mIU/mL 이상), LH 분비 저하 – FSH ↑, LH ↓ → 21일 이하 짧은 월경주기와 45일 이상의 긴 월경주기가 동반 • 배란 중단 혹은 불규칙 • 비정상적인 난포성숙으로 배란성과 무배란성 월경, 안면홍조, 유방통 출현 • 월경주기의 난포기가 연장 • 불규칙한 생식생리상태로 임신가능성 있음

폐경후기	• 난포소실 가속화, LH의 상승파동 소실, 배란 중단 또는 불규칙 • 난소에서 배란이 완전 중단 → 황체화 호르몬(LH) 분비 ↑, FSH 농도(40mIU/mL 이상) • 최종 월경 후 1년간 월경 없으면 완전한 폐경으로 간주
월경의 변화	• 40세 이후 월경주기가 짧아졌다가 길어지고 2~3개월 무월경이 나타났다가 1~2년 지나면 완전히 없어짐

3. 폐경 후 성호르몬 분비의 변화

에스트로겐	• 폐경 전 40~300pg/mL → 폐경 후 10~20pg/mL 이하로 감소 • 에스트론(E_1) : 폐경 후 에스트로겐 대부분 - 부신에서 분비된 안드로스테네디온이 지방조직, 근육 또는 골기질 세포 등의 말초조직에 존재하는 전환 효소에 의해 에스트론으로 전환 - 폐경여성 : 안드로스테네디온 생성과 에스트론으로 전환되는 정도에 영향 - 에스트론의 전환율 : 폐경 전 여성에 비해 2배 증가 - 비만여성의 전환율이 높음 : 비만여성은 혈중 에스트로겐 농도가 저체중 여성보다 증가되어 폐경증상 적음
프로게스테론	• 난소기능이 멈춤에 따라 배란과정으로 거치지 않기에 황체가 생성되지 못하여 프로게스테론은 감소

4. 신체적 변화(3대 증상 : 무월경, 안면홍조, 수면장애)

(1) 혈관운동계(자율신경계) 변화

원인	• 자율신경계의 불안정 → 말초혈관이 갑자기 확장되었다 수축됨(혈관경련의 변동) • 갱년기 초기에 옴 • 완전 폐경되고 호르몬과 자율신경계가 안정되면 사라짐		
증상	안면홍조	증상	• 가장 특징적 증상, 70~80%가 경험 • 에스트로겐 감소로 모세혈관이 불규칙하게 확장되어 상부가슴과 목에 갑자기 뜨거운 기운이 느껴지고 피부가 빨갛게 달아오르면서 얼굴, 머리, 팔로 열이 퍼져나가며 곧이어 땀이 나는 현상
		기전	• 에스트로겐 감소에 의해 중추신경계의 도파민 분비가 감소하고 노르에피네프린 분비가 증가 • 성선자극호르몬분비호르몬(GnRH) 분비가 증가하면 시상하부 체온조절 중추가 자극을 받아서 시상하부의 체온조절 set point나 neutral zone이 감소되어 발생

		유발인자	• 초인종, 전화벨 소리, 더운 커피나 차, 자극적 음식, 밀집된 환경과 더운 장소
		중재	• 더운차, 커피, 카페인, 밀집된 공간, 자극적 음식, 스트레스 피하기, 유산소 운동 권장
	발한과 야한	• 홍조가 있으면서 뒤이어 발한과 야한이 나타남	
	불면	• 야간 발한으로 수면을 방해하여 낮에 피로와 졸음을 유발 • 잠을 깬 후 불면 유발	
	감각변화	• 무딘 감각과 얼얼하게 쑤심, 수족냉증 • 현기증, 어지러움, 두통	
	심계항진		

(2) 골관절계 변화

기전	에스트로겐 기능		• 에스트로겐은 칼시토닌의 혈중농도를 상승시켜 조골세포를 자극하여 골 형성하여 골밀도 증가, 골 흡수를 억제 • 활성 Vit D 농도 증가로 장내 칼슘 흡수를 촉진 • 신세뇨관에서 혈중 칼슘 배설을 억제
	에스트로겐 감소		• 에스트로겐 결핍 → 골형성 억제, 골흡수 촉진 → 골소실 가속 • 장내칼슘 흡수 저하 → 혈중칼슘 농도 저하 → 뼈에서 칼슘 유출(혈중 칼슘농도유지) → 골밀도 저하 • 관절 : 연골세포 증식감소, 분해 증가 → 관절연골 손상 위험도 증가 • 폐경 후 활성비타민 D_3 생합성이 저조 → 장내 수준이 낮아짐 → 칼슘흡수 장애요인 • 골취약성 → 골절, 골허약증, 골다공증 유발 • 골절이 일어날 정도로 골밀도가 감소된 경우 – 폐경 후 15~20년 사이에 발생 – 키가 작아지고, 척추후만증 – X선 촬영, 골밀도 검사 : 탈칼슘화 현상
증상	골다공증	위험 인자	• 나이, 여성, 폐경, 작은 체격, 백인, 아시아인, 골다공증 가족력 • 낮은 골량, 마른체격 · 저체중, 흡연, 적은 운동량, 칼슘섭취부족, 심한 음주자, 과다한 단백질 · 카페인 섭취, 에스트로겐 결핍, 스테로이드

	증상	통증	• 어깨, 팔꿈치, 손관절 등의 저림과 심한 관절통, 근육통과 요통
		골관절염	• 에스트로겐 결핍이 관절의 연골세포의 증식 감소와 분해 증가로 관절의 연골세포의 증식과 분해의 균형이 깨어져 관절 연골이 손상으로 나타남

(3) 심혈관계 변화

원인	에스트로겐 기능	• 심장보호, 항동맥 경화작용 및 혈관확장 작용으로 혈관 보호 – 저밀도 지질단백 농도 낮춤 / 고밀도 지질단백 농도 높임 → 관상동맥 질환 빈도 낮춤 – 동맥벽에 직접 작용하여 항동맥 경화작용과 혈관확장 작용
	에스트로겐 감소	• 혈중 지질과 지질단백의 변화 – 고밀도 지질단백 : 콜레스테롤(HDL-C) 저하 – 저밀도 지질단백 : 콜레스테롤(LDL-C) 증가 • 항동맥 경화작용과 동맥혈관확장 작용의 감소
증상	• 심장의 관상동맥질환 증가 : 심근경색증, 협심증 • 심혈관성 고혈압 증가 • 동맥경화성 질환의 증가	

(4) 요로 생식기계 변화

원인	• 골반 내 혈류량 감소, 골반 내 장기에 허혈상태 초래 → 요로 생식기계 위축, 쇠퇴 • 질 내 pH 증가 : 질 내 감염 위험성 증가 • 요도 pH 증가 : 요도염 위험성 증가	
증상	생식기 위축	• 골반 내 혈류량의 감소와 골반 내 장기에 허혈상태 초래 • 외음, 요도 말단부, 질, 자궁 등이 위축 • 질 상부 1/3 좁아지고, 회음부 위축, 질이 좁아지고 질벽 얇아지고 건조하여 성교통 발생 • 위축성 요도염 • 질점막, 외음, 요도 점막의 쇠퇴, 혈관분포가 감소하여 점막 상피의 두께가 3~4세포층 정도로 얇아지고 질 추벽도 사라짐 • 질의 탄력성과 긴장도 저하, 성적 흥분 시 질 팽창력 저하와 골반층의 지지 저하
	위축성 질염	• 질벽이 얇아져 글리코겐 분비가 적어지고 Doderline 간균의 수가 급격히 감소
	pH 증가	• 질 내 pH 증가 : 질 내 감염 위험성 증가 • 요도 pH 증가 : 요도염 위험성 증가

외음소양증	• 외음조직이 얇아지고 탄력성이 없어져 자극, 염증성 반응으로 나타남
배뇨 시 작열감 소양증	• 소변이 요도 감각신경을 자극하여 배뇨 시 작열감이나 소양증 발생
요실금	• 방광의 운동신경 활동의 저하 → 잔뇨량 증가 • 괄약근 기능의 약화 → 요실금 • 편평상피세포(요도점막의 두께를 두껍게 하여 요실금 억제)의 퇴행 → 두께가 얇아지고 요도가 위축 → 요도괄약근의 저항력 감소와 요도 이완 → 복압성 · 절박성 요실금

(5) 기타

증상	피부	• **피부의 대사활동 감소** : 진피와 표피가 위축되고, 얇아짐 • **한선과 피지선의 분비 저하** : 땀의 분비 감소 • **모낭 변화** : 탈모, 피부감각의 둔화, 면역기능 저하 → 피부건조, 탄력성 소실, 주름 생김
	체모	• 얇아지고 윤기 · 탄력성 저하 • 겨드랑이와 음모의 모발 감소
	유방	• **유방통** : 호르몬 불균형으로 인함 • **유선위축** : 유방과 유두크기 작아지고 근탄력성과 긴장도 저하
	피로감	• 폐경 이행기의 흔한 증상 • 폐경되면 사라짐

5. 사회심리적 변화

사회심리적 변화	• 두통, 기억력 감퇴, 집중력과 판단력의 저하, 신경과민, 무기력, 침체된 기분 등 • 긴장, 초조, 예민, 감정의 심한 기복, 흥분 • **자아전념, 자아도취의 시기** : 자신의 생을 되돌아보고 평가하며 재창조하는 시기 • 월경의 불편감 및 임신우려감에서 벗어나 홀가분한 성적 만족도 증가 • 부모 도리 마침으로 홀가분함. 자존을 회복하는 시기로 인식
성기능 변화	• 폐경 후 성생활은 감소하지 않고 폐경으로 인해 오히려 성기능 향상 • 에스트로겐 결핍 → 질 윤활성, 탄력성과 긴장도 저하, 성적 흥분 시 질팽창 저하, 질주위 조직의 지지 저하, 오르가즘 시 자궁수축이 함께 되는 등 신체변화 동반

6. 간호중재

<table>
<tr><td>목적</td><td colspan="3">• 대상자와 가족이 폐경의 이행과정과 그 증상 및 대처법에 대한 지식을 습득하고, 폐경을 긍정적인 태도로 수용하며, 폐경의 신체 · 정서적 증상을 대상자 스스로가 조절하고 완화하는 것</td></tr>
<tr><td>정보제공과
지지체계 구축</td><td colspan="3">• 폐경과정과 이에 따른 신체, 사회심리적 변화와 반응, 폐경과 관련하여 발생될 수 있는 문제점과 그 대처방안 교육
• 지지체계의 구축
• 대상자 자신의 문제점을 충분히 표현할 수 있도록 하는 것
• 사회적 역할변화 시도
• 갱년기 클리닉 방문</td></tr>
<tr><td>생활습관</td><td colspan="3">• 규칙적 생활리듬 유지, 자기감정 조절, 스트레스에 긍정적 대처
• 정기검진</td></tr>
<tr><td rowspan="7">운동과 휴식</td><td>장점</td><td colspan="2">• 심폐기능 증진, 혈액순환 촉진, 노폐물 배설과 산화물질의 배설증진
• 혈중 콜레스테롤 제거 및 체중조절
• 근력과 뼈 강화하여 골다공증과 같은 퇴행성 변화 지연
• 반사신경의 저하와 정신적 노화 방지
• 골반과 주위의 혈액순환을 촉진하여 질건조증 방지와 질 주위 근육 긴장도 강화</td></tr>
<tr><td rowspan="6">종류</td><td colspan="2">• 골반저근훈련, 산책, 조깅, 달리기, 줄넘기, 댄스 요가, 골프, 에어로빅, 자전거 타기, 배드민턴, 테니스, 수영 등</td></tr>
<tr><td>케겔운동</td><td>• 회음근육의 탄력성 강화(긴장성 요실금, 자궁하수 예방)</td></tr>
<tr><td>유산소 운동</td><td>• 심폐기능 증진, 골다공증 예방 효과 (예 산책, 조깅 등)</td></tr>
<tr><td>근력강화운동</td><td>• 등척운동, 근신전운동
• 뼈 건강하게 하고 폐경 후에 골량 증가</td></tr>
<tr><td>수영</td><td>• 심폐기능 증진, 관절통 완화
• 체중부하 없어 골다공증 예방효과 적음</td></tr>
<tr><td>규칙적 운동</td><td>• 3~5일간/주, 한번에 30분 이상</td></tr>
<tr><td rowspan="2">영양</td><td colspan="2">식물성 에스트로겐</td><td>• 장내에서 박테리아에 의해 에스트로겐 전환
• 리그난 : 콩, 해바라기씨
• 이소플라보노이드 : 콩, 야생마, 과일, 양배추, 브로콜리, 당근, 고추, 가지, 상추, 오이, 호박, 토마토, 적채 등 녹황색 야채</td></tr>
<tr><td colspan="2">칼슘</td><td>• 우유, 탈지유, 치즈, 마른 새우, 멸치, 정어리 등 시금치, 김, 미역, 다시마 등 해조류와 참깨</td></tr>
</table>

	비타민, 미네랄 섭취 강화		• 비타민 B, A, C, D, E 섭취 – 비타민 B : 탄수화물 대사 보인자 – 비타민 A, C : 저항력 증진 → 감염예방 – 비타민 D : 장내 칼슘 흡수 도움
	항산화제		• 비타민 E • 에스트로겐 대치요법 받지 않은 여성의 안면홍조와 발한, 질건조증, 피로감소 • 식품 : 옥수수기름, 콩기름, 해바라기씨, 야채 기름, 콩, 땅콩, 시금치
	붕소		• 자두, 딸기, 복숭아, 양배추, 사과, 아스파라거스, 샐러리 및 무화과
	섬유질		• 장에 수분공급, 변비예방, 장근육 운동성 증가, 혈당 조절
	기타		• 물을 많이 마시고, 카페인 · 탄산음료 및 술 금함 • 지방 섭취 제한, 과도한 단백질 섭취 제한 • 음식의 양 줄이고 특히 8시 이후 적게 먹기 • 조미료는 흑설탕이나 죽염 등 사용
성생활	• 성변화에 대한 이해 • 나이 든 부부에게도 성생활이 중요하다는 것과 만족스러운 성생활이 가능함을 설명함으로써 능동적이고 만족한 성생활을 할 수 있는 동기 부여 • 부부와 성에 관한 원만한 의사소통을 할 수 있도록 지지적인 태도로 성상담 • 성행위를 저해하는 요인을 해소할 수 있는 방안 지도 • 수용성 질 윤활제 사용, 최종 월경 후 12개월까지는 피임 필요		
호르몬 대체요법 (HRT)	• 결핍된 에스트로겐을 보충 → 폐경기와 관련된 신체 · 정신적 증상 치료하는 방법 • 에스트로겐과 프로게스테론을 투여하여 에스트로겐의 부작용을 예방		
	사전 검사	간호사정	• 유방, 자궁 및 중추신경계의 종양, 관상동맥 질환 · 뇌졸중 등의 과거력, 식생활 유형, 흡연 · 음주 · 상습 약물복용 여부
		가족력	• 악성종양, 고혈압, 심혈관질환, 골다공증의 유무
		신체사정	• 혈압, 체중측정, 유방, 골반검진, 자궁경부암 검사와 질세포 성숙도 검사
		혈액검사	• 혈중 난포자극호르몬과 에스트리올 수준 측정, 간기능검사, 지질검사(콜레스테롤, 고밀도 지질단백, 중성지방 등)
		영상촬영	• 유방 방사선 촬영, 초음파 검사

	적응증	• 폐경 : 홍조, 질 위축, 요로증상 • 골다공증 위험요인 : 가족력, 흡연자, 저체중 • 심혈관질환 위험요인 : 심근경색 · 협심증, 과거력, 흡연자, 가족력	
	금기증	절대적	• 에스트로겐과 관련된 암 : 유방암, 자궁내막암 • 에스트로겐 대사 관련 : 활동성 간 또는 담낭질환, 진단되지 않은 비정상 생식기 출혈 • 심혈관계 질환 : 관상동맥, 뇌혈관질환, 혈전색전증 질환 등
		상대적	• 유방암 과거력, 심장질환, 편두통, 간 질환 기왕력, 자궁내막암 기왕력, 혈전색전증 기왕력
	종류	에스트로겐 제제(ERT)	• 장기간 사용 시 자궁내막증식증 및 자궁내막암 발생 위험 증가
		프로게스테론 제제	• 에스트로겐 대체요법 결과로 초래될 수 있는 악성 혹은 양성 합병증이나 부작용을 예방하기 위해 프로게스테론 병용 • 에스트로겐에 의한 불규칙적인 질출혈, 자궁내막증식증, 내막암 등의 위험성 낮춤
		티블론	• 에스트로겐, 프로에스테론, 안드로겐 효과 지님 • 골다공증 및 골절 예방효과 • 유방통 적고 출혈빈도 낮음
	이점	• 골손실 막음 • 안면홍조 증상, 질위축, 복압성 요실금 완화	
	부작용	• 질출혈 • 오심, 구토, 우울감, 유방통 • 복부팽만감, 자궁내막암, 유방암 등	

CHAPTER 08 갱년기 여성의 간호

기출문제

1 폐경

01 갱년기 여성의 건강문제와 그 발생요인을 옳게 설명한 것은? 2011년

	건강문제	발생요인
①	질염	얇아진 벽으로 글리코겐의 분비가 많아지고 되덜라인막대균(Doderlein bacillus)의 수가 감소하여 질의 살균작용 저하
②	관절손상	연골세포의 증식은 증가하고 분해는 감소하여 연골세포의 증식과 분해의 불균형
③	관상동맥질환	고밀도 저단백 콜레스테롤의 증가와 저밀도 저단백 콜레스테롤의 감소
④	골밀도 저하	장내의 칼슘 흡수 증가로 혈중 칼슘농도가 저하되어 뼈에서 칼슘이 유출
⑤	홍조	자율신경계의 불안정으로 인한 혈관수축과 이완의 장애

|정답| ⑤

|해설| ① 질염 : 얇아진 질벽으로 글리코겐의 분비가 적어지고 되덜라인 막대균의 수가 감소하여 질의 살균작용을 저하

② 관절손상 : 손상연골세포의 증식은 감소하고 분해는 증가하여 연골세포의 증식과 분해의 불균형

③ 관상동맥질환 : 고밀도 저단백 콜레스테롤의 감소와 저밀도 저단백 콜레스테롤의 증가

④ 골밀도 저하 : 장내의 칼슘 흡수 저하로 혈증 칼슘농도가 저하되어 뼈에서 칼슘이 유출

02 61세 여성의 신체소견 중 골다공증 발생 위험요인으로 옳은 것을 모두 고른 것은?

[1.5점] 2010년

가. 폐경 후 10년 경과
나. 체질량 지수(BMI) : 16kg/m^2
다. 50세부터 당뇨병 앓고 있음
라. 혈중콜레스테롤 수치 : 180mg/dL

① 가
② 가, 다
③ 나, 라
④ 가, 나, 다
⑤ 나, 다, 라

|해설| • 원인 : 폐경기, 마르고 약한 사람, 당뇨병
• 혈중 콜레스테롤은 정상으로 위험요인은 아니다.

03 폐경기 이후 여성에게는 호르몬의 변화로 인한 질염이나 외음소양증이 자주 나타난다. 이와 같은 결과를 초래할 수 있는 폐경기 여성의 질 점막의 특성을 3가지만 기술하시오.

[3점] 2006년

|정답| ① 에스트로겐 분비 저하로 질 점막, 외음, 요도점막이 쇠퇴함
② 질벽이 얇아져서 글리코겐 분비가 적어지고 doderlein간균(질 상피의 glycogen)의 수가 감소하여 질 내 pH가 상승하여 질염 발생이 증가
③ 질의 탄력성과 긴장도 저하

04 폐경기 이후 여교사들의 골다공증이 증가하고 있다. 골다공증의 원인과 예방대책을 기술하시오.

1998년

(1) 원인

(2) 예방대책

|정답| (1) **원인**

① 에스트로겐 결핍 → 골형성 억제, 골흡수 촉진 → 골소실 가속
② 장내칼슘 흡수 저하 → 혈중칼슘 농도 저하 → 뼈에서 칼슘 유출(혈중 칼슘농도유지) → 골도 저하
③ 관절 : 연골세포 증식감소, 분해 증가 → 관절연골 손상 위험도 증가
④ 폐경 후 활성비타민 D3 생합성이 저조 → 장내 수준이 낮아 짐 → 칼슘흡수 장애요인
⑤ 골취약성 → 골절, 골허약증, 골다공증 유발

변화시킬 수 없는 요인	변화 또는 조절가능한 요인	내과적 문제
• 나이 • 여성 • 조기폐경 • 골다공증 및 골절의 과거력 • 백인 및 아시아인	• 낮은 골량 • 마른 체격, 저체중 • 흡연 • 앉아서 일하는 직업(운동부족) • 칼슘/비타민 D 섭취부족 • 심한 음주자, 과다한 단백질, 카페인 섭취 • 에스트로겐 결핍 • 스테로이드, 정신신경안정제, 갑상샘 약물복용자 • 난소를 절제한 여성, 골질환자	• 갑상샘 기능 항진증 • 부갑상샘 기능 항진증 • 만성 신장 질환 • 제 1형 당뇨병 • 쿠싱 증후군 • 류마티스 관절염 • 장시간 스테로이드 사용

(2) **예방대책**

① 규칙적인 운동을 시행하고 뛰면서 체중부하가 있는 유산소 운동(걷기, 달리기, 댄스, 테니스, 골프 등)을 한다.
② 칼슘과 항산화제, 식물성 에스트로겐이 포함된 음식을 섭취한다.
③ 물을 많이 마시고, 카페인 · 탄산음료 및 술을 금한다.
④ 지방 섭취를 제한하고, 과도한 단백질 섭취를 제한한다.

05 **갱년기 여성은 폐경기 이후 에스트로겐의 분비감소로 인한 골관절계의 변화로 골다공증을 경험할 수 있다. 골다공증을 의심할 수 있는 특징적인 증상을 4가지만 쓰시오.** 2008년

|정답| 1. **통증** : 어깨, 팔꿈치, 손관절 등의 저림과 심한 관절통, 근육통과 요통
2. **골관절염** : 에스트로겐 결핍이 관절의 연골세포의 증식 감소와 분해 증가로 관절의 연골세포의 증식과 분해의 균형이 깨어져 관절연골이 손상으로 나타남

CHAPTER

09 생식기 건강문제 여성간호

01 월경장애

1 무월경(Amenorrhea)

<table>
<tr><td>정의</td><td colspan="2">• 사춘기 이후에도 월경을 하지 않는 상태</td></tr>
<tr><td rowspan="3">종류</td><td>무월경</td><td>• 월경이 없거나 주기를 건너뛰는 것</td></tr>
<tr><td>생리적 무월경</td><td>• 사춘기 이전, 임신과 산후 수유기간, 폐경 이후에 정상적으로 월경이 없는 상태</td></tr>
<tr><td>병리적 무월경</td><td>• 해부학적 질환이나 내분비 질환 등 여러 질환에 의해 발생</td></tr>
<tr><td></td><td>원발성 무월경</td><td>속발성 무월경</td></tr>
<tr><td>정의</td><td>• 이차성징 발현이 없으면서 13세까지 초경이 없는 경우
• 이차성징의 발현과는 관계없이 15세까지 초경이 없는 경우</td><td>• 정상 월경주기가 3번 지나도록 월경이 없는 경우
• 정상 월경이 있었던 여성이 6개월 이상 월경이 없는 경우</td></tr>
<tr><td>원인</td><td>• 해부학적 장애 : 염색체 이상, 선천적 요인
• 성선호르몬농도가 상승된 난소부전증
– 터너증후군, 불감성 난소증후군
• 성선호르몬농도가 저하된 난소부전증
– 칼란 증후군, 중추신경계 종양 및 시상하부 · 뇌하수체 기능저하
• 만성 무배란 증후군</td><td>• 40세 이전의 조기폐경
• 만성 무배란 증후군
• 시상하부 · 뇌하수체 단위의 결함 등
• 만성 기능성 무배란성 무월경
– 시상하부 · 뇌하수체 결함
– 내분비 · 대사장애
– 정서적 긴장, 체중감소
• 외상에 의한 자궁경부협착, 자궁내막 손상 인한 자궁강 내 유착, 골반장기의 절제수술, 기호와 활동변화 및 신경성 충격</td></tr>
</table>

<table>
<tr><td rowspan="8">간호</td><td rowspan="3">사정</td><td>1단계</td><td>• 임신으로 인한 무월경 확인
• 병력 청취, 유전적 요인 또는 내분비 장애 확인 위한 신체검진
• 혈중 갑상샘 자극호르몬(TSH), 유즙호르몬(PRL) 혈중농도 측정
• 프로게스테론 부하검사 : 프로게스테론 투여 후 출혈 유무로 판정
– 질출혈 있으면 무배란증에 의한 무월경 진단, 월경유출 경로는 정상판단</td></tr>
<tr><td>2단계</td><td>• 프로게스테론 투여 후 질출혈이 없으면 월경유출 경로가 정상적이지 않거나 에스트로겐에 의한 자궁내막 증식이 일어나지 않는 경우에 해당
• 에스트로겐 투여 후 같이 프로게스테론 투여
• 쇠퇴성 출혈이 없다면 자궁 및 월경유출 경로의 구조적 이상 고려
• 쇠퇴성 출혈이 있다면 에스트로겐 자극으로 정상적인 월경이 이루어진 것</td></tr>
<tr><td>3단계</td><td>• 성호르몬 검사
• 에스트로겐을 생성할 수 있는 난포형성기능과 난소자극기능을 평가하는 생식샘 자극호르몬 검사 실시 : 혈중 난포자극호르몬과 황체화호르몬 농도 측정
• FSH, LH 정상이거나 감소 : 뇌하수체 문제
• FSH, LH 상승 : 난소부전</td></tr>
<tr><td rowspan="4">중재</td><td>원인규명</td><td></td></tr>
<tr><td>배란유도</td><td>• 환자가 임신을 원하거나 또는 무월경이 정신과적 문제를 유발할 정도로 심각한 경우 적용</td></tr>
<tr><td>호르몬 대체요법</td><td>• 저에스트로겐증이며 배란유도 적응증이 아닌 환자, 성선부전증, 시상하부성 무월경, 난소부전증인 터너증후군, 조기폐경 및 불감성 난소증후군, 성선제거술을 받은 환자 등</td></tr>
<tr><td>성선제거술 및 원인요인에 대한 특이치료법</td><td>• 갑상샘 이상 : 갑상샘호르몬 치료 실시
• 난소부전 : 호르몬 요법 실시
• 염색체 검사상 Y염색체가 있는 환자 : 악성종양으로 이행되므로 원인 확인 후 성선절제술 시행
• 자궁경관이나 자궁협부의 경미한 유착 : 자궁경관 확대로 유착 박리</td></tr>
</table>

2 비정상적 자궁출혈

1. 비정상 자궁출혈(정상적 월경양상을 벗어난 경우)

(1) 월경양상

		정상	비정상
월경 양상	간격	21일(3주)~35일(5주)	21일 미만, 42일 이상
	월경기간	3~6일	2일 이하, 7일 이상
	월경량	20~60ml/주기	80ml 이상(월경과다)

(2) 종류와 치료 및 간호

월경과다 (menorrhagia)	• 주기는 규칙적이나 출혈기간, 양이 보통보다 많은 경우 • 월경이 7~8일 이상 지속, 실혈이 80~100ml 이상 과다한 월경
빈발월경 (polymenorrhea)	• 21일 이하의 간격으로 빈번하고 규칙적 혹은 불규칙적인 월경 • 대개 난포기의 단축 또는 황체기의 단축 • 월경주기 17~20일 무배란 암시 - 불임과 자궁내막암의 위험 증가
희발월경 (oligomenorrhea)	• 35~40일 이상의 간격으로 이따금 오는 불규칙한 월경
부정자궁출혈 (metrorrhagia)	• 월경기간이 아닌 때 점상 또는 다량의 비정상적 자궁출혈
과다부정자궁출혈 (menometrorrhagia)	• 주기가 빈번하고 규칙적 또는 불규칙적이며 양이 과다하고 기간이 긴 출혈
과다월경 (hypermenorrhea)	• 주기도 규칙적, 출혈기간 보통, 출혈만이 과다한 월경
과소월경 (hypomenorrhea)	• 주기는 규칙적, 출혈기간이 1~2일로 짧고 양이 적은 월경
월경 간 출혈 (intermenstrual bleeding)	• 규칙적인 월경주기와 주기 사이에 오며 출혈량이 많지 않음
기능성 자궁출혈 (dysfunctional bleeding)	• 기질적 질환 없이 오는 주로 내분비 장애에 의한 자궁내막 주기의 변화로 발생되는 불규칙적인 비정상 자궁출혈
간호진단	• 비정상 자궁출혈과 관련된 통증 • 비정상 자궁출혈의 원인, 치료, 자가간호와 관련된 지식부족 • 불확실한 진단, 치료결과와 관련된 불안 • 예상되는 치료, 수술, 합병증과 관련된 손상의 위험

	• 비정상 자궁출혈 또는 치료와 관련된 신체상 장애 • 비정상 자궁출혈이 미치는 영향과 관련된 상황적 자긍심 저하 • 비정상 자궁출혈 또는 치료와 관련된 성생활 장애	
치료	• 원인에 따른 개별화된 치료를 원칙	
	배란성 비정상 자궁출혈	• 원인별 치료
	사춘기 기능성 자궁출혈	• **호르몬 치료** : 황체호르몬 투여, 에스트로겐-황체 호르몬 복합제(경구피임약) 투여
	심한 급성 무배란성 자궁출혈	• 급한 자궁출혈 조절, 재발성 자궁출혈 예방
	심한 자궁출혈	• 저혈량성 쇼크 예방 치료, 흡인소파술
간호중재	• 안정 필요성 설명, 협조를 구함 • 가능한 환경의 스트레스원을 확인 후 감소 • 환자의 말을 주의깊게 경청, 감정을 말로 표현할 수 있도록 돕고, 불안 감소 • 활력징후를 주기적으로 측정 • 질출혈의 양, 특성에 대해 주의깊게 관찰 • 빈혈이나 현기증으로 인한 손상 위험성 설명	
청소년 월경이상 평가기준	• 월경이 규칙적으로 매달 하다가 갑자기 불규칙해졌는지 • **월경주기 기간** : 21일 이하, 45일 이상 • 월경주기가 90일 이상 소요되는지 • 월경이 7일 이상 지속되는지 • 1~2시간에 패드나 탐폰 1개 이상을 사용하는지	

2. 월경과다(Menorrhagia)

정의	• 주기는 규칙적이나 출혈기간, 양이 보통보다 많은 경우 • 월경이 7~8일 이상 지속, 실혈이 80~100ml 이상 과다한 월경
원인	• **자궁내막에 대한 호르몬의 부적절한 자극** : 경구피임약 복용, 자궁내장치(IUD) • **기질적 병소** : 자궁경관염, 자궁내막염, 골반감염, 자궁근종, 폴립 등 • **전신적 질환** : 혈액질환, 간질환, 신장질환 • **비만** : 일차적으로 무배란 초래, 후에 월경과다 초래 • **항암 화학요법제나 항응고제, 스테로이드 제제, 신경이완제, 신경안정제 복용 시** : 정상 월경주기 방해

치료	젊은 여성	• 지나친 혈액손실 없으면 치료 × • 단백질, 칼슘, 비타민 및 철분 충분히 섭취 : 철분 결핍성 빈혈 교정 • 경구피임약 : 과다월경 조절, 월경주기 회복 • 자궁출혈 시 : 자궁수축제 투여로 출혈 조절 • 자궁내장치가 원인 : 자궁내장치 제거 후 경구피임약으로 변경 • 자궁절제술 : 생명이 위험할 정도의 출혈 시
	갱년기 여성	• 암, 다른 병적 상태 의미 → 빨리 치료 • 자궁내막 생검 : 자궁내막암 여부 확인

3. 과소월경(Hypomenorrhea)

정의	• 월경주기가 규칙적이나 기간이 1~2일로 짧고 양이 적은 월경 • 월경주기가 17~20일로 짧으면 무배란 암시 • 30세 이하 젊은 여성 : 무배란성 월경주기 지속 시 → 불임, 자궁내막암 위험 증가	
원인	• 내분비 기능장애 • 경구피임약 복용, 자궁경부 협착, 심한 체중감소, 단백 결핍, 약물복용 등	
치료	원인규명	• 골반검사, 배란검사
	경구피임약 중단	• 경구피임약 복용이 원인 시
	경관확대	• 경관협착 시
	영양개선	• 체중감소 시

4. 부정자궁출혈(Metrorrhagia)

정의	• 월경기간이 아닌 때 점상 또는 다량의 비정상적 자궁출혈
원인	• 혈중 에스트로겐 저하 • 생식기의 기질적 병소 • 만성 경부염으로 자궁경부에 미란이 있을 때 • 자궁외임신과 분만 후 태반 조직의 잔여
치료	• 에스트로겐 투여 : 점상출혈 시(← 에스트로겐 저하로 발생)

5. 기능성 자궁출혈(Dysfunctional bleeding)

정의	• 기질적 질환 없이 오는 주로 내분비 장애에 의한 자궁내막 주기의 변화로 발생되는 불규칙적인 비정상 자궁출혈 • 무배란성 자궁출혈의 90% 이상 차지 • 초경 직후나 폐경 전기 흔히 발생 • 출혈 양상 : 월경과다, 월경과소, 부정자궁출혈 등

원인	• 시상하부-뇌하수체-난소축의 장애 • 내인성 또는 외인성 스테로이드 호르몬의 영향 • 다낭성 난소질환, 호르몬 대체요법, 갑상선 기능이상, 대사성 질환, 정신적 영향 등	
종류	에스트로겐 쇠퇴성 출혈	• 자궁내막에 지속적인 영향을 미치는 에스트로겐이 급격히 감소하면서 발생하는 출혈
	에스트로겐 파탄성 출혈	• 에스트로겐 생산량이 적어서 지연성 점상출혈이 오거나 에스트로겐 생산이 과다하게 지속되어 무배란성이고 양이 과다한 희발월경이 초래된 경우
	프로게스테론 쇠퇴성 출혈	• 에스트로겐 자극을 받고 있던 자궁내막에 황체호르몬이 영향을 미친 후 수일 내 나타나는 출혈
	프로게스테론 파탄성 출혈	• 에스트로겐에 비하여 황체호르몬 생산이 많아 발생하는 변동성, 간헐성 출혈
치료	• 원인 규명 • 반복적이고 심한 출혈 시 : 레이져 치료, 소파술 • 프로게스테론 투여 : 지혈 • 안정, 휴식	

3 월경전증후군(Premenstrual syndrome)

정의	• 월경과 관련된 정서장애 • 일상생활에 지장을 줄 정도의 신체적 · 정서적 · 행동적으로 복합된 증후군 • 월경 전 2~10일(배란 후 황체기)에 나타나 월경시작 직전이나 월경 직후에 소실되는 증후군 • 반복적이고 주기적으로 나타남 • 20대는 신체적 통증 가장 많이 경험하고, 30대, 40대 순으로 불편감 호소		
원인	내분비설	황체기	• 에스트로겐 과잉, 프로게스테론 결핍 → 호르몬 불균형 • 프로락틴 분비 증가 → 유방팽대와 압통 유발
		난포기	• 황체기보다 인슐린 수용체 증가 → 탄수화물 내성이 월경 전 증가, 단 음식 찾게 됨
	체액저류설	• 황체기에 프로게스테론 나트륨(Na+) 배설 증가와 에스트로겐의 레닌(renin)분비 증가에 의해 레닌, 앤지오텐신, 알도스테론이 증가 → 염분과 수분이 조직 내에 축적되어 부종, 체중증가 야기	
	내재성 엔돌핀설	• 아편제제 펩타이드의 혈중농도가 월경주기에 따라 주기적으로 변화 • **황체기에 절정, 월경기 없어짐** : 월경전증후군이 후기 황체기에 가장 심하게 나타났다가 월경시작과 함께 완전 소멸된다는 사실과 일치	

			• 아편제제 펩타이드 : 신경물질로 내분비, 정서 및 행동의 생리현상에 중요 역할, 월경전증후군 모든 증상이 이 현상과 매우 유사
	영양소 결핍설		• 비타민 B_6(세로토닌 생성물질)와 마그네슘(신경안정제 역할) 부족
	심리적 측면		• 정서적으로 불안정, 우울증 성향 여성 ↑ • 스트레스에 더 민감 • 자율성이 낮고 여성적이고 일상생활에서 예민하고 섬세한 여성 ↑
증상	신체		• 가스팽만, 유방의 팽만감과 통증, 골반통, 체중증가, 배변장애 등
	정서		• 집중력 장애, 정서적 불안정, 불안, 우울증, 기면, 식욕의 변화, 성욕 감퇴 • 심하면 공격적 · 파괴적 충동, 자살기도 등
	분류	불안군	• 불안, 예민, 기분 동요, 안절부절 못함, 주의집중장애
		우울군	• 마음혼란, 울고 싶고 잠이 안옴, 우울, 자살생각, 자주 잊어버림
		탄수화물 대사군	• 단 음식 섭취 욕구, 식욕증가, 피곤, 현기증, 두통
		수분축적군	• 유방 커짐, 단단, 압통, 얼굴과 말초부위 부종, 복부팽만
간호	사정		• 월경전증후군 시작, 진행과정, 대상자의 태도와 반응 파악 • 신체검사 : 자궁, 난소 증대, 자궁내막증 증상, 생식기관의 구조적 이상 등 확인
	진단		• 자궁경련과 관련된 통증 • 불안 – 월경전증후군에 대한 이해부족과 관련된 불안 – 혼란으로 야기된 스트레스와 관련된 불안 – 활동제약에 관련된 불안 • 월경전증후군 영향과 관련된 비효율적 대응 • 수분축적과 관련된 체액과다 • 원인, 촉진요인, 치료, 자가간호법과 관련된 지식부족 • 월경전증후군의 정서적인 영향과 활동장애와 관련된 신체상 장애
	중재		• 사정된 자료에 따라 개별적인 대증적 치료와 간호
		월경일지 작성	• 월경날짜, 배란일 등
		경한 증상	• 지속적인 상담과 심리적 지지, 식이요법, 운동
		스트레스 관리	• 월경 전에 스트레스를 줄이고 조절
		휴식	• 피로가 스트레스를 가중 → 충분한 수면과 낮잠, 이완요법
		규칙적인 운동	• 1주일에 3~5회 운동시간 : 엔돌핀 분비 촉진 → 신경성 긴장, 월경 전 긴장성 두통 예방

	식이요법	• 규칙적인 식사 • **저염식이** : 부종과 체중증가 예방 • 고단백식이 • Vit B_6 섭취, 녹황색 야채, 과일 • 정제된 설탕이 많이 든 음식 제한 • 알코올, 붉은색 육류, 카페인 섭취 제한
	중증도 이상 시	• Vit B_6 복용 • 부종치료 위한 저염식 및 고단백식이와 이뇨제 투여 • 유방팽만감, 통증 → 브로모크립틴(bromocryptine) 투여
	우울증, 불안 등 증상 호전	• 프로게스테론의 질정 삽입 • 분말로 된 프로게스테론의 경구
	정서장애	• 정신과적 치료, 우울증이나 두통 완화 약물 투여, 경구피임약, 다나졸, GnRH analogue 등 호르몬요법 실시

CHECK Point 월경전증후군

신체적 증상	정신적 증상
• 유방에 통증이 있다. • 배에 가스가 차거나 불편한 느낌이 있다. • 두통이 있다. • 손이나 발이 붓는다.	• 우울해진다. • 화가 난다. • 신경이 날카로워진다. • 불안함이 든다. • 그냥 혼란스럽다. • 혼자 있고 싶어진다.

4 월경곤란증(Dysmenorrhea)

정의	• 통증을 동반한 월경으로 월경시작 수 시간 전에 시작하여 1~2일간 지속	
구분	원발성 월경곤란증	속발성 월경곤란증
정의	• 골반의 기질적 병변이 없는 생리통	• 기질적인 병변과 동반한 생리통
시기	• 초경시작 후 6~12개월 이내 • 월경이 시작되기 전 수 시간 내에 발생 • 1~2일간 지속, 72시간 이내 사라짐 • 이른 나이에 시작, 40대까지 지속 • 나이 들수록 대개 호전 • 통증은 첫날 더 심함	• 무배란성 월경주기를 가진 여성 • **초경 후 2년 뒤부터** : 초경 이후 수년이 지난 뒤 발생 • 다양한 연령층에서 발생 • 25세 이후 처음으로 월경통이 나타날 때 • 첫 아기 분만 후 월경통이 처음으로 나타날 때(원발성인 경우 임신이 되면 자궁의 해부학

<table>
<tr><td></td><td colspan="2"></td><td>적 요인 해소, 임신에 의해 자궁근육이 팽창되어 신경말단이 파괴)
• 월경시작 1~2주 전에 발생, 생리 끝난 후 며칠 동안 통증 지속되기도 함</td></tr>
<tr><td>원인</td><td colspan="2">• 프로스타글란딘의 생성 증가
– 자궁 평활근의 과도한 수축, 혈류량 감소
• 자궁협부 근긴장도 증가 : 월경혈 유출장애 초래
• 자궁내막 동맥경련 : 자궁근 경련 유발
• 정신적 인자 : 불안증, 신경질적 소질</td><td>• 기질적인 골반 내 질환
• 선천성 기형
• 경관협착
• 자궁근종, 자궁내막증
• 자궁 내 골반염증성 질환
• 자궁 내 피임장치</td></tr>
<tr><td>증상</td><td colspan="3">• 통증
– 경련성, 발작적
– 하복부에서 등까지 방사되는 날카롭고, 죄는 듯한 경련성의 통증
• 오심, 구토, 설사, 식욕부진
• 두통, 현기증</td></tr>
<tr><td>간호 사정</td><td colspan="3">• 골반통 원인 확인
• 문진 : 월경력, 통증 종류, 현재 동반된 증상, 월경통으로 인한 일 중단 여부, 월경통에 영향 미칠 수 있는 스트레스와 불안 정도, 식이, 운동, 스트레스 해소 등
• 신체검진
• 진단검사 : 혈구검사, 소변검사, 세균배양검사, 자궁경검사, 자궁난관조영술 실시</td></tr>
<tr><td>간호 진단</td><td colspan="3">• 경련성 자궁수축과 관련된 통증
• 월경통의 원인, 치료와 자가간호법과 관련된 지식부족
• 비효율적 대응
– 정서적 불안정과 관련된 비효율적 대응
– 활동장애와 관련된 비효율적 대응
• 영양의 변화 : 오심, 구토, 설사, 피로감에 관련된 신체요구량 저하
• 피로감이나 심한 통증과 관련된 자가간호 결핍
• 자가간호활동과 조절 결핍감의 영향과 관련된 신체상 장애
• 역할수행에 지장을 받는 것과 관련된 상황적 자긍심 저하</td></tr>
<tr><td rowspan="3">간호 중재</td><td>원인제거</td><td colspan="2">• 원인질환 관리</td></tr>
<tr><td rowspan="2">약물치료</td><td>비스테로이드 소염제(NSAIDS)</td><td></td></tr>
<tr><td>프라스타글란딘 합성 억제제</td><td>• COX-2 억제제</td></tr>
</table>

		경구피임약	• 배란억제 • 월경혈의 프로스타글란딘 농도 저하하여 자궁수축 억제함
		자궁수축 억제제	• 자궁수축 억제 • 자궁혈류량 증가
		이뇨제	• 체내 수액의 이뇨 및 골반울혈 감소
	비약물 치료	국소적 온열요법	• 더운물 주머니 • 통증부위 혈류증가와 근육이완으로 자궁허혈 최소화
		골반흔들기 운동	• 혈관이완을 증가시켜 자궁허혈 감소
		복부 마사지	• 2차적인 자극을 주어 통증의 역치를 증가
		충분한 수면 및 적당한 운동	
		식이조절	• 칼슘, 마그네슘, 칼륨, 비타민 B_1, 비타민 E 섭취 • 월경 전 카페인, 소금섭취 제한
		교육	• 월경 생리에 대한 이해
		정서적 지지 및 스트레스 관리	

CHECK Point

주기적 · 재발성 월경통	월경과 무관하게 재발되는 월경통	급성 · 심한 비월경성 통증
• 월경통(원발성, 속발성) • 자궁내막증, 자궁선근증 • 자궁 내 피임장치 • 자궁내막염 또는 만성 골반염증성 질환	• 배란통 • 난소낭종(난포성, 황체성) • 난소 또는 자궁의 악성종양 • 심인성 통증	• 자궁외임신, 임박한 파열 • 난관, 난소 또는 난소낭종의 염전 • 난소낭종의 파열 • 충수돌기염 • 급성 골반염증성 질환 • 급성 하부장기 병변

CHECK Point 월경전증후군과 월경곤란증 비교

구분	월경전증후군	월경곤란증
발생시기	완만하게 나타남	급성으로 나타남
발생기간	• 시작 : 월경 전 2~10일 사이 • 월경시작과 함께 사라짐	월경 전 24~48시간 또는 월경시작 시 나타남
증상정도	경증~생활지장 초래하는 심한 정도까지	• 월경이 끝나면 없어지거나 감소 • 무력감 : 24~48시간 동안 느낌
빈도	전체 여성의 5~95%	• 약간의 불편감 : 전체 여성의 80% • 심한 통증 : 전체 여성의 10%

02 생식기 감염

1 외음부 감염

1. 외음의 염증성 질환

원인	접촉성 피부염	• 자극원 : 월경, 질 분비물, 소변이나 외음 주위에 있는 피지샘의 분비물 • 합성섬유 재질 팬티, 꼭 끼는 거들, 팬티스타킹, 청바지 • 당뇨, 피부질환같은 질병, 폐경으로 인한 외음의 위축 • 거품목욕, 보디오일, 향수 화장지, 향수 비누, 향수분말, 세탁용 청정제 등
	간찰진	• 겨드랑이, 목, 사타구니 등의 피부가 서로 닿아 스침으로써 생기는 습진성 염증
	지루성 피부염	• 외음 주위에 많이 분포되어 있는 기름샘에서 분비되는 피지자극에 의한 피부염 • 모낭염 동반
	음부포진	• 바이러스 감염으로 나타남
증상	• 소양증 : 야간과 열감 있을 때 더 심함 • 외음조직 : 부종, 발적, 통증, 작열감 • 다양한 크기의 흰색 장액성 병변이 다발성으로 나타남	
진단 및 검사	• 대상자의 주호소, 병력 • 유발요인과 관련된 생활습관 파악 • 분비물 채취 : 도말 및 배양검사	
치료 및 간호	• 자극원 제거 : 원인적 치료 • 위생관리 : 외음 주위의 청결과 건조 • 면제품의 팬티, 꼭 끼는 옷 피하기 • 좌욕과 냉찜질 • 세균감염 시 : 항생제 투여 • 소양증 : 항히스타민제, 하이드로코티손 사용, 시원한 붕산수 습포	

2. 바르톨린샘염(Bartholiniotis)

<table>
<tr><td>원인</td><td colspan="2">• 원인균 : 임균 흔함
• 대장균, 화농균과 같은 세균, 질 트리코모나스 등</td></tr>
<tr><td rowspan="2">증상</td><td>급성</td><td>• 바르톨린샘 팽창, 부종, 압통, 화농성 삼출액, 피부발적
• 후유증 : 농양형성, 대음순 전 부위 부종</td></tr>
<tr><td>만성</td><td>• 주로 재발로 나타나며 만성형임
• 낭종형성, 대음순 후하방에 결절성 부종, 단단한 덩어리</td></tr>
<tr><td>진단 및 검사</td><td colspan="2">• 시진 확인
• 진단적 검사 : 분비물의 그람염색, 민감성 검사 및 배양</td></tr>
<tr><td rowspan="4">치료 및 간호</td><td>침상안정</td><td>• 전신적 저항력 증가</td></tr>
<tr><td>통증경감</td><td>• 국소적 냉요법(얼음찜질), 좌욕, 진통제</td></tr>
<tr><td>민감성 검사와 균 배양</td><td>• 항생제</td></tr>
<tr><td>농양 시</td><td>• 농양절개술로 배액</td></tr>
</table>

2 질염(Vaginitis)

1. 트리코모나스 질염(Trichomonas vaginitis)

<table>
<tr><td>원인</td><td colspan="2">• 트리코모나스 원충(protozoa)에 의한 감염</td></tr>
<tr><td>특징</td><td colspan="2">• 가장 흔한 질염
• 알칼리 환경에서 잘 자람
• 전파 : 성교를 통해 전파(성병으로 간주), 수건, 기구 등
• 트리코모나스 원충은 증상이 완화되어도 치료에 저항력 지님</td></tr>
<tr><td>증상</td><td colspan="2">• 녹황색의 기포가 많은 다량의 악취나는 분비물
• 질점막 및 외음부 : 부종, 홍반
• 심한 통증과 타는 듯한 작열감
• 소양증 및 성교통
• 질점막(후원개)에 딸기모양의 출혈성 반점
• 자궁경관에 작은 점상출혈을 일으키는 미란(erosion)
• 요로 감염, 배뇨곤란, 빈뇨</td></tr>
<tr><td rowspan="2">진단 및 검사</td><td>식염수 습식도말</td><td>• 질 후벽에서 채취한 가검물을 생리적 식염수 튜브에 담가 몇 번 흔든 후 직접 슬라이드 유리에 도말 → 트리코모나스 원충 확인</td></tr>
<tr><td>Nitrazine paper</td><td>• 질 내 pH 5~5.5 이상으로 알칼리성</td></tr>
<tr><td></td><td colspan="2">• 재발률 높음
• Metronidazole(Flagyl) 투여 : 임신 3개월까지는 절대 금지(조기진통 유발)</td></tr>
</table>

치료 및 간호	• 수유부 : 투약 후 24시간 동안 수유금지 • 배우자 동시 치료 • 국소 외음염, 요로 감염으로 인한 배뇨곤란 시 : 좌욕, 스테로이드 크림 도포 • 성교통 시 : 2~3일간 금욕
태아영향	• 조기, 양막파수, 조산, 저체중아

2. 모닐리아성 질염(Monilial vaginitis) = 칸디다성 질염

원인	• candida albicans(곰팡이균)	
발생요인	• 임산부 1/3 : 에스트로겐 증가 → 글리코겐, 포도당 증가 → 세균, 곰팡이 성장에 좋은 환경제공 • 당뇨병 : 고혈당 → 세균, 곰팡이 성장에 좋은 환경제공 • 폐경기 여성 : 에스트로겐 감소 → 글리코겐 분비 감소 → 도데라인 간균(정상상주균) 감소 → 칸디다 감염 증가 • 장기간 항생제 사용 : 정상균주와 질의 산성도 및 효소 변화 • 스테로이드 제제, 세포독성 제제 및 고단위 에스트로겐 제제, 경구 피임약 사용 → 정상균주 변화 • 잦은 질세척, 향료, 분무 약제, 비누, 합성섬유 소재 속옷 등에 의한 자극 → 칸디다 질염에 대한 저항력 약화 • 분만 시 감염된 모체 산도로부터 신생아에게 전파 → 신생아 아구창 발생	
증상	• 백색 크림 타입의 냉대하증 • 자궁경부와 질 벽에 노란 치즈같은 반점, 제거 시 출혈 • 외음부와 회음부에 국소 소양증, 작열감, 성교통, 배뇨 시 통증 등 • 심한 소양증(자극적인 분비물)	
진단 및 검사	질경검진	• 외음부와 질의 철저한 시진
	습식 도말 검사 (wiff test)	• 채취한 질 분비물을 식염수와 10~20% KOH(수산화칼륨)에 섞은 후 습식 도말 현미경으로 칸디다균의 균사, 포자 검출
	Nickerson 배지	• 확진용 세포 배양
	질 산도 검사	• 질 산도는 곰팡이 감염에서는 정상으로 pH 4.5
치료 및 간호	약물투여	• 항진균 치료제 – mycostantin(nystatin), miconazole(monistar) 등 질정 질크림 – Azole계 약물, Fluconazole • 국소적 치료제 : gentian violet 질벽 전체에 도포 • 외음 가려움증과 자극 증상 시 : 1% 하이드로 코티손 연고 국소도포 • 야간에 질크림이나 질정 삽입 : 투약효과 높이기 위함

		– 낮에는 질구밖으로 흘러 나올 수 있으므로 미니패드 착용 – 탐폰 금지(약물흡수)
	감염예방	• 질세척 피하고, 성교 피하거나 콘돔 사용 • 헐렁한 면제품 착용, 질 및 외음부 습하지 않게 함 • 질염 재발 시 배우자도 함께 검사, 배우자에게도 항 진균성 약물 투여
신생아 영향	• 분만 시 칸디다 균(candida albicans)에 의해서 감염된 모체의 질에서 산도를 통해 감염되고 전파력이 높음 • 신생아 아구창 발생 : 신생아의 혀와 구강 점막에 백색 반점이 생기는 것이 특징	

3. 세균성 질염(Bacterial vaginitis) : 비특이성 질염

원인	• 질 내 혐기성 세균 과도 성장 → 유산 간균 감소	
특징	• 질 내 정상 세균총의 파괴로 발생 → 비호기성(혐기성) 세균 증가 → 질의 산도가 알칼리성으로 변경	
증상	• 질 분비물 증가 : 묽으면서 회백색인 균질성 분비물 – 생선 비린내 나는 분비물 : 성교 후나 월경 중 악취 • 약간의 소양증과 성교통	
진단 및 검사	습식도말검사	• 질 분비물에 생리식염수와 10% KOH 섞어 도말 clue cell 확인(세포막에 부착된 세균덩어리 가진 점상형의 질 상피세포)
	Whiff test 양성	• 질 분비물에 KOH 첨가 시 생선 썩은 냄새
	Nitrazine paper	• 질의 pH 5~5.5(알칼리성)
치료 및 간호	• Metronidazole(Flagyl) 투여 : 장기간 사용 시 질 내 세균을 낮추어 모닐리아성 질염 가능성 증가 • sulfonamide 항생제 크림, teramycin 질정 또는 경구 복용 • 임부 : clindamycin 복용, 임부는 조산의 우려가 있어 조속히 치료를 받아야 함을 교육 • 성 파트너 : 치료하지 않아도 됨(성 전파성 질환 ×)	
영향	• 융모양막염, 양수내 감염, 조기양막파수, 조기진통, 산후자궁내막염, 조산, 저체중아 • 임부는 조산의 우려가 있어 조속히 치료를 받아야 함을 교육	

4. 노인성 질염(Senile vaginitis) : 위축성 질염

원인	• 폐경으로 인해 에스트로겐 농도 저하 → 질 상피 얇아져 출혈성 반점, 궤양 등 염증반응 • 폐경 후 질점막의 위축으로 감염 • 양측 난소절제술을 받은 여성이 호르몬 대체요법을 받지 않을 때에도 나타나는 위축성 질염
증상	• 질 분비물 : 비교적 엷으며 혈액이 섞인 분비물 • 소양감, 타는 듯한 통증, 질의 궤양 • 질강 수축으로 인한 성교통 : 성생활 장애 초래
치료 및 간호	• 에스트로겐 치료 • 질정 스틸베스트롤, 에스트로겐 질크림 투여 • 재발 방지 위해 지속적인 투여 필요, 가능한 한 1주 간격으로 투여

CHECK Point

	위축성 질염	세균성 질염	칸다디성 질염	트리코모나스질염
주요 원인	에스트로겐 저하에 의한 질벽의 비박화나 질의 자정작용 저하에 따른 상재균의 번식 등	호기성균(대장균, Gard-enerella vaginalis 등), 혐기성균(Bacteroides속, Mobiluncus속 등)의 과잉증식	Candida albicans	Tricomonas vaginalis (트리코모나스원충)
대하감	(+)	(+)	(+)	(++)
소양감	(±)	(±)	(++)	(+)
대하의 성상	황갈색 장액성	회백색 크림상	백색 요쿠르트상, 죽상	담황색 포말상
기타	질벽점막의 위축, 발적, 출혈	• 질벽에 대하가 얇게 부착 • 비린내(아민냄새)	질벽에 백색대하가 부착	strawberry cervix
주요 치료	에스트로겐제	• 크로람페니콜 • 메트로니다졸	항진균제(이미다졸 등)	메트로니다졸

3 골반염증성 질환(PID ; Pelvic Inflammatory Disease)

정의	• 하부생식기 감염으로 인한 골반주위의 속발성 염증을 일으키는 복합적 임상증후군 • 성매개성 감염의 결과
원인	• 임균(65%), 클라미디아균 감염 • 마이코플라즈마, 그람음성과 양성세균, 혐기성 연쇄상구균과 호기성균과 같은 화농성균

특징	• 이전에 골반염증성 질환의 병력 또는 성병 병력 • 성활동이 활발한 청소년과 생식연령이 젊은 여성이 3배 이상 감염 높음 • **자궁 내 장치 삽입으로 인한 감염** : 미산부>경산부 • **산후나 유산 후** : 화농성균에 의한 감염 흔함 • 급성과 아급성으로 재발되는 만성과정으로 점차 이행되어 만성형으로 진행	
전파경로	• **성전파성** : 자궁경부 점막을 따라 난관, 난소, 복막, 자궁주위 등으로 상행성 전파 • **비전파성** : 분만 혹은 유산 후 자궁경부염이나 자궁내막염이 있을 때 자궁주위의 혈관이나 림프관을 따라 골반주위와 난관으로 파급되어 염증반응 초래 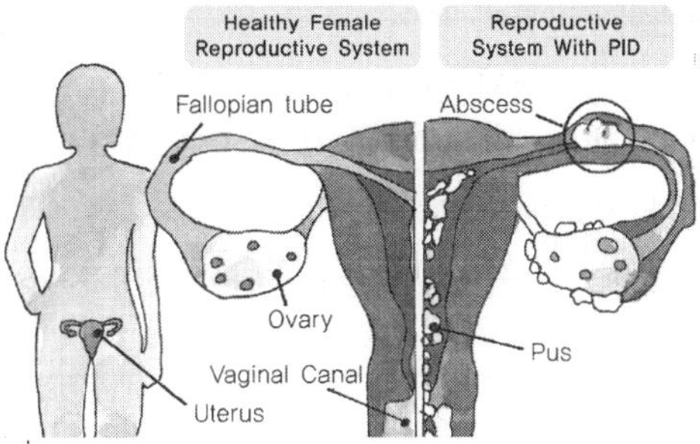 	
증상	**급성**	**만성**
	• 골반과 하복부 심한 통증 • 자궁 & 자궁부속기 압통 및 근육경직 • 심한 월경통 • 악취나는 농성 질 분비물 • 38℃ 이상의 고열, 오한, 빈맥 • 오심, 구토, 백혈구 증가증, 권태감 • 월경기간 중이나 월경 직후 증상 나타남 • **합병증** : 난관-난소농양, 골반농양, 난관 폐쇄, 불임 등	• 만성 재발성 골반통 • 경한 발열(37.7℃) • 백혈구 증가증, 적혈구 침강속도 증가 • 비정상적 질출혈, 대하증 • **방광증상** : 빈뇨, 배뇨곤란 • 난관-난소부위 골반종괴 촉진
진단 및 검사	• **자궁경관 점액 도말염색** : 임균 확인 • 배양검사 • ESR ↑, CRP ↑, WBC 10,000/mm^2 이상 증가 • **초음파 검사** : 난관 - 난소농양 특성 확인 • **복강경 검사** : 팽창된 난관과 유착성 병변 및 골반농양 확인	• 병력과 진찰소견이 양성이고 불임이라면 의심 • 복강경 검사
감별진단	**급성충수염**	**신우염**
	• **통증부위** : 맥거버니 부위로 국한 • 더 많은 백혈구 과다증	• 고열과 약간의 통증 • 난관염이나 충수염만큼 쇠약해지거나

	• 복막염 동반한 천공된 충수염 : 감별 어려움	고통 느끼지 않음 • 통증 : 상복부(옆구리) 통증, 요추통증 동반 • 신장부위 촉진 & 타진 시 : 늑골척추각에서 심한 압통
치료 및 간호	• 원인균에 따른 광범위 항생제 투여 • 침상안정, 휴식 • 적절한 수액공급 • 통증완화 : 진통제 투여 • 좌욕 : 통증완화와 안위 및 치유 증진 • 반좌위 : 자궁강의 점액 농성 분비물 배설 촉진 • 꾸준한 치료행위 • 재감염 예방 : 올바른 약물복용법과 성파트너와의 동반치료의 중요성 교육 • 불임예방	

4 자궁경부염(Cervicitis)

원인	• 세균성 : 임균, 클라미디아 및 연쇄상구균, 원주상피세포부위인 내자궁경부염 일으킴 • 기타 : 단순포진 바이러스, 트리코모나스원충, 칸디다성 감염, 질염 시 질의 편평상피세포 연장부위인 외자궁경부에도 염증 발생	
특성	• 자궁경관의 양성 질환 중 가장 흔한 질환	
분류	급성 자궁경부염	만성 자궁경부염
	• 임균과 클라미디아균에 의한 감염 • 대부분 성교를 통해 감염 • 분만 시 초래된 경관외상이나 작은 열상 통해 2차적으로 감염되거나 인공유산 시에 자궁경관의 손상이나 무균적으로 처리하지 않은 경우 초래	• 가임 연령기 부인에게 흔한 질환 • 질염과 함께 대하증 일으키는 빈번한 원인 • 대부분 자궁경부 열상이나 손상을 받은 후 연쇄상구균 및 포도상구균 감염으로 발생하나 임균에 의해서도 발생
증상	• 진하고 끈적거리는 농성 대하 • 부종, 발적, 성교 후 점적출혈 • 하복부 통증, 성교통 • 외번된 자궁경부의 짓무름 • 만성 : 지속적인 백색농	

<table>
<tr><td></td><td>급성 임균성 경우</td><td>• 자궁경관에 발적과 충혈, 부종, 다량의 황색 대하</td></tr>
<tr><td></td><td>클라미디아 감염</td><td>• 70% : 무증상
• 30% : 점액농성 분비물, 미란, 짓무른 증상
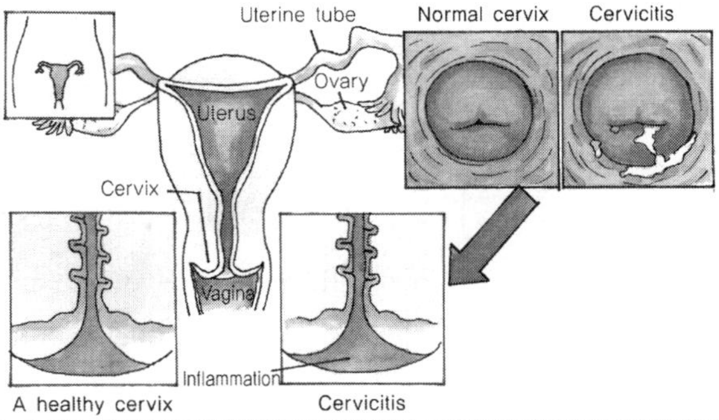
</td></tr>
<tr><td></td><td>요도감염</td><td>• 배뇨통, 빈뇨, 질 분비물의 자극으로 소양증, 발열</td></tr>
<tr><td></td><td>세균성 감염</td><td>• 자궁경관 외번, 자궁경부 짓무름, 하복통과 발열 호소</td></tr>
<tr><td rowspan="3">진단
및
검사</td><td>임균성 감염</td><td>• 자궁경관이 붉게 충혈</td></tr>
<tr><td>클라미디아 감염</td><td>• 습식 도말검사, 배양검사, 항원확인 검사</td></tr>
<tr><td>만성경관염</td><td>• 시진 중요
• 자궁경부암과의 감별 중요(세포진 검사, 질확대경 검사, 조직생검)
– 외자궁경부는 정상, 경관내막 비후, 백색 농 산출
– 외자궁경부에 크기 다양한 미란, 질에 정체성 낭종
– 경관에 외번증</td></tr>
<tr><td>치료
및
간호</td><td colspan="2">• 원인에 따른 항생제 투여
• 통증완화 : 진통제
• 휴식과 가벼운 운동
• 좌욕, 성교금지
• 임질이나 클라미디아의 가능성 높을 때 : 성파트너도 함께 치료
• 만성경관염 치료 : 경부암 발전 가능
– 냉동치료법(cryotherapy) : 상피조직을 냉동하여 염증부위 파괴
– 소작법(cauterization) : 외경부전체를 소작, 소작 후 2주간 다량의 녹색 질 분비물, 항균성 질크림, 젤리 도포
– 원추절제술(conization) : 내자궁경부염 심할 때 권장, 경관점막 전체를 원추형으로 도려냄
– 기타 : 레이저 요법, 환상투열요법, 전기응고 투열요법</td></tr>
</table>

5 골반결핵(Pelvic tuberculosis)

<table>
<tr><td>정의</td><td colspan="4">• 생식기와 그 주위의 골반강에 결핵균이 감염된 것
• 여성불임, 월경불순, 만성적인 하복통, 복수 및 심한 골반유착 등을 일으킴
• 호발부위 : 난관</td></tr>
<tr><td rowspan="9">결핵성 난관염</td><td>정의</td><td colspan="3">• 난관 : 생식기 결핵 호발부위</td></tr>
<tr><td>원인</td><td colspan="3">• 폐결핵이나 신장결핵으로부터 혈행성 전파
• 결핵성 부고환염 배우자에게서 성관계 통해 전파</td></tr>
<tr><td>증상</td><td colspan="3">• 초기 침습 : 난관, 양측성 난관 침범
• 혈액 섞인 물같은 대하
• 고열, 빈맥
• 불규칙한 월경 및 복통, 월경량 감소, 무월경
• 만성하복통
• 자궁부속기 만성감염 : 부종, 장막층에 좁쌀같은 병소
• 여성 불임</td></tr>
<tr><td>진단</td><td colspan="3">• 가족력 : 결핵병력
• 자궁내막 생검 및 균배양검사
• 자궁난관조영술</td></tr>
<tr><td rowspan="4">치료
및
간호</td><td>내과적
약물요법</td><td colspan="2">• 난관 내부가 뚫려 있고 임신을 원하며 통증이 없는 경우에 한함
• 항결핵 화학요법
– isoniazid, rifampin, ethambutol, pyrazinamide
– 태반 통과하지만 태아에게 기형유발 ×
• 6~12개월마다 내진을 포함한 자궁내막검사 반복</td></tr>
<tr><td rowspan="2">수술</td><td>수술적용</td><td>• 1년의 화학요법에도 재발
• 장기간의 치료에도 증상 호전 ×
• 난관부속기 통증과 종괴가 지속적으로 촉지되며 계속적인 고열, 적혈구침강속도 상승 및 복수 있을 때</td></tr>
<tr><td>TAH & BSO</td><td></td></tr>
<tr><td colspan="3">• 좋은 영양섭취, 휴식</td></tr>
</table>

03 성매개성 질환

1 클라미디아 감염(Chlamydia)

원인	• 클라미디아 트라코마티스(chlamydia trachomatis)		
특징	• 성접촉에 의해 감염 : 성적으로 활발한 10대와 청년에게서 발생률 높음 • 임균과 중복 감염 흔함 • 전염력이 매우 강함(가장 빠른 전파) : 한 번의 접촉으로 50%, 지정감염병 • 클라미디아 감염된 40%가 치료 × → 골반염 진행, 골반염 걸린 여성의 20%에서 불임증 보임 • 잠복기 : 1~3주, 증상 발현 없이 원인균이 몇 달 동안 생식기에 존재		
증상	무증상		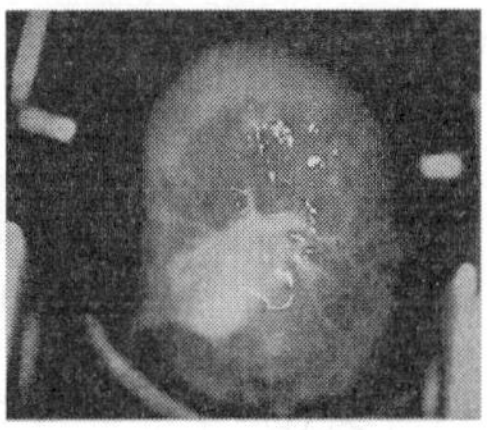
	질분비물	• 투명한 점액성 또는 농성 경부 분비물	
	질출혈	• 소량의 점적출혈, 성 관계 후 출혈	
	비뇨기계	• 배뇨곤란, 배뇨통	
	복부의 통증	• 복부 불편감, 복통	
	농양형성	• 접촉 5~21일 후 음부와 항문부위에 증상 • 직장결장염(prectocolitis), 항문협착성 농양 및 누공	
	합병증	• 경부염, 요도염, 난관염, 골반염, 불임 등	
진단	• 클라미디아 조직배양검사		
임신	• 질 분만 시 영아의 60~70%가 산도 통해 수직감염 – 클라미디아 결막염, 신생아 안염, 신생아 폐렴 – 미숙아, 사산, 산후 자궁내막염 – 신생아에게 erythromycin, tetracyline 안연고 투여		
치료	• 항생제 : doxycycline, erythromycin 7일간 외음부 적용 • 안구 감염 시 : 안연고 21일간 투여 • 성병성 림프육아종 시 : tetracycline 21일간 투여 • 임신 중 : 항생제 경구투여 • 폐렴 예방 : erythromycin 구강 투여(전신항생제로 치료)		
관리	• 부부가 함께 검사 받기 • 안전한 성교 • 감염자와의 성관계 금지		

2 임질(Gonorrhea)

원인	• 임균(Neisseria gonorrhea) : 그람 음성 쌍구균, 하부생식기관 점막에 가장 흔히 감염되는 임균 • 성접촉, 여러 명의 성 파트너, 낮은 사회경제적 상태, 인두감염, 질 분만 시 신생아 감염	
특징	• 성교에 의해 전파되는 가장 흔한 병, 지정감염병 • 잠복기 : 1~30일로 질환이 모든 단계에서 감염성 지님 • 10대와 젊은 성인에게 많이 발생 • 25~50% 여성 클라미디아 같이 가지고 있음 • 임균 : 건조한 상태, 저농도의 살균액, 비눗물에서 짧은 시간 내에 사멸, 40~41℃에서 15시간 내 90% 사멸	
증상	무증상	• 여성의 80%
	질 분비물	• 임질에 노출된 지 3~5일에 많은 양의 노랗거나 황록색의 화농성 질 분비물
	질출혈	• 비정상적인 질출혈
	비뇨기계	• 배뇨 시 따가움, 빈뇨, 하복부 불편감, 비뇨기계 감염 동반
	골반통	• 생리통이 심한 월경, 하복부 통증, 복통
	침범 부위	• 스킨샘, 바르톨린샘, 경관, 요도, 난관, 복강 등으로 임질균 상행 → 난관전파 → 난관 좁아져 불임 초래 • 침범 부위 자극, 발적, 부종, 가려움증
	합병증	• 스킨샘염, 바르톨린샘염, 방광염, 직장염, 난관염, 골반감염과 복막염 초래
	전신적 임질	• 관절염, 심내막염, 심근염, 뇌막염
진단	직접 도말 및 현미경 검사	• 요도구, 직장, 자궁경부, 바르톨린샘에서 검사물 채취하여
	TM (Thayer-Martin) 배지 검사	• 배양검사, 그람염색 • TM 배지에서 배양검사로 바르톨린샘, 요도구, 자궁경부, 직장에서 검사물을 채취한 배양검사, 임질진단의 표준검사
	골반검진	• 골반압통, 자궁 불편감
	복부진찰	• 복막염 증세, 반동성 압통, 장운동 저하 확인
	성병 검사	• 클라미디아배양검사, 매독 암시야 현미경 검사, 매독 혈청 검사
임신	• 임신 중 어느 시기나 임신에 나쁜 영향	
	산모 합병증	• 융모양막염, 난관염, 조산, 패혈성 유산, 조기파막, 산욕기 감염
	신생아 감염	• 산도 통해 감염, 임균성 안염(가장 흔함) • 신생아 패혈증, 자궁 내 성장지연, 비인강, 질, 항문, 귀 등에도 감염

치료	항생제 치료	• Cefixime, ceftriaxone, ciprofloxacin, ofloxacin 투여 • 항생제 사용 1~2주 후 다시 균 배양 실시하여 치료 효과 확인
	임부	• 임질은 태반 통과하지 않아 임신 유지 가능 • **항생제** : 페니실린 + probenecid 함께 사용(페니실린 효과 높이기 위함) • tetracycline × : 태아기형 초래 • 클라미디아 동반 시 : erythromycin • 남편과 함께 치료
	신생아	• erythromycin, tetracycline 안연고 주입
관리	• 성 파트너와 함께 검진, 배양검사, 치료 • 임신 초기에 임질검사, 고위험군 임신 28주 재검사	

3 매독(Syphilis)

원인	• spirochete 균(Treponema pallidum) • 감염자의 삼출액(개방성 상처)에 의해 전파 • 감염된 혈액 • **태아** : 태반 통한 선천성 매독	
특징	• 성접촉에 의해 전파, 구강-성기 성교 등 통해 전파 • 남성 > 여성 • **잠복기** : 10~90일 정도 • spirochete 균(Treponema pallidum) : 주로 피부 상처로 성교 중 침입, 인체 밖에서는 12시간 이상 살지 못하고 비누, 물에 닿으면 죽음	
증상	1기 매독 경성하감 (chancre)	• **경성하감(단단하고 통증 없는 결절)** : 구강 · 턱 · 외음 · 항문에 나타남 – 외음의 경성하감 가장자리는 부풀고 경화되어 있으며, 중앙부위는 둥글고 난형 궤양으로 나타남. 표면은 검붉은 색 – 잠복기 10~90일, 진행 4~6주 후 자연 없어짐 • 림프절 증대, 두통 및 전신권태 [1기매독 - 성기의 궤양] 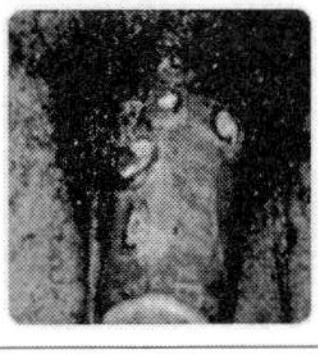 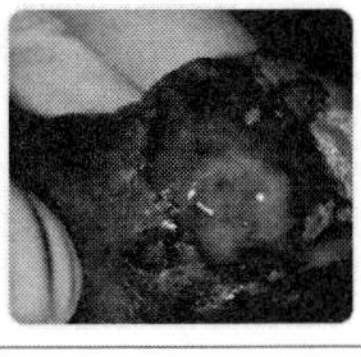

	2기 매독 편평콘딜로마 (condyloma latum)	• 경성하감 사라진 후 6주~6개월 후 나타남 • 전염성 강함 • **편평콘딜로마** – 외음부에서 볼 수 있는 전형적인 제2기 병소 – 둥글거나 난형의 병소로 가장자리는 약간 경화, 표면은 습하며 회색의 괴사성 삼출액으로 덮여있는 둥근 병소 • 혈액 내 침투하여 전신감염 • 대부분 전신피부나 점막에 반점, 구진, 인설의 형태로 나타남 • 림프절 증대, 식욕부진, 오심, 변비, 근육통, 관절통, 미열, 두통, 전신권태, 인후통, 쉰 목소리 등 • 치료 시 페니실린 투여, 환부 청결 유지 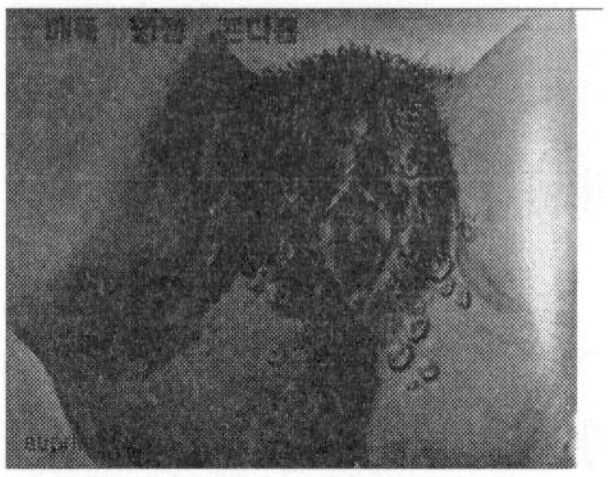
	잠복매독	• 임상 소견이 없는 매독 • 감염 후 1년 이내는 조기 잠복매독, 그 이후는 후기 잠복매독 • 매독 2기가 2~6주간 지속된 이후의 상태로서 모든 증상이 사라진 상태
	3기 매독 고무종 (gumma) 매독성 궤양	• 잠복기를 거친 후 10~20년이 지난 후 피부, 뼈, 간 등에 과립성 병변을 나타냄 • 신경매독으로 중추신경을 퇴화 → 심한 합병증(골관절 퇴행성 변화로 안장코, 앉은뱅이) • **매독성 고무종** : 외음에 발생, 괴사, 궤양 나타남 • **매독성 궤양** : 크고 원만한 괴사성 궤양, 주위에 경변과 부종 일으키고 질과 직장 사이 누공 형성 • **매독성 관절염** : 육아종 등이 뼈에 발생 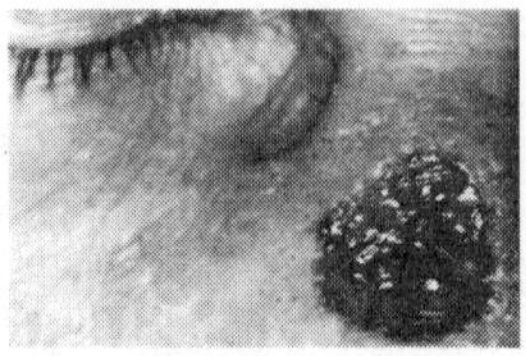 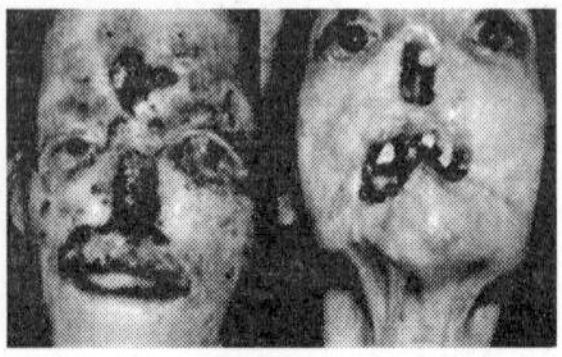

진단	암시야 현미경검사법		• 검체를 슬라이드에 고정 후 매독균의 항체가 붙어 있는 직접 형광항체검사를 이용하여 관찰
	혈청학적 검사		• **비매독 항원 검사** : VDRL(선별검사), RPR(rapid plasm reagent) 양성검사 • **매독항원 시험법** : TPHA(MHA-TP : 트레포네마 항원에 대한 특수항체검사) • FTA-ABS : 매독 확진 표준검사
	뇌척수액 검사		• 3기 매독 시에 뇌척수액 검사로 확인
임신	기전		• 임신 16~18주까지는 태반이 방어역할, 그 이후 균이 태반 통과 → 임신 18주(5개월) 이내 적절한 치료하면 해로움 없음 • 제대혈액으로 진단 시 태아 항체가 임부보다 높게 나옴
	태아		• 1 · 2차 매독일 경우 스피로헤타혈증이 반복적으로 나타나면 미숙아, 주산기 사망, 선천성 매독 가능성 증가
	선천성 매독		• 임부의 매독균에 의해 태아가 선천성 매독에 노출되는 것 • 임신 18~20주 이전에는 태반이 방어막 역할을 하지만 그 이후 감염이 되어 유산, 사산을 초래 • 초기 매독인 임부에게서 태어난 신생아는 매독균이 태반을 통과하여 선천성 매독환자가 될 가능성이 높음
	조기 선천성 매독		• 생후 2년 이내 증세 보임
		피부	• 수포성 발진, 피부병변
		호흡기계	• 비염, 비강분비물 • 비염으로 '콧소리' 내는 비성호흡 • 폐렴
		간	• 간장질환, 간비종
		신장계	• 수신증
		근골격계	• 안장코, 골막 파괴와 염증, 성장장애, 사지통증
		신경계	• 중추신경계 장애, 정서불안증
		미숙아	• 미숙아로 출산, 빈혈이나 혈소판 감소
	후기 선천성 매독		• 생후 2년이 지난 후 나타남
		간질성 각막염	• 불투명한 각막, 혼탁으로 시력상실
		허치슨 치아	• 치아크기 작고, 치아사이 간격이 넓어지며 저작면에 절흔으로 얇아져 있음 • 유치 아닌 영구치 침범
		난청	• 8차 신경장애
		안장코	• 코가 내려앉거나 골이나 관절이상 증상

치료	임부	• 임신검사 : VDRL 검사, 양수검사(태아감염 여부 확인)
		• Penicillin 치료(5~7일간)
		  – erythromycin 제한 : 태아감염 치료 ×, 선천성 매독 예방 ×
		  – tetracycline 금지 : 태아기형 유발로 임부에게 금기
		• 치료 24개월 후 추적검사 시행
		• 신경매독 : 주기적 혈청검사, 적어도 3년 이상 추적 관찰

	신생아	• 신생아 혈청, 뇌척수액 검사 • 조산아 손바닥 · 발바닥에 발적, 비성호흡 관찰 • Penicillin 치료
관리	• 부부 함께 치료, 재발방지 교육 • 모든 임부의 첫 산전방문 시 VDRL 검사 • 추후 검사 중요성 교육 : 치료 후 24개월 후 추적검사	

4 연성하감(Soft chancre, 무른 궤양)

원인	• 헤모필루스 듀크레이 간균(Hemophilus ducreyi bacillus) • 궤양의 기저에서 발견
특징	• 성교로 전파되는 궤양성 세균감염
증상	• 잠복기 : 2~3일로 짧음 • 작은 피부 유두나 소농포로 나타남 • 외음의 어느 부위에나 발생 • 대음순 침윤 : 국소적 부종 동반 • 궤양성 병소 : 초기 통증, 서혜부위샘염, 드물게 화농성 경향 • 원발성 병소에 통증, 2~3일 이내 통증있는 경화가 없는 궤양으로 진행 • 궤양성 감염으로 농, 외음부 부종, 질 분비물, 성교 곤란, 배뇨 곤란
진단	• 궤양의 삼출물을 배양하여 도말표본검사 : 듀크레이 간균 발견
치료	• 청결유지 • 항생제 : ceftriaxone, erythromycin • 국소적 방부제, 설파제, 진통제 사용

5 서혜부 육아종(Grenuloma inguinale)

원인	• 그람 음성 간균 • 피막을 갖는 calymmatobacterium granulomatis(도노반 봉입체)에 의한 감염
특징	• 잠복기 : 보통 1주~1달 • 성기의 만성적 박테리아 감염 • 외음이나 인접한 회음부에 발생 • 한 개 또는 다수의 작은 궤양
증상	• 소음순이나 서혜부위에 작은 피부유두 병소로 나타나서 몇 주일 내에 특징적인 포행상 형태의 궤양 • 궤양 : 불그스름한 과립 모양, 장액농성의 삼출액 • 장기간 병변 지속 시 : 반흔으로 인한 림프관 폐쇄, 림프부종 및 가상피병 발생
진단	• Wright와 Giemsa 방법 : 도노반소체 발견, 과립상 서혜부위병소의 특징적 소견 • 병소는 연성하감보다 통증 경함 • 병소 도말검사 : 도노반 봉입체 발견
치료	• 항생제 : tetracycline, oxycycline, minocycline

6 성병성 림프육아종(Lymphogranuloma)

<table>
<tr><td>원인</td><td colspan="2">• 클라미디아 트라코마스</td></tr>
<tr><td>증상</td><td colspan="2">• 만성 세균성 성병
• 잠복기 : 수일~3주
• 초기 : 잠복기 후 질, 자궁경부 또는 외생식기에 초기 병소 발생 → 피부유두나 소농포 급속히 사라지고, 곧 화농성 서혜부위샘염 발현 : 림프관의 이상비대성 변화, 림프수종 및 배농루 초래
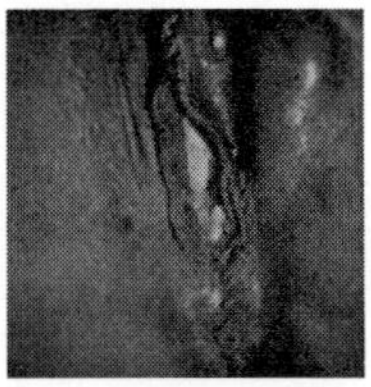
• 서혜부 림프선종, 피부궤양, 부종, 림프관 비대, 화농, 직장요도 협착, 골반 내 염증</td></tr>
<tr><td rowspan="3">진단</td><td colspan="2">• 직접 형광항체 검사
• PCR(중합효소연쇄반응)</td></tr>
<tr><td>프라이(Frei) 검사</td><td>• 임파선 종창의 농을 무균적 또는 바이러스에 감염된 쥐의 뇌로부터 추출한 항원을 주사한 후 양성 피부반응</td></tr>
<tr><td>생검</td><td>• 악성종양과 감별 진단</td></tr>
<tr><td>치료</td><td colspan="2">• 항생제 : tetracycline, oxycycline, erythromycin
• 외과적 치료 : 상피병의 큰 덩어리 제거
• 직장협착 시 : 인공항문성형술(colostomy)</td></tr>
</table>

04 바이러스성 전파감염

1 첨형 콘딜로마(Condyloma acuminatum) : 성병 사마귀, 성기사마귀

원인		• 인유두종 바이러스(Human Papillomavirus, HPV), 성전파성 질환
특징		• 피부부위에 있는 콘딜로마가 성교로 감염 • 자궁경부 신생물의 일차적인 원인이 됨 • 재발률 높음(3개월 내 재발) • 요도구와 항문주위에 호발 • 전염력 매우 강함
증상		• 대부분은 증상 없음 • 무통성, 갈색 띠는 병변 : 부드럽고 빨간색 움푹 들어간 중앙에 하얀 구진 • 직경 2~3mm, 높이 10~15mm 부드러운 구진이 생식기와 항문주위에 떼를 지어 발견 • 유두성 부종이 하나씩, 다발성, 집단적으로 발생, 닭벼슬, 덩어리 양배추 꽃모양의 사마귀 • 외음, 질, 경관, 항문 등에서 발견 • 무통성 : 발생부위에 따라 성교통, 배변 시 통증과 출혈 • 만성 질 분비물, 가려움증 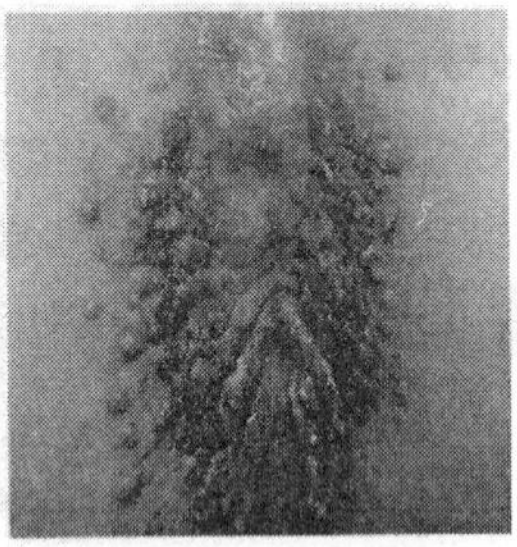
진단		• 시진 : 질확대경 이용 • 조직 생검 • Pap smear • HPV-DNA 검사 : Pap smear에서 비정상 소견 여성에게 시행
임신 분만	임신	• 비임신<임신, 임신 1기~3기까지 발생률 증가 • 임신 중 인유두종 바이러스가 증식하기 좋은 환경 • 임신기간 : 경관, 질, 외음부위 크기가 커져 배뇨, 배변, 태아하강에 영향 → 질 분만 방해, 분만 중 신생아 감염 가능 → C/S 분만
	주산기 노출	• 2~4세 후두유두종으로 발전 • 쉰 목소리, 위막성 후두염, 기침 증상
	분만 후	• 자연 소실되므로 임신 중 반드시 치료할 필요 없음

치료	• HPV 근절 치료 ×, 사마귀 제거로 증상 완화 • **비임신 시** : 바세린 바름 → 25% podophylline tincture of benzoin 도포 → 4시간 후 물 비누로 세척(50% 병변 소실), 임신 시 금기(태아사망, 조산유발) • **삼연화아세트산** : 임신 시 점막에 발생한 사마귀에 효과 • **질과 경부 콘딜로마** : podophylline ×, 외과적 절개나 레이져 등으로 전기소작, 수영 금지, 건조하게 유지 • 병소로부터 자가백신 만들어 치료
관리	• 면제품, 헐렁한 의복 착용 • **좌욕** : 염증반응 감소, 소양감 감소, 외음부 통증 완화, 안위감 제공 • Burow's Solution : 냉습포 하여 혈관 수축시켜 소양증 경감과 염증상태 완화 • **건조** : 헤어드라이어 찬 바람 이용하여 불편감 완화 • 윤활제 사용 • 배우자 검사, 함께 치료, 완치 시까지 부부관계 ×, 전염 주의

2 음부포진(Herpes genitalis, 단순포진)

원인	• 단순포진 바이러스 Ⅱ에 의해 발생하는 급성염증성 질환, 성전파성 질환 • 사람이 유일한 숙주로 직접 성교와 생식기 분비물 접촉에 의해 바이러스 감염 • **1유형** : 주로 허리 위, 성 전파성 아님 • **2유형** : 주로 허리 아래, 음부에 감염 경향, 대부분 재발성 감염 원인 • 구강-성기접촉에 의한 감염, 지정감염병		
특징	• 피부나 점막 통해 인체에 감염되면 균이 소실되지 않고 후근신경절에 잠재해 있다가 외상, 피로, 월경, 발열, 스트레스 등에 의해 재발		
증상	• **잠복기** : 3 ~14일 • 심한 통증, 재발성 생식기 궤양 초래 • **자궁경부, 질, 회음, 다리에 통증 심한 수포 형성** : 얼얼한 느낌의 전구증상 • 작열감과 배뇨곤란, 배뇨통, 성교통 동반 • 서혜부 림프관 증대 → 통증 유발, 발열, 권태감, 근육통 • **합병증** : 단순포진 과거력 여성은 자궁경부암 원인		
진단	• **시진** : 경부, 질, 외음의 다발성 궤양, 소포, 발적 확인 • **균 배양** : 확진(다핵 거대세포, 핵내 봉입체 관찰) • Pap smear, Tzanck's 검사(herpes simple × 진단 위한 세포검사) • 혈청검사, 직접면역형광법 검사		
	세포진 검사	다핵거대세포	• 정상세포보다도 현저하게 거대한 세포에서 복수개의 핵을 소유하는 세포

			• 이물반응, 육아종성염증조직이나 바이러스 감염증의 일부, 특수한 종양으로 보임
		핵내봉입체	• 바이러스나 클라미디아의 감염세포내에 보이는 구조체의 총칭 • 봉입체는 세포 내에서 증식된 바이러스나 클라미디아 또는 감염에 의한 반응생성물임
임신	• **태반 통하여 감염** : 유산, 사산, 조산, 기형(신생아 감염 시 눈 · 신경계 손상 ↑) → 바이러스 검출 시 C/S		
치료	• 특별한 치료법 ×, 증상에 따른 대증요법 • 항바이러스 제제 5% acyclovir(Zovirax) 연고 도포 • 경구용 진통제 • 베타딘 소독법, 좌욕, 건열요법 • 병변 부위를 생리식염수 세척 후 건조 - 넉넉한 크기 옷 착용		
관리	• 자가전파 위험으로 다른 부위를 손으로 만지지 않기 • **성적 접촉 후 생식기의 세척, 손씻기** : 비누와 물에 민감 • 옷, 수건 공유하지 않기 • **유발요인 피하기** : 스트레스, 월경, 외상, 발열성 질환, 만성질환, 자외선 피하기 • 감염성이 높은 고위험집단과의 성적 접촉 극소화 • 콘돔이나 다른 예방적인 기구나 방법 사용 권장		

3 후천성 면역결핍증(AIDS)

정의	• HIV(human immunodeficiency virus)가 인체 내 침입해 T-림프구를 선택적으로 공격, 파괴하여 면역기능이 저하되는 증상 • HIV 증식에 의해 Helper T 임파구(보조 T 림파구, CD_4^+, T_4 임파구)가 파괴 → 숙주의 방어기전이 완전히 파괴되어 면역기능 저하 → 기회감염, 암 발생	
원인	• HIV(human immunodeficiency virus) • **감염자와의 성행위** : 남성동성애자들의 항문성교 시, HIV 직접 노출된 사람과의 이성 간 성교로 전파 • 오염된 주사기, 면도날, 칫솔 등으로 인한 상처 • AIDS 환자의 인공정자, 인공수정, 모유수유, 혈액제제 • 감염된 어머니에서 태어난 신생아(태반 감염에 의한 신생아 감염)	
증상	1단계 (급성기 및 무증상기)	• 무증상 • **급성 HIV 증후군 증상(10%)** : 반점상 구진 발진, 발열, 오한, 인후통, 식욕부진, 설사, 쇠약감, 권태, 전신림프샘증 등 • 면역반응이 나타나면서 2~3주 후 증상 감소 • 임상적 잠복기로 최초 감염 ~ 10년간 무증상

	2단계 (만성 단계)		• 바이러스에 의해 보조 T 림프구 파괴 → 면역기능이 없어지는 상태 • 피곤함, 체중감소, 기침, 설사, 열, 경미한 기회감염으로 전신성 림프절 증대, 아구창, 구강병변, 대상포진, 혈소판 감소증 등
	3단계 (AIDS 단계)		• 면역결핍으로 인한 기회감염으로 다른 질병으로 사망 - 면역손상으로 인한 폐감염, 결핵 등 각종 감염 • Kaposi 육종(다발성 출혈성 육종)
진단	항체검사		• ELISA(Enzyme-Linked ImmunoSorbent Assay, **효소면역분석법**) – HIV Ab 검사, HIV에 직접적으로 대항하는 항체 존재 여부 – 확진보다는 HIV에 노출되었거나 감염되었음을 검색하는 것 – **검사시기** : 바이러스 감염 후 2~12주 혈액에서 발견(감염 6~12주 후 항체 생성되기에) • Western blot assay(immunoblot assay) – 확진검사, HIV 항체 확인 검사, ELISA 양성이면 확진 위해 시행 – HIV 감염 후 3주~3개월, 36개월 소요
진단	HIV 자체 antigen 증명		• P_{24} **항원검사**, P_{24} antigen assay – HIV Ab ELISA와 함께 헌혈 혈액의 선별검사에 이용 • Quantitative RNA assay – 바이러스 부하검사, 혈액 내 HIV 바이러스 유전물질(RNA), 바이러스단백질 측정 • 바이러스 배양
진단	림프구수		• 백혈구 감소증
진단	CD_4/ CD_8 수	CD_4^+와 CD_8^+ 비율	• CD_4^+와 CD_8^+ 비율 낮아짐(정상 2 : 1) • **CD_8수** : 억제 T림프구 • HIV 감염자는 CD_4^+ 세포수 감소 CD_8^+ 세포수 정상
진단	CD_4/ CD_8 수	CD_4^+ 세포수	• 500개/mm^2 이하이면 면역기능 감소 • **정상** : 500개, 600개/mm^2
임부 치료			• Zidovudine(AZT) : 역전사효소억제제, HIV가 인간 세포 내에서 증식할 때 필요한 역전사 효소억제 • 임신 중 항레트로바이러스 치료와 분만 진통 중에 투여하는 Zidovudine 정맥주사 치료요법 : 주산기 HIV 전파율 감소 • C/S 분만 : 분만 시 태반과 산도 통한 수직감염 위험 감소 • 모유수유 × : 모유에 의한 전파 • 격리 × : 신생아 격리 ×, 접촉감염 ×

치료	• 완치 ×, 증상 악화 진행 늦추는 것이 목표 • 감염예방, 피부간호, 영양상태 증진
예방교육	• 여성 · 남성의 해부생리 • HIV **전파경로 설명** : 일상적 관계로는 전파되지 않는다는 인식 • **절대 안전한 성생활** : 금욕, 마사지, 상호수음 • 다수의 성 파트너나 익명의 성 파트너 두지 않기 • 상처 나는 성관계 피하기 • 성기분비물, 헤르페스, 의심되는 병변 있는 자와 성교 피하기, 구강성교 피하기 • 라텍스 콘돔 사용 • 간염보균자, HIV 항체 보균자와 성교 피하기 • 바늘이나 주사기를 타인과 함께 사용하지 않기 • 정맥용 마약 사용자는 치료 받기 • 고위험군이면 주기적인 성병 검사 받기 • 성적 주체성과 자율성을 행사 • 성 관련 의사소통능력을 발휘하기

CHECK Point STD(Sexually Transmitted Disease) 정리

질환명		임균감염	생식기 클라미디아감염	생식기 헤르페스
원인	속성	세균	클라미디아(세균)	바이러스
	명칭	임균 Neisseria gonorrhoeae	Chlamydia trachomatis	단순헤르페스바이러스 Herpes simplex virus
잠복기간		2~며칠간	2~3주간	3~7일간
외음부 소견 주요자각증상		• 대부분은 경증 • 외음부 가려움증	• 대부분은 무증상	• 강한 동통을 수반하는 수포 • 얕은 궤양성병변 (회귀감염시는 경증)
대하	양	증량	경도 증량	-
	성상	농성	물같은 투명한 장액성	-
	악취	있음	없음	없음
그 밖의 특징		• 방치하면 상행성감염이 진행, 난관성불임 등을 초래한다. • 클라미디아에 비해 증상이 강하다.	• 방치하면 상행성감염이 진행, 난관성불임 등을 초래한다. • 경우에 따라서 간주위염을 초래한다.	• 세포진에서 핵내봉입체, 다핵거세포
치료		• ceftriaxone • spectionomycin	• macrolide • fluoroquinolone • tetracycline	• acyclovir • valacyclovir

질환명		첨형콘딜로마	질트리코모나스증	생식기 칸다디증
원인	속성	바이러스	원충	진규
	명칭	human papillomavirus	Trichomonas vaginalis	Candida albicans, Candida glabrata 등
잠복기간		3주~8개월간(평균 2.8개월)	5일~1개월간	상재균
외음부 소견 주요자각증상		• 양배추상으로 융기된 사마귀 성병변(외음부 외에도) • 경도 외음부 가려움증	• 외음부 가려움증	• 외음부 가려움증
대하	양	–	증량	증량
	성상	–	황색~옅은 회색, 포말상	죽상, 요구르트상
	악취	–	있음	있음
그 밖의 특징		• 조직진에서 이상한 각화, koilocytosis • 3개월 이내에 재발하는 경우가 많다.	• 의료, 변기, 입욕, 내진, 검진대 등에서도 감염	• 성교 외에 당뇨병, 항균제복용, 임신 등에서도 발증하는 경우가 있다.
치료		• 전기소작 • 외과적 절제 • 냉동요법 • 항종양제(5-FU 등)	• metronidazole • tinidazole	• 유발요인 제거 • 질세정 • imidazole

4 TORCH 감염

정의	• Toxoplasmosis, Other infection(예 Hepatitis B, HIV, Syphilis, Varicella), Rubella, Cytomegalovirus, Herpes simplex로 표시된 감염군	
특징	• 모든 TORCH 감염 : 태반 통과 • 모체 : 인플루엔자 같은 증상 • 태아, 신생아 : 영향 큼	
Toxoplasmosis	원인	• 원충감염
	감염원	• 고양이 분변, 털에서 발견, 날고기 요리 먹었을 때, 감염된 흙이 묻은 야채를 덜 씻어 먹을 때
	모체에 미치는 영향	• 대부분 : 무증상 • 단핵구증과 유사한 감염 • 첫 노출 후 면역력 획득
	태아에 미치는 영향	• 모체감염이 임신 3기에 발생할 때 선천성 감염 기회 높음 • 치명적인 태아 손상은 오히려 임신 1기에 감염되었을 때 발생 • 수두증, 실명, 난청, 정신지체
	예방	• 설파제, clindamycin 투여 • 철저한 손씻기 기술교육 • 날고기 먹지 않기, 고기 익혀 먹기

		• 감염된 고양이 분비물에 노출되지 않기 • 임신 초기에 titer 상승 시 유산 고려
Hepatitis B	전파기전	• 재태기간 중 감염률은 매우 낮고 분만 시 태반을 통해 넘어오거나 산도감염으로 HBs Ag 양성인 양수, 혈액, 질 분비물을 신생아가 흡입하므로 전파
	모체에 미치는 영향	• 성행위로 전파 가능 • 5~10% 가량 : 만성보균자가 됨 • **만성 B형간염 대상자** : 만성 간질환으로 발전(간경화 또는 세포암)
	태아에 미치는 영향	• 출산 중에 감염 • 임신 중 모체 예방접종은 태아에게 위험하지 않음
	예방	• 오염된 주사바늘, 주사기 또는 혈액수혈에 의해 감염 • 경구, 성행위로도 전파 • 노출 직후 예방적 차원의 B형간염 면역글로불린 접종 고위험 대상자에게 B형간염 백신 접종 권고 • 출산한 지 12시간 이내 신생아에게 B형간염 면역글로불린과 B형간염 백신 투여
Cytomegalovirus	증상	• 피로, 증대된 림프절, 발열, 생식기 감염, 자궁경부 염증, 발적
	모체에 미치는 영향	• 무증상, 경한 인플루엔자 유사 증상 • CMV 항체 존재가 재감염을 완전히 차단하는 것은 아님
	태아에 미치는 영향	• 태반 통해 감염 가능 • **선천성 감염 증상** : 신생아의 간 · 비장 비대, 두 개내 석회화, 황달, 성장지연, 소뇌증 • 맥락망막염, 청력소실, 혈소판감소증, 고빌리루빈혈증 및 간염
	예방	• 감염된 기관이식, 감염된 혈액수혈, 성접촉, 오염된 타액이나 소변접촉으로 인해 바이러스가 전파 • 바이러스 재활성화되어 임신 중 자궁에서 질병을 또는 다음 임신에서 출산 시 질병을 초래할 수 있음. 감염된 산도를 통과할 때 태아가 감염될 수 있음 • 임신부에게 수혈 시 CMV 음성 혈액제제 수혈 • 신생아 기저귀 교환하거나 장난감 만진 후에 손 철저히 씻도록 교육

Rubella	정의	• Rubella virus : 임신 3개월 이내 태반 통과
	모체에 미치는 영향	• 발적, 발열, 경한 증상(두통, 나른함, 근육통, 관절통) • 귀 뒤 림프성 부종 • 경한 결막염
	태아에 미치는 영향	• 수정 후 12주 노출된 태아의 50~80% : 선천성 감염 소견 • 임신 18주 이후에도 소수 태아 감염 • 선천성 풍진신드롬 : 난청, 눈장애(백내장이나 망막병변), 중추신경계 결함 및 심장결함
	예방	• 결혼 전 여성 : 생균 풍진 예방접종 • 임신 여성 : 백신 투여 금기 • 백신 투여 후 3개월 동안 임신 금지
Herpes simplex	모체에 미치는 영향	• 1차 감염 : 통증 동반한 수포, 서혜부 림프선 압통, 발열, 바이러스 뇌수막염(드묾) • 재발성 감염 : 미약, 짧게 지나감
	태아에 미치는 영향	• 태반 통과하나 태반 통해서는 거의 감염되지 않음 • 대부분 모체의 1차 감염으로 발생 • 임신후반기 감염 시 위험도 높음 • 파막이 된 후 산도 통한 직접접촉 감염
	예방	• 2/3 여성이 HBS-2 감염(무증상성) 이후 항체 갖게 됨 • 무증상을 보인 여성이 출산 시 신생아에게 심각한 감염 전파할 수 있음 • 활동성 병변이 있다면 질 분만 시 수직감염의 위험이 높아지므로 제왕절개분만 권고 • Acyclovir : 임신 중 재발성 병변치료에 사용가능하고 임신 말기에 억제요법으로 또는 출산 시 병변발병 예방목적으로 사용

05 자궁내막 질환

1 자궁내막증식증(Endometrial hyperplasia)

정의		• 비정상적인 자궁출혈을 동반한 자궁내막의 비정상적인 증식
특징		• 과도한 월경변화에서 상피내암까지 다양한 양상 지님 • 가임기 여성이나 폐경 후 여성 등 모든 연령에서 발생
기전		• 황체호르몬의 길항작용 없이 지속적인 난포호르몬의 자극 시 프로게스테론의 증가 없이 에스트로겐의 자극만 받는 경우 자궁내막증식증과 자궁내막암이 발생
원인		• 에스트로겐 대사이상과 성호르몬 결합글로불린의 감소 → 에스트로겐 순환과 자궁내막의 감수성이 증가 • 에스트로겐 과잉상태(에스트로겐에 대한 프로게스테론의 길항작용이 소실된 상태에 장기간 노출되는 것이 가장 큰 원인) 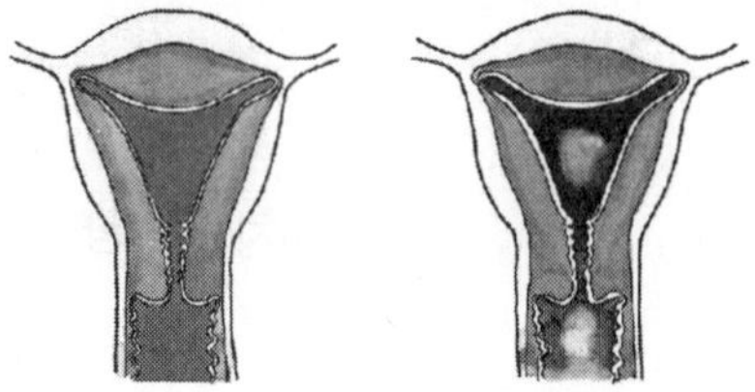 정상적인 자궁내막 / 자궁내막증식증 발생
원인	가임기 여성	• 무배란성 월경주기에서 난포가 계속 성장하고 황체가 형성되지 않기에 프로게스테론 길항작용 없이 에스트로겐만 분비 → 자궁내막 과다증식 → 난소 : 황체 없고, 하나 또는 여러 개의 활동성 난포발견
	폐경 후	• 에스트로겐이 지속적으로 자극 → 자궁내막 증식 → 폐경기 출혈의 흔한 원인
	비만	• 비만 여성이 폐경 후 출혈 시 에스트로겐 생산을 부신피질에서 분비되는 남성호르몬인 androstenedione이 말초지방조직에서 에스트론으로 전환되어 에스트로겐 농도가 2~3배 이상 높아서 생김
	당뇨, 고혈압 간질환	• androstenedione의 대사에 변화 있을 시 에스트로겐 농도 상승
	난소질환 부신피질 증식증	• 다낭성 난소낭종 : LH 증가, 안드로겐 상승, estron 증가, 프로게스테론 감소
	에스트로겐 요법	• 에스트로겐 요법의 호르몬 대체요법(황체호르몬의 길항작용이 적절하지 못할 때)
	이른 초경 늦은 폐경	• 프로게스테론이 줄어 에스트로겐에 길항작용을 못하기 때문
증상	가임기 여성	• 월경과다, 부정자궁출혈, 지연월경 혹은 이들의 복합증상
	폐경 후 여성	• 불규칙적인 자궁출혈, 가끔은 상당량의 출혈
	하복통	• 자궁내막강에 혈액이 고여 통증 유발

진단	병력		• 위험요인과 출혈량, 외인성 에스트로겐 사용 여부 확인
	골반 내진		• 골반 내 종양과 자궁크기 촉진
	검사		• 세포진 검사, 의심 가능 부위의 조직 생검, 소변검사, 대변검사 및 혈구검사
	병리조직학적 진단		• 분할 소파술과 자궁내막 생검 – 자궁내막증식증은 임상적 진단이 아닌 병리조직학적 진단 • 비정상 자궁출혈, endometrial pathology 의심 시 먼저 시행
	자궁경 검사		• 자궁강 내를 현미경으로 직접 관찰. 분할 소파술과 함께 시행
치료	10대 소녀		• 치료방향 설정 시 여성의 연령과 조직학적 유형이 가장 중요 • **무배란성 월경이 원인** : 에스트로겐 – 프로게스테론 주기로 6개월 이상 치료 → 3개월 후 자궁내막생검 통해 정상 월경주기의 자궁내막 조직으로 회복 여부 사정 • **배란이 안될 경우** : medroxyprogesterone(Depo–provera)을 한 달에 10일 동안 투여(에스트로겐이 자궁내막을 과도하게 자극하는 것 억제)
	가임기 여성		• **에스트로겐 – 프로게스테론 주기로 3개월 동안 치료** → 치료 후 즉시 자궁내막생검 통해 정상 월경주기의 자궁내막 조직으로 회복 여부 사정 → 클로미펜, 메노트로핀으로 배란 유도 치료 • 임신 원하지 않으면 계속적인 에스트로겐 – 프로게스테론 주기 유지의 약물투여
	주폐경기 여성		• 자궁절제술이나 적당량의 프로게스테론 제제 간헐적으로 사용
	폐경 후 여성	자궁절제술 및 양측 난소난관절제술	• 자궁내막증식증이 있는 폐경 후 여성의 자궁내막에서 침윤성 선암의 병변이나 에스트로겐 분비성 난소종양을 동반한 경우가 자주 발견
		황체호르몬 치료	• 수술하기 힘든 심한 내과적 문제가 있는 환자에게만 사용
		자궁적출술	• 비정형성 선종성 증식증, 출혈 지속 시 호르몬 치료를 받지 못하는 경우에 실시

2 자궁내막증(Endometriosis)

<table>
<tr><td>정의</td><td colspan="2">• 성장, 증식 및 출혈 등과 같은 기능이 있는 자궁내막조직이 자궁 이외의 부위에 존재하는 것</td></tr>
<tr><td>특징</td><td colspan="2">• 호발부위 : 골반장기와 복막, 그 중 난소에 가장 흔히 발생
• 초경 이전에 발견되지 않음 : 자궁내막증의 성장과 발달이 에스트로겐의 영향을 받기 때문
• 가임기 여성에게 많음
• 골반통, 불임 호소 여성 중 20~90%
• 만성골반통이 있는 청소년층의 52%에서 진단, 복강경으로 확진될 수 있음
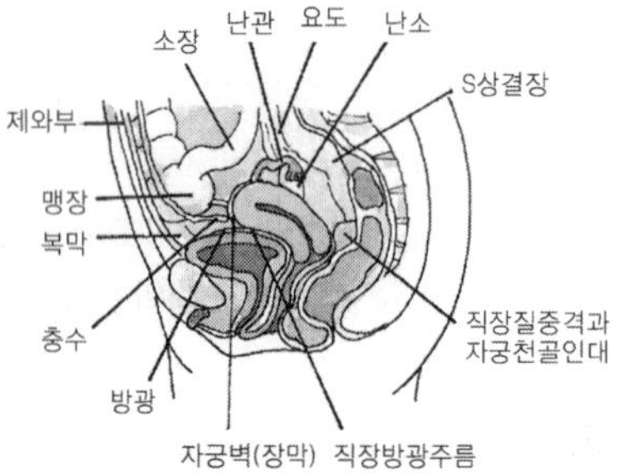

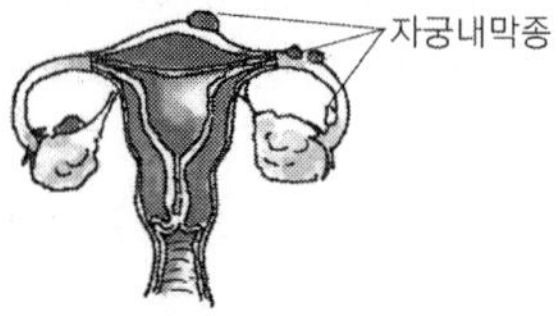

</td></tr>
<tr><td rowspan="4">원인</td><td>유전적 요인</td><td>• 어머니, 자매의 자궁내막증 7배 증가, 일란성 쌍태아 75%</td></tr>
<tr><td>면역학적 요인</td><td>• 자가면역질환</td></tr>
<tr><td>호르몬 요인</td><td>• 에스트로겐</td></tr>
<tr><td>신체적 · 환경적 요인</td><td>• 30~44세 여성
• 키가 크고 마른 여성
• 여성호르몬 과다인 경우
• 월경주기가 길거나 짧은 경우
• 빠른 초경
• 출산횟수 적은 경우</td></tr>
<tr><td rowspan="2">증상</td><td>통증</td><td>• 월경과 함께 또는 월경 직전에 초래되는 골반통
• 통증 유발 기전 : 유착, 반흔, 복막 긴장, 골반혈류의 변화, 골반 신경로의 침범 및 골반 프로스타글란딘
• 자궁천골인대 또는 질부위 병변 시 : 성교통이나 배변 시 통증
• 비정상적 자궁출혈</td></tr>
<tr><td>불임증</td><td>• 자궁내막증 환자의 30~50% : 불임증 동반, 이 중 50~60%가 원발성 불임</td></tr>
</table>

진단	병력		• 월경통, 골반통, 성교통 및 월경 이상 유무 확인
	골반 검진		• 젊은 여성에게서 압통, 고정된 자궁후굴(정상 : 전경전굴) • 자궁천골인대 부위의 소결절 촉지 • 한쪽 또는 양쪽 자궁부속기 비후나 소결절 촉지
	초음파, MRI		• 난소 자궁내막증 등과 같은 골반 내 종괴 확인과 크기 추적 검사에 용이
	복강경 검사 및 시험적 개복술		• 자궁내막증 확진과 병소 파악 • 복강경 검사로 체계적 조사와 조직 생검
	혈중 CA-125		• 자궁내막암의 진단, 치료 후 추적 검사 • 혈중 CA-125 측정 증가
치료	약물 치료	• 에스트로겐 생성을 억제하여 자궁내막증 병변 위축을 유발하여 병변 자극 및 울혈 방지하는 호르몬 요법, 일시적인 억제요법	
		경구피임제	• 에스트로겐 제제와 프로게스테론 제제 혼합으로 시상하부와 뇌하수체 전엽에서 성선자극호르몬인 FSH, LH를 감소시켜 저에스트로겐 현상을 장기간 유지하여 자궁 외 자궁내막의 위축 유도, 월경곤란증, 골반통 경감 • 월경통, 골반통의 자각증상 60~95%에서 완화
		프로게스틴	• 뇌하수체 LH, FSH 분비 억제하여 난포 성장 억제하고 자궁내막증 병변 위축 직접 유발
		제스트리논	• 안드로겐성, 항프로게스테론성, 항에스트로겐성 및 항성선자극호르몬성 작용 지님 • 혈중 유리 테스토스테론 증가시키며 성호르몬 결합 글로불린의 농도와 혈중 에스트로겐 농도 감소
		다나졸	• 생식내분비 체계를 가성 갱년기 상태로 전환시켜 병변 쇠퇴 • 경증 및 중증도이면서 임신을 원치 않는 경우, 임신을 원하지만 수술이 용이하지 않은 경우, 수술이 필요하며 더 이상 임신을 원하지 않을 때 수술 후 치료 및 임신을 원하는데도 수술이 필요할 정도로 심한 자궁내막인 경우에 사용
		GnRH 길항제	• GnRH 합성 유사체로 GnRH 수용체를 점유하여 FSH와 LH 유리를 억제하여 에스트로겐 감소 • 시상하부 – 뇌하수체 – 난소축의 여성 생식내분비체계를 억제하여 저 에스트로겐 현상을 장기간 유지로 에스트로겐 의존성 자궁내막증 변병을 위축, 월경곤란통, 골반통을 경감

		프로스타글란딘 생성효소억제제	• 통증 완화하기 위한 보조치료제, 월경시작 전 투약 시 효과 탁월
	수술	복강경 수술	• 가임기 여성으로 임신능력을 보존해야 할 경우 • CO_2 레이저, 아르곤 레이저, Semm's 단백응고법 등을 이용하여 자궁내막증의 병변과 자궁내막증에 의한 골반강 내 유착 제거술 시행 • 자궁내막증의 확진 위한 진단복강경 검사 시에 수술적 치료가 동시 가능 • 초기 자궁내막증 치료에 효과적
		개복수술	• 자궁내막증이 진행되었거나 임신을 원하지 않을 경우 시행 • **자궁적출술** : 양측 난소문맥 부위에 작은 내막증이 있거나 광범위한 자궁내막증 병변이 보존적 수술로 완전 제거가 불가능할 때 실시

3 자궁선근증(Uterine adenomyosis)

정의	• 자궁내막선과 간질이 자궁근층 내에 존재하는 것
특징	• **호발연령** : 40대, 다산부에게 많음
증상	• **월경과다** : 커진 자궁강 내의 자궁내막의 양적 증가와 프로스타글란딘 영향 및 고에스트로겐 혈증과 관련 • **속발성 월경통** : 팽창된 자궁내막이 프로스타글란딘 방출에 의해 자궁근이 수축될 때 유발된 것 • 크고 통증 있는 자궁이 촉지 • 성교통, 만성 골반통, 배변 곤란증 • 자궁근종, 자궁내막증, 자궁내막증식증, 자궁내막과 흔하게 동반
진단	• 비정상 자궁출혈과 월경 후 출혈이 오래 지속되는 월경과다 및 월경통의 자각 증상 • **내진** : 커진 자궁 촉지 • **최종 진단** : 자궁절제술 후 병리조직학적 검사 • 초음파 검사, MRI, CA-125 수치 측정, 자궁근층 내의 침윤 깊이 측정
치료	• 비스테로이드성 소염제 • 저용량 피임약, 프로게스틴, GnRH agonisy, Danazol(안드로겐) • 자궁적출술

CHECK Point 자궁내막증과 자궁선근증 비교

구분	자궁내막증	자궁선근증
기전	자궁내막조직이 자궁 밖에 있는 것	자궁내막조직이 자궁내막 기저로부터 떨어져 자궁근층 내 존재
나이	25~45세	40대 이상
출산력	미산부	다산부
불임증	75%	20%
성교통	매우 심함	없음
월경통	심함	경함
월경과다	없음	많음
자궁크기	정상	전체적으로 증대
자궁내막	기능성(월경 사이)	비기능성(월경)
진단	복강경 검사	병리조직학적 진단
치료	progestin, 안드로겐, GnRH agonist, Laparotomy	progestin, 안드로겐, GnRH agonist, Hysterectomy 증상적 치료

CHAPTER 09 생식기 건강문제 여성간호

기출문제

1 비정상적 자궁출혈

01 **월경과 관련된 건강문제를 상담하기 위하여 ○○ 중학교 1학년 여학생 2명이 보건실을 방문하였다. 두 여중생과 보건교사의 상담 대화에서, 괄호 안의 ㉠, ㉡에 해당하는 용어를 순서대로 쓰시오.** [2점] 2015년

A학생 : 선생님, 안녕하세요?
보건교사 : 안녕? 어서 들어오렴.
B학생 : 저희 둘 다 월경과 관련된 상담을 하고 싶어서 왔어요.
보건교사 : 그래, 잘 왔다. 무슨 문제가 있는 거니?
A학생 : 저는 월경의 양이나 기간은 정상인데요, 정상적인 주기보다 길어요. 주기가 35~40일 이상이 돼요.
보건교사 : 그렇구나. 그런 월경은 비정상 자궁출혈의 유형 중의 하나인데, (㉠)(이)라고 한단다.
B학생 : 저도 월경의 양이나 기간은 정상인데요, 정상적인 주기보다 짧고 보통 21일 미만이에요.
보건교사 : 그것도 비정상 자궁출혈의 유형 중의 하나인데, (㉡)(이)라고 하지.
B학생 : 왜 그런 거죠?
보건교사 : 비정상 자궁출혈의 주된 원인은 배란장애(무배란)와 연관이 있고, 특히 초경이 시작되는 시기에는 시상하부 – 뇌하수체 – 난소축의 미성숙으로 야기되는 경우가 많단다.
A학생 : 아, 그렇군요. 감사합니다. 선생님!

|정답| ㉠ 희발월경, ㉡ 다발월경

02 다음은 월경과 관련된 고민을 갖고 있는 중학생들의 사례이다. 〈사례〉에서의 월경양상과 그 원인에 대해 서술하시오.

[5점] 2013년

> **〈사례1〉** 1학년 이 OO
> 7개월 전 초경을 시작하였다. 월경주기는 불규칙하여 2개월 만에 하기도 한다. 기간은 7일 이상이며, 처음 2~3일 동안은 패드 5~6개를 적실 정도로 양이 많다. 걱정이 되어 산부인과 진료를 받았더니 초경 시 흔히 나타나는 월경양상이라고 한다.

|해설| • 월경양상은 초경으로 인해 월경주기는 불규칙하여 양이 많고 정상 월경기간이 3~5일 인데 반해 기간이 7일 이상인 불규칙 과다월경에 해당한다.
• 이는 초경으로 자궁의 기질적 병변과는 관계없이 시상하부–뇌하수체–난소축의 미성숙에 의한 장애로 인한 자궁내막주기의 변화를 의미하며 기능부전성 자궁출혈의 무배란성 월경을 의미한다.

2 월경전증후군

03 다음은 보건교사가 월경전증후군에 대해 학생과 상담한 내용이다. 밑줄 친 ㉠, ㉡의 원인 기전을 순서대로 서술하시오.

[4점] 2016년

> 학　　생 : 선생님, 안녕하세요. 월경 전 증후에 대해 궁금한 게 있어요.
> 보건교사 : 궁금한게 뭐니?
> 학　　생 : 저는 월경 시작하기 2~3일 전부터 손발이 퉁퉁 붓고 체중이 많이 늘어요.
> 보건교사 : ㉠ 체액축적현상이 심한가 보구나.
> 학　　생 : 그게 무엇인가요?
> 보건교사 : 그것은 일시적으로 몸에 수분이 많이 쌓이는 것을 말한단다.
> 학　　생 : 아, 그렇군요.
> 보건교사 : 다른 증상들은 없니?
> 학　　생 : ㉡ 불안하고 예민해지면서 주의 집중이 잘 안되는데 심하지는 않아요.
> 보건교사 : 그래, 지금 너에게 있는 증상들은 월경이 시작되면 금방 사라질 거다.
> 학　　생 : 자세히 설명해주셔서 감사합니다.

|정답| ㉠ 체액축적현상 : 황체기에 프로게스테론 나트륨(Na^+) 배설 증가와 에스트로겐의 레닌(renin) 분비 증가에 의해 레닌, 엔지오텐신, 알도스테론이 증가 → 염분과 수분이 조직 내에 축적되어 부종, 체중증가를 야기한다.
㉡ 비타민 B_6의 부족으로 비타민 B는 단백질 이용을 증가시키고 피로, 긴장, 우울을 완화시키는 작용을 한다.

04 그림은 보건교육 시간에 C학생(여, 18세)이 발표한 월경전 증후군에 대한 내용이다. (가) ~(마) 중 옳은 것만을 있는 대로 고른 것은? [1.5점] 2013년

> **월경전 증후군(Premenstrual syndrome)에 대해 알아봅시다.**
>
> • 월경전 증후군이란?
> 월경과 관련된 정서 장애로, 일상생활에 지장을 줄 정도의 신체적, 정서적 또는 행동적으로 복합된 증후군이 월경 전 2~10일에 나타났다가 월경 시작 직전이나 월경 직후에 소실되는 증후군을 말한다.
>
> • 자가 관리를 위해 우리가 실천할 수 있는 방법들은?
> (가) 월경 일지를 만들고, 월경 일지에 모든 증상과 배란일을 기록한다.
> (나) 부종을 확인하기 위해 매일 체중을 잰다.
> (다) 탄수화물, 야채, 콩류 및 섬유소를 섭취한다.
> (라) 스트레스와 통증을 줄이고, 언짢은 기분을 완화시키기 위해 규칙적인 운동을 한다.
> (마) 카페인이 든 음료, 초콜릿 및 단 음식의 섭취는 제한한다.
>
> • 치료약은?
>
> … (이하 생략) …

① (가), (나)
② (다), (마)
③ (나), (다), (라)
④ (가), (다), (라), (마)
⑤ (가), (나), (다), (라), (마)

|정답| ⑤

05 한 여학생이 학교에서 주기적인 도벽으로 인하여 양호실로 상담 의뢰되어 왔다. 양호교사가 상담한 결과 긴장, 정서불안, 신경과민, 더부룩함, 오심 등의 전형적인 월경전 긴장 증후군 증상을 보였다. 학생이 이를 올바르게 인식하고 스스로 극복하도록 돕기 위하여 양호교사가 지도할 수 있는 내용을 6가지만 열거하시오. [6점] 2002년

|해설|

월경일지 작성	• 월경날짜, 배란일 등 경한 증상
경한 증상	• 지속적인 상담과 심리적 지지, 식이요법, 운동
스트레스 관리	• 월경 전에 스트레스를 줄이고 조절
휴식	• 피로가 스트레스를 가중 → 충분한 수면과 낮잠, 이완요법
규칙적인 운동	• 1주일에 3~5회 운동시간 : 엔돌핀 분비 촉진 → 신경성 긴장, 월경 전 긴장성 두통 예방
식이요법	• 규칙적인 식사 • 저염식이 : 부종과 체중증가 예방 • 고단백식이 • Vit B_6 섭취, 녹황색 야채, 과일 • 정제된 설탕이 많이 든 음식 제한 • 알코올, 붉은색 육류, 카페인 섭취 제한
중증도 이상시	• Vit B_6 복용 • 부종치료 위한 저염식 및 고단백식이와 이뇨제 투여 • 유방팽만감, 통증 → 브로모크립틴(bromocryptine) 투여

3 원발성 월경곤란증

06 **보건 상담 기록부의 내용 (가) ~ (라)에 대한 설명으로 옳은 것만을 〈보기〉에서 있는 대로 고른 것은?** 2012년

보건 상담 기록부

학년반	2학년 3반	성명	김○○	성별	여	나이	15세
상담일	2011. 10. ○○						

건강 문제 :
- 하복부 통증 - 월경통, 월경 1일째

상담 내용 :
- (가) 통증으로 인해 교실에 앉아 수업을 들을 수가 없음
- 불규칙한 월경주기에 대해 걱정함
- (나) 10개월 전 초경을 시작하였으며 월경통으로 산부인과를 방문했더니 원발성 월경통이라고 진단을 받았다고 함

지도 내용 :
- (다) 원발성 월경통에 대해 설명함
- 더운물 주머니 적용 및 복부 마사지 제공함
- (라) 약물 투여 관련 정보를 제공함

〈 보 기 〉

ㄱ. ㈎ 통증 조절을 위해 월경통이 있을 때는 비스테로이드 소염제(NSAIDs) 등을 투여한다.
ㄴ. ㈏ 원발성 월경통은 주로 초경 후 첫 6개월~1년간 나타나는 경우가 많다.
ㄷ. ㈐ 자궁내막증으로 인한 골반 내 울혈의 결과로 원발성 월경통이 나타남을 설명한다.
ㄹ. ㈑ 약물 치료로는 프로스타글란딘(prostaglandin)의 수준을 낮추는 경구 피임약 등을 사용한다.

① ㄱ, ㄴ
② ㄱ, ㄹ
③ ㄴ, ㄹ
④ ㄱ, ㄴ, ㄹ
⑤ ㄱ, ㄴ, ㄷ, ㄹ

|정답| ④
|해설| (다)는 자궁내막증으로 인한 골반 내 울혈의 결과로 속발성 월경곤란증이 나타난다.

07 다음의 소견을 보이는 여학생이 보건실에 왔다. 이때 보건교사가 학생에게 해 줄 수 있는 간호중재와 그 원리로 옳은 것을 〈보기〉에서 모두 고른 것은? 2010년

14세 여학생이 수업 도중 월경 시작과 동시에 갑작스런 골반통증이 있어 보건실에 왔다. 이 여학생은 13세에 초경을 했으며 현재 하복부와 치골상부에 국한된 통증이 있고, 통증의 양상은 둔하게 쑤시는 형태로 나타난다고 하였다.

〈 보 기 〉

㉠ 열요법으로 통증부위에 혈류를 감소시키고 고긴장성 근수축을 감소시킨다.
㉡ 골반흔들기 등의 운동으로 혈관 이완을 증가시켜 자궁허혈을 감소시킨다.
㉢ 복부마사지로 2차적인 자극을 주어 통증의 역치를 감소시킨다.
㉣ 요가나 명상으로 이완을 유도하여 통증을 감소시킨다.

① ㉠, ㉡
② ㉠, ㉢
③ ㉡, ㉣
④ ㉠, ㉡, ㉣
⑤ ㉡, ㉢, ㉣

|정답| ③
|해설| ㉠ 열요법은 혈관확장으로 통증부위의 혈류를 증가시켜 자궁허혈을 최소화하고, 근육이완과 근경련을 감소시켜 월경통을 감소시킨다.
㉢ 복부마사지는 2차적인 자극을 주어 통증의 역치를 증가시킨다.

08 보건교사가 '원발성 월경곤란증(월경통)'의 소견을 보이는 아래의 학생에게 통증발생의 원인으로 설명할 수 있는 내용을 3가지만 쓰시오. [3점] 2007년

> 중학교 2학년의 여학생이 심한 골반통증으로 보건실을 방문하였다. 학생은 초경을 한지 8개월이 되었으며 골반의 기질적인 문제가 없고, 2시간 전 생리를 시작하면서부터 갑자기 통증이 유발되었다.

|정답| ① 자궁내막에서 분비되는 프로스타글란딘의 과다분비

② 자궁근육의 수축빈도와 강도증가, 자궁동맥의 혈관경련을 야기시켜 허혈과 주기적인 하복부 경련 초래

③ 정신적 요인 : 정신적 불안증, 신경질적 기질 등

09 월경 시 동통을 느끼게 하는 원인은? 1996년

① 자궁내막의 탈락
② Esterogen 분비 감소
③ Progesteron 분비 감소
④ Prostaglandin 분비 증가

|정답| ④

|해설| 원발성 월경곤란증

프로스타글란딘의 분비 증가로 자궁 평활근의 과도한 수축과 혈류량을 감소시켜 월경통이 발생한다.

4 질염

10 다음은 보건교사와 임신 30주인 박 교사와의 대화 내용이다. 밑줄 친 ㉠으로 확인할 수 있는 원인균과 밑줄 친 ㉡에 해당되는 질환 명을 순서대로 쓰시오. [2점] 2019년

박 교사 : 선생님, 안녕하세요?
보건교사 : 안녕하세요. 이젠 배가 많이 불러서 몸이 무거우시겠어요.
박 교사 : 네. 임신 중반부터 하루가 다르게 몸이 무거워져서 많이 불편해요. 자주 쉬어주고 있기는 한데 앞으로 아기 낳는 것도 걱정돼요. 그런데 여쭤볼게 있어요.
보건교사 : 무엇인가요?
박 교사 : 며칠 전부터 속옷에 치즈 형태의 질 분비물이 묻어나고 가려워요. 소변도 자주 마렵고 소변볼 때 따끔거리고 아파요. 병원에 가봐야겠지요?
보건교사 : 네, 병원에 가면 ㉠ <u>질 분비물을 검사</u>하게 될 거예요.
박 교사 : 태아에게 문제가 있을까봐 걱정돼요.
보건교사 : 태아에게 문제는 없지만 ㉡ <u>임신동안 치료가 안 되면 출산할 때 아기에게 문제</u>가 생길 수 있으니까 치료 잘 받으세요.
박 교사 : 네. 알겠습니다.

|정답| 칸디다성 질염
㉠ 원인균 : candida albicans(곰팡이균)
㉡ 신생아 아구창

11 **임신 32주인 28세 교사가 질 분비물과 외음부 소양증 및 성교 시 통증을 호소하였다. 이 여교사에게 의심되는 질염, 증상과 교육내용으로 맞게 짝지어진 것은?** [2.5점] 2011년

〈질염〉
가. 트리코모나스 질염(trichomonas vaginitis)
나. 칸디다성 질염(vaginal candidiasis)
다. 세균성 질염(bacterial vaginosis)

〈증상〉
ㄱ. 계란 흰자위 같은 점액 농성 질 분비물
ㄴ. 우유 찌꺼기 같은 백색 질 분비물
ㄷ. 거품이 있는 녹황색의 화농성 질 분비물

〈교육내용〉
A. 질강 세척(douche)을 하도록 한다.
B. 배우자도 함께 치료를 받도록 한다.
C. 에스트로겐 질크림을 바르도록 한다.
D. 조산 우려가 있으므로 조속히 치료받도록 한다.

① 가 - ㄱ - A
② 가 - ㄷ - B
③ 나 - ㄱ - A
④ 나 - ㄴ - C
⑤ 다 - ㄷ - D

|정답| ②

|해설| 질염과 증상

가. 트리코모나스 질염 - ㄷ - B - D
나. 칸디다성 질염 - ㄴ - 질세척 금지
다. 세균성 질염 - ㄱ - D
D. 조산 우려 : 세균성 질염, 트리코모나스 질염

12 **어떤 산모가 모닐리아성 질염에 감염되었다면 그 산모에게서 출생한 신생아는 어떤 질병이 유발될 수 있는가?** 1993년

① 폐렴 ② 아구창
③ 신생아 안염 ④ 신생아 피부염

|정답| ②

|해설| 모닐리아성 질염

- 원인균 : candida albicans(곰팡이균)
- 분만 시 감염된 모체 산도로부터 신생아에게 전파 → 신생아 아구창 발생

5 골반염증성 질환

13 **골반 내 장기염증으로 맞지 않는 것은?** 1996년

① 자궁을 포함한 골반 내 장기의 염증성 질환이다.
② 가장 흔한 원인균은 연쇄상구균이다.
③ 급성기 환자는 절대 안정을 취한다.
④ semi-fowler 자세를 취한다.

|정답| ②

|해설| 골반 내 장기염증의 가장 흔한 원인균은 임균(65%), 클라미디아균 감염이다.

6 클라미디아 감염

14 **클라미디아(Chlamydia) 감염에 대한 서OO 학생의 생각 (가)~(라) 중 옳은 것만을 있는 대로 고른 것은?**

[2.5점] 2012년

① (가), (나)
② (나), (다)
③ (다), (라)
④ (가), (나), (다)
⑤ (가), (나), (다), (라)

|정답| ④

|해설| (라) 질병의 전파를 막기 위해서는 콘돔을 사용한다.

7 임질

15 **임신 중 임질에 감염된 경우 발생할 수 있는 주요한 합병증을 4가지만 쓰시오.**

[4점] 2008년

|정답| 주산기합병증으로 조기파막, 조산, 융모양막염, 신생아안염, 신생아 패혈증을 초래한다.

8 매독

16 다음은 성전파성 질환의 일례에 대한 설명이다. 이 질환의 진단방법으로 옳은 것은?

2010년

> 이 질환은 원인균이 주로 성교에 의해 피부나 점막으로 침입하며, 심각한 전신질환을 유도할 수 있는 복합질환이다. 감염 시 임상 양상과 시간 경과에 따라 독특한 질병의 단계를 거친다. 전염성이 강하며, 전형적인 일차적 병변은 경성하감(chancre)의 형태로 나타난다.

① 요도구, 직장, 자궁경부, 바르톨린샘에서 검사물을 채취하여 TM(Thayer–Martin) 배지에서 배양검사를 한다.
② 궤양의 삼출물을 배양하여 도말표본검사로 듀크레이 간균(hemophillus ducreyi)을 발견한다.
③ 서혜부의 특징적인 과립 모양의 병소와 급성기와 아급성 시기에 라이트(Wright) 방법으로 조직을 염색하여 도노반소체를 발견한다.
④ 바이러스에 감염된 쥐의 뇌로부터 추출한 항원을 주사한 후 양성 피부 반응을 보는 프라이(Frei)검사로 진단한다.
⑤ 현미경으로 환부에서 원인균을 확인하고 혈청학적 검사(VDRL, FTA–ABS)를 이용하여 진단한다.

|정답| ⑤
|해설| ① 임질, ② 연성하감, ③ 서혜육아종, ④ 성병성 림프육아종 진단방법이다.

17 다음 〈보기〉의 특징을 가진 질병은?

1993년

〈 보 기 〉

- 병원체는 스피로헤타이다.
- 여성보다 남성에서 흔히 발생한다.
- 서혜부 임파선염이 연관되어 발생한다.
- 질이나 자궁경관보다 외음부에 더욱 흔하다.

① 임질
② 경성하감
③ 연성하감
④ 서혜육아종

|정답| ②

|해설| 매독

- 원인균 : spirochete 균(Treponema pallidum)
- 1기 매독 : 경성하감(단단하고 통증 없는 결절)으로, 구강, 턱, 외음, 항문에 나타난다.

18 〈보기〉 중 선천성 매독에 해당하는 것만으로 짝지어진 것은? 1992년

〈 보 기 〉

㉠ 임신 5개월 이내에 모체의 태반을 통해서 감염된다.
㉡ 비성호흡, 중추신경계 장애 등이 나타난다.
㉢ 출생 직후 안염 예방을 위해 1% 질산 용액을 점적시킨다.
㉣ 피부에 수포성 발진이 생긴다.

① ㉠, ㉡
② ㉠, ㉢
③ ㉡, ㉣
④ ㉢, ㉣

|정답| ③

|해설| ㉠ 임신 16~18주까지는 태반이 방어역할, 그 이후 균이 태반 통과 → 임신 18주(5개월) 이내 적절한 치료하면 해로움이 나타나지 않는다.
㉢ 임질에 대한 내용이다.

19 허치슨 치아의 특징이 아닌 것은? 1992년

① 정상 치아보다 작다.
② 깨무는 표면에 절흔이 생긴다.
③ 치아사이의 간격이 넓어진다.
④ 유치에 침범을 받는다.

|정답| ④

|해설| 허치슨 치아 : 치아크기가 작고, 치아사이 간격이 넓어지며 저작면에 절흔으로 얇아져 있음, 유치 아닌 영구치에 침범을 받는다.

9 첨형 콘딜로마

20 **성전파성 질환의 일종으로 여성의 외음부에 생긴 첨형 콘딜로마(condyloma acuminatum)에 대한 특성이다. 이 질병에 대한 설명으로 옳은 것은?** 2011년

〈특성〉

- 꽃양배추(cauliflower) 모양을 지닌 돌기형의 무통성 사마귀
- 외음부 소양증을 초래하기도 함
- 임신부와 면역저하 환자에게서는 병변이 자라는 속도가 빨라짐

① 협착과 천공이 생긴다.
② 사마귀를 제거하면 재발되지 않는다.
③ 질분만 시 신생아에게 안염을 일으킨다.
④ 2기가 되면 병변이 회백색의 삼출물로 덮이고 악취가 난다.
⑤ 원인균은 인유두종바이러스(human papilloma virus)이다.

|정답| ⑤

|해설| 첨형 콘딜로마
① 협착과 천공은 생기지 않는다.
② 인유두종 바이러스는 사마귀가 제거되어도 재발률이 높다.
③ 임질, ④ 매독에 대한 내용이다.

21 **출산 전 산모의 성병감염이 원인이 되어 올 수 있는 신생아 질환이 아닌 것은?** 1996년

① 임질 – 신생아 안염
② 첨형 Condyloma – 폐렴
③ 매독 – 지속성 비염
④ Candida 질염 – 아구창

|정답| ②

|해설| **첨형 콘딜로마** : 신생아가 주산기에 노출되면 2~4세 후두유두종으로 발전되며, 쉰 목소리, 위막성 후두염, 기침증상을 동반한다.

10 후천성 면역결핍증(AIDS)

22 다음은 고등학교 보건교사가 작성한 교수 · 학습지도안이다. 괄호 안의 ㉠, ㉡에 해당하는 명칭을 순서대로 쓰시오. [2점] 2016년

<table>
<tr><th colspan="5">교수 · 학습지도안</th></tr>
<tr><td>단 원</td><td>면역과 건강한 생활</td><td>지도교사</td><td colspan="2">보건교사</td></tr>
<tr><td>주 제</td><td>면역과 질환</td><td>대 상</td><td colspan="2">2-4, 32명</td></tr>
<tr><td>차 시</td><td>2/3</td><td>장 소</td><td colspan="2">교실</td></tr>
<tr><td>학습목표</td><td colspan="4">후천성 면역결핍증후군(AIDS)의 개요, 선별검사, 경과와 증상 및 진단 기준을 설명할 수 있다.</td></tr>
<tr><td>단 계</td><td colspan="3">교수 · 학습 내용</td><td>시간</td></tr>
<tr><td>도 입</td><td colspan="3">• 전시 학습 확인 : 면역의 개념과 면역계의 구성, 세포 및 조직
• 동기유발 : AIDS에 대한 다큐멘터리 시청
• 본시 학습목표 확인</td><td>10분</td></tr>
<tr><td>전 개</td><td colspan="3">1. AIDS의 개요
• AIDS의 원인은 HIV임
• HIV 전파는 성적접촉, 혈액 · 체액 및 분만 · 수유에 의함
2. HIV 선별검사
• (㉠)(이)라는 검사로 확인함
3. HIV 감염/AIDS의 경과와 증상
• 초기단계 : 50~70%의 감염자에게서 열, 근육통, 감기증상, 붉은 반점 등이 나타났다가 치료하지 않아도 사라짐
• 무증상(잠복기) 단계 : 평균 10년 정도 거의 아무런 증상이 없음
• 증상발현단계 : 치료하지 않을 경우 각종 기회감염, 악성종양, 치매 등의 증상이 나타남
4. AIDS의 진단 기준
• 면역세포(㉡)의 수가 200개/μL 미만
• 기회감염
… (하략) …</td><td>35분</td></tr>
<tr><td>정리 및 평가</td><td colspan="3">• AIDS의 원인, 선별검사, 경과와 증상 및 진단 기준에 대한 ○× 퀴즈</td><td>5분</td></tr>
</table>

|정답| ㉠ ELISA(Enzyme-Linked ImmunoSorbent Assay, 효소면역분석법)
㉡ CD_4 T 림프구

23 후천성 면역결핍증(Acquired Immune Deficiency Syndrome : AIDS)의 주 원인균인 인간 면역 결핍 바이러스(Human Immunodeficiency Virus : HIV)의 감염 가능성이 있는 경우에 해당하는 것을 〈보기〉에서 고른 것은?

2009년

〈 보 기 〉

ㄱ. HIV 감염자와 성접촉을 한 성인
ㄴ. HIV 감염 모체로부터 모유수유를 받고 있는 영아
ㄷ. HIV 감염자와 직장에서 같은 작업을 하고 있는 성인
ㄹ. HIV 감염자와 같은 화장실을 사용하는 아동
ㅁ. HIV 감염 모체로부터 질식분만(vaginal delivery)으로 출생한 영아

① ㄱ, ㄴ, ㄷ
② ㄱ, ㄴ, ㅁ
③ ㄱ, ㄹ, ㅁ
④ ㄴ, ㄷ, ㄹ
⑤ ㄷ, ㄹ, ㅁ

|정답| ②

|해설| AIDS 전염 원인

- HIV(human immunodeficiency virus)
- 감염자와의 성행위 : 남성동성애자들의 항문성교 시, HIV 직접 노출된 사람과의 이성 간 성교로 전파
- 오염된 주사기, 면도날, 칫솔 등으로 인한 상처
- AIDS 환자의 인공정자, 인공수정, 모유수유, 혈액제제
- 감염된 어머니에서 태어난 신생아

24 서구의 Tb 발병 증가 원인은?

1996년

① 성병
② 알레르기
③ AIDS
④ 만성피로증후군

|정답| ③

|해설| 후천성 면역결핍증 단계에서는 면역손상으로 인한 폐감염, 결핵이 발생한다.

25 AIDS 전염의 직접적인 경로는? 1996년

① 기침, 재채기
② 감염된 사람과의 접촉
③ 음식, 물, 대변, 공기, 곤충
④ 대화, 악수와 같은 일상적 접촉

|정답| ②

|해설| AIDS 전염 원인 : HIV(human immunodeficiency virus), 감염자와의 성행위, 즉 남성동성애자들의 항문성교 시, HIV 직접 노출된 사람과의 이성 간 성교로 전파된다.

26 후천성 면역결핍증후군에 대한 설명으로 옳지 않은 것은? 1993년

① HIV 감염으로 발생한다.
② 신생아나 영아에서는 감염된 어머니로부터 감염된다.
③ 림프절 종대, 만성폐렴 및 설사, Kaposi 육종 등의 증상이 있다.
④ 중증 감염 및 패혈증은 아동보다 성인에서 흔히 볼 수 있다.

|정답| ④

|해설| 아동은 면역체계가 미숙하기에 성인에 비해 질병과정이 빠르게 진행된다.

CHAPTER

10 생식기 종양 간호

01 자궁근종(Uterine myoma)

정의	• 자궁에 발생하는 양성종양, 평활근 세포에서 발생	
특징	• 자궁에서 발생하는 종양 중 가장 흔함 • 30~45세 호발, 폐경기 이후에는 대개 크기가 줄어듦	
원인	• 에스트로겐에 의존하여 근종이 성장하는 것 • 난소기능이 왕성할 때 근종이 잘 자라고 초경 이전이나 폐경기 이후에는 근종 크기가 감소 • **빠른 초경** : 초경이 빠를수록 에스트로겐 노출 증가로 자궁근종 증가 • **경구피임제** : 에스트로겐 함유 경구피임제 사용 • **비만** : 부신에서 분비된 안드로스테네디온이 지방조직에 존재하는 전환효소에 의해 에스트론으로 전환율 증가로 에스트론 증가	
분류	점막하 근종 (5%)	• 자궁내막 바로 아래 발생 • **출혈** : 월경과다, 부정자궁출혈, 지속적 질출혈 • **육경(peduncle)을 형성** : 자궁경부나 질 내로 이탈 • 불임, 유산 유발 • 이차성 변성인 육종성 변형 위험 많음 → 괴사, 출혈, 감염
	근층내 근종 (80%)	• 자궁근종 대부분 차지, 자궁의 근육층에 발생하는 근종 • **자궁크기가 크고 다발성일 때** : 현저히 커지고 결절 뚜렷, 견고함
	장막하 근종 (15%)	• 자궁을 덮고 있는 복막 아래 발생 • 임신 동반 시 종양 표면을 지나가는 혈관이 터져 다량의 복강 내 출혈 발생
	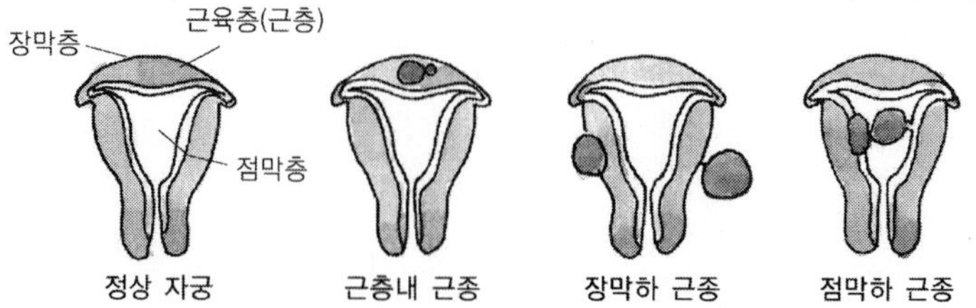	

증상	• 증상이 없을 수 있으나 25% 정도 증상 있음		
	덩어리 촉지		• 양손진찰 시 하복부에서 덩어리 촉지 또는 하복부 팽만감
	자궁출혈		• 월경과다, 부정자궁출혈, 부정과다출혈 • 점막하 근종의 부정과다출혈
	만성골반통		• 하복부 중압감, 월경곤란증 및 성교통
	압박감	방광압박 시	• 빈뇨, 배뇨곤란
		직장압박 시	• 약간의 변비증상, 배변통
		하대정맥, 장골정맥 압박 시	• 하지 부종, 정맥류
		신경 간 압박 시	• 등이나 하지로 퍼지는 통증
	빈혈		• 월경과다로 인해 혈색소가 15~20% 정도 감소되어 빈혈 초래
	월경변화		• 월경량 과다, 월경기간 길어짐, 월경통 有, 월경과 월경 사이 과다출혈
이차적 변성	원인		• 자궁근 증대에 비해 혈관발달이 미치지 못하여 혈액순환장애를 유발하거나 난포호르몬(estrogen)의 감소 또는 황체호르몬(progesterone)의 증가로 인해 자궁근종이 이차적으로 변성 초래
	감염과 화농		• 점막하 근종에서 가장 많이 발생 • 근종이 자궁강 내로 돌출하면서 자궁내막이 얇아지거나 육경이 꼬여 괴사된 조직에 연쇄상구균 등이 화농성 병변 일으킴
	초자화 (초자성변성)		• 이차 변성 중 가장 흔함, 근종 자체의 혈액공급장애로 발생 • 절개한 단면은 근종의 소용돌이 형태 없이 균일하게 보임
	낭포성		• 초자성 변성이 액화하여 투명액 또는 젤라틴 같은 물질이 들어있는 낭포 형성
	석회화		• 근종이 혈액순환장애로 허혈성 괴사가 형성된 후 인산칼슘, 탄산칼슘 등이 근종에 침착하여 돌처럼 단단하게 변화되는 것
	괴사		• 근종에 혈액공급장애, 심한 감염 또는 육경성 근종의 염전으로 발생 • 근종의 내부에서부터 검붉은 출혈성 색채 띰
	지방화		• 진행된 초자화 변성에서 발생될 수 있으나 매우 드묾
	육종성변성		• 근종이 갑자기 커지거나 특히 자궁근종을 가지고 있던 여성이 폐경기 이후 자궁출혈 동반 시 육종성 변성 의심, 아주 드묾
임신과 관계	• 에스트로겐 증가와 임신 중 혈량 증가로 근종의 성장 • 임신 시 되도록 치료하지 않으며, 질식분만 우선적으로 고려 • 임신기간에 대개 크기가 커졌다가 분만 후 작아짐		
	임신 1기		• 유산 원인, 근종이 크면 태아성장을 방해하여 자궁 내 성장지연 • **점막하 근종** : 착상 방해, 초기 유산 유발

<table>
<tr><td rowspan="3"></td><td>임신 2기</td><td colspan="2">• 자궁근종에 혈액순환장애로 괴사성 변성의 일종인 적색 변성 유발
• 적색 변성 : 압통, 발열, 백혈구 증가증</td></tr>
<tr><td>임신 3기</td><td colspan="2">• 출혈, 자궁무력증, 드물게는 산도의 기계적 폐쇄 초래</td></tr>
<tr><td>분만</td><td colspan="2">• 분만 후 자궁이완으로 인한 산후출혈과 자궁내막염 유발
• 분만 3기에 태반박리 방해하여 산후출혈 발생
• 산후 발열, 백혈구 증가, 압통 시 진통제, 해열제 투여</td></tr>
<tr><td>진단</td><td colspan="3">• 양손 검진 : 덩어리 사정, 빈뇨 또는 압박증상 등 요로계통의 증상 정도 사정
• 초음파 검사, X선 단순복부촬영
• 정밀검사 : 자궁경검사, 복강경검사
• 세포진검사와 자궁내막 생검 : 악성종양, 자궁내막증식증과 평활근종 유무 확인
• 비뇨기계 증상 시 : 신우조영술, 방광조영술
• 조직검사 : 확진</td></tr>
<tr><td rowspan="6">치료
및
간호</td><td>고식적 요법</td><td colspan="2">• 근종의 크기가 작고 증상 없을 때 : 6개월마다 정기검진 & 관찰
• 폐경 무렵 무증상 근종 : 폐경 후 에스트로겐 분비저하로 근종크기 감소하기에 수술 서두르지 않음</td></tr>
<tr><td rowspan="3">수술요법</td><td colspan="2">• 증상, 근종의 크기와 위치, 타 질환과의 합병 상태 및 연령과 출산력, 임신상태, 임신 희망 여부, 건강상태 등을 고려
• 호르몬이나 다른 보존적 치료에 반응하지 않아 비정상적 출혈로 빈혈이 생긴 경우
• 만성적인 심한 생리통, 성교통, 아랫배 통증이 있을 때
• 자궁크기가 매우 커서 압박증상이 나타날 때(크기가 임신 12주 이상)
• 불임인 여성에게서 자궁근종이 유일한 비정상적 소견일 때
• 폐경 후 크기가 증가할 때 : 육종성 변성 의심 시
• 비뇨기계 증상 혹은 수신증(hydronephrosis)을 시사하는 sign이 있을 때</td></tr>
<tr><td>근종절제술</td><td>• 미혼, 젊은 여성, 아기를 원하는 여성, 자궁을 남겨두기 원하는 여성</td></tr>
<tr><td>자궁절제술</td><td>• 나이가 많고 자녀가 있는 여성</td></tr>
<tr><td rowspan="2">호르몬 요법</td><td>GnRH agonist</td><td>• 약명 : Goserelin, Lupron(leuprolide), Zoladex Synarel, Supprelin
• 저에스트로겐 현상 유발한 후 자궁근종 크기 감소
• FSH, LH의 유리 억제하여 에스트로겐 감소
• 저용량으로 단기간 사용하는 것이 바람직</td></tr>
<tr><td>Depoprovera</td><td>• medroxy progesterone acetate(MPA)
• 수술 못하는 경우, 뇌하수체 성선자극호르몬의 분비를 억제하고 난소기능을 억제함으로 저에스트로겐 효과로 자궁근종의 자연위축, 출혈방지</td></tr>
</table>

02 자궁경부상피내 종양(CIN ; Cervical intraepithelial neoplasia)

<table>
<tr><td>정의</td><td colspan="2">• 침윤성 자궁경부암의 전구질환, 경부상피내암(CIS)임</td></tr>
<tr><td>특징</td><td colspan="2">• 호발연령 : 20~30대</td></tr>
<tr><td rowspan="7">분류</td><td colspan="2">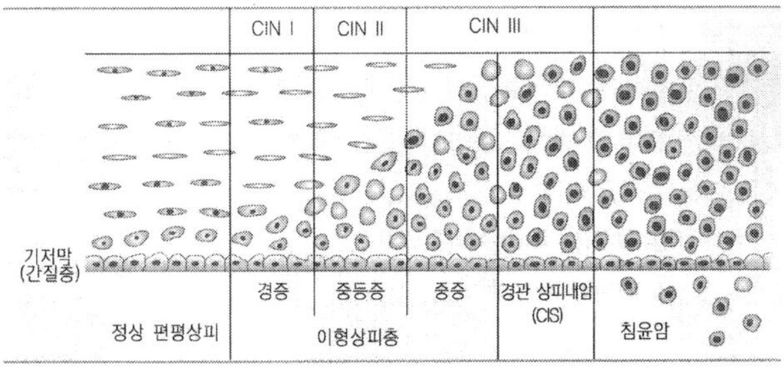
</td></tr>
<tr><td>CIN</td><td>• 이형성증
• 비정상적 세포증식이 상피세포에 국한
• 상피내암, 침윤암으로 발전
• 전암단계를 거치며, 침윤암으로 발전하는 데 7~10년으로 이 기간에 조기진단 가능</td></tr>
<tr><td>CIN Ⅰ</td><td>• 경증 이형성(mild displasia)
• 상피층 하부 1/3이 유사핵분열과 미성숙세포로 변형된 경우
• 상피내암까지 5년</td></tr>
<tr><td>CIN Ⅱ</td><td>• 중증도 이형성(moderate displasia)
• 상피층의 2/3까지 유사핵분열과 미성숙세포로 변형된 경우
• 상피내암까지 3년</td></tr>
<tr><td>CIN Ⅲ</td><td>• 중증 이행증(severe displasia)과 상피내암을 각각 포함하는 것
• 상피층 상부 1/3 이상 또는 상피세포의 전체가 변형되었으나 표면에는 성숙세포가 존재하는 경우
• 상피내암까지 1년</td></tr>
<tr><td>CIS</td><td>• 상피내암(CIS ; carcinoma in situ)
• 암과 구별할 수 없는 미분화된 이상세포가 상피세포 전체에 대체되었으나 기저막을 통한 기질이나 림프선 침윤이 없는 경우
• 침윤성 암의 전구질환
• 상피내암의 60% : 침윤암으로 진행, 침윤암까지 10년</td></tr>
<tr><td>침윤암</td><td>• 자궁경부암 : 침윤성 자궁경부암 의미</td></tr>
</table>

<table>
<tr>
<td>발생 과정</td>
<td>
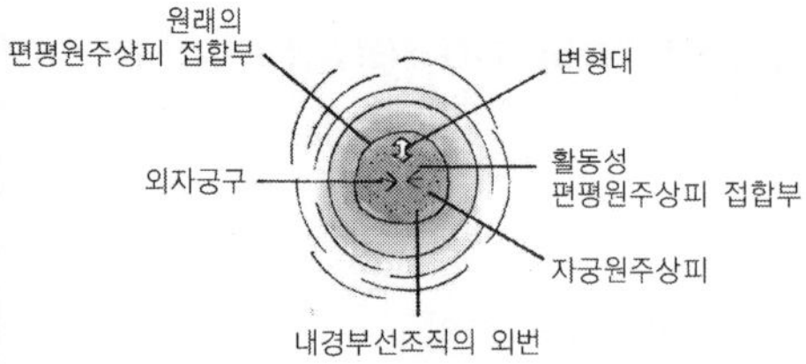

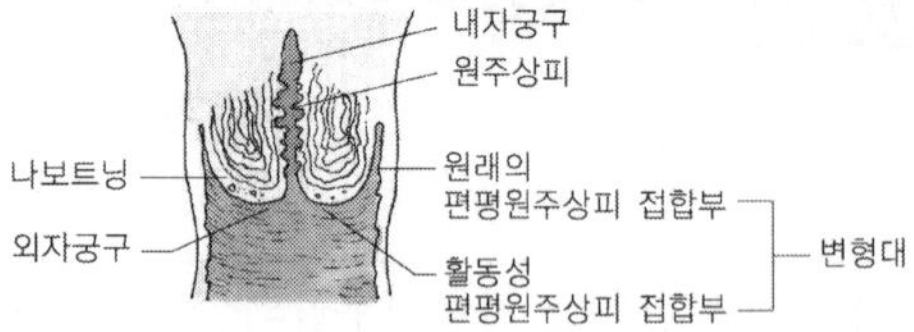

• 내자궁경부 표면 : 원주상피로 덮여 있음
• 외자궁경부 표면 : 편평상피로 이루어져 있음
• 편평원주상피접합부 : 두 상피세포가 만나는 곳
– 초경 전 : 자궁경부의 편평상피와 원주상피 사이 접합부가 뚜렷이 구분
– 화생(metaplasia) : 초경 시 자궁경부가 성장하면서 내자궁경의 원주상피가 외자궁구로 외번하여 외자궁구를 향해 진행하여 질의 산성환경에 노출된 편평상피로 치환
– 변형대(transformation zone) : 화생이 일어나는 자궁경부의 편평원주상피세포접합부
– 편평원주상피세포접합부의 화생세포가 비정형 또는 이형성 상피세포로 변형
– 이형상피증의 변형은 화생과정이 가장 활발하게 일어나는 초경과 임신 중에 시작, 폐경기는 화생과정이 적어 이상피증의 변형이 적음
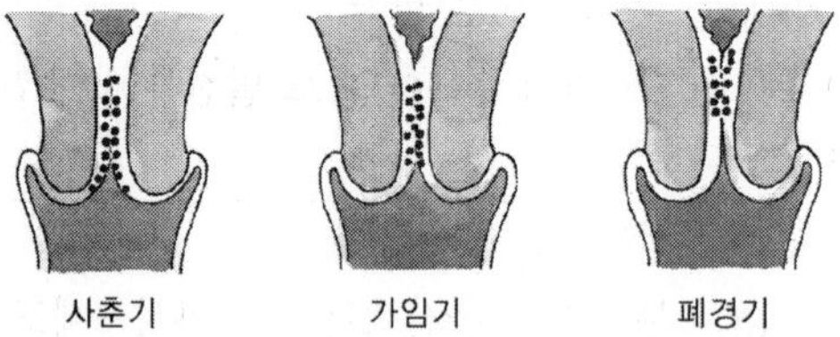

[여성의 생의 주기별 변형대와 편평원주상피접합부 위치]
</td>
</tr>
<tr>
<td>원인</td>
<td>
• 인유두종 바이러스(HPV ; Human papilloma virus)
– 인유두종 바이러스 16, 18, 31 유형이 자궁경부 전암병소와 침윤암에서 주로 검출
– 인유두종 바이러스 감염 여성의 1/3 : 1년 내 자궁경부상피내 종양으로의 이환율
• 자궁경부 콘딜로마
• 자궁경부상피내 종양 및 침윤성 자궁경부암의 95% 이상에서 검출
</td>
</tr>
<tr>
<td>증상</td>
<td>• 특징적인 증상 없음 : 상피 내에 국한된 변화이기 때문</td>
</tr>
</table>

03 자궁경부암(Carcinoma of the cervix)

정의	• 자궁경부에 발생하는 악성종양, 여성 종양 중 가장 많음	
원인	• 첫 성교의 나이가 어린 경우(16세 전), 성 파트너가 많은 경우 • 포경유무와 음경의 위생상태 • 인유두종 바이러스(HPV) 감염 • 성 전파성 질환(단순포진 바이러스 감염, 매독, 임질, 트리코모나스 감염) • 경구피임약 • 낮은 경제적 수준과 교육 수준	
분류	편평상피암	• 자궁경부암의 90% • 질벽과 연결된 경관의 외구를 덮고 있는 편평상피에서 발생
	원주상피암	• 자궁경관 내 원주상피에서 발생
	선편평암	• 편평상피암 + 선암이 같이 발생 • 예후 좋지 않음
	호발부위	• 편평원주상피접합부(외자궁경부의 변형대) → 편평상피에서 원주상피로 변하는 곳
	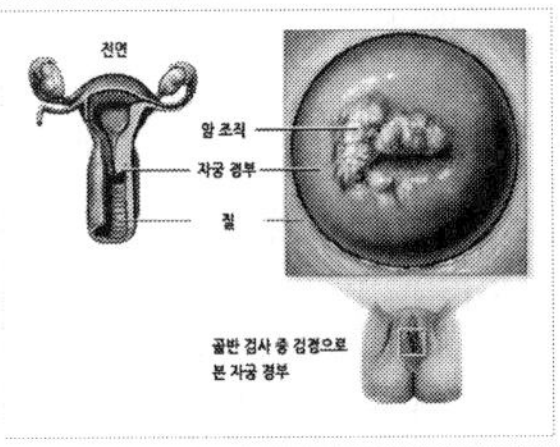 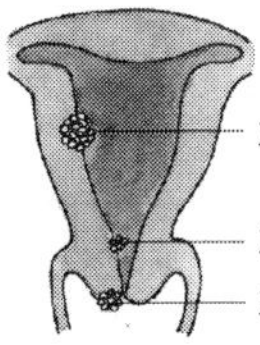	
증상	초기증상	• 경미한 출혈 • 월경 사이의 출혈이나 성교 후 또는 심한 운동이나 힘을 들여 대변을 본 후에 접촉 출혈 • **비정상적인 질 분비물** : 출혈이 있기 전 담홍색 또는 핏빛을 띤 분비물 • 병이 진행될수록 출혈과 질 분비물이 많고 궤양이 심하며 이차 감염 시 악취
	진전 시	• 경부궤양, 월경과다 • **전신증상** : 식욕부진, 원인불명의 체중감소와 출혈, 빈혈, 변비, 직장출혈 • **국소림프절 침범 시** : 하지부종, 하부요통, 서혜부 및 하지통증
	말기증상	• 지속적 요추천골통 • 편측성 림프샘 부종 • **요관 폐쇄증** : 주요사인(요관폐색으로 인한 신부전증)

임상적 병기 (FIGO)

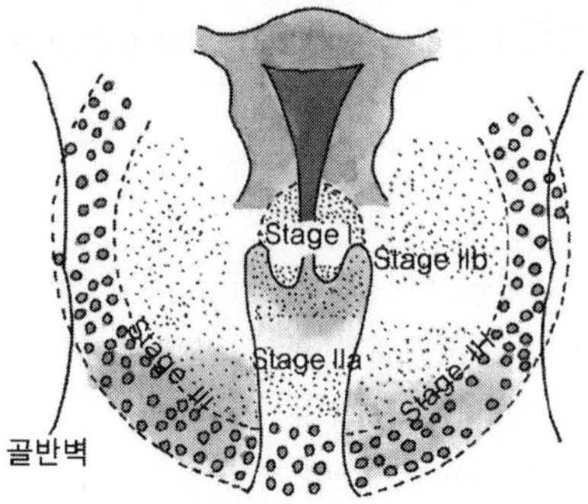

자궁경부암의 병기결정과정	신체검진	• 임파결절의 촉진 • 질검진 • 양손검진으로 직장-질 검진
	방사선검사	• 경정맥신우조영술 • 바륨관장 촬영 • 흉부 X선 촬영 • 골격 X선 촬영
	진단적 검사	• 질확대경, 자궁경검사, 조직 생검, 원추절제술 • 경관내부 소파술, 방광경, 직장경
	임의 검사	• 컴퓨터단층촬영, 자기공명영상, 임파관조영술, 초음파술, 복강경 • 방사선 스캐닝

Stage Ⅰ	ⅠA		종양이 자궁경부에만 국한(체부로의 확대는 고려하지 않음)
			오직 미세 현미경으로 진단된 침습암으로 최대 침습 깊이는<5mm, 최대 수평확산은<7mm
		ⅠA1	기질 침습 깊이<3.0mm, 수평확산<7.0mm
		ⅠA2	3.0mm<기질침습<5mm, 수평확대<7.0mm
	ⅠB		임상적으로 관찰되는 병변 또는 ⅠA2보다 병변이 큰 경우
		ⅠB1	7mm<병변 크기<4cm
		ⅠB2	병변 크기>4cm
Stage Ⅱ			종양이 자궁 밖까지 침범하였으나 골반벽과 질 하부 1/3을 침범하지 않은 경우
	ⅡA		자궁주위조직으로 침범이 없는 경우
		ⅡA1	병변 크기≤4cm
		ⅡA2	병변 크기>4cm
	ⅡB		자궁주위조직으로 침범이 있는 경우
Stage Ⅲ			종양이 골반벽을 침범하고 질 하부 1/3을 침범하였거나 혹은 비기능 신장을 가진 경우
	ⅢA		질의 1/3을 침범하였으나 골반벽을 침범하지 않은 경우
	ⅢB		골반벽을 침범하고 수신증 또는 비기능 신장이 있는 경우

	Stage Ⅳ			종양의 범위가 골반의 경계를 넘었거나 방광 혹은 직장의 점막을 침범한 경우
		ⅣA		골반 주변장기로 퍼진 경우
		ⅣB		원격전이를 보이는 경우
진단검사	세포진 검사 (cytology)			• 도말검사(papanicolau smear test) • 자궁경부암 조기 발견을 위한 정기검사 • 침윤 전 · 초기 암 진단 • 편평원주상피세포접합부, 후질원개, 자궁경부 내부에서 세포 채취 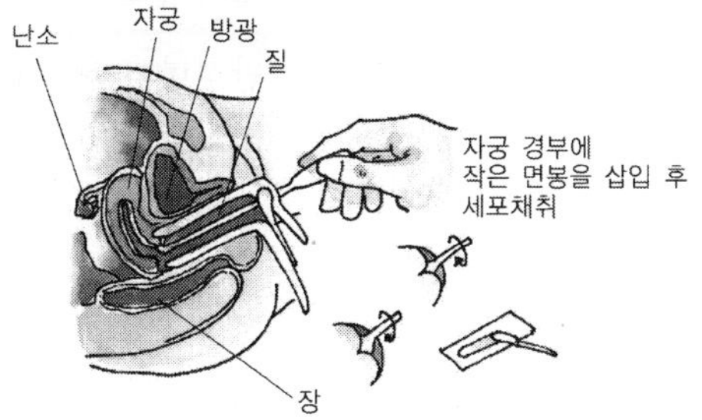 • **세포도말검사 분류체계** – Class Ⅰ : 정상 – Class Ⅱ : 염증으로 인한 이상세포 출현 – Class Ⅲ : 비정상 유핵세포변화 – Class Ⅳ : 상피내암 – Class Ⅴ : 편평세포암(침윤암)
	쉴러검사 (Schiller test)			• 조직생검 전에 병소부위 확인을 위해 사용 • **경부에 요오드 용액을 묻혀 변화 관찰** – **정상** : 적갈색 변화(정상세포는 글리코겐 함유하여 요오드에 반응) – **암세포** : 노란색(요오드에 염색 안됨), 이 부위에서 생검 시행
	질확대경 검사 (colposcopy)			• 세포진 검사(Pap smear)에서 의심되고 자궁경부 육안 소견이 정상일 경우 • 자궁경부의 이상소견의 종류, 정도, 범위 파악 • 의심스러운 부위 규명, 세포진 검사와 병행 • 병변이 보이지 않으며 자궁경부 도말검사(Pap smear)상 비정상 소견이 보이면 3~5% 초산을 경부에 적용하여 질확대경을 통해 병변 확인함 • **이상소견** : 경부에 3~5% 초산용액 적용 후 흰색으로 변함

	검사용	소견
정상소견	정상 편평상피	연한 분홍빛으로 혈관이 잘 보이지 않음
	정상 원주상피	단층의 원주상피로 작은 융모, 포도송이 모양
	정상 변형대	화생상피로 구성
비정상소견	백색상피	상피세포가 초산용액에 백색을 띰
	모자이크	상피 주위에 혈관막을 형성함
	반점형성	상피표면의 붉은 반점이 보임
	비정형성 혈관	혈관이 comma 모양, 올챙이 모양
	백반증	자궁경부의 흰 점, 편평한 흰 반점이 보임
	침윤암이 의심되는 소견	자궁경부 표면이 불규칙하고 비정상 혈관이 분포됨
불만족스러운 소견		편평원주상피세포의 경계(SCJ)가 경관 내로 상승
기타		염증성 변화, 위축성 변화, 콘딜로마, 미란

조직 생검 (punch biopsy)	• 경부조직의 일부를 떼내어 검사 • 경부암 확진 검사 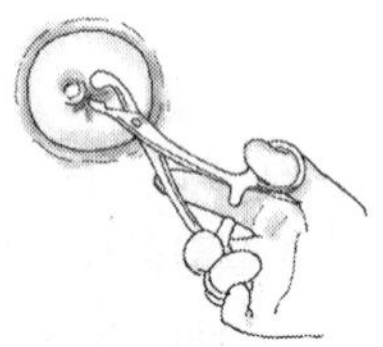
원추절제술 (conization) 원추 생검	• 생검이 양성으로 나온 경우 또는 질확대경 검사 결과가 불만족스러운 경우 진단과 미세 침윤암에 치료를 겸한 목적으로 실시 • 조직 생검이 불가능한 경관 외구에 병변이 없고 경관 내에 병변이 숨어있는 경우 칼로 병변 부위를 도려냄 • 시술 후 통증이 적고 치유가 빠름 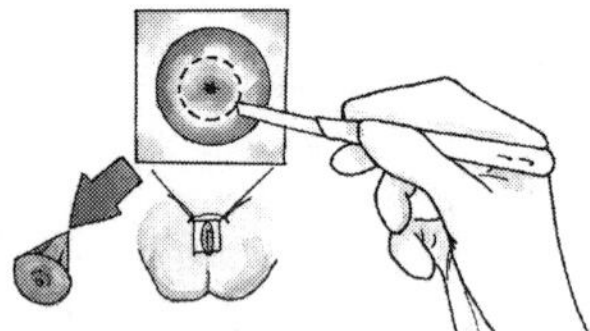 자궁경부가 원추형 모양으로 절제된 부위
LLETZ=LEEP 환상투열 절제술	• 질세포진 검사, 질확대경 검사, 조직생검 결과가 일치하지 않을 때 시행 • 전기기구로 조직을 절단, 응고하여 변형대 전체를 한꺼번에 절제 • 시술기간이 짧고 시술방법이 간편하여 외래에서 쉽게 이용 • 시술 후 출혈, 불편함 적음

<table>
<tr><td rowspan="8"></td><td></td><td colspan="2">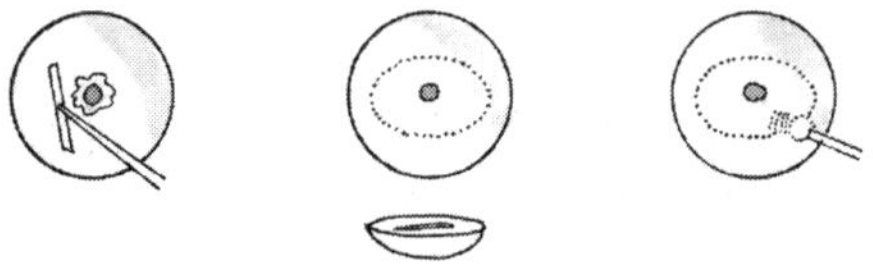
자궁경부 이행대가 완전하게 보일 때
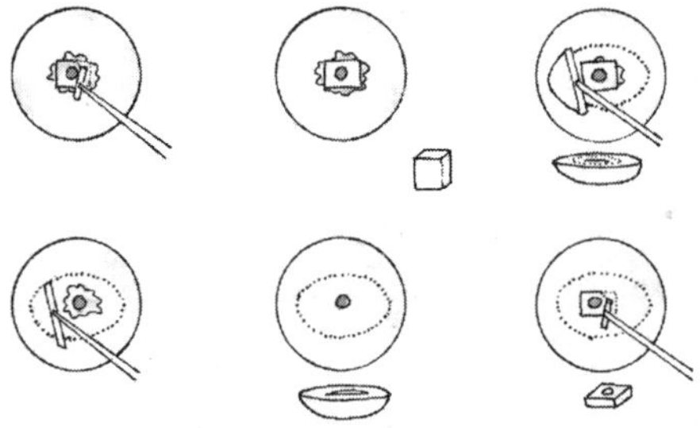
다양한 형태의 절제법</td></tr>
<tr><td rowspan="7">검사결과에 따른 치료방향</td><td>정상</td><td>1년마다 세포진 검사 반복 시행</td></tr>
<tr><td>비정형세포 발견 시</td><td>원인 치료 후 3개월마다 세포진 검사 반복 시행</td></tr>
<tr><td>이상 시</td><td>세포진 검사 이상 시 질확대경 검사, Schiller test 후 원추생검 또는 자궁경관 내구 소파술</td></tr>
<tr><td>경증이형증</td><td>국소파괴요법, 원추생검</td></tr>
<tr><td>중등이형증</td><td>국소파괴요법, 원추생검, 자궁적출술</td></tr>
<tr><td>중증이형증 상피내암</td><td>원추생검, 자궁적출술</td></tr>
<tr><td>침윤암</td><td>병기에 따른 치료</td></tr>
<tr><td rowspan="6">치료</td><td>보존적 요법</td><td colspan="2">• 루프환상절제술, CO_2 레이저요법, 전기소작, 냉동요법, 원추절제술, 자궁경부절단술</td></tr>
<tr><td>수술요법</td><td colspan="2">• 전자궁절제술, 광범위근치자궁절제술</td></tr>
<tr><td rowspan="3">방사선요법</td><td colspan="2">• 골반외부 조사, 자궁강 내 조사</td></tr>
<tr><td>외부 방사선 조사</td><td>• 피부간호
• 항상 청결, 건조유지, 손으로 문지르거나 비비지 않음
• 피부는 물로만 닦고, 비누 사용 ×, 열적용 ×, 직사광선, 찬 것, 바람쏘이는 것 ×
• 조사부위에 연고, 파우더, 로션 등의 화장품과 방취제 등의 사용 금지
• 조사부위 발적, 가려움증 : 처방된 스프레이, 비타민 A, D 크림, 라놀린 적용</td></tr>
<tr><td>질 내 방사선 조사</td><td>• 움직이지 않도록 하기 위해 저섬유질 식이, 금식, 정체도뇨관 삽입</td></tr>
<tr><td>항암화학요법</td><td colspan="2">• 신보조화학요법, 항암화학방사선 요법, 보조화학요법, 대중요법</td></tr>
</table>

<table>
<tr><td rowspan="9">예방법</td><td colspan="3">• 인유두종 바이러스 예방접종</td></tr>
<tr><td rowspan="2">접종방법</td><td>가다실</td><td>서바릭스</td></tr>
<tr><td>• 3회(0-2-6개월) 근육주사
• 자궁경부암, 생식기 사마귀, 질암 등
• HPV 6,11,16,18(4가 백신) 예방효과</td><td>• 3회(0-1-6개월) 근육주사
• 자궁경부암
• HPV 16,18형(2가 백신)</td></tr>
<tr><td>접종대상</td><td colspan="2">• 권장 접종연령 9~26세, 가능하면 성생활이 시작되기 전에 접종하는 것이 가장 효과적
• 무료예방접종 : 1차 접종은 만 12세 여성, 청소년
• 성경험이 있더라도 접종효과 기대 가능, 이미 HPV 노출 가능성이 있어 효과 떨어짐</td></tr>
<tr><td>부작용</td><td colspan="2">• 실신, 주사부위의 통증, 전신 불쾌감, 발열 등</td></tr>
<tr><td>기타</td><td colspan="2">• 늦게 성교 시작
• 성파트너수를 줄임
• 성 전파성 질환에 걸리지 않도록 안전한 성 생활 유지
• 금연
• 경구피임약 사용 ×
• 포경수술</td></tr>
</table>

04 자궁내막암(Endometrial cancer)

특징	• 자궁체부에 발생하는 암 중 가장 흔하며, 자궁내막에 발생 • 선암이 80% 차지 • 60세 이상 폐경기 여성에게 호발됨
원인	• 장기간 에스트로겐 자극에 의함(예 경구피임약 복용) • 미산부 • 무배란성 월경에 의한 불임증이나 월경장애 • 52세 이후 폐경(늦은 폐경) • 비만 또는 키가 큰 여성 • 유방암 또는 자궁암의 기왕력 • 자궁내막증식증 • 당뇨병, 고혈압 등

분류	선암	• 자궁내막암의 80% 차지 • 실질조직, 선 상피조직에서 발생 • 정상 자궁내막선과 비슷한 구조
	투명세포암	• **현미경적 소견** : 투명한 세포질이 보임 • 예후 나쁨
	점액성 암	• 자궁내막암의 5% 차지 • 암세포 질 내에 점액이 50% 이상 차 있음
	유두상 장액성 암	• 자궁내막암의 3~4% 차지 • 난소의 장액성 암과 유사한 조직형태
	편평세포암	• **현미경적 소견** : 자궁경부암과 유사, 분화가 잘 되어 있으며, 예후 좋지 않음 • 매우 드묾
증상	부정 자궁출혈	• 폐경 후의 자궁출혈, 환자의 90%에서 나타남 • **폐경 전 여성** : 월경과다 • **폐경 후 여성** : 자궁출혈이 있는 여성의 15~25%가 자궁내막암과 관련
	비정상 대하	• 처음에는 엷으나 곧 혈성 대하
	통증	• 암으로 인한 자궁비대, 자궁 밖으로의 전이 → 골반압통, 둔통
	빈혈	• **암 말기** : 체중감소, 전신쇠약 등 • **심한 출혈** : 빈혈 초래
진단	세포진 검사	• 자궁내막암 진단에 적절한 검사법은 아니지만 35~80% 정도의 정확성 보임
	분사식 세척관류법	• Glavlee jet washer를 이용하여 저장 주사기에 있는 액체를 음압으로 흡인한 다음 배관을 통과시켜 자궁내막강에 세정한 후 다시 배관을 통해 저장 주사기에 표본을 모으는 것 • 진단율 90% 이상
	자궁내막생검	• 자궁내막암의 확진검사 • 자궁부정출혈이나 자궁내막병변이 의심되는 환자를 평가하는 첫단계 • 외래에서 시행 • 정확성 90% 이상
	구획소파술	• 자궁경부의 침범 여부, 자궁내막암의 정확한 파급정도를 파악하는 검사 • 수술실에서 전신마취
	자궁경 조준생검	• 용종이나 점막하 자궁근종 감별에 자궁내막생검 또는 구획소파술 검사보다 정확함

치료	• 외과적 병기에 따라 수술적 치료 • 수술 전후의 방사선 치료를 병행하거나 방사선 단독요법 및 호르몬요법 시행 • 전자궁적출술, 양측 난소난관 절제술 • 추후관리 : 첫 2~3년에는 3~4개월마다, 그 이후 6개월마다 관리

CHECK Point 자궁경부암과 자궁내막암의 비교

	자궁경부암	자궁내막암
환자의 전형적인 예	• 30대에 자녀가 있다. 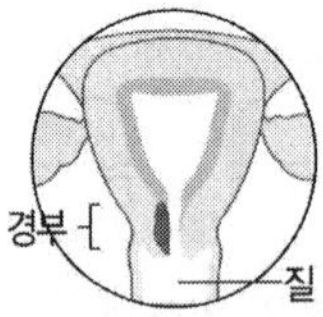	• 50대에 비만체형 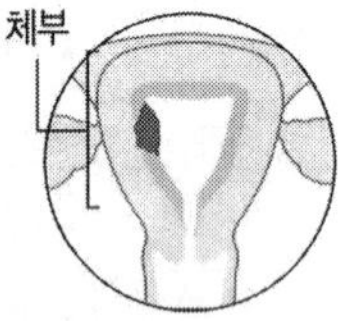
위험 인자	• HPV감염이 일어나기 쉬운 상황에 있는 사람 예 성교 상대가 많다, 임신·출산횟수가 많다, 성교의 시작 연령이 낮다 등	• 비만, 고혈압, 당뇨병 • 미분만부(미혼, 기혼에 상관없이) • 에스트로겐제의 장기사용 등
조직형	85% : 편평상피암, 10% : 선암, 5% : 기타	95% : 선암, 5% : 기타
호발연령	30~60세(40대에 최대)	40~60세(50대에 최대)
초기증상	접촉출혈(성교 시)	부정 출혈
전암병변	CIN(이형성, 상피내암)	내막증식증
주요 발생인자	HPV감염(주로 16,18형)	에스트로겐 과잉상태
주요 종양표지자	SCC(squamous cell carcinoma)	CA 125, CA 19-9

05 상피성 난소종양

1 비종양성(기능성) 종양(Non-neoplastic tumor) : 상피세포성 양성종양

난포낭종	정의	• 성숙한 난포나 퇴화 중인 난포에서 유동액이 정상 이상으로 고여서 생긴 것 • 크기가 5cm 이하가 대부분 
	증상	• 월경이상 초래 • 낭종이 큰 경우 : 낭종 주위에 중압감과 둔통 호소 • 염전이나 자연 파열 시 : 복강 내 출혈 → 난관임신 파열과 유사한 증상 초래
	진단	• 촉진 • 자연 파열되어 없어짐 • 낭종크기가 유지, 점차 커지면 수술, 폐경기인 경우 즉시 수술
	치료	• 작은 낭종 : 바늘로 찔러 유동액 뽑아내거나 절제 • 큰 낭종 : 정상 난소조직은 보존하면서 낭종만 제거
루테인 낭종	정의	• 난소가 융모성선자극호르몬(HCG)의 과다한 자극을 받아 생기는 기능성 난소낭종 • 난소주위를 둘러싸고 있는 기질이 황체화현상
	증상	• 다른 낭종과 비슷, 염전이나 자연 파열 생길 수 있음
	진단	• 촉진, 초음파
	치료	• 원인이 제거되면 낭종 자연히 사라짐
황체낭종	정의	• 배란 후에 생기는 황체가 낭성이 되거나 출혈된 지 14일 후에도 정상적으로 퇴행하지 않은 경우 • 황색 또는 회색이며 만약 혈액으로 차 있으면 암적색, 자주색의 낭종이 난소표면에 돌출되어 있음
	증상	• 무월경, 불규칙적인 자궁출혈 • 낭종 내 갑작스런 출혈 시 : 골반통 • 낭종 파열로 복강내출혈 시 : 자궁외임신과 비슷한 증상
	진단	• 수술 전 알기 어렵고, 크기가 커지면 촉진됨
	치료	• 자연 소실 • 크기가 매우 크거나 복강내출혈 시 : 낭종 절제

다낭성 난소낭종	정의	• 호르몬이 과잉되어 난소표면이 두꺼워져 성숙 난포가 배란 × → 낭종형성 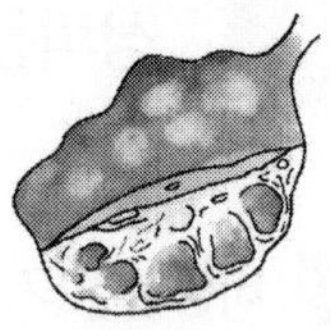	
	원인	• 표적기관의 호르몬 과잉에도 불구하고 뇌하수체 자극 호르몬 분비기능이 과민할 때, 특히 남성호르몬인 안드로겐이 증가	
	증상	불임증	• 무배란 – 생리불순, 50% 이상에서 무월경, 희발월경 – 불규칙 무통성 자궁출혈 • 자궁내막증식증 • 비만(35~60%) : 남성형 비만 • 양측성 난소증대로 인한 불임 나타남
		고안드로겐혈증	• 다모증, 여드름, 남성형 탈모, 남성형 대머리
		고혈당	• 시상하부-뇌하수체-난소호르몬 이상으로 인슐린 저항 발생, 인슐린 분비 증가, 고혈당 발생
	진단	• 초음파 : 난소의 난포가 진주 목걸이 같은 모양	
	치료	• 대증요법 • 혈당하강제 : metformin 사용 • 불임증 : 클로미펜으로 배란 유도 • 고프로락틴 혈증 : 브로모크립틴 투여 • 선천성 부신증식증 : 코티졸	

2 양성종양(Neoplastic tumor)

장액성 낭선종	특징	• 다낭성 장액물질로 차 있음 • 악성 전이율이 가장 높음 • 단방성, 표면은 매끈하고 회색이며, 맑고 노란 유동액 포함
	증상	• 특별한 증상 없음
	진단	• 내진, 초음파
	치료	• 아기 원하지 않는 경우 : 자궁절제술과 양측부속기절제술 • 그 외 보존적 치료

점액성 낭선종	특징	• 장액성보다 훨씬 크며, 가장 큰 종양의 대부분이 여기에 속함 • 표면은 매끈하고 분홍빛 회색, 유두상 증식은 없음 • 나이가 많거나 임신 원하지 않는 경우 : 자궁절제술과 양측부속기절제술
복막가 점액종	특징	• 장내기관의 점액성 종양에 의한 2차적 점액 복수에 의해 발생
	증상	• 전 복강에 점액성 물질이 산만하게 고여 있음 • 점차적으로 영양실조, 수척해짐
	치료	• 화학요법, 방사선 치료, 종양제거술
낭성 섬유종	특징	• 점액성 낭선종의 변형으로 아주 드물게 발생 • 장액성 종양과 비슷, 양성, 일측성

3 악성종양

1. 상피세포성 악성종양(Carcinoma of the ovary)

특징	• 90% 상피성, 여성 생식기 암 중 자궁암 다음 발생빈도 높음 • 폐경기 이후 발생(80% 이상) • 평균연령 : 64세 • 조기진단이 용이하지 않음 : 2/3는 진행성 암으로 발견	
원인	• 독신여성 • 낮은 출산력 • 배란 및 난소피질의 표면상피의 손상 • 산업생산물질인 석면과 활석(talc)에서 과다노출 • 가족력 없음 • 많은 배란횟수 – 수유부, 임신 횟수가 증가할수록, 경구피임약을 장기간 복용할수록, 초경이 늦을수록, 폐경이 빠를수록 배란횟수가 상대적으로 적기에 난소암의 억제효과	
분류	장액성 난소암	• 전 난소암의 40~50% 차지하며 가장 흔함 • 40대 이후 장액성 종양의 약 1/3이 악성 • 암세포가 유두양 돌기모양으로 낭포내에 증식, 상피세포의 급속한 증식으로 조직괴사와 출혈이 용이한 배추꽃 모양의 종괴형성 • 현미경적 특징은 암세포의 침윤성 증식, 유두양 돌기형성, 사종체 형성임
	점액성 난소암	• 자궁경부 내피 또는 장내막 상피와 같은 점액세포로 구성 • 60%가 경계성 종양 • 육안적 소견 : 표면 매끈하고 다낭성으로 회백색

CHECK Point 장액성 종양과 점액성 종양의 비교

	장액성 종양	점액성 종양
진행	빠르다	느리다
악성도	높다	낮다
크기	작다	크다
특징	1. 암이 작은 시기부터 복막 파종되는 경우가 많다. ⬇ 2. 조기에 증상이 잘 나타난다. ⬇ 3. 내원시 2/3는 3기 이상이다.	1. 전이가 잘 일어나지 않는다. ⬇ 2. 자각증상이 잘 나타나지 않는다. ⬇ 3. 암이 커진 후 내원해도 2/3은 1기이다.
예후	나쁘다	좋다

	자궁내막양 난소암	• 세포형태가 자궁내막 구조와 비슷 • 전체 난소상피암의 20~30% 차지 • 자궁내막 선암을 동반(20%)
	투명세포암	• 대부분이 악성 • 낭종형이고 다낭성임
	악성 브래너 종양	• 폐경 후 여성에서 호발 • 조밀한 섬유성 기질의 증식 속에 이행상피의 증식이 다발적으로 섬 모양 분포로 증식하는 형태
	미분화세포암	• 커다란 군집 또는 덩어리 모양의 미분화세포가 선성증식과 기질 침윤 보이며 세포 자체의 악성변화와 세포분열이 심함 • 가장 예후 나쁨
	비분류(성) 난소암	• 상피세포로 구성된 난소암이 두 가지 세포유형의 중간 형태로서 특별히 분류할 수 없는 경우
진단	세포진 검사	• 복수천자를 통해 악성세포 확인
	정기적 골반진찰	• 양손 골반진찰로 부속기 병변과 더그라스와 내의 결절성 병변 촉지
	CA-125	• 상피성 난소암에서 증가 • CA-125 ↑ : 자궁내막증, 자궁선근증, 난소암
	골반 초음파 검사	• 고형성분이나 유두상 투영이 증명될 때 악성종양 의심
	복강경	• 난소암과 자궁근종, 자궁내막증 또는 견고형 난소종양을 감별하는 데 이용
	임파관 조영술	• 림프절의 전이 유무와 범위를 확인하기 위한 검사

	악성 난소암이 의심되는 소견 (골반진찰 시)		• 종양이 유착이나 고정으로 이동성이 적음 • 종양이 불규칙적임 • 견고성이 예견되거나 증가되어 있음 • 더글라스와 내에 종양 촉진 • 추적관찰 중 종양크기가 커짐 • 복수, 간장 비대, 망막종괴 등
전파	• 양성에서 악성화 됨 • 결장, 유방암에서 전이됨 • 복막, 림프관으로 전이되어 양쪽 난소, 간, 폐로 전이		
증상	무증상		• 초기 : 무증상 • 차단된 해부학적 위치로 조기진단 어려워 여성 암 중 가장 예후 안 좋음
	위장장애		• 복부불편감, 소화장애, 가벼운 식욕감퇴
	내분비장애		• 월경전 긴장증, 심한 유방팽창을 동반하는 월경과다, 기능성 자궁출혈 등 난소기능장애가 오래 계속되는 경우 습관성 유산 • 조기 폐경
	난소 커짐		• 난소가 정상보다 5cm 이상 커지면 주의깊은 진단 필요
	방광, 직장		• 골반종양이 방광, 직장을 눌러 빈뇨와 변비, 하복부 팽만, 압박감
	통증		• 3기 이상에서 동통
치료	수술 요법	시험적 개복술	• 수술적 병기 정하기 • 수개월 간의 관찰 동안 종양이 5cm 이상으로 커질 때 • 피임제 복용에도 불구하고 난소종양이 나타나거나 계속 존재할 때 • 1차 발견 시 종양의 크기가 10cm 이상일 때 • 난소암과 자궁근종의 감별이 필요할 때
		난관난소 절제술	• 1기 : 양측 난관난소절제술 및 대망절제술 • 2기 : 제1기 수술과 함께 눈에 보이는 모든 암조직 제거 수술
		이차 추시개복술	• 선행 치료효과의 판정, 현재 종양의 파급정도의 확인, 조직학적 검사, 잔류종양의 제거와 향후 치료방침을 결정하기 위한 목적
	방사선 요법		• 초기 난소암 : 수술 후 보조요법 • 진행성 난소암 : 고식요법
	화학 요법		• 목적 : 질병상태를 경감시키며 생존율을 높이기 위함 • 수술 후 방사선요법 받은 경우 보다 더 효과적
		알킬화제제	• 모든 단계에 작용하며 세포를 죽이거나 효소체계를 방해 • cyclophosphamide(CHF)

		항대사성 제제	• 효소자체와 연합하거나 효소를 불활성화시켜 DNA 합성 방해 • 5-FU, methotrexate(MTX)
		항암항생제	• adriamycin, actinomycin-D, bleomycin
		식물성 알카로이드	• vincristine

06 생식세포성 난소종양

1 양성종양 : 유피낭종(Dermoid cyst)

정의	• 외배엽, 중배엽, 내배엽(3배엽성종양)에서 유래된 성숙된 조직을 함유하고 있는 양성 기형종 • 낭종 내에는 피부모낭과 털, 피지선과 땀 분비선, 치아 등 외배엽에서 유래된 조직들이 관찰
특징	• 생식세포종에서 가장 흔함 • 젊은 여성들에게서 잘 발생 • 임신 중에 가장 흔한 난소종양 • 미끈한 피지물질과 머리카락으로 차 있으며, 치아, 연골, 뼈 등도 볼 수 있고 드물게 잘 성숙된 위장관계, 호흡기계 및 신경조직이 발견되기도 함
증상	• 증상 없음 • 복통, 종괴의 촉지, 비정상적인 자궁출혈 등
합병증	• **육경의 염전** : 염전 시 괴사초래, 편측 하복부에 지속적인 격렬한 급성통증 • **급성복통** : 낭의 파열과 출혈 등

2 악성종양

미분화 배세포종	• 생식세포들이 아직 배아 또는 외배아 구조로 있는 미분화 상태의 순수한 생식세포종양 • 난소의 모든 악성 생식세포종양 중에서 가장 흔한 암(50%) • 예후가 좋아서 한쪽 난소난관절제술로 완쾌 • 림프절 전이가 상대적으로 빈번함
내배엽동 종양	• 난황낭 내배엽과 같이 α-fetoprotein을 생산하기 때문에 명명 • 생식세포종양 중 두 번째로 흔함 • **증상** : 종양증식이 빨라 2/3에서 복부 또는 골반 내에서 종괴 촉지, 하복통 • **치료** : 수술과 항암화학요법 • 예후 진단받은 후 12~18개월에 사망하는 경우 많음
악성(미성숙) 난소기형종	• 배엽층에서 유래된 조직으로 구성, 조직이 미성숙 또는 배아구조로 되어 있음 • **증상** : 복부 또는 골반 내에서 종괴 촉지, 하복통, 종양 파열과 염전 시엔 급성복통 호소 • **치료** : 수술과 항암화학요법
태생암	• 배아기의 큰 원시세포들이 다양하게 관찰 • 난소종양 중 심한 악성 암 중의 하나 • **증상** : 복통, 복부 또는 골반 내에서 종괴 촉지, 사춘기 조발성, 무월경, 불임증, 다모증 등 호르몬 이상 • **치료** : 수술과 항암화학요법
융모상피암	• 대부분 임신성 영양막성 질환에서 전이 • HCG 증가
생식아 세포종	• dysgenetic gonad에서 특징적으로 발생하는 종양 • 외형적으로는 여성이지만, 무월경 및 남성화의 증세 보임 • 환자의 80%가 표현형은 여성, 나머지는 남성으로 잠복고환증, 요도하열 또는 골반 내 여성생식기 있음 • 양측 생식선 절제술 필요

07 간질성 · 특이성 난소종양

1 양성종양

<table>
<tr><td rowspan="5">섬유종-난포막종</td><td>정의</td><td colspan="2">• 난소의 난포막으로부터 발생된 양성종양</td></tr>
<tr><td rowspan="3">섬유종</td><td colspan="2">• 양성 난소종양의 5% 차지</td></tr>
<tr><td>증상</td><td>• 난소 내면 혹은 표면에 작은 결절 형성
• 일반적으로 경성, 낭종성 변이의 결과로 큰 종양에서는 공동이 생성되기도 함
• 큰 종양일 경우 복통, 중압감, 월경통
• 합병증 : 큰 종양의 경우 그 무게로 인해 정맥폐쇄를 일으켜 복수 초래 가능성
• 메이그스증후군(Meigs증후군) : 물가슴증(hydrothorax)이 동반된 경우, 횡경막 통과하는 많은 임파선들이 복수를 흉부로 옮기는 증상</td></tr>
<tr><td>치료</td><td>• 난관난소절제술, 흉수와 복수 제거</td></tr>
<tr><td>난포
악종</td><td colspan="2">• 결합조직적 요소가 존재하여 섬유종과 같은 특징을 보이는 단단한 섬유질성 종양
• 양성종양</td></tr>
<tr><td rowspan="8">과립막-난포막
세포종</td><td>기전</td><td colspan="2">• 잠재적 악성이고, 난소의 간질로부터 발생됨
• 과립막이 성장하면서 에스트로겐 분비</td></tr>
<tr><td>특징</td><td colspan="2">• 가장 흔한 여성화 종양</td></tr>
<tr><td rowspan="3">증상</td><td colspan="2">• 에스트로겐 분비로 자궁내막의 주기적 출혈</td></tr>
<tr><td>사춘기 전</td><td>• 유방 증대, 주기적 자궁출혈, 액와모와 음모의 성장 등 성적 조숙현상, 배란 없으므로 임신은 안됨</td></tr>
<tr><td>폐경기 후</td><td>• 에스트로겐의 자궁내막 자극으로 자궁충혈, 유방 증대, 자궁내막암 발생</td></tr>
<tr><td rowspan="3">치료</td><td>젊은 여성</td><td>• 보존적인 외과적 치료, 한쪽 난소제거술</td></tr>
<tr><td>35~40세 후</td><td>• 전자궁절제술과 양쪽 난관난소절제술</td></tr>
<tr><td>폐경 후</td><td>• 근치적 절제술(25% 악성 경향 가능성)</td></tr>
</table>

세르톨리-라이디히 세포종	정의	• 남성호르몬인 testosterone 증가로 남성화 초래	
	증상	여성 성징 결여증	• 전형적인 여성 특성이 감소 • 무월경, 유방 위축, 둔부 등의 피하지방 감소
		남성화 현상	• 얼굴과 복부에 털이 남 • 음핵의 이상 비대 • 음성 굵어지고 저음, 남성스러운 몸매
	치료	• 외과적 절제 : 종양 제거 후 여성화로 돌아옴 • 악성인 경우 : 전자궁과 양쪽 난관난소절제술	

CHECK Point 과립막-난포막 세포종과 세르톨리-라이디히 세포종 비교

	과립막세포종, 난포막세포종		Sertoli·Leydig 세포종	
병태	에스트로겐 ↑(여성화)		안드로겐 ↑(남성화)	
호발연령	폐경전후		20대	
증상	재여성화증상	• 피부콜라겐의 증가 • 유방의 재비대 • 질출혈 • 자궁내막 증식	탈여성화 증상	• 유방위축 • 내·외생식기의 위축 • 희발~무월경
			남성화 징후	• 음성의 저음화 • 다모 • 남성화 체형 • 음핵 비대

CHECK Point 종양표지자

• 암의 screening, 종양의 양성 및 악성 감별, 암의 치료효과 판정, 추적관리 시 재발의 발견에 이용
• CA 125 : 난소암(표면상피 종양) 전체 표지자로 뛰어남
• **난소종양에서 이용되는 종양 표지자의 종류**

	종양표지자	양성이 되는 주요 난소종양	
표면상피 종양	CA 125	• 장액성선암 • 자궁내막모양암 • 이행상피암 • 자궁내막증 • 자궁샘근증	• 자궁내막증 • 자궁샘근증 • 자궁경부선암 • 자궁내막염
	CEA, CA19-9	• 점액성선암	
성기삭 간질성 종양 (호르몬생산 종양)	에스트로겐	• 과립막세포종 • 난포막세포종	
	안드로겐	• Sertoli-Leydig 종양	
생식세포 종양	CA19-9	• 성숙기형종	
	AFP	• 난황낭종 • 배아성암 • 미성숙기형종	
	hCG	• 비임신성 융모막암종 • 태아성암 • 미분화세포종	
	LDH	• 미분화배세포종	
전이성 종양	CEA	• krukenberg 종양	

CA : carbohydrate antigen / AFP : α-fetoprotein / hCG : human chorionic gonadotropin
LDH : lactate dehydrogenase / CEA : carcinoembryonic antigen

CHAPTER 10 생식기 종양 간호

기출문제

1 자궁근종

01 **다음은 보건교사가 동료교사와 나눈 대화의 일부이다. 〈작성 방법〉에 따라 순서대로 서술하시오.**

[4점] 2020년

동료교사 : 선생님, 상의드릴 것이 있어요.
보건교사 : 네, 선생님.
동료교사 : 저희 어머니가 52세이신데 자궁근종으로 진단받으셨어요. 곧 폐경이 되실 것 같은데… ㉠ 폐경이 되면 근종은 어떻게 되나요?

… 중략 …

동료교사 : 그런데 병원에서 저도 마찬가지로 자궁근종이라고 하네요.
보건교사 : 두 분이 같은 진단을 받으셨군요. 자궁근종은 자궁에서 발생하는 종양 중 가장 흔한 양성 종양이에요.
동료교사 : 저 같은 경우는 담당 의사가 자궁근종 때문에 ㉡ 빈혈이 생겼다고 했어요.
보건교사 : 그래서 얼굴색이 창백하신가 봐요. 그런데 근종이 어디에 위치한다고 하나요?
동료교사 : 저의 경우에는 ㉢ 자궁근종이 자궁내막 바로 아래에 위치한대요.

… 하략 …

〈 작성 방법 〉

- 밑줄 친 ㉠이 자궁근종에 미치는 영향에 대해 호르몬의 명칭을 포함하여 서술할 것
- 밑줄 친 ㉡을 유발하는 자궁근종의 월경 관련 증상을 제시할 것
- 발생 위치에 따른 분류를 기준으로 밑줄 친 ㉢에 해당하는 자궁근종의 종류를 제시할 것

|해설| ㉠이 자궁근종에 미치는 영향에 대해 호르몬의 명칭을 포함하여 서술

- 에스트로겐 호르몬
- 자궁근종은 에스트로겐 의존성 종양이기에 난소기능이 왕성할 때 근종이 잘 자라고 초경 이전이나 폐경기 이후에는 근종 크기가 감소함

㉡ 빈혈을 유발하는 자궁근종의 월경 관련 증상을 제시할 것

- 월경과다로 인해 혈색소가 15~20% 정도 감소되어 빈혈을 초래
- 월경변화 : 월경량 과다, 월경기간 길어짐, 월경통 有, 월경과 월경 사이 과다출혈

ⓒ 점막하근종

점막하근종 (5%)	• 자궁내막 바로 아래 발생 • 출혈 : 월경과다, 부정자궁출혈, 지속적 질출혈 • 육경(peduncle)을 형성 : 자궁경부나 질 내로 이탈 • 불임, 유산 유발 • 이차성 변성인 육종성 변형 위험 많음 → 괴사, 출혈, 감염
근층내근종 (80%)	• 자궁근종 대부분 차지, 자궁의 근육층에 발생하는 근종 • 자궁크기가 크고 다발성일 때 : 현저히 커지고 결절 뚜렷, 견고함
장막하근종 (15%)	• 자궁을 덮고 있는 복막 아래 발생 • 임신 동반 시 종양 표면을 지나가는 혈관이 터져 다량의 복강 내 출혈 발생

02 다음은 OO 여자 고등학교 보건교육 시간에 김OO 학생이 발표한 자궁근종에 대한 자료이다. 괄호 안의 ㉠, ㉡에 해당하는 내용을 차례대로 쓰시오. [2점] 2014년

(자궁근종에 대해 알아볼까요?)

2013년 ○월 ○일 / 발표자 3-2 김 ○○

1. 자궁근종(uterine myoma)이란?
   평활근종, 섬유종으로도 불리며, 자궁에서 발생하는 종양 중 가장 흔한 종양임
2. 유형
   1) 점막하 근종 2) 근층내 근종 3) (㉠) 근종
3. 증상
   무증상인 경우가 많으나 월경과다, 비정상자궁출혈, 만성 골반통 등의 증상이 있음
4. 이차성 변성
   1) 초자성 변성 : 소용돌이 형태가 없어지고, 조직이 균일하게 보이는 것
   2) 낭포성 변성 : 초자성 변성이 액화되어 투명액 또는 젤라틴 물질 및 낭강(cystic cavity)을 형성하는 것
   3) (㉡) 변성 : 혈액순환장애로 인해 허혈성 괴사를 형성한 후 인산칼슘, 탄산칼슘 등이 침착하여 딱딱해지는 것

|정답| ㉠ 장막하 근종, ㉡ 석회화

03 **자궁근종을 설명한 내용 중 옳은 것은?** 1992년

① 폐경기 이후에 많이 발생한다.
② 주로 자궁경부에서 빈발한다.
③ 임신기간에는 크기가 축소되었다가 분만 후 커진다.
④ 자궁출혈이 월경과다의 형태로 나타난다.

|정답| ④

|해설| ① 에스트로겐에 의존하여 근종이 성장하는 것으로 난소기능이 왕성할 때 근종이 잘 자라고 초경 이전이나 폐경기 이후에는 근종크기가 감소한다.
② 주로 자궁의 근육층에서 발생한다.
③ 임신 중에는 에스트로겐 증가와 임신 중 혈량증가로 근종이 커지다가 분만 후 작아진다.

2 자궁경부암

04 **다음은 ○○중학교 가정 통신문이다. 2019년도 질병관리본부 국가예방접종사업 관리지침에 근거하여 괄호 안의 ㉠에 해당하는 백신 명칭과 ㉡에 해당하는 연령을 쓰시오.** [2점] 2019년

〈가정 통신문〉

학부모님, 댁내 건강과 평안을 기원합니다.
질병관리본부에서 국가예방접종사업으로 『건강여성 첫걸음 클리닉』을 시행하고 있으므로 안내드립니다.
아래 내용을 확인하시오. 자녀의 건강 증진에 도움이 되기를 바랍니다.

『건강여성 첫걸음 클리닉』

건강여성 첫걸음 클리닉은 성장 발달과 초경에 대한 건강상담을 통해 여성 청소년의 건강한 성장을 돕고 (㉠) 접종으로 자궁경부암을 예방하기 위한 사업입니다.
전국 보건소 및 지정 의료 기관에서 무료로 건강 상담과 예방 접종이 가능합니다.

○ 사업 내용
- 지원 내용 : 표준 여성 청소년 건강 상담 및 예방접종 비용
- 무료 예방접종 대상 : 1차 접종은 해당 연도 만 (㉡)세 여성 청소년

… (하략) …

○○○○년 ○○월 ○○일

○○○○ 중 학 교 장

|해설| ㉠ 국가예방접종을 통해 지원되는 백신 : 가다실, 서바릭스
㉡ 무료예방 접종 대상 : 1차접종은 해당연도 만 (12) 세 여성 청소년

3 비상피성 난소종양

04 **다음은 보건교사와 동료교사와의 대화 내용이다. 〈작성 방법〉에 따라 유피낭종(Dermoid cyst)에 대해 순서대로 기술하시오.** [5점] 2018년

동료교사 : 선생님, 언니가 난소에 혹이 있어서 3일 전에 수술을 했는데 궁금한 게 있어요.
보건교사 : 네, 무엇이 궁금하신가요?
동료교사 : 복강경으로 오른쪽 ㉠ 난소설상(쐐기)절제술을 받았는데, 아직 아기가 없어 걱정을 많이 해요.
보건교사 : 혹의 종류는 무엇이었는데요?
동료교사 : 유피낭종이라고 하는데 ㉡ 혹 안에 머리카락, 치아, 뼈가 들어 있었대요.
보건교사 : 유피낭종일 경우 보통 양측으로 오는데 한쪽 난소에만 있었군요. 일반적인 혈액검사 말고 다른 검사는 어떤 것을 받으셨어요?
동료교사 : ㉢ 골반 초음파와 혈청 CA-125 검사를 받았다고 했어요.
보건교사 : 검사 결과는 어떻게 나왔어요?
동료교사 : 네, 검사결과는 괜찮게 나왔어요. 그런데, 퇴원할 때 의사가 ㉣ 하복부에 급성 통증이 있으면 빨리 병원에 오라고 했대요.
보건교사 : 네, 그렇군요. 빨리 쾌유하시라고 전해 주세요.
동료교사 : 고맙습니다.

〈 작성 방법 〉

- ㉠ 수술의 기대 효과를 서술할 것
- 유피낭종에서 ㉡의 특징이 나타나는 이유를 서술할 것
- ㉢의 검사를 시행한 목적을 서술할 것
- ㉣처럼 말한 이유를 서술할 것

|해설| **㉠ 난소설상(쐐기) 절제술 기대효과**
- 난소 조직의 1/3 또는 그 이상을 설상(쐐기) 모양으로 절제하는 수술
- 보통 배란을 자극하기 위함
- 난소의 병변을 설상형으로 절제하면 시상하부-뇌하수체-난소축에 자극을 주어 배란-월경주기를 정상으로 이끌어주는 효과가 있음
- 배란과 월경주기가 회복, 난소호르몬이 분비되며 임신이 가능하다.

ⓛ • 외배엽, 중배엽, 내배엽에서 유래된 성숙된 조직을 함유하고 있는 양성 기형종
- 낭종 내에는 피부모낭과 털, 피지선과 땀 분비선, 치아 등 외배엽에서 유래된 조직들이 관찰
- 조직 기형이나 외상으로 인해 표피하에 미입한 표피조직이 낭포를 형성한 것으로 외배엽성 기형 조직 등이 무작위로 들어가 있음

ⓒ **골반초음파와 혈청 CA-125 검사** : 악성종양 여부 확인에 사용

ⓡ **하복부 통증 시 병원 방문 이유**
- 하복부 급성 통증은 염전과 출혈을 의미
- 육경의 염전 : 염전 시 괴사 초래, 편측 하복부에 지속적인 격렬한 급성통증
- 급성복통 : 낭의 파열과 출혈 등

CHAPTER

11 생식기 구조이상 간호

01 자궁의 위치이상

<table>
<tr><td>자궁</td><td colspan="4">• 골반강 내에서 자유로이 떠 있으며 방광과 직장 사이에 위치
• 방광팽만이나 직장팽만에 의해 영향을 받아 앞쪽이나 뒤쪽으로 움직여짐
• 정상 : 전경, 전굴의 모양으로 골반축과 일치하게 앞으로 굽어져 있음</td></tr>
<tr><td rowspan="3">자궁의 전방전위</td><td>정의</td><td colspan="2">• 자궁경부축과 자궁체부축과의 관계에서 체부축이 정상보다 더 앞으로 기울어진 것</td><td rowspan="3">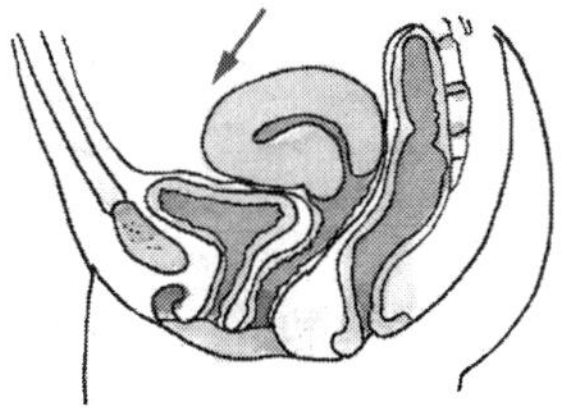
자궁의 전방전위</td></tr>
<tr><td>원인</td><td colspan="2">• 생식기 발육부전</td></tr>
<tr><td>치료</td><td colspan="2">• 대부분 치료할 필요 없음
• 유아기 자궁크기의 발육부전증 : 호르몬의 자극과 자궁내막 소파술</td></tr>
<tr><td rowspan="3">자궁의 후방전위</td><td>정의</td><td colspan="2">• 자궁경부축에 대해 자궁체부 장축이 정상보다 뒤쪽으로 기울어진 것
• 기울어진 양상
– 후경(retroversion) : 자궁이 횡축에서 뒤쪽으로 기울어진 것
– 후굴(retroflextion) : 자궁의 경부는 변화 없이 체부만 뒤쪽으로 구부러진 것
– 후퇴(retrocession) : 자궁전체가 천골을 향해 정상보다 뒤쪽으로 처진 것</td><td>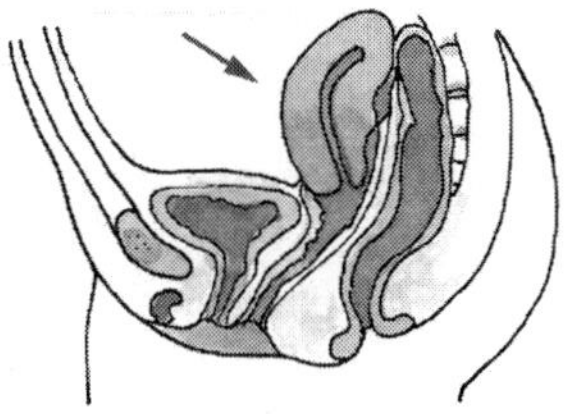
자궁의 후방전위</td></tr>
<tr><td rowspan="2">원인</td><td>선천적</td><td colspan="2">발육부전</td></tr>
<tr><td>후천적</td><td>산욕기요인</td><td>• 자궁지지조직(근막조직)의 손상과 지속적인 방광팽만으로 초래
• 분만 중에 골반기저층의 근육과 근막구조가 손상</td></tr>
</table>

			되거나 신전되어 자궁경부가 질 하방으로 처지고 질 내로 늘어지기 때문 • 난산 후 전위 많이 발생 • 분만 후 퇴축기간 동안 크고 유연한 자궁을 인대가 지지해 주어야 하나 이완된 인대의 약한 지지력 때문에 자궁을 정상위치로 복귀시킬 수 없을 경우 발생 • 분만 후 방광팽만의 지속 → 자궁퇴축을 방해하여 후방전위 초래
		부속기 질환 요인	• 골반감염 등의 부속기염이나 자궁내막증으로 후방전위가 초래 • 골반종양, 난소종양 등
증상			• 자궁이 무겁고, 퇴축부전 및 부종 • **월경 전 요통과 월경통** : 페서리 사용(자궁유지와 통증감소를 위해) • **월경장애** : 지속적으로 검붉은 색의 냄새가 심한 월경 지속 • 임신 후 유산위험 증가 • **골반염증 또는 종양** : 심한 요통과 자궁 탈수 • **폐경기 후** : 증상 현저하게 완화, 울혈 감소, 월경이 중지됨과 동시에 장기들 위축
진단			• 과거력, 복부검진, 직장, 질검사, 골반 초음파검사
치료 및 간호	슬흉위		• 출산 후 자궁이 정상 위치로 회복하도록, 3~4회/일, 1회 5분씩 권장
	골반감염 시		• 즉시 치료, 유착 방지
	보존요법		• 페서리로 교정(손으로 자궁을 전방으로 밀고 질후원개에 압력을 가해 자궁저를 위로 밀어 올린 다음 자궁경부에서 후하방으로 압력을 가해 페서리 삽입)
	재발 시		• 교정수술(질식 성형술, 질식 자궁절제술)

02 자궁하수증(Prolapse of uterus)

정의		• 골반층 손상이나 과잉신장, 골반근막층 결함으로 자궁이 질구쪽으로 탈출되어 나온 비정상적 위치
원인	노년기, 다산부	• 폐경으로 인한 에스트로겐 저하에 따르는 골반지지 조직의 약화 • 과거분만 시 회음근과 근막의 신전 혹은 외상에 의해 질 출구가 이완되어 있거나 무력 → 복압상승시키는 요인들이 장기적으로 작용 → 자궁탈출
	분만 시 손상	• 임신, 분만으로 골반저근육과 인대의 손상
	전신적 요인	• 비만, 천식, 만성 기관지염, 기관지확장증
	국소적 요인	• 복수, 골반 내 거대종양(자궁근종, 난소낭종)
	기타	• 당뇨병성 신경장애, 척추이분증, 미단마취 사고, 천골 전방 종양 등
분류	0도	자궁탈출이 없는 경우
	1도	자궁경부가 질 내에 있을 때
	2도	자궁경부가 처녀막링(질입구)까지 내려왔을 때
	3도	자궁경부가 처녀막링 밖(질 밖)까지 내려왔을 때
	4도	전 자궁이 탈출된 경우
		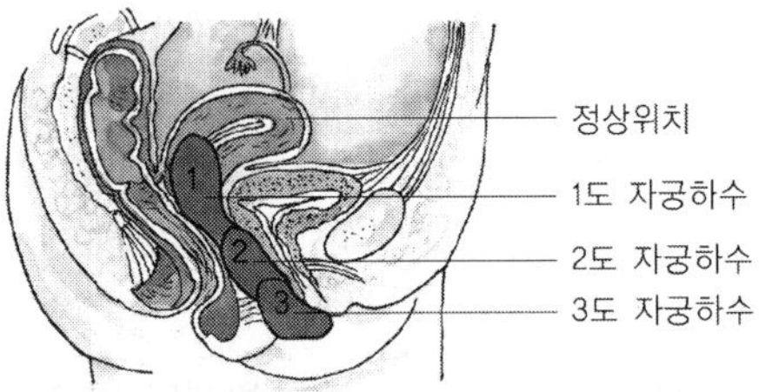
증상		• 경미한 압박감, 질을 통한 생식기 하수감, 경한 요통, 하복부의 중압감 → 자궁인대에 가해지는 견인과 정맥 울혈 때문, 누워 있으면 편해지고, 아침보다는 오후에 더 심함 • 직장류, 방광류 • 탈수된 자궁, 요실금, 변비, 배뇨곤란 • **완전탈출** : 의복이나 보호용 기저귀, 환자 자신의 피부접촉으로 궤양성 출혈
진단	시진	• 자궁탈수 관찰 • **자세** : 쇄석위(직립상태에서 증상이 나타나고 바로 누우면 돌출이 사라짐) • **1도 · 2도** – 일상생활에서 돌출 ×, 힘을 주라고 하면 자궁경부가 질구 밖으로 돌출
	촉진	• 질에 시지를 넣고 복압을 주게 하여 자궁경부가 질구쪽으로 돌출되는 것 촉진

		• 방광류와 직장류가 동반된 경우 앞쪽에 부드럽고 습한 방광류와 뒤쪽에 수포같이 돌출된 직장류가 촉진 • 시진 · 촉진과 함게 질경검진 통해 관찰
	직장 · 질검진	• 직립상태에서 직장 · 질검진은 엄지와 인지를 이용하여 맹장에서 탈장된 소장을 쉽게 촉진할 수 있기에 탈장을 진단하기가 용이
치료 및 간호	보존요법	• **페서리 교정** : 질의 크기에 맞는 페서리 삽입 • 수술이 위험하고 회음부가 질내 장치를 지탱할 수 있는 상태일 때 적용 • **합병증** : 장기간 사용시 심한 감염, 요폐증, 질 분비물 증가, 원발암 발생 가능성 증가와 방광 – 질누공 등
	외과적 요법	• 질식 자궁적출술, 탈수교정술
	골반저근 훈련	• 자궁탈출증의 증상이 없거나 경미할 경우 • 6~12개월 계속 했을 때 질 회음근과 항문거근의 탄력성 증가 → 근력유지와 배뇨조절력의 향상

03 생식기 누공(Fistula)

정의	• 생식기와 비뇨기 사이에 생긴 통로와 생식기와 직장 사이에 생긴 통로로 인해 소변이나 분변이 질로 누출되는 것을 통칭		
원인	• 지연된 분만, 난산에 의한 외상으로 누공형성 • 질, 회음, 항문수술, 자궁절제술, 암 치료를 위한 방사선 조사, 악성종양의 침윤, 페서리 등의 압박		
유형	요로누공	생식기와 비뇨기 사이에 발생된 경우 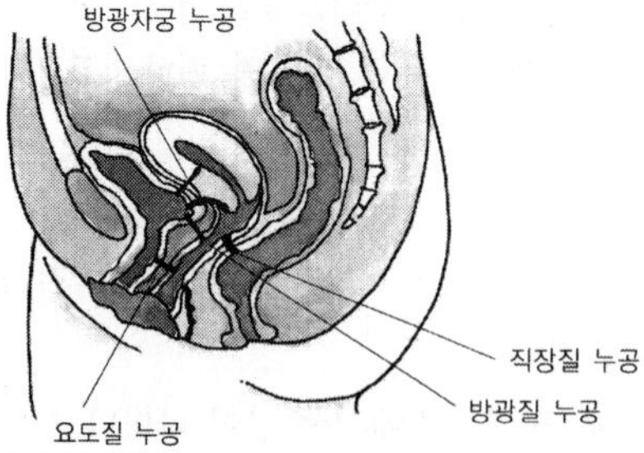 	
		방광질 누공	• 부인과적 수술 후 발생
		요도질 누공	• 질수술 후 발생
		요관질 누공	• 근치 자궁절제술 후 발생
		방광자궁 누공	• 자궁암 등으로 인한 자궁절제술 후 발생

	질직장 누공	• 질과 직장 사이에 구멍이 생긴 것
증상	• 질로 소변, 분변 누출 • 누출된 분비물로 소양증, 작열감, 궤양, 염증 발생 • 불쾌한 암모니아 냄새 • 요실금 • 신경과민, 불면증, 우울증 등	
진단	요로누공	• **큰 누공** : 질에 손을 넣어 만져봄 • **작은 누공** : 메틸렌블루 용액을 방광에 주입시켜 채운 후 청색액체의 유출을 관찰 • 방광경 검사, 정맥내 요관조영술 및 역행성 요관조영술 시행
치료	요로누공	• **작은 누공** : 자연적 밀폐될 수 있기에 항생제, 수분제한, 방광 내 유치카테터 삽입 등으로 자연 밀폐 기다림 • **외과적 수술** : 4~6개월의 준비기간 필요(부종과 경화가 가라앉아야 수술이 가능)
	질직장 누공	• 결장조루술(colostomy) 시행 • **개복수술** : 질 누공이 다른 장관을 침윤한 경우
간호	• 유치도뇨관 삽입 후 심스 체위 • 수액공급 제한 • 항생제 투여 • 복원수술 • **피부간호** : 옷 자주 교환, 위생관리 등	

04 요실금(Urinary incontinence)

정의	• 불수의적인 소변 누출로 객관적으로 알 수 있고 그로 인해 사회적 · 위생적 문제를 야기시킬 경우 • 자신의 의지와 상관없이 요도를 통해 소변이 나오는 것	
유형	복압성 요실금	• 복부 내압이 견딜 수 있는 요도 폐쇄 압력보다 클 때 생기는 요실금 • 재채기, 기침, 운동 시, 계단을 올라갈 때, 몸을 구부리거나 웃을 때 발생하며 여성에게서 가장 흔한 요실금 • **산후 발생하는 요실금 원인** : 골반근육의 탄력성 저하

<table>
<tr><td rowspan="4"></td><td>절박성 요실금</td><td>• 노인에게서 가장 많으며, 전체 여성에게는 두 번째로 많음
• 방광의 배뇨근의 과잉작용으로 방광수축과 배뇨반사를 억제하지 못해 소변을 참지 못하고 급하게 배출하는 경우로 빈뇨, 야뇨가 함께 나타남</td></tr>
<tr><td>익류성 요실금</td><td>• 방광이 충만한 상태에서 수축하는 능력이 없어 자신도 모르게 소변이 흘러 넘치는 것</td></tr>
<tr><td>혼합성 요실금</td><td>• 여러 요실금이 복합되어 나타나며 요실금 여성의 60%에 해당</td></tr>
<tr><td>기능성 · 일과성 요실금</td><td>• 신체적 기능장애가 원인이 되어 나타나는 요실금
• 섬망, 요로감염, 질염, 약물 등으로 인해 발생</td></tr>
<tr><td>원인</td><td colspan="2">• 산과력 : 임신, 출산
• 부인과 병력 : 자궁적출술, 전질벽협착술, 골반염증성 질환, 자궁근종, 난소종양
• 신경계 병력 : 뇌졸중, 당뇨, 척추디스크
• 천식, 기관지염
• 복용약물 : 항고혈압제, 감기나 기침 치료제, 항히스타민제
• 기호식품 : 카페인 음료(커피, 콜라, 홍차, 초콜릿)
• 복압을 증기시키는 사항 : 비만, 만성변비, 무거운 것 들기 등</td></tr>
<tr><td>증상</td><td colspan="2">• 피부자극, 비뇨기계 감염, 무력감, 죄의식 등으로 심리사회적 문제</td></tr>
<tr><td rowspan="5">진단</td><td>방법</td><td>검사목적</td></tr>
<tr><td>병력청취
(주관적 자료)</td><td>• 타 질환이나 약물, 증상으로 인한 요실금 파악</td></tr>
<tr><td>배뇨일지</td><td>• 일주일간의 배뇨상황 및 식사내용을 기록</td></tr>
<tr><td>요실금 정량 테스트
(패드 테스트)</td><td>• 1시간 동안 소변발생요인을 제공하여 소변의 새는 양을 측정
• 이뇨제를 구강복용 후 물 500cc 마신 다음 패드를 착용하고 1시간 타이머 작동 → 패드 제거 후 패드 무게 측정
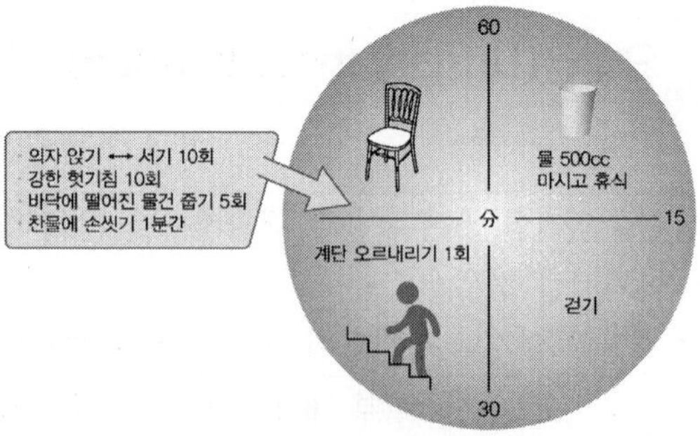
</td></tr>
<tr><td>마르쉘-보니 검사</td><td>• 방광경부의 지지 상태를 평가하기 위해 시행
• 두 개의 손가락으로 질전벽에서 방광경부를 눌러 올렸을 때 소변누출이 사라지는지 여부 확인
• 소변누출이 사라지면 양성으로 요도 지지조직의 손상 있음을 의미</td></tr>
</table>

<table>
<tr><td rowspan="4"></td><td>X선 검사</td><td colspan="2">• 방광하강 유무 및 정도 판단</td></tr>
<tr><td>요류역학검사</td><td colspan="2">• 배뇨시작으로부터 배뇨를 마칠 때까지 걸린 시간과 최대속도 등 파악</td></tr>
<tr><td>방광내압검사</td><td colspan="2">• 요의를 느끼는 방광용적 및 압력 검사(정상요도 내압 40~80cmH_2O, 요실금시↓</td></tr>
<tr><td>스트레스검사</td><td colspan="2">• 기침을 시켜서 소변이 새는지 검사</td></tr>
<tr><td rowspan="9">치료
및
간호</td><td>골반저근 훈련</td><td colspan="2">• 경증 요실금자의 골반저근의 탄력성을 높이고 외괄약근 기능 강화</td></tr>
<tr><td>방광훈련법</td><td colspan="2">• 방광재훈련 : 대뇌피질의 방광기능 지배능력을 습득하도록 하는 것
• 절박성 요실금 치료방법
• 1일 9회 이상 빈뇨가 있는 사람에게 5~10분씩 소변보는 간격을 점차적으로 길게 하여 최종적으로 약 3시간에 한 번씩 볼 수 있도록 하는 행동치료요법</td></tr>
<tr><td>약물요법</td><td colspan="2">• 방광의 용적을 늘려주거나 요도괄약근의 힘을 강화하는 약물 복용
• ephedrine, midodorin, droxidopa 등</td></tr>
<tr><td rowspan="2">전기자극법
바이오피드백</td><td>전기
자극법</td><td>• 골반저근과 골반신경에 전기자극을 주어 근육긴장을 야기시키고 배뇨근 활동을 억제시키는 것</td></tr>
<tr><td>바이오
피드백</td><td>• 골반저근의 위치와 강도를 환자가 직접 알 수 있게 하여 바르게 골반저근 훈련을 할 수 있도록 돕는 생리적 장치</td></tr>
<tr><td>콜라겐주입법</td><td colspan="2">• 내인성 괄약근 허약 또는 기능 이상으로 인한 복압성 요실금의 경우 이용
• 요도 주위에 콜라겐을 주입하여 방광경부 주위를 부풀려서 요도폐쇄를 강화시키는 비침습적인 치료로 반복 주사 필요</td></tr>
<tr><td>수술요법</td><td colspan="2">• 운동요법이나 약물요법 및 전기자극요법으로 효과없을 때</td></tr>
<tr><td>기타</td><td colspan="2">비만치료, 음식조절</td></tr>
</table>

CHAPTER

12 생식기계 수술 및 간호

01 자궁절제술(Hysterectomy)

<table>
<tr><td>정의</td><td colspan="3">자궁의 경부와 체부를 제거하는 것</td></tr>
<tr><td>적응증</td><td colspan="3">자궁근종, 악성종양, 자궁선근증, 약물로 치료되지 않는 만성골반염, 심한 자궁출혈, 자궁탈수</td></tr>
<tr><td rowspan="7">수술에 따른 생식 · 생리변화</td><td>수술명</td><td>절제부위</td><td>생식 · 생리변화</td></tr>
<tr><td>부분자궁절제술</td><td>체부만 절제하고 경부는 남겨 둠</td><td rowspan="3">• 월경 없고 임신 안 됨
• 에스트로겐 분비</td></tr>
<tr><td>전자궁절제술</td><td>자궁체부와 경부 모두 절제</td></tr>
<tr><td>전자궁절제술과 한쪽 난관난소절제술</td><td>자궁과 함께 한쪽 난관 · 난소 절제</td></tr>
<tr><td>전자궁절제술과 양쪽 난소절제술</td><td>자궁과 함께 양쪽 난소 절제</td><td>• 월경 없고 임신 안 됨
• 에스트로겐 분비 없음
• 폐경증상 나타남</td></tr>
<tr><td>근치자궁절제술</td><td>자궁과 함께 양쪽 난관 · 난소, 질의 일부, 자궁 주위의 림프절과 인대까지 절제</td><td>• 월경 없고 임신 안 됨
• 에스트로겐 분비 없음
• 폐경증상 나타남
• 소변장애 올 수 있음
• 주위조직 절제범위에 따라 다양한 변화</td></tr>
<tr><td colspan="3">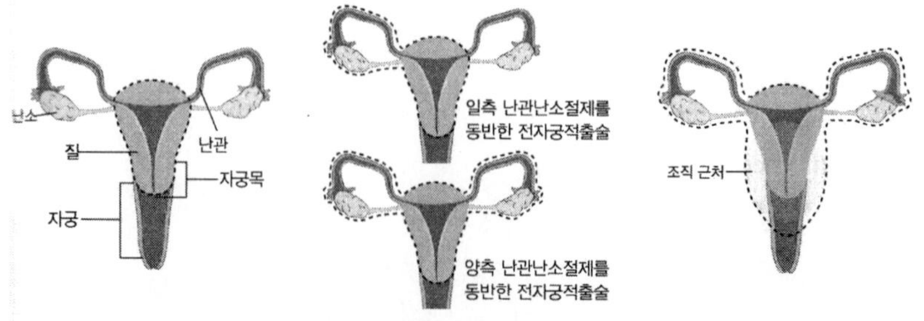

A. 전자궁적출술 B. 난관 · 난소를 포함한 전자궁적출술 C. 근치자궁적출술</td></tr>
</table>

구분	종류	항목	내용
수술 종류			• 수술 적응증, 자궁크기, 자궁과 자궁경부의 하강정도, 질의 모양과 수술의사의 기술 및 선호도 등에 달라짐
	복식 자궁절제술 (TAH)		• 복부절개를 통해 자궁 전체를 절제하는 방법 • 자궁이 매우 커져 있을 때, 복부에 자궁내막증이나 유착과 같은 문제가 있을 때 실시 • **복식 근치자궁절제술** : 자궁경부, 자궁, 주위인대, 경부주위의 질 조직을 절제
		장점	• 악성종양이거나 악성 의심 시 병변을 광범위하게 탐색하고 절제 가능
		단점	• 수술 반흔이 외부에 남음 • 수술 후 통증이 더 심함 • 회복 느림 • 장기능 문제점 더 많음
	질식 자궁절제술 (TVH)		• 질구를 통해 자궁전체를 절제하고 분리된 자궁을 질을 통해 제거하는 경우 • 자궁탈수 있을 때 이용
		장점	• 조기 이상 가능 • 수술 후 불편감 덜 함 • 마취와 수술시간 짧음 • 출혈 적음 • 수술 반흔이 보이지 않음 • 입원기간 짧음
		단점	• 수술 후 감염 위험률 높음
	복강경 이용한 자궁절제술	방법	• 전신마취, 배꼽 아래 1cm, 하복부 양측에 5mm 정도 구멍을 뚫고 이를 통해 내시경 장비를 집어넣어 수술 • 배꼽쪽 절개 통해 복강 내 이산화탄소 가스를 주입하여 배를 팽창시켜 시야를 확보한 뒤 수술부위를 관찰하면서 자궁혈관을 먼저 분리해 낸 후 자궁을 제거하는 방법
		목적	• 복강경 이용한 자궁제거술 • 자궁은 질을 통해 제거 또는 복강 내에서 작은 조각으로 자른 후 복강에 삽입된 하나의 관을 통해 제거
		장점	• 통증 감소 • 흉터 적음 • 회복이 빨라 재원일수 적음 • 복강손상, 염증 파급 적음 • 복강 내 습도 유지로 장기 손상이나 유착이 적음

		단점	• 수술 시야가 제한 • 수술시간 길어짐 • 장비가 비쌈 • 수술기법 어려움
간호 중재	수술 전 간호		• 대상자와 남편에게 수술에 대한 정보제공과 교육 • 수술동의서 확인 • 금연, 저섬유식이 및 금식교육 • 수술준비를 위한 하제 및 관장 • 피부준비(삭모) • 유치도뇨관 삽입 및 교육 • 수술 위한 기본검사 • 수술 위한 준비 및 수술 전 투약 후 수술장 보냄
	수술 후 간호	환자사정	• 수액확인 통한 탈수, 저혈압 예방 • V/S, I/O 확인 • 호흡음 청진, 피부색, 상처 및 회음패드 관찰, 배액관 관찰 • 출혈 유무 및 분비물 확인
		통증간호	• 진통제 투여 • 조기이상, 체위변경, 기침, 심호흡
		신체적 안위간호	• 복식자궁절제술 시 복대 착용(복부근육지지, 지혈효과) • 편안한 자세, 수술부위 지지하여 움직이기 • 복강경 수술시 복강에 가스주입으로 복부팽만감과 견갑통 있을 수 있음 → 가스가 잘 배출되도록 움직임 격려 • 좌욕, 회음램프 등 • 구강간호, 등 마사지 • 충분한 수면 및 안위간호
		심리적 안위간호	• 수술결과 및 예후 설명, 퇴원계획 설명
		호흡기 합병증 예방	• 심호흡, 객담배출, 체위변경
		복부팽만 간호	• 잦은 체위변경과 비위관 관리
		순환기 합병증 예방간호	• 체위변경, 조기이상, 혈전성 정맥염 및 관리
		수술부위 상처간호	• 상처 부위 관찰, 복대
		영양간호	• 장음 청진 : 연동운동 확인 • 물 → 유동식 → 반유동식 → 고형식이 순
		배설간호	• 요도, 방광, 직장손상 여부 확인
		위생증진	• 회음패드 관찰 및 패드교환 • 회음간호

02 난소절제술(Oophorectomy)

<table>
<tr><td>정의</td><td colspan="3">• 한쪽 또는 양쪽 난소를 외과적으로 제거하는 수술</td></tr>
<tr><td>적응증</td><td colspan="3">• 심한 골반염증성 질환
• 난소의 양성 및 악성종양
• 난소낭종
• 자궁내막증
• 자궁외임신</td></tr>
<tr><td rowspan="5">종류</td><td rowspan="3">설상절제술</td><td>정의</td><td>• 난소의 1/3 또는 그 이상 설상(쐐기모양)으로 절제하는 것</td></tr>
<tr><td>적응증</td><td>• 스타인-레벤탈증후군, 경화성 난소</td></tr>
<tr><td>신체 변화</td><td>• 원인적 난소질환 치료
• 배란과 월경주기 회복
• 난소호르몬 분비
• 임신 가능(63%)</td></tr>
<tr><td>한쪽 난소절제술</td><td>신체 변화</td><td>• 한쪽 난소 있음
• 정상배란과 월경주기
• 난소호르몬 분비
• 임신 가능</td></tr>
<tr><td>양쪽 난소절제술</td><td>신체 변화</td><td>• 난소 없음
• 배란과 월경 없음
• 난소호르몬 분비 없음
• 폐경증상 나타남
• 임신할 수 없음</td></tr>
<tr><td>치료</td><td colspan="3">• 폐경 전 여성 : 수술 전부터 호르몬 요법, 에스트로겐 투여
• 젊은 여성 : 규칙적인 월경 유도, 에스트로겐, 합성 황체호르몬 투여</td></tr>
</table>

03 난관절제술(Salpingectomy)

정의	• 한쪽 또는 양쪽 난관을 떼어내는 수술	
적응증	• 난관염 • 패혈증 • 악성종양 • 난관임신 : 난관파열에 의한 출혈 위험 → 응급난관 절제술	
종류	난관절제술 난관결찰술	영구적 불임술에서 이용
	미세수술 난관복원술	불임치료 및 불임술 후 난관 복원할 때 우선적으로 하는 부인과적 수술
	난관성형술	난관염, 난관채 포경, 난관채 폐쇄, 난관수종 등으로 난관이 막혀 불임이 된 경우 폐쇄된 부분을 떼어내고 복원해 주는 수술

04 외음절제술(Vulvectomy)

정의	단순 외음절제술	• 대음순, 소음순과 음핵 절제 • 적응증 : 백반증과 난치성 소양증이 있을 때
	근치 외음절제술	• 외음 전체와 피부, 대퇴삼각부 지방 및 회음 림프절을 떼어내는 수술 • 피부이식 필요 • 적응증 : 외음의 악성종양, 외음 파제트병

CHAPTER

13 불임 여성 간호

1 불임의 정의와 원인

<table>
<tr><td>정의</td><td colspan="3">• 남녀가 피임하지 않고 정상적인 성생활을 하여도 1년 이내 임신이 되지 않는 것
• 원발성 불임 : 한번도 임신한 경험이 없는 경우
• 속발성 불임 : 임신을 경험한 후 임신이 안되는 경우</td></tr>
<tr><td rowspan="6">원인</td><td>구분</td><td>남성측 요인</td><td>여성측 요인</td></tr>
<tr><td>전신적 이상</td><td>• 과로, 과다음주, 흡연, 과다성교, 발기부전
• 정신적 불안, 공포</td><td>• 심한 빈혈, 약물 남용, 과다음주, 흡연
• 정서적 불안, 공포</td></tr>
<tr><td>생식기 발육 이상</td><td>• 잠복고환, 요도하열, Klinefelter 증후군</td><td>• 생식기의 결여, 기형, 발육부전
• Tuner 증후군</td></tr>
<tr><td>내분비 이상</td><td>• 뇌하수체기능부전, 갑상샘기능저하증, 고프로락틴증, 부신증식증</td><td>• 시상하부-뇌하수체 기능부전, 갑상샘질환, 당뇨
• 부신증식증, 고프로락틴증, 고안드로겐증
• 난소기능부전, 다낭성 난소증후군</td></tr>
<tr><td>생식기 질환</td><td>• 이하선염, 고환염, 전립선염, 정관정맥류, 성병</td><td>• 골반감염, 자궁경부염, 골반결핵, 난관폐색
• 자궁내막증, 자궁근종과 폴립</td></tr>
<tr><td colspan="3">남녀 복합요인 : 결혼 부조화, 성적 문제, 면역학적 부적합</td></tr>
<tr><td>사정</td><td colspan="3">• 남성 먼저 검사(정액검사)
• 부부가 함께 검진</td></tr>
<tr><td>기본검사 6가지</td><td colspan="3">• 정액검사 : 정자의 적당한 생산 여부 파악
• 배란검사 : 배란현상, 성숙된 난자 배출 여부 파악
• 경관점액검사 : 정자 운송, 저장에 적당한 경관점액 파악
• 난관검사 : 정자, 수정란 이동 가능한 난관 소통, 운동성 파악
• 자궁내막검사 : 자궁내막이 수정란의 착상에 적합한 황체가 발달되어 있는지 파악
• 복막강검사 : 복강 내 임신 방해하는 물리적 · 기계적 장애 파악</td></tr>
</table>

2 남성 불임검사 – 정액검사(Semen analysis)

목적	• 남성의 정액 채취, 임신에 적합한 정자인지 확인 • 정액의 색깔, 양, 정자수, 점도, 운동성, 정자모양 등 관찰
시기	• 2~3일 성생활 금한 후, 2~4주 간격 두고 2회 실시
검사방법	• 정액의 질을 정확하게 평가하기 위한 검사 • 평상시 성생활 중에 2~3일간 금욕한 후 실시 • 정액은 자위를 통해 얻으며 윤활제도 사용 금지 • 정액은 뚜껑이 잘 맞는 깨끗하고 마른 유리용기에 받기 • 정액은 35℃ 온도로 유지하여 검사실로 보냄 • 채취 후 1시간 이내 분석 실시 • 채취한 정액에 채취시간과 정액 채취 전에 가진 성교 날짜 표기
정상정액	• **1회 사정량** : 2~5ml • **액화** : 10~20분 안에 정액의 액상화 • **정자수** : 정액 1ml당 4,000만 개 이상 • **운동성** : 사정 1시간 후 정자의 60% 이상, 2시간 후 정자의 50% 이상이 활발히 운동 • **정상모양** : 30% 이상(타원형) • 백혈구, 박테리아 없어야 함, 백혈구 박테리아 존재 시 전립선염 → 불임 원인

3 여성 불임검사

1. 배란사정

<table>
<tr><td rowspan="2">기초체온 검사</td><td>목적</td><td>• 기초체온을 측정하여 배란기를 사정
• 배란 여부를 확인, 자궁내막 검사일정, 성교 시기 정하는 데 도움이 됨</td></tr>
<tr><td>배란기 특징</td><td>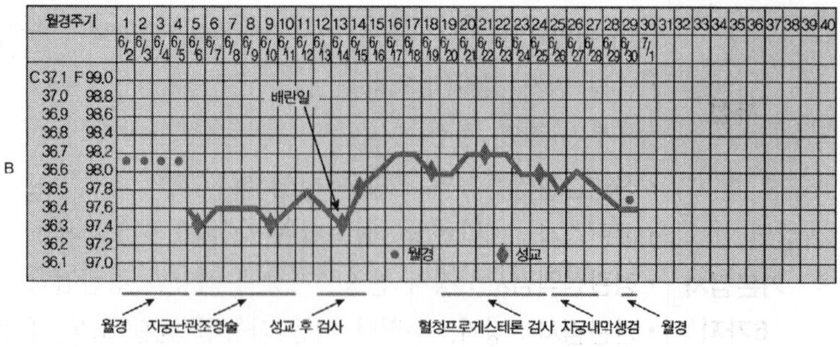

A. 무배란 여성의 단일곡선 기초체온곡선
B. 배란 여성의 저체온과 고체온을 보이는 기초체온곡선(배란 예정일과 불임검사시기, 배란과 월경시기를 알 수 있다.)</td></tr>
</table>

	배란기 특징	• 기초체온은 배란기에 저온기 → 고온기로 변화(0.6~0.8°F)하여 다음 생리 24~36시간까지 지속됨, 상승한 체온은 월경 1~2일 전까지 계속 • 생리 후부터 배란 전까지는 저온기 • **비정상** : 정상 기초체온이 보이지 않으면 배란에 문제
	방법	• 수면 후 일어나자마자 누워서 활동하기 전 같은 시간에 3~5분 측정 • 구강측정 • 2~3개월간 계속 측정 • 평소에 기초체온에 영향을 주는 사항 기록(감기, 피로, 전기요, 여행, 성교)
호르몬 검사	방법	• 혈청 혹은 소변 내 에스트로겐, 프로게스테론, LH 양 측정
	배란 추정	• 배란이 일어나기 약 24시간 전 황체화호르몬의 파동성 급증 • 황체화호르몬 급증의 약 24시간 이전 에스트로겐 혈중농도가 최고치 • **황체기능 파악** : 황체기에 프로게스테론 농도가 2.5ng/ml 이상되면 배란추정
경관점액 검사	목적	• 배란기에 임신에 적합한 점액 상태인지 파악 • 배란기의 경관점액의 산도, 분비량, 점도, 견사성 검사
	검사 시기	• 배란기 • **점액상태** : 물같이 맑고 투명, 견사성(8~10cm), 현미경상 양치엽 상태, 세포수가 거의 없어 정자가 점액 투과성이 가장 높게 하는 점액 현상 • **배란장애** : 이런 변화가 적거나 양이 적고 끈끈하고 견사성이 적음

2. 난관 및 복막사정

자궁난관 조영술 (Hysterosalpingography)	목적	• 조영제를 질을 통해 자궁 내로 주입하여 자궁, 난관의 크기, 모양, 유착 및 난관 개방 여부를 관찰하여 임신에 영향 미치는 요인 확인 • 자궁 난관 소통 여부, 난관강 이상 여부
	검사 시기	• 월경 직후부터 배란 전에 수행(월경 후 2~3일) (방사선 영향 적게 받고, 자궁내막 증식 전 → 조영제 소통 원활)
	방법	• 조영제를 질을 통해 자궁에 넣어 자궁, 난관을 방사선 촬영 • **나팔관 개통 시** : 조영제가 자궁과 나팔관을 통과하여 복강 내로 나가는 것이 보임, 그 자극으로 어깨 통증 호소
	치료 효과	• 조영제가 난관 통과 시 난관 씻어주고 난관점막의 섬모운동을 자극하며, 가벼운 유착이 용해되는 효과
	부작용	• 조영제 알레르기, 병변 자극 가능성

<table>
<tr><td rowspan="2">복강경 검사
(Laparoscopic examination)</td><td>목적</td><td>• 다른 검사를 모두 선행한 후 시행하는 최종 불임검사
• 직접 난관, 복막에 관련된 불임요인 파악
• 자궁난관조영술에서 자궁이상이 발견되었을 때 즉시 시행</td></tr>
<tr><td>방법</td><td>• 복강 내 내시경을 삽입하여 직접 골반 및 골반장기를 관찰
• 외래에서 전신 마취 후 실시, 30분 소요
• 시술 8시간 전부터 금식, 배뇨
• 월경주기 초기 전신마취 실시한 후 제와부 아래를 1cm 정도 절개하여 CO_2 가스를 주입한 후 복벽이 상승되면 복강경을 삽입하여 골반과 장기를 시진
• 검사 후 출혈, 감염, 장기손상 합병증이 따르는 외과적 시술</td></tr>
<tr><td rowspan="3">루빈검사
(Rubin test)</td><td>목적</td><td>• 난관의 개방 여부 확인</td></tr>
<tr><td>검사시기</td><td>• 월경 끝난 후 6~12일에 시도</td></tr>
<tr><td>방법</td><td>• 배뇨 후 쇄석위 상태에서 질경 삽입 후 이산화탄소 가스를 삽입하여 가스가 자궁, 난관, 복강 내로 통하는지 여부 관찰
• 정상결과 : 가스 투여 후 환자를 앉히면 가스가 횡격막 근처의 늑간신경을 눌러 견갑통 호소 → 적어도 한쪽 난관이 개통되어 있음을 의미
• CO_2 가스가 난관을 통과하면서 꼬인 난관이 풀어지거나 자궁과 난관이 깨끗해지면 불임치료</td></tr>
</table>

3. 자궁내막사정

<table>
<tr><td rowspan="4">자궁내막 생검
(endometrial biopsy)</td><td>목적</td><td>• 수정란의 착상부위, 황체기능, 황체기에 황체호르몬의 영향, 배란 여부 관찰</td></tr>
<tr><td>검사시기</td><td>• 월경주기 중 황체기(월경시작 2~3일 전)에 시행</td></tr>
<tr><td>방법</td><td>• 월경예정 2~3일 전 황체기 12일째 플라스틱 카테터를 경부 통해 자궁 내에 넣은 후 자궁저부쪽 월경 전 자궁내막조직을 떼어내어 관찰</td></tr>
<tr><td>결과</td><td>• 정상 : 정상 황체기 반응
• 비정상 : 황체호르몬 부족, 고프로락틴혈증, 자궁내막염증</td></tr>
<tr><td rowspan="2">자궁경 검사
(hysteroscopy)</td><td>목적</td><td>• 자궁내막용종, 점막하 자궁근종, 자궁내막 유착, 자궁 내의 선천성 기형 등 진단</td></tr>
<tr><td>방법</td><td>• 자궁경관과 자궁강 내를 직접 관찰하여 이상 소견 조사하는 내시경 검사법
• 복강경 검사 시 함께 시행</td></tr>
</table>

4 상호작용 검사

성교 후 검사 (Postcoital test, Sims-Huhner test)	목적	• 경관점액의 정자 수용성과 경관점액을 통과하는 정자의 침투력과 운동성 확인
	검사시기	• 배란시기에 실시
	방법	• 검사 전 준비 : 검사 전 윤활제 사용금지, 48시간 전부터 통목욕, 질세척 삼가 • 검사 예정 1~2일간 금욕 후 검사 2~12시간 전에 성교 • 성교 후 여성의 질 분비물을 채취하여 경관점액 내 정자 상태를 확인
	결과	• 경관점액의 성상 : 투명, 견사성(8~10cm), 양치엽 형태 • 활동성 정자수 : 15~20개
	재검	• 경관점액 내 활동성 정자가 5~10개 미만 시 다음 월경주기의 배란일에 재검사

CHECK Point 생리주기에 따른 주요 불임 기초검사 시기

검사	시기(월경주기)	근거
자궁난관조영술	7~10일(증식기 초기, 배란 전)	배란 전 난관개통을 확인할 수 있다.
성교 후 검사	배란 1~2일 전	배란 시 경관점액 내에서 정상 활동성 정자를 찾기 위해서이다.
경관점액검사	배란시기(전체 주기 중 검사)	경관점액의 점성도는 낮고 견사성이 있는 것을 확인하여 배란기를 확인한다.
기초체온검사	전체	프로게스테론의 영향으로 체온상승을 통해 배란일을 확인한다.(배란 시기 확인)
자궁내막생검	21~27일(황체기 : 분비기 후기)	황체기(분비기)의 자궁내막 특성을 확인한다. 프로게스테론과 황체기의 적합성 평가
Rubin's text	월경 후 6~12일(배란 전)	난관의 개방여부 확인

5 치료 및 간호중재

1. 여성 불임의 치료

배란장애	원인에 따른 치료	• 영양장애 : 영양상태 호전 • 고프로락틴혈증 : 무배란과 무월경 원인, 브로모크립틴 투여하여 프로락틴 분비 감소 • 갑상샘기능 항진증 : 갑상샘기능억제제 • 갑상샘기능 저하증 : 갑상샘호르몬 투여
	특별한 원인이 없을 때	• 클로미펜과 고나도트로핀 : 배란 유도 • 클로미펜 : 시상하부-뇌하수체에 작용하여 성선자극호르몬 분비 촉진하고 난포발달과 성숙 촉진시켜 배란 유도
경관점액 이상	• 점액량이 적거나 점액의 질이 나쁜 경우 : 에스트로겐이나 배란유도제 투여 • 경관염 : 배양검사 후 적절한 항생제 투여 • 산성 경관점액 : 에스트로겐 투여, 알칼리성 질세척제로 질세척	
난관폐쇄	• 골반감염 : 전기소작법, 약물요법, 수술 • 난관유착 : 복강경이나 외과적으로 개복하여 난관성형술 • 외과적 치료 실패 시 : 체외수정하여 배아 자궁 내 이식 • 만성 경관염 : 전기소작법, 냉동요법	
자궁내막이상과 황체기 결함	• 자궁내막에 평활근종 : 근종절제술 • 자궁내막염 : 항생제 치료, 소작술 • 황체기 결함 : 황체호르몬, 배란유도제 투여	
면역학적 요인	• 3개월간 성교 시 콘돔 사용 후 혈청과 경관점액의 항체 역가 측정하여 치료 효과를 추적 • 코티코이드 투약 • 체외수정방법, 난관 내 생식세포 이식술	
선천성 기형	• 수술로 교정	

CHECK Point 불임치료약물

	적응증	작용	부작용
Clomiphen	• 배란유도 • 황체기 결손	• 뇌하수체 에스트로겐 수용체와 결합 • 투여방법 - 정제 : 생리 시작 15일에 시작해서 1일 50mg 씩 5일간 투여 - 배란이 되지 않을 경우 다음 주기부터 용량을 증가	• 홍조 • 복부 불편감 • 오심, 구토 • 유방 압통 • 난소비대

human menopausal gonadotrophin (hMG)	• 폐경 후 여성 소변에서 추출 • FSH, LH 포함되어 난포성장과 성숙	• LH : FSH = 1:1 • 난포를 직접 자극 • 배란유도를 위해 순차적으로 hMG 제공	• 난소 비대 • 난소과자극 증후군 • 주사부위 국소자극 • 다태아 임신
Follitropin (purified FSH)	• 다낭성 난소질환시 난포를 자극	• 난포 직접 자극	• 난소비대 • 난소과자극증후군 • 주사부위 국소자극 • 다태아 임신
human chorionic gonadotrophin (hCG)	• 배란유도	• 난포 직접 작용 • 감수분열, 파열자극	• 주사부위 자극 • 두통, 불안정 • 부종, 우울, 피로
Androgen (danazol)	• 자궁내막증 치료	• 에스트로겐과 에스트로겐의 결합으로 난소기능을 억제 • 자궁내막선과 기질의 자극을 감소	• 경미한 다모증 • 여드름 • 부종 • 체중증가 • 간 효소상승
Gonadotropin Releasing Hormone (GnRH 길항제)	• 자궁내막증 • 자궁섬유종	뇌하수체의 GnRH 수용체의 조절감소와 탈감작, LH, FSH와 난소기능억제	

2. 남성 불임의 치료

<table>
<tr><td>대증요법</td><td colspan="3">• 체질개선과 개인위생 개선 : 담배와 술 제한, 식사 관심, 적당한 휴식과 정신적 긴장 피하기</td></tr>
<tr><td>외과적 수술</td><td colspan="3">• 선천적으로 구조 이상이 있거나 정관폐쇄된 경우
• 발기불능, 조루증 : 정신과적 치료 필요
• 성선자극호르몬 분비 저하 : 퍼고날(hMG) 투여
• 고프로락틴 : 브로모크립틴 투여
• 희소정자증, 운동성 저하 정자증, 기형정자증 : 인공수정, 보조생식술</td></tr>
<tr><td rowspan="4">인공수정</td><td>남편의 정자 이용</td><td colspan="2">• 정자의 수와 운동성이 정상보다 약간 저하되어 있는 경우</td></tr>
<tr><td>공여자의 정자 이용</td><td colspan="2">• 무정자증, 유전적 질환, 원인불명의 불임 시</td></tr>
<tr><td rowspan="2">인공수정</td><td colspan="2">• 정액을 직접 경관입구에 넣어주는 방법으로 다이아프램 같은 장치에다 정액을 담아서 경관에 씌워 주는 것</td></tr>
<tr><td>자궁내수정 (IUI)</td><td>• 경관점액에 문제 있을 때 가늘고 유연한 플라스틱 카테터를 이용하여 직접 자궁강 내에 주입</td></tr>
</table>

3. 보조생식술

임신을 목적으로 자연적인 생식과정에 인위적으로 개입하는 의료행위로 인간의 정자와 난자의 채취를 보건복지부령으로 정하는 시술

(1) 체외수정-배아이식(IVF-ET)

정의	• 난자와 정자를 모체가 아닌 시험관에서 수정시켜서 수정란을 자궁내막에 이식하여 착상시키는 방법	
적응증	• 난관 문제, 난관 막힘, 심각한 남성 불임, 자궁내막증, 원인불명 불임, 경관요인, 면역학적 불임, 인공수정에 실패한 경우	
방법	1단계	배란 유도 : 배란유도제[클로미펜, 퍼고날(hMG)] 사용
	2단계	난자 채취 : 복강경, 자궁경 이용
	3단계	생식세포(난자와 정자)의 준비
	4단계	체외수정

(2) 생식세포 · 접합자 난관 내 이식(GIFT-ZIFT)

정의	• 시험관 아기 단점을 보완하여 최근에 개발된 방법 • 배란유도제를 투여하여 난자를 배란시켜 복강경이나 미니랩을 통해 난자를 채취한 후 그 자리에서 정자와 난자를 함께 나팔관 팽대부에 넣어주는 방법 • 체외수정 : 수정장소를 모체가 아닌 시험관을 이용 • GIFT : 모체의 나팔관을 수정장소로 택하는 것	
	접합자(ZIFT) 배아 이식방법 - tubal embryo transfer(TEF) - pronuclear stage transfer(PROST)	• 초음파 유도하에 혹은 자궁경을 통해 자궁경부를 거쳐 난관 내로 이식을 시도 • IVF-ET 와 동일한 점 : 배양액속에 난자를 수정시키는 것 • GIFT와 동일한 점 : 1~2일 후 수정이 확인된 후 배아는 난관 내로 이식하는 것 • GIFT와는 달리 수정을 확인할 수 있으므로 남성 요인의 불임인 경우에 실시하는 것이 더 효과적 • TEF : IVF-ET, GIFT보다 자궁 내 착상 성공률이 더 높음 - 난관 내에는 초기 배아 발달 및 착상에 보호역할을 하는 요소가 있으며 난관에 이식한 경우가 자궁경부를 통해 이식한 경우보다 배아손실이 적기 때문
적응증	• 체외수정과 동일 • 적어도 한쪽 난관이 정상이어야 한다는 제약 지님	

(3) 난자 공여

정의	• 자신의 난자를 사용하여 체외수정을 할 수 없는 여성불임 환자가 다른 여성(난자공여자)으로부터 난자를 제공받아 남성의 정자로 체외수정 후 수혜자의 자궁 내로 이식하는 과정
적응증	• 조기난소부전증 • 구조적으로 문제가 있는 난소 • 성선기형 • 방사선 조사나 항암화학요법 등에 의한 난소손상 • 난소적출술 • 체외수정의 반복 실패 • 원인불명의 반복되는 임신소모 • 유전적 질환 : X 염색체 또는 상염색체 우성 질환

(4) 합병증

난소과자극증후군	• 배란유도에 의한 자극으로 다수의 난포가 크게 발육되어 난소가 증대되고, 난포에서 에스트로겐이 현저하게 상승 • 에스트로겐에는 혈관투과성을 상승시키는 작용이 있으므로 흉수·복수저류 혈액농축 등을 초래
난임과 윤리적 문제	

CHAPTER 13 불임 여성 간호

기출문제

01 **다음은 보건교사가 작성한 불임 관련 교육자료의 일부이다. 〈작성 방법〉에 따라 순서대로 서술하시오.**

[4점] 2017년

> **〈불임이란?〉**
>
> 1. 불임의 정의 : 정상적 부부관계에서 피임을 하지 않고 (㉠) 이내 임신이 되지 않은 상태
>
> … (중략) …
>
> 2. 진단 검사
>   1) 난관 및 복강 요인 사정 : 자궁난관조영술 검사, 복강경 검사, 루빈(Rubin) 검사
>   (1) 자궁난관조영술 검사
>   - 자궁경부에 조영제를 주입하여 자궁강과 난관의 해부학적 특성을 보는 것
>   - 월경 후 2~5일경 검사를 시행함
>   - 검사 중 ㉡ <u>어깨 통증</u>이 발생하면 체위 변경이나 경한 진통제로 조절함

〈 작성 방법 〉

- 괄호 안의 ㉠에 들어갈 기간을 제시할 것
- 밑줄 친 ㉡이 발생하는 이유를 서술할 것
- 배란기 자궁경부 점액의 정상 양상 3가지를 서술할 것

|해설| ㉠ 1년

㉡ 난관 개통 시 조영제가 자궁과 나팔관을 통과하여 복강 내로 퍼지며 그 자극으로 어깨 통증을 호소한다.

※ **배란기 자궁경부 점액의 정상 양상**

- 에스트로겐 호르몬의 영향으로 물같이 맑고 투명하며 경관점액의 양이 많다.
- 견사성(8~10cm)이 커지고 늘려도 끊어지지 않을 정도의 탄력성이 있다.
- 현미경상 양치엽(고사리 잎)의 모양을 지니며, 세포수가 거의 없어 정자가 점액 투과성이 가장 높다.

CHAPTER

14 성건강

01 미혼모 및 10대 임신

정의	• 미혼모 : 법적으로 혼인관계가 아닌 남자와의 사이에 임신을 하였거나 아이를 출산한 여성 • 혼전 성관계, 10대 임신, 낙태, 아동 입양, 저소득 모자 가정 등 여러 사회현상과 얽힘	
원인	사회경제 · 문화적 요인	• 빈곤, 낮은 교육수준, 첫 임신 연령이 어릴수록 다시 임신할 가능성↑ • 아동 초기 성적 학대
	환경적 요인	• 또래나 친구들의 영향 쉽게 받음 • 음악, 비디오, 텔레비전, 영화, 인터넷 통해 성에 노출 • 다양한 성 파트너, 피임기구의 미사용
	심리사회적 요인	• 가정 기능이 건강하지 못하고 낮은 자아존중감 • 가족의 기능 결손
문제	신체적 문제	• 영양부족, 임신에 대한 지식부족, 가족의 거부반응, 불충분한 산전관리로 임부와 태아 건강에 위험 초래 • 조산, 저체중아 출산, 아두골반불균형, 철분결핍성 빈혈, 자간전증 등 합병증 발생위험 증가 • 무분별한 음주와 약물사용에 노출될 위험 높음
	심리적 문제	• 자신의 발달단계 중단 • 부모에 대한 죄의식, 미혼부에 대한 원망, 자신의 행동에 대한 자책과 후회 등 부정적 감정 경험
	사회적 문제	• 학업중단의 위기, 아이양육으로 부모에게 도움을 받아야 하는 부담감 • 경제생활 기회 어려움, 한부모 가정 등 가족 결속력 약화
	미혼모 문제	• 임신 사실 인지가 늦어 산전관리 소홀 • 낙태발생률 높음 • 성관계 시 피임법 잘 사용 안함 • 자신에 대한 죄책감 지님 • 정규적 산전간호 및 적절한 예방 치료받지 못함 • 사회적 비난

간호	지역사회중심의 간호관리	• 산전관리를 정기적으로 받도록 하는 데 중요한 역할 • 편안함을 느끼는 건강관리제공자를 찾는 것, 약속 날짜를 지키는 것, 출산과 분만준비를 돕고, 건강증진자료를 제공하는 것 • 그룹활동 : 아이디어 교환, 임신 시 필요한 요구에 잘 대처하도록 도움
	비밀보장과 동의문제	• 독립성을 인정받고 건강관리를 받을 권리와 책임 • 미혼모 존중, 비밀보장, 미혼모 간호에 대한 구체적 상황에 있어 미혼모 본인의 동의 구하기
	임신한 청소년과의 신뢰관계 발달	• 미혼모와의 신뢰관계 형성, 개인에 대한 믿음과 존중
	자아존중감 증진과 문제해결 기술	• 미혼모의 의사결정과 문제해결 기술 도와주기
	신체적 안녕 증진	• 자간전증 – 자간증 사정 : 기본체중과 혈압 측정, 체중증가의 사정 • 영양정보 확인 : 혈색소와 혈구 수치 측정 • 산전검사 시 : 성병검사 • 담배, 카페인, 약물, 알코올 이용 여부 확인 • 추후간호 : 태동, 자궁저부 높이, 태아심박동, 태아움직임 등
	가족의 적응 증진	• 가족의 참여상황과 참여수준 확인
	산전교육 촉진	• 임신 중 예측되는 내용, 진통과 출산 준비, 10대 임신, 부모됨의 갈등과 문제 파악하도록 지원, 자아존중감 증진, 이용가능한 지역사회자원에 대한 정보제공, 대처기술을 발달시키도록 돕기
	분만 후 산욕기 간호	• 피임교육
임신 예방	성장발달단계에 따른 체계적인 성교육 실시	• 성장발달단계에 따른 체계적인 성교육 프로그램을 확대 · 실시 • 학교의 의무 성교육 시간 증대 • 연령별 · 특성별로 프로그램 내용과 방식의 다양화 • 성교육 전문가 심화교육과 저변 확대 • 또래 상담가의 육성 및 활성화 • 교사의 성교육 참여 의무화 • 거리 캠페인 및 상담 실시
	피임교육의 강화	• 피임에 대한 정확한 지식제공과 실천 강화교육 • 피임도구를 쉽게 구입할 수 있는 접근성 높이는 것 – 보건소나 지역센터에서 콘돔 무료 또는 염가 배포 – 약국, 슈퍼, 편의점에서 쉽게 구입할 수 있고, 콘돔 자동판매기 설치
	성적 자율성에 대한 의식교육	• 남녀의 성의식과 행동이 다르다는 것을 인식하고 자신의 의사를 분명히 표현하고 결정함으로써 자신이 행한 행동에 대해 책임을 지며 건강한 성생활을 할 수 있도록 주체적인 성의식을 고양시키는 의식교육이 이루어져야 함

CHECK Point 미혼모 발생요인별 중재

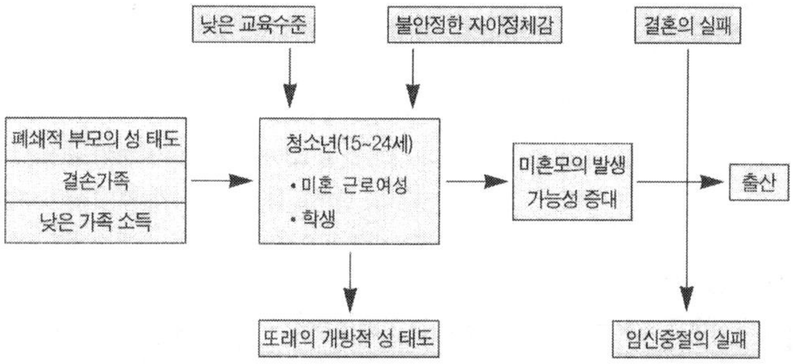

발생요인	세부요인	중재	세부 중재
사회구조적 요인	• 가치관 혼돈	• 성 윤리관 정립	• 사회일반의 성 의식 • 성교육 실시대상의 범위 확대 • 자발적인 참여유도
	• 성 역할 변화 • 대중매체의 영향	• 사회적 책임감 형성 • 매스컴의 기능 강화	• 사회운동 캠페인 • 공익광고 • 청소년 대상 정규 프로그램 확대
	• 제도적 장치의 미비	• 제도적조건 정비	• 여성관련 행정조직의 강화 • 관련법률의 정비 • 여성상담센터의 확충
가족요인	• 결손가족	• 가족기능 강화	• 가족상담제도의 다원화, 전문화 • 저소득 및 결손가정에 대한 지원 강화
	• 부모의 폐쇄적 성 태도	• 부모 성교육	• 부모교육 강화
	• 저소득 수준	• 경제적 지원	
개인적 요인	• 성지식 결여 (낮은 교육 수준)	• 청소년 성교육	• 학교 및 기관 성 교육의 개선 • 성교육 종합 전담기구의 설치 • 교사 자질 향상 • 교육내용 및 방법의 다양화
	• 자아정체감의 불안정	• 자아기능 강화	• 상담 및 청소년 활동 프로그램의 전문화
	• 대인관계	• 사회 적응능력 개발	• 지역사회기관의 기능 활성화 • 민간단체의 활성화 • 지역사회기관의 연계통로 결성 및 활성화 • 지역사회시설의 개방

02 인공유산(Induced abortion)

<table>
<tr><td rowspan="3">정의</td><td colspan="2">임신 20주 전에 의도적인 임신의 종결</td></tr>
<tr><td>선택적 유산</td><td>임신 여성의 요청에 의한 인공유산</td></tr>
<tr><td>치료적 유산</td><td>엄마나 태아의 건강 혹은 질병상의 이유로 인공유산</td></tr>
<tr><td>허용 한계</td><td colspan="2">[모자보건법 제14조]
① 의사는 다음 각 호의 어느 하나에 해당되는 경우에만 본인과 배우자(사실상의 혼인관계에 있는 사람을 포함한다. 이하 같다)의 동의를 받아 인공임신중절수술을 할 수 있다.
1. 본인이나 배우자가 대통령령으로 정하는 우생학적(優生學的) 또는 유전학적 정신장애나 신체질환이 있는 경우
2. 본인이나 배우자가 대통령령으로 정하는 전염성 질환이 있는 경우(풍진, 톡소플라즈마 등)
3. 강간 또는 준강간(準强姦)에 의하여 임신된 경우
4. 법률상 혼인할 수 없는 혈족 또는 인척 간에 임신된 경우
5. 임신의 지속이 보건의학적 이유로 모체의 건강을 심각하게 해치고 있거나 해칠 우려가 있는 경우
② 제1항의 경우에 배우자의 사망 · 실종 · 행방불명, 그 밖에 부득이한 사유로 동의를 받을 수 없으면 본인의 동의만으로 그 수술을 할 수 있다.
③ 제1항의 경우 본인이나 배우자가 심신장애로 의사표시를 할 수 없을 때에는 그 친권자나 후견인의 동의로, 친권자나 후견인이 없을 때에는 부양의무자의 동의로 각각 그 동의를 갈음할 수 있다.
[모자보건법 시행령 제15조(인공임신중절 수술의 허용한계)]
1. 제14조의 규정에 의한 인공임신중절수술은 임신한 날로부터 28주일 이내에 있는 자에 한하여 할 수 있다
2. 제14조 제1항 제1호의 규정에 의하여 인공임신중절수술을 할 수 있는 우생학적 또는 유전적 정신장애나 신체질환은 다음 각 호와 같다.
• 유전적 정신분열증
• 유전성 조울증
• 유전성 간질증
• 유전성 정신박약
• 유전성 운동신경원 질환
• 혈우병
• 현저한 범죄경향이 있는 유전성 정신장애
• 기타 유전성 질환으로서 그 질환이 태아에 미치는 위험성이 현저한 질환</td></tr>
</table>

	3. 제14조 제1항 제2호의 규정에 의하여 인공임신중절수술을 할 수 있는 전염성 질환은 태아에 미치는 위험성이 높은 풍진, 수두, 간염, 후천성 면역결핍증 및 전염병 예방법 제2조 제1항의 전염병을 말한다.		
임신 1기 유산	흡인	방법	국소 마취하에 경관확대 후 삽관 흡인
		시기	마지막 월경 이후 8주~12주 이내
		소요시간	5분
		장점	• 합병증 거의 없음, 통증 심하지 않음, 출혈 및 불편감 감소 • 외래처치 가능, 소요시간 짧음
		단점	• 경관외상(라미나리아 삽입으로 이완이 안 될 경우) • 자궁천공, 출혈, 감염
		합병증	• **감염** : 자궁내막염, 난관염 • **출혈** : 남아있는 수정산물이 질출혈 원인
	내과적 유산	• 임신 9주까지 가능	
		Methotrexate	• 엽산이 태아세포의 분열을 할 수 없게 차단함으로써 초기유산을 초래하는 세포독성 약물 • 근육주사나 대개 오렌지주스와 혼합하여 경구로 투여
		Misoprostol (Cytotec)	• 자궁경부를 부드럽게 하고 확장시키며 자궁근을 수축하도록 자극하는 prostaglandin 유사물질 • 질내 삽입 후 3~7일 걸림 • **부작용** : 오심, 구토, 설사, 두통, 현기증, 발열, 오한 등
		합병증	• 출혈과 복통(자궁경련, cramping)
임신 2기 유산	자궁경관 확장과 소파	방법	개대기로 경관개대 후 큐렛으로 수정산물 긁어냄
		시기	임신 12주 이내
		장점	소요시간이 짧음(15분 이내)
		단점	자궁천공, 감염, 출혈, 경관손상 등
	고장성 용액 주입	방법	복부천자 후 양수 유출 후 동량의 식염수를 자궁으로 직접 주입
		시기	임신 14~24주 사이에 실시
		장점	개복술 불필요(약물 주입 후 24시간 내 분만시작)
		단점	재태기간에 비례한 합병증 증가, 유도분만 가능성, 태반잔여로 소파 가능성, 패혈증
합병증	신체적	자궁출혈	• 수술 시 출혈, 쇼크 • 남아 있는 수정 산물이 질 출혈의 원인
		자궁천공	• 자궁내막 소파술에 사용되는 뾰족한 큐렛으로 자궁 천공의 위험

		자궁염증	• 유산 후 자궁 경부염이나 자궁내막염이 파급되어 난관염, 골반염증성질환
		자궁경관 무력증	• 자궁경관을 기계적으로 확장시켜 자궁경부 열상과 내자궁 경부 손상으로 자궁경부가 약화되는 자궁경관 무력증
		자궁외임신	• 인공 임신중절 후 난관염의 후유증으로 자궁외임신 유발 가능
		자궁유착증	
		불법낙태시	위생불량으로 인한 패혈성 쇼크, 급성 신부전 등
	정신적	• 부적절감, 우울, 불안, 민감성과 돌봄에 대한 욕구 증가, 외로움 • 소외감, 사회적으로 낙인이 찍혔다는 기분, 죄의식, 수치심 • 비난에 대한 두려움, 후회	
병원방문 증상	• 고열 38℃ • 오한 • 출혈(패드를 2시간 이상 2패드 이상의 과다출혈 또는 며칠 동안 계속된 질출혈) • 질분비물의 고약한 냄새 • 심한 복통, 경련, 요통 • 복부 민감성 통증(압력을 가했을 경우)		
간호진단	• 유산 선택결정에 대한 갈등과 관련된 비효율적 대처 • 정보원 노출부족과 관련된 유산의 선택, 처치과정에 대한 지식부족 • 유산처치와 관련된 급성통증(안위변화) • 조직 손상과 관련된 감염 위험성 • 정보원 노출 부족과 관련된 퇴원 후 위험증상, 합병증의 조기 발견 및 자가간호에 대한 지식부족		
간호	통증	• **하복부 경련 관찰** : 진통제, 온요법, 마사지 • **유방통** – 임신중절 후 2~3일경 발생 가능, 특히 임신중기 중절 시 발생빈도 높음 – 유즙을 짜지 말고 유방대로 지지 – 얼음주머니 – 유즙억제제(bromocriptin) 투여	
	감염가능성	• **감염징후 관찰** : 38℃ 이상, 하복부의 심한 경련이나 통증, 골반통, 악취나는 질 분비물 • **질 삽입 금지** : 탐폰보다 위생패드 이용 • **성교금지** : 2~3주까지	

		• 개인위생 : 적어도 2주까지 질세척, 통목욕, 수영 피하기, 샤워 가능
	자가간호	• 수술 전 · 후 처치 및 수술 후 자가간호에 대한 정보제공 • 출혈증상 관찰 • 월경주기 관찰 – 다음 월경은 수술 후 4~6주에 다시 시작 – 임신중절술을 받은 그날을 월경시작 첫 날로 생각하고 한 달 후 월경 예측 • 임신검사 시행 : 임신 종료 확인 • 피임하기 : 피임법 선택, 성관계 첫날부터 피임시행 • 휴식 : 격렬한 운동, 힘든 일, 복압 필요한 일 피하기 • 영양 : 고단백, 고비타민 식이

03 가정폭력

정의	• 부모, 배우자, 자식, 형제자매, 친척, 사실혼 관계에 있는 사람들을 대상으로 행해지는 폭력 • 가족 구성원이 근친자에게 행하는 폭력적인 행위 또는 폭력에 의해 지배하는 행위 전반	
특징	• 가해자 95% 남성 • 배우자들이 데이트를 하거나 동거를 하거나 결혼을 했거나, 떨어져 살거나, 이혼했을 때에도 일어남 • 부모에 의한 아동학대 • 자녀에 의한 노인학대	
영향 요인	유년기 경험	학대와 구타를 목격하거나 경험한 아동 → 성인이 된 후 남아는 가해자, 여아는 피해자 가능성
	가족 내 남성 우월주의	가족 내 남성 지향적인 경제권과 결정권 요인, 가부장적인 가정
	결혼생활 중의 충돌	결혼생활 중 언쟁을 포함하여 충돌 수위 높은 관계
	실직/낮은 사회 · 경제적 위치	소득 낮고 실직한 남성이 있는 가족에게 더 흔함
	남성성 과잉	남자다움의 정의를 우월함, 강인함, 남성의 명예로 연계시키는 문화

종류	신체적 학대	• 주먹으로 얼굴 또는 머리를 때림, 발로 참, 밀침, 머리를 잡아당김, 물건을 부숨 • 끓은 물이나 찬물 뿌림, 담뱃불 들이댐, 침을 뱉음, 방에 가둠, 다쳤는데도 병원에 보내지 않음, 그 밖의 일방적인 폭력행위 • 여성을 칼이나 흉기로 위협 또는 이를 휘두르는 것
	언어적 학대	• 욕설, 폄훼하는 발언, 비방하고 다니는 행위, 허위사실을 유포하는 행위, 고소하지 못하도록 협박하는 행위
	정신적 학대	• 무시함, 일거수일투족 감시, 가족이 아끼는 애완동물 학대
	성적 학대	• 원치 않는 성교의 강요, 피임하지 않음, 특별한 성행위를 강요함 • 비정상적인 질투, 낙태강요 등
	경제적 학대	• 생활비를 주지 않음, 지출한 내용을 세세히 체크함, 직업을 갖지 못하게 함 • 집안의 돈을 상의없이 가지고 나감, 무계획한 빚을 되풀이해서 지는 것
	사회적 학대	• 외출 못하게 함, 친가나 친구들로부터 격리, 전화나 편지 발신자 및 내용을 집요하게 묻거나 따짐, 집에 이웃이나 친지들을 오지 못하게 함
결과	정신적 충격	• 외상 후 스트레스장애, 우울증, 반사회적 행동, 걱정, 자살 행동, 자존감 저하, 친밀한 관계에 대한 공포 • 사회적으로도 어려운 환경에 처하게 되어 필요한 지원서비스 접근이 어렵거나 사회적 고립
잘못된 통념	• **가정폭력은 많지 않다** : 보고된 수치보다 더 많음 → 가정폭력이 주로 밤에, 집에서, 보는 사람이 없는 상황에서 발생하기 때문 • **가정폭력은 사회경제적 수준이 낮은 계층의 문제이다** : 중상층 가정에서도 발생, 여성들이 사실을 숨기는 경향이 크기에 외부로 노출되지 않을 뿐임 • **가정폭력을 당하는 여성은 피학적이다** : 여성의 언어적, 신체적 공격성, 피학적 욕구, 유능함, 남성다움, 성적으로 냉담한 태도가 남성의 무력 사용을 자극(몇몇 학자의 주장), 폭력 • **가정폭력을 당하는 여성은 자신을 때리도록 남성을 자극한다** : 폭력에 대한 여성의 부적절한 대응 → 오히려 폭력행위를 악화, 근본적으로 남성의 내적 무력감으로 인한 것이 원인임 • **술과 약물남용은 폭력을 유발한다** : 주된 요인이라기 보다는 변명이나 핑계임, 남성의 통제능력을 감소시키고 폭력행동 증가 • **가정폭력을 당한 여성은 충분히 그 상황을 떠날 수 있다** : 여성은 결혼과 가정에 대한 애착, 자녀들에 대한 책임감 때문에 가정폭력 상황을 쉽게 떠나지 못함 • **가정폭력 환경에 있는 남성과 여성은 변화할 수 없다** : 효과적 기술습득으로 변화 가능함 • **구타당하는 여성들은 임신을 하면 더 안전해질 것이다** : 최근 임신을 한 여성들도 살인이나 사망률이 높음	

폭력 주기	• **레놀워커** : 폭력 당하고 있는 120명 여성을 대상으로 질적 연구방법을 통하여 폭력상황에서 공통적인 주기가 존재함을 발견		
	1단계 긴장형성 단계	• 사소한 사건이나 트집으로 난폭하게 떠밀고, 물건을 던지거나 소리를 지르며 공격적인 행동을 보이는 것	
		아내	• 더 유순해지고 움츠려 듦, 남편 분노에 자신에게도 책임이 있다고 느끼고 더 이상의 폭력을 피하기 위해 남편의 뜻을 따르고 남편을 진정시키기 위해 노력하나 긴장은 점점 증가 • 아내는 구타사건을 외적인 요인으로 돌리고 부정하려 하지만, 긴장은 더욱 고조되고 남편은 아내의 긴장과 분노를 지각하면서 더욱 난폭해짐
	2단계 갑작스런 폭력사건의 발생 (구타사건 발생단계)	남편	• 더 이상 참을 수 없는 아내의 반발로 자극 받아 이성을 잃고 아내에게 화를 냄 • 폭력은 2~24시간 지속되며 1주일 이상 지속되기도 함 • 아내가 항복할 때까지 폭력 가함 • 아내가 법, 이웃, 친지 도움을 받거나 혹은 자신의 폭행사실을 노출시킬까봐 주위로부터 아내를 차단시키고 고립시킴
		아내	• 응급상황이 아니면 병원 찾지 않고 남편의 보복을 두려워한 나머지 자신의 상처를 부인하거나 최소화시키려고 노력 • 충격상태에 빠져 있으면서 사건의 심각성 감소를 위해 사실을 부인하고, 아무 일도 없는 것처럼 가장 • 심한 스트레스로 식욕상실, 위장장애, 두통, 우울, 무력감, 위축감, 공포 등 건강문제 경험
	3단계 친절, 사과, 애정표현 (화해단계)	남편	• 긴장고조기와 폭발 후에는 가해자인 남편이 친절과 용서 구함 • **특히, 결혼 초기** : 폭행 후 남편이 여러 번 사과하는 것이 특징 • 아내를 병원에 데리고 가며 선물을 사주면서 다시는 이런 일이 없을 것이라며 다짐함
		아내	• 사과와 용서를 구하는 남편의 행동을 보고 다시는 폭력을 휘두르지 않을 것이라는 희망 가짐 → 관계를 유지하기 위한 긍정적 강화로서 아내로 하여금 폭력가정에 머무르게 하고 구타를 지속시키는 핵심이 됨
중재	피해자의 자신돌보기 격려	신체적 간호	• 식욕부진, 불면증, 피로, 두통, 소화기계 장애, 고혈압, 피부염, 상처 등에 대한 간호시행 • 외상의 범위와 정도 사정 • **손상에 대한 간호** : 피해 사진을 찍고 기록으로 남기기

		정서적 간호	• 자존감을 회복하고 고립과 격리 방지 • 구타 책임은 구타자에게 있음을 알림 • 폭력 당한 후 24~72시간은 충분한 휴식 취하기 • 본인 상황에 대해 정확하게 인식하도록 돕고 대상자가 내리는 결정을 지지해 주기
	지역사회 지원기관 연계		• 가정폭력에 전문화된 서비스를 제공하는 기관을 소개하고 적절한 도움 받을 수 있도록 함 • 위기중재, 응급 의료서비스, 취업상담, 여성 지지집단 등에 대한 지식과 정보 제공 • 피신처 제공
	재정 및 취업 지원서비스		• 피해여성과 자녀를 위해 보육서비스나 방과 후 활동, 지역아동센터 등 서비스 기관을 소개하고 취업교육에 매진하여 경제적인 자립할 수 있도록 도움 제공
	법적 서비스 지원		• 피해 당사자는 물론 가족이나 이웃 등 누구나 신고할 수 있고 보호시설에 종사하는 자는 즉시 신고의무 지님 • 신고 후 공권력이 개입 : 가해자 연행, 피해자 접근금지, 의료기관이나 요양소 위탁 등 임시조치 • 가정폭력피해 지원 서비스를 제공하는 기관들을 미리 알아두고 피해자가 적절한 법적인 서비스를 받을 수 있도록 관련 기관과 연계
	예방과 대책 필요	1차 예방	• 대중교육을 목표 • 여성의 태도, 성역할 고정관념, 폭력이 수용되는 사회의 규범을 변화시키는 것 • 폭력주기 포함하여 가정폭력의 역동을 대중들에게 교육
		2차 예방	• 초기단계의 대상자 찾고 중재하는 것 • 목표 : 여성 자신이 상황을 해결하도록 돕는 것
		3차 예방	• 가정폭력에 따른 재활에 중점
폭력 발생시 대처 요령	• 폭력발생 시 일단 그 상황을 피하고 112에 신고, 경찰의 도움을 받는다. 피해자는 가정보호사건이나 형사사건으로 처벌요구, 가해자와의 격리 요구할 수 있다. • 전국 어디서나 국번 없이 여성폭력 긴급전화 1366으로 도움 요청할 수 있다. • 맞은 상처는 병원치료를 받아 진단서 끊어두고 날짜가 나오도록 사진을 찍어둔다. 집 안의 기기가 부서진 상태라면 부서진 가재도구를 그대로 두고 날짜가 나오도록 사진을 찍어둔다. → 법정 증거자료로 필요 • 평소 폭력이 자주 발생하고 있었다면 주민증, 운전면허증, 비상금, 비상열쇠, 의료보험증, 진단서나 치료확인서, 옷가지 등을 미리 준비해 두거나 가까운 친구, 친척집에 맡겨두어 폭력상황을 피해 집을 나올 때 갖고 나올 수 있도록 조치한다. • 상담소나 경찰서, 쉼터 등의 전화번호를 항상 메모해 둔다.		

04 성폭력

정의	• 성을 매개로 상대방의 동의 없이 피해자에게 가해지거나 강요하는 모든 신체적 · 정신적 · 언어적 폭력을 포함 • 음란전화, 강간 의미하는 성폭행, 강간미수, 성추행, 성희롱, 성기노출, 스토킹 등 성적으로 가해지는 모든 행위	
종류	강간	• 폭행 또는 협박으로 부녀와 강제로 성관계를 맺는 것 • 피해자가 거부의사를 표하고 저항을 했음에도 피해자의 구강이나 질, 항문에 남성의 외성기, 손가락, 기타 물건 등을 삽입했을 경우 성립 • 성폭행으로 상대방 동의없이 강압, 강요, 사기로 자신의 성기를 타인의 성기, 항문 또는 신체 어느 부분에나 불법적으로 삽입하는 행위 • **입증** : CCTV, 남성의 DNA, 남성의 성기나 기타 물건의 삽입 입증할 수 있는 증거 확보
	강제추행	• 폭행 및 협박으로 피해자에게 성적인 추행을 하여 성적 굴욕감과 신체적 · 정신적 피해를 입힌 것
	준강간 준강제추행	• 피해자가 심신상실 또는 항거불능 상태임을 이용하여 간음 또는 추행을 한 것
	특수강간	• 야간침입, 흉기를 이용하거나 2명 이상이 합동하여 성폭력의 범죄를 행하는 경우
	강간 등 상해 치상 및 강간 등 살인 · 치사	• 강간 내지 강간미수의 죄를 범한 자가 피해자를 상해하거나 살해한 경우 또는 사망에 이르게 한 경우
	미성년자 등에 대한 간음	• 미성년자 또는 심신미약자에 대하여 위계 또는 위력으로 간음 또는 추행 • '아동 · 청소년의 성보호에 관한 법률'에 의거 인터넷과 우편고지제도를 통해 성범죄자 신상공개
	업무상 위력 등에 의한 간음	• 업무, 고용 기타관계로 인하여 자기의 보호 또는 감독을 받는 부녀에 대하여 위계 또는 위력으로 간음
	직장 내 성희롱	• 주로 직장 내에 상사, 직원, 동료 등이 채용과정이나 근무기간 중에 상대방 의사에 반하여 행하는 직접적 · 간접적인 성적 접촉행위로 피해자에게 성적인 불쾌감을 주는 것 • 업무적 거래관계에서 갑의 지위를 이용하여 을의 경제활동과 안전한 일자리 권리를 침해하는 행위 포함 ※ **성희롱** : 이성에게 상대방의 의사에 상관없이 성적으로 수치심을 주는 말이나 행동

	성추행	• 주로 지하철이나 버스 등에서 일어나며 사람들이 많은 장소에서 타인에게 몸을 고의적으로 비비는 행위를 함으로써 피해자에게 불쾌감을 주는 것 • 카메라를 이용하여 신체부위를 촬영하여 성적 자기결정권을 침해하고 개인정보를 유포하는 등의 범죄를 행하는 경우 포함
	스토킹	• 직접 물리적 또는 이메일, 전화, 편지 등을 통해 만남 강요, 욕설, 협박, 반복적 연락 등을 통해 정신적 · 신체적으로 괴롭혀서 피해자의 인권을 침해하는 행위 • 타인으로 하여금 공격을 당하거나 살해가 될 위협을 느끼게 할 정도로 남을 쫓아다니는 것
강간상해 증후군	• 강간을 당한 피해자들의 대부분이 경험하는 일련의 증상들	
	급성기 (정신적 쇼크)	• 쇼크, 두려움이나 불신, 수치심을 겪는 급성기 • 극심한 공포, 극심한 불안, 부정반응, 극심한 혼돈상태, 죄의식, 불안행동과 수면장애 • **신체적인 통증 경험** : 근육긴장, 통증, 과다호흡, 위장계 증상
	외부 적응기 (부인단계)	• 외형적으로는 일상으로 돌아간 것 같으나 폭행에 대해서는 언급하기를 꺼려하는 부인단계 • 극심한 불안상태 진정, 일상의 리듬을 찾을 것처럼 보임 → 진정은 부정과 억압에 의한 적응 • **보안강화** : 주거지, 전화번호, 문 잠금 비밀번호 바꾸기 등 • 강간을 당했다는 사실이 사라지지 않는다는 것을 깨닫고 우울에 빠질 수 있음
	재조직기	• 부인과 억압이 사라지는 재조직의 단계로 현실에서의 변화시도하고 정서적 안정 취하게 됨 • 일상생활에서 안정 찾기 시작, 현실적인 자신의 새 출발을 위해 노력 • 부정과 억압상태로 오랫동안 지속 시 적응기전은 황폐화 됨 – 여전히 혼자 있는 것이 두렵고 누군가 뒤에서 공격할 것 같은 두려움 경험 • 주위의 지지가 심리적 회복에 중요
	통합과 회복기	• 안정되고 타인을 믿게 되며 다른 강간 희생자들을 돕기도 하는 단계 • 강간은 자신의 죄가 아니라 가해자에게 있는 것이고 이에 따른 비난을 자신이 받을 필요가 없다고 인지하는 단계 • 타인에 대한 신뢰 다시 회복, 일상생활에서 안정 찾기 시작

	침묵 반응	• 강간을 은폐한 여성 – 지지체계를 활용하지 못하고 강간상해증후군 시기 보냄 – 사회적 수치심이나 비난, 보복 등이 두려워 침묵을 지키게 됨 – 신체적 증상이 나타나도 강간상해임을 숨기고 의료지원 받으려 함
성폭력 시 일반적 조치	신체적 손상에 대한 치료	• 신체적 손상 사정 및 조치 취하기 • 타박상, 열상, 찰과상, 밧줄흔적, 치흔, 담뱃불로 지진 자국, 손톱으로 할퀸 자국, 멍든 곳, 부종, 통증이 있는 곳, 출혈 등 상처부위 조사 • 성기 이외의 상처부위 : 유방, 손목, 목, 얼굴, 넓적다리, 두피 등
	정신적 충격에 대한 간호	• 외상 후 스트레스 장애와 같은 정신적 충격에 대한 간호 • 대상자의 프라이버시와 감정 존중하고 친절하게 대함 • 안심시키고 대상자의 정신적 반응 수용하고 대상자를 혼자 두지 않음 • 죄책감이나 수치심, 분노, 불안감 등 완화, 가족의 간호
	성병과 임신 예방	• 성병감염 여부 검사, 임신피부검사, 응급피임 처방과 복용
	법적인 증거수집	• 몸을 씻지 않은 채로 병원가기 : 가해자의 정액, 음모 등 증거채취 – 대소변 보았는지, 외음부 세척, 질세척, 샤워유무 확인 • 피해 당시 입었던 옷가지 등의 증거물을 종이봉투에 보관하기 • 진단서 및 다친 부위 사진 찍어두기 : 의사소견서 • 가해자의 특징, 가해자와 관련하여 기억나는 모든 것을 상세하게 적어두기 : 구체적인 장소 · 시간 · 날짜 · 목격자, 자신의 대응, 가해자의 태도와 행위 등 • 미성년자 : 의학적 기록을 하거나, 신체검진, 증거수집, 또는 사진촬영을 하기 전에 부모, 보호기관, 경찰, 보호자로부터 서면화된 동의서 받기
	기록	• 세밀한 보고서 작성 • 성폭력이 발생한 날짜, 시간, 장소, 위험요인, 신체적 힘, 무기사용 여부, 강요된 성행위(구강성교, 항문성교, 질성교), 콘돔사용 여부 등 • 평소의 피임방법, 마지막 사용한 날짜, 자의에 의한 마지막 성교날짜 • 피해자의 능력이나 자원조사, 가능하면 자신의 치료에 참여할 수 있게 함 • 치료나 투약에 미칠 수 있는 병력조사
	피해자의 법률적 대응 돕기	• 성폭력이 범죄라고 인식하고 가해자의 범죄행위에 대해 법적인 대응
	비밀보장 및 정서적 지지제공	• 피해자의 비밀을 보장하고, 정서적 지지를 제공 • 병원 갈 때, 집에 돌아갈 때 혼자 보내지 않으며, 의미있는 사람과 함께 동행하도록 함

성폭력 직후 대처방법	• 즉시 안전한 장소로 몸을 옮기며 가족, 친구의 집으로 피하기 • 빨리 주위에 가족, 친구, 믿을 만한 사람, 성폭력 전문상담기관에 연락하여 도움을 청하기 • 현장을 그대로 보존하고, 가해자의 신장, 행동, 특성, 인상특성을 기억해 두기 • **반드시 경찰에 신고한 후 병원을 찾아가 검진 받기** – 사건 직후 가능한 24시간 이내에 산부인과 치료 및 증거채취 및 보존 – 임신방지(72시간 내에 임신방지) : 성교 후 72시간 이내 응급 복합피임약 복용 – 적절한 치료(외상치료, 성병검사 및 치료) – 증거보존(48시간 내에 정액채취) • 전문상담기관이나 전문가의 도움을 받도록 함 • 극복을 위한 적극적 의지와 노력이 필요
성폭력 상황에서 대처방법	• 큰 소리를 내어 주위사람에게 도움을 청함 • 호루라기를 불어 주위사람에게 알림 • 아는 사람이라도 원하지 않는 신체접촉은 '싫어요' 또는 '안돼요'라고 분명하게 말함 • 위험감지 시 근처가게나 인근 집의 벨을 누르고 자기 집인 척 하기 • 유리창 깨기, 호루라기 불기, 불이야 소리지르기, 남의 집 창문 두드리기 • 휴대폰에 긴급전화로 부모, 가까운 친인척, 경찰서를 입력하여 단축번호로 한 자리 숫자로 저장, 위험발생 시 즉각적으로 누르기 • **적극적으로 대항** : 급소차기, 깨물거나 때리거나 눈 찌르기 • 자신에게 맞는 호신용품을 늘 휴대하고 우산, 핀, 머리빗의 도구로 자기방어에 사용 • 상대방이 예상하지 못하는 행동, 횡설수설하며 미친 사람 같은 행동, 갑자기 큰소리로 노래 부르는 것이 도움이 됨 • 강간을 피할 수 없다면 가해자를 할퀴거나 옷자락을 찢어서 증거물을 남김
성폭력 일반적인 예방법	• 성에 대한 가치관, 행동범위의 한계에 대해 분명한 결정선을 가지고 있어야 함 • 평소 자기주장을 분명히 하는 태도를 갖도록 하고('안돼요', '싫어요'), 의사표현을 분명히 함 • 불쾌한 성접촉이나 상황에 직면하였을 때 분명한 거부의사를 표시 • 평소 성폭력에 대한 충분한 예비지식과 대처방법을 숙지 • 음담패설을 삼감 • 자신이 가는 곳을 주변에 명확히 알림 • 숙박업소는 어떤 구실로든 따라가지 않는 것이 좋음 • 평소 자신의 주량을 확인하고, 술은 자신이 조절할 만큼 마심 • 음란 비디오, 인터넷 음란 사이트를 보지 않음 • 현관, 창문을 반드시 잠그고 문을 열어주기 전에 반드시 신분을 확인 • 이른 새벽, 심야에 혼자 외출, 인적 드문 곳, 으슥한 골목을 혼자 걸어가는 것을 피함 • 어디서든 혼자서 택시를 타고 집에 올 수 있도록 비상금을 소지하고, 콜택시의 전화번호를 가지고 다니며, 택시를 탈 경우에는 차 번호와 회사명을 알아 둠 • 자신과 이성의 성 정서를 이해하고 성폭력에 대한 입장을 정리해 둠

05 성교육

정의	• 남성과 여성의 성적 특징과 역할을 포함한 성에 관한 과학적인 지식을 올바르게 지도하는 교육 • 인격형성의 과정을 통해 성에 관한 생리 · 심리 · 사회 · 행동 등의 발달을 도모하여 풍부한 인간성과 사회성을 학습시키고 지도하는 것
목적	• 긍정적 성 가치관을 확립시키고, 성장발달단계에 필요한 성지식과 정보를 알려줌으로써 주체적이며 건강한 성활동을 할 수 있도록 함 • 성의 본질을 과학적으로 인식하고 올바른 성행동 능력을 갖게 함 • 인간의 평등성을 인식시키고 이성에 대한 존경과 애정의 감정을 배양하여 서로 협조하고 예의를 지키는 태도를 갖게 함 • 성문화를 이해시키고 인간존중을 기반으로 성가치관과 윤리관을 확립 • 가족의 건전한 형성과정을 이해시키고 남녀의 역할과 생명존중정신을 함양시킴 • 새로운 세대로서의 책임의식과 가정과 학교와 사회의 연대의식을 갖게 함
성교육자의 성교육목표	• 성교육방법 개발 • 성교육 시술 평가 피드백 제공 • 성교육 교과 개발 • 성교육 원칙 적용 • 자신의 성태도, 신념, 성가치관 평가 • 교육현장에서 편안하고 자신감 유지
성교육 저해요인	• 성교육을 받지 않은 부모나 교사의 교육 • 성에 대한 부정적 태도를 지닌 대상자 교육 • 성교육 시간의 부족 • 성교육 자료부족 • 성교육 배려나 정책 부족 • 성교육 관련 부모나 대중매체의 왜곡
성교육 10대 지침	• 성적 호기심 인정하고 사실적 대답 • 솔직한 대답 • 정확한 성기 명칭 용어 사용 • 성지식을 정확히 전달 • 성관련 대화 회피 시 자연스러운 유도 • 반복질문에 반복대답 • 한 번에 한 가지 정보 제공 • 자녀의 사생활 보장 • 애정표현의 극대화 • 성과 인생의 긍정적 가치관

<table>
<tr><td rowspan="7">성교육 내용</td><td colspan="3">• 성장발달, 생식, 해부학, 생리학, 자위, 임신, 출산, 성반응, 피임, 유산, 성폭력, 성병에 관한 정확한 정보
• 남녀평등과 가족의 관계에 대한 의무와 책임을 이해하고 자신의 성 행동을 돌아볼 수 있는 기회
• 자녀에게 대인관계에서 의견 교환, 결정에 따르는 책임, 요구를 거절하는 기술과 희생적인 관계를 만들 수 있는 능력
• 성관계에 관한 책임을 갖도록 하며, 성폭행에 대처하는 방법과 피임기구의 사용과 성건강 증진방법 등</td></tr>
<tr><td>유아기</td><td colspan="2">• 목표 : 건전한 신체유지, 건전한 성의식 태도 및 태도 양성, 주변 사람들과의 좋은 관계형성, 유아에게 적절한 성의식 습득
• 생식기 위생, 이상 성행동, 우정과 사랑과 같은 개념들과 유아들의 사회적 성역할, 성정체성, 성폭력, 양성평등 등의 개념들을 실제적으로 다루어야 함</td></tr>
<tr><td rowspan="2">아동기</td><td colspan="2">• 성교육을 통해 부모의 중요성, 성 차이, 가족의 중요성, 태아의 수정과정, 아기가 보호받아야 하는 이유 등을 이해하여야 함
• 성에 대한 잘못된 개념이나 건전하지 못한 호기심을 갖지 않도록 사실에 근거한 정확한 성관련 지식을 발달단계별로 제시</td></tr>
<tr><td>유의점</td><td>• 학습자의 성관련 지식 수준을 파악
• 학습자의 질문 위주로 문제해결 중심의 수업을 전개
• 학습자의 관심과 흥미에 알맞은 교수매체를 활용
• 자연스럽고 편안한 성교육 수업 분위기를 조성
• 학습자 가정과의 연계성 가지기</td></tr>
<tr><td>사춘기 전기</td><td colspan="2">• 단편적인 성 지식만이 아닌, 성에 관한 자유로운 사고하에 신세대 감각에 맞는 전달법으로 성기, 성징의 발달단계, 성기의 구조, 기능, 월경, 몽정에 관해 설명
• 정자, 난자의 기능, 임신의 기본과정에 관한 정확한 이해를 도모</td></tr>
<tr><td>사춘기 중기</td><td colspan="2">• 아동이 성인으로 심신의 변화가 급격히 나타나는 시기로 개인차 큼
• 월경주기와 심리적 변화의 관계, 사정현상과 심리적 변화의 관계 등 심신의 변화를 종합적으로 이해하는 능력 배양
• 남성과 여성의 생리 · 심리학적 차이점을 과학적으로 이해시킬 것 요구
• 생식의 구조 등 인간의 성 특징에 대한 과학적 이해 도모
• 이성에 대한 관심을 인간애적인 방향의 친구관계로 지도
• 대중매체의 성 정보에 대한 올바른 비판력, 가치관 · 태도를 형성
• 잘못된 성 인식을 수정하는 교육 제공
• 임신, 유산, 성병 등 성관련 의학적 건강문제에 대한 정보 제공
• 사랑의 개념 인식</td></tr>
</table>

	사춘기 후기		• 청소년의 특성에 관한 정보를 제공하여 자신들이 사춘기가 되어 경험하는 신체적 · 심리적, 사회적 변화는 자연스러운 것, 건강한 것임 • 남학생들이 경험하는 몽정이나 자위의 생리적 현상에 위생적으로 대처할 수 있고, 이성에 대한 호기심과 이성 교제 욕구를 충족시켜 건전한 이성관계 능력을 갖도록 교육 • 성생리, 성심리, 성병, 에이즈 등에 대해 자세한 정보 제공 • 인간의 성적 성숙에서의 생리 · 심리학적 이해 도모 • 성에너지의 승화나 자위문제에 대한 구체적인 지도 • 임신, 가족계획 등의 성과 관련된 사회적 관점을 유도 • 사랑과 결혼문제, 부모역할의 의미, 성과 인격의 관계, 남녀의 성심리에 대한 이해 도모 • 결혼 의의, 가족 기능, 육아 등에 관한 정보 제공
	성년기		• 성의 윤리적 측면 교육 • 성생활, 가족, 부모역할을 구체적으로 설명 • 결혼의미, 행복에 대한 가치관 정립
	노년기		• 노년기 특성에 따른 성생활에 대해 교육 • 적절한 성생활, 영양섭취 및 운동을 유지하여 성 노화를 예방 • 성기능에 관여하는 영양소(단백질, 비타민 B_1, 비타민 C, 핵산) 섭취를 도모
성교육 방법	유아기		• 유아에게 성별 간의 실제 차이점 가르치기 • 유치원의 다양한 주제 활동과 연관시켜 지도 • 유치원과 가정이 연계하여 가정에서 자녀와 대화하는 법, 함께 노는 방법 등을 알려주어 유아가 부모의 사랑을 느낄 수 있도록 돕기 • 유아의 관심과 흥미를 끌 수 있도록 동화책, 그림 자료, 비디오 등 매체를 활용하거나 유아가 적극 참여하는 활동으로 진행 • 남아와 여아를 인위적으로 나누는 활동하지 않고 유아의 자아존중감 형성 돕기
	초등	퀴즈식 성교육	• ○× 퀴즈, 단답형 질문 등으로 퀴즈 풀기를 통해 교사가 아동들의 성에 대한 지식이나 태도를 파악할 수 있고, 아동에게 흥미 유발 가능
		질의 응답식	• 아동들이 정말 궁금해 하는 것으로부터 출발 • 아동이 자유롭게 질문할 수 있도록 심리적 환경이 조성
		토의식	• 아동이 토론을 통하여 스스로 잘못된 생각을 바로잡거나 다양한 측면에서 보도록 하는 효과

		역할극	• 역할극을 통해 타인 입장에서 볼 수 있는 경험을 통해 이론에서 배울 수 없는 인간관계 및 사회상황을 분석, 이해
		기타	• 성교육과 관련된 글짓기, 독후감과 표어쓰기, 신체변화와 위생 등에 대한 일기 쓰기, 양성평등 실천 카드 만들기 등 다양한 접근방법 활동
	중등	토론식 수업	• 여러 사례를 읽고 그에 대한 토론 • 이성적 친구와의 성적인 접촉 한계를 자유롭고 당당하게 주장하지 못하는 이유를 생각해 보고, 어떻게 해야 할지 토론
		매체 활용	• **사진 자료** : 남녀신체구조와 생식기, 수정 · 임신과 태아의 성장, 성병에 관한 사진 등 • **OHP 자료** : 간단한 강의 내용, 통계자료, 신문기사 등 • **실물자료** : 피임도구 • **비디오 자료** : 구성애의 아우성 시리즈, 생명의 신비, 침묵의 절규, 우리들의 성 등
		역할극	• 목적 : 태도와 의식의 변화 유발 • 직 · 간접적으로 체험을 통한 학습방법이 효과적으로 전달
		검사지 · 설문지	• 무기명으로 종이쪽이에 자신의 의견이나 질문을 적게 하고 그것에 대해 학생들의 의견을 물어 볼 수 있음

성교육 평가 시 고려요소

① 평가자로 평가를 누가 할 것인가를 정하기
② 평가시기로 평가를 언제 할 것인가 정하기
③ 평가영역별 평가내용과 평가방법

구분	평가내용	평가방법
인지적 영역	• 성에 관한 지식 • 성 건강수칙에 대한 이해 • 성 건강증진에 필요한 종합적 사고력	• 질문지 • 구두질문지 • 자기보고서
정의적 영역	• 성 건강증진을 위한 실천의지 • 성태도 • 정체감 • 성관련느낌 • 성윤리 평가	• 질문지 • 자기보고서 • 평정법 • 관찰법
운동기술 영역	• 성 건강증진 행위기술 • 문제상황 대처기술	• 실기 시범 • 관찰법 • 자기보고서

④ 성취기준으로 학습목표 도달 기준 정하기

<table>
<tr><td rowspan="1">성교육
지도자의
자세</td><td colspan="2">• 성교육자는 대상자에게 열린 마음과 태도를 지님
• 성교육자는 내용을 사실적 · 직설적으로 설명
• 과학적인 근거가 밑받침된 이론을 기초로 성지식을 정확하게 전달
• 고정관념을 벗어난 평등의식에 전제된 사고를 바탕으로 함
• 성과 인생의 긍정적 가치관을 지님
• 자연스러운 분위기, 성의 있는 태도를 지님
• 아동의 사소한 질문에도 핀잔을 주거나 질책하지 말고 진지한 자세로 임함
• 성교육자의 좋지 못한 언어습관과 불필요한 질문을 습관적으로 하지 않음
• 불필요한 성적 호기심을 유발시키지 않도록 언행에 유의
• 지식과 태도를 가르쳐 주는 것인 만큼 분명한 한계를 제시해 줌
• 성발달단계와 개인적 차이를 고려하여 교육
• 일방적인 생각, 가치관의 주입이 아닌 대상자 스스로 선택하고 결정하며 대처할 수 있도록 교육
• 정확한 성기 명칭 용어를 사용</td></tr>
<tr><td rowspan="2">여성
생식기 위생</td><td colspan="2">• 대변을 닦을 때는 항상 앞에서 뒤쪽으로 닦는 습관 지니기
• 가급적 면 팬티 착용
• 너무 자주 질 세정제 등을 사용한 질 내부 세척 피하기
• 항생제 과용 복용 금지 : 세균층의 균형 파괴
• 질에 불쾌감 · 통증 유발 형태의 성행위 피하기
• 항문 성교 후 바로 질 성교하는 행위 피하기</td></tr>
<tr><td>생리 중</td><td>• 속옷 자주 갈아입기
• 몸 청결히 하기
• 성기 주위를 항상 깨끗이 하기
• 적당한 운동
• 몸에 꽉 끼는 옷 ×
• 균형적인 영양섭취 : 물 많이 마시고, 신선한 과일 많이 먹도록 함</td></tr>
<tr><td>남성
생식기 위생</td><td colspan="2">• 손씻기
• 귀찮아도 속옷이나 천으로 닦지 않기
• 비누를 많이 사용해서 따뜻한 물로 지방층을 우선 제거
• 향내가 나는 비누 사용 금지
• 처음에 성기 부분부터 깨끗이 닦고, 다음에 주변 닦기
• 성기 외피를 완전히 젖혀서 귀두 부분을 철저히 닦기
• 특별히 귀두와 귀두 아래 부분을 잘 씻어내기
• 물을 충분히 사용하여 여러 차례 가셔내기
• 성관계 하기 전은 물론, 관계 직후에도 청결 유지</td></tr>
</table>

06 성상담

목적	간호사는 사춘기 청소년의 요구와 바램에 대해 비권위적 입장에서 청소년이 자기 가치와 자신과 타인에 대한 책임감, 자신의 생활에 대한 개인적 통제, 효과적 의사소통기술, 타인에 대한 존중, 건강한 성정체성을 확립할 수 있도록 도와야 함	
상담태도와 기술	• 배려와 순수성이 있어야 함 • 수용적, 비판단적, 비권위적이어야 함 • 접근하기 쉬워야 함 • 비밀보장과 유지에 대한 확신이 있어야 함 • 구체적이어야 함 • 모호한 용어는 명료화시키고 청소년의 용어를 사용 • 문제에 대한 심각성을 보편화시키고 위안을 줌 • 다양한 성행위와 성문제를 표현할 수 있도록 경청 • 청소년의 감정과 생각이 변화가 심하므로 수용, 격려, 지지함 • 부모에게도 청소년의 성 건강요구를 이해할 수 있도록 지지함 • 부모와 청소년 간의 의사소통을 증진시킴 • 자신과 타인에 대한 성적 자기결정권을 인식하고 행사하도록 함	
성 상담자가 피해야 할 감정	비판적 감정	내담자를 판단하거나 비판하고 싶거나 혐오감이 유발될 수 있는데 이러한 비판적 감정들은 상담자의 과거 경험으로 유발되므로 자신을 돌아보는 과정이 필요
	양가감정	상담 시 내담자에게 지나치게 동정적 혹은 화가 나는 감정을 갖게 되는 것
	구원감정	상담자가 내담자의 문제를 자신이 더 효과적으로 이해하고 해결할 수 있는 것으로 느끼고 구조하는 듯한 태도를 취하는 것
	주관적인 느낌	상담 후 정서적 소진을 느끼거나 내담자와의 동일시로 인해 내담자들이 희생될 것을 염려하는 느낌에 사로잡히는 것

CHAPTER 14 성건강

기출문제

1 10대 임신

01 나이 어린 임신부의 첫 임신 시 합병증은? 1996년

① 빈혈, 임신중독증, 저체중아
② 저혈당, 자궁외임신, 고체중아
③ 포도상기태, Down's syndrome
④ 자궁경관 경직, 자궁기능장애, 저체중아

|정답| ①
|해설| 10대 임신 시 조산, 저체중아 출산, 아두골반불균형, 철분결핍성 빈혈, 자간전증 등 합병증 발생 위험이 증가한다.

2 인공유산

02 **다음은 고등학교 예비 보건교사가 작성한 교수 · 학습 지도안이다. ㉠에 해당되는 법과 ㉡에 들어갈 내용을 순서대로 쓰시오.** [2점] 2018년

<table>
<tr><th colspan="5">전개교수 · 학습 지도안</th></tr>
<tr><td>단 원</td><td>여성건강과 생명윤리</td><td>보건교사</td><td colspan="2">박 ○○</td></tr>
<tr><td>주 제</td><td>건강한 임신</td><td>대 상</td><td colspan="2">2학년 2반 28명</td></tr>
<tr><td>차 시</td><td>2/3 차시</td><td>장 소</td><td colspan="2">2-2 교실</td></tr>
<tr><td>학습목표</td><td colspan="4">인공임신중절의 허용한계를 설명할 수 있다.</td></tr>
<tr><td>단 계</td><td colspan="3">교수 · 학습 내용</td><td>시간</td></tr>
<tr><td>도 입</td><td colspan="3">• 전시 학습 내용 확인 : 생명윤리의 개념
• 본시와 관련하여 동영상 시청
• 본시 학습목표 확인</td><td>5분</td></tr>
<tr><td>전 개</td><td colspan="3">○ 인공임신중절의 허용한계
• 우리나라는 인공임신중절이 합법적으로는 허용되지 않고, 의학적 · 윤리적으로 정당한 사유가 있을 때만 허용한다.
• ㉠ <u>인공임신중절수술의 허용한계는 법으로 정하고 있으며</u>, 그 외의 경우는 불법으로 간주한다.
• 인공임신중절수술의 허용한계는 다음과 같다.
1) 본인이나 배우자가 대통령령이 정하는 우생학적 또는 유전학적 정신장애나 신체질환이 있는 경우
2) 본인이나 배우자가 대통령령이 정하는 (㉡)이(가) 있는 경우
3) 강간 또는 준강간에 의하여 임신된 경우
4) 법률상 혼인할 수 없는 혈족 또는 인척 간에 임신된 경우
5) 임신 지속이 보건의학적 이유로 모체의 건강을 심각하게 해치고 있거나 해할 우려가 있는 경우
… (하략) …</td><td>30분</td></tr>
</table>

|정답| ㉠ 모자보건법, ㉡ 전염성 질환

03 **한 여학생이 성폭력으로 인한 임신으로 인공유산을 하였다. 이 여학생의 신체회복과 생식기 2차감염 예방을 위해 제공해야 할 교육내용을 각각 3가지만 기술하시오.** [4점] 2006년

|정답| 1. 신체회복
- 충분한 휴식 및 안정
- 임신검사
- 균형잡힌 영양식이
- 운동

2. 2차감염 예방
- 질세척을 피하고 질내 삽입 금지
- 감염예방교육, 이상징후 시 병원 방문
- 탐폰보다 위생패드 사용

3 성폭력

04 **초등학생을 대상으로 하는 성학대 예방 교육의 내용으로 옳지 않은 것은?** 2010년

① '괜찮은', 적절한 '신체접촉'과 '안되는', '부당한' 신체접촉을 구별할 수 있도록 한다.
② 원치 않은 신체접촉이 일어났을 때 "안돼"라고 말할 권리가 있음을 상기시킨다.
③ 성과 관련된 신체부위는 부끄러워하지 않도록 은유적인 용어를 사용하여 교육한다.
④ 원치 않은 신체접촉은 낯선 사람뿐만 아니라 가까운 주변사람들과의 사이에서도 발생할 수 있음을 알린다.
⑤ 원치 않은 신체접촉을 당했을 때, 이 사실을 숨기지 말고 즉시 믿을 만한 어른들에게 이야기하도록 한다.

|정답| ③
|해설| ③ 생식기와 같은 민감한 신체부위의 명칭을 제대로 언급할 수 있도록 가르친다.

05 고등학생들에게 성폭력 피해 시 대처방안에 대한 교육내용으로 옳지 않은 것은?

[1.5점] 2009년

① 피해자는 범인을 알게 된 후 2년 내에 고소한다.
② 가해자의 신장, 체중, 인상착의를 기억해 둔다.
③ 강간은 결코 자신의 잘못 때문이 아님을 명심한다.
④ 안전한 장소로 몸을 옮기고 빨리 주위에 도움을 청한다.
⑤ 옷을 갈아입히거나 목욕을 하지 말고 병원으로 간다.

|정답| ①

|해설| ① 고소기간은 폐지되었다.

06 우리나라 성폭력 범죄율은 세계 3위이며, 이 중 대부분의 피해자들이 18세 미만의 어린이와 청소년인 것으로 보고되고 있다. 또한 그 범죄 양상이 점차로 다양화 · 연소화 추세에 있어 심각한 사회문제로 대두되고 있다. 다음 물음에 답하시오.

[8점] 2002년

(1) 성폭력의 개념을 정의하시오. [2점]

(2) 강간 피해자는 일반적으로 강간상해증후군이라는 생명을 위협하는 상황에 대한 급성 스트레스성 반응을 보인다. 강간상해증후군을 보이는 피해자의 심리적 반응을 3단계의 명칭과 그 특성을 기술하시오. [6점]

|해설| (1)
- 성을 매개로 상대방의 동의 없이 피해자에게 가해지거나 강요하는 모든 신체적 · 정신적 · 언어적 폭력을 포함
- 음란전화, 강간 의미하는 성폭행, 강간미수, 성추행, 성희롱, 성기노출, 스토킹 등 성적으로 가해지는 모든 행위

(2) 강간상해증후군

급성기 (정신적 쇼크)	• 쇼크, 두려움이나 불신, 수치심을 겪는 급성기 • 극심한 공포, 극심한 불안, 부정반응, 극심한 혼돈상태, 죄의식, 불안 행동과 수면장애 • 신체적인 통증 경험 : 근육긴장, 통증, 과다호흡, 위장계 증상
외부 적응기 (부인단계)	• 외형적으로는 일상으로 돌아간 것 같으나 폭행에 대해서는 언급하기를 꺼려하는 부인단계 • 극심한 불안상태 진정, 일상의 리듬을 찾을 것처럼 보임 → 진정은 부정과 억압에 의한 적응 • 보안강화 : 주거지, 전화번호, 문 잠금 비밀번호 바꾸기 등 • 강간을 당했다는 사실이 사라지지 않는다는 것을 깨닫고 우울에 빠질 수 있음
재조직기	• 부인과 억압이 사라지는 재조직의 단계로 현실에서의 변화 시도하고 정서적 안정 취하게 됨 • 일상생활에서 안정 찾기 시작, 현실적인 자신의 새 출발을 위해 노력 • 부정과 억압상태로 오랫동안 지속 시 적응기전은 황폐화 됨 – 여전히 혼자 있는 것이 두렵고 누군가 뒤에서 공격할 것 같은 두려움 경험 • 주위의 지지가 심리적 회복에 중요

07 성폭력 직후 대처방법에 대해 해주어야 하는 보건교육 내용을 설명하시오. [5점] 1999년

|해설| • 즉시 안전한 장소로 몸을 옮기며 가족, 친구의 집으로 피하기
• 빨리 주위에 가족, 친구, 믿을 만한 사람, 성폭력 전문상담기관에 연락하여 도움을 청하기
• 현장을 그대로 보존하고, 가해자의 신장, 행동, 특성, 인상특성을 기억해 두기
• 반드시 경찰에 신고한 후 병원을 찾아가 검진 받기
  – 사건 직후 가능한 24시간 이내에 산부인과 치료 및 증거채취 및 보존
  – 임신방지(72시간 내에 임신방지)
  – 적절한 치료(외상치료, 성병검사 및 치료)
  – 증거보존(48시간 내에 정액채취)
• 전문상담기관이나 전문가의 도움을 받도록 함
• 극복을 위한 적극적 의지와 노력이 필요
• 고소여부를 결정
• 비슷한 경험을 가진 사람들이 모이는 단체에 가입

4 성교육

08 성교육 평가 시 고려해야 할 요소와 성교육에 임하는 교사의 자세에 대해 기술하시오. [8점] 1999년

(1) 성교육 평가 시 평가요소 [5점]

(2) 성교육에 임하는 지도자의 자세(유의점) [3점]

|해설| (1) • 평가자로 평가를 누가 할 것인가를 정하기
• 평가시기로 평가를 언제 할 것인가 정하기
• 평가영역별 평가내용과 평가방법 정하기(인지적 영역,
• 성취기준으로 학습목표 도달 기준 정하기

(2) • 성교육자는 대상자에게 열린 마음과 태도를 지님
• 성교육자는 내용을 사실적 · 직설적으로 설명
• 과학적인 근거가 밑받침 된 이론을 기초로 성지식을 정확하게 전달
• 고정관념을 벗어난 평등의식에 전제된 사고를 바탕으로 함
• 성과 인생의 긍정적 가치관을 지님

- 자연스러운 분위기, 성의 있는 태도를 지님
- 아동의 사소한 질문에도 핀잔을 주거나 질책하지 말고 진지한 자세로 임함
- 성교육자의 좋지 못한 언어습관과 불필요한 질문을 습관적으로 하지 않음
- 불필요한 성적 호기심을 유발시키지 않도록 언행에 유의
- 지식과 태도를 가르쳐 주는 것인 만큼 분명한 한계를 제시해 줌
- 성 발달단계와 개인적 차이를 고려하여 교육
- 일방적인 생각, 가치관의 주입이 아닌 대상자 스스로 선택하고 결정하며 대처할 수 있도록 교육
- 정확한 성기 명칭 용어를 사용

5 가정폭력

09 보건교사는 가정폭력을 주제로 사례 발표 수업을 진행하였다. 발표한 사례와 토의 내용을 근거로 〈작성 방법〉에 따라 서술하시오. [4점] 2016년

〈 사 례 〉

- 발표자 : 김○○
- 대상자 : 여자 A(30세, 결혼 2년차)
- 폭력 피해 상황 : 일주일 전 A씨의 남편은 술을 먹고 집에 들어와, 갑자기 흥분하면서 A씨에게 "너 때문에 되는 일이 없어"라고 소리치며 폭력을 마구 휘둘렀다. 이때, 가족들은 말렸지만 남편의 폭력행동은 멈추지 않았다. 결국 A씨는 골절상을 입고 병원응급실에 실려 가게 되었다. A씨 남편의 폭력은 이번이 처음이 아니며 올해 들어서만도 세 번째이다.

〈사례출처 : 여성상담전화센터〉

김○○ : 이상으로 사례발표를 마치겠습니다.
보건교사 : 수고했어요. 여러분은 지난 시간에 워커(I. Walker)의 폭력 주기를 배웠습니다. 그러면 발표 사례와 여러분이 배운 폭력주기를 한 번 연결하여 설명해 볼까요.
… (중략) …
이○○ : 선생님, A씨의 사례는 폭력주기의 단계와 연관지어 잘 이해할 수 있는데 다른 단계들은 이해가 잘 안돼요.
… (하략) …

〈 작성 방법 〉

- 워커(I. Walker)의 폭력주기에 근거하여 A씨의 사례가 어느 단계에 해당하는지 그 명칭과 이유를 제시할 것
- 워커(I. Walker)의 폭력주기에 근거하여 밑줄 친 나머지 2단계의 명칭과 특징을 제시할 것

(1) 워커(I. Walker)의 폭력주기에 근거하여 A씨의 사례가 어느 단계에 해당하는지 그 명칭과 이유를 제시할 것

(2) 워커(I. Walker)의 폭력주기에 근거하여 밑줄 친 나머지 2단계의 명칭과 특징을 제시할 것

|해설| (1)

단계	• 갑작스런 폭력사건의 발생(구타사건 발생 단계)
이유	• 남편이 폭력이 처음이 아니며 올해 들어서만도 세 번째이다. • 남편의 흥분이 지속되면서 폭력행위를 조절하지 못하여 A씨에게 심한 폭력을 행사한다.
특징	• 더 이상 참을 수 없는 아내의 반발로 자극 받아 이성을 잃고 아내에게 화를 냄 • 폭력은 2~24시간 지속되며 1주일 이상 지속되기도 함 • 아내가 항복할 때까지 폭력 가함 • 아내가 법, 이웃, 친지 도움을 받거나 혹은 자신의 폭행사실을 노출시킬까봐 주위로부터 아내를 차단시키고 고립시킴

(2) 워커(I. Walker)의 폭력주기

1단계	긴장형성단계	• 사소한 사건이나 트집으로 난폭하게 떠고, 물건을 던지거나 소리를 지르며 공격적인 행동을 보이는 것
2단계	갑작스런 폭력사건의 발생(구타사건 발생 단계)	
3단계	친절, 사과, 애정표현 단계(화해단계)	• 긴장고조기와 폭발 후에는 가해자인 남편이 친절과 용서 구함 • 특히, 결혼 초기 : 폭행 후 남편이 여러 번 사과하는 것이 특징 • 아내를 병원에 데리고 가며 선물을 사주면서 다시는 이런 일이 없을 것이라며 다짐함

CHAPTER

15 모자보건 지표

1 생정통계

정의	• 한 국가에 속한 개개인의 출생과 사망에 대한 기록으로 정부가 관리하는 데이터 • 출산율, 모성 · 주산기 사망률, 혼인율 및 이환율 등 이러한 통계자료를 이용하여 여성건강문제와 대상자의 건강 수요를 예측 • 앞으로 나아가야 할 여성건강간호의 방향을 결정하는데 중요한 요소가 되므로 생정통계에 대한 통찰력이 필요

1. 출생

조출생률	• 연앙인구 1,000명에 대한 1년간 총 출생 수 • 연앙인구 : 그해의 중앙일인 7월 1일 인구를 이용 $\text{조출생율} = \frac{\text{1년간 총 출생수}}{\text{연앙인구}} \times 1,000$
출산율	• 대상 : 여자가 일생동안 출산할 수 있는 자녀수를 추정하여 산출한 것으로 가임연령의 모든 여성 • 15세에서 49세의 가임여성 1,000명에 대한 1년간 총 출산 수 $\text{출생율} = \frac{\text{1년간 총 출생아 수}}{\text{특정 기간의 15~49세 가임여성의 연앙인구}} \times 1,000$
연령별 출산율	• $\text{연령별 출생율} = \frac{\text{같은 기간 같은 연령의 가임여성의 내의 총 출생수}}{\text{특정 기간의 특정연령의 가임여성의 연앙인구}} \times 1,000$
합계 출산율	• 한 여성이 가임기간(15~49세) 동안 낳을 것으로 예상되는 평균 출생아 수 • 가임여성의 연령별 출생률의 합으로 나타냄 $\text{합계출산율} = \sum_{15}^{49} f(x)$ $f(x)$, x세 가임여성의 연령별 출생률
모아비	• 가임여성 1,000명에 대한 0~4세까지의 영 · 유아수의 비 $\text{모아비} = \frac{\text{0~4세 인구}}{\text{15~49세 가임여성}} \times 1,000$

2. 재생산율

정의	• 한 여자가 일생동안 낳는 아기 중에서 미래의 어머니가 될 여자아이를 몇 명이나 낳는가를 표시하는 비율 • 다음 세대의 인구증가 또는 인구감소를 고찰하는데 유용
총재생산율	• 가임기간(15~49세)동안 몇 명의 여자아이를 낳는가를 나타내는 지표 • 가임여성(15~49세)의 연령별 여아생산율(fx)의 합계 • 출생한 여자아이가 커서 어머니가 될 때까지 사망확률을 고려하지 않은 것 $\text{총 재생산율} = \text{합계출산율} \times \frac{\text{여아 출생수}}{\text{총 출생수}}$
순재생산율	• 가임기간의 각 연령에서 여자아이를 낳은 연령별 여아 출산율에 태어난 여자아이가 죽지않고 가임연령에 도달할 때까지 생존하는 생산율을 곱해서 산출한 것 • 여성인구의 사망양상을 고려한 재생산율 $\text{순 재생산율} = \text{합계출산율} \times \frac{\text{여아 출생수}}{\text{총 출생수}} \times \frac{\text{가임연령시 생존수}}{\text{여아 출생수}}$ **확대재생산**: • 순재생산율이 1이상, 한 여자가 다음 세대에 남기는 여자수가 하나 이상이므로 다음 세대에 인구가 증가하는 것을 의미 **축소재생산**: • 순재생산율이 1이하, 현재의 재생산력이 다음 세대에 인구를 감소시키는 것을 의미

3. 사망

조사망률	• 연앙인구 1,000 명에 대한 1년간 총 사망수 $\text{조사망률} = \frac{\text{1년간 총사망수}}{\text{연앙인구}} \times 1,000$
인구 자연증가률	• 연앙인구 1,000명에 대한 총 출생 수에서 총 사망수를 제한 것 • 출생률과 조사망률 간의 차이를 의미 $\text{인구자연증가율} = \frac{\text{연간 총 출생수} - \text{총 사망수}}{\text{연앙인구}} \times 1,000$
비례 사망지수	• 일년 동안의 총 사망자 중에서 50세 이상 사람의 사망이 차지하는 비율을 백분율로 표시 • WHO에서 한 나라의 건강수준을 파악함과 동시에 다른 나라와 건강수준을 비교하는 건강지표로 제시한 지수 • 비례사망지수가 클수록 전체사망자 중 50세 이상 인구 사망자가 큰 것을 의미하기에 지역사회의 건강수준을 좋은 것으로 판단 • 비례사망지수가 낮을수록 어린 연령층에서 사망률이 높은 것을 의미하므로 지역의 건강수준도 낮은 것으로 판단

	비례사망자수 = $\frac{\text{같은 해에 일어난 50세 이상의 사망자 수}}{\text{일년동안의 총 사망수}} \times 1,000$
태아 사망률	• 모체로부터 완전히 만출 또는 적출되기 전에 생명의 징표를 나타내지 않은 사망 • 우리나라 : 임신 16주 이상으로 산출 • 태아사망자 수를 해당 연도의 총 출생아 수(출생아 + 16주 이상 태아사망)으로 나눈 수치를 1,000 분비로 표시 태아사망률 = $\frac{\text{연간 태아 사망자 수}}{\text{연간 총 출생아수}} \times 1,000$
신생아 사망률	• 신생아 : 출생 후 28일까지의 아기 • 연간 출생아 1,000명에 대한 생후 28일 이내의 사망자수 • 신생아 사망원인 : 태아발육장애(미숙아, 저체중아), 호흡곤란, 출산 질식 등 신생아 사망률 = $\frac{\text{생후 28일 이내의 사망자 수}}{\text{연간 출생수}} \times 1,000$
영아 사망률	• 연간 출생아 1,000명에 대한 생후 1년 미만의 사망 수 • 지역적으로 보건수준을 평가하는 지표로 널리 이용 • 영아 사망원인 : 태아발육, 호흡곤란, 심장기형 등 영아 사망률 = $\frac{\text{생후 1년 미만의 사망자 수}}{\text{연간 출생수}} \times 1,000$ **영아후기 사망률** : • 연간 출생아 1,000명에 대한 생후 28일 이후부터 1년 미만의 사망 영아 후기사망률 = $\frac{\text{생후 28일~1년 미만의 사망자 수}}{\text{연간 출생수}} \times 1,000$
주산기 사망율	• 출생 전후기에 발생하는 태아사망 및 신생아 사망 • 연간 출생전후기 사망자수를 해당 연도의 총 출생아 수로 나눈 수치를 1,000 분비로 표시 • **한국** : 임신 28주 이상 태아사망과 생후 7일 미만의 신생아 사망으로 정의 • WHO : 임신 22주 이상 태아사망과 생후 7일 미만의 신생아 사망으로 정의 주산기 사망률 = $\frac{\text{연간 출생 전후기 사망자 수}}{\text{연간 총 출생아 수}} \times 1,000$
알파인덱스	• 영아사망수와 신생아 사망수의 비 • 1 또는 1에 가까울수록 그 사회의 보건수준이 높음을 의미 알파인덱스 = $\frac{\text{영아 사망수}}{\text{신생아 사망수}}$
모성사망비	• **모성사망** : 임신기간 또는 부위와 관계없이, 우연 또는 우발적인 원인으로 인하지 않고 임신 또는 관리에 관련되거나, 그것에 의해 악화된 어떤 원인으로 임신 중 또는 분만 후 42일 이내 발생한 여성사망 • 임신과 관련된 원인으로 임신 또는 분만 후 42일 이내에 발생한 여성 사망자수를

	해당연도의 출생한 수로 나눈 수치를 100,000 분비로 표시 모성사망율(출생아 10만명당) = $\frac{\text{모성 사망자수}}{\text{출생아 수}} \times 100,000$
모성사망률	• 임신과 관련된 원인으로 임신 또는 분만 후 42일 이내에 발생한 여성 사망자수를 해당연도의 가임기(15~49세) 여성의 연앙인구로 나눈 수치를 100,000 분비로 표시 모성사망율(가임기여성 10,000명당) = $\frac{\text{모성 사망자수}}{\text{가임기(15~49세) 여성의 연앙인구}} \times 100,000$

CHAPTER

16 관계 법령

1 모자보건법[시행2021. 1. 1.] [법률 제17007호, 2020. 2. 18, 타법개정]

제1조 목적

이 법은 모성(母性) 및 영유아(嬰幼兒)의 생명과 건강을 보호하고 건전한 자녀의 출산과 양육을 도모함으로써 국민보건 향상에 이바지함을 목적으로 한다.

제2조 정의

이 법에서 사용하는 용어의 뜻은 다음과 같다.

1. "임산부"란 임신 중이거나 분만 후 6개월 미만인 여성을 말한다.
2. "모성"이란 임산부와 가임기(可姙期) 여성을 말한다.
3. "영유아"란 출생 후 6년 미만인 사람을 말한다.
4. "신생아"란 출생 후 28일 이내의 영유아를 말한다.
5. "미숙아(未熟兒)"란 신체의 발육이 미숙한 채로 출생한 영유아로서 대통령령으로 정하는 기준에 해당하는 영유아를 말한다.
6. "선천성이상아(先天性異常兒)"란 선천성 기형(奇形) 또는 변형(變形)이 있거나 염색체에 이상이 있는 영유아로서 대통령령으로 정하는 기준에 해당하는 영유아를 말한다.
7. "인공임신중절수술"이란 태아가 모체 밖에서는 생명을 유지할 수 없는 시기에 태아와 그 부속물을 인공적으로 모체 밖으로 배출시키는 수술을 말한다.
8. "모자보건사업"이란 모성과 영유아에게 전문적인 보건의료서비스 및 그와 관련된 정보를 제공하고, 모성의 생식건강(生殖健康) 관리와 임신 · 출산 · 양육 지원을 통하여 이들이 신체적 · 정신적 · 사회적으로 건강을 유지하게 하는 사업을 말한다.
9. 삭제 〈2017. 12. 12.〉
10. "산후조리업(産後調理業)"이란 산후조리 및 요양 등에 필요한 인력과 시설을 갖춘 곳(이하 "산후조리원"이라 한다)에서 분만 직후의 임산부나 출생 직후의 영유아에게 급식 · 요양과 그 밖에 일상생활에 필요한 편의를 제공하는 업(業)을 말한다.
11. "난임(難姙)"이란 부부(사실상의 혼인관계에 있는 경우를 포함한다. 이하 이 호에서 같다)가 피임을 하지 아니한 상태에서 부부간 정상적인 성생활을 하고 있음에도 불구하고 1년이 지나도 임신이 되지 아니하는 상태를 말한다.
12. "보조생식술"이란 임신을 목적으로 자연적인 생식과정에 인위적으로 개입하는 의료행위

로서 인간의 정자와 난자의 채취 등 보건복지부령으로 정하는 시술을 말한다.

제3조의2 임산부의 날

임신과 출산의 중요성을 북돋우기 위하여 10월 10일을 임산부의 날로 정한다.

제4조 모성 등의 의무

① 모성은 임신 · 분만 · 수유 및 생식과 관련하여 자신의 건강에 대한 올바른 이해와 관심을 가지고 그 건강관리에 노력하여야 한다.

② 영유아의 친권자 · 후견인이나 그 밖에 영유아를 보호하고 있는 자(이하 "보호자"라 한다)는 육아에 대한 올바른 이해를 가지고 영유아의 건강을 유지 · 증진하는 데에 적극적으로 노력하여야 한다.

제7조 모자보건기구의 설치

① 국가와 지방자치단체는 모자보건사업에 관한 다음 각 호의 사항을 관장하기 위하여 모자보건기구를 설치 · 운영할 수 있다. 이 경우 지방자치단체가 모자보건기구를 설치할 때에는 그 지방자치단체가 설치한 보건소에 설치함을 원칙으로 한다.

1. 임산부의 산전(産前) · 산후(産後)관리 및 분만관리와 응급처치에 관한 사항
2. 영유아의 건강관리와 예방접종 등에 관한 사항
3. 모성의 생식건강 관리와 건강 증진 프로그램 개발 등에 관한 사항
4. 부인과(婦人科) 질병 및 그에 관련되는 질병의 예방에 관한 사항
5. 심신장애아의 발생 예방과 건강관리에 관한 사항
6. 성교육 · 성상담 및 보건에 관한 지도 · 교육 · 연구 · 홍보 및 통계관리 등에 관한 사항

② 제1항에 따른 모자보건기구의 설치기준과 운영에 필요한 사항은 대통령령으로 정한다.

③ 국가와 지방자치단체는 제1항 각 호의 사항을 대통령령으로 정하는 바에 따라 의료법인이나 비영리법인에 위탁하여 수행할 수 있다.

제8조 임산부의 신고 등

① 임산부가 이 법에 따른 보호를 받으려면 본인이나 그 보호자가 보건복지부령으로 정하는 바에 따라 「의료법」 제3조에 따른 의료기관(이하 "의료기관"이라 한다) 또는 보건소에 임신 또는 분만 사실을 신고하여야 한다.

② 의료기관의 장 또는 보건소장은 제1항에 따른 신고를 받으면 이를 종합하여 보건복지부령으로 정하는 바에 따라 특별자치시장 · 특별자치도지사 또는 시장(「제주특별자치도 설치 및 국제자유도시 조성을 위한 특별법」 제10조 제2항에 따른 행정시의 시장은 제외한다. 이하 같다) · 군수 · 구청장(자치구의 구청장을 말한다. 이하 같다)에게 보고하여야 한다.

③ 의료기관의 장 또는 보건소장은 해당 의료기관이나 보건소에서 임산부가 사망하거나 사산(死産)하였을 때 또는 신생아가 사망하였을 때에는 보건복지부령으로 정하는 바에 따라 특별자치시장 · 특별자치도지사 또는 시장 · 군수 · 구청장에게 보고하여야 한다.

④ 의료기관의 장은 해당 의료기관에서 미숙아나 선천성이상아가 출생하면 보건복지부령으

로 정하는 바에 따라 보건소장에게 보고하여야 한다.

⑤ 제4항에 따른 미숙아 또는 선천성이상아(이하 "미숙아 등"이라 한다)의 출생을 보고받은 보건소장은 그 보호자가 해당 관할 구역에 주소를 가지고 있지 아니하면 그 보호자의 주소지를 관할하는 보건소장에게 그 출생 보고를 이송하여야 한다.

제10조의2 고위험 임산부와 신생아 집중치료 시설 등의 지원

국가와 지방자치단체는 고위험 임산부와 미숙아 등의 건강을 보호 · 증진하기 위하여 필요한 의료를 적절하게 제공할 수 있는 고위험 임산부와 신생아 집중치료 시설 및 장비 등을 지원할 수 있다.

제10조의3 모유수유시설의 설치 등

① 국가와 지방자치단체는 영유아의 건강을 유지 · 증진하기 위하여 필요한 모유수유시설의 설치를 지원할 수 있다.

② 국가와 지방자치단체는 모유수유를 권장하기 위하여 필요한 자료조사 · 홍보 · 교육 등을 적극 추진하여야 한다.

③ 산후조리원, 의료기관 및 보건소는 모유수유에 관한 지식과 정보를 임산부에게 충분히 제공하는 등 모유수유를 적극적으로 권장하여야 하고, 임산부가 영유아에게 모유를 먹일 수 있도록 임산부와 영유아가 함께 있을 수 있는 시설을 설치하기 위하여 노력하여야 한다.

제10조의4 다태아 임산부 등에 대한 지원

국가와 지방자치단체는 다태아(多胎兒) 임산부의 건강하고 안전한 임신 · 출산 및 다태아로 태어난 영유아의 건강을 유지 · 증진하기 위하여 필요한 지원을 할 수 있다.

제10조의5 산전 · 산후 우울증 검사 등 지원

국가와 지방자치단체는 임산부에게 필요하다고 인정되는 경우 산전 · 산후 우울증 검사와 관련한 지원을 할 수 있다.

제14조 인공임신중절수술의 허용한계

① 의사는 다음 각 호의 어느 하나에 해당되는 경우에만 본인과 배우자(사실상의 혼인관계에 있는 사람을 포함한다. 이하 같다)의 동의를 받아 인공임신중절수술을 할 수 있다.

1. 본인이나 배우자가 대통령령으로 정하는 우생학적(優生學的) 또는 유전학적 정신장애나 신체질환이 있는 경우
2. 본인이나 배우자가 대통령령으로 정하는 전염성 질환이 있는 경우
3. 강간 또는 준강간(準强姦)에 의하여 임신된 경우
4. 법률상 혼인할 수 없는 혈족 또는 인척 간에 임신된 경우
5. 임신의 지속이 보건의학적 이유로 모체의 건강을 심각하게 해치고 있거나 해칠 우려가 있는 경우

② 제1항의 경우에 배우자의 사망 · 실종 · 행방불명, 그 밖에 부득이한 사유로 동의를 받을 수 없으면 본인의 동의만으로 그 수술을 할 수 있다.

③ 제1항의 경우 본인이나 배우자가 심신장애로 의사표시를 할 수 없을 때에는 그 친권자나 후견인의 동의로, 친권자나 후견인이 없을 때에는 부양의무자의 동의로 각각 그 동의를 갈음할 수 있다.

2 모자보건법 시행령[시행 2020.1.16.][대통령령 제30353호, 2020.1.14, 일부개정]

제1조 목적

이 영은 「모자보건법」에서 위임된 사항과 그 시행에 필요한 사항을 규정함을 목적으로 한다.

제1조의2 미숙아 및 선천성이상아의 기준

「모자보건법」(이하 "법"이라 한다) 제2조 제5호 및 제6호에 따른 미숙아 및 선천성이상아(이하 "미숙아 등"이라 한다)의 기준은 다음 각 호와 같다.

1. 미숙아 : 임신 37주 미만의 출생아 또는 출생 시 체중이 2천500그램 미만인 영유아로서 보건소장 또는 의료기관의 장이 임신 37주 이상의 출생아 등과는 다른 특별한 의료적 관리와 보호가 필요하다고 인정하는 영유아
2. 선천성이상아 : 보건복지부장관이 선천성이상의 정도 · 발생빈도 또는 치료에 드는 비용을 고려하여 정하는 선천성이상에 관한 질환이 있는 영유아로서 다음 각 목의 어느 하나에 해당하는 영유아
   가. 선천성이상으로 사망할 우려가 있는 영유아
   나. 선천성이상으로 기능적 장애가 현저한 영유아
   다. 선천성이상으로 기능의 회복이 어려운 영유아

제2조 모자보건사업에 관한 기본계획의 수립

법 제5조 제1항에 따라 보건복지부장관이 수립하는 모자보건사업에 관한 기본계획에는 다음 각 호의 사항이 포함되어야 한다.

1. 임산부 · 영유아 및 미숙아 등에 대한 보건관리와 보건지도
2. 인구조절에 관한 지원 및 규제
3. 모자보건에 관한 교육 · 홍보 및 연구
4. 모자보건에 관한 정보의 수집 및 관리

제10조 모자보건기구의 설치기준

① 법 제7조 제1항에 따라 국가가 모자보건기구(이하 "모자보건종합센터"라 한다)를 설치할 때에는 보건복지부장관이 정하는 권역별로 설치하여야 한다. 이 경우 모자보건종합센터는 법 제7조 제1항 각 호의 기능과 이 영 제11조 제1항의 기능을 수행하기에 적합한 시설과 인력을 갖추어야 한다.

② 법 제7조 제1항에 따라 지방자치단체가 설치하는 모자보건기구(이하 "모자보건센터"라 한다)의 설치기준에 관하여는 「지역보건법」 제10조 및 같은 법 시행령 제8조에 따른 보건소

의 설치기준을 준용한다.

제11조 모자보건기구의 운영 등

① 법 제7조 제1항 제1호부터 제5호까지의 사항에 관하여 모자보건센터는 1차 진료수준의 모자보건서비스를, 모자보건종합센터는 2차 진료수준의 모자보건서비스를 제공함을 원칙으로 한다.

② 모자보건종합센터는 모자보건센터 및 그 밖에 모자보건사업을 하는 기관이 모자보건사업을 효율적으로 행할 수 있도록 다음 각 호의 업무를 수행한다.

1. 의료요원의 기술훈련 및 정보교환
2. 전문의료기술 인력의 순회파견
3. 모자보건 홍보사업의 지원
4. 모자보건사업 수행에 필요한 조사 · 연구
5. 영유아 병력(病歷)카드의 전산처리 및 관리
6. 통계자료의 집계

③ 제1항에 따른 1차 및 2차 진료수준의 구분은 보건복지부장관이 정한다.

제13조 임산부 · 영유아 및 미숙아 등의 건강관리 등

① 특별자치시장 · 특별자치도지사 또는 시장 · 군수 · 구청장(자치구의 구청장을 말한다. 이하 같다)은 임산부 · 영유아 및 미숙아 등에게 법 제10조 제1항에 따라 다음 각 호의 건강진단 및 예방접종을 하여야 한다.

1. 임산부의 진단과 종합검진 및 산전(産前) · 분만 · 산후(産後)관리
2. 영유아 및 미숙아 등에 대한 건강관리 및 건강진단
3. 임산부 · 영유아 및 미숙아 등의 건강상의 위해요인 발견
4. 「감염병의 예방 및 관리에 관한 법률」 제24조 제1항 각 호의 질병 및 그 밖에 보건복지부장관이 정하는 질병의 예방접종

② 제1항에 따른 건강진단 및 예방접종의 실시에 필요한 사항은 보건복지부령으로 정한다.

제15조 인공임신중절수술의 허용한계

① 법 제14조에 따른 인공임신중절수술은 임신 24주일 이내인 사람만 할 수 있다.

② 법 제14조 제1항 제1호에 따라 인공임신중절수술을 할 수 있는 우생학적 또는 유전학적 정신장애나 신체질환은 연골무형성증, 낭성섬유증 및 그 밖의 유전성 질환으로서 그 질환이 태아에 미치는 위험성이 높은 질환으로 한다.

③ 법 제14조 제1항 제2호에 따라 인공임신중절수술을 할 수 있는 전염성 질환은 풍진, 톡소플라즈마증 및 그 밖에 의학적으로 태아에 미치는 위험성이 높은 전염성 질환으로 한다.

3 모자보건법 시행규칙[시행 2021.1.1.][보건복지부령 제763호, 2020.12.1, 일부개정]

제1조 목적

이 규칙은 「모자보건법」 및 같은 법 시행령에서 위임된 사항과 그 시행에 필요한 사항을 규정함을 목적으로 한다.

제1조의2 보조생식술의 범위

「모자보건법」(이하 "법"이라 한다) 제2조 제12호에서 "보건복지부령으로 정하는 시술"이란 다음 각 호의 시술을 말한다.

1. 남성의 정자를 채취 및 처리하여 여성의 자궁강 안으로 직접 주입하여 임신을 시도하는 자궁내 정자주입 시술
2. 여성의 난자와 남성의 정자를 채취한 후 체외에서 수정 및 배양하여 발생한 배아를 여성의 자궁강 안으로 이식하여 임신을 시도하는 체외수정 배아이식술(이하 "체외수정 시술"이라 한다)

제2조 임산부의 신고

① 법 제8조 제1항에 따라 본인 또는 그 보호자가 임신 또는 분만 사실을 신고하려는 경우에는 별지 제1호서식에 따른 신고서를 「의료법」 제3조에 따른 의료기관(이하 "의료기관"이라 한다) 또는 보건소에 제출하여야 한다.

② 제1항에 따라 신고받은 의료기관의 장 또는 보건소장은 신고받은 사항을 2주마다 별지 제2호서식에 따라 특별자치시장 · 특별자치도지사 또는 시장 · 군수 · 구청장(자치구의 구청장을 말한다. 이하 같다)에게 보고하여야 한다.

제3조 모자보건수첩의 발급 등

① 특별자치시장 · 특별자치도지사 또는 시장 · 군수 · 구청장은 제2조 제2항에 따라 임신 또는 분만 사실을 보고받으면 지체 없이 모자보건수첩(이하 "수첩"이라 한다)을 발급하여야 한다.

② 수첩에는 다음 각 호의 사항이 포함되어야 하며, 그 세부 내용은 보건복지부장관이 정한다.

1. 임산부 또는 영유아의 인적 사항
2. 산전(産前) · 산후(産後)관리 사항
3. 임신 중의 주의사항
4. 임산부 또는 영유아의 정기검진 및 종합검진
5. 영유아의 성장발육과 건강관리상의 주의사항
6. 예방접종에 관한 사항

③ 특별자치시장 · 특별자치도지사 또는 시장 · 군수 · 구청장은 제1항에 따라 수첩을 발급하는 때에는 별지 제3호서식의 수첩발급대장에 그 사실을 기재하고 이를 보관 · 관리하거나 전산망에 입력하여 관리해야 한다.

④ 수첩을 발급받은 사람이 발급받은 수첩을 잃어버렸거나 헐어서 못 쓰게 된 경우에는 특별자치시장 · 특별자치도지사 또는 시장 · 군수 · 구청장에게 별지 제1호서식의 수첩 재발급

신청서에 따라 수첩의 재발급을 신청할 수 있다.

⑤ 수첩을 발급받은 사람이 거주지를 이동하여 「주민등록법」에 따른 전입신고를 한 경우 전 거주지의 특별자치시장 · 특별자치도지사 또는 시장 · 군수 · 구청장은 같은 법 제16조 제2항에 따라 주민등록표와 관련 공부(公簿)의 이송요청을 받은 때에는 지체 없이 임산부 및 영유아의 관리기록을 신(新) 거주지의 특별자치시장 · 특별자치도지사 또는 시장 · 군수 · 구청장에게 이송하여야 한다.

제13조 피임약제 등의 보급

특별자치시장 · 특별자치도지사 또는 시장 · 군수 · 구청장은 법 제12조에 따라 일시적인 피임을 원하는 사람에게 피임약제 또는 피임용구를 무료 또는 실비(實費)로 보급할 수 있다.

참고문헌

[아동간호]

- 김영혜외(2018). 아동간호학 총론. 현문사.
- 김영혜외(2018). 아동간호학 각론. 현문사.
- 김희순 외(2018). 아동청소년간호학 Ⅰ. 수문사.
- 김희순 외(2017). 아동청소년간호학 Ⅰ. 수문사.
- 김희순 외(2017). 아동청소년간호학 Ⅱ. 수문사.
- 박은숙외(2016). 근거기간실무중심의 아동간호학(상권). 현문사.
- 박은숙외(2016). 근거기간실무중심의 아동간호학(하권). 현문사.
- http://syntekabio.co.kr/test/sub02_ptns.php
- http://imyhara.blogspot.com/2012/01/down-syndrome.html
- http://health.cdc.go.kr/health/mobileweb/content/group_view.jsp?CID=C07B56C328
- https://ko.wikipedia.org/wiki
- http://syndromepictures.com/patau-syndrome-pictures/
- http://syndromepictures.com/wp-content/uploads/2011/09/Edward-syndrome.jpg
- https://medical-dictionary.thefreedictionary.com
- http://www.biotech-weblog.com/seizure-detecting-dogs-before-it-happens/
- https://www.rchsd.org
- 국가건강정보포털 의학정보 http://health.cdc.go.kr/health/Main.do
- 국가건강정보포털 의학정보 http://health.cdc.go.kr/health/Main.do
- 출처 : iloveabouthim.tumblr.com
- http://mn.kbs.co.kr/mobile/news/view.do?ncd=3501844

[모성간호]

- 여성건강간호교과연구회 편(2018). 여성건강간호학 Ⅰ. 수문사.
- 여성건강간호교과연구회 편(2018). 여성건강간호학 Ⅱ. 수문사.
- 유은광 외(2017). 모성 · 여성건강간호학 Ⅰ. 현문사.
- 이경혜외(2016). 여성모성간호학Ⅰ. 신광출판사.
- 이경혜외(2016). 여성모성간호학Ⅱ. 신광출판사.